नीतीश कुमार

अंतरंग दोस्तों की नज़र से

[जीवनी]

नीतीश कुमार

अंतरंग दोस्तों की नज़र से

उदय कांत

सहभागी

नरेन्द्र सिंह

अरुण सिन्हा

कौशल किशोर

और ढेर सारे मित्र

राजकमल प्रकाशन

ISBN : 978-81-19159-47-5

मूल्य : ₹1495

पहला संस्करण : 2023

प्रकाशक : राजकमल प्रकाशन प्रा. लि.
1-बी, नेताजी सुभाष मार्ग, दरियागंज
नई दिल्ली-110 002

शाखाएँ : अशोक राजपथ, साइंस कॉलेज के सामने, पटना-800 006
पहली मंज़िल, दरबारी बिल्डिंग, महात्मा गांधी मार्ग, प्रयागराज-211 001

वेबसाइट : www.rajkamalprakashan.com
ई-मेल : info@rajkamalprakashan.com

मुद्रक : यश प्रिंटोग्राफ़िक्स
नोएडा-201 301 (उत्तर प्रदेश)

NITISH KUMAR : Antrang Doston Ki Nazar Se
Biography by Uday Kant

या देवी सर्वभूतेषु मातृरूपेण संस्थिता,
नमस्तस्यै नमस्तस्यै नमस्तस्यै नमो नमः

रत्नगर्भा माँओं के नाम

स्वर्गीय परमेश्वरी देवी
नीतीश की माँ

स्वर्गीय रूपा देवी
सुरेश शेखर की माँ

स्वर्गीय कला कामिनी देवी
अरुण की माँ

स्वर्गीय शिव देवी
नरेन्द्र की माँ

स्वर्गीय विमला मिश्रा
कौशल की माँ

त्वमेव संध्या सावित्री, त्वं देवी जननी परा

बिहार की माटी को जिसने हमें नीतीश जैसा मित्र दिया

क्रम

अन्त से आरम्भ तक

फ़रवरी 2012 के जाड़े की ख़ुशगवार दोपहर। इतवार का दिन। बिहार के मुख्यमंत्री आवास—एक अणे मार्ग, पटना—बेहद ख़ूबसूरत, मौसमी फूलों से लदी क्यारियों वाले, चारों ओर से खुले लॉन में हम तीन तिलंगे खड़े हैं।

हम तीन। यानी अरुण, कौशल और चचा बुक़रात हम मीठी धूप में बिखरी गुलाब के फूलों की ख़ुशबू का आनन्द ले रहे हैं—नीतीश हमसे मिलने थोड़ी ही देर के बाद आनेवाला है। हम तीनों महानुभावों का विस्तृत परिचय आगे कहीं न कहीं मिल ही जाएगा। फ़िलहाल यही जान लेते हैं कि अरुण गोवा से आया है और कौशल मुम्बई से। चचा गुड़गाँव में रहता है और वहाँ से अमूमन निकलना नहीं चाहता लेकिन हमारी दोस्ती की ख़ातिर, बड़ी कोशिशों के बाद, वह भी पटना आ गया है। हम कुछ पुराने दोस्त हर साल कम से कम एक बार मिलने की कोशिश ज़रूर करते हैं, अपने दुःख-सुख बाँटने या वक़्त की तंगी हो तो सिर्फ़ एक-दूसरे को देखकर ख़ुश हो जाने के लिए। लेकिन इस बार हम सब एक ख़ास मक़सद से पटना आए हैं। हम तीनों ने नीतीश का ज़िन्दगीनामा लिखने की सोची है। वैसे भी आज छुट्टी का दिन है और उसने हमसे मिलने के लिए आज सवेरे ही अपना सारा सरकारी काम निबटा लिया है। अभी वह किसी मेहमान से बातें कर रहा है जो बिना किसी पूर्व सूचना के पधार गए हैं। खिड़की के पार उसकी गम्भीर मुद्रा देखकर लगता है कि वह पूरी तन्मयता से उनकी बातें सुन रहा है। हम उसके निर्विकार चेहरे में अपना पुराना नीतीश ढूँढ़ने की असफल कोशिश करते हैं। हम अनुमान लगाते हैं कि उसके आने में अभी थोड़ा समय और लगेगा। शायद नीतीश ने हमें देख लिया है और उसने अपने व्यक्तिगत सुरक्षा अधिकारी, हरेन्द्र बहादुर सिंह को हमारा

ख़याल रखने के लिए भेज दिया है। हरेन्द्र हमें मीठी मुस्कान के साथ नमस्ते बोलकर चाय की व्यवस्था करने चले गए हैं।

बाबी, राजा और हम

इस बीच बचपन की सारी मासूमियत और शरारतों का पुलिन्दा बना, ख़याली घोड़े पर बैठ उस पर चाबुक बरसाता हुआ छह साल का एक बच्चा, हाथ में नक़ली पिस्तौल लिये, बड़ी फुरती से घर के बाहर आता है। हम सब उसके रास्ते में अवरोध बन गए हैं। वह खीज-भरी विनती करता है—

'प्लीज़, आप रास्ते से हट जाइए, नहीं तो गोली लग जाएगी।'

यह बच्चा कॉमिक्स की दुनिया का ज़बरदस्त किरदार बनकर अदृश्य शत्रुओं का संहार करने निकला है। उसे हमारी सुरक्षा की चिन्ता है—साथ में उसकी आँखों में हमारे ही कारण उसके शत्रुओं के साफ़ बच निकल जाने की निराशा भी स्पष्ट झलकती है। उसकी आरोप और लांछना-भरी दृष्टि से बचने के लिए हम इधर-उधर देखने लगते हैं। वहीं तैनात एक सुरक्षाकर्मी हमारी असुविधा और दुविधा देखकर हमें आश्वस्त करता है—

'सी एम साहब के भैया जी का नाती है, बॉबी। इस पूरे घर में अकेला बच्चा है, इसलिए बेचारा मन लगाने के लिए अपने आप, अकेला ही खेलता रहता है।'

इस भागमभाग में बच्चे की एक किताब भी हमारे पास ही गिर गई है—'पंचतंत्र और हितोपदेश की कहानियाँ'। हम किताब उठाकर उसे देना चाहते हैं—वह किताब के बारे में बिलकुल भूलकर अपने घोड़े की कील काठी दुरुस्त करने में व्यस्त हो गया है। उसका ध्यान अपनी ओर खींचने के लिए हम उससे बातचीत की एक छोटी-सी पुलिया बनाने की कोशिश करते हैं—

'बॉबी बच्चे, तुम्हारे नाना क्या करते हैं?'

'कौन वाले, बड़े या छोटे नाना?'

हमारे सवाल के उत्तर में हमें एक सवाल ही मिला है, इसलिए हम जवाब की प्रत्याशा में चुप रहते हैं। बच्चा स्वत: बोलता है—

'मेरे बड़े नाना बख़्तियारपुर में रोगी को ठीक करते हैं।'

इतना कहकर बॉबी कुछ सोचने लगता है।

हम बॉबी को उत्साहित करते हैं—

'और छोटे वाले नाना?'

बच्चा अब भी अनिश्चय की मुद्रा में है। वह इधर-उधर कातर भाव से सहायता के लिए देखता है।

साथ खड़ा सुरक्षाकर्मी सहायता करता है—

'बोलिए, छोटे नाना माननीय मुख्यमंत्री हैं।'

अपने छोटे नाना के लिए यह भारी-भरकम विशेषण बॉबी से बोला नहीं जा रहा है, वह सर खुजाते हुए अपने मददगार की ओर देखता है। सुरक्षाकर्मी उसके कानों में कुछ फुसफुसाता है।

बॉबी खिलखिलाकर हँसता है—निश्छल हँसी, लेकिन अविश्वास से भरी हुई! विस्फारित नेत्रों से इधर-उधर देखता हुआ, अपनी नन्ही-सी गरदन दाएँ-बाएँ झुलाकर वह ढेर सारे विनोद और कुछ-कुछ असहजता से कहता है—

'ये कहते हैं कि मेरे छोटे नाना राजा हैं।'

अपनी ही बात पर वह तालियाँ बजाकर प्रसन्न होता है और अपने जादुई घोड़े पर सवार होकर फ़र्राटे से आगे निकल जाता है। राजाओं के बारे में उसने पंचतंत्र और हितोपदेश की कहानियों से जाना है जो उसकी माँ, सुनीता, उसे बड़े चाव से सुनाती रही है। बॉबी अपनी किताब हमारे पास ही छोड़ गया है जिसे कौशल उलट-पलटकर देख रहा है। किताब में बड़ी मूँछों वाले एक मुस्टंडे मुकुटधारी राजा की रंगीन तसवीर भी बनी है जिसे देखकर चचा बुक़रात कुटिलता से मुस्कुराता हुआ कहता है—

'ये रही नीतीश की सबसे ताज़ा तरीन तसवीर!'

पहले तो हमें अपने सीधे-सादे दोस्त नीतीश के राजा होने की कल्पना ही बड़ी अटपटी सी लगती है पर सचाई तो यही है कि पिछले कुछ वर्षों से वह राजा चाहे न हो पर बिहार राज्य का मुखिया तो है ही!

2020 का चुनाव और अनुमानों का पहाड़

अभी नीतीश के आने में थोड़ी देर है इसलिए हे सुधी पाठक मित्रो, हम समय के पन्ने फ़रवरी 2012 से आगे पलटते हुए 8 नवम्बर, 2020 में पहुँचकर, 'हाउस' के हर्बल गार्डन में बैठ जाते हैं। वैसे तो इन साढ़े आठ वर्षों में इस परिसर का कलेवर बदलकर बेहतरीन हो गया है लेकिन विधानसभा के कल ही सम्पन्न हुए चुनावी नतीजों को लेकर आज पूरे राज्य में अनिश्चय और तनाव तो है ही।

28 अक्टूबर को शुरू हुए विधानसभा की 243 सीटों के लिए तीन चरणों में होनेवाले चुनाव का कल आख़िरी दिन था, जब अन्तिम 78 सीटों पर भी वोट पड़ चुके थे। चुनाव की गहमागहमी थमने के बाद और आख़िरी वोट पड़ते ही पूर्वानुमानों की झमाझम बारिश भी शुरू हो गई है। वैसे वोटों की गिनती तीन दिनों बाद, 10 तारीख़ से शुरू होगी लेकिन देश के प्रायः सभी मीडिया हाउसों और चुनाव परिणामों की भविष्यवाणी करनेवाले विद्वानों (सीफॉलाजिस्ट्स) ने नीतीश की पराजय और आरजेडी के नेतृत्व में महा गठबन्धन के सत्तारूढ़ होने की धमाकेदार भविष्यवाणियाँ कर दी हैं। हर चैनल पर दिग्गज राजनेता गला फाड़कर नीतीश की कमज़ोरियों और उसकी हार की वजहों की चर्चा कर रहे हैं।

हम सामने मेज़ पर पड़े हिन्दी अख़बार 'हिन्दुस्तान' के दिल्ली एडिशन में छपी एक ख़बर देख रहे हैं। दिल्ली विश्वविद्यालय के विकासशील अध्ययन संस्थान (सीएसडीएस) विकासशील राज्य शोध केन्द्र व राजनीति विज्ञान विभाग ने 2020 में बिहार में विधानसभा चुनाव पहले संयुक्त रूप से किए गए सर्वे में बिहार में फिर से एनडीए की सरकार बनने का अनुमान लगाया है। शोध केन्द्र के निदेशक संजय कुमार प्रोफ़ेसर सुनील कुमार चौधरी के हवाले से कहा गया है कि चुनावी परिणाम का यह रुझान बिहार के सभी 243 विधानसभा क्षेत्रों के लगभग 9044 मतदाताओं पर किए गए अध्ययन पर आधारित है। इस सर्वे के मुताबिक़, नीतीश कुमार तब भी बिहार के मुख्यमंत्री पद के लिए सर्वाधिक पसन्दीदा नेता साबित हो रहे हैं। राज्य के 41.49 प्रतिशत मतदाता उन्हें फिर से मुख्यमंत्री के रूप में देखना चाहते हैं।

दो दिन पहले ही, कहीं से लौटते समय, नीतीश को किसी पत्रकार ने अपना आकलन बताया था कि एलजेपी की खुलेआम विद्रोही आवाज़ और उसे बिलकुल भी न दबाने की बीजेपी की नीति से जेडीयू को तीसेक सीटों का नुक़सान होता दिख रहा है। अगर ऐसा होता है तो इस बार जेडीयू को सबसे ज़्यादा सीटें नहीं मिल पाएँगी। मुक़ाबला बेहद क़रीबी लग रहा है, फिर भी राज्य में एनडीए की सरकार बनने की सम्भावना सबसे अधिक है। नीतीश ने यह आकलन सुनकर कहा था कि अगर ऐसा हुआ तो वह कभी भी मुख्यमंत्री नहीं बनना चाहेगा।

10 नवम्बर को एनडीए के पक्ष में नतीजे ठीक वैसे ही आए हैं जैसा कि दो दिन पहले ही पत्रकार महोदय ने बताया था। नीतीश की पार्टी राज्य में तीसरे, और एनडीए में दूसरे, नम्बर पर आई है। नतीजे

आने के बाद से ही नीतीश मुख्यमंत्री न बनने की अपनी ज़िद पर अड़ा है। देश के कोने-कोने से उसे मुख्यमंत्री पद सँभालने के लिए सैकड़ों सन्देश आ रहे हैं। केन्द्र उस पर लगातार दबाव बना रहा है कि वह बिहार की जनता के हित में अपना इरादा बदल दे। प्रधानमंत्री की भी इच्छा है कि बिहार का नेतृत्व नीतीश ही सँभाले। राजनीति की समझ रखनेवाले लोग मानते हैं कि अपनी बेदाग़ छवि, सुशासन की ताक़त और सुलझी हुई सोच के कारण विपरीत परिस्थितियों का मुक़ाबला करने में बिहार के राजनेताओं में नीतीश ही सबसे अधिक सक्षम है। इतनी सारी दलीलों, मनुहारों और प्रार्थनाओं के ज़ोर पर 2020 में, उसकी हार्दिक अनिच्छा के बावजूद, एक बार फिर से, नीतीश को बिहार का मुख्यमंत्री बनाया गया है।

नीतीश की सोच में बिहार के हर एक तबक़े के सभी आमजनों को हर प्रकार की आपदा से समुचित सुरक्षा के विचार को सर्वोच्च स्थान प्राप्त है। फिर उसकी प्राथमिकता में आते हैं स्वास्थ्य, शुद्ध पानी, भोजन और आजीविका के अनेक समुचित साधन, बच्चों की सही शिक्षा, सड़क और बिजली जैसी जन सुविधाएँ, पर्यावरणीय सुरक्षा, जलवायु परिवर्तनों से होनेवाले आघातों के विरुद्ध प्रतिरोधक क्षमता वृद्धि आदि-आदि अनेकानेक जन कल्याणकारी काम।

तलाश नीतीश के विकल्प की

एक पुराने पत्रकार के आकलन के अनुसार—'नीतीश की सरकार के कई जनोपयोगी कार्यक्रमों के कारण उनकी लोकप्रियता में वृद्धि हुई है। इस कथन की पुष्टि 2010 और 2015 के बिहार विधानसभा चुनावों के नतीजों से भी होती है। इन दोनों चुनावों में जीत उसी ख़ेमे की हुई जिसका नेतृत्व नीतीश ने किया। 2015 से 2020 तक नीतीश सरकार की लोकप्रियता का ग्राफ़, उसके नशाबन्दी जैसे सख़्त क़दमों के कारण कभी-कभी थोड़ा लड़खड़ाता-सा दिखता है पर इसके लिए नीतीश जी पर कोई सीधा दोषारोपण नहीं किया जा सकता।'

ज़मीनी हक़ीक़त का एक पहलू तो यह है कि 2005 से ही राष्ट्रीय स्तर पर उसके प्रशंसकों की संख्या में असाधारण वृद्धि हुई है। लेकिन इस बात का एक दूसरा पहलू यह भी है कि 2005 के कुछ वर्षों के बाद से उसके विरोधियों की संख्या भी बढ़ती ही गई है। आज जो भी नीतीश के प्रबल और मुखर विरोधी दिखते हैं, वे सब कभी न

कभी उसके अच्छे मित्र अथवा विश्वसनीय सहयोगी या फिर समर्पित कार्यकर्ता, अथवा कम से कम किसी अच्छे कार्य में सहभागी अवश्य रह चुके हैं। इनके पास कुछ न कुछ कारण अवश्य ही होंगे जिससे ये विक्षुब्ध लोग कभी तो अकेले और कभी गोलबन्द होकर, नीतीश को सत्ता च्युत करने की योजनाएँ सार्वजनिक या गोपनीय रूप से बनाते ही रहते हैं। यह सच है कि नीतीश के पुराने राजनीतिक मित्रों में कई आज उससे अलग हो गए हैं।

आइए, आपको फिर से वहीं ले चलते हैं जहाँ से यह किताब शुरू हुई है, यानी फ़रवरी 2012 की ख़ुशनुमा दोपहर। हम नीतीश के आने का इन्तज़ार कर रहे हैं। अरुण रोज़ सवेरे कई कप चाय के साथ ढेर सारे अख़बार चाटने के बाद ही चैतन्य होता है। आज सवेरे से ही उसका मूड बहुत चौपट है। बहुत कुरेदने पर वह नीतीश के किसी बहुत पुराने साथी और आज के विरोधी के माध्यम से छपी एक ख़बर के बारे में बताता है। आज के सभी अख़बारों में उन्हें बड़े ठसके से कहते बताया गया है—

'ऐसा कोई सगा नहीं, जिसे नीतीश ने ठगा नहीं!' यह कहते हुए अरुण बहुत नाराज़ हो जाता है और यह सुनकर कौशल बेहद संजीदा। लेकिन चचा बुक़रात अपनी हथेली पर ज़ोर से मुक्का मारते हुए कहता है—

'वाह! क्या सही बात कही है पट्ठे ने! ऐसी साफ़गोई और ईमानदारी की कम से कम उस कमबख़्त से तो हरगिज़-हरगिज़ उम्मीद नहीं थी!'

सब चिढ़कर चचा का मुँह नोच लेना चाहते हैं पर वह अपनी ज़िद पर अड़ कर कहता है—

'यह बात तो एकदम सच है अक्ल के अन्धो। तुम्हीं कहो, नीतीश के सबसे सगे उसके बाबूजी और उसकी मइयो थे कि नहीं? बाबूजी, माने कविराज* स्वर्गीय राम लखन सिंह जी। वे एक ओर मुल्क की आज़ादी के लिए अपना सब कुछ क़ुर्बान करने वाले सबसे नामी-गिरामी फ्रीडम फाइटर थे ही, दूसरी ओर सख़्त से सख़्त बीमार आदमी को चंगा करने की सिफ़त वाले वैद्य भी थे। अपने पेशे में इतने क़ाबिल कि वे माहयात पटना आयुर्वेदिक कॉलेज के हर अहम फ़ैसलों से जुड़े रहे। उनके मशवरे के बिना उस कॉलेज में तरक़्क़ी हो

---

* (नोट : बख़्तियारपुर के नगर निकाय ने पिछले दिनों एक सड़क का नामकरण कविराज जी के नाम पर कर दिया है। 2021 में बख़्तियारपुर के सात स्वतंत्रता सेनानियों की प्रतिमाएँ वहाँ लगी हैं जिनमें एक कविराज जी की भी है।)

ही नहीं सकती थी। तब नीतीश की हैसियत ही क्या थी? उसकी कोई अपनी वक़त भी थी क्या? सब उसे इन हुनरमंद कविराज जी के छोटे फरजंद की हैसियत से जानते थे। और मइयो माने श्रीमती परमेश्वरी देवी। इनके छोटे-छोटे बुत बनवाकर अपने गाँव की पुश्तैनी फुलवारी में खड़ी कराने के अलावा उनकी यादों को महफूज़ रखने के लिए और क्या किया है? यह कोई अक़ीदत हुई क्या? वालिदैन से बढ़कर सगा और कौन हो सकता है भला? तो सबसे सगे को नीतीश ने ठाग नहीं तो और क्या किया?

'अच्छा आप सब तो अफ़लातून के वारिस हैं, सच बताइए तो कि दो बार चुनाव में अपने अलिफ साहब, जनाब नीतीश, के पटकनियाँ खाने के बाद उसकी बीवी मास्टरनी मंजु ने, अपनी कमाई के बीस हज़ार रुपये इसको दिए थे कि नहीं? अगर वे रुपये नहीं मिले होते तो क्या आपका यह दुलारा तीसरा चुनाव लड़ भी पाता? अरे औरत और मर्द को बराबरी का हक़ दिलाने का ड्रम पीटनेवाले इस शख़्स ने अपनी पाकीज़ा बीवी के कैरियर के लिए गड़बड़ करने के अलावा आख़िर कभी भी और कुछ भी किया है क्या? पहली बार मिनिस्टर बनने के बाद ये हज़रत तो दिल्ली में रौनक़ अफ़रोज़ हो गए। इधर जब बेचारी मंजु सिर्फ़ अपने ही दम पर, पटना में कितनी चिरौरियों, मिन्नतों और मन्नतों के बाद, दिल्ली में डेप्युटेशन पर छोटी-सी नौकरी हासिल करके पिया का घर बसाने लगी कि भाई ने फ़ौरन से पेश्तर कलयुगी रामायण ही लिख डाली! किसी ने बेपर की उड़ा दी कि नीतीश ने अपने मिनिस्टर होने का नाजायज़ फ़ायदा उठाकर ग़लत तरीक़े से मंजु को दिल्ली बुलाया है। बस, अक्ल का दुश्मन यह, अपना भाई चौपटराम, राजा राम बनकर अकड़ गया और हमारी सीता जैसी पाक़ मंजु को फिर से वनवास की तर्ज़ पर मिला पटना वास! मज़ा देखिए कि यह जुल्म इन्होंने अपनी पढ़ी-लिखी और हर नज़रिये से क़ाबिल बीवी पर बेवजह किया।

यहाँ एक और मिसाल देखिए। आपके दिलरुबा दोस्त के सबसे बड़े बहनोई देवनन्दन बाबू थे रेलवे में मुलाजिम, जिन्होंने इसके मुफ़लिसी के दिनों में इसके लिए क्या कुछ नहीं किया? और यह बन गया रेलवे मिनिस्टर! अगर हमारा हीरो किसी छोटे-मोटे रेलवे स्टेशन का नाम ही उनके नाम से बदल देता तो इसकी दाढ़ी में कौन सा तिनका अटकनेवाला था? पर वहाँ भी निल बटा सन्नाटा! अरे इसके दोनों बड़े जीजाजी तो सूखे-सूखे ही गुज़र गए लेकिन अपनी बड़ी या

छोटी दीदी की किसी भी औलाद के लिए क्या आपके नीतीश बाबू ने कभी अपने बाएँ हाथ की छोटी अँगुली तक हिलाई? ये सब बच्चे सिर्फ़ अपने फ़न, हुनर और लियाक़त की वजह से आज के बमुश्किल दौर में भी अपनी जगह बना सके हैं। ज़रा सोचो भाई मेरे, बिहार में इतने सारे सरकारी आयोग, निगम और अथॉरिटीज़ हैं उन्हीं में ये दो-चार ज़हीन बच्चे भी बिना किसी मुश्किल के खप सकते थे कि नहीं? कुछ को इंडस्ट्री खड़ी करने का लाइसेंस दिलाया जा सकता था और कुछ को पेट्रोल पम्प, दोपहिया गाड़ियों या दवाओं जैसी किसी बड़ी चीज़ की एजेंसी! पर इन सीधे-सादे बच्चों का सगा मामा है न नीतीश! उसने अपनी भानजियों या भानजों के लिए कभी कुछ किया क्या?

अब लगे हाथों एक बात और बताओ, नीतीश के सगे बड़े भाई सतीश भैया अपने बाबूजी की तरह क़ाबिल वैद्य हैं कि नहीं? माशा अल्लाह ख़ूब पढ़े-लिखे हैं, हाथ में शफ़ा (दूसरों को स्वस्थ करने की शक्ति) है और चेहरे पर चारागरी (दयालु डाक्टर) का नूर (प्रकाश) भी है! ये क्या एमएलसी या आयुष बोर्ड जैसे हेल्थ वाले बोर्ड के चेयरमैन बनने के लायक़ भी नहीं हैं? लोग तो कबाब सेंक-सेंककर मिनिस्टर हो गए और हमारे भैया अभी तक नीतीश के लिए सर्दी-खाँसी की दवाइयाँ ही कूट रहे हैं! यह सतीश भैया के साथ प्योर ठगी हुई कि नहीं?

अच्छा, नीतीश की छोटी बहन इन्दु और उनके शौहर अनिल बाबू की मुफ़लिसी का हाल भी देख लो! दोनों ने बहुत शराफ़त और ईमानदारी से छोटी-मोटी नौकरी करके ज़िन्दगी गुज़ार दी है। चकवा-चकवी की यह ख़ूबसूरत जोड़ी रिटायर होने के बाद कैसे मुश्किल से अपना गुज़ारा कर रही है, यह भी अपनी आँखों से देखने से ही यक़ीन करनेवाली बात है। वैसे तो बेचारे कभी बोलते ही नहीं, लेकिन अगर अनिल बाबू ग़लती से भी कह दें कि आज का मुख्यमंत्री उनकी ज़ोरू का सगा भाई है तो सुननेवाला उन्हीं से पलटकर कहेगा, अबे भाग साले!

इन हज़रत की नामाकूल हरकतों का थोड़ा मुज़ाहिरा और कर लीजिए। इंजीनियरिंग पढ़ा-लिखा उसका अपना ज़हीन बेटा, निशान्त ही फ़ारसी पढ़कर तेल बेचनेवाली मिसाल बना बैठा है। अरे, नीतीश और कुछ नहीं करता तो कम से कम उसे अपनी ही पार्टी में दोयम दर्जा देकर उसे अपना वारिस तो बना ही सकता था! यह सबसे सगे के साथ सबसे महाठगी हुई कि नहीं?

वही हश्र नीतीश की ससुराल वालों का हुआ है। नीतीश के तीन सालों और इकलौती साली के पूरे ख़ानदान का सूबे के सियासी नक़्शे

पर कोई वजूद ही नहीं है! भाई के आगे तो बिहार के बाहर भी झारखंड, यूपी, बंगाल से लेकर गुजरात, राजस्थान और महाराष्ट्र होते हुए केरल, कर्नाटक, तमिलनाडु, आन्ध्र प्रदेश, तेलंगाना, ग़रज़ कि कश्मीर से कन्याकुमारी तक, यानी कि पूरे मुल्क में, ख़ानदानी सियासतों की एक से एक मिसालें मौज़ूद हैं। मेरी नज़र में यह नीतीश तो ठगों का सरताज है इसलिए जिसने भी यह कहा होगा कि 'नीतीश ने अपने हर सगे को ठगा है, एकदम सही बोल रहा है।'

हम सबकी बोलती बन्द करके चचा बुक़रात अपने कुर्ते की फटी जेबों में हाथ डालकर अपनी जीत की ख़ुशी में सीटियाँ बजाने लगता है। लेकिन शायद हमारी ख़ामोश मायूसी उसे भी परेशान कर गई है। क्योंकि सीटियाँ बजाना बन्द करके वह यक-ब-यक एक शेर बहुत ज़ोर से पढ़ता है—

वो भी तो दोस्त ही थे जो कि उम्र भर
देते रहे फ़रेब मुहब्बत के नाम से!

वह आगे कहता है—

'नीतीश के वैसे जाननेवालों की बड़ी लम्बी फ़ेहरिस्त है जिन्हें नीतीश ने पूरी मुहब्बत और अख़लाक़ (अच्छे व्यवहार) से फ़र्श से उठाकर अर्श पर बैठाया और उन सबने बेवजह नीतीश को न सिर्फ़ दगा दिया बल्कि उसे ही बेमौसम गालियों की बौछार से सराबोर करते रहते हैं। सच तो यही है कि इन सब में—

'कोई ऐसा बेहया नहीं, जिसने नीतीश को ठगा नहीं।'

चचा की बकबक बन्द ही नहीं हो रही। वह ऐसे तन गया है जैसे किसी मुशायरे में माइक के सामने खड़ा हो।

चचा अपनी ही रौ में कहे जा रहा है—

'नीतीश ने ऐसे लोगों को हमेशा बिना शर्त बेपनाह मुहब्बत और इज़्ज़त बख़्शी। बदले में इन सबने, हनीमून पीरियड ख़त्म होने के बाद, नीतीश को दोस्ती के नाम पर कभी न कभी फ़रेब ज़रूर दिया। इनमें से ज़्यादातर लोग अपनी ख़ुदग़रज़ी की वजह से नीतीश से चिपके थे। जब इनकी सियासी पावर की हवस इनकी लियाक़त की हदों को पार करने लगी और इनकी मंशा पूरी न हो सकी तब ये ख़ुद-ब-ख़ुद ढाई ईंट की अपनी मस्जिद बनाकर अलग अजान देने लगे। हाँ, ऐसे कुछ

लोगों से नीतीश ने भी, उनकी नाजायज़ फ़रमाइशें बर्दाश्त से बाहर हो जाने की वजह से आजिज़ होकर, बाक़ायदा हाथ जोड़कर माफ़ी माँग ली है। कुछ ऐसे भी हयादार लोग हैं जो अपनी ग़लती पर शर्मसार होकर बाबा सूरदास की कही बात—'जैसे उड़ि जहाज को पंछी पुनि जहाज पे आवे'—को सही साबित करते हैं।

दरअसल, भारत की सियासत में तमन्ना या महत्त्वाकांक्षा एक ऐसी चिड़िया है जिसके पैर बड़े धोखेबाज़ होते हैं। जब तक यह चिड़िया अपनी औक़ात की धरती या नीतीश जैसी किसी डाल पर स्थिर होकर बैठी रहे तब तक तो सब ठीक रहता है, लेकिन हवा में उड़ी नहीं कि अपने पैर गँवा बैठती है। उसके पैर उसी पेड़ पर चिपके रह जाते हैं।

सिर्फ़ पंखों के सहारे यह चिड़िया दर-बदर भटकती रहकर जब थक जाती है तब इसे वापस उसी पुरानी डाल पर बैठना पड़ता है वरना बेवजह की उड़ान से थकी-हारी यह चिड़िया नीचे गिरकर मर जाती है। अपने आसपास ऐसी कितनी लाशें तुम ख़ुद भी देख सकते हो। नीतीश की एक बात के लिए तो बहरहाल दाद देनी ही पड़ेगी कि घर वापसी के बाद सबकी पुरानी बदमजगियों को भूल, इन्हें अपनी दोनों बाँहों में पूरी मुहब्बत से समेटकर, फिर से इनकी पुरानी पहचान लौटा देता है, जैसे कभी कुछ हुआ ही नहीं था। ठीक बाइबिल की कहानी 'रिटर्न ऑफ़ द प्रॉडिगल सन' के केन्द्रीय पात्र की तरह!

नीतीश ने मुख्यमंत्री पद की शपथ ली

बेवफ़ाई की इस बातचीत से हमारे मुँह का स्वाद कड़वा होने लगा है कि तब तक हमारी ख़ातिरदारी के लिए कॉलेज के दिनों के कड़क स्वाद वाली चाय आ जाती है। चाय पीते हुए चचा याद करने लगता है—

'24 नवम्बर, 2005 को नीतीश मुख्यमंत्री बना। उन दिनों नीतीश का परिवार कंकड़बाग़, पटना में रहता था। 1989 में एमपी बनने के बाद नीतीश को दिल्ली जाना पड़ा और पटना में नौकरी होने की वजह से, उसकी बीवी मंजु अपने बेटे निशान्त के साथ कंकड़बाग़ में अपने मायके के छोटे से घर में रहने लगी थी। फिर से एक साथ रहकर गृहस्थी ज़माने के लिए नीतीश, मंजु और निशान्त हमेशा छटपटाते रहते थे पर 'हाउस' के ख़ाली न हो सकने की वजह से नीतीश बेबस था। मुख्यमंत्री बनकर पटना आ जाने के बाद नीतीश जहाँ भी रहता, वहीं उससे मिलनेवालों की भारी भीड़ जमा हो जाती थी। इन झमेलों

से अपने परिवार को महफ़ूज़ रखने के लिए नीतीश के लिए अपनी ससुराल के छोटे से घर में रहना मुमकिन ही नहीं था। 'हाउस' के कामचलाऊ हद तक ठीक हो जाने के पहले तक वह ए.एन. कॉलेज के सामने, न्यू श्री कृष्णपुरी में, अपने पुराने समाजवादी दोस्त, विनय बाबू के घर, सीतायन, के एक कमरे में रहता था। पूर्व मुख्यमंत्री ने दो महीने से ज़्यादा समय लेकर यह घर 2 फ़रवरी, 2006 को ख़ाली किया। अगले डेढ़ महीने में इसे बस ऐसा बनाया जा सका कि 14 मार्च को, यानी मुख्यमंत्री बनने के क़रीब चार महीने बाद, नीतीश इस आधे-अधूरे बने घर में जैसे-तैसे, अकेला ही, शिफ़्ट हो सका था।'

हमें माली ने बताया है कि अब हर साल फ़रवरी-मार्च के महीने में, पटना के सरकारी और ग़ैर-सरकारी स्कूलों के ढेर सारे बच्चे यहाँ आकर फूलों, पेड़-पौधों विशेष तौर से हर्बल गार्डन के औषधीय पौधों को देखते, सराहते और उनके बारे में विशेष जानकारियाँ प्राप्त करते हैं।

हर्बल गार्डन में बिल गेट्स

18 नवम्बर, 2019 को मिस्टर बिल गेट्स नीतीश से मिलने पटना आए थे। औपचारिक मुलाक़ातों के बाद दोनों हर्बल गार्डन में बिखरी जाड़े की सुनहरी धूप में बैठे। बिल गेट्स विश्व के दो-तीन धनी लोगों में एक हैं। उनकी संस्था 'द बिल एंड मिलिंडा गेट्स फ़ाउंडेशन' ने सन् 2009 या 2010 से लगातार बिहार में बहुत से लोकोपकारी काम किए हैं। नीतीश और बिल गेट्स के बीच इस उद्यान में क्या बातें हुईं इसका कोई लिखित रिकॉर्ड तो उपलब्ध नहीं है लेकिन बिहार से लौटकर दिल्ली में बिल गेट्स ने ऋषद प्रेमजी को दिए इंटरव्यू में कहा—

"Since you have mentioned the Chief Minister of Bihar, Nitish Kumar, whom I have seen over the last ten years, he has done a lot of work in Bihar with our foundation. This was the first meeting I had with him and I didn't expect him to talk about climate change. When I'm in Seattle or Washington DC or in London or Paris, that's a big topic. But I was impressed that he was saying in Patna that, hey, we have a problem with climate change and need to find a way to improve clean water supply and seeds (and) what they can do to minimise the problem of that.

So this is a problem that young people are beginning to wake up to."

बिल गेट्स अपने देश से दूर बिहार जैसे राज्य के मुख्यमंत्री को जलवायु परिवर्तन जैसी वैश्विक समस्या के प्रति सचेत और उसके समाधान के लिए प्रयासरत देखकर प्रभावित हुए थे।

बिल गेट्स के इस वक्तव्य में, इसकी अन्तिम पंक्ति को छोड़कर, कुछ भी आश्चर्यजनक बात नहीं है। लेकिन उनका अन्तिम वाक्य एक बार फिर से पढ़िए, जो उन्होंने नीतीश से मिलने के बाद और उसके बारे में कहा है! उन्होंने दरअसल नीतीश को युवा बताते हुए उसकी जलवायु परिवर्तन जैसी बड़ी समस्या के प्रति जागृति, और प्रकारान्तर से उसकी अक्षय ऊर्जा, को सलाम किया है। जलवायु परिवर्तन के प्रति नीतीश की चिन्ता इतनी गम्भीर, और उसकी चुनौतियों से लड़ने के लिए रोड मैप इतना स्पष्ट है कि उससे प्रभावित होकर संयुक्त राष्ट्र ने 25 सितम्बर, 2020 को अपने कई राष्ट्राध्यक्षों के 'क्लाइमेट एम्बीशन' गोलमेज़ कॉन्फ्रेंस में नीतीश से उसके 'जल-जीवन-हरियाली' अभियान (मिशन) के बारे में विस्तार से समझकर उसकी प्रशंसा की है। इतने बड़े फ़ोरम पर अपनी बात ऐसे पुरज़ोर तरीक़े से कहने का मौक़ा भारत के किसी मुख्यमंत्री को शायद पहले कभी नहीं मिला। नीतीश ने जलवायु परिवर्तन को देखते हुए बिहार में खेती के पुराने ढर्रे को बदलने की क़वायद भी शुरू कर दी है। अब यहाँ मौसम के बदले हुए मिज़ाज के हिसाब से फ़सलें लगाई जा रही हैं।

दरअसल नीतीश की मानसिकता सदा से ही समसामयिक रही है, अपने समय से भी बहुत आगे। वह अपने समाजवादी युवजन सभा के दिनों से ही युवाओं की भाषा जानता, समझता और बोलता रहा है। उनकी आशाओं, आकांक्षाओं और सम्भावनाओं से वह सदा से जुड़ा रहा है, इसलिए उनकी सफलताओं का श्रेय तो उन्हें ही देता है। यह भी सच है कि विफलताओं और मोहभंग की ज़िम्मेदारी नीतीश सिर्फ़ अपनी ही मानता है। इसके परिमार्जन के लिए वह युवा पीढ़ी से बहुत-सी नई बातें सीखता भी रहता है। 'द बिल एंड मिलिंडा गेट्स फ़ाउंडेशन' जैसी ही एक संस्था में बहुत ऊँचे स्तर पर काम करनेवाले अधिकारी ने नीतीश के बारे में बड़े मार्के की बात कही है। अपना नाम न छापने की शर्त पर वे बताते हैं—

'भारत के अन्य राज्यों में हम याचक और दाता के गन्दे खेल खेलने और उसके दाँव-पेच समझने में समय नष्ट करते रहते हैं, नीतीश जी की बात ही कुछ और है। वे अगर हमारी संस्था से कोई सहायता स्वीकार भी करते हैं तो बिलकुल अपनी शर्तों पर, स्वाभिमान

के साथ। जिसे अंग्रेज़ी में कहते हैं 'विदाउट एनी स्ट्रिंग्स अटैच्ड' बिलकुल वैसे ही।'

हम सब, उसके निकट के मित्रों ने शुरू से देखा है कि नीतीश किसी से भी कोई सहायता लेना क़तई पसन्द नहीं करता, न तो व्यक्तिगत और न ही सरकारी। अपने राज्य की अस्मिता पर आए किसी भी लांछन को बर्दाश्त न करके तिलमिला उठने की अपनी आदत की वजह से उसकी एक बार भारी छीछालेदारी भी हो चुकी है। लेकिन अपना बन्दा तो इस विषय में अपने सिद्धान्तों से कभी भी समझौता कर ही नहीं पाता।

यह सब बातें हाल की हैं। इन पर हम आगे भी चर्चा करेंगे लेकिन फ़िलहाल हमें वापस फ़रवरी 2012 में चलना होगा, जब हम तीनों 'हाउस' के लॉन में बैठे, नीतीश के आने की प्रतीक्षा कर रहे थे।

सावधान, मुख्यमंत्री जी पधार रहे हैं

हमारी प्रतीक्षा जारी है। तभी लॉन में खड़ा अलसाया-सा सुरक्षाकर्मी एकाएक सावधान की मुद्रा में आ जाता है—माननीय मुख्यमंत्री जी पधार रहे हैं! हल्के धूसर रंग का ऊनी कुर्ता, अलीगढ़ी पाजामा और नीले रंग की बंडी पहने नीतीश लपकता हुआ हमारी ओर आ रहा है। उसके होंठों की निश्छल हँसी और क़दमों की फुर्ती से बस आत्मीयता ही छलकती जा रही है। उसके चश्मे के शीशे का रंग धूप के कारण गहरा हो जाने से उसकी आँखें नहीं दिख पातीं—पर जब वह हम सबों को कौल में एक साथ भर लेता है तो उसकी पकड़ की उष्णता बहुत कुछ कह देती है। उसके बाल कुछ अधिक सफ़ेद दिखने लगे हैं, चेहरे का रंग भी कुछ गहरा हो गया है। वह बहुत चुस्त दिख रहा है। उसका पूरा व्यक्तित्व बहुत कुछ कॉलेज के दिनों वाला लग रहा है—नफ़ीस और नाज़ुक!

अब वह हमारे साथ की कुर्सी पर इत्मीनान से बैठ गया है।

हम उससे बॉबी के अपने छोटे नाना के बारे में कही गई बालसुलभ बातें बताते हुए अपनी हँसी रोक नहीं पाते हैं। हमारे साथ वह भी हँसता है पर यह कहने से नहीं चूकता कि प्रजातंत्र में जनता ही राजा होती है।

हम जानते हैं कि हर सोमवार को वह नियम से 'जनता दरबार' में, अपने हाथ बाँधे, उनके सेवक की हैसियत से खड़ा होकर, उनकी बातें पूरे ध्यान से सुनता है। उनके दुख-दर्द को समेटकर उनके घावों पर मलहम लगाने की भरपूर कोशिश करता है। जनता से सीधे संवाद बनाने की नीतीश की निष्कपटता सबों को प्रभावित करती है।

हम तीनों 'मित्र सम्प्राप्ति' की एक कथा पर नीतीश से मित्र और मित्रता के बारे में चर्चा करते हैं। इसमें कहा गया है कुछ बातें प्रतिदिन मिलने पर भी सदा नवीन वस्तु की तरह ही सुखकारक होती हैं। इनमें भी जिनके यहाँ प्रतिदिन अच्छे तथा स्नेही मित्र आते हैं, उन्हें देखकर जो सुख प्राप्त होता है, वह किसी भी अन्य वस्तु को देखने से प्राप्त नहीं होता।

हमारी इस बात से ही बात निकालकर नीतीश अपने होंठों में हँसी दबाते हुए बहुत इत्मीनान से कहता है—

'आप जैसे अच्छे और स्नेही मित्रों को देखकर मुझे भी दुख नहीं हुआ'।

यह बात होते ही हम सब खिलखिलाकर हँस पड़ते हैं क्योंकि जहाँ तक मित्रों का प्रश्न है, नीतीश के सन्दर्भ में यह बात बिलकुल सही लगती है। जब वह अपने किसी पुराने मित्र से मिलता है तब उसका पूरा व्यक्तित्व ही ख़ुशियों की फुलझड़ी बन जाता है। तब अमूमन सपाट चेहरे का मुखौटा ओढ़े नीतीश के हाव-भाव बिलकुल बदल जाते हैं। उसका मन जैसे मुहब्बत की सैकड़ों कन्दीलों से रोशन होकर बस सिर्फ़ इसी बात के लिए फ़िक्रमन्द हो जाता है कि वह अपने मित्र के लिए और क्या कर दे, उसे अपनी कौन सी प्रिय वस्तु दे दी जाए जिससे मित्र को और अधिक ख़ुशी मिले! फिर उसकी वह आलमारी अपने आप खुल जाती है जिसमें वह ऐसे अवसरों के लिए अपने पैसों से ख़रीदे स्वेटर, मफ़लर, शाल, किताबें जैसी चीज़ें बड़े एहतियात और जतन से रखता है। इन्हें अपने मित्र को चुपके से पकड़ाते हुए वह भाव-विभोर हो उठता है। मित्रों के लिए उसके मन में ऐसा स्नेह है कि उसके परिसर में उसके व्यक्तिगत मेहमानों के ठहरने की छोटी-सी जगह का नाम भी 'मित्र कुटीर' है!

नीतीश हमसे अपने उन राजनैतिक मित्रों की सफलताओं की नई कहानियाँ सुना रहा है जिनकी उससे कुछ दिनों पहले तक गहरी अनबन रही थी!

हम नीतीश को एक श्लोक सुनाकर छेड़ते हैं जिसमें कहा गया है कि अत्यन्त घनिष्ठ हो जाने पर भी शत्रु के साथ सन्धि नहीं करनी चाहिए, क्योंकि पानी चाहे कितना भी गरम क्यों न हो, वह अग्नि को बुझा ही देता है!

यह सुनकर नीतीश थोड़ा गम्भीर होकर कहता है—

"मुझसे मतभेद रखनेवाले तो बहुत हो सकते हैं पर मुझे नहीं लगता कि मेरा कोई शत्रु भी होगा क्योंकि मैं किसी के प्रति आज तक शत्रुता का अनुभव कर ही नहीं पाया।"

हमारी बातचीत राजा और राज्य की पटरी से हटकर मित्र और मित्रता वाली लाइन पर चल पड़ी है।

घड़ा मिट्टी का या सोने का

हमारी मंडली का विद्वान शिरोमणि कौशल एक श्लोक ठोक देता है जिसमें कहा गया है—

'मूर्खों की आपसी मित्रता तो लोभ अथवा भय के कारण होती है, किन्तु सज्जनों की मित्रता दर्शन मात्र से हो जाती है। दुर्जन के साथ की गई मित्रता मिट्टी के घड़े के समान होती है। मिट्टी का घड़ा किसी भी समय आसानी से टूट सकता है और जो एक बार टूट जाए तो कभी जुड़ नहीं सकता। सज्जनों की मित्रता की बात ही और है। यह सोने के घड़े जैसी होती है जो सरलता से टूटती नहीं और अगर टूट भी जाए तो बड़ी आसानी से जुड़ जाती है।'

यह समय ही बताएगा कि नीतीश के आज बन गए विरोधी कल मिट्टी या फिर सोने का घड़ा साबित होंगे। नीतीश इसकी परवाह नहीं करता। उसकी तरफ़ से मित्रता के लिए रिश्तों में ईमानदारी के अलावा कोई शर्त नहीं है।

हम उसे कई बातों से छेड़ने की कोशिश करते हैं पर नीतीश हमारी बकवास से ऊबता नहीं, बस कन्धे उचका देता है।

हम उसे याद दिलाते हैं कि उसके पूर्ववर्ती मित्र, जो कल तक नीतीश को समाजवाद का सबसे प्रभावशाली चेहरा बताते हुए उसे छोटा लोहिया कहते थकते नहीं थे, आज उसे ही कई नए नामों से बुलाने लगे हैं। कोई कहता है कि नीतीश के पेट में भी दाँत हैं। कोई नीतीश को नटवरलाल कहता है तो कोई पलटू राम और कुछ लोग उसे तानाशाह भी कहते हैं।

अब तक ख़ामोश बैठा चचा 'तानाशाह' शब्द सुनकर अचानक चिहुँक जाता है और एक जँभाई लेकर कहता है कि असली समाजवादी खेमे में बहुत पहले ऐसे ही इल्ज़ामात लोहिया जी पर भी लगे थे। जिसके जवाब में लोहिया जी ने अपने लेख 'मर्यादा, नियम और नेता' में कहा है—

'मैं तानाशाह इसलिए हूँ कि नियम तोड़ने नहीं देता।...ऐसे लोगों की तादाद बहुत कम है जो ख़ुद नियमों का पालन करते हैं और दूसरों से भी करवाना चाहते हैं। नियम-तोड़कों का बहुमत हमेशा ही नियमपालकों के अल्पमत को तानाशाह कहेगा।'

हम नीतीश से कहते हैं कि वह भी ठीक वैसा ही है। जब उसके आसपास इकट्ठी नियम-तोड़कों की जमात हद से ज़्यादा ज़्यादतियों पर उतर आती है तो वह आजिज़ होकर उनसे अलग हो जाता है। तब ये खिसियानी बिल्लियाँ उसे तानाशाह वग़ैरह कहती हुई सियासी खम्भों को नोचकर अपने ही नाखून उखाड़ने लगती हैं।

उसे दिए गए नए-नए नामों से बुलाकर हम नीतीश को खिजाने की कोशिश करते हैं, फिर भी वह चुपचाप मुस्कुराता ही रहता है। अन्त में जब हम उसे 'कुंटलिया बाबा' कहकर सम्बोधित करते हैं तो वह झेंप जाता है। दरअसल बाढ़ के दिनों में नीतीश ने हर बोरे में एक-एक क्विंटल राहत सामग्री रखकर आपदा प्रभावित क्षेत्रों में भिजवाई थी, जिससे कुछ तबक़ों में नीतीश को 'कुंटलिया बाबा' कहा जाने लगा। कुछ पत्रिकाओं में उसे कभी प्यार से और कभी तंज़ से भी, 'सुशासन बाबू' कहकर सम्बोधित किया जाता है। सरकारी महकमों में नीतीश का एक नाम और भी काफ़ी चला। लोगों ने पीठ पीछे उसे खद्दर के कुर्ते-पाजामे में आइएएस कहना शुरू कर दिया। क्योंकि शुरू से ही वह खद्दर के कपड़े तो नेताओं वाले पहनता आया है लेकिन काम में इंसाफ़ पसन्द अधिकारियों की तरह सख़्ती बरतता रहा है। नीतीश हमारी इन बातों पर कोई ख़ास प्रतिक्रिया व्यक्त नहीं करता। उसे ज़्यादा दिलचस्पी हम लोगों और हमारे परिवारों की ख़ैरियत और सलामती जानने में है।

न जाने कितनी देर से हम बातें कर रहे हैं, पर बातें हैं कि ख़त्म होने का नाम ही नहीं ले रहीं। शाम ढलने लगी है। ठंडी हवा के झोंके से हम सब झुरझुरी का अनुभव करते हैं। नीतीश हँसते हुए उठकर हम तीनों के गलों में ऊनी खद्दर का एक-एक मफ़लर डाल देता है और ख़ुद भी वैसा ही एक मफ़लर अपने कन्धे से लटकाकर ख़ुश हो जाता है।

लिखें या न लिखें—दोस्त की दास्ताने ज़िन्दगी

हम उठते हुए नीतीश से अपने आने का प्रयोजन बताते हैं कि हम उसकी एक जीवनी लिखना चाहते हैं। हमारी यह बात सुनकर असहजता और झुँझलाहट की लहरें उसके अन्दर से उठकर उसके मुस्कुराते चेहरे का रंग एकाएक बदल देती हैं। वह कहता है—

'देखिए, मैंने अब तक तो अपने जीवन में ऐसा कुछ भी बहुत बड़ा और मौलिक काम किया ही नहीं जो अनुकरणीय हो, जो लोगों

को मार्गदर्शन दे सके। मैं तो गांधी जी, अपने बाबूजी, लोहिया जी, आम्बेडकर साहब, जयप्रकाश जी और कर्पूरी जी के बताए रास्तों पर चलने की कोशिश भर कर रहा हूँ। फिर आप सब ठहरे मेरे निकटतम एवं सबसे पुराने मित्र जो मेरे व्यक्तिगत जीवन के सभी उतार-चढ़ाव के प्रत्यक्षदर्शी रहे हैं। स्वाभाविक है कि आप मेरे दोषों की चर्चा तो निरपेक्ष होकर कदापि नहीं कर पाएँगे और मुझमें वैसे गुण आरोपित भी कर देंगे जो शायद मुझमें हैं ही नहीं। यह पाठकों के साथ अन्याय होगा। मुझ 'अनाम' की जीवनी लिखने-लिखवाने में मेरी दिलचस्पी क़तई नहीं है।'

वह बाहर से तो शान्त है पर उसकी तेज़ चलती साँसें कुछ और ही कह रही हैं। आज इतनी ख्याति पाने के बाद भी नीतीश ने, स्वयं को बड़ी ईमानदारी से नीरद-सी चौधरी की तरह 'अनाम' कहा है। लोहिया के बारे में भी मस्तराम कपूर ने लिखा है—

'लोहिया ने न तो कभी आत्मकथा लिखने का प्रयास किया न किसी को इसके लिए प्रोत्साहित किया। जिन्होंने उनकी जीवनी लिखने का प्रयास किया उनके प्रति भी, लगता है लोहिया ने बेगानेपन का भाव ही रखा।'

हमारी बातों से नाख़ुश होकर हमारा अपना नीतीश ही अचानक हमारे प्रति बेगानापन दिखा रहा है। हम उसे समझाने की कोशिश करते हैं लेकिन वह किसी भी हालत में अपनी जीवनगाथा लोगों के बीच लाने को तैयार नहीं है। हम भी बेहया बनकर अपनी ज़िद पर अड़े हुए हैं। इसकी एक ख़ास वजह है। दरअसल पिछले पचास वर्षों से अधिक लम्बी दोस्ती के दौरान हमने उसको ईमानदारी, सचाई और सीधी सोच के साथ आगे बढ़ते देखा है। हो सकता है उसके लिये गए फ़ैसलों में कुछ आज के समय की कसौटी पर खरे नहीं उतर पा रहे हों, पर वे निश्चय ही शाश्वत सत्य पर आधारित रहे हैं। हम जानते हैं कि वे फ़ैसले नीतीश ने उतनी ही ईमानदारी से किए थे जैसे गांधी, लोहिया, जेपी, कर्पूरी या फिर नीतीश के बाबूजी ने लिये होते। हमें कॉलेज के दिनों से ही लगता रहा है कि उसने अपने जीवन को जिस आदर्श पथ पर, और जिस दृढ़ता से, आगे बढ़ाया है वह निश्चय ही बहुतों के लिए, कम से कम एक पीढ़ी के लिए तो अवश्य ही, अनुकरणीय है।

हमें लगता है कि बिहार की नई पीढ़ी के आगे अभी नीतीश ही एकमात्र ऐसा है जो उनके लिए आदर्श बनकर खड़ा हो सकता है। यह भी सच है कि नौजवानों के लिए नीतीश ने जितने काम किए हैं, उन

पर एक पूरी किताब लिखी जा सकती है। हमें हर हाल में आज के नौजवानों को सचाई से रूबरू कराना ही होगा क्योंकि वक़्त की रेत हमारी मुट्ठी से तेज़ी से फिसलती जा रही है। बिहार का नौजवान इस बात से नावाक़िफ़ है कि नई दुनिया नीतीश को कितने सम्मान से देखती है।

इसे समझने के लिए पहले यह जानना ज़रूरी है कि भारतरत्न से सम्मानित, नोबेल पुरस्कार विजेता अर्थशास्त्री प्रोफ़ेसर अमर्त्य सेन ने भी माना है कि नीतीश कुमार के नेतृत्व में बिहार ने प्रशंसनीय क़दम उठाए हैं। नीतीश की क़ाबिलियत से प्रभावित होकर उन्होंने नालन्दा विश्वविद्यालय के प्रथम चांसलर का पद सँभालने की स्वीकृति दी थी। इसी तरह 'लन्दन स्कूल ऑफ़ इकोनॉमिक्स' के प्रोफ़ेसर एमरेटस, लार्ड मेघनाद देसाई को नीतीश में भविष्य की सम्भावनाएँ दिखी हैं। अत्यन्त व्यस्त जीवन के बाद भी लार्ड मेघनाद नालन्दा विश्वविद्यालय की संचालन समिति के सदस्य बने थे और उन्होंने नीतीश की कार्य प्रणाली को नज़दीक से समझा और सराहा था।

अमेरिका स्थित 'पेरियार इंटरनेशनल' नाम की विश्वविख्यात संस्था ने नीतीश को 2015 के लिए सामाजिक न्याय के लिए दिए जानेवाले बहुप्रतिष्ठित 'के. वीरामणि सोशल जस्टिस अवार्ड' दिया है। यह पुरस्कार बहुजन आदर्श पेरियार ई.वी. रामासामी के अनिवासी अनुयायियों द्वारा शुरू किया गया है।

8 जनवरी, 2018 को नीतीश को 'सार्वजनिक और राजनीतिक जीवन में ईमानदारी' का पहला मुफ़्ती मोहम्मद सईद सम्मान मिला था।

नीतीश को मिले सम्मानों के बारे में आजकल पूरी दुनिया की जानकारी रखनेवाली गूगल आंटी भी बहुत कुछ बता देंगी।

नीतीश को हम कहते हैं कि अब तक उसके बारे में कही जानेवाली ज़्यादातर बातें दूर से देखी और सुनी जाकर अफ़वाहों की तरह फैलती रही हैं। इसलिए उसके बारे में एक पक्की और प्रामाणिक किताब निकालकर लोगों के सामने सचाई लाने का यही सही वक़्त है। हमारी ज़िद के आगे वह निरुपाय होकर चुप तो हो जाता है, पर हमारा यह अड़ियल भाई अन्त तक हथियार नहीं डालता। वह हमसे बेज़ार होकर ख़ामोशी की ऐसी मोटी चादर ओढ़ लेता है मानो उसके आसपास कोई है ही नहीं। बेहद सुस्त क़दमों से वह हमें गाड़ी तक छोड़ने आता है। हम उसे चिढ़ाने के लिए 'नमस्ते नीतीश' की बजाय 'धन्य हो नेताजी' कहकर विदा लेते हैं। जब तक वह हमें हँसते हुए मुक्का दिखाए हम वहाँ से किलकारियाँ भरते हुए फूट लेते हैं।

हमारा नीतीश—नेताजी?

आश्चर्य यह जानकर होता है कि नीतीश के परिवार में, उसकी पीढ़ी के उससे बड़े सभी लोग, यानी उसकी दोनों बड़ी दीदियाँ, उषा जी और प्रभा जी, तथा उनके एकमात्र भाई सतीश भैया भी नीतीश की चर्चा करते समय उसे 'नेताजी' ही कहते हैं। बस उसकी नब्बे वर्षीया माँ, स्वर्गीय परमेश्वरी देवी, चर्चा के क्रम में उसे 'मुन्ना' कहकर याद करती थीं। नीतीश की एकमात्र छोटी बहन इन्दु भी जब बातचीत के क्रम में बहुत भावुक हो जाती है तो अनायास ही उसे 'मुन्ना भैया' कह बैठती है और प्रकृतिस्थ होते ही, मानो भूल सुधार कर रही हो, अपने भैया को 'नेताजी' के नाम से ही सम्बोधित करती है।

आज के बॉबी जैसा मासूम और शर्मीला मुन्ना कब और कैसे नेताजी बन गया? तमाम विपरीत परिस्थितियों के बावजूद काँटों-भरा ताज पहनकर राज करने का काम उसे क्यों और कैसे मिला, यही सब जानने और समझने के लिए हम भुक्तभोगी नेताजी सहित कई वैसे लोगों से मिले जो इस पूरी असम्भव-सी लगनेवाली प्रक्रिया के निकटस्थ प्रत्यक्षदर्शी रहे हैं। इस खोज में हमें जिनसे अकल्पनीय सहायता मिली, उनमें से अधिकांश तो नीतीश के रक्त-सम्बन्धी हैं। अर्थात उसकी माँ, जिन्हें हम सब भी प्यार से 'मइयो' कहते थे, तीनों बहनें, भैया सतीश और नीतीश की एकमात्र सन्तान निशान्त। इनके साथ ही हमने नीतीश की पत्नी मंजु, नीतीश की भाभी गीता, उसकी ससुराल के सदस्य, समाज के हर तबक़े से उसके बचपन से लेकर अब तक के अनेकानेक व्यक्तिगत मित्र तथा कुछ विश्वस्त सहयोगियों से हुई अन्तरंग वार्ताओं से भी नीतीश के जीवन के कई अज्ञात पहलुओं को जानने-समझने का प्रयास किया है।

यहाँ एक भ्रम दूर करने की आवश्यकता है कि शायद नीतीश का कोई परिवार है ही नहीं। बिहार की राजनीतिक परम्परा के बिलकुल विपरीत, सही या ग़लत कारणों से, उसका कोई दूर-दराज़ का रिश्तेदार भी सार्वजनिक चर्चा का विषय कभी भी नहीं बना। यह बात भी लोगों को कम पता है कि इसी शहर पटना में ही, नीतीश की तीनों बहनें, अपनी-अपनी ससुरालों में रहती हैं। 'मइयो' के बीमार पड़ जाने के बाद नीतीश के भैया सतीश जी, भाभी गीता जी, सतीश जी की बेटी झुन्नी और झुन्नी का बेटा बॉबी नीतीश के साथ ही रहने लगे हैं। इसी प्रकार पटना में ही नीतीश की ससुराल एक भरा-पूरा संयुक्त परिवार है, जहाँ उसके ससुर (अब स्वर्गीय) श्री कृष्ण नन्दन प्रसाद सिन्हा, सास

श्रीमती विद्यावती देवी और तीनों साले—अरुण कुमार, अजीत कुमार और अजय कुमार सपरिवार रहते हैं। नीतीश की एकमात्र साली डॉ. अंजु का विवाह पटना में ही स्टेट बैंक के वरिष्ठ अधिकारी प्रकाश कुमार से हुआ है। नीतीश के मातृ, पितृ और ससुराल पक्ष के ये सारे लोग उसके व्यक्तिगत जीवन के अविभाज्य अंग तो हैं। पर नीतीश के हर सुख-दुख से जुड़े इन रिश्तेदारों का सम्बन्ध बिहार के वर्तमान मुख्यमंत्री से बिलकुल भी नहीं है। पूर्ण पारदर्शी, किन्तु कभी न टूट सकनेवाली दीवार के आर-पार एक ही नीतीश के ये दो बिलकुल भिन्न रूप उसे निकट से जाननेवाले किसी भी आत्मीय जन या अन्तरंग मित्र को कभी खटकते नहीं, क्योंकि वर्षों के कठोर अनुशासन से नीतीश ने उन सबको इस नादिरशाही की आदत डाल दी है।

हम जानते हैं और नीतीश भी ह्रदय से मानता है कि उसके ऐसे संयमित जीवन क्रम को बनाने-सँवारने में उसके संयुक्त परिवार, विशेष रूप से उसकी पत्नी मंजु, ने बड़ी महत्त्वपूर्ण भूमिका अदा की है।

भारत से आत्मीयता से जुड़े अमेरिकी दम्पती, डॉ. एवन हर्बर्ट्स और शालिनी प्रियदर्शिनी ने भारतीय संयुक्त परिवार के बारे में एक निजी बातचीत में बताया है—

'भारतीय संयुक्त परिवार बरगद के पेड़ की तरह होता है। इसकी शाखाएँ इसी के तने से जटा की भाँति निकलकर, इसी के सहारे से झूलते-झूलते बड़ी होती जाती हैं और धीरे-धीरे ज़मीन तक पहुँचकर जड़ें जमा लेती हैं। यद्यपि इस शाखा का अलग से नए पेड़ जैसा अस्तित्व हो जाता है, फिर भी यह पुराने बड़े पेड़ का हिस्सा ही रहती है। इसके विपरीत प्राय: अन्य सभी पाश्चात्य समाजों में परिवार मौसमी फ़सल की भाँति अल्पकालिक होते हैं, जो अपने इतिहास या वंश परम्परा से कुछ विशेष सीख नहीं पाते।'

मंजु—जीवनसंगिनी भी और दोस्त भी

नीतीश ने अपने परिवार से इतना कुछ पाकर बहुत कुछ वापस भी दिया है। उसे जीवन के क्रम में, अपेक्षाकृत कम समय के लिए ही सही, जीवनसंगिनी के रूप में मंजु का नि:स्वार्थ साथ जो मिला था! उसके जीवन में मंजु क़रीब-क़रीब वैसी ही थी जैसे मर्यादा पुरुषोत्तम श्रीराम के जीवन में बिहार की मिट्टी की सुगन्ध से सराबोर, वैदेही जानकी जी! राम के लिए जानकी की तरह, असीमित ऊर्जा और अपरिमित

धैर्य की स्वामिनी, मंजु ही नीतीश के जीवन का आधार रही। यह बात सामान्य लोगों की समझ में आ ही नहीं सकती, क्योंकि इनके रिश्ते को देखने-समझने के लिए जो नज़र चाहिए, वह या तो लोहिया जी के पास थी या फिर नीतीश के बाबूजी के पास। शायद जेपी भी इस रिश्ते की गहराई ठीक से समझ सकते थे। यह देखकर आश्चर्य होता है कि रामायण और महाभारत के प्राय: सभी देवता माने जानेवाले पात्रों में श्रीराम अकेले थे जिन्होंने पूरी निष्ठा से एक पत्नी व्रत का निर्वाह जीवनपर्यन्त किया, जानकी से अलग रहकर भी। इस कसौटी पर कसे जाने से नीतीश भी बेशक वैसा ही लगने लगता है। नीतीश का मंजु से सम्बन्ध समझाने के लिए हमें हरिवंशराय बच्चन की आत्मकथा के दूसरे खंड, 'नीड़ का निर्माण फिर', से सहायता लेनी पड़ गई है जहाँ बच्चन ने अपनी पत्नी तेजी बच्चन के बारे में लिखा है—

'जब तेजी मेरे जीवन में आईं तब वह पहली नारी थीं जिनमें देवी की दिव्यता, माँ की ममता, सहचरी की सद्भावना, और प्राणाधार की प्राणदायिनी धारा का मैंने एक साथ अनुभव किया। और वे मुझे प्राप्त हुई थीं न मेरी खोज से, न मेरी साधना से, न मेरे अधिकारी होने से, बल्कि दैव के रहस्यपूर्ण विधान से...' (पृ. सं. 185)

निश्चय ही नीतीश को मंजु दैव के रहस्यपूर्ण विधान से ही मिली थी। इसकी पुष्टि बहुत पहले ही एक और घटना से हुई थी, जब कौशल ने मंजु से चचा बुक़रात को 12 नवम्बर, 1973 को पटना में मिलवाया था। चचा के साथ उसके एक जाननेवाले बुज़ुर्गवार भी थे—श्री (अब स्वर्गीय) मदन मोहन सहाय जिन्हें चचा ने पहुँचा हुआ नजूमी (भविष्यदृष्टा) बताया था। सहाय के गुरु, क्रिया योगी, स्वामी हरिहरानन्द गिरी जी महाराज थे। सहाय को देखकर उनके प्रति श्रद्धा सहज ही जग जाती थी। मंजु ने भी अपने दाम्पत्य जीवन के भविष्य के बारे में उनसे पूछा था। उन्होंने जो मुख्य बातें कही थीं, उन्हें हम कौशल से ही सुन लेते हैं—

'चचा के उस्ताद इतने भद्र और संकोची प्रवृत्ति के थे कि वे महिलाओं के आगे हमेशा नज़रें नीची किए रहते थे और उनके हाथ नहीं, पाँव की उँगुलियाँ देखते थे। बहुत पूछने पर सामनेवाले से कोई संख्या बोलने को कहते थे और उसी के आधार पर भविष्यवाणियाँ करते थे। संख्या पूछने पर मंजु ने धीरे से कहा था सात। सात सुनकर सहाय कुछ देर तक गणना करते रहे और फिर मंजु से बोले—

'सात, कई जन्मों का साथ! आपका और आपके पतिदेव का कई जन्मों का साथ लगता है।'

इसके बाद उन्होंने मंजु को जल्दी ही कोई नौकरी तलाश करने की सलाह दी। सहाय की गणना के अनुसार आनेवाले 11-12 सालों तक मंजु को पैसों का अभाव बने रहने का डर था। यह सब सुनकर मंजु और चचा सन्न हो गए। मैं तो हक्का-बक्का ही रह गया क्योंकि मैं सोच रहा था कि नीतीश जल्दी ही किसी काम-धन्धे में लग जाएगा। सहाय जी हमारा दुख समझ गए थे। उन्होंने मंजु से कहा, 'इस बुरे समय के बाद आप निश्चय ही राज रानी बन जाएँगी।'

इस भविष्यवाणी के पूरे 12 सालों बाद, 1985 में, नीतीश ने पहली बार विधानसभा का चुनाव जीता। सहाय ने मंजु से यह भी कहा था कि उसके पति की ऐसी ख्याति होगी जो लाखों लोगों में से किसी एक को ही नसीब होती है। इसके बाद सहाय जी ने पहली बार मंजु के पाँव को देखकर कहा कि इनके पाँवों की उँगलियाँ दो बातें बताती हैं, पहली बात ये सुर्ख़ियों में आने से बचती रहती हैं और दूसरी बात यह कि इनके पति इनसे बहुत अधिक प्रेम करते हैं। इन्हें अपना सब कुछ समझते हैं लेकिन अपने दिल की बात कहने में बहुत कंजूसी से काम लेते हैं।'

नीतीश की पत्नी, स्वर्गीय मंजु, अपने जीवन काल में सदा सुर्ख़ियों में आने से बचती रहीं। नीतीश के मुख्यमंत्री बनने के बाद भी मंजु की चर्चा सार्वजनिक रूप से मात्र दो बार हुई। नीतीश ने 24 नवम्बर, 2005 को गांधी मैदान में मुख्यमंत्री पद की शपथ ली थी। मंजु और निशान्त ने पूरे समारोह को बहुत क़रीब से देखा था। प्रसन्नता से फूली न समाती मंजु से जब नीतीश की इस विजय के बारे में पत्रकारों ने पूछा था, तब उसका जवाब बहुत सलीक़े का था। मंजु को तब यह सही और आम आदमी की जीत, असत्य पर सत्य की विजय तथा सुशासन की सुनहरी और चमकीली भोर लगी थी। यह सब ख़बरें अगली सुबह, अर्थात् 25 नवम्बर को, बिहार के हर अख़बार में प्रमुखता से छपी थीं। तब वह पटना के कमला नेहरू कन्या विद्यालय, यारपुर, में पढ़ाती थीं। नीतीश के मुख्यमंत्री बनने के बाद भी उसके रहन-सहन, पहनने-ओढ़ने, खाने-पीने या दिनचर्या में कोई अन्तर नहीं आया था। मुख्यमंत्री बनने के बाद कंकड़बाग़ जाकर नीतीश हर रोज़ अपने परिवार से भेंट कर आता था। लेकिन वह देख रहा था कि मुख्यमंत्री आवास ख़ाली होने में हर दिन की देरी मंजु को बेचैन कर रही थी। नीतीश के मुख्यमंत्री बनते ही तय हुआ था कि मंजु अब बेटे के साथ मुख्यमंत्री आवास में जाकर अपनी गृहस्थी जमा लेगी। लेकिन उस घर की मरम्मती का

काम ऐसी मंथर गति से चल रहा था कि उसमें हो रही देर से खीज कर नीतीश को वहाँ अकेला ही शिफ़्ट करना पड़ा। तब तक वहाँ इतनी भी मूलभूत सुविधाएँ नहीं बन सकी थीं कि मंजु वहाँ अपनी गृहस्थी शुरू कर सके। जब मुख्यमंत्री का सरकारी आवास क़रीब चार महीनों तक उसके परिवार के रहने लायक़ नहीं बन पाया तो मंजु धीरे-धीरे मायूस होने लगी। अमूमन हमेशा ख़ुश रहनेवाली मंजु, घर बदलने में हो रही इस अनावश्यक देरी से, धीरे-धीरे निराश होती जा रही थी। कुछ वर्षों पहले ही, मंजु ने नीतीश के किसी मित्र के पुनाईचक के सरकारी घर में नीतीश के साथ रहकर बड़े अरमानों से अपनी गृहस्थी शुरू की थी। अचानक बिना किसी पूर्व सूचना के पुरानी सरकार के आदेश से वहाँ से हटा दिए जाने के कारण राजनैतिक व्यवस्था से मिले घरों से उसका मोहभंग पहले ही हो चुका था, जो अब भय में परिवर्तित होने लगा था। इस बेवजह की देरी से दुःखी और परेशान मंजु उन दिनों अकेली ही स्कूल जाती-आती थी। राह चलते भी उससे भेंटवार्ता के लिए कई चैनल और पत्र-पत्रिका वाले मनुहार करते रहते पर वह सरल मुस्कान और सहज विनम्रता के साथ सभी से क्षमा-याचना कर लेती। दूसरी और आख़िरी बार उसके बारे में ढेर सारी ख़बरें 15 मई, 2007 को तब आईं जब एक दिन पहले ही उसकी इहलीला समाप्त हो गई थी। उस दिन उसके बारे में न जाने कितना कुछ छपा पर उसे पढ़ने, और पढ़कर अनायास सकुचाने वाली तब तक बहुत दूर जा चुकी थी।

यह सब हम आगे जानेंगे, लेकिन इससे पहले कि काल की तेज़ हवा उन्हें मिटा न दे, पहले हम थोड़ा पीछे चलकर, समय की रेत पर पड़े जाने-अनजाने पदचिह्नों की भीड़ में अपने मुन्ना के पाँवों के निशान ढूँढ़ते हैं...

पुरखों की थाती

यद्यपि नीतीश इलेक्ट्रिकल इंजीनियर है, पर गूगल की किसी वेबसाइट पर उसे सिविल इंजीनियर बताया गया था। छपे आँकड़ों की अविश्वसनीयता का इससे बड़ा प्रमाण क्या हो सकता है! सरकारी रिकॉर्ड के अनुसार नीतीश की जन्मतिथि 1 मार्च, 1951 है। हमने इसका सत्यापन नीतीश की माँ, स्वर्गीय परमेश्वरी देवी, से करने का प्रयास किया था। उन्होंने बताया था कि नीतीश के पिता स्वर्गीय राम लखन सिंह जी ही बच्चों के सारे काग़ज़ात सँभालकर रखते थे जो उनके स्वर्गवास (29 नवम्बर, 1978) के बाद, न जाने कैसे, इधर-उधर हो गए। नब्बे वर्ष से अधिक आयु हो जाने के बाद, 2011 की 1 जनवरी को, हमारी मइयो की इहलीला भी समाप्त हो गई। अपनी मृत्यु से कुछ ही पहले स्वर्गवासिनी मइयो ने बहुत हुलसकर बताया था कि जिस आधी रात को मुन्ना उनकी गोद में चाँद का टुकड़ा बनकर आए, दरअसल वह गुलाबी ठंड वाली पूरे चाँद की रात थी। अब 1 मार्च, 1951 को पूर्णिमा तो क़तई नहीं थी।

अथ ज्योतिष माहात्म्य कथा

इसलिए, पूर्णिमा की उस तारीख़ का पता करने के लिए हम पटना के ही एक ज्योतिषी जी के पास जा धमके। वे बड़े उत्साह में भरकर ढेर सारे पोथी पत्तर लेकर बैठ गए। उनके हिसाब से 1951 की पहली मार्च के आसपास की एक पूर्णिमा 21 फ़रवरी को थी और दूसरी 23 मार्च को। हमारी जिज्ञासा शान्त होने के बाद उन सीधे-सादे पंडित जी से कुछ बड़ी मज़ेदार बातचीत हुई।

पंडित जी ने मानसागरी नाम की ज्योतिष विद्या की किताब से पढ़कर बताया कि पूर्णिमा को जन्म लेनेवाला व्यक्ति श्री (ख्याति, ऐश्वर्य, प्रतिष्ठा) युक्त, बुद्धिमान, भोजनप्रिय, उद्यमी तथा सौन्दर्य के प्रति अनुरागी होता है।

फिर उसाँसें भरते हुए उन्होंने कहा—

'भला हो इस मानसागरी का जिसमें लिखी भविष्यवाणियाँ फिर भी 60 से 80 प्रतिशत तक ठीक निकल जाने से इस कलियुग में हमारा गुज़ारा किसी प्रकार हो ही जाता है।'

उनके दुख और पीड़ा से पूरी संवेदना और सहानुभूति प्रकट करते हुए हमने पूर्णिमा को जन्मे नीतीश के लिए की गई भविष्यवाणी की 60 से 80 प्रतिशत सत्यता का गणित सुलझाने की कोशिश की।

नीतीश श्रीयुक्त तथा बुद्धिमान है, इसकी तसदीक उसे राष्ट्रीय तथा अन्तरराष्ट्रीय स्तर पर बिना नागा, प्रायः वार्षिक उत्सव की भाँति, मिले हुए न जाने कितने प्रतिष्ठित पुरस्कारों से अनायास ही हो जाती है।

अब आलम यह है कि हर वर्ष बिहार राज्य के किसी-न-किसी महत्त्वपूर्ण विभाग को देश में सर्वश्रेष्ठ होने का पुरस्कार मिलता ही रहता है। अर्थात् नीतीश के बारे में ज्योतिषी जी की पहली दो बातें सही लगती हैं।

अब रही बात भोजनप्रियता की तो हमने इसकी भी गहरी छान-बीन की और इस विषय में जो कुछ पता चला उससे लगता है कि कॉलेज के दिनों की बात छोड़ दें तो उसके बाद वह भोजन भट्ट कभी नहीं रहा। वैसे वह भोजन की शुद्धता के प्रति बहुत सचेत रहता है और सोच-समझकर खाता है। इसलिए बातों में अब तक दो सत्य और एक अर्धसत्य प्रतीत होती हैं।

पूर्णिमा को जन्म लेनेवाले व्यक्ति के बारे में ज्योतिषाचार्य जी ने चौथी बात उद्यमी होने की कही थी। इस सत्य से आँखें मूँदी नहीं जा सकतीं कि नीतीश के सबसे प्रचंड आलोचक भी उसके समर्पित उद्यमी होने की बात, चाहे दबे स्वरों में ही सही, स्वीकारते अवश्य हैं। इसके पीछे हर काम करने से पहले भली-भाँति उसके परिणामों को सोचने-समझने की नीतीश की आदत का हाथ बताया जाता है। अगर नीतीश उद्यमी न होता तो क्या बिहार की प्रगति की दर इस देश में दूसरे और पहले स्थान पर, वह भी लगातार वर्षों तक, सम्भव थी? बहुमत यही है कि बिहार में आए सकारात्मक बदलाव नीतीश के उद्यम के ही परिणाम हैं। यहाँ तक आकर यह महसूस होता है कि ज्योतिषी जी की बताई पाँच में से तीन बातें पूरी ठीक और एक आधी ग़लत है।

नीतीश के बारे में ज्योतिषी जी द्वारा बताई गई आख़िरी बात सौन्दर्य के प्रति उनके अनुरागी होने की थी। बिहार जैसे राज्य में, जहाँ प्रत्येक राजनेता की व्यक्तिगत ज़िन्दगी में सेंध लगाकर, अतीत की हर बख़िया उधेड़ना कई लोगों का पूर्णकालिक शग़ल है और जहाँ तिल का ताड़ बनते देर नहीं लगती, वहाँ एक चुनाव के दौरान विरोधी दल द्वारा लगाए गए एकमात्र भ्रामक आरोप को छोड़कर (कि नीतीश और उनके लम्बे समय तक रहे अभिन्न सहयोगी एक-दूसरे

के साले-बहनोई हैं), नीतीश के चरित्र के सम्बन्ध में किसी ने कोई ऐसी-वैसी बात कभी नहीं कही। यह निराधार आरोप भी तत्काल काल-कवलित हो गया और अनर्गल ही सिद्ध हुआ। किसी बेपर की उड़ानेवाले ने यह भी कहा था कि रेलमंत्री नीतीश ने किसी गाड़ी का नाम अपनी किसी परिचित महिला के नाम पर रखवाया था। यह सुनकर सामान्यतः बेहद संयत रहनेवाले सुनील कुमार सिंह, जो नीतीश के साथ रेल मंत्रालय में अतिरिक्त निजी सचिव का काम देखते थे, हत्थे से उखड़ जाते हैं। वे बताते हैं—

"नीतीश जी की उत्कृष्ट साहित्यिक अभिरुचि का पता शायद बहुत कम लोगों को है। उन्होंने रेलगाड़ियों को जनसंचार के माध्यम से बहुत ऊपर उठाकर उसे लोगों से भावनात्मक तथा आध्यात्मिक स्तर पर जोड़ने का प्रयास किया है। पटना साहब या पटना जैसे धार्मिक स्थान से जम्मू, अजमेर शरीफ़, अमृतसर आदि जैसे दूसरे धार्मिक स्थानों को जोड़नेवाली गाड़ियों के नाम आप देख लीजिए, आपको सचाई अपने आप पता चल जाएगी। विभूति एक्सप्रेस, अर्चना एक्सप्रेस, ज़ियारत एक्सप्रेस आदि नाम ही बता देते हैं कि ये ट्रेनें सिर्फ़ किन्हीं दो धार्मिक स्थलों को ही नहीं जोड़ रही है, ये अक़ीदत, विश्वास और आस्था का पुल भी हैं और ये सारे नाम नीतीश जी ने बहुत सोच-समझकर रखे हैं। आपको स्मरण होगा कि पटना से ही जेपी की सम्पूर्ण क्रान्ति आरम्भ हुई थी जिसमें सीधे दिल्ली की गद्दी पलट दी थी। नीतीश जी ने ही पटना से दिल्ली तक, बीच में बिना कहीं रुके, चलनेवाली नई ट्रेन का नाम 'सम्पूर्ण क्रान्ति एक्सप्रेस' रखा था।"

सुभाषिनी अली से मिला ज्ञान

अखिल भारतीय ग्रुप ए सिविल सेवा 'दानिक्स' के कर्मठ अधिकारी सुनील, हिन्दी के प्रख्यात कवि स्वर्गीय केदारनाथ सिंह के सुपुत्र हैं। नीतीश के चारों ओर जो सादगी पूर्ण आभिजात्य की झलक है, उसे नीतीश 'सुनील टच' कहता है। नीतीश की पसन्द की कौन सी बढ़िया चीज़ दिल्ली में सबसे कम क़ीमत में कहाँ मिलती है, यह सुनील को बख़ूबी पता है। नीतीश के बारे में कही गई अपनी बात को प्रमाणित करने के लिए वे संसद से ढेर सारे उदाहरण देते हुए कह रहे हैं—

'एक तो बिहार राज्य पर पहले से ही पिछड़ेपन का तमग़ा लगा हुआ था, फिर अपनी हरकतों और हास्यास्पद बातों से कुछ बिहारी सांसद बिहार की छवि को और भी धूमिल कर रहे थे। 1989 में पढ़े-लिखे और सुस्पष्ट विचारों वाले नीतीश जी के संसद में आने के बाद बिहार की बात ही कुछ और हो गई। उनके तथ्यात्मक और चुटीले भाषणों को सब बड़े ध्यान से सुनते। नीतीश जी

को पहले लोकसभा और मंत्री बनने के बाद राज्यसभा में भी, जो सम्मान मिला वह आज की पीढ़ी के बिहार के अधिकांश नए नेताओं के लिए अकल्पनीय है।'

सुनील आगे बता रहे हैं—

'अपने संसदीय राजनैतिक जीवन में नीतीश जी को कुछ समकालीन महिला सांसदों को निकट से देखने और जानने का अवसर मिला था। उनमें कम्यूनिस्ट पार्टी की कानपुर से सांसद सुश्री सुभाषिनी अली की सोच बहुत साफ़ और समाजवादी क़िस्म की थी। उन्हें नीतीश जी की हमेशा कुछ सीखने-जानने की प्रवृत्ति ने बहुत प्रभावित किया था।

नए-नए सांसद बने नीतीश जी को संसदीय कार्यप्रणाली के बारे में वे हमेशा कुछ न कुछ बताती रहती थीं। नीतीश जी उनका अनुग्रह सदा स्वीकार करते रहे हैं। संसद में किसी दिन सुभाषिनी जी के ग़ज़ब के हास्य बोध का अनुभव भी नीतीश जी ने सकुचाते हुए स्वयं बताया है।

संसद में अपनी लम्बी और लगातार उपस्थिति के लिए एक दिग्गज सांसद विख्यात थे। सुबह से लेकर सारा दिन और देर शाम तक उनका वक़्त संसद भवन में ही बीतता था। नीतीश जी इन बुज़ुर्ग सांसद की लगन से प्रभावित होकर सुश्री अली से उनकी मुक्त कंठ से प्रशंसा भी करते थे। सुभाषिनी जी विस्मित होकर नीतीश जी की बातें कुछ ऐसे सुनतीं मानो नीतीश जी उन्हें एक नितान्त अपरिचित तथ्य से रूबरू करा रहे हैं। बुज़ुर्ग सांसद महोदय के लिए कई दिनों तक नीतीश जी से अनवरत प्रशस्ति गान सुनने के बाद सुभाषिनी जी ने एक दिन बहुत सलीक़े से इस अविरल प्रशंसा पर सदा के लिए पूर्णविराम लगा दिया।

उन्होंने नीतीश जी को दर्शक दीर्घा में बैठी एक अधेड़ महिला को चुपके से दिखाकर पूछा कि वह महिला देखने में कैसी लगती है? अपनी बढ़ी हुई आयु के बाद भी उन महिला ने मेकअप की ऐसी लीपापोती की हुई थी कि उनका चेहरा डरावना लग रहा था। कई बार किसी उम्रदराज़ औरत पर यह मुहावरा बहुत सटीक बैठता है और मन में अनायास बात उठती है कि ये खँडहर बता रहे हैं कि यह इमारत कभी कितनी बुलन्द रही होगी! यहाँ लगता था कि यह खँडहर तो कभी पूरी इमारत थी ही नहीं! बस इतना ही लगता था कि जैसे बहुत पहले कोई भवन अधूरा बनाकर छोड़ दिया गया था और काल के थपेड़ों से वह आधी-अधूरी इमारत आज डरावनी होने की हद तक बदशक्ल होकर खँडहर बन गई है। नीतीश जी संकोचवश कुछ कह नहीं पाए पर शायद मन ही मन सोचने लगे कि ये अधेड़ महिला सुन्दर तो क़तई नहीं हैं।

सुभाषिनी जी नीतीश जी के ऊहापोह का आनन्द लेते हुए कहती हैं कि यही हैं तुम्हारे नए हीरो की गृहस्थिन राजरानी! अरे जिसकी बीवी ऐसी ख़ौफ़नाक होगी, वह घर जाने से गुरेज़ करेगा कि नहीं? यहाँ एसी है, सस्ते नाश्ते और खाने के

साथ चाय पानी भी है। सबसे ऊपर तुम जैसे लल्लो-चप्पो करनेवाले आठ-दस शैदाई भी तो इनका ईगो सहलाते ही रहते हैं! फिर कोई घर जाकर इन मोहतरमा के पल्लू से क्यों बँधे! पर नीतीश बाबू, ये बारीक बातें आपकी समझ से परे हैं क्योंकि आप तो ठहरे भारी-भरकम लिटरेचर पढ़ने और नेक निगाहों वाले उत्कृष्ट साहित्य प्रेमी शरीफ़ इनसान! इसलिए आपको तो हर औरत में देवी और हर आदमी में देवता ही नज़र आते होंगे! इतना कहकर सुभाषिनी जी हँस देती हैं।'

सुनील ने यह कहानी नीतीश से ही सुनी है। सुनील ज़ोर देकर कहते हैं—

'सुभाषिनी जी ने नीतीश जी के साहित्य प्रेम के बारे में एकदम सच कहा है।'

हमारा अनुभव भी यही रहा है कि नीतीश को शुष्क राजनीति की बंजर भूमि में भी साहित्य के फूल उगाने की कला आती है। पटना में, जहाँ वह कोई बड़ी बैठक, पत्रकार सम्मेलन या फिर नई घोषणा करता है, उस भवन का नाम रखा गया है 'संवाद' और जिस भवन में वह सहकर्मियों से बातचीत करता है उसका नाम है 'विमर्श'। गहन विमर्श के बाद लिये गए किसी भी निर्णय की स्वाभाविक परिणति उसके ससमय क्रियान्वयन की योजना बनाने में निहित होती है। यह काम करने के लिए दृढ़ इच्छाशक्ति का निर्णय जिस भवन में लिया जाता है, उसका नाम नीतीश ने रखा है 'संकल्प'। अब भवनों की इस ख़ूबसूरत कड़ी में 'नेक संवाद' और 'लोक संवाद' नाम की दो बड़ी प्यारी लड़ियाँ और जुड़ गई हैं।

नेक संवाद, लोक संवाद, विमर्श, संकल्प और निसका

2019 के जाड़े की ख़ुशनुमा दोपहर में हम तीनों को नीतीश इन नये भवनों को दिखाकर उनके नाम का औचित्य बता रहा है। वह जो बड़े-बड़े हॉलों वाला हिस्सा है, जहाँ वह बड़ी संख्या में कई नेक लोगों से एक साथ मिल सकता है, उसका नाम है 'नेक संवाद'। यहाँ से बैठे-बैठे भी वह संचार की नवीनतम तकनीक से पूरे राज्य के पंचायत स्तर के लोगों से संवाद स्थापित कर लेता है।

राज्य की जनता को, उसके पास आकर, अच्छे सुझावों को रखने की पूरी छूट है। ऐसे लोक कल्याणकारी कामों के लिए वह जहाँ गम्भीर संवाद की पुलिया की रचना करता है, वह जगह है 'लोक संवाद'। वहाँ नीतीश किसी भी नए और अच्छे सुझाव को आमने-सामने बैठकर सुनता और समझता है। इसे नीतीश कहता है 'वन-टू-वन टॉक'! इस 'नेक संवाद' के गर्भ से निकले कई नए जनोपयोगी विचारों को 'विमर्श' नाम के भवन में मन्थन के बाद नीतीश ने 'संकल्प' नाम की बिल्डिंग में बैठकर अमली जामा पहनाने में कोई देरी नहीं की है। नीतीश यह भी बड़ी सादगी से बताता है कि इन दोनों भवनों की छतों पर

लगाए गए सौर ऊर्जा संयंत्रों से इतनी अधिक प्रदूषण रहित बिजली पैदा होती है कि अपनी ज़रूरतों को पूरी करने के बाद बची बिजली राज्य सरकार के ग्रिड में दे दी जाती है। हम पूरी व्यवस्था देखकर चमत्कृत हो जाते हैं लेकिन हम कहीं भी इसका कोई प्रचार-प्रसार नहीं देखते। पूछने से नीतीश बस कन्धे उचका देता है।

हम आगे बढ़ते हुए 'विमर्श' और 'संकल्प' के ठीक बीच में एक और छोटा सा आडम्बर रहित भवन देखते हैं, जिसका नाम हमें दूर से 'निष्कर्ष' समझ में आता है। 'विमर्श' की तर्ज़ पर साथ की बिल्डिंग का 'निष्कर्ष' नाम ठीक भी लगता है। नीतीश हमारा तर्क सुनकर मुस्कुराता है, कुछ कहता नहीं। पास जाने पर इस बिल्डिंग का नाम पता चलता है 'निष्कर्ष' नहीं 'निसका'! नीतीश हम तीनों को इसका सही अर्थ बताने की चुनौती देता है। हम में अरुण सबसे अधिक पढ़ा-लिखा है, वह गोवा से निकलनेवाले अंग्रेज़ी के बहुत बड़े अख़बार का मुख्य सम्पादक भी है। लेकिन नीतीश की प्रश्नवाचक दृष्टि के आगे वह निरुत्तर हो जाता है। इस बीच कौशल भी एपल के अपने बहुत महँगे मोबाइल पर बेचैनी से इस शब्द का अर्थ ढूँढ़कर हार गया है। हम भाषाई युद्ध में एक बार फिर से नीतीश से पराजित हो गए हैं और खीज कर हाथ खड़े कर देते हैं। दशकों पहले कॉलेज के दिनों में, इंजीनियरिंग कॉलेज के पहले छात्र संघ का नाम नीतीश और कौशल ने मिलकर 'बामसू' रखा था। जिसे लेकर बड़ा ग़दर मचा था। उसकी कहानी भी कहीं आगे कही जाएगी। लेकिन हमारी सूई अभी तक 'निसका' पर ही अटकी हुई है। सम्भावनाओं का पूरा पहाड़ खोदकर हम थक चुके हैं। तब नीतीश मानो उस 'निसका' नाम की छोटी-सी चुहिया की दुम पकड़कर हमारे नाक के सामने झुलाते हुए कहता है—

ठीक तो है? यह इतने बड़े विद्वानों की टोली इतनी छोटी बात कैसे समझ सकती है? अरे बाबा, 'निसका' माने 'निजी सचिव कार्यालय'! यह कहते हुए उसके होंठों पर मित्रता के रस में पगी विजय की दुष्ट मुस्कुराहट, किसी बड़ी बहस में हम सबों को चारों खाने चित छोड़कर अलग खड़े, पचास साल पुराने नीतीश की याद फिर से दिला देती है।

एक बार फिर से मन में पटना वाले ज्योतिषी जी से की गई मुलाक़ात की बात कौंध गई है। साठ वर्षीय नीतीश के बारे में उनकी बताई गई पाँच में से तीन बातें आज भी सही निकलती दिखती हैं। उस दिन हमें नीतीश की पार्टी का नारा याद आया था, 'संसोपा ने बाँधी गाँठ, पिछड़ा पावै सौ में साठ'। हमें लगा था कि ज्योतिषी जी की सफलता का औसत भी रहा 60 प्रतिशत! इसलिए उनकी 25 रुपये की मामूली फ़ीस के बदले उन्हें हम 60 रुपये दे देते हैं। 60 की बात कहते ही उनकी आँखें चमक उठी थीं, पैसों की बात से नहीं, इस बात से कि नीतीश 60 वर्ष के हो गए हैं।

उन्होंने बताया—

'किसी भी पुरुष के जीवन में उसकी 'षष्ठी पूर्ति' का बड़ा महत्त्व होता है। जन्म के बाद पहली बार साठवें साल की कुंडली जन्मकुंडली जैसी ही हो जाती है। इसे हम जातक का पुनर्जन्म मानते हैं, क्योंकि इस वर्ष प्रकृति जातक को नए सिरे से कुछ करने का अवसर देती है। पता नहीं नीतीश बाबू 'षष्ठी पूर्ति' का क्या अभिनव उपहार हमारे राज्य को देंगे, लेकिन कुछ अच्छा अवश्य देंगे, इसका बड़ा भरोसा है।'

हम इस सीधे-सादे पंडित की आशावादिता और अपेक्षा से प्रभावित हुए हैं, उसके ज्योतिष शास्त्र में विश्वास से भी, क्योंकि 2011 की शुरुआत में ही नीतीश ने जो भ्रष्टाचार विरोधी नीतियाँ बनाई हैं, उनसे दूरगामी और सकारात्मक परिणाम मिले हैं। कई भ्रष्टाचारी इंजीनियरों व आला अधिकारियों की सम्पत्ति ज़ब्त करके उनमें स्कूल, सरकारी दफ़्तर भी खुलवाए गए। लोगों की अपेक्षाएँ जगी हैं और आकांक्षाओं की पूर्ति भी हुई है। कहना न होगा कि यह नौजवानों जैसा लम्बा डग नीतीश ने साठ वर्ष के होने के आसपास ही भरा है। तब से नीतीश ने राज्य के उत्थान के लिए असम्भव से लगनेवाले जो काम किए हैं उन्हें लिखने में हम, और पढ़ने में आप, ज़रूर थक जाएँगे। यह बात अब जगज़ाहिर है कि नीतीश अपने सहयोगी दलों के साथ कोई नई स्कीम बिहार में शुरू करता है और देश के कई राज्यों की सरकार, यहाँ तक कि केन्द्र सरकार भी, बस थोड़ा सा नाम बदलकर, वैसी ही स्कीम अपने बैनर के तले चट से लागू कर देती है। आम इनसान की दुश्वारियों से जुड़े नीतीश के जज़्बाती ज़िगर की बानगी देखिए, जब वह पूरी ईमानदारी से कहता है—

'राज्य के ख़ज़ाने पर आपदा पीड़ित लोगों का सबसे पहला हक़ है।'

इस बात की प्रतिध्वनि पूरी दुनिया में बार-बार सुनी गई है क्योंकि बिहार पर आई हर आपदा के दौरान नीतीश ने राज्य के ख़ज़ाने के साथ-साथ अपने दिलोदिमाग़ के दरवाज़े भी पूरी निष्कपटता से खोले हैं। चलिए, हम इस नीतीश नाम के मिथक को समझने के लिए मनोविज्ञान द्वारा स्थापित कुछ मानकों का सहारा लेते हैं।

मिट्टी पुरखे और परिवेश

कहते हैं कि हमारा व्यक्तित्व बनाने में जो तीन सर्वाधिक महत्त्वपूर्ण कारक तत्त्व होते हैं, उनमें पहली तो है हमें गढ़नेवाली वह मिट्टी, जिसने हमें माटी के पुतले से हाड़-मांस का इनसान बनाकर हमारे दिल को धड़कना सिखाया। जैसे हम हैं, वैसा हमें बनानेवाला दूसरा तत्त्व है, हमारे पुरखों की हम तक आती कड़ी।

वही पुरखे, जिनकी गौरवगाथा की थाती हमारी धमनियों में रक्त बनकर बहती है। तीसरा और शायद सबसे महत्त्वपूर्ण तत्त्व है हमारे बचपन का वह परिवेश जो हमारी हर साँस में रच-बसकर हमारे व्यक्तित्व की आधारशिला रखता है। ये तो वे ज्ञात तत्त्व हैं जिन्हें हम जानते और पहचानते हैं। व्यक्तित्व-निर्माण में इनके अतिरिक्त और भी ढेर सारे कारकों का महत्त्वपूर्ण योगदान होता है। नीतीश को और क़रीब से जानने के लिए हम पहले उसके जीवन के इन सब तत्त्वों को संक्षेप में जानेंगे।

सबसे पहले मिट्टी की बात हो जाए।

पटना से पूरब की ओर एक बेहद पुरानी लेकिन अच्छी सड़क जाती है, जिसका नाम है राष्ट्रीय मार्ग संख्या 31 या एनएच 31 जो गंगा नदी के समानान्तर चलती है—बहुत दूर तक। फिर मोकामा में इसी सड़क से मिलकर राष्ट्रीय मार्ग संख्या 33 आपको मुंगेर, भागलपुर, साहबगंज होते हुए बंगाल पहुँचा देती है। पटना से प्राय: 40 किलोमीटर पूरब, बख़्तियारपुर में, एनएच 31 से दक्षिण की ओर एक प्रशस्त राजमार्ग फूटता है जो शिक्षा के प्राचीन केन्द्र नालन्दा तथा प्राचीन भारत के गौरवशाली नगर राजगृह जाने का सीधा मार्ग है। नीतीश की मेहनतों से आज पटना से बख़्तियारपुर और उससे भी आगे तक बने 'फ़ोर लेन' वाली सड़क पर सैकड़ों ट्रकों, बसों, ट्रैक्टरों आदि सहित मर्सिडीज़ बेंज़, आउडी और शेवरले जैसी महँगी गाड़ियाँ भी अनवरत दौड़कर मानो उसकी छाती कूटती रहती हैं। इस चकमक करती फ़ोर लेन वाली सड़क के बनने के पहले, एनएच 31 ही इन सारे वाहनों का बोझ वहन करती थी। लेकिन तब भी और आज तक बख़्तियारपुर के आसपास, एनएच 31 के दोनों ओर, एक किलोमीटर से भी कम दूरी के अन्दर ही एक अलसाया हुआ संसार बसता है जहाँ समय जैसे ठहर-सा गया है। पिछले कई सौ वर्षों से चले आ रहे बैलगाड़ी और ताँगे जैसे संचार साधन यहाँ आज भी हैं। नए ज़माने की पहचान हैं साइकिल, रिक्शा, ऑटो और ट्रैक्टर। नीतीश के मुख्यमंत्री बनने के बाद ढेर सारी नई सड़कें बन जाने से, मोटरसाइकिलों और कारों की तादाद भी ख़ूब बढ़ी है। अब मुख्य सड़क की शोर-भरी दौड़ती ज़िन्दगी इस ठहरे हुए आलम को बस दूर से छूकर निकल जाती है। एक ओर जहाँ रात में आकाश पर बिछा तारों का जाल यहाँ से साफ़-साफ़ दिखता है, वहीं चौड़ी सड़क को थर्राती हुई बड़ी गाड़ियों की रोशनी पेड़ की फुनगियों पर सो रही चिड़ियों को जगाती रहती है। ऐसी ही क़स्बाई ख़ुशबुओं से अब भी सराबोर है बख़्तियारपुर और उसके आसपास की मिट्टी।

बख़्तियारपुर के आँचल से ढका, नालन्दा की गोद में बसा, और हरनौत से मात्र दो किलोमीटर की दूरी पर अवस्थित है नीतीश के पुरखों का गाँव—कल्याणबिगहा, जो है बड़ा साफ़-सुथरा, हरा-भरा और अपने आपमें आत्मनिर्भर।

स्थानीय भाषा में बिगहा का अर्थ होता है छोटा-सा गाँव। सक्रिय राजनीति में आने के पहले से ही नीतीश इस क्षेत्र का बड़ा ख़याल रखता आया है। छोटी-मोटी ज़रूरतों के लिए एकदम पास में हरनौत है, थोड़ी बड़ी ज़रूरतों के लिए क़रीब ही है बख़्तियारपुर की आढ़त और बेहद बड़ी ज़रूरतों की पूर्ति के लिए राजधानी पटना का विशाल बाज़ार भी अधिक दूर नहीं है। सारी सुविधाएँ आसन्न ही होने के कारण यह गाँव बहुत काल से जैसा था, छिटपुट परिवर्तनों को छोड़कर, आज भी क़रीब-क़रीब वैसा ही है। वैसे बिजली और सड़क जैसे आधुनिकता और प्रगति के हस्ताक्षर यहाँ बहुत पहले ही हो गए थे, लेकिन यहाँ के लोग अपनी मिट्टी से आन्तरिक रूप से जुड़े हुए हैं। मिट्टी, जो बेहद उपजाऊ है और साल में रबी और ख़रीफ़, दोनों फ़सलों के अलावा पूरे साल-भर साग-सब्ज़ी, फल-मूल आदि भरपूर देती रहती है। इस गाँव की वर्तमान आबादी को मुख्यत: तीन हिस्सों में बाँटा जा सकता है। यहाँ कुर्मी, कहार-धानुक तथा मुसहर क़रीब-क़रीब बराबर की संख्या में हैं। इनमें प्राय: प्रत्येक के घर एक सौ के आसपास की संख्या में हैं लेकिन कुर्मियों के घरों की संख्या सर्वाधिक है। गाँव में दो-चार घर यादवों, पंडितों तथा बनियों के भी हैं। नीतीश के पुरखे, जो अवधिया कुर्मी कहलाते हैं, यहीं के बाशिन्दे हुए। तब का कुर्मी किसान सीधा-सादा, सन्तोषी तथा धर्मभीरु, खेती करके जैसे-तैसे अपना जीवनयापन करनेवाला निरीह प्राणी होता था। 'ना काहू से दोस्ती, ना काहू से बैर' के सिद्धान्त पर चलनेवाला और 'जाहि बिधि राखि राम, ताहि बिधि रहिए', को जीवन में उतारनेवाला कुर्मी समाज था तब।

हिन्दी कथा-सम्राट मुंशी प्रेमचन्द की कालजयी रचना 'सवा सेर गेहूँ' का नायक शंकर भी एक कुर्मी किसान ही है जिसे ठगे जाने की बिलकुल चिन्ता नहीं है बेचारा ठग विद्या तो जानता ही नहीं! भोजन मिला, खा लिया, न मिला चबेने पर काट दी, चबेना भी न मिला तो पानी पी लिया और राम का नाम लेकर सो रहा। किन्तु जब कोई अतिथि, विशेषकर कोई साधु-महात्मा, द्वार पर आ जाए तो ख़ुद वह भूखा सो सकता है पर साधु को कैसे भूखा सुलाए!

जैसा चरित्र कुर्मी किसान शंकर का बताया गया है, ठीक वैसे ही थे अवधिया कुर्मी कुल में उत्पन्न, कल्याणबिगहा निवासी, नीतीश के बाबा, स्वर्गीय किशोरी शरण सिंह, सीधे-सादे, परम सन्तोषी, समाजसेवी तथा धर्मभीरु।

आइए, कल्याणबिगहा वापस चलते हैं जिसके आसपास के क्षेत्र में, जहाँ भी उपजाऊ ज़मीन है, वहाँ कुर्मियों की आबादी सबसे अधिक है। कहा जाता है कि दशरथ नन्दन श्रीराम की सन्तान, कुश के वंशज, क्षत्रिय होने के नाते केवल धर्म की रक्षा के लिए ही युद्ध करते थे। जब उन्हें प्रतीत हुआ कि अब उन्हें धर्म की नहीं, बल्कि किसी के व्यक्तिगत स्वार्थों की रक्षा के लिए युद्ध करना पड़ेगा तो वे कृषि-कर्म की ओर उन्मुख हुए। कृषि-कर्म करने के कारण वे कुर्मी

कहलाए। मनु स्मृति में भी कहा गया है कि विशेष परिस्थितियों में क्षत्रिय कृषि का काम कर सकते हैं।

कुश के वंशज पहले तो अपने पैत्रिक स्थान, अवध के आसपास ही रहे होंगे लेकिन मान्यता है कि कालान्तर में संख्या में वृद्धि होने के कारण, वे भी इधर-उधर निकल गए। एक जानकार कुर्मी सज्जन का आकलन है कि अवध से आकर बसने के कारण वे लोग अवधिया कहलाते हैं। वे अपने दीर्घकालीन अनुभव के आधार पर यह भी बताते हैं कि पता नहीं क्या कारण है, पर कम से कम बिहार में तो यही लगता है कि यहाँ कुर्मियों की आबादी वहीं पर घनी है जहाँ अच्छी खेती की गुंजाइश है। दूसरी ओर यादवों की आबादी बिहार में वहाँ घनी है जहाँ संचार की सुविधा अधिक है। अर्थात बिहार में यादवों की बड़ी बस्तियाँ नदियों अथवा सड़कों के किनारे बसी हुई हैं। खेती योग्य भूमि को अपना कर्मक्षेत्र बनाने के कारण कुर्मियों की पुरानी पीढ़ी की घनी आबादी उपजाऊ मिट्टी के आसपास ही पली-बढ़ी है। कारण जो भी हो, यह सच है कि कल्याणबिगहा और उसके आसपास की उपजाऊ बस्तियों में कुर्मियों की बड़ी आबादी रहती है।

नीतीश के बड़े भाई सतीश जी के अनुसार उनके पुरखे, शायद उनके परबाबा श्री सीताराम सिंह, पास की बस्ती तेलमर से कल्याणबिगहा आए थे जहाँ उन्होंने खेती-बाड़ी का काम शुरू किया था। कल्याणबिगहा में ही उनकी ससुराली रिश्तेदारी भी थी। श्री सीताराम सिंह की चार सन्तानों में तीन पुत्र थे और एक पुत्री थी। दुर्भाग्यवश उनमें से किशोरी शरण सिंह को छोड़कर शेष दोनों पुत्र अल्पायु में ही प्लेग के शिकार हो गए। उस समय की प्रथा के अनुसार किशोरी शरण की बहन का ब्याह बचपन में ही पास के गाँव बराह में कर दिया गया था। कल्याणबिगहा में इन लोगों का बहुत बड़ा, पन्द्रह कमरों का, घर बन चुका था। खेती से बड़ी अच्छी आय हो रही थी। यह सब देखते हुए किशोरी शरण के पिता अपनी इकलौती बची सन्तान को अपनी नज़रों से जरा भी दूर जाने देने को तैयार नहीं थे, स्कूल तक भी नहीं। किशोरी शरण की नैसर्गिक प्रतिभा की आँच कब तक अज्ञान के फूस से ढकी रह सकती थी। उन्हें जाननेवाले एक स्वर से बताते थे कि सरस्वती का वरदहस्त उनके सर पर बचपन से ही था। नतीजतन छुटपन से ही किताबों का चुम्बक उन्हें उनकी सामान्य दुनिया से खींचकर मानो जादू की तरह स्वप्नलोक का राजकुमार बना देता जहाँ वे अपने आपको समाज सेवा से जोड़ने के लिए नित नए सपने सृजित करते। यहाँ एक बात और महत्त्वपूर्ण है कि इनका वह बड़ा-सा घर गाँव की बिलकुल सीमा पर था। इसलिए गाँव में आनेवाला प्रत्येक सन्त या साधु इनका आतिथ्य स्वीकारे बिना न तो गाँव में प्रवेश कर सकता था, न ही वहाँ से निकल सकता था। उनमें

से कुछ जड़ी-बूटियों और आयुर्वेद की भी गहरी जानकारी रखते थे। इनका किशोरी शरण जी पर ऐसा प्रभाव पड़ा कि वे स्वाध्याय करते-करते स्वयं आयुर्वेद के बहुत अच्छे जानकार हो गए और छोटी-सी आयु में आसपास के इलाक़े में ही नहीं, बहुत बड़े क्षेत्र में, 'वैद्यजी' के नाम से विख्यात हो गए। उनका यश ऐसा फैला कि दूर-दूर से लोग इनके पास इलाज के लिए आने लगे और उनकी दवाइयों से स्वस्थ होकर उनके मुरीद बन गए। आयुर्वेद उनकी कमाई का नहीं, जनसेवा का साधन था। गुजर-बसर करने लायक़ तीस-पैंतीस बीघे की खेती तो थी ही, लेकिन उससे भी बढ़कर सन्तोष धन का अक्षय भंडार उनकी सबसे बड़ी पूँजी थी। इस प्रकार बिना किसी भेदभाव के किशोरी शरण जी सबकी सेवा चिकित्सा करते हुए, अपने छोटे-से संसार में निर्लिप्त योगी की भाँति रहते थे। उस काल का दोष चाहे जो भी हो, पर यह भी उसी काल की विशेषता थी कि जातीय या धार्मिक संकीर्णताओं से जकड़े होने के बावजूद, लोग एक-दूसरे की प्रतिभा का हार्दिक सम्मान करते थे। तब आज की तरह डॉक्टरों, वैद्यों या मरीज़ों की जातियाँ नहीं हुआ करती थीं। जैसे वैद्य या तो कुशल होते थे या फिर अक्षम वैसे ही मरीज़ भी या तो ग़रीब होते थे या फिर सक्षम। इसलिए हर कुशल वैद्य निःस्वार्थ भाव से, बिना भेदभाव के सबका इलाज करते थे। उन दिनों ज़मींदारी प्रथा थी।

किशोरी शरण का विवाह पास के ही गाँव बदौरा की बेचनी देवी से हुआ था। तुलसीदास रचित 'श्रीरामचरितमानस' पर पति-पत्नी दोनों की असीम श्रद्धा थी। उन्होंने अपने पुत्रों के नाम क्रमशः राम चरित्र सिंह तथा राम लखन सिंह रखे। राम चरित्र की जन्मतिथि के बारे में तो कोई जानकारी उपलब्ध नहीं हो पाई पर श्री राम लखन सिंह का जन्म सम्भवतः 1910 की आश्विन पूर्णिमा को हुआ था। इन दोनों पुत्रों के अतिरिक्त किशोरी शरण को एक कन्यारत्न भी प्राप्त हुई थी। उचित समय आने पर उन्होंने इस कन्या का विवाह चंडी के पास के गाँव भेडिया में कराया था, पर वह कन्या अल्पायु में ही काल-कवलित हो गई। राम चरित्र सिंह की अभिरुचि खेती-बाड़ी, पूजा-पाठ और तीर्थाटन में अधिक थी।

बाबूजी और गांधी जी

अपने पिता की भाँति राम लखन सिंह का पढ़ने-लिखने के प्रति विशेष झुकाव था। पाँचवीं कक्षा तक कल्याणबिगहा में पढ़ने के बाद वे सातवीं तक की पढ़ाई करने घर से दो किलोमीटर दूर हरनौत जाने लगे। पढ़ने के बाद बचे समय में अपने यशस्वी पिता से ये आयुर्वेद के बारे में ज्ञान प्राप्त करते। उन्ही दिनों स्वामी दयानन्द सरस्वती ने आर्यसमाज का पहला गुरुकुल, पटना के समीप,

दानापुर में खोला था। हरनौत से सातवीं की परीक्षा पास करते ही राम लखन जी दानापुर के इसी गुरुकुल में आ गए और उनमें यहाँ जो संस्कारों के बीज पड़े, उनके फल अब सतीश जी, नीतीश और सभी बेटियों में दिखते हैं। निराकार की उपासना, ध्यान, सन्ध्या और प्राणायाम कब इनके दैनिक जीवन के अनिवार्य अंग बन गए, यह पता ही नहीं चला। संस्कृत का सम्यक् ज्ञान भी उन्हें उसी दौरान हुआ। उन दिनों गुरुकुल की सर्वोच्च शिक्षा आजकल के उच्च विद्यालय के बराबर की होती थी।

सतीश जी बेहद भावुक होकर याद करते हैं कि 29 नवम्बर, 1978 को, जिस दिन बाबूजी ने शरीर छोड़ा, उस दिन भी उन्होंने प्राणायाम और सन्ध्या का अपना दैनिक क्रम पूरी श्रद्धा और विश्वास से पूरा किया था। गुरुकुल की पढ़ाई पूरी करते ही राम लखन जी ने पटना में कदमकुआँ स्थित राजकीय आयुर्वेदिक महाविद्यालय में दाख़िला ले लिया। आयुर्वेद की घुट्टी तो वे घर पर अपने पूज्य पिताजी से ही पीकर आए थे, पर कॉलेज की विधिवत् शिक्षा ने इनके स्वार्जित ज्ञान को समग्रता प्रदान की। इनके पटना में पढ़ते समय देश के क्षितिज पर धूमकेतु की तरह एक जगमगाता हुआ सितारा उभरा था। गांधी नाम की यह आँधी अहिंसा और सत्याग्रह के माध्यम से अंग्रेज़ी साम्राज्य के वट वृक्ष को जड़ से उखाड़ फेंकना चाहती थी। उनकी टूटी-फूटी भाषा में, असंख्य प्रतिबद्ध भारतीयों की भाँति राम लखन जी को भी, वेद की ऋचाओं की पवित्रता और दृढ़ता लगती थी। इसलिए 1929 में, जब उनकी मसें भीग ही रही होंगी, गांधी जी द्वारा दिए गए साइमन कमीशन के बहिष्कार के नारे ने उन्हें अन्दर तक उद्वेलित करके रख दिया।

आयुर्वेद कॉलेज में पढ़ रहे आदर्शवादी राम लखन जी पूरी निष्ठा से इस आन्दोलन में कूद पड़े जिसकी उन्हें भारी क़ीमत चुकानी पड़ी। उन्हें पटना कैम्प जेल में साढ़े तीन माह तक यातनाएँ भोगनी पड़ीं। इतना ही नहीं, साइमन कमीशन के बहिष्कार में सक्रिय रूप से भाग लेने के अपराध में न सिर्फ़ उन्हें परीक्षा देने से वंचित कर दिया गया, बल्कि उन्हें कॉलेज से भी निलम्बित किए जाने की घोषणा कर दी गई। राम लखन जी के अन्दर से आक्रोश का एक तांडवकारी गुबार उठा और पटना के आकाश पर छा गया। उन्होंने अंग्रेज़ों के हथियार से ही उनका मुक़ाबला करने की ठानकर क़ानूनी लड़ाई लड़ने का फ़ैसला किया। लम्बे संघर्ष के बाद वे विजयी हुए और उन पर लगा प्रतिबन्ध हटाकर उन्हें परीक्षा देने की अनुमति मिल गई।

वैद्य बनते-बनते अचानक नेता बन गए अपने इस प्रतिभाशाली पुत्र के भविष्य के प्रति आशंकित होकर किशोरी शरण सिंह जी ने वही किया जो इन विषम परिस्थितियों में पड़कर एक संवेदनशील, किन्तु किंकर्तव्यविमूढ़, भारतीय

पिता सदा से करता आया है, अर्थात, 1929 में अपनी सन्तान का ब्याह! वैद्यजी अपने 19 वर्षीय सुपुत्र के लिए पास के गाँव कोइलावाँ के समृद्ध गृहस्थ श्री अनन्त नारायण सिंह जी की 14 वर्षीया कन्या, परमेश्वरी देवी को बहू बनाकर ले आए। यशस्विनी परमेश्वरी देवी का अपने पति के प्रति अप्रतिम प्रेम भी वैद्यजी के पैरों में बेड़ियाँ कहाँ डाल पाया! गांधी जी की एक पुकार पर ही 1930 में हुए नमक सत्याग्रह के आन्दोलन में वैद्यजी आकंठ डूबकर गिरफ़्तार हो गए। इस बार ये चार महीनों तक पटना सिटी के कैम्प जेल में बन्द रहे। इस सत्याग्रह के बाद उनका सत्य की विजय के प्रति विश्वास और दृढ़ होता चला गया। सत्य की इस विजय का राम लखन जी पर इतना असर हुआ कि उपनिषदों में पढ़े 'उत्तिष्ठत, जाग्रत् प्राप्य वरान्निबोधत' तथा 'सत्य वद, धर्म चर', 'सत्यमेव जयते' जैसे सूत्र उनके जीवन के लिए प्राणवायु जैसे अविभाज्य हो गए। ये सूत्र मानो उनकी धमनियों में रक्त बनकर प्रवाहित हुए और अगली पीढ़ी में संस्कारों के रूप में गहरे उतर गए जो नीतीश सहित कविराज जी के सभी बच्चों में आज भी परिलक्षित होते हैं।

कविराज जी को तीसरी बार, 1932 में, छह माह के लिए पटना सिटी के कैम्प जेल में फिर से बन्द कर दिया गया। इस बार इनका जुर्म था गांधी जी के आह्वान पर शराबबन्दी के लिए आन्दोलन करना।

1942 में देश में क्रान्ति की जो तेज़ बयार बही उसने तो वैद्य जी को अपने आँचल में गाँठ की तरह ही कसकर बाँध लिया। वे फिर एक बार हँसते-हँसते सात महीनों के लिए जेल में बन्द हो गए।

इस बार उनकी गिरफ़्तारी का नज़ारा ही कुछ और था! अपने गांधी की आरती उतारने, उन्हें अश्रुपूरित विदाई देने के लिए मानो पूरा बख़्तियारपुर ही उनके दरवाज़े पर उमड़ पड़ा था। अपनी आँखों में पूजा की आरती के दीप जलाए, मुस्कुराते हुए इस भीड़ की अगुआई कर रही थी अनन्त बाबू की बेटी और कविराज जी की पत्नी, श्रीमती परमेश्वरी देवी!

अनन्त बाबू के पिताजी का नाम श्री मेवा सिंह था। नीतीश की मइयो को अन्त-अन्त तक उन दिनों की बड़ी स्पष्ट स्मृति थी। वे बड़े गर्व से बताती थीं कि शादी के समय उनकी माताजी, स्वर्गीय श्यामसुन्दरी देवी ने ढेर सारे सामान के साथ शुद्ध चाँदी के पाँच सौ कलदार भी अपनी बेटी को दिए थे जो उस समय के हिसाब से बहुत बड़ी रक़म थी। अनन्त बाबू को कोई पुत्र तो नहीं हुआ पर उनके दो भाइयों के तीनों सुपुत्र बड़े यशस्वी निकले। नीतीश की मइयो के बड़े चाचा, श्री हरि नारायण सिंह की एकमात्र सन्तान हुए बृज किशोर सिंह। छोटे चाचा श्री राजपति सिंह जी के दो पुत्र, क्रमशः रामानुग्रह सिंह तथा लाल नारायण सिंह, हुए।

यादों की गलियों से गुज़रते हुए नीतीश सुदूर अतीत की किसी खिड़की में झाँकते हुए कहता है—

'बृज किशोर मामा जी ने कभी अनुभव नहीं होने दिया कि वे हमारे सगे मामा नहीं हैं। जब तक जीवित रहे, सुख में और दुख में भी उन्हीं से निष्कपट आत्मीयता मिलती रही। बिना किसी प्रतिदान की आशा में हमारे सारे परिवार के प्रति वे अन्त तक अपना धर्म सहर्ष निबाहते रहे। हम ही शायद उनके लिए उतना कुछ नहीं कर पाए, क्योंकि हम सब जब तक किसी योग्य हो पाए, तब तक बृज किशोर मामा जी हमेशा के लिए जा चुके थे। शायद उन्हीं के प्रभाव के कारण मैं अपनी बहनों के सभी बच्चों के प्रति तीव्र अनुराग का अनुभव करता हूँ और उन्हें बृज किशोर मामा जी जैसा ही निःस्वार्थ प्रेम देने का प्रयत्न करता रहता हूँ।'

नीतीश के आकलन में कोई कमी रह गई है शायद।

युधिष्ठिर का यज्ञ और मामा का धर्म

नीतीश की मइयो के 1 जनवरी, 2010 को हुए देहावसान के ठीक बाद का एक प्रसंग भुलाए नहीं भूलता। अपना बचपन और उसकी सारी यादों को श्मशान में जलता छोड़कर नीतीश का पूरा परिवार घर लौटा है। घर में मानो मुर्दनी पसरती जा रही है, लेकिन सभी के मन में कोई चिता अब भी धू-धूकर जल रही है। चाहे कुछ भी क्यों न हो जाए, जीवन चक्र तो रुकेगा नहीं, अब आगे के सारे कर्म-धर्म निबाहने हैं। अगली सुबह सबको दूध और चावल का प्रसाद ग्रहण करना है। परम्परा के अनुसार ये चीज़ें सतीश जी और नीतीश के मामा के यहाँ से आनी हैं। एक अणे मार्ग में मुख्य भवन से सटे, उत्तर-पश्चिम की ओर लगे, बड़े-से आम के पेड़ के नीचे पनीली आँखें लिये एक साँवला, बूढ़ा इनसान हताशा से चारों ओर देख रहा है, मुख्यमंत्री आवास की विशालता से पूरी तरह निरपेक्ष। उसी से मिलती-जुलती एक और निराश शक्ल भी उसके साथ ही खड़ी है। कड़ाके की ठंड में भी इन शरीरों पर बहुत कम कपड़े हैं, पर आँखों में अकुलाहट-भरी प्रार्थना है कि कोई उनकी सुन ले, कोई उन्हें पहचान ले। बड़ी देर की अनथक मगर अन्तहीन-सी लगती प्रतीक्षा के बाद किसी को रोककर वे सतीश जी को बुलाने की याचना करते हैं, बताते हैं कि वे कोइलावाँ से आए हैं। सतीश जी दौड़कर आए हैं और फफककर रोते हुए उन्हें लाल मामा और राम मामा कहकर सम्बोधित करते हैं। लाल मामा फिर भी रोते नहीं, अन्दर की आग ने शायद उनकी आँखों के सारे आँसू सुखा डाले हैं। उनकी परेशानी है कि अलस्सबाह वे गाय के शुद्ध दूध और चावल की व्यवस्था इस नितान्त

अपरिचित और विशाल शहर पटना में कहाँ से करेंगे? एक रास्ता निकलता है। घर में ही गाय का दूध और बढ़िया चावल भी उपलब्ध है, मामा उसकी उचित क़ीमत दे सकते हैं और वह सब कुछ व्यवहार में लाया जा सकता है। मामा बहुत खिन्नता से मध्यमार्ग का यह प्रस्ताव मान लेते हैं।

अगली सुबह उसी आम के पेड़ के नीचे, वैसी ही कड़कड़ाती ठंड में, स्नान करके सिर्फ़ सूती धोती लपेटे, थरथराती देह लिये लाल मामा खड़े हैं। मुट्ठी बन्द है, आँखें भी बन्द हैं, मानो अन्दर किसी तूफ़ान को क़ैद करने की जद्दोजहद चल रही है। दूध आने में देर हो रही है, कोई उन्हें गरम चादर उढ़ाने की कोशिश करता है। उसे बड़े दृढ़ हाथ से वे मना कर देते हैं, मानो कोई प्रायश्चित्त कर रहे हों। सिर्फ़ एक बार, वह भी अनायास ही, उनके मुँह से कुछ निःश्वास के साथ अस्फुट-सा निकलता है कि वे अपनी बहन के किसी काम न आ सके। उन्हें छूकर याद दिलाया जाता है कि दूध आ गया है।

'बस इतना ही है', कहते हुए उनकी थरथराती मुट्ठी धीरे से खुलती है। सौ-सौ के कुछ तुड़े-मुड़े नोट, कुछ सिक्के हैं वहाँ, और है आँखों से टपकती गंगा-जमुना की धार। उस घनघोर कुहासे में भी एक चमत्कार-सा होता है। सूरज की एक किरण आम के पत्तों को चीरती हुई कौंधकर सिक्के पर पड़ती है जहाँ गिरी आँसू की बूँद से जैसे वही किरण इन्द्रधनुष बनकर फूट निकलती है। कितनी अनकही रह गई बातें ये आँसू कह रहे हैं। कितनी अतृप्त आकांक्षाओं का श्राद्ध, कितने कभी न दिए गए वचनों की पूर्ति के साक्षी ये मोती हैं—यह सिर्फ़ वही जानते हैं जो वहाँ उपस्थित हैं। एक राखी का ऋण उतर गया है।

आम के पेड़ पर एक काग आकर बैठ गया है और वह नीचे खड़ी छोटी-सी भीड़ को देख रहा है। पंडित जी कहते हैं कि काग पितृलोक के प्रतिनिधि होते हैं, लगता है कि यह दान स्वीकार हुआ। स्तब्धता के बीच उनकी आवाज़ गूँज रही है कि मामा का यह दान कुरुक्षेत्र के कापोती नाम के उस ब्राह्मण के दान जैसा ही है जिसके अवशिष्ट को सूँघकर ही एक नेवले का आधा शरीर सोने का हो गया था। हमारा मन अपने आपसे प्रश्न करता है कि क्या यह सच हो सकता है? अस्पष्ट-सी, सन्देह भरी आवाज़ कहीं अपने ही बहुत अन्दर से आती है—हाँ, शायद...

सतीश जी के साथ नीतीश अपने मामाओं के आगे श्रद्धानत खड़ा है। पंडित जी कह रहे हैं, 'हमारी परम्परा में तो धरती माता है, गंगा माता है, तुलसी माता है, गऊ माता है। ये तो सभी प्रत्यक्ष हैं जिनसे सगी माँ जैसा निःस्वार्थ प्रेम मिलता रहा है, मिलता ही रहेगा। फिर नीतीश जी तो पूरे राज्य की माताओं के होनहार सपूत हैं। आज राज्य की हर स्त्री उनके लिए मातृभाव का अनुभव करती है। उन्हें अपना जी छोटा नहीं करना चाहिए।'

वह रविवार की सुबह थी। अगले दिन सोमवार की सुबह, अपना दुख अपने मन में छुपाए, नीतीश जनता दरबार में खड़ा था। राजधर्म को उसने अपने व्यक्तिगत दुख से बहुत बड़ा मानकर कहा था, "माँ का निधन व्यक्तिगत क्षति है—जनता दरबार में हाज़िर होना राजधर्म है—व्यक्तिगत क्षति से महत्त्वपूर्ण है राजधर्म। मेरी माँ हमेशा लोगों की सेवा करने का आशीर्वाद देती थी। जनता की सेवा से माँ की आत्मा को शान्ति मिलेगी।"

राजधर्म को अपने व्यक्तिगत दुख से बहुत बड़ा मानकर जनता की तकलीफ़ों को सुनते, अपनी टीस को भुलाने की असफल कोशिश में बार-बार भर आती आँखों को चुपके से पोंछकर प्रकृतिस्थ होते नीतीश ने उस दिन फिर से अपने दुख की गंगा माँ को जनता के दर्द के सागर में तिरोहित कर दिया था। उस दिन 'बेटा नीतीश' कहकर पुकारती किसी स्त्री को नीतीश ने आँखों ही आँखों में नमन किया था और अचानक ठिठककर खड़ा हो गया था। उस दिन भी उसकी आँखें वह एक चेहरा तलाशती थीं जो बादलों के पार से उसकी कर्तव्यनिष्ठा को दुलार रही थीं। नीतीश ने उस क्षण अपना सब दुख और सब सुख भी जनता के हाथों में सौंप दिया था। वह मुख्यमंत्री के बजाय उदार चरित का सन्त बन गया था। पंचतंत्र के पंचम तंत्र, अपरिक्षितकारकम् में कहा भी गया है—

अयं निजः परो वेति गणना लघु चेतसाम्।
उदारचरितानां तु वसुधैव कुटुम्बकम्॥

अपने और पराये का भेदभाव छोटी बुद्धि वाले करते हैं। उदार चरित्र वाले के लिए समस्त विश्व ही अपना होता है।

शैशव

यहाँ आते-आते हमारी कहानी की मूल धारा में थोड़ा भटकाव आ गया है। आइए, वापस चलते हैं, उस मोड़ पर जहाँ राम लखन जी का विवाह हो चुका है, उनकी कविराजी की पढ़ाई 1932 के आसपास पूरी हो चुकी है और वे अपने पिता के पास कल्याणबिगहा में रहकर लोकसेवा कर रहे हैं। कविराज के रूप में यशस्वी पिता की भाँति ही राम लखन जी की ख्याति भी फैलने लगी है। आज लगता है कि शायद उनकी ज़िन्दगी भी, अपने पिता की भाँति, बिना किसी विशेष उतार-चढ़ाव के, उसी गाँव में निकल जाती। लेकिन होनी को कुछ और ही मंज़ूर था। दैव, भाग्य या प्रारब्ध ने कुछ ऐसी करवट ली कि उनके जीवन में सब कुछ बस एक ही दिन में बदल गया! वह दिन था जब महात्मा गांधी अपनी बिहार यात्रा के क्रम में बख़्तियारपुर से गुज़रनेवाले थे। बापू के पक्के अनुयायी कविराज जी भी अपने आदर्श पुरुष के दर्शनों के लिए कल्याणबिगहा से चलकर बख़्तियारपुर पहुँच गए। उनका दर्शन करने के बाद कविराज जी ने क्या अनुभव किया, यह तो आज किसी को पता नहीं, लेकिन उसके बाद जो हुआ उससे लगता है कि उनके मन में बहुत गहरे कुछ अवश्य घटा होगा। गांधी जी ने उनके अन्तरतम को अवश्य ही उद्वेलित किया होगा, क्योंकि वह शाम उनके जीवन में एक नए अध्याय का नया पन्ना ज़रूर जोड़ गई। बख़्तियारपुर में कल्याणबिगहा के ही कुछ धनी और प्रतिष्ठित आढ़तिए रहते थे। गांधी जी की पवित्रता में सराबोर कविराज जी, उन आढ़तियों के आग्रह पर, उस रात उन्हीं के पास रुक गए। उस रात सबकी एक बैठक हुई जिसमें वहाँ जो भी स्थानीय व्यापारी समुदाय उपस्थित था, वह कल्याणबिगहा से सम्बन्धित होने के कारण, कविराज जी की चहुँमुखी प्रतिभा का पहले से ही क़ायल था। पटना के आयुर्वेदिक कॉलेज में ब्रिटिश साम्राज्य से हुई उनकी टक्कर की प्रतिध्वनि दूर और देर तक गूँजी थी। फिर उस दिन भी तो गांधी जी के बख़्तियारपुर आगमन पर कविराज जी का जोश

और जज़्बा सबके मन में उनके लिए अपार श्रद्धा भर गया था। सबने मानो उस रात उनमें अपना गांधी पा लिया था।

बख़्तियारपुर का गांधी

उस मंडली ने बख़्तियारपुर के अभावों और सम्भावनाओं के बारे में कई बातों पर गम्भीर विमर्श किया। सभी एक स्वर से सहमत थे कि वहाँ शिक्षा या चिकित्सा की कोई अच्छी व्यवस्था नहीं थी। नेतृत्व का सर्वथा अभाव था, साथ ही किसी सर्वमान्य नेता की अनुपस्थिति में गांधी जी के आगमन से स्फुरित हुई चेतना के सो जाने का भय भी था। उनके आग्रह तथा प्रेम के आगे नतमस्तक कविराज जी ने अगली सुबह ही किराए पर एक छोटा-सा घर लेकर अपना चिकित्सालय बख़्तियारपुर बाज़ार के बीचोबीच प्रारम्भ कर दिया। कुछ ही दिनों में वहाँ स्थापित हो जाने के बाद कविराज जी ने कल्याणबिगहा जाकर अपने पिताजी से सारी कथा विस्तार से कह सुनाई और बख़्तियारपुर में स्थायी रूप से रहने की अनुमति माँगी।

परम्परागत विचार है कि सिंह, सज्जन पुरुष तथा हाथी, प्रगति करने के लिए अपने स्थान को छोड़कर आगे जाते हैं, लेकिन कौवा, कापुरुष तथा मृग का नाश अपने ही स्थान पर होता है।

पंजाब के ग्रामीण क्षेत्रों में भी संत शिरोमणि गुरु नानक देव के बारे में ऐसी ही लोकगाथा है। गुरु नानक देव ने सरल, विनई, सच्चे और सुहृदय सेवादारों के बसे-बसाए गाँव में एक रात बिताने के बाद उन्हें वहाँ से उजड़ने का आशीर्वाद दिया था। ऐसे अटपटे आशीर्वाद से ग्रमीणों में जब भय का संचार हुआ तब नानक देव ने समझाया कि अपने स्थान से उजड़ने के बाद ही वे जहाँ कहीं भी जाएँगे, वहाँ अपनी स्वाभाविक सात्त्विक प्रकृति और प्रवृत्ति के कारण सत्य और प्रेम के बीज बोकर नई पौध खड़ी करेंगे। वह पौध पीढ़ी-दर-पीढ़ी सत्य और शान्ति के बीज दस दिशाओं में बिखेरती चली जाएगी। शायद अनादि काल से ऐसे ही हर नई और बेहतर व्यवस्था की आधारशिला रखी जाती रही है।

संतों को एक स्थान पर नहीं रहना चाहिए, शायद ऐसा ही कुछ कविराज जी के पिताजी ने भी सोचा होगा। यह बात भी शायद उनके मन में आई होगी कि आत्मोत्थान, यशवृद्धि तथा समाज की प्रगति के लिए उनकी प्रतिभाशाली सन्तान का एक स्थान पर जड़वत् रहना ठीक नहीं। फिर कल्याणबिगहा में रहकर वे स्वयं निःस्वार्थ समाज सेवा कर ही रहे थे। इसलिए निश्चय हुआ कि ज्येष्ठ पुत्र राम चरित्र घर पर ही रहकर खेती-बाड़ी में पिता का सहयोग करने के लिए रहें तथा उनके अनुज राम लखन, बख़्तियारपुर में कविराजी के माध्यम से समाज की सेवा करें।

पिता से अनुमति लेकर राम लखन जी ने 1934-35 में बख़्तियारपुर आकर क़रीब पाँच डिसमिल ज़मीन पर खड़ा छोटा-सा जीर्ण-शीर्ण घर ख़रीद लिया। बख़्तियारपुर के हक़ीक़तपुर में बना यह बहुत दिनों से ख़ाली पड़ा दुकाननुमा पुराना घर फतुहा के किन्ही व्यवसायी का था, जो दिवालियापन की कगार पर खड़े थे। कहाँ कल्याणबिगहा का वह हँसता-खिलखिलाता विशाल प्रांगण और कहाँ यह निर्जन स्थान में उजड़ा-सा, टूटा-फूटा, हर जगह से टपकती छत वाला, छोटा-सा घर! मइयो ने बताया था कि उन दिनों इस घर के तीनों ओर खेत-ही-खेत थे। बस, घर के सामने से पतली-सी सड़क गुज़रती थी जो वहाँ जीवन का एकमात्र प्रमाण थी। तब वहाँ बिजली-पानी जैसी कोई व्यवस्था नहीं थी। कविराज जी ने ख़रीदे गए घर के ढाँचे में बिना कोई परिवर्तन किए, उसी के पिछले हिस्से में कुछ कमरे नीचे-ऊपर जोड़े। नीचे उनका दवाख़ाना हो गया और ऊपर गृहस्थी बस गई। वहीं आँगन के बीचोबीच एक कुआँ खुदवाया गया। उसकी पक्की मुँडेर पर उन्होंने बहुत चाव से KRLS लिखवाया जिसका मतलब था कविराज राम लखन सिंह! इस कुएँ का पानी थोड़ा खारा है लेकिन पीने और दाल पकाने को छोड़कर आज तक उसी कुएँ के पानी से घर के सारे काम किए जाते हैं। हाल-फ़िलहाल तक सतीश जी उस घर में वैसे ही रहते हुए, उसी परम्परा का निर्वाह कर रहे थे। आज दक्षिण में पतली गली को छोड़कर उस घर के तीनों ओर ऊँची-ऊँची इमारतें खड़ी हो गई हैं। सामने पहले वीरान रहनेवाली सड़क बेहद चौड़ी हो जाने के बाद भी अब इतनी व्यस्त रहती है कि दिन में कभी-कभी उसे पार करना दुश्वार हो जाता है। एक मुश्किल और हो गई है। सड़क चौड़ी होने के साथ-साथ ऊँची भी होती गई है। आज वह इतनी ऊँची हो गई है कि अब कविराज जी के घर की कुर्सी सड़क से काफ़ी नीचे आ गई है। सतीश जी ने 2022 तक तो उसका वही स्वरूप बरकरार रखा था लेकिन जब वह ढाँचा धराशायी होने की कगार पर पहुँच गया तब दोनों भाइयों ने मिलकर उसे रहने भर योग्य बना लिया है।

अगर किसी ने बख़्तियारपुर का वह घर देखा होगा तो उसे विश्वास ही नहीं हो सकता कि यह किसी मुख्यमंत्री का घर है! इस घर की सँकरी, बेहद ऊँची-ऊँची और अँधेरी सीढ़ियों से ऊपर आते ही आँगन के बीचोबीच वह कुआँ मिलता है जिसकी चर्चा पहले की जा चुकी है। कुएँ के पीछे की आख़िरी दीवार से पहले तल्ले की छत पर जाने के लिए एक खुला ज़ीना है। इस ज़ीने की दीवार पर कविराज जी के समय से ही लाल रंग से बहुत बड़ा 'ॐ' लिखा हुआ है जो बड़ा प्रभावशाली लगता है। मइयो बताती थीं कि कविराज जी प्रत्येक बच्चे की तर्जनी पकड़कर सस्वर उच्चारण करवाते हुए

उसे इस 'ॐ' पर बार-बार फिरवाते थे, बिना लड़के-लड़की का भेद किए हुए। यह बच्चों में संस्कारों के बीजारोपण का उनका मौलिक तरीक़ा था।

निराकार के उपासक बाबूजी

सतीश जी मानो बात-से-बात निकालते हुए कहते हैं—

'बाबूजी ने किसी मन्दिर में जाकर एक लोटा जल भी कभी चढ़ाया होगा, ऐसा स्मरण नहीं आता। किसी कर्मकांड में उलझते उन्हें कभी देखा नहीं गया। वे निराकार के सच्चे उपासक थे, लेकिन घर में होनेवाली हर पूजा में, चाहे मइयो का मन रखने के लिए ही सही, वे सक्रिय रूप से अवश्य सम्मिलित होते। हाँ, भजन वे बड़ी श्रद्धा से और बड़े मधुर स्वर में गाते। कबीरदास की रचनाएँ उन्हें विशेष प्रिय थीं। उन्हें संगीत की कोई विधिवत् शिक्षा कभी नहीं मिली, फिर भी उनके सुर और स्वर में कुछ ऐसी बाँधनेवाली बात थी कि सुननेवाले अपने आप उनके साथ गाने लगते।'

ख़ैर, आँखों में आशा के झिलमिलाते दीप लिये, नौजवान राम लखन जब बख़्तियारपुर आए तो वह गूँगी धरती जैसे मुखर हो गई, पत्थर बनकर पड़ी अहल्या पर राम के पाँव फिर से पड़ गए। कविराज जी की व्यस्तता का क्या ठिकाना! दरिद्र नारायण को भर पेट भोजन, दीन जनों की निःशुल्क सेवा, सबकी साक्षरता, सबको समान अधिकार, व्यापार मंडल, पुस्तकालय आदि-आदि ढेर सारे सामाजिक सरोकारों की गठरी एक साथ सर पर उठाए, कितने सार्वजनिक प्रयोजनों के प्रणेता कविराज जी, बख़्तियारपुर में राष्ट्रीयता का बिगुल फूँकने लगे। वे वहाँ की जनता की आवाज़ बन गए, मुखर और प्रखर आवाज़, जो जात-पाँत, धर्म, लिंग जैसी सभी दीवारों को तोड़कर अंग्रेज़ी साम्राज्य को खुली चुनौती देने लगी। कहते हैं, उन दिनों देश-सेवा का व्रत लिए कविराज जी को किसी ने कभी विश्राम करते नहीं देखा था। कोई न कोई नई योजना बनती रहती, नया संगठन बनता और लोक जागृति के चल रहे कार्यक्रमों का लेखा-जोखा लिया जाता। लोग उनकी सादगी, जुझारूपन और शुचिता के प्रति स्पष्टवादिता के दीवाने थे। गांधी जी की भाँति कविराज जी भी असाधारण रूप से जागरूक थे। सारी व्यस्तता के बावजूद अपने दवाख़ाने की सफ़ाई वे स्वयं करते। कविराज जी को गाय पालने और उसकी सेवा करने की अद्भुत लगन थी। उनके घर के निचले तल्ले में एक कमरा आज भी 'भूसा घर' कहलाता है जहाँ गाय की क्षुधा तृप्ति के सामान का भंडार रहता था।

नीतीश को सफ़ाई के गुण विरासत में ही प्राप्त हुए हैं! उसकी गाय पालने की अदम्य इच्छा में भी पिता की इस प्रवृत्ति की ही प्रतिच्छवि दिखती है। नीतीश

को आज भी अपने बचपन का वह दिन याद है जब गंगा नदी में बाढ़ आ गई थी पर उन्हीं हालात में बाबूजी छोटे से नीतीश को साथ लेकर नाव से हहराती हुई गंगा के पार गाय ख़रीदने गए थे। हिचकोले खाती, हर क्षण डूबने को तत्पर, नाव की वह सवारी याद करके नीतीश के शरीर में आज भी झुरझुरी पैदा हो जाती है। अपने सीधे स्वभाव के अनुरूप बाबूजी ने बिना कोई मोल-भाव किए एक सुन्दर सी गाय मुँहमाँगी क़ीमत पर ख़रीद ली थी। नीतीश को यह भी याद है कि गाय बेचनेवाले ने पूरे तीन किलो दूध देने की बात कही थी! उस दिन बाढ़ के कारण गाय तो घर नहीं लाई जा सकी पर वापसी के समय गाय आने की ख़ुशी में, बाबूजी की उँगली पकड़कर हवा में उड़ रहे, नीतीश के नन्हे पाँव ज़मीन पर पड़ते ही नहीं थे!

ये बख़्तियारपुर में कविराज जी के शुरुआती दिन थे। 1939-40 के आसपास उनके माता-पिता दोनों ही बेहद बीमार होकर उनके पास बख़्तियारपुर आ गए। मइयो ने श्रद्धाविभोर होकर बताया था कि तब उन्होंने पहली बार कविराज जी का श्रवण कुमार जैसा रूप भी देखा था। दिन-भर की हाड़-तोड़ मशक़्क़त के बाद कई माह तक वे विनम्रता और सहजता से सारी-सारी रात माता-पिता के शरीर की सफ़ाई से लेकर उन्हें नहलाने-धुलाने, भोजन और शयन कराने तक का सारा काम अपने ही हाथों से करते। वे हर सेवा ऐसे करते मानो वे माता-पिता न होकर उनकी अबोध सन्तानें हों। सामान्यतः परम्परावादी हिन्दू परिवार में बुढ़ापा आने पर माता-पिता अपनी ज्येष्ठ सन्तान से सेवा की अपेक्षा रखते हैं, पर कविराज जी अपनी पत्नी से विनोदपूर्वक कहते कि भैया ने तो माता-पिता की बहुत सेवा करके अपना परलोक सुधार ही लिया है। अब जब बिल्ली के भाग्य से छींका बख़्तियारपुर में आकर फूटा है तो क्यों न हम-तुम भी इस बहती गंगा में हाथ धो लें! कविराज जी की अथक सेवा के फलस्वरूप जब उनके वृद्ध और अशक्त माता-पिता स्वस्थ हो गए तो मानो मृत्यु ने उन्हें वापस कल्याणबिगहा खींच लिया।

मइयो ने बताया था कि उनके पूज्य श्वसुर और माताजी के कल्याणबिगहा वापस जाने के समय एक अद्‌भुत घटना हुई। मइयो अपनी सास से लिपटकर ज़ार-ज़ार आँसू बहाने लगीं। उन्हें लगा कि अब तक का उनका भरा-पूरा घर फिर से वीरान हो जाएगा। कविराज जी की माँ भी अपनी बहू को अंक में समेटते हुए बिलख-बिलखकर रोने लगीं। उन्होंने अपनी बहू को कसकर अपनी छाती से लगा लिया। जब भावनाओं का ज्वार उतरा तब सासू माँ ने अपने कानों के सोने के झुमके उतारे और उन्हें अपनी बहूरानी के आँचल में जबरन डालने लगीं। मइयो इसके लिए बिलकुल तैयार न थीं। लेकिन उनकी सास ने अपनी सत्ता का प्रयोग करते हुए उन्हें निरुत्तर कर दिया। उन्होंने दो बातें कहीं। पहली तो यह कि कल का कोई ठिकाना नहीं होता, पता नहीं यह गहने भी बचें-न-बचें इसलिए

बहूरानी को ये गहने रख लेने चाहिए। दूसरी यह कि वे ये गहने अपनी बहू को नहीं, बल्कि उसकी गोद में आनेवाले दो लालों के लिए दे रही है। बेबस मइयो ने अपनी माता तुल्य सास का यह आदेश बहुत अनिच्छा से शिरोधार्य कर लिया। सम्भवत: उसी आशीर्वाद के फलस्वरूप बाद में मइयो के आँगन में दो पुत्रों की किलकारियाँ गूँजीं। समय आने पर मइयो ने दोनों बच्चों को उसी गहने में मूँगा गढ़वाकर अँगूठियाँ पहनवाईं। सतीश जी की अँगूठी तो आज तक सही-सलामत है लेकिन नीतीश की अँगूठी छात्र आन्दोलन के दिनों भागमभाग के दौरान गया में ही फल्गु नदी में गिरकर खो गई। वह भी बड़ा दिलचस्प क़िस्सा है। आप सब तो जानते ही हैं कि सूखी हुई फल्गु नदी के किनारे स्थित विष्णुपद मन्दिर में देश-विदेश से लाखों लोग अपने पुरखों का श्राद्ध करने आते हैं। मान्यता है कि यहाँ तर्पण करने से पितरों को मोक्ष प्राप्त होता है।

सतीश जी की मानें तो दादी के दिए गए झुमकों से बनी नीतीश की वह अँगूठी खोई नहीं। किसी दैवी आदेश से वह अँगूठी गया की फल्गु नदी में गिरी और नीतीश ने मानो अपनी दादी का तर्पण सम्पन्न किया! यह भी मज़े की बात है कि पुराणों के अनुसार अपने 60 हज़ार पुरखों की मुक्ति के लिए राजा भगीरथ गंगा को पृथ्वी पर लाए थे अब असंख्य लोगों के पुरखों की मुक्ति के लिए, उसी गंगाजल को, राजगीर और गया तीर्थ होते हुए बोधगया तक पहुँचाने के लिए नीतीश कृत संकल्प रहा। इसके लिए 2020 से ही युद्ध स्तर पर ज़मीनी काम हुआ और नवम्बर, 2022 में गंगा जल राजगीर होता हुआ गया तीर्थ तक पहुँच भी गया।

ख़ैर बात तो चल रही थी कविराज जी के माता-पिता के स्वस्थ होकर कल्याणबिगहा वापस जाने की। मइयो ने भाव-विह्वल होकर बताया था—

'यद्यपि हक़ीक़तपुर में कविराज जी ने खँडहर जैसा घर ख़रीदकर उसे जैसे-तैसे रहने लायक़ बना लिया था लेकिन वे बड़ी मुश्किल-भरे दिन थे क्योंकि कल्याणबिगहा की खेती का मामला कुछ अच्छा नहीं चल रहा था। उसकी आय से गाँव के परिवार का ख़र्च भी पूरा नहीं पड़ता था। बख़्तियारपुर से कविराज जी ही समय-समय पर गाँव में पैसे भेजते रहते जिससे खेती में व्यवधान न हो, बल्कि थोड़ी वृद्धि ही हो। परिणामस्वरूप इनके ही पैसों से गाँव में थोड़ी ज़मीन और ख़रीदने से साझे की कुल काश्तकारी 42 बीघे की हो गई।'

बकौल सतीश जी, यद्यपि नई ज़मीन की ख़रीदारी में सारे पैसे कविराज जी के लगे थे, पर गाँव की सभी नई जायदाद उन्होंने अपने पिताजी के नाम ही ख़रीदी थी। उन्हें अपने नाम से गाँव में ज़मीन ख़रीदना संयुक्त परिवार की प्रचलित परम्परा पर अनुचित प्रहार करने जैसा जघन्य पाप लगता था। बाद में जब बँटवारा हुआ तो कविराज जी के द्वारा ख़रीदी गई ज़मीन भी दो बराबर

हिस्सों में बँटी जिसका नीतीश के परिवार के किसी सदस्य ने कभी भी कोई प्रतिकार नहीं किया।

बख़्तियारपुर से वापस कल्याणबिगहा जाने के कुछ दिनों बाद ही कविराज जी के पिताजी का स्वर्गवास हो गया। पिता के देहावसान की सूचना पाकर कविराज जी सपत्नीक गाँव गए और अपने पिता को मुखाग्नि दी; फिर वापस बख़्तियारपुर आकर सारा श्राद्धकर्म कराया। थोड़े ही दिनों के बाद, उनकी माँ का भी स्वर्गवास हो गया। कविराज जी ने फिर से सारे कर्मकांड पूरी श्रद्धा से किए।

मइयो ने बताया था कि थोड़े ही दिनों के अन्तराल से माता और पिता दोनों के परलोक सिधारने के बाद से एक निस्पृह क़िस्म की विरक्ति या उदासीनता कविराज जी के व्यक्तित्व पर छाने लगी थी।

कबीर की एक साखी याद आती है—

हाड़ जलै ज्यूँ लाकड़ी, केस जलै ज्यूँ घास।
सब तन जलता देखि करि, भया कबीर उदास॥

लेकिन एक और बात भी थी। माता-पिता से हुए विछोह ने जैसे कविराज जी के लिए मुक्ति का द्वार खोल दिए। यह सच है कि अपने माता-पिता के गुज़र जाने के बाद उन्होंने अपनी भौतिक सम्पदा में कोई भी विस्तार नहीं किया। अपनी सारी ऊर्जा उन्होंने जनसेवा में झोंक दी।

प्रकृति का उद्यम

जनसेवा से पूरी तरह जुड़कर कविराज जी मानो निश्चिन्त हो गए। माता-पिता को खोने से कविराज जी के जीवन में आई रिक्तता को भरने के लिए प्रकृति भी उद्यम कर ही रही थी। सम्भवत: वह 1940 का साल रहा होगा। उन्हीं दिनों पहली बार इनकी पत्नी की गोद लक्ष्मी स्वरूपा फूल-सी बच्ची से भरी। माता-माता के अतिव्यस्त जीवन में उजाला बनकर उतरने वाली भोर की इस पहली किरण का नाम रखा गया ऊषा। कविराज जी ने न तो बहन का सुख पाया था, न ही उनकी कोई बुआ ही थीं। वर्षों बाद घर में लक्ष्मी का अवतरण हुआ था, जिस वजह से ये दिन उनके जीवन के अत्यन्त आनन्ददायक कालखंड में बदल गए थे।

मइयो के मुताबिक़ ऊषा जी में मानो कविराज जी के प्राण बसते थे। उनकी दिन-भर की सारी परेशानियाँ और थकान बिटिया की एक मुस्कान ही हर लेती थी। वैसे ये तो ऊषा जी की किलकारियों से गुलज़ार घर में ख़ुशियों के दिन थे लेकिन बाहर की दुनिया कविराज जी के लिए भारी मुसीबतें लिये खड़ी थी। कविराज जी की ज़िन्दगी में इस बच्ची के अलावा कुछ भी ठीक नहीं चल रहा

था। तभी 1942 का अगस्त माह आ गया। बयार में देशभक्ति की ख़ुशबू चारों ओर उड़ती फिरती थी, अमराई की हर कोयल मातृभूमि की स्वतंत्रता के तराने कूकती थी और हर दिल में एक आग धधकती थी जो एक सामूहिक गगनभेदी आवाज़ बनकर चारों ओर गूँजती थी, 'अंग्रेज़ो भारत छोड़ो।' बख़्तियारपुर में अचानक उठी इस सामूहिक आवाज़ के नेतृत्व के लिए नियति ने गांधी जी जैसी दुबली-पतली काया वाले कविराज जी को ही चुना था। दमन का विनाशकारी चक्र अनवरत घूम रहा था। सत्ताधारियों को भी अनुभव हो गया था कि बख़्तियारपुर की सोई पड़ी मिट्टी में अलख जगानेवाला जादूगर कौन था! आनन-फ़ानन में कविराज जी को कारावास की सलाख़ों के पीछे धकेल दिया गया। घर में इनकी पत्नी अपनी छोटी-सी दुधमुँही बच्ची के साथ अकेली रह गई। सूनी-सी भाँय-भाँय करती डरावनी बरसाती रातों में हर आहट पर सहमी हुई, अपने कलेजे के टुकड़े को छाती से चिपकाए डरी-सी, उस माँ की आँखों में तब की यादों की चर्चा भी आँसू छलका देती थी। क्रान्तिकारी की पत्नी होने और उसके कारण उठाए गए कष्टों की बातें याद करना आज जितना भी सम्मानजनक लगे, पर तब वह सब था बड़ी दुश्वारी का सबब।

अपने मामा और माताजी के संस्मरणों के आधार पर उन्हीं दिनों के बारे में सतीश जी बताते हैं कि इस बीच बाबूजी के जेल जाते ही चाचाजी आकर घर में रखे क़रीब सात-आठ पसेरी (प्राय: चालीस किलो) चाँदी के सिक्के ताँगे पर लादकर गाँव ले गए। ये वही सिक्के रहे होंगे जो उनकी माताजी को मायके से मिले थे, अर्थात, स्त्री धन, जिस पर मात्र मइयो, श्रीमती परमेश्वरी देवी का ही अधिकार था। उस समय तो सुरक्षा की दृष्टि से यह सब आयोजन सही ही प्रतीत हुआ, पर बाद में किसी को भी इन सिक्कों की हवा तक नहीं लग पाई! कविराज जी के कारावास जाते ही मइयो को महसूस होने लगा था कि बख़्तियारपुर में सिर्फ़ छोटी-सी बच्ची के साथ रहना अब बिलकुल सुरक्षित नहीं था। यह सब जान-समझकर जेल में बन्द राम लखन जी ने इन दोनों को तत्काल कल्याणबिगहा जाने को कहला भेजा। दुर्भाग्यवश, कविराज जी की अपेक्षा के विपरीत, यह निर्णय सही सिद्ध नहीं हुआ। वे बरसात के दिन थे। बख़्तियारपुर से कल्याणबिगहा तक बाढ़ का बेहिसाब पानी पसरा पड़ा था। हहराती हुई बाढ़ की विभीषिका झेलते हुए, फूल-सी बच्ची को गोद में समेटे, स्वयं गठरी बनी वह ममता की मूरत, डगमगाती हुई छोटी-सी नाव द्वारा बख़्तियारपुर से कल्याणबिगहा कैसे गई होगी, यह सब आज ठीक-ठीक अनुमान नहीं लगाया जा सकता, पर यह तो समझा ही जा सकता है कि मइयो के लिए भी वे काफ़ी मुश्किलों के दिन रहे होंगे।

मइयो को बख़्तियारपुर से आकर कल्याणबिगहा में रहना शुरू से ही थोड़ा कठिन लग रहा था। गाँव में पहले से चरमराई हुई व्यवस्था में इन दो नए प्राणियों

के सामंजस्य में असुविधा हो रही थी। दरअसल, पूर्वग्रहों के कारण ही दिलों की दूरियाँ बढ़ने लगती हैं। उन आन्दोलन के दिनों में स्वतंत्रता सेनानी की पत्नी का घर में होना मानो जीवित बम को रखने जैसा था। कल्याणबिगहा के पुश्तैनी मकान में मइयो के रहने के कारण पुलिस के कभी भी पड़नेवाले छापे के डर से भय और तनाव बढ़ता जा रहा था। ये सब ख़बरें छन-छनकर ही सही, मगर राम लखन जी तक भी पहुँचकर उन्हें चिन्तित करती रहती थीं। धीरे-धीरे उन्हें यह पूरी व्यवस्था असन्तोषजनक और अस्थायी प्रतीत होने लगी थी। इसके बाद उन्होंने इन दोनों को कोइलावाँ, अपनी ससुराल, भेजने का निर्णय लिया। यद्यपि कोइलावाँ में मइयो के कोई सगे भाई न थे, लेकिन मइयो ने बताया था कि उनके मायके आने पर जैसे चमत्कार हो गया! माटी की बेटी, ओजस्वी स्वतंत्रता सेनानी की पत्नी, मानो भारत माता की जीवित प्रतिमूर्ति बन गईं। यह सब देख-सुनकर मइयो के मन का सारा दंश और सारी पीड़ा पिघलने के बाद उनके हृदय में शेष रह गई मात्र सच्ची श्रद्धा—अपने देशभक्त पति के प्रति, उनकी निष्ठा के प्रति, उनके आदर्शों के प्रति और बस एक अदम्य इच्छा रह गई कि भारत स्वतंत्र हो जाए, चाहे उसकी क़ीमत जो भी देनी पड़े।

जय गणेश, जय गणेश, जय गणेश देवा

सतीश जी अपने बाबूजी के बारे में बताते हैं—

'निराकार की उपासना करनेवाले बाबूजी को पता नहीं क्यों गणेश जी के नाम से अत्यन्त प्रेम था, इसलिए बख़्तियारपुर में जिस भी संस्था की उन्होंने स्थापना की, सबके नामकरण गणेश जी के नाम पर किए। जैसे श्री गणेश लोअर प्राइमरी स्कूल, श्री गणेश हाई स्कूल, श्री गणेश संस्कृत विद्यालय, श्री गणेश व्यापार मंडल, श्री गणेश पुस्तकालय आदि-आदि। वहाँ के सामाजिक परिवेश में उन दिनों एक और अद्भुत व्यवस्था थी। वहाँ के आढ़तिए स्वेच्छा से अपने यहाँ हुए प्रत्येक विनिमय से एक प्रतिशत निकालकर सामाजिक कार्यों के लिए अलग रख लेते थे। इसे वे धर्मादा कहते थे। धर्मादा दरअसल धर्मदान शब्द का अपभ्रंश है।'

कुछ क्षणों के विराम के बाद सतीश जी ने बताया—

'बाबूजी के जाने के बाद मानो वह चेतना बख़्तियारपुर से विलुप्त ही हो गई।'

देखिए, हमारी कहानी फिर ठहर-सी गई है, लेकिन कविराज जी की जीवन-यात्रा में अन्तिम बार को छोड़कर विराम या विश्राम का स्थान तो था ही नहीं। अलबत्ता, उनके व्यक्तिगत जीवन में थोड़ी स्थिरता आने लगी थी। उन्हें भी यह विश्वास हो चला था कि भारत माता की बेड़ियाँ टूटने में अब बहुत देर नहीं है।

यह मुनादी उनकी लक्ष्मी स्वरूपा दूसरी कन्या ने उनके आँगन में आकर 1943 में ही कर दी थी। शायद उसके करुण कंठ से स्वतंत्रता के प्रभात के आने की ख़बर आई थी, तभी उस बेटी का नाम उन्होंने प्रभा रखा। परिवार 1946 में और बड़ा हुआ, जब सतीश जी का जन्म हुआ। अपने बाबूजी के बारे में, सभी भाई-बहनों में सबसे बड़ी, ऊषा जी ने, एक नई बात बताई—

'बच्चों के लालन-पालन में बाबूजी ने कभी कोई भेदभाव रखा ही नहीं। इस बात पर उनकी पूरी नज़र रहती थी कि खान-पान, शिक्षा-दीक्षा, कपड़े-लत्ते, खेल-कूद आदि की व्यवस्था में लड़कियों को किसी भी हाल में, लड़कों से अधिक सम्भव न हो तो, कम से कम बराबर की सुविधा अवश्य उपलब्ध कराई जाए। इस फ़रमान के कारण कभी-कभी सतीश को नुक़सान भी हो जाता था।'

बउआ जी बन गए शिवाजी

इसी क्रम में सतीश जी बताते हैं कि उन दिनों मइयो की परिचर्या के लिए एक क्रिश्चियन नर्स आती थी जो बाबूजी की इच्छा के अनुरूप बच्चों को बाइबल समेत कई धर्मग्रन्थों से अच्छी-अच्छी कहानियाँ सुनाया करती थी। उन दिनों सतीश जी का घरेलू नाम बउआ था। एक दिन उस भली नर्स ने घर में शिवाजी की कहानी सुनाई जिसका उन सब पर बहुत दिनों तक बेहद गहरा असर रहा। वह कहानी सुनकर सतीश जी में अन्दर से ही कुछ ऐसा बदलाव आ गया जो उनके बाहरी व्यक्तित्व में भी दिखने लगा होगा, क्योंकि अचानक ही सब लोग उन्हें 'बउआ' के बजाय शिवाजी कहकर बुलाने लगे।

वैसे तो हमारे शिवाजी अपनी दोनों बड़ी बहनों के लाड़ले, अपनी माँ की आँखों के तारे, पिता की अतृप्त आकांक्षाओं की प्रतिमूर्ति तथा अड़ोस-पड़ोस में सबके दुलारे थे, पर उन्हीं के शब्दों में उनके बचपन की एक सरस याद का रसास्वादन हम भी चाय की एक कप के साथ कर लेते हैं।

चाय पीते हुए सतीश जी बताते हैं—

'अपनी दोनों बहनों की आँखों का तारा था मैं, पर दिन-भर उनके साथ गुड्डे-गुड्डियों जैसे लड़कियों वाले खेल खेलकर मैं परेशान हो जाता। तब तक घर में सबसे छोटा होने के कारण उन दोनों की मुझ पर बादशाहत-सी चलती रहती। बाद में तो ख़ैर, मुन्ना भी आए और उनके चार या पाँच साल बाद हमारी सबसे छोटी बहन इन्दु का जन्म हुआ। बहरहाल, मैं उन दिनों जब किसी को अपने से छोटे बच्चे का हाथ पकड़कर आते-जाते देखता तो मेरा मन न जाने क्यों छटपटाने लगता, कोई कमी-सी महसूस होती। कभी-कभी जब बहनों के प्रेम के अतिरेक से एकदम घबरा जाता तो सच्चे मन से भगवान जी से एक अच्छा-सा

भाई माँगता। मइयो ने कहा था कि सच्चे मन से की गई प्रार्थना अवश्य सुनी जाती है। कभी-कभी यह भी लगता कि शायद मैं ही सच्चे हृदय से प्रार्थना नहीं करता या मुझे वैसी प्रार्थना करनी नहीं आती, इसलिए मेरी सुनवाई नहीं हो रही। मैं अपने मन की बात किससे कहता! शायद नर्स दीदी को मेरे मन में चल रहे द्वन्द्व का कुछ न कुछ आभास अवश्य था। फिर एक दिन जैसे चमत्कार हो गया।

भए प्रकट कृपाला

तब मैं चार या पाँच साल का रहा होऊँगा जब तड़के, सुबह-सुबह, नर्स दीदी ने मुझे गुदगुदाते हुए उठाकर बताया कि लो शिवाजी, कल रात तुम्हारा छोटा भाई आ गया, अब तुम इसके साथ ख़ूब खेलना, बस ध्यान रहे कि इसे चोट न लगे, अभी बहुत छोटा है न! उसी दिन ऊषा दीदी पूरी पुरखिन बन गई और प्रभा दीदी गृहस्थिन। मैं भी बड़े भाई हो जाने के दर्प से गरदन थोड़ी ऊँची, और शायद टेढ़ी भी, करके चलने लगा।'

यह सब बताते हुए सतीश जी की आँखों में गर्व और स्नेह की बिजली कौंध गई है। उनकी चाय ठंडी हो गई है पर उनकी वाणी में ओज और गर्मी है। उनकी कहानी आगे बढ़ चली है—

'सबका दुलारा मुन्ना कब घुटनों के बल चला और कब दौड़ने लगा, यह सब तो अब याद नहीं, लेकिन यह बच्चा निकला सबसे अलग और सबसे शरारती। एकदम स्वच्छन्द प्रवृत्ति का यह बालक हम सबसे शायद इसलिए भी अलग निकला, क्योंकि यह आज़ाद भारत की सन्तान था! मुन्ना जी जिसकी जो चीज़ भी पाते, मौक़ा पाते ही बेहिचक चट उसे कुएँ में डाल आते। पकड़े जाने पर कान उमेठे जाने से, बड़ी-बड़ी आँखों में मोटे-मोटे आँसू लिये माँ की गोद में पड़कर, देर तक करुण क्रन्दन से हम सबको आतंकित किए रहते। हम तीनों गऊ हत्या जैसे पाप के बोझ से सर झुकाए आँगन में चोरों की तरह तब तक खड़े रहते जब तक इनका विलाप हिचकियों में बदलकर द्रुत से विलम्बित होता हुआ शेष न हो जाता! हर हफ़्ते, बिना नागा, पड़ोस के पंडित जी कुएँ में उतर, मुन्ना जी की कमाई निकालकर आँगन में बतौर प्रदर्शनी रख देते, मानो किसी ने भानुमती का पिटारा खोलकर आँगन में बिखेर दिया हो। उसमें अंग, भूषण और वस्त्रविहीन हो चुकी दीदी की नव ब्याहता प्यारी गुड़िया रानी के अतिरिक्त पाउडर के डिब्बे, कजरौटा, चन्दन घिसने की छोटी पाटी, टेढ़ी-मेढ़ी कंघियाँ, गल चुकी किताबें, लोटे, रसोई का चिमटा, छड़ी, बन्द हो गई घड़ी आदि अनेक उपयोगी-अनुपयोगी, लेकिन हमेशा के लिए व्यर्थ हो गई, अपनी प्रिय वस्तुओं को देखकर तत्क्षण वैराग्य ले लेने के अतिरिक्त कोई विचार तब मन में आ ही नहीं सकता था।'

यह सब बताकर सतीश जी हँसते हुए कहते हैं—

'तब यह पता ही नहीं चल पाया कि नेताजी में ये सारे लक्षण वीतरागी के थे। किसी भी वस्तु या व्यक्ति के प्रति वे किसी सन्त जैसे निर्लिप्त रह सकते हैं। मोह उन्हें छूता तक नहीं और लोभ वे निर्ममता की हद तक जाकर त्याग चुके हैं। अब उन्हें सिर्फ़ सत्य और प्रेम की भाषा समझ में आती है।'

नीतीश को निकट से जाननेवाले एक स्वर से कहते हैं कि मोह और लोभ उसमें लेशमात्र भी नहीं है।

बचपन

यहाँ पहुँचकर हम बचपन की उस तितली को पकड़ने की कोशिश कर रहे हैं जो हमेशा नज़रों के सामने बनी तो रहती है, लेकिन पकड़ में नहीं आती। फिर भी हम मुन्ना के बचपन की रंग-बिरंगी दुनिया में झाँकने की कोशिश करेंगे।

पहले मेरी फ़ीस दो

नन्हे-मुन्ने मुन्ना के बारे में उससे बड़े तीनों भाई-बहन एक स्वर से एक मज़ेदार बात बताते हैं। यह उन दिनों की बात है जब वे इतने बड़े हो गए कि बिना किसी की सहायता के ऊपर की पहली मंज़िल से नीचे उतरकर बाबूजी के औषधालय में आकर खड़े हो जाते। उन दिनों कविराज जी के पास कई प्रकार के मरीज़, अलग-अलग सवारियों पर सवार होकर आया करते। बिना कुछ समझे हुए भी कविराज जी से हो रही उनकी बातचीत मुन्ना बड़े धैर्य से सुनते रहते। मरीज़ चाहे जैसी भी हालत में आता, वापसी में उसके चेहरे पर प्रफुल्लता और स्वस्थ हो जाने की आशा के साथ-साथ कविराज जी के प्रति असीम कृतज्ञता के भाव कोई भी पढ़ सकता था। कविराज जी बहुधा अपनी फ़ीस छोड़ दिया करते, परन्तु मरीज़ के लौटने की बाट जोहते मुन्ना उसकी राह रोककर खड़े हो जाते और अपनी फ़ीस वसूलकर ही उसे मुक्त करते! मुन्ना की फ़ीस महज़ मामूली हुआ करती थी और वह भी सबके लिए एक समान! बस मुन्ना को मरीज़ की सवारी से बिहारशरीफ़ मोड़ तक की सैर करवाकर वापस घर ले आना होता था। अगर कोई साइकिल से आया है तो उसकी साइकिल के कैरियर पर, रिक्शा हो तो उसकी गद्दी और ताँगा, इक्का या टमटम हो तो कोचवान के बग़ल वाली जगह पर मुन्ना पूरे शानो-शौक़त के साथ किसी लखनवी नवाब के अन्दाज़ में विराजमान हो जाते और जब छोटे नवाब लौटते तो उनका पोज़ प्रायः वैसा ही होता जैसे स्थानीय रामलीला में सफलतापूर्वक लंका दहन के

बाद, रामजी के पास लौटे हनुमान जी का! उनकी यह आदत उनके थोड़े बड़े होते ही अपने आप छूट गई।

अगर अपनी माँ का दूध पिया है तो

थोड़े और बड़े हो गए मुन्ना जी के बारे में मइयो एक दिलचस्प बात और बताती थीं। वैसे तो मुन्ना जी बड़े सयाने थे, पर मेरा आँचल उन्होंने बहुत बड़े हो जाने तक थामे रखा था, काफ़ी दिनों तक उन्हें मेरा दूध पीने के बाद ही सन्तोष होता था। नीतीश के कॉलेज के दिनों का एक अन्तरंग मित्र बताता है कि कॉलेज के दिनों कोई मज़ाक़ में भी अगर कभी नीतीश को फ़िल्मी अन्दाज़ में ललकारने की ग़लती कर बैठता कि अगर अपनी माँ का दूध पिया हो तो सामने आ, तब हम सबका समवेत उत्तर होता कि फूट ले बेवकूफ़, अरे इस सींकिया पहलवान ने अपनी माँ का दूध हम सबके मिलाकर पिए गए दूध से भी ज़्यादा, अकेले ही पिया है!

नीतीश के बचपन की एक और दिलचस्प घटना है। बरसात के दिनों में गंगा नदी का पाट चौड़ा होकर बख़्तियारपुर की सीढ़ी घाट की सबसे ऊँची सीढ़ी तक पहुँच जाता। घाट की सीढ़ियों पर किलकारियाँ भरते, एक-दूसरे पर बाढ़ का मटमैला पानी उछालते, टखने भर पानी में लोट लगाकर तैरने का स्वाँग भरते बच्चे किनारे के गन्दे पानी में ही गंगा स्नान का आनन्द उठा लेते थे। इसी चक्कर में मुन्ना पेट के बल गिरा और उसकी ठोढ़ी पक्की सीढ़ी की किसी कोर से जा टकराई। ठोढ़ी में गहरा ज़ख़्म पड़ गया। मटमैला पानी मुन्ना के ख़ून से लाल हो गया। घर में पड़नेवाली डाँट के डर और चोट की पीड़ा के मिले-जुले असर के कारण मुन्ना जी बुक्का फाड़कर रोए। वह घाव तो धीरे-धीरे भर गया मगर आज भी ग़ौर से देखने पर नीतीश की खूँटियों जैसी कच्ची-पक्की दाढ़ी के पीछे छिपा वह चोट का निशान झलक दिखा ही देता है।

10 दिसम्बर, 2021 को नीतीश, क़रीब एक वर्ष के बाद, बख़्तियारपुर आया है। उसे वहाँ चल रहे कई सरकारी कामों की प्रगति देखनी है। सीवेज ट्रीटमेंट प्लांट, इंजीनियरिंग कॉलेज, आदि कई स्थलों का निरीक्षण करने के बाद उसका क़ाफ़िला गंगा के किनारे, मन्दिर के पास, आकर रुकता है। यहाँ से कुछ क़दमों की दूरी पर ही सीढ़ी घाट है जहाँ नीतीश का पूरा परिवार प्रायः रोज़ नहाया करता था और मइयो हर साल छठ पूजा करती थीं। इसी मन्दिर के साथ वह कुआँ लगा है जहाँ से मीठा पानी नीतीश के घर जाया करता था। कुछ वर्षों पहले तक मन्दिर की नींव को स्पर्श करके चलनेवाली गंगा जी की मुख्य धारा आज सीढ़ी घाट से काफ़ी दूर चली गई है। नीतीश सीढ़ी घाट पर वर्षों पहले अपनी ठोढ़ी फूटने की कहानी बताते हुए अतीत के आकाश पर लहराती हुई आकाशगंगा की धारा बन गया है।

आँखों के तारे को दिन में दिखे तारे

अतीत के आईने पर पड़ी धूल को साफ़ करते ही नीतीश के साथ बचपन में हुई एक और दुर्घटना की कहानी सामने आ गई है। नीतीश के एकदम छुटपन की ही बात है। पता नहीं कैसे और कहाँ से एक घोड़परास (नील गाय) उसके घर के पीछे के मैदान के बीचोबीच आकर खड़ा हो गया। उसे देखने के लिए बख़्तियारपुर के निठल्लों की बड़ी भीड़ इकट्ठी हो गई। मैदान के एक छोर पर पुराना काली मन्दिर भी है। मुन्ना तो ठहरे ख़ुदाई ख़िदमतगार, उन्होंने हर फटे में अपनी नन्ही टाँग घुसेड़ना अपना जन्मसिद्ध अधिकार मान लिया था। फिर यहाँ तो मामला ठीक नाक के नीचे हो रहे नाटक का था! तब हमारे धीरोदात्त नायक भला कब तक पीछे रहते? भीड़ में खड़े लोगों की टाँगों के बीच में से घुसते हुए मुन्ना जी एकदम पहली क़तार में पहुँच गए। वहाँ हमारे वीर शिरोमणि, मुन्ना जी, अपनी छोटी-सी कमर पर दोनों हाथ रखकर उस घोड़परास के सामने तनकर खड़े हो गए—आँखों में आँखें डाले, मानो पूछ रहे हों, कहिए बन्धुप्रवर, जंगल छोड़कर यहाँ कैसे? पता नहीं उस जानवर को क्या सूझी, उसने ठीक मुन्ना के ऊपर से लम्बी छलाँग लगा दी और यह जा वह जा, ग़ायब! मुन्ना जी को चोट अवश्य आई होगी, क्योंकि शायद वे चारों खाने चित गिरकर आँखों के आगे नाचते तारे गिनने में खो गए थे।

2020 की 30 नवम्बर की भरी दोपहर में नीतीश बख़्तियारपुर में उसी काली मन्दिर के परिसर से पीठ टिकाए अपनी पुरानी दुनिया ढूँढ़ रहा है। आज मजबूरी यह हो गई है कि वह मैदान अब कहीं रहा ही नहीं, जहाँ क़रीब पैंसठ साल पहले नटखट नीतीश का मुक़ाबला घोड़परास से हुआ था! आज उस मैदान पर कई मकान खड़े हो गए हैं। नीतीश वहाँ खड़ा-खड़ा बचपन की यादों में डूब गया है। उसका हाथ अनायास ही उसके सर पर चला गया है! मानो अभी-अभी वह घोड़परास का खुर उसके सर को छू गया है।

नीतीश को यादों के सागर की कश्ती में हिचकोले खाता यहीं छोड़कर वापस चलें?

अभी हम पिछली सदी के पाँचवें दशक की बात कर रहे हैं। तब तक बख़्तियारपुर का क़स्बाई चरित्र पूरी तरह उभरा नहीं था। सच कहा जाए तो उन दिनों के बख़्तियारपुर का चरित्र किसी बिखरे हुए गाँव जैसा ही था जो धीरे-धीरे अँगड़ाइयाँ लेते हुए क़स्बे में तब्दील हो रहा था। समय धीरे-धीरे बदल रहा था। कविराज जी की गृहस्थी की गाड़ी भी आराम से चल निकली थी। बख़्तियारपुर से सटे, हक़ीक़तपुर में बसा इनका घर पहले वहाँ एकदम एक कोने में था जहाँ शाम होते ही सियार की हुआँ-हुआँ, झींगुरों की आवाज़ और यदा-कदा किसी घोड़े की हिनहिनाहट वातावरण को रहस्यमय बना देती थी।

नीतीश की मानें तो शहरी अथवा ग्रामीण जीवन की तुलना में क़स्बाई जीवन ज़्यादा मुश्किल होता है। क़स्बों में शहर और गाँव, दोनों की सारी असुविधाएँ तो होती ही हैं, पर सुविधा एक भी नहीं। गाँवों की गन्दगी, अनिश्चय, पारम्परिक रूप से पीढ़ी-दर-पीढ़ी चली आ रही मूँछों की लड़ाई तो क़स्बों में मौजूद रहती है, पर वहाँ का भोलापन, अपनापन, बड़ों तथा परम्परा के लिए आस्था और शुद्धता जैसी अनमोल मोतियों की लड़ी क़स्बे की नालियों में स्वत: ही बह जाती है। क़स्बों में जानवरों की वजह से एक और समस्या देखी जाती है। बहुधा लोगबाग़ अपनी गाय, भैंस और बकरी आदि पालतू पशुओं को गलियों और सड़कों पर निर्द्वन्द्व छोड़ देते हैं। इनसे अक्सर दुर्घटनाएँ होती रहती हैं। बेख़ौफ़ होकर हर जगह कूदते-फाँदते बन्दरों का आतंक अलग से हर ओर सताता रहता है। शाम ढलते ही आवारा कुत्तों के अलावा आसपास के बियाबान में छिपकर रहनेवाले सियार, लकड़बग्घे और कभी-कभी घोड़परास भी क़स्बे में मुँह उठाए चले आकर डराते रहते हैं। शायद ऐसा ही कोई एक घोड़परास नीतीश को पटकनी दे गया था।

सतीश जी ने बहुत गर्व से बताया है—

'इस घटना के बाद मुन्ना के साथ ऐसा बहुत कम हुआ कि भारी-से-भारी चोट खाने पर वह चारों ख़ाने चित गिर पड़े हों। आघात ज़बरदस्त हो तो भले ही वे थोड़ा लड़खड़ा जाएँ, पर उनका जल्दी झुकना या गिरना बहुत कम दिखा है। खेल में भी, चाहे वह सामान्य हो या राजनीति का, पीठ दिखाना उनके स्वभाव में कभी नहीं रहा। विपरीत परिस्थितियाँ मानो उनकी एकाग्रता बढ़ाकर उसे और अधिक प्राणवान, ऊर्जावान और निष्ठावान बना देती हैं।'

निर्भरता का अचूक नुस्खा

एक बार हमने नीतीश से जानना चाहा कि पराजित होने के बाद फिर से खड़े होकर पूरी ताक़त से लड़ने की प्रेरणा उसे कहाँ से मिलती है? इस प्रश्न का कोई पक्का उत्तर उसके पास नहीं था। उसे लगता है कि उसके बाबूजी के दिए गए संस्कारों के कारण धीरे-धीरे यह उसका स्वभाव बन गया है।

फिर हमारे मन में एक दूसरा सवाल भी आया है कि क्या नीतीश को विपरीत परिस्थितियों में घबराहट नहीं होती? जब से वह मुख्यमंत्री बना है तब से ही वह भयमुक्त समाज बनाने की कोशिश करता रहा है, पर क्या उसे स्वयं भय नहीं होता? वह स्वयं तो जवाब नहीं देता पर इसका उत्तर उसकी बाल पुस्तकालय में रखी 'वैताल' नामक पुरानी चित्रकथा में मिलता है। पुरानी पीढ़ी के पाठकों को स्मरण होगा कि आयातित चित्रकथाओं के आरम्भिक हिन्दी

अनुवादों में दो ही प्रधान चरित्र होते थे, शहरी जादूगर मैंड्रेक और बीहड़ जंगलों के अन्दर खोपड़ीनुमा गुफा में रहनेवाला वैताल। वैताल की किसी कहानी में उससे कोई बच्चा पूछता है कि क्या विपरीत परिस्थितियों में उसे आम आदमी की तरह डर नहीं लगता? जवाब में वैताल कहता है—

'हाँ, उन हालातों में मुझे भी डर लगता है। पर मैं डरकर भागने के बदले, तनकर खड़ा होने और दुश्मन की आँखों में आँखें डालकर, लड़ने में भरोसा रखता हूँ। मुझे तना हुआ खड़ा देखकर दुश्मनों को ही मुझसे डर लगने लगता है। मेरी आँखों में दृढ़ निश्चय देखकर वे वैसे ही कमज़ोर पड़ जाते हैं।'

शायद नीतीश के बाल मन पर वैताल की इसी उक्ति की अमिट छाप पड़ी है इसलिए आज भी स्थिति चाहे कितनी भी विपरीत क्यों न हो, वह हमेशा तनकर खड़ा रहता है। नीतीश के स्वभाव के इस पक्ष के बारे में बहुत लम्बे अरसे तक अन्यतम उसके सहयोगी रहे अशोक कहते हैं—

"नीतीश बाबू जब किसी दुखी आदमी की पीठ पर बस अपना हाथ भर रख देते हैं तो लगता है कि उसकी सारी तकलीफ़ वे अपने हाथ में ही सोख लेते हैं। वह व्यक्ति चाहे बाद में जिस भी रास्ते चला जाए, दिल में वह नीतीश बाबू को ही याद रखता है। मुझे भी जब कोई मुश्किल पड़ी है तो मैं इसी अवसर की तलाश में रहा हूँ कि एक बार वे करुणा से भरा अपना हाथ मेरी पीठ पर फिरा दें। बस मैं निश्चिन्त हो जाऊँ, ठीक वैसे ही जैसे माँ अपने बच्चे की पीठ पर रखकर उसे निर्भीक बना देती है।'

अशोक के इस कथन को ज़रा मस्तराम कपूर की किताब 'डॉ. राममनोहर लोहिया' के पेज-11 में लोहिया जी के बारे में बताई गई इस बात को मिलाकर देखिए—

'उनके (लोहिया जी के) व्यक्तित्व की यह सबसे बड़ी विशेषता थी कि जो भी उनके सम्पर्क में आया—नेता की हैसियत से, कार्यकर्ता की हैसियत से, लेखक-कलाकार की हैसियत से, या कॉफ़ी हाउस में बहस-गपशप करनेवाले की हैसियत से—वह उनका मुरीद बन गया। जिसके कन्धे पर उन्होंने हाथ रख दिया वह उम्र भर के लिए उनका हो गया। बाद में भले ही वह किसी और रास्ते पर चला गया लेकिन लोहिया के प्रति व्यक्तिगत लगाव-प्रशंसा-भाव और कभी-कभी भक्ति भाव भी हमेशा उसमें बना रहा।'

क्या ऐसा नहीं लगता कि ये दोनों एक ही व्यक्ति के बारे में दो अलग-अलग लोगों के बयान हैं? लोहिया की तरह नीतीश ने हिम्मत हारना नहीं सीखा। नीतीश की हिम्मत पर सबसे सटीक बैठनेवाली बात बहुत पहले ही मार्क ट्वेन ने कही है, 'साहस या हिम्मत का अर्थ भय की अनुपस्थिति नहीं, उसका प्रतिरोध करना—उसे वशीभूत करना है।'

समाजवादी बुज़ुर्ग स्वर्गीय उमाशंकर श्रीवास्तव का कहना है—

'अपने जीवन में सफल हर साहसी आदमी जानता है कि जीत के लिए जी-तोड़ संघर्ष करना ही साहस है, जीतना और हारना महत्त्वपूर्ण नहीं। नीतीश आज तक जीवन के हर मोड़ पर पूरी शक्ति से संघर्ष करता आया है। उसके लिए जीतना और हारना, दोनों ही शुरू से बेमानी रहे। अपनी ज़िन्दगी की हर लड़ाई में उसने भय को वशीभूत किया है। 1977 से 1984 तक, जब वह मुफ़लिसी के सबसे मुश्किल दौर से गुज़र रहा था, तब वह कभी-कभी उदास और बेज़ार हो जाता था पर मैंने उसे डरते हुए कभी नहीं देखा। उसे अपने विवेक और हिम्मत पर हमेशा से भरोसा रहा है। दोस्तों में सुनता तो वह सबकी है पर करता है सिर्फ़ अपनी हिम्मत के बल पर और सिर्फ़ अपने विवेक की बात मान कर!'

यह तो पता नहीं कि एंगल्स और मार्क्स को पढ़नेवाले नीतीश ने ये भारी-भरकम देशी और विदेशी परिभाषाएँ भी पढ़ी हैं या नहीं, पर इनको वह अपने जीवन में बरतता अवश्य दिखता है। अपनी हर पराजय के बाद वह दूने उत्साह से उठ खड़ा हुआ है, ठीक वैसे ही जैसे दंतकथाओं की अगिनपाखी अपनी ही राख से निकलकर फिर से जीवित होकर खड़ी हो जाती है। यह है नीतीश होने का कमाल!

ऐसा मान लेना ग़लत होगा कि नीतीश को किसी भी चीज़ से बिलकुल डर नहीं लगता। इस भ्रम को तोड़ने के लिए हम आपके आगे नीतीश के बारे में एक गोपनीय रहस्य खोल रहे हैं। आपको जानकर हैरानी होगी कि उसे किसी भी लिजलिजी चीज़ से भयंकर चिढ़ है चाहे वह केंचुए हों या साँप या फिर छिपकली! सच तो यह है कि राजनीति में रीढ़ और सिद्धान्तविहीन लोगों के प्रति भी उसे रत्ती भर भी स्नेह या श्रद्धा नहीं है। ऐसे लोगों को सामने देखते ही नीतीश किसी कछुए की तरह अपनी खोल में सिकुड़ जाता है और दो-चार औपचारिक बातों के बाद सामनेवाले से विदा लेकर मुक्ति की साँस लेता है।

सरताज के सर का ताज बना सर दर्द

इतने शास्त्रीय उद्धरणों और गम्भीर बातों के बाद ज़ायक़ा बदलने के लिए नीतीश के जीवन में भय सम्बन्धी थोड़ी हल्की-फुल्की चर्चा भी हो जाए! हुआ यूँ कि मुख्यमंत्री बनने के क़रीब चार साल बाद नीतीश को कुछ दिनों तक भयंकर सर दर्द रहने लगा। उसे काम करने में मुश्किल होती थी। उसने मजबूरन डॉक्टरों से सलाह ली। आप तो जानते ही हैं कि अपने देश में हर वीआईपी रोगी की मौत इलाज की कमी से नहीं, ज़रूरत से ज़्यादा इलाज से हो जाती है! दिन-भर की मशक़्क़त के बाद नीतीश अपने कमरे में आराम करने आता और दवाइयों के बढ़ते ज़ख़ीरे को देखकर परेशान हो जाता। धीरे-धीरे 'मर्ज़ बढ़ता ही गया ज्यों-

ज्यों दवा की' हालत बन गई। तंग आकर नीतीश ने दिल्ली में जाँच कराने की सोची। दिल्ली के मशहूर गंगाराम अस्पताल में दिमाग़ सहित पूरे शरीर की जाँच करने की आधुनिकतम मशीन ताज़ा-ताज़ा ही आई थी। तारीख़ थी 6 अक्टूबर और साल था 2009 जब नीतीश उस अस्पताल में पहुँचा। तब तक उसकी शोहरत देश-भर में फैल चुकी थी। इसलिए वह अस्पताल में गया तो था किसी सामान्य मरीज़ की तरह ही, लेकिन उसके वहाँ पहुँचने की ख़बर जंगल की आग की तरह फैल गई। क्या मरीज़, क्या मरीज़ों के तीमारदार और क्या अस्पताल का अमला, सब लोग उसे देखने के लिए बड़ी भीड़ की शक्ल में जमा हो गए। ऐन वक़्त पर अस्पताल के सबसे बड़े डॉक्टर ने उसे जैसे-तैसे भीड़ से बाहर निकालकर मशीन के सामने खड़ा कर दिया। उस दैत्याकार मशीन को देखकर ही पहले से घबराए हुए नीतीश के हाथ के तोते उड़ गए! मशीन के चालू होते ही वह कमरा कान फोड़ू शोर से भर गया। नाज़ुक मिज़ाज नीतीश की असुविधा देखकर कोई जिगरे वाला उस शोर भरे कमरे में नीतीश के सिरहाने खड़े होकर ऊँचे स्वर में हनुमान चालीसा पढ़ने लगा। ख़ैर, राम-राम करके उसके सर के पूरे स्कैनिंग की कवायद भी ख़त्म हुई जिसके बाद का आधा घंटा उसके साथ गए सभी लोगों के लिए आधी ज़िन्दगी की तरह बीता। उस राक्षसी मशीन के कमरे से बाहर आकर नीतीश विभागाध्यक्ष के कमरे में बेचैनी से रिपोर्ट की प्रतीक्षा करने लगा। उस कमरे में नीतीश के साथ घबराया हुआ बैठा चचा अपने नाखून दाँतों से खसोट रहा था। उसने नीतीश की चिन्ता को दूर करने के लिए क़तील शिफ़ाई का यह शेर पढ़ा—

ये मो जिज़ा भी मोहब्बत कभी दिखाए मुझे
कि संग तुझ पे गिरे और ज़ख़्म आए मुझे।

इस शेर में एक दोस्त मोहब्बत (दोस्ती) से एक चमत्कार की अपेक्षा करता है कि अगर उसके दोस्त पर कोई पत्थर गिरे तो भी उसे कुछ न हो मगर दुआ माँगनेवाले को उसकी चोट से ज़ख़्म हो जाए!

शेर सुनाकर चचा ने नीतीश से कहा—

'सुनो प्यारे, अगर सच में ऐसा हो सकता तो भी मैं ऐसी वाहियात दुआ हरगिज़ नहीं माँगता। अरे बाबा, यह भी कोई तुक हुआ कि पत्थर पड़ें तुम पर और चोट लगे मुझे? यह तो वही बात हुई कि अल्लम-गल्लम और काँटे-पत्थर खाए तो भीम लेकिन अगली सुबह नतीजा झेले लोटा लेकर बैठा हुआ मामा शकुनि!'

चचा की यह बेहूदा बात भी नीतीश के तनाव को ज़रा भी कम नहीं कर पाई! उसने चचा को घूरकर देखा। तब तक डॉक्टरों के दल ने रिपोर्ट देख ली थी। उनके लीडर ने बेहद ख़ुश होकर नीतीश से कहा—

‘सर, चिन्ता की कोई बात नहीं, पूरी रिपोर्ट एकदम फ़र्स्ट क्लास है। पहली बात कि आपके शरीर में सब कुछ एकदम ठीक है, बिलकुल फ़िट! फ़र्स्ट क्लास!! जहाँ तक आपके दिमाग़ की बात है सर, तो आपके ब्रेन को ताज़ातरीन और बेहतरीन छोड़कर कुछ और नहीं कहना चाहिए। चाहे मेरी अंग्रेज़ी एकदम ग़लत क्यों न हो पर मैं तो कहूँगा कि आपका ब्रेन बेटर दैन द बेस्ट है! एकदम ‘फ्रेश’!!’

डॉक्टर की रिपोर्ट सुनते ही नीतीश ने राहत की लम्बी साँस भरी लेकिन उसके साथ बैठा अपना चचा बुदबुदाया—

‘लाहौल विला कुव्वत, दिमाग़ एकदम ‘फ्रेश’ के क्या माने? गोया हमारे नेताजी अब तक बग़ैर दिमाग़ का इस्तेमाल किए ही हुकूमत चला रहे थे? मालिक मेरे, बिहार पर रहम करियो।’

सिर्फ़ पास बैठे नीतीश को सुनाने के लिए कही गई इस बात का नीतीश पर असर यूँ हुआ कि उसने चचा की पसली में ज़ोर से केहुनी मारते हुए कहा—

‘यह है तुम्हारे घटिया शेर का जवाब!’

चचा चोट से बिलबिला उठा। चचा की बुदबुदाहट याद करके पहले तो नीतीश अकेले ही हँसा फिर उसने पूरी मजलिस को यह बात बहुत मुदित होकर बताई जिस पर सबको बड़ा मज़ा आया। कहना न होगा कि इसके बाद ही सारी दवाइयों को फेंककर नीतीश ने थोड़ा आराम किया और फिर से स्वस्थ होकर काम करने लगा, शायद दिमाग़ लगाकर भी, क्योंकि बाद में उसे सर दर्द कभी हुआ ही नहीं!

डॉक्टर और नीतीश के इलाज पर एक कहानी और याद आती है। इस कथा के वाचक हैं रेल विभाग के सबसे बड़े अस्पताल के मेडिसिन विभाग के भूतपूर्व विभागाध्यक्ष, डॉक्टर सुषम शर्मा, जो आजकल विदेश के किसी बहुराष्ट्रीय अस्पताल में विभागाध्यक्ष के पद पर कार्यरत हैं। रेलमंत्री नए थे, बिहारी थे और सत्ता के गलियारों से छनकर आती बयार उनकी गरममिज़ाजी के नग़मे ही गुनगुनाती थी। इसलिए थोड़े आशंकित और कुछ-कुछ आतंकित डॉक्टर साहब ने बेहद औपचारिक, ‘यस सर, नो सर’ वाले तरीक़े से मर्ज़ की जानकारी लेने के बाद अपने मितभाषी मंत्री जी के लिए नुस्ख़ा लिखा और विदा माँगने के लिए ‘थैंक्यू सर’ कहते हुए हाथ जोड़कर खड़े हो गए। तब जो हुआ वह बड़ा अप्रत्याशित था। वह आप डॉक्टर साहब से ही सुनिए—

‘अरे साहब, उन्होंने तो मेरे जुड़े हाथों को पकड़कर मुझे फिर से बिठा दिया और आग्रहपूर्वक जलपान करवाया। शराफ़त की हदें तो तब पार हो गईं जब उस बीमार हाल में भी मुझे छोड़ने दरवाज़े तक चलकर आए! वैसे तो हम ठहरे निखालिस लखनवी, लेकिन हमारे साहब की शराफ़त को देखकर मैं बिहारी तहज़ीब का ही क़ायल हो गया। उनकी लताफ़ते मिज़ाज (स्वभाव की पवित्रता

और कोमलता) से हम सबको ऐसी मुतसल्लत (वशीभूत करना) मिली कि मैं आज तक उनका मुरीद हूँ।'

बहरहाल, फिर से कहानी मोड़कर वापस ले चलते हैं बख़्तियारपुर, जहाँ घोड़परास की दुलत्ती वाली इस घटना में तो नहीं पर इसके बस थोड़े दिनों के बाद ही मुन्ना जी ज़ार-ज़ार रोए भी।

चश्मे बद्दूर

सतीश जी बता रहे हैं—

'घर में उछलते, खेलते और उत्पात मचाते मुन्ना जी को साधने के लिए एक दिन सजा-गुजाकर, बुरी नज़र से बचाने के लिए माथे पर काला टीका लगाकर, श्री गणेश अपर प्राइमरी स्कूल में भेज दिया गया।'

शास्त्रों में कहा गया है कि जानने योग्य अट्ठारह विद्याएँ हैं (चार वेद, छह वेदांग, मीमांसा, न्याय शास्त्र, धर्मशास्त्र, पुराण, आयुर्वेद, धनुर्वेद, गान्धर्व शास्त्र तथा अर्थशास्त्र)। गुरु गृह जाकर अल्पकाल में नीतीश कितनी विद्याओं में पारंगत हो गया, इसका लेखा-जोखा तो स्वयं उसके पास भी नहीं होगा फिर भी यह बात उसके सभी समकालीन मानते हैं कि बचपन से ही वह मेधावी होने के साथ-साथ बेहद मेहनती भी था और यह भी कि उसकी स्मरणशक्ति अद्भुत थी। बहरहाल, मुन्ना जी ने श्री गणेश अपर प्राइमरी स्कूल के बाद आगे सातवीं तक श्री गणेश मिडिल स्कूल और अन्त में मैट्रिक तक श्री गणेश हाई स्कूल बख़्तियारपुर में पढ़ाई की थी। इन सभी स्कूलों की स्थापना और नामकरण में मुन्ना के बाबूजी का बहुत बड़ा योगदान था।

सतीश जी बेहद गर्व से बताते हैं—

'मुन्ना हमेशा अपने पूरे स्कूल के तीन या चार सबसे अच्छे विद्यार्थियों में रहे। स्कूल के सभी शिक्षक एकमत थे कि बालक मुन्ना मेधावी है और यह बहुत आगे जाएगा। मुझे याद है कि बचपन से लेकर किशोरावस्था तक, यानी जब तक मुन्ना जी बख़्तियारपुर में रहे, उनकी नाक सिर्फ़ किताबों में ही डूबी रही। लगा कि पलक झपकते ही यह समय बीत गया। ख़ुद पढ़ते रहने के अलावा किशोर मुन्ना जी का बस एक ही शग़ल था, दूसरों को भी पढ़ाना।'

अपने बचपन और किशोरावस्था की बातें नीतीश हमें कुछ इस तरह बताता है—

'गर्मी की छुट्टियों की प्रतीक्षा हम सब बड़ी बेसब्री से करते थे। उसके ठीक पहले स्कूल की अर्द्धवार्षिक परीक्षाएँ समाप्त हो जाती थीं। गर्मी की छुट्टी का मतलब था स्कूल और परीक्षा के तनाव से मुक्ति! मुझे भी उन कुछ दिनों के

लिए स्कूल की किताबों से विरक्ति-सी हो जाती थी। सवेरे से दोपहर तक का समय तो पलक झपकते ही उड़न-छू हो जाता लेकिन उसके बाद का पहाड़ों जैसा वक़्त घर के अन्दर काटे न कटता। गर्मी और उमस से परेशान होकर हम कई हमउम्र किशोर चुपके से अपने-अपने घरों से बाहर निकल जाते। तब तक अमराइयों में आम के फल बड़े तो हो जाते पर पकते नहीं थे। एकाध चुराए कच्चे आम को नमक के साथ खाने का स्वाद भी कुछ और ही होता था जो माली की गालियों से कई गुना बढ़ जाता था। डाल पर बैठी कोयल की कूक की नकल हम सब बाहर की कड़ी धूप में उछलते-कूदते हुए करते। भरी दोपहर की चिलचिलाती गर्मी में थोड़ी देर तक तो मस्ती हो जाती थी, लेकिन हम जल्दी ही थक भी जाते थे। साँय-साँय चलती लू और उड़ती धूल के बवंडर में जब कोयल भी कूकना बन्द कर देती तब हम कुछ मित्र आँखें मीचे पेड़ के नीचे खड़े, आम के गिरने की आवाज़ की प्रतीक्षा करते रहते और भद्द की आवाज़ सुनते। तब तक घर से वापसी का फ़रमान लेकर, हमें कोसता हुआ, कोई न कोई अवश्य आ धमकता और धूल-धूसरित हम, शाम तक के लिए, अपने-अपने दरबों में बन्द हो जाते। दोपहर में हमारे घर में बाबूजी को छोड़कर सब या तो सो रहे होते या बहनें लूडो और पचीसी खेल रही होतीं। मैं भी उनके साथ खेलने लगता। अगर वे मुझे खेलने न देतीं या मैं हारने लगता तो उनका खेल बिगाड़ देता। फिर तो जैसे गदर मच जाती। छीन-झपट, धींगा-मुस्ती और लड़ाई-झगड़े में बाक़ी दोपहर के बीतने का पता तक न चलता। गर्मी के मौसम में बख़्तियारपुर की शामें सुहावनी होती थीं, क्योंकि तब हम सब गंगाजी के किनारे होते थे।'

सतीश जी भी अपने बचपन की यादों की मख़मली चादर ओढ़कर बैठे हैं। वे कहते हैं—

'देश नया-नया आज़ाद हुआ ही था। हमारे घर में मइयो, बाबूजी और हम पाँच बच्चों के अतिरिक्त ढेर सारे प्राणियों का भी वास था। समाजसेवा में अधिक व्यस्त हो जाने से बाबूजी की आमदनी पहले जैसी रही नहीं थी और घर के ख़र्चे थे कि बढ़ते ही जा रहे थे। महँगाई की मार, बच्चों की पढ़ाई की ज़िम्मेदारी, गाँव से खेती के लिए अलग से पैसों की अनवरत माँग आदि अनेकानेक आर्थिक दबाव बाबूजी पर पड़ने लगे थे। गाँव की खेती ऐसा यज्ञ होकर रह गई थी जिसमें बख़्तियारपुर से धन की लगातार आहुति के बाद भी वहाँ से अनिश्चितता का धुआँ और निराशा की राख के अतिरिक्त कुछ भी प्राप्त नहीं हो रहा था, आत्मिक सुख की सुगन्ध तक नहीं! बाबूजी का सारा समय जनसेवा में बीतता, तन-मन तक की भी सुधि नहीं रहती उन्हें—बस निष्काम काम और काम। हाँ, ध्यान, प्राणायाम, सन्ध्या और गायत्री मंत्र का पाठ उनकी जीवन ऊर्जा बन गए

थे। ऐसा नहीं कि वे पारिवारिक ज़िम्मेदारियों के प्रति उदासीन हो गए थे, बल्कि लगता था कि वे किसी जल्दी में हैं और अपने सारे बिखरे काम शीघ्रातिशीघ्र निबटाना चाह रहे थे।'

दम लेने को थोड़ी देर रुककर सतीश जी आगे कहते हैं—

'1955 में बड़ी दीदी का ब्याह पटना के श्री देवेन्द्र प्रसाद सिन्हा से हो गया था जब वे बख़्तियारपुर में रहकर पढ़ ही रही थीं। उनका द्विरागमन 1957 में हुआ। घर की आय बढ़ाने के लिए तब एक कठोर निर्णय लिया गया। मइयो ने गाँव जाकर स्वयं खेती सँभालने का निश्चय किया। छोटी-सी इन्दु के साथ जाकर कल्याणबिगहा की नष्टप्राय बगिया को फिर से सजाने में लग गईं मइयो—एकाकी, निस्पृह, शान्त किन्तु दृढ़प्रतिज्ञ। मइयो के वहाँ जाने से खेती में तो बहुत सुधार आया पर उनके कल्याणबिगहा जाते ही बख़्तियारपुर में बड़ी दीदी एकदम से बड़ी हो गईं—देखते ही देखते वे सारे घर की धुरी बन गईं। इससे उनकी पढ़ाई पर प्रतिकूल असर पड़ा जिसे बाबूजी बहुत नापसन्द करते थे, पर मजबूरी थी, कोई विकल्प नहीं था।

गाँव की मिट्टी की पुकार

मुन्ना जी का मइयो के बिना मन नहीं लगता था इसलिए स्कूल में छुट्टियाँ होते ही उनके मन में जैसे हूक-सी उठती और वे कल्याणबिगहा चले जाते थे। वहाँ जाने के लिए मुन्ना जी के मन में एक और आकर्षण था—सीताराम, उसकी धाई माँ का बेटा! कल्याणबिगहा में नीतीश का अभिन्न सखा था सीताराम, जो उससे आयु में कुछ बड़ा था। उसके बड़े भाई का पुकारने का नाम बंगाली होने के कारण धाई माँ को सब बंगाली की माँ ही कहकर पुकारते। नीतीश और सीताराम का साथ सुबह से शाम तक का रहता। सीताराम के साथ कल्याणबिगहा की गलियों, बगीचों में बिना किसी वजह के दौड़ते-भागते, पगडंडियों पर गिल्ली-डंडा खेलते, खलिहान में भूसे की ढेर पर कूदते-उछलते समय भी सीताराम की बेबसी और बेकसी नीतीश से छुपी न रहती। नीतीश ने अभावों की दुनिया में पहली बार सीताराम की आँखों से ही झाँका था।

वैसे तो कल्याणबिगहा में सीताराम की ज़िन्दगी घोर अभावों से जूझते बीतती थी लेकिन नीतीश के कल्याणबिगहा आने से सीताराम को कुछ-कुछ वैसा ही आराम मिलता था जैसा नर्क के द्वार पर युधि'ष्ठिर के आने से द्रौपदी सहित अन्य लोगों को मिला होगा। मइयो के हाथ से उसे हर रोज़ और हर बार नीतीश के कलेऊ के बराबर का हिस्सा मिलता, जूठन नहीं। उसे भी नए कपड़े मिलते, उतरन नहीं! नीतीश के पैतृक घर और खेतीबाड़ी की व्यवस्था तब से आज तक

सीताराम ही देख रहा है। जब नीतीश दूसरी बार मुख्यमंत्री बना तब भाव-विभोर सीताराम के हार्दिक उद्गार थे—

'जब मेरे मालिक मुख्यमंत्री हो जाएँ, हमको इससे बढ़कर क्या मिलेगा? यही हमारा विचार है।'

नीतीश के मुख्यमंत्री बनने के बाद भी शायद स्थानीय सरकारी अमला उसे घुमा-फ़िराक़र उसकी औक़ात बताता रहा होगा इसलिए शायद सीताराम नीतीश को मालिक मानने लगा है। लेकिन नीतीश उसे बचपन का ही नहीं, अपना आज तक का मित्र, वह भी निःसंकोच, मानता है। कल्याणबिगहा जाकर उसकी नज़रें तब तक इधर-उधर दौड़ती ही रहती हैं जब तक कि वह सीताराम को ढूँढ़ नहीं लेतीं। अपने इर्द-गिर्द उसकी उपस्थिति के बारे में आश्वस्त होने के बाद नीतीश उसकी ख़ैरियत पूछता है। अगर नीतीश को सीताराम के बारे में सब कुछ सन्तोषजनक लगे तभी वह आगे के कार्यक्रम में भाग लेता है। नीतीश के लिए सीताराम बचपन के निश्छल प्रेम का प्रतीक है। सीताराम ने अपने साठ वर्षों से भी अधिक पुराने सम्बन्धों को कैसे याद रखा है, यह भी समझने की बात है। शायद उसके परिवेश और परिस्थितियों ने उसे दोनों के बीच एक अदृश्य लक्ष्मण रेखा का एहसास कराया है। इससे नीतीश को कितनी तकलीफ़ होती है, इसका पता तब लगता है जब अपने और सीताराम के बीच दुराव बनाने की कोशिश करनेवाले किन्हीं सरकारी अधिकारियों पर वह अपनी वक्र दृष्टि डालकर उनकी सिट्टी-पिट्टी गुम कर देता है।

एक बार फिर हम नीतीश के बचपन के दिनों की बात करते हैं जब छुट्टियाँ ख़त्म होते ही मुन्ना जी को कल्याणबिगहा से अपनी मइयो, सीताराम और छोटी बहन इन्दु की यादों में डूबते-उतराते वापस बख़्तियारपुर आना पड़ता था। नीतीश के बचपन के बारे में अब एक बात समझ में आने लगी है। मइयो के गाँव जाने के बाद से ही नीतीश अपने चारों ओर जैसे अनायास ही एक अदृश्य लक्ष्मण रेखा खींच रहा था जिसका अतिक्रमण किसी के लिए भी निषिद्ध था। अपनी इस संकोची प्रवृत्ति का कारण भी नीतीश ने 30 जून, 2003 को बातों-बातों में ही बताया था। उसने कहा था—

'मेरे बचपन के दिनों में ही खेती कराने के लिए मइयो गाँव चली गई थी। घर में काफ़ी समय तक मैं बाबूजी के साथ अकेला रह गया था। अकेलापन का वह दौर ख़त्म होने से पहले मैं सीधा पटना के हॉस्टलों या लॉज में आ गया। शायद इसीलिए मैं पारिवारिक माहौल से शुरू से ही दूर रह गया। लाख चाहने के बाद भी मैं कुछ दोस्तों और अपनी पत्नी को छोड़कर किसी के आगे कोई व्यक्तिगत बात कहने में अनेकानेक कठिनाइयों का अनुभव करता हूँ।'

आज भी राजनीतिज्ञ नीतीश चाहे जितना सार्वजनिक हो गया हो, उसके अन्दर बैठा मुन्ना पहले जैसा ही एकान्तप्रिय है और शायद अकेला भी। उन

दिनों नीतीश जितना कुछ पढ़ता, उससे अधिक उस पर चिन्तन करता। उसके आसपास ऐसे बुद्धिजीवी भी नहीं थे जिनसे गूढ़ विषयों पर खुलकर चर्चा हो सकती थी, इसलिए बालक मुन्ना और किशोर नीतीश के लिए स्वाध्याय का ही आलम्बन रह गया था। यह बात भी बहुधा देखने में आई है कि यदि माता और पिता का सीधा अनुशासन न हो तो बच्चा या तो विद्रोही हो जाता है या फिर अन्तर्मुखी। एकलव्य की तरह, अपने पिता के जीवन से दूर से ही, सीखते हुए गुमसुम रहनेवाला नीतीश धीरे-धीरे बड़ा होने लगा। मइयो की अनुपस्थिति में नीतीश की अपनी एक नई और अपने बाबूजी के सान्निध्य में बसी दुनिया बनने का दौर शुरू हुआ। जाने-अनजाने में बाबूजी नीतीश के आदर्श बनते चले गए।

पुड़िया बाँधते हुई पढ़ाई

कुछ सुनी-अनसुनी कहानियाँ अपने और बाबूजी के सम्बन्धों के बारे में बता रहा है—

'मैं बाबूजी के पास खड़ा होकर उन्हें इलाज करते देखकर बहुत ख़ुश होता था। बाबूजी रोगी की नब्ज़ पकड़कर आँखें बन्द कर लेते थे। थोड़ी देर तक मौन रहने के बाद वे मरीज़ की तकलीफ़ों के बारे में धाराप्रवाह बोलने लगते थे। मरीज़ की शारीरिक और मानसिक कष्ट से लेकर आध्यात्मिक चिन्ताओं तक, कुछ भी तो बाबूजी की पारखी बन्द नज़रों से छूटता ही नहीं था! मरीज़ चमत्कृत होकर हर बात पर सिर्फ़ सहमति में सर हिलाता रहता था। अपनी बात पूरी करने के बाद बाबूजी की आँखें खुलती थीं और वे मरीज़ से पूछते थे—और कुछ? पहले तो वह दाएँ-बाएँ सर हिलाकर जताता था कि अब उसके पास कहने को कुछ नहीं है और विस्मय से भरा मरीज़ अस्फुट स्वरों में जो कहता उसका मतलब यही होता था बाबूजी तो सर्वज्ञ भगवान हैं! बाबूजी जो दवाइयाँ तजवीज़ करते मैं उनको काग़ज़ की पुड़िया में कसकर लपेट देता। मेरी बाँधी पुड़िया इतनी पक्की होती कि उसे चाहे जितनी ज़ोर से ज़मीन पर पटक दो, वह खुल नहीं सकती थी।'

यह सब कुछ बताकर पहले तो नीतीश थोड़ा शरमाता हुआ हँसता है फिर कुछ गर्व से अपनी गरदन टेढ़ी करके कहता है कि वह आज भी वैसी ही मज़बूती से पुड़िया बाँध सकता है!

चचा कहता है कि नीतीश अपने विरोधियों की भी ऐसी पुड़िया बाँध देता है जिसे खोलने में अच्छे-अच्छों के दाँतों में पसीने आ जाते हैं।

नीतीश से हम पूछते हैं कि क्या आयुर्वेद के ऐसे निष्णात ज्ञाता बाबूजी से अपनी भी नब्ज़ की जाँच कराने की उसकी इच्छा कभी नहीं हुई तो वह एकदम गम्भीर

हो जाता है। उसकी चुप्पी बेहद भारी और नुकीली होकर हम सबको बेधने लगती है। वह अतीत के बादलों की इन्द्रधनुषी सीढ़ियों से धीरे-धीरे उतर रहा है। लगता है कि वह हम सबसे कहीं बहुत दूर चला जाकर अपने आप से कह रहा है—

'हाँ, बाबूजी ने तो सिर्फ़ एक बार ही मेरी नब्ज़ को हाथ लगाया था और देर तक उसे पकड़े ही रहे। उन्होंने मुँह से तो एक शब्द भी नहीं कहा, लेकिन जिस प्रेम भरी करुण दृष्टि से उन्होंने मुझे देखा था, उसमें मेरे आनेवाले संघर्षमय दिनों की पूरी इबारत लिखी हुई थी। मेरी आगे की ज़िन्दगी दुख भरी तो होनी थी लेकिन शायद दुखान्त नहीं क्योंकि उसमें बाबूजी के आशीर्वाद और अभयदान का सुरक्षा कवच भी लिपटा हुआ था।'

उसी समय शायद बाबूजी ने समझ लिया था कि नीतीश के शरीर में प्रोटीन की कमी रहेगी इसलिए उस दिन से घर में उसके भोजन पर विशेष ध्यान दिया जाने लगा। कुछ बड़े होकर पटना में कॉलेज में आने के बाद, साथियों ने उसे मांसाहारी बनाने की भरसक कोशिश की। नीतीश ने सब कुछ आज़माया भी पर किसी भी जीव को मारकर उसका भक्षण उसके भावुक मन को रास नहीं आया। अभी भी वह डॉक्टरों के आदेश पर प्रोटीन की कमी दूर करने के लिए अंडे तो खा लेता है मगर बहुत अनिच्छा से।

बहरहाल, बाबूजी के मरीज़ों के लिए पुड़िया बाँधते समय वहाँ हो रही राजनैतिक चर्चा भी नीतीश को गहरे तक प्रभावित करती थी। उन दिनों बाबूजी पटना से प्रकाशित होनेवाले हिन्दी 'प्रदीप' और अंग्रेज़ी 'सर्चलाइट' मँगाया करते थे। ये दोनों अख़बार निर्भीक और स्वतंत्र विचारधारा के माने जाते थे। नीतीश दवा की पुड़िया इन्हीं अख़बारों के काटे हुए टुकड़ों से बाँधा करता था। पुड़िया बाँधते-बाँधते ही वह इन अख़बारों के कुछ अंश भी बाँच लिया करता था।

गुरु गृह पढ़न गए रघुराई

अभी नीतीश की शुरुआती पढ़ाई-लिखाई के बारे में गम्भीर बातें चल रही हैं। इस क्रम में अपने मिडिल स्कूल के संस्कृत के शिक्षक सह प्रधानाचार्य, श्री कामता प्रसाद को वह बेहद अक़ीदत से याद करते हुए कहता है—

'शाम को स्कूल छूटने के बाद वे कई अन्य बच्चों के साथ मुझे भी बैठाकर संस्कृत पढ़ाते। वह भी पूर्णतः निःशुल्क! पढ़ाने का उन्हें इतना चाव था कि अपनी पाली हुई गाय के दूध की खीर बनाकर हम बच्चों को बार-बार उसी वात्सल्य भाव से खिलाते, मानो उनका वह छोटा-सा घर सान्दीपनि या वसिष्ठ ऋषि का आश्रम हो। जब वे पढ़ाते थे तो लगता नहीं था कि वे हमें कुछ सिखा रहे हैं बल्कि यही लगता था कि हम उनके साथ-साथ किसी सुन्दर वाटिका

में विचरण कर रहे हैं जिससे हम बच्चे तो एकदम अनजान हैं, पर जिसकी हर वीथी, मोड़ और रास्ते से उनका आत्मीय परिचय है। जिसके हर फूल से उनकी व्यक्तिगत पहचान है और वे अगाध धैर्य एवं स्नेह से हमें उस पुष्प से परिचित करवा रहे हैं। बचपन से आज तक मेरे जीवन में जो भी शिक्षक आए, उनके उपकार से मैं आज तक उऋण नहीं हो सका हूँ। उनकी जितनी भी सेवा मुझसे हो जाए, वही मुझे कम लगती है।'

बात गुरु और शिष्य के सम्बन्धों की चल रही थी। गुरुओं से प्राप्त सम्यक् ज्ञान और मूल्यबोध को आत्मसात् कर लेने के कारण नीतीश अपने आसपास भ्रष्टाचार बिलकुल भी बर्दाश्त नहीं कर पाता। किसी ऐसी ही पुरानी भ्रष्टाचार की घटना को याद कराने से वह असहज हो जाता है जब दिल्ली में रेलमंत्री का काम करते हुए उसने अपने गुरु के नाकारा साहिबज़ादे को सड़क से उठाकर अपना व्यक्तिगत कर्मचारी बना दिया था। थोड़े ही दिनों में दिल्ली की हवा खाकर उस कर्मचारी के पर निकल आए और रहीम कवि का यह कथन चरितार्थ होने लगा—

जो रहीम ओछो बढ़ै, तौ अति ही इतराय।
प्यादे सों फरजी भयो, टेढ़ो टेढ़ो जाय॥

नीतीश ने फ़ौरन उसे निकाल तो दिया पर उसे कड़ी सज़ा न दिलवाने के कारण वह बहुत नाराज़ हो जाता है।

हमसे काफ़ी बतकही के बाद भोलेनाथ नीतीश का उग्र रूप थोड़ा शान्त होता है तथा दो राउंड चाय के बाद बातचीत की गाड़ी फिर से संस्कार, संस्कृति और संस्कृत की पटरी पर आ जाती है। नीतीश फिर से अपने संस्कृत शिक्षक कामता बाबू की बात आगे बताता है—

'उनके सान्निध्य में मुझे उपनिषद् से एक श्लोक का यही अर्थ मुझे समझ में आया था कि हम दोनों (गुरु और शिष्य) साथ-साथ रहें, साथ-साथ अच्छा और बुरा भोगें, हमारी शक्ति और बुद्धि साथ-साथ बढ़े तथा हममें कभी विद्वेष न हो। बाद में जब कर्म क्षेत्र में मैं उतरा तो यह सूत्र मेरे मन में रच-बस गया कि मैंने जिस भी बड़े या छोटे से कुछ भी सीखा है, वह मेरा गुरु है। यह मान कर ऐसे व्यक्ति के लिए भी मैंने अपने मन में कभी विद्वेष पनपने नहीं दिया यद्यपि उसके कई असहनीय कृत्यों से इसके कई अवसर भी आए।'

नीतीश को सुनते हुए याद आते हैं इस युग की शिक्षा के बारे में प्रख्यात पश्चिमी दार्शनिक फ्रिट्जऑफ़ काप्रा के विचार। काप्रा कहते हैं कि शिक्षा कोई ऐसी धारा नहीं है जो हमेशा ऊपर से नीचे की ओर बहती है। दरअसल, ज्ञान तो अनायास बँटनेवाली वस्तु है, जहाँ सीखने के क्रम में हर व्यक्ति शिक्षक भी

है और छात्र भी। काप्रा आगे कहते हैं कि लीक से बँधे सार्वजनिक पाठ्यक्रम द्वारा बच्चों को सूचनाओं का पुलिन्दा पकड़ाने की बजाय उनके व्यक्तिगत अतीत तथा सांस्कृतिक पृष्ठभूमि के आधार पर उन्हें नया कुछ सिखाने की प्रक्रिया तैयार की जानी चाहिए।

नीतीश भाग्यशाली था कि उसे ऐसे नि:स्वार्थ शिक्षक जीवन के आरम्भिक काल में ही मिल गए। उन शिक्षकों ने सम्भवत: काप्रा के विचारों को बिना पढ़े हुए भी उनको अपने जीवन में उतारा और वही पाठ अपने विद्यार्थियों को पढ़ाया। आजकल के विद्यार्थी एवं शिक्षक के विशाल अनुपात को देखते हुए ऐसी शिक्षा व्यवस्था बना पाना निश्चय ही कठिन है। लेकिन यह कार्य सम्भव करने के लिए, 2005 में मुख्यमंत्री बनते ही, नीतीश ने अपने साइंस कॉलेज के दिनों के अत्यन्त मेधावी साथी, बिहार काडर के आइएएस अधिकारी, स्वर्गीय (डॉक्टर) मदन मोहन झा, को दिल्ली से बुलाकर शिक्षा विभाग की ज़िम्मेदारी सौंपी थी। मदन ने पटना में कार्य भार सँभालते ही, वर्षों के कुशासन से सड़ गई पूरी शिक्षा व्यवस्था में आमूल-चूल परिवर्तन की प्रक्रिया शुरू कर दी थी। दुर्भाग्य से मदन 2007 में असमय काल-कवलित होकर शिक्षा विभाग के ढेर सारे बचे कार्यों को पूरा करने के लिए नीतीश को अकेला छोड़ गए। नीतीश सरकार ने विद्यार्थियों और शिक्षकों के अनुपात को कम करने की दिशा में भी बहुत सारे सकारात्मक कार्य किए हैं। अब हर पंचायत में कम से कम मिडिल स्कूल का साफ़-सुथरा भवन, और हर स्कूल में अच्छी संख्या में विद्यार्थी और शिक्षक दोनों दिख जाते हैं लेकिन मंज़िल अभी दूर है और रास्ता भी सरल नहीं है। न ही वहाँ तक के लिए कोई सुगम छोटा मार्ग (शॉर्टकट) सही दिखता है।

शिक्षा का दर्शनशास्त्र

नीतीश अपने श्रीगणेश हाई स्कूल के शिक्षकों के प्रति कितना आदर का भाव रखता है, इसकी एक बानगी मार्च 2022 में देखने को मिली जब उसे ख़बर मिली कि उसके गणेश हाई स्कूल के पूर्व प्राचार्य श्री जगत नारायण सिंह नहीं रहे। उन दिनों नीतीश स्वयं अस्वस्थ था लेकिन अपने गुरु की मृत्यु की ख़बर पाकर वह बेहद मर्माहत हो गया। जगत बाबू बख़्तियारपुर के बग़ल में ही करनौती गाँव के रहनेवाले थे। वे स्कूल के प्रिंसिपल और गणित के शिक्षक होने के अतिरिक्त गेम्स के इंचार्ज भी थे। उनकी फुटबॉल में विशेष तौर से अभिरुचि रहती थी। उनके निधन की ख़बर मिलते ही यह सब कुछ नीतीश की आँखों के आगे चलचित्र की तरह कौंध गया। अपनी बीमारी की हालत में भी वह करनौती गया और वहाँ काफ़ी देर बैठकर सबको सांत्वना दे आया। जिसने जो कुछ जायज़ माँग रखी, नीतीश ने सब पर त्वरित कार्रवाइ करने के आदेश वहीं दे दिए।

हम एक बार फिर यादों की वह खिड़की खोलते हैं जब नीतीश से उसकी स्कूल की पढ़ाई के बारे में चर्चा हो रही है। वह भाव-विभोर होकर अपने स्कूल के शिक्षकों के बारे में कहते हुए श्रद्धा की गंगा में बहता ही जा रहा है—

'कामता बाबू से सातवीं क्लास में सीखी गई संस्कृत के ज्ञान के आधार पर मुझे मैट्रिक की परीक्षा में 100 में 88 अंक प्राप्त हुए। वैसा ही कुछ हिन्दी भाषा के साथ भी हुआ। हिन्दी के शिक्षक श्री श्याम सुन्दर शर्मा जी तो शब्दों के जादूगर थे। मुहावरों, लोकोक्तियों और कविताओं का अक्षय भंडार था उनके पास। शायद यह उनका ही प्रभाव रहा हो कि मैं बिहार के मूर्धन्य साहित्यकारों, यथा—रामवृक्ष बेनीपुरी, फणीश्वरनाथ रेणु, रॉबिन शॉ पुष्प, हरि मोहन झा आदि की रचनाओं से परिचित हुआ। इसके अतिरिक्त धर्मयुग, साप्ताहिक हिन्दुस्तान, सारिका, ज्ञानोदय आदि जैसी गम्भीर पत्रिकाओं की उपादेयता भी हमें किशोरावस्था में ही समझ में आने लगी थी। उन दिनों अन्त्याक्षरी के खेल-खेल में ही हमारी पूरी कक्षा के पास अजर-अमर कविताओं का बहुत बड़ा, शायद कभी ख़त्म

न होनेवाला, ख़ज़ाना तैयार हो गया। माखनलाल चतुर्वेदी, सूर्यकान्त त्रिपाठी 'निराला', सुमित्रा नन्दन पन्त, महादेवी वर्मा, सुभद्रा कुमारी चौहान, रामधारी सिंह 'दिनकर', बाबा नागार्जुन, सर्वेश्वर दयाल सक्सेना, हरिवंशराय बच्चन, गोपाल दास 'नीरज' आदि खड़ी बोली के कवियों के अतिरिक्त तुलसी, सूर, मीरा, कबीर, रहीम, रैदास, चन्द बरदाई आदि जैसे पूर्वकालीन कवियों की रचनाएँ हमें सस्वर पढ़ने की आदत हो गई थी। इनके अतिरिक्त हमें मिर्ज़ा ग़ालिब, मीर तक़ी मीर, ज़ौक़, हफ़ीज़, इक़बाल, मज़ाज, फ़ैज़ अहमद फ़ैज़, साहिर लुधियानवी, फ़िराक़ गोरखपुरी आदि जैसे उर्दू के महान शायरों की चुनी हुई श्रेष्ठतम रचनाओं को पढ़ने और रस लेकर उनके अर्थ समझने का चस्का लग गया था—शब्दार्थ ही नहीं, भावार्थ भी। इतना ही नहीं, बिहार की दो महान विभूतियों, विद्यापति और भिखारी ठाकुर की रचनाओं का बेहद संस्कारी संकलन भी हम सब ध्यान से पढ़ते और आत्मसात् करने का प्रयास करते।'

नीतीश आगे बताता है—

'इन बातों से इतना तो उस कच्ची उम्र में भी समझ में आ गया था कि बाहर से चाहे जो भी अन्तर लगे, इन सभी भाषा की कविताओं का मूल स्वर एक ही है। यह सच है कि हम सब किसी एक ही महत् सत्ता से अलग-अलग जुड़े हुए होने पर भी आपस में चाहे-अनचाहे जुड़े हुए ही हैं। यह सच है कि मेरा हिन्दू या मुसलमान के घर में पैदा होना तो मेरे वश में नहीं था, पर सच्चा और अच्छा इनसान बनना मेरे वश में है जो मेरा धर्म भी है और मेरा कर्तव्य भी। यह सोच अपरिपक्व आयु में ही मेरे अन्दर इतनी गहरी जड़ें जमा गईं कि मेरे व्यक्तित्व का बहुत बड़ा हिस्सा आज तक उसी सोच से निर्देशित होता है।'

नीतीश अपने जीवन में कविताओं और कवियों से बड़ा प्रभावित रहा है। उसे हास्य-व्यंग्य कवि सुरेन्द्र शर्मा जी की कविताएँ बहुत पसन्द थीं। सुरेन्द्र शर्मा जी नीतीश के दिल्ली प्रवास-काल के दौरान उसके बहुत निकट आ गए। इन दोनों के बीच हुई पहली मुलाक़ात बड़ी मज़ेदार थी। हुआ यूँ कि सुरेन्द्र शर्मा जी रेलमंत्री नीतीश से मिलने उसके दफ़्तर देर शाम में गए। उनका काम करवा देने के बाद कहीं जाने के लिए नीतीश नीचे उतरा। उसी समय शर्मा भी निकल रहे थे। नीतीश को वे अच्छे लगते ही थे। रेल भवन के अतिविशिष्ट द्वार के बाहर उन्हें देखकर नीतीश ने बहुत गरमजोशी से शर्मा का अभिनन्दन करने के लिए अपना हाथ बढ़ाते हुए कहा—

'आपसे मिलकर मुझे बेहद ख़ुशी हुई।'

शर्मा अपने भावहीन चेहरे और सपाट भंगिमा के साथ चुटीली बातें कहने के लिए लोकप्रिय तथा विख्यात हैं। उन्होंने नीतीश का हाथ बेहद अनमने भाव से पकड़ा और बोले—

'अजी मुझे भी तकलीफ़ नहीं हुई।'

उनके हाथ पकड़ने तथा अपनी बात कहने का अन्दाज़ कुछ ऐसा निराला था कि सबकी सामूहिक खिलखिलाहट से रेल भवन के स्वागत कक्ष में रखी कलियाँ भी मानो खिल उठीं। आज भी नीतीश उस पूरी मुलाक़ात को बेहद प्रसन्न होकर याद करता है।

नीतीश को पन्त और निराला की कविताएँ बेहद पसन्द आती हैं। आपके साथ नीतीश द्वारा सुनाई गई पन्त जी की कविता 'यह धरती कितना देती है' की आख़िरी कुछ पंक्तियों का रसास्वादन करते हैं—

यह धरती माता कितना देती है!
..अपने प्यारे पुत्रों को!
...अब समझ सका हूँ,
इसमें सच्ची क्षमता के दाने बोने हैं!
इसमें जन की क्षमता के दाने बोने हैं,
इसमें मानव ममता के दाने बोने हैं!
हम जैसा बोएँगे वैसा ही पाएँगे!!

यह तो आनेवाला समय ही बताएगा कि नीतीश ने अब तक जो अच्छा-अच्छा बोया है, उसके एवज़ में उसने क्या पाया? ख़ैर, हम नीतीश के साथ उसकी आरम्भिक शिक्षा के दिनों की बात कर रहे थे जब कोई उसके अन्तर में कुछ बो रहा था। नीतीश बचपन से अपने गणित ज्ञान के लिए विख्यात रहा है। उन दिनों की, ख़ासतौर से अपने गणित के आरम्भिक शिक्षक जगदीश बाबू की, उसके पास बड़ी मीठी यादें हैं। नीतीश उनके पढ़ाने के तरीक़े के बारे में बताता है—

'आदरणीय जगदीश बाबू एकदम सीधे और सरल तरीक़े से ईंट-पर-ईंट रखते हुए मन के भीतर गणित के ज्ञान का ऐसा किला बना देते थे जिसमें एक बार जो बात घुस गई, उसके बाहर निकलने का फिर कोई प्रश्न ही नहीं उठता था। वे ऐसा माहौल बना देते थे कि बातों की घटा छाते-छाते एकाएक किसी ख़ास घड़ी में जैसे बिजली कौंध जाए और किसी रहस्यमय संसार के दरवाज़े की कुंजी अपने आप घूमकर वह दरवाज़ा आपके लिए खोल दे। फिर वह सब अज्ञात, जो अँधेरे में छुपे होने के कारण आपको भयावह लगता रहा था, उसी घड़ी में आत्मसात् होकर आपके वजूद का अविभाज्य हिस्सा बन जाता है। कुछ ऐसा ही हमारे श्रद्धेय शिक्षक ने पहले पाठ में ही कर दिया था। उन्होंने कोई चौमुँहा दीपक जलाकर मेरे मन में गणित का इतना प्रकाश भर दिया कि मुझे दो-चार दिनों की पढ़ाई से ही गणित की परीक्षा में कम से कम अस्सी प्रतिशत अंक आ जाते थे।'

लोग बताते हैं कि वह दीपक आज भी नीतीश के अन्दर में जलता है। आज भी उसी दीपक की सहायता से नीतीश ने कई दीपक जलाए हैं। कई बुझ रही आँखों में अब उस दीपक की झिलमिलाहट दिखती है। आज भी नीतीश के राजनीति के गणित ज्ञान पर कोई उँगली नहीं उठा सकता।

अपनी स्कूली पढ़ाई को लेकर नीतीश को एक गहरा मलाल भी है। जैसी प्रवीणता उसे गणित, हिन्दी तथा संस्कृत में बिना किसी अतिरिक्त प्रयास के, मात्र शिक्षकों की कृपा से, प्राप्त हो गई थी, वैसी ही वह अंग्रेज़ी में भी चाहता था। अंग्रेज़ी के प्रति उसका आकर्षण अकारण नहीं था। जब सतीश जी हाई स्कूल में पढ़ रहे थे, तब वहाँ के हेडमास्टर थे श्री तुलसीदास मुखर्जी। कविराज जी के पड़ोस में ही रहनेवाले मुखर्जी साहब का अंग्रेज़ी सिखाने का तरीक़ा भी अद्भुत था। वे स्कूल आने-जाने के क्रम में अपने साथ कई बच्चों को ले जाते और सारे रास्ते उनसे खाँटी अंग्रेज़ी में बातें करते रहते। इस तरह एक ओर तो बच्चों की झिझक जाती रहती, दूसरी ओर उन्हें नए शब्दों को सीखकर उनका शीघ्र प्रयोग करने की आदत भी हो जाती। तेज़ क़दमों से आगे चलते मुखर्जी साहब और उनके पीछे मंत्रमुग्ध चलता बच्चों का झुंड अंग्रेज़ी में ही पढ़ी 'पाइड पाइपर' की कहानी की याद दिला देता जिसमें बच्चों का झुंड, सब कुछ भूलकर बाजा बजानेवाले के पीछे चल पड़ता है। मुखर्जी साहब के इस जादू से रूबरू होना नीतीश की क़िस्मत में बदा न था। नीतीश के हाई स्कूल में पहुँचने के पहले ही मुखर्जी साहब सेवानिवृत्त होकर बख़्तियारपुर से जा चुके थे। उन्होंने अंग्रेज़ी पढ़ाने के जो मापदंड स्थापित किए थे, उनको छू पाना भी नई पीढ़ी के शिक्षकों के लिए सम्भव ही नहीं था। नतीजतन, नीतीश की अंग्रेज़ी सीखने की तीव्र ललक पिपासा बनकर रह गई। नीतीश बताता है—

'स्कूल में जो भी अंग्रेज़ी लिखना, पढ़ना या समझना आ सका उसके लिए अपने आप ही बड़ी मशक़्क़त करनी पड़ी। टूटी-फूटी अंग्रेज़ी भी बोलने ही लगा था, पर उसमें न तो ओज होता, न ही होता वाक् चातुर्य, सब कुछ बस कामचलाऊ होकर रह गया था। स्कूल की पढ़ाई शेष होने पर अंग्रेज़ी व्याकरण और साहित्य से सम्पर्क ही टूट गया। इससे बड़ा झटका इंजीनियरिंग कॉलेज में आकर लगा। वहाँ किताबें, लेक्चर नोट्स आदि सब कहने को तो अंग्रेज़ी में ही होते थे, पर वह सब ज्ञान मुझे तकनीकी प्रशिक्षण की ऐसी अभिव्यक्ति मात्र लगता जिसका भाषा, व्याकरण अथवा समुचित शब्दावली से ऐसा कुछ भी लेना-देना नहीं था, जिससे भाषा समृद्ध हो सकती। बस अपनी बात येन-केन-प्रकारेण लिखकर आगे पहुँचा सकने का सामर्थ्य जिस किसी में होता वह परीक्षा में अच्छे अंक प्राप्त कर लेता।'

नीतीश भावावेश में आकर आगे कह रहा है—

'मुझे इससे जरा भी सन्तोष नहीं होता। सही अंग्रेज़ी सीखने की तमन्ना लगातार बनी रहती। हमारे आसपास की सारी किताबें, चाहे वे कोर्स की हों या राजनीतिक विचारों की, प्रायः अंग्रेज़ी में ही होती थीं। उन्हें मैं और मेरे मित्र कभी शौक़िया पढ़ते और कभी पढ़ने को मजबूर कर दिए जाते थे, पर उनमें शब्दों का वह रोमांच और रोमांस नहीं होता था जो हमें अन्दर तक छू ले। मार्क्स और एंगल्स तब हमारे ख़ुदा हुआ करते थे। उन्हें पढ़ने के क्रम में कठिन शब्द मिलने पर शब्दकोश का सहारा लेकर गाड़ी आगे बढ़ाता। अंग्रेज़ी के अख़बार और पत्रिकाएँ पढ़ता ही रहता था, इसलिए उस विशेष प्रकार से लिखी जानेवाली अंग्रेज़ी पर मेरी अच्छी पकड़ हो गई। लेकिन मुहावरों की महक से सजी, और आतंकित कर देने की हद तक, फ़र्राटेदार अंग्रेज़ी ने अपना दामन मुझे बहुत देर तक छूने भी नहीं दिया।'

नीतीश को अपनी अंग्रेज़ी को लेकर भावुक होता देख अरुण उसकी बात काटकर बात का रुख दूसरी ओर मोड़ देता है। अरुण ज़ोर देकर कहता है कि नीतीश ख़ामख़ाह हमें उल्लू बना रहा है। उसकी अंग्रेज़ी तो बहुत अच्छी रही है।

फ़ौज, रेलगाड़ी और अंग्रेज़ी

इसी सिलसिले में वह एक पुरानी और मज़ेदार कहानी बता रहा है—

'कॉलेज के दिनों में मैं और नीतीश अंग्रेज़ी बोल सकने की अपनी सही ताक़त का आकलन करने के लिए छटपटाते रहते थे। इसका सही अनुमान हमें तब हुआ जब हम दोनों कॉलेज के प्री फ़ाइनल ईयर में थे। उन्हीं दिनों भारतीय नौसेना में इंजीनियरों की भर्ती के लिए अधिकारियों का एक दल पटना इंजीनियरिंग कॉलेज आया। उस प्रारम्भिक चुनाव प्रक्रिया में मैं तो पूरी गम्भीरता से शामिल हुआ ही, नीतीश ने भी कम जोश से भाग नहीं लिया। उस वर्ष पटना इंजीनियरिंग कॉलेज से पहले दौर में इलेक्ट्रिकल विभाग से मात्र दो लोग चुने गए थे। वहाँ फ़ाइनल इंटरव्यू के लिए बाक़ायदा गुरुगम्भीर वाणी में हमारे नाम घोषित किए गए यानी मिस्टर नीतीश कुमार और मिस्टर अरुण कुमार सिन्हा! सम्भवतः हम दोनों के अन्दर की छुपी ईमानदारी को नौसेना वालों की पारखी नज़रों ने उस समय पहचान लिया था! मुझे बेहद ख़ुशी हुई कि फ़ाइनल इंटरव्यू के लिए नीतीश अकेला नहीं जाएगा और मुझे भी उसका लम्बे समय तक साथ मिलेगा। हम दोनों रसमंजरिया थे तो मेरे मन में मियाँ दाद ख़ान का यह शेर कौंध गया—

क़ैस जंगल में अकेला है मुझे जाने दो,
ख़ूब गुज़रेगी जो मिल बैठेंगे दीवाने दो!

पहले दौर में चुन लिये जाने के बाद, हमें फ़ाइनल इंटरव्यू के लिए रुड़की बुलाया गया, बाक़ायदा सेकेंड क्लास में आने-जाने के लिए ट्रेन का वारंट देकर!

हम तो ट्रेन के सेकेंड क्लास के डिब्बे में पहली बार रुड़की जाते समय ही बैठे थे जो उन दिनों के लिए बहुत बड़ी बात थी क्योंकि द्वितीय श्रेणी में जो तबक़ा चलता था, वह सामान्य से काफ़ी ऊपर का होता था। रुड़की जाते समय तो डर के मारे हम सटक दम थे। सहयात्री भी हमें 'बिलो स्टैंडर्ड' का मानकर घास नहीं डाल रहे थे। हम पहली बार कोई बड़ा इंटरव्यू देने जा रहे थे तो तनाव भी था। रुड़की में हम दोनों अपनी बिहारी स्टाइल की अंग्रेज़ी में बहुत कुछ झाड़कर उस भाषा में भी ठीक-ठाक होने की अपनी औक़ात पहचान चुके थे। लगता है कि हम दोनों महान विभूतियों की क़द्र नौसेना वाले नहीं कर पाए और उन्होंने हमसे क्षमा-याचना कर ली। वहाँ हम दोनों को बाइज़्ज़त छाँट दिया गया। छाँट दिए जाने के बाद हम दोनों एक-दूसरे को यह कहकर सांत्वना देते रहे थे—

सितारों से आगे जहाँ और भी हैं
अभी इश्क़ के इम्तिहाँ और भी हैं!

हमें क्या पता था कि हमारा अगला इम्तिहान बस होने ही वाला था! हुआ यह कि हम दोनों मायूस होकर पंजाब मेल से पटना लौट रहे थे। वापसी में हमें जिस डिब्बे में जगह मिली, उसमें पहले से ही एक अधेड़ संभ्रांत महिला सफ़र कर रही थीं। निश्चय ही वे किसी बड़े फ़ौजी अफ़सर की धर्मपत्नी थीं। उन्होंने ही बहुत मिठास से हमसे बातचीत शुरू की, वह भी अंग्रेज़ी में। हम रुड़की में तब तक अंग्रेज़ी बोलने की जमकर प्रैक्टिस कर ही चुके थे। इसलिए शुरुआती झिझक की वजह से हम दोनों भाषा वीर पहले तो थोड़ा अटक-अटक कर जवाब देते रहे फिर थोड़ी ही देर में हम भी धाराप्रवाह अंग्रेज़ी में चालू हो गए! हमारी भाषा की छोटी-मोटी ग़लतियों पर उनके होंठों पर दबी-छुपी मुस्कुराहट तो आ जाती पर वह हमारा मज़ाक़ उड़ानेवाली नहीं, उत्साह बढ़ानेवाली होती थीं। हम रास्ते में दुनिया-भर की बातें करते आए। नीतीश की परिपक्व राजनैतिक चेतना से वे बहुत प्रभावित हुईं। लगा कि अगर हम कहीं हार गए थे तो कहीं न कहीं जीत भी गए हैं!'

यह सब सुनते हुए नीतीश भी ख़ुश होकर अरुण की ओर देखता है। नीतीश को प्रसन्न देखकर अरुण बड़ी मीठी मुस्कान के साथ कहता है—

'पता नहीं उन भद्र महिला को हमारी बातचीत कैसी लगी, पर उनसे आदरपूर्वक विदा लेकर जब हम दोनों पटना जंक्शन पर उतरे तो ठीक ऐसा ही लगा कि भले ही भारतीय नौसेना ने हमारा चुनाव न किया हो, लेकिन हमने तो अंग्रेज़ी का क़िला फ़तह कर ही लिया।'

आज भी नीतीश के आगे अंग्रेज़ी में रखे गए ड्राफ़्ट की छोटी-से-छोटी ग़लती भी उसकी पैनी नज़र से नहीं बच पाती। बचपन से ही व्याकरण और भाषा

की शुद्धता के प्रति वह बहुत सचेत रहा है। नीतीश ने यह सब अच्छा साहित्य पढ़कर ही सीखा है।

घर में ही पुस्तकालय

बचपन के दिनों में साहित्य और गणित के प्रति नीतीश की अभिरुचि की चर्चा करते हुए सतीश जी बताते हैं—

'उन दिनों हिन्द पॉकेट बुक्स की घरेलू लाइब्रेरी योजना ने विश्व के श्रेष्ठतम साहित्य को हिन्दी में, वह भी अत्यन्त सस्ती दरों पर, घर-घर में सुलभ कराने का अत्यन्त महत् और सराहनीय कार्य प्रारम्भ किया था। इस योजना के तहत तब तक बड़ी छोटी उम्र में ही मुन्ना जी के पास उत्तम साहित्य का अच्छा-ख़ासा संकलन तैयार हो गया था। उन पुस्तकों के अतिरिक्त बाबूजी द्वारा इकट्ठी की गई किताबों को मिलाकर मुन्ना जी ने घर में ही बाल पुस्तकालय की स्थापना की थी जिसकी सदस्यता उनके इष्ट-मित्रों की छोटी-सी टोली तक ही सीमित थी। मुन्ना जी ने बड़ी छोटी आयु में ही हिन्दी में अनूदित विश्व साहित्य की प्रायः हर बड़ी और महत्त्वपूर्ण रचना पढ़कर अन्य देशों के समाजों के बारे में भी समझना शुरू कर दिया था। ख़ासतौर से रूसी और बांग्ला साहित्य वे विशेष रुचि लेकर पढ़ते और उनके बारे में अपनी इस टोली के अधिकांश सदस्यों को समझाते भी। यही नहीं, कई बार विशेष अभिरुचि लेकर मुन्ना जी उन्हें मनोयोग से गणित भी पढ़ाते।'

आचार्य नरेन्द्र देव, लोहिया, जयप्रकाश, किशन पटनायक जैसे पुराने समाजवादियों की तरह नीतीश भी हमेशा कुछ न कुछ रोज़ पढ़ता-लिखता है। उसकी यह दैनिक पढ़ाई-लिखाई मात्र बौद्धिक ख़ुराक के लिए नहीं होती है। उसने पहले भी, किशोरावस्था से लेकर युवावस्था तक, बहुत पढ़ा है और गम्भीर मनन के बाद उसमें उसे जो सही लगा है उस पर अमल भी किया है। अगर कोई उसकी सरकार के 'सात निश्चय' को ध्यान से देखे तो यह बात साफ़ तौर से समझ में आ जाएगी कि ये सात निश्चय, दरअसल गम्भीर चिन्तन और मनन के बाद, लोहिया जी की सप्त क्रान्ति और जेपी की सम्पूर्ण क्रान्ति के व्यावहारिक विस्तार ही हैं। इन निश्चयों के बारे में वह अपने संसद के दिनों से ही लगातार बोलता आया है। सात निश्चय कार्यक्रम की सफलता के बाद अब वह लेकर आया है 'सात निश्चय पार्ट-टू'!

इसी प्रकार बाबूजी के जीवन की सादगी और सफ़ाई-पसन्दगी तो नीतीश के जीवन के भी अनिवार्य अंग बन गए हैं, लेकिन उनकी आर्यसमाजी निष्ठा के बदले नीतीश ने कर्मयोग का दामन थाम लिया है।

नीतीश कहता है—

'मुझे गांधी, लोहिया, जेपी और कर्पूरी जी के अतिरिक्त कोई भी राजनीतिज्ञ सम्पूर्ण रूप से प्रभावित नहीं कर पाया। हाँ, बाबा साहब आम्बेडकर की कई बातें मुझे बहुत अच्छी लगी हैं। वे निश्चय ही बहुत मौलिक सोच वाले भविष्य-द्रष्टा थे।'

जेपी को उसने जिया था, उनका हाथ पकड़कर उसने अपने आपको, अपने आसपास के समाज को तथा पूरे देश को सुरक्षित हाथों में महसूस किया था। साथ रहने के कारण उसकी सोच पर जेपी का असर पड़ना ही था। वह नीतीश पर इसलिए भी प्रभावी हो पाया कि जेपी की विचारधारा भी गांधी और लोहिया के बहुत क़रीब थी। इन तीनों ही युग-पुरुषों में समान रूप से पाए जानेवाले कई गुण हैं। उनमें कुछ हैं जिजीविषा, जुझारूपन, सदा अपने से शक्तिशाली से युद्ध, युद्ध में भी विपरीत पक्ष को उचित सम्मान देने की शक्ति, एकाग्रता, लक्ष्य के लिए प्रतिबद्धता, अपने ध्येय की सार्वजनिक स्वीकृति पाने की क्षमता, साधन और साध्य दोनों की शुचिता आदि-आदि। नीतीश की सफलता में भी यही सारे गुण छिपे हैं।

नीतीश के स्कूली जीवन की चर्चा के क्रम में उसका एक अनुभव भी बहुत महत्त्वपूर्ण है जिसे समझने में शायद दुष्यन्त कुमार की ये पंक्तियाँ सहायक हो सकेंगी—

मौत ने तो धर दबोचा एक चीते की तरह,
ज़िन्दगी ने जब छुआ तब फ़ासला रखकर छुआ।

नीतीश के जीवन का अनुभूत सत्य प्राय: इन पंक्तियों का प्रतिलोम क्रम है। ज़िन्दगी है कि कभी बिहार की जनता की समस्याएँ बनकर तो कभी उसकी निजता की निर्जनता बनकर उसे हर पल चारों ओर से आवृत करती रहती है। ज़िन्दगी ने उसे चीते की फुर्ती से दबोचकर, जीने को मजबूर कर रखा है। विपरीत—मौत उसे कई बार छू चुकी है पर हर बार कुछ फ़ासला रखकर!

मौत से लुका-छिपी

हमारे मुन्ना जी को घोड़परास की पड़ी दुलत्ती तो उस पर आनेवाली मुसीबतों का ट्रेलर भर थी।

अब अपना छोटा मुन्ना थोड़ा बड़ा मुन्ना होकर हक़ीक़तपुर के अपने घर से श्रीगणेश हाई स्कूल पैदल जाने लगा था। घर और स्कूल के बीच में दिल्ली से कलकत्ता को जोड़नेवाली रेल की पटरियाँ पड़ती थीं। पहले वहाँ एक फाटक था जिसके बहुधा बन्द रहने के कारण, विशेष कर गर्मी और बरसात के दिनों में, दोनों तरफ़ अटके लोग मौसम की मार को कुढ़ते हुए सहते थे। बाद में रेल

लाइन के ऊपर से गुज़रनेवाली चौड़ी और साफ़-सुथरी सड़क पुल बन जाने से गाड़ियों, ताँगों, मोटरसाइकिल जैसी सवारियों का सफ़र सहज हुआ लेकिन पैदल या साइकिल से चलनेवालों की मुसीबतें बढ़ गईं। नीतीश और स्कूल जानेवाले उसके आसपास के बच्चों की तकलीफ़ कुछ और थी। उन्हें पुल तक पहुँचने के लिए पहले लम्बी दूरी तय करनी पड़ती, गाड़ियों और घोड़ों की बढ़ती भीड़ के कारण वह लम्बा रास्ता बहुत निरापद भी नहीं रह गया था। बख़्तियारपुर वालों के लिए स्कूल जाने का एक छोटा रास्ता या 'शॉर्टकट' भी था। यह पगडंडी कई गलियों और कूचों से गुज़रती थी। रेल की पटरियाँ बिछाने के लिए ट्रैक के दोनों तरफ़ की मिट्टी काटकर ज़मीन ऊँची की गई होगी इसलिए रेल लाइनों के दोनों तरफ़ बड़े-बड़े गड्ढे बने थे। इनमें प्रायः साल भर बरसात का पानी भरा रहता था। बच्चों की टोली पानी में तैरती मछलियों की झुंड की तरह सरपट दौड़ती हुई रेलवे लाइनों को पार कर जाती। बख़्तियारपुर जंक्शन उस जगह से बिलकुल क़रीब था जहाँ से बच्चे रेलवे लाइन पार किया करते थे। तब तक बख़्तियारपुर रेलवे स्टेशन पर एक से दूसरे प्लेटफ़ॉर्म पर जाने के लिए कोई व्यवस्था नहीं थी। इस कारण से प्लेटफ़ॉर्म बदलनेवाले यात्रियों की बड़ी मुसीबतें थीं। हर हाल में ट्रैक की बाधा तो बच्चों से लेकर बड़ों तक के सामने आती ही थी। न जाने कहाँ से आने और कहाँ जानेवाली ये मालगाड़ियाँ निर्जीव दैत्यों की तरह बच्चों की राह में व्यवधान बनकर हमेशा खड़ी रहतीं। डिब्बों का अन्तहीन सिलसिला मानो बच्चों को आगे न बढ़ने की चुनौतियाँ देता रहता था।

अपना मुन्ना भी इसी रहगुज़र का राही था। हर रोज़ दिन में दो बार, आसन्न ख़तरों से बेख़बर, दैत्याकार डिब्बों के नीचे से दुबककर पटरियों को पार कर जाता। बचपन अनजाने ख़तरों के बारे में कभी नहीं सोचता क्योंकि वह दुस्साहसी होने की हद तक चपल और वर्तमान में जीने वाला होता है। भविष्य की चिन्ता उसे सताती नहीं और न ही अतीत का भूत उसे कभी डरा पाता है। एक दिन, स्कूल जाने की रौ में, डिब्बों की लम्बी बाड़ देखकर पहले वह ठिठका फिर औरों की देखादेखी ख़रगोश की चपलता से किसी डिब्बे के नीचे घुस गया। लेकिन जब तक वह दूसरी तरफ़ निकलता, मालगाड़ी अचानक चल पड़ी! उसका सर किसी कड़ी चीज़ से टकराया। इस चोट की परवाह किए बिना मुन्ना चीते की फुर्ती से बाहर कूद पड़ा। उधर पीछे वह मालगाड़ी चल रही थी और इधर इसके श्वासों की धौंकनी! थोड़ी देर बाद उसे समझ में आया कि वह सीधे मौत के मुँह से बचकर निकला है! शायद बचपन की यह भयावह याद भी, उसके रेलमंत्री की हैसियत से लिये गए एक बड़े महत्त्वपूर्ण निर्णय का कारक बनी हो। इस निर्णय के तहत सभी रेलवे स्टेशनों पर एक से दूसरे प्लेटफ़ॉर्म पर जाने के लिए फुट ब्रिज बनवाए गए। और हाँ, इस घटना के बाद बिना कोई जोखिम लिये, मुन्ना

जी और उनके कुछ ख़ैरख़्वाह दोस्त भी, पूरी मालगाड़ी का चक्कर लगाकर, रेलवे ट्रैक पार करने लगे! यह बात उसे ज़रूर याद रह गई होगी क्योंकि जब वह रेलमंत्री बना तब सभी रेलवे स्टेशनों पर एक से दूसरे प्लेटफ़ॉर्म पर जाने के लिए फुट ब्रिज बनवाए गए।

इसी सिलसिले में एक और दिलचस्प क़िस्सा याद आ रहा है जब एक बार फिर हमारे मुन्ना जी की जान जाते-जाते बची। यह घटना तब की है तब वह पटना में साइंस कॉलेज में पढ़ता था। सरकारी व्यवस्था से त्रस्त एसवाइएस सहित कई छात्र संगठन सरकार के विरुद्ध कोई न कोई बड़ा आन्दोलन चलाते ही रहते थे। ये आन्दोलन यदा-कदा हिंसक भी हो जाया करते थे। यह बात 1966 के अन्त या 67 की शुरुआत की है। तब पटना में किसी मुद्दे को लेकर किए जा रहे आन्दोलन के क्रम में छात्रों का एक बड़ा जत्था पटना के बी.एन. कॉलेज की तरफ़ से गांधी मैदान के पास स्थित कलक्टरेट और बस स्टैंड का घेराव करने की कोशिश कर रहा था। नीतीश भी इस जुलूस का हिस्सा था, लेकिन सिर्फ़ तमाशाई बनकर! कांग्रेसी मानसिकता के प्रति उसे आक्रोश तो शुरू से ही था लेकिन ऐसे सरकार विरोधी आन्दोलनों से उसका परिचय पहले कभी नहीं हुआ था। पुलिसदल छात्रों को किसी भी क़ीमत पर रोकने के लिए कृतसंकल्प था। इससे क्रोधित होकर छात्रों की तरफ़ से पत्थरबाज़ी शुरू हो गई जिसके जवाब में पुलिस की गोलियाँ दनादन चलने लगीं—बिना दिशा और व्यक्ति का संज्ञान लिए हुए। किसी वहशीपन का नंगा नाच था, अपरिमित सरकारी शक्ति का पैशाचिक और क्रूर प्रदर्शन था वह। नीतीश के लिए यह नितान्त अपरिचित माहौल बेहद तनावपूर्ण और भयानक हो गया था। चारों ओर से लोगों के चीख़ने-चिल्लाने की आवाज़ों के बीच में पुलिस की चल रही गोलियों की आवाज़ भी सुनाई देती थी। नीतीश तो सिर्फ़ तमाशा देखने आया था। वह कौतूहल के मारे, गोलियों की तड़तड़ाहट सुनकर, भीड़ से बाहर निकलकर किसी दफ़्तर के बरामदे पर खड़ा हो गया। लेकिन उस जन सैलाब से बाहर निकलते ही उसका स्वागत पुलिसिया बन्दूक की गोलियों से हुआ। उसके कान के बिलकुल पास से सनसनाती हुई दो गोलियाँ पीछे खड़े पाए में जाकर धँस गईं! अगर उस बन्दूकची का निशाना नीतीश ही था तो उसकी कोशिश हरगिज़ बुरी नहीं थी! हतप्रभ नीतीश पहले तो अवाक् होकर पाए में गोलियों से हुए छेदों को देखता रहा लेकिन तभी उस दफ़्तर का दरवाज़ा खोलकर किसी ने उसे अन्दर खींच लिया। नीतीश को शायद तभी पता चल गया कि उसे ज़िन्दगी ने एक बार फिर से बचा लिया है, क्योंकि ज़िन्दगी को उसके हाथों आगे कई बहुत बड़े और सार्थक काम करवाने हैं। अगर उस दिन कुछ अमंगल घट गया

होता तो हमारी कहानी कैसे सामने आती? नीतीश राज्य और संसद में जाकर देश का नया इतिहास लिखने का सहभागी कैसे बनता?

इसी सिलसिले में यहाँ एक और पुरानी बात याद आती है। तब बिहार के मुख्यमंत्री थे भागवत झा आज़ाद। बिहार की जनता पर केन्द्र द्वारा ज़बरदस्ती लादे जाने से पहले वे देश के गिने-चुने प्रखर सांसदों में माने जाते थे। कई बार जब वे संसद में बोलने को खड़े होते तब सारी संसद साँस रोककर उन्हें सुनती। लम्बे काल तक भारतीय संसद की उच्च स्तरीय चर्चा के अनुभव के बाद उन्हें बिहार विधानसभा में होनेवाली बहस में उतना रस नहीं मिलता था। प्रायः वे विपक्षी दलों की भाषा और भाषण के बिखराव से बड़े दुखी रहते तथा उन्हें सुनने की बजाय पढ़ना पसन्द करते थे। लेकिन जब उन्होंने नीतीश का पहला भाषण सुना तो वे बेहद प्रभावित हुए। नीतीश तब पहली बार चुनकर विधानसभा में आया ही था। अपने किसी प्रियपात्र नौजवान से, जो नीतीश को भी जानते थे, आज़ाद ने तब कहा था कि नीतीश निश्चित रूप से लोकसभा के ही योग्य है। आज़ाद ने तब यह भी कहा था कि देर-सबेर से सही, सारा राष्ट्र नीतीश को बड़े सम्मान से अवश्य सुनेगा। नीतीश पहली बार जब लोकसभा में आकर स्थापित हो गया तब धीरे-धीरे प्रखर वक्ता के रूप में उसकी पहचान बनने लगी। एक समय ऐसा आया कि लोकसभा में सबसे अधिक लोकप्रिय वक्ताओं में नीतीश भी माना जाने लगा। अपने आँकड़ों से भरपूर भाषण के दौरान अधिकतर कभी किसी पुर्ज़े या काग़ज़ का सहारा नहीं लेता। वह अपनी मीठी मुस्कुराहटों के साथ विपक्षियों पर चुटीले व्यंग्य-बाणों की लगातार बौछार करता। व्यक्तिगत आक्षेपों से पूरी तरह परहेज़ रखते हुए भी नीतीश प्रतिपक्ष के दिग्गजों को मात्र तथ्यों के आधार पर पानी-पानी कर देता। सदन में वह विपक्षियों सहित सबकी बातें बहुत ध्यान से सुनकर उनकी खुलकर तारीफ़ भी करता। लेकिन अपने बारे में कुछ प्रशंसा सुनकर वह हमेशा चुप हो जाता। कभी-कभी बहुत कुरेदने पर वह अपने प्रिय काव्य 'रश्मिरथी' के नायक कर्ण की ये पंक्तियाँ उद्धृत कर देता—

मुझ से मनुष्य जो होते हैं, कंचन का भार न ढोते हैं।
जग से न कभी कुछ लेते हैं, दान ही हृदय का देते हैं।

किसी ने बहैसियत मुख्यमंत्री नीतीश का शयनकक्ष देखा हो तो रश्मिरथी का यह अंश जीवन्त होकर उभर आएगा। उस कमरे में कोई झाड़-फ़ानूस नहीं, बस साधारण लकड़ी का एक चौकी नुमा पतला सा पलंग पड़ा है जिस पर वैसा ही साधारण गद्दा बिछा है। उसके साथ रखी बेहद साधारण साइड टेबुल पर सोने से पहले नीतीश अपनी घड़ी और चश्मा खोलकर रख देता है। और हाँ, एक कोने में, किताबों के बोझ से कराहती, लिखने-पढ़ने के लिए एक मेज़

और कुर्सी भी लगी रहती है। यह कमरा किसी बड़े राजनेता का न लगकर गांधी जी के शयनकक्ष की अनायास याद दिला देता है।

पाककला में भी महारत—क्यों, कब और कैसे

इतनी गम्भीर चर्चा के बाद हम कोई हल्की-फुल्की बात जानने के लिए फिर से सतीश जी की शरण में जाते हैं। वे घर में खाना बनानेवाले नौजवान को आयुर्वेदिक मसालों के बारे में कुछ समझा रहे हैं। इससे पहले कि हम उनके पाक शास्त्र के ज्ञान की तारीफ़ करें वे हँसते हुए स्वीकार करते हैं कि उन्हें तो खाना बनाना बिलकुल नहीं आता लेकिन नेताजी, माने नीतीश, किशोरावस्था से ही उच्च स्तर के कुक रहे हैं। नीतीश ने अपने हाथ रसोई में कब और क्यों जलाए, इसके बारे में हमें सतीश जी बताते हैं—

'बख़्तियारपुर का घर एक समय महिलाविहीन हो गया था, क्योंकि हमारी माता राम और सबसे छोटी बहन इन्दु कल्याणबिगहा चली गई थीं और बड़ी दीदियाँ ससुराल। बड़ी दीदी का विवाह तो 1955 में ही हो गया था, पर गौने की रस्म 1957 में हुई थी। छोटी दीदी की शादी पटना के श्री राज मुरारी सिंह से 1962 में हुई, उसी साल उनका गौना भी हो गया। माताजी और इन्दु के कल्याणबिगहा के लम्बे प्रवास तथा ऊषा दी और प्रभा दी के दाम्पत्य जीवन के आरम्भिक काल में उनके मायके न आ सकने के कारण, हमारा बख़्तियारपुर का घर नीरव और नीरस दोनों हो गया था। कहने को तो घर में बाबूजी, हम और मुन्ना जी, तीन प्राणी ही रह गए थे पर साथ में रहनेवाले अनेकानेक प्राणियों का भरण-पोषण उसी रसोई से होता था। बाबूजी को या तो भूख लगती ही नहीं थी या फिर अतिव्यस्तता के कारण उन्हें खाने की सुध ही नहीं रहती होगी। मुझे जैसा भी खाना मिल जाता, मैं उसी से तृप्त हो जाता था। रहे हमारे मुन्ना जी, तो ये बचपन से ही बेहद सफ़ाई-पसन्द थे। बाबूजी ने यह सब देख-समझकर ही खाना बनाने के लिए एक अच्छा व्यक्ति नियुक्त कर दिया था। मुन्ना जी की उच्च स्तरीय अपेक्षाओं के मद्देनज़र उसे सफ़ाई की आधारभूत शिक्षा भी दे दी गई थी, लेकिन कभी उसके कपड़ों की गन्दगी तो कभी बढ़े हुए नाख़ूनों में जमे मैल को लेकर मुन्ना तीसरा विश्वयुद्ध घर में ही प्रारम्भ कर देते। पहले वे मुझसे इस बात के लिए जी भरकर लड़ते कि वह इतना गन्दा क्यों रहता है, मानो इसमें मेरा ही दोष हो! यह सब बकझक हो जाने के बाद उस बेचारे सेवक की जबरन छुट्टी करके मुन्ना स्वयं चौके में भिड़ जाते। घरों में तब रसोई गैस नहीं होती थी। मिट्टी के चूल्हे पर, कोयले, लकड़ी या उपले की आँच में, खाना पका करता था। मुन्ना पहले सारा चौका अच्छी तरह धोते फिर चूल्हे की लिपाई होती

और फिर होती आँच सुलगाने की कठिन कवायद, जिसका मैं मात्र मूक दर्शक भर होता। मुझे यह सब महान विपदकारी लगता, लेकिन मेरी एक न चलती। थोड़ी ही देर में पूरा चौका धुएँ से भर जाता और फिर उसके बीच से डबडबाई हुई लाल आँखें लिये मुन्ना प्रकट होते। जानलेवा मेहनत के बाद चूल्हे के आँच पकड़ लेने के कारण उनके चेहरे पर वही विजयी मुस्कान होती जो पानीपत की पहली लड़ाई में इब्राहिम लोदी को हराकर बाबर के चेहरे पर आई होगी! खाना बनाना तो मैं ज़िन्दगी भर नहीं सीख सका, लेकिन मुन्ना के सहयोग की ख़ातिर मैं सब्ज़ी काटने या बरतन धोने का काम हमेशा कर दिया करता था। इस दौरान मुन्ना जी झुँझलाते हुए बरतन पटकते और यहाँ से वहाँ नाचते फिरते और मैं मुँह सुखाए, सर झुकाकर, बरतन माँजता रहता। इतने सब खटराग के बाद भी कई बार गन्दगी से परेशान, मुन्ना परोसा हुआ खाना छोड़कर ही उठ खड़े होते और नाराज़ होकर घर में एक शाम भोजन नहीं करते। ऐसा नहीं कि वे भूखे रह जाते, बस घर में न खाकर चौक पर स्थित नोखेलाल हलवाई के यहाँ जाकर बालूशाही और गरमागरम कचौड़ियाँ उड़ाते। क्रोध शान्त होने से अपनी करनी पर वे पश्चात्ताप भी करते और फिर सब कुछ सामान्य हो जाता। नोखेलाल हलवाई की दुकान अब तो नहीं रही पर नेताजी की सफ़ाई-पसन्दी में कोई कमी नहीं आई है।'

सतीश भैया आगे कह रहे हैं—

पता नहीं क्यों मुन्ना जी के घर में मौजूद होते हुए वहाँ चने की दाल चूल्हे पर चढ़ ही नहीं पाती थी। उनकी यह विचित्र आदत मेरी समझ में अब तक नहीं आई। चने का मौसम आते ही हमारे परिवार में चने की बहार आ जाती थी। बचपन से ही उन्हें भी चने का साग और हरा चना, चाहे कच्चा हो या पका, चने के बेसन में पकी चने की दाल की ही पकौड़ियाँ और चने का सत्तू भी बेहद प्रिय रहे हैं। लेकिन पता नहीं क्यों चने की दाल का नाम सुनते ही उनके सर से पाँव तक आग लग जाती थी।

उस बड़े से घर में सबको, और मुझे भी, चने की दाल बेहद पसन्द थी। रहे हमारे बाबूजी, तो उनका ध्यान इन बातों पर जाता ही नहीं था। पता नहीं मुन्ना जी को ग़रीब चने की दाल से क्या अदावत थी कि इधर बख़्तियारपुर वाले रसोईघर में ग़लती से भी चने की दाल चूल्हे पर चढ़ी नहीं कि मुन्ना जी दौड़ते हुए सीढ़ियों से नीचे उतरकर नोखेलाल साव की दुकान के अन्दर!

सतीश भैया आगे बताते हैं—

मुझे पता था कि घर से दनदनाते हुए निकले मुन्ना जी नोखेलाल हलवाई की दुकान पहुँचकर आराम से पेट पूजा कर रहे होंगे इसलिए मैं भी घर में बैठकर, उनके लौटकर आने से पहले ही, प्रेम से चावल और आलू की भुजिया के साथ

चने की दाल का आकंठ सेवन करके तृप्त हो जाता था। इसमें मुझे कोई अपराध बोध भी नहीं होता था।

हम सब नीतीश से पूछते हैं कि आख़िर हलवाई की दुकान पर उड़ाने के लिए उसे पैसे कहाँ से मिल जाते थे?

सीधे-सादे बच्चे की तरह नीतीश सर झुकाकर ये इल्ज़ामात, थोड़े से संशोधन के साथ, क़बूल कर लेता है। वह बताता है कि चने की दाल के लिए उसकी बेबुनियाद नापसन्दगी दिल्ली तक तो ज़रूर रही लेकिन दिल्ली में अरहर या मसूर की दालें इतनी ख़राब मिलती थीं कि उसने चने की दाल से समझौता कर लिया था।

नीतीश को वह बात याद है। वह बता रहा है—

'स्कूल जाने से पहले बाबूजी रोज़ एक चवन्नी, एक रुपये का चौथा हिस्सा, मेरे हाथ में थमा देते थे।

घर से भरपेट खाकर निकलने के बाद भी दोपहर में टिफ़िन की घंटी बजते ही स्कूल के बाहर खड़े खोमचे वालों की आवाज़ें हमारे हृदय के तारों को पकड़कर ऐसा झिंझोड़ती थीं कि पलक झपकते ही हम सब बच्चे दीन भाव से खीसें निपोरे, हाथ में पत्ते के दोने पकड़े, याचक बनकर खोमचे के आगे अर्द्ध गोलाकार रूप में खड़े हो जाते थे। जब वासुदेव नाम का खोमचे वाला अपना हाथ पानी पूरी वाले मटके में डालकर हिलाता तो हिलोड़ की उस ध्वनि के आगे कोई भी सरगम फीकी लगती। भिनभिनाती मक्खियों के बीच हम अपने-अपने दोनों में 'गुपचुप' के धप्प से गिरने की सन्त भाव से प्रतीक्षा करते रहते। जब चार-पाँच प्रत्याशियों के बाद हमारा नम्बर आता तब तक तो मिर्ची और खटाई से भरे उस आग के गोले को उदरस्थ किए मानो युग बीत चुके होते थे! वहाँ से तृप्त होने के बाद कचरी और काबुली चने की चाट की पत्तल की बारी आती थी। चाट का नाम चाट क्यों पड़ा यह जानना उस छोटी-सी उम्र में भी मुश्किल नहीं लगा—हम सच में चाट सिर्फ़ खाते ही नहीं थे, बड़े इत्मीनान से चाट-चाटकर पूरी पत्तल ही साफ़ कर देते थे! इस सारी मौज़-मस्ती के बाद भी वह चवन्नी कुबेर का धन कोष बनी रहती थी जिसमें से रोज़ कुछ न कुछ पैसे बच ही जाते थे। बहुत एहतियात से सँजोकर रखी गई यही बचत हम गाहे-बेगाहे नोखेलाल हलवाई जी की सेवा में श्रद्धापूर्वक अर्पित कर देते थे।'

नीतीश की पाक कला के बारे में सतीश जी ने एक और मज़ेदार बात बताई है—

'सामान्यतः रोटी बनाने के श्रम से बचने के लिए पुरुष चावल और रसेदार सब्ज़ी बनाकर इतिश्री कर लेते हैं। लेकिन मुन्ना जी तो किसी और ही मिट्टी के बने थे। दुखित की माई के नाम से लोकप्रिय बूढ़ी महिला से इन्होंने गोल रोटी

बनानी सीखी और कुछ ही दिनों में मुन्ना जी नरम, गोल, बिना जली और अच्छी तरह पकी रोटी बनाने में निपुण हो गए। इसी प्रकार ही इन्होंने बढ़िया सब्ज़ी और अच्छी दाल बनाने में भी सफलता पाई। कहते भी हैं, 'करत करत अभ्यास से जड़मत होत सुजान। रसरी आवत जात से पाथर पड़त निसान।'

कुछ दोस्त और कई सिनेमा

आइए, किशोर मुन्ना के मन और जीवन में एक बार फिर से एक नए चश्मे से झाँकें। इस जादुई चश्मे के मालिक बख़्तियारपुर के ही एक हज़रत हैं जो नीतीश के छुटपन से लेकर काल-कवलित होने तक उससे जुड़े रहे थे। बचपन से ही नीतीश पर अन्धभक्ति की हद तक श्रद्धा रखनेवाले इस शख़्स से नीतीश के बचपन की कहानियाँ सुनना कुछ वैसा ही लगता था जैसे कन्हैया के बालपन का साथी, कोई ग्वाल बालक, कृष्ण के आरम्भिक जीवन की गाथा सुना रहा हो। नीतीश जब चुनावी राजनीति का पहला पाठ पढ़ते हुए गाँव-दर-गाँव गलियों की ख़ाक छान रहा था तब भी ये छाया की तरह नीतीश के साथ रहे थे। चुनावों में दो बार पराजित नीतीश के जब गर्दिश के दिन थे, तब भी उस पर अटूट विश्वास रखते हुए उसके लिए सब कुछ दाँव पर लगाने को तत्पर इन हज़रत का वैसे तो ठीक-ठाक-सा नाम है, श्री शैलेन्द्र कुमार, लेकिन इस नाम से इन्हें ढूँढ़ने पर इनके बच्चे भी थोड़ी देर के लिए अचकचा जाते हैं। दरअसल, इनका भी बचपन से पुकारने का नाम मुन्ना ही है! नीतीश के बख़्तियारपुर वाले घर के साथ गुज़रनेवाली गली की दूसरी छोर पर ही रहनेवाले हैं यह श्रीमान मुन्ना! नीतीश अपने चुनाव क्षेत्र में प्रचार सम्पर्क आदि के लिए इन्हीं की मोटरसाइकिल के पीछे बैठकर जाया करता था। इसलिए नीतीश इन्हें कभी श्रीकृष्ण और कभी सारथी महाराज या फिर कभी सरकार कहकर सम्बोधित करता। धीरे-धीरे इनका नाम मुन्ना सरकार ही प्रचलित हो गया। अब हालात ऐसे हो गए हैं कि आज इनके बच्चे भी इन्हें मुन्ना सरकार के नाम से ही जानते और पहचानते हैं। मुन्ना सरकार सामने पड़ जाने पर नीतीश को भैया या फिर नीतीश भैया कहकर सम्बोधित करते थे। लेकिन पीठ पीछे, जयप्रकाश जी के आन्दोलन के दिनों से ही, मुन्ना सरकार की हर महफ़िल में नीतीश की चर्चा नेताजी कहकर हुआ करती थी।

बात चल रही थी नीतीश की किशोरावस्था और मनोरंजन की। मुन्ना सरकार की मानें तो उनके नीतीश भैया में गांधी जी ने दोबारा जन्म ले लिया था। नीतीश इस तुलना से बेहद संकोच में पड़ जाता है। लेकिन जब गांधी जी के लिए भी बचपन में मनोरंजन के कुछ न कुछ साधन तो थे ही, तब नीतीश के जीवन की

किशोरावस्था में भी कुछ न कुछ आनन्द के उपादान होने ही चाहिए। हम मुन्ना सरकार से इस विषय पर चर्चा की थी। उन्होंने सोचकर बताया था—

'नेताजी धीरे-धीरे हिन्दी सिनेमा में अभिरुचि लेने लगे थे। बख़्तियारपुर में उनके घर के सामने ही एक बेहद पुराना सिनेमा हॉल था, राष्ट्रीय चित्र मन्दिर। हमने वहाँ अनगिनत फ़िल्में एक साथ देखी थी। पहले तो वे कोई भी फ़िल्म देख लेते थे, पर बाद में वैसी ही फ़िल्में उन्हें पसन्द आने लगीं जिनका समाज से सीधा सम्बन्ध होता, जिनमें कोई सन्देश होता था।'

बचपन में लूडो खेलने के अलावा अपने जीवन में मनोरंजन के नाम पर, वह भी केवल नौजवानी के शुरुआती दिनों में ही, नीतीश ने अपने दोस्तों और अपनी पत्नी मंजु के साथ कई फ़िल्में देखी हैं। जब नीतीश पटना में रहता था तब मंजु को रेडियो पर गाने सुनने का बड़ा शौक़ था जिस वजह से उसका घर दिन-भर गुलज़ार रहता था। उन दिनों फ़ुरसत में नीतीश को गाने सुनते हुए अख़बार और स्तरीय पत्रिकाएँ पढ़ना ख़ूब अच्छा लगता था। बाद में जब उसे दिल्ली में अकेला रहना पड़ा तब घर में गाने बजना तो बन्द हो गए लेकिन सवेरे टहलते समय वह 'ऑर्ट ऑफ़ लिविंग' की सुश्री चित्रा राय के भजन सुनने लगा था। एक बार जब वह रेलमंत्री था तब उसके सहायकों ने ज़बरदस्ती उसके सरकारी निवास में बैडमिंटन का कोर्ट बनवा दिया जहाँ वह एकाध हफ़्ते खेला भी, पर वह शौक़ भी मौसमी ही साबित हुआ। कुल मिलाकर फ़िल्में ही उसके जीवन में कुछ दिनों के लिए मनोरंजन का साधन रहीं। उसके शौक़ का यह मनका भी न जाने अतीत के किस गर्त में गिरकर खो गया है।

मुन्ना सरकार बता रहे हैं—

नेताजी के पसन्दीदा कलाकार थे राजकपूर। वे अधिकतर जिस चरित्र का पर्दे पर निरूपण करते थे उसकी आँखों में सुनहरे कल के सपने होते थे और होंठों पर आशा के गीत। राजकपूर जिस किरदार को निभाते उसमें पूरी तरह डूब जाते। उनकी किसी फ़िल्म में साहिर लुधियानवी का लिखा एक गीत नेताजी को शुरू से ही बहुत पसन्द है—वो सुबह कभी तो आएगी—

बीतेंगे कभी तो दिन आख़िर, ये भूख के और बेकारी के,
टूटेंगे कभी तो बुत आख़िर, दौलत की इजारादारी के,
जब एक अनोखी दुनिया की बुनियाद उठाई जाएगी,
वो सुबह कभी तो आएगी!

नीतीश के साथ सिनेमा देखते समय मुन्ना सरकार भी कई बार भावुक होता रहा है। मगर ऐसे मौक़ों पर नीतीश अगर अपना आश्वस्त करता हुआ स्नेह भरा हाथ मुन्ना सरकार की पीठ पर रख देता था तो सारी भावुकता काफ़ूर हो जाती

थी। मन शान्त हो जाता था। लोहिया जी के हीलिंग टच जैसे नीतीश के इस स्नेहिल स्पर्श के बारे में हमने अशोक से पहले भी सुन रखा है।

कौशल की मानें तो कॉलेज के दिनों में गम्भीर फ़िल्में देखते समय किशोर नीतीश उनमें पूरी तरह डूब जाता, खो जाता। बीच में कोई सीटी बजती या शोर होता तो नीतीश झुँझला भी जाता। बेहद भावुक क्षणों में अपनी नाज़ुक उँगलियों से पलकों के पोर चुपके से पोंछ लेता। लेकिन पूरी फ़िल्म देखने के बाद वह फ़िल्म के भावुक पक्ष को थोड़ी ही देर में भूलकर उस आम आदमी की विजय से बेहद ख़ुश होता और कहता, देखो, हम सब भी कभी न कभी ऐसे ही जीतेंगे। नेताजी की नौजवानी के दिनों के सपनों को सुन-समझकर साहिर की ही एक अन्य रचना 'आवाज़े-आदम' से कुछ पंक्तियाँ बरबस याद आती हैं—

दबेगी कब तलक आवाज़े-आदम, हम भी देखेंगे।
रुकेगी कब तलक जज़्बाते-बरहम हम भी देखेंगे।

क्रान्तिकारी विचारों का बीजारोपण

आख़िर ये क्रान्तिकारी विचार उसके मन में कब उग आए होंगे, कब इनके बीज पड़े होंगे, कहाँ इन्हें धूप लगी होगी और कहाँ से इन्हें खाद-पानी मिला होगा? यह समझना ज़रूरी है, क्योंकि बाबूजी के आँगन में जो समाज-सेवा की धूप आती थी उसमें तो कोई भी बीज बिना खाद-पानी के ही स्वतंत्रता से उग सकता था।

इसके बारे में मुन्ना सरकार ने बताया था—

'नेताजी ने बचपन से ही कल्याणबिगहा के खेतों में लोगों को मज़दूरी करते देखा था। मैं भी उनके साथ कई बार कल्याणबिगहा चला जाता था। वहाँ मज़दूरों की दुरवस्था देखकर नेताजी को छटपटाते हुए मैंने अपनी आँखों से देखा है। इन अभागे मज़दूरों के हाथ दूसरों के लिए कड़ी धरती की छाती फाड़कर फ़सल कैसे उगाते हैं, यह नेताजी ने अपनी आँखों से देखा है। कुछ और उपलब्ध न होने पर वही हाथ अपने बच्चों को खिलाने के लिए चूहे पकड़ने को कैसे मजबूर होते हैं, यह भी उन्होंने अपनी ही आँखों से देखा है। बख़्तियारपुर के जीवन ने उनको अतिदलित लोगों की विपन्नता और कष्टों को निकट से समझने का अवसर दिया है। वहाँ रहकर नेताजी ने गंगा की गोद में रहनेवाले, बाढ़ की विभीषिका से जूझते लोगों की त्रासदी को भी बहुत निकट से समझा है। उन्होंने देखे हैं टाल में प्रत्येक वर्ष जमा होनेवाले जल से आक्रान्त और पीड़ित, सहायता के लिए गगनभेदी गुहार लगाते लोग। अमीरी की चाबुक की फटकार से तार-तार हुए लोग। रेल के डिब्बों में भेड़-बकरी की तरह ठुँसे, लटके और हाथ छूट जाने से गिरकर अपंग हुए लोग। नौकरी की सोनमछरिया पकड़कर समृद्धि की

नहर अपने गाँव तक खोदकर लाने के सपने आँखों में लिये पंजाब जाकर कभी घर लौट न पाए नौजवान। न जाने कहाँ चले गए अपने कलेजे के टुकड़ों के लिए बाट जोहती स्वप्नविहीन आँखों वाले माँ-बाप। पैसों के अभाव में स्कूल न जाकर कूड़ा बीनती हुई अबोध बच्ची और उसे गोश्त के बाज़ार में बेचने के लिए झपटने को तत्पर बाज़ की क्रूर आँखें। सिर्फ़ अल्पसंख्यक होने के कारण अपनी ही मिट्टी में बेगाने घोषित किए गए सन्देह और घृणा झेलते मज़लूम लोग। और भी न जाने कैसी परिस्थितियों के दास बने, दुख को अपना नसीब मानकर ग़ुरबत बर्दाश्त करते लोग। ये सब लोग नेताजी के किशोर मन को छूते गए, उद्वेलित करते गए और उनकी संकल्प पुस्तिका के पन्नों पर अमिट स्याही से भविष्य के लिए लक्ष्य लिखते गए हैं।'

दरअसल, ये दो जगहें, क्रमशः कल्याणबिगहा और बख़्तियारपुर, नीतीश के आरम्भिक जीवन की प्रयोगशालाएँ रही हैं। यहाँ चुपके-चुपके बहुत कुछ सीख कर नीतीश एक बेहतर आदमी बना और आगे जाकर बेहतर इंसान और लोकप्रिय नेता। इस बात को समझने के लिए 'लोहिया के सौ वर्ष' नाम की किताब में प्रोफ़ेसर पूरनचन्द जोशी जी के विचारोत्तेजक लेख, 'विकल्प की तलाश और लोहिया की दोहरी विरासत' का एक और अंश देखते हैं। प्रोफ़ेसर साहब लिखते हैं—

'मैं यह याद करता हूँ कि हर सफल नेता की कोई न कोई प्रयोगशाला रही है; जैसे गांधी जी के दक्षिण अफ्रीका के अनुभव को देखें।...इसी तरह जवाहरलाल की प्रयोगशाला उत्तर प्रदेश थी।...जन सम्पर्क से और ज़मीनी जानकारी से समझदारी बनी। अगर येनान न होता तो माओ भी न होते।'

यह सब सुनकर चचा कह रहा है—

'जैसे प्रोफ़ेसर साहब ने गांधी जी और नेहरू जी के जीवन में प्रयोगशालाओं की चर्चा की है, वैसे ही लगता है कि नीतीश के जीवन में अगर कल्याणबिगहा और बख़्तियारपुर न होते तो हमारे बीच वैसा नीतीश भी नहीं होता जैसा वह आज है। मुख्यमंत्री नीतीश के सामाजिक सरोकार की योजनाओं में उसके मन पर लिखी इन सभी इबारतों को पढ़ा जा सकता है। इनका वास्तविक लाभ कितना हुआ यह तो जगज़ाहिर है। कुछ ऊँची नाक और नीची सोच वाले लोग इन परियोजनाओं की सफलता पर उँगलियाँ भी उठाते हैं। पर यह भी हक़ीक़त है कि सारस और बगुलों की आकाश में उड़ती क़तार अब बिहार के दूर-दराज़ के गाँवों की मेंड़ों पर साइकिलों पर सवार, जगमग पोशाकों में, स्कूल जाती लड़कियाँ और लड़के बनकर उतर गई हैं। नॉर्थ ईस्टर्न यूनिवर्सिटी अमेरिका के प्रोफ़ेसर निशीथ प्रकाश ने मुख्यमंत्री बालिका साइकिल योजना पर शोध किया है। उनके शोध प्रबन्ध के आधार पर अफ्रीकी देश जांबिया में भी लड़कियों

की शिक्षा को बढ़ावा देने के लिए यही बिहारी मॉडल सफलतापूर्वक अपनाया गया है। अब ये लड़कियाँ कूड़ा नहीं बीनतीं, अब कोई भी बाज़ इनको ताकने तक की हिम्मत नहीं रखता। जिनमें ताक़त थी, उन्हें सलाख़ों के पीछे बन्द कर दिया गया है या वे उड़कर दूसरे राज्यों में छुपकर पनाह ले रहे हैं। बचे-खुचे लार टपकाते बूढ़े गिद्ध भी हाथ में रामनाम की माला लिये अपने बुढ़ापे से ख़ुश हो रहे हैं, जवान रहते तो ज़िला-बदर होकर न जाने कहाँ गर्दिश की ठोकरों में होते! नीतीश के प्रयासों से आ रहे बदलाव पूरे राज्य में हर ओर दिखते हैं, पर उसके सपनों के दूरगामी परिणामों का इतिहास लिखा जाना अभी बाक़ी है। शायद सौ-दो सौ वर्षों बाद जब इस कालखंड का इतिहास निरपेक्ष भाव से देखा जाएगा तब अपनी ओर ध्यान खींचने के लिए चिल्लाते, अपनी गुण-गाथा ख़ुद ही ऊँचे स्वरों में गाते, कई माटी के पुतलों के बीच, पर उन सबसे अलग और शायद सबसे बड़ी, एक चुपचाप और शान्त खड़ी मूर्ति की आँखों में तब भी लाखों सपने जगमगा रहे होंगे। ज़्यादातर वे सपने जो पूरे हो गए और कुछ वे भी जो अधूरे रह गए। हाँ, आज भी ये सब सपने जब समय से, या नीतीश की अपेक्षानुरूप, पूरे नहीं हो पाते, तब नीतीश की आँखों में जैसे कोई चिनगारी कौंध जाती है जिसके बाद बिहार के क़ानून की किताब में फिर कोई नया नियम लिखा जाता है।'

अरुण के आकलन के अनुसार—

'अपवादों को छोड़ दें तो नीतीश के सहयात्रियों के क़दमों में वह अपेक्षित चुस्ती-फुरती नहीं, जिसकी चाप से धरती हिल जाए। ऐसी सूरत में इन्क़लाब का परचम लेकर चला अपना नेता, थोड़ी ही देर में, सबसे आगे निकलकर अलग-थलग खड़ा दिखने लगता है। उसके पास दो ही विकल्प रह जाते हैं—या तो वह झुँझलाकर पाँव पटकता हुआ सबके आ जाने का इन्तज़ार करे या फिर आगे बढ़ता जाए, अकेला! ऐसे ही जाँबाज़ के लिए आगे, किसी मोड़ पर, कोई नया क़ाफ़िला प्रतीक्षा करता होता है कि लबों पर आज़ादी के तराने लिये कोई आ रहा है। और तब्दीली की इस नई बयार के प्रणेता को नासमझ दुष्ट लोग कहते हैं पलटूराम!'

मेहनत का मीठा फल

सतीश जी नीतीश की पढ़ाई के बारे में बता रहे हैं—'मुन्ना जी की मेधा के बारे में हम परिवार वाले तो पूरी तरह आश्वस्त थे लेकिन बोर्ड की परीक्षा में मुन्ना जी ने इतने अधिक अंक पाए कि उन्हें राष्ट्रीय छात्रवृत्ति मिली और हमारे परिवार के आलोचकों की छाती पर लोटते साँप उन्हें ही डसकर सदा के लिए ख़ामोश

कर गए। बख़्तियारपुर और उसके आसपास के क्षेत्र में मुन्ना जी हर पढ़ाकू बच्चे के आदर्श बन गए, श्रद्धा के पात्र हो गए और घर-घर में कविराज जी के इस बेटे की चर्चा होने लगी।'

इसी सिलसिले में कभी पढ़ी एक पुरानी बात याद आ गई। यह उद्धरण जेपी की जीवनी से है—

'हाई स्कूल में भी पहले पाँच-दस विद्यार्थियों में उनकी गिनती होती थी। हिन्दी, संस्कृत और अंग्रेज़ी भाषाओं पर बहुत अच्छी पकड़ थी और गणित में उन्हें 100 में 90 से कम अंक शायद ही कभी मिले हों। विज्ञान में भी उनकी रुचि थी। 1919 में 17 वर्ष की आयु में उन्होंने मैट्रिक की परीक्षा मेरिट सर्टीफ़िकेट के साथ पास की। छात्रवृत्ति भी मिली...कॉलेज में भी जयप्रकाश की गिनती पहले पाँच विद्यार्थियों में होती थी। खेल-कूद वग़ैरह में उन्हें शुरू से ही कम दिलचस्पी रही। पढ़ना, गुनना, वाचना, लिखना, बातचीत करना, बहस करना, इन सबमें उनकी रुचि बनी रही।'

यह सब पढ़कर क्या ऐसा नहीं लगता कि बात केवल जेपी की ही नहीं, नीतीश की भी हो रही है? जेपी को तो हमारी पीढ़ी ने देखा और पूजा है, अन्धभक्ति से नहीं, ठोक-बजाकर!

लेकिन किशोर नीतीश ने एकलव्य की भाँति, बिना सीधे सम्पर्क में आए ही, जिनके सामाजिक दर्शन को आत्मसात् किया और उसे मौक़ा मिलते ही सफलतापूर्वक अमली जामा भी पहनाया, वे थे राममनोहर लोहिया। आइए, यह भी देख ही लेते हैं कि ओंकार शरद की लिखी लोहिया की जीवनी में उनके बचपन के बारे में क्या बताया गया है।

'लोहिया जी ने चौथी कक्षा तक (अयोध्या के पास अकबरपुर में) टंडन पाठशाला में पढ़ाई की। बाद में पाँचवीं से विश्वेश्वरनाथ हाई स्कूल में दाख़िला लिया। सदा प्रथम आने के कारण लोहिया शिक्षकों में बेहद लोकप्रिय रहे। 1918 में पिता के साथ मुम्बई (तब का बम्बई) आकर मारवाड़ी विद्यालय में पढ़ने गए, बेहद ज़हीन, अंग्रेज़ी के प्रति अभिरुचि, वाद-विवाद और वक्तृत्व का अच्छा अभ्यास। 1925 में बम्बई से मैट्रिक की परीक्षा दी जिसमें प्रथम श्रेणी में उत्तीर्ण हुए ही (61 प्रतिशत), पूरी क्लास में भी फ़र्स्ट आए।'

यहाँ बात तो लोहिया की हो रही है, लेकिन पढ़ने पर एक बार फिर बात नीतीश की भी लगने लगती है। एक बात तो समझ में आती है कि जब नीतीश अपने आरम्भिक दिनों में कुछ-कुछ जेपी या लोहिया जी जैसा कर रहा था तब शायद ही उसे इन दो दिग्गजों के बचपन या किशोरावस्था के बारे में से कुछ ज़्यादा पता हो। उसने बाबूजी की मजलिस में हुई चर्चाओं या फिर पुड़िया बाँधते हुए 'प्रदीप' अख़बार के टुकड़ों में ही जेपी या लोहिया के बारे में जाना था। फिर

भी वह उसी अनजान पथ का पथिक बन रहा था जहाँ इन दोनों समाजवादियों के पदचिह्न स्पष्ट थे।

सतीश जी हमारे साथ बैठकर बहुत पुरानी बातें याद कर रहे हैं—

'वह संक्रान्ति काल था जिसमें कांग्रेस की राजनीति से अपेक्षाओं तथा आशाओं से बने सतरंगी इन्द्रधनुष के प्रति मोहभंग होना भी प्रारम्भ हो गया था। जयप्रकाश नारायण और राममनोहर लोहिया चेतना की नई लहर बनकर उभरे थे। वे कश्मीर की वादियों में उगे गुलाब के नाज़ुक फूल न होकर संघर्ष के रेगिस्तान में खिले कैक्टस थे। वे उतने ही निर्भीक, कट्टर राष्ट्रभक्त और त्यागी थे जितने जवाहरलाल या उनके समकालीन कोई अन्य कांग्रेसी राष्ट्रीय नेता। किसी भी अन्य की तुलना में इनका मातृभूमि के लिए किया गया बलिदान क़तई कम न था। हज़ारीबाग़ जेल की ऊँची दीवार लाँघ, नेपाल पहुँचकर अंग्रेज़ी सुरक्षा व्यवस्था को ठेंगा दिखानेवाले जयप्रकाश या अपने छद्म वेश में अंग्रेज़ी ख़ुफ़िया तंत्र से चूहे-बिल्ली का मज़ेदार खेल खेलकर उन्हें सदा छकानेवाले, नेपाल प्रवास के दिनों जेपी के पक्के सहयोगी रहे, लोहिया ने आनेवाले समय की पदचाप सुन ली थी।'

चुनाव की राजनीति और बाबूजी

यह एक कड़ुवा सच है कि दुर्भाग्यवश भारत की स्वतंत्रता प्राप्ति के थोड़ा पहले से ही स्वार्थी और शक्तिशाली सत्तालोलुप कांग्रेसी लॉबी के आगे गांधी जी तक अप्रासंगिक और असहाय से होते जा रहे थे। उस काल में पिछड़े वर्ग में भी अपने अधिकारों के लिए चेतना की थोड़ी सुगबुगाहट होने लगी थी। पुरानी सत्यवादिता और न्याय पर आधारित व्यवस्था चरमराकर टूटने के कगार पर थी। गाँवों तथा शहरों में नव धनाढ्य वर्ग खड़ा हो गया था जिसके लिए हर क़ीमत पर सिर्फ़ सत्ता पाना महत्त्वपूर्ण रह गया था। सत्ता मतलब ताक़त, सत्ता मतलब पैसा, सत्ता मतलब दूसरों के सर पर पैर रखकर इतना ऊँचा उठ जाना कि आकाश कुसुम तक हाथों से तोड़े जा सकें और फिर ऐसी लात लगा सकना कि जिन सरों पर पैर रखकर उठे, वे धड़ से अलग होकर पहचाने भी ना जा सकें।

मधु लिमये अपने लेख 'लोहिया की व्यथित स्वरलहरियाँ' में लिखते हैं—

'लोहिया पुराने राजघरानों के फिर से उभर आने तथा नए घरानों के पुत्रों एवं पुत्रियों के विधानसभाओं में प्रवेश को लेकर चिन्तित थे।...चौथी लोकसभा में कई रजवाड़े थे, जिनमें से सर्वाधिक कांग्रेस से आए थे।...कांग्रेस रजवाड़ों तथा ज़मींदारों से समझौता कर चुकी थी। उसने नए कांग्रेसी परिवारों का निर्माण किया था...नेहरू-गांधी परिवार, शुक्लों का परिवार, पन्त आदि इत्यादि।'

ये तो वैसे नाम थे जिन्हें देश जानता था। बिहार में छोटे-बड़े अनगिनत ज़मींदार थे जिनकी ज़मींदारी छिन जाने के बाद भी उनकी अकड़ में कोई कमी नहीं आई थी। पूर्ववर्ती ज़मींदारों के ये बिगड़ैल बच्चे, संस्कारों की अर्थी उठाकर उसे पैसों के लिए नीलाम करनेवाले ये बे-पढ़े-लिखे लोग, जिनके पास कैसे भी और कहीं से भी, बस पैसा आना चाहिए था, अब सत्ता पर क़ाबिज़ होने की हर चन्द कोशिशों में लगे थे। महात्मा गांधी तो कहते थे कि साधन और साध्य, दोनों शुद्ध हों। अर्थात् पवित्र लक्ष्य को पाने की राह भी पवित्र ही होनी चाहिए। लेकिन इन नए सिद्धान्तहीन मठाधीशों के लिए रास्ते की शुचिता का कोई महत्त्व नहीं था। बस किसी भी सूरत से हर छोटी-बड़ी ज़रूरत की मंज़िल तक पहुँचना ही इनका एकमात्र उद्देश्य था। वह नई भ्रष्ट सामाजिक क्रान्ति के सूत्रपात का युग था जिससे संघर्ष करते हुए अकेली पड़ गई मध्य-मध्यवर्गीय या निम्न-मध्यवर्गीय बलिदानी पीढ़ी जैसे भँवर में फँसकर डूब-उतरा रही थी।

वह पीढ़ी, जो स्वतंत्रता के पहले तक बेहद सन्तोषी, सुखी और प्रतिष्ठित रही थी, वर्तमान परिस्थितियों में सिद्धान्तों से कभी समझौता नहीं कर पाने के कारण अचानक दरिद्र हो गई थी। इस पीढ़ी का दोष मात्र इतना था कि इसने सच और झूठ के बीच की रेखा को धूमिल नहीं पड़ने दिया था। उसके अन्दर झूठ, बेईमानी और सिद्धान्तहीनता के ताने-बाने से बुनी दुर्दम्य और सांघातिक व्यवस्था को उड़ाकर ध्वंस कर देने की ऐसी उत्तेजना जाग्रत् रहती थी जो उसकी जिजीविषा की लौ को कभी बुझने नहीं देती थी।

नीतीश के बाबूजी स्वतंत्रता संग्राम में बेहिचक, बिना आगे-पीछे देखे और बिना किसी चिन्ता के, भारत माता की स्वतंत्रता के लिए सर पर कफ़न बाँधकर घूमनेवाले बख़्तियारपुर के दीवानों में अग्रणी थे। लड़ाई की मशाल उस बियाबान में इनके हाथों से भी जली थी। वह कंठ स्वर, जहाँ से आज़ादी के नग़मे सबसे पहले फूटे थे, इनका भी तो था! विदेशी सत्ता के कौन-से ज़ुल्म इन्होंने नहीं सहे? दमन के उस दौर में जब बड़े-बड़े तथाकथित कांग्रेसी लोग भी अपना दामन बचाए, मुँह छिपाए फिरते थे, तब बख़्तियारपुर में छाती ठोंककर अपने को कांग्रेसी कहनेवाली गूँजती आवाज़ किसकी थी? बख़्तियारपुर में वह कौन था जिसकी एक पुकार पर नौजवानों का हुजूम स्वतंत्रता की लौ में अपना सब कुछ न्योछावर करने को आतुर हो जाता था? कविराज जी का देशप्रेम और त्याग रंग लाया और 15 अगस्त, 1947 को भारत माँ की बेड़ियाँ कट जाने से देश स्वतंत्र हो गया।

यह तो निर्विवाद सत्य था कि बख़्तियारपुर और उसके आसपास के बहुत बड़े क्षेत्र में राम लखन जी उस काल के सर्वमान्य शुद्ध गांधीवादी तथा पक्के कांग्रेसी माने जाते थे, क्योंकि नम्रता, ईमानदारी और सेवा उनकी हर साँस में

बसती थी। आवश्यकता पड़े तो सत्य के लिए किसी भी हद तक जाकर आग्रह करने को भी सदा तत्पर रहनेवाले, गांधी जी के सच्चे अनुयायी, थे कविराज जी। यह भी कटु सत्य है कि अपने इन्हीं गुणों के कारण कविराज जी कांग्रेस के किसी भी गुट को अपने प्रतिनिधि के लिए क़तई मान्य नहीं थे, क्योंकि वे किसी की स्वार्थ-सिद्धि में सहायक नहीं हो सकते थे। कांग्रेस के डेलिगेट के चुनाव में अपने समकालीन स्वतंत्रता सेनानी श्री शील भद्र याजी को सहजता से पराजित करनेवाले कविराज जी को स्वतंत्र भारत में हुए 1952 के पहले चुनाव में कांग्रेस का स्वाभाविक प्रत्याशी होना चाहिए था। लेकिन तब तक सारे शुद्ध और संस्कारी समीकरण प्रसंगहीन हो रहे थे। कविराज जी के मर्यादित आत्माभिमान का अदम्य विश्वास था कि अब जब देश में सब कुछ बदल गया था, बलिदान से पाया हुआ स्वराज्य था, और सब कुछ अपना था, तब कोई कारण नहीं था कि देशसेवा की ज़िम्मेदारी उन्हें अपने आप न सौंपी जाए। शायद उन्हें यह पता नहीं था कि तब तक बिहार की राजधानी पटना में पुराने और सच्चे कांग्रेसियों के आगे नवधनाढ्य सत्ता के दलालों की एक बड़ी मज़बूत दीवार खड़ी हो चुकी थी। विवेकहीन, पक्षपाती और दागदार लोगों की यह ऐसी जमात थी जो चुनाव के बाद अपने-अपने गुटों के वर्चस्व की गोटियाँ बिठाने के घिनौने खेल में दिन-रात लगी रहती थी। बाज़ी बिछने या सच कहें तो टीम चुने जाने से बहुत पहले ही, यही जमात बिना खेले ही, सारा खेल जीत भी चुकी थी। वहाँ भी कई गुट तैयार हो गए थे और हर गुट में ये सिद्धान्तविहीन लोग ही भाग्य-विधाता बन गए थे। इनमें से कुछ पुराने ज़मींदारों के परिवार से आनेवाले वैसे लोग भी थे जो कल तक अंग्रेज़ों के दुमछल्ले बने फिरते थे और आज गांधीवाद का लबादा ओढ़कर कविराज जी जैसे सच्चे गांधीवादियों को हाशिए पर डाल चुके थे।

बख़्तियारपुर विधानसभा का क्षेत्र लोकसभा के लिए पटना पूर्व के अन्तर्गत आता था। यह आम धारणा थी कि अगर लोकसभा के लिए नहीं तो कम से कम विधानसभा के लिए इस क्षेत्र से राम लखन जी ही कांग्रेस के प्रत्याशी होंगे पर हुआ कुछ और ही! लोकसभा के लिए श्रीमती तारकेश्वरी सिन्हा और विधानसभा के लिए स्व. लाल बहादुर शास्त्री जी की बहन सुन्दरी देवी को टिकटें दे दी गईं। तारकेश्वरी सिन्हा ने स्वतंत्रता की लड़ाई में बढ़-चढ़कर हिस्सा भी लिया था, पर उन दिनों वे अपेक्षाकृत बहुत कम आयु की थीं। बख़्तियारपुर में सुन्दरी देवी का कोई जनाधार न था। सच तो यह है कि इन कांग्रेसी प्रत्याशियों के नाम सार्वजनिक होने के पहले ही बिहार के शीर्षस्थ कांग्रेसियों में भय व्याप गया कि नामों की घोषणा होने पर मर्माहत होकर कविराज जी कहीं विद्रोह न कर बैठें या फिर हाथ-पाँव खींचकर चुनाव यज्ञ में तटस्थ न हो जाएँ। इन दोनों ही स्थितियों में कांग्रेस के प्रत्याशी की पराजय निश्चित थी। इसलिए पटने में बैठे

कांग्रेसी महारतियों ने कविराज जी के आगे नया चुग्गा फेंका। उन्हें फ़िलहाल एमएलसी बनाने और इस चुनाव में उनके सक्रिय सहयोग के बदले अगले चुनाव में कांग्रेस का प्रत्याशी बनाने के वादे का झुनझुना पकड़ा दिया गया। विश्वास की आधारशिला पर जो पूरा जीवन खड़ा हो, वहाँ वादाख़िलाफ़ी का अन्देशा कैसा? कविराज जी की अथक मेहनत रंग लाई। कांग्रेसी दोनों प्रत्याशी तो कविराज जी की बोई फ़सल काटकर उसे अपने विजय रथ पर लादे दिल्ली और पटना पहुँच गए लेकिन पीछे छोड़ गए अधूरे वादों की लम्बी दास्तान! उन्हें पूरा करने में बेचारे कविराज जी अपना ख़ून-पसीना एक करते रहे। भारत माता के चरणों में त्याग की एक और आहुति पड़ी तो क्या हुआ? पाँच साल तो मानो पंख लगाकर वैसे ही उड़ गए जैसे उन्हें एमएलसी बनाने का वायदा, और आ गया 1957।

भारतीय स्वतंत्रता संग्राम की पहली लड़ाई के सौ साल पूरे हो चुके थे। भारत कहने को स्वाधीन हो चुका था, पर आम आदमी की जंग थी जो ख़त्म होने का नाम ही नहीं ले रही थी। मक्कारी का नया नाम चतुराई हो गया था। सदा से चली आ रही बेईमानी और सचाई के बीच की लड़ाई कांग्रेसी संरक्षण पाकर और भी घनघोर हो गई थी। राजनीतिक रूप से मज़बूत किसी भी चतुर सुजान की कथनी और करनी के बीच का अन्तर उसके सयानेपन की पहचान बन गया था। ऐसे कांग्रेसी सयानों ने मिलकर एक बार फिर से सुन्दरी देवी और तारकेश्वरी सिन्हा को पुरानी सीटों से प्रत्याशी घोषित कर दिया।

इस प्रकार कविराज जी की बख़्तियारपुर से उम्मीदवारी का पत्ता फिर से काट दिया गया।

ऐसा करनेवाले शायद भूल गए कि अतीत में भी, इसी मगध की मिट्टी में, अन्याय के प्रतिशोध की अग्नि में धधकता कोई तेजस्वी भी आया था। अपनी चुटिया खोलकर खड़े हुए चाणक्य के कुपित होने से नन्दवंश का नाश ही हो गया था। वह वैरागी अपने पाँवों में चुभनेवाली दूब उखाड़कर उसकी जड़ों में मट्ठा डाल देता था।

1957 में इतिहास एक बार फिर अपने आपको दुहराने चला है। कविराज जी ने चुनाव में उतरने का कठोर निर्णय लिया है। ध्येय चुनाव जीतना नहीं है, लक्ष्य है कांग्रेस के पाखंड की पराजय। यह भी सन् सत्तावन की क्रान्ति है, यह भी धर्मयुद्ध है, यहाँ भी कृष्ण की राजनीतिक समझ है जिसमें चाणक्य के संकल्प की चाशनी मिली है। अबकी बार दुष्टों के वंशजों की पराजय सुनिश्चित है, क्योंकि कहा भी गया है—

यत्र योगेश्वरः कृष्णो यत्र पार्थो धनुर्धरः।
तत्र श्रीर्विजयो भूतिर्ध्रुवा नीतिर्मतिर्मम॥

कांग्रेस की विभेदकारी नीतियों से त्रस्त होकर ही रामगढ़ के राजा कामाख्या नारायण सिंह ने सन् 1952 में जनता दल की स्थापना की थी। उन्होंने '60 के दशक में जनक्रान्ति दल बनाया। तत्कालीन संयुक्त बिहार और अब झारखंड में रामगढ़, हज़ारीबाग़ की बहुत बड़ी ज़मींदारी के स्वामी कामाख्या बाबू को राजा साहब कहा जाता था। उन्हें हीरे की परख थी। कविराज जी की कीर्तिगाथा कई कंठों के विविध स्वरों पर एक ही लय में, उन तक भी पहुँची थी। यह पता चल जाने के बाद कि बख़्तियारपुर और उसके आसपास के इलाक़े में कांग्रेस के नपुंसक गर्व को तोड़ने की गदा किसके पास है, उन्होंने कविराज जी से कांग्रेसी किले को ध्वंस करने की मुहिम में साथ देने का अनुनय किया। कविराज जी के साथ ही कई स्थानीय कांग्रेसियों का जत्था भी विद्रोह का झंडा उठाकर खड़ा हो गया। इन लोगों ने घोर कांग्रेस विरोधी पार्टी, जनता दल के टिकट से चुनाव लड़ने का फ़ैसला किया। 1952 तक, बख़्तियारपुर स्वतंत्र विधानसभा क्षेत्र था किन्तु 1957 में ही फतुहा में दो सीटें, एक सामान्य तथा दूसरी अनुसूचित जाति के लिए तय हुई। इस पार्टी ने विधानसभा के लिए बख़्तियारपुर से कविराज जी के अनन्य सहयोगी आचार्य जगदीश, फतुहा की अनुसूचित जाति के लिए सुरक्षित सीट से केशव प्रसाद तथा बाढ़ से कविराज जी के नामों की घोषणा की। कहा गया कि ये जीतने के लिए कम और कांग्रेस का दर्प मर्दन करने के लिए अधिक कृत संकल्प होकर चुनाव के मैदान में उतरे हैं और ठीक वैसा ही हुआ।

यद्यपि कविराज जी बाढ़ से चुनाव लड़ रहे थे, पर उन्होंने अपनी सारी ऊर्जा फतुहा और बख़्तियारपुर में झोंक दी थी। यदा-कदा वे अपने चुनाव प्रचार के लिए बाढ़ क्षेत्र में गए भी, पर उनकी पूरी शक्ति बाक़ी दोनों स्थानों पर ही लगती रही। उन दिनों बिहार में चुनाव का वह घिनौना मॉडल तैयार हो रहा था जिसमें चुनाव जीतने के लिए उत्कोच और उत्पीड़न से लेकर जाली वोट, सरकारी तंत्र का भरपूर दुरुपयोग तथा बूथ लूटने जैसे सारे हथकंडे आज़माए गए थे। इन सब जालसाज़ियों के बाद भी तब तक अपराजेय रही कांग्रेस को, अपने तमाम लम्बे दावों के बावजूद, कविराज जी, केशव प्रसाद एवं जगदीश के कारण मुँह की खानी पड़ी। आचार्य जगदीश को मिले वोटों के कारण सुन्दरी देवी फतुहा सामान्य सीट पर प्रजा सोशलिस्ट पार्टी के महादेव प्रसाद के हाथों पराजित हुईं। फतुहा की सुरक्षित सीट से केशव प्रसाद कांग्रेस के कौलेश्वर दास को हराकर विजयी हुए। अलबत्ता बाढ़ में तारकेश्वरी सिन्हा ने कविराज जी को हरा दिया। इस चुनाव में हारकर भी सबसे अधिक यश कविराज जी ने ही बटोरा। वे इस तथाकथित हार से नितान्त अप्रभावित दिखते। उस समय नीतीश हस्ब-ए-मामूल सात साल का बच्चा था पर घर में चल रही चुनावी सरगर्मियों से वह अछूता न

था। उसने अपने बाबूजी को चुनाव में कांग्रेसी अत्याचार के विरुद्ध बेहद ख़ुश होकर अपना पूरा दमख़म लगाते देखा था। चुनाव के विपरीत नतीजे आने पर भी उसने अपने बाबूजी के चेहरे पर एक भी शिकन तक नहीं देखी थी। शायद उसके अवचेतन मन में शुचिता के संस्कारों का बीजारोपण तभी हो गया था। नीतीश भी अपनी पहली दो चुनावी लड़ाइयों में एकदम अप्रत्याशित रूप से हार गया। अपने पिता के पूर्ववर्ती कटु अनुभवों को स्मरण रख सकने के कारण नीतीश ने हिम्मत कभी नहीं हारी, थोड़ी देर के लिए मायूस हुआ भी हो तो नितान्त अकेले होने के क्षणों में। चुनाव के नतीजे निकलने के बाद जब वह मित्रों के बीच आया तब अपने जुझारू पिता को याद करने के कारण वह न तो निराश ही दिखा और न उसने किसी को निराश ही रहने दिया। यह भी बड़े मज़े की बात है कि बाढ़ से लगातार चार बार जीतने का तारकेश्वरी जी का रिकॉर्ड नीतीश ने ही, वहाँ से लगातार पाँच बार जीतकर, तोड़ा। भर्तृहरि के 'नीति शतक' में कहा भी गया है कि संसार में तीन तरह के मनुष्य होते हैं—अधम, मध्यम और उत्तम। वैसे ही उनके कार्य भी तीन प्रकार के होते हैं। अधम लोग विघ्न के भय से कार्य प्रारम्भ ही नहीं करते। मध्यम श्रेणी के लोग कार्य शुरू करके बीच में विघ्नों के आ जाने पर उनसे दुखी होकर रुक जाते हैं। पर उत्तम प्रकार के लोग, बार-बार विघ्नों के प्रहार होने पर भी, आरम्भ किए गए कार्य को नहीं छोड़ते। वे उसे पूरा करके ही दम लेते हैं। नीतीश की चुनाव में विजयगाथा की प्रतिध्वनि इस श्लोक में भी सुनाई देती है।

बहरहाल, कविराज जी के कटु-मधुर चुनावी अनुभवों और उसके बाद उनके साथ कांग्रेसियों के सम्बन्धों में आया बदलाव छुपा न रहा। चुनाव में हुई अकल्पनीय पराजय के बाद झख मारकर कांग्रेसियों को कविराज जी की शरण में आना पड़ा, लेकिन विश्वास की जो डोर चटक गई थी, वह जुड़ ही नहीं पा रही थी।

रहिमन धागा प्रेम का, मत तोड़ो चटकाय।
टूटे से फिर ना जुड़े, जुड़े गाँठ पड़ जाय॥

प्रेम की कश्ती में पड़ गई बेईमानी की दरार से अविश्वास का इतना पानी अन्दर आ चुका था कि दोनों हाथों से उलीचने पर भी वह कम नहीं हो पा रहा था। इस बदनाम कश्ती को तो, ख़ैर, डूबना ही था। कांग्रेसियों का मसला तो वही था कि 'हम तो डूबेंगे सनम, तुमको भी ले डूबेंगे।'

कविराज जी की समाज सेवा निर्बाध चलती रही, घर के सामने से गुज़रनेवाली सड़क से आते-जाते छोटे-बड़े नेताओं का, जिनमें से अब भी बहुसंख्यक कांग्रेसी ही होते थे, स्वागत-सत्कार यथावत् होता ही रहा। राजनीतिक चर्चाओं, बहस-

मुबाहिसों से कविराज जी का दवाख़ाना तब भी गुलज़ार रहता; पर सब कुछ होने के बाद भी लगता था कि जैसे पिंजरा ख़ाली हो चुका है और उसमें से बाहर आकर मैना जो राग अलापती है, वह बड़ा वीतरागी या विरागी है।

आया था संसार में, देखन कौ बहु रूप।
कहे कबीरा सन्त हौ, पड़ि गया नज़रि अनूप॥

उन दिनों कविराज जी से कभी कोई भूले से भी उनकी राजनीतिक आकांक्षा या इच्छा की बात करता तो वे कहते कि जो कुछ नश्वर है, उसकी कामना क्यों करना! याज्ञवल्क्य ऋषि की दूसरी पत्नी मैत्रेयी ने अपने पति से 'कुछ भी' माँग लेने का वरदान पाकर बड़ी सारगर्भित बात कही है, 'येनाहं नामृता स्याम किमहम् तेन कुर्याम्'।

हमें लगता है कि नीतीश के भविष्य को लेकर उसके बाबूजी की सोच में एक विशिष्टता अवश्य रही होगी। नीतीश में राजनीति के संस्कार निश्चित रूप से जन्मजात ही रहे होंगे, पर वे बचपन में शायद ही कभी प्रकट हुए हों। जब तक नीतीश बख़्तियारपुर में रहा, किसी को इसकी भनक तक नहीं लगी होगी। वहाँ उसकी छवि सफ़ाई-पसन्द, किताबों का कीड़ा, अल्पभाषी, सौम्य, सत्यवादी तथा अन्तर्मुखी किशोर की थी। यह सम्भव है कि उन दिनों वह शायद, अपने बाबूजी की जीवन-शैली के आधार पर आगे के स्वस्थ जीवन दर्शन की नींव चुपचाप रख रहा था। तब यह किसी के स्वप्न में भी नहीं आया होगा कि मुन्ना के अन्दर प्रतिभा का इतना बड़ा ज्वालामुखी धधक रहा था। हाँ, दूरदर्शी बाबूजी को बहुधा प्रतीत होने लगा था कि मुन्ना जितने गम्भीर थे, उससे कहीं बहुत अधिक गहरे, इसलिए उन्हें हाई स्कूल की परीक्षा पूरी करते ही बिहार के सबसे अच्छे कॉलेज, पटना साइंस कॉलेज में पढ़ने को भेज दिया गया जहाँ दोनों बाँहें पसारे नितान्त अपरिचित भविष्य उनकी प्रतीक्षा कर रहा था। पटना आने से पहले उसे बख़्तियारपुर के अन्धकूप में गम्भीर चर्चा के अवसर नहीं मिले। इसलिए अपेक्षाकृत कच्ची उम्र में ही अपनी पीढ़ी के किशोरों की तुलना में बौद्धिक रूप से अधिक परिपक्व होकर नीतीश धीरे-धीरे अन्तर्मुखी और एकान्तप्रिय होता जा रहा था। वह पहली बार ट्रेन पर तब चढ़ा था, जब वह अपनी दीदी से मिलने पटना आया था! सतीश जी पढ़ने के लिए बिहार नेशनल कॉलेज (बी.एन. कॉलेज) पटना चले आए थे। छोटी बहन इन्दु और मइयो का अधिक समय कल्याणबिगहा में ही बीतता इसलिए कुछ दिनों के लिए बख़्तियारपुर वाले अवधूत आश्रम जैसे घर में ममता और करुणा तब आ सकी जब थोड़ी बड़ी होकर पढ़ने के लिए इन्दु वापस आ गई।

उन दिनों को याद करती है इन्दु—

"माँ और बहनों के बिना मरुभूमि बन गए घर में हरियाली थी तो बस नेताजी की ममतामय उपस्थिति। वे मुझे पूरी सुरक्षा और सम्मान के साथ स्कूल ले जाते थे। उनका बस साथ होना ही मुझे न जाने कितनी अवांछित दृष्टियों से बचाता था। कन्या विद्यालय के आसपास गश्त लगाते लफंगे किसी भी लड़की को देखकर अकारण ठहाके लगाते या कोई चुभता हुआ अश्लील फ़िकरा उछाल देते। आश्चर्य तो यह याद करके लगता है कि न तो उम्र में और न ही क़द-काठी में नेताजी ऐसे बड़े थे कि उनसे लोग डरें। फिर भी न जाने क्या बात थी कि उनकी बर्फ़ानी नज़र जिधर उठ जाती वहाँ का शोर एकाएक जैसे जम जाता। मैं गर्व से उन्हें देखती और वे मुझे आँखों-आँखों में आश्वस्त करते हुए आगे-आगे चलते। आज भी किसी की मुसीबत की कहानी सुनते समय उनकी आँखों में आश्वासन की वही लहर कौंध जाती है।"

जिन्होंने जनता के दरबार में खड़े नीतीश को, झूठी सूचना देनेवाले अधिकारी को घूरने के बाद किसी फ़रियादी की ओर आश्वासन और ममता भरी निगाहों से देखते हैं, वे सब एक स्वर से मानते हैं कि इन्दु की इस छोटी सी बात में बड़ा दम है।

प्रबिसि नगर कीजै सब काजा

जीवन का सत्य है कि मौसमी सब्ज़ियों के बीज तो अल्प समय में ही अंकुरित होकर लम्बी लताओं का रूप ले लेते हैं, लेकिन आम और बरगद जैसे वर्षों चलनेवाले फलदायी और छायादार वृक्षों का बिरवा काफ़ी समय लेकर फूटता है। शायद नीतीश में निहित नेतृत्व गुण के बीज को प्रस्फुटित होने के लिए जिस उष्णता की ज़रूरत थी वह सिर्फ़ पटना में ही उपलब्ध थी और वह भी किसी पर्दे के पीछे छुपकर धैर्य से सही समय का, अपने लाड़ले का, इन्तज़ार कर रही थी।

1966 में हाई स्कूल का परीक्षाफल आने के बाद, बख़्तियारपुर में आगे की पढ़ाई के लिए, उचित व्यवस्था के अभाव में, नीतीश को वहाँ से बाहर निकलना ही था। उन दिनों बिहार के खाते-पीते घरों के कुशाग्र छात्र उच्च शिक्षा के लिए वाराणसी, कलकत्ता या इलाहाबाद चले जाते थे। स्वाभाविक था कि नीतीश भी वही डगर पकड़ लेता, क्योंकि घर से तो वह इतना समर्थ था ही। नीतीश इन शहरों में से ही कहीं जाकर किसी बहुत प्रतिष्ठित कॉलेज में केमिस्ट्री या गणित में मौलिक शोध करना चाहता था। इसमें अड़चन थी उसके बाबूजी की इच्छा कि मुन्ना जी कहीं आसपास ही रहकर इंजीनियरिंग की पढ़ाई करें। उन दिनों पटना में भी पढ़ाई का स्तर बहुत अच्छा माना जाता था क्योंकि पटना सही में शिक्षा और ज्ञान का ऐसा अथाह सागर था जो वाराणसी और इलाहाबाद तक को टक्कर देता था। नीतीश ने पिताजी की इच्छानुसार बिहार के सबसे प्रतिष्ठित साइंस कॉलेज में दाख़िला ले लिया। उन दिनों नीतीश एक फ़िल्मी गीत अक्सर गुनगुनाता रहता। शायद उस समय के हर आदर्शवादी नौजवान का सपना भी यही गीत रहा हो—

किसी की मुस्कुराहटों पे हो निसार,
किसी का दर्द मिल सके तो ले उधार,
जीना इसी का नाम है।

वे गर्मी के उमस-भरे दिन थे जब पटना में आकर नीतीश ने मानो अपरिचय के उस महासागर में अपने आपको किसी छोटे-से टापू पर स्थापित कर लिया था। साइंस कॉलेज में पढ़ना, जहाँ पूरे बिहार के सबसे मेधावी विद्यार्थी जमा हो गए थे, नीतीश के लिए बिलकुल नया अनुभव था। वहाँ उसे शिक्षक भी ऐसे प्रखर मिले जिनकी लिखी पाठ्य-पुस्तकें राष्ट्रीय स्तर पर ख्याति पा चुकी थीं। उनके बीच पहुँचकर नीतीश गर्व और हर्ष का अनुभव तो करता था पर उस अपनत्व का नहीं जो बचपन से उसके शिक्षकों से उसे अब तक मिलता आया था। उसकी सोती-जागती आँखों में बख़्तियारपुर का अपना छोटा-सा परिवेश और परिवार सदा ही बसा रहता। बड़े शहर में नए मित्र बनाने के लिए आवश्यक प्रगल्भता का सर्वथा अभाव होने के कारण वह किसी से भी दोस्ती के लिए पहल नहीं कर पाता था, पर कोई उससे बातें करे तो वह बहुत गर्मजोशी से प्रत्युत्तर देता था। एकान्तप्रिय नीतीश को अपनी यादों की छोटी-सी दुनिया से बाहर आने में वक़्त लग रहा था।

नीतीश उन दिनों को बहुत डूबकर याद करता है। अतीत के एलबम का वह पन्ना बहुत ज़ोर से फड़फड़ाता है जिसमें उसके बख़्तियारपुर से पटना आने और अपने आपको फिर से स्थापित करने की तसवीरें चस्पाँ हैं। वह कहता है—

'कॉलेज के शुरुआती दिनों में मैं पटना के न्यूटन हॉस्टल में आ तो गया था पर वहाँ एक ही कमरे में बारह-बारह विद्यार्थी रहते थे। मुझे वहाँ आसानी से जगह मिल गई थी और कुछ साथी भी मिल गए थे पर वहाँ की व्यवस्था मुझे तनिक भी रुचिकर नहीं लगी। उस माहौल में, जहाँ कुछ सोचने-पढ़ने के लिए ज़रा भी एकान्त न हो, मैं अपने आपको व्यवस्थित नहीं कर पाता था।'

लौट के घर आने के मज़े

उन दिनों का आलम यह था कि साइंस कॉलेज में दो दिन से ज़्यादा लम्बी छुट्टी मिलते ही नीतीश बख़्तियारपुर भाग जाता था। वहाँ जाकर वह आख़िर करता क्या था, इसकी बिलकुल सही जानकारी हमें मुन्ना सरकार ने दी—

'नेताजी (नीतीश) के बख़्तियारपुर आते ही हम तीन-चार दोस्तों पर जुनून जैसा कुछ छा जाता था। दिल्ली से छपनेवाला अख़बार 'इंडियन एक्सप्रेस' लेकर मैं सवेरे-सवेरे उनके घर पहुँच जाता था। तब तक वे नहा-धोकर बिलकुल तरो-ताज़ा हो जाते थे। हम उनके आँगन में बैठकर साथ नाश्ता कर लेते थे।

इस बीच वे अख़बार पर सरसरी नज़र दौड़ा लेते थे। तब तक मेरी दुकान खुलने का वक़्त हो जाता था। दरअसल, हमारी गल्ले की बड़ी आढ़त थी जिसकी गद्दी पर हमारे बाबूजी, स्वर्गीय ओम प्रकाश जी बैठा करते थे। वे

नेताजी को हमसे भी ज़्यादा प्यार करते थे और हमारी दोस्ती पर बहुत नाज़ भी। नेताजी के घर के अहाते में ही सड़क पर खुलनेवाली एक छोटी-सी पान की गुमटी थी। मौज़ आने पर वहीं से हम दोनों नेताजी के बाबूजी से नज़रें बचाकर चुपके से गालों में पान की खिल्लियाँ दबाते हुए फूट लेते थे। हमारा पहला पड़ाव होता था मेरे बाबूजी की आढ़त! हमारे पहुँचने से पहले ही वहाँ नेताजी के प्रशंसकों की छोटी-सी भीड़ जमा होने लगती थी। नेताजी हमें देश की राजनीति सहित दुनिया-जहान की नई-नई बातें बड़ी गम्भीरता से बताते। हमारी आढ़त के सारे कर्मचारियों सहित वहाँ आए ग्राहक भी उनकी बातों को मुग्ध होकर सुनते रहते थे। वहाँ की मंडली को सर से पाँव तक अपने रंग में सराबोर छोड़कर नेताजी वहाँ से विनम्र भाव से विदा लेते। वहाँ से निकलकर हम दोनों अपने तीसरे दोस्त, जज साहब की दुकान पर जा धमकते। आगे-आगे नेताजी और पीछे-पीछे मैं! जज साहब, यानी भाई शिवनाथ प्रसाद सिंह, की मोटरसाइकिल आदि सवारी गाड़ियों के स्पेयर पार्ट्स की दुकान आज भी है। दोपहर के भोजन तक वहीं हमारा अड्डा जमता था। जज साहब के यहाँ आनेवाले ग्राहक बड़ी हड़बड़ी में होते थे। इसलिए वहाँ अच्छी बातचीत का कोई सिलसिला अक्सर जमने से पहले ही टूट जाता था। हम अपने-अपने घरों में जाकर दोपहर का भोजन डटकर जीमने के बाद थोड़ी देर लोट-पोट करके कमर सीधी कर लेते थे। इसके बाद शाम में फिर अपने चौथे साथी, सुरेन्द्र प्रसाद उर्फ़ सूरो की स्टेशन के पास चाय-नाश्ते की दुकान पर इकट्ठे हो जाते। मैं ही नेताजी को उनके घर से निकालकर लाता। उनके बाबूजी यह सब देखकर भी अनदेखी कर देते थे। शायद उनका मन करता होगा कि नेताजी थोड़ी देर उनके पास भी बैठें लेकिन उन दिनों सूरो की दुकान के करारे नाश्ते का आकर्षण इस अपराध बोध पर बहुत भारी पड़ता था। शाम ढलने के बाद हम सूरो की दुकान से उठकर बख़्तियारपुर रेलवे जंक्शन के प्लेटफ़ॉर्म नम्बर दो का चक्कर लगाने पहुँच जाते। वहीं पर टी स्टॉल था और बुक स्टॉल भी। नेताजी एकाध कप चाय गटकते हुए कई पत्रिकाएँ उलट-पलटकर देख लेते और कोई पसन्द आ जाए तो उसे ख़रीद भी लिया करते थे। चाय पीने और किताबें पलटने का यह सिलसिला क़रीब-क़रीब आठ, साढ़े आठ बजे रात तक चलता रहता था। तब तक वहाँ कलकत्ता जानेवाली 12 डाउन के आने का समय हो जाता था। यही गाड़ी कलकत्ते से 11 अप बनकर बख़्तियारपुर में सवेरे छह बजे आती थी। इस गाड़ी में राजगीर जाने के लिए बंगाली सैलानियों के परिवार सालों भर बख़्तियारपुर आते ही रहते थे। एक तो वह ट्रेन बहुत सवेरे आ जाती थी फिर सैलानियों को राजगीर पहुँचने की ऐसी हड़बड़ी रहती थी कि गाड़ी के छूटने से पहले ही स्टेशन परिसर मिनटों में ख़ाली हो जाता था। यही सैलानी राजगीर से

लौटते समय, ट्रेन छूट जाने के डर से, घंटे भर पहले ही बख़्तियारपुर स्टेशन के प्लेटफ़ॉर्म नम्बर दो पर डेरा डाल देते। इन झुंडों में कई लड़कियाँ भी होती थीं। हम उनमें से सुन्दर लड़कियों को दूर से ही देखकर ख़ुश हो जाया करते थे। सीधे आँख उठाकर उन्हें देखने की हिम्मत तो हममें थी नहीं, बस कनखियों से जी भरकर देख लेने से ही हम धन्य-धन्य हो जाते! पता नहीं कैसे हमारी यह ढकी-छिपी हरकत भी कुछ लड़कियाँ समझ लेती थीं और हमें घूरकर देखने लगती थीं। यह हमारे लिए वहाँ से फूट लेने के लिए बहुत सही सिग्नल होता। हम अपने मन में कोई रोमांटिक गाना याद करते हुए अपने-अपने घरों में दाख़िल हो जाते—अगले दिन फिर से मिलने के लिए।'

नीतीश बख़्तियारपुर के जगमगाते माहौल में आकर बहुत सहज और मुखर हो जाया करता। लेकिन वहाँ से पटना लौटकर आने के बाद उसे गुमनामी के अँधेरों में छुपा रहना अधिक पसन्द था। नीतीश की इच्छा चाहे कुछ भी रही हो पर समय का चक्र उसे किसी और चाक पर चढ़ाकर कोई नई मूर्ति गढ़ने की पूरी तैयारी कर चुका था।

जब दिल से मिले दिल

हुआ यूँ कि पटना आने के कुछ समय बाद ही नीतीश को अपनी ही कक्षा में सुरेश शेखर जैसा सच्चा मित्र मिला जो अप्रतिम प्यार और कुशाग्र बुद्धि का अक्षय भंडार था। वर्ष 1966 की बिहार माध्यमिक बोर्ड परीक्षा में सुरेश पूरे राज्य में प्रथम आया था। चिनार के पेड़ जैसा लम्बा और छरहरा, हिरन के छौने जैसी भावपूर्ण और बड़ी-बड़ी आँखों वाला, राजसी गरिमामय चाल और शौर्य से उद्दीप्त सवेरे उगते सूरज जैसा कान्तिमान सुरेश! नीतीश को उस उमस-भरी गर्मी के माहौल में सुरेश समाजवादी विचारधारा से ओत-प्रोत ऐसा झकोरा लगा था, जिसके आने से आँखें बन्द होने की बजाय अपने-आप खुल जाती थीं, क्योंकि सुरेश उन आँखों में नए कल के सपने सँजो देता, अपने सम्पर्क मात्र से सबको समाजवादी हवा के परों पर उड़ाने लगता! अपनी जीवन्तता, प्राणवान ऊर्जा और मौलिक विचारों से सबों को चमत्कृत करता सुरेश पटना आते ही संयुक्त सोशलिस्ट पार्टी की छात्र शाखा समाजवादी युवजन सभा (एसवाईएस) का सक्रिय सदस्य बन गया था। विवेकानन्द जैसी अपनी अद्भुत स्मरणशक्ति और समाजवादी-मार्क्सवादी साहित्य समेत अनेकानेक विषयों के अगाध अध्ययन के कारण सुरेश कई विषयों का चलता-फिरता कोश लगता था। समाजवाद पर उसकी श्रद्धा उतनी ही असन्दिग्ध थी जितना अदम्य विरोध उसका कम्यूनिस्टों से था। उसकी ललकार-भरी आवाज़ और अकाट्य तर्कों

के बाण से मर्माहत होकर घुटने टेकते हुए लाल झंडे के नीचे खड़े एस.एफ. आई. के समर्थक विद्यार्थी, बहस बीच में ही छोड़कर, सन्धि की सफ़ेद पताका फहराते हुए भाग खड़े होते!

नीतीश के जीवन में, सुरेश के प्रवेश करने से पहले, उसके आसपास की मंडली उसके ऐसे प्रशंसकों की थी जो उससे बेहद प्यार करती थी पर उनमें नीतीश की भावनाओं को समझनेवाला बिरला ही कोई था। प्रशंसक और मित्र में सबसे बड़ा फ़र्क़ यह होता है कि आप अपने प्रशंसक की प्रशंसा-भरी बातें, वह भी बहुत थोड़ी देर तक ही, सुन तो सकते हैं पर उससे अपनी अन्तरंग बातें कह नहीं सकते। नीतीश और सुरेश पहली मुलाक़ात में ही एक-दूसरे के शैदाई हो गए। जहाँ बेहद प्रखर सुरेश किताबी राजनीति की गहरी समझ रखता था वहीं नीतीश ने अपने बाबूजी के सान्निध्य में बचपन से ही ज़मीनी राजनीति को नज़दीक से देखा-समझा था। उनके दवाख़ाने हो रही अविरल राजनैतिक चर्चा में ही नीतीश ने लोहिया जी के बारे में सुना था। उससे वह बेहद प्रभावित भी होने लगा था। सुरेश तो लोहिया जी का साहित्य पढ़ता ही आया था। नीतीश और सुरेश एक जैसी राजनीतिक सोच और मानसिकता वाले थे इसलिए दोनों में गाढ़ी छनने लगी। नीतीश ने तब किसी कॉपी में हरिऔध जी की कविता की ये पंक्तियाँ लिख रखी थीं—

इत्र फुलेल क्रीम कंघी से नकली रूप सजाओगे,
या असली सौन्दर्य लहू का आनन पर चमकाओगे।
एक बात है मुझे पूछनी, फूल बनोगे या पत्थर।

अपनी क्लास में और अपने जैसे ही ग्रामीण परिवेश से आए, नेशनल मेरिट स्कॉलरशिप होल्डर, सरयू राय से पहले सुरेश और बाद में नीतीश की भी बहुत अच्छी दोस्ती हो गई। सरयू राय भी न्यूटन हॉस्टल में रहते थे। उनकी सरलता और विनम्रता का यह आलम था कि जातिवाद के पाप पंक से लथपथ पटना यूनिवर्सिटी में भी दो वर्षों तक भाई लोग इसी यक्ष प्रश्न से उलझते रहे कि सरयू भाई यादव हैं या भूमिहार! सरयू राय की दीक्षा बचपन में ही राष्ट्रीय स्वयंसेवक संघ की शाखा में हो गई थी। अपने नैतिक सिद्धान्तों पर अडिग रहनेवाले दो धुरन्धरों, नीतीश और सरयू की दोस्ती की जड़ बेहद धीरे-धीरे लेकिन बहुत गहरे जम गई। आज भी राजनीति में धुर विपरीत विचारधाराओं के संगम की यह कहानी बेमिसाल है। सरयू भाई की वजह से नीतीश की दोस्ती अरविन्द से हुई जिन्होंने बाद में शिक्षा के क्षेत्र में बहुत काम किए। न्यूटन हॉस्टल में नीतीश के एक और मित्र बने, राजीव रंजन सिन्हा। राजीव भी पढ़ने में बहुत अच्छे थे। बहुत लम्बे अरसे तक नीतीश के अनन्य सहयोगी रहे अशोक बता रहे हैं—

'राजीव रंजन के पिता, रामशरण जी, कांग्रेस के प्रदेश अध्यक्ष और राज्य के ग्रामीण विकास मंत्री भी रह चुके थे। राजीव के श्वसुर प्रोफ़ेसर सिद्धेश्वर प्रसाद भी केन्द्र में ऊर्जा मंत्री रहे थे जो बाद में कहीं के राज्यपाल भी हुए। वे नीतीश जी को बहुत स्नेह करते थे। नीतीश जी जब संसद में गए तब राजीव रंजन दिल्ली में ही ऊर्जा विभाग में नौकरी कर रहे थे। मैं भी दिल्ली में नीतीश जी के साथ ही रहता था। उन दिनों मैं देखता था कि राजीव रंजन शाम में इनके पास आकर बैठते थे। कभी-कभी ये नीतीश जी को अपनी गाड़ी से संसद भवन भी छोड़ आया करते थे। रिटायर होने के बाद इनमें राजनीति में आने की इच्छा जगी। 2010 में ये जेडीयू के टिकट पर इस्लामपुर से जीतकर आए। बाद में ये पार्टी छोड़कर पहले जीतनराम माँझी की पार्टी और बाद में फिर बीजेपी में चले गए जहाँ इन्हें प्रदेश उपाध्यक्ष बना दिया गया। वहाँ से मोहभंग होने के बाद, 15 जनवरी, 2023 को राजीव रंजन फिर से जेडीयू में लौट आए।'

उन्हीं दिनों न्यूटन हॉस्टल में ही नीतीश को एक अन्य मेधावी मित्र मिल गया था। नेशनल मेरिट स्कॉलरशिप होल्डर, मदन मोहन झा। नीतीश तो इंजीनियरिंग पढ़ने निकल आया पर उसके ये तीनों दोस्त, सुरेश, सरयू और मदन, फ़िजिक्स ऑनर्स पढ़कर अलग-अलग मंज़िलों के मुसाफ़िर हो गए।

लोहिया जी पटना में

1966 में, जब नीतीश पटना आया था, बिहार की जनता कृष्ण बल्लभ सहाय के मुख्यमंत्रित्व में चल रही कांग्रेसी सरकार से त्रस्त थी। उसी वर्ष नवम्बर मास में बिहार के सभी विपक्षी दलों की छात्र शाखाओं ने पटना यूनिवर्सिटी छात्र संघ के साथ हाथ मिलाकर एक नया मोर्चा बनाया जिसका नाम रखा गया यूएसएफ (यूनाइटेड स्टूडेंट्स फ्रंट) या 'संयुक्त छात्र मोर्चा।' कहना न होगा कि छात्रों को आगे रखकर बलि का बकरा बनाने के इस नाटक के नेपथ्य में सभी विपक्षी दलों के धुरन्धर नेता ही थे जो सहाय की सरकार गिराना चाहते थे। यूएसएफ ने 9 दिसम्बर, 1966 को बिहार के सभी शिक्षण संस्थानों में पूर्ण हड़ताल का आह्वान किया। इसके बाद सरकारी दमन का ऐसा सिलसिला चला जो अंग्रेज़ी शासन के दिनों की याद दिला देता था। सौभाग्य से इन्हीं दिनों कलक्टरेट के पास नीतीश पुलिस की गोलियों से बच गया था। मुख्यमंत्री आवास के बाहर प्रस्तावित प्रदर्शन पर पुलिस के वहशियाना आक्रमण के बाद आन्दोलन और भी हिंसक हो चला था। उन दिनों विपक्ष के सारे दिग्गज नेताओं का पटना में आगमन और फिर गांधी मैदान में उनका सत्ता-उखाड़ू भाषण बड़ी सामान्य घटना हो गई थी। जो भी कद्दावर नेता पटना आता, उसे सुनने राज्य के कोने-कोने से

लोग आते थे। नीतीश और सुरेश की जोड़ी भी यदा-कदा इस भीड़ में शामिल हो जाती और बड़े ध्यान से भाषण सुनने के बाद वापस आकर ये दोनों कभी न ख़त्म होनेवाली बहस में भिड़ जाते। इन्हीं मूर्धन्य नेताओं में एक बार राममनोहर लोहिया भी सितम्बर 1968 में पटना आए। दरअसल, वे जयप्रकाश जी से मिलने आए थे जो उन दिनों अस्वस्थ थे। उस समय राज्य में संयुक्त विधायक दल की सरकार थी। लोहिया चाहते थे कि एक बार फिर से बिहार से ही क्रान्ति की बयार बहे और उसकी बागडोर जेपी सँभाल लें। लोहिया ने जेपी को देश को गरमाने के लिए आगे आने को कहा। जेपी को लगा कि अकेले उनके लिए यह काम मुश्किल होगा, हलाँकि लोहिया के दुनिया से विदा होने के बाद में जेपी ने लगभग अकेले ही पूरे देश को गरमा दिया। लेकिन उस समय उन्होंने लोहिया से कहा कि इतने बड़े काम के लिए उन्हें प्रख्यात समाजवादी नेता रामनन्दन मिश्र की पूर्ण सहमति और सहयोग की आवश्यकता पड़ेगी। रामनन्दन मिश्र राज्य के ही नहीं, पूरे देश के जुझारू समाजवादी नेताओं में एक थे, जिन्हें बापू का वरदहस्त सदा प्राप्त रहता था। स्त्रियों को पर्दा प्रथा से मुक्त कराने के लिए इन्होंने बड़ी मेहनत की थी। 1952 में हुए आम चुनावों में बिहार विधानसभा की कुल 330 सीटों में सोशलिस्ट पार्टी ने 247 सीटों पर अपने प्रत्याशी खड़े किए थे। बिहार को तब समाजवादियों का गढ़ माना जाता था। चुनाव से पहले अपनी जीत के प्रति समाजवादी इतने आशावान थे कि इस पार्टी के नेताओं ने तो अनौपचारिक तौर पर बिहार में छाया मंत्रिमंडल भी बना लिया था। उम्मीदों के विपरीत चुनाव के परिणाम बेहद चौंकानेवाले आए। सोशलिस्ट पार्टी के मात्र 23 प्रत्याशी ही चुनाव जीत सके। इस बेहद ख़राब प्रदर्शन के कारण सोशलिस्ट पार्टी के भीतर विवाद और आत्ममंथन का दौर शुरू हुआ।

इन परिणामों से व्यथित रामनन्दन जी ने 'सोशलिस्ट पार्टी किधर?' शीर्षक से एक छोटी किताब छपवाकर पार्टी में बँटवाई। इसमें पार्टी की असफलता की विवेचना बड़ी बेबाक़ी से की गई थी जो पार्टी के मठाधीशों को पसन्द नहीं आई। बाद में सोशलिस्ट पार्टी के बिहार कार्यालय से बिहार विधानसभा के एक क्रान्तिकारी सदस्य, सूरज नारायण सिंह की भी एक किताब छपी जिसका शीर्षक था—'सोशलिस्ट पार्टियों का ऐतिहासिक विश्लेषण और उसका सही मूल्यांकन'। यह किताब भी रामनन्दन मिश्र की विवेचना की ही लाइन पर लिखी गई लगती है। सूरज बाबू की कहानी भी कहीं आगे ज़रूर कही जाएगी। बहरहाल, 1952 के चुनाव के नतीजों के बाद निकली रामनन्दन की किताब के कारण पार्टी में मानो ग़दर मच गया। रामनन्दन ने जेपी को भी नहीं बख़्शा था। अन्त में 11 अप्रैल, 1952 को पटना के अंजुमन इस्लामिया हॉल में प्रान्तीय कार्यकारिणी की बैठक बुलाई गई। इसमें जेपी ने भाषण दिया जिसमें उन्होंने अपना पक्ष रखा

और रामनन्दन के आरोपों के जवाब भी दिए। अगले दिन ही रामनन्दन ने सक्रिय राजनीति से संन्यास लेकर आध्यात्मिक पगडंडी पकड़ने की घोषणा कर दी। जेपी का झुकाव भी राजनीति से हटकर अध्यात्म की ओर हो रहा था इसलिए पटना में मिलने आए लोहिया को जेपी ने पहले दुमका जाकर रामनन्दन मिश्र से सम्पर्क करने को कहा। पटना से दुमका की यात्रा के लिए कोई सीधा और सुलभ साधन था नहीं इसलिए भागलपुर होकर यह कष्टकारी यात्रा कई घंटों में पूरी करनी होती थी। लोहिया पटना से भागलपुर पहुँचे और वहाँ के सरकारी बस स्टैंड से दुमका जानेवाली किसी बस में सामान्य यात्री की तरह बैठ गए। संयोगवश उन दिनों के प्रखर युवा समाजवादी नेता खगेन्द्र ठाकुर ने उन्हें उस बस में बैठे हुए देखा। ठाकुर के पूछने पर लोहिया ने दुमका जाने की बात कही। लोहिया को जर्जर बस पर बैठा देखकर ठाकुर को सुखद आश्चर्य, और उससे भी बढ़कर भारी क्रोध मिश्रित विस्मय हुआ। देश के इतने बड़े और लोकप्रिय समाजवादी नेता को खटारा बस में सामान्य यात्री की तरह चलते देखकर किसी भी संवेदनशील व्यक्ति को क्षोभ होना अस्वाभाविक नहीं था। क्रोध का बड़ा कारण यह भी था कि लोहिया के कारण ही बिहार की राज्य सरकार चल रही थी। खगेन्द्र ठाकुर को उम्मीद थी कि बिहार में लोहिया को तो सर आँखों पर बिठाकर देवता की भाँति पूजा जाता होगा। लोहिया के बिलकुल आम आदमी जैसे सादगी पूर्ण व्यवहार ने ठाकुर के मानस पटल पर अपनी अमिट छाप छोड़ दी। उन्होंने अपनी जीवन शैली में ही उस अनुभव को उतार लिया।

उन दिनों अगर लोहिया चाहते तो सरकारी या ग़ैर सरकारी गाड़ी से बिहार में कहीं भी यात्रा कर सकते थे। उनकी पार्टी के ही नेता, कर्पूरी ठाकुर, बिहार में उप मुख्यमंत्री थे। ऐसा न करके लोहिया ने कम से कम खगेन्द्र ठाकुर और उनके आसपास के कई लोगों के जीवन में सकारात्मक परिवर्तन तो ज़रूर ला दिया।

दुमका में लोहिया और रामनन्दन की क्या बात हुई इसका अब कोई विवरण उपलब्ध नहीं है। लेकिन दुमका से पटना लौटकर आए लोहिया का सार्वजनिक भाषण गांधी मैदान में हुआ।

नीतीश और सुरेश तो पहले से ही मानो उनके साहित्य को अमृत समझकर आत्मसात् कर गए थे, इसलिए उस दिन दोनों मित्र अरमानों और उम्मीदों की चादरें ओढ़ गांधी मैदान जा पहुँचे। अपनी ख्याति के अनुरूप ही लोहिया ने उस दिन अभूतपूर्व भाषण दिया। मृत्यु से पहले, पटना में, वह लोहिया की अन्तिम और महती जनसभा थी। उस दिन के भाषण में लोहिया ने अपने आपको ही बहुत पीछे छोड़ दिया था। आँकड़ों और तथ्यों के आधार पर इन्दिरा सरकार और नेहरूवाद के चिथड़े उड़ाते, दलितों और पिछड़े वर्ग को उनकी शक्ति और

सम्भावनाओं से परिचित कराते, शब्दों के जादूगर लोहिया ने उस पूरी भीड़ को सम्मोहित कर दिया था। मंत्रमुग्ध भीड़ मानो अपनी सभी ज्ञानेन्द्रियों से उनके एक-एक शब्द को पी रही थी। उन शब्दों में सचाई की मिठास थी, कांग्रेसी तानाशाही के ख़िलाफ़ दुख तो था, पर कोई कड़वाहट नहीं, शिकायत तक नहीं! अपनी शक्ति पहचान कर जगने, उठ खड़े होने और लड़ने के लिए आह्वान था, ललकार थी। आशाओं का आकाश कितना विस्तृत है और सम्भावनाओं का सागर कितने मोती अपने सीने में छिपाए हुए है, यह बात उन्हें सुन रही स्तब्ध भीड़ को उस दिन पता चली थी। अपने जीवन के दीपक की बाती बुझने से पहले लोहिया ने उस भाषण के द्वारा क्रान्ति की मशाल जलाकर नीतीश और सुरेश की नई पीढ़ी के हाथों में पकड़ा दी थी। एकलव्य की श्रद्धा से अपने आदर्श पुरुष को सुन रही इस जोड़ी ने तय किया कि अबकी बार यह अँगूठा कटेगा नहीं, तनकर सर्वहारा की विजय पताका लहराएगा और पूँजीवादियों को चिढ़ाते हुए चुनौतियाँ देगा। नीतीश एसवाईएस का सक्रिय सदस्य तो 1969 में बना, पर उसी शाम वह कबीर की साखी—

'लाली मेरे लाल की, जित देखूँ तित लाल, लाली देखन मैं गई, मैं भी हो गई लाल' की तरह लोहिया के समाजवाद के रंग में पूरी तरह सराबोर हो गया। उन दिनों सुरेश के साथ वह भी कभी-कभी एसवाईएस की बैठकों में जाने लगा था। अख़बार पढ़ने की बीमारी तो उसे बख़्तियारपुर में ही लग गई थी। रेडियो पर वह समाचार भी बड़े चाव से सुना करता था। फिर समाजवादी साथियों के साथ राज्य में पार्टी की गतिविधियों पर चर्चा चलती ही रहती थी। इन कारणों से वह कर्पूरी ठाकुर और रामानन्द तिवारी जैसे समाजवादियों से प्रभावित था। उन दिनों नौजवानों के बीच, विशेष रूप से एसवाईएस में, रामानन्द के पुत्र, शिवानन्द, बहुत प्रभाव रखते थे। उन दिनों की एक दिलचस्प घटना शिवानन्द से ही सुनते हैं—

'मेरी शादी 1965 में कर दी गई। 1966 में बाबूजी ने फ़क़त दो हज़ार रुपये मुझे पकड़ाए और मुझे अपने पैरों पर खड़े होने की नसीहत दे डाली। मैं दिल्ली के चाँदनी चौक से, दो हज़ार रुपयों की बुश्शर्टें ख़रीदकर पटना आ गया। महीने की पहली तारीख़ को पटना सेक्रेटेरियट के सामने दरी बिछाकर मैंने अपनी बुश्शर्टें की दुकान सज़ा दी। इससे उस इलाक़े में बड़ी सनसनी फैल गई कि रामानन्द बाबू का बेटा सड़क पर कपड़ा बेच रहा है। भारी भीड़ हुई और मजमा भी ख़ूब लगा। वहाँ जब चार-पाँच दिन हो गए तब मैं अपना सारा सरंजाम उठाकर पटना जीपीओ की दक्षिणी दीवार के पास ले आया। वहाँ भी दो दिनों तक बहुत सरगर्मी रही पर बाबूजी इससे मर्माहत हुए थे। मेरे पास थोड़े से कपड़े बच गए थे जिन्हें लेकर मैं वापस घर चला आया।'

नीतीश को यह घटना बख़ूबी याद है। जब किसी ने फब्ती कसते हुए इसे शिवानन्द का पब्लिसिटी स्टंट बताया तो नीतीश बहुत नाराज़ हो गया। उसने मेज़ पर मुक्का पटकते हुए बहुत ज़ोर से कहा था, 'जीविकोपार्जन के लिए ईमानदारी से किया गया कोई भी काम कभी भी छोटा नहीं होता।'

शिवानन्द में कोई ख़ास बात तो ज़रूर थी कि वे पटना यूनिवर्सिटी के छात्र न रहते हुए भी, वहाँ के छात्र संघ के क़रीब-क़रीब किंगमेकर ही बन गए। तब तक शिवानन्द सुरेश से तो परिचित हो चुके थे पर वे नीतीश को नहीं जानते थे। उनकी छात्र राजनीति की दुनिया में ख़लीफ़ा क़िस्म के विद्यार्थियों की संख्या ज़्यादा थी उधर लोहिया से प्रेरित होकर नीतीश और सुरेश भी अपनी नई समाजवादी दुनिया में मशगूल थे। इनको अपना नया समाजवादी कलेवर इतना भा गया कि कॉलेज की पढ़ाई रंगहीन, और कई मायनों में अर्थहीन भी लगने लगी। देखते ही देखते सालाना परीक्षाएँ सर पर आ गईं। एकदम अन्तिम क्षणों में की गई तैयारियों से दी गई प्री-साइंस की परीक्षा में दोनों को उनकी ख्याति और क्षमता के अनुरूप अंक नहीं प्राप्त हुए। फिर भी नीतीश को इतने अंक तो आ ही गए थे कि वह राज्य में जहाँ और जो भी पढ़ना चाहता, वहीं उसका दाख़िला आसानी से हो जाता।

सतीश जी बताते हैं—

'उन दिनों बिहार में साइंस के किसी भी अच्छे विद्यार्थी के पास मात्र इंजीनियरिंग या मेडिकल पढ़ने के अलावा कोई अन्य विकल्प नहीं होता था। मेडिकल की पढ़ाई के प्रति मुन्ना जी की घोर विरक्ति देखकर बाबूजी ने उन्हें इंजीनियरिंग पढ़ने की सलाह दी। सिर्फ़ बाबूजी की इच्छा का सम्मान रखने के लिए नेताजी ने 1967 में बिहार कॉलेज ऑफ़ इंजीनियरिंग, पटना के इलेक्ट्रिकल इंजीनियरिंग विभाग में दाख़िला ले लिया। वे तो इंजीनियरिंग पढ़ने चले गए, मुझको बाबूजी की गद्दी जबरन सँभालनी पड़ी।'

इंजीनियरिंग कॉलेज में आ जाने के बाद भी नीतीश की दोस्ती सुरेश से पूर्ववत् ही बनी रही। नीतीश के आदर्शवादी मन के भीतर किसी भी नकली रूप या आडम्बर के प्रति कोई श्रद्धा शेष नहीं रह गई थी। तब तक कांग्रेस से पूरे राष्ट्र का ऐसा मोह भंग हो चुका था कि 1967 में भारत के नौ प्रान्तों, केरल, बंगाल, बिहार, उड़ीसा, उत्तर प्रदेश, मध्य प्रदेश, मद्रास, हरियाणा और पंजाब में ग़ैर-कांग्रेसी सरकारें बनी थीं। कुछ वर्षों पूर्व ही असम्भव-से लगनेवाले इस परिवर्तन का श्रेय काफ़ी हद तक लोहिया के अथक प्रयासों को दिया जा सकता था। लोहिया का समाजवादी साहित्य उस काल के जागृत किशोरों के भ्रमित मन को सीधी-सच्ची और असंख्य सम्भावनाओं से भरी हुई राह दिखाता था। इन्होंने समझ लिया था कि सही समाजवाद लाने के लिए पहला क़दम आरक्षण के

माध्यम से सदियों से वंचित पिछड़ों को उनका सही हक़ दिलाना था। पिछड़ेपन की परिभाषा समझने में नीतीश को ज़रा भी वक़्त नहीं लगा। यह बात तभी तय हो चुकी थी कि किसी व्यक्ति के पिछड़ेपन के लिए उसकी जाति को ही एकमात्र मापदंड नहीं बनाया जा सकता।

आम जीवन के दुखों का पहला पाठ

प्रकृति जो नया नीतीश गढ़ रही थी वह भीड़ में रहकर गम्भीरता से सोच नहीं पाता था। उसे ऐसा एकान्त चाहिए था जहाँ वह गम्भीरता से कुछ पढ़ सके और पढ़ने के बाद उसको अमली जामा पहना भी सके। इसके बारे में हमने नीतीश से ही यह जाना है—

'इंजीनियरिंग कॉलेज में फ़र्स्ट ईयर में दाख़िले के तुरन्त बाद मुझे वहाँ के हॉस्टल में जगह मिल ही जाती पर वहाँ भी एक ही कमरे में कई लड़कों के साथ रहना पड़ता। इसलिए मैंने अपने रहने की व्यवस्था मुसल्लहपुर हाट के कृष्णा लॉज में कर ली थी जहाँ मैं बहुत दिनों तक रह गया। वैसे तो वहाँ हर कमरे में दो लोगों तक के रहने की व्यवस्था थी पर मैंने अकेले के लिए ही पहली मंज़िल पर, एकदम पूरबी छोर का आख़िरी कमरा, कमरा नम्बर 19 ले लिया था। उसकी पूरब की ओर खुलनेवाली खिड़की के ठीक नीचे मछुआरों और वैसे ही छोटे-मोटे काम करनेवाले लोगों की घनी बस्ती थी। मैंने तब पहली बार जाना कि ग़रीबी और घोर अभावों में भी जीवन सरिता अबाध रूप से बहती रहती है। सवेरे, मुहल्ले के सारे पुरुषों के काम पर चले जाने के बाद, वहाँ से दिन-भर उठता स्वर हमेशा सप्तरंगी होता था। हरदम धमाचौकड़ी मचाते नंग-धड़ंग बच्चे, बिना किसी कारण के आपस में जी भरकर लड़ती-झगड़ती औरतें, गला फाड़कर पुकारते फेरी और रेहड़ीवाले, चिल्ल-पों मचाते जानवर, बेवजह टुनटुनाती साइकिलों और रिक्शों की घंटियों वग़ैरह की सम्मिलित आवाज़ें मिलकर पूरे परिवेश को हमेशा गुलज़ार रखती थीं। शाम ढलने से पहले से ही गलियों से कोयले का दमघोंटू धुआँ उठना शुरू हो जाता था जिस वजह से वह खिड़की शाम होते ही बन्द कर देनी पड़ती थी। धीरे-धीरे नीचे से उठते धुआँ को जैसे-तैसे बर्दाश्त करने की आदत होने लगी थी लेकिन रात के गहराने के साथ-साथ निर्दयता से पीटी जा रही महिलाओं और बच्चों के हृदय विदारक हाहाकार के स्वरों से मैं कभी कोई समझौता या समन्वय नहीं कर पाया। प्राय: रोज़ शाम को शराब के नशे में धुत्त घर लौटा हर पुरुष अपने परिवार से अकल्पनीय रूप से वहशियाना व्यवहार करता था। क्या स्त्रियाँ और क्या बच्चे, सब घर के स्वामी की क्रूरता के आगे क्रीत दास से भी बदतर हालत में, अकारण बेदर्दी से मार खाकर आर्तनाद करते रहते।

उनके व्यथित और पीड़ित स्वर का मिला-जुला समवेत स्वर का, जो मुझे और मेरे स्त्री-पुरुष की समानता के लोहियावादी संस्कारों को धिक्कारता हुआ प्रतीत होता, उन उत्पीड़क निर्दयी नरपशुओं पर लेशमात्र असर भी नहीं होता। मुझे तब से ही समझ में आने लगा था कि नीचे पसरी ग़रीबी और ज़िल्लत की पहली वजह अशिक्षा नहीं, सिर्फ़ नशाखोरी ही है। मुझे यह बात भी समझ में आने लगी थी कि आख़िर गांधी जी और लोहिया नशाबन्दी के ऐसे बड़े हिमायती क्यों थे। मेरे बाबूजी नशाबन्दी के लिए आन्दोलन करने में जेल भी गए थे। तभी मेरे मन में यह बीज पड़ गया था कि समय आने पर मैं शराबबन्दी के लिए अपना सब कुछ दाँव पर लगाकर भी पूरी ताक़त से काम करूँगा। प्रकृति ने जब मुझे यह मौक़ा दे दिया है तो मैं प्राणपण से लगकर जनता के सक्रिय सहयोग से यह अभियान चला रहा हूँ। बाक़ी सफलता तो ऊपर वाले के हाथों में है।'

कौशल बता रहा है—

'नीतीश ने जब पहली बार बिहार में मुख्यमंत्री का पद सँभाला था तो उसे ख़ाली ख़ज़ाना विरासत में मिला था। नीतीश को पूरी तरह से ध्वंस होकर कंगाली के भँवर में डूबती जा रही राज्य की कश्ती को उबारकर किनारे तक लाने के लिए जिन दो चप्पुओं की आवश्यकता थी वे थीं कठोर वित्तीय अनुशासन और सुदृढ़ आर्थिक कार्यकर्मों के माध्यम से राज कोष में धन की अनवरत आमद। केन्द्र में सत्ता पर क़ाबिज़ बिहार राज्य विरोधी सरकार ने पहले से ही अपनी प्राथमिकता की सूची में बिहार को गतालखाते में डाल रखा था। फिर राज्य में वित्त विभाग का भार, सहयोगी दल भाजपा के नेता और उप-मुख्यमंत्री सुशील मोदी के पास था। नीतीश ने जब राज्य में नशाबन्दी लागू करने की बात कही तो इससे राजस्व की हानि का हौवा खड़ा किया जाने लगा। नीतीश को यह बात जल्दी ही समझ में आ गई कि राज्य में नशाबन्दी न लागू करना राज्य की आर्थिक समस्याओं का तात्कालिक और व्यावहारिक सरकारी समाधान अनैतिक तो था ही, साथ ही नशाखोरी पर अंकुश न लगाना बहुत बड़ी भूल थी। अगर अन्य राज्यों की तरह यह सब ऐसे ही बिहार में भी चलता रहता, तो एक पूरी पीढ़ी के बर्बाद होने के पूरे आसार थे। राज्य में शराबखोरी जारी रखना उसके सिद्धान्तों से ऐसा समझौता था जिसे उसका ज़मीर क़बूल नहीं कर पा रहा था।'

कौशल को अन्दर की बात ठीक से मालूम नहीं है। हम आगे की कहानी जानने के लिए नीतीश को ही धर दबोचते हैं। नीतीश बता रहा है—

'मैं कृष्णा लॉज के दिनों से ही शराब से नफ़रत करने लगा था। मेरी इस सोच में रही-सही कमी मेरे बड़े जीजाजी ने पूरी कर दी। वे मेरी बेकारी और मुफ़लिसी के दिन थे जब मैं बख़्तियारपुर से पटना आकर, देर हो जाने से, कभी-कभी बड़ी दीदी के घर रुक जाता था। वहाँ मेरी दीदी और जीजाजी मुझे, मेरे

माता-पिता से भी बढ़कर, निष्कपट स्नेह देते थे। मेरी आवभगत की कोई सीमा ही नहीं होती थी। उनका दाम्पत्य जीवन भी बहुत आदर्श था। पार्वती की भाँति मेरी दीदी थी पूर्ण समर्पिता पत्नी और मेरे जीजाजी थे शंकर की तरह संरक्षण देनेवाले पति! हाँ, शंकर जी से मैंने उनकी तुलना जान-बूझकर की है क्योंकि यदा-कदा शंकर जी की तरह उन्हें गरल पीने में परेशानी नहीं होती थी। दरअसल, दिन-भर की ख़ासी मगजमारी के बाद घर लौटकर उन्हें कभी-कभी रात में थोड़ी सी शराब पीना अच्छा लगता था। काम के बोझ से दबे जीजाजी को लौटने में अक्सर देर हो जाती थी। मेरी बड़ी दीदी बड़े जतन से उनका मनपसन्द भोजन बनाकर टिफ़िन कैरियर में रख देती थीं। दिन-भर की थकी-माँदी दीदी को सोने के लिए भेजकर मैं जीजाजी की प्रतीक्षा करता रहता था। मैं ही उनके लिए खाना परोसकर ले आता था और वे अपना पुराण खोलकर बैठ जाते थे। उनका प्रलाप अनवरत चलता ही रहता और मैं सब सुनते हुए बस यही सोचता रहता कि इस बुराई को हर हाल में ख़त्म करने की ज़रूरत है। ऐसे दिनों में जीजाजी के सो जाने के बाद कभी-कभी मेरी दीदी आकर मुझे बहुत करुण दृष्टि से देखतीं जैसे इस घटना की वही ज़िम्मेदार हैं पर मुँह से कहती कुछ नहीं। अगली सुबह जब जीजाजी सामान्य हो जाते तो मैं उन्हें बहुत संयत भाषा में समझाते हुए चेतावनी भी दे देता कि अवसर आने पर मैं शराब पर पूर्ण प्रतिबन्ध लगवाने की ज़रूर कोशिश करूँगा। यह भी सच है कि कुछ ऐसी बदमज़गी रातें को छोड़कर, जब उन पर शराब का असर नहीं रहता तो वे बड़े नेकदिल और ख़ुशमिज़ाज इनसान होते थे। वे मुझसे आयु में बड़े तो थे ही फिर हमारी रिश्तेदारी भी इतनी मधुर थी कि मेरी धमकी के जवाब में वे बड़े अन्दाज़ से कहते थे, न नौ मन तेल होई आ न राधा नाची!

समय का फेर देखिए कि 2005 में नौ मन तेल का इन्तज़ाम तो हो गया पर राधा को नाचने में उसके बाद पूरे दस साल लग गए! हुआ यह कि 2015 के चुनावों से पहले, 9 जुलाई को, बिहार महिला विकास निगम तथा सतत विकास और दुनिया-भर से ग़रीबी उन्मूलन के लिए कृतसंकल्प इंग्लैंड की सरकारी संस्था डीएफ़आईडी (डिपार्टमेंट फ़ॉर इंटरनेशनल डेवलपमेंट) के संयुक्त तत्त्वावधान में महिलाओं की समस्या पर पटना के श्रीकृष्ण मेमोरियल हॉल में एक बड़ा कार्यक्रम हो रहा था जहाँ मैं मुख्य अतिथि और आख़िरी वक्ता था। मुझे याद है कि खचाखच भरे हॉल में राज्य की जीविका दीदियाँ भी काफ़ी संख्या में मौजूद थीं। अपना भाषण समाप्त करके जब मैं अपनी कुर्सी पर क़रीब-क़रीब बैठ चुका था तभी मुझे लगा कि मंच के सामने, बाईं ओर से, कुछ महिलाएँ मुझसे ही कुछ कहना चाह रही हैं। मैंने तुरन्त बात पता करने को कहा। मुझे बताया गया कि वहाँ खड़ी कुछ महिलाएँ शराबबन्दी लागू करने के लिए अनुरोध कर रही

हैं। मुझे अन्दर से लगा कि ये आवाज़ें प्रायोजित नहीं, स्वत:स्फूर्त थीं। करुणा से भरी कई जोड़ी आँखें जैसे मुझे दूर से ही बेध रही थीं। ठीक वही दर्द इन आँखों में भी था जो मैंने अपनी दीदी की आँखों में देखा था। मुझे इस पुकार में शायद उन्हीं सब बेबस स्त्रियों की वेदना का सामूहिक स्वर भी सुनाई दिया था जो वर्षों पहले, इसी पटना के कृष्णा लॉज में रहने के दिनों से, मेरा पीछा करते हुए इंसाफ़ माँगती रही थी और मैं उनके लिए तब कुछ भी नहीं कर पाया था। मेरे अन्दर से जैसे पुरज़ोर आवाज़ आई कि अब और इन्तज़ार करना और कराना बड़ी नाइंसाफ़ी होगी। दुर्भाग्यवश मेरा दूसरा कार्यकाल समाप्त हो रहा था और अगले चुनाव की तैयारियाँ शुरू हो गई थीं। लेकिन मैं फिर से माइक पर गया और न जाने किस अज्ञात अन्तर्शक्ति ने मुझसे कहलवा दिया कि अगर अगली बार जनता ने फिर मौक़ा दिया तो मैं सबसे पहले पूरे राज्य में शराबबन्दी लागू करने का क़ानून बनवाऊँगा। यह कहने के बाद मुझे लगा कि वर्षों से जो अपनी निष्क्रिय संवेदना का इतना बड़ा बोझ मैं अपनी छाती पर लेकर चल रहा था, आज अचानक उतरकर मुझे न जाने कितने बड़े अपराध-बोध से मुक्त करा गया।'

बिहार में नशाबन्दी

यह सच है कि बिहार में नवम्बर 2015 में सम्पन्न हुए चुनाव में गठबन्धन के समीकरण पूरी तरह से बदल गए थे। नीतीश ने यह चुनाव महागठबन्धन के बैनर के तले लड़ा था जिसका एकदम नया और पूरी तरह भदेस नारा था 'बिहार में बहार हो, नीतीशे कुमार हो'। यह नारा शायद प्रशान्त किशोर ने गढ़ा था और बिहार की जागरूक जनता ने इस नारे को चरितार्थ करके दिखाया था। इस नए गठबन्धन के दोनों घटकों, क्रमश: सोनिया गांधी की कांग्रेस और लालू की राष्ट्रीय जनता दल, को नीतीश के काम करने के तौर-तरीक़ों और तेवर का बिलकुल पता नहीं था। शायद इस नए निज़ाम के शुरुआती दौर में इन दोनों घटकों को नशाबन्दी जैसे संवेदनशील मुद्दे के बारे में सहमत कराने में नीतीश को थोड़ा वक़्त ज़रूर लगा होगा। नीतीश किसी भी क़ीमत पर अपना वायदा पूरा करने के लिए कृतसंकल्प था इसलिए इस प्रस्ताव का घोर विरोध करनेवाले सत्ताधारी पक्ष के लोग भी इस नए बने दोस्त और पुराने दुश्मन की ज़िद के आगे धीरे-धीरे समर्पण करने लगे।

नीतीश ने 5 अप्रैल, 2016 को पूरे राज्य में पूर्ण शराबबन्दी का नियम लागू किया जिस अधिनियम का दोनों सदनों ने एक स्वर से अनुमोदन किया था। नीतीश को अपने इस प्रयास में कितनी सफलता मिली है इसका पता लिमका बुक ऑफ़ रिकॉर्ड्स द्वारा प्रमाणित विश्व रिकॉर्ड से चलता है। उसमें कहा गया

है कि हर प्रकार की नशाबन्दी के समर्थन में 21 जनवरी, 2017 को, बिहार की तीन करोड़ से अधिक जनता ने, 12, 147 किमी. लम्बी मानव श्रृंखला बनाकर विश्व रिकॉर्ड बनाया। नीतीश की नशाबन्दी की पहल की अनुगूँज पूरे देश में सुनी गई है और इसके सफल कार्यान्वयन के लिए उसे विश्व भर से प्रशंसा मिली है। एक नई बात और देखने में आई है। नीतीश के मुखर विरोधियों की एक नई जमात अचानक खड़ी हो गई है। दरअसल, यह पियक्कड़ों और शराब माफिया की बड़ी मज़बूत लॉबी है जिसे ख़बरों की दुनिया के तथाकथित बुद्धिजीवियों और सत्ता के गलियारों में रेंगनेवाले उन कीड़ों का व्यापक समर्थन प्राप्त है जो हर तरह की दलाली करने के चैम्पियन हैं। शराबबन्दी लगी तो इन्हें मुफ़्त की मय मयस्सर होना बन्द हो गई और इनकी दलाली का बिज़नेस पूरी तरह से चौपट हो गया। ये मुट्ठी-भर लोग इतने प्रभावशाली हैं कि नशाबन्दी के फेल हो जाने की बेबुनियाद ख़बरें उड़ाकर नीतीश को बेवजह बदनाम करने की हरचन्द कोशिशें करते रहते हैं। बिहार में हुई नशाबन्दी की सचाई क्या है यह हम जानते हैं दिल्ली स्थित चिन्मयानन्द मिशन के स्वामी जी जो समाज में शान्ति और स्थिरता लाने के लिए सतत प्रयत्नशील रहते हैं। उनके आकलन से—

'दिल्ली के हर बड़े मन्दिरों और आध्यात्मिक केन्द्रों में पुजारियों से लेकर छोटे-बड़े कर्मियों में बिहारियों की संख्या बहुत अधिक है जो हर साल होली या छठ पूजा के अवसर पर अपने गाँव जाते हैं और लौटकर अपने कटु-मधुर अनुभवों की चर्चा अवश्य करते हैं। उनकी अनुपस्थिति में मैं भी विभिन्न स्रोतों से उनकी खोज-ख़बर लेता ही रहता हूँ।'

स्वामी जी बताते हैं कि उनकी जानकारी के हिसाब से यह सच है कि बिहार में नशाबन्दी सौ फ़ीसदी सफल नहीं हो पाई है। कुछ प्रभावशाली और धनाढ्य लोगों को घर पर ही शराब मुहैया हो जाती है लेकिन अब कोई भी नशा आम जन की पहुँच से दूर हो गया है। पहले हर वर्ष होली की हुड़दंग के दौरान बिहार सहित पूर्वी भारत में नशे में मार-पीट और दंगा-फ़साद बिलकुल आम बात थी। लेकिन शराबबन्दी के बाद इन पर्वों के दौरान, कम से कम उनके संज्ञान में, बिहार से ऐसा कोई भी बड़ा मामला सामने नहीं आया है।

यह भी सच है कि नशाबन्दी के बाद आर्थिक और सामाजिक रूप से पिछड़े हुए बिहारी परिवारों के खान-पान, रहन-सहन और पहनावे-ओढ़ावे में गुणात्मक परिवर्तन तो साफ़ दिखने लगे हैं। फिर ऐसे क्रान्तिकारी क़दमों के असरदार होने में कम से कम एक पीढ़ी का वक़्त तो लग ही जाता है।

नशे से होनेवाली परेशानियों को बख़्तियारपुर में ही बस गए नीतीश के बचपन के एक दोस्त ने कुछ यूँ याद किया है—

'सरस्वती पूजा आते ही बख़्तियारपुर की गलियों, कूचों और सड़कों पर नशेड़ियों का राज हो जाता था। इस फागुन मास के पूरे तीसों दिनों की सबसे बड़ी त्रासदी होती थी नशाखोरी और उसके दुष्प्रभाव। अकारण आपसी सर फुटौवल, मार-पीट, घर की महिलाओं और बच्चों की बेवजह कुटम्मस रोज़मर्रे की सामान्य बात हो जाती थी। उन दिनों सुबह से शाम तक ठर्रे और शराब की दुकानों पर भीड़ होती थी जहाँ से नशे में टुन्न होकर निकले लोग रात-भर सड़कों के किनारे की नालियों में और अगली दोपहर में अस्पताल और दवाइयों की दुकानों पर पाए जाते थे। मुन्ना जी और हम जैसे कुछ किशोरों के लिए ये दिन किसी दुःस्वप्न-सा भयावह होते थे। शायद इस त्योहार के साथ जुड़ी विकृतियों को बहुत निकट से देखने के कारण इस कटु अनुभव से भी मुन्ना जी के शराबबन्दी के संकल्प को बड़ा मज़बूत आधार मिला होगा।'

नौजवान नीतीश नशे की बुराइयों से जहाँ रूबरू हुआ था हम आपको एक बार फिर वहीं वापस, कृष्णा लॉज में ले चलते हैं जिसके बारे में नीतीश के एक अभिन्न मित्र बताते हैं—

'कृष्णा लॉज तक पहुँचानेवाली बदबूदार गली में साफ़-सफ़ाई का अभाव हमेशा रहता था। नीतीश जी के लॉज तक पहुँचने के लिए कीड़ों से बजबजाती एक नाली को भी पार करना पड़ता था। इन सब यातनाओं से गुज़रने के बाद नीतीश जी के सादगी और सफ़ाई से लबरेज़ कमरे में प्रवेश करके कभी-कभी ठीक वैसा ही लगता था जैसे उमस-भरी दोपहर में धूप से घबराकर गंगा के तीर खड़े दरभंगा हाउस के काली मन्दिर के गर्भगृह में आ गए हों।'

यह कहनेवाला नीतीश का दोस्त कम और प्रशंसक अधिक लगता है। इसलिए आइए, इस बारे में हम एक निरपेक्ष और परिपक्व सज्जन की बात भी सुन लेते हैं जिनके बारे में हम आपको बाद में बताएँगे।

समाजवादी (का) कमरा

'मैं लोहियावादी, समाजवादी पार्टी का सक्रिय कार्यकर्ता था। प्रान्तीय व राष्ट्रीय सम्मेलनों में भी मैं जाया करता था। वहाँ बड़े-बड़े नेताओं की बातें मैं सुनता था। कहीं से घूम-फिरकर पटना आने पर कृष्णा लॉज में अपने भाई नागेन्द्र के पास मैं यदा-कदा ठहरता था। नागेन्द्र के कमरा नम्बर 20 के बग़ल वाले कमरा नम्बर 19 में नीतीश कुमार रहते थे। नीतीश जी बोलते कम और जिज्ञासा अधिक करते थे। उनकी जिज्ञासा राज्य व राष्ट्रीय स्तर पर लोहिया के समाजवादी आन्दोलन की दशा-दिशा जानने और समझने की होती थी। वे मुझसे मिलकर समाजवादी आन्दोलन व उसके नेताओं के बारे में अधिक से अधिक जानना चाहते थे। ये

सब बातें मैं नीतीश जी को बताता था। मैं भी यदा-कदा उनके कमरे में चला जाता था। मुझे वह कमरा किसी विद्यार्थी का कम और किसी विचारक का अधिक लगता था। जो बात मुझे सबसे अधिक प्रभावित करती थी वह थी उस कमरे की सफ़ाई, सुव्यवस्था और सुघड़ता। हर चीज़ क़रीने से, एकदम सही जगह पर, रखे होती थी। बिस्तर पर बिना सिलवटों की चादर, अलगनी पर सलीक़े से टँगे कपड़े, मेज़ पर सजाकर रखी गई क़लम, पेन्सिलें और किताबें और सही जगह पर रखी चप्पल और जूते देखकर बहुत अच्छा लगता था। हाँ, मैं जिन बातों से सबसे अधिक प्रभावित होता था वे मेज़ पर रखी, अलग क़िस्म की, दिनमान जैसी समसामयिक पत्रिकाएँ, होती थीं जिन पर मेरा ध्यान सबसे पहले जाता था।'

आइए, अब आपको बता ही देते हैं कि ये विचार पत्रकार सुरेन्द्र किशोर जी के हैं। यहाँ मज़े की एक और बात बता देना ज़रूरी लगता है। संस्कृत में सप्त 'क' कार का बड़ा महत्त्व है। सुरेन्द्र जी ने नीतीश के कमरे में तीन 'क' कार यथा कपड़े, क़लम और किताब की बात की है। नीतीश के साथ वर्षों साये की तरह रहनेवाले अशोक यह सुनकर खिलखिलाकर हँस देते हैं। वे कहते हैं—

'नीतीश जी की ये तीनों चीज़ें कोई छू भी ले तो उसकी आफ़त ही आ गई समझिए! इसमें अब कंघा भी जोड़ दीजिए। नीतीश जी न तो किसी दूसरे की ये चीज़ें इस्तेमाल करते हैं और न अपनी ये चीज़ें किसी को छूने ही देते हैं।'

हम जब फ़ोन पर सुरेन्द्र किशोर से नीतीश की बात कर ही रहे थे तभी क़िस्मत से उनके छोटे भाई, नागेन्द्र से भी बात हो गई। नागेन्द्र कृष्णा लॉज में नीतीश के साथ वाले कमरे में एक अन्य साथी, राम सुभग पांडेय के साथ रहते थे। नागेन्द्र के पास नीतीश के साथ के संस्मरणों का बहुत बड़ा ज़ख़ीरा है जिनमें से एकाध उन्होंने हमें भी बताया है। वे कहते हैं—

'नीतीश जी के पास तब मरफ़ी कम्पनी का एक ट्रांजिस्टर हुआ करता था जो उस ज़माने में किसी विद्यार्थी के पास होना बहुत बड़ी बात मानी जाती थी। नील आर्मस्ट्रांग के 21 जुलाई, 1969 को चाँद पर पहुँचने का आँखों देखा हाल हम सबों ने नीतीश जी के कमरे में सारी रात बैठकर उसी ट्रांजिस्टर से सुना था! जब नीतीश जी ने 1977 का विधानसभा का चुनाव हरनौत से लड़ा था तब मेरे रूम मेट रह चुके पांडेय जी ने वहाँ जाकर नीतीश जी के लिए काम भी किया था। उनके आकलन से नीतीश जी निःसन्देह अपने चुनाव क्षेत्र में सर्वाधिक लोकप्रिय थे इसलिए उनकी पराजय बिलकुल बेईमानी और अधर्म से ही हुई थी। नीतीश जी की इस अकल्पनीय हार से पांडेय बड़े दुखी होकर लौटे थे।'

1967 में, बिहार कॉलेज ऑफ़ इंजीनियरिंग पटना आ जाने पर, नीतीश को अपनी सोच के साथियों को पाने में समय लगा। इस दौरान सुरेश से उसकी दोस्ती अविकल ही बनी रही। अपनी बात को शिद्दत से कह सकने के लिए दोनों मित्र

एसएसपी (संयुक्त सोशलिस्ट पार्टी) की युवा शाखा, एसवाईएस, की पीरबहोर थाना के पास अवस्थित पार्टी के दफ़्तर में होनेवाली बैठकों में जाने लगे। बाद में यह दफ़्तर वहाँ से उठकर गांधी मैदान के दक्षिणी छोर पर बने आर.बी.आई. के साथ वाली गली में चला आया। कालान्तर में, सुरेश के कारण, नीतीश को एबादुल रहमान जैसे समाजवादी सीनियर का साथ मिल गया। यद्यपि तब के समाजवादियों के पास कल्पना शक्ति तथा विवेक का क़तई अभाव न था, वे पागलपन की हद तक जंगजू भी थे, लेकिन कुछ बात तो उनमें अवश्य सामान्य से हटकर रही होगी जिससे लोहिया के जीवनीकार को यह कहना पड़ा है—

'कांग्रेस से अलग होकर समाजवादी दल को सुदृढ़ आधार पर खड़ा करने के लिए संकल्प शक्ति ही सहारा बन सकती थी, पर संकल्पहीनता तो समाजवादी आन्दोलन का शुरू से एक चरित्र रहा है।'

समाजवादियों की जिस संकल्पहीनता की बात श्री ओंकार शरद करते हैं, देखिए, नीतीश की पार्टी के ही एक प्रखर समाजवादी नेता उसके बारे में क्या कहते हैं—

'समाजवादी तो मूल रूप से अराजकतावादी (अनार्किस्ट) ठहरे, समाजवाद उनके लिए सपनों का नगर था। उनकी कार्यशैली बड़ी सरल होती थी। कोई विचार आया नहीं कि झट बैठक, पट निर्णय और तत्काल कार्यान्वित करने के लिए चल पड़े! संगठन या लम्बे अरसे तक चलनेवाले कार्यक्रम बनाने जैसे काम उन्हें बिलकुल रास नहीं आते थे। उन्होंने नीचे से ऊपर तक कोई संगठन बनाने का काम कभी भी ठीक से नहीं किया। शायद वे जानते थे कि यह बाद में इतना भारी पड़ेगा कि सँभालना मुश्किल हो जाएगा। प्रजा सोशलिस्ट पार्टी वाले तो संगठन बनाने में फिर भी विश्वास रखते थे पर उनका भी ज़ोर दफ़्तर पर ही ज़्यादा था। संसोपाइयों के दफ़्तर तथा संगठन का हाल और भी भगवान भरोसे ही रहता था! ऊपर दफ़्तर और नीचे संगठन, दोनों नदारद! शायद व्यक्ति और संगठन में कोई अन्तर नहीं होता है यहाँ। मूल रूप से संसोपाई होने के कारण हम लोगों का हाल भी कमोबेश वैसा ही रहा जो अब स्वभाव-सा बन गया है। शायद हम सबमें कांग्रेसी जीन होने के कारण हम सभी एक जैसे हो गए। सच पूछिए तो सोशलिस्ट पार्टियों में कम से कम आदमी को आदमी तो रहने दिया गया, पर कांग्रेस में सभी दास बना दिए गए।'

1962 में चीन के साथ और फिर 1965 में पाकिस्तान के साथ हुए युद्ध के बाद भारत की आर्थिक अवस्था बद से बदतर हो गई थी। जनवरी 1966 में ताशकन्द में जय जवान, जय किसान का नारा देनेवाले भारतीय प्रधानमंत्री लाल बहादुर शास्त्री की मृत्यु हो जाने के बाद इन्दिरा गांधी प्रधानमंत्री बनीं। बेचारे शास्त्री जी को तो विरासत में मिला था ख़ाली ख़ज़ाना, रिक्त अन्न भंडार,

भुखमरी उगलते खेत, निराश और हतोत्साहित फ़ौज, संसाधनों और कच्चे माल के अभाव में बन्द होते बड़े-बड़े कल-कारख़ाने, बेरोज़गारी के बोझ से दुहरी होती दिशाहीन नौजवान पीढ़ी, पूरी तौर से बेईमान सरकारी प्रशासन और नृशंस पुलिसिया फ़ोर्स। उनके छोटे से कार्यकाल के बाद इन्दिरा जी को इनके अलावा काँइयाँ, स्वार्थी और बुढ़ाते राजनेताओं के ज़बरदस्त दबाव का बोनस भी बिना माँगे ही मिल गया था।

हालात इतने ख़राब हो गए थे कि भारत की स्थिति कमोबेश अमरीकी प्रशासन के आगे उनके यहाँ बचे हुए सड़े अनाज के लिए चिरौरी करनेवाले ग़लीज़ भिखमंगों जैसी दिखने लगी थी। भला हो अमरीकी सरकार का, जिसने पीएल-480 योजना के तहत भारत को सस्ती दरों पर घटिया गेहूँ की आपूर्ति करके कितने बदनसीबों के प्राण बचाए। इसकी क़ीमत भी भारत को अच्छी-ख़ासी चुकानी पड़ी थी। वर्ल्ड बैंक तथा आइएमएफ के ज़ोर देने पर भारत को 1966 में रुपये का 35 प्रतिशत अवमूल्यन करना पड़ा था, क्योंकि अमेरिका ऐसा चाहता था और भारत के ऐसा न करने से उसे गेहूँ की आपूर्ति बन्द हो सकती थी। घोर संकट और असहनीय दबाव में आकर ऐसा करना भारत की मजबूरी थी, पर देश में इसका अच्छा सन्देश नहीं गया।

जनता की पीड़ा आक्रोश बनकर कांग्रेसी राज के विरुद्ध फूटी। जहाँ-तहाँ से उठ रहे विरोध के स्वर को कांग्रेसी प्रशासन ने सख़्ती से कुचला भी। ग़रीबों और सताए हुए लोगों की आवाज़ बनकर लोहिया और उन जैसे कई कृतसंकल्प संसोपाई सड़ाँध मारती व्यवस्था के मुखर विरोध का प्रतीक बन गए। उन दिनों बिहार की हालत और भी बदतर थी, क्योंकि 1966 तथा 1967 में बिहार में सुखाड़ हो गया था। पूरे राज्य में अकाल जैसी दशा हो गई थी। खेत में उपज नहीं, किसानों-मज़दूरों को काम नहीं, बाज़ार में अन्न नहीं और जो थोड़ा-बहुत अन्न गगनचुम्बी क़ीमतों पर उपलब्ध हो भी तो उसको ख़रीदने के लिए किसी की टेंट में पैसे ही नहीं। मध्यम और निम्नवर्गीय बिहारी चावल और गेहूँ का स्वाद भूलता जा रहा था। बस, जैसे-तैसे ज़िन्दा था वह। नीतीश जैसे अपेक्षाकृत सुदृढ़ पारिवारिक पृष्ठभूमि वाले लोग भी गेहूँ के अभाव में मकई और मडुआ की रोटी खाने को मजबूर थे।

बिहार में कांग्रेस की दुर्दशा हो चुकी थी। अब वह अपने दम पर सरकार चलाने में असमर्थ दिख रही थी। फिर भी, राज्य में सत्तारूढ़ होने के कारण जैसे-तैसे मिली उनकी गद्दी ठीक वैसी ही डोलती रहती थी जैसे तेज़ आँधी में कोई नाज़ुक लता! इधर किसी भी क़ीमत पर उसे सत्ता से उतार फेंकने के लिए ग़ैर-कांग्रेसी दलों का ढीला-ढाला, परन्तु कृतसंकल्प, संगठन गद्दी सँभालने के लिए तैयार हो रहा था। इस संगठन को 'संयुक्त विधायक दल' का नाम

दिया गया था। अन्त:कलह और परस्पर अविश्वास से भरे इस गठबन्धन में लोहिया की संयुक्त सोशलिस्ट पार्टी सबसे बड़े दल के रूप में उभरी थी। बिहार में संसोपा दल के नेता ईमानदार छवि और परिपक्व राजनीतिक सोच वाले कर्पूरी ठाकुर थे। वे इतने लोकप्रिय नेता थे कि लोग उन्हें उनके जीवन काल में ही 'जननायक' कहकर बुलाने लगे थे। लोहिया की प्रतिबद्धता के अनुरूप ही कर्पूरी ठाकुर समाज के पिछड़े वर्ग से आते थे। अपनी तमाम कोशिशों के बावजूद लोहिया उन्हें संयुक्त विधायक दल का नेता नहीं बनवा सके, क्योंकि उन दिनों सत्ता-परिवर्तन के बहुत अधिक आसार थे और ऐसा होने पर कर्पूरी स्वत: मुख्यमंत्री जो बन जाते! कर्पूरी के विरोध का एकमात्र कारण तब बिहार में फैला जातिवाद का ज़हर था। अगड़ी जाति की ओर से दूसरे प्रमुख संसोपाई का नाम उछाल दिए जाने से संसोपाई विधायकों का दल सीधे-सीधे अगड़े और पिछड़े धड़ों में बँट गया था। राजनीति में भ्रूण-हत्या सदियों से होती आई है, पर यहाँ तो गर्भाधान से पहले ही गर्भपात का षड्यंत्र रचा जाने लगा था। इस अप्रत्याशित स्थिति से निबटने के लिए लोहिया के आगे बस एक ही विकल्प था कि किसी अन्य पार्टी से, किसी अन्य जाति का, सर्वमान्य नेता चुन लिया जाए। कहते हैं कि छींका बहुधा बिल्ली के भाग्य से ही टूटता है। साथ ही यह भी कहते हैं कि घाघ बिल्ली तो बाघ की भी मौसी होती है। इस बार अनायास छींका टूटने से सत्ता की मलाई जिनके सामने अपने आप आ गिरी, वे थे 'जन क्रान्ति दल' के संस्थापक और अध्यक्ष, महामाया प्रसाद सिन्हा।

वे पहले कभी प्रसोपा में भी रह चुके थे और बाद में कई समाजवादियों की भाँति क्षुब्ध होकर, उन्होंने भी कांग्रेस को ही अपना असली घर स्वीकार लिया था। थोड़े ही दिनों में वहाँ से भी मोह भंग हो जाने के कारण, अपने ही जैसे कुछ दुखी कांग्रेसियों के साथ मिलकर, महामाया बाबू ने 'जन क्रान्ति दल' के नाम से अपनी ढाई ईंट की मस्जिद अलग खड़ी कर ली थी। कांग्रेसी शासन के ख़िलाफ़ छात्रों का प्रचंड आक्रोश जन आन्दोलन बनकर अमर बेल की भाँति यत्र-तत्र-सर्वत्र फैल रहा था। महामाया बाबू की राजनैतिक कश्ती छात्र आन्दोलन की लहरों पर सवार होकर आगे बढ़ चली थी।

कांग्रेस के विरुद्ध बिहारी जनाक्रोश

स्थिति की गम्भीरता समझने के लिए एक उदाहरण की तरह पटना उच्च न्यायालय के, दिनांक 13 फ़रवरी, 1967 को लिये गए, एक फ़ैसले को देखना समीचीन होगा। यह मुक़दमा कम्यूनिस्ट छात्र नेता गया सिंह बनाम राज्य सरकार एवं अन्य के बीच था। गया सिंह बिहार राज्य छात्र संघ के अध्यक्ष थे जिन्हें पहली

बार 7 दिसम्बर, 1966 को गिरफ़्तार किया गया था। उनके ख़िलाफ़ पटना के गरदनीबाग़ और कोतवाली थानों में क्रमशः चार और सात मुक़दमे दर्ज थे। इन सभी मामलों में इन्हें ज़मानत मिलने के बाद 1 फ़रवरी, 1967 को, जब ये जेल से बाहर निकल ही रहे थे, इन्हें जेल के फाटक पर ही निवारक निरोध क़ानून के तहत गिरफ़्तार करके फिर से जेल में डाल दिया गया। इन पर लगाए गए अभियोगों में कहा गया था—

'आप छात्र आन्दोलन के प्रमुख नेता हैं। आपके एवं आपके अनुयायियों के प्रयासों से बहुत सारे छात्र संगठनों ने मिलकर यूनाइटेड स्टूडेंट्स फ्रंट की स्थापना करके बिहार के सभी शिक्षण संस्थानों में 9 दिसम्बर, 1966 को हड़ताल करने का आह्वान किया। आपने प्रतिनिधियों को सम्बोधित करते हुए कहा कि सरकार का लक्ष्य छात्र आन्दोलन को कुचल देने का है पर सरकार को इस बात का एहसास हो जाना चाहिए कि छात्र सरकार को उखाड़ फेंकेंगे।'

ये घटिया आरोप भारतीय संविधान में हर नागरिक को दिए गए मौलिक अधिकारों की हत्या कर रहे थे। कहना न होगा कि माननीय न्यायालय ने इन आरोपों को निराधार मानते हुए गया सिंह को रिहा करने का आदेश दिया। फिर तो जैसे पूरे राज्य में कांग्रेस विरोधी छात्र आन्दोलन की आँच फैल गई। हालात यहाँ तक बिगड़े कि पटना में उग्र छात्रों ने खादी ग्रामोद्योग भवन और रिजेंट सिनेमा हॉल को जला दिया। छात्रों के इस विरोध के फलस्वरूप कृष्ण बल्लभ सहाय की प्रायः साढ़े तीन वर्षों की कांग्रेसी सरकार धराशायी हो गई। बिहार में कांग्रेस की यह पहली पराजय थी। 1967 में बिहार में हुए विधानसभा के चुनाव में संसोपा (संयुक्त सोशलिस्ट पार्टी) के सर्वाधिक विधायक चुनकर आए थे। इसी समय सुरेश शेखर सहित अपने कुछ साथियों के साथ नीतीश विधानसभा और विधान परिषद भवनों के चक्कर लगाकर बहुत प्रसन्न हुआ था। उसने पहली बार जाना था कि जनता की शक्ति की हुंकार क़ानून बनकर सत्ता के किन गलियारों के चक्कर काटती है! उन दिनों लोहिया की इच्छा थी कि बिहार में कर्पूरी ठाकुर के नेतृत्व में सरकार बने। राजा रामगढ़ आदि के घनघोर विरोध के कारण संसोपा बिहार में कर्पूरी ठाकुर को मुख्यमंत्री नहीं बना पाई। इसका सबसे अधिक लाभ मिला जन क्रान्ति दल के नेता महामाया प्रसाद सिन्हा को। वे भाग्य चक्र के प्रभाव से मुख्यमंत्री बने। संसोपा के कर्पूरी ठाकुर को उप-मुख्यमंत्री की कुर्सी से नवाज़ा गया। संसोपा के ही रामानन्द तिवारी भी पुलिस मंत्री बनाए गए। वैसे तो सत्ता की चाभी महामाया बाबू के हाथों में आई थी, लेकिन पटना के मुख्यमंत्री की गद्दी पर दिल्ली में बैठे एक सक्षम संसोपाई की भी दृष्टि थी।

मधेपुरा से संसोपा के टिकट पर चुने गए सांसद थे विन्ध्येश्वरी प्रसाद मंडल, जिन्हें अधिकांश लोग बी.पी. मंडल के नाम से जानते रहे हैं। इन्हीं की

अध्यक्षता में गठित मंडल कमीशन की रिपोर्ट को लागू करके पूर्व प्रधानमंत्री, विश्वनाथ प्रताप सिंह ने देश की राजनीति को सदा-सर्वदा के लिए नए रास्ते पर ला खड़ा किया। बहुत समय तक यादव समुदाय के बड़े नेता के रूप में उन्हें कांग्रेस में बहुत सम्मान के साथ मान्यता भी मिली हुई थी। लेकिन सोची-समझी रणनीति के तहत बिहार के तत्कालीन मुख्यमंत्री कृष्ण बल्लभ सहाय ने एक अन्य यादव नेता, राम लखन सिंह यादव को तरजीह देकर उन्हें अपने मंत्रिमंडल का भरोसेमन्द स्तम्भ बना लिया था। बिहार में कांग्रेस की राजनीति में अपने बहुत आगे बढ़ने की सम्भावनाओं पर तुषारापात होता देखकर मंडल जी के अहं को ऐसी ठेस लगी कि वे कांग्रेस को अँगूठा दिखाकर संसोपा की शरण में आ गए। क्षेत्र में अपनी अपार लोकप्रियता के कारण मंडल लोकसभा के चुनाव में जीतकर दिल्ली चले तो गए, पर उनके प्राण बिहार की राजनीति में ही बसते थे। ग़ैर-कांग्रेसी मुख्यमंत्री पद के लिए विवाद में कोई नतीजा न निकलता देखकर मंडल जी ने इस पद के लिए अपने नाम की पेशकश भी की थी। परेशानी यह थी कि लोहिया राज्य की राजनीति में सांसदों की भागीदारी के बिलकुल ख़िलाफ़ थे। इस विषय में सुरेन्द्र किशोर का कथन बहुत महत्त्वपूर्ण है। वे बता रहे हैं—

'1957 में डॉक्टर लोहिया की पार्टी के एक मात्र विधायक, कर्मनिष्ठ और पक्के सिद्धान्तवादी, स्वर्गीय भूपेन्द्र नारायण मंडल, सम्भवतः बिहार के पहले लोहियावादी समाजवादी चेहरा थे। तब एक स्थानीय अख़बार में कार्टून छपा था जिसमें लोहिया को मुर्ग़ी और भूपेन्द्र नारायण मंडल को अंडा दिखाया गया था। उस समय समाजवादी पार्टी के नेताओं में प्रमुख लोहियावादी जगदेव प्रसाद और भोला प्रसाद सिंह आदि थे।'

बिहार की पहली ग़ैर-कांग्रेसी सरकार

सुरेन्द्र किशोर ने आगे बताया—

'1967 में महामाया बाबू की सरकार में भूपेन्द्र नारायण मंडल को मंत्री बनाने की पेशकश की गई। लोहिया चाहते थे जो जिस सदन के लिए चुना जाए, वह वहीं काम करे। लोहिया के सिद्धान्तों के घोर हिमायती होने की वजह से भूपेन्द्र मंडल ने राज्य सरकार में मंत्री बनने से मना कर दिया क्योंकि उस समय वे राज्यसभा के सदस्य थे। भूपेन्द्र मंडल के इनकार करने के बाद बिन्देश्वरी प्रसाद मंडल राज्य सरकार में शामिल हो गए हालाँकि वे भी तब लोकसभा के सदस्य थे। 67 में बनी श्री महामाया प्रसाद सिन्हा की सरकार में नरेन्द्र सिंह के पिता, श्रीकृष्ण सिंह मंत्री बने थे। वे भी समर्पित समाजवादी थे। वे 1970-71 में कर्पूरी जी के मंत्रिमंडल में भी थे।

तब उन्होंने मुझसे कहा था कि तुम समाजवादी युवजन सभा के लोग कर्पूरी जी पर भूमि हदबन्दी अध्यादेश लाने के लिए दबाव डालो। ऐसा होने से कांग्रेस (संगठन) और जनसंघ घटक मिलकर सरकार गिरा देंगे। उसके बाद फिर चुनाव होने से समाजवादियों को अकेले बहुमत मिलने की सम्भावना बढ़ जाएगी!

किसी मंत्री द्वारा अपनी ही सरकार को गिराने का ख़तरा मोल लेने का क्रान्तिकारी विचार समाजवाद के प्रति उनके समर्पण की पराकाष्ठा ही तो थी!'

दैवयोग से वैसा हो नहीं पाया और परिस्थिति ऐसी हो गई कि बिहार में ग़ैर-कांग्रेसी सरकार बन तो गई, लेकिन मुख्यमंत्री का पद संसोपा के बदले किसी दूसरे दल के खाते में, वह भी एक सवर्ण, महामाया बाबू के पास चला गया।

विधानसभा में सबसे बड़ा दल होने के बाद भी जब संसोपाई पटना की राजगद्दी पर अपना मुख्यमंत्री नहीं बैठा सके, तब बिहार के पहले ग़ैर-कांग्रेसी मंत्रिमंडल में संसोपा के भी पिछड़ी जाति के किसी कद्दावर नेता को लिये जाने की माँग ज़ोरों से उठी। नतीजतन, लोहिया के लाख विरोध और घोर अनिच्छा के बावजूद, बिना किसी सदन का सदस्य बने ही, मंडल जी महामाया बाबू के मंत्रिमंडल की शोभा बने।

बिहार की मशहूर कहावत भी है, नौ कनौजिया, तेरह चूल्हा। अर्थात, अगर किसी स्थान पर आवश्यकता से अधिक संख्या में बुद्धिजीवी जमा हो जाएँ तो वहाँ मतैक्य हो ही नहीं सकता! समाजवादियों से बड़ी बुद्धिजीवियों की जमात और कहाँ होती? बिहार में सत्ता का हाल भी वही था। वह तीन टाँगों वाली चारपाई होकर रह गई थी। कोई थोड़ी देर के लिए, इस चारपाई पर जैसे-तैसे बड़ी सावधानी से, लेटकर अपनी कमर तो सीधी कर सकता था पर बेख़बर होकर सो नहीं पाता था। क्योंकि तब यह कब और किधर लुढ़ककर सोनेवाले को ही गिरा जाती, इसका अनुमान तक लगाना टेढ़ी खीर थी। घटक दलों की आपसी खींचातानी स्थिति को और भी बिगाड़े दे रही थी। अविश्वास पर आधारित समीकरण पल-पल बदलते रहते। बिहार नाम की निरीह गाय के गले में घटक दलों ने अपने-अपने रस्से बाँध दिए थे। जिसे जब मौक़ा मिलता, उसे दूह लेता और दूसरा इससे नाराज़ होकर उस बेचारी गाय को अपनी तरफ़ खींचने लगता।

सुरेन्द्र किशोर के विचार से महामाया बाबू के मुख्यमंत्रित्व वाले बिहार राज्य में कुव्यवस्था, भ्रष्टाचार, भाई-भतीजावाद, बेरोज़गारी और महँगाई पर लगाम लगाने की तमाम ईमानदार और जी-तोड़ कोशिशें निष्फल हो रही थीं।

वे बताते हैं—

'मेरा यह मानना है कि वह मंत्रिमंडल आज़ादी के बाद, तब तक का, सबसे ईमानदार मंत्रिमंडल था। बाद में कुछ ईमानदार नेता मुख्यमंत्री ज़रूर बने, पर अपेक्षाकृत पूरा मंत्रिमंडल वैसा ईमानदार कभी नहीं बन सका, न पहले और न

बाद में। मैं उन दिनों 22 साल का समाजवादी कार्यकर्ता था और महामाया बाबू के मुख्यमंत्री रहने के दौरान मैंने सरकारी दफ़्तरों के काम-काज की शैली में आए सकारात्मक फ़र्क़ को स्वयं देखा था। हाँ, सत्ताधारी नेताओं में पदलोलुपता के कारण आपसी खींचतान ज़रूर थी। महामाया बाबू की एस.वी.डी. (संयुक्त विधायक दल) की सरकार इसलिए गिरी क्योंकि लोहिया ने बी.पी. मंडल को मंत्रिमंडल से इस्तीफ़ा दे देने का निर्देश दे दिया था। मंडल जी ने इस्तीफ़ा देने के बदले अपने तीसेक असन्तुष्ट विधायकों के साथ मिलकर विद्रोह कर दिया।'

अल्पमत में आ जाने के कारण 28 जनवरी, 1968 को एस.वी.डी. की सरकार गिर गई। महामाया बाबू एक वर्ष भी राज्य नहीं चला पाए। बहुमत के आधार पर राज्यपाल महोदय ने सतीश प्रसाद सिन्हा को मुख्यमंत्री पद की शपथ दिलाई। नए मुख्यमंत्री ने आनन-फ़ानन में बी.पी. मंडल को विधान परिषद का सदस्य मनोनीत कर दिया और तीन दिनों के अन्दर ही, कांग्रेस के सहयोग से, बी.पी. मंडल 1 फ़रवरी, 1968 को बिहार के नए मुख्यमंत्री बन गए। 3 मार्च, 1968 को बड़े ठाट से बजट सत्र आरम्भ भी हुआ।

मधु लिमये ने अपने लेख 'लोहिया की व्यथित स्वरलहरियाँ' में बताया है कि लोहिया ने एस.वी.डी. के अकाल और भ्रष्टाचार के विरुद्ध जैसे कई कार्यक्रमों की प्रशंसा की थी। लेकिन मधु लिमये के विचार से—

'उचित प्राथमिकताओं के अभाव तथा मंत्रियों की अनुभवहीनता के कारण बिहार सरकार दलदल में फँस गई थी।...नौकरशाही तथा पुलिस, जो शुरुआत में लोकप्रिय जन-चेतना से डरते थे, उन्होंने अपना आत्मविश्वास जल्दी ही वापस पा लिया।...वे (लोहिया जी) ग़ैर-कांग्रेसी सरकारों को आराम से बैठकर सत्ता का सुख भोगने की अनुमति नहीं देते। उन्हें काम करना होगा, करके दिखाना होगा।'

मधु जी उसी लेख में आगे लिखते हैं—

'बी.पी. मंडल का पाला बदल शोषित दल मंत्रिमंडल लोहिया के बाद ही गठित हुआ था। लेकिन जातिवाद तथा जाति के आकर्षण के लक्षण उनकी मृत्यु के पूर्व ही वहाँ परिलक्षित थे। बी.पी. मंडल ने लोहिया की नीति को निर्लज्जतापूर्वक 'मारवाड़ी समाजवाद' के रूप में व्याख्यायित किया था तथा स्वयं के महत्त्व को वास्तविक समाजवाद कहकर निरूपित किया था।'

ताज्जुब की बात तो यह है कि मंडल जी के कार्यकाल में, विपक्ष द्वारा सारी अर्हताएँ पूरी करने के बाद भी, कोई भी व्यक्ति नेता प्रतिपक्ष के रूप में नामजद नहीं था। यद्यपि कर्पूरी जी नेता प्रतिपक्ष बनाए जा सकते थे, लेकिन संसदीय कार्य विभाग ने इस पद के लिए किसी का नाम ही नहीं भेजा था। बिना ऐसे किसी प्रस्ताव के विधानसभा अध्यक्ष अपनी ओर से किसी नाम की घोषणा नहीं कर सकते थे। इसलिए बड़ी अजब-सी स्थिति बन गई थी।

मंडल जी नए राजा तो बन गए थे, लेकिन यह राजसुख उनके हिस्से में रहा मात्र इक्कीस दिनों के लिए! कांग्रेस ने अपना उड़नेवाला जादुई क़ालीन, जिस पर मंडल जी को उन्होंने बहुत आदर से बैठाया था, कब और किस सफ़ाई से खींच लिया, किसी को हवा तक नहीं लग पाई!

सत्ता का म्यूज़िकल चेयर

मंडल जी का कार्यकाल अनायास ही 22 मार्च, 1968 को काल-कवलित हो गया। बजट सत्र के दौरान ही, दलबदलुओं की सहायता से, कांग्रेस ने अपने अनुसूचित जाति के विधायक, भोला पासवान शास्त्री को पटना की राजगद्दी पर बैठा दिया। लेकिन तब तक सत्ता का स्वाद चख चुके ग़ैर-कांग्रेसियों को भी जोड़ने-तोड़ने का काम अच्छी तरह से आ गया था। उन्होंने एक बार फिर 'मियाँ की जूती मियाँ के सर' धरते हुए इस कांग्रेसी नेतृत्व में बनी सरकार का भट्ठा बहुत कम समय में बैठा दिया। शास्त्री जी का शासन काल 22 मार्च, 1968 से 29 जून, 1968 तक, अर्थात् तीन माह से बस दो-चार दिन ही अधिक का रहा। उन दिनों दल बदलने के विरुद्ध कोई क़ानून नहीं था, इसलिए राजनीति के साथ लगातार हो रहे इस बलात्कार से एक नए बिकाऊ राजनीतिक जन्तु का जन्म हो गया। रामजी की कृपा से, बाद में, जनता-जनार्दन ने उसका नाम 'आरागरा' (आया राम-गया राम) रख दिया।

ऐसे ही एक 'आरागरा' के बारे में मशहूर हो गया था कि दिन-भर के मोल-भाव से वे शाम होते-होते बेहद थक जाते थे। अपनी थकान मिटाने के लिए बेचारे अधिकतर रातों में निःशुल्क प्राप्त वारुणी का सेवन अपने सामर्थ्य से अधिक कर लिया करते थे। जिस कारण अगली सुबह उनका पीए ही उन्हें याद दिलाता था कि वे उस वक़्त किस पार्टी में थे!

बिहार में भोला पासवान शास्त्री की सरकार गिरने के बाद झुँझलाकर केन्द्र में बैठी इन्दिरा गांधी की सरकार ने 29 जून, 1968 को बिहार विधानसभा को निलम्बित करते हुए यहाँ 26 फ़रवरी, 1969 तक केन्द्र के शासन का चाबुक बेतहाशा चलाया जिससे 'आरागरा' बिरादरी में हड़कम्प मच गया। वही मसल हुई कि तीन बेर खातीं, ते वे तीन बेर खाती हैं! राम-राम करके फ़रवरी 1969 में विधानसभा के चुनाव हुए जिसके नतीजे ऐसे आए कि कोई भी दल अपने बूते पर सरकार बनाने में समर्थ नहीं पाया गया। मुख्यमंत्री पद के दावेदार तो बहुत थे, पर बहुमत किसी के पास भी नहीं था। इसलिए जोड़-तोड़ में माहिर कांग्रेसियों ने पहले जैसे-तैसे सरदार हरिहर सिंह को मुख्यमंत्री बनाकर पटना की डाँवाँडोल गद्दी पर 26 फ़रवरी को बैठा दिया। चार महीने बाद, 22 जून,

1969 को यह कांग्रेसी ढोल भोला पासवान शास्त्री के गले में ही फिर से लटका दिया गया। उस पर भी प्रतिपक्ष की ऐसी झन्नाटेदार थाप पड़ी कि बहुत जल्दी, एक पखवारे के भीतर ही, यानी 04 जुलाई, 1969 को वह ढोल फूट भी गया। बिहार एक बार फिर से अगले आठ माह, अर्थात् 16 फ़रवरी, 1970 तक केन्द्र द्वारा ही शासित हुआ। इतने दिनों की भुखमरी झेल लेने के बाद सत्ता की भूख से पीड़ित कुछ विपक्षी नेताओं ने कांग्रेस के आगे घुटने टेक दिए।

एक बार फिर से सत्ता की मायाविनी परी कांग्रेस की गोद में जा बैठी। 16 फ़रवरी, 1970 को निरीह कांग्रेसी नेता दारोग़ा प्रसाद राय मुख्यमंत्री बनाए गए। घात-प्रतिघात की चाशनी में डूबी यह जलेबी जिनके हिस्से नहीं आ पाई उन्होंने सत्ता-लोलुप विपक्ष की सहायता से 10 महीने में, अर्थात् 22 दिसम्बर, 1970 को कड़ाही ही फोड़ डाली। अबकी बार निहायत ईमानदार और निष्कपट कर्पूरी ठाकुर मुख्यमंत्री बनाए गए। बेचारे कर्पूरी जी 6 महीनों में जब तक सत्ता के दाँव-पेच ठीक से समझकर इस घोड़ी पर लगाम कस सकते, कुछ यारों ने पीछे से और बाक़ी कुछ ने नीचे से ऐसा सुर्रा छोड़ा कि घबराई घोड़ी अपने सीधे-सादे रंगरूट सवार को पटककर फिर से कांग्रेसी घास चरने चली गई! कर्पूरी जी का 22 दिसम्बर, 1970 को शुरू हुआ यह कार्यकाल 02 जून, 1971 को समाप्त हो गया। शास्त्री जी का कांग्रेस हाई-कमान के साथ सम्बन्धों का पुराना सुमधुर इतिहास देखते हुए कांग्रेस ने उन्हीं के नेतृत्व में अगले छह महीने, अर्थात् 9 जनवरी, 1972 तक सत्ता के टट्टू को जैसे-तैसे घसीटते रहने का रिकॉर्ड बना लिया। इसके बाद 2 महीनों और 10 दिनों के लिए फिर से आया राष्ट्रपति शासन जिसमें विपक्ष के एक बार फिर से कई खंडों में टूटकर बिखर जाने से राज्य में कांग्रेस अगले पाँच वर्षों के लिए सत्तासीन हुई। 19 मार्च, 1972 से (इमरजेंसी लागू हो जाने की तारीख़) 30 अप्रैल, 1977 तक राज्य में तीन कांग्रेसी मुख्यमंत्री, क्रमशः केदार पांडेय, अब्दुल गफ़ूर और जगन्नाथ मिश्र गद्दीनशीन हुए।

इस पूरे समय में नीतीश ज़्यादातर पटना में ही रह रहा था। विद्यार्थी काल से ही अपने सिद्धान्तों की रक्षा के लिए नीतीश को इन तीनों महारतियों से कई बार सीधे संघर्ष भी करना पड़ा। यह बात भी बहुत विचित्र लगती है कि जिन तीन कांग्रेसी मुख्यमंत्रियों से नीतीश का घोर विरोध रहा उनमें से दो, क्रमशः अब्दुल गफ़ूर और डॉक्टर मिश्र, नीतीश के सक्षम होते ही उसी की पार्टी में आ गए। केदार पांडेय 3 जुलाई, 1982 को ही काल-कवलित हो चुके थे जब नीतीश अपने राजनैतिक अस्तित्व की लड़ाई लड़ रहा था। अगर उनकी इहलीला इतनी जल्दी समाप्त न हो गई होती तो सम्भवतः वे भी नीतीश का साथ देने में क़तई नहीं हिचकिचाते। यहाँ यह भी स्मरण रखने की आवश्यकता

है कि राम सुन्दर दास भी बिहार के एक अन्य मुख्यमंत्री थे जो मरते दम तक नीतीश की पार्टी के मज़बूत स्तम्भ बने रहे। वैसे मात्र 3 दिनों तक बिहार के मुख्यमंत्री की कुर्सी पर शोभायमान हुए सतीश प्रसाद सिन्हा ने भी अन्ततोगत्वा नीतीश का ही दामन थामा।

मधु लिमये अपने उसी लेख 'लोहिया की व्यथित स्वर लहरियाँ' में कहते हैं—

'मेरे हिसाब से लोहिया तथा जयप्रकाश समाजवादी आन्दोलन के दो सर्वाधिक महत्त्वपूर्ण नेता थे। मेरा जीवन, मेरे तथा असंख्य अन्य लोगों के स्वप्न—उनके सतत एवं सक्रिय सहयोग पर आधारित थे। महात्मा गांधी राष्ट्रीय उद्देश्य के हित में दो बैलों—सरदार पटेल तथा नेहरू की जोड़ी को जोत चुके थे। लेकिन हमारे पास लोहिया तथा जेपी को जनक्रान्ति की बैलगाड़ी में जोतने के लिए कोई गांधी नहीं था।'

नीतीश ऐसी ही बातों पर चिन्तन-मनन करता हुआ बड़ा हो रहा था और परिपक्व भी। बिहारी राजनेताओं की इन भयानक ग़लतियों से नीतीश ने जो कुछ सीखा उससे उसकी राजनीतिक विचारधारा घनीभूत होकर स्पष्ट होने लगी थी।

द्वन्द्व की इंजीनियरिंग

2023 तक नीतीश अपने जीवन के 70 से अधिक वसन्त देख चुका है। ज़ाहिर है, उसने पतझड़ भी एकाध कम या अधिक देखे होंगे। यादों की डिबिया में पड़ी वासन्तिक ख़ुशबू को काफ़ूर होते देर नहीं लगती लेकिन मन के काँच पर जो खरोंचें ये पतझड़ छोड़ते हैं, उनके निशान मुश्किल से जाते हैं। इसलिए जब ज़िन्दगी की उलटी गिनती शुरू होने का अहसास होता है तब बहुधा लोगों को अपने माजी (अतीत) से गिले-शिकवे ज़्यादा होते हैं। ताज्जुब इस बात से होता है कि नीतीश पीछे मुड़कर देखने में ज़्यादा यक़ीन ही नहीं करता हालाँकि उसके व्यक्तिगत जीवन में ढेर सारे उतार-चढ़ाव आए। वह ख़ुद भी बड़े फ़लसफ़ाने अन्दाज़ में कहता है कि शायद उसके पैदा होने से पहले ही उसकी तक़दीर हाथ में जादुई डंडा लेकर उसका इन्तज़ार कर रही थी। जब-जब नीतीश के दामन में, उसकी जी-तोड़ मेहनत के बाद, ख़ुशी के दो-चार फूल गिरे नहीं कि तक़दीर के डंडे ने उन्हें उसी समय काँटों में तब्दील कर दिया। इसलिए ऐसे सख़्तजान ऊपरवाले से उसे न तो ख़ास मुहब्बत है और न ही कोई शिकायत। उसको बस जी-जान लगाकर काम करना आता है और यही काम वह पूरी लगन से करता रहता है। नीतीश ऐसा कैसे बना होगा, इसको समझना अनुमान करना दिलचस्प है।

नीतीश के व्यक्तित्व के समाजवादी रूप का सम्यक् विकास 1966 में उसके पटना आ जाने के बाद होना शुरू हुआ होगा। सत्र में विलम्ब हो जाने के कारण 1973 के अन्त तक वह इंजीनियरिंग कॉलेज में ही रहकर पढ़ रहा था। इन सात वर्षों में समाजवाद की रूमानियत ने, किशोर नीतीश के नौजवान होते-होते, उसे अपने रंग में रँगकर अन्दर और बाहर से पूरी तरह से बदल दिया था। पटना आने के बाद उसके रहन-सहन और बातचीत में भी बदलाव आने लगा था। जब नीतीश पटना में आया ही था तब बिहार का राजनैतिक माहौल एकदम उफान पर था। उस उफान की तपिश राज्य के सुदूरवर्ती कोनों तक

पहुँच रही थी लेकिन राजधानी होने के कारण इसकी आँच का सबसे सीधा और सबसे ज़्यादा असर पटना शहर, और प्रकारान्तर से पटना यूनिवर्सिटी, पर पड़ रहा था।

हड़ताल, बन्द, रास्ता रोको अभियान, आगजनी आदि रोज़मर्रा में ऐसे रच-बस गए थे कि इन पर कोई ध्यान भी नहीं देता था। इन 7 वर्षों में 10 बार तो मुख्यमंत्री ही बदल गए थे जिनमें केदार पांडेय को छोड़कर किसी का कार्यकाल साल भर का भी नहीं रहा था। इन 10 महारतियों के शासन काल के बीच 3 बार राष्ट्रपति शासन भी लग चुका था। वैसे तो इस दौरान समाजवादी भी सत्तारूढ़ रहे थे पर प्रशासकीय अनुभवहीनता के कारण उनका प्रदर्शन प्रभावशाली नहीं था। लोहिया जी और समाजवाद के प्रति नीतीश की निष्ठा में फिर भी कोई कमी नहीं आई बल्कि पटना आने के बाद, थोड़े ही समय में उसने देश-विदेश की प्रमुख राजनैतिक विचारधाराओं को पहले अच्छी तरह समझा, फिर लोहिया साहित्य का गहन अध्ययन किया जिससे उसकी समाजवादी दृष्टि और भी स्पष्ट होकर समस्याओं को समझने लगी।

बिहार और समाजवादी युवजन सभा (एसवाईएस)

उन दिनों पटना का छात्र समुदाय काफ़ी जाग्रत् था। एसवाईएस सहित विद्यार्थी परिषद, एआइएसएफ, एएसएफ, एनएसयूआई आदि हर राजनैतिक दल की छात्र शाखाएँ पटना में बहुत सक्रिय थीं। उन्हीं दिनों पटना में पूरी तरह से समर्पित समाजवादियों के अपेक्षाकृत नौजवान और अगली पीढ़ी के सिरमौर, विजयदेव नारायण शाही, कृष्ण नाथ और किशन पटनायक जैसे कर्मठ लोगों का बहुत अच्छा जमावड़ा होने लगा था। ये लोग बिहार के युवाओं में बेहद लोकप्रिय हो रहे थे। किशन पटनायक के बारे में सुरेन्द्र किशोर बताते हैं—

'किशन पटनायक डॉ. राममनोहर लोहिया और उनकी नीतियों को ठीक ढंग से समझते थे। वे 1962 में ही ओडिशा से लोकसभा के सदस्य चुन लिये गए थे। बाद में उन्होंने बीजू पटनायक को अपने सिद्धान्तों के अनुरूप न पाकर उनके साथ मिलकर लोकसभा चुनाव लड़ने से दो बार इनकार कर दिया अन्यथा वे लगातार कई वर्षों तक लोकसभा में रहते। वे एसवाईएस के राष्ट्रीय अध्यक्ष थे। मूलत: वे विचारक और सिद्धान्तवादी व्यक्ति थे, बुद्धिजीवियों में बेहद सम्मानित पर वे जन नेता नहीं बन पाए।'

बिहार के युवाओं का किशन पटनायक और एसवाईएस के राष्ट्रीय महासचिव जनेश्वर मिश्र के प्रति प्रारम्भ से ही विशेष आकर्षण रहा था। सुरेश की संगति में नीतीश भी उनके प्रभाव से अछूता न रह सका। विश्वविद्यालय की

छात्र राजनीति में वह थोड़ी दूर से ही सही, पर सुरेश के कारण पूरी गम्भीरता से दिलचस्पी लेने लगा।

कौशल 1967 में ही पटना में इंजीनियरिंग कॉलेज में आ धमका था। बेगूसराय के ही उसके दो मेधावी दोस्त, श्यामसुन्दर यादव और विजय कुमार मिश्र भी पढ़ने के लिए उसी वर्ष पटना आ गए थे। कुछ ही दिनों में इन दोनों से नीतीश की भी गहरी छनने लगी। विजय नेतरहाट का विद्यार्थी था और उस वर्ष हायर सेकेंडरी के बोर्ड में वह बिहार भर में आर्ट्स का टॉपर था। विजय ने पटना कॉलेज में दाख़िला लिया था जहाँ के प्रिंसिपल थे भीष्म पितामह की भाँति चिर कुँवारे, डॉ. महेन्द्र प्रताप! पटना यूनिवर्सिटी का मेडिकल सेंटर जिस अन्तरराष्ट्रीय समाजसेवी संस्थान डब्ल्यू.यू.एस. (वर्ल्ड यूनिवर्सिटी सर्विस) के सहयोग से बना था डॉ. महेन्द्र प्रताप ने विजय को उसी के साथ जोड़ दिया था। उन दिनों डॉक्टर महेन्द्र के बारे में एक चटपटी अफ़वाह की फुसफुसाहट पटना यूनिवर्सिटी के गलियारों में सुनाई पड़ती थी। कहा जाता था कि डॉक्टर साहब केम्ब्रिज विश्वविद्यालय में इन्दिरा गांधी के सहपाठी थे और उनसे एकतरफ़ा प्रेम भी करते थे! प्रेम की इसी असफल गाथा ने उन्हें आजीवन देवदास बनाकर छोड़ दिया। पटना आकर विजय की दोस्ती सुरेश शेखर, सरयू राय, किशोर कुणाल, विष्णु दयाल राम और रामजतन सिन्हा जैसे ऊर्जावान नवयुवकों से हो गई। नीतीश तो सुरेश का पक्का दोस्त 1966 में ही बन चुका था, 1967 में उसकी दोस्ती इस नए ग्रुप के कुछ अन्य लोगों से भी हो गई।

छात्रसंघ के चुनाव

1967 तक पटना यूनिवर्सिटी के छात्र संघ के चुनाव का स्वरूप दूसरा था। तब चुनाव दो वर्षों में एक बार, वह भी प्रत्यक्ष न होकर अप्रत्यक्ष तरीक़े से होते थे। इस पद्धति को समझने में हमें पत्रकार विजय और पूर्व मंत्री रामजतन सिन्हा से बहुत मदद मिली। उन्होंने बताया कि पहले प्रत्येक क्लास में एक सौ छात्रों से एक-एक काउंसिलर या वर्ग प्रतिनिधि चुने जाते थे। अर्थात् छात्रों की संख्या 50 से लेकर 100 हो तो इनके बीच से 1, और 101 से 200 तक हो तो 2 काउंसिलर चुनकर आते थे। परीक्षा, खेल, भाषण आदि क्षेत्र विशेष में सर्वश्रेष्ठ प्रदर्शन करनेवाले विद्यार्थी अपनी उत्कृष्टता के कारण स्वत: ही काउंसिलर हो जाते थे। ये काउंसिलर ही बाद में मिलकर छात्र संघ के अध्यक्ष, महासचिव, सहायक महासचिव आदि पदाधिकारियों के चुनाव के लिए वोट देते थे। विजय के आकलन के मुताबिक़ इस प्रक्रिया में जातियों के स्वर प्रबल रहते थे। 1967 में इसी पुरानी व्यवस्था से राम प्रसाद यादव पटना यूनिवर्सिटी छात्र संघ के अध्यक्ष चुने गए थे। जिनको उस

समय के बड़े कांग्रेसी नेता, रामलखन सिंह यादव का संरक्षण प्राप्त था। उन दिनों पटना यूनिवर्सिटी में सक्रिय सभी छात्र संगठनों को छात्र संघ चुनाव की इस पुरानी पद्धति से बेहद नाराज़गी थी इसलिए इसमें बदलाव की माँग लगातार हो रही थी।

विजय बताते हैं—

'इस सिलसिले में रामजतन के प्रयासों से 1967 में ज़बरदस्त छात्र आन्दोलन भी हुआ था।'

उन दिनों सुरेश और नीतीश एसवाईएस के प्रायः सभी कार्यक्रमों में भाग लेते थे। उन दिनों कृष्ण कुमार एसवाईएस के प्रान्तीय सचिव थे और शिवानन्द तिवारी थे ऑर्गनाइज़र। सच पूछा जाए तो एक मायने में बिहार एसवाईएस के सर्वेसर्वा तिवारी ही थे। उन्हीं दिनों पटना यूनिवर्सिटी की छात्र राजनीति के क्षितिज पर एक नया नाम बड़ी तेज़ी से उभर रहा था लालू प्रसाद यादव। पत्रकार सुरेन्द्र किशोर भी उस समय एसवाईएस से बेहद क़रीब से जुड़े हुए थे। वे इस विषय में एक रोचक जानकारी देते हैं :

'1969 की बात है। बिहार एसवाईएस का संगठनात्मक चुनाव पटना के हिन्दी साहित्य सम्मेलन भवन में हो रहा था। जनेश्वर मिश्र चुनाव के प्रभारी थे। इस चुनाव में एसवाईएस के एक धड़े ने संगठन के उन नेताओं (शिवानन्द तिवारी, नरेन्द्र कुमार सिंह आदि जिसके अंग थे) के विरुद्ध अपने उम्मीदवार खड़े कर दिए थे जिनकी राजनीतिक पारिवारिक पृष्ठभूमि का संगठन में प्रभाव था। प्रान्तीय सचिव पद के लिए शिवानन्द तिवारी के विरुद्ध एबादुल रहमान उम्मीदवार थे। एबादुल गुट के लोग संख्या बल में कम थे। 3 संयुक्त सचिवों के पद के लिए दोनों तरफ़ से 3-3 उम्मीदवार खड़े किए गए थे। मैं एबादुल गुट की ओर से संयुक्त सचिव पद का प्रत्याशी था।

दूसरे ख़ेमे से संयुक्त सचिव के पद के लिए किन्हीं लल्लू प्रसाद यादव ने भी नामांकन पत्र दाख़िल किया था। मेरे लिए यह एकदम नया नाम था। छात्र संघ के आसन्न चुनावों में राम प्रसाद यादव के मुक़ाबले एसवाईएस को एक बेहद मज़बूत प्रत्याशी खड़ा करने की ज़रूरत थी। इसके लिए शिवानन्द ने लल्लू जी को माकूल जवाब माना था। बाद में लल्लू जी को ही हम लालू प्रसाद यादव के नाम से जानने लगे। तिवारी जी ने लालू जी की भाषण देने की कला से प्रभावित होकर उनको छात्र राजनीति में आगे किया था।'

लालू यादव ने भी अपने राजनीतिक जीवन में शिवानन्द के महत्त्व को अपनी किताब 'गोपालगंज से रायसीना, मेरी राजनैतिक यात्रा' में स्वीकार किया है—

'शिवानन्द बिहार में युवजन सभा के कन्वेनर (समन्वयक) थे। 1960 के उत्तरार्द्ध में सभा का सदस्य बनाकर शिवानन्द ने मुझे युवा राजनीति में आने का पहला मौक़ा दिया।'

यहाँ हम आपको एक बार फिर से वापस विजय के पास ले चलते हैं। उनसे हम 1967 तक का हाल जान चुके हैं। अब उनसे आगे की बात जानते हैं—

'दो साल बाद, यानी 1969 में छात्र संघ चुनाव से कई महीने पहले ही, कुछ छात्रों ने तत्कालीन अप्रत्यक्ष चुनाव पद्धति के बदले हर पद के लिए सभी छात्रों के प्रत्यक्ष मतदान द्वारा चुनाव की माँग की। यह सुझाव बी.एन. कॉलेज के एक छात्र नेता, आदित्य कुमार पांडेय का था जो बाद में फ़ौज में कमीशंड ऑफ़िसर बने। उन दिनों लालू यादव भी इसी बी.एन. कॉलेज के विद्यार्थी थे। बीए पास करने के बाद, वे शायद पशुपालन विभाग में नौकरी करने लगे थे, फिर भी छात्र राजनीति में बने रहने के लिए शायद लॉ कॉलेज में दाख़िला ले लिया था।

आदित्य पांडेय ने विभिन्न छात्र संगठनों के प्रतिनिधियों के साथ पटना के प्रसिद्ध सोडा फाउंटेन रेस्तराँ में एक बड़ी बैठक की। इस बैठक में साम्यवादी छात्र नेता विश्वजीत सेन, छात्र नेता मधेश्वरधारी सिंह और विद्यार्थी परिषद के सुशील कुमार मोदी आदि कई अन्य छात्र नेताओं के साथ पटना कॉलेज की ओर से मैं भी शामिल हुआ था। इसी समूह ने तत्कालीन कुलपति डॉ. काली किंकर दत्त को अपनी माँग का ज्ञापन दिया। डॉक्टर दत्त प्रख्यात विद्वान होने के साथ-साथ बहुत सज्जन व्यक्ति भी थे। उन्होंने छात्रों की माँग पर हर कॉलेज में जनमत संग्रह कराने का आदेश दिया। रविवार की छुट्टी के दिन जनमत संग्रह हुआ जिसमें हर पद के लिए हर छात्र के मताधिकार माँग के पक्ष में बहुमत रहा। रामजतन ने मुझे बताया था कि जब्बार हुसैन साहब की अध्यक्षता में 'एजुकेशन रिफ़ॉर्म कमीशन' भी बना जिसमें तीन विद्यार्थियों, क्रमशः रामजतन, लालू और आदित्य पांडेय को अपना-अपना विचार रखने के लिए बुलाया गया था।

अकाट्य तर्क

रामजतन ने हुसैन साहब के सामने तर्क रखा था कि जब देश के लोकतंत्र में प्रतिनिधियों के सीधे चुनाव होते हैं तो छात्र संघ में क्यों नहीं होने चाहिए? यह तर्कसंगत बात मान भी ली गई थी।

अब आगे की कहानी कौशल बता रहा है—

'इस बदलाव के साथ 1969 में पटना यूनिवर्सिटी के छात्र संघ के लिए प्रत्यक्ष चुनावों की पहली बार घोषणा हुई। विजय, रियाज़ अजीमाबादी, नीतीश, रामजतन, सुरेश और मुझ जैसे कई उत्साही नौजवान साथी कुछ नया करना चाहते थे। इंजीनियरिंग पढ़ रहा विश्वजीत, वैसे तो एआइएसएफ से जुड़ा हुआ था लेकिन सुरेश गैंग के ज़ोर देने से वह भी इस ग्रुप के साथ मिलकर 'प्रगतिशील युवा मंच' नाम के एक नए झंडे को उठाकर खड़ा हो गया। इस

मंच का ध्येय छात्र संघ के लिए सबसे अच्छे प्रत्याशियों को समर्थन देना था। दुर्भाग्य से बड़ी उम्मीदों से बने इस मंच की कुल जमा दो बैठकें ही हो पाईं। इंजीनियरिंग कॉलेज से मेरे अलावा विश्राम सिंह और कमलेश्वर साही थे। इस मंच ने विभिन्न पदों के लिए साझा उम्मीदवारों की घोषणा भी की लेकिन कई कारणों से यह सामूहिक प्रयास विफल रहा। फिर भी सुरेश और मैंने रामजतन को सोशल सर्विस के सेक्रेटरी पद के लिए खड़ा होने को तैयार करा लिया। हम उनके प्रचार के लिए साइकिलों से पटना की सड़कों पर धूल फाँकते फिरे। यह पहला ऐतिहासिक प्रत्यक्ष चुनाव 9 मार्च, 1970 को सम्पन्न हुआ लेकिन सेक्रेटरी सोशल सर्विस के प्रत्याशी रामजतन को छोड़कर हमारे 'प्रगतिशील युवा मंच' के सभी उम्मीदवार हार गए। जातिगत समीकरणों के कारण अध्यक्ष पद पर मेडिकल कॉलेज के राजेश्वर प्रसाद और महासचिव के पद पर लॉ कॉलेज के लालू प्रसाद यादव की जीत हुई। हाँ, उस चुनाव में सबसे अधिक वोटों से हमारा प्रत्याशी रामजतन जीता। शायद सार्वजनिक मंच पर रामजतन भाई की पहली बार वही बड़ी पहचान बनी। छात्र संघ के पदाधिकारियों की इस सूची में कैबिनेट सदस्य के रूप में अन्तिम नाम भौमिकी के स्नातकोत्तर छात्र, रंजन यादव का था। यह नाम पटना यूनिवर्सिटी की राजनीति में पहले तो लालू का अघोषित अभिभावक रहा, लेकिन बाद के लालू के उत्कर्ष के दिनों में बिहार की सभी यूनिवर्सिटी में कुछ दिनों तक इनकी ही तूती बोलती रही। लालू से मोहभंग होने के बाद रंजन यादव नीतीश के क़रीबी हो गए पर सब कुछ अपने मन के मुताबिक़ न देखकर यहाँ से भी रुखसत हो लिए।'

इस क्रम में हमने जब शिवानन्द तिवारी से बात की तो एक नई कहानी निकलकर सामने आई।

मैं भी लोहिया का भक्त

शिवानन्द अपने ऊपर पड़े समाजवादियों के प्रभाव के बारे में बताते हैं—

'मैं भी समाजवादियों से बहुत निकटता का अनुभव करने के कारण उनकी बातें बहुत ध्यान से सुनता था। ज़्यादातर बातें तो मेरे पल्ले न पड़ती थीं फिर भी मैं उनके साथ लगा रहता था। वैसे तो वे सब-के-सब ही दिग्गज थे लेकिन मुझे किशन पटनायक जी इस क़दर भा गए कि मैं उनका शैदाई बन गया। मुझे लगा कि उन्हें लोहिया के सिद्धान्तों की जितनी साफ़ समझ थी और लोहिया की सोच को जैसे उन्होंने आत्मसात् करके अपनी जीवन-शैली में उतार लिया था, मेरे आसपास उसकी कोई दूसरी मिसाल थी ही नहीं। मुझे गांधी और लोहिया के जीवन दर्शन की समझदारी और उनके प्रति निष्ठा की संवेदना किशन जी से ही मिली।'

शिवानन्द ने लालू को एसवाईएस का संयुक्त सचिव 1969 में ही कैसे बनवाया था, यह हम सुरेन्द्र किशोर से पहले ही जान चुके हैं। उसके आगे क्या हुआ यह हम शिवानन्द से ही सुनते हैं—

'मेरा पटना यूनिवर्सिटी से कोई सीधा रिश्ता नहीं था लेकिन बिहार एसवाईएस का ज़िम्मेदार पदाधिकारी होने के कारण युवाओं की हर गतिविधि पर मेरी दृष्टि स्वाभाविक रूप से चली ही जाती थी। 1970 में, नए पैटर्न के आधार पर, पटना यूनिवर्सिटी में वार्षिक छात्र संघ के चुनाव की घोषणा हुई जिसमें प्रत्येक छात्र को वोट देने का अधिकार था। मैंने देखा कि सम्भावित प्रत्याशियों में फिर से राम प्रसाद यादव और विजय कुमार सिन्हा के नाम थे। मैंने अपनी समझ से एसवाईएस की ओर से 10 प्रत्याशियों की एक नई सूची बनाई जिसमें लालू का नाम महासचिव के लिए रखा। फिर अपने दल-बल के साथ पटना के हर लॉज और हॉस्टल जाकर अपने प्रत्याशियों के लिए वोट माँगने लगा। चुनाव प्रचार प्रारम्भ करने के 3 दिनों के बाद लालू से मेरी मुलाक़ात हुई। मिलते ही उसने यही कहा कि वह तब तक जहाँ कहीं भी अपना प्रचार करने गया था, वहाँ मैं पहले ही उसके पक्ष में हवा बना आया था! हम हर उस जगह गए जहाँ से वोट मिलने थे। इस क्रम में मैं इंजीनियरिंग कॉलेज के हॉस्टल में एक विद्यार्थी से भी मिलने गया। मुझे बताया गया था कि वह एसवाईएस का ऐसा सदस्य था जो पटना के इंजीनियरिंग कॉलेज के हर वर्ग में बहुत लोकप्रिय माना जाता था। वह नौजवान तो कमरे में नहीं था लेकिन उसके कमरे का दरवाज़ा बन्द नहीं होने के कारण हम अन्दर चले गए। अन्दर जाकर ही मैं बड़ा प्रभावित हो गया क्योंकि मैंने तब तक किसी विद्यार्थी का कमरा इतना साफ़-सुथरा और व्यवस्थित नहीं देखा था। वह कमरा नीतीश कुमार का था जिसने अपने कॉलेज के 500 में से शायद 450 वोट अपने एसवाईएस के साथी लालू को दिलवाए और लालू जीत गया। इस चुनाव के माध्यम से पटना यूनिवर्सिटी की छात्र राजनीति में लालू का पहली बार प्रवेश हुआ। बेशक महासचिव वह बना, लेकिन यह हम सबों की ही जीत थी।'

शिवानन्द ने जो बातें कहीं उनसे तो यही लगता है कि लालू की इस जीत के पीछे एसवाईएस का बड़ा हाथ रहा होगा जिसमें रंजन यादव ने भी काफ़ी दौड़-धूप की होगी।

प्यार-तकरार का रिश्ता

हमारी छात्र संघ के चुनाव की इस कहानी में एक बड़ा मोड़ अचानक आ गया जब 2011 में हमने एक और समाजवादी दिग्गज, भोला प्रसाद सिंह का इंटरव्यू

रिकॉर्ड किया। नौजवानी के दिनों से ही नीतीश का भोला बाबू के साथ बड़ा अजीबोग़रीब रिश्ता था। इसे 'प्यार-तकरार का रिश्ता' कहकर हम लोग नीतीश को चिढ़ाते भी थे। भोला बाबू अपने आपको कुर्मियों का इकलौता और सबसे बड़ा नेता मानते थे, ठीक वैसे ही जैसे यादवों के एकच्छत्र नेता राम लखन सिंह यादव थे। उन दिनों बिहार राज्य, ख़ास तौर से पिछड़ी जातियों की राजनीति में राम लखन सिंह यादव बहुत बड़ी हस्ती थे जिन्हें हर क्षेत्र में पराजित करके भोला बाबू पिछड़ों के सबसे बड़े नेता बनना चाहते थे। इस प्रबल इच्छा की पूर्ति में नौजवान नीतीश उन्हें अपना स्वाभाविक शत्रु दिखता था। नीतीश ने 1972 के विधानसभा के चुनाव में समाजवादी भोला बाबू की जी-जान से मदद की थी। इसके प्रतिदान में भोला बाबू भी 1973 में नीतीश और मंजु की शादी में बहुत सक्रिय रहे थे। भोला बाबू इस नवविवाहित जोड़ी को अपनी नई फ़िएट कार पर बिठाकर, स्वयं ड्राइव करते हुए, पटना से बख़्तियारपुर पहुँचाने गए थे। दरअसल, मंजु के दो चाचा भोला बाबू के क़रीबी रिश्तेदार भी थे जिनकी मदद लेकर भोला बाबू ने 1977 के चुनाव में नीतीश को हराया था। 1980 के विधानसभा चुनाव में नीतीश के प्रतिद्वन्द्वी, बेलछी कांड के अभियुक्त अरुण कुमार सिंह को पूरा समर्थन देकर नीतीश को हराने में भोला बाबू ने एक बार फिर अहम् भूमिका निभाई थी। लेकिन हमारे भोलानाथ नीतीश कुमार ने इन्हीं भोला बाबू को बिहार की नागरिक सुरक्षा समिति का उपाध्यक्ष बनाकर कैबिनेट मंत्री की सारी सुविधा मुहैया कराई थी। हम भोला बाबू से हुई बातचीत की रिकॉर्डिंग का असम्पादित अंश प्रस्तुत कर रहे हैं—

'(मैंने) लालू को पटना यूनिवर्सिटी का इलेक्शन लड़ाया था। हमने और दारोग़ा बाबू (श्री दारोग़ा प्रसाद राय) ने घूम-घूमकर प्रचार किया था। रंजन यादव का उस समय न तो कोई नाम था न ही (उनकी) कोई राजनैतिक पैठ।...लालू यादव उस समय नेता नहीं थे। उनको हम लोगों ने इलेक्शन में खड़ा करवाया और लड़वाया। राम लखन यादवों के नेता थे एवं हम कुर्मियों के नेता थे। उस समय राम प्रसाद यादव यादवों के नेता थे पटना यूनिवर्सिटी में तो हम लोगों ने लालू यादव को उसके ख़िलाफ़ लड़ने के लिए तैयार किया। उस नेता के काट के लिए लालू को आगे किया एवं इलेक्शन में पूरा सहयोग किया। प्रचार के लिए गाड़ी एवं पेट्रोल दिया। उसके साथ कई हॉस्टल में गए।...भूपेन्द्र नारायण मंडल ने मंत्री बनने से इनकार कर दिया। उन्होंने कहा कि लोहिया उसको सही नहीं मानेंगे। राम लखन सिंह यादव के जवाब के रूप में विन्देश्वरी मंडल को सामने किया।'

भोला बाबू का यह वक्तव्य पढ़कर लगता है कि उन्होंने राम लखन सिंह यादव को पीछे छोड़ने के लिए हर चन्द कोशिश की। दरअसल, लालू तो वक़्त

के हाथों एक मोहरा भर थे। यह भी लगता है कि यह सारी बिसात लालू की जीत के लिए नहीं, राम लखन सिंह यादव को पराजित करने के लिए बिछाई गई थी।

तो यह थी पटना यूनिवर्सिटी के छात्र संघ के चुनाव में लालू की जीत की अन्दरूनी-अनजानी कहानी!

1970 में छात्र संघ का पहली बार जो प्रत्यक्ष चुनाव हुआ उसे एक साल पहले ही सम्पन्न होना था। नए नियमों के मुताबिक़ छात्र संघ के चुनाव दो वर्षों के बजाय अब प्रत्येक वर्ष होने थे। इसलिए पटना यूनिवर्सिटी छात्र संघ का अगला चुनाव जो 1971 में होना था, वह 1972 में हो सका जिसमें लालू को पराजित करके रामजतन सिन्हा अध्यक्ष बने। विजय की जानकारी के मुताबिक़ रामजतन को अध्यक्ष बनाने में राजनारायण चेतना मंच के अध्यक्ष बाल मुकुन्द शर्मा की भी अहम भूमिका रही थी।

दिनमानी चौकड़ी का आह्लाद

इस काल में पटना यूनिवर्सिटी के छात्रों के बीच पटना कॉलेज से एक गम्भीर और विशिष्ट छात्र नेता राजनीति के क्षितिज पर तेज़ी से उभर रहा था जिनका नाम था वशिष्ठ नारायण सिंह। शिक्षकों में बहुत लोकप्रिय रहे वशिष्ठ भाई ने 1967 में इतिहास में एमए किया था। वैसे तो विद्यार्थी की हैसियत से वशिष्ठ भाई की औपचारिक पढ़ाई समाप्त हो चुकी थी लेकिन पटना यूनिवर्सिटी के छात्र संघ में इनकी गहरी राजनैतिक संलिप्तता बनी रही। कहा जाता है कि रामजतन को भारी मतों से जिताने, और प्रकारान्तर से लालू की पराजय में वशिष्ठ नारायण का भी हाथ था। 1972 के छात्र संघ चुनाव में हारकर लालू पशुपालन विभाग में क्लर्क की नौकरी करने चले गए थे। वह सब कैसे हुआ, इसके बारे में उन दिनों के बड़े महत्त्वपूर्ण छात्र नेता और तब तक लालू के बहुत अच्छे मित्र रहे नरेन्द्र सिंह की लालू के नाम लिखी कुछ चिट्ठियों में चर्चा की गई है।

बहरहाल, रामजतन की इस भारी जीत के पीछे का सच चाहे जो कुछ भी हो लेकिन अपनी अध्यक्षता के दौरान उन्होंने विश्वविद्यालय के इतिहास में पहली बार छात्र संघ के वार्षिकोत्सव का आयोजन किया था। उस आयोजन में प्रतिष्ठित हिन्दी पत्रिका 'दिनमान' के सम्पादक, रघुवीर सहाय ने मुख्य अतिथि के रूप में हिस्सा लिया था। 'दिनमान' को 'दिनमान' बनाने का सबसे बड़ा श्रेय इसके संस्थापक सम्पादक सच्चिदानन्द हीरानन्द वात्स्यायन अज्ञेय को था जो मूलत: साहित्यकार थे। वे 1965 से 1969 तक दिनमान के सम्पादक रहे। उनके बाद रघुवीर सहाय दिनमान के सम्पादक बने। उन्होंने भी 'दिनमान' का स्तर बनाए रखने की हरसम्भव कोशिश की।

कहना न होगा कि रामजतन के प्रयासों से पटना में पहली बार छात्रसंघ वार्षिकोत्सव हुए।

इस आयोजन से विजय, सुरेश, कौशल और नीतीश की दिनमानी चौकड़ी कितनी आह्लादित हुई होगी!

1972 के छात्र संघ के 12 पदाधिकारियों में से 2 नाम आपको आज भी स्मरण होंगे। पहला नाम है छात्र संघ के महासचिव के रूप में नरेन्द्र कुमार सिंह का और दूसरा नाम है कैबिनेट सदस्य सुशील कुमार मोदी का। नरेन्द्र कालान्तर में नीतीश की सरकार में कृषि मंत्री भी रहे पर न जाने किस तुफैल में अचानक माँझी जी की नाव पर सवार हो गए। सुशील कुमार, बीच का थोड़ा सा अन्तराल छोड़कर, 2005 से 2020 तक लगातार बिहार के उपमुख्यमंत्री रहे और पर्यावरण सहित कई विभागों की ज़िम्मेदारियाँ वे बख़ूबी निबाहते रहे। इन विभागों में काम करनेवाले लोग आज भी उनकी पैनी और सम्यक् दृष्टि को श्रद्धा से याद करते हैं।

दोस्त दोस्त न रहा

1972 के बाद पटना यूनिवर्सिटी छात्र संघ का अगला चुनाव 1973 में हुआ। उसमें अध्यक्ष पद के लिए दो पुराने दोस्तों, नरेन्द्र सिंह और लालू प्रसाद, में कड़ा मुक़ाबला हुआ था जिसमें एसवाईएस के समर्थन से लालू जीतकर अध्यक्ष बने।

सम्पूर्ण क्रान्ति की बुनियाद

बहरहाल, 1973 का पटना यूनिवर्सिटी छात्र संघ का चुनाव बिहार क्या, पूरे देश की राजनीति के लिए महत्त्वपूर्ण साबित हुआ क्योंकि यहीं से सम्पूर्ण क्रान्ति की ज्वाला भड़की। उन दिनों, पटना यूनिवर्सिटी में चारों ओर हड़कम्प मचा हुआ था। आन्दोलन के प्रारम्भिक दिनों को याद करें तो पहली दृष्टि में ही हर किसी को नीतीश का झक सफ़ेद कॉलर वाला समाजवादी कुर्ता, अलीगढ़ी पाजामा तथा उसके करीने से सँवरे हुए बाल प्रभावित किए बिना नहीं रहते थे। फिर एकाध वर्षों में ही नीतीश की भाषा पर समाजवादी-मार्क्सवादी साहित्य सहित नवसमाजवादी पत्रिका 'दिनमान' का इतना गहरा प्रभाव पड़ चुका था कि जब भी वह कहीं और किसी भी गम्भीर विषय पर चर्चा करता तो लगता ही नहीं था कि इतनी कम उम्र का कोई नौजवान बोल रहा है! उन्हीं दिनों से वह दिखने में कोमल युवा, पर बातचीत से प्रौढ़ तथा गम्भीर चिन्तक, लगने लगा था।

ये दोस्ती हम नहीं छोड़ेंगे

नीतीश के पटना इंजीनियरिंग कॉलेज के शुरुआती दौर की चर्चा अरुण, कौशल और नरेन्द्र के बिना वैसी ही बिलकुल रंग-रसहीन और अधूरी है जैसी कत्थे, चूने और सुपारी के बग़ैर मगही मीठा पान! मीठे पान के असली शौक़ीन पान में थोड़ा गुलकन्द और थोड़ी इलायची भी पसन्द करते हैं। वह मिठास और ख़ुशबू ख़ालिस लखनवी आदित्य प्रकाश मिश्र से आती थी। और हाँ, इस मीठे पान पर चाँदी का वर्क है हमारा चचा बुक़रात! जून 1967 में नीतीश और अरुण ने बिहार कॉलेज ऑफ़ इंजीनियरिंग में एक साथ इलेक्ट्रिकल तथा कौशल और आदित्य ने सिविल इंजीनियरिंग विभागों में दाख़िला लिया था। सनातन लेट-लतीफ़ नरेन्द्र इन सबके छह माह बाद कॉलेज में आया, वह भी इलेक्ट्रिकल इंजीनियरिंग विभाग में ही। अरुण, कौशल, आदित्य और नरेन्द्र से 1967 में शुरू हुई नीतीश की मित्रता की दास्तान आज तक तरोताज़ा है। इस दोस्ती की सीधी-सच्ची कहानी में मिर्च-मसाले डालनेवाला चचा बुक़रात इनसे 1970 में मिला। बिना ज़्यादा हील-हुज्जत के, गोल्डन जुबली पार करके प्लैटिनम जुबली की ओर बढ़ रही यह पचास सालों से भी पुरानी ऐसी दोस्ती है जिसका बाल तक बाँका नहीं हुआ है। अलबत्ता तब से आज तक चचा, नरेन्द्र, अरुण और कौशल के बाल काफ़ी झड़ गए हैं। हममें से बस नीतीश ने ही आज तक अपने बालों की बख़ूबी हिफ़ाज़त की है।

आइए, सबसे पहले हम सुनते हैं अरुण की ज़ुबानी दास्तान-ए-दोस्ती! अरुण माने अरुण कुमार सिन्हा, कितने ही पुरस्कारों से नवाजे गए देश के लब्धप्रतिष्ठित पत्रकार, कई पुस्तकों के सम्मानित लेखक, दूरदर्शन पर प्रदर्शित बहुचर्चित धारावाहिक 'भारत एक खोज' के सहायक निर्देशक, गोवा के प्रमुख अंग्रेज़ी दैनिक 'नवहिन्द टाइम्स' के मुख्य सम्पादक!

अरुण बताता है—

'फ़र्स्ट ईयर में मैंने और नीतीश ने साथ-साथ दाख़िला लिया था। कॉलेज में आने के बाद मुझे स्थिर होने में थोड़ा समय लग रहा था। कॉलेज में आते ही नीतीश और मैंने बुर्जुआ और सर्वहारा वर्गीकरण का पहला पाठ पढ़ लिया। हुआ यूँ कि पढ़ाई के लिए सत्र ठीक से शुरू भी नहीं हुआ था और क्लास में अलग-अलग ग्रुप बन गए। पढ़ाकू क़िस्म के लड़कों ने आगे की सीटें पहले ही हथिया ली। हमें तभी लग गया था कि ये लोग बिना जाने-बूझे भी प्रोफ़ेसर की हर बात पर सब समझने का नाटक करते, कठपुतलियों की तरह, सर हिलाते-डुलाते रहते थे। इन नक़ली टट्टुओं से हमारा मन इतना उचाट हो गया था कि हम हमेशा इनसे दूर ही बैठना पसन्द करते थे। सत्र की शुरुआत में ही इंजीनियरिंग की औपचारिक पढ़ाई-लिखाई से हमारा स्वाभाविक किन्तु अनौपचारिक सम्बन्ध-

विच्छेद हो गया था। इसलिए मैं और नीतीश क्लास की सबसे पिछली बेंच के स्थायी स्वामी मान लिये गए थे। हम दोनों सबसे पीछे बैठने के चक्कर में क्लास में सबसे पहले आनेवाले छात्र हुआ करते थे। हम बीच में थोड़ी दूरी रखकर आसपास बैठने भी लगे थे। नीतीश तब भी अस्वाभाविक लगने की हद तक चुप रहता था। उन दिनों मैं भी बहुत कम बोलता था। धीरे-धीरे मुझे एक अहसास हो चला था कि शायद हम दोनों एक-दूसरे को पसन्द करने लगे थे। मुझे तब लगता था कि हम दोनों बर्फ़ की किसी पारदर्शी दीवार के दो तरफ़ खड़े थे। हमारे बीच की औपचारिकता की यह दीवार तोड़ने की पहल करने का जोखिम उठाने को कोई तैयार नहीं था। बाद में मुझे समझ में आया कि उसकी चुप्पी के पीछे संकोच ही अधिक था। वह तो भला हो नरेन्द्र कुमार सिंह का कि एक दिन उसके अचानक आकर हमारे बीच में धप्प से बैठ जाने से वह बर्फ़ अपने आप पिघल गई! मुझे लगा कि इस नक़ली दीवार के उस पार जो खड़ा था, वह भी मैं ही तो था! बस तब तक अपने आपसे बेख़बर और बेगाना था मैं। नीतीश से मिलकर लगा कि मेरी ख़ुद की तलाश, जो मुझे हमेशा बेचैन रखती थी, अब अपने मुकाम पर पहुँचने का सही रास्ता पा जाएगी।

इसी दौरान राँची से महात्मा कौशल किशोर मिश्र हमारे बीच सशरीर अवतरित हो गए और आते ही वे हमारी इंजीनियरिंग की पढ़ाई को तिलांजलि दिलानेवाले महापुरोधा बन गए! उनकी कृपापूर्ण उपस्थिति मात्र से ही इंजीनियरिंग न पढ़ने की हमारी दमित इच्छा रातों-रात ऐसी हिलोरें लेने लगी मानो अलसाई नदी में सुनामी आ गया हो। मीता, मेरी, कौशल और नीतीश की दोस्ती बहुत स्वाभाविक रूप में विकसित हुई, क्योंकि हम तीनों की पारिवारिक पृष्ठभूमि और मानसिक बनावट प्रायः एक जैसी थी। हमें उस राह पर जबरन धकेला जा रहा था जहाँ वैचारिक स्वतंत्रता के लिए कोई गुंजाइश ही नहीं थी, जहाँ थोड़ी दूर जाते-जाते सृजनशीलता की नदी सूख जाती थी।

दुष्यन्त कुमार से उधार लेकर कहता हूँ—

यहाँ तक आते-आते सूख जाती हैं कई नदियाँ,
मुझे मालूम है पानी कहाँ ठहरा हुआ होगा।

बचपन से हमारे आदर्श रहे चाचा नेहरू की राजनीतिक भूलों के कारण हमारे नौजवान होते-न-होते उनसे मोहभंग की स्थिति आ चुकी थी। कॉलेज में आते ही हमारे चारों ओर से उमड़ती बेरोज़गारी, अराजकता और अनिश्चय की घटाएँ ताबड़-तोड़ बरसकर आत्मविश्वास की हमारी हल्की-सी चादर को भी ऐसी गीली कर देती थीं कि वह शरीर से चिपक जाती थीं। इस कारण हमारे अन्दर छुपे अन्धकारमय भविष्य का डर और भी नंगा होकर अधिक स्पष्ट दिखने लगता था। ऐसी गन्दी

बारिश के देर बाद तक भी उसकी चिपचिपाहट हमें जुगुप्सित करती रहती थी। पारिवारिक अपेक्षाओं के कारण सुरक्षित भविष्य की आशा में इंजीनियरिंग पढ़ने तो हम आ गए थे, लेकिन आते ही बात समझ में आ गई कि हमें चाहे और जो भी करना पड़े, मगर इंजीनियर नहीं बनना है। नीतीश और कौशल को नज़दीक से जानकर मुझे पता लग गया कि मेरा अगर कोई एकाध पेच ढीला है तो इन दोनों के सारे पेच सिरे से ही ग़ायब हैं! ये तो सर पर मानो कफ़न बाँधकर ही कॉलेज में घुसे थे। जब हम पहली बार ठीक से मिले तब की याद करके लगता है कि वे दिन हम जैसे विद्यार्थियों में नए और उग्र सुधारवाद के दिन थे। हमारी चेतना पर एक ओर जहाँ पारिवारिक परम्पराओं का बोझ था, वहीं समाजवादी विचारधारा हमें गहरे तक उद्वेलित करने लगी थी। उम्र के उस अपरिपक्व पड़ाव पर इन दो परस्पर विरोधी विचार शैलियों में सामंजस्य हमारे लिए आसान नहीं था।'

नरेन्द्र (मीता) इसी बात को आगे बढ़ाते हुए कहता है—

'लगता था जैसे हमारे अन्दर में हमेशा एक जंग चल रही है, एक जद्दोजहद है जिसमें लड़ रही दो सेनाओं के सेनापति अकेले हम ही हैं। ख़ुद को ख़ुद ही मारना और फिर ख़ुद खड़े होकर ख़ुद को ही मरते देखते जाना, बड़ा विस्मयकारी और पीड़ादायक अनुभव होता था।'

अब अरुण कह रहा है—

'यह भी सच है कि आर्थिक रूप से बहुत सशक्त न होने पर भी हम चारों किसी चीज़ के लिए मुहताज़ नहीं थे। इस कारण से हमारे सहपाठियों को हम चारों की ज़मींदारी पृष्ठभूमि और सर्वहारा समर्थक सोच में बड़ा विरोधाभास लगता रहता था। नीतीश की साफ़-सफ़ाई और रहन-सहन से मैं प्रभावित तो था, पर उसकी चिन्तनशील आँखें मुझे बेहद आकर्षित करती थीं। मैं हमेशा अनुमान लगाता रहता था कि यह गुमसुम रहनेवाला लड़का अपने आपमें डूबकर क्या सोचता रहता होगा लेकिन अपनी हनक या फिर शायद हीनभावना के कारण मैं उसे टोकता नहीं था। उन दिनों के नीतीश के बारे में अब सोचता हूँ तो लगता है कि नीतीश अकेला ही हम तीनों की सारी मानसिक और भावनात्मक कमियों का पूरक बन गया था और हमारी हर दिमाग़ी ज़रूरतें बिना कुछ बताए ही पूरी करता रहता था। मित्रता की कसौटी पर हम सबके लिए हर प्रकार से आदर्श था वह, लेकिन हम सब उसकी बुभुक्षा अलग-अलग स्तर पर, वह भी आंशिक रूप से ही, शान्त कर रहे होते थे। नीतीश के पास पहले दिन से ही था अपरिमित प्रेम और विश्वास। मैं शायद नीतीश का (हमप्याला की तर्ज़ पर) 'हमबेंच' होने के कारण, या फिर नीतीश नाम के स्कूटर की स्टेपनी होने की वजह से, उसके लिए अपरिहार्य था। लेकिन पटना के हमारे इंजीनियरिंग कॉलेज के दिनों के मित्रों में मानसिक तथा बौद्धिक स्तर पर सुरेश ही नीतीश के सबसे क़रीब था।'

नीतीश के बारे में अरुण के प्रस्तावना भाषण पर विराम लगाते हुए हम सब कौशल की ओर बड़ी आशा से देखते हैं। कल तक कौशल किसी बहुराष्ट्रीय बीमा कम्पनी के बहुत बड़े अधिकारी रहे थे जिन्हें हम यदा-कदा आज भी 'कंट्री हेड' कहकर तिक्त करते रहते हैं। बहुत कोशिश करके भी आज का कौशल नीतीश से अपनी पहली मुलाक़ात ठीक-ठीक याद नहीं कर पा रहा। देखते ही देखते, हम सबके सामने कौशल पुराने दिनों को याद करते-करते फिर से किसी खो चुकी दुनिया का जीवित बाशिन्दा बन जाता है, मानो कल की ही बात हो। वैसे तो बेरहम वक़्त ने उसके सुन्दर चेहरे पर ढेर सारे क्रूर हस्ताक्षर कर दिए हैं, लेकिन अभी जैसे समय की क़ालीन किसी ने मोड़कर किनारे रख दी है। उसके बूढ़े हो रहे अधेड़ चेहरे पर समय की लिखी दुख और सन्ताप की एक-एक इबारत मिट गई है और किसी किशोर का मासूम चेहरा लाल गुलाब की अधखिली कलियों के बीच से झाँककर 1967 की कहानी सुनाता है। यह कहानी स्वातंत्र्योत्तर पीढ़ी की है। नीतीश की इस बिहारी पीढ़ी ने अभी-अभी किसी मुफ़स्सिल इलाक़े से पटना की खुली हवा में आकर पंख फड़फड़ाना सीखा है। इसे पटना में पहले से पाँव जमाए स्थापित आभिजात्य वर्ग से टक्कर लेकर उसे अपने ही दमख़म पर बहुत पीछे छोड़ना है। यह क़स्बों और छोटे शहरों में पनपी नई पीढ़ी प्रतिरक्षा में नहीं, भयभीत होकर अपने ऊपर होनेवाले सम्भावित प्रहार की प्रतीक्षा में भी नहीं, बल्कि अपने अधिकारों के लिए आगे बढ़कर पूरी ताक़त से वार करने में विश्वास करती है।

यादों के चिनारों के बीच से गुज़रती राह पर चलता हुआ कौशल बता रहा है—

'शायद सुरेश और श्याम सुन्दर की पहल पर ही पहली बार, मैं और नीतीश, कॉलेज कैंटीन में मिले थे। तब तक नीतीश हॉस्टल में तो नहीं रहता था पर शाम में यदा-कदा अनौपचारिक कपड़ों में वह कैंटीन आता-जाता था। मैं उसे जानता न था लेकिन उसके कुर्ते और पाजामे की धारदार क्रीज़ और उसकी बेहद गम्भीर आवाज़ मुझे बहुत प्रभावित करती थी। मेरे और नीतीश के अधिकांश मित्र इंजीनियरिंग कॉलेज के बाहर के थे।

भोजन भट्टों के प्राणों का अनुनाद

अगर हमें भोजन भट्ट न समझा जाए तो यह स्वीकार करने में मुझे कोई शर्म-हया का अनुभव नहीं होता कि मैं और नीतीश, दोनों ही जानते थे कि कौन-सी अभीष्ट मिठाई, ताज़ा नमकीन या कौन-कौन-से स्वादिष्ट पकवान पटना में सबसे कम दाम पर, कब से कब तक, और कहाँ मिलते हैं। गम्भीरता से कहूँ तो स्कूल के दिनों में फ़िज़िक्स की पढ़ाई में बताया गया था कि यदि दो

तरंगों की आवृत्ति (फ्रीक्वेंसी) एक हो जाए तो उस कारण विस्फोटक ऊर्जा वाले अनुनाद (रेज़ोनेन्स) उत्पन्न हो जाते हैं। यह सब हमने पहले केवल पढ़ा भर था, पर एक-दूसरे से मिलने और एक-दूसरे को जानने के बाद हम जिस आत्मीय अनुनाद का अनुभव करते, उसके कारण वह सारा ज्ञान फ़िजिक्स जैसे नीरस विषय की किताबों से उठकर हमारे अन्तर में समाता ही चला जाता! मुझे अरुण और नीतीश से मिलते ही पता चल गया था कि हम तीनों वैचारिक या बौद्धिक स्तर पर पूरी क्लास में किसी से भी कम नहीं थे। हम यह भी समझ गए थे कि इंजीनियरिंग की परीक्षा में पास कर जाना बेहद आसान था। इसलिए मन में एक विचार ठोस रूप लेने लगा था कि इस बेमतलब के झंझट में ज़्यादा मगज़मारी करना महज़ समय की बर्बादी है। तकनीकी ज्ञान के ज़रिए क्रान्ति लाने की क़ीमियागिरी तब हममें किसी को भी नहीं आती थी। आज भले ही स्वयं नीतीश, आदित्य या बृज बिहारी तकनीकी ज्ञान से अपने चारों ओर की दुनिया बख़ूबी बदल रहे हैं, पर तब यह ख़रगोश हमारी जादुई टोपी से निकल नहीं पाता था। हमारे सारे पढ़ाकू मित्र तो सन्त हृदय थे, पर हम तीनों ठहरे तपा कर मली गई और उसके बाद बारह वर्षों तक डोरी से बाँधकर सीधी रखी गई कुत्ते की दुम जैसे बेहया, जो डोरी खोलने के बाद, टेढ़ी-की-टेढ़ी ही रहती है।'

कौशल यह सुनाने के बाद खिलखिलाकर हँसते हुए कहता है—

'तो साहब, हम सब टेढ़े के टेढ़े ही रह गए और देखते ही देखते हमारी तिकड़ी बिना अधिक पढ़े पास हो जानेवाले बुद्धिजीवी गुट के रूप में मशहूर हो गई। हम सब में भी नीतीश सबसे कम, पता नहीं कब, इतना पढ़ ही लेता कि घिसट-पटक कर वह पास भी हो जाता था। यह भी सच है कि अगर नरेन्द्र हमारे बीच नहीं आया होता तो यह दोस्ती परवान न चढ़ पाती।'

अरुण को वह दिन बड़ी अच्छी तरह से याद है। वह बताता है—

'नरेन्द्र अपने तमाम अन्तरंग मित्रों को मीता कहता है। हम सब भी उसे मीता ही कहकर बुलाते हैं। मीता दिसम्बर में जब पहली बार क्लास में आया तब तक पढ़ाई के शुरुआती छह माह निकल चुके थे। हमारी क्लास में जब लम्बा-चौड़ा मीता घुसा तो हम सबने समझा कि कोई नए प्रोफ़ेसर साहब आए हैं! लेकिन मीता पगहा तुड़ाकर भागे बैल की तरह, लगभग दौड़ता हुआ, सीधे हमारी तरफ़ ही आया। वह बैठा भी तो सबसे पिछली बेंच पर, मेरे और नीतीश के ठीक बीच में आकर! उसने उस समय मैथिली में जो भी कहा, अब याद नहीं है लेकिन इतना अवश्य याद है कि उसके आते ही क्लास में सन्नाटा छा गया।'

कौशल कहानी आगे बढ़ाता है—

'फ़र्स्ट ईयर में सभी ब्रांचेज की पढ़ाई एक साथ होती थी। अरुण और नीतीश इलेक्ट्रिकल इंजीनियरिंग के पुराने छात्र थे। यह जानकर कि उन दोनों के बीच आ

धमका यह नया प्राणी भी इलेक्ट्रिकल इंजीनियरिंग ही पढ़ेगा, दोनों के प्राण कंठ में आ गए। दोनों को यह भय हुआ कि छह महीने बाद आया यह नया रंगरूट जब पिछली पढ़ाई की बाबत पूछेगा तो उसे क्या जवाब दिया जाएगा! ये दोनों तो पहले छह महीनों में ही अपनी इंजीनियरिंग शिक्षा का वार्षिक श्राद्ध तक कर चुके थे! वो तो भला हो मीता का कि उसने नीतीश के साथ चिरस्थायी मित्रता की नींव का पहला पत्थर रखते ही जो प्रश्न पूछा, वह पटना में चल रही फ़िल्मों के बारे में था! फिर क्लास में बैठकर कौन खड़ूस पढ़ता था! फ़िल्मों के बारे में प्रारम्भ हुई अति गम्भीर बातचीत उस दिन न तो कैंटीन में ख़त्म हो पाई और न ही कृष्णा लॉज में। उस पर अर्ध-विराम तब ही लग पाया जब दोनों राजकपूर और दिलीप कुमार की फ़िल्म 'अन्दाज़' देखने हॉल के अन्दर प्रवेश कर गए और तब शुरू हुआ परस्पर विश्वास का कभी न ख़त्म होनेवाला सिलसिला! मीता ग्रामीण परिवेश से इंजीनियरिंग पढ़ने पटना आया था। मैथिली के अलावा किसी भी अन्य भाषा में बात करते समय वह असहज हो जाता था। हॉस्टल की भीड़ में रहने को उसका भी मन नहीं मानता था। इसलिए वह भिखना पहाड़ी के पंडुई लॉज में एक कमरा लेकर पटना में स्थापित हो गया। पहली नज़र में मीता को लगा था कि पटना की इस भीड़-भरी दुनिया में वह नितान्त अकेला और बेसहारा है। अगर उसे जल्दी ही एक अदद सच्चा दोस्त यहाँ नहीं मिला तो वह इंजीनियरिंग की अबूझ पढ़ाई को लात मारकर सीधा अपने गाँव वापस चला जाएगा।'

उस दिन के नीतीश को मीता कुछ इन शब्दों में याद करता है—

'मेरा पहला दोस्त वही था, भाई भी वही था और बन्धु भी। पटना में वही पहला इनसान था जिसे देखते ही मेरा गला भर आया था। जिसका हाथ पकड़कर मैंने पहली बार किसी को पटना में रुद्ध कंठ से मीता कहकर पुकारा था। जवाब में उसने अपनी मोटी-मोटी आँखों से बस मुझे देखा भर था, पर मुझे लग गया था कि उसे बिना कुछ कहे सब कुछ कहने की कला बख़ूबी आती है। उसकी आँखों में आश्वासन और प्रेम भरा पड़ा था। मुझे पता नहीं क्यों तभी लग गया कि वह किसी एक का नहीं था, हो भी नहीं सकता था। वह तो सबका था—सबके लिए था! जैसे ही उसने मेरी पीठ पर प्रेम से हाथ रखा, मुझे लगा कि मेरा सारा भय, अनिश्चय और दुर्भाग्य वह अपनी कोमल हथेली से सोखकर मुझे ऊर्जावान बना गया है।'

यहाँ नीतीश में भी वही लोहिया वाली 'हीलिंग टच' की बात दिखती है जिसके बारे में अशोक और मुन्ना सरकार ने हमसे कई बार चर्चा की है।

अरुण कॉलेज के प्रारम्भिक दिनों के बारे में बताता है—

'पता नहीं कब और कैसे नीतीश ने मीता को मोटू कहकर बुलाना शुरू कर दिया और देखते ही देखते मीता पर यह नाम स्थायी रूप से चस्पाँ हो गया। पलक झपकते ही नीतीश और मीता की यह जोड़ी पूरे कॉलेज में मशहूर हो गई। एक

मोटा-तगड़ा बहिर्मुखी जीवन्त झरना और दूसरा दुबला-पतला अन्तर्मुखी किन्तु किसी भी समय फट पड़ने को उद्यत ज्वालामुखी! यह जोड़ी किसी को अंग्रेज़ी कॉमिक के चरित्र एस्ट्रिक्स-ओबेलिक्स जैसी लगती, कोई इन्हें मोटू-पतलू कहता और किसी को ये दोनों उस समय की मशहूर जासूसी पुस्तक जासूसी दुनिया के क़ासिम और हमीद जैसे लगते।'

रसमंजरी की कथा

अब मीता की चर्चा हो और आपको 'रसमंजरी' के बारे में न बताना ठीक वैसा ही होगा जैसा नमक के बिना कोई व्यंजन परोसना। यह शब्द मात्र मीता और उसके अभिन्न मित्रों की डिक्शनरी में ही पाया जाता है। रसमंजरी का अर्थ है—बिना किसी ईर्ष्या-द्वेष या कटुता के, चार-पाँच अन्तरंग मित्रों के साथ निश्चिन्त होकर बैठना। जहाँ कोई घात-प्रतिघात नहीं, अकारण आलोचना का कोई भय नहीं, परस्पर बाँधनेवाली विश्वास और समर्पण की डोर को बार-बार खींचकर उसकी सचाई और शक्ति नापने की कोई मजबूरी भी नहीं! बहुत बार रसमंजरी में शब्दों की आवश्यकता भी नहीं पड़ती, बस एक-दूसरे को देख लेना, केवल देखकर ही ख़ुश हो जाना और देखकर देर तक अकारण ही ख़ुश रहना, यही है रसमंजरी की उपलब्धि! पुरानी रसमंजरियों का अब कोई पक्का रिकॉर्ड उपलब्ध नहीं है। वर्षों बाद एक रसमंजरी जमी थी मार्च, 2010 में। हम आपको उसी रसमंजरी में ले चलते हैं। पटना में ही जमी इस महफ़िल में चचा, मीता, अरुण, कौशल के अतिरिक्त पटना इंजीनियरिंग कॉलेज के कुछ और पुराने मित्र भी बैठे हैं। ईमानदार, कर्मठ, सदाचारी अपने-अपने क्षेत्रों में निश्चित रूप से स्थापित, सफल और शाकाहारी क़िस्म के ये सभी लोग साठ की उम्र के आसपास पहुँचकर भी आपस में क्या बात कर रहे हैं, उसकी बानगी आप भी देखिए। एक अलमस्त हिन्दी प्रेमी रसमंजरिया याद दिला रहा है—

'याद है, उन दिनों टेलीविज़न भारत में सर्वसुलभ नहीं था। नीतीश और हम सब इंजीनियरिंग की किताबों को छोड़कर दुनिया-भर की पुस्तकें, पत्रिकाएँ (और अन्य मित्रों की मानें तो बहुत कुछ अलाय-बलाय) पढ़ते ही रहते थे। बी.बी.सी. से ताज़ातरीन ख़बरें सुनते, और वॉयस ऑफ़ अमेरिका से प्रसारित वार्ताएँ। वामपंथी साहित्य, सुबह-सवेरे से ही काँख में दबा होने के कारण, बहुधा हमारी दीर्घशंकाओं के समाधान का भी प्रत्यक्षदर्शी हो जाता! इन सब से बढ़कर, चातक की भाँति हम सब दिल्ली से प्रकाशित हिन्दी साप्ताहिक पत्रिका 'दिनमान' और अंग्रेज़ी साप्ताहिक 'ईकोपोल वीकली' तथा 'सेमिनार' की प्रतीक्षा करते जिसके प्रत्येक अंक हमें संग्रहणीय लगते। आश्चर्य है कि यद्यपि अश्लील साहित्य से

हॉस्टल अटा पड़ा रहता था, रसमंजरी के मूल चार सदस्यों का ध्यान उधर था ही नहीं! कौशल शुरू से ही हॉस्टल में रहनेवाला अकेला रसमंजरिया था। वहाँ का आलम यह था कि मूड बनाने के लिए हर बिस्तर के गद्दे के नीचे कुछ न कुछ 'हाइली ऑब्जेक्शनेबल' पर 'हाइली इन डिमांड लिटरेचर' हमेशा उपलब्ध रहता था। कौशल का ध्यान उधर न होने के कारण उसे केजीकेएबी कहा जाता था। नहीं समझे न! केजीकेएबी का मतलब है—कानी गाय के अलगे बथान।'

हाँ, इस चौकड़ी से अलग, मगर इसके प्रति बड़ी श्रद्धा रखनेवाला, एक खुर्राट मीता युवावस्था के कुटेवों की चर्चा बेहद शरमाते हुए करता है। साठ के पास पहुँच रहे इस भाई के चेहरे पर उछलती हुई शर्मो-हया की मछलियाँ उसकी आँखों से छलकते यादों के सागर में डूबती-उतराती रहती हैं। शायद पैंतीस से भी अधिक वर्षों के बाद वह रसमंजरी में बैठा है, इसलिए पुरानी बातों को याद करने मात्र से ही, कानों की लौ सहित, उसका पूरा चेहरा रक्ताभ हो गया है! पहले वह कौशल द्वारा गढ़ी या सुनाई गई एक पंक्ति सुनाता है जिसका श्रेय कौशल, अज्ञात कारणों से, अपने सीनियरों को तत्क्षण और श्रद्धापूर्वक देने में ज़रा भी नहीं हिचकिचाता। लेकिन यह मीता अपनी बात पर अड़ कर बताता है—

'हमने तो कौशल जी से ही सुना था कि सेक्रेटरी नहीं है तो क्या हुआ, अपना हाथ जगन्नाथ!'

बुढ़ापे के कारण इस उक्ति का अर्थ हृदयंगम होने में समय लगता है, पर बात समझ में आते ही वहाँ बैठे सभी बुढ़ाते मीता समवेत ठहाका लगाते हैं। सब-के-सब किसी चुस्त और धूर्त लोमड़ी की तरह एक छलाँग में ही, उम्र की चालीस साला बाड़ पार करके उस काल खंड में पहुँच जाते हैं जब ट्रेन के शौचालय में लिखी अश्लील बातें बहुत ढूँढ़कर पढ़ी जाती थीं। फिर जो कुकर्म होता सो तो होता ही लेकिन बाद में हकीम हरिकिशन लाल जी के प्रचार वाले पोस्टर देखकर अपने भविष्य के लिए सब बेहद डर जाया करते थे। ऐसी स्थिति में हम हनुमान जी से अपने बल, बुद्धि, विद्या के अतिरिक्त वीर्य रक्षा की भी प्रार्थना करने लगते। लड़कियों के मामले में उन दिनों पटना इंजीनियरिंग कॉलेज का वातावरण बड़ा शाकाहारी क़िस्म का था। कैम्पस में रहनेवाले कुछ प्रोफ़ेसरों की लड़कियाँ भी वहीं रहती थीं। पर हमारी चौकड़ी का, कॉलेज परिसर की लड़कियों की कौन कहे, वहाँ मैदान में चरनेवाली गाय-बकरियों तक से भी सात्त्विक बहनापा का बारहमासा रिश्ता बना रहता था।'

अरुण बताता है—

'वहाँ हमारी बदकारी और चोट्टेपन के आगे सिर्फ़ एक ही चट्टान या कहिए कि दीवार थी। वे थे मीता के मौसा, प्रोफ़ेसर एस.पी. सिंह, जो हॉस्टल सुपरिंटेंडेंट थे और उसी कैम्पस में सपरिवार रहते थे। उनकी बेटियाँ तो ख़ैर, सीधे तौर पर ही

हमारी चौकड़ी की पूरी पक्की बहनें थीं। उनकी सारी सहेलियाँ भी घुमा-फ़िराक़र इसी रिश्ते को प्रगाढ़ बनाती थीं। उन दिनों हमारी अधिकांश गरमा-गरम बहसें 'दिनमान' में छपे किसी समसामयिक आलेख को लेकर होती। जब हम घनघोर बुद्धिजीवी चर्चाओं से थक जाते तो रसमंजरी में बातचीत का रुख किसी और ओर मुड़ जाता था, शायद फ़िल्मों, कॉलेज प्रशासन के अत्याचारों या फिर कौशल के मेस में अगले सहभोज की ओर। कुछ लोग दिनमान की वामपंथी-समाजवादी विचारधारा को पूर्वग्रहपूर्ण भी बताते थे। यह शोध का विषय हो सकता है कि उस अकेली पत्रिका ने तत्कालीन युवा मानस को सामाजिक सरोकारों के लिए प्रतिबद्ध बनाने में कितना योगदान दिया। नीतीश का यह हाल था कि उसकी स्पष्टवादिता से नाराज़ होकर इंजीनियरिंग कॉलेज के एक शिक्षक ने उसे 'दिनमानी' कहकर उसका मनोबल गिराने की चेष्टा भी की थी। नीतीश के सभी मित्र इसे अपनी प्रतिष्ठा का प्रश्न बनाकर आन्दोलन करने पर उतारू हो गए थे, पर नीतीश ने मामले को तूल पकड़ने नहीं दिया और बात आई-गई होकर रह गई। ताज्जुब है कि स्वयं पिछड़े वर्ग का होने के बाद भी नीतीश के इंजीनियरिंग कॉलेज के सारे पक्के दोस्त मैं, नरेन्द्र और कौशल तथाकथित अगड़ी जाति के हैं। शायद उसके स्वतंत्रता सेनानी पिता के जातिविहीन संस्कार का असर दोस्त चुनने में भी उस पर पड़ा है।'

रसमंजरी में बैठे साथियों के नथने मानो अतीत के सुगन्ध खोजते हुए फड़कने लगते हैं। अरुण बात को आगे बढ़ाता है—

'नीतीश और मीता की तरह मैं भी हॉस्टल में न रहकर गरदनीबाग़ में रिश्तेदारों के साथ रहता था, हालाँकि इसके नितान्त भिन्न कारण थे। मेरी आर्थिक अवस्था हॉस्टल का ख़र्च वहन करने में असमर्थ थी।'

इस बीच मीता हमें अपने और नीतीश के दैनिक भोजन क्रम का कार्यक्रम विस्तार से बताता है। बाद में हम इसकी तस्दीक नीतीश से की जिसे बिना हीला-हवाले के उसने भी मान लिया। मीता ने बताया है—

'सवेरे का नाश्ता माने कॉलेज मोड़ पर स्थित हरि साव के दुकान की हींग वाली गरमागरम कचौड़ियाँ, आलू की उबलती हुई मिर्च-मसालेदार तीखी सब्ज़ी और उँगलियों को पकाती हुई रस से पगी गर्म जलेबियाँ, या फिर कॉलेज की कैंटीन का टोस्ट और अंडा। दोपहर के खाने में शिमला होटल से आया डिब्बा और महँगू साव के यहाँ का कुछ स्पेशल, शाम में बहँगी पर लेकर चलते रामाशीष की मलाई और फिर रात में वही शिमला होटल और महँगू साव की घातक जुगलबन्दी! इसके अलावा स्वाद बदलकर टूँगने के लिए बीच-बीच में इडली-दोसा, चाट-पकौड़ियाँ, लिट्टी-चोखा-घुघनी, भुने या उबले चने, भुट्टा, भिन्न-भिन्न मिठाइयाँ, विशेष तौर पर जाड़े के दिनों में घेवर आदि हम चरते ही रहते थे। नतीजतन किसी-किसी रोज़ हम दो या तीन बार भी नाश्ता कर

लेते थे। पुराणों में वर्णित वातापि राक्षस की भाँति हमारी पाचन शक्ति अद्‌भुत थी—'लक्कड़ हज़म पत्थर हज़म' वाला हाज़मा, लेकिन हममें से कोई भी, थोड़ा-सा भी अन्याय नहीं पचा पाता था।'

मेरे महबूब

रसमंजरी को आगे बढ़ाते हुए मीता कहता है—

'सिनेमा देखने का शौक़ हमारी मुलाक़ात के पहले दिन से बदस्तूर जारी रहा। 'मेरे महबूब' नाम की फ़िल्म मैंने अगर ग्यारह बार देखी तो नीतीश ने भी कम से कम तीन बार तो ज़रूर देखी होगी। सभी कुँवारे थे। ख़्वाबों, ख़यालों और तसव्वुर में उन दिनों की मशहूर हीरोइनें, साधना, वहीदा रहमान और सायरा बानो बिना चाहे भी आ टपकती थीं।'

मीता की सिनेमा की बातों में थोड़ा-सा व्यतिक्रम हो रहा है यहाँ, क्योंकि एक पुरानी बात याद आ रही है। सिनेमा और नीतीश के बारे में एक पुरानी घरेलू चर्चा में आप भी शामिल हो लीजिए। नीतीश की सबसे बड़ी बहन ऊषा जी बताती हैं—

'नेताजी अपने बड़े जीजा की बेहद इज़्ज़त करते, उन्हें कुछ कहते शरमाते भी, क्योंकि दोनों की आयु में बड़ा अन्तर था। हम पति-पत्नी नेताजी को अपने बड़े लड़के टुनटुन जैसा समझकर वैसा ही प्यार-दुलार देते। नेताजी के जीजाजी की राजनीतिक रुझान वामपंथ की ओर थी और वे नीतीश को देश और राज्य की राजनीति के बारे में समझाया-बुझाया भी करते थे। हम दोनों पति-पत्नी को सिनेमा देखने का चस्का जैसा था। बहुधा घर का सारा काम-काज समेटने के बाद मैं टुनटुन के पिताजी से सिनेमा दिखा लाने को कहती और वे सहर्ष मुझे आख़िरी शो दिखाने ले जाते। एक बार ऐसा हुआ कि हम किसी सिनेमा हॉल में नाइट शो देखने गए। मज़ा ये हुआ कि जहाँ हम बैठे थे, उससे तीन क़तार आगे, अपने कई मित्रों के साथ नेताजी नज़र आ गए। सब-के-सब उन दिनों के मशहूर बिहारी कलाकार शत्रुघ्न सिन्हा की स्टाइल में कम्बल में लिपटे, मफ़लर लटकाए हुए थे। हम चाहते नहीं थे कि हमारी मुलाक़ात हो, इसलिए हम अपनी सीटों पर चुपके से बैठ गए। उन्हें हमारे वहाँ होने की कोई ख़बर नहीं थी लेकिन पता नहीं कब क्या हुआ, मध्यान्तर में जब बत्तियाँ जलीं तो देखा कि पूरी मंडली गधे के सर से सींग की तरह ग़ायब हो चुकी थी—शायद जीजाजी के डर से।'

नीतीश, जो अब तक निर्विकार भाव से पूरा वर्णन सुन रहा था, थोड़ा प्रतिवाद करते हुए संशोधन करता है—

'अरे भाई, डर से नहीं, लिहाज से। उन दिनों बड़े-बूढ़ों के साथ धार्मिक फ़िल्में छोड़कर सिनेमा देखना वर्जित था। हम तो वही कर रहे थे जो जीजा या

दीदी कर रहे थे, कोई अपराध नहीं, तो डर कैसा? हाँ, आदरभाव था मन में जिस कारण हम बाहर आ गए, भागे नहीं!'

इतना बताकर नीतीश उस महफ़िल से भाग खड़ा होता है, उसे किसी आवश्यक बैठक में भाग लेना है। आइए, हम वापस मीता की रसमंजरी में चलते हैं, जो बता रहा है—

'उन दिनों मैंने नीतीश के साथ ढेर सारी फ़िल्में ज़रूर देखी थीं, लेकिन हम दोनों को राजकपूर की 'तीसरी कसम' बेहद पसन्द आई थी। नीतीश तो 'मैला आँचल' पढ़कर पहले ही फणीश्वरनाथ रेणु का अन्यतम प्रशंसक हो चुका था। फ़िल्म और राजनीति को लेकर नीतीश और कौशल में कभी-कभार मतभेद हो जाए तो दोनों लड़ने-झगड़ने के बाद रोते-गाते हुए फिर से दोस्त बन जाते थे। पर मेरी तो किसी से कभी लड़ाई हुई ही नहीं। अपने तीनों दोस्तों को पाकर मैं इतना मगन था कि समय कैसे बीत गया मुझे पता ही नहीं चला। देखते ही देखते फ़र्स्ट ईयर की वार्षिक परीक्षाएँ सर पर आ गईं। वैसे तो मेरे तीनों दोस्त पढ़ने में मुझसे बहुत अच्छे थे, पर मुझे पता चल गया था कि इन सबों में बेहद चुप रहनेवाला मेरा पहला दोस्त बेहद ज़हीन भी है। बिना पढ़े ही उसे सब कुछ आता था। मैं पहले ही छह महीने गँवा चुका था इसलिए परीक्षा की घोषणा होते ही मैं समझ गया कि मेरा क्या हश्र होनेवाला है। लेकिन भला हो बेचारे नीतीश का, उसने हार नहीं मानी। वह मुझे ज़बरदस्ती बैठाकर पढ़ाता, मेरे सेशनल्स के सारे बक़ाया काम ख़ुद कर देता और मेरा उत्साह हर प्रकार से बढ़ाता। लेकिन मैंने तो थके बैल की तरह अपना जुआ पहले ही गिरा दिया था। मुझे अब लगता है कि उस समय मेरे अन्दर कोई आत्मविध्वंसक दैत्य घुस गया था जिसे नीतीश की कठिन तपस्या भी निकाल पाने में असफल रही। नीतीश की तमाम कोशिशों के बावजूद मैं फ़ेल हो गया। हमारा रिज़ल्ट निकला तो बड़ी अजीब-सी स्थिति थी। मैं ख़ुश था कि नीतीश पास हो गया है और वह मेरी विफलता पर बेहद मायूस और उदास होकर चुपचाप खड़ा था। मेरी ख़ुशी का कारण यह भी था कि मेरे बाक़ी दोस्त भी घुलटते-पलटते पास हो गए थे। रिज़ल्ट निकलने से बहुत पहले ही मुझे अनुभव हो गया था कि 'सितारों से आगे जहाँ और भी हैं, अभी इश्क़ के इम्तिहाँ और भी हैं।'

किसी सिद्ध पंडित के सत्यनारायण कथा सुनाने के अन्दाज़ में कौशल आगे की कहानी सुनाता है—

'पता नहीं कैसे, मगर मीता के फ़ेल हो जाने के बाद उससे हम सभी की दोस्ती और भी पक्की हो गई। हमारी दिनचर्या में एक और बड़ा परिवर्तन हुआ। पहले नीतीश, मीता तथा अरुण से क्लास में मुलाक़ात हो जाती थी लेकिन अब मिलने के लिए कैंटीन ही एकमात्र स्थान रह गया था। नतीजतन, हमारी इस

चौकड़ी का ज़्यादा वक़्त कैंटीन में ही बीतने लगा। पढ़ाई की लुटिया पहले ही डूब चुकी थी। जब पढ़ाई-लिखाई से सारे सम्बन्ध महज़ तकल्लुफ़ाना ही रह गए तब जीवन की रसमंजरी में रस-ही-रस रह गया।'

अरुण कहता है—

'फ़र्स्ट ईयर के शुरुआती दिनों में ही समझ में यह बात आ गई कि नीतीश, मैं और कौशल उन धुरन्धरों में थे जिन्होंने कोर्स में पढ़ाई जानेवाली किताबों से पुश्तैनी बैर चुकाने के लिए उन्हें तिलांजलि दे दी थी। श्राद्ध के पक्ष में हमारे परिवार वाले अपने पितरों को, कुछ आन्तरिक श्रद्धा से और कुछ नैतिक मूल्यों की रक्षा के लिए, स्मरण किया करते थे। हमारा वही हालचाल पढ़ाई की पुस्तकों के साथ रहता था। अन्तर इतना ही था कि श्राद्ध मृतकों का किया जाता है और हम परीक्षा के दिनों में पुस्तकों को नमन करते रहते थे।!'

अरुण आगे बताता है—

'हालाँकि कौशल सिविल इंजीनियरिंग का छात्र था और हॉस्टल में शुरू से रहता आया था, पर वह दिन-भर हम 'बिजली मिस्त्रियों' के साथ फक्कड़बाज़ी में लगा रहता था। रसमंजरी का वह अनौपचारिक सचिव था। देश हो या विदेश, अपना राज्य बिहार हो या अपना शहर पटना, विश्वविद्यालय हो या कॉलेज; हॉस्टल, मेस, कैंटीन यहाँ तक कि बाथरूम तक की अद्यतन और सही ख़बरें उसके पास हमेशा उपलब्ध रहती थीं। अपनी तमाम जानकारियों के साथ ही कौशल थे बुद्धिजीवी पंडित! हमारी कॉलेज की हर छोटी-बड़ी परीक्षा से पहले कौशल सच्चे हृदय से अपने साथ-साथ हम तीनों के लिए भी प्रार्थना कर देता था। वह सर्वेश्वरदयाल सक्सेना की प्रार्थना नाम की कविता हम सबको बहुत प्यार से सुनाता जो मुझे आज भी याद है—

नहीं नहीं प्रभु तुमसे शक्ति नहीं माँगूँगा।
कब माँगी गन्ध तुमसे गन्धहीन फूल ने
कब माँगी कोमलता तीखे खिंचे शूल ने
तुमने जो दिया, दिया,
अब जो है, मेरा है।
सोओ तुम,
व्यथा रैन अब मैं ही जागूँगा।
नहीं नहीं प्रभु तुमसे
शक्ति नहीं माँगूँगा।

शायद पहले हम किसी को आदर्श बना भी सकते थे, भगवान से नि:संकोच कुछ माँग सकते थे पर इस कविता को समझने के बाद हमने सारे वे ऊँचे मीनार

तोड़ गिराए जिन पर बैठाकर हम किसी की पूजा करने की सोच सकते थे। हम जैसे भी थे, एक-दूसरे को स्वीकार्य थे और यह बहुत बड़ी बात थी। इसी कारण हम तीनों के बाह्य स्वरूप एकदम भिन्न होते हुए भी मानो किसी अदृश्य शक्ति ने हमें ऐसे बाँध रखा था कि बात-बात में तू-तू मैं-मैं के बाद फिर वही गलबहियाँ, फिर वही मस्ती, फिर वही दोस्ती!'

कौशल बातचीत के स्तर को फिर नई ऊँचाई दे रहा है। वह कह रहा है—

'नई भ्रष्ट सामाजिक क्रान्ति के सूत्रपात का वह युग था जिससे संघर्ष करती हमारी पूरी मित्रमंडली उस भँवर में डूब-उतरा रही थी। शायद हमारी सामाजिक पृष्ठभूमि इसका कारण रही हो। सामाजिक संरचना और अवधारणाओं की दृष्टि से हम चारों या तो मध्य-मध्यवर्गीय या निम्न-मध्यवर्गीय परिवेश से आते थे। तब हमारी चेतना में इन उच्चवर्गीय लोगों के प्रति, शायद बौद्धिक रूप से आगे होकर भी व्यवस्था क्रम में उनसे अकारण पिछड़ जाने के क्रोधवश, घोर घृणा का भाव रहता था।'

नीतीश उन दिनों को याद कर रहा है—

'हम सब पर मानो एक जुनून सवार था कि चाहे कुछ भी हो जाए वर्तमान व्यवस्था को बदलना ही है। ऐसी व्यवस्था, जिसमें सबको समान अवसर नहीं है, जिसमें परिवार और समाज द्वारा ज़बरदस्ती थोपी गई मान्यताओं की लाश को ढोने की व्यर्थ कवायद जीवन की अनिवार्यता है, उसमें इंजीनियर बनकर मैं इस दानव का असमर्थ पुर्ज़ा बनना ही नहीं चाहता था। यही आक्रोश, यही जलन, यही जज़्बा मुझे कौशल और अरुण में भी दिखता था। हम तीनों में कोई भी रट्टू-तोता नहीं था। हम पढ़कर फ़ेल होनेवाले महात्माओं में भी नहीं थे। दिन-रात मेहनत करके किसी तरह पास होनेवाले कई सहपाठियों की तुलना में हम तीनों की इंजीनियरी की समझ क़तई कम नहीं थी। पर अन्दर का विद्रोही स्वर बार-बार आगाह करता कि यह क़ीमती समय इंजीनियरिंग पढ़कर व्यर्थ नहीं करना है। अभी ही ऐसा कुछ नया सीख लो, जान लो जिससे आँखों के आगे की धुन्ध छँट जाए, कुछ और प्रकाश दिखे, इरादों में कुछ और मज़बूती आए जिससे यह सर किसी के भी आगे झुकाने की नौबत कभी न आए। शायद बाबूजी मेरी मनःस्थिति समझ गए थे, इसीलिए सामान्यतः मुझ पर पूरा विश्वास रखकर मुझे पूरी स्वतंत्रता देनेवाले मेरे बाबूजी ने एक बार बातों-बातों में मुझसे कहा था कि 'अभी इंजीनियरिंग की डिग्री ले लीजिए, बाद में जो मन में आए कीजिएगा।' मैंने उनका मान रखने के लिए ही इंजीनियरी की पढ़ाई सफलतापूर्वक पूरी की। मैंने ही नहीं, मेरे दोनों मित्रों ने भी अपने-अपने परिवारों में दिए गए वचनों की रक्षा की और हम सब पहली बार में ही ठीक-ठाक नम्बरों से पास हो गए।'

कॉलेज की पढ़ाई का सच

दरअसल, साम्यवाद और समाजवाद से इन सभी मित्रों की शायद वैसी ही रूमानी क़िस्म की उन्सियत हो गई थी जैसी अपने विद्यार्थी दिनों में जेपी या लोहिया जी को। जेपी की जीवनी में लिखा है—

'जेपी पर 1924-25 में विस्कॉन्सिन विश्वविद्यालय में पढ़ने के दौरान मार्क्सवाद का गहरा प्रभाव पड़ा। 1926 में जेपी पढ़ाई छोड़कर, मित्र मैनुअल गोमेज़ की सलाह पर, साम्यवादी विचारधारा का अध्ययन करने के लिए रूस जाने को तैयार हो गए। इसके लिए आवश्यक धन इकट्ठा करने हेतु काम की तलाश में वे इतना भटके कि बीमार पड़ गए और क़र्ज़ में डूब गए। अन्त में जेपी ने अमेरिका के ओहयो विश्वविद्यालय से बी.ए. किया और वहीं पढ़ाते हुए वहीं से एम.ए. भी किया। उन्होंने मार्क्स, लेनिन, ट्रॉटस्की, रोज़ा लग्ज़ेमबर्ग आदि समाजवाद के मूल प्रवक्ताओं का साहित्य पढ़ने के बाद मार्क्स की विचारधारा को सबसे अधिक सन्तोषजनक पाकर उसे ही अपना लिया। आगे चलकर जेपी ने मीमांसा के उपरान्त मार्क्सवाद छोड़कर गांधी जी का मार्ग अपनाया।'

इस प्रकार एक ओर जहाँ जेपी धुर दक्षिणपंथी देश अमेरिका में रहकर वामपंथी हो गए, दूसरी ओर लोहिया जी की कॉलेज की पढ़ाई कैसे हुई, यह भी ओंकार शरद की किताब से समझ लेते हैं—

'कॉलेज की परीक्षा पास करने और विद्वत्ता प्राप्त करने या ज्ञानार्जन को वे भिन्न मानते थे। इसलिए शिक्षकों में कुशाग्र बुद्धि के छात्र के रूप में मान्यता पाकर भी उन्हें कभी बहुत अच्छे अंक नहीं मिलते। 1927 में इंटर पास करके कलकत्ता आ गए जहाँ किसी सरकारी कॉलेज में दाख़िला न लेकर, विद्यासागर कॉलेज में बी.ए. ऑनर्स में पढ़ने लगे। 1929 में उन्हें मुश्किल से सेकंड क्लास ऑनर्स प्राप्त हुआ। लोहिया जी को 1929 में ही अग्रवाल जाति के कोष से आगे पढ़ने के लिए इंग्लैंड भेजा गया जहाँ से वे बर्लिन चले गए। उन्हें बर्लिन से 1932 में 'नमक सत्याग्रह' विषय पर पी-एच.डी. की उपाधि प्राप्त हुई।'

अर्थात, ग़ुलाम देश से उड़ा राममनोहर लोहिया नाम का स्वच्छन्द पक्षी साम्राज्यवादी देश की मिट्टी चूमता हुआ साम्यवादी भूमि से सपनों के नए पंख लगाकर वापस लौट आया। कालान्तर में बाबूजी के प्रभाव के कारण गांधी जी के वैचारिक साहित्य पढ़ने से आम्बेडकर, जेपी और लोहिया नीतीश की ज़िन्दगी को सही दिशा में मोड़ने के कारक बने। यह भी शायद शोध का विषय हो सकता है कि कॉलेज के दिनों में नीतीश के तीनों आदर्श—गांधी जी से प्रभावित तीन महान लोग, उसके बाबूजी, लोहिया और जेपी ही क्यों हुए?

इस प्रश्न को यहीं छोड़कर हम याद करते हैं कि 1969 का अन्त आते-आते, मोटू झींकते हुए बाक़ी तीनों हँसते-खेलते क्रमशः सेकंड और थर्ड ईयर में पहुँच ही गए।

नीतीश का थर्ड ईयर में पहुँच जाना कई मायनों में बड़ा महत्त्वपूर्ण था। वह साल था 1969 जो कई मायने में नीतीश के जीवन-क्रम में बदलाव लानेवाला मील का पत्थर साबित हुआ। वह सब जानने-समझने से पहले आप मीता के स्कूल के दिनों के उनके एक हमनाम मित्र से मिलिए जिनका पूरा नाम है नरेन्द्र कुमार यादव। यादव भी बिहार कॉलेज ऑफ़ इंजीनियरिंग में नीतीश, अरुण, कौशल और मीता के साथ-साथ दाख़िल हुए और मेहनत से पढ़-लिखकर हर साल पास होते गए। वे कविता भी लिखते हैं। उनकी कविता 'कॉलेज के वे दिन' की कुछ भावुक पंक्तियाँ पेशे-नज़र हैं, आप भी आनन्द लीजिए—

भूल न पाया इंजीनियरिंग कॉलेज के वो दिन,
मीता नरेन्द्र के घर, छुट्टियों के साँझ-पहर,
जमती नए-पुराने दोस्तों की महफ़िल,
पतली उँगलियों वाला सरल नेकदिल,
मीता के छरहरे-सजग घनिष्ठ मित्र का
बातचीत का अपनत्व-भरा लहजा,
सामाजिक विषयों पर छेड़ी चर्चा,
खींच लेता सभी जमावड़ों का ध्यान।
कॉलेज कैंटीन के अन्दर भी ख़ाली वक़्त काटते,
चाय-कॉफ़ी का आनन्द उठाते,
हो जाते शान्त-गम्भीर,
सुन उस उत्साही की बदलाव-भरी मुहिम
सभी दिलों को एकीकृत करती।
उसकी जज़्बाती बातों से प्रभावित होकर
मौक़ा मिलते ही मैं मीता के संग,
सब्ज़ी मंडी का अन्दरूनी द्वार खोल,
शॉर्टकट से जा पहुँचता प्रेरक के लॉज
उसकी बातों से शब्द-शक्ति की ऊष्मा लेने,
उसके टेबुल पर पड़ी दिखती
लोहिया की किताबें और दिनमान।
अन्दर-बाहर एक जैसा
थर्ड ईयर आते-आते वही मासूम
बन गया हम सबों का नेता!

सुधी पाठकों को बताने की आवश्यकता नहीं है कि मीता का वह पतली उँगलियों वाला छरहरा मित्र कौन है!

राजनीति का ककहरा

पटना के बोरिंग कनाल रोड के पूर्वी हिस्से में, बोरिंग रोड चौराहे के क़रीब, 'कवि रमण पथ' के नाम एक पतली सी सड़क है। दरअसल यह सड़क किसी कवि रमण के नाम पर नहीं बल्कि श्री के.वी.एस. रामन के नाम पर बनी है। श्री रामन बिहार के चन्द आख़िरी आईसीएस अधिकारियों में से एक थे। 1978 के अक्टूबर महीने में अपना चचा बुक़रात उनसे मिलकर बिहार के बारे में उनके विचार सुन रहा है। रामन साहब का छोटा बेटा, राजन, उसका पुराना दोस्त है। इस बातचीत में हमारा चचा अकेला श्रोता नहीं है। उसके एक ओर बैठे हैं श्री रामन के ज्येष्ठ पुत्र, डॉ. के.वी. श्रीनिवासन और दूसरी ओर विराजमान हैं डॉ. श्रीनिवासन के पुराने गुरु और आज के अभिन्न मित्र डॉ. एस.एन. दास! डॉक्टर दास पटना यूनिवर्सिटी के वाइस चांसलर भी रह चुके हैं। इन दोनों उद्‌भट विद्वान डॉक्टरों के बीच बैठा अपना चचा ठीक वैसा ही लग रहा है जैसे दो रॉयल बंगाल टाइगरों के बीच फँसा कोई मरियल चूहा! उसके ठीक सामने बैठे रामन साहब उसे बब्बर शेर से भी ज़्यादा ख़तरनाक लग रहे हैं। उसकी सिट्टी-पिट्टी गुम है और बोलती हो गई है बन्द! दरअसल, अंग्रेज़ी में अपने चचा का हाथ बहुत तंग है। उसे लग रहा है कि इन अहिन्दी-भाषियों के बीच ज़्यादातर बातचीत अंग्रेज़ी में ही होनी है। चचा ने ख़ुद ही यह मुसीबत मोल ली है क्योंकि बिना 'एथी' लगाए वह टूटी-फूटी अंग्रेज़ी भी नहीं बोल पाता। अब चचा जैसे ही 'आई मीन टू आस्क एथी' कहता है, दबी-छुपी मुस्कान की तीन फुलझड़ियों की बौछार उसे जलाकर तिलमिला देती है। बेचारे की ज़बरदस्ती हँसने की कोशिश खिसियाहट में बदल जाती है। अचानक श्री रामन अपनी मुस्कुराहट रोककर चचा से पूछते हैं, 'हदिया गइलऽऽऽ का बबुआऽऽऽ?'

चचा लड़खड़ाकर मुँह के बल गिरते-गिरते बचते हुए बस इतना ही कह पाता है—

'आँय?' उसके तीनों तरफ़ की मुस्कुराहट वाली फुलझड़ियाँ अट्टहास के अनारों में बदल गई हैं। थोड़ी साँसत पाकर चचा के मुँह से बकार फूटता है—

'इ त खाँटी भोजपुरी है सर!'

श्री रामन ज़ोर से हँसते हुए कहते हैं—

'यस माई बॉय, दिस 'काँटी' वर्ड इज़ इन द कोर ऑफ़ बिहार एंड बिहारी।' (हाँ मेरे बच्चे, यह खाँटी शब्द ही बिहार और बिहारियों के अन्तस्तल में है।)

तमिल भाषी श्री रामन अब तक 'ठीक' को 'टीक' और 'खाँटी' को क़रीब-क़रीब 'काँटी' बोलते हैं। लेकिन शेष हिन्दी शब्दों का उच्चारण बहुत शुद्ध करते हैं! इसके बाद अपने बदनसीब चचा बुक़रात पर आगे जो हिन्दी, अंग्रेज़ी और बांग्ला में तीन तरफ़ा कार्पेट बमबारी हुई उसकी मिसाल वर्षों बाद सिर्फ़ उरी के सर्जिकल स्ट्राइक में मिलती है। चचा ने क्या बातें सुनी और क्या समझी वह तो उसके पीर ही जानें लेकिन उसने हमें जो बातें बताईं, उसका तक़रीबन निचोड़ हम आगे लिखने की कोशिश कर रहे हैं—

'पहली बात, बिहार में सिर्फ़ वही चल सकता है जो खाँटी या प्योर हो। चाहे आप नेता, लेखक, कवि, जज, वकील, अधिकारी, पुलिस, कर्मचारी, डॉक्टर, किसान, छात्र, शिक्षक, व्यापारी, ठेकेदार, बेकार, गुंडा, कलाकार आदि-आदि ग़रज़ कि कुछ भी हों, बिहार में जीवन में प्रसिद्धि पाने के लिए ज़रूरी है कि आप बिलकुल खाँटी हो। यहाँ प्योर को कभी भी कोई नहीं छेड़ता बल्कि सब उसकी भरपूर इज़्ज़त ही करते हैं। कोई साधु हो या चोर, अगर वह खाँटी नहीं तो उसकी ख़ैर नहीं। मतलब यह कि यहाँ भेड़ की खाल ओढ़ा हुआ भेड़िया तुरन्त पहचाना जाता है और फिर उसे कूट-कूटकर काला कौवा बना दिया जाता है। पहले बिहार सहित पूरे देश में छुआछूत और जात-पात को बहुत सहजता से स्वीकार किया जाता था। उन दिनों तो रेलवे स्टेशनों पर हिन्दू पानी और मुसलमान पानी भी अलग-अलग मिलते थे। लेकिन यह सब कुछ सतह पर ही था। लोगों के दिल अन्दर से मिले हुए थे। पहले बिहार में किसी नए व्यक्ति से मुलाक़ात होते ही उससे निःसंकोच उसकी जाति पूछ लेना असभ्यता क़तई नहीं मानी जाती थी। ग़नीमत है कि अब छुआछूत का भूत, कम से कम शहरों में तो, नज़र नहीं आता। पर आज भी जात-पात का कोरोना वायरस कब, कहाँ और किसको चुपके से धरकर पटक दे, यह समझना मुश्किल है। राज्य का बड़े से बड़ा नेता तब भी इस मोहिनी के पाश से मुक्त नहीं था और कमोबेश आज भी हालत वैसी ही है।

चचा अपनी रौ में आकर अब हमें बहुत ठसके से समझा रहा है जैसे श्री रामन उसी के सगे बाप थे, उसके दोस्त राजन के नहीं! रामन साहब से मिली जानकारी वह अपने शब्दों में बता रहा है—

'धीरे-धीरे समय बदलता गया। बिहार में जेपी के आन्दोलन के पहले से ही इन ईमानदार और यशस्वी मंत्रियों में से कुछ के बच्चे छात्र या युवा राजनीति से जुड़ गए थे। ख़ुद बिना कुछ किए-कराए उन्हें अपने यशस्वी पिताओं की ताक़त और विरासत चाहिए थी। ये बेहद ऊर्जावान लड़के थे लेकिन पढ़ने-लिखने की बजाय इनका पूरा ध्यान अपनी चौधराहट की हनक बनाए रखने की ओर अधिक रहता था। इसलिए बहुधा इनकी उग्रता विध्वंसक हो जाती थी जो ज़रा सा मौक़ा मिलते ही कहीं भी बवाल काटने को हमेशा उद्यत रहती थी। इसके एकाध अपवाद भी थे जिनके पिता तो नामी स्वतंत्रता सेनानी रहे लेकिन सन्तान ने मध्य मार्ग अपनाकर नेतागिरी के साथ-साथ पढ़ाई भी की। नीतीश भी इसी श्रेणी का नौजवान निकला। उन दिनों वैसे तो पटना यूनिवर्सिटी में, ख़ास तौर से साइंस कॉलेज, पटना कॉलेज और वुमन्स कॉलेज आदि की पढ़ाई का स्तर इतना अच्छा था कि यहाँ दाख़िला पाने से वंचित रह गए बच्चे दिल्ली तक जाकर पढ़ते थे लेकिन पटना में ही कुछ ऐसे कॉलेज भी थे जहाँ पढ़ने-लिखनेवाले गम्भीर विद्यार्थियों की बड़ी भीड़ के बीच उत्पातियों की एक छोटी जमात भी रहती थी। उन दिनों उनकी गुंडागर्दी के स्तर के हिसाब से इनके हथियार क्रमशः हॉकी स्टिक, साइकिल चेन और कड़कड़ की आवाज़ से खुलनेवाले रामपुरी चाकू हुआ करते थे।

बहरहाल, 1967 में ही किसी आन्दोलन के दौरान पटना के उत्तेजित छात्रों ने उग्र होकर राजधानी में खादी ग्रामोद्योग की बिल्डिंग और रिजेंट सिनेमा हॉल को फूँक दिया था। तब से आगे के छह सात वर्षों तक पटना में छात्र संघों ने छात्रों के फ़ायदे के लिए बहुत सारे सकारात्मक और रचनात्मक काम भी किए। उनकी आन्तरिक शक्ति को बिहारी राजनेता अच्छी तरह पहचान चुके थे। इसलिए सरकार विरोधी पार्टियाँ सरकार को लज्जित करने और सत्ताधारी नेतागण विपक्षियों को सबक़ सिखाने के लिए छात्र शक्ति का दुरुपयोग करते ही रहते थे।

बिहार की छात्र राजनीति का इतिहास

श्री रामन की कही बातें चचा आगे बता रहा है—

'बिहार के छात्र पिछली सदी की शुरुआत से ही राजनीति में अभिरुचि लेते रहे हैं। तब बिहार और उड़ीसा अविभाजित बंगाल प्रान्त का हिस्सा थे। 1916 में बनारस हिन्दू विश्वविद्यालय की स्थापना से कोई दस वर्षों पहले तक, आज का कोलकाता, जो तब कलकत्ता कहलाता था, पूरे उत्तरी-पूर्वी भारत की उच्च शिक्षा की धुरी था। उन दिनों भारत के प्रथम राष्ट्रपति डॉ. राजेन्द्र प्रसाद से लेकर बिहार के प्रायः हर प्रख्यात व्यक्ति की शिक्षा कलकत्ता के प्रेसिडेंसी कॉलेज

में हुई थी। उनमें से अधिकांश लोग भारत की स्वतंत्रता की लड़ाई में खुलकर सामने आए। उन दिनों भी बिहारी विद्यार्थियों में अपनी अस्मिता की पहचान के प्रति ऐसी गहरी संवेदना थी कि 1906 में ही बनारस से लेकर कलकत्ता तक फैले इस पूरे भूखंड के श्रेष्ठतम छात्र, डॉ. राजेन्द्र प्रसाद के नेतृत्व में 'बिहारी स्टूडेंट्स सेंट्रल एसोसिएशन' की स्थापना हुई थी*। पूरा देश जानता है कि किशोरावस्था में ही महान स्वतंत्रता सेनानी, खुदीराम बोस, हँसते-हँसते फाँसी के फन्दे पर झूलकर अमर हो गए। उनका यह शौर्यपूर्ण कार्य बिहार के ही मुज़फ़्फ़रपुर में हुआ था। तब से मुज़फ़्फ़रपुर के स्कूलों और कॉलेजों में पढ़नेवाले युवाओं की राजनैतिक चेतना और प्रतिबद्धता अप्रतिम रही है। नतीजतन, बन्दीगृह में क़ैद रहते हुए भी प्रख्यात समाजवादी नेता जॉर्ज फ़र्नांडिस मुज़फ़्फ़रपुर से प्रचंड बहुमत से विजयी होकर लोकसभा में गए जबकि जॉर्ज साहब वहाँ के लिए नितान्त अपरिचित थे। कमोबेश वैसी ही चिन्गारी भोजपुर और भागलपुर के इलाक़ों में भी लगी हुई थी। बिहार का दक्षिणी भाग, जो आज अलग राज्य झारखंड बन गया है, कम विप्लवी नहीं था। वहाँ भगवान बिरसा मुंडा ने बहुत पहले ही अन्याय और अत्याचार के ख़िलाफ़ विद्रोही सुर का बिगुल फूँक दिया था। कालान्तर में वह हज़ारीबाग़ का ही जेल था जिसके गगनचुम्बी परकोटे भी लोकनायक जयप्रकाश को क़ैद नहीं रख पाए थे! वैसे तो पूरे राज्य से विद्रोह के उठते धुएँ से पूरे आकाश का रंग धूसर हो गया था लेकिन राज्य की राजधानी होने के कारण पूरे राज्य में उमड़ती-घुमड़ती राजनैतिक आक्रोश की घटाएँ अधिकतर पटना में ही बरसती थीं।'

श्री रामन, प्रोफ़ेसर श्रीनिवास और प्रोफ़ेसर दास से जब हमारे चचा बुक़रात की यह बातचीत हुई थी तब बिहार में जननायक कर्पूरी के नेतृत्व में जनता पार्टी का शासन था। लोकनायक जयप्रकाश उन दिनों पटना में ही बीमार चल रहे थे।

जयप्रकाश लाए नया विहान

जयप्रकाश नारायण देश और राज्य की राजनीति से प्रसन्न नहीं थे। उन दिनों वैसे तो ज़्यादातर चुप ही रहने लगे थे लेकिन बिहार में हुए आन्दोलन की बात सुनकर उनकी आँखों में वही क्रान्ति की बिजली कौंध जाती थी। सच में उस आन्दोलन की बात ही कुछ और थी। उसकी नींव में था पवनार, वर्धा में, 9 दिसम्बर, 1973 को जेपी का दिया गया भाषण! जेपी ने युवाओं को यह कहकर ललकारा था—

---

* (लेखकीय नोट : दुर्भाग्यवश इस एसोसिएशन के कार्यकलापों की अन्य कोई सूचना उपलब्ध नहीं हो पाई है)।

'क्या हमारे युवा लोकतांत्रिक प्रक्रिया को, उसके जन्म काल से ही, उसका गला घोंटे जाने को, निष्क्रिय होकर देखते रहेंगे? निश्चय ही इससे महत्त्वपूर्ण मुद्दा दूसरा नहीं हो सकता है, जो युवकों को 'एक्शन' के लिए आन्दोलित करे। कार्रवाइ का समय यहाँ है, अभी है। उनकी सक्रियता का स्वरूप कैसा हो इसका निर्णय स्वयं युवाओं को करना है। मेरा एक ही परामर्श यह होगा कि लोकतंत्र की आत्मा एवं तत्त्व को ध्यान में रखते हुए यह ईमानदारी से और पक्षपात रहित हो।...युवा संगठनों को अपने भाइयों और बहनों को एकजुट करने के लिए आगे आना चाहिए। किन्तु मेरा सुझाव होगा कि इस मामले में किसी की पहल का इन्तज़ार नहीं किया जाए। जहाँ कहीं आवश्यक नेतृत्व अस्तित्व में हो, युवकों का स्वतःस्फूर्त संगठन खड़ा हो जिसके लिए मैं 'लोकतंत्र के लिए युवा', YFD (यूथ फ़ॉर डेमोक्रेसी), नाम सुझाता हूँ। वस्तुतः यूथ फ़ॉर डेमोक्रेसी संगठन से अधिक आन्दोलन होना चाहिए। इसके साथ समन्वय और प्रयास में सहयोग का सिलसिला चले। युवक स्वयं आवश्यक संसाधन जुटाने में समर्थ हों और अपने स्थानीय और राष्ट्रीय नेतृत्व का सृजन करें।'

गुजरात में सत्ता परिवर्तन के बीजारोपण की आशातीत सफलता के बाद जेपी के मन में पूरे देश में परिवर्तन लाने के लिए बहुत कुछ उमड़-घुमड़ रहा था जिसकी अभिव्यक्ति वे हर उपलब्ध मंच से लगातार कर रहे थे। कान्ति शाह ने जेपी की जीवन-यात्रा में बताया है—

'उन्हें लगने लगा था कि 1942 के दिनों की तरह 1974 में भी युवकों के दिलों के साथ उनके दिल का तालमेल फिर बैठने लगा है और दोनों के बीच एक पुल बनने लगा है। युवकों के उत्साह को और उनकी उमंगों को देखकर स्वयं जयप्रकाश को भी नई-नई प्रेरणाएँ होने लगीं।'

लगता है इसी प्रेरणा के कारण उन्होंने 22 जनवरी, 1974 को व्हीलर सीनेट हॉल में पटना यूनिवर्सिटी के छात्रों को यूथ फ़ॉर डेमोक्रेसी की सफलता की कहानी सुनाते हुए उसे बिहार में भी मज़बूत बनाने का आह्वान किया। इसका असर नीतीश और सुरेश पर बहुत गहराई तक पड़ा था। उन्हें लगा था कि उनके अन्तरमन में लोहिया के विचारों की रखी गई ठोस नींव पर अब सपनों का महल खड़ा करने का सही वक़्त आ गया था। जेपी ने सहरसा के राघोपुर प्रखंड में 31 जनवरी, 1974 को 'भावी क्रान्ति के चिह्न' विषय पर बड़ा मार्मिक सम्बोधन किया था। उसके ठीक अगले ही दिन बिहार छात्र आन्दोलन, और कालान्तर में सम्पूर्ण क्रान्ति की बुनियाद 1 फ़रवरी, 1974 को पटना कॉलेज के प्रांगण में जेपी की हुई विशाल सभा में पड़ी। नीतीश बताता है—

'पहले दिन समय की कमी के कारण जेपी का भाषण दो दिनों में पूरा हो सका। जो लोग पहले दिन जेपी को सुनने से वंचित रह गए थे, उन्होंने दूसरे दिन अपनी साध पूरी कर ली।'

नीतीश ने दोनों दिन जेपी को सुना था। उसे लगा था कि लोहिया की बात वह जेपी की ज़ुबानी फिर से सुन रहा था। उसके अन्दर समाज में परिवर्तन लाने की जो आवाज़ उस दिन पैठ गई थी वह उसके कंठ से निनाद बनकर आज तक पूरे देश में गूँजती है। जेपी की इस सभा की चकाचौंध सिर्फ़ छात्रों तक ही सीमित नहीं रही। उस दिन पूरे पटना शहर को नई जगमगाहट से रूबरू होने का मौक़ा मिला। लोगों को पहली बार उम्मीदों से तर-बतर एक ऐसी रोशनी मिली जिसमें ख़ुशबू भी थी! यह मशाल लिये एक ऐसा शख़्स खड़ा था जिसका नाम ही था रोशनी की जीत—जय प्रकाश!

पटना में कड़की यह बिजली सुदूर गुजरात में जा गिरी और 09 फ़रवरी, 1974 को चिमन भाई पटेल की कांग्रेसी सरकार गिर गई। वहाँ राष्ट्रपति शासन लग गया। 14 फ़रवरी को जेपी ने अहमदाबाद की गुजरात यूनिवर्सिटी के विद्यार्थियों की सभा में आए नौजवानों की रगों में बस एक सूत्र वाक्य से चिनगारी भर दी। जेपी ने कहा—

'जोश और होश के साथ आगे बढ़ो।'

इस एक वाक्य का परिणाम ऐसा हुआ कि इस परिवर्तन के ठीक बाद बिहार के विद्यार्थियों ने अपना आन्दोलन इस जोशीले नारे से शुरू किया था—

'गुजरात की जीत हमारी है, अब बिहार की बारी है।'

डॉ. श्रीनिवासन ने चचा को बताया—

'गुजरात में हुए छात्र आन्दोलन से प्रभावित होकर बिहार के आन्दोलन में भी नीतीश, लालू, सुशील मोदी आदि जैसे बहुत से प्रखर और सिद्धान्तवादी नौजवान आगे आए।'

नीतीश के राजनीति में उतरने और उसके शिखर पर इतने लम्बे समय तक स्थायी रूप से टिके रहने की कथा प्रारम्भ करने से पहले यह समझना अच्छा होगा कि उसी के साथ राजनीति में आनेवाले कई व्यक्ति शिखर पर चढ़कर भी नीतीश के समान क्यों नहीं बन पाए। इसके लिए हम आदि शंकराचार्य के एक श्लोक का एक अंश देखते हैं जिसमें कहा गया है—

त्यक्तवैषणा त्रयमवेक्षितमोमागी!

यद्यपि सभी लोगों की इच्छा होती है कि उनकी गिनती श्रेष्ठ और महान लोगों में हो, लेकिन जो भी व्यक्ति धन की लालसा (वित्तैषणा), काम लोलुपता (पुत्रैषणा) और लोगों से प्रशंसा की लालसा (लोकैषणा) से बच जाता है, वही महान बन सकता है। ऐषणा का अर्थ होता है तीव्र लालसा और बेहिसाब लोभ। बिहार ही क्या, हमारे देश की राजनीति में अकूत धन की लालसा और काम लोलुपता ने विगत वर्षों में तो अमरलता बेल की तरह अपने पैर अच्छी तरह पसार

लिए हैं पर वहाँ भी असली बीमारी लोगों से प्रशंसा की लालसा ही है! नीतीश के पूर्ववर्ती नेताओं ने अपनी प्रशंसा की तीव्र लालसा के कारण ही चुनावों से पहले ताबड़तोड़ लोक-लुभावने कार्यक्रमों की घोषणा की और चुनाव जीतकर उन्हें भूल गए। नीतीश के प्रिय बाबूजी के काल में भी प्राय: ऐसा ही हुआ। पर इन सबसे अलग, नीतीश लोगों से प्रशंसा की लालसा की मोहिनी के मायाजाल से भरसक बचता रहा है।

सात निश्चय का इन्द्रधनुष

मुख्यमंत्री बनने से पहले से ही उसके पास लोक कल्याण के लिए विस्तृत कार्य योजना थी और वह अपने राज्य के लिए देखे गए प्राय: हर सपने को ठोस धरती पर उतारने में सफल भी रहा है। 2015 में उसकी आँखों में बिहार की जनता के लिए एक सप्तरंगी सपना इन्द्रधनुष बनकर कौंध गया और उसका नाम भी नीतीश के होंठों पर अपने आप ही उतर आया—'सात निश्चय'! नीतीश की सरकार के हाथों में सात निश्चय का जो बिरवा 2015 में दिख रहा था, उसका बीजारोपण तो लोहिया की सप्त क्रान्ति से ही हो गया था! उसमें खाद पड़ी थी जेपी की सम्पूर्ण क्रान्ति से! उसे धूप मिली थी नीतीश के दस वर्षों के प्रशासनिक अनुभवों की आँच से! नीतीश की सरकार के ख़ून-पसीने से इस बिरवे की ऐसी प्रतिबद्ध सिंचाई हुई कि 2020 आते-आते सातों निश्चय पूरे हो, मानो बोधिवृक्ष की सात शाखाएँ बनकर, पूरे राज्य में फैल गए! पर नीतीश की आँखों में रचे-बसे सपनों ने उसे सोने नहीं दिया है! अब जो नया तराना उसकी मुस्कान भरी होंठों पर आया है, उसका नाम है, सात निश्चय—पार्ट दो! सात निश्चय के क्रियान्वयन में जो नए तथ्य सामने आए, उनके आधार पर नए क्षितिजों पर नीतीश की नई इबारत लिखी जानी है, उन्हीं का नाम है सात निश्चय—पार्ट दो। यह बात तो देश की राजनीति की दुनिया स्वीकार करती है कि नीतीश ने जब और जो भी वायदे किए हैं, एकाध अपवादों को छोड़कर, उन्हें उसने समय या उससे पहले ही पूरा किया है। हर घर बिजली पहुँचाने जैसे असम्भव से लगनेवाले कई काम तो समय से पहले भी पूरे हो गए हैं! आज उसका उद्घोष है 'सक्षम बिहार-स्वावलम्बी बिहार!' बिहार जानता है कि बिहार को स्वावलम्बी बनाने में नीतीश नि:सन्देह ही सक्षम है।

नीतीश के बहुत पुराने मित्रों में से एक, विवेचना और आलोचना करने में बड़े माहिर हैं। हम उनसे कहते हैं कि जब नीतीश को किसी तरह की लालसा नहीं थी तो फिर उनकी समझ से नीतीश में वह कौन-सी ख़ास बात थी जिसने उसे नेतागिरी के काँटों-भरी राह पर धकेलकर चलते रहने को मजबूर कर दिया। वे हँसते हुए कहते हैं—

'नीतीश जी में नए ज़माने के नेताओं के तो कोई लक्षण कभी नहीं दिखे, लेकिन वह निश्चित रूप से हम सबसे अलग सोचते थे। स्वयं यथार्थ के धरातल पर रहते हुए उनकी समझ हमेशा बहुत बड़े परिप्रेक्ष्य की होती थी। वे हमारे सरलचित्त सहभागी से सर्वमान्य नेता कब और कैसे हो गए यह बात हमें उस काल के पटना इंजीनियरिंग कॉलेज में और फिर पटना यूनिवर्सिटी में बिखरी नीतीश जी के मित्रों की टोली के कुछ अत्यन्त मेधावी सदस्यों से उनकी तुलना करने पर समझ में आ सकेगी।'

पानी रे पानी तेरा रंग कैसा

वे आगे कहते हैं—

'पहली बात कि उन दिनों चाहे नीतीश जी ने दुनिया-भर का समाजवादी ज्ञान अर्जित कर लिया हो, पर कॉलेज की पढ़ाई में उनकी गिनती हमेशा फिसड्डी छात्रों में होती थी। सच कहिए तो यह उनका प्लस पॉइंट ही माना जाना चाहिए, क्योंकि वैसे भी पढ़ाकू और रट्टू तोते तो सफल और लोकप्रिय छात्र नेता कभी बन ही नहीं सकते! सुरेश जी भी जब समाजवादी युवजन सभा से जुड़े तो उनकी पढ़ाई के प्रति अभिरुचि में बहुत कमी आ गई। अगर लोकप्रियता का पैमाना देखें तो नीतीश जी उस पर दोयम दर्जे के साबित हो जाएँ तो भी ग़नीमत समझिए। क्योंकि उन दिनों भीड़ को आकर्षित करके बेवकूफ़ बनाने की कला लालू जैसे अन्य महारतियों को आती थी। नीतीश जी सर्वश्रेष्ठ संगठनकर्ता भी नहीं थे। उन दिनों लोगों का दिल जीतने, उनका मन्तव्य बदलने और किसी नई व्यवस्था से जोड़ने की जादूगरी सुरेश शेखर जी के पास थी। नीतीश जी बहुत अच्छा लिखते और बोलते अवश्य थे पर अरुण जी के धाकड़ लेखन के आगे वह सब भी उतना प्रभावी नहीं लगता था। एक बात और थी जो हम सब मानते थे कि वामपंथी और लोहिया की विचारधारा पर नीतीश जी का बड़ा सम्यक् अध्ययन था। इन विषयों पर भी नीतीश जी से अधिक पैनी पकड़ एबादुल रहमान साहब और सुरेश शेखर जी रखते थे। यह सच है कि नीतीश जी किसी भी क्षेत्र-विशेष में सर्वश्रेष्ठ नहीं थे, पर यह भी उतना ही सच है कि आज की तरह उन दिनों भी नीतीश जी हर क्षेत्र में असाधारण रूप से मज़बूत पकड़ रखते थे। इसलिए जहाँ ये बाक़ी मित्र अपनी-अपनी विशेषज्ञता के क्षेत्रों में मील के पत्थर साबित हुए, नीतीश जी में मानो इन्द्रधनुष के सातों रंग मिलकर एक रंग हो गए थे—सफ़ेद! कहा भी गया है, पानी रे पानी तेरा रंग कैसा? जिसमें मिला दे उसी के जैसा! शुरू से वैसे ही रह गए हमारे नीतीश जी। उनकी हर बात ठोस तथ्यों और प्रमाणों पर आधारित होती थी। बिना आपा खोए या उग्र हुए वे अपनी बात ऐसे सीधे तरीक़े से सबके

सामने रखते थे कि किसी के अहं को ज़रा सी भी ठेस न लगे। दूसरों की अनर्गल बातें भी अपार धैर्य से सुनने के बाद बिना नाराज़ हुए उन बातों का तर्कसंगत उत्तर देने की उनकी आत्म-नियंत्रण की यह अद्भुत शक्ति उनके समकालीन किसी भी अन्य व्यक्ति में नहीं थी। इसलिए उन दिनों वे अजातशत्रु थे और सर्वमान्य भी। उनमें दूसरों को सुनने और उनसे सीखने का अपार धैर्य तब भी था। उन्हें जहाँ से भी ज्ञान मिलता, वे नि:संकोच श्रद्धानत होकर आत्मसात् कर लेते थे। हाँ, तब भी वह इतने ही निरभिमानी, विनीत और नम्र थे जितने आज हैं।'

बहरहाल, 1968 के अन्त तक कॉलेज के पहले दो साल लड़ते-झगड़ते, हँसते-गाते, खाते-पीते कैसे बीत गए यह पता ही नहीं चल पाया। कौशल, अरुण, नरेन्द्र और नीतीश, ये चारों मित्र अपनी ज़िन्दगी के ताने-बाने बुन रहे थे, कभी अकेले तो कभी साथ-साथ। इनमें से वे तीन जो नरेन्द्र को पीछे छोड़कर थर्ड ईयर में आ गए थे, एक नई समस्या से रूबरू हुए। सेकेंड ईयर तक तो इंजीनियरिंग के सभी विभागों की पढ़ाई में गणित, अंग्रेज़ी, फ़िजिक्स, केमेस्ट्री, इकोनॉमिक्स आदि—कई विषय सबको एक साथ पढ़ने होते थे। इसलिए स्कूल और कॉलेज की पुरानी पढ़ाई को आधार बनाकर थोड़ी-बहुत मेहनत करने से ही इन विषयों की गाड़ी यहाँ भी आगे खिसक जाती थी। पर थर्ड ईयर में हालात बदल गए और सभी विभागों की कठिन पढ़ाई अलग-अलग होने लगी। नतीजतन, क्लास में कौशल से अरुण और नीतीश की मुलाक़ातें क़रीब-क़रीब बन्द ही हो गईं। उधर नीतीश का कृष्णा लॉज का कमरा उसके मुलाक़ातियों के लिए छोटा पड़ने के कारण उसका हॉस्टल में आना ज़रूरी हो गया था। कॉलेज के तीसरे वर्ष (1969) की शुरुआत में वैसे तो सब सेकेंड ईयर में ही थे, लेकिन नीतीश को हॉस्टल में दो अन्य लड़कों, अशोक कुमार सिंह तथा अनिल कुमार सिन्हा के साथ, ज़ीने से लगा कमरा मिला। यह कमरा था तो चार लड़कों के लिए लेकिन उसमें ये तीन ही रहते थे इसलिए कमरा अपेक्षाकृत बड़ा लगता था। वहाँ साथियों ने नीतीश के लिए एकान्त के एक छोटे-से टापू का प्रबन्ध भी कर दिया था। अगले दो वर्षों तक नीतीश उसी कमरे में रहा। उन दिनों को याद करते हुए नीतीश कहता है—

'थर्ड ईयर में आने से पहले मिले इस कमरे के सहभागी साथियों, अशोक जी और अनिल जी, ने एक कोने में मुझे टिकाकर इतनी मदद कर दी कि मुझे वह एकान्त मिल ही जाता था जिसकी मुझे तलाश थी।'

है हिम्मत तो करके दिखाओ

रसमंजरी में बैठकर नीतीश के कमरे में ही रहनेवाले अशोक कुमार सिंह के बारे में हम एक मज़ेदार कहानी याद कर रहे हैं—

'अशोक बड़ा अलमस्त और हमेशा नई चुनौतियों का डटकर सामना करनेवाला नौजवान था। मज़ाक़ में भी कही गई बात को वह अपने दिमाग़ से नया रूप दे देता था। एक बार, बातों ही बातों में, हम सबके बीच बिना औपचारिक कपड़े पहने ही होटल में जाने पर बहस छिड़ गई। मैकेनिकल इंजीनियरिंग की पढ़ाई करनेवाला हमारा एक मित्र था श्रीनिवास राय। उसने हमारी मित्र मंडली में अशोक को चुनौती दे डाली कि अगर हिम्मत हो तो बस एक कपड़े में वह गांधी मैदान के पास के नामी-गिरामी रेस्तराँ सोडा फाउंटेन जाकर दिखा दे! अगर अशोक ऐसा कर देगा तो श्रीनिवास उसे वहाँ ट्रीट देगा। अशोक था पटना के पास स्थित विक्रम के ठाकुर परिवार का राजसी तबीयत वाला नौजवान! दोनों में ही यह बड़ी फूहड़ क़िस्म की बाज़ी लग गई। इसमें मज़े लेनेवाले दो और लोग थे, अपनी भदेस आदतों से सबकी नाकों में दम करते रहनेवाला नटखट सुरेश शेखर, और लखनवी तहज़ीब के बेहद नफ़ीस तबीयत वाला भाई आदित्य प्रकाश। आज के फ़ैशन में प्रचलित घुटनों तक आनेवाले कुर्ते की तरह तब भी वे बहुत लम्बा कुर्ता पहनता था। अशोक ने आव देखा न ताव और आदित्य से उधार लिये एक कुर्ते में, जी हाँ, सिर्फ़ एक कुर्ते में ही, किसी के साथ रिक्शे पर बैठकर बड़े सहज भाव से सीधा सोडा-फ़ाउंटेन पहुँच गया! भाई के बदन पर कुर्ते के अलावा न तो बनियान थी, न पाजामा, यहाँ तक कि अंडरवियर तक नदारद! कुल चार जन यानी अशोक, सुरेश, आदित्य और श्रीनिवास, दो रिक्शों पर बैठकर सोडा-फ़ाउंटेन धमक गए थे और दावत उड़ाई थी! श्रीनिवास के मुंडन समारोह की आँखों देखी रिपोर्ट उसी के श्री मुख से सुनकर हम सब अशोक के इस बेशर्म शक्ति प्रदर्शन से आतंकित होने की हद तक प्रभावित हो गए थे! कॉलेज के सभी हॉस्टलों में इस घटना की सनसनी बहुत दिनों तक पसरी रही।'

यह राजपूती हनक तो उसके व्यक्तित्व की बस एक झलक भर थी! अशोक अन्दर से कितना नेक और मददगार व्यक्ति रहा है इसका पता हमें हमारे मीता, नरेन्द्र से चलता है। मीता बता रहा है—

'समझे न भाय, अशोक जैसा दोस्त ज़िन्दगी में कहियो-कहियो (कभी-कभी) और उ भी, केकरो-कोकरो (किसी-किसी) भाग्य से ही मिलता है।'

वह कहानी हम आपको अब अपनी ज़ुबान में सुनाते हैं—

हुआ यह कि समय आने पर अशोक का विवाह बहुत सम्पन्न परिवार में हो गया। घर में आई नई ठकुराइन स्वतंत्र विचारों की सुमुखी लड़की थी जो उस ज़माने में भी बन्दूक चलाना जानती थी। मीता के हिसाब से साक्षात् रानी लक्ष्मीबाई! 1977 में नीतीश पहली बार विधानसभा का चुनाव लड़ रहा था। मीता उसका चुनाव प्रभारी था। मीता के दिल में उत्साह तो बहुत था

मगर नीतीश पर महालक्ष्मी की कृपा बिलकुल नहीं थी। उन दिनों अशोक सिंचाई विभाग में बड़ा अधिकारी था और डाल्टनगंज में प्रस्थापित था। नीतीश ने मीता को अपने इस दरियादिल दोस्त के पास आर्थिक सहायता माँगने के लिए भेजा। मीता की बातें सुनते ही नीतीश की यथासम्भव मदद करने को अशोक चटपट तैयार हो गया। लेकिन तभी नेपथ्य से ठकुराइन का गम्भीर स्वर गूँजा—

'सुनिए जी, ये पॉलिटिक्स करनेवाले किसी के कभी होते हैं जो आपके होंगे?'

उन्होंने फिर थोड़ी अशिष्टता से नीतीश का नाम लेकर कहा—

'नितिसवा-फितिसवा को कुछ भी देने की ज़रूरत नहीं है!'

इस बेमौसम की बौछार से मीता पहले तो घबरा गया फिर उसने जी कड़ा करके मैडम को सुनाते हुए ऊँची आवाज़ में अशोक को कॉलेज के दिनों के नीतीश की याद दिलाई। उसने ज़ोर देकर कहा कि नीतीश कोई ऐरा-गैरा नत्थू-खैरा, सड़क छाप नेता नहीं है। वह जेपी का बहुत तपा-तपाया हुआ ईमानदार सिपाही है। चाहता तो वह भी अशोक की तरह नौकरी करके नवाबी छाँट सकता था लेकिन उसने जेपी के रास्ते पर ही चलने की ठान ली है। नीतीश जानता है कि इस राजनैतिक अस्थिरता के दौर में जेपी के सपनों को पूरा करने के लिए राज्य को कर्मठ और बलिदानी नौजवान की आवश्यकता है। फिर बेचारा अभी ही तो जेल से छूटा है!

मीता की स्पीच का मैडम पर क्या असर हुआ यह तो पता नहीं लेकिन अशोक ने उसी समय बिना कुछ आगे-पीछे देखे हुए, अपने सामर्थ्य से बढ़कर, 'नीतीश चुनाव सहायता कोष' के लिए मीता को रुपये दे दिए। लंका से विजयी लौटे हनुमान की भाँति वापस लौटकर मीता ने नीतीश के हाथों में पैसे सौंपते हुए, मैडम की अशिष्ट वचनावली सहित, पूरी कथा सुना दी। नीतीश ने सब कुछ बहुत ध्यान से सुनकर कहा—

'भाभी जी की प्रतिक्रिया बिलकुल स्वाभाविक है। उन्होंने तो मुझे देखा तक नहीं इसलिए अपने पति की गाढ़ी कमाई को इस तरह लुटता देख आरम्भ में उन्होंने जो प्रतिरोध किया वह तो बिलकुल उचित था। मगर जब उनके विरोध के बाद भी अशोक ने पैसे दे दिए तो भाभी जी ने उसको भी सहजता से स्वीकार कर लिया। हमें उनका आन्तरिक आभार मानना ही चाहिए।'

नीतीश न सिर्फ़ वह चुनाव, बल्कि उसके बाद एक और चुनाव, हारने के बाद अपने तीसरे प्रयास में एमएलए बना। उसकी लोकप्रियता ऐसी हो गई कि वह जहाँ कहीं जाता, मात्र उसे देखने और उसकी बातें सुनने के लिए अनायास ही अच्छी-ख़ासी भीड़ इकट्ठी हो जाती। अपनी ख्याति के अनुरूप वह शीघ्र

ही विधानसभा की कई कमेटियों का सदस्य बना दिया गया। ऐसी ही किसी कमिटी, शायद विजिलेन्स कमिटी, के सदस्य की हैसियत से वह डेहरी-ऑन-सोन गया। विजिलेन्स कमिटी में नीतीश का नाम सुनकर ही डेहरी-ऑन-सोन में स्थित इंजीनियरिंग के हर महकमे में हड़कम्प मच गया मानो कबूतरों के पिंजड़े में बाग़ड़ बिल्ला घुस आया हो! अशोक भी उन दिनों वहीं किसी इंजीनियरिंग विभाग में काम कर रहा था। नीतीश से वह कुछ ऐसे संकोच और विनम्रतापूर्वक मिलने गया होगा जैसे कोई सरकारी अधिकारी किसी प्रतिष्ठित राजनेता से मिलने जाता है। उसे देखते ही, अपने प्रशंसकों और सहयोगियों की भीड़ को चीरता हुआ, नीतीश बाहर आकर उससे हमेशा की तरह बहुत प्रेम से मिला। बातों ही बातों में वह अशोक के अनुरोध पर उसके घर जाकर खाना खाने के लिए भी तैयार हो गया। वहाँ पहुँचकर अशोक की पत्नी को अपना परिचय देते हुए उसने बहुत निश्छलता से कहा था—

'हम ही हैं नितिसवा फितिसवा! और हम हैं आपकी कृपा के आभार से आज तक दबे हुए। अशोक जी और आपकी मदद से ही हम चुनाव की राजनीति की राह पर चलना शुरू कर सके।'

इतना कहकर अशोक की पत्नी के आगे आदर भाव से दोनों हाथ जोड़कर वह किसी अच्छे बच्चे की तरह खड़ा हो गया। अशोक की पत्नी पहले तो बहुत तनाव में थीं लेकिन नीतीश का यह विनीत स्वरूप देखकर मैडम की सब आशंकाएँ मिट गईं। अशोक ने ज़रूर तब, नीतीश की नज़र बचाकर, चुपके से अपनी मैडम को देखा होगा। उन्हें देखते हुए उसने आँखें चमकाकर ज़रूर कहा भी होगा, देखिए ये है मेरा दोस्त और ऐसी गहरी है अपनी दोस्ती! उस शाम अशोक के घर नीतीश बहुत अपनत्व से, और बहुत देर तक रुका था। थोड़ी ही देर में अपनी सरलता से उसने अपरिचय की सारी दीवारें ध्वस्त कर डाली थीं। इस दौरान एक बार भी लगा ही नहीं कि वह कोई इतना प्रसिद्ध और बड़ा राजनेता है! अपने व्यवहार से उसने अशोक के घर में उगे संशय के काँटों को कोमल कलियों में बदल दिया। जब वह वहाँ से निकला तो अपने पीछे उस घर में ख़ूबसूरत यादों की महकती हुई फुलवारी छोड़ आया।

कॉलेज के दिनों वाले नीतीश को याद करते हुए उनके प्राध्यापकों, श्री सुरेन्द्र कुमार तथा श्री सत्य नारायण सिंह ने किसी टेलीविज़न चैनल को जो कुछ अंग्रेज़ी में बताया था उसका अनुवाद कुछ ऐसा होगा—

'उन दिनों भी नीतीश में अच्छे नेता के कुछ गुण मौजूद थे। आपने देखा होगा कि आज भी वह कई आम नेताओं की तरह नहीं है। उसका व्यवहार, बातचीत का ढंग और उसकी अभिव्यक्ति कितनी सुलझी हुई है।'

इंजीनियरिंग के ये दो विख्यात शिक्षक यहीं नहीं रुकते, वे आगे कहते हैं—

'नीतीश निहायत शरीफ़ (विद्यार्थी) था। उन दिनों परीक्षा में घोर रूप से व्याप्त कदाचार का सहारा उसने कभी नहीं लिया, कभी नहीं।'

सुधी पाठकों को स्मरण होगा कि गांधी जी ने भी अपने बचपन में शिक्षक महोदय के उकसाने के बावजूद नक़ल करने से इनकार कर दिया था। अपने ऐसे ही सिद्धान्तों की वजह से नीतीश अपने कॉलेज के शिक्षकों में भी उनकी संतानों जैसा प्रिय हो गया था।

ऐसा ही कुछ ख़याल इंजीनियरिंग कॉलेज के कैम्पस में ही रहनेवाले एक और प्रोफ़ेसर साहब का है जो अपने इकलौते बेटे से बहुत परेशान रहते थे। उन्होंने बहुत आजिज़ होकर ऊपर वाले से कुछ ऐसा कहा था—

'या मालिक, औलाद दे तो नीतीश जैसी, नहीं तो बेऔलाद ज़िन्दगी क्या बुरी है!'

बस गई नई दुनिया

अपने बारे में चल रही इन सब चर्चाओं से बेख़बर नीतीश जिस दुनिया में जी रहा था। उसके बारे में कौशल से भी सुनिए—

'थर्ड ईयर आते-आते हम लोगों ने नीतीश को अगवा करके हॉस्टल में स्थापित कर दिया था। उसके स्वागत में मुझे श्रीरामचरितमानस की चौपाई अचानक याद आ गई जो मैंने बचपन में रामलीला में सुनी थी—

प्रबिसि नगर कीजै सब काजा।
हृदय राखि कौशल (कोसल) पुर राजा।

दरअसल, मेरा नाम कौशल तो है ही, प्यार से लोग मुझे राजा भी कहते हैं! हॉस्टल को मैं कौशलपुर समझता था और राजा तो मैं था ही! अब तुलसीदास की मंशा जो भी रही हो, पर मैंने तो नीतीश से यही कहा था कि हे तात! मेरे जैसे राजा के कौशलपुर में प्रवेश करके (पढ़ाई के अतिरिक्त) तुम सब काम स्वच्छन्द होकर करो!

नीतीश अब हॉस्टल में आ गया था, इसलिए मेरे जीवन की दशा ही बदल गई। नीतीश के लिए घर से शुद्ध देशी घी आता था, वह भी प्रचुर मात्रा में! मुझे घी खाना बहुत अच्छा लगता था—दूसरे का लाया हो तो और भी अच्छा! बहरहाल, मैं और नीतीश एक कमरे में तो कभी नहीं रहे, पर रहे सदा साथ ही। हॉस्टल में आ जाने पर हमने देखा कि नीतीश का एसवाईएस का समर्पित सदस्य होना उसे हम सब से अलग ऊँचाई पर खड़ा कर देता था। नया समाजवादी मुल्ला बना था, इसलिए लोहिया साहित्य का प्याज़ कुछ ज़्यादा ही खाता था वह!

वह आदर्शवाद के स्वप्न देखता, लोहिया साहित्य पढ़ता, संसोपाइयों के गुणगान करता और बिहार की दुरवस्था के लिए कांग्रेसियों को कोसता रहता था। बिहार के कुछ जाने-पहचाने संसोपाई कई मायनों में अगर कांग्रेसियों के चाचा न भी हों तो कम से कम मौसेरे भाई तो थे ही! हम सब, ख़ासतौर से नीतीश को चिढ़ाने के लिए, संसोपाइयों के चरित्र का प्रेम से छिद्रान्वेषण करते रहते जिसका नीतीश के पास कोई अगर प्रभावी उत्तर न होता तो वह खिसिया जाता। सच तो यह है कि उस समय पटना के राजनीतिक क्षितिज पर नीतीश का न तो कोई गॉड-फ़ादर था, न ही कोई रोल-मॉडल। वह अपनी ही पार्टी के कुछ नेताओं के घटियापन के कारण न तो पार्टी के दफ़्तर जाता और न ही राज्य के संसोपाई नेताओं से मिलता-जुलता था, पर शायद वह तब भी उन सबों से अधिक सच्चा समाजवादी था। हम सब उसके समाजवादी ज्ञान से डरने की हद तक प्रभावित रहते थे।'

बातों ही बातों में मीता नरेन्द्र कहता है—

'तब शायद जातिवाद का जिन्न था तो ज़रूर लेकिन वह बोतल में बन्द था। कम से कम हम चारों उसकी दशा और दिशा के बारे में जानते ही नहीं थे। हमारे लिए जातियाँ बस दो ही थीं, बुर्जुआ या प्रगतिशील सर्वहारा। शायद 1971 के बाद जातिवाद का यह पिशाच शिक्षण संस्थाओं में भी प्रवेश कर गया। यह भूत राजनीतिक आक़ाओं की विकृत मानसिकता की सड़ाँध से पैदा हुआ था और इसके बोतल से बाहर निकल आने के बाद इसके मालिकों का भी इस पर कोई नियंत्रण नहीं रह गया था। लेकिन जब हम पढ़ रहे थे तब न तो माहौल ही इतना गन्दा था, न ही गंगा में इतना प्रदूषण था। तब चाँदनी रात में जातिवाद से बेख़बर, हम कई मित्र गांधी घाट से नाव पर सवार हो गंगाजी की सैर को निकलते। उस समय, ब्राह्मणवाद, सामन्तवाद, द्विजवाद, मनुवाद आदि आदि कितने वादों का हम वितंडावाद रचते। भारी शोर-शराबे के बाद, बिना किसी निष्कर्ष पर पहुँचे, वर्तमान व्यवस्था को आह्लादित सुर में गरियाते और अपने आपको बहुत बड़ा तीसमार ख़ाँ समझते हुए, हम अपने हॉस्टल लौट आते। बहस करने में हम इतने पारंगत हो गए थे कि कॉलेज में होनेवाले हर हिन्दी वाद-विवाद प्रतियोगिता के अन्तिम मुक़ाबलों में प्राय: कौशल और नीतीश ही आमने-सामने होते। नीतीश जिस सहजता और सरलता से हार और जीत दोनों ही स्वीकार कर लेता, वह धीरे-धीरे हम सबके लिए आदर्श बन गया।'

हम उन सब बातों की तह में जाना चाहते हैं जिनकी वजह से राजकपूर की चुलबुली, रोमांटिक और सर्वहारा सिनेमाई छवि से बुरी तरह प्रभावित कोई किशोर, नौजवान होते-न-होते, गम्भीर होकर राजनीति की अन्धी गलियों में उतरकर सबका नेता कैसे बन गया?

बातों का क्रम फिर से मुख्य धारा की ओर मोड़ते हुए कौशल कहता है—

'अच्छा भाषण देना तो नीतीश शायद अभिमन्यु की तरह माँ के पेट से ही सीखकर आया था। इसलिए कॉलेज में किसी भी अवसर पर जब हमारी कक्षा के प्रतिनिधित्व की बात होती तो हम सब एकमत से नीतीश को आगे कर देते और वह बेचारा बलि का बकरा बनकर खड़ा हो जाता। उन दिनों हमारे कॉलेज में विद्यार्थियों का कोई मान्यता प्राप्त संगठन भी नहीं था। तब कॉलेज की राजनीति में हमसे ऊँची कक्षाओं में पढ़नेवाले का एकाधिकार था और सत्ता संघर्ष उनमें आपस में ही चलता रहता था। थर्ड ईयर में आते ही पहली बार कॉलेज के किसी आन्दोलन में हम सब शामिल हुए। उस वर्ष हमारे सीनियर्स ने टर्मिनल परीक्षा के विरुद्ध आन्दोलन छेड़ने का निश्चय किया। यह तो हम सबके लिए बिना माँगे स्वर्ग मिलने जैसा था! अपने आक़ाओं के पीछे भेड़ बने हम सबने कुलपति कार्यालय में जाकर अपनी माँग मनवाने के लिए विश्वविद्यालय के अधिकारियों का घेराव कर दिया। वह राजनीति की डगर पर, नीतीश सहित हम सबका, पहला डगमगाता क़दम था। तब नीतीश के अन्दर की आग को पहली बार हमारे सीनियर्स ने महसूस किया था। उनके लिए नीतीश निचली कक्षाओं के विद्यार्थियों का कद्दावर प्रतिनिधि था जो पिछड़ी जाति का होने के कारण उनके लिए कोई ख़तरा नहीं था।'

आगे की बात अरुण जोड़ता है—

'नीतीश के जीवन में तब जाने-अनजाने तीन प्रकार के लोगों का स्थान था। पहले ग्रुप में हम रसमंजरिया लोग थे जिनके साथ वह निःसंकोच मिलता-जुलता, खाता-पीता, सिनेमा देखता और बहुत आवश्यक होने पर, परीक्षा के दिनों पढ़ भी लेता था। वहाँ बिना भेदभाव के हम सभी की धुलाई-सफ़ाई होती रहती थी। उसका दूसरा ग्रुप था समाजवादियों का जो हमारे कॉलेज के छोटे-से तालाब तक सीमित न रहकर विश्वविद्यालय के महासागर तक फैला हुआ था। वहाँ ठेठ बुद्धिजीवियों की मजलिस थी जहाँ सब बड़ी गम्भीर बातचीत करते। नीतीश के समाजवादी सपने वहीं बुने जाते जिनकी चर्चा वह आकर हम सबसे करता। एक तीसरी जगह भी थी जहाँ नेशनल स्कॉलरशिप होल्डर, गम्भीर वक्ता और विचारक के रूप में नीतीश की बेहद प्रतिष्ठा थी। वह गुट था कॉलेज तथा विश्वविद्यालय के पिछड़े वर्गों से आनेवाले छात्रों का। नीतीश उन लोगों की जातीय आधार की मित्रता के नाम से ही बहुत असहज हो जाता था, क्योंकि कोई उसकी पहचान जाति के आधार पर करे, यह उसे स्वीकार्य नहीं था। लेकिन स्वभावतः दयालु और अच्छा होने के कारण न चाहते हुए भी, वह उन लोगों के साथ भी सम्बन्ध रखता। शायद उसके स्वभाव में किसी का दिल दुखाना था ही नहीं। वह ग्रुप नीतीश को देवलोक से आए फ़रिश्ते की मानिन्द देखता था। बाद में उसकी इस लोकप्रियता को 1969 में हम सबने एक बड़े अच्छे कार्य के लिए भुनाया।

राजनीति की डगर पर पहला क़दम

1969 में एक बार फिर से कॉलेज में चुनाव की सरगर्मियाँ शुरू हो गईं। चुनाव की घोषणा होने पर हॉस्टल में रहनेवाला नीतीश भी इसमें रस लेने लगा। पहली बार निचली कक्षा में पढ़नेवाले लड़के गम्भीरता से गोलबन्द होने लगे। तब गणित समझ में आया, लगा कि हमारे कॉलेज के सीनियर चौधरियों के पास संख्या बल का बहुत अभाव था। नीतीश ने तब जो गुप्त रणनीति बनाई, वह बेहद सशक्त और प्रभावी सिद्ध हुई। उसकी सार्वभौमिक पहुँच और स्वीकार्यता के कारण लोगों को उसकी बातों पर विश्वास था। निचली कक्षा वाले एकमत हो ही चुके थे। बस नीतीश ने शेष लोगों से गुपचुप सम्पर्क साधकर सीधी बातचीत की जिसकी किसी को भी जरा-सी हवा तक नहीं लग पाई और सारी तैयारियाँ पूरी हो गईं। इस चुनाव का नतीजा सबको चौंका देनेवाला था। सारे पुराने घाघ, जो पहले कॉलेज के सिकन्दर थे, पराजित हुए। यह कॉलेज के इतिहास में बहुत बड़ी बात हुई। बिना सीधे लड़े हुए नीतीश ने सारे दिग्गजों को बस एक दाँव से चारों ख़ाने चित कर दिया। तब हमें पहली बार उसकी रणनीति बनाने की कुशलता का सीधा अनुभव हुआ। अंडे से बाहर आने के बाद पहली बार जब चिड़िया के बच्चे ने अपने पंख फैलाए तब समझ में आया कि यह कोई छोटी-मोटी गौरैया नहीं, या तो यह बड़ा-सा गरुड़ है या फिर बड़ा ख़ूबसूरत मोर!

जब हम सब पहली बार नीतीश के सम्पर्क में आए तब वह बहुत खोज-बीन करने पर अपने पिता के कांग्रेस से हुए मोहभंग तथा उनके मुँहतोड़ चुनावी अभियान की यदा-कदा ही, वह भी बेहद सतही और उखड़ी-उखड़ी चर्चा करता था। एक ओर थे हम, जो तब राजनीति का ककहरा ही पढ़ रहे थे, किताबी जानकारियाँ बटोरकर तत्कालीन व्यवस्था और राजनीति के प्रति क्रान्ति का उथला ज्ञान बाँट रहे थे और दूसरी ओर था नीतीश, जो इन सभी सैद्धान्तिक विरूपताओं का प्रत्यक्षदर्शी होने के अतिरिक्त इनका भुक्तभोगी भी रहा था। लेकिन जहाँ हम इन मसलों पर बेहद मुखर थे, नीतीश विपरीततः मौन ही रहना पसन्द करता था। हममें से ही कोई कभी-कभी चुटकी भी लेता था कि नीतीश का यथार्थ तो भोगा हुआ है पर हमारा है ओढ़ा हुआ यथार्थ।'

अरुण इतना कहकर चुप हो जाता है और अपने कथन के सत्यापन के लिए वह नीतीश की ओर देखता है।

नीतीश कहता है—

'मैं तो आज भी अपने आपको काफ़ी हद तक गांधी जी का अनुयायी मानता हूँ। उनसे बड़ा कांग्रेसी आज तक कौन हुआ होगा इस धरती पर? पहले मैं जवाहरलाल जी का भी वैसा ही प्रशंसक रहा था जैसे शुरू में लोहिया रहे होंगे। शुरू में तो मैं स्वयं ही समझ नहीं पाता था कि मुझमें कांग्रेसी जीन होने के

बावजूद मैं कांग्रेस विरोधी कब और कैसे हो गया? अब मैं यह बात पूरी तौर पर समझ सका हूँ कि बचपन से ही बाबूजी के पास आनेवाले नेताओं के चारित्रिक पतन का मैं मौन प्रत्यक्षदर्शी रहा था। मेरे पास कांग्रेसी राजनीति के भ्रष्ट होते जाने के प्रत्यक्ष अनुभव थे। उन दिनों नेता का मतलब था केवल कांग्रेसी। उन सबकी बदलती हुई मान्यताएँ देखकर मैं कांग्रेस या स्थापित कांग्रेसी नेताओं के प्रति किसी प्रेम या श्रद्धा का अनुभव नहीं कर पाता था। चारों ओर फैल रहे कांग्रेसी भ्रष्टाचार के महासागर में बाबूजी ही एकमात्र प्रकाश स्तम्भ दिखते। यह बात जैसे-जैसे स्पष्ट होती गई कि कांग्रेसियों का चरित्र अब पहले जैसा नहीं रहा, मेरा कांग्रेस से हुआ मोह भंग अश्रद्धा की सीमाओं को छूने लगा था। रही-सही कसर पटना में आकर पूरी हो गई। यहाँ एक भी पुराना भला आदमी ऐसा नहीं मिला जो नई कांग्रेसी मानसिकता से नाराज़ नहीं था। तब मुझे तसल्ली हुई कि मेरी सोच में कोई गड़बड़ी नहीं है। आप लोगों से मिलकर करेले की यह बेल अपने आप ही नीम चढ़ गई! मैं पटना तो पढ़ने के लिए आया था। मौक़ा भी था और लगन भी थी, लेकिन देखिए न, पटना में इंजीनियरिंग कॉलेज में आकर जीवन ने न जाने कैसे रास्ता ही मोड़ लिया! वही बात हुई कि आए थे हरि भजन को, ओटन लगे कपास।'

गणित या फिर रसायन शास्त्र में शोध-कार्य करने की अपनी आन्तरिक इच्छा पूरी न कर पाने का दर्द नीतीश की आँखों में कहीं चुभता-सा दिखता है। लेकिन वह अपने आपको संयत करके मुस्कुराता है।

कौशल थोड़ा तंज़ से कहता है—

'असन्दिग्ध रूप से प्रतिभाशाली नीतीश अगर इंजीनियरिंग पढ़ने नहीं आता तो हम नफ़ीस और कलफ़दार कपड़ों वाले समाजवादी से कैसे मिलते? हमारे हिस्से कोई नेशनल स्कॉलरशिप होल्डर कैसे आता और फिर मित्रता की यह कथा कैसे लिखी जाती?'

एक बार तीनों समवेत स्वर में हँसते हैं, नीतीश का ठहाका सबसे ऊँचा है। थोड़ी देर ठहरकर वह कहता है—

'हाँ, यह नेशनल स्कॉलरशिप ही तो हमारी सारी फुटानी की जड़ थी। अच्छे कपड़े, रिक्शे की शाही सवारी, दोसा पार्टी, सिनेमा, हर प्रकार की स्तरीय पत्रिकाएँ-किताबें, यहाँ तक कि नीतिशास्त्र और धर्मशास्त्र तक की किताबें और इनके अलावा दिन-भर अल्लम-गल्लम खाने का काम इसी स्कॉलरशिप के पैसों से ही सम्भव हुआ था। बाबूजी बिना नागा 150 रुपये प्रतिमाह, वह भी समय से, पहुँचा देते थे। उन दिनों इतने पैसे प्रत्येक सामान्य विद्यार्थी के महीने भर के ख़र्च के लिए पर्याप्त होते थे। ऊपर से स्कॉलरशिप के 100 रुपये और हॉस्टल में रहने के कारण 10 रुपये प्रतिमाह मुझे अलग से मिलते थे। इन पैसों से ही मैं

बहुत सारी किताबें और पत्रिकाएँ ख़रीदा करता था। इसलिए चाहे कुछ और न भी हो सके, पर मैं नियमपूर्वक रात में समय निकालकर कुछ न कुछ नया पढ़ ही लेता और उस पर मनन करता हुआ सो जाता।'

इससे पहले नीतीश की बात आगे चले, हम लोहिया की जीवनी से एक अंश उद्धृत कर रहे हैं। नीतीश के इस कथन की प्रतिध्वनि वहाँ से कितनी स्पष्ट सुनाई दे रही है। ओंकार शरद बताते हैं—

'लोहिया के कॉलेज के दिनों में उन्हें पिता से प्राप्त 50 रुपये मासिक धन हफ़्ते भर भी न टिकता, दोस्तों के साथ ख़ूब खाते-पीते, सिनेमा देखते या ढेर सारी किताबें ख़रीद लाते और सब पढ़ते भी। पढ़ने का भी शौक़ अद्‌भुत था। प्राचीन और आधुनिक साहित्य, राजनीति, अर्थशास्त्र, ललित निबन्ध आदि की हर किताब वे शौक़ और खोजी दृष्टि से पढ़ते थे। तमाम व्यस्तताओं के बावजूद पढ़ने के लिए रोज़ वक़्त निकाल ही लेते। रामायण के बड़े प्रेमी। महाभारत, स्थापत्य कला, प्राचीन इतिहास और नक्षत्र मंडल में गहरी पैठ थी।'

वापस नीतीश की भी आगे की सुन लेते हैं—

'मुझे धन-संग्रह करना अब तक नहीं आया, तब भी नहीं आता था। बाबूजी कहते थे कि धन का उपयोग न किया जाए अथवा उसे दान में न दिया जाए तो उसका नाश ही होता है। मैंने शायद उनकी सारी सीखें न मानी हों, पर यह उपदेश कुछ ऐसे आत्मसात् किया कि मैं उपलब्ध धन का सदुपयोग बख़ूबी करने लगा था। ऐसा और इतना कि नाश की कौन कहे, अपने पास दान के लिए भी कुछ नहीं बच पाता था!'

एक ठहाका फिर लगता है। कौशल याद करता है—

'हमारी हॉस्टल की ज़िन्दगी की गाड़ी उधार के पहियों पर ही सरकती रहती थी लेकिन अकेले नीतीश अपने पैसों को ऐसे व्यवस्थित रखता कि उसे कभी उधार लेने की नौबत न आती। बल्कि वही हम सबको उधार देकर हमारा आर्थिक सन्तुलन बनाए रखता था। पता नहीं उन दिनों हमारे बीच नीतीश न होता तो क्या होता?'

चचा मज़े लेते हुए ग़ालिब का यह शेर पढ़ता है—

न था कुछ तो ख़ुदा था, कुछ न होता तो ख़ुदा होता।
डुबोया मुझको होने ने, न होता मैं तो क्या होता!

इस शेर के बाद माहौल और भी रसमंजरीय होना चाहिए था, पर नीतीश बड़ी गम्भीर बात कह रहा है—

'देखिए, प्रकृति, नियति, होनी, भाग्य, समय अथवा काल, जो भी आप कह लें, उसके नियम और उसकी समय की प्रतिबद्धता में कोई कमी नहीं होती।

उसे जो काम कराना होता है, वह तो हो ही जाता है, इसलिए उस काम को कराने के लिए वह किसका सहारा लेता है, यह बात बहुत महत्त्वपूर्ण नहीं रह जाती। अगर संयोगवश समय के इस चौराहे पर आज मैं खड़ा हूँ और मुझे यह पता है कि इस वक़्त मुझसे क्या अपेक्षाएँ हैं तो मुझे सारी शक्ति, सामर्थ्य और उत्साह से उन्हें पूरा करने में पिल पड़ना चाहिए, वरना आनेवाला कल मुझे कभी मुआफ़ नहीं करेगा। इस वक़्त यहाँ मेरे सिवा यदि कोई और भी होता तो उससे भी कालचक्र वही करवाता जो आज वह मेरे हाथों करवा रहा है। मैं एक बात और भी मानता हूँ कि जीवन के सारे अनुभवों का कोई न कोई अर्थ अवश्य है। आज हमारे जो भी कड़ुवे-मीठे अनुभव हैं, वे दरअसल, आनेवाले कल की किसी बड़ी परिस्थिति के लिए प्रशिक्षण हैं। वर्तमान के अनुभवों द्वारा प्रकृति हमें भविष्य की ज़िम्मेवारियों के लिए तैयार कर रही होती है।

मैं आज जो भी अच्छा-बुरा कर पा रहा हूँ, उसके आधार में है मेरा अनुभव, जिन्हें मैंने याद रखा है। मेरे लिए सफल होने का मतलब है किसी परिस्थिति विशेष में अपने अनुभवों के आधार पर सही समय पर सही निर्णय लेने और अपना शत-प्रतिशत देकर उसे कार्यान्वित करने-कराने की क्षमता। दूसरी बात भी तय है कि प्रकृति हम सबको हमारे प्रशिक्षण के अनुरूप अवसर देती ही रहती है और उसका काम अबाध गति से ही चलता है, इसलिए बुक़रात ने ठीक ही कहा कि न होता मैं तो क्या होता!'

अरुण को आँकड़े बहुत याद रहते हैं। वह आँकड़ों की बौछार लगाते हुए साबित कर देता है कि केन्द्र सरकार के उन सभी विभागों में हर तरह से सुधार आया था जिनका मंत्री नीतीश रहा है। उसका कार्यकाल चाहे कितने ही कम समय के लिए रहा हो पर उसकी पैनी नज़र से प्रशासन का कोई भी हिस्सा अछूता नहीं बचा। दफ़्तर में समय की पाबन्दी, विभाग से आम जन की अपेक्षाएँ और उन्हें कम से कम समय में पूरा करने के लिए वैज्ञानिक और नई सोच से हर प्रकार के कार्यक्रम बनाकर उन पर समयबद्ध तरीक़े से क्रियान्वयन करवाना, प्रत्येक कर्मचारी की छोटी-बड़ी व्यक्तिगत समस्याओं का तुरन्त समाधान करना, रेलवे भवन में काम करनेवाली महिलाओं के छोटे-छोटे बच्चों के लिए पालना घर बनवाना और साफ़-सफ़ाई का पूरा ध्यान रखना! इन वजहों से नीतीश ने हर जगह अपनी अमिट छाप छोड़ी है।'

रसमंजरी में कॉलेज के थर्ड ईयर में आने की चर्चा चल रही है। नीतीश थोड़ा गम्भीर होकर पुराने दिनों को याद करता है—

'उन्हीं दिनों दुनिया में ही नहीं देश में भी ज़बरदस्त बदलाव आ रहे थे। 1968-69 की बात है, पूरे विश्व में नई छात्र क्रान्ति आई थी। भारत में जयप्रकाश नारायण, लोहिया, किशन पटनायक आदि नया परचम लहरा रहे थे। ये सब तथा

और भी कई प्रबुद्ध लोग मिलकर कांग्रेस के द्विज, मुसलमान और दलित के समीकरण की पोल खोल रहे थे। तब एक नया उफान आया था, एक नई समझ कि भारत का हृदय तो पिछड़ों में, किसानों में, ग़रीबों में बसता था। पिछड़ों को, जो तब तक कांग्रेसी अफ़ीम पीकर सो रहे थे, इन नेताओं की आवाज़, लोहिया की आवाज़, जगा रही थी।'

वह अरुण की ओर इशारा करते हुए, कौशल की ओर घूमकर, उससे मानो पूछता है—

'हम तीनों भी तो उन नेताओं की बदलाव के लिए अकुलाहट भरी पुकार में अपनी ही प्रतिध्वनि सुनते थे। हम जिन लोगों के बारे में सोचते थे वे ऐसे थे कि इन लोगों के चेहरे तो थे, पर नाम नहीं थे, वजूद नहीं था, आवाज़ भी नहीं थी। ये लोग संगठित नहीं थे, इसलिए इनकी तब कोई पहचान भी नहीं थी। इन्हीं लोगों के माध्यम से कांग्रेसी साम्राज्यवाद को ध्वंस करने का बीड़ा लोहिया ने उठाया था। हम सब कांग्रेसी चाल के ख़िलाफ़ बनाए गए इस कार्यक्रम की शक्ति समझते थे। हम सब यह भी समझ गए थे कि देश हम सबों की साझा ज़िम्मेदारी है। यह स्वाधीनता हम सबों की थाती है, सिर्फ़ कांग्रेस की जागीर नहीं। गांधी जी ने जो रास्ता बताया और बनाया था उसकी रहबरी अब हम सबको करनी है, क्योंकि कांग्रेसी बाड़ तो देश को खेत समझकर उसे ही चरने लग गई थी जिसकी सुरक्षा का भार जनता ने बहुत विश्वास और श्रद्धा से उसे सौंपा था। थर्ड ईयर आते-आते लगने लगा था कि इस पढ़ाई-लिखाई से कुछ सार्थक हासिल नहीं होगा। बाबूजी से वचनबद्ध था, इसलिए परीक्षा के दिनों में किसी भी पढ़ाकू टोली के जॉयंट स्टडी सत्र में उठ-बैठ या कभी-कभी लेटकर भी, उनकी चाँय-चाँय सुनता और उसमें से जो भी याद रहता, परीक्षा में लिखकर चला आता।'

इतनी बात कहकर नीतीश किसी सरकारी काम से चला जाता है।

पाठको, ज़रा लोहिया की जीवनी से उनके विद्यार्थी काल का एक और संस्मरण देखिए और हमारी तरह आप भी थोड़ी देर के लिए आश्चर्यचकित हो जाइए!

'इंटर की पढ़ाई करने लोहिया बनारस हिन्दू विश्वविद्यालय आए। उन्हें क्लास में जितना सुनने को मिल जाता, वही पर्याप्त होता था। परीक्षा के दिनों वे लेट जाते और कोई सहपाठी पाठ्यक्रम की पुस्तक ज़ोर से पढ़कर सुनाता रहता, बस वही पढ़ाई पास करने के लिए काफ़ी होती।'

अरुण हर बात सोच-समझकर ही कहने वाला व्यक्ति है। वह अपने मन की बात बता रहा है—

'मेरा तार्किक मन कहता है कि शायद नीतीश भी तब अपने पिता के साथ हुई नाइंसाफ़ी की उतनी समझ न रखता हो, क्योंकि 1951 में जन्मे नीतीश को

1952 या 1957 के चुनावों की भला क्या स्मृतियाँ रही होंगी? उस काल के बारे में जो कुछ भी वह टुकड़ों में जान सका होगा, उसके स्रोत मुख्यतः माँ, बड़ी बहनें या भाई जैसे उसके पारिवारिक सदस्य ही रहे होंगे। नीतीश इनमें किसी के साथ कभी ज़्यादा रह नहीं पाया। ऐसा भी सम्भव लगता है कि वे अनुभव इतने तिक्त रहे होंगे कि उन्हें स्मरण कराना किसी को भी अच्छा नहीं लगता होगा। फिर कविराज जी कोई मौसमी नेता तो थे नहीं, सदा व्यस्त रहनेवाले जनसेवक योद्धा को रुककर अपने घाव गिनने-गिनाने की फ़ुरसत कहाँ थी? अपने बच्चे-बच्चियों पर प्राण छिड़कनेवाले, उनके दामन को सदा रंग-बिरंगे फूलों से भरनेवाले, कविराज जी भला क्योंकर उन्हें अपने दिल में चुभे काँटों की झलक देखने देते? लेकिन मुझे यह भी लगता है कि नीतीश की तीक्ष्ण बुद्धि ने टुकड़ों में बिखरी पहेली के हर उपलब्ध खंड को जोड़कर काफ़ी हद तक उन निर्मम क्षणों का सही निर्माण कर ही लिया होगा।'

एक अबूझ-सा सन्नाटा वहाँ पसर गया है। सब ख़ामोश अपने-अपने टापुओं में बैठे कुछ और सुनने को बेताब हैं। सभी के मन में एक जैसे विचार ही चल रहे हैं। भला कौन-सा व्यक्ति है जिसने जीवन के हिंडोले पर सुख और दुख की पींगे नहीं भरी हैं। सुख की ऊँचाइयों की ओर बढ़ते समय की गुदगुदी-भरी खिलखिलाहट दुख की पीड़ादायक गहराइयों में उतरते समय कैसे दबी-घुटी चीख़ों में बदल जाती है, इसका अनुभव हम सबको है। मनोविज्ञान कहता है कि वे दुख, जिनसे हम स्वयं गुज़रते हैं या जिनके प्रत्यक्षदर्शी होते हैं, उनको झेलने के बाद ही ठीक-ठीक पता चलता है कि हम किन अग्नि-परीक्षाओं से पार हुए हैं। दुख के समय हमारी सारी ऊर्जा उससे लड़ने में लगती है। चोटों का हिसाब-किताब युद्ध शेष होने के बाद ही होता है और तब वे उतनी कठिन भी नहीं लगतीं। उनके बारे में बातें करते समय हमें अपनी सफलता पर आश्चर्य मिश्रित सन्तोष ही होता है, दुख नहीं।

अचानक कौशल इस स्वप्न जगत के तिलिस्म को तोड़कर नई बात जोड़ता है।

बीजारोपण क्यों, कब और कैसे

वह मन्थन और विवेचन एक साथ कर रहा है—

'नीतीश अपने बाबूजी के साथ हुई राजनीतिक बेईमानियों का प्रत्यक्षदर्शी कभी नहीं रहा। बचपन से उसने तो बस कविराज जी के सामाजिक सरोकारों को ही जाना और समझा था। दरअसल, क्या हुआ था, इसकी सही जानकारी अब किसी के पास मौजूद नहीं है। हम सिर्फ़ आधे-अधूरे उपलब्ध तथ्यों और अनुमानों के आधार पर निष्कर्ष निकालने की कोशिश भर कर सकते हैं। नीतीश के साथ

इतने वर्षों की निकटता के कारण मुझे यह बात समझ में आ गई है कि उसके राजनीति में आने के निर्णय में शायद सबसे अहम कारण उसके मन में अन्याय और अनैतिकता में आकंठ डूबी राजनीति में परिवर्तन लाने की अकुलाहट थी। समाज में परिवर्तन लाने को तत्पर लोहिया जैसे समाजवादियों को उसने अंशतः सफल होते देखा भी था। उसे वामपंथियों की अपेक्षा समाजवादी विचारधारा सिद्धान्ततः अधिक प्रभावित करती थी। सुरेश शेखर और नीतीश एक जैसी खुली सोच वाले लोग थे जिन्होंने कुछ शाश्वत आदर्शों को अपने जीवन में उतार लिया था। उन सिद्धान्तों के आधार पर समाज में परिवर्तन लाने के लिए आवश्यक था कि आपके हाथों में सत्ता की शक्ति हो जिसके लिए लोकतंत्र में राजनीति की डगर ही सही डगर थी। थर्ड ईयर आते-आते ही यह पता चल गया था कि बड़ा इंजीनियर बनकर अपने पिता को सन्तोष दिलानेवाली गाड़ी वह भी किसी पिछले स्टेशन पर ही छोड़ आया था। अगर वह बाबूजी द्वारा अपनाए गए सिद्धान्तों की नैतिक राजनीति में थोड़ा भी सफल हो जाता तो निश्चय ही बाबूजी भी तृप्त हो जाते। उसके राजनीति में आने के निर्णय को मैं इन कई कारणों का मिला-जुला प्रभाव मानता हूँ। कांग्रेस का दोमुँहा परिवारवाद, कम्यूनिस्टों का हिंसावाद और जनसंघियों का उन्मादवाद हममें से किसी को भी रास नहीं आता था। फिर तो समाजवादियों का ही रास्ता बच जाता था जिस पर चलकर परिवर्तन की राजनीति की जा सकती थी। हम सभी मित्र भी उसके अन्दर अन्याय के विरुद्ध जल रही बदले की आग से पहली बार तभी रूबरू हुए जब 1969-70 में बिहार में सभी इंजीनियरिंग कॉलेजों में, इंजीनियरों की बेरोज़गारी के ख़िलाफ़ हुए आन्दोलन में वह पूरी तरह समर्पित कार्यकर्ता के रूप में उभरकर सामने आया। हम सब उस काल के प्रत्यक्षदर्शी रहे हैं।'

इतना कहकर कौशल थोड़ी देर के लिए मौन हो गया है, उसकी आँखों में अतीत का आकाश पसरकर ठहर-सा गया है। उसके मन का उक़ाब सपनों की दुनिया से एक ख़ुशबूदार फूल तोड़कर हम सबकी गोद में गिरा गया है। जब बात पटना यूनिवर्सिटी के इंजीनियरिंग कॉलेज में पढ़ते हुए नेता बन रहे नीतीश की चल ही रही है तो वहाँ की राजनीति भी समझ लेने से नीतीश के आगे की यात्रा समझना आसान हो जाएगा। यह सब भी हम शोधी-प्रवृत्ति के पत्रकार विजय से समझते हैं—

'पटना यूनिवर्सिटी के आरम्भिक दिनों से ही बात शुरू की जाए तो लगता है कि बिहार में पिछली शताब्दी के पहले दो दशकों में ही विभिन्न जातियों के ख़ेमे अपना-अपना झंडा उठाकर खड़े हो गए थे। यह सब बहुत खुले तौर पर होता था। उन दिनों जातीयता को एक सीमा तक सहज ही स्वीकार कर लिया गया था। हर जाति का अपना वार्षिक अधिवेशन सार्वजनिक तौर पर होता था

जहाँ अच्छी और बुरी, सभी प्रकार की चर्चा खुले तौर पर ही होती थी। यह भी था कि अलग-अलग जातियों की जीविका के साधन भी प्रायः निश्चित होते थे; जैसे राजपूत हैं तो फ़ौज में जाएँगे, बनिया हैं तो व्यवसाय करेंगे और कायस्थ हैं तो या तो नौकरी करेंगे या फिर मास्टरी। रेलगाड़ी चलाने और उसमें गार्ड आदि का काम ऐंग्लो इंडियन समुदाय की जागीर थी। पुरोहितगिरी, सेठ का बही-खाता लिखना या बढ़िया रसोई बनाने का मतलब होता था ब्राह्मण! वकालत और डॉक्टरी जैसे अक़्ल की दरकार वाले पेशे में भी या तो प्रवासी बंगालियों का बोलबाला था या फिर बहुत रईस ज़मींदार मुसलमान ख़ानदान के चिराग़ या फिर गिरता-पड़ता कोई कायस्थ बच्चा वहाँ पहुँच जाता था। दरअसल, बिहार में अंग्रेज़ी शासन के दौरान सबसे पढ़ी-लिखी जाति कायस्थ ही थी। कायस्थ उच्च शिक्षा का महत्त्व समझते थे, इसलिए पटना यूनिवर्सिटी में पढ़ने और पढ़ानेवाले अधिकांश लोग कायस्थ ही होते थे। जब अपने पारम्परिक व्यवसाय में अधिक गुंजाइश नहीं दिखी और शिक्षा के क्षेत्र में स्थायित्व, प्रतिष्ठा और धन की सम्भावनाएँ अधिक हो गईं तब दूसरी जाति के लोग भी उस ओर उन्मुख हुए जिस कारण कायस्थों की ओर से भी प्रतिरोध शुरू हुआ। दुर्भाग्यवश इस कारण जाति के नाम पर बहुत ग़लत-सलत भी होने लगा। शिक्षा के क्षेत्र में भी दोयम दर्जे के लोग आगे बढ़ गए। जब तक हम लोग पढ़ने आए, तब तक जातीयता के बारे में खुली चर्चा बन्द हो गई थी, इसलिए यह और भी घातक था। उसका प्रभाव हर जगह मौज़ूद था सिर्फ़ हम जैसे कुछ आदर्शवादी ही इसके वजूद से नावाक़िफ़ थे। इंजीनियरिंग कॉलेज में राजनीति की अधिक गुंजाइश थी ही नहीं, पर पटना यूनिवर्सिटी में तो मानो राजनीति की कड़ाही दिन-रात खौलती ही रहती थी। तब के विद्यार्थी समाज में तीन प्रकार के राजनीतिक जन्तु पाए जाते थे। सबसे थोड़ी संख्या में वे विद्यार्थी थे जिनकी किसी दल-विशेष के साथ सैद्धान्तिक प्रतिबद्धता थी जैसे सुरेश और नीतीश। दूसरी जमात में, और बड़ी अच्छी संख्या में, जातीयता के पापकुम्भ के वासी थे, मीराबाई की प्रतिमूर्ति! इन 'मेरे तो गिरिधर गोपाल दूसरो न कोई', गानेवालों को भी भारी धर्मसंकट में तब पड़ना पड़ता था जब उन्हीं की जाति के दो नेताओं में वर्चस्व की लड़ाई ठन जाती थी। उनकी कथा अपनी जाति विशेष के नेता की शौर्य चर्चा से प्रारम्भ होकर वहीं शेष हो जाती थी। किसी भी परिस्थिति में इनका वोट कहीं और जा ही नहीं सकता था। इन सबसे इतर, जो बच गए लोग थे, जो किसी भी गुट विशेष से प्रतिबद्ध नहीं थे, उनकी संख्या ही सर्वाधिक थी। अव्वल तो उन्हें राजनीति से कुछ ज़्यादा लेना-देना नहीं होता था, पढ़ाई और घरेलू चिन्ताएँ इनकी प्राथमिकता होती थीं। जब-जब आस्था पर संकट आया है तब के निर्णायक क्षणों में इसी सोए हुए दैत्य ने जगकर समाज को निश्चित और सही दिशा दी है। स्वतंत्रता संग्राम के दिनों में गांधी के पीछे

झंडा उठानेवाले यही नाम-गोत्र रहित चेहरे थे जो बाद में, मानो किसी जादू से, चीन और पाकिस्तान से युद्ध के दिनों कांग्रेस के पीछे, सम्पूर्ण क्रान्ति के समय जेपी के पीछे, पाकिस्तान के ख़िलाफ़ किसी भी मैच में बिना कुछ समझे हुए भी भारतीय टीम के पीछे और लम्बे समय तक चले जंगलराज से छुटकारा पाने के लिए नीतीश के पीछे खड़े होते रहे हैं।'

कालचक्र को थोड़ा घुमाकर हम एक बार फिर से कौशल के माध्यम से उन दिनों की याद ताज़ा करते हैं, कौशल कह रहा है—

'उस समय के बहुत-से सीनियरों को, जो अपने आपको कॉलेज के ख़लीफ़ा समझते थे, हम सब घास तक नहीं डालते थे। यही हाल कुछ आत्मप्रवंचक शिक्षकों का भी था। ये सब हमारी टुटपुँजिया सफलता से जले-भुने लोग हमसे वैसे सम्मान की अपेक्षा रखते थे जिसके, कम से कम हमारी दृष्टि में, वे क़तई योग्य नहीं थे। लेकिन वह हर एक शख़्स, जिसमें ज़रा भी चिनगारी दिख जाती थी, चाहे वह हमसे छोटा हो या बड़ा, हमसे अनायास सम्मान पा जाता था।'

वैसे लोगों में अपने बाद की पीढ़ी के विद्यार्थियों में से अफ़ज़ाल और उपेन्द्र सिन्हा के नाम लेते समय कौशल के चेहरे पर आती-जाती यादों की परछाइयाँ साफ़-साफ़ देखी जा सकती हैं। वह याद कर रहा है नीतीश के हॉस्टल आने के शुरुआती दिन। कहता है—

'पटना यूनिवर्सिटी में स्टूडेंट फ़ेडरेशन ऑफ़ इंडिया तथा ऑल इंडिया स्टूडेंट्स फ़ेडरेशन की जड़ें जमने लगी थीं। कई प्रगतिशील विचार मंच भी हम जैसे युवाओं को आकर्षित करने लगे थे, क्योंकि तब कांग्रेस के पास हमें देने के लिए कुछ भी नहीं था, खोखले वादे भी नहीं। सच तो यह है कि कांग्रेस की काठ की हाँड़ी बेईमानी के चूल्हे पर कई बार चढ़कर जल चुकी थी। उसी समय मधु लिमये और किशन पटनायक की चमक राजनीति के आकाश पर कौंध रही थी। मधु लिमये जैसे धुर ग़ैर-बिहारी मुंगेर से चुनकर लोकसभा में गए थे। किसी को इसमें ज़रा भी आश्चर्य नहीं हुआ था। नक्सलवाद से जुड़े लोग भी सामने आने लगे थे। हमारी मंडली में लोग बहुत खुलकर, बड़ी शिद्दत से, अपनी बातें रखते तथा दूसरों की बातें धैर्य और सम्मान से सुनते जिससे कुछ नया करने का उत्साह मन में और गहरे पैठ जाता। ऐसी सारी बहसों को नीतीश नई और सार्थक ऊँचाइयों तक ले जाने का बख़ूबी प्रयास करता रहता था।

हक़ की लड़ाई और आत्मसम्मान

तब का पटना यूनिवर्सिटी कुछ अलग ही था। राजनीतिक चेतना के साथ-साथ वहाँ सामाजिक सरोकारों के प्रति भी बड़ी जागरूकता थी। हमारे लिए संकट

की बात यह थी कि पटना यूनिवर्सिटी के छात्र होकर भी हम इंजीनियरिंग पढ़ रहे थे। इंजीनियरिंग का आम विद्यार्थी तमाम आपदाओं और विपदाओं को सन्त की भाँति सहता है। उसे सही कारणों से भी अपनी आवाज़ उठाने में भय होता है, क्योंकि इंजीनियरिंग कॉलेज में अच्छे अंक प्राप्त करने के लिए शायद मेधा आवश्यक न हो, पर वहाँ अच्छे इम्प्रेशन के अलावा यह भी परमावश्यक है कि घटिया से घटिया शिक्षक का चरण चुम्बन सदा किया जाए क्योंकि इसके बिना परीक्षा में अच्छी सफलता सन्देहास्पद हो सकती है। हालाँकि हम चारों को वह कला आती ही नहीं थी, फिर भी जीवन बहुत दुष्कर नहीं लगता था, क्योंकि हम किसी चूहा दौड़ में सम्मिलित नहीं थे। हम किसी की लल्लो-चप्पो भी नहीं कर पाते थे और किसी से उलझने-झगड़ने का प्रश्न ही नहीं था। फिर भी कहीं भी हो रही विसंगति का विरोध करना हमारा स्वभाव बन गया था।'

कौशल अब एक पुराना वाक़या बता रहा है—

'प्रसंगवश, यह बताने में कोई हर्ज नहीं होगा कि हमारा पूरा कॉलेज हमारे तत्कालीन प्राचार्य डॉ. डी.एन. सिंह के कठोर प्रशासनिक अनुशासन से त्रस्त हो रहा था। वे अवश्य हम सबके कल्याण की ही सोचते होंगे क्योंकि वे इंग्लैंड से डॉक्टरेट करके आए थे। यह भी सच है कि उस महान विद्वान की अथक और निःस्वार्थ मेहनत के कारण ही पटना का बिहार कॉलेज ऑफ़ इंजीनियरिंग उन ऊँचाइयों को छू सका था जो तब कीर्तिमान बन गए थे। पर नई पीढ़ी के प्रति उनका व्यवहार बड़ा आश्चर्यचकित कर देनेवाला होता था। एक बार टकराव जब चरम पर पहुँच गया तब हम लोगों ने आख़िरकार भूख-हड़ताल का सहारा लिया। इस भूख-हड़ताल का प्रेरणा-स्रोत नीतीश था। वह सदा की भाँति चुपचाप रहकर कोयले से चलनेवाली पुरानी इंजिन के ख़लासी की तरह, पसीने से तर-बतर होकर भी, कोयला झोंकता रहता था। अन्त में जीत हमारी ही हुई।'

उन्हीं दिनों की एक और बात महत्त्वपूर्ण है। अरुण एक अन्य आन्दोलन की चर्चा करते हुए बताता है—

'पटना में विद्यार्थियों के कॉलेज आने-जाने के लिए विशेष बस की व्यवस्था नहीं थी। वैसे भी पटना में समुचित यातायात साधनों का सदा से अभाव रहा है, लेकिन तब पटना के जीवन की रफ़्तार भी बड़ी धीमी और अलसाई हुई-सी थी इसलिए ताँगों और रिक्शों से भी काम चल जाता था। कुछ सड़कों पर ठसाठस-भरे साझे के तिनपहिए ऑटो रिक्शे भी चलते थे। मेरी रोज़ सुबह गरदनीबाग़ से कॉलेज तक की यंत्रणादायक यात्रा अगर नारकीय होती तो वापसी की हड्डी-तोड़ यात्रा दुःस्वप्न की तरह पीड़ादायक। मेरी इस तकलीफ़ से बहुत चिन्तित होकर नीतीश कोई रास्ता निकालने की तिकड़म भिड़ाने में लगा हुआ

था। अन्त में रोज़-रोज़ की इस ज़िल्लत से परेशान होकर हम सबने विद्यार्थियों के लिए विशेष बस की व्यवस्था के लिए सरकार पर दबाव बनाने की योजना बनाई। संयोग से उन्हीं दिनों दिल्ली में एक सरकारी बस हाइजैक हो गई थी। इंजीनियरिंग कॉलेज के हम कुछ विद्यार्थियों ने, उसी से प्रेरणा लेकर, शायद गांधी मैदान या सेक्रेटेरियट के आसपास से निकल रही एक सरकारी बस को रोक लिया। इस अप्रत्याशित घटना से घबराकर बस का ड्राइवर पास के नाले में कूद गया। इस आपाधापी का फ़ायदा उठाते हुए हमारे साथी बालेश्वर ने पुलिस को चकमा देते हुए, उस बस को चलाकर कॉलेज परिसर में ही लाकर खड़ा कर दिया। इतना बड़ा हंगामा हुआ कि कुछ अतिवामपंथी साथियों ने बस में आग लगा देने का जोशीला प्रस्ताव सामने रखा। पर नीतीश ने बड़े फ़िल्मी अन्दाज़ में, यह कहकर कि यह सब उसकी लाश पर ही हो सकेगा, इस प्रस्ताव की हवा ही निकाल दी। हम सब सारी रात उस मनहूस बस के आसपास चक्कर लगाकर उसकी रक्षा करते रहे। हमने सरकार को स्पष्ट शब्दों में बता दिया कि अगर हमारी माँगें अविलम्ब न मानी गईं तो बस को पास बह रही गंगा की गोद में जल समाधि दे दी जाएगी। कहना न होगा कि नीतीश इस पूरे आन्दोलन की धुरी था। तत्कालीन कांग्रेसी सरकार पहले से ही अधमरी थी। नीतीश के नेतृत्व में हमारा प्रतिनिधिमंडल मुख्यमंत्री, केदार पांडेय, से उनके आवास पर मिला। वे छज्जू बाग़ में रहते थे। नीतीश ने जिस तार्किक ढंग से अपनी बात कही कि उसका दैनिक प्रवचन सुननेवाले हम सब पुराने भक्तगण भी बुरी तरह प्रभावित हो गए। मुख्यमंत्री ने बहुत धीरज से हमारी बातें सुनी। उन्होंने पटना यूनिवर्सिटी के तत्कालीन कुलपति, श्री सचिन दत्त को हमसे बात करके समस्या का समाधान निकालने को कहा। वैसे उसी दिन मुझे लग गया कि पांडेय जी बात तो नीतीश की मान रहे थे लेकिन बाद में वे नीतीश से भी ज़्यादा कौशल से प्रभावित हो गए थे। ऐसा मैं ताल ठोंक कर इसलिए कह रहा हूँ क्योंकि कौशल का विवाह जिन सुश्री वीणा मिश्रा से हुआ, पांडेय जी उनके सगे मौसा थे! सचिन दत्त साहब निहायत शरीफ़ और विद्यार्थियों के प्रति पिता जैसा हृदय रखनेवाले सज्जन थे। वे स्वयं हमारे कॉलेज आए। बैठक के लिए कॉलेज में उचित स्थान नहीं उपलब्ध हो पाने के कारण हमसे वे कॉलेज के कैंटीन में मिले। हमारा नेता नीतीश ही था। दत्त साहब को हमारी समस्या समझने में क्षण भर का समय भी नहीं लगा होगा। फिर भी उन्होंने देर तक हम सबको बहुत ध्यान से सुनकर शीघ्र ही समुचित व्यवस्था करने की बात कही। चलने से पहले उन्होंने हम सबको मुस्कुराते हुए थैंक्यू कहा। नीतीश के हिस्से आया दत्त साहब के एक कान से दूसरे कान तक फैले हुए स्पेशल मुस्कुराहट का उपहार! हममें हरेक से बड़ी गर्मजोशी से हाथ मिलाकर दत्त साहब चले गए।

उनके नीतीश के देर तक हाथ पकड़े रहने के अन्दाज़ से ही मैं तुरन्त समझ गया कि वे कौशल और नरेन्द्र मोटू की तुलना में नीतीश से ज़्यादा प्रभावित होकर गए हैं! प्रमाण यह है कि नीतीश की अद्‌भुत शादी में आशीर्वाद देने वे लाला लाजपत राय भवन में स्वयं आए। वहाँ उन्होंने बहुत अच्छा भाषण भी दिया। मेरा ख़याल है कि अगर उनका बस चलता तो शायद कन्या दान भी वही कर देते! नीतीश तो ऐसे किसी भी खटराग का घोर विरोधी था इसलिए सबसे विदा लेने से पहले, दत्त साहब ने नीतीश की पत्नी, हमारी मंजु भाभी को बेटी कहकर सम्बोधित किया था। दत्त साहब के हॉस्टल आकर हम सब से बातचीत करने के कुछ दिनों बाद ही पटना की सड़कों पर पहली बार इठलाती हुई चल पड़ी यू स्पेशल, मतलब यूनिवर्सिटी स्पेशल! नई-नवेली सजी-सँवरी बस!! कुछ मनचले इस बस का टिकट भी नहीं लेते थे, पर बस सबको लेकर ही चलती थी ज़रूर। यह जब हमारे कॉलेज के सामने रुकती थी तो उससे उतरते समय हमारी चाल में वह अदा आ जाती जो अब मर्सिडीज़ या आउडी जैसी गाड़ी से उतरने पर भी नहीं आती। हम बस से निकलकर उसे वैसे ही निहारते मानो वह हमारी बपौती हो।'

इंजीनियरिंग के छात्रों का राज्यव्यापी पहला क़दम

इतना कहकर अरुण बस में लगनेवाले झटकों को अभिनय करके बताता है। अरुण के ठुमके देखकर समवेत स्वर में बड़ा ज़ोरदार ठहाका लगता है, पर कौशल बातों का क्रम कुछ गम्भीर बातों की ओर मोड़ते हुए कहता है—

'नीतीश के हॉस्टल आने का एक लाभ यह भी हुआ कि हम कोरे लफ़्फ़ाज़ ही नहीं रह गए। हमें जो बातें उद्वेलित करती थीं, उनका समाधान हम ढूँढ़ते थे और उस पर अमल भी करते थे। 1969 में ही पटना के बिहार कॉलेज ऑफ़ इंजीनियरिंग के हॉस्टल से ही एक राज्यव्यापी आन्दोलन प्रारम्भ हुआ जिसकी परिकल्पना एक बार फिर से हमारी ही कुख्यात टोली ने की थी। दरअसल, उन दिनों बेरोज़गारी का विकराल दैत्य बिहार के इंजीनियरिंग स्नातकों को लीलता जा रहा था। बाज़ार में या सरकार के पास बेहद कम, गिनी-चुनी नौकरियाँ ही थीं, वे भी उन्हीं को मिल सकती थीं जिनकी तगड़ी पैरवी थी या फिर जिन्हें भारी-भरकम राजनीतिक संरक्षण प्राप्त था। यदा-कदा एकाध भाग्यशाली लोग भी नौकरी पा जाते थे जिन्होंने बहुत जोड़-तोड़ करके या अपनी योग्यता से श्रेष्ठतम अंक प्राप्त किए थे। बाक़ी सबों के हिस्से या तो रोड इन्स्पेक्टरी आती थी या कुछ इंजीनियरिंग डिग्रीधारी लोग सहकारी समितियाँ बनाकर छोटी-मोटी ठेकेदारी करते भी मिल जाते थे। इंजीनियर बनकर अपनी और अपने माँ-बाप

की अतृप्त इच्छाओं की भारी गठरी सर पर उठाए हर कोई परेशान तो था ही। हम सब शहरयार के इस शेर को बार-बार दुहराते—

सीने में जलन आँखों में तूफ़ान-सा क्यूँ है।
इस शहर में हर शख़्स परीशान-सा क्यूँ है।

दर-दर जूतियाँ चटकाते, नौकरी की तलाश में, बेकारी की लम्बी डगर पर भीड़ में भी रहकर उस अकेले आदमी के हालात क़तील शिफ़ाई की ग़ज़ल 'ये मेरा शहरे वफ़ा' की कुछ पंक्तियों में ठीक ही व्यक्त हुई हैं—

एक ही सर है, झुका सकता हूँ किस-किस के लिए,
अनगिनत मेरे ख़ुदा और मैं अकेला आदमी।
मेरा साया मर न जाए रात के इस दश्त (जंगल) में,
इतना लम्बा रास्ता और मैं अकेला आदमी।

एक बात तो समझ में आ ही गई थी कि उस अकेले आदमी की सारी मुसीबतों की जड़ में था सरकार की सही नीतियों का अभाव। पता नहीं हमारी राज्य सरकार को यह बात क्यों समझ में नहीं आ रही थी कि मज़बूत आधारभूत ढाँचे के अभाव में किसी भी राज्य के विकास की रफ़्तार ढीली ही रहती है जबकि हम जैसे अनुभवहीन नौजवान यह बात ठीक से समझ गए थे। एक ओर बिहार जैसे ही उत्तर प्रदेश, मध्य प्रदेश और राजस्थान जैसे अन्य पिछड़े राज्यों में डिग्रीधारी इंजीनियरों की कमी के कारण बिहारी अभियन्ता वहाँ भागकर जा रहे थे, वहीं अपरिहार्य कारणों से बिहार में ही रहने के इच्छुक बिहारी इंजीनियरों को बेरोज़गारी का दंश सहना पड़ता था। यह सारा घाल-मेल सरकारी तंत्र में शीर्ष पर बैठे अदूरदर्शी राजनेताओं और नौकरशाहों की दीर्घकालीन उदासीनता के कारण था। हमें लगने लगा था कि बेरोज़गारी के ख़िलाफ़, अराजकता के ख़िलाफ़ और सरकार की उदासीनता के ख़िलाफ़ ज़ोरदार सम्मिलित आवाज़ उठाने का वक़्त आ गया था। एक वैसे आन्दोलन की आवश्यकता महसूस की जा रही थी जिससे बिहार के सभी इंजीनियरों को, देर-सबेर से ही सही, नौकरी अवश्य मिल जाए। यह बड़े सुखद आश्चर्य की बात है कि पहली बार तब के संयुक्त बिहार के सभी इंजीनियरिंग कॉलेज के छात्रों ने इस आन्दोलन में बड़े जोश-ख़रोश से भाग लिया था। आमतौर पर तब पढ़ने-लिखनेवाले विद्यार्थी इस सबको ख़ामख़ाह का लफड़ा मानकर इससे दूर ही रहते थे। और तो और, आन्दोलन की घोषणा होते ही ये सारे धुरन्धर छुट्टियाँ मनाने घर भाग जाते थे मगर इस बार की बात ही कुछ और थी! सूबे के सभी इंजीनियरिंग कॉलेजों के अधिकांश मेधावी छात्र इस आन्दोलन में प्राणपण से योगदान देने को कृतसंकल्प

थे। सबको अपने भविष्य की चिन्ता थी। नतीजतन, बिहार के हर इंजीनियरिंग कॉलेज की हर क्लास और प्रायः हर सेक्शन के रैंक होल्डर पटना में गिरफ़्तारी देने को मौजूद थे। मई महीने की चिलचिलाती गर्मी में भी पूरे राज्य से गिरफ़्तार होने पटना आए, कोमल चेहरे पर मज़बूत इच्छा-शक्ति वाले, अपने साथियों पर हमें नाज़ होता था। इन सबसे हमारी गहरी दोस्ती तब हुई जब हम सब-के-सब पटना के बाँकीपुर जेल में बेरहमी से ठूँस दिए गए।'

यहाँ रुककर इस आन्दोलन के दिनों की एक कहानी सुनाने की बड़ी तलब लग रही है। किसी की पुरानी डायरी हाथ लगी है जिसमें 2 मई, 1970 को लिखा गया गया है—

'आज छात्र आन्दोलन के सिलसिले में गिरफ़्तार होने पटना आया, जेल के दरवाज़े पर खड़े-खड़े ही दो नए मित्र मिले, एक कौशल किशोर दूसरा नीतीश कुमार। दोनों बीसीई पटना के विद्यार्थी हैं।'

इस डायरी का मालिक है अपना चचा बुक़रात! उस दिन के बारे में पूछने के लिए हम उसे घेरकर बैठे हैं। वह बेहद पुराने पाजामे में, एक चीकट तौलिये से अपने मोटे शरीर को ढककर अपने बच्चों के बीच में लेटा हुआ पूरा फटीचर लग रहा है। नीतीश से हुई उसकी पहली मुलाक़ात के बारे में हमारे पूछने पर वह बेवजह भाव खाने लगता है। हम उसे गुदगुदी करने की धमकी देते हैं! चचा से गुदगुदी बर्दाश्त नहीं होती। हमारी बदतमीज़ी से वह रूठ गया है। हम उससे हाथ जोड़कर विनीत भाव से कहते हैं—

टूटे सुजन मनाइए, जो टूटे सौ बार।
रहिमन फिरि फिरि पोहिए, टूटे मुक्ताहार॥

यह सुनकर चचा का ग़ुस्सा काफ़ूर हो जाता है और वह कहानी सुनाने को राज़ी हो जाता है। हम सब उसे घेरकर बैठे हैं। वह बताता है—

'अमाँ यार, तब भी वे दोनों बिजली थे, शोला थे, ज़लज़ला (भूकम्प) थे, तूफ़ान थे! ग़रज़ यह कि इनसान तो हरगिज़ न थे! हमने तो तभी ताड़ लिया कि दोनों हैं बड़ी ऊँची चीज़, लम्बी दौड़ के अरबी घोड़े हैं नादीदे (छिपी हुई कोई क़ीमती चीज़)!! हमने तो भैया, तभी उन्हें अपना रहबर (राह दिखानेवाला) मान लिया और ये दोनों तीरे-नीमकश (आधा चुभा हुआ तीर जो अधिक पीड़ा देता है) बनकर हमारे दिल में समा गए। ये दोनों ही उम्र में हमसे छोटे थे तो न जाने किस तुफ़ैल (कारण) में हम उन्हें तभी भतीजा बनाने की हिमाक़त (मूर्खता) कर बैठे! इस ग़लती की सज़ा आज तक भुगत रहे हैं, मसल वही रही कि चचा चोर, भतीजा क़ाज़ी, चचा के सर पर जूतेबाज़ी! मगर इनकी जूतेबाज़ी का भी बड़ा लुत्फ़ आया (सनद रहे कि चचा बुक़रात के लिए जनाब नीतीश

आज भी उम्दा क़िस्म के जूतों का इन्तज़ाम गाहे-बगाहे कराते ही रहते हैं)। हम तो मियाँ, ऊपरवाले के फ़ज़ल से, पहली बार किसी आन्दोलन-फान्दोलन में फँस गए थे, पर ये दोनों थे पुराने उस्ताद! हम तो ग़ुस्से से भूत बनकर सोचने लगे कि पट्ठे हमें अन्दर करवा के मच्छरों और खटमलों से चुसवा रहे थे और ख़ुद बाहर रहकर लीडरी छाँट रहे थे? अगले दिन जब ये दोनों हमारी मिज़ाजपुरसी के लिए आए तो हमने भी अपनी बाँहों पर छलछलाते चकत्ते दिखाकर दोनों को ऐसे आड़े हाथों लिया कि बेचारे शर्मसार हो गए। दोनों की आँखें नम हो गईं। फिर तो हम भी अपनी कमीनगी पर ख़ुद ही पानी-पानी हो गए। हमारे ज़मीर ने हमें ख़ूब खरी-खोटी सुनाई। पर हम भी कमबख़्त ही ठहरे, सो एक शेर पढ़कर कि—

हज़रते दाग जहाँ बैठ गए बैठ गए,
जूतियाँ पड़ने लगीं तो ऐंठ गए ऐंठ गए।

सीधे ही न हुए। दोनों मासूम बेचारे उलटे पाँव भागकर गए और फ़ौरन से पेशतर, बिना हीलो-हुज्जत के, जेल के अन्दर नमूदार हो गए। लेकिन साहब, उनकी भी क्या कहिए, एक बार अन्दर आ गए तो ऐसी ससुराली अदा से जेल में रहे कि उन्हें देखकर ज़माने से अन्दर बन्द, ताहयात सज़ायाफ़्ता (उम्रक़ैद की सज़ा भोग रहे क़ैदी) भी शरमा गए। पूरी जेल इनके ही जलवों से रोशन हो गई। पुराने क़ैदियों को, अपने हक़ की वाजिब लड़ाई लड़ने के लिए, इन दोनों में अपने नए रहनुमा मिल गए। वहाँ भी ये दोनों, मेरी जान के दुश्मन, हम सबों की आन, बान और शान बन गए।'

आज तक कौशल सहित उसके सभी छोटे भाई बुक़रात को चचा और उनके बच्चे दादाजी कहकर बुलाते हैं! नीतीश के परिवार में भी चचा बुक़रात को बला की तरह बर्दाश्त किया जाता है। दुनिया की हर समस्या पर उसके मौलिक विचार तथा उनके समाधान की पुड़िया उसकी जेब में हमेशा तैयार रहती है। उसकी समस्या यह है कि उसे कोई गम्भीरता से लेता ही नहीं!

दूसरे की आँखों के आईने में

उन दिनों के नीतीश के बारे में श्रीमती गीता से भी, जो नेताजी की इकलौती भाभी हैं, जान लेते हैं कि उन्हें अपने देवर के बारे में क्या कुछ याद है! 1970 में ब्याह करके जब वे बख़्तियारपुर आईं तब उनकी आयु मात्र 18 वर्ष की थी। वे बताती हैं कि नीतीश जी, जो प्राय: हमउम्र ही रहे होंगे शायद एकाध साल छोटे या बड़े, उन्हें माँ से कम सम्मान नहीं देते थे। पिता जैसे श्वसुर के लिए लक्ष्मी

बनकर आई गीता जी के मन में बाबूजी के लिए आज भी अपरिमित सम्मान है। अति व्यस्त ससुरजी भी अपनी इकलौती बहू को सर-आँखों पर बिठाकर रखते। नीतीश की माताजी के ज़िम्मे कल्याणबिगहा में खेती देखने का भारी काम था। गीता जी की दोनों बड़ी ननदें अपनी-अपनी गृहस्थी में रची-बसी थीं। गीता जी की छोटी ननद इन्दु, पति सतीश जी और देवर मुन्ना जी पटना में ही रहकर पढ़ाई कर रहे थे। ये सब छुट्टियों में ही बख़्तियारपुर आ पाते थे।

मुन्ना जी की यादों के रंगों में सराबोर, फूलों से लदी अमलतास की डाली की तरह, गीता जी झुक जाती हैं। बड़ी मुश्किल से यादों का कोई छोटा-सा गवाक्ष खुलता है, सूखे गुलाब की पंखुड़ियों में भी एक अदद ख़ुशबू तो बची रह ही जाती है, वैसा ही कुछ उनके साथ भी हो गया है। वे बड़ी मिठास भरी आवाज़ में कहती हैं—

'छुट्टियों में मुन्ना जी घर आते तो न जाने कितने पकवान बनाकर खिलाने की इच्छा होती, लेकिन हमारे निर्लिप्त योगिराज जी बेहद मेहरबान होने पर पराँठा और भुजिया की फ़रमाइश करते, बिना कुछ बोले सर झुकाकर खा लेते और अपनी किताबों की दुनिया में खो जाते। शालीन इतने कि होली के दिन, जब सारे बख़्तियारपुर में धमाचौकड़ी मची होती, ये दोनों हाथ जोड़े हुए सर झुकाकर ऐसे आते मानो किसी मन्दिर में हो रही आरती की सबसे पिछली पंक्ति में खड़े हों। मेरी होली खेलने की सारी इच्छाओं पर तुषारापात करते हुए, मेरे पैरों पर चुटकी भर अबीर रखकर, बलि चढ़नेवाले असहाय पाठे की तरह समर्पण की मुद्रा में, खड़े हो जाते। अब ऐसे मिट्टी के माधो से कोई होली खेले भी तो कैसे!

हाँ, होली की शाम का नज़ारा कुछ और ही होता था। नेताजी घर पर अपने पुराने मित्रों की दावत करते, स्वयं बहुत कम खाते, पर उन्हें तृप्ति की सीमा से परे ले जाकर खिलवाते और अपने सभी मित्रों से अधिक आह्लादित होकर भोजन की प्रशंसा करते। तब तो मुझे पता भी नहीं था कि लम्बी सँवरी केश राशि, सलज्ज मुस्कान और बड़ी-बड़ी आँखों वाला यह सुकुमार चेहरा जेल की तपन भी झेल चुका है! मुझे ठीक से बात करना तब भी नहीं आता था और अब भी नहीं आता है, लेकिन मुन्ना जी के संघर्ष की कहानियाँ दूसरों से सुनकर मुझे इनसे बात करने की बड़ी इच्छा हमेशा होती रहती है जो मैं अपने संकोची स्वभाव के कारण आज तक पूरी नहीं कर पाई।'

बड़ी-बड़ी आँखों में मोटे-मोटे आँसू लिये, यादों की फुहारों में सराबोर गीता जी को यहीं छोड़कर हम फिर से आन्दोलन के दिनों की ओर चलते हैं। चचा बुक़रात को उसी के शब्दकोश से चुनकर निकाली गालियों से श्रद्धांजलि देते हुए कौशल याद करता है—

'यह आन्दोलन बेहद सफल रहा। सरकार झुकी और एक नीति बनाई गई जिसके तहत सभी अभियन्ताओं को काम मिलने की गुंजाइश हो गई। बाद में कर्पूरी जी की सरकार ने बड़े पैमाने पर इंजीनियरों को, सिंचाई विभाग के साथ वाले मैदान में हुए सामूहिक समारोह में, नौकरी दी। शायद एक हज़ार से अधिक लोग तो सिंचाई तथा नलकूप विभाग में भर्ती किए गए। उस समय बिहार में एक भी इंजीनियर बेरोज़गार नहीं रहा। तब से इस पैमाने पर और इतनी बड़ी संख्या में इंजीनियरों की बहाली, कम से कम बिहार में नहीं हुई थी। इतने वर्षों के बाद अब जाकर नीतीश की सरकार सिर्फ़ इंजीनियरों को ही नहीं, बल्कि सात निश्चय के तहत युवा हाथों के लिए बीस लाख रोज़गार के अवसरों की व्यवस्था कर रही है।

अभी बात जिस आन्दोलन की चल रही थी उसने हमें कितने सारे अभिन्न मित्र दिए जो आज तक हमारे साथ हैं। एक नुक़सान भी अवश्य हो गया। हमारा पढ़ाई का सत्र क़रीब एक साल पिछड़ गया लेकिन हम अपने समय से आगे निकलकर और कद्दावर हो गए। उस कच्ची उम्र में यह परिपक्वता स्वतःस्फूर्त थी। पता नहीं कैसे हम तीनों का तब भी यह अदम्य विश्वास था कि बाहर कोई बड़ी ख़ूबसूरत दुनिया बाँहें पसारे हमारी प्रतीक्षा कर रही थी। लेकिन प्रश्न तो उन साथियों का था जो तिल-तिलकर घुट रहे थे, आह तक भरने में असमर्थ थे। उन दिनों के हालात बकौल साहिर—

बहुत घुटन है कोई सूरते-बयाँ (कहने का कारण) निकले।
अगर सदा (पुकार) न उठे, कम से कम फ़ुग़ाँ (आह) निकले।

हमें सूरते-हाल तो पता लग ही गई थी, हम यह भी समझ गए थे कि प्रार्थनाएँ और सदाएँ बहुत हो चुकी थीं और चचा ग़ालिब पहले ही बता गए थे कि आह का असर होने के लिए एक उम्र चाहिए थी जो हमारे बाप-दादाओं की पीढ़ी गुज़ार आई थी। सब्र के दिन ख़त्म हो चुके थे। इस समय नीतीश निहायत सुलझे हुए, गम्भीर और सर्वमान्य नेता के रूप में उभरकर सामने आया। हमारे लिए यह आश्चर्य और काफ़ी हद तक प्रसन्नता की बात थी कि हम पढ़ तो तीसरे साल (थर्ड ईयर) में रहे थे पर उन दिनों पाँचवें वर्ष (फ़ाइनल ईयर) में पढ़नेवाले धाकड़ नेता भी नीतीश की बातें सम्मान से सुनते और उसकी सलाहों पर अमल करते। इस प्रकार सक्रिय राजनीति में नीतीश का यह पहला ठोस क़दम था।

बात राजनीति की चल रही है तो यह जानना अच्छा होगा कि तब पटना यूनिवर्सिटी का अभिन्न हिस्सा होने के कारण, क़रीब पाँच सौ विद्यार्थियों वाला बिहार कॉलेज ऑफ़ इंजीनियरिंग भी विश्वविद्यालय की राजनीति का महत्त्वपूर्ण

अंग था। यद्यपि कॉलेज का माहौल ज़्यादातर पढ़ने-पढ़ाने का ही रहता था, पर वहाँ के कई नेता पूरे विश्वविद्यालय में मशहूर थे। ये सब नीतीश की क्षमताओं से बेहद प्रभावित थे, क्योंकि कॉलेज के बाहर तब तक नीतीश को विश्वविद्यालय की राजनीति में भी बहुत सम्मान से देखा जाने लगा था। 1967-68 में कांग्रेस को पटखनी देने के कारण बिहार के जनमानस में, कुछ दिनों के लिए ही सही, संसोपा की बड़ी अच्छी और साफ़-सुथरी छवि बन गई थी। अकेले लोहिया का व्यक्तित्व ही पिछली पीढ़ी के सभी कांग्रेसी दिग्गजों पर भारी पड़ता था। ज़मीन से जुड़े और ज़मीनी सरोकार रखनेवाले लोगों की पार्टी के रूप में संसोपा की पहचान बन गई थी। अपने कॉलेज में नीतीश संसोपा की युवा इकाई एसवाईएस का प्रतिनिधि था। इस आन्दोलन की अभूतपूर्व सफलता ने विश्वविद्यालय स्तर के सभी छात्र नेताओं की नज़र में नीतीश को निहायत संजीदा क़िस्म का पढ़ने-लिखनेवाला, और हर मुश्किल से मुश्किल मसले का सीधा हल निकाल सकनेवाला, नौजवान बना दिया।'

राजनीति और अध्यात्म

नीतीश की नेतागिरी में थोड़ी अन्तरराष्ट्रीय स्तर की आध्यात्मिक छौंक लगाने को तत्पर हैं आज के बोधिसत्व स्वामी आनन्द अरुण! स्वामी जी जगत्प्रसिद्ध गुरु ओशो के पट्ट शिष्य हैं। आपका सुरम्य मुख़यालय नेपाल में काठमांडू के पास ओशो तपोवन के नाम से प्रसिद्ध है। दुनिया के एक सौ बीस देशों में स्वामी आनन्द के ध्यान और साधना केन्द्र हैं। स्वामी जी की नीतीश सहित इस तिकड़ी पर 1968 से ही बड़ी कृपा रही है। दरअसल, स्वामी जी ने नेपाली नागरिक के कोटे से पटना इंजीनियरिंग कॉलेज में इन लोगों के साथ ही दाख़िला लिया था। विद्यार्थी जीवन से ही स्वामी जी की अध्यात्म में गहरी अभिरुचि रही है। थोड़ी देर के लिए हम स्वामी जी की चर्चा, उनका पुराना पुकारनेवाला नाम, अरुण कुमार सिंह, लेकर ही करने की धृष्टता कर रहे हैं। उन दिनों ओशो भी अपने मूल नाम, आचार्य रजनीश से ही जाने जाते थे। आचार्य रजनीश से पहली बार मार्च 1969 में मिलते ही अरुण सिंह उनका दीवाना हो गया। जैसे-जैसे अरुण सिंह की साधना गहरी होती गई, उसे नीतीश में कोई ज्योति नज़र आने लगी। अरुण ने आचार्य रजनीश का भाषण अपने कॉलेज में भी करवाया और उसने बहुत हुलसकर नीतीश को आचार्य से मिलवाया भी। तब से ही नीतीश की ख़रीदी समाजवादी किताबों की ढेर में रजनीश साहित्य को भी सम्मानजनक स्थान मिलने लगा। नेपाली अरुण और बिहारी नीतीश की मित्रता की चर्चा हम आगे ज़रूर करेंगे।

सुधी पाठको, आज के माननीय मुख्यमंत्री नीतीश कुमार, कौशल सर और अरुण साहब को थोड़ी देर के लिए यहीं छोड़कर हम 1970 के जाड़े की कुहासे-भरी एक रात में पटना इंजीनियरिंग कॉलेज के हॉस्टल में चलते हैं जहाँ के हर कमरे की बत्ती, आधी रात बीत जाने के बाद भी, जली हुई है। बड़ा गम्भीर, एकदम परीक्षा का, गरमागरम माहौल है। हमारे तीनों बुद्धि-वीर किताबों को ढूँढ़ रहे हैं। बड़ी विकट समस्या सर पर है, हर हाल में पास तो होना ही है। इतना बड़ा राज्य स्तर का छात्र आन्दोलन सफलतापूर्वक सम्पन्न कराने के बाद, आगे की रणनीति बनाते समय यह भी याद नहीं रहा है कि नेतागिरी पार्ट-टाइम शग़ल था! फ़ुल-टाइम तो आख़िरकार, सब विद्यार्थी ही थे!! किताबें मिल गई हैं, पर उन्हें ढूँढ़ने का श्रम ही इतना थका देनेवाला है कि एकदम से कड़क चाय की तलब लग गई है। अब इस वक़्त तो तीन किलोमीटर दूर, सिर्फ़ पीएमसीएच के सामनेवाली दुकान पर ही चाय मिल सकती है! सब कम्बलों में लिपटे, चाय पीने के लिए पैदल ही चल देते हैं। एक डरी-सी आवाज़ फुसफुसाती है—

'कल परीक्षा है, सारे लोग पढ़ रहे हैं और हम अभी चाय पीने के पीछे समय बर्बाद कर रहे हैं।'

नीतीश जवाब देता है—

'वे लोग, जो वहाँ हॉस्टल में अभी जी-जान से पढ़-लिख रहे हैं, बेचारे पेट पालने के लिए छोटी-मोटी नौकरी खोजने की मजबूरी में इंजीनियरिंग पास करने की तैयारी कर रहे हैं। हम तो उनसे बहुत बड़ी इंजीनियरिंग करने की तैयारी कर रहे हैं, सोशल इंजीनियरिंग!'

सूनी सड़क पर गूँजते पदचापों में दृढ़निश्चय का स्वर मुखर होता है। कहना न होगा, यह टोली जब तक चाय पीकर वापस आई है, भोर का तारा उग आया है और इनकी परीक्षा वाला तारा डूब चुका है! लेकिन इतिहास के विद्यार्थी यूँ ही नहीं कहते कि इतिहास अपने आपको दुहराता है। ज़्यादा नहीं, इस चाय वाली घटना से सिर्फ़ 45 वर्षों पहले की एक मज़ेदार बात है यह! ओंकार शरद बताते हैं कि लोहिया जी ने इंटर की परीक्षा के ठीक पहले अपने मित्र लालजी राम शुक्ल को सारनाथ की सैर के लिए चलने को कहा जिन्हें यह बड़ा बेमौक़े का प्रस्ताव लगा। वे बोले—

'देखो, सभी लड़के पढ़ने में जुटे हैं, परीक्षा सर पर है और तुम्हें सारनाथ की सैर की सूझ रही है?'

लोहिया का जवाब भी बड़ा मज़ेदार था—'भाई, ये लोग जो पढ़ रहे हैं इन्हें आई.ए.एस. बनना है, सरकारी ऑफ़िसर होना है, पर हमें-तुम्हें तो दुनिया का बहुत बड़ा आदमी बनना है।'

दोनों घटनाओं में है न अद्भुत साम्य! यह सब सुनकर अरुण बताता है—

‘नीतीश को हॉस्टल में कमरा क्या मिला अचानक वह फ़ुल टाइम रसमंजरिया और पार्ट टाइम स्टूडेंट लीडर से बदलकर पार्ट टाइम स्टूडेंट और फ़ुल टाइम संसोपाई लीडर में परिवर्तित हो गया। तब तक हम फ़ोर्थ ईयर में आ गए थे। मीता भी थर्ड ईयर में आकर बड़ा नेता बन गया था। भयंकर उथल-पुथल, उत्तेजना, आन्दोलन और उठा-पटक से भरे थर्ड ईयर के बाद फ़ोर्थ ईयर में आकर हममें कुछ भी सनसनीख़ेज़ या हैरतअंगेज़ करने का माद्दा ज़रा भी नहीं बचा था। उन दिनों मैं काफ़ी कुछ लिखने और बहुत थोड़ा छपने भी लगा था।’

बड़ी दुष्टता से अपनी दुधारी मुस्कान के साथ उन दिनों को नीतीश कुछ इस तरह से याद करता है—

‘मेरा नाम यदा-कदा अख़बारों में छपने भी लगा था, अरुण के कारण नहीं, मेरी अपनी कथनी-करनी के कारण! मैं सड़ रही व्यवस्था के ख़िलाफ़ धीमा ही सही, पर स्पष्ट स्वर के रूप में जाना जाने लगा था। थर्ड ईयर की कारगुज़ारियों से थककर कॉलेज के फ़ोर्थ ईयर को हमने आन्दोलन के दिनों के दोस्तों के नाम लिख दिया था।’

तूफ़ान के बाद की शान्ति—मित्रलाभ

रसमंजरिया पार्टी के हम फंटूश सदस्यों ने पाँच वर्षों में ख़त्म होने वाली इंजीनियरिंग की पढ़ाई की है जो अब चार सालों में पूरी होने लगी है। किसी भी पाँचसाला तकनीकी पढ़ाई में ऋतु क्रम थोड़ा उलटा चलता है। पहला साल शरद ऋतु की तरह ठिठुरन से भरा होता है। नया बच्चा रैगिंग से लेकर नई पढ़ाई के भय से पूरे साल थर-थर काँपता रहता है।

दूसरा साल होता है वर्षा ऋतु जैसा, इस वर्ष किशोर हो गया बच्चा अपने पहले साल के परीक्षाफल के कीचड़ में सर से पाँव तक लथपथ हुआ, उसे साफ़ करने की अनवरत कोशिशों में लगा रहता है।

तीसरा वर्ष प्रायः ग्रीष्म ऋतु जैसा कठोर होता है क्योंकि इसी साल से अपनी विशेषज्ञता के विषय वैसे खूसट और ख़ूँख़्वार शिक्षकों से पढ़ने की मजबूरी होती है जिनमें से कुछ अपवादों को छोड़कर अधिकतर वायु रोग और क़ब्ज़ के क्रोनिक रोगी प्रतीत होते हैं। यह साल इंजीनियरिंग कॉलेज के हर विद्यार्थी के लिए रिज़ल्ट सुधारने की कोशिश का आख़िरी मौक़ा भी होता है। तब तक गधे की तरह पिलकर काम करने या दूसरों के काम की नक़ल करके अपने नाम जमा करने जैसी आदतें पक्की हो जाती हैं।

चौथे साल की चर्चा करने से पहले यह समझना मुनासिब होगा कि इंजीनियरिंग की पाँच साला पढ़ाई करनेवाले किसी भी विद्यार्थी के लिए पाँचवाँ और आख़िरी साल होता है असली पतझड़! इस पूरे साल बेचारे की सारी उम्मीदों के पत्ते झड़-झड़ कर गिरते रहते हैं। पत्तों के झड़ जाने से नंगे हो गए आशाओं के पेड़ के नीचे से निराशा-भरे भविष्य का आकाश और बड़ा तथा और डरावना लगने लगता है। इस साल ही ज़िन्दगी की जंग में ख़म ठोंककर उतरने का उदासी भरा भयंकर बिगुल बज जाता है। इससे पहले कि इंजीनियरिंग की पढ़ाई के प्रति नकारात्मक विचार आने लगें, हम शीघ्रता से एक बात स्पष्ट करना चाहते हैं। ऐसा नहीं कि इंजीनियरिंग की पूरी पढ़ाई घासलेटी रंग की होती है। कॉलेज

के इस नारकीय जीवन में भी जेल की होली-दीवाली की तरह वसन्त ऋतु एक बार, वह भी चौथे साल में आता है।

तीन साल की कड़ी मेहनत तथा तीसरे साल की पागल कर देनेवाली पढ़ाई की उष्णता के बाद चौथा साल बड़ा सुहावना लगता है क्योंकि तब तक पुराना कीचड़ धुल चुका होता है और असुरक्षा का अन्धकार छाने में थोड़ा समय बाक़ी रहता है। ख़ुशग़वार शाम होती है यह मदनोत्सव की बेला, जब वसन्त की रूमानियत के बीच से कोई इन्द्रधनुष बार-बार उगकर इस साल को पूरे तौर पर रंगीन बना देता है। अभी हम अपने मित्रों के पटना इंजीनियरिंग कॉलेज के चौथे वर्ष में आने की बात करेंगे। बहुचर्चित किताब 'गॉड फ़ादर' में उसका नायक गॉड फ़ादर, सहायता माँगने आए, जॉन फॉन्टेन नाम के अपने मुँहबोले बेटे से कहते हैं कि दोस्ती ही सब कुछ है, प्रतिभा और सरकार से भी बढ़कर है यह। दोस्ती तक़रीबन परिवार जैसी है। इसे कभी मत भूलना। अगर तुमने दोस्ती का जज़्बा समझा होता तो आज तुम्हें मेरी ज़रूरत नहीं होती।

यह निर्विवाद है कि हमारे दोस्तों ने दोस्ती की ऐसी मीनार खड़ी कर ली थी जिस पर चढ़कर नीचे की पूरी दुनिया हसीन दिखती थी। जहाँ से ऊपर फैला सपनों का आकाश बड़ा रंगीन दिखता था, क्योंकि उसमें आस्था के सतरंगी बादल सदा तैरते रहते हैं, क्योंकि वहाँ आशा के गीत चहचहाती ढेर सारी रंग-बिरंगी चिड़ियों का झुंड कलाबाज़ियाँ खाता रहता था। उन्हें किसी की भी ज़रूरत नहीं रह गई थी। सब अपनी ही रसमंजरी में मस्त थे। नीतीश का भी यह साल पूरी तरह दोस्तों के नाम नज़र हुआ था। पूरे वर्ष हंगामेदार रहे थर्ड ईयर की वार्षिक परीक्षा का हश्र इन मित्रों के माता-पिता सहित सबको पता ही था। हालात ऐसे थे कि पास होने की कौन कहे, कॉलेज में बने रहने के भी लाले पड़ रहे थे। लेकिन सबकी आशंकाओं को धता बताते हुए तीनों मित्र अगली कक्षा में प्रोन्नत कर दिए गए। इस प्रोन्नति का एक ख़तरनाक दुमछल्ला भी था। सभी प्रोन्नत भर हुए थे, सभी विषयों में पास नहीं—सभी को किसी-न-किसी विषय की परीक्षा फिर से देनी थी। संयोग से एक साथ दो बातें ऐसी हो गईं कि साहब, मज़े आ गए! इधर कौशल जी के माथे पर दो विषयों की परीक्षा का बोझ था, उधर सभी विषयों में पास हो जाने से बुक़रात के पास फ़ालतू वक़्त था। उसने कौशल की मदद करने की ठानी और झटपट पटना पहुँच गया। वहाँ तो करेला पहले से ही नीम चढ़ा था, बुक़रात उसमें कुनीन की खाद डालने में जुट गया। पढ़ाई जो होनी थी सो तो हो गई फिर सारी टोली पटना के डाकबँगला रोड स्थित कॉफ़ी बोर्ड में जा धमकी।

कॉफ़ी बोर्ड उन दिनों फणीश्वरनाथ रेणु जी का स्थायी अड्डा था। दुर्भाग्य से उस दिन रेणुजी वहाँ नहीं थे, पर उन्हीं के बारे में चर्चा छिड़ गई। वैसे तो मीता ने नीतीश के साथ ढेर सारी रोमांटिक फ़िल्में ज़रूर देखी थीं, लेकिन गम्भीर फ़िल्मों में इन दोनों को राजकपूर की 'तीसरी कसम' बेहद पसन्द आई थी जो रेणु जी की लम्बी कहानी 'तीसरी कसम, उर्फ़ मारे गए गुलफ़ाम' पर बनी थी। राष्ट्रपति पुरस्कार से सम्मानित यह फ़िल्म अपने वक़्त से बहुत आगे थी, परन्तु बॉक्स ऑफ़िस के फ़ॉर्मूलों से समझौता न कर पाने के कारण पिट गई थी। नीतीश तो पहले से, 'मैला आँचल' पढ़कर ही, फणीश्वरनाथ रेणु जी का अन्यतम प्रशंसक हो गया था।

रेणु जी की बातें बताते हुए नीतीश ने एक बार बेहद जज़्बाती होकर कहा था—

'पहली बार किशोरावस्था में पढ़ी गई फणीश्वरनाथ रेणु जी की अमर रचना 'मैला आँचल' का मुझ पर कुछ ऐसा अमिट प्रभाव पड़ा कि अब भी, जब कभी उसे उठाता हूँ तो आद्योपान्त पढ़े बिना छोड़ नहीं पाता।'

नीतीश को इस पुस्तक में आज़ादी के ठीक पहले और उसके आसपास आए नैतिक मूल्यों के ह्रास का चित्रण असाधारण तौर पर रोमांचकारी लगता है। उस संक्रमण काल में कांग्रेसियों और समाजवादियों के चरित्र में देखते ही देखते जो परिवर्तन आए, उसका चित्रण भी अद्‌भुत रूप से वास्तविक लगता है। वैसा अवश्य हुआ होगा, ऐसा सारे रसमंजरिया मानते हैं। उस काल में कपड़े पर लगे कंट्रोल और राशन के बारे में नीतीश को उस उपन्यास से ही पता चला है। तब यह बात भी समझ में आई है कि महात्मा गांधी का चरख़ा, सूत कातना, हथकरघा, खादी आदि पर ज़ोर देना कितना महत्त्वपूर्ण रहा होगा। आज की दुनिया के बाशिन्दे खादी और स्वावलम्बन का ठीक महत्त्व शायद ही समझ पाएँ। नीतीश गांधी जी की इन बातों से इतना प्रभावित हुआ कि उसने मुख्यमंत्री बनने के बाद 1 अणे मार्ग में बाक़ायदा चरख़ा चलाने का प्रशिक्षण लिया। नीतीश जब पटना में पढ़ने आया तो उसकी रेणु जी से मिलने की बलवती इच्छा जगने लगी। यह पता होते हुए भी कि रेणु जी की महफ़िल रोज़ शाम को कॉफ़ी बोर्ड में जमती है, नीतीश सिर्फ़ संकोच के कारण उनसे कभी ठीक से मिल नहीं पाया, बस दूर से देखकर ख़ुश होता और कभी नज़र मिल गई तो बेहद क़रीने से नमस्कार कर लेता था।

हिन्दी के दो धुरन्धरों, पन्त जी और रेणु जी के केश विन्यास का जवाब नहीं था। अपनी घुँघराली लटों को दोनों ही बहुत सलीक़े से सँवारकर रखते थे। पंखे की हवा से चेहरे पर उतरकर बिखरती लटों को, बातचीत के क्रम में ही, रेणु

जी अपने चेहरे से इस सहज अदा से हटाते कि देखनेवाला बातें भूल, मंत्रमुग्ध होकर उनको देखता ही रह जाता। इन लोगों में कौशल और नीतीश भी थे जो ज़ुल्फ़ें तो नहीं, पर लम्बे बाल ज़रूर रखते थे। तब रेणु जी को पता भी नहीं था कि ख़ामोश ज़बाँ और बोलती निगाहों वाला उनका यह शैदाई कितने तूफ़ान अपने सीने में छुपाए है! नीतीश की हिचकिचाहट की गाँठ जयप्रकाश जी के आन्दोलन के दिनों थोड़ी ढीली पड़ी जब कई महत्त्वपूर्ण क्षणों के नीतीश और रेणु जी, दोनों ही साक्षी बने। नीतीश को सदा लगता रहा कि रेणु जी की प्रतिभा का सही मूल्यांकन कभी नहीं हो पाया, कम से कम उनके अपने राज्य बिहार में तो हरगिज़ ही नहीं। शायद ऐसे ही लोगों के लिए तुलसीदास जी ने कहा भी है—

तुलसी वहाँ न जाइए, जन्म भूमि को ठाँव।
गुन अवगुन चीन्हत नहीं, लेत पुरानो नाँव।

शायद इसी भूल का परिमार्जन करने के लिए किसी यात्रा के क्रम में मुख्यमंत्री नीतीश रेणु जी के गाँव औराही हिंगना जाकर उनकी दोनों पत्नियों (पद्मा जी और लतिका जी) से मिल आया। रेणु जी के बड़े बेटे, पद्मपराग जी ने अपनी खेती से उपजी जो भी शाक-भाजी नीतीश को परोसी, उसने सब कुछ बड़े प्रेम से खाया और उस गुमनाम-सी बस्ती को आशीर्वाद के अतिरिक्त भी बहुत कुछ दे गया!

2010 के विधानसभा के चुनावों में नीतीश की सहयोगी पार्टी बीजेपी ने पद्मपराग जी को औराही हिंगना (फ़ॉरबिसगंज) से टिकट दिया था जहाँ से वे आसानी से विजयी भी हुए। थोड़ा पीछे चलकर अगर हम इतिहास को देखें तो याद आएगा कि पद्मपराग के यशस्वी पिता ने भी बहुत पहले, 1972 में फ़ॉरबिसगंज से, नाव छाप पर निर्दलीय चुनाव लड़ा था। नीतीश की भाँति वे भी आदर्शवाद की पताका हाथों में उठाए मुक्ति, नई आज़ादी और सच्चे समाजवाद के तराने गाते थे—ज़ुल्म, अत्याचार और अनाचार के विरुद्ध। लेकिन तब राजनीति के खेल के नियम एकदम अलग थे। जंगल का क़ानून छोड़कर और कोई क़ानून वहाँ लागू नहीं होता था, औराही हिंगना जैसे दूर-दराज़ इलाक़ों में तो और भी नहीं। रेणु जी ने ज़बरदस्त शिकस्त पाई थी। उन्हें साढ़े छह हज़ार से भी कम वोट मिले थे। उन्होंने शायद अपने हीरामन की तरह तीसरी के बाद चौथी कसम भी खाई होगी—

'अब हो बाबू, ई छिनमत्तू राजनीति के रस्ता पर कभियो गोड़ नहीं धरेंगे।'

आज उन्हीं फणीश्वरनाथ रेणु जी का बेटा नया इतिहास रच सका है। नीतीश की लोकप्रियता की आँधी में उसकी एक पीढ़ी पहले कट चुकी पतंग आज फिर से आकाश में लहराई है। नीतीश जब रेलमंत्री हुआ तब उसने पटना रेलवे

जंक्शन की पहली मंज़िल पर फणीश्वरनाथ रेणु हिन्दी पुस्तकालय की स्थापना भी करवाई। उसने सिर्फ़ रेणु जी को ही याद नहीं रखा था, साहित्य और पत्रकारिता की दुनिया में ऐसे बहुत सारे जाने-अनजाने चेहरे हैं जिनकी मदद नीतीश ने निःस्वार्थ भाव से की थी, वह भी सिर्फ़ इनसानियत के नाम पर।

आइए, एक मुरझा रही पुरानी याद को फिर से ताज़ा करते हैं। भारत में युद्ध को लेकर पहली बार चेतन आनन्द की एक गम्भीर फ़िल्म 'हक़ीक़त' नीतीश की किशोरावस्था में आई थी जिसके कई गीत उसे आज तक बहुत पसन्द हैं। उस समय नीतीश को पता नहीं था कि इसके गीतकार मशहूर शायर क़ैफ़ी आज़मी साहब हैं। बाद में, क़ैफ़ी आज़मी साहब ने, एक और फ़िल्म, 'नौनिहाल' के गाने भी लिखे। उसमें एक गीत में जवाहरलाल के उद्गार बताए गए थे। इस गीत की कुछ पंक्तियाँ आज के नेता नीतीश पर कितनी मौज़ूँ हैं—

मेरी दुनिया में न पूरब है न पश्चिम कोई,
सारे इनसान सिमट आए खुली बाँहों में।
कल भटकता था जिन राहों में तनहा-तनहा,
क़ाफ़िले कितने मिले आज उन्हीं राहों में।

रेल के डिब्बे में बख़्तियारपुर और पटना के बीच की दूरी वर्षों तनहा काटते नीतीश का क़ाफ़िला देखते ही देखते इतना बड़ा हो गया कि सारे इनसान उसकी खुली बाँहों में सिमट आए और हुआ यूँ कि नीतीश रेलमंत्री बन गया! यह गाना तब भी उसे छूता था।

इस सबसे बेख़बर, इस गीत के रचयिता क़ैफ़ी आज़मी साहब फूलपुर के पास स्थित अपने छोटे से गाँव मिजवाँ के लिए कुछ न कुछ नया करते ही रहते थे। जवाहरलाल नेहरू का संसदीय चुनाव क्षेत्र यही फूलपुर था। शायद उन्हीं दिनों क़ैफ़ी साहब की बेटी शबाना आज़मी राज्यसभा की सदस्य नामज़द हुई थीं। शबाना कला फ़िल्मों की नामी अदाकारा भी रही हैं। क़ैफ़ी साहब की मेहनत से फूलपुर तक रेल की बड़ी लाइन तो आ गई थी पर वहाँ कोई एक्सप्रेस ट्रेन रुकती नहीं थी। अपनी किताब 'यादों की राहगुज़र' में, क़ैफ़ी साहब की जीवनसंगिनी शौक़त क़ैफ़ी ने इसका तज़किरा (ज़िक्र) कुछ यूँ किया है—

'नितीश (नीतीश नहीं) कुमार जब रेलवे मिनिस्टर होकर आए, क़ैफ़ी ने उनसे दरख़्वास्त की कि जो ट्रेन फूलपुर से गुज़रे, वह वहाँ ज़रूर ठहरे। चुनाँचे रोज़ाना गोरखपुर से बम्बई जानेवाली एक नई सुपरफ़ास्ट ट्रेन, जिसका नाम गोदान एक्सप्रेस है, फूलपुर भी रुकती है। गाँव वालों के लिए इस ट्रेन का फूलपुर रुकना किसी चमत्कार से कम नहीं था। क़ैफ़ी साहेब के बाद, आज़मगढ़ से दिल्ली जानेवाली एक फास्ट ट्रेन का नाम क़ैफ़ी के शेरी मजमूए 'क़ैफ़ियात' की

मुनासिबत क़ैफ़ियात रखा गया है और यह ट्रेन भी रोज़ाना चलती है। इन गाड़ियों की वजह से गाँव वालों को इतनी सहूलियत हो गई है कि जिसका तसव्वुर भी वे नहीं कर सकते थे।'

वामपंथी विचारधारा को अपने जीवन में उतारनेवाली शौक़त क़ैफ़ी साहिबा अपनी साफ़गोई के लिए बहुत सम्मान पाती रही हैं। उनकी बेटी शबाना आज़मी बताती हैं कि उनकी अम्मी ने हर बार नीतीश जी की दिल से तारीफ़ की है और न जाने कितनी बार उनका शुक्रिया अदा किया है।

कोई नीतीश को छेड़ते हुए पूछता है कि ट्रेन क़ैफ़ी साहब के कहने से रुकी या उनकी मशहूर फ़िल्म अभिनेत्री बेटी शबाना के कहने से, क्योंकि यह नई ट्रेन तो क़ैफ़ी साहब के दुनिया से कूच कर जाने के बाद शुरू हुई! इस बेसिर-पैर की घटिया चर्चा से नीतीश झेंप जाता है, क्योंकि उसने कब क्या किया इसका लेखा-जोखा रखना उसकी फ़ितरत कभी नहीं रही है। बहुत छेड़ने पर कहता है—

'आगे देखिए, आगे की ही सोचिए और आगे चलिए साहब! जो बीत गई सो बात गई!!'

यह बात तो हुई साहित्य की दुनिया से, आइए ऐसी ही कुछ कम सुनी बातें आरसीपी से भी सुनते हैं। आरसीपी ने नीतीश के साथ कई वर्षों तक काम किया है। वह आदतन नीतीश को उसकी अनुपस्थिति में 'साहब' कहकर सम्बोधित करता था।

सम्मानित करने का विनई स्वभाव

नीतीश के बारे में एक नई बात बताते हुए आरसीपी कहता है—

'साहब जब रेलमंत्री हुए तो उन्होंने कला, साहित्य और सामाजिक सरोकार से जुड़े बहुत-से लोगों को सम्मानित करने की मुहिम शुरू की। उन्हीं दिनों भारत के सर्वोच्च असैनिक सम्मान 'भारतरत्न' से, शहनाई वादक बिस्मिल्लाह ख़ाँ साहब सहित, देश के बहुत सारे मूर्धन्य लोग भी नवाज़े गए थे। साहब ने प्रत्येक भारतरत्न को रेल विभाग की ओर से भी जीवनपर्यन्त मुफ़्त रेल यात्रा के लिए विशेष पास देने की ठानी। आमतौर से अन्य विभागों में यह सब बड़े ताम-झाम से किया गया अभद्र प्रदर्शन की पराकाष्ठा होता है जहाँ सारा ध्यान मंत्री जी पर ही केन्द्रित रहता है। सत्ता ने प्रतिभा को कितनी बार और कितने प्रकार से बेइज़्ज़त किया है, इसका हिसाब करने बैठा जाए तो दिमाग़ ख़राब होने लगता है। लेकिन साहब के यहाँ तो सुन्दर कांड वाला हिसाब-किताब था—

जो सम्पति सिव रावनहि दीन्हि दिएँ दस माथ।
सोइ सम्पदा बिभीषनहि सकुचि दीन्हि रघुनाथ।

साहब ने रघुनाथ जी की परम्परा का ही निर्वाह किया और 'भारतरत्न' बिस्मिल्लाह ख़ाँ साहब के घर स्वयं जाकर, बहुत विनय और संकोच से रेलवे के पास उन्हें सौंपे। उन्होंने आन्तरिक निश्छलता के साथ कहा कि रेल विभाग का यह छोटा उपहार ख़ाँ साहब द्वारा स्वीकार किए जाने से रेल विभाग स्वयं गौरवान्वित हुआ है।'

नीतीश को क़रीब से जाननेवाले बताते हैं कि वह सीमित व्यक्तिगत संसाधनों के बाद भी पूरी विनम्रता से सबकी आशातीत मदद ऐसे करता है मानो ऐसा करके वह स्वयं उपकृत हो रहा हो!

इसी क्रम में एक नामी-गिरामी बिहारी व्यंग्यकार की याद बरबस आ रही है। ख़बरों की दुनिया में, विशेष रूप से टेलीविज़न पर, उन्होंने बहुत बढ़िया काम किया था। प्रख्यात सिने अभिनेत्री स्मिता पाटील उनसे बड़ा स्नेह रखती थीं। कभी रेणु जी के भी बेहद अज़ीज़ रहे थे, वे इस क़दर कि अपनी एक कहानी 'अगिनखोर' के नायक के चरित्र का आधार रेणु जी ने उन्हें तथा प्रख्यात कवि आलोक धन्वा को बनाया था। रेणु जी के पत्रों में भी उनकी चर्चा मिलती है। नीतीश के कॉलेज के दिनों में हुए अपरम्परागत विवाह को राष्ट्रीय स्तर पर चर्चा में लानेवाले वही श्रीमान थे। अपने नौजवानी के दिनों में वे एसवाईएस के बड़े सक्रिय कार्यकर्ता थे। नीतीश उनकी बौद्धिक ईमानदारी और बेबाक़ी के कारण उनको बेहद सम्मान देता था। वन्य जीवन के परम ज्ञानी, निहायत ईमानदार और सहृदय होने के बाद भी अपनी अपारम्परिक भाषा के कारण मित्रों से उनके रिश्ते, मुम्बई की बारिश की तरह बदलते थे। मित्रमंडली में सभी लोग उन्हें श्रद्धापूर्वक याद करते और उनसे बातें करके सदा कुछ नया सीख भी लेते थे। घनघोर स्वतंत्र और नितान्त मौलिक सोच वाले इस लोकप्रिय दोस्त की बात ही कुछ और थी! बीते कुछ वर्षों से वे बिहार में ही स्थापित थे और स्तरीय पत्रिकाओं में स्तम्भ लिख रहे थे। उनकी लेखनी मानो आग उगलती रहती थी। अब बाहर आग उगलने के लिए भीतर भी आग चाहिए और वह आग तो सिगरेट और शराब के ईंधन से ही जलती रह सकती है! यह भी सत्य है कि जितनी आग चाहो, ईंधन की दरकार उसी मिकदार में पड़ती है। तो वे आग पी-पीकर आग उगलते रहे जिसकी दाह कभी-कभी दोस्तों तक भी पहुँची और यार-दोस्त भी आदतन उन सभी बातों को ग़ैर-ज़रूरी समझकर टालते रहे। एक बार आग कुछ ऐसी लगी कि अन्दर बहुत कुछ जल गया और जो बचा उसे रेडियो थैरेपी से जलाने के लिए भाई को पटना के अस्पताल के बाद मुम्बई जाना पड़ा। हठ की हद तक आत्माभिमान और सदा नाक की नोक पर रहनेवाले क्रोध के कारण उन्हें नीतीश को इसकी सूचना देने की बात अपनी इज़्ज़त के ख़िलाफ़ लगी। लेकिन कहते हैं न कि जितना बड़ा जूता, पॉलिश उतनी ही ज़्यादा लगेगी, मतलब यह

कि जितनी बड़ी बीमारी, इलाज का ख़र्चा भी वैसा ही भारी-भरकम! हालात मुश्किल-से-मुश्किलतर होते गए। किसी जान-पहचान वाले ने जैसे ही नीतीश को इसकी ख़बर दी, वह छटपटा गया। बिना किसी को बताए हुए, उसके व्यक्तिगत स्रोतों से तत्काल ही, मरीज़ के इलाज का पूरा व्यय वहन हो गया। नीतीश की सख़्त हिदायत थी कि हमारे देवदास को ठीक होने तक कुछ भी पता न चले पर हमारे प्यारे पत्रकार तो ठहरे बड़े फितूरी! इधर-उधर सूँघकर उन्हें जब सच का पता चला तो बोले—

'जो कहो, कमबख़्त नीतीश आज भी है बड़ा प्यारा यारबाश इनसान!'

अगर आपका बिहार की पत्रकारिता के घोरमट्ठे से थोड़ा भी परिचय होगा तो आप भी पहचान गए होंगे कि इस कथा-अंश के नायक श्रीमान (अब दिवंगत) जुगनू शारदेय जी हैं!

दिल ढूँढ़ता है फिर वही

कौशल कहता है—

'हम सब जब नीतीश के साथ पहली बार जेल गए तो वहाँ भी वह गाता-गुनगुनाता रहता था पर जो भी गीत वह गाता उसका सुर के.एल. सहगल के 'एक बँगला बने न्यारा' जैसा ही लगता। गाते-बजाते कई बार सारी रात बीतने के बाद सवेरे की मदमस्त हवा छू जाती तब चचा बुक़रात हमें फ़ैज़ साहब की नज़्में सुनाता। उनमें से एक शेर एकदम से याद आ रहा है—

क़फ़स उदास है यारो, सबा से कुछ तो कहो।
कहीं तो बहरे-ख़ुदा, आज ज़िक्रे-यार चले।

आज जब ज़िक्रे-नीतीश हो रहा है तो हम सब फणी भूषण साहा को कैसे न याद करें?

कौशल बात को आगे बढ़ाते हुए कहता है—

'फणी भूषण साहा माने सरल, सहज पितृहीन बंगाली और निष्कपट बिहारी बच्चा! विधाता ने शायद बंगाल की भावुक मिट्टी को बिहार के पवित्र गंगाजल में गूँधकर उसे गढ़ा था! हम सब नीतीश को देखकर ही ख़ुश हो जाते थे, क्योंकि वह बौद्धिक रूप से बेहद परिपक्व था और उससे हमें मानसिक ख़ुराक मिलती थी। फणी में कुछ ऐसा अवश्य था जिससे उसके चारों ओर किसी अदृश्य घेरे का आभास होता रहता था, बर्टोल्ट ब्रेख़्त के नाटक 'खड़िया का घेरा' (द चॉक सर्कल) की तरह। मुझसे, अरुण या सुरेश शेखर से नीतीश की दोस्ती का बौद्धिक आधार था। कम से कम हम लोग अपने को तीसमार

ख़ाँ समझकर ख़ुश रहते थे। नीतीश के इस पूरे खेल में बस एक अपवाद था, वह था फणी भूषण साहा। दुबला-पतला फणी भी अरुण, मीता और नीतीश के साथ ही इलेक्ट्रिकल इंजीनियरिंग पढ़ रहा था मगर उनकी तरह नहीं! सिविल के आदित्य प्रकाश मिश्र को छोड़ दें तो हममें बस एक फणी भूषण साहा था जो सच में जी-जान से इंजीनियरिंग पढ़ रहा था। चश्मे के पीछे छुपी उसकी गहरी आँखों से उसके निम्न-मध्यवर्गीय परिवार की पूरी ज़िम्मेदारी का बोझ झलकता रहता। उसे जल्दी थी पढ़ाई पूरी करके तुरन्त कमाई शुरू करने की। उसकी और नीतीश की मित्रता को कोई नाम नहीं दिया जा सकता। नीतीश और फणी की दोस्ती की आधारशिला को उस समय समझ पाना कठिन था। एक ओर था पहाड़ी नदी-सा, अपनी दूधिया तरंगों से आनेवाले हर अवरोध को छलाँग लगाकर पार करता, कूल किनारे काटता, नई राह ख़ुद तैयार करने में पारंगत, इंजीनियरिंग की पढ़ाई से बेज़ार—विद्रोही नीतीश। दूसरी ओर था अथाह गहराइयों वाले सागर जैसा, छाती पर तरंगों के खेल देखता, शान्त-संयमित भावुक बंगाली फणी भूषण—पढ़ने-लिखने में सदा तत्पर। वह नीतीश को पढ़ने के लिए हमेशा समझाता रहता। झगड़ता-लड़ता, मान-मनौवल करता, कभी माता-पिता की इच्छाओं का हवाला देकर तो कभी सुनहरे भविष्य के सपने बुनकर, पर उसका एकमात्र ध्येय नीतीश को परीक्षा में पास कराना ही रहता। दोनों में झगड़े इसी बात को लेकर होते जो तुरन्त शान्त भी हो जाते। सबसे बड़ी बात जो लगती थी वह फणी का कॉलेज कैंटीन में आना। वह गम्भीर विद्यार्थी था, पर जब भी हमारे बहकावे में फँसकर नीतीश क्लास से भागकर कैंटीन आया होता तो कई बार फणी भी पीछे-पीछे आ जाता। यह सामान्यतः गणित की कक्षा में ही हुआ करता। नीतीश तो गणित में निष्णात था, इसलिए क्लास की लीक से बँधी गणित की पढ़ाई उसे भाती नहीं थी। इधर हमें अचम्भित छोड़कर, हम लोगों के सर के ऊपर से गणित का भारी-भरकम गोला, हवाई जहाज़ की तेज़ी से, निकल जाया करता था। इसलिए कैंटीन में जा बैठने के अलावा हमारे पास कोई रास्ता भी नहीं था। पर फणी सिर्फ़ नीतीश को समझाने वहाँ आ धमकता था। फणी की दोस्ती नीतीश के अलावा किसी और से थी ही नहीं। वह रसमंजरी से भी बिदका रहता था। हम सब जानते और कभी-कभी कुढ़ते भी थे कि वह नीतीश को इतना प्यार क्यों करता था। वह प्यार किशोरवय के किसी मित्र का किसी दूसरे किशोर के लिए नहीं था। वैसा निःस्वार्थ प्यार माँ के अलावा शायद ही कोई दे सकता है। फणी नीतीश की ईमानदारी का कायल था और उसकी भलाई के लिए कहीं, कभी और कुछ भी करने को तैयार रहता था। शायद इसलिए भी कि निम्न-मध्यवर्ग के लोगों की मुसीबतों से वह अच्छी तरह रूबरू हो चुका था। नीतीश को अपने पिताजी का बड़ा सहारा था, पर फणी इस व्यवस्था की

अस्थिरता समझता था। इसलिए वह डरता रहता था कि नीतीश की नाव कहीं बीच मझधार में ही न डूब जाए। फणी पटना सिटी और कॉलेज के बीच कहीं रहता था जहाँ से वह साइकिल से रोज़ कॉलेज आया-जाया करता था। नीतीश तब तक हॉस्टल में आ गया था। हम कई बार देखते कि शाम हो गई है, फणी हाथों से साइकिल लुढ़काता हुआ पैदल घर जा रहा है, नीतीश साथ में है। दोनों कॉलेज के मोड़ पर आकर रुक गए हैं जहाँ से फणी के घर के लिए सड़क मुड़ती है। अपने मेहमानों को छोड़ने आने की हॉस्टल में रहनेवालों के लिए वही अघोषित सीमा है। दोनों वहाँ ठहरकर फिर थोड़ी देर बातें कर रहे हैं। इसके बाद फणी नीतीश को छोड़ने हॉस्टल आता है। देर हो रही है। नीतीश फिर से फणी के साथ कॉलेज के मोड़ तक आया है, उसे छोड़ने! हॉस्टल से मोड़ तक की यह दूरी दोनों कई बार नापते हैं तब जाकर जोड़ी अलग होती है, अगले दिन फिर मिलने के लिए। यह कहानी प्रायः रोज़ दुहराई जाती है। नीतीश फणी पर अपना एकाधिकार समझते हैं। अब लगता है कि फणी नीतीश का 'ऑल्टर-ईगो' रहा था उन दिनों।'

इस जोड़ी के बारे में, विस्मृति के गर्भ में लगभग जा चुकी एक बात बताते हैं उन लोगों के सहपाठी, कवि नरेन्द्र यादव, जिनकी कविता हम पहले पढ़ चुके हैं। वह बात हम उन्हीं की ज़ुबानी सुन लेते हैं—

'बात है तो बहुत पुरानी, लेकिन व्यक्तिगत तौर पर मुझे स्नान करने के समय प्रायः याद आ ही जाती है। एक दोपहर गणित की कक्षा से थककर मैं कैंटीन भाग आया जहाँ फणी भाई और नीतीश जी चाय पी रहे थे। मैं भी इनके साथ बैठ गया। तब मैंने देखा कि नीतीश जी एक क़लम लेकर फणी भाई की नई कॉपी के हर पन्ने पर उलटी-सीधी लकीरें खींचते हुए उसे नष्ट कर रहे हैं मानो कोई नायाब खेल उन्होंने ईजाद कर लिया है! फणी भाई निराश होकर अपनी नई कॉपी की दुर्दशा देख रहे हैं। मैं थोड़ी देर तक तो चुपचाप बैठा रहा कि थोड़ी ही देर में यह तमाशा ख़त्म हो जाएगा, पर उस दिन नीतीश जी पर मानो कोई भूत सवार हो गया था। काफ़ी देर हो गई थी जब सब्र का बाँध टूट जाने के बाद मैंने नीतीश जी से कहा कि अगर सारी कॉपी बर्बाद हो जाएगी तो फणी भाई क्लास में किस चीज़ में लिखेंगे। पर नीतीश जी के कानों पर जूँ तक न रेंगी। वे उसी मस्ती और एकाग्रता से कॉपी नष्ट करते रहे। बेचारे फणी भाई ने कुछ नहीं कहा, पर मुझसे रहा नहीं गया। मैं नीतीश जी के साथ एक अनावश्यक बहस में उलझकर अपना आपा खो बैठा। मुझे इतना क्रोध आया कि मैंने अनाप-शनाप बकते हुए नीतीश जी के हाथ से वह कॉपी छीन ली। नीतीश जी भी बेहद नाराज़ थे। उन्होंने मुझे चुप होने को कहा और यह भी कहा कि जो उनके मन में आएगा, वे करेंगे। उन्हें रोकनेवाला मैं कौन ईडियट हूँ! मुझे तब तक किसी ने कभी कोई

गाली नहीं दी थी, कम से कम अंग्रेज़ी में तो हरगिज़-हरगिज़ नहीं! दमख़म में मैं नीतीश जी से बीस ही पड़ता था, बस क्रोध से भरकर मैंने दोनों हाथों से उनका कॉलर पकड़ लिया। नीतीश जी के लिए निश्चय ही यह बड़ा अप्रत्याशित रहा होगा, लेकिन उनका ग़ुस्सा तो उस समय पूरे उफान पर था। उनके और फणी भाई के बीच किसी तीसरे की दख़लअन्दाज़ी ने शायद उन्हें क्रोध से भर दिया था। वे अपने आपको मेरी गिरफ़्त से छुड़ाने की हर सम्भव कोशिशें करते रहे लेकिन मैं भी आपे में न था और उन्हें चोट पहुँचाने के लिए कृतसंकल्प था। उन्होंने भी आव देखा न ताव और पूरी शक्ति से ऐसे प्रहार किया कि मेरी हथेली से ख़ून बह निकला। कैंटीन के बंगाली दादा दौड़कर आए, तौलिया-रुई आदि की व्यवस्था हुई। नीतीश जी को भी काफ़ी चोटें आई होंगी लेकिन उन्होंने तुरन्त अपने आपको संयत किया और मुझे एटीएस की सूई लगवाने को कहा। उस घाव के निशान मेरे हाथ पर आज भी हैं और मुझे मेरे 'ईडियट' कहे जाने की याद ज़रूर दिलाते हैं।'

नीतीश ने ऐसा भी कुछ कभी किया होगा, यह बात मानने को मन तैयार नहीं होता। चचा, कौशल, अरुण और मीता, चारों ऐसे चुप हैं मानो ये अपने मित्र की वर्षों पहले की असहिष्णुता की सज़ा भुगतने को आज भी तैयार हैं। तभी कोई आवाज़ फणी भाई की कथा बीच में छूटी रह जाने की याद फिर से दिलाती है। पुरानी बातें याद करता है कौशल—

'फणी को नौकरी पाने की जल्दी थी। यूपीएससी जैसी बड़ी परीक्षाओं की तैयारी के लिए न तो उसके पास साधन थे, न ही समय। इंजीनियरिंग की परीक्षा पास होते ही वह रेलवे में छोटी-सी नौकरी पाकर अपने परिवार की गाड़ी छाती के बल खींचने लगा। आदित्य प्रकाश मिश्र का चयन रेलवे में ही प्रथम श्रेणी के पद पर हो गया और नीतीश राजनीति तथा आन्दोलन की बयार में कभी सुक्खम कभी दुक्खम की पींगें भरता रहा। नीतीश कुमार जब भारत सरकार के रेलमंत्री बनाए गए तब उन्होंने आदित्य जी को अपना दाहिना हाथ बनाकर मंत्रालय में ही बुला लिया। फणी तब ईस्टर्न रेलवे में शायद जूनियर इंजीनियर के पद पर काम कर रहा था, दिल्ली में हो रहे परिवर्तनों से आगाह, लेकिन बिलकुल निरपेक्ष।'

थोड़ा विषयान्तर करते हुए हम आपको याद दिलाना चाहते हैं कि 2009 में शाहरुख़ ख़ान की एक फ़िल्म आई थी 'बिल्लू बार्बर' जो इरफ़ान ख़ान के अभिनय के कारण अधिक चर्चित रही थी। फ़िल्म की कहानी नाटकीय अन्दाज़ में सुनाकर कौशल कहता है—

'प्रायः यही कहानी, वह भी इस फ़िल्म आने के बहुत पहले, कलकत्ते में दुहराई गई है। नए माननीय रेलमंत्री जी का पहली बार कोलकाता आगमन हुआ है। फणी की पत्नी इस ख़बर से बेहद रोमांचित है, क्योंकि उसने अपने पति से

दोनों की पढ़ाई के दिनों की मित्रता के बारे में वर्षों से सुन रखा है। उसे अपेक्षा तो कुछ भी नहीं, लेकिन न जाने क्यों उसके पोर-पोर से आगत के स्वागत के लिए उलूक ध्वनि (बंगाल में हर शुभ अवसर पर स्त्रियों द्वारा उलूक ध्वनि निकालने की परम्परा है) निकल रही है, मन किसी बाउल गीत की धुन पर अपने आप थिरक रहा है। उसे गर्व हो रहा है कि आज जो रेल विभाग का राजा बनकर उसके शहर में आया है, वह उसके पति के जीवन इतिहास के किसी अध्याय के हर पन्ने में रचा-बसा है। अपनी पत्नी की यह अकारण ख़ुशी फणी के गले के नीचे नहीं उतर रही। अपने विभागीय अधिकारियों की श्रेणी में सबसे निचले पायदान पर खड़ा है वह। इतना नीचे कि जब मंत्री जी का क़ाफ़िला उन सबके सर के ऊपर से गुज़रेगा तो मंत्री जी की चरणधूलि का एक कण भी उस तक नहीं पहुँच पाएगा। उससे ऊपर के पायदानों पर खड़े अधिकारियों में ही सब लुट-बँट जाएगा। रेल विभाग में क्रम परम्परा (हेयारर्की) इतनी सख़्त है कि पंक्ति तोड़कर अपने से ठीक आगे खड़े व्यक्ति से भी आगे जाने की सोचना तक आत्मघाती होता है। यहाँ तो अधिकारियों की शेषनाग से भी लम्बी लाइन में सबसे पीछे खड़ा था अपना फणी! उस दिन वह अपनी पत्नी की बेवजह की ख़ुशी पर सारा दिन कुढ़ता-खिसियाता रहकर दफ़्तर आया था। यहाँ आकर उसकी बेचैनी और भी बढ़ गई। वहाँ सारा अमला मानो मंत्री जी के चरण-चुम्बन के लिए बिछा जा रहा था। वह दिन ऐसा था जब कोलकाता में रेलवे का हर ख़ास आदमी चाहता था कि मंत्री जी की कृपादृष्टि उस पर, सिर्फ़ उस पर ही पड़े तो वह तर कर अमर हो जाए। पर मंत्री महोदय की निगाहें किसी और को खोजती फिर रही थीं। उस रात बहुत देर गए तक काम करने के बाद भी मंत्री जी बहुत सवेरे जग गए हैं। वे रेलवे के गेस्ट हाउस में ठहरे हैं। उनके साथ नाश्ते पर कोई अतिविशिष्ट व्यक्ति आमंत्रित हैं जिनका किसी को पता नहीं है। सामान्यतः किसी मंत्री जी के साथ मेज़ पर बैठकर नाश्ता करने का सौभाग्य किसी बड़े राजनेता, विभाग के उच्चाधिकारी या बेहद बड़े व्यावसायिक घराने के प्रमुख के लिए आरक्षित होता है। कोलकाता में बैठे रेल विभाग के सारे सीनियर अधिकारी सुबह से ही सूट-बूट चढ़ाए आमंत्रण की प्रतीक्षा कर रहे हैं। लेकिन उस सुबह हैरान-परेशान वरिष्ठ अधिकारियों की आशाओं पर धूल उड़ाते हुए चमचमाती हुई विभागीय गाड़ी फणी भूषण साहा के द्वार पर रुकती है, उसे रेलवे गेस्ट हाउस तक ले जाने के लिए! इस अनागत गाड़ी के स्वागत के लिए कोई भी प्रस्तुत नहीं है, फणी तक भी नहीं। उसे लगता है कि किसी रसूख़ वाले पड़ोसी के घर कोई बड़ा आदमी आया है, पर दस्तक उसके दरवाज़े पर पड़ी है। दरवाज़ा खुलते ही पच्चीस-तीस वर्षों का पड़ा गुबार पल भर में ही छँट गया है।'

कौशल आगे कहता है—

'एक बात पक्की है कि नीतीश के व्यक्तिगत जीवन में मित्रों का बड़ा महत्त्व रहा है। उससे कुछ भी काम कहने में बस दो बातों का ध्यान रखना पड़ता है। पहली, यह कि काम बिलकुल जायज़ हो और दूसरी, यह कि उस काम को करने से किसी और का हक़ न मारा जाता हो।'

क़रीब-क़रीब यही राय एक और सज्जन से पता चलती है। भारतीय पुलिस सेवा में बिहार काडर के बड़े ईमानदार और कड़क अधिकारी हुए राज्यवर्धन शर्मा। पटना में कॉलेज के दिनों से ही ये और नीतीश दोनों एक-दूसरे को जानते थे। जब राज्यवर्धन नालन्दा ज़िले के एसपी बनकर गए थे, तब नीतीश उसी इलाक़े से पहली बार विधानसभा के लिए चुना गया था। उस समय हुई इन दोनों की मुलाक़ात के बारे में राज्यवर्धन बहुत ख़ुश होकर बताते हैं—

'मुझे उस समय भी लगा था कि नीतीश जी की जीत सनातन काल से चली आ रही सचाई की जीत ही थी। उनकी व्यक्तिगत सुरक्षा के लिए व्यवस्था करना मेरी ज़िम्मेवारी थी। मैंने उन्हें चिट्ठी लिखकर इस प्रावधान के बारे में बताते हुए उनसे उनकी पसन्द के सम्भावित लोगों की लिस्ट माँगी जिसका कोई जवाब तक नहीं आया। हारकर मैंने स्मार पत्र भेजा। उसका भी जवाब नदारद! मुझे लगा कि कहीं नीतीश जी भी, जिनकी मैं हृदय से प्रतिष्ठा करता था, स्थानीय नेताओं की भाँति बदल न गए हों! इस दरम्यान एक बार नीतीश जी से मेरी मुलाक़ात हुई। मैं आशंकित था कि अब शातिर अपराधियों की नई लिस्ट मुझे दी जाएगी और उन्हें 'अपना आदमी' मानकर उनकी ओर से आँखें मूँद लेने को कहा जाएगा। लेकिन मेरी तब तक की पुलिसिया ज़िन्दगी में पहली बार मेरा पूर्वानुमान ग़लत सिद्ध करते हुए नीतीश जी ने बिना किसी लाग-लपेट के जो बात कही, वह चौंकानेवाली थी। उन्होंने तब कहा था—

'एसपी साहब, मैं आपसे किसी भी अपराधी की पैरवी कभी नहीं करनेवाला। उन लोगों से कितनी कड़ाई से पेश आना चाहिए, यह आप बख़ूबी जानते हैं। मेरा कोई अपना आदमी नहीं है लेकिन मैं सबका हूँ। मैं आपके काम में दख़ल दूँगा ही नहीं, हाँ, अगर मुझे कोई निरपराध लगा तो उसकी बाबत आपको बता ज़रूर दूँगा। पर भरोसा रखिए कि इन हालात में आख़िरी फ़ैसला आपका ही होगा और वह मुझे हमेशा मंजूर होगा।'

ताज्जुब है कि मैं जब तक वहाँ एसपी रहा, नीतीश जी का एक बार फ़ोन तक नहीं आया! बाद में नीतीश जी को मैंने अपनी पसन्द का पीएसओ रखने के बारे में स्मरण कराया। नीतीश जी बोले—

'मैं आपकी ज़िम्मेदारी समझते हुए आपकी चिन्ता की क़द्र करता हूँ। मेरी मुश्किल यह है कि मेरे पास कोई अपनी सवारी है ही नहीं। मुझे या तो किसी की मोटरसाइकिल के पीछे या फिर भीड़-भरी बस में चलना होता है। मोटरसाइकिल में तीसरे सवार की गुंजाइश ही नहीं होती और बस का आलम यह रहता है कि मेरी सुरक्षा की छोड़ दीजिए, वहाँ तो आपके सिक्योरिटी वाले की रक्षा भी मुझे ही करनी पड़ेगी! मेरा पैत्रिक निवास भी इतना बड़ा नहीं कि मैं उसमें बाहर के किसी आदमी को रख सकूँ। फिर मुझे अपनी सुरक्षा के लिए कोई ख़तरा भी नहीं दिखता। इसलिए आप इस विषय पर आगे चिन्ता न करें।

शर्मा जी ने बताया, जब तक वे एमएलए रहे, बिना किसी सुरक्षा व्यवस्था के निःशंक घूमते रहे।'

बात तो नीतीश के कॉलेज के दिनों की चल रही थी जो अचानक किसी मोड़ पर भटक गई थी इसे वापस पटरी पर लाते हैं। छात्रों के किसी भी गम्भीर आन्दोलन में उसकी राय काफ़ी अहमियत रखने लगी थी। यह तो था 1972 में पटने का परिदृश्य, लेकिन बख़्तियारपुर में परिस्थितियाँ बदल गई थीं। वैसे तो 1969 के मध्यावधि चुनाव में भी नीतीश ने बख़्तियारपुर जाकर संसोपा के उम्मीदवार, राम लखन राय के पक्ष में, पार्टी के समर्पित कार्यकर्ता की तरह, प्रचार किया था। राय का चुनावी कार्यालय नीतीश के घर के ठीक सामने था। उस वर्ष नीतीश ने चुनावी राजनीति को पहली बार इतने निकट से देखा। दुर्भाग्य से राय पराजित हो गए। 1972 के विधानसभा के आम चुनाव में भोला प्रसाद सिंह बख़्तियारपुर विधानसभा क्षेत्र से ही संसोपा के प्रत्याशी हुए। नीतीश संसोपा के समर्पित कार्यकर्ता की हैसियत से फिर बख़्तियारपुर में पार्टी का डंडा झोला उठाकर प्रचार में लग गया। भोला बाबूजीत भी गए। उन दिनों बख़्तियारपुर के घर में थोड़ा अधिक समय तक निश्चिन्त होकर रह पाने के कारण नीतीश का सामना जीवन के बेहद कड़वे सच से हुआ। बाबूजी का गिरता स्वास्थ्य और साथ-साथ उनकी घटती आय, घर के बढ़ते ख़र्च आदि कई बार प्रश्नचिह्न बनकर नीतीश के आगे खड़े हो गए। ये सवाल उसे लगातार उद्वेलित करने लगे। वैसे तो बाबूजी उसकी पढ़ाई का ख़र्च पूर्ववत उठा ही रहे थे लेकिन उसके लिए उन्हें जो अतिरिक्त श्रम करना पड़ रहा था उससे बहुत व्यथित होकर नीतीश पटना लौट आया।

अपने पैरों पर खड़े होने की चाह

घर की बिगड़ती हालत देखकर लौटे चिन्तित नीतीश के मन में अपने पैरों पर शीघ्रातिशीघ्र खड़े होने की बलवती इच्छा ज़ोर मार रही थी इसलिए वह पास करते ही कोई भी नौकरी करने की सोचने लगा। उन्हीं दिनों, अफ़सरों का चयन करने के लिए,.भारतीय नौसेना की टीम उसके कॉलेज में आई। अरुण और

नीतीश के रुड़की जाकर फ़ाइनल इंटरव्यू में असफल होने की कहानी हमें अरुण बता चुका है। अब देखते हैं कि रुड़की में क्या हुआ जिससे नीतीश का चयन नहीं हो पाया। नीतीश ख़ुद बताता है—

‘अरे साहब, मैं तो हर काम पूरे मन से करना चाहता था वहाँ। जो भी करने को कहा जाता था, वह पूरे मनोयोग से कर रहा था। और सब तो ठीक-ठाक हो गया, पर एक परीक्षा थी जिसमें दो खम्भों के बीच मोटा रस्सा बँधा था जिसके दोनों सिरे ज़मीन तक लटके हुए थे। हमें नीचे लटक रहे रस्से को हाथों और पैरों के सहारे पकड़कर ऊपर चढ़ना, खम्भों के बीच की दूरी पार करना और दूसरी ओर उसी रस्से के सहारे उतरना था। मैं आसानी से ऊपर तक चढ़ गया। चारों हाथ-पाँव के सहारे झूलते हुए जैसे-तैसे खम्भों के बीच की दूरी पार भी कर गया पर नीचे उतरते समय, हड़बड़ाहट में पाँवों का सहारा लेना भूलकर सिर्फ़ हाथों के सहारे रस्से से सरक गया जिससे मेरी हथेलियाँ लहूलुहान हो गईं। मैं उसके बाद के कुछ टास्क पूरा करने की हालत में ही नहीं रहा। जैसे-तैसे शारीरिक परीक्षा का दौर समाप्त हुआ।’

इसी सिलसिले में राज़ की एक बात हमें सतीश जी ने, नीतीश से हुई इस बातचीत से बहुत पहले ही बताई थी। उन्होंने कहा था कि नितान्त कोमल और सुकुमार दिखनेवाले नीतीश शारीरिक परीक्षाओं के बाद जब साक्षात्कार के लिए अन्दर गए तो छूटते ही उस बोर्ड के चेयरमैन ने इनसे कहा—

‘नौजवान, वैसे तो तुम सब तरह से सही दिखते हो पर हो पक्के नेता! फ़ौज की नौकरी कैसे करोगे?’

नीतीश तुर्की-बतुर्की पूछ बैठे—

‘सर, आपने बिना कोई बातचीत किए ही किस आधार पर मुझे नेता करार कर दिया?’

बुज़ुर्गवार मुस्कुराकर बोले—

‘बरख़ुरदार, तुम्हारी नेतागिरी का राज़ तुम्हारी आत्मविश्वास से भरी चाल खोल रही है!’

नीतीश का चयन नहीं हुआ, लेकिन वह घर आकर भी बहुत दिनों तक आश्चर्य करता रहा कि आख़िर सिर्फ़ उसकी चाल देखकर कोई यह कैसे कह सकता है कि वह नेता है या नेता बनेगा! लगता है कि पटना आए चयनकर्ताओं ने उसके बारे में जानकारियाँ लेकर रुड़की में भेजी होंगी।

यह आसानी से समझा जा सकता है कि नीतीश कुछ वैसी ही अदा से इंटरव्यू के लिए घुसा होगा जैसे रावण के दरबार में अंगद घुसे थे।

गयउ सभा दरबार तब, सुमिरि राम पद कंज।
सिंह ठवनि इत उत चितव, धीर बीर बलपुंज।

नीतीश की चाल में अकड़ तो नहीं होती, मगर वह आज भी बड़ी कड़क चाल से चलता है। आत्मविश्वास भरे तेज़ क़दमों से, हर डग स्थिरता से जमाते हुए। उसके शरीर की भाषा बिना कुछ कहते हुए भी सामनेवाले को सावधान-सी करती हुई बहुत कुछ कह देती है।

ख़ैर, 'हरि अनन्त, हरि कथा अनन्ता' मान का यह प्रकरण हम यहीं समाप्त करना चाहते थे, पर हम चचा बुक़रात के चरखे पर चढ़ गए। नीतीश ठहरा चचा की आँखों का तारा! चचा भी अपनी कहानी सुनाने को लटक गया। स्कूल के दिनों से ही चचा बुक़रात क्लास में खड़ा होकर इतने सवाल करता था कि उसके स्कूल टीचर, हसन इमाम सर, उसे बुक़रात कहकर पुकारने लगे। चचा बड़े मज़े में कहता है कि जब वह इंजीनियरिंग कॉलेज में घुसा तो मासूम बच्चा था और बाहर निकला तो खिटखिटिया बूढ़ा हो चुका था। बदज़ुबान ऐसा कि पीठ पीछे वह रिश्तेदारों और दोस्तों में दुर्वासा कहलाता है। जब वह दिल्ली में नौकरी कर रहा था तब एक बार सरकार ने उसे एक बहुत बड़े काम में डेपुटेशन पर जोत दिया। नौकरी शुरू करते ही उसने कुछ सनसनीख़ेज़ फ़ाइलों पर हाथ धरे और जुमे (शुक्रवार) को उन्हें आगे बढ़ाकर घर आ गया। जब चचा ने शनिवार और इतवार को घर में बैठकर इत्मीनान से अपनी मूँछों को ताव देना शुरू कर दिया, तब चची का माथा ज़ोरों से ठनका। उनके हिसाब से जब तक चचा बदहवास रहते हैं, तभी तक घर में अमन-चैन रहता है क्योंकि उस समय चचा का ख़ुराफ़ाती दिमाग़ कहीं और मसरूफ़ रहता है! दफ़्तर की शान्ति में आग लगाकर, अपनी सफलता पर इतराते हुए, शाम को पैदल घर लौट रहे चचा को कुछ बदमाशों ने पकड़कर उनके बदन पर रामपुरी चक्कुओं से अच्छी नक़्क़ाशी कर दी और उसे मरा समझकर सड़क पर छोड़ गए। चचा की इस दुर्गति की वजह दरअसल, उसकी हर फटे में टाँग अड़ाने और हर चोर को पकड़कर उसे सबके सामने ज़लील करने की फ़ितरत थी! चचा के ठीक होते ही पुराने ख़लीफ़ाओं के पाजामों में मधुमक्खियाँ घुसकर डंक मारने लगीं। बौखलाकर इन लोगों ने चचा के ख़िलाफ़ दुनिया-भर की जाँच शुरू करवा दी। इनमें सबसे बड़ी थी कम्यूनिस्ट पार्टी के नेता सोमनाथ चटर्जी की अध्यक्षता वाली संसदीय समिति की जाँच। वहाँ से ऊटपटाँग सवालों का कभी न ख़त्म होनेवाला सिलसिला शुरू हो गया। आगे की कहानी सुनने हम चचा के पास बैठ गए। वह बोला—

'अमाँ, मैं रोज़-रोज़ की ज़िल्लत से थक गया था। मेरी ज़िन्दगी का चरख़ा बना डाला था मरदूदों ने। विजिलेंस वाले, सीवीसी वाले, सीबीआई वाले और न जाने कहाँ-कहाँ वाले लोग, जब देखो तब, मुझसे रिश्तेदारी निभाने चले ही आते रहते थे! ग़रीब की ज़ोरू था, सो सबकी भौजाई बन गया। वैसे तो लंका

में सबसे छोटा भी बावन हाथ का था पर सबसे ख़तरनाक ख़त सोमनाथ दादा के दफ़्तर वाले भेजते थे। दफ़्तर में सारे काम ठप्प हो गए। उन्हीं दिनों एक बार किसी वॉलंटियर ऑर्गनाइज़ेशन के लिए रेलवे के वैगन मुहैया कराने की मदद माँगने के लिए हम नीतीश के पास गए। उस वक़्त शाम के क़रीब पाँच बज रहे थे। पता नहीं मेरी सूरते-हराम पर उसने क्या पढ़ा कि सारा काम झटपट निबटाकर वह हमें अपने घर के अन्दर ले गया। सादगी में वह किसी मंत्री का घर नहीं, साबरमती का गांधी आश्रम लगता था। मेरी पैनी नज़रों ने तुरन्त फ़ैसला कर दिया कि उससे ज़्यादा नक़्शे से तो हम अपने दरबे में अपनी दिलरुबा मुर्ग़ी और चूज़ों समेत रहते थे! ख़ैर साहब, जैसे ही उसने हमदर्दी से हमारा हाथ अपने नरम हाथों में थामा, हम अपने जज़्बात पर क़ाबू न पा सके। कमबख़्त वह भी सेंटीमेंटल हो गया। मेरी नस-नस से वाक़िफ़ नीतीश को मेरा मामला समझने में देर नहीं लगी। उसने अपना मुहब्बत से लबरेज़ हाथ मेरी पीठ पर जैसे ही रखा, मुझे उसी वक़्त करार आ गया। वह मेरे दोस्त का हाथ हरगिज़ नहीं था, उस लम्हे में कोई फ़रिश्ता मुझे छू रहा था! मेरे चारों ओर एक सेफ़्टी रिंग डाल रहा था वह। जैसे पानी में डूबने से बचने के लिए एक हवा भरी ट्यूब होती है न, क़रीब-क़रीब वही! मुझे वैसे ही पकड़े हुए वह उस कमरे के बाहर वाले बरामदे पर छोड़ गया। हमारे ठीक पीछे ही एक नौजवान दौड़ता हुआ आया। चाकू वाले हादसे के बाद हमारे आसपास अगर चींटी भी दौड़ती थी तो हम ख़ौफ़ज़दा हो जाते थे और यहाँ तो लम्बा-चौड़ा जवान ही दौड़ा चला आ रहा था! हम भागना चाहते थे और वह हमें निकलने से रोकने पर आमादा था। उसने मुझे पीछे से दबोचते हुए कहा कि हम तुरन्त सोमनाथ चटर्जी साहब के घर पर जाकर उनसे मिल लें, मंत्री जी ने उनसे कोई बात कही है। हमारी जेब में तब चिल्लर मिलाकर कुल जमा साढ़े 3 रुपये थे जिनसे हम सरकारी बस पकड़कर या तो दादा के घर जा सकते थे या फिर अपने घर तक वापस! बहुत हिचकिचाते हुए उस नौजवान ने हमें एक काग़ज़ का टुकड़ा पकड़ाया, उस पर दादा के घर का पता लिखा था। पर वह था पचास रुपये का नोट! उसने डरते-डरते हमसे कहा कि साहब ने ऑटो से जाने को कहा है, बाद में पैसे उन्हें ही वापस कर दीजिएगा। एकाएक हमें लगा कि मेहरबान ख़ुदा ने मुझे देने के लिए छप्पर सहित कितना कुछ फाड़ दिया! हुआ यूँ कि हम ख़ुशी के मारे यह भी न देख सके कि बोगनवेलिया की झाड़ी में हमारी कमीज़ अटककर चर्रऽऽऽ हो गई है और वह कन्धा भी छिल गया है जिस पर हम अपनी ईमानदारी का बोझ उठाए फिरते थे!

बहरहाल, दादा ने अपने घर में बहुत इज़्ज़त बख़्शी, अपनी शरीक़े हयात (जीवनसंगिनी) को बुलाकर यों तआरुफ़ (परिचय) कराया जैसे हम हम न हों, नीतीश के क्लोन हों। फिर हमसे बड़े प्यार से दादा बोले—

‘आपको नितिस बाबू कैसे जानता हाय?’

हम पहले ही उनके सरकारी सवालात के बोझ से मरे-पिटे थे इसलिए हमने बहुत झुँझलाते हुए किलसकर कहा—

‘बेचारे से ग़लती हो गई।’

थोड़ी देर तक चुप रहने के बाद गहरी साँस लेकर दादा बोले—

‘आपका बारे में नितिस बाबू जो बोला, मेरा नज़र में आप उसका क़ाबिल नहीं है। हमारा पार्लियामेंट का ओ शुधु मोश्ट ऑनेस्ट और एफ़िशियेंट मिनिस्टर हाय। नितिस बाबू बिना समझे कभी कुछ नहीं बोलता है। ओ तो बोला जे हम तो अपना काम में कभी ग़लती कर सकता है, लेकिन जिसको आपके पास भेजा हूँ ओ सच्चा मानूस है। मेरे को तो आप ठीक आदमी नहीं लगा, आप उसका दोस्ती समझता ही नहीं हाय। फिन भी बताओ, आपका हम क्या मदद कर सकता हूँ?’

इतना कहकर वे चुप हो गए। यह ख़ामोशी मेरे लिए मौत से भी बदतर थी। इससे तो अच्छा होता कि वे हमें वहीं दो-चार चाँटे रसीद कर देते। आख़िरकार भरे गले से हमने कहा कि आपके यहाँ से बेबुनियाद इल्ज़ामात वाली धमकी भरी चिट्ठियाँ आती हैं। अब आपकी इन्क्वायरियों के डर से वहाँ हर ईमानदार आदमी कोई भी काम करने को राज़ी ही नहीं होता। दादा ने कोई भी चिट्ठी दिखाने को कहा। हम तो किसी तैयारी से गए नहीं थे, इसलिए दाँत निपोरकर रह गए। दादा ने अगले दिन सब काग़ज़ात लेकर संसद भवन के अपने दफ़्तर में हाज़िर होने को कहा। यह तो नई मुसीबत हो गई, आए थे रोज़ा बख़्शवाने, नमाज़ गले पड़ी! मेरी ख़ुशनसीबी से अगले दिन दादा ने हमारे पहुँचने से पहले ही सारा मामला बख़ूबी समझ लिया था। इस बार उन्होंने हमसे अंग्रेज़ी में सारी बातें कीं जिससे हम फ़ौरन समझ गए कि वे बेहद नाराज़ थे, और हम सहम भी गए। उन्हें अपने दफ़्तर के बाबुओं और मेरे दफ़्तर के डाकुओं की मिलीभगत से मेरे ख़िलाफ़ हुई साज़िश का सही अन्दाज़ लग गया था। दादा ने बाक़ायदा पूरी जाँच करवाई और सारे गुनहगारों को सख़्त सज़ मिली। हमारे सब्र और दुख के दिन दूर हो गए। अगली बार जब हम नीतीश से मिले और उससे सारी दास्ताने-मुरव्वत (इज़्ज़त की कहानी) पूरे जोशो-ख़रोश से सुनाई तो उसने सब कुछ बड़ी बेदिली से सुन लिया। फिर अपने कोट के बटन बन्द करते हुए उसने बिना कुछ बोले मुझे हड़काने के लिए अपने कन्धे कुछ ऐसे उचकाए जैसे किसी अंग्रेज़ी सिनेमा में गॉडफादर जैसा किरदार, काम नहीं, किसी का काम तमाम करने के बाद उचकाता है! हम उजबक की तरह मुँह फाड़े उसे देखते ही रह गए। उसने कोई बात कही नहीं, बस मुझ पर उसी क़ातिलाना मुस्कुराहट का वार कर गया।’

जब चचा यह कहानी हमें सुना रहा था तो उसके पास ही बैठी चची ने अचानक एक लम्बी सिसकी भरी और दुपट्टे से अपनी नम आँखें पोंछकर कहने लगीं—

'हमारी ख़ुशनसीबी की इन्तहा नहीं है क्योंकि ऊपर वाले ने हमें आप सब जैसे सादिक़ बच्चे बख़्शे हैं। मेरे दामन में ख़ुशियों की नेमत आप सबकी वजह से ही है। जब आपके चचा को छुरा मारने की ख़बर मिली थी तो मैं बेहोश हो गई थी। लगा था कि शायद हम बिलकुल अकेले और बेसहारा हो गए हैं। आपके चचा ने होश में आते ही अपने बच्चों से पहले आप सबको याद किया था और नीतीश बाबू के हाज़िर होते ही ख़ुशी से रो पड़े थे। नीतीश बाबू ने एक लफ़्ज़ भी नहीं बोलते हुए भी सब कह दिया। तब मुझे लगा था कि इनकी ज़िन्दगी आप दोस्तों के बग़ैर बेमानी है।'

सुधी पाठको, सच पूछिए तो चची के आँसुओं की इन दो बूँदों ने ही हमें दो जहान की ख़ुशियों से लबरेज़ कर दिया।

सुखी और स्वस्थ रहने के नुस्खे

इस घटना के वर्षों बाद, शायद 2013 में, चची की एक सहेली, साइकोलॉजी की प्रोफ़ेसर डॉक्टर मुखर्जी ने, हमसे सुखी और स्वस्थ रहने के कुछ नुस्ख़े बताते हुए कहा था—

'मानव को जीवन में ख़ुश और स्वस्थ रहने के कारकों पर हार्वर्ड यूनिवर्सिटी में क़रीब पिछले 80 वर्षों से चल रहे शोध से कई आँखें खोलनेवाली बातें सामने आई हैं। शोध के बारे में डॉ. वॉलडिंगर बताते हैं कि ख़ुशी पाने के लिए हम जीवन भर पैसे या प्रसिद्धि के पीछे भागते हैं और जिसकी क़ीमत हम क़रीबी रिश्तों की बलि देकर चुकाते हैं। जीवन के 50 वर्ष के आसपास जो लोग मित्रों, परिवार के सदस्यों और अपने समाज से बहुत अच्छी तरह सामंजस्य बनाकर रखते और इन सम्बन्धों के कारण सबसे अधिक सन्तुष्ट रहते हैं, 80 वर्ष की आयु में वे ही लोग सबसे अधिक स्वस्थ पाए गए हैं। दूसरे लोगों से प्रगाढ़ रिश्ते ही हम सबको जीवन भर ख़ुश रखते हैं। आत्मीय सम्बन्ध लोगों को जीवन में असन्तोष से बचाते हैं। यह पूरी तरह हम पर निर्भर करता है कि हम अपने दोस्तों, परिवार के सदस्यों और समाज के साथ कैसे सम्बन्ध बनाते हैं और उन्हें कैसे निभाते हैं! आप सबकी दोस्ती आदर्श की कसौटी पर हर तरह से खरी उतरती है।

दाम्पत्य जीवन की शुरुआत

मथत मथत माखन रहै, दही मही बिलगाय।
रहिमन सोई मीत है, भीर परे ठहराय॥

फ़ोर्थ ईयर में भारतीय नौसेना में नौकरी नहीं मिलना नीतीश के लिए थोड़ी बुरी लगने वाली बात थी। बुरा तो बस इतना हुआ कि जीवन की नैया को आगे बढ़ाने के लिए फिर से हाथ-पैर मारते रहने की नौबत बनी रही पर बहुत अच्छा यह हुआ कि कम से कम अगले एक साल तक, यानी छूटे हुए सभी विषयों में उत्तीर्ण होकर इंजीनियर बन जाने तक, नौकरी तलाशने की ज़हमत उठाने से फ़ुरसत मिल गई। नतीजतन, नीतीश सारा वक़्त पढ़ाई से इतर, राजनीति आदि ऐसे कामों को अंजाम देने में प्राणपण से जुट गया।

सिंगल रूम की तलाश

पटना यूनिवर्सिटी की राजनीति में नीतीश का क़द धीरे-धीरे बढ़ने लगा। उससे मिलने आनेवालों की संख्या लगातार बढ़ती जा रही थी। कमरे में एकान्त न मिलने के कारण नीतीश और उसके सारे मित्र कैंटीन के किसी कोने में ही बैठकर अपनी गोष्ठी लगाने लगे जिस कारण कैंटीन का मासिक बिल बकासुर के मुँह की भाँति बढ़ने लगा। नीतीश स्वयं तो सभी अत्याचार सहज भाव से सह लेता, पर उसका संकट देखकर अन्तिम वर्ष आते-आते सारे रसमंजरिया शिद्दत से चाहने लगे कि नीतीश को जैसे भी हो, अकेले का कमरा मिलना ही चाहिए।

उन दिनों को याद करते हुए मीता कहता है—

'तब तक के प्राप्त अंकों के आधार पर नीतीश सहित हममें से किसी को भी अकेला कमरा मिलना असम्भव था। नीतीश के फ़ाइनल ईयर में आते ही, आवंटन के इंचार्ज, प्रोफ़ेसर एस.पी. सिंह साहब ने हॉस्टल के लिए आवेदन माँगे और नियमानुकूल सभी हॉस्टलों के सारे कमरे तुरन्त आवंटित कर दिए गए।

स्वाभाविक है कि सारे सिंगल कमरे मेधावी छात्रों के पल्ले में गए। आवंटन होते ही सारे बुद्धिवीर अपने नए कमरों में जाकर पढ़ने की व्यवस्था में लग गए। जब हॉस्टल का सारा शोर ठंडा पड़ा और गहमागहमी शान्त हो गई, प्रोफ़ेसर सिंह ने घोषित किया कि एक हॉस्टल में किसी ग़फ़लत के कारण, सिंगल कमरा नम्बर 239 आवंटित होने से रह गया है, इसलिए अब जो भी छात्र इच्छुक हों वे आवेदन कर सकते हैं। तब तक सारे धुरन्धर विद्यार्थी अपने-अपने कमरों में स्थापित होकर पढ़ाई-लिखाई में लग चुके थे। मात्र एक साल से भी कम समय की बात रह गई थी, जिसके लिए सारा खुल गया ताम-झाम समेटकर फिर से नए कमरे में नई गृहस्थी बसाने का दमख़म किसी में भी शेष नहीं रह गया था। उस कमरे का एकमात्र प्रत्याशी बचा था हमारा नीतीश तो समझ लीजिए कि नदी-नाव संयोग हो गया।'

प्रोफ़ेसर एस.पी. सिंह कॉलेज के उन चन्द जौहरियों में थे जिन्हें नीतीश की सीमाओं और सम्भावनाओं की बड़ी अच्छी परख थी। नीतीश को मदद करने की उनकी बलवती इच्छा मात्र स्नेह और प्रेम तक सीमित नहीं थी। वे सामाजिक समस्याओं की उसकी गहरी जानकारी और व्यक्तिगत ईमानदारी की बेहद क़द्र करते थे। नीतीश की मानें तो फ़ाइनल ईयर में उसे अकेले का मिल सका तो बस प्रोफ़ेसर सिंह की कृपा और नीतीश के भाग्य से। प्रोफ़ेसर साहब नियमों के पाबन्द, कर्मठ और ईमानदार थे। यह सब याद करते हुए शरारत-भरी हँसी तीन जोड़ी आँखों में सवेरे के सूरज की किरणें बनकर जगमगाती हुई ठहर जाती हैं। जगमगाती आँखों वाली इसी शैतानी तिकड़ी से हमने फ़ोर्थ ईयर में पढ़ रहे नीतीश की कॉलेज के दिनों की दो अविस्मरणीय यात्राओं के बारे में जाना है।

यायावरी ने कितना कुछ सिखाया

कौशल ने पहली यात्रा के बारे में कुछ दिलचस्प बातें बताई हैं—

'जहाँ तक मुझे याद है कि हम फ़ोर्थ ईयर की एजूकेशनल ट्रिप में दिल्ली से आगरा होते हुए जयपुर गए थे। उन दिनों भारतीय सिनेमा के रुपहले पर्दे पर हिन्दी के पहले सुपर स्टार राजेश खन्ना के गुरु कुर्ता का बोलबाला था। नीतीश के पास भी वैसा एक कुर्ता था। नीतीश ने वही गुरु कुर्ता पहन, ताजमहल के सामने खड़े होकर, बड़े शौक़ से अपनी तसवीर उतरवाई। आगरा से हम सभी फ़तेहपुर सीकरी पहुँच गए। वहाँ अन्दर जाकर देखा कि संगमरमरी आँगन में बैठे कुछ साजिन्दे और कव्वाल मिलकर अमीर खुसरो का कलाम डूबकर गा रहे थे। उस निनाद में ऐसी कशिश थी कि हम सब मंत्र मुग्ध हो गए और उनके चारों ओर गोल बनाकर वहीं बैठ गए। सूफ़ी कलाम सुनने का वह ग़ज़ब का अनुभव अविस्मरणीय है। फिर हम सब सलीम चिश्ती साहब की मज़ार पर सज़दा करने

गए। अरुण और नीतीश की जोड़ी भी मज़ार पर सजदा करने पहुँची। अरुण ने झूठी शान में आकर वहीं पर एक सिगरेट सुलगा ली। इसे देखकर मज़ार के मुजावर (सेवादार) ने दोनों को बहुत लताड़ा। मुझे लगा कि अरुण की देखा-देखी नीतीश ने भी शायद सिगरेट के एकाध कश लगा लिए होंगे। मेरे पूछने पर नीतीश ने ऐसा कुछ भी करने से बिलकुल इनकार कर दिया। वह ऐसी बातों में कभी झूठ नहीं बोला करता है इसलिए बात आई-गई होकर रह गई। हम सब आगरा से जयपुर पहुँच गए। वहाँ भी बड़ी मौज़ मस्ती रही। जयपुर से दिल्ली लौटने के लिए रात की एक पैसेंजर ट्रेन थी। वैसे तो पूरी ट्रेन में बस जनरल कम्पार्टमेंट्स ही थे लेकिन उसमें से एक को हमने हथियाकर उस बोगी के ऊपर मोटे-मोटे अक्षरों में लिख दिया रिज़र्व्ड। उसे अन्दर से बन्द करके हम सब रात-भर के लिए निश्चिन्त हो गए। जहाँ तक मुझे याद है अरुण, नीतीश और हॉस्टल में नीतीश का पुराना रूममेट अशोक, बोगी के एकदम अन्तिम छोर पर एक साथ ही थे जहाँ बोगी में आने-जाने के दरवाज़े और टॉयलेट्स होते हैं। देर रात गए ट्रेन किसी अनजानी जगह पर ट्रेन रुकी। हमारे ही डिब्बे के सामने अन्दर आने के लिए एक बूढ़ी औरत और उसके साथ के लड़के ने बहुत चिरौरी की। उनकी प्रार्थना पर तरस खाकर अरुण या अशोक ने उन्हें अन्दर बुलाकर अपने आसपास ही जगह दे दी। सुबह हमारी नींद तब खुली जब नीतीश ने हम सबों को शोर मचाते हुए जगाया। उसके चमड़े के बैग का ऊपर वाला हिस्सा कटा हुआ था और उसके सारे कपड़े ग़ायब थे। हम सब थककर बेसुध पड़े सोये हुए थे इसलिए किसी को पता भी न चला कि यह कब हो गया। नीतीश के कपड़े तो सारे ग़ायब हो गए थे पर उसके पैसे अलबत्ता बच गए थे जो उसने अपने बैग में सबसे नीचे बिछे अख़बार की तह के अन्दर में रखे थे। कहना न होगा कि अरुण या अशोक की दरियादिली के दोनों लाभार्थी तब तक ग़ायब हो चुके थे! नीतीश की दुर्दशा पर अरुण ज़ोर से हँसने लगा लेकिन उसकी यह हँसी क्षणभंगुर ही साबित हुई। हँसते-हँसते बेदम होकर जब अरुण ने अपना बैग देखा तो उसकी फूँक ही सरक गई क्योंकि उसका बैग भी वैसे ही कटा हुआ था! अरुण का नुक़सान नीतीश से भी ज़्यादा बड़ा था क्योंकि कपड़े समेत उसके सब पैसे भी ग़ायब हो चुके थे! तब तक गाड़ी दिल्ली पहुँच चुकी थी। उस सुबह दिल्ली में नीतीश को अपने दोस्त सन्तोष टेकरीवाल के कपड़े उधार लेकर पहनने पड़े थे। सन्तोष वैसे तो मधेपुरा के बहुत धनी परिवार का चिराग़ था लेकिन पैसों का घमंड उसे छू तक नहीं गया था। वह था भी बहुत नेक और दिलदार दोस्त फिर उसके पास सफ़र में भी ज़रूरत से ज़्यादा कपड़े थे। ख़ैर, दिन निकलने के बाद नीतीश और अरुण ने कनॉट प्लेस की खादी के शोरूम से कुछ कपड़े ख़रीदे। ग़नीमत रही कि मित्रों की आर्थिक सहायता से हमारी वापसी की यात्रा निर्विघ्न सम्पन्न हो गई।'

इस दुखदायी सामूहिक यात्रा के बाद दूसरी यात्रा का क़िस्सा नीतीश से ही सुनिए—

'यह घटना 1972 की है जब हम सामूहिक यात्रा के लिए बम्बई सहित महाराष्ट्र के कुछ इलाक़ों में जानेवाले थे। पिछले कॉलेज ट्रिप को मैं दुर्घटना मानता था। ट्रेन में मेरे और अरुण के बैग काटकर कपड़े और पैसे चुरा लिये जाने के बाद मैं बम्बई की सामूहिक यात्रा के बारे में बड़ा सशंकित था। लेकिन जब कौशल ने आश्वस्त किया कि इस बार यात्रा जनरल नहीं रिज़र्व्ड बोगी में होगी तब मेरा मन थोड़ा निश्चिन्त हुआ। मेरे लिए बम्बई में सिर्फ़ दो व्यक्ति ही आकर्षण के केन्द्र थे। पहले व्यक्ति थे हमारे आदर्श, समाजवादी नेता और कई मायनों में मेरे राजनीतिक गुरु, श्रद्धेय जॉर्ज फ़र्नांडिस साहब। दूसरी महान हस्ती थी आज के बोधिसत्व स्वामी आनन्द अरुण और तब के नेपाली छात्र अरुण कुमार सिंह के गुरु, आचार्य रजनीश, जो तब तक भगवान रजनीश कहे जाने लगे थे। मैं दोनों से विभिन्न कारणों से मिलने को बहुत उत्सुक था। बम्बई पहुँचकर पहली बार मैंने सड़कों को पार करने के लिए चौराहों पर बनी ज़ेब्रा क्रासिंग्स को नज़दीक से देखा और जाना। कौशल बहुत चुस्त-दुरुस्त तो था ही साथ ही सिविल इंजीनियरिंग का विद्यार्थी होने की वजह से ट्रैफ़िक कंट्रोल वग़ैरह के बारे में हम सबके आगे वह अपना ज्ञान बघारता ही रहता था। बम्बई की अतिव्यस्त सड़कों पर चलते हुए एक दिन उसने बड़े इत्मीनान से कहा कि यदि कोई व्यक्ति पैदल ही ज़ेब्रा क्रासिंग से सड़क पार कर रहा हो तो दोनों तरफ़ की गाड़ियों को रुककर उसे पार जाने देना ही होगा। यही नियम है जिसे कोई तोड़ नहीं सकता। सिद्धान्ततः वह बिलकुल सही था पर शायद उसे ट्रैफ़िक लाइटों के बारे में पता नहीं था कि ज़ेब्रा क्रासिंग पार करने के लिए उसके सिग्नल का हरा होना भी बहुत ज़रूरी था। हम पर अपने इस ज्ञान का रौब झाड़ने के चक्कर में कौशल ज़ेब्रा क्रासिंग पर अकड़कर चलने लगा। लेकिन कौशल के इस ज्ञान की क़द्र बम्बई वालों में बिलकुल नहीं दिखी। इसलिए तेज़ रफ़्तार से आती-जाती गाड़ियों के बीच क़रीब-क़रीब बीच सड़क पर फँसे भयभीत कौशल को देखकर मैं बेचैन हो गया। मुझे भय होने लगा कि अब कोई न कोई तेज़ गाड़ी उसे झन्नाटे से धक्का देकर रौंदती हुई निकल जाएगी। कौशल को कुछ ऐसा-वैसा हो जाए यह मैं सपने में भी नहीं सोच सकता था। तभी सर्कस के कुशल ट्रैपीज के कलाकार की तरह कौशल ने हवा में छलाँग लगाई और सड़क के दूसरी ओर कलाबाज़ी खाकर धराशायी हो गया। सच में वह बाल-बाल बचा। पर उसके तब के इस लोमहर्षक अनुभव का लाभ मैं राज्य की ट्रैफ़िक व्यवस्था को दुरुस्त करने में आज ले रहा हूँ।'

आगे की कहानी बोधिसत्व स्वामी आनन्द अरुण की किताब 'इन वंडर विद् ओशो' से पढ़ते हैं। स्वामी जी ने अंग्रेज़ी में लिखा है—

'उन दिनों नीतीश जी कहा करते थे कि बम्बई में भेंट करने के योग्य बस दो ही व्यक्ति हैं, आचार्य रजनीश और जॉर्ज फ़र्नांडिस! इसलिए उसी बम्बइया ट्रिप में मैं नीतीश जी के साथ पंढ़र रोड पर स्थित वुडलैंड्स अपार्टमेंट्स में रह रहे भगवान रजनीश से मिलने चला गया। पहले तो मुझे बिना किसी पूर्वसूचना के भगवान के शयनकक्ष तक जाने की अनुमति थी लेकिन हमने पाया कि अब भगवान से मुलाक़ात की पूरी व्यवस्था ही बदल गई थी। बहुत ज़ोर लगाकर मैंने माँ योग लक्ष्मी के हाथों अपनी और नीतीश जी की व्यक्तिगत मुलाक़ात की प्रार्थना करते हुए एक पुर्ज़ा भगवान के पास भिजवाया। मुझे उत्तर मिला कि यदि मैं अकेला उनसे मिलना चाहता हूँ तो मैं अगली सुबह आऊँ लेकिन यदि मुझे अपने मित्र को भी साथ लाना है तो मैं अगली शाम में आऊँ। यह सन्देश पाकर मुझे बड़ा झटका लगा क्योंकि मुझे पूरी उम्मीद थी कि मेरी चिट्ठी पढ़कर ही भगवान् मुझे तुरन्त बुला लेंगे। यह सब बेकार के तामझाम और लटके-झटके देखकर नीतीश जी पहले ही बहुत निराश हो चुके थे। उन्होंने मेरे साथ दोबारा वहाँ आने से इनकार करते हुए जॉर्ज फ़र्नांडिस साहब से मिलने का मन बना लिया। इसमें कोई ताज्जुब की बात नहीं कि उस शाम में ही हम दोनों के भविष्य की राहें तय हो गईं। मेरा जीवन भगवान के चरणों में समर्पित हो गया और नीतीश जी के क़दम भारत के अत्यन्त महत्त्वपूर्ण राजनेताओं में एक बनने की डगर पर बढ़ गए। लेकिन अपने दिल में आज भी नीतीश जी योगी ही हैं।

2016 में नीतीश जी नेपाल कांग्रेस की राष्ट्रीय बैठक में आमंत्रित थे। हमारी आख़िरी मुलाक़ात चालीस वर्षों से भी ज़्यादा पहले ही हुई थी। लेकिन उस दिन मैं अपने इस प्यारे दोस्त को देखने के लिए इतना उत्सुक था कि मैं बिना बुलाए हुए ही हवाई अड्डे पर पहुँच गया। मन में संशय तो था ही कि पता नहीं इतने वर्षों के बाद नीतीश जी मुझे पहचानेंगे भी या नहीं। लेकिन जैसे ही वे जहाज़ से बाहर निकले और मुझ पर नज़र पड़ी, उनके चेहरे पर एक मुस्कान कौंध गई और छूटते ही उनके मुँह से बेसाख़्ता मेरा नाम निकला, अरुण! आप मेरी ख़ुशी का अन्दाज़ लगा सकते होंगे। उन्होंने मुझे अपनी बाँहों में भर लिया। नेपाल सरकार ने उनके ठहरने की व्यवस्था काठमांडू के बड़े महँगे होटल के रॉयल स्यूट में की थी लेकिन उन्होंने वहाँ रुकने से इनकार करते हुए यह कहा कि उन्हें मेरे आश्रम में समय बिताकर अधिक ख़ुशी मिलेगी। इस पर सुरक्षा कर्मियों ने आपत्तियाँ ज़ाहिर कीं। उन्होंने कहा कि आश्रम जंगल में होने के कारण असुरक्षित था। नीतीश जी ने उत्तर दिया कि नेपाल में मेरा कोई शत्रु नहीं, केवल मित्र ही हैं। और अगर मेरी हत्या हो ही गई तो मरने के लिए आश्रम से बढ़िया और कौन सी जगह होगी?'

वैसे तो मृत्यु ही एकमात्र शाश्वत सत्य है लेकिन आनन्द अरुण स्वामी के तपोवन का ज़र्रा-ज़र्रा सिर्फ़ जीवन का गीत, आस्था और विश्वास का संगीत और प्रेम का नृत्य सिखाता है। वहाँ सिर्फ़ भय, अविश्वास और अनास्था की मृत्यु हो सकती है। पता नहीं नीतीश ने वहाँ मरने की बात कैसे कही!

कवि नीतीश

स्वामी जी की यह बात कि—

'इसमें कोई ताज्जुब की बात नहीं कि उस शाम में ही हम दोनों के भविष्य की राहें तय हो गईं', कितनी सही है इसका बिलकुल सही अन्दाज़ आप भी नीतीश और स्वामी जी की इन कविताओं से लगा सकते हैं जो उन्होंने बम्बई से वापस आकर लिखी थीं। सबसे पहले नीतीश की दो कविताएँ देखिए :

बुद्धिजीवी

नीयत साफ़
नहीं उनकी
जो अपने को पढ़ने-लिखने
वाला समझते हैं
क्योंकि व्यवस्था के भागीदार हैं।
उन्हें डर है कि बदलाव के
बाद जो एक
नई व्यवस्था
शोषण और अन्याय-मुक्त
जन्मेगी
उसमें शायद उनका यह
दोहरा आचरण
बेपर्द हो जाएगा
उनकी लफ़्फ़ाज़ी साफ़ हो जाएगी
और वे अपने बुद्धिजीवी होने की
धौंस नहीं जमा पाएँगे
अगर यह झूठ है
तो आगे आओ
एक आदमी की सत्ता के
अन्दर उभरते हुए

विरोध और आक्रोश
की छटपटाती लहर को
दिशा दो।

समाजवाद के रंग में पूरी तरह सराबोर यह कविता नीतीश के मन में मचल रहे विरोध और आक्रोश की छटपटाती लहर को दिशा देने के लिए आह्वान है। यह ललकार है सिर्फ़ एक आदमी की मुट्ठी में क़ैद सत्ता को मुक्त कराने की। जो नाराज़गी और तड़प लोहिया या जॉर्ज फ़र्नांडिस की आवाज़ों से निकली थी, ठीक वही स्वर अब नीतीश के कंठ से भी फूट रहा था!

नीतीश की दूसरी कविता का कुछ अटपटा-सा शीर्षक है, 'बिना शीर्षक के'। जी हाँ, आप भी इस बारूद भरी कविता का आनन्द लीजिए।

बिना शीर्षक के

मैं रोज़ जीता हूँ
रोज़ मरता हूँ
कायर
जो ठहरा।
लाखों करोड़ों बेसहारे
बेगाने
जो व्यवस्था का विरोध
नहीं कर पा रहे
क्या कायर हैं?

नीतीश की यह बन्दूक़ किस पर दगी है, उसकी इस उलटबाँसी को आप ही समझिए क्योंकि हम जानते हैं कि नीतीश ने यह कविता अपने ऊपर तो हरगिज़ ही नहीं लिखी है!

इन कविताओं से एक बड़ी ख़ुशनुमा याद का भी बड़ा नाज़ुक-सा रिश्ता है। जिस समय नीतीश ने ये कविताएँ लिखी थीं उन दिनों उसके कॉलेज की आन्तरिक परीक्षाएँ चल रही थीं। यह बात जगज़ाहिर होने के कारण, कि नीतीश किसी परीक्षा में कभी नक़ल नहीं करता था, कॉलेज के प्रायः सभी प्रोफ़ेसर उससे बेहद प्यार करते थे। इसलिए नीतीश की कॉपी में जहाँ भी गुंजाइश होती, उसे ज़रूरत भर नम्बर ज़रूर मिल जाया करते थे। लेकिन इस बार की परीक्षा में उसने इतना ख़राब किया था कि उसे लगा कि साक्षात् माता सरस्वती भी उसे पास नहीं करा सकतीं। दुनिया से बेज़ार नीतीश ने, अपने कॉलेज के मोड़ वाली चाय-नाश्ते की दुकान पर बैठकर, ये कविताएँ घसीट मारी थीं! इन्हें लिखने के

दौरान वह कई कप गरमागरम चाय गटककर अपना गला जला चुका था। तब तक उसे ढूँढ़ता हुआ सुरेश वहाँ आ टपका। नीतीश उसे देखते ही बहुत गम्भीर हो गया। उसने सुरेश से उस वक़्त जो कहा वह तो ठीक-ठीक उसे भी अब याद नहीं। इतना याद है कि उसने सुरेश को दोनों कविताएँ दिखाकर कहा था कि ये गम्भीर कविताएँ किसने लिखी हैं यह उसे नहीं पता। उसकी जानकारी में बस सुरेश ही अकेला शख़्स है जो इन कविताओं को पढ़कर उनका मतलब समझा सकता है और शायद कवि का नाम भी बता सकता है! पहले तो सुरेश भाव खाता रहा फिर वह भी चने की झाड़ पर चढ़ ही गया! नीतीश एकदम विनई शिष्य की मुद्रा बनाकर उसके पास बैठ गया। काव्य शास्त्र का प्रकांड ज्ञानी बनकर सुरेश ने पहले दो-चार बार कविताएँ पढ़ीं और फिर बहुत गम्भीर होकर नीतीश से बोला कि ये कविताएँ निश्चित रूप से गजानन माधव मुक्तिबोध की रचना है। इस तरह की अमूर्त अभिव्यक्ति और यह भाषा विन्यास उनके अलावा किसी और के वश की बात ही नहीं। फिर वह नीतीश को घूरकर देखते हुए व्यंग्य से बोला कि ये सारगर्भित कविताएँ सबकी समझ में आ ही नहीं सकतीं। इसके बाद मज़ा तब आया जब वह नीतीश को ही उसी की कविताओं के, गूढ़ अर्थ समझाने लगा। अब तक तो नीतीश ने जैसे-तैसे अपनी हँसी रोकी हुई थी लेकिन जब किसी प्रोफ़ेशनल कथावाचक के अन्दाज़ में सुरेश हर लाइन ज़ोर-ज़ोर से पढ़कर उसकी व्याख्या करने लगा तो नीतीश से रहा नहीं गया। उसने सुरेश के हाथ से काग़ज़ छीन लिये और उसकी पीठ पर कस कर एक धौल जमाते हुए उसे सारा सच बता दिया! सुरेश पहले तो हतप्रभ रह गया लेकिन उसने हँसते हुए यह कहकर अपनी इज़्ज़त बचाई कि अगर नीतीश लिखने में ऐसी ही मेहनत करता रहा तो अगले पचास वर्षों में उसका लेखन सुरेश के आसपास पहुँच जाएगा! नीतीश ने बड़ी अदा से जवाब दिया था, 'सत्य वचन महाराज'!

अब एक और कविता देखिए जिसके कवि हैं पंचम वर्ष (जनपद) के नेपाली छात्र श्री अरुण कुमार सिंह जिन्हें हम बोधिसत्व स्वामी आनन्द अरुण जी के नाम से जानते हैं। कविता का शीर्षक है, 'अन्धा सफ़र'!

अन्धा सफ़र

उखड़ी हुई साँसें,
और बिखरे हुए विश्वास लिये
चले चलो॥
जो कभी न मिले उस मंज़िल को
जो छूट जाए उस साथी के साथ
चले चलो॥

न रुकना, न थकना,
रुके कि चुके, थके कि छूटे
दौड़ सको तो वाह! वाह!
भिखमंगों के आगे फैला दो झोली,
प्यासों से माँग लो थोड़ा स्नेह
न मिले तो?
तो पत्थरों के आगे बहा देना आँसू
किताबों में बन्द फ़रिश्तों से जोड़ लेना नेह
फिर नई आशाएँ
और अन्धे विश्वास लिये
अपने को छले चलो
चले चलो॥

कहना न होगा कि यह कविता पूरी तरह आचार्य रजनीश के उन दिनों के दर्शन का निचोड़ है। इस दुनिया की अन्धी दौड़ में कुछ न जानते हुए भी जानने के भ्रम पर विश्वास रखकर अपने आपको छलने की बात कही गई है। यह कविता शुरू से ही बता देती है कि अरुण का झुकाव किस ओर हो गया था। चचा बुक़रात का फ़तवा सुनिए—

'अमां सुनो यार, उन दिनों अगर इंजीनियरिंग पढ़ते-पढ़ते नीतीश पूरी तरह लोहियाइट हो चुका था तो अरुण भी पूरा रजनीशिया गया था!'

यह सच है फोर्थ ईयर में पहुँचकर नीतीश पूरा लोहियावादी हो गया था। वह समाजवादी प्रत्याशियों को यूनिवर्सिटी छात्र संघ और विधानसभा में जिताने की जी-तोड़ कोशिश करता रहा था। उसे लोहिया जी की विचारधारा से ही राज्य की बदहाली को दूर करने की सम्भावनाएँ लगती थीं। इसलिए नीतीश की राजनीति का जब भी ज़िक्र आता है तो पता नहीं कैसे और क्यों लोहिया जी की बात अपने आप निकल आती है। भारत सरकार के सूचना एवं प्रसारण मंत्रालय ने अपने 'आधुनिक भारत के निर्माता' सीरीज़ में 2003 में लोहिया जी पर एक किताब छापी है—'डॉ. राममनोहर लोहिया'। इस किताब के लेखक हैं जाने-माने समाजवादी मस्तराम कपूर।

लोहिया जी की छाया

उनकी इस किताब (पेज-3) में लोहिया जी के बारे में बताया गया है—

'...जब उन्होंने अलग सोशलिस्ट पार्टी बनाई तो उस पर ऐसे कड़े नियम-अनुशासन लागू किए कि उनके बहुत कर्मठ साथी भी उन्हें छोड़कर भाग गए।

उन्हें अनुशासन ढीला करना पड़ा और यह इस हद तक ढीला किया गया कि पार्टी की दिशा ही बदल गई। कुर्सियों के लिए गठजोड़ और समझौतों का घोर विरोध करनेवाले लोहिया ने ग़ैर कांग्रेसवाद के नाम पर भिन्न विचार और आदर्शों वाले राजनैतिक दलों को इकट्ठा करने का प्रयास किया और उसका औचित्य भी सिद्ध किया।'

लोहिया और नीतीश के काम करने और क़ानून बनाने के तरीक़ों में भी अद्भुत साम्य दिखता है। लोहिया जी ने सोशलिस्ट पार्टी के लिए बेहद कड़े नियम-अनुशासन लागू किए थे। नीतीश ने भी नशाबन्दी के बड़े कड़े क़ानून बनाए। लोहिया जी के सख़्त नियमों की वजह से बहुत से कर्मठ साथी भी उन्हें छोड़कर भाग गए थे। नशाबन्दी का विरोध नीतीश की सहयोगी पार्टियों, आरजेडी और कांग्रेस के कुछ नेताओं ने दबे स्वर में किया। नशाबन्दी को मिले अभूतपूर्व जनसमर्थन के कारण विरोधी मुखर नहीं हो सके।

लोहिया जी को पार्टी बचाए रखने के लिए अनुशासन ढीला करना पड़ा। नीतीश को भी कोर्ट के आदेशों की वजह से शराबबन्दी के कड़े क़ानून में कुछ ढिलाई देनी पड़ी।

लोहिया जी ने भिन्न विचार और आदर्शों वाले राजनैतिक दलों को इकट्ठा करने का प्रयास किया था। लोहिया जी और जेपी की तरह नीतीश ने भी राज्य के विकास के लिए अलग-अलग राजनैतिक गठजोड़ किए जिनमें अधिकांश लम्बे समय तक चले और सफल रहे। देश के प्रायः हर धर्म गुरु ने नशाबन्दी का पुरज़ोर समर्थन किया है।

यह सब जानते हैं कि क़ानून का भय बस एक सीमा तक ही लोगों की बुरी आदतों पर, वह भी तात्कालिक रूप से, अंकुश लगा सकता है। ऐसे बड़े अभियानों की सफलता के लिए लोगों की मानसिकता में भी परिवर्तन होना बेहद ज़रूरी है। इस पूरी प्रक्रिया के फलीभूत होने में दो-तीन पीढ़ियों का समय भी निकल जाए तो कोई ताज्जुब की बात नहीं। नीतीश की नशाबन्दी की नीति को बिहार की जनता, विशेषकर देश-भर की महिलाओं का व्यापक समर्थन देखते हुए ऐसा लगता है कि वह दिन दूर नहीं जब बिहार की तर्ज़ पर देश के बहुत बड़े भाग में पूर्णतः नहीं तो कम से कम आंशिक रूप से नशाबन्दी ज़रूर लागू हो जाएगी।

मस्तराम कपूर की उसी किताब (पेज 12) से लोहिया जी के बारे में कही गई बात के एक और अंश पर ध्यान दिया जाना ज़रूरी है—

'युवा पीढ़ी पर उनकी बहुत आशाएँ टिकी थीं। जब उन्होंने प्रसोपा से अलग होकर सोशलिस्ट पार्टी बनाई तो उनके साथ कोई बड़ा नेता नहीं था। उन्हें नेता तैयार करने पड़े और इसके लिए उन्होंने अपनी सारी शक्ति युवा पीढ़ी को

आन्दोलित करने में लगाई। समाजवादी युवजन सभा के माध्यम से ही उन्होंने निष्ठावान कार्यकर्ता और भावी नेता तैयार किए।'

उन दिनों इंजीनियरिंग कॉलेज में पढ़ रहा नीतीश समाजवादी युवजन सभा का वैसा ही निष्ठावान कार्यकर्ता था जो भविष्य का नेता बना। अरुण उन दिनों की बाबत कहता है—

'हम लोग भी तब पटना इंजीनियरिंग कॉलेज के फ़ाइनल ईयर में आ गए थे। उन्हीं दिनों एक नया खेल शुरू हुआ। लोहिया जी को बहुत पहले पता चल गया था कि परिवर्तन की सड़क को छेंककर पड़ी कांग्रेसी चट्टान को हटा पाना किसी एक पार्टी के बूते की बात नहीं थी। उन्हें यह भी पता था कि उसे खिसकाए बग़ैर बदलाव की सड़क पर एक क़दम भी रख पाना नामुमकिन था। इसलिए उन्होंने सभी ग़ैर-कांग्रेसियों को एकजुट होकर कांग्रेस के ख़िलाफ़ हर स्तर पर लड़ने को प्रेरित किया था। ख़ासतौर से लोहिया जी पिछड़ों की गोलबन्दी के बड़े हिमायतदार रहे थे। एसवाईएस के नौजवानों पर उनकी विशेष आस्था थी। उनके विचारों के स्थायी प्रभाव के कारण पटना यूनिवर्सिटी की छात्र यूनियन के चुनाव में नीतीश बहुत सक्रिय हुआ। उसने लालू जी सहित एसवाईएस के सभी उम्मीदवारों को जिताने के लिए छात्रों के बीच मूल्यों पर आधारित राजनीति का बहुत अच्छा उदाहरण प्रस्तुत किया था।'

नीतीश हमारी रसमंजरी मंडली के बाहर भी कई मंडलियों में बेहद लोकप्रिय था। उसके सादे जीवन में पड़ी नेतागिरी की छौंक अब दूर तक ख़ुशबू देने लगी थी। हम सब भी उसकी लोकप्रियता के कारण तुर्रम ख़ाँ तूफ़ानी बनकर चौड़े हो जाते थे। ग़रज़ कि मामला सब कुछ ठीक-ठाक ही चल रहा था कि अचानक नीतीश की शादी तय होने की ख़बर का बम हम सबके सर पर दन्न से आ गिरा। अरुण तो शहर में रहता था इसलिए उसे आधी-अधूरी ख़बरें ही मिल पाती थीं, पर पूरी कहानी का असली मज़ा हॉस्टल वालों और मीता को ही मिल रहा था।

हमसाया और हमक़दम मंजु

कौशल उन दिनों की कहानी बता रहा है—

'हम पहले से ही समझते थे कि नीतीश के राजनीतिक विचारों को परिपक्व बनाने में उसके पिता का बहुत बड़ा हाथ रहा था लेकिन उस कठिन रास्ते पर दृढ़ता से चलते रहने में नीतीश की सबसे बड़ी और हमेशा मददगार रही उसकी पत्नी मंजु। नीतीश का विवाह फ़ाइनल ईयर की पढ़ाई के दौरान ही हो गया था और उसके आदर्श विवाह की अनुगूँज पूरे देश में सुनी गई थी।'

आज के ज़माने में यह बात शायद विचित्र लगे कि रोटी-दाल का इन्तज़ाम किए बिना कोई व्यक्ति विवाह जैसी बड़ी ज़िम्मेदारी लेने के लिए कैसे तैयार हो सकता है? पर आज से पचास साल पहले तक यह व्यवस्था इतनी ग़लत थी नहीं, जैसी कि अब लगने लगी है। उस समय के बिहारी समाज के मध्यवर्गीय परिवारों में अधिकांश लड़कों के विवाह उनके माता-पिता की इच्छा से तभी सम्पन्न हो जाते थे जब वे पढ़ ही रहे होते थे। इंजीनियरिंग या मेडिकल कॉलेज जैसी तकनीकी पढ़ाई करनेवाले छात्रों के फ़ाइनल ईयर तक पहुँचते न पहुँचते उनके विवाह के बारे में उनके घरों में फ़ैसले हो जाते थे। तब तक कायस्थों, बंगालियों और क्रिश्चियनों को छोड़कर, अन्य सभी जातियों के बिहारियों का या तो विवाह सम्पन्न हो चुका होता था अथवा लड़के को विवाह के लिए रोके जाने की रस्म हो चुकी होती थी। एकाध अपवाद भी होते जो बहनों का ब्याह न हो पाने के कारण, अथवा मनोनुकूल दहेज़ की प्रत्याशा में, कुँवारे बैठे दूसरों को कोसते रहते। एक विरल प्रजाति भीष्म पितामह टाइप की भी होती थी जिसके माननीय सदस्य आजन्म कुँवारे रहने का व्रत लिये होते। उनमें कुछ को सूखी टहनी कहा जाता और किसी-किसी को एक्सपायरी डेट के बाद वाली दवा, जो किसी भी काम की नहीं रह जाती! उन दिनों विवाह के मौसम में लड़कों को अग़वा करके ज़बरदस्ती उनका विवाह करा देने की घटनाएँ भी असामान्य नहीं मानी जाती थीं। विवाह का मौसम आते ही हर हॉस्टल का माहौल वासन्ती हो जाता। उस समय कोई भी परीक्षा न होने के कारण चारों ओर अजीब-सी उत्तेजना रहती। विद्यार्थी जीवन में ही विवाह की अव्यावहारिक-सी लगनेवाली इस व्यवस्था का बड़ा सुदृढ़ सामाजिक पहलू था। वर के माता-पिता विवाह के बाद अपने लड़के के आत्म-निर्भर हो जाने तक नव विवाहिता की सारी सामाजिक, नैतिक तथा आर्थिक ज़िम्मेदारियाँ सहज रूप से और सहर्ष निबाहते थे। इधर नई बहू को परिवार का अविभाज्य अंग बनाने के क्रम में उसे सहेजकर ससुराल में ही रख, पारिवारिक परिपाटियों और परम्पराओं से परिचित कराया जाता था। उधर वर महाशय निश्चिन्त होकर शहर में पढ़ाई करते रहते थे। कम उम्र की कन्या का नए परिवेश से ताल-मेल आसानी से बैठ भी जाता था। उस रूढ़िवादी काल में, हर मामले की तरह, नीतीश की समझ इस मामले में भी सबसे अलग और बहुत आगे थी। वह शुरू से ही लोहिया जी की तरह पति-पत्नी को समान अधिकार देने में विश्वास रखता था। एक बार उसने दाम्पत्य की व्याख्या करते हुए कहा था कि दम का मतलब होता है घर और पत्य का अर्थ होता है स्वामित्व। दाम्पत्य तभी सफल हो सकता है जब दोनों को बराबरी का अधिकार हो।

विवाह के समय उसकी पत्नी, मंजु, पटने में लड़कियों के लिए बने जीडी हॉस्टल में रहकर पढ़ाई कर रही थीं। नीतीश की इच्छा के कारण मंजु की पढ़ाई

विवाह के बाद भी निर्बाध चलती रही। विवाह के बाद नीतीश अपनी पारिवारिक ज़िम्मेदारियों के प्रति और अधिक जागरूक हो गया।'

हमारी जिज्ञासा यह जानने में है कि नीतीश का विवाह किससे और कैसे हुआ जिसका ठीक से पता शायद हममें से किसी को नहीं है। हम असली कहानी जानने के लिए 2012 में पटना के कंकड़बाग़ मुहल्ले में नीतीश की ससुराल जा धमकते हैं।

इधर की तो सुन ली अब कुछ उधर की भी

नीतीश के ससुर श्री कृष्णनन्दन प्रसाद सिन्हा (अब स्वर्गीय) से मिलना नितान्त सुखद अनुभव है। जीवन के नवें दशक में प्रवेश के बाद, पहले से और भी अधिक कृशकाय हो चुके सिन्हा जी की कमर भी थोड़ी झुक गई है पर उनके पूरे व्यक्तित्व से सौम्यता, गम्भीरता और ज्ञान मानो छलकते ही रहते हैं। उनकी पनीली आँखों की स्निग्धता और व्यवहार की सरलता देखकर हमें तो ऐसा ही लगा कि हम किसी ऋषि से मिलने आए हैं। अधिक आयु हो जाने के कारण वे पुरानी बातों को याद करते-करते कभी-कभी विस्मृति की भूल-भुलैया में भटककर छटपटाने लगते हैं। तब उन्हें उनकी पत्नी विद्यावती देवी और ज्येष्ठ पुत्र मुन्नू (अरुण कुमार) से सहारा मिलता है। उनकी बातों से पता चलता है कि कृष्णनन्दन प्रसाद का जन्म नालन्दा ज़िला स्थित हरनौत के पास, सेवदह गाँव के एक ज़मींदार परिवार में सितम्बर 1929 में हुआ था। इनके माता-पिता क्रमशः सियावर कुँवर एवं बृज किशोर सिंह थे। बृज किशोर सिंह दरअसल, सेवदह के पास के ही गाँव बिरजू मिलकी के समृद्ध घर के यशस्वी चिराग़ थे। उनकी पत्नी, सियावर कुँवर, अपने माता-पिता की इकलौती सन्तान थी। इस कारण बृज किशोर जी को सेवदह बसना पड़ा जहाँ से वह अपने गाँव बिरजू मिलकी की जायदाद भी देखते थे। सेवदह राजेन्द्र साहित्य मध्य विद्यालय में प्रारम्भिक शिक्षा प्राप्त करने के बाद कृष्णनन्दन बाबू हरनौत हाई स्कूल में पढ़ने लगे। 1948 में मैट्रिक की परीक्षा में द्वितीय श्रेणी में उत्तीर्ण होने के बाद उन्होंने मारवाड़ी कॉलेज भागलपुर में, आईकॉम में, दाख़िला लिया। वहाँ से उन्होंने 1950 तथा 1952 में क्रमशः आईकॉम और बीकॉम की परीक्षाएँ पास कीं, 1949 में उनका विवाह ऐमन बिगहा (फतुहा) के स्वर्गीय राम कृष्ण सिंह की तृतीय पुत्री विद्यावती देवी से हुआ। उनकी पहली सन्तान, मंजु कुमारी सिन्हा का जन्म 25 फ़रवरी, 1952 को सेवदह में हुआ। वसन्त ऋतु की फाल्गुनी बयार बनकर आई मंजु अपनी माँ की आँखों का काजल और पिता के दिल की धड़कन थी। तीखे नाक-नक़्श वाली, लम्बी और सुकुमारी मंजु अपने पिता को प्राणों से भी अधिक

प्यारी थी। अपनी दुधमुँही बच्ची को छोड़कर सिन्हा जी बड़े बेमन से आगे की पढ़ाई करने 1952 में बनारस चले गए।

उत्साह से भरे उत्तेजित स्वर में वे मंजु के बचपन की मधुर बातें कुछ इस तरह याद करते हैं मानो अभी-अभी चंचल-चपल नन्ही मंजु उनके पीछे टँगे परदे से निकलकर चुपके से आएगी और अपने हाथों से उनकी आँखें बन्द कर देगी। वे सब जानते-बूझते भी उसकी नन्ही कलाइयों की चूड़ियों को सहलाकर उसे पहचान न पाने का अभिनय करेंगे। फिर मंजु हँसते-हँसते उनके गले से लिपट जाएगी और उनकी गोद में बैठकर उनसे लाड़ करने लगेगी! यह सब बताते-बताते वे एकाएक चुप हो जाते हैं। हम सबकी उपस्थिति से पूरी तरह बेख़बर हो मंजु की यादों में खोया उनका चेहरा विवर्ण होकर बहुत करुण हो जाता है। वे बार-बार विषाद के चक्रव्यूह में घुसकर अभिमन्यु की भाँति वहीं रह जाते हैं। हमारे बहुत प्रयास के बाद वे वर्तमान के प्रति अर्ध चैतन्य होकर अस्फुट तथा विगलित स्वरों में बुदबुदाते हैं—

'मंजु बहुत अच्छी थी, सबसे अच्छी! वह कोई शापग्रस्त देवी थी जिसे इस पृथ्वी पर निर्दिष्ट काम पूरा करके अपने लोक में वापस जाना ही था। हमारे किसी पाप की सज़ा स्वरूप हमें अपनी याद में सदा के लिए बिलखता छोड़कर चली गई—बहुत जल्दी, बिना कोई सुख भोगे।'

मंजु को याद करके वृद्ध पति-पत्नी इतने भाव-विह्वल हो जाते हैं कि उस दिन आगे बात करना सम्भव नहीं हो पाता।

मंजु के परिवेश के बारे में और अधिक जानने के लिए हम कृष्णनन्दन बाबू के परिवार से बाद में भी मिले। हम इस वयोवृद्ध दम्पती से उनके जीवन के खट्टे-मीठे अनुभवों के बारे में ही अधिकतर बातें करते रहे।

मंजु के जन्म के बाद घर-परिवार का मोह, और उससे भी अधिक मंजु को देखने और उसे प्यार करने की चाह, कृष्णनन्दन बाबू को बनारस से बार-बार घर खींचकर लाती। फ़रवरी 1954 में उनकी पत्नी की गोद दोबारा भरी और अरुण कुमार उर्फ़ मुन्नू, उनकी दूसरी सन्तान बनकर घर को और भी गुलज़ार करने लगे। कृष्णनन्दन बाबू ने बनारस हिन्दू यूनिवर्सिटी से 1955 में द्वितीय श्रेणी में एम.कॉम. की पढ़ाई पूरी की और घर आ गए। बड़ी ज़मींदारी के अलावा भी सेवदह में भगवान का दिया सब कुछ उनके पास था ही। बी.एच.यू. से एम.कॉम. की डिग्री उन्हें कोई भी नौकरी दिलवाने में समर्थ थी, इसलिए इतना पढ़ने-लिखने के बाद उन्हें घर बैठना ठीक न लगा। उन्होंने अगस्त 1956 में एजी ऑफ़िस, राँची, में पहली नौकरी शुरू की। उन दिनों बिहार की ग्रीष्मकालीन राजधानी राँची हुआ करती थी। राँची अब झारखंड की राजधानी है। पहाड़ी इलाक़ा होने से यहाँ का पानी थोड़ा भारी है जो मध्य बिहार के समतल में रहने

और गंगाजी का मीठा जल पीनेवालों को बहुधा रास नहीं आता। कृष्णनन्दन बाबू के साथ भी राँची आकर कुछ-कुछ वैसा ही हुआ। राँची का मौसम और पानी उनके शरीर के अनुकूल सिद्ध नहीं हुआ। बराबर अस्वस्थ रहने के कारण उन्हें वह नौकरी शीघ्र ही छोड़नी पड़ी। थोड़े ही दिनों में, 20 अक्टूबर, 1956 को, वे राज्य सरकार के अन्तर्गत समाज शिक्षा संगठन में हज़ारीबाग़ के चौपारन प्रखंड में नियुक्त हुए। वहीं उनकी मित्रता पूरे भारत में प्रसिद्ध पद्मश्री डॉक्टर एस.एन. आर्य से हुई। दोनों के हृदय ईमानदारी और जन सेवा के ही सुर और ताल में एक साथ धड़कते थे। यह दोस्ती कृष्णनन्दन बाबू के जीवनपर्यन्त लोगों के लिए नज़ीर बनी। राँची से जो कुनबा उनके साथ चला उसमें गोद में दुधमुँहे बच्चे मुन्नू को लिये उनकी आसन्नप्रसवा धर्मपत्नी थी और थी उनकी तर्जनी पकड़कर तितलियों जैसी उड़ती, हिरणी के छौने जैसी कुलाँचे भरती, उनकी प्राणप्यारी बिटिया मंजु!

बीसवीं सदी के आरम्भ में स्वीडन के जीवविज्ञानी 'झान पिआह झे' ने बच्चों में संज्ञानात्मक विकास (Cognitive development) का एक सिद्धान्त प्रतिपादित किया जिसमें बताया गया कि छोटे बच्चों में सोचने की शक्ति कैसे विकसित होती है। शुरू में तो इस नई सोच को लेकर बड़ा विवाद हुआ, पर आज के बाल मनोवैज्ञानिक इस सिद्धान्त से काफ़ी हद तक सहमत हैं। 'झान पिआह झे' के अनुसार एक जैसी स्थिति का सामना करने के लिए हर बच्चे की रणनीति अलग-अलग होती है जिसके दो कारक होते हैं। पहला, बच्चे का उस उम्र तक हुए मानसिक विकास का स्तर और दूसरा, उस बच्चे के तब तक के अनुभव। (किसी भी नई समस्या से जूझने के लिए) इन्हीं दो तत्त्वों के सम्मिलित प्रभाव से ही बाल-मन किसी समस्या का समाधान खोजने में समर्थ होता है। मनोवैज्ञानिकों की सहमति इस सिद्धान्त पर भी है कि जीवन के पहले पाँच वर्षों में हम जो कुछ देखते और सीखते हैं, वही हमारे व्यक्तित्व की आधारशिला का काम करते हैं। मंजु के बचपन के बारे में हमें प्रामाणिक जानकारियाँ उसके माता-पिता से ही मिली हैं।

अभावों का अभाव

मंजु के पिता, आर्थिक रूप से तो अत्यन्त सुदृढ़ थे ही, अपने बच्चों, विशेष रूप से मंजु को, उन्होंने अभेद्य सुरक्षा कवच में बड़ा किया। वैसे भी, छोटी-सी पहाड़ी जगह में, छोटी-सी मंजु के जीवन में अगर अभाव था तो सिर्फ़ अभावों का ही! उसे अभावों से लड़ने का न तो कोई अनुभव हो पाया और न ही कोई अभ्यास। इसलिए बचपन से लेकर विवाह के दो वर्षों बाद तक रेशम के कुकून

में पली-बढ़ी मंजु को बाद में जीवनपर्यन्त अज्ञात भय और अविश्वास से जूझते रहना पड़ा। हज़ारीबाग़ आने के बाद 1956 में ही कृष्णनन्दन बाबू के आँगन में अजित कुमार और 1958 में अजय कुमार जैसे दो सुन्दर फूल और खिल गए। पढ़ाई में तो मंजु सदा से ही अच्छी रही, पर चौके के काम-काज में माँ का हाथ बँटाने से लेकर सिलाई, कढ़ाई, बुनाई और कसीदाकारी में भी वह कब और कैसे दक्ष हो गई, यह पता ही नहीं चला!

1959 में कृष्णनन्दन बाबू तबादले के बाद आरा प्रखंड में आ गए और 1961 तक वहीं रहे। यहीं उनकी आख़िरी सन्तान, अंजु का जन्म हुआ। मंजु और मुन्नू आरा आकर स्कूल जाने लगे थे। हज़ारीबाग़ की नन्ही चपल गिलहरी आरा के आँगन में गौरैया बनकर फुदकती फिरने लगी थी। यह क़रीब-क़रीब वही काल था जब बख़्तियारपुर में कोई उत्सुक बालक घोड़परास की दुलत्ती खाकर चारों खाने चित गिरा था!

कृष्णनन्दन बाबू का स्वास्थ्य आरा में भी ठीक नहीं हो सका। आरा में काम का बोझ तो अधिक था ही, परिवार भी बड़ा हो गया था। अस्वस्थ हो जाने के कारण वे लम्बी छुट्टी लेकर घर आ गए। बाद में उन्होंने वहीं से अपनी नौकरी से त्यागपत्र भी दे दिया। उनके नौकरी छोड़ने के पीछे भी एक कहानी है। सेवदह में ज़मीन-जायदाद की तो कमी थी नहीं, बस उसे देख-रेख की आवश्यकता थी जिसके अभाव में पुरखों की विराट सम्पदा का तीव्रता से क्षरण हो रहा था। घर वापस आने पर वह सब दुर्दशा देखकर कृष्णनन्दन बाबू को बड़ा क्षोभ हुआ। कुछ बड़े-बुज़ुर्गों ने समझाया भी कि अब अच्छा तो यही है कि वे घर आ जाएँ जिससे कि और अधिक नुक़सान न हो। पंचतंत्र में कहा भी गया है रमणीय स्वर्ग में देवांगनाओं के स्पर्श से भी वह सुख नहीं प्राप्त होता है, जो मनुष्य को अपनी मातृभूमि में अनायास ही प्राप्त होता है।

अब समस्या यह खड़ी हुई कि किया क्या जाए क्योंकि कृष्णनन्दन बाबू की अभिरुचि पढ़ने-पढ़ाने में ही अधिक थी। दुर्बल शरीर के कारण खेती-बाड़ी जैसे श्रमसाध्य कार्य उनको रास नहीं आते थे। हाँ, उनकी देखभाल कर लेने में उन्हें कोई विशेष कष्ट नहीं होता था। संयोगवश तब तक सेवदह में कोई हाई स्कूल भी नहीं था, जिस कारण वहाँ के कई मेधावी बच्चे, विशेषकर लड़कियाँ, बाहर न जा पाने की स्थिति में आगे पढ़ पाने से वंचित रह जाती थी। कृष्णनन्दन बाबू भी स्वयं आगे पढ़ने हरनौत गए थे। अपनी क्षमताएँ, सेवदह की सीमाएँ, अपेक्षाएँ आदि ऐसे कई कारणों को मिलाकर उन्होंने बड़ा क्रान्तिकारी निर्णय लिया। उन्होंने अपनी माँ से दान में मिली ज़मीन पर सेवदह उच्चतर माध्यमिक विद्यालय की स्थापना की जिसके वे प्रथम प्राचार्य नियुक्त हुए। वे 1993 में सेवानिवृत्त होने तक उसी पद पर बने रहे। सेवानिवृत्ति के उपरान्त, बच्चों की आगे की पढ़ाई के

लिए कृष्णनन्दन बाबू पटना में पिताजी द्वारा दी गई ज़मीन पर घर बनाकर रहने लगे। गाँव में स्कूल खोल लेना एक बात है और उसे स्थापित करके सुचारु रूप से चला पाना और बात। कृष्णनन्दन बाबू ने चुन-चुनकर समर्पित शिक्षकों को बहाल किया तथा अनुशासन और शैक्षणिक वातावरण का उच्चतम स्तर तैयार कराया। धीरे-धीरे वहाँ की पढ़ाई तथा अन्य सुविधाएँ इतनी ज़बरदस्त हो गईं कि 1980 में विद्यालय का सरकारीकरण भी हो गया। कृष्णनन्दन बाबू के सेवदह में आकर स्कूल खोलने और अपने पुराने मित्रों से मिलने पर कुछ वैसा ही माहौल बना जैसा सुन्दरकांड में वर्णित है—

मिले सकल अति भए सुखारी। तलफत मीन पाव जिमि बारी॥

कृष्णनन्दन बाबू ने अपने बिखरते साम्राज्य को धीरे-धीरे सँवार लिया। मंजु ने सातवीं तक की शिक्षा सेवदह बेसिक स्कूल में पूरी की, उसके बाद आगे की पढ़ाई के लिए सेवदह हाई स्कूल जाने लगी जिसे कृष्णनन्दन बाबू ने अपने ख़ून-पसीने से बनवाया था। मंजु उनकी पहली सन्तान थी और वहीं पढ़ने आई थी। कुछ तो स्नेहवश, और कुछ कृष्णनन्दन बाबू को प्रसन्न रखने के लिए भी, मंजु को अपने विद्यालय में अतिशय सम्मान मिलने लगा।

कर ज़ोरें सुर दिसिप बिनीता। भृकुटि बिलोकत सकल सभीता।

छोटी-सी मंजु के लिए यह सम्मान, आदर और सत्कार इतना सहज और स्वाभाविक हो गया कि बड़े होकर, बाद के व्यावहारिक जीवन में, इनका घोर अभाव उसे कभी-कभी सालता भी था। मंजु ने 1968 में द्वितीय श्रेणी में मैट्रिक की परीक्षा पास की। उस समय सेवदह के लिए यह बहुत बड़े सम्मान की बात थी। अपने भविष्य के लिए बेहद सचेत मंजु ने आगे की पढ़ाई जारी रखने का फ़ैसला किया। बेटी की इस इच्छा का पूरा सम्मान करते हुए कृष्णनन्दन बाबू ने मंजु को पटना भेज दिया। हॉस्टल के साझीदारी वाले जीवन से सामंजस्य बैठाने में उसे कोई कठिनाई नहीं हुई। वैसे तो वह हॉस्टल में सबसे घुल-मिलकर रहने लगी थी लेकिन यह वही काल था जब मन से अत्यन्त सुकोमल मंजु ने अपने चारों ओर गम्भीरता का झीना आवरण बुनना प्रारम्भ कर दिया था। शायद उसे आनेवाले मुश्किल दिनों का अन्दाज़ लग गया था और प्रकृति उसे उन परिस्थितियों के लिए तैयार कर रही थी। वह अपनी ख़ुशी तो सबसे बाँट लेती लेकिन विपरीत परिस्थितियों में उसकी मनःस्थिति का अन्दाज़ लगाना आसान नहीं था। ऐसे में बिना किसी से कुछ बताए, वह अपने आपमें डूबकर, अपना रास्ता ख़ुद ही ढूँढ़ लेती थी। हॉस्टल में रहते हुए मंजु ने 1972 में पटना यूनिवर्सिटी के मगध महिला कॉलेज से इंटर की परीक्षा द्वितीय श्रेणी में पास करके बीए ऑनर्स में दाख़िला

ले लिया। इसी समय मंजु के लिए सुयोग्य वर की तलाश शुरू हुई। कृष्णनन्दन बाबू ने उन दिनों को याद करते हुए कहा था—

'मेरे समाज की बात तो छोड़ दीजिए, पूरे बिहार के किसी भी जाति में, उस समय मंजु जैसी बुद्धिमती बेटी के लिए मुझे नीतीश जी से अच्छा लड़का मिल ही नहीं सकता था। यशस्वी, ईमानदार, देशभक्त और समाजसेवी कविराज जी के सर्वगुण सम्पन्न तथा अपार प्रतिभाशाली पुत्र को जामाता पाकर कौन धन्य नहीं होगा! यह सम्बन्ध हो जाने के बाद मेरी दशा तो जनक जैसी थी जिन्होंने दशरथ जी से हाथ जोड़कर कहा था—

सम्बन्ध राजन रावरे हम बड़े अब सब बिधि भए।

कृष्णनन्दन बाबू से सुनी गई अधूरी कहानी पूरी करने में मीता हमारी मदद करता है, आगे की कथा बताकर।

शादी की अन्तर्कथा

वह कह रहा है—

'सतीश जी की पत्नी, गीता जी, नीतीश की सगी भाभी तो हैं ही, मंजु भाभी की बुआ भी लगती हैं। दोनों का मायका सेवदह गाँव है। नीतीश और मंजु, दोनों के परिवारों के बीच की कड़ी हैं मितभाषिणी गीता भाभी। उन्हें ज़हीन मंजु के लिए गम्भीर नीतीश बेहद पसन्द थे। शादी की बात कुछ ऐसे शुरू हुई कि मंजु के फूफा जय प्रकाश जी नीतीश से मिलने 1971 के नवम्बर या दिसम्बर महीने में उसके हॉस्टल गए। उन्होंने नीतीश से कुछ औपचारिक बातें की और वापस चले गए। कुछ दिनों के बाद नीतीश ने बड़े सामान्य स्वर में हमें बताया कि कविराज जी ने उसकी शादी मंजु से तय कर दी है। उसने यह भी बताया कि आज्ञाकारी बालक बनकर उसने भी इस सम्बन्ध के लिए अपनी सहमति दे दी है। हमारे लिए यह सब बड़ा सरल और सहज था क्योंकि तब तक हमारे जिन मित्रों की गोटियाँ लाल हो चुकी थीं, सबकी यही सपाट कहानी थी। चचा बुक़रात को तो उसके कड़क बाप ने तार भेजा था, "मैरेज फिक्स्ड ऑन मंडे (स्टॉप) ज्वाइन योर बरात एट सेवन पीएम शार्प एट भागलपुर जंक्शन (स्टॉप)"

अर्थात् सोमवार को शादी सुनिश्चित (.) अपनी बरात में भागलपुर जंक्शन पर ठीक शाम सात बजे शामिल हो (.)

शादी के ऐसे दिमाग़ का दही ज़मानेवाले जलवे हम देख चुके थे तो इसकी तुलना में नीतीश के बाबूजी द्वारा उसका विवाह तय किया जाना और नीतीश का मान जाना बहुत सामान्य घटना थी। फिर भी कुछ दिनों बाद ही जो हुआ वह हम

सबको चमत्कृत कर गया। बिफरा हुआ नीतीश, बिखरे बाल और ग़ुस्से से लाल हुई उसकी बड़ी-बड़ी आँखें मुझे आज भी याद हैं। पहले तो मुझे जवाहरलाल नेहरू के विवाह तय होने का एक क़िस्सा स्मरण आ गया। हमारा नीतीश अपने विवाह में तय हुई बातों में एक बात से बहुत परेशान था। वह बात थी तिलक में 22 हज़ार रुपये लेने की। दरअसल बहुत पहले समाजवादी नीतीश और सुरेश ने विवाह में दहेज़ न लेने का प्रण किया था। यह बात उसके घर में शायद सबको पता थी फिर यह तिलक की बात उठी कैसे? मुझे उसकी नाराज़गी बड़ी जायज़ लगी और उसका यह क़ौल भी कि न तो वह तिलक या दहेज़ लेगा, न ही पारम्परिक ढंग की बरातियों वाली शादी करेगा। उसने जैसे विद्रोह का बिगुल बजाते हुए दो बड़ी शर्तें अपनी तरफ़ से रखी। पहली शर्त तो यह थी कि जैसे मंजु के बारे में उसकी सहमति ली गई है, वैसे ही मंजु जी से भी पूछा जाना चाहिए कि क्या भावी जीवनसाथी के रूप में नीतीश उन्हें पसन्द हैं? दूसरी बात यह कि यदि वह मंजु को स्वीकार्य हो तो सखा भाव से उनका हाथ पकड़कर, बिना किसी ताम-झाम के, बस इष्ट-मित्रों को साक्षी बनाकर, वह जीवन-पथ पर चल पड़ेगा। हम सबके लिए यह सब नितान्त नया और अनछुआ-सा था, गुलाब की पंखुड़ियों पर अलस्सबाह पड़ी ओस की तरह, गंगोत्री की गंगा की तरह! मुझे ही यह पेचीदा मामला सुलझाने की ज़िम्मेदारी दी गई। अगली सुबह साढ़े पाँच बजे, हाड़ को कँपकँपानेवाली ठंड में, श्री व्हीलर से मैं और नीतीश, बाबूजी के पास पटना से चालीस किलोमीटर दूर बख़्तियारपुर जा धमके। बाबूजी नीचे ही रहते थे। नीतीश झट से बाबूजी की चरण-धूलि सर पर लगाते हुए सरपट ऊपर भागकर माँ जोधाबाई की छत्रच्छाया में सुरक्षित छिप गया। नीचे रह गया कुछ ठंड से और बाक़ी भय से थरथराता-काँपता मैं!'

अब आगे का हाल चचा से सुनिए—

'मीता से बाबूजी की बात हुई, मतलब बाबूजी की मीता से बात हुई। फ़िल्मी दुनिया के कीड़े मीता को अपना हाल कुछ-कुछ ज़िल्लेसुभानी-शाहंशाहे-हिन्द, बादशाह जलालुद्दीन मुहम्मद अकबर के दरबार में बाग़ी शहज़ादे सलीम की फ़रियाद लेकर गए उसके क्षत्रिय दोस्त दुर्जन सिंह जैसा लग रहा था। यह सोचकर कि दोस्ती पर क़ुर्बान होने की नई दास्तान लिखने का सेहरा उसके सर बँधने ही वाला है, उसकी चौड़ी राजपूती छाती कुछ और भी चौड़ी हो गई। उसे लगा कि नीतीश पर बाबूजी के द्वारा होनेवाले हर प्रहार को वह हँसते-हँसते अपनी गरदन पर झेलकर शहीद हो जाएगा!'

पर वहाँ तो वैसे भी सदा मीठा बोलनेवाले बाबूजी के विचार उसे पटकनी दे गए। अन्तरतम को प्लावित कर देने वाली प्रेम की गंगा, करुणा की यमुना और ज्ञान की सरस्वती का संगम उनकी वाणी में मीता को अनुभव हुआ जब उन्होंने

कहा कि मुन्ना अगर तिलक नहीं चाहते हैं और अपरम्परागत विवाह करना चाहते हैं तो यह बड़ी अच्छी बात है, उसमें मुझे क्या और क्यों आपत्ति हो सकती है? तब तक नीतीश की होनेवाली ससुराल से भी काफ़ी लोग बख़्तियारपुर आ गए थे। वे सब अपनी जाति में ही नहीं, पूरे समाज में बड़े प्रतिष्ठित लोग थे। उन्होंने घर की महिलाओं के माध्यम से जानकारी ले ली थी कि मंजु को नीतीश से विवाह करने में कोई एतराज़ नहीं था। फिर भी उन्हें नीतीश के बाक़ी के कौल, यानी दहेज़, गाजे-बाजे वाली बरात, पंडित जी की मर्ज़ी पर उठने-बैठने की क़वायद और उसके बाद की दावत, को सिरे से नकारने का प्रस्ताव बहुत बुरा लग रहा था। यह सब देख सुन-कर अपना मीता भी एकदम से संत-महात्माओं वाले प्रवचन देनेवाले पोज में आकर सबके ऊपर ज्ञान पुष्प की पंखुड़ियाँ बरसाने लगा! अपने हड़बड़िया स्वभाव के विपरीत उसने नीतीश की कही हुई सारी बातें सबसे बहुत शान्ति से कही। उसने नीतीश की आन्तरिक इच्छा सबसे बताते हुए कहा कि आप मंजु जी से भी इस विवाह के लिए उनकी सहमति समझ लीजिए। आख़िर यह प्रेम विवाह तो है नहीं, आप बुज़ुर्गों की सहमति से यह तय हुआ है तो इसे दोनों बच्चों की सहमति से सम्पन्न कीजिए। इस आदर्श विवाह से आपके परिवार की प्रतिष्ठा बढ़ेगी ही, घटेगी नहीं। बात बिलकुल जायज़ थी और नीतीश की ससुराल वाले भी काफ़ी समझदार थे। सबसे बड़ी बात कि अपने समाज में उन लोगों को नीतीश जैसा कुलीन और सुशील बालक दिन में भी चिराग़ लेकर ढूँढ़ने से नहीं मिलता, इसलिए मीता के प्रयासों से कुल मिलाकर मामला शान्त हो गया और हुआ वही जो नीतीश चाहता था।

एक बात ज़रूर लगती है कि तब नीतीश के ससुराल वालों को उसकी राजनीतिक आकांक्षाओं का सही आकलन नहीं रहा होगा जिसमें अनिश्चितता ही एकमात्र सत्य है। उसमें भी नीतीश का कांग्रेस के लिए विद्रोही स्वर! वह तो और भी असुरक्षित भविष्य की निश्चित गारंटी थी। शायद उन्हें नीतीश में सम्भावित इंजीनियर दिख रहा था जिसे किसी बड़े सरकारी पद से सेवानिवृत्त होने तक बँगला, गाड़ी, ड्राइवर, अर्दली, चपरासी आदि जैसी हर जायज़-नाजायज़ सरकारी सुविधा मिलनी ही थी। अगर उन्होंने यह जाना होता कि 1973 से 1985, पूरे बारह वर्षों तक, उनकी सिया-सुकुमारी जैसी मंजु को वनवास जैसा कष्ट उठाना पड़ेगा तब शायद नीतीश के वैवाहिक गणित के समीकरण इतने सरल न होते!

कौशल की एक बात और मज़ेदार है—

'नीतीश के विवाह से पहले हम तीनों, यानी मीता, अरुण और मैंने एक बड़ी भारी धृष्टता भी की थी, लेकिन नीतीश से पूछकर। मंजु को तब तक हममें से किसी ने देखा नहीं था, पर इतना तो पता ही था कि वे पटना यूनिवर्सिटी में ही सोशियोलॉजी (ऑनर्स) की पढ़ाई पूरी कर रही थीं। बस हम तीन बदमाश,

बिना किसी को बताए, सोशियोलॉजी विभाग में उन्हें देखने पहुँच गए। शायद हमारी नौसिखिए लुच्चों जैसी हरकतों से मंजु को आभास हो गया कि हम सब नीतीश के मित्र हैं और उन्हें ही देखने आए हैं। वे शरमा गईं और घबराहट में दौड़कर भागने की कोशिश करने लगीं। मैंने स्थिति की नज़ाकत को समझते हुए उनसे कहा था कि ऐसे में तो आप गिर जाएँगी। यह सुनकर उनके चेहरे पर सलज्ज मुस्कान सहज ही दौड़ गई थी। तब मैंने आकर नीतीश को बताया था कि लड़की बहुत अच्छी है और मुस्कुराते समय देखने में और भी अच्छी लगती है। नीतीश ने बड़ी-बड़ी आँखों से मुझे घूरते हुए लम्बी साँस भरी थी और फिर वह भी मुस्कुराया था। सच कहूँ तो मुझे उस दिन मंजु की हँसी नीतीश की बालसुलभ मुस्कान से भी बहुत-बहुत अच्छी लगी थी। मैं उन आँखों में, उस चितवन में, नीतीश के लिए राधा जैसा ही समर्पण और निश्छल स्नेह पढ़ पाया था। मेरी मनःस्थिति कुछ-कुछ कृष्ण का सन्देश लेकर गोकुल गए उद्धव जैसी हो गई थी। नीतीश बस इसी बात से प्रसन्न था कि हम सबने उसके लिए मंजु को 'पास' कर दिया है।

बेगानी शादी में अब्दुला दीवाना

मैं आश्चर्य और ख़ुशी से पागल बना, किराए की एम्बेसडर गाड़ी पर, सारे विश्वविद्यालय में घूम-घूमकर सबको एक विद्रोही की शादी में साक्षी बनने का आमंत्रण दे आया था। पहले ही बँट चुके पारम्परिक कार्ड को निरस्त करते हुए मंजु भाभी के पिता ने फिर से छपवाकर नए कार्ड बँटवाए थे जिसमें पहली पंक्ति थी 'तिलक दहेज़ एवं शोषण युक्त कुप्रथाओं से मुक्त' और अन्त एक आग्रह से हुआ था—पुष्प माला एवं आशीर्वचनों के अतिरिक्त किसी प्रकार के उपहार का आदान-प्रदान नहीं होगा।

नीतीश ने मंजु को देखने की उत्कंठा पर कैसे नियंत्रण रखा होगा, यह तो वही जानता है, पर मेरे असीमित उत्साह पर उसने अपनी दुधारी मुस्कुराहट का चाकू यह कहकर चलाया था, 'बेगानी शादी में अब्दुला दीवाना!' लेकिन मैं ही अकेला दीवाना नहीं था!! 22 फ़रवरी, 1973 के अपराह्न 3 बजे की उस शुभ घड़ी में पटना का लाला लाजपत राय हॉल दीवानों से ही ठसाठस भरा था तो भी सड़कों पर लगी नई पीढ़ी की क़तार छोटी होने का नाम ही नहीं ले रही थी। उत्तेजना और श्रद्धा से भरे उन नौजवानों के ताज़ी हवा में जवा-कुसुम से खिले रक्ताभ चेहरे उस इतिहास का हिस्सा बन गए थे जब नीतीश और मंजु ने मालाओं का आदान-प्रदान किया था और नीतीश ने मंजु की मांग में सिन्दूर भरा था! फिर तो बस तालियाँ-ही-तालियाँ! उन तालियों में कोई आदिम संगीत था,

किसी नैसर्गिक और अद्वितीय संकल्प का सुर था—जो पहले कभी सुना नहीं गया था—जो वहाँ उपस्थित हर चेतन या जड़ की धमनियों में वह संगीत बाइबल, गीता या क़ुरान की आयतें बनकर दौड़ गया था। मीता तो ठेठ मिथिलांचल का है जिसे सीताजी की जन्मस्थली माना जाता है। किसी भी लड़की की शादी देखते ही वह घोर भावुक होकर जानकी विवाह का प्रसंग खोलकर बैठ जाता है! गले में जयमाल डाले नीतीश और मंजु को देखकर वह रामायण का वह प्रसंग बाँचने लगा जब तुलसीदास ने सिया और राम की जोड़ी को अपनी कल्पना की आँखों से देखकर कहा था—

जाइ न बरनि मनोहर ज़ोरी। जो उपमा कछु कहौं सो थोरी।

उन दिनों किसी सिगरेट के प्रचार में लिखा आता था, 'मेड फ़ॉर ईच अदर'। मुझे लगा कि यह जोड़ी उससे आगे बढ़कर 'परफ़ेक्टली मेड फ़ॉर ईच अदर बाई द ऑलमाइटी हिमसेल्फ़' है। मुझे गर्व है कि उस क्षण का मैं सक्रिय सहभागी हुआ। हिन्दी के पत्रकार जुगनू शारदेय द्वारा नीतीश का लिया गया इंटरव्यू उस समय की लोकप्रिय, किन्तु गम्भीर पत्रिका 'धर्मयुग' में प्रकाशित होकर सारे देश में चर्चित हो गया था।

लाला लाजपत राय हॉल में हुए विवाह के इस अद्‌भुत आयोजन के साक्षी बनने पटना यूनिवर्सिटी के कुलपति सचिन दत्त साहब सहित ढेर सारे अधिकारीगण उपस्थित थे। मंजु और नीतीश ने अपने-अपने पिता की उपस्थिति में बहुत शालीनता से मालाएँ बदलने के बाद एक-दूसरे को अँगूठियाँ पहनाईं। नीतीश की थरथराती उँगलियों ने मंजु की माँग में सिन्दूर के साथ न जाने कितने वादे भी भरे जिन्हें पूरा करने में वह जीवनपर्यन्त लगा रहा। इस सबके बाद नीतीश ने जब सौभाग्यसूत्र भी मंजु के गले में डाला तो मानो उसने हम सबका आन्तरिक आशीर्वाद मंजु के सुहाग की सुरक्षा का कवच बनाकर उसे पहना दिया। हमारे कॉलेज के सभी शिक्षक तथा हर कर्मचारी शिवजी की ऐसी अनूठी बरात के बराती थे जो न कहीं से निकली और न कहीं पहुँची! लेकिन साहब, बरात तो आख़िर ठहरी बरात ही सो हमारे दूल्हा राजा नीतीश बाबू के लाख विरोधों के बावजूद घरातियों की तरफ़ से चाय-नाश्ते की बढ़िया व्यवस्था भी हुई। 'सर्चलाइट' नाम के अख़बार ने इस घटना की प्रशंसा करते हुए बहुत अच्छी ख़बर छापी। इस रंग-बिरंगी शादी में बस हमारा अफलातूनी चचा बुक़रात ही नदारद था! हातिमताई की दुम बना वह अपने किसी और दोस्त की शादी का मसला सुलटा रहा था। उसकी फ़ितूरी फ़ितरत को देखते हुए यह बिलकुल स्वाभाविक था, क्योंकि जहाँ सब कुछ ठीक-ठाक चल रहा हो वहाँ हमें ख़ुदाई खिदमतगार की क्या ज़रूरत! हमने उसे मंजु और नीतीश की मालाएँ पहनी तसवीर दिखाई तो उसने मुँह बिचकाकर

कहा कि अच्छा-ख़ासा पट्ठा हलाली बकरा लग रहा है। फिर उसने मालाओं की जो व्याख्या की वह तो सिर्फ़ वही कर सकता था! उसने कहा, अरे भाई जो माला ये ख़ातून लिये खड़ी हैं उसका नाम है जयमाला, क्योंकि उसकी तो जीत हो गई! और जो माला लिये हमारा शहीदेआज़म खड़ा है उसका नाम है हार! उसके हाथों में यह हार नहीं, उसकी टूटी हुई तलवार है जो वह जीती हुई बेगम के क़दमों में रखनेवाला है! इतना भाषण झाड़कर वह अपने उस अभागे दोस्त को शादी की ट्रेनिंग देने में जी-जान से भिड़ गया।'

कौशल बात जारी रखते हुए कहता है—

'मेरे मन को एक बात आज तक बेधती है। नीतीश ने दहेज़ न लेकर विवाह की जो मिसाल क़ायम की थी, हम सब आर्थिक रूप से नीतीश से अधिक सक्षम होते हुए भी, उसका अनुकरण नहीं कर पाए। नीतीश ने हमारी इस कमज़ोरी को भी बहुत सहज भाव से पारिवारिक दबाव कहकर हमारे अपराध-बोध को हल्का करने का सच्चा प्रयास किया था। विवाह के बाद हम लोग अपनी-अपनी पत्नियों को अपने परिवार और अपनी अभिरुचियों के अनुरूप ढालने का प्रयास कर रहे थे। सच कहें तो पहली रात में बिल्ली मारने की कोशिश कर रहे थे! अब याद करने से लगता है कि वह सब कितना बचकाना और ग़लत था। पर नीतीश का स्वभाव उस गदहपचीसी वाली उम्र में भी हम सभी से बेहद भिन्न था। उसने लोहिया जी की सप्त क्रान्ति को जैसे आत्मसात् कर लिया था। इसलिए उसने मंजु भाभी से अपनी किसी बात को मनवाने के लिए कभी कोई हठधर्मी नहीं की। वह धर्म-कर्म के मामले में भी काफ़ी अलग सोच रखता था, प्राय: अपने पिता की तरह या शायद उनसे भी अलग, क्योंकि वह किसी भी औपचारिक पूजा के नाम से ही बिदक जाया करता था। लेकिन विवाह के बाद जब उसे मंजु की धार्मिक प्रवृत्ति और कर्मकांड के प्रति निष्ठा का पता चला तो उसने बिना किसी प्रतिवाद या विवाद के सिर्फ़ उनका मन रखने के लिए ही हमेशा वह सब कुछ सहज भाव से किया जो वे चाहती थीं।'

यहाँ फिर जेपी की जीवनी से एक प्रसंग याद आता है—जेपी विदेश से पढ़कर बहुत दिनों के बाद घर लौटे ही हैं। उनके जीवनीकार कान्ति शाह लिखते हैं कि वैसे तो वे मार्क्सवाद और डाइलेक्टिकल मैटीरियलिज़्म (द्वन्द्वात्मक भौतिकवाद) के प्रभाव में नास्तिकवाद की ओर झुक रहे थे, पर जेपी ने प्रभावती जी के साथ गंगाजी से लेकर कुलदेवता पूजन तक का सारा लोकाचार प्रेमपूर्वक निपटाया। जेपी कहते हैं—

'लेकिन दूसरों के ख़याल से कि वे हमारे अपने नज़दीकी हैं, उनके जो पुराने संस्कार हैं, उनकी जो मान्यताएँ हैं, उनका यथासम्भव आदर करना, ऐसी मेरी भूमिका रही है।'

यद्यपि तब तक नीतीश पर जेपी का सीधा प्रभाव भी नहीं था लेकिन सुधी पाठक कर्मकांड के प्रति सहिष्णुता में नीतीश और जेपी की सोच का अद्भुत और विस्मयकारी साम्य ख़ुद ही देख सकते हैं।

रिलीजियस बनाम स्पिरिचुअल

अपने चचा बुक़रात कुछ और ही फरमाते हैं! वह बड़ी रहस्यमय आवाज़ में फुसफुसाता है—

'अरे घोंचुओ, वो शातिर न तो ड्यूटी (कर्तव्य) समझकर कुछ करता है, न ही रिलिजन (धर्म) समझकर। वह तो भइए पूरा स्पिरिचुअल (आध्यात्मिक) है, स्पिरिचुअल! दूसरों के लिए जो नेक काम दिमाग़ लगाकर किया जाए वह ड्यूटी है, जो दिल की आवाज़ सुनकर किया जाए वह रिलीजियस है और जिसको करने की आवाज़ अपने आप ज़मीर से उठे, और जो न तो काम करने के पहले और न ही करने के बाद याद रहे, वह है स्पिरिचुअल!'

हम चचा का यह फ़लसफ़ा बिलकुल नकार देते हैं। लेकिन वह तो अंगद के पाँव की तरह अपनी बात पर जमा हुआ है। वह अपनी बात को साबित करने के लिए नीतीश की कभी पहले कही हुई दो बातें दुहराता है। चचा के अनुसार, नीतीश ने किसी अन्तरराष्ट्रीय धर्मगुरु से यह बात सुनी है जिसे समझकर उसने इसे अपनी ज़िन्दगी का अहम हिस्सा बना लिया है। चचा को नीतीश ने तोते की तरह जो रटा दिया है वह सब चचा अब हम पर ठोंक रहा है—

'देखो तो ज़रा, बाज़ार में केले का फल कितने आकारों और कई तरह के रंगों के छिलकों के अन्दर मिलता है। लेकिन यह उनकी बाहरी फ़ितरत (ख़ूबी) है। कोई अनजान आदमी उन्हें अगर पहली बार देखे तो अलग-अलग क़िस्मों के फल ही समझ ले! अब तुम केलों के अलग-अलग छिलकों को रिलिजन मान लो। चाहो तो पीले छिलके वाले केलों को हिन्दू कह लो और हरे छिलके वालों को मुसलमान। चाहो तो अपनी श्रद्धा के हिसाब से पीले केलों को भी छोटे बड़े के हिसाब से शंकर, दुर्गा, विष्णु, लक्ष्मी वग़ैरह नाम दे सकते हो। वैसे ही विभिन्न रूप और आकार के हरे केलों को शिया, सुन्नी वग़ैरह नाम दे दो। यह सच है कि बाहर से देखने से सब एक-दूसरे से कितने अलग-अलग दिखते हैं! लेकिन छिलकों को उतारकर देखें तो दरअसल, सब एक ही फल के अलग-अलग रूप हैं। अब उनके ऊपर पड़े छिलकों की परतें उतारकर उन्हें आँख बन्द करके खाया जाए तो उनका फ़र्क़ ही मिट जाएगा और मुँह में बस एक ही स्वाद रह जाएगा—केले का! सबकी तासीर एक ही है, हमें बाहर और

भीतर से तन्दुरुस्त और सेहतमन्द बनाए रखना। जो यह फ़र्क़ एक बार जानकर महसूस कर ले वही है स्पिरिचुअल!'

हमें हक्का-बक्का देख चचा बच्चों की तरह ख़ुश होकर अपनी खीसें निपोर देता है। उसके मुँह से आ रही पायरिया की बदबू भी हमें भगा नहीं पाती क्योंकि वह बड़े मार्के की बात कह रहा है—

'हमारे नीतीश को यह फ़र्क़ बख़ूबी पता है। वह चाहे किसी मज़ार के आस्ताने में सर झुका इबादत कर रहा हो, या फिर पटना साहिब के गुरुद्वारे में सरोपा क़बूल कर रहा हो, चर्च में कंदीलें जला रहा हो, बोधिवृक्ष की परिक्रमा कर रहा हो या फिर किसी मन्दिर में आँखें बन्द किए हाथ जोड़कर प्रार्थना कर रहा हो, नीतीश जानता है कि वह जिस ताक़त के आगे खड़ा है वह एक है जो हरेक जगह और ज़र्रे-ज़र्रे में मौजूद है। जिसका नाम हम चाहे कुछ भी कह लें, वह सबका है और हर किसी के दिल से निकली पुकार वह बड़ी शिद्दत (ध्यान) से सुनता है। उसे सुनाने के लिए लफ़्ज़ों (शब्दों) की ज़रूरत ही नहीं है। ऐसी हर मुक़द्दस (पवित्र) जगह पर नीतीश की बस एक ही गुज़ारिश (प्रार्थना) होती है। वह माँगता है अपने सूबे और मुल्क के हर अवाम के लिए अमन (शान्ति), चैन, सेहत (स्वास्थ्य), भाईचारा, बरकत (वृद्धि) और ख़ुशहाली। अपने लिए कभी और कुछ भी नहीं माँगता है वह! यह निशानी है उसके शदीद (प्रबल) स्पिरिचुअल होने की!'

यह सब सुनाकर चचा अपनी बह रही नाक को ज़ोर से छिड़ककर अपनी जीत का बिगुल बजाता है। इसके बाद वह हमें नीतीश की एक दूसरी बात सुनाने लगता है। यह बात 2020 में बिहार के आए भयंकर बाढ़ के दौरान की है। उसी समय राज्य में कोरोना का प्रकोप भी अपने चरम पर था। दूसरे राज्यों से पैदल भाग-भागकर आए लाखों लोगों की व्यवस्था के लिए, अपने सीमित साधनों के बावजूद, बिहार सरकार ने अपनी तरफ़ से कोई कसर नहीं रख छोड़ी थी। फिर भी एक ख़ास तबक़े के लोग ख़ुश नहीं थे क्योंकि उनके राहत शिविर में पान और तम्बाकू की अच्छी व्यवस्था जो नहीं थी! बाढ़-पीड़ितों सहित अन्य लोगों और जानवरों के लिए बनाए गए रिलीफ़ कैम्पों में हर प्रकार की सुविधाओं का इन्तज़ाम करने में अधिकारियों ने जी-तोड़ मेहनत की थी। दिन-रात लगातार काम करने के कारण उनमें से कुछ लोग धीरे-धीरे थकने भी लगे थे। पूरी ज़िम्मेवारी से अपना कर्तव्य निभा रहे उन लोगों से नीतीश ने किसी दिन अनौपचारिक बातों के क्रम में कहा था—

'इस मुश्किल की घड़ी में पूरी हिम्मत, समर्पण और लगन से काम करने के लिए मैं आप सबको बधाई देता हूँ। मैं समझ सकता हूँ कि दिन-भर लोगों की अथक सेवा करने के बाद जब आप कमर सीधी करने के लिए ज़रा देर के लिए

भी लेटते होंगे तो आपकी आँखों के आगे दिन-भर किए गए अच्छे काम का पूरा दृश्य घूम जाता होगा। उसी सन्तोष की चादर ओढ़कर आप सो जाते होंगे। यह है आपकी कर्तव्यनिष्ठा की पराकाष्ठा! आप सबको इसके लिए फिर से हार्दिक बधाइयाँ। अब मैं आपकी सोच को थोड़ा और आगे ले जाने की कोशिश करता हूँ। आप एक ऐसी माँ के बारे में सोचिए जिसकी गोद में दुधमुँही सन्तान है। यह माँ, बिहार की हर माँओं की तरह, अपनी औलाद को सूखे बिस्तर पर चैन से सोए रहने देने के लिए ख़ुद गीले बिस्तर पर सारी रात जागते-सोते काटती है। न जाने कितनी बार यह माँ दिन-भर में बच्चे के पोतड़े बदलती है, उसे दिन-भर में कितनी बार दूध पिलाती है और वह अपनी थकी आँखों में कितने रातों के रतजगे छुपाए, अपनी सन्तान को थपकियाँ देकर सुलाती है। क्या आप जानते हैं कि रात को गीले बिस्तर पर अधलेटी वह माँ क्या सोचती रहती है? क्या दिन ख़त्म होने के बाद उसे कभी याद भी रहता है कि उसने दिन-भर में अपनी सन्तान के मल-मूत्र की कितनी बार सफ़ाई की? क्या वह कभी यह भी सोचती है कि उसका रक्त दूध बनकर कितनी बार उसकी सन्तान के कंठ में उतरा है? शायद कभी नहीं। क्या वह अपनी सन्तान की बस एक मुस्कुराहट पर निछावर होकर अपनी सारी थकान भूल नहीं जाती होगी? उसके पास बीत गए दिन-भर का कोई हिसाब नहीं होता जिसे याद करके शाम में वह अपनी कर्तव्य परायणता पर गर्व कर सके। वह बीता हुआ सब कुछ भूलकर आनेवाले कल की योजना बनाने में लग जाती है जिससे उसकी सन्तान का अगला दिन और भी सुख से बीते! यह उसका माँ का धर्म है—मातृधर्म, कर्तव्य नहीं। धर्म वह होता है जिसमें लाभ-हानि का कोई हिसाब-किताब नहीं होता। मानव जीवन की पूर्णता तभी है जब वह अपने हर कर्तव्य को धर्म समझकर करे। आपकी सरकारी सेवा की पूर्णता भी तभी है जब आप सब अपना काम कर्तव्य की सीमाओं से भी बहुत आगे जाकर अपना धर्म समझकर करें।'

नीतीश की इस बात का सरकारी कर्मियों पर क्या असर हुआ यह भी हम ऐसे एक अधिकारी से जान लेते हैं जिन्होंने नीतीश का यह सम्बोधन सुना था—

'माननीय मुख्यमंत्री जी ने जैसे ही अपनी बात पूरी की, वहाँ उपस्थित सारे लोग फिर से जैसे नई ऊर्जा से भर गए। झुके कन्धे फिर से तन गए। मुरझा रहे होंठों पर मुस्कुराहट की हज़ारों-हज़ार कलियाँ अपने आप खिल गईं। बुझ रही आँखों में जैसे सवेरे उग रहे सूरज का प्रकाश फिर से जगमगाने लगा। हम सब फिर से नए जोश के साथ काम में लग गए। उसके बाद हमने पीड़ित जनता की सेवा कर्तव्य समझकर नहीं, नर रूपी नारायण के प्रति अपना धर्म मानकर निबाहा। भक्ति भाव से की गई सेवा के उस नशे की खुमारी हम पर से आज तक नहीं उतरी।'

चचा अपनी टेढ़ी नज़रों में हिक़ारत भरकर हमें ऐसे देखता है जैसे वही ख़ुद नीतीश का ज़मीर हो! हम सब उसकी इन कमीनी हरकतों को शुरू से जानते हैं लेकिन बुरा नहीं मानते। दुष्यन्त कुमार से उधार लेकर चचा, नीतीश के बारे में कह रहा है—

मैं जिसे ओढ़ता बिछाता हूँ, वो ग़ज़ल आप को सुनाता हूँ।
एक बाज़ू उखड़ गया जब से, और ज़ियादा वज़न उठाता हूँ॥

हम जानते हैं कि नीतीश की शख़्सियत का बहुत छोटा-सा हिस्सा ग़ज़ल के इन दो शेरों में बयान हो जाता है। वह जो सोचता है उसे ही जीता भी है। सुरेश उसका वह बाज़ू है जिसके उखड़ जाने के बाद से वह समाजवादी आन्दोलन के प्रति और भी ज़्यादा ज़िम्मेदारियाँ उठा रहा है। वह कोई भी बात ग़ैरज़िम्मेदारी से नहीं कहता।

उसकी सचमुच का बोझ उठाने की बहुत पुरानी बात हमें बख़्तियारपुर में पता चली थी :

ओ पर सुगा मँडराए

नीतीश किशोर भी नहीं हो पाया था जब से उसने मइयो को हर साल बड़ी निष्ठा से छठ करते देखा था। हर साल मइयो के साथ नीतीश गंगा के घाट पर छठ पूजा में शामिल होने के लिए जाया करता। पूजा का भारी-भरकम सामान बड़ी श्रद्धा और जतन से डाला में धरकर गठरी में बाँध दिया जाता। फिर घर का ही कोई नौजवान उसे सर पर लिये नीतीश और मइयो के साथ में घाट तक चला करता। रास्ते भर मइयो और कई स्त्रियाँ छठ मइया के गीत गाती चलतीं। सूर्यास्त के समय गंगाजी के ठंडे पानी में आकंठ खड़ी मइयो को भक्ति रस में पगी, ठंड के प्रति निरपेक्ष देखकर भी नीतीश को बड़ी फ़िक्र होती। उन्हीं गीले कपड़ों में लथपथ मइयो घर लौटते समय सबके कल्याण के लिए प्रार्थना करती रहती। इतना कठिन उपवास और व्रत कर रही अपनी मइयो के लिए कुछ भी करने को नीतीश का मन छटपटाता रहता। एक बार नीतीश ने, अपनी दुबली-पतली काया के बावजूद, वह भारी डाला अपने सर पर उठा ही लिया। इस क्रम में उससे कोई छोटी ग़लती हो गई जिसका उसे आज तक मलाल है। बहरहाल, 2007 में बीमार होकर मइयो बख़्तियारपुर छोड़कर नीतीश के पास पटना आ गई। नीतीश, 1 अणे मार्ग के सरकारी घर में रहने लगा था। तब से उस घर में हर वर्ष, बिना किसी आडम्बर के, छठ पूजा होने लगी। नीतीश की भाभी, उसकी बहनें, और उसकी ससुराल की स्त्रियाँ भी हर वर्ष वहीं छठ पूजा करने

लगीं। मइयो 2010 की पहली जनवरी को महाप्रयाण कर गईं। लेकिन नीतीश ने वह परम्परा अब तक जारी रखी है। 2019 की छठ पूजा के शेष हो जाने के बाद नीतीश की साली, डॉक्टर अंजु, छठ वाली जगह पर फिसलकर गिर गईं जिससे उन्हें गम्भीर चोट आई। उन्हें कई हफ़्तों के लिए बिस्तर पर लेटकर पूर्ण विश्राम करना पड़ा। इस बीच हम उनका कुशलक्षेम जानने के लिए उनसे कई बार मिले। औपचारिक बातों के अलावा हमारी बातचीत का एकमात्र केन्द्र नीतीश ही होते थे। नये-नवेले दूल्हे नीतीश के बारे में डॉ. अंजु की प्रतिक्रिया भी हम यहीं जान लेते हैं। उन्होंने हमें बताया था :

'पहली बार जब उन्हें देखा तो लगा कि वाह! क्या बात है!! लम्बे बाल, राजसी चाल और ठहरी हुई गम्भीर आवाज़ का मिला-जुला असर तो गहरा होना ही था!!! हम सब उनके दहेज़ न लेने के कौल पर दिलो-जान से फिदा थे! हाँ, हमारे समाज में एक दबी-छुपी चर्चा भी चलती थी कि इनमें कोई ऐसा बड़ा ऐब तो नहीं कि बिना कुछ दहेज़ लिये विवाह कर रहे हैं? पर पहली बार उन्हें देखते ही सारी शंकाएँ काफ़ूर हो गईं और नेताजी हम सबों के मन में सदा-सर्वदा के लिए बस गए। दीदी के प्रति उनका प्रगाढ़ स्नेह अद्भुत था।'

कौशल बताता है—

'विवाह हो जाने के बाद भी नीतीश की दिनचर्या में कोई बड़ा परिवर्तन नहीं आया। वह बामसू सहित कई संगठनों का काम पहले की भाँति लगन से करता रहा। पटना यूनिवर्सिटी की राजनीति में तो वह सदा से सक्रिय रहा था। हाँ, पहले की बेतरतीब मूँछें थोड़ी व्यवस्थित दिखने लगीं। सलीक़ेदार साफ़-सुथरे कपड़े तो वह पहनता ही आया था। मंजु भाभी कुछ दिनों तक ससुराल में रहने के बाद वापस हॉस्टल में रहकर पढ़ने लगी थीं। नीतीश कभी-कभी छुट्टियों में मंजु भाभी से मिलने उनके हॉस्टल भी जाता था, पर प्रेम-रस में पगे नवविवाहित पति की तरह नहीं, पूरी तरह से अभिभावक बनकर! मुझे कभी-कभी ऊब भी होती कि यह प्राणी अपनी बीवी के आगे मास्टर जी क्यों बन जाता है, लेकिन नीतीश से कुछ भी कहना बेमानी था। इसका एक कारण शायद यह था कि नीतीश की छोटी बहन इन्दु भी उसी हॉस्टल में रहकर पढ़ रही थी। नीतीश इन्दु और मंजु, दोनों को लगन से पढ़ने की प्रेरणा देता, अपने पैरों पर खड़ी होने के लिए प्रोत्साहित करता और कुछ पैसे भी, जो उसे स्कॉलरशिप के मिले होते, दे आता। उन दिनों वह यदा-कदा रोमांटिक गाने गुनगुनाता था। एक-दो गानों की मुझे हल्की-सी याद है, एक गाना जो वह गुनगुनाता था वह था, 'जो बात तुझमें है, तेरी तसवीर में नहीं...' और दूसरे गीत के बोल थे, 'हमने देखी है उन आँखों की महकती ख़ुशबू....।' पूछने या चिढ़ाने पर वह अपनी सदाबहार मुस्कुराहट से हम सबको एक साथ पराजित कर देता। कभी-कभी वह सीधा-

सादा पति भी बन जाता जब वह भाभी को रिक्शे पर बैठाकर सिनेमा दिखाने ले जाता। उस समय दोनों इतने ख़ुश दिखते कि लगता शंकर-पार्वती की जोड़ी सीधे कैलास पर्वत से उतर आई है! दोनों एक-दूसरे से बातें बहुत कम करते पर जिस प्रेम-पगी नज़रों से एक-दूसरे को देखकर मुस्कुराते थे, सारे भेद खोलने को काफ़ी होती थीं।'

हम नीतीश के आरम्भिक दाम्पत्य जीवन के शृंगार पक्ष के बारे में कुछ जानने के लिए मीता को थोड़ा कुरेदते हैं, क्योंकि रसमंजरी का वही एकमात्र ब्रह्मा, विष्णु और महेश है। मीता के अलावा इस गोपनीय विषय पर कौशल ही थोड़ा प्रकाश डाल सकता है। हम उसकी भी चिरौरी करते हैं। दोनों की प्रतिक्रियाएँ एक जैसी विस्फोटक होती हैं। मीता तो बस एक ही साँस में ठेठ मैथिली अपशब्दों का प्रयोग करता हुआ हमारी सात पुश्तों का एक साथ उद्धार कर देता है। उसके हिसाब से हम इतने नीच भी हो सकते हैं, यह उसका मन मानने को तैयार नहीं है। पर हमारी इस जिज्ञासा से हमारे अन्दर की कमीनगी का उसे अन्दाज़ हो गया है और अब वह नीतीश के बारे में कुछ भी नहीं बताएगा। कौशल भी इस चर्चा से बहुत आहत दिखते हैं मानो किसी मीना बाज़ार में, जहाँ महिलाओं के अतिरिक्त किसी अन्य का प्रवेश निषिद्ध है, उन्हें सार्वजनिक रूप से निर्वस्त्र कर दिया गया है। लगता है, हमसे भारी अशिष्टता हो गई है। मीता अब भी क्रुद्ध है पर शीघ्र ही थोड़ा संयत होकर बालकांड से उद्धृत करता है—

'शंकर जी के विवाह के उपरान्त सभी देवता उन्हें और पार्वती जी को कैलास पर्वत पर पहुँचाकर अपने-अपने लोक चले गए। इसके बाद वर्णन आता है—

जगत मातु पितु संभु भवानी। तेहिं सिंगारु न कहउँ बखानी।

हम समझ गए हैं कि मीता मंजु भाभी की प्रतिष्ठा अपनी बहन और बेटी जैसी करता है, शायद हम लोगों को मीता से वैसे प्रश्न पूछने ही नहीं चाहिए थे।

थोड़े मान-मनौवल के बाद इस प्रसंग को भूलकर मीता बात आगे बढ़ाता है—

'विवाह के बाद के उन दिनों भी नीतीश को स्वयं से अधिक मेरे भविष्य की चिन्ता रहती, क्योंकि वह तो उसी वर्ष पास हो जानेवाला था, पर मुझे एक साल की देरी थी। शायद यह मंजु भाभी के अच्छे परीक्षाफल का प्रभाव रहा हो, नीतीश ने इंजीनियरिंग की फ़ाइनल ईयर की पढ़ाई पर थोड़ा ध्यान देना शुरू कर दिया। और तो और, वह हमारी रसमंजरी से भी यदा-कदा ग़ायब रहने लगा। यही नहीं, शायद उसी की देखा-देखी अरुण और कौशल भी पढ़ने के प्रति कुछ गम्भीर हो गए। पिछले चार वर्षों में हुए कई आन्दोलनों के कारण इंजीनियरिंग कॉलेज का सत्र क़रीब एक साल पीछे हो गया था। वैसे तो 1972 के अन्त या 1973 की शुरुआत में ही नीतीश की पढ़ाई पूरी हो जानी चाहिए थी, पर सत्र में

विलम्ब हो जाने के कारण सब कुछ अधर में लटक गया था। इंजीनियरिंग के फ़ाइनल ईयर का वह हर गम्भीर विद्यार्थी, जो पिछले चार वर्षों से आन्दोलन का झंडा उठाए फिर रहा था, इस वर्ष जल्द-से-जल्द परीक्षाएँ शेष हो जाने की प्रार्थना कर रहा था। राम-राम करके नवम्बर 1973 में कौशल और अरुण सहित नीतीश भी सभी विषयों में पास होकर बाक़ायदा इंजीनियर बन गया।'

क़ानून की पढ़ाई का सच

उन दिनों की बातें नीतीश से भी जान लेते हैं—

'इंजीनियरिंग की परीक्षा तो मैं पास कर गया लेकिन सिर्फ़ बाबूजी का मान रखने के लिए। मुझमें तब भी लिखने-पढ़ने और कुछ नया जानते रहने की लगन बची हुई थी। मंजु से मैंने सलाह माँगी। वे भी तब पढ़ ही रही थीं। हम दोनों ने मेरे स्वभाव को देखते हुए बहुत सोचकर निश्चय किया कि मुझे लॉ पढ़ना चाहिए। उस विभाग में पढ़ने-लिखने के अलावा नए तरीक़े से सोचने-समझने की बहुत गुंजाइश थी। पढ़ाई पूरी होने के बाद असमानता से दुखियारी जनता और समर्थ लोगों के अत्याचारों से त्रस्त समाज की सेवा का सबसे सहज मार्ग भी क़ानून के गलियारों से ही गुज़रता था। यह भी तो तय ही था कि मेरी इस बलवती इच्छा के आगे, हर बार की तरह, मेरा प्रारब्ध फिर एक बाधा लेकर खड़ा हो जाएगा। लॉ कॉलेज में मुझे कहा गया कि मैंने इंजीनियरिंग की पढ़ाई की है। इस विधा के स्नातकों के लिए क़ानून की पढ़ाई करने का कोई प्रावधान पटना यूनिवर्सिटी में है ही नहीं! बेवक़ूफ़ी से भरे इस उत्तर से मैं समझ गया कि कैसे अक़्ल से पैदल लोगों से मेरा पाला पड़नेवाला है! मैं तत्कालीन कुलपति डॉ. सचिन दत्त के पास अपनी समस्या लेकर पहुँच गया। उन्हें भी मेरे लॉ कॉलेज में दाख़िले के ख़िलाफ़ दिया गया तर्क बड़ा ग़ैर-व्यवहार्य लगा। सारी जानकारी प्राप्त कर लेने के बाद उन्होंने निर्णय मेरे पक्ष में लिया। मुझे लॉ कॉलेज में दाख़िला मिल गया। मैंने पूरे मनोयोग से पढ़ाई भी की लेकिन जब मैं परीक्षा देने गया तो वहाँ खुलेआम हो रही नक़ल देखकर मेरा मन बुरी तरह आहत हो गया। कई वरिष्ठ शिक्षक ही विद्यार्थियों को नक़ल करा रहे थे। बहुत तिक्त मन लेकर मैं परीक्षा हॉल के उस विषाक्त माहौल से उठकर चला आया। तब एक विचार मेरे मन में अंकुरित हुआ, यदि भविष्य में कभी अवसर मिलेगा तो मैं शिक्षा पद्धति को सुधारने के लिए कुछ न कुछ ज़रूर करूँगा। मैंने जैसे ही यह निश्चय किया, मेरी लॉ पढ़ने की इच्छा पर तुरन्त विराम लग गया। तब तक छात्र आन्दोलन की सुबह का तारा क्षितिज पर उगकर जगमगाने लगा था। मैं उसी की उजास से भरकर क्रान्ति के पथ पर चल पड़ा।'

यह सब कहकर नीतीश किसी काम में लग गया है। नीतीश ने जिस दौर की बात कही है उसी दौर का ज़िक्र लेकर आज हम सब नीतीश की तीनों बहनों के पास बैठे हैं। उन दिनों को याद करती हुई नीतीश की सबसे बड़ी बहन ऊषा जी कहती हैं—

'बाबूजी को छोड़कर हम सभी चाहते थे कि नेताजी कोई नौकरी कर लें या किसी व्यवसाय में लग जाएँ। बाबूजी अपने मुँह से कभी कुछ नहीं कहते पर उनकी आन्तरिक इच्छा यही थी कि जो काम वे न कर सके, वह नीतीश कर दिखाएँ अर्थात, राजनीति में ईमानदारी से आगे बढ़ें।'

उत्तम, मध्यम या अधम सन्तान और राखी

पाठकों, अध्यात्म रामायण के अयोध्या कांड में प्रसंग है कि कैकेयी के रनिवास में महाराजा दशरथ बेसुध पड़े हैं। कैकेयी से अपने पिता के दुख का कारण जानकर राम कहते हैं—

जो पुत्र पिता की आज्ञा के बिना ही उनका अभीष्ट कार्य करता है, वह उत्तम है। जो पिता के कहने पर करता है, वह मध्यम होता है और जो कहने पर भी नहीं करता है, वह विष्ठा के समान है!

सच तो यह है कि ऊषा जी की बातें सुनकर हमें लगा कि नीतीश हर प्रकार से उत्तम पुत्र रहा है। हमारी इस बात पर नीतीश की तीनों बहनें सहमति में सर हिलाती हैं। हम पूछते हैं कि बहैसियत भाई नीतीश का व्यवहार उन सबसे कैसा रहा है, विशेष रूप से भाई दूज या रक्षाबन्धन जैसे भाई-बहन वाले त्योहारों के दिन नीतीश क्या करते हैं, क्या लेते-देते हैं? तीनों बहनों का समवेत स्वर मुखरित होता है—

'हम इन पवित्र अवसरों की प्रतीक्षा मुद्रा विमोचन के लिए कभी नहीं करतीं, भाइयों को देखकर ही हम ख़ुश हो जाती हैं। वे सपरिवार प्रसन्न रहें, स्वस्थ रहें, सफल रहें, उनके यश और श्री में वृद्धि होती रहे, यही हमारी कामना रहती है।'

चचा बुक़रात बीच में कूद पड़ता है—

'अमाँ, इसमें क्या ख़ास बात हुई?'

दरअसल, हम सब दोस्तों में नीतीश के अलावा सिर्फ़ चचा बुक़रात को ही ये बहनें हर साल राखी बाँधती हैं। वह है भी ऐसा पक्का कि वह कहीं भी रहे लेकिन हर साल राखी और भाई दूज के दिन अपनी दुपलिया टोपी पहने, आँखों में सुरमा लगाए, ठाट से पटना आ धमकता है। तीनों बहनों के बीच खड़ा होकर पहले वह अपनी ज़ुल्फ़ें सँवारता है फिर अपनी भूसा भरी खोपड़ी पर लम्बा-सा टीका लगवाकर अपनी सेल्फ़ी खींचता है। बाद में वह अपनी टीका

लगी उल्लू वाले चौखटे की फ़ोटो हमें भेजकर बहुत ख़ुश होता है। आज वह बहनों से सीधा पूछता है—

'राखी बाँधने के बाद आप बहनों को नेताजी से क्या मिलता है?'

जवाब में इन्दु बताती हैं—

'वैसे तो बहनें राखी बाँधने भाइयों के घर जाती हैं, लेकिन हमारे नेताजी ठहरे जग से निराले! एक बार रक्षाबन्धन के दिन वे ख़ूब सवेरे मेरे घर आ गए, प्रेम से राखी बँधवाई और मुझे साथ लेकर बड़ी दीदी के घर जाकर नाश्ता किया। फिर हम सब मझली दीदी के घर दोपहर का खाना खाने धमक गए। वहाँ भी बड़ा धमाल हुआ—भरे पेट में भी ख़ूब खाना-पीना, हँसी मज़ाक़, वादे और उलाहना भी। कितना कुछ मज़ेदार उस दिन हुआ, वह हम सबको आज भी एकदम स्पष्ट याद है।'

सस्पेंस तब भी बना हुआ है। बेसब्री से चचा पूछता है—

'अरे बाबा, बता न, आख़िर क्या वसूला है उस ग़रीब से उस दिन?'

उत्तर में तीनों बहनें एक साथ खिलखिलाती हैं जैसे ऊँची पहाड़ी की हरियाली से उतरती झरने की तीन धाराएँ कलकल करती हुई एक साथ मिलकर निःस्वार्थ प्रेम की झील बन गई हों।

इन्दु ही आगे की बात कहती हैं—

'उस दिन नेताजी ने बड़ी ठसक और जोश से वादा किया था कि दक्षिणा मिलेगी और ज़रूर मिलेगी, वह भी जल्दी ही। तब से गंगाजी में न जाने कितना पानी बह गया होगा पर हम तीनों बहनों की आस का बिरवा आज भी हरा है, कभी न कभी दक्षिणा मिलने के विश्वास की खाद से।'

चचा की हँसी से हमेशा किसी चौपाए के रेंकने की गफ़लत हो जाती है इसलिए वह बच्चों, बूढ़ों और औरतों के आगे मुस्कुराकर ही काम चला लेता है। लेकिन इन्दु की इस बात पर वह बेहिसाब हँसकर कहता है—

'देखा, क्या पिद्दी क्या पिद्दी का शोरबा!'

ठीक यही कहानी 2021 में दुहराई गई। तारीख़ थी 22 अगस्त, दिन था रविवार और तिथि थी श्रावण मास की पूर्णिमा अर्थात् रक्षाबन्धन : आज नीतीश सवेरे-सवेरे कलफ़ लगे झकाझक सफ़ेद कपड़े पहनकर एकदम चमक रहा है! पिछली रात देर तक जगकर वह सारे सरकारी काम निबटा चुका है। आज दोपहर तक उसके पास करने के लिए दफ़्तर का कोई भी काम नहीं बचा है। वह अकेला ही सीधे बड़ी दीदी के घर जा धमकता है! उसने आज चचा को भी साथ नहीं लिया है क्योंकि चचा पर कोई दूसरी बड़ी ज़िम्मेदारी आ गई है। यह बड़ी दीदी का वही घर है जहाँ उसे अपनी सन्तान की तरह प्यार करनेवाले उसके बड़े जीजाजी आज नहीं हैं। वही जीजाजी, जो नीतीश

की मुफ़लिसी के दिनों में उसके लिए सबसे बड़ा सहारा थे। आज उन्हें याद करके नीतीश की आँखें नम हो गई हैं। लेकिन तभी अपनी भावनाओं को कुशलता और तत्परता से छुपाने की उसकी जन्मजात प्रतिभा उसके काम आ जाती है। बड़ी दीदी की हमेशा तनी रहनेवाली कमर थोड़ी झुक गई है। दीदी ने अपने भाई के स्वागत के लिए अपनी पलकों का शामियाना टाँग रखा है जहाँ से उनकी पनीली आँखों से कभी-कभी ममता टपक जाती है। ऊषा दीदी ने नीतीश की कलाई में सुरक्षा का सूत्र बाँधने के बाद उसके सर पर आशीर्वाद देने के लिए जो हाथ रखा है वह सिर्फ़ बड़ी दीदी का ही हाथ नहीं है। मइयो सहित उसके सभी पुरखों का आशीर्वाद उन काँपती उँगलियों से नीतीश को एक साथ मिल रहा है।

नीतीश ने वहाँ डटकर नाश्ता किया है और दीदी के क़दमों में अपनी श्रद्धा के सुमन अर्पित किए हैं। सपनों के चिनारों की पगडंडी पर यादों की धूप और छाँव से गुज़रता हुआ नीतीश अब मझली दीदी के घर आ गया है। उसके मझले जीजाजी भी अब स्मृति शेष रह गए हैं। उनकी बाल सुलभ हँसी की अनुगूँज घर के कोने-कोने से आकर नीतीश को भावुक बना रही हैं। इमरजेंसी के दिनों में वह इन्हीं जीजाजी के गोदामों में छिपा करता था। आज न तो वे जीजाजी हैं और न वो गोदाम। बस बच गया है धुन्धला हो चुका यादों का एक टूटा हुआ आईना जिसमें नीतीश का अक्स भी उससे लुका-छिपी खेल रहा है। यह बात तो सब जानते हैं कि उसकी दोनों बड़ी बहनों को पाक कला में महारत हासिल है। अधिक आयु हो जाने और फिर घर में आज्ञाकारिणी बहुओं के आ जाने से प्रभा दीदी अब रसोईघर में ज़्यादा नहीं जाती लेकिन आज उन्होंने नीतीश के लिए उसकी पसन्द का खाना अपने ही हाथों से बनाया है। नीतीश ने तृप्त होकर खाया है और चुपके से दीदी की मुट्ठी में कुछ रखा भी है। अब बारी है इन्दु के घर जाने की। अब तक किराए के घरों में गृहस्थी बसानेवाली इन्दु ने अपने और अनिल जी के रिटायरमेंट के पैसों से अपना छोटा-सा आशियाना बना लिया है। नीतीश यहाँ पहली बार आया है। इन्दु उसकी बहन ही नहीं, बेटी भी है। और हाँ, वह तो नीतीश की पत्नी की सहेली भी रही है। आज नीतीश के चारों ओर से उमड़ रहे यादों के सैलाब में बेशुमार ख़ुशियों की कश्तियों की भरमार-सी है! बहनें, उनके बच्चे और अब उन बच्चों के भी बच्चे! आज तो सबकी आँखों में बस नीतीश ही बस रहा है। नीतीश इस पूरे परिवार के प्रत्येक सदस्य के लिए अपनी नैतिक ज़िम्मेदारी बख़ूबी समझता और निबाहता आया है। इन्दु के यहाँ हो रही भावनाओं की वर्षा से निकलकर बाहर की दुनिया में ज़मीनी हक़ीक़त के थपेड़ों को झेलता हुआ नीतीश बहुत मुश्किल से मुख्यमंत्री का मुखौटा ओढ़ पाता है।

देखिए तो, हम अपनी घुमक्कड़ प्रवृत्ति के कारण फिर से रास्ता भटककर कहाँ आ गए! बात तो नीतीश के विद्यार्थी जीवन में ही आ रहे नेतृत्व की ज़िम्मेदारियों की चल रही थी। कौशल कह रहा है—

'किसी प्रकृति प्रेमी ने एक बार बड़ी अच्छी बात बताई थी। उसकी मानें तो बाढ़ आने पर मछलियों की उन्हीं प्रजातियों के बचने की सबसे प्रबल सम्भावना रहती है जो धारा के विपरीत तैरती हैं। नीतीश की हर शुरुआती लड़ाई स्थापित मान्यताओं के ख़िलाफ़, चलती धारा के विपरीत तैरकर ही हुई है।'

बामसू का जन्म

मीता बहुत गर्व से कहता है—

'हमारे कॉलेज के ज़माने में देश के किसी भी स्थापित इंजीनियरिंग कॉलेज में छात्र यूनियन शुरू करने की बात सपने में भी सोचना आत्मघाती माना जाता था। और यहाँ देखिए, हमने बिहार के सबसे पुराने और प्रतिष्ठित इंजीनियरिंग कॉलेज में बामसू का परचम लहरा दिया। उसकी विस्तृत नियमावली इन्हीं नीतीश बाबू की अकेले की कारस्तानी थी।'

मीता की आँखें अपने मित्र की हिम्मत को याद करके उजास से भर आई हैं। उसकी आँखों की चमक देखकर हम चार दोस्तों के मन में भी नीतीश के साथ ही, और उसी के पैसों से, पटना में देखी गई फ़िल्म 'थ्री ईडियट्स' के हमेशा नए प्रयोग करते रहनेवाले निर्भीक नायक की शक्ल कौंध गई है। हम सब एक ही गाड़ी पर लदकर मोना सिनेमा हॉल में गए थे। और हाँ, लौटते समय नीतीश ने 'बसन्त बहार' रेस्टोरेंट में इडली-दोसा की शानदार पार्टी भी दी थी।

कौशल बामसू की कहानी याद कर रहा है—

'पटना यूनिवर्सिटी के छात्र संघ के नेताओं ने चुनाव जीतने के तुरन्त बाद ही हम लोगों से किनाराकशी करना शुरू कर दिया था। नीतीश महसूस कर रहा था कि बिहार कॉलेज ऑफ़ इंजीनियरिंग के छात्रों की स्थानीय समस्याओं के लिए कोई अलग मंच होना ही चाहिए। तब तक हम फ़ाइनल ईयर में आ गए थे। कॉलेज के इतिहास में पहली बार, 1972 में, हमारी यूनियन बनी, बिहार अभियंत्रण महाविद्यालय स्टूडेंट्स यूनियन यानी बी.ए.एम.एस.यू. या बामसू। नीतीश हुआ इसका पहला, और वह भी निर्विरोध चुना गया अध्यक्ष! दरअसल, बामसू के अस्तित्व में आने के पहले ही पूरे कॉलेज ने एक स्वर से उसे अपना नेता मान लिया था। पहले तो हमारे कॉलेज में ही बामसू के नाम को लेकर मानो तीसरा विश्वयुद्ध शुरू हो गया। कॉलेज के कुछ ठेठ परम्परावादियों को इस हिन्दी-अंग्रेज़ी की खिचड़ी वाले इस नाम पर घोर आपत्ति थी। लेकिन इस

कारण शुरू हुई बहस ने पूरे पटना यूनिवर्सिटी में बामसू के नाम को विद्यार्थियों के मानस-पटल पर अंकित कर दिया।

1973 में नीतीश छात्र जीवन से तो निवृत्त हो चुका था पर छात्र राजनीति से नहीं। वह बामसू का पहला अध्यक्ष था। नीतीश की स्पष्ट सोच के कारण कॉलेज के सारे लड़के, हर मुश्किल की घड़ी में, उसका ही साथ चाहते थे। बामसू के बारे में बिहार कॉलेज ऑफ़ इंजीनियरिंग, पटना की पत्रिका के वार्षिकांक (1973) में अंग्रेज़ी में अरुण का एक लेख छपा है, 'BAMSU IS BORN'.

अरुण छात्र प्रतिनिधि की हैसियत से इस पत्रिका की सम्पादक मंडली में शामिल था। उसके लेख का अविकल अनुवाद तो सम्भव नहीं था इसलिए उसका भावार्थ लिखने की हमने कोशिश की है :

'वर्षों से कॉलेज में अपने विद्यार्थी संघ के लिए आन्दोलन होते रहे थे। लेकिन 1972 में जोशोख़रोश से भरा और स्थापित मान्यताओं को तोड़नेवाला छात्रों का एक नया नेतृत्व प्रशासन के सामने आया। जिसकी अगुवाई कर रहा था दुबला-पतला और नाज़ुक, हद से ज़्यादा शरीफ़ दिखनेवाला लेकिन इस्पात से ज़्यादा मज़बूत इरादों और नौजवानी की मस्ती का सतरंगी गुलदस्ता, हमारा नीतीश! उसी ने बामसू के सारे नियम-क़ानून अकेले ही बनाए थे जिसमें लाख सर पटकने के बाद भी कॉलेज का प्रशासन एक बिन्दी भी इधर से उधर नहीं कर सका था। थक-हार कर कॉलेज ने बामसू को 15 सितम्बर, 1972 को मान्यता दे दी। पूरे कॉलेज ने नीतीश की अनिच्छा के बावजूद ज़बरदस्ती उसे बामसू का पहला अध्यक्ष बना दिया। जब सर पर ज़िम्मेवारी पड़ ही गई तो नीतीश ने तुरन्त हर क्षेत्र के सर्वश्रेष्ठ विद्यार्थियों को विभिन्न कमिटियों का कन्वेनर बनाकर मुर्दा पड़े कॉलेज में फिर से प्राण फूँक दिए। अपने इन कर्मठ साथियों के लिए नीतीश का एक शब्द का सन्देश था, पुनर्जागरण! जो ज्योति बुझ गई थी उसे फिर से जलाना था लेकिन अबकी बार प्रकाश के लिए छोटा-सा दीपक नहीं चाहिए था! इसलिए अबकी बार जो रोशनी कॉलेज को चकाचौंध कर गई, वह थी नीतीश के हाथों में जगमगा रही बड़ी-सी मशाल!! कॉलेज में तुरन्त वार्षिक खेल-कूद सफलतापूर्वक आयोजित किए गए। टेबुल टेनिस के लिए नई टेबुल ख़रीदने की व्यवस्था हुई। कॉलेज में पिछले चार साल से स्पन्दनहीन होकर बन्द पड़े सिनेमेटिक सोसाइटी की तरफ़ से सिनेमा के शो धड़धड़ाते हुए शुरू हो गए। ओल्ड बॉयज़ मीट के दिन कॉलेज के विद्यार्थियों की ओर से बहुत बड़ा वेरायटी इंटरटेनमेंट प्रोग्राम हुआ। और तो और, अलसाई हुई ऊँघती बुढ़िया-सी पड़ी कैंटीन में भी नवयुवतियों जैसी रंगीन और ख़ुशबहार जान आ गई।'

अरुण ने जैसे ही ऊँघती बुढ़िया कहा, अपना बुड्ढा चचा बुक़रात हड़बड़ाकर सीधा हो गया और किसी बुढ़िया को ढूँढ़ने का नाटक करने लगा। हम सब उसकी नौटंकी पर खुलकर हँसते हैं।

विवाह हो जाने के बाद भी नीतीश कुमार बामसू सहित कई संस्थाओं और संगठनों का काम पहले की भाँति, पूरी लगन से करता रहा। वह निर्विवाद रूप से उस समय के पटना यूनिवर्सिटी के सर्वाधिक सुलझे हुए छात्र नेताओं में एक था जिसके लिए कुर्सी या पद का कोई अर्थ नहीं था। बामसू में कहीं भी नियोजन या प्रबन्धन के मुद्दों पर पेच फँसने पर उसके समाधान के लिए कॉलेज के नए नेता नीतीश के पास ही आते। नीतीश के नियोजन तथा प्रबन्धन कर सकने की अपार क्षमता की प्रशंसा करते नहीं थकनेवालों में एक है सुनील कुमार सिंह। वे कहते हैं—

'मैंने पाया कि नीतीश जी की नियोजन क्षमता असाधारण है। वे रेल मंत्रालय में भी काफ़ी मनन के बाद, दिन, सप्ताह और माह के कार्यक्रम तय करते थे। इसलिए इनकी प्लानिंग लम्बी, सोची-समझी और दूरगामी होती थी जो विरले ही असफल हुई होगी। जिस गम्भीरता से ये रेलवे का भारी-भरकम बजट तैयार करते थे, उसी मनोयोग से अपनी गृहस्थी का छोटा-सा बजट भी बनाते थे। अपने वेतन में पटना, दिल्ली की गृहस्थी और बच्चे की पढ़ाई के ख़र्च का सम्यक् प्रबन्ध भी पूरी निष्ठा से करते थे। बिना पूरी जानकारी, धन की व्यवस्था और संसाधनों की उपलब्धि सुनिश्चित किए हुए ये रेलवे की कोई भी नई परियोजना घोषित नहीं करते थे। यही नहीं, रेलवे में सुरक्षा तथा प्रबन्धन सिद्धान्तों को ठोस रूप से अमलीजामा भी इन्होंने पहनाया है, भले ही श्रेय कोई और लूट ले।'

गुजरात में जली मशाल

1973 के अन्तिम दिनों में गुजरात के छात्रों ने सरकार के विरुद्ध विराट आन्दोलन शुरू किया। क़रीब-क़रीब उसी तर्ज़ पर बिहार के छात्रों में भी राज्य सरकार के ख़िलाफ़ आक्रोश बढ़ने लगा। गुजरात में क्या हुआ था, यह जानने के लिए हमें रुककर सिंहावलोकन करना होगा।

1971 में पाँचवीं लोकसभा के चुनाव, समय से एक वर्ष पहले ही, फ़रवरी-मार्च में हो गए थे। मार्च में आए नतीजों में इन्दिरा गांधी की कांग्रेस को 520 में से 362, सीटों अर्थात् दो-तिहाई सीटों पर अभूतपूर्व विजय मिली। रायबरेली की सीट पर इन्दिरा गांधी ने संसोपा के राजनारायण को भारी मतों से पराजित किया था। राजनारायण के लिए यह हार बिलकुल अप्रत्याशित थी क्योंकि नतीजों के

आने से पहले ही उनके समर्थकों ने विजय जुलूस भी निकाल लिया था! इन्दिरा गांधी 15 मार्च, 1971 को फिर से देश की प्रधानमंत्री बन गईं। रायबरेली के नतीजों से नाख़ुश होकर राजनारायण ने 24 अप्रैल, 1971 को इलाहाबाद हाईकोर्ट में इस चुनाव को निरस्त करने की याचिका दायर कर दी।

यहाँ रुककर एक बात समझने की है। देश में 1950 में ही कांग्रेसी सरकार ने 1 साल के लिए निवारक निरोध अधिनियम-पीडीए (Preventive Detention Act of 1950), लागू किया था। बाद में चीन से हुए युद्ध के कारण इसे 31 दिसम्बर 1969 तक बढ़ा दिया गया था। 1971 के मार्च महीने में इन्दिरा गांधी के फिर से प्रधानमंत्री के पद पर आने पर जब राजनारायण ने इन्दिरा जी के चुनाव के ख़िलाफ़ अदालत का दरवाज़ा खटखटाया, तब कांग्रेसियों को इस अधिनियम की याद आई जो बाद में 'मीसा' नामक निहायत क्रूर अधिनियम की जननी बनी। 7 मई, 1971 को राष्ट्रपति ने आन्तरिक सुरक्षा व्यवस्था अध्यादेश (Maintenance of Internal Security Ordinance) जारी किया। 2 जुलाई, 1971 को संसद ने इसे पारित करके देश पर आन्तरिक सुरक्षा व्यवस्था अधिनियम (Maintenance of Internal Security Act) या मीसा (MISA) थोप दिया।

'मीसा' स्वयं में ही अत्यन्त कठोर क़ानून था लेकिन 1975 में, जब देश में इमरजेंसी लगी, इस अधिनियम का और भी क्रूरता से प्रयोग होने लगा। इस दौरान पूर्व प्रधानमंत्री वाजपेयी और नीतीश सहित विपक्ष के तमाम छोटे-बड़े नेताओं, कांग्रेस विरोधियों, निर्भीक पत्रकारों और निष्पक्ष सामाजिक कार्यकर्ताओं को जेल में डाल दिया गया।

यहाँ यह बताना समीचीन होगा कि भारत में आपातकाल का लम्बा इतिहास भी है। स्वतंत्र भारत में पहली बार इमरजेंसी 26 अक्टूबर, 1962 से 10 जनवरी, 1968 तक लगी। इसकी वजह चीन के साथ भारत के युद्ध के कारण देश की सुरक्षा पर आए ख़तरे थे। दूसरी बार भारत में आपातकाल, भारत-पाक युद्ध के दौरान, 1971 में 3 दिसम्बर से लेकर 17 दिसम्बर तक लगाया गया। इसका कारण भी देश की सुरक्षा पर बाहरी ताक़तों के द्वारा आक्रमण से आया ख़तरा था। देश में तीसरी बार आपातकाल की घोषणा 25 जून, 1975 को हुई। इस बार इसका कारण युद्ध के कारण देश की सुरक्षा के अतिरिक्त आन्तरिक अशान्ति भी बताया गया था। यह आपातकाल 21 मार्च, 1977 तक रहा। जनता सरकार, जिसके हितैषियों को आपातकाल और मीसा का दंश सर्वाधिक झेलना पड़ा था, के सत्तारूढ़ होने के साथ ही, ये दोनों जन विरोधी क़ानून काल-कवलित हो गए!

मीसा और इमरजेंसी की चर्चा से पहले हम गुजरात की बात कर रहे थे! वापस उसी पर लौटें। डगर को पकड़कर पीछे देखने से पता चलेगा कि गुजरात

की 1960 में स्थापना हुई थी तब से ही वहाँ कांग्रेस का एकच्छत्र राज्य चल रहा था। सितम्बर 1965 से लेकर 12 मई, 1971 तक गुजरात में हितेन्द्र भाई कन्हैया लाल देसाई की सरकार रही। जब इन्दिरा जी ने कांग्रेस को दो फाड़ में बाँटा था तब गुजरात के मुख्यमंत्री हितेन्द्र देसाई उनके समर्थक थे लेकिन मोरारजी भाई देसाई के प्रभाव से हितेन्द्र भाई उनकी पार्टी कांग्रेस (संगठन) में आ गए थे। केन्द्रीय सरकार से विरोध रहने के बाद भी उनका राज पाट अबाध गति से चलता रहा। इधर लोकसभा के चुनावों में मिली अभूतपूर्व सफलता के बाद विभिन्न राज्यों में हुए विधानसभा चुनावों में भी इन्दिरा कांग्रेस को भारी सफलता मिली। गुजरात में कांग्रेस (संगठन) में भगदड़ मच गई। कांग्रेस (संगठन) के 17 विधायकों के पार्टी की सदस्यता से इस्तीफ़ा दे देने से हितेन्द्र देसाई की सरकार अल्पमत में आ गई। 31 मार्च, 1971 को उन्होंने मुख्यमंत्री पद से इस्तीफ़ा दिया लेकिन राज्य में 13 मई को, राष्ट्रपति शासन लगने तक, वे मुख्यमंत्री बने रहे। राष्ट्रपति शासन 17 मार्च, 1972 तक चला जिसके बाद गुजरात में भी नए सिरे से विधानसभा के चुनाव हुए। इस चुनाव में जीतकर इन्दिरा कांग्रेस के नेता घनश्यामदास ओझा की सरकार 17 मार्च, 1972 से लेकर 17 जुलाई, 1973 तक सत्ता में रही। उस समय ओडिशा में राष्ट्रपति शासन लगा हुआ था जहाँ नन्दिनी सत्पथी इन्दिरा कांग्रेस का सबसे चर्चित और विश्वसनीय चेहरा थीं। इन्दिरा गांधी से उनकी निकटता जगज़ाहिर थी। 1972 में ओडिशा में हुए उप-चुनाव के बारे में कहा गया कि लाखों रुपये ख़र्च करके नन्दिनी सत्पथी को ओडिशा विधानसभा के लिए जिताया गया था। कहा जाता है कि यह अनाप-शनाप धन गुजरात की कांग्रेसी सरकार से ओडिशा पहुँचा था। जेपी ने जब इस पर इन्दिरा से बात की तो इन्दिरा ने उन्हें टका-सा जवाब देकर टरका दिया। इसके बाद 1973 में हुए यूपी विधानसभा चुनाव के बारे में संसद में हो रही बहस के दौरान में विपक्षी दलों ने कांग्रेस पार्टी पर छह करोड़ रुपये ख़र्च करने का आरोप लगाया था। यह आरोप इतना दमदार था कि गृहमंत्री ने इस सवाल पर चुप्पी साधते हुए इसका जवाब तक नहीं दिया। गुजरात में स्थिति बद से बदतर होती जा रही थी। इस बीच गुजरात में ओझा जी को हटाकर 18 जुलाई, 1973 को चिमन भाई पटेल के नेतृत्व में इन्दिरा कांग्रेस की नई सरकार बनी। 1973 में चिमन भाई पटेल की कांग्रेसी सरकार के सत्तारूढ़ होते ही गुजरात में पहले से ही ध्वस्त हो रही सरकारी व्यवस्था नष्टप्राय हो गई। तब तक पूरे गुजरात में भ्रष्टाचारियों और कालाबाज़ारियों के ऐसे पौ-बारह हो गए थे कि उनके क़दम ज़मीन पर पड़ना ही बन्द हो गए! दैनिक जीवन की हर आवश्यक वस्तुएँ या तो बाज़ार से ग़ायब ही हो गईं या उनके दाम आकाश छूने लगे थे। यहाँ तक कि राजकोट में पीने के पानी की कमी के कारण 14 दिसम्बर, 1973 को स्कूल और कॉलेज के

लड़कों ने हड़ताल करके शहर का जनजीवन पूरी तरह से ठप्प कर दिया। मोरवी इंजीनियरिंग कॉलेज के विद्यार्थियों को हॉस्टल में खाने के लाले-वाले पड़ गए थे। वहाँ भारी क़ीमतों पर बेहद घटिया खाना मिल पाता था। इसलिए विद्यार्थियों ने 31 दिसम्बर, 1973 को राजकोट शहर में क़हर बरपा दिया। इसके जवाब में सत्ता के मद में चूर, अपने आपको सर्वशक्तिमान माननेवाले, प्रशासन ने मोरवी कॉलेज बन्द करवा दिया। इसके विरोध में 7 जनवरी, 1974 को अहमदाबाद के सभी 360 स्कूल और कॉलेज बन्द रहे। हालात इतने बेक़ाबू हो गए कि प्रशासन ने 10 जनवरी, 1974 को बड़ौदा में सेना बुलवा लिया। इस प्रकार यहाँ तक आते-आते यह बात तो स्पष्ट हो जाती है कि गुजरात का यह आन्दोलन मूल रूप से छात्रों ने 14 दिसम्बर, 1973 को शुरू किया था। इसके क़रीब एक पखवाड़े के बाद, इससे आम जनता जुड़ी। थोड़े दिनों में सरकार विरोधी पार्टियाँ भी इस आन्दोलन में घुसकर अपनी रोटियाँ सेंकने लग गईं। उन्हीं दिनों गुजरात में नवनिर्माण समिति द्वारा चलाए जा रहे प्रयासों और आन्दोलन का व्यापक प्रभाव वहाँ की राजनीति पर पड़ता दिख रहा था। जेपी सीधे तौर से इस आन्दोलन से फ़रवरी 1974 में जुड़े और इसे सही दिशा देने में सफल भी हुए। गुजरात आन्दोलन पर अंकुश लगाने में पूरी तरह असफल रहने के बाद केन्द्रीय गृहमंत्री उमाशंकर दीक्षित ने फ़तवा दिया था कि यह आन्दोलन छात्रों ने शुरू नहीं किया था; इसकी परिकल्पना और शुरुआत देशद्रोही विपक्ष ने की थी और जिसे जेपी ने उकसाया था।

इसी बात का ज़िक्र राव दम्पती, अमिय राव और बीजी राव, की 1975 में छोटी, मगर बेहद संजीदा किताब 'आपातकाल क्यों' में भी किया गया है। इसमें गुजरात आन्दोलन के घटनाक्रम को सिलसिलेवार से बताते हुए निष्कर्ष में कहा गया है—

'ये सब तथ्य हैं। इनसे पता चलता है कि केन्द्रीय गृह मंत्री का दावा कितना ऊटपटाँग है कि इस आन्दोलन की शुरुआत और परिकल्पना देशद्रोही विपक्ष ने की थी जिसे जेपी ने उकसाया था।'

जेपी फ़रवरी 1974 में गुजरात पहुँचकर चार दिनों तक अहमदाबाद में रहे। इस दौरान विद्यार्थियों, व्यापारियों, रचनात्मक कार्यकर्ताओं आदि की सभाओं में जेपी के भाषण हुए। उन्होंने देखा कि पहली बार विद्यार्थियों ने अपने वर्ग की माँगों से ऊपर उठकर जनता की व्यापक माँगों के लिए संघर्ष किया। 9 फ़रवरी, 1974 को गुजरात की कांग्रेस शासित असेम्बली भंग हो गई और 18 जून, 1975 तक वहाँ राष्ट्रपति शासन लगा रहा।

उन दिनों के बारे में थोड़ी और स्पष्टता के लिए हम जेपी की जीवनी के कुछ अंश देख लेते हैं :

'15 अप्रैल, 1973 को प्रभावती जी की मृत्यु हो जाने से जीवन में आ गई रिक्तता को भरने के लिए वे (जेपी) अध्यात्म की ओर मुड़ गए। उन दिनों देश की राजनीतिक और सामाजिक स्थिति बद-से-बदतर होती जा रही थी। दिसम्बर 1973 में जेपी विनोबा जी से मिलने पवनार गए और वहाँ दो-चार दिन ठहर गए। 9 दिसम्बर, 1973 को उन्होंने वहीं से 'यूथ फ़ॉर डेमोक्रेसी' की अपील की थी। दरअसल, इन्दिरा गांधी ने युवा विश्व संसद के लिए अपने सन्देश में कहा था—

'युवा शक्ति के रूप में एक नई शक्ति पैदा हुई है। सम्पूर्ण विश्व में युवा वर्ग बेचैन है और एक न एक प्रकार के प्रतिरोध में संलग्न है।'

प्रतिरोध के कारणों में श्रीमती इन्दिरा गांधी ने युद्ध, नस्लभेद, प्रभुत्व, विषमता आदि को इंगित किया था। इसी के प्रत्युत्तर में जेपी ने 'यूथ फ़ॉर डेमोक्रेसी' की अपील की थी। इसमें उन्होंने कई मार्के की बात कही थी—

'चुनाव के दरम्यान ही जनता अपनी सम्प्रभुता का दबाव बनाने में समर्थ होती है और अपने शासकों के चयन के लिए अपने लोकतांत्रिक जन्मसिद्ध अधिकार का इस्तेमाल करती है। किन्तु, आज़ादी के बाद से जनता और जनतांत्रिक व्यवस्था के लिए चुनाव उत्तरोत्तर अप्रासंगिक होते जा रहे हैं। कारण यह है कि पैसा, झूठ-फ़रेब, भ्रष्टाचार और बाहुबल ने चुनाव के अर्थ एवं मूल तत्त्व को ही निरन्तर काट खाने के लिए आपस में साँठ-गाँठ किया हुआ है। चुनाव ख़र्च दिन दूनी रात चौगुनी गति से बढ़ता जा रहा है। ऐसे मामले सामने आ चुके हैं, जिसमें यह सूचना दी गई कि विधानसभा के महज़ एक उम्मीदवार ने 30 से 40 लाख रुपये और लोकसभा उम्मीदवार ने 60 से 90 लाख रुपये ख़र्च किए। परन्तु यदि औसत व्यय इस चौंकानेवाली राशि का दसवाँ भाग भी हो, तब भी निर्धन पार्टी अथवा उसके उम्मीदवार के लिए कोई सम्भावना नहीं बचती। ना ही इस राशि को ख़र्च करने की क्षमता रखनेवाले प्रतिनिधि से ग़रीब के लिए काम करने की अपेक्षा कभी की जा सकती है।'

यह अपील जेपी ने ऐसे समय की थी, जब उत्तर प्रदेश, ओडिशा और त्रिपुरा में विधानसभा के चुनाव होनेवाले थे। तब वह दौर था जब चुनावों में ज़ोर-ज़बरदस्ती करके हर प्रकार की अनुचित कार्रवाइ अपनाई जाने लगी थी। दिसम्बर 1973 में ही जेपी ने इस बारे में सभी सांसदों को पत्र लिखकर अपनी चिन्ता से अवगत कराया था। उन्हीं दिनों जेपी के मन में लोकतांत्रिक मूल्यों की रक्षा का कार्यक्रम शुरू करने का विचार जागा। प्रश्न था कि इस काम का माध्यम क्या हो? उनकी दृष्टि विद्यार्थियों और युवकों पर पड़ी।

'यूथ फ़ॉर डेमोक्रेसी' वाली अपील में जेपी ने यह भी कहा था—

'युवा छात्रों का एक छोटा हिस्सा विभिन्न दलों में विभाजित है, किन्तु उनकी काफ़ी बड़ी संख्या, जिसमें विद्यालय नहीं जानेवाले युवा भी हैं, असम्बद्ध है। इसी

बड़ी जमात से मैं अपील कर रहा हूँ। संयोग से, युवाओं के कुछ ग़ैरदलीय संगठन हैं, जैसे तरुण शान्ति सेना, किशोर भारती, एफआरईए (FREA India)। ये और इस प्रकार के अन्य संगठनों को अपने भाइयों और बहनों को एकजुट करने के लिए आगे आना चाहिए। किन्तु मेरा सुझाव होगा कि इस मामले में किसी की पहल का इन्तज़ार नहीं किया जाए। जहाँ कहीं आवश्यक नेतृत्व अस्तित्व में हो, युवाओं का स्वत:स्फूर्त संगठन खड़ा हो, जिसके लिए मैं 'यूथ फ़ॉर डेमोक्रेसी' नाम सुझाता हूँ। वस्तुतः 'यूथ फ़ॉर डेमोक्रेसी' एक संगठन से अधिक आन्दोलन होना चाहिए।...युवक स्वयं आवश्यक संसाधन जुटाने में समर्थ हों और अपने स्थानीय तथा राष्ट्रीय नेतृत्व का सृजन करें।'

जेपी की इस अपील के अन्त में कहा गया है—'विश्व के कई हिस्सों में छात्रों ने अपने देश की राजनीतिक नियति को सँवारने में निर्णायक भूमिका निभाई है। थाईलैंड इसका सबसे ताज़ा उदाहरण है। भारत की युवा शक्ति के लिए राष्ट्रीय क्षितिज पर आने का और जनता के आधिपत्य को स्थापित करने तथा थैली, झूठ-फ़रेब तथा निर्दयी शक्ति (पशुबल) पर इसकी विजय को पक्का करने में निर्णायक भूमिका अदा करने का यह सही समय है।'

अपनी इस अपील पर गुजरात के विद्यार्थियों की सकारात्मक प्रतिक्रिया से उत्साहित होकर जेपी ने ऐलान किया—

'अब जंग जनता और सरकार के बीच है। पैसा, झूठ एवं पशुबल के बोलबाले पर विजय प्राप्त करनी चाहिए। इसके लिए घड़ी पक चुकी है।'

गुजरात की तरह ही बिहार में 1973 से ही कांग्रेसी सरकार के भ्रष्ट और निकम्मे प्रशासन के विरुद्ध सुगबुगाहट शुरू हो गई थी। 1974 की शुरुआत से ही छात्रों का अकल्पनीय रोष विराट आन्दोलन बनकर समाज के सामने आशाओं का प्रकाश पुंज बनकर खड़ा हो गया। आइए, हम समझने की कोशिश करते हैं कि बिहार में गुजरात के ढर्रे पर सत्ता परिवर्तन के बारे में जेपी के आरम्भिक विचार क्या थे?

राव दम्पती की पुस्तक में जेपी के एक वक्तव्य का ज़िक्र है—जिसका ध्वन्यार्थ है—

'मैं मानता हूँ कि जो गुजरात ने किया उसकी पुनरावृत्ति दूसरी जगह नहीं हो सकती। जहाँ तक मैं देख पाता हूँ, कम से कम बिहार में तो नहीं।...यहाँ छात्र नाउम्मीदी की हद तक बिखरे हुए हैं। बिहार के छात्रों तथा शिक्षकों के नैतिक गुण गुजरात (के छात्रों तथा शिक्षकों) जैसे नहीं हैं। फिर भी जो इस देश को बचाना चाहता है उसे अवश्य ही युवाओं के बीच काम करना होगा क्योंकि देश के भविष्य को बनानेवाले वही हैं।'

जेपी की इस बात पर चचा कहता है—

'बोलो तो भला, बिहारी ख़ून दुनिया-भर के रेगिस्तानों में फूल उगाने के बाद अपनी सरज़मीं को नख़लिस्तान बनाए बग़ैर कैसे ख़ामोश बैठेगा?'

उसने अपनी फ़ितरत के उलट, इस बार बहुत सही बात कही है। हुआ यूँ कि जेपी ने 22 जनवरी, 1974 को पटना यूनिवर्सिटी के सीनेट हॉल और बाद में 01 फ़रवरी, 1974 को पटना कॉलेज मैदान में, नस-नस में आग भर देनेवाली ललकार से छात्रों को सम्बोधित किया था। इन दोनों भाषणों के बीच में जेपी एक बार सहरसा के राघोपुर प्रखंड में 31 जनवरी, 1974 को जाकर बड़ा ओजपूर्ण भाषण दे आए थे जिसमें उन्होंने कहा था—

'लगता है, आज हम एक दूसरे सन् 1942 के किनारे पर खड़े हैं। एक दूसरी क्रान्ति होने जा रही है। शहरों में हिंसा-कांड, विद्यार्थियों के उपद्रव और कहीं दूसरे प्रकार से जनता का असन्तोष, दुःख प्रकट हो रहा है। देहातों में भी लोगों के दिलों में, मानस में परेशानी है। ये चिह्न हैं आनेवाली क्रान्ति के।'

शायद उसी दिन जेपी ने आनेवाली क्रान्ति का उद्घोष कर दिया। इसके बाद बिहार के छात्रों के जोश का आलम यह था कि दो दिनों बाद ही, यानी 3 फ़रवरी, 1974 को मुज़फ़्फ़रपुर में बिहार के छात्र नेताओं का बड़ा सम्मेलन हुआ। इस सम्मेलन में सिर्फ़ पटना और बिहार यूनिवर्सिटी के छात्र नेता भाग ले सके थे। पटना यूनिवर्सिटी छात्र संघ की ओर से लालू प्रसाद यादव और सुशील मोदी ने सम्मेलन में भाग लिया था। इस सम्मेलन में न तो सुरेश जा पाया था और न नीतीश। लेकिन, अगले दिन ही उन्हें इस बैठक में लिये गए फ़ैसलों की पूरी जानकारी मिली। इस बीच 9 फ़रवरी, 1974 को गुजरात की विधानसभा भंग हो गई जिसके लिए वहाँ हुए छात्र आन्दोलन को बड़ा श्रेय मिला।

बिहार के छात्रों का उत्साह देखकर नीतीश को लगा कि यहाँ से अब कोई न कोई नई राह ज़रूर फूट निकलेगी। उसे समझ में आ गया कि अब छात्रों की माँगें सिर्फ़ अपनी छोटी-सी दुनिया में सीमित न रहकर राज्य की सभी सामाजिक बुराइयों को हटाने में परिवर्तित होनेवाली हैं और ज़माना बदलनेवाला है। 11 फ़रवरी, 1974 के पटना के समाचार-पत्रों में सुशील मोदी का वक्तव्य छपा कि पटना यूनिवर्सिटी छात्र संघ के तत्त्वावधान में 17-18 फ़रवरी, 1974 को पटना में बिहार राज्य छात्र नेता सम्मेलन का आयोजन किया जा रहा है जिसमें पूरे राज्य से क़रीब तीन सौ प्रतिनिधि भाग लेंगे। जैसाकि श्रवण कुमार गर्ग की किताब 'बिहार-आन्दोलन एक सिंहावलोकन'* में बताया गया है, उस सम्मेलन की सफलता के लिए एक 'संचालन तैयारी समिति' भी बनी। उसमें विभिन्न

* दिसम्बर 1974 में वाराणसी से छपी।

संस्थाओं के प्रतिनिधियों के रूप में लालू प्रसाद यादव और सुशील कुमार मोदी (पटना यूनिवर्सिटी छात्र संघ के अध्यक्ष और सचिव), भवेशचन्द्र प्रसाद (तरुण शान्ति सेना), रामबहादुर राय (विद्यार्थी परिषद), रघुनाथ गुप्त (समाजवादी युवजन सभा), मिथिलेश कुमार सिंह (युवक कांग्रेस (संगठन), विक्रम कुँवर, (भारतीय युवा संघ), शम्भू शरण श्रीवास्तव (एआइएसएफ), बलदेव झा (बिहार स्टूडेंट्स एसोसिएशन), ब्रह्मदेव सिंह (एसएफआई-तकी रहीम ग्रुप), विजय कुमार सिन्हा (आयुर्वेदिक कॉलेज), उदय कुमार सिंह (होमियोपैथी कॉलेज), नरेन्द्र कुमार सिंह और रामजतन सिन्हा (पटना यूनिवर्सिटी छात्र संघ के पूर्व अध्यक्ष और पूर्व सचिव) रखे गए। सम्मेलन में विचार किए जानेवाले विषयों पर होनेवाली चर्चा के दौरान अध्यक्षता करने के लिए 'संचालन तैयारी समिति' की तर्ज़ पर 'अध्यक्ष-मंडल' का गठन हुआ जिसमें लालू, सुशील, नरेन्द्र, रघुनाथ, मिथिलेश, शम्भू शरण और बलदेव को अलग-अलग सत्रों की अध्यक्षता करने का काम सौंपा गया। 3 फ़रवरी को मुज़फ़्फ़रपुर में हुए सम्मेलन में मात्र दो यूनिवर्सिटी के लोगों के भाग लेने के बाद यह आवश्यक समझा गया इस सम्मेलन का स्वरूप पूरे राज्य के स्तर का ज़रूर हो जिसमें ज़्यादा से ज़्यादा कॉलेजों की भागीदारी हो। इसके लिए हर कॉलेज से दो-दो और हर राजनैतिक तथा ग़ैर राजनैतिक सक्रिय युवा संगठनों से एक-एक प्रतिनिधि को सम्मेलन में आमंत्रित किया गया। 17 फ़रवरी को नियत समय पर हुए सम्मेलन में राज्य भर के क़रीब 70 कॉलेजों से 250 के आसपास छात्र नेता आए शामिल हुए।

आगे का हाल नीतीश के शब्दों में सुनिए—

'छात्र नेताओं का यह सम्मेलन कई मायने में अभूतपूर्व था जिसमें केन्द्र तथा राज्य में दिशाहीन और संवेदनाशून्य कांग्रेसी सरकार को जगाने के लिए बड़े स्तर पर आन्दोलन करने का निर्णय किया गया। उसी दिन छात्रों ने मिलकर 'बिहार राज्य छात्र संघर्ष समिति' बनाई।'

उस काल में नीतीश के सबसे क़रीब मीता ही था। वह हमें आगे की बात बता रहा है—

'बिहार राज्य छात्र संघर्ष समिति की स्थापना होते ही राज्य में स्थानीय और केन्द्र सरकारों के निकम्मेपन और भ्रष्टाचार के प्रति फिर से प्रतिरोध की सुगबुगाहट शुरू हो गई थी। यद्यपि प्रभावती जी के देहावसान के पहले तक जेपी बिहार में ही चुपचाप रहकर सर्वोदय के काम में लगे हुए थे, लेकिन उनके या उनके काम के बारे में बिहार के लोगों को बहुत कम जानकारियाँ थीं। अपनी आदर्शों वाली सर्वोदयी दुनिया में व्यस्त और जनमानस से बिसर रहे जेपी का अचानक देश के क्षितिज पर फिर से उदित होना नीतीश सहित पूरी रसमंजरिया पार्टी के लिए आश्चर्यजनक रूप से प्रेरणादायक था।'

छात्र आन्दोलन की सुलगती आँच

हम फिर से इस विराट आन्दोलन में, बिना आगे-पीछे की सोचते हुए, अपना सर्वस्व झोंकने को आतुर, नीतीश को याद कर रहे हैं जो 17-18 फ़रवरी, 1974 को पटना में होनेवाले राज्य स्तर के छात्र सम्मेलन की तैयारियों में कमर कसकर पिला हुआ था।

यहाँ एक बात पर ध्यान देना ज़रूरी है। तब तक, लालू यादव, सुशील मोदी, नरेन्द्र सिंह, वशिष्ठ नारायण, रामजतन, विक्रम कुँवर, रविशंकर प्रसाद, मिथिलेश आदि, छात्र नेताओं के रूप में स्थापित हो चुके थे। वैसे ये सब नेता या तो समाजवादी या फिर दक्षिणपंथी विचारधारा वाले थे लेकिन सबके अलग-अलग ख़ेमे भी थे। उनमें अगर एकाध अपवाद थे तो नीतीश निश्चित रूप से उनमें एक था। प्रायः सभी गुटों में उसकी पहचान एक ऐसे बेहद कर्मठ और पढ़े-लिखे विद्वान युवा के रूप में बन चुकी थी जो किसी भी राजनीतिक विषय पर साधिकार गम्भीर बातें कर सकता था। एक बात और ध्यान में रखने की है कि छात्र सम्मेलन की 'संचालन तैयारी समिति' और 'अध्यक्ष मंडल' में वामपंथी विचारधारा वाले छात्रों का बहुत अच्छा प्रतिनिधित्व था। बाहर से देखने से लगता था कि कांग्रेसी सरकार के विरोध में उठ खड़े इस आन्दोलन में वे भी बढ़-चढ़कर भाग ले रहे थे। पटना मेडिकल कॉलेज में पढ़नेवाला शम्भु शरण श्रीवास्तव, एआइएसएफ का बहुत सक्रिय कार्यकर्ता होने के साथ-साथ नीतीश का बहुत अच्छा मित्र भी था। उसने अपनी पूरी टीम के साथ मिलकर बिहार में सम्मेलन की सफलता के लिए बहुत काम किया था। उधर दिल्ली में कम्यूनिस्ट पार्टी इन्दिरा गांधी की अलोकतांत्रिक नीतियों को दिलोजान से समर्थन दे रही थी। कई बार तो यह अनुभव होने लगा था कि इस छात्र आन्दोलन के प्रति कम्यूनिस्टों की नीयत ठीक नहीं है। कालान्तर में कम्यूनिस्ट सहयोगियों पर से छात्र संघर्ष समिति के सदस्यों का विश्वास डगमगाने लगा। कम्यूनिस्टों की घातक चालों के विरुद्ध नीतीश के ज्ञान और अपनी बात पुरज़ोर तरीक़े से सामने रखने की उसकी आज़माई हुई ताक़त पर छात्र संघ के खुर्राट नेताओं का पूरा भरोसा था। 17-18 फ़रवरी, 1974 को पटना यूनिवर्सिटी में राज्य स्तर का जो छात्र सम्मेलन हुआ था उसमें भारत की अन्तरराष्ट्रीय नीति पर नीतीश ने मूल प्रस्ताव पेश किया। नीतीश का वह भाषण क्या था, शब्दों और तथ्यों का अब तक का बिलकुल अनदेखा, लेकिन महा शक्तिशाली, बवंडर था वह। उसके एक-एक वाक्य ने भारत सरकार की खोखली और सिद्धान्तविहीन विदेश नीति की बखिया उधेड़कर रख दी। अपने प्रस्ताव में नीतीश ने पहले नए निर्गुट आन्दोलन की आवश्यकता की सटीक और सारगर्भित व्याख्या की। उसने साबित कर दिया कि भारत की निरपेक्ष नीति में आमूल-चूल परिवर्तन की आवश्यकता है। इस नई

सोच के बेहद बेबाक़ स्वर को सुनकर नौजवानों के सर अपने आप सहमति में हिलने लगे थे। अपनी बात के प्रभाव से उत्साहित होकर नीतीश ने प्रस्ताव रखा था कि अब भारत सही मायने में तटस्थ देश की भूमिका निभाए। उसने पहले कहा कि दुर्भाग्यवश भारत नाटो सन्धि के देशों का पिछलग्गू बन रहा है। फिर उसने वियतनाम और दुनिया के अन्य भागों में हुई अमेरिकी दादागिरी को ख़ूब लताड़ा। अमेरिकी साम्राज्यवादी और लोकतंत्र विरोधी हरकतों की उसने ऐसी लोमहर्षक व्याख्या की कि पूरा हॉल तालियों से गूँज उठा जिसमें सबसे मुखर स्वर उसके कम्यूनिस्ट ख़ेमे के दोस्तों का था।

लेकिन असली तमाशा तो उसके बाद शुरू हुआ जब बिना अपनी पलकें झपकाए नीतीश ने उसी स्वर में हंगरी और चेकोस्लोवाकिया में सोवियत संघ के अवांछित हस्तक्षेप को लोकतंत्र विरोधी और साम्राज्यवादी साबित कर दिया! उसने लगे हाथों वारसा सन्धि के देशों के भी परखच्चे उड़ा दिए। उसकी ये तथ्यात्मक बातें उसके कम्यूनिस्ट मित्रों पर चाबुक की तरह साँय-साँय पड़ने लगी। नीतीश के इस अप्रत्याशित हमले से तिलमिला रहे सभा में बैठे कम्यूनिस्टों को काटो तो ख़ून नहीं! नीतीश की इस बात पर तालियाँ कुछ कम पड़ीं क्योंकि उसने भरी महफ़िल में सोवियत संघ की नीतियों की जो ज़बरदस्त छीछालेदारी की थी, वह कम्यूनिस्ट विचारधारा के हिमायती सदस्यों के बर्दाश्त के बाहर हो चुकी थीं। नतीजतन, साम्यवाद का दम भरनेवाले सारे कॉमरेड शम्भु शरण के नेतृत्व में बैठक से पलायन करते भए!!

अपने इस पराक्रम वाले प्रसंग की चर्चा नीतीश ने अख़बार में छपे अपने एक आलेख में बहुत दबी ज़बान से की है।

27 नवम्बर, 2010 के 'वीर अर्जुन' अख़बार की साइट पर 1974 के आन्दोलन के बारे में नीतीश का यह लेख पठनीय है—

'पटना यूनिवर्सिटी से इंजीनियरिंग की परीक्षा पास करने के बाद भी मैं छात्र राजनीति में सक्रिय था। 1973 में मैंने पढ़ाई पूरी कर ली थी। उन्हीं दिनों विश्वविद्यालय परिसर में जयप्रकाश नारायण जी की दो सभाएँ हुईं। उनमें वे गुजरात के नवनिर्माण आन्दोलन पर बोले। मुझे महसूस हुआ कि जेपी अपनी उम्र के इस पड़ाव पर भी युवा हैं और उनमें परिवर्तन के लड़ाई की अदम्य इच्छा आकार ले रही है। नवनिर्माण आन्दोलन की हवा बिहार तक पहुँच चुकी थी। वह न भी पहुँचती तब भी बिहार में आन्दोलन का माहौल बनने लगा था। इसके लक्षण महीनों पहले से प्रकट हो रहे थे। पटना यूनिवर्सिटी के छात्र संघ चुनाव ने एक आधार बना दिया था। अरसे बाद छात्र संघ पर समाजवादी युवजन सभा और अखिल भारतीय विद्यार्थी परिषद का कब्जा हुआ था। इससे आन्दोलन की तैयारी में मदद मिली। मुझे याद है कि पटना यूनिवर्सिटी में छात्र संघ की ओर

से छात्र नेता(ओं) का सम्मेलन बुलाया गया था। छात्र संघ के पदाधिकारियों के अलावा छात्र युवा संगठनों के प्रतिनिधि भी पूरे राज्य से आए थे। इसमें कई प्रस्ताव पारित हुए। एक प्रस्ताव, जिसे मैंने पेश किया था, वह विवाद का कारण बना। इसमें निर्गुट आन्दोलन की व्याख्या थी और माँग की गई थी कि भारत सही मायने में तटस्थ देश की भूमिका निभाए। इस प्रस्ताव पर वामपंथी प्रतिनिधियों ने, सिर्फ़ राजनीतिक कारणों से घोर आपत्ति जताई। बात यहाँ तक बढ़ गई कि एआइएसएफ से जुड़े प्रतिनिधि सम्मेलन से बाहर चले गए। वैसे भी वे अल्पमत में ही थे इसलिए इस प्रस्ताव पर मतदान होने से भी नतीजे में कोई फ़र्क़ नहीं पड़नेवाला था। यह बात वे लोग भी बख़ूबी समझते थे।'

यहाँ रुककर एक बात रेखांकित करना ज़रूरी है। लोहिया जी के जीवनीकार ओंकार शरद ने उनके बारे में लिखा है—

'लोहिया ने बार-बार पार्टी के कर्णधारों को कम्यूनिस्टों के प्रति सतर्क रहने की चेतावनी दी। कम्यूनिस्टों की साज़िशों के प्रमाण प्रस्तुत किए।...दो वर्षों तक लोहिया कांग्रेस के पर-राष्ट्र विभाग के मंत्री रहे।'

नीतीश की फ़क़त तेईस वर्ष की उम्र में ही अन्तरराष्ट्रीय मुद्दों की इतनी अच्छी पकड़ थी कि उसने लोहिया जी की परम्परा का निर्वाहन करते हुए पूरे राज्य से आए छात्र प्रतिनिधियों की उपस्थिति में उस बैठक से कम्यूनिस्टों को चलता कर दिया। नीतीश ने अपने कम्यूनिस्ट मित्रों को जैसा सबक़ सिखाया, वह लोहिया जी के जीवन के एक और प्रसंग से मिलता-जुलता है। लोहिया जी की पुस्तक 'समाजवादी आन्दोलन का इतिहास' में छपे एक आलेख में उस प्रसंग का ज़िक्र है। यह उन दिनों की बात है जब लोहिया जर्मनी में पढ़ ही रहे थे। लोहिया जी ने बताया है कि जर्मनी में वे जिस संस्था के सचिव थे वह मध्य यूरोप में रहनेवाले हिन्दुस्तानियों का केन्द्रीय संगठन था और उसमें कम्यूनिस्टों का दबदबा था।

उन्होंने लिखा है—

'वे (कम्यूनिस्ट) चाहते थे कि वह संगठन कांग्रेस और गांधी को (लार्ड इरविन के साथ हुए गांधी जी के समझौते के कारण) अंग्रेज़ों का कुत्ता कहे, जिसे हम मानने के लिए तैयार नहीं थे। जब गांधी-इरविन समझौते, गढ़वाल के क़ैदियों और मेरठ के क़ैदियों के सम्बन्ध में हमारा प्रस्ताव पास हो गया तो कम्यूनिस्ट बहुत बौखलाए और बड़बड़ाते हुए बाहर चले गए।'

उपरोक्त दोनों घटनाओं को साथ देखने से लगता है कि नीतीश का भाषण देना और कम्यूनिस्टों का हॉल छोड़कर निकल जाना क़रीब-क़रीब वैसा ही था जैसा कि लोहिया जी ने बताया है। फ़र्क़ बस इतना ही है कि लोहिया जी के प्रस्ताव कम्यूनिस्टों की उपस्थिति में ही पास हो गए जबकि नीतीश का प्रस्ताव उनके जाने के बाद पास हुआ!

सम्मेलन ने नीतीश के प्रस्ताव को सर्वसम्मति से मान लिया। इस सम्मेलन में ही वे बारह सूत्री कार्यक्रम बने जिन्हें हम बिहार आन्दोलन के घोषणा-पत्र का आधार कह सकते हैं। इन 12 माँगों में आठ शिक्षा और विद्यार्थियों के बारे में और बाक़ी चार राष्ट्र-जीवन से सम्बन्धित थीं अर्थात भ्रष्टाचार दूर करो, महँगाई दूर करो, बेकारी दूर करो और शिक्षा में आमूल परिवर्तन करो। ताज्जुब की बात तो यह है कि सरकार से जो अपेक्षाएँ उस प्रस्ताव में की गई थीं वे आज किसी भी सरकार के लिए प्रासंगिक हैं। उसी दौरान एबीसी (ABC) पर अंकुश लगाने का नया नारा भी सुनाई पड़ने लगा था! ABC का मतलब था Adulteration (खाद्य पदार्थों में मिलावट), Black Marketing (चोरबाज़ारी) और Corruption (भ्रष्टाचार)! यह भी विचारणीय है कि सरकार में व्याप्त भ्रष्टाचार और नौजवानों की बेरोज़गारी को ख़त्म करने का सवाल सबसे पहले छात्रों ने ही उठाया था। उस माँग में सरकार से अपील थी कि शिक्षा में आमूल परिवर्तन के लिए क़दम उठाए। सम्मेलन ने अपनी क्षमता जाँचने के लिए धरने का ऐलान किया।

इससे एक बात फिर सामने उभरकर आती है कि गुजरात की तरह बिहार में भी जेपी का नेतृत्व मिलने से पहले से ही बिहारी छात्र अपनी माँगों को लेकर सरकार विरोधी आन्दोलन करते रहे थे। इस बार, जेपी की आशंकाओं के विपरीत, बिहार के छात्र एकजुट होकर छात्र संघर्ष समिति के बैनर के नीचे खड़े हो गए थे जहाँ नीतीश सहित, ग़ैर-कांग्रेसी छात्र संगठनों के पदाधिकारी महत्त्वपूर्ण भूमिका निभा रहे थे। एक सच और भी है कि इसके बाद जो आन्दोलन शुरू हुआ था उसमें छात्र नेताओं की बजाय उन विद्यार्थियों की सहभागिता अधिक थी जिनकी किसी राजनीतिक दल से कोई प्रतिबद्धता नहीं थी, न ही वे राजनीति समझते थे। उन्हें व्यवस्था पर भरोसा नहीं था, बस उन्हें परिवर्तन की प्रतीक्षा थी जिसके लिए यह समिति उम्मीदों की बरसात लेकर आई थी। पटना के इस विराट सम्मेलन में यह भी तय किया गया कि 18 मार्च, 1974 को पटना में प्रदर्शन और विधानसभा का घेराव किया जाए। इस बड़े आन्दोलन के नेतृत्व के लिए जेपी से आग्रह करने का निर्णय भी पहली बार उसी सम्मेलन में हुआ। सम्मेलन के बाद सारे छात्र जुलूस की शक्ल में मुख्यमंत्री अब्दुल गफ़ूर के घर जाकर अपनी शिक्षा में सुधार सम्बन्धी आठ सूत्री माँगों की सूची दे आए।

'बिहार-आन्दोलन एक सिंहावलोकन' में बताया गया है कि इस सफल सम्मेलन के जवाब में उसका बहिष्कार करनेवाले कम्यूनिस्ट युवा संगठनों के क़रीब बीस छात्रों ने बाद में एक जुलूस निकालकर अलग से सभा की। 26 फ़रवरी को इन्होंने अपना सम्मेलन करके 'बिहार राज्य छात्र-नौजवान संघर्ष मोर्चा' के गठन का ऐलान किया। वे लोग 'बिहार राज्य छात्र संघर्ष समिति' की तर्ज़ पर और उसकी जैसी ही माँगों को लेकर आगे बढ़ रहे थे। दरअसल,

संघर्ष समिति के वामपंथी विचारधारा के विरोध करने की वजह से इस जमात का जन्म हुआ था। इसमें छात्र नेताओं की संख्या अपेक्षाकृत कम थी। इसलिए इन्होंने इसके नाम में 'नौजवान' जोड़कर इसके द्वार वामपंथी विचारधारा के वैसे नौजवानों के लिए भी खोल दिए थे जो छात्र नहीं थे। नतीजतन, इनकी सभाओं और जुलूसों में छात्रों की तुलना में हथियार लहराते हुए उग्र वामपंथी नौजवान अधिक नज़र आते थे।

कुल मिलाकर बिहार में छात्रों ने राज्य सरकार के ख़िलाफ़ ऐसी फ़िज़ा बना दी कि लोगों को होनेवाले परिवर्तन की धमक सुनाई देने लगी। बिहार की सड़ी-गली सरकारी व्यवस्था पर यह अब तक का सबसे बड़ा हमला था जिसे बिहारी छात्रों ने पूरे जोश और होश से किया था। अब आलम यह था कि एक ओर छात्रों का जोश उबाल खाकर धीरज की पतीली से बाहर बह रहा था और दूसरी ओर निकम्मी और भ्रष्ट सरकार कान में सत्ता के मद का तेल डाले कुम्भकर्णी निद्रा में सो रही थी। फिर भी बिना निराश या हताश हुए, अपनी आठ सूत्री माँग मनवाने के लिए छात्रों ने मुख्यमंत्री आवास के बाहर भूख हड़ताल शुरू कर दी। 27 फ़रवरी को जब अब्दुल गफ़ूर उनसे मिले तो छात्रों ने बहुत संयम से काम लेते हुए उनसे कहा कि अगर उनकी माँगें 17 मार्च, 1974 तक नहीं मान ली गईं तो वे 18 मार्च को विधानसभा का घेराव करेंगे।

नीतीश इस छात्र आन्दोलन के प्रति बहुत उत्साहित था क्योंकि इस आन्दोलन में उसके समाजवादी युवजन सभा के सभी साथी अग्रणी भूमिका में थे। छात्र आन्दोलन समिति के बनते ही पूरे राज्य में छात्रों के द्वारा विशाल धरना, प्रदर्शन और जुलूस जैसे कार्यक्रमों के दैनिक आयोजन होने लगे। एक दिन भी ऐसा नहीं बीतता था जब सड़कों पर सरकार की भद्द नहीं पिटती थी। पूरे राज्य में छात्रों के दैनिक आन्दोलनों की वजह से राज्य सरकार हर रोज़ ज़्यादा पंगु होती जा रही थी। आन्दोलन से निपटने के लिए सरकार सामान्य प्रशासन की बजाय पुलिसिया दमन पर ज़्यादा भरोसा कर रही थी। इससे छात्रों के उत्साह की आग में और भी घी पड़ रहा था! संघर्ष के आकार में रोज़ वृद्धि हो रही थी। ऐसी स्थिति में आन्दोलन को सही लीक पर चलाते रहने की व्यवस्था करना अपरिहार्य हो चला था।

संचालन समिति का गठन

इसलिए 2 मार्च, 1974 को पहली बार 11 सदस्यों वाली संचालन समिति की घोषणा की गई। 4 मार्च को अख़बारों में संचालन समिति के ग्यारह सदस्यों के छपे नाम क्रमशः लालू, सुशील, रामजतन, नरेन्द्र, रघुनाथ, विजय, उदय, राम

बहादुर, विक्रम कुँवर, मिथिलेश और रघुवंश के हैं। इसी लिस्ट के मुताबिक़ गांधी शान्ति प्रतिष्ठान के भवेश को कार्यालय मंत्री बनाया गया था।

छात्र आन्दोलन के नेताओं के आत्मविश्वास का आलम यह था कि पटना यूनिवर्सिटी के छात्रों ने कुलपति देवेन्द्रनाथ शर्मा के दफ़्तर पर क़ब्ज़ा करके छात्र नेता वशिष्ठ नारायण सिंह को कुलपति घोषित कर दिया! यह सब अपमानजनक मानकर कुलपति ने अपने पद से त्यागपत्र दे दिया था। उन्हीं दिनों आर्यावर्त अख़बार में छपी एक ख़बर के अनुसार—

'श्री नीतीश कुमार सहित बिहार प्रदेश छात्र संघर्ष संचालन समिति के सभी सदस्यों ने एक संयुक्त वक्तव्य में पटना विश्वविघालय के कुलपति श्री देवेन्द्र नाथ शर्मा के साथ हुए अप्रिय व्यवहार पर खेद प्रकट किया। छात्र नेताओं ने कुलपति को छात्रों एवं शिक्षकों के बीच लोकप्रिय बताते हुए उनसे इस्तीफ़ा वापस लेने की अपील की है। साथ ही उन्होंने राज्यपाल से उनके त्यागपत्र को अस्वीकार कर देने की भी अपील की है।'

अख़बारों से ही पता चलता है कि वशिष्ठ नारायण ने 15 मार्च को विश्वविद्यालय के छात्रों, अध्यापकों तथा कर्मचारियों को 18 मार्च को होनेवाले प्रदर्शन में शामिल होने का आह्वान किया था।

ज़िन्दगी और मौत के इस खेल में नीतीश सर पर कफ़न बाँधकर उतर चुका था, बिना अंजाम की कोई फ़िक्र किए हुए—बिना मंजु के सुहाग की सुरक्षा की कोई चिन्ता किए हुए भी! विवाह हो जाने के बाद अपने जीवन में कोई भी छोटा या बड़ा निर्णय लेने से पहले वह मंजु से ज़रूर विमर्श कर लेता था। यहाँ यह भी याद रखना होगा कि तब तक नीतीश दो-तीन बार जेल भी हो आया था। यह सब देख-सुनकर मंजु मन ही मन बहुत घबरा जाती थी। पटना में उसके घर के आसपास पुलिस वाले चक्कर लगाकर नीतीश की टोह में इधर-उधर सूँघते ही रहते थे। 1974 में ही उसने सोशियोलॉजी में बीए (ऑनर्स) की पढ़ाई पूरी कर ली थी। वह पटना में ही रहकर आगे पढ़ना चाहती थी। पुलिस वालों की रोज़-रोज़ की किच-किच से तंग आकर, पढ़ाई को अर्द्धविराम देते हुए, मंजु कुछ दिनों के लिए अपनी ससुराल चली गई। सुख-सुविधाओं में पली-बढ़ी, अपने घर में हमेशा सबसे बड़ी रही मंजु, ससुराल में आकर अचानक सबसे छोटी बहू हो गई। नीतीश को भी लगा कि सम्भावनाओं के विराट गगन में निर्द्वन्द्व उड़ती चिड़िया को अकारण पिंजड़े में बन्द कर दिया गया है। आर्थिक स्वावलम्बन न होने के कारण पत्नी को बख़्तियारपुर में रखने के अलावा उसके पास कोई विकल्प भी नहीं था। मंजु आगे पढ़ना चाहती थी, अपने पाँवों पर खड़ी होकर नीतीश के लिए ठोस सहारा बनना चाहती थी। नीतीश को लगने लगा था कि अब उसके प्रतिबद्ध सिद्धान्तों की रक्षा के लिए आन्दोलन में सर्वस्व दाँव लगाने

की बात थी जिसकी न तो कोई समय सीमा ही तय थी और न ही अन्त पता था। इसलिए इस रण में कूदने से पहले इस विषय पर उसकी मंजु से बड़ी जज़्बाती बातचीत हुई थी। इस बातचीत का पता हमें टुकड़ों-टुकड़ों में, मंजु और उसकी एकाध अन्तरंग सहेलियों सहित उसके मायके वालों से चला है। जब हमने सारे टुकड़ों को जोड़कर बनाया कैलिडोस्कोप सामने रखकर देखा तो कुछ ऐसी कहानी सामने आई।

एक दिन समय निकाल नीतीश ने पूरी गम्भीरता से मंजु को बताया कि राज्य की सलामती और ख़ुशहाली के लिए यह आन्दोलन क्यों ज़रूरी था। उसने यह भी कहा कि अब वह हाथ पर हाथ धरे, मूकदर्शक बने बैठे रहना जघन्य पाप होगा जो वह कभी नहीं कर सकेगा। कुछ आग जैसा है जो उसके अन्दर दिन-रात धधकता रहता है, जो उसे कभी चैन से रहने नहीं देता। मंजु ने कहा कि वह यह सब न सिर्फ़ समझती है, बल्कि वह नीतीश के अन्दर की दिन-रात की तपिश को हमेशा महसूस भी करती रहती है। मंजु ने यह भी कहा कि न तो वह अपनी माँ की तरह है और न ही अपनी सास के जैसी, जिनकी दुनिया अब परिवार की चहारदीवारी भर में सिमट गई है। नीतीश ने उसकी निजता को जितना सम्मान दिया है उसके कारण मात्र सवा वर्ष के दाम्पत्य जीवन में ही वह नीतीश को अपना कई जन्मों का हमजोली और इस जन्म का सबसे अच्छा दोस्त समझने लगी है। उसे पूरा भरोसा है कि उसका पति अन्दर और बाहर से पूरी तरह ईमानदार है जो ग़लत करने की कौन कहे, कभी ग़लत सोच भी नहीं पाता है। नीतीश जिस रास्ते पर चलना चाहते हैं उसी में सबका हित है, यहाँ तक कि मंजु का भी! वह भी नीतीश के कन्धे से कन्धा मिलाकर, उसी की राह पर चलना चाहेगी।

किसी आत्मीय से एक अन्तरंग चर्चा के दौरान नीतीश ने माना था कि मंजु से इस तरह विस्तार से चर्चा करने और उसकी पूर्ण सहमति के बाद ही वह निश्चिन्त होकर आन्दोलन की ओर पूरी तरह समर्पित हो गया था। उसने यह समझ लिया था कि मंजु उसकी सहधर्मिणी ही नहीं सच्ची सखा भी थी। मंजु की यह हार्दिक सहमति बिना किसी संशय के थी जिस कारण नीतीश की आशाओं के क्षितिज पर फिर एक नया इन्द्रधनुष उग आया था। मंजु की आँखों के कोरों पर क्षणभर के लिए उभर आए अनिश्चितता के घने और काले बादलों को देखकर भी शायद नीतीश उनकी अनदेखी कर गया था।

उसे नया महाभारत लिखना था, मंजु की आन्तरिक सहमति का सुरक्षा कवच और कुंडल पहन कर्ण जैसा दुर्दान्त बनकर! अब वह और भीष्म पितामह जैसे जेपी भी, कांग्रेसी कौरवों के विरुद्ध और पांडवों के पक्ष में एकजुट होकर खड़े हो गए थे! कृष्ण की विराट सेना छात्रों का रूप धरकर पहले ही पांडवों के

ख़ेमे में थी! दाम्पत्य जीवन की गाड़ी मंजु के नाज़ुक कन्धों पर छोड़कर नीतीश आन्दोलन की धधकती ज्वाला में सैनिक बनकर कूद पड़ा था। उसके बाबूजी ने नीतीश में पहले ही अपनी राजनैतिक अतृप्त आकांक्षाओं की पूर्ति होते देख लिया था। मंजु की तरह नीतीश की 'मइयो' भी अपने इस छोटे सपूत की हर बात को ब्रह्म वाक्य ही मानती थी। नीतीश की बहनें, उसके भइया और भाभी उसमें बाबूजी की ही छवि देखकर गौरव महसूस करते थे।

हम भी थे, भई हम ही थे!

आज की बेहद स्वार्थी होती जा रही राजनीति में किसी भी सफल आन्दोलन का श्रेय लेने के लिए होड़ मची रहती है। जब हम छात्र संघर्ष समिति के पुराने और असली महारतियों की तलाश में निकले तो लगा कि हमने बरौं के छत्ते में हाथ दे दिया है! 'हम भी थे-हम भी थे' की चीख़-पुकार सुनकर हमारे हौसले ही पस्त हो गए। फिर भी हम बड़ी दिलेरी से अपने हिम्मत की पंचर टायर पर सही जानकारी की चिप्पियाँ ठोंकते रहे और उसमें उत्साह की हवा भरते रहे। धीरे-धीरे लुढ़कता हुआ यह टायर हमें सबसे पहले 'बिहार-आन्दोलन एक सिंहावलोकन' के पास ले आया। जिसमें फ़रवरी 1974 में हुए छात्र सम्मेलन के बारे में बताया गया है—

'यह माना गया कि (नीतीश सहित) सम्मेलन में उपस्थित सभी छात्र नेता संघर्ष समिति के सदस्य हैं। उसी सम्मेलन में दो दिनों तक, अलग-अलग सत्रों में, स्थानीय से लेकर अन्तरराष्ट्रीय समस्याओं तक पर कई सार्थक, जीवन्त और घनघोर बहसें हुईं।'

हम लोग यह सब जानने के लिए चचा बुक़रात के बरामदे में लगी टिन की कुर्सियों पर बैठकर धूप सेंक रहे हैं। वह अपनी मूँज की रस्सियों वाली खाट पर लेटकर हमारी खाट खड़ी कर रहा है! तेल से चीकट हो गई बनियान और उससे भी फटीचर लुंगी पहने वह संकर्षण ठाकुर की इस मोटी-सी किताब को तकिया बनाकर भारी-भरकम अजगर जैसा पड़ा हुआ है। ज़ाहिर है उसने यह किताब बहुत मज़े ले लेकर पढ़ी है। वह बिना मुँह से कुछ बोले, बस अपनी भौंह नचाकर, हमसे पूछता है कि क्या हमने संकर्षण ठाकुर की यह किताब पढ़ी है? हम चचा को सिर्फ़ तेल मारने की ग़रज़ से उससे इस किताब के बारे में पूछते हैं। वह किताबों को दीमक की तरह चाट जाने में माहिर है। उसकी और नीतीश के डूबकर पढ़ने की आदतें बहुत मिलती-जुलती हैं लेकिन उनमें सबसे बड़ा फ़र्क़ यह है कि नीतीश हर किताब से उनमें छिपी मोतियों को चुग लेता है और चचा बस ग़लतियाँ ढूँढ़ने में लगा रहता है! संकर्षण की इस किताब के

बारे में पूछने पर वह गहरी साँस लेकर अपना कान खुजाने लगता है। हम समझ गए हैं कि वह सच बोलने में हिचकिचा रहा है। हम उसे गुदगुदाने की कोशिश करते हैं। उसके हाथी जैसे मोटे पेट से गहरी बात निकलवाने का हमारे पास यही आख़िरी हथियार है। हमारी बदतमीज़ी से बिलबिलाकर वह खाट से नीचे कूदकर खड़ा हो जाता है। फिर लम्बी साँस खींचकर अपनी हँसी रोकते हुए कहता है—

'सच पूछो तो यह किताब पढ़ने में बहुत मज़ेदार है। यह फ़साना भी है और घुमा-फ़िराक़र नीतीश का ज़िन्दगीनामा भी। बाज़ दफ़ा (कई बार) कई मोड़ों पर यह किताब नीतीश की नहीं, संकर्षण ठाकुर की ज़िन्दगी की दास्तान बन जाती है। इसको पढ़कर मुझे कई नई बातों का इल्म (जानकारी) हुआ है। मसलन, दिनकर जी के मुरीद, हिन्दी में मशहूर ग़ज़ल-गो (ग़ज़ल लिखनेवाले) दुष्यन्त कुमार त्यागी, इमरजेंसी के दिनों में भोपाल से बिहार आ गए थे (पेज 59)! मसलन सुरेन्द्र किशोर के भाई नागेन्द्र के साथ नीतीश ने कभी कमरा साझा किया था (पेज 64) मसलन अफ़सानानिगार शरत् चन्द्र के देवदास की नहीं, अपने नीतीश की आशनाई पारो से थी (पेज 85)!'*

'मसलन, हज़रत राम लखन सिंह यादव भी बिहार के मुख्यमंत्री रहे (पेज 125)! मसलन कुर्मी चेतना रैली में भाग लेने से पहले नीतीश विजय कृष्ण के छज्जूबाग़ वाले सरकारी घर में ही बैठा था और उसके बार-बार इसरार (आग्रह) करने की वजह से उसने रैली में शिरकत की थी (पेज 143)!'

चचा का चरख़ा चलता ही रहता लेकिन तभी चची गरमागरम पकौड़ों से भरी प्लेट लेकर आ गई। हम सबको फ़क़त एक-एक पकौड़ा पकड़ाकर चचा ने हमें तो ठूँसने को कहा और ख़ुद पूरी प्लेट ही हथियाकर गपागप खाने लगा! चचा की यह बुर्जुआना हरकत उसकी वामपंथी, बल्कि काफ़ी हद तक समाजवादी, छवि के एकदम उलटी है! उसका मुँह गर्म पकौड़ों से जल गया है इसलिए अभी वह ज्ञान बघारने में असमर्थ है लेकिन हम जानते हैं कि वह बाद में मौक़ा मिलते ही फिर अपनी काँव-काँव से हमारी जान ज़रूर खाएगा। फ़िलहाल उसे छोड़कर हम नीतीश की राजनीति वाली डगर को फिर से तलाशते हैं क्योंकि हम सबको चचा के पल्लू में बाँधकर अब तक तो ख़ुद न जाने वह कितनी दूर, आगे निकल गया होगा!

'भइया, यह कौन नई और ढँकी-छिपी बात है? आप सब लोग तो पारो को जानते ही हैं। उनके पिता हुए श्री राम जी मेहता, जो हमारे स्कूल के अंग्रेज़ी के शिक्षक होने के अलावा पटना से निकलनेवाले 'सर्चलाइट' और 'प्रदीप' नाम

---

* 2020 में हमारी रसमंजरी ने अब तक हमसे गुप्त रखे गए इस पारो कांड के बारे में मुन्ना सरकार से विस्तार से पूछा था। उन्हीं की ज़बानी उत्तर भी सुन लीजिए। मुन्ना सरकार बता रहे हैं—

के अख़बारों के संवाददाता भी थे। पारो के बड़े भाई सरोज जी तो हमारे नेताजी नीतीश भैया के क्लासमेट थे। नेताजी का मेहता सर के यहाँ रोज़ का आना-जाना लगा ही रहता था। पारो से हरदम मुलाक़ात होती ही होगी। जब नेताजी रेलमंत्री बने तो सर और सरोज भैया के कहने पर वे पारो को अपने व्यक्तिगत स्टाफ़ में रखकर दिल्ली ले गए।'

चचा बुक़रात की खूँटी तो नीतीश के सरकारी बँगले में ही गड़ी रहती थी। औरत जात की भला कौन कहे, उसने वहाँ कभी किसी औरत के कपड़े तक सूखते नहीं देखे थे। उसके हिसाब से मंजु के वहाँ न रहने की वजह से नीतीश का डेरा इस क़दर ठेठ मर्दानी था कि अगर उसका बस चलता तो वहाँ गाय की बजाय बैल ही पालकर उसका दूध निकलवाने की कोशिश करता रहता! अपना चचा मुन्ना सरकार को नीतीश के कैरेक्टर पर बेबुनियाद इल्ज़ाम लगाने का कुसूरवार मानकर ज़ोरों से डपटते हुए कहता है, पारो तो नीतीश के साथ कभी रही ही नहीं। मुन्ना सरकार और भी ऊँची आवाज़ में चाचा को जवाब देता है—

ख़राब कैरेक्टर होगा आपका जो अच्छे-ख़ासे गबरू जवान पारो को औरत बना दे रहे हैं। अरे, पारो माने प्रबोध कुमार! सरोज भैया का छोटा भाई और रामजी मेहता सर का बेटा!'

थोड़ी देर के लिए तो चचा की बुक़राती भी बेज़ुबान हो गई और मुन्ना सरकार की गर्जना पर रसमंजरिया पार्टी का ज़ोरदार ठहाका लगा।

और नदी मुड़ गई

1973 के आख़िरी दौर में नीतीश पटना में रहकर देख रहा था कि ऊपर से जब भी दमनकारी आदेश आते, सरकारी निर्दयता अपनी चरम सीमा पर पहुँच जाती। पूरे प्रदेश-भर में न जाने कितने ही निरीह छात्र पुलिस की गोलियों से मारे गए। नीतीश इन सब विनाशकारी लक्षणों के सम्भावित परिणामों की गम्भीरता बख़ूबी समझ रहा था। उसकी सबसे बड़ी चिन्ता थी कि दिनों-दिन लगातार बिगड़ती जा रही सामाजिक परिस्थितियों को सुधारने के लिए उस समय छात्रों के अलावा कोई बड़ा विकल्प सामने आ भी नहीं रहा था। इसलिए वह छात्र संघर्ष समिति के 18 मार्च, 1974 को सचिवालय घेरने के कार्यक्रम के साथ पूरी प्रतिबद्धता से जुड़ गया था। तब तक समाज में आ गए भटकाव को इस विराट आन्दोलन के माध्यम से पटरी पर लाने की सतत चिन्ता उसे बहुत उद्वेलित करती रहती थी। एक ओर जहाँ ये सब बातें उसके निरन्तर बौद्धिक संताप का कारण थीं तो दूसरी तरफ़, भौतिक तल पर, नीतीश के लिए रोज़ी-रोटी की समस्या दिनानुदिन विकराल ही होती जा रही थी। वह राजनीति में आकंठ डूबकर रहने और उसके माध्यम से जल्दी से जल्दी सोशल इंजीनियरिंग को ज़मीन पर उतारने के लिए छटपटाता रहता था लेकिन आय का कोई भी साधन न होने के कारण वह दूसरी तरह की मानसिक वेदना से भी लगातार जूझता रहता था।

रोज़ी-रोटी का भी कुछ इन्तज़ाम होना चाहिए

नीतीश के अन्तर्द्वन्द्व की यह पूरी कहानी मीता के शब्दों में सुनिए—

नीतीश के पास होकर कॉलेज से निकल जाने के बाद, उसकी अनुपस्थिति में हमारा छात्र संगठन बामसू लड़खड़ा रहा था। हर मुश्किल की घड़ी में हम उसी की ओर दौड़ते थे। हमने उससे लड़-झगड़कर हॉस्टल में मेरा कमरा पूरी तरह उसके ही ज़िम्मे कर दिया था। मगर वह इतना स्वाभिमानी था कि हॉस्टल

में मुफ़्त में रहना उसे मंज़ूर नहीं था। इसलिए नीतीश को हमारे संगठन (बामसू) के काम के लिए प्रतिदिन बख़्तियारपुर से पटना आना-जाना पड़ता था। इसका सीधा और भारी-भरकम आर्थिक पहलू भी था। मंजु भाभी भी उन दिनों हॉस्टल में रहकर पढ़ रही थीं। यह छोटी समस्या थी, क्योंकि नीतीश के सामने असली संकट रोटी और परिवार के भरण-पोषण का था। कविराज जी स्वयं राजनीति की खट्टी-मीठी फुहारों में भीग चुके थे। अपने इस अत्यन्त मेधावी पुत्र के बारे में उनका बड़ा कबीरदासी क़िस्म का वीतरागी प्रेम था। एक ओर कहीं न कहीं तो वे निश्चिन्त थे कि नीतीश पानी के अन्दर छुपा वह बुलबुला है जिसे देर-सबेर सतह पर आना ही है और उसे कोई रोक नहीं सकता लेकिन सचाई यह भी थी कि कविराज जी की आजीविका का साधन भी अनियमित हो चला था। परिवार इतना बड़ा हो गया था कि खेत से आनेवाला अनाज कम पड़ने लगा था। दो कन्याओं का विवाह पहले ही घर की आर्थिक सुरक्षा के कवच को तहस-नहस कर गया था। दो-दो शादीशुदा नौजवान बेटे आर्थिक रूप से कुछ ख़ास मदद नहीं कर पा रहे थे। अपनी और अपने पूरे परिवार की रोज़मर्रा की आवश्यकताएँ कविराज जी ने बहुत साध कर रखी थीं इसलिए भी वे नीतीश के भविष्य को लेकर कभी अधिक परेशान नहीं दिखे। उनके उलट नीतीश की ससुराल वाले नौकरी-पेशा ज़मींदारी परिवेश के सफ़ेदपोश लोग थे। उन्हें हर माह निश्चित आय और उसी में नियोजित जीवन बिताने का अभ्यास था। नीतीश के जीवन और भविष्य की अनिश्चितता से वे भयाक्रान्त हो गए। नीतीश का गम्भीर स्वभाव देखते हुए उससे सीधे कहने का साहस तो उसके ससुराल वालों में किसी को भी नहीं था, पर गाहे-बगाहे वे अपनी चिन्ता कविराज जी तक घुमा-फिरा कर पहुँचा ही दिया करते।

इस सन्दर्भ में सतीश जी से मिली जानकारी अहम है। उन्होंने बताया—

'बिहार की राजनीति में नीतीश के बढ़ते क़द से बख़्तियारपुर में स्थापित नेताओं को संकट सा लगने लगा था। उनकी क्षुद्र राजनीति में शुद्ध सिद्धान्तों की लड़ाई लड़नेवाला यह नौजवान स्वाभाविक रूप से वैसा ही बैरी था जैसे साँप के लिए नेवला। इस कंटक को समय रहते राह से उखाड़ फेंकना आवश्यक था। हालाँकि उन नेताओं को यह पता था कि नीतीश नाम की इस नई बला को लड़कर पराजित करना सम्भव नहीं था। इसे डराया-धमकाया भी नहीं जा सकता था। इससे पिंड छुड़ाने के लिए कोई मीठा ज़हर ही खोज निकालने की ज़रूरत थी। नीतीश की ससुराल वाले सीधे-सादे लोग, बिना दूरगामी परिणामों का अनुमान लगाए, नीतीश की स्थायी नौकरी की व्यवस्था चाहते थे जिससे मंजु भी अपनी गृहस्थी बसाकर नियमित जीवनयापन कर सके। इसमें कुछ ग़लत भी नहीं था। लेकिन कुछ और बदनीयत लोग भी इसी फ़िराक़ में मरे जाते थे

कि किसी भी प्रकार नीतीश की गाड़ी राजनीति की पटरी से उतर जाए। उसी सोचे-समझे घिनौने षड्यंत्र का नतीजा थी नीतीश के लिए एक अदद सरकारी नौकरी की सघन तलाश!' सतीश जी आगे बता रहे हैं—

'बाबूजी पर बार-बार दबाव डाला जा रहा था कि नीतीश को शीघ्र नौकरी कर लेनी चाहिए। नीतीश की ससुराल वालों को कहीं से पता चला कि उन दिनों बिहार सरकार के नलकूप विभाग में बीस के क़रीब इंजीनियरों के पद की रिक्तियाँ थीं जो उस विभाग के चेयरमैन द्वारा भरी जानी थीं। चेयरमैन साहब थे हमारी ही जाति के ख़ुर्राट कांग्रेसी। उनका नाम राम किशोर, श्याम किशोर, विमल किशोर, धवल किशोर, नवल किशोर आदि जैसा कोई भी किशोर मान लीजिए। तब उस इलाक़े का बच्चा-बच्चा गाता था—

हम्मर नेता सिरि किसोर, जब से जनमल तब से चोर।

उनकी सबसे बड़ी विशेषता थी कि वे अपने सिद्धान्त से बाल भर भी पीछे नहीं हटते थे। सिद्धान्त भी बड़ा सीधा-सादा था कि बिना नाजायज़ पैसे लिये अपने पिताजी तक का छोटा-सा भी काम नहीं करना है। बाबूजी को तब तक कांग्रेसी सद् व्यवहार का बड़ा भरोसा था। वे शायद यह भी सोचते हों कि इस नौकरी से नेताजी का कोई व्यक्तिगत जुड़ाव तो था नहीं। वे तो बड़ों की आज्ञा मानकर गुनाह-बेलज़्ज़त में फँस रहे थे जो उनके लिए पॉलिटिकल हाराकिरी से कम न था! बाबूजी को क्या पता था कि जिस राह को वे राजमार्ग समझकर अपने यशस्वी पुत्र को उस पर चलने की प्रेरणा दे रहे थे, वहाँ पहला पग ही दरअसल, पाप-पंक में पड़ना था!

कांग्रेसी नेता ने कविराज जी से जो कुछ कहा उसका आशय कुछ ऐसा था कि आपके होनहार सुपुत्र जहाँ भी जाएँगे, वही जगह चमक जाएगी। बस राजनीति से परहेज करें। कोई लड़कपन न दिखाएँ तो अच्छा होगा। लगे हाथ उन्होंने कविराज जी से बहाली पक्की करने के लिए पचास हज़ार एडवांस में माँगे।

सतीश जी आगे बताते हैं—

'वह बकवास सुनकर बाबूजी मानो आसमान से सीधे ज़मीन पर गिर पड़े। यह उनसे कुछ भी कहते न बना। बिना एक गिलास पानी पिए, बेचारे उलटे पाँव घर लौट आए। बाबूजी की कांग्रेस और उसके मठाधीशों पर बची-खुची आस्था भी जाती रही। अपनी छल-प्रपंच हीन बुद्धि पर स्वयं ही हँसते हुए मुझसे बोले कि अब तो कौवे से कौवे का बच्चा ही तेज़ हो गया! शायद मैंने वहाँ जाकर भूल की, लेकिन अगर मैं न जाता तो पता कैसे चलता कि वे कैसे आदमी हैं? बाद में उन्होंने नेताजी से भी कहा कि तुम मेरी सन्तान हो और तुम्हारी पत्नी मेरी पसन्द से आई होने के कारण वह पूर्णतया मेरी ज़िम्मेदारी है। तुम दोनों वैसे तो

बालिग़ हो और शादीशुदा भी, इसलिए अपनी राह चुनने को पूरी तौर से स्वतंत्र हो। लेकिन मैं तुम्हें आश्वस्त करता हूँ कि जब तक जीवित हूँ, तुम सबका भरण-पोषण इसी प्रकार करता रहूँगा।

बाबूजी वैसे तो हम भाइयों से बहुत कम बोलते थे लेकिन उस दिन जैसे उन्हें कुछ हो गया था। उन्होंने अपनी बात समाप्त करते हुए नीतीश जी को कहा कि जो राह तुमने चुनी है, वह है तो कठिन, लेकिन सदा-सर्वदा से वही सही है। बाबूजी के इस आशीर्वाद के बाद तो नेताजी के भविष्य का रास्ता और भी स्पष्ट हो गया।'

वैसे तो कविराज जी ने अपनी बात साफ़गोई से कह दी थी, पर नीतीश की नौकरी की तलाश अभी ख़त्म नहीं हुई थी। मीता के मुताबिक़—

'उन दिनों नीतीश पटना आता-जाता ही रहता। मेरे साथ बैठकर मुझे पढ़ने की सलाह देने के अलावा वह राज्य की राजनीतिक अवस्था पर लगातार कसमसाता रहता, पर कुछ न कर पाने की विवशता से खिन्न रहा करता। ज़रूरत भर के पैसे न तो उसके पास होते थे, न ही मेरे पास। उसके पास स्कॉलरशिप के बचे-खुचे पैसे ही थे पर दिल वही बादशाहों वाला था। मुझे हमेशा फ़िक्र लगी रहती थी कि मेरे और नीतीश के लिए नियमित आय का कोई रास्ता निकल आए। संयोग से नीतीश को, हमारे कॉलेज के दिनों किए गए आन्दोलन के कारण बनाए गए नए नियमों के तहत, विद्युत विभाग, राँची में इंजीनियर की नौकरी मिल गई। हम साथ-साथ वहाँ के महाप्रबन्धक के दफ़्तर में जा धमके। वहाँ नीतीश ने नौकरी के काग़ज़ों पर दस्तख़त कर दिए। थोड़ी-बहुत आवभगत की औपचारिकता के बाद महाप्रबन्धक साहब ने कहा कि आपने जॉयन कर लिया, बस अब आप वापस चले जाइए। यहाँ कोई काम है नहीं इसलिए आपको करना कुछ भी नहीं है। आपको तनख़्वाह समय से मिलती रहेगी। इस प्रस्ताव को सुनकर ही मेरा मन प्रसन्नता से झूम उठा। हम दोनों का दुख-दलिद्दर सब दूर! मुझे सब कुछ चमत्कार जैसा लगा कि वाह! क्या बात है, पहले दिन से ही फ़ुल पेंशन! मेरे साथ-साथ नीतीश भी उठकर खड़ा हुआ। हमने मुस्कुराते हुए, दोनों हाथ जोड़कर महाप्रबन्धक साहब को जब नमस्कार किया तब नीतीश विनय और नम्रता की प्रतिमूर्ति लग रहा था। हम बाहर आ गए। मैं इधर-उधर देखने लगा कि कहाँ काली माँ को प्रणाम किया जाए जिसके बाद कुछ उत्तम भोजन की व्यवस्था हो। लेकिन बाहर आते ही नीतीश की सब विनम्रता हवा हो गई। वह पलक झपकते ही सर्वोदयी से उग्रवादी बन गया और आक्रोश की कई गोलियाँ उसने दनादन मेरे सीने में दाग दीं! कहने लगा कि हराम की कमाई तुमको मुबारक हो। देश का पैसा किसी की बपौती है क्या जिसे ख़लीफ़ा हारूँ की तरह बेदर्दी से लुटाया जा रहा है? नहीं करनी है यह नौकरी, चलो वापस पटना चलते हैं। उसके बाद

कौन-सा मन्दिर, कैसी पूजा और क्या तो खाना! आगे-आगे अगिया बैताल बना नीतीश, और पीछे-पीछे अपनी दुम सटकाए मैं! तब से मैंने सपने में भी उसके लिए नौकरी तलाशना बन्द कर दिया।'

मीता अपने प्रयास में अकेला नहीं था। नीतीश के लिए कुछ अर्थोपार्जन का जुगाड़ लगाने के लिए उसके सारे दोस्त अपनी जान हलक़ान किए रहते थे। उसकी ख़ानाबदोश वाली हालत को बदलने के लिए उसके हर चाहनेवाले कोशिशें करते रहते थे। लेकिन उसकी धुन थी बस राजनीति के माध्यम से जनसेवा करने की। इसलिए वह हम सबकी बातें अनसुनी कर देता था। फिर भी हम नीतीश को किसी ऐसे काम में झोंकने की जुगत लगाने से बाज नहीं आते थे जहाँ से उसे ईमानदारी के दस पैसे मिल सकते थे। इसी सिलसिले में कौशल ने भी कोशिश की। ये उन दिनों की बात है जब कौशल पटना में जनरल इंश्योरेंस का बड़ा अधिकारी बनकर आ गया था। किसी भी नुक़सान के कारण आए दावे का आकलन करने के लिए इंश्योरेंस कम्पनियाँ जिनकी सेवा लेती हैं उन्हें सर्वेयर कहा जाता इसलिए हर जनरल इंश्योरेंस कम्पनी को ईमानदार सर्वेयर की तलाश रहती है। कौशल को लगा कि किसी तरह अगर नीतीश को सर्वेयर बना लिया जाए तो उससे बड़ा ईमानदार सर्वेयर कहाँ मिलेगा! दोस्तों में एक ख़ुशगवार सोच बनी कि इस व्यवस्था से नीतीश को चाहे कोई फ़र्क़ पड़े न पड़े उसकी पत्नी को तो ज़रूर फ़र्क़ पड़ेगा! इसलिए कौशल ने नीतीश से सर्वेयर बनने का फ़ॉर्म ज़बरदस्ती भरवाकर उसे लाइसेंस दिलवा दिया लेकिन हमारे महात्मा नीतीश अपने कौल से टस से मस तक नहीं हुए। वही पुरानी ज़िद कि मैं यह सब क़तई नहीं करनेवाला। नीतीश ने कहा—

'मैं निर्माण का सन्देशवाहक हूँ, विनाश का नहीं। मुझे आगे देखना और चलना है; ये खटराग मेरे वश की बात नहीं। मुझे कुछ नया करना और बनाना है। दुर्घटनाओं में टूटी-फूटी गाड़ियाँ, आग से जली-झुलसी फ़ैक्टरियाँ, चोरों और डकैतों द्वारा तहस-नहस किए गए घरों में हुए नुक़सान का अन्दाज़ा लगाते-लगाते शायद मेरे अन्दर की संवेदना भी मर जाएगी।'

कुल क़िस्सा कोताह यह कि नीतीश ने सर्वेयर का काम नहीं किया! हालाँकि आज राज्य की उन्नति के लिए भाँति-भाँति के सर्वे कराने में वह कभी नहीं रुकता।

नीतीश के एक पारिवारिक मित्र ने इंश्योरेंस कम्पनी से नीतीश के सम्बन्ध में एक बात और भी बताई है। वर्षों पहले अख़बारों में भारत की तत्कालीन प्रधानमंत्री श्रीमती इन्दिरा गांधी के परिवार के किसी सम्मानित और शक्तिशाली सदस्य के बारे में दबे स्वरों में चली एक अफ़वाह यह थी कि उन्होंने जीवन बीमा कम्पनी के एजेंट का काम करते हुए बड़े-बड़े लोगों का बीमा करके बहुत पैसे कमाए थे। उन्हीं दिनों नीतीश के परिवार के एक दूर-दराज़ के सम्बन्धी भी पीयरलेस

नाम की इंश्योरेंस कम्पनी में अधिकारी के पद पर काम करते थे। नीतीश की अपार लोकप्रियता देखकर उन्होंने नीतीश को अपना एजेंट बना दिया। नीतीश से भला यह सब भी कहाँ होना था! हफ़्ते-दस दिनों बाद वह हाथ-पर-हाथ धरकर फिर से बैठ गया!

यह सब हमें सुनाकर अपने चचा बुक़रात ने कहा—

'भइए नीतीश इंकलाब का एजेंट तो बन सकता है मगर इंश्योरेंस कम्पनी का कभी नहीं! जानते हो क्यों? क्योंकि हर लाइफ़ इंश्योरेंस एजेंट आनेवाले सुनहरे कल का बेहद हसीन सपना बुनकर ग्राहक को दिखाता है। वह घुमा-फ़िराक़र यह भी बता देता है कि इस ख़्वाब की ताबीर के लिए ग्राहक जितनी जल्दी ऊपरवाले को प्यारा हो जाए, उतना ही अच्छा! लेकिन वह ग्राहक के आनेवाले कल की ऐसी की तैसी करके अपना उल्लू आज ही सीधा कर लेता है! तुम सब तो शुरू से देखते आए हो कि नीतीश समाजवाद की बात तो गला फाड़ के कर सकता है लेकिन किसी कम्पनी की दलाली करने में उसकी ज़बान अपने आप बन्द हो जाती है। मगर मेरा दिल ताल ठोंककर कहता है कि आज नहीं तो कल अपने इस शेर की दहाड़ इतनी दूर तक सुनाई पड़ेगी कि आज जो स्टूडेंट लीडर बनकर हर गली-कूचे में टर्र-टर्र करते फिर रहे हैं न, इन सारे मेढकों की बोली अपने आप बन्द हो जाएगी।'

आन्दोलन की डगर पर चले पाँव पैदल

बिहार में समाजवादी आन्दोलन का परचम फहरानेवालों में जेपी की चर्चा भी सार्वजनिक रूप से 1973 तक, बहुत कम होती थी। उस समय कर्पूरी ठाकुर, रामानन्द तिवारी, रामनन्दन मिश्रा आदि के अलावा नौजवानों के बीच जिस घोर समाजवादी जुझारू शख़्स का नाम सबसे बुलन्दी पर था वह था सूरज नारायण सिंह का। वे जेपी से बहुत क़रीब से जुड़े हुए थे। सूरज बाबू के बारे में कहा जाता है कि उन्होंने 1942 में हज़ारीबाग़ जेल में बन्द जेपी को अपने कन्धे पर बिठाकर ही 17 फ़ीट ऊँची दीवार फाँदी थी। वह दीवाली की रात थी जब जयप्रकाश नारायण, रामनन्दन मिश्र, योगेन्द्र शुक्ल, गुलाब चन्द गुप्ता, शालिग्राम सिंह और सूरज नारायण सिंह हज़ारीबाग़ जेल की दीवार फाँदकर फ़रार हो गए थे। स्वतंत्रता के बाद सूरज बाबू सोशलिस्ट पार्टी के टिकट पर मधुबनी से जीतकर विधायक बने। विधानसभा में उनके आक्रोश से भरे भाषणों के प्रहार से सत्ता पक्ष की राजसी पालकी हमेशा हिचकोले खाने लगती थी। बाद में जैसे-जैसे घिसटकर चल रही बेमुरौवत कांग्रेसी सरकार पर क़रीब-क़रीब वैसा ही दुर्दान्त असर नीतीश के विधानसभा में दिए गए भाषणों का भी होने लगा।

राँची में अवस्थित उषा मार्टिन कम्पनी अपने मुलाजिमों की जायज़ माँगों की भी अनसुनी करने के लिए कुख्यात थी। कम्पनी के मज़दूरों ने मालिकों के आगे हर प्रकार से अपनी जायज़ माँगें रखीं पर उनकी सारी कोशिशें बेनतीजा रहीं। अन्त में 1973 में सूरज बाबू की रहनुमाई में इस कम्पनी के मज़दूरों ने अपनी माँगों के लिए हड़ताल कर दी। हड़ताल के प्रति कम्पनी के मालिकों ने बेरुख़ी दिखाई जिससे हताश होकर मज़दूरों ने बिहार की ग्रीष्मकालीन राजधानी राँची में आमरण अनशन शुरू कर दिया। अनशन पर बैठे अपने मज़दूर भाइयों का साथ देने गए सूरज बाबू को पुलिस ने 14 अप्रैल, 1973 को इतनी बुरी तरह से पीटा जिससे एक हफ़्ते बाद, 21 अप्रैल को उनकी मौत हो गई। सूरज बाबू की मौत पर रोते हुए जेपी ने कहा—

'आज मेरा दाहिना हाथ चला गया।'

सूरज बाबू की जघन्य हत्या वाली घटना के विरोध में 26 अप्रैल को पटना यूनिवर्सिटी में सांकेतिक हड़ताल हुई जिसमें यूनिवर्सिटी के अधिकांश छात्रों ने भाग लिया। नीतीश, सुरेश, रामजतन और सरयू प्रसाद के नेतृत्व में हुई इस हड़ताल में मुख्यमंत्री अब्दुल गफ़ूर के इस्तीफ़े की माँग की गई थी। सूरज बाबू के शहीद हो जाने से मधुबनी की विधानसभा सीट ख़ाली हो गई थी। उपचुनाव में उनकी विधवा चन्द्रकला देवी उम्मीदवार बनाई गईं जिनके विरुद्ध कांग्रेस की तरफ़ से अब्दुल गफ़ूर उतरे। गफ़ूर मियाँ के रथ के सारथी बने कांग्रेस के क़द्दावर नेता ललित नारायण मिश्र जबकि चन्द्रकला देवी के समर्थन में पूरा विपक्ष एकजुट होकर खड़ा था। इस ख़ेमे की बागडोर बिहार के क़द्दावर नेता कर्पूरी ठाकुर के मज़बूत हाथों में थी। कर्पूरी ठाकुर ने ऐलान कर रखा था कि यदि चुनाव में धाँधली हुई तो कलेक्ट्रेट को जला दिया जाएगा। उनकी इस धमकी से डरकर कांग्रेसी सरकार ने उन्हें पहले ही जेल में डाल दिया था। हालात इतने तनावपूर्ण हो गए थे कि मधुबनी के ही पुराने वाटसन ह्वटसन स्कूल के मैदान में कांग्रेसियों और विपक्षी समर्थकों के बीच जमकर पत्थर चले थे।

आर्यावर्त में 13 फ़रवरी, 1974 को छपी ख़बर में बताया गया कि बिहार अभियंत्रण महाविद्यालय पटना के छात्र संघ के भूतपूर्व अध्यक्ष श्री नीतीश कुमार ने संयुक्त विज्ञप्ति जारी कर राज्य के छात्रों से अपील की है कि मधुबनी उपचुनाव में अधिकाधिक संख्या में जाकर बिहार के मुख्यमंत्री अब्दुल गफ़ूर को पराजित कर एवं स्वर्गीय सूरज बाबू की पत्नी श्रीमती चन्द्रकला देवी को विजयी बनाकर बढ़ती हुई महँगाई, बेरोज़गारी, भ्रष्टाचार एवं सत्तारूढ़ कांग्रेस की वादाख़िलाफ़ी के विरुद्ध रोष ज़ाहिर करें।

नीतीश, विक्रम कुँवर, रघुनाथ गुप्त, हरि प्रकाश लाटा, लालू यादव और सुशील कुमार ने 'गफ़ूर हटाओ छात्र मोर्चा' नाम के संगठन के अस्तित्व में आने

की सूचना दी। इन छात्र नेताओं ने यह भी बताया कि इस मोर्चे के तत्त्वावधान में पटना, मगध और राँची विश्वविद्यालयों के छात्रों का एक विशाल जत्था पटना से मधुबनी के लिए रवाना होगा। यह ख़बर भी 'आर्यावर्त' में छपी थी। मधुबनी पहुँचे इन नौजवानों के उत्साह का ताक़तवर सैलाब भी सरकारी भ्रष्टाचार की मज़बूत दीवार का कुछ भी नुक़सान नहीं कर पाया। बेईमानी की बुनियाद पर लड़े गए इस चुनाव में अपार जन समर्थन के बावजूद, सरकारी हथकंडों के आगे, श्रीमती चन्द्रकला देवी हार गई। यह सरकारी कुकांड मधुबनी-कांड नाम से प्रसिद्ध हो गया। गफ़ूर मियाँ जैसे-तैसे चुनाव जीतकर मुख्यमंत्री तो बन गए पर उनकी यह बेईमानी और मक्कारी से हासिल की गई जीत पूरी तरह से सड़ चुकी कांग्रेसी ताबूत में बड़ी मज़बूती से एक और कील से ठोंक दी गई। सूरज नारायण सिंह की हत्या ने नीतीश के कोमल मन को ऐसा पीड़ित किया कि वर्षों तक उससे मुक्त नहीं हो सका। जब वह मुख्यमंत्री बना तब उसने सूरज बाबू के पुराने सरकारी आवास को संग्रहालय बनाकर, 14 अगस्त, 2009 को उसी परिसर में शहीद सूरज नारायण सिंह की जीवन्त प्रतिमा स्थापित करवाई। उनकी प्रतिमा के अनावरण के समय स्वयं नीतीश और उनके कुछ अन्य सहयोगी जैसे सुशील कुमार मोदी, रेणु देवी कुशवाहा और छेदी पासवान उपस्थित थे। अब, प्रत्येक वर्ष 14 अगस्त को शहीद सूरज नारायण सिंह का जन्मदिन राजकीय समारोह के रूप में मनाया जाता है। नीतीश ने सरकारी गजट में यह प्रावधान कर दिया है और वह स्वयं उस समारोह में उपस्थित रहता है।

सूरज बाबू की मृत्यु से नौजवान नीतीश ने कहीं पढ़ी एक लाइन अपने मन में बार-बार दुहराई थी। जिसमें कहा गया था कि इन्तक़ाम की खीर ठंडी करके खाने में ज़्यादा ज़ायक़ेदार होती है। नीतीश को खीर को ठंडी होने का इन्तज़ार था। उसे सूरज नारायण सिंह की हत्या सहित न जाने कितने कांग्रेसी जुल्मों का इन्तक़ाम लेना था।

कान्ति शाह ने जेपी की जीवनी में लिखा है—

'जिस तरह विद्यार्थी जेपी यह कह सकता है कि मुझे तो क्रान्ति का काम करना है, मैं डिग्री या उपाधि लेकर क्या करूँ? उसी तरह वह आगे चलकर यह भी कह सकता है कि मुझे कुर्सी लेकर क्या करना है?'

यही बात नीतीश के बारे में तब अक्षरशः कही जा सकता थी जब हम सब कॉलेज की पढ़ाई पूरी कर चुके थे।

वक़्त ने जेपी के माध्यम से दिसम्बर 1973 में पवनार (वर्धा) में गुजराती छात्रों को जगाने के लिए क्रान्ति का बिगुल बजाया था। उसकी अनुगूँज अचानक लाखों गुणा बढ़कर बिहार के छात्रों की प्राणवायु बन गई। छात्रों की हर साँस में क्रान्ति की ज्वाला ऐसी बहने लगी कि उनका पूरा वजूद ही क्रान्ति की मशाल बन

गया। उन्हीं दिनों पटना में बिहार के छात्र मिलकर एक ऐसे सशक्त आन्दोलन की भूमिका तैयार कर रहे थे जो बस थोड़े ही दिनों में बवंडर बनकर पूरे देश पर छा जानेवाला था। इसे बस एक सच्चे रहबर (राह दिखानेवाले) की ज़रूरत थी जो छात्रों को लक्ष्य से ज़रा भी भटकने न दे। बिहार में ऐसा कोई सर्वमान्य और विश्वसनीय नेतृत्व उभरकर सामने नहीं आ पा रहा था।

समाज में परिवर्तन के लिए बुद्धि से ज़्यादा इच्छाशक्ति और आत्मविश्वास की आवश्यकता पड़ती है। जिनके लिए दिल चाहिए, जिगर चाहिए और ढेर सारी दीवानगी भी जो बिना आगे-पीछे देखे त्याग की आग में कूदने में भी न हिचकिचाए। समाज में परिवर्तन के लिए आतुर दीवानों में एक नीतीश भी था जो पटना यूनिवर्सिटी के लॉ कॉलेज में पढ़ते हुए कसमसा रहा था। तब तक जेपी गुजरात में समाजवादियों के निर्विवाद नेता के रूप में स्थापित हो चुके थे। नीतीश ने उनसे मिलने की सोची। लेकिन 1974 के शुरू से ही जेपी की तबीयत बहुत ठीक नहीं रहती थी। उन दिनों यह अफ़वाह भी उड़ी थी कि जेपी दिल्ली की सत्ता हथियाने के लिए छटपटा रहे हैं। जेपी को छटपटाहट तो ज़रूर थी लेकिन उसकी वजह थी उनके पेट और प्रोस्टेट की तकलीफ़! उन्हें ऐसी पेचीदा सर्जरी की ज़रूरत थी जो किसी बहुत बड़े अस्पताल में ही सम्भव थी। बहुत खोजबीन के बाद अन्त में फ़ैसला लिया गया कि उनकी सर्जरी वेल्लौर के क्रिश्चियन मेडिकल कॉलेज में कराई जाए जहाँ हर प्रकार की जाँच के लिए सर्वश्रेष्ठ सुविधाएँ मौज़ूद थीं, जेपी तब पटना में ही थे। उन्हें गम्भीर सर्जरी के लिए वेल्लौर जाना था। इस क्रम में 23 अप्रैल, 1974 को जेपी मद्रास पहुँचे। 29 अप्रैल को जेपी की सर्जरी बहुत अच्छी तरह हो गई और वे 2 जून को पटना लौट आए। तब तक नीतीश छात्र संघर्ष समिति की गंगा की एक बेलौस लहर बनकर अपना अस्तित्व भुला चुका था। उसका परिवार किनारे पर बेबस खड़ा होकर उस मौज़ की उछाह देखता रहता था।

मुफ़लिसी के वे दिन

नीतीश की सबसे बड़ी बहन ऊषा जी बताती हैं कि आन्दोलन के दिनों, मुफ़लिसी के दौर में, ख़ासकर लगातार दो चुनावों में पराजय के बाद, नीतीश ने अपने को कैसे सन्तुलित रखा था—

'उन दिनों हम सब बिना उन्हें बताए हुए ही उनके लिए बड़े उत्साह से नौकरी तलाशते रहते थे। इनमें भी मेरे पति, उनके जीजाजी, सबसे अधिक चिन्ता करते। उन्हें लगता कि अगर नेताजी की निश्चित आमदनी का कुछ भी पक्का इन्तज़ाम हो जाए तो स्थिति बदल जाएगी और सबसे अधिक मंजु को ढाढ़स मिलेगा। वे

नेताजी को चिढ़ाने के लिए कभी-कभी नौकरी खोजने और करने की चुनौती भी देते रहते, पर नौकरी न करने की नेताजी की ज़िद के आगे हमारा सारा उत्साह ठंडा पड़ जाता। यद्यपि वे दो बार चुनाव हार चुके थे, लेकिन उन दिनों में भी जब कभी वे हमारे घर आते, नेताजी के चेहरे पर एक शिकन तक नहीं दिखती थी, बल्कि अन्दर के किसी तेज़ से उनका चेहरा दमकता रहता। यदा-कदा ही दोपहर बाद जब वे घर आते तब उनका धूप में तपा और कुम्हलाया चेहरा देखकर उनसे बिना कुछ पूछे मैं खाने की थाली सजाकर उनके आगे रख देती। नेताजी प्रतिवाद करते हुए भूख न होने की बात कहते। मेरे हार जाने के बाद उनके जीजाजी उन्हें स्नेह से देखते और प्यार से खाने के लिए बार-बार आग्रह करते। तब नेताजी चुपचाप खा लेते। नेताजी को कई बार दिल्ली जाना पड़ता। तब कभी-कभी उनके जीजा, जो पटना में रेलवे के आरक्षण विभाग में काम करते थे, बिना कुछ कहे, उनकी जेब में टिकट और कुछ पैसे भी डाल देते। पता चलने पर नेताजी कसमसा जाते, प्रतिवाद करने को उद्यत होते, पर जीजा की प्रेम-भरी दृष्टि में कुछ ऐसा होता कि नेताजी थोड़ी देर में शान्त हो जाते। मेरे पति सीधे तो बहुत कम बोलते थे पर मुझे कहकर कभी-कभी नेताजी के लिए नए कपड़े, बंडी, रूमाल आदि की व्यवस्था करवाते रहते जिसे देखकर ख़ुद्दार और संकोची नेताजी का चेहरा आक्रोश से तप जाता पर लिहाज से वे कुछ भी बोल न पाते। नेताजी अपने जीजा की कोई अच्छी बात कभी भूले नहीं, उसे भरपूर निभाया। जब उनके जीजाजी बीमार पड़े तब नेताजी उन्हें अधिकारपूर्वक अपने साथ दिल्ली ले आए और उनकी जी-जान से सेवा की।'

ऊषा जी की बातों की डोरी थामकर चचा आगे की कहानी बताता है। उसकी बातों के केन्द्र में है दिल्ली के रेलवे वाले डॉक्टर सुशम शर्मा जिन्होंने नीतीश के अलावा उससे जुड़े क़रीब-क़रीब हर व्यक्ति का इलाज किया है। डॉक्टर शर्मा के हवाले से चचा बताता है—

'नीतीश जी ने अलग-अलग अवसरों पर कई बार बीमार लोगों की जैसी सेवाएँ की हैं, उनकी चर्चा हम सब आपस में भी कभी-कभी करते हैं। उन्होंने अपने मरीज़ों की तीमारदारी में रत्ती भर फ़र्क़ नहीं आने दिया। अपना सारा काम-काज करते हुए भी, सुबह उठकर मरीज़ों को अपने साथ टहलाना, उन्हें वक़्त पर दवाइयाँ देना, उनके लिए खाना-पीना-डॉक्टर-मच्छरदानी आदि हर छोटी-बड़ी ज़रूरतों पर कड़ी निगरानी रखना, ग़रज़ यह कि ऐसी हर विपरीत परिस्थिति में वे अपनी सुध-बुध भुलाकर वन मैन प्रोटेक्शन आर्मी बन जाते थे। सबके लिए, यहाँ तक कि मुझ जैसे डॉक्टरों के लिए भी, वे देखते ही देखते सुरक्षा कवच बनकर खड़े हो जाया करते थे। नीतीश जी ख़िदमत की ऐसी नज़ीर बन गए कि अब उनके आगे कोई जँचता ही नहीं।'

अपने चचा बुक़रात का आकलन है कि कम से कम भारत में तो किसी भी बीमार की सही तीमारदारी उसकी बेटियाँ ही करती हैं, शौहर, बेटे या बीवी से बहुत ज़्यादा। बेटी के बाद ही माँ का नम्बर आता है। वह अपनी छाती ठोककर कहता है—

'मैंने ख़ुद देखा है कि नीतीश ने अपनी माँ, जीजाजी, रामचन्दर बाबू और यहाँ तक कि अपनी बीवी की ख़िदमत भी किसी बेटी की तरह ही की है।'

ऊषा जी उन्हीं दिनों को याद करती हैं—

'राजनीति की अनिश्चित डगर पर सदा के लिए चल पड़े नेताजी की नेकनीयती और सम्भावित सफलता में तब भी किसी को कोई सन्देह नहीं हुआ था। लेकिन एक ओर था उनकी नौकरी न करने का अडिग निश्चय और दूसरी ओर दाम्पत्य जीवन की ज़िम्मेदारियाँ, मानो कोढ़ में खाज हो जाए। जब तक बाबूजी जीवित थे, वे बिना कुछ बोले हुए ही इन सबसे जूझते नेताजी की हर सम्भव सहायता करते रहते। नेताजी की बेबस ख़ुद्दारी चुपचाप तड़पती रहती। मेरा बड़ा बेटा टुनटुन पास के स्कूल की प्रारम्भिक कक्षा में जाने लगा था। नेताजी पटना आते तो कभी-कभी मुझसे मिलने के बहाने घर भी आ जाया करते थे। दरअसल, वे आते थे अपने भानजे टुनटुन के मोहपाश में बँधे। एक बार नेताजी जब आए तो उन्होंने देखा कि जगह की तंगी के कारण टुनटुन पढ़ नहीं पा रहा था। उन्होंने आव देखा न ताव, बस टुनटुन (सुनील कुमार सिन्हा) का हाथ पकड़कर अपने कन्धों पर उसे बैठाया और घोषणा कर दी कि अब से वह बख़्तियारपुर में ही रहकर पढ़ेगा। नेताजी ने आनन-फ़ानन में स्वयं ही उसे तैयार किया, उसका ज़रूरी सामान बाँधा और अपने साथ उसी दिन ले जाकर उसका दाख़िला बख़्तियारपुर के सबसे अच्छे स्कूल में करवा दिया। इतना ही नहीं, उसे बैठाकर नेताजी रोज़ नियम से पढ़ाते और उसकी तर्जनी पकड़कर ॐकार पर फिरवाते। टुनटुन का बाल-मन जहाँ पटना के स्कूल में आतंकित रहा करता था, वहीं बख़्तियारपुर में जैसे उसे मुक्ति का द्वार दिख गया। थोड़े दिनों बाद, जब पहली छुट्टियों में टुनटुन पटना वापस आया तो उसके बदले हुए संस्कार, आचार-व्यवहार और विचार को देखकर हम सब मुग्ध हो गए।'

यह बात 2014 या 2015 की पहली जनवरी की है, मइयो की पुण्यतिथि! कल्याणबिगहा स्थित अपनी पुश्तैनी ज़मीन में नीतीश ने अपनी मइयो, बाबूजी और अपनी पत्नी, मंजु (निशान्त की माँ), की याद में एक छोटी फुलवारी बनाई है। यहाँ उसने तीनों दिवंगतों की जीवन्त प्रतिमाएँ स्थापित की हैं। मइयो को बेहद भावुक होकर श्रद्धांजलि देने के बाद कल्याणबिगहा के खँडहर हो रहे मकान में बैठकर नीतीश कहता है कि मइयो के साथ टुनटुन ने ही सबसे ज़्यादा समय बिताया है, कल्याणबिगहा में भी वही उनके साथ सबसे ज़्यादा दिनों तक रहा।

बड़ा भाग्यशाली है यह लड़का। यह सब याद करके वह बेहद ख़ामोश हो गया है। बाहर माइक लगाकर किसी स्थानीय कलाकार ने कबीरदास का भजन बड़े मीठे स्वर में गाना शुरू किया है—

मन लागो मेरो यार फ़क़ीरी में।
भला बुरा सबका सुन लीजै, कर गुज़रान ग़रीबी में।

पूरा माहौल बड़ा भारी और गम्भीर हो गया है। यह भजन नीतीश के बाबूजी को भी बड़ा प्रिय था। हम सब अपनी-अपनी यादों के घोंसलों में सहमी हुई चिड़ियों की तरह चुप होकर दुबके बैठे हैं। किसी की भी नीतीश की ओर ताकने की हिम्मत तक नहीं है। एकाएक वह एक झटके से अवसाद के इस जाल को तोड़कर खड़ा हो जाता है। कहता है—

'हर उस आदमी को, जिससे जनता की कुछ अपेक्षाएँ हो जाती हैं, उसे समर्पित भाव से अपने कर्तव्य का पालन करना ही पड़ेगा। आज नए साल का पहला दिन है। मेरी व्यक्तिगत पीड़ा से अनजान, न जाने कितने लोग, आज अपराह्न में मुझसे मिलकर अपनी बात कहने के लिए पटना आते हैं। हमें फ़ौरन वापस चलना होगा मेरे लिए न सही, मेरे परिवार के लिए न सही, लेकिन उन सबके मान और सम्मान की रक्षा के लिए चलो! उन सबसे भला-बुरा सुनने के लिए चलो।'

फिर वह बहुत सधी हुई आवाज़ में कबीरदास की अभी-अभी सुनी हुई पंक्तियाँ दोहराता है—

भला-बुरा सब का सुन लीजै, करि गुज़रान ग़रीबी में।
मन लागो मेरो यार फ़क़ीरी में!

फ़क़ीर नीतीश का क़ाफ़िला पटना वापस लौट रहा है। अभी भी कोहरे की चादर खेतों और खलिहानों में पसरी हुई है। दूर कहीं से बख़्तियारपुर से पटना जाती हुई किसी ट्रेन की सीटी सुनाई दे रही है। अपने ख़यालों में डूबा हुआ नीतीश एकबारगी चौंक जाता है। हम समझ जाते हैं कि वह बख़्तियारपुर से पटना की क़रीब-क़रीब रोज़ाना की जानेवाली यात्रा के बारे में सोच रहा था।

क़िस्सा डेली पैसेंजरी का

कुछेक साल पहले, एक जनवरी को ही जब हम कुछ पुराने दोस्त नीतीश के साथ ही कल्याणबिगहा से पटना लौट रहे थे तब किसी ट्रेन की सीटी की आवाज़ सुनकर नीतीश के क़रीब-क़रीब रोज़ ही ट्रेन से बख़्तियारपुर से पटना

आने की बात चल निकली थी। इस प्रसंग के छिड़ने से नीतीश की चुप्पी भंग हुई थी। उसी ने हमें बताया था कि उन दिनों वह दोनों स्टेशनों के बीच का मासिक पास, बिना कभी नागा किए, हर महीने बनवा लिया करता था। उन दिनों मोकामा जंक्शन से पटना और बक्सर से पटना रोज़ आकर नौकरी या व्यवसाय करनेवाले लोग सवेरा होते ही थ्री टायर की बोगी में हड़कम्प मचाकर अपने लिए इत्मीनान की जगह हथिया लेते थे। ये नीचे और बीच वाली बर्थ पर सो रहे यात्रियों को पहले जगाते और फिर यह कहकर बैठा देते कि रिज़र्वेशन केवल रात के नौ बजे से लेकर सवेरे सात बजे तक ही मान्य है! संकर्षण ठाकुर ने शायद कहीं लिखा है कि विजय कृष्ण पिछले स्टेशन, जहाँ से वह ट्रेन में सवार होते थे, नीतीश के लिए एक सीट रोककर रखते थे। ऐसा शायद यदा-कदा होता भी होगा लेकिन ट्रेन में नीतीश की सीट रोज़ सुरक्षित रखनेवाली एक अन्य टोली थी जो ट्रेन में हमेशा ताश के पत्ते पीटती ही रहती थी। उन लोगों का नीतीश से कोई परिचय नहीं था फिर भी पता नहीं उन्हें नीतीश में क्या दिखता था कि उसे देखते ही सारे खिलाड़ी थोड़ा आगे-पीछे हिल-डुलकर उसे भी अपने साथ 'एडजस्ट' कर लेते थे। उन्हें ताश खेलते देखकर ही नीतीश को तीन इक्के का महत्त्व समझ में आ गया था। नीतीश ने जीवन में कभी भी ताश के पत्तों को हाथ तक नहीं लगाया है। लेकिन हॉस्टल में ही हमारे कुछ यार-दोस्तों की ताश की महफ़िल में हममें से कोई रसमंजरिया, नीतीश को पास में बिठाकर गाहे-बेगाहे दो-चार हाथ आज़मा लिया करता था। हम सबका भरोसा था कि नीतीश जिसके पास बैठेगा, वह जुए में भी ज़रूर जीतेगा। कौशल हँसकर कहा करता था—

यत्र योगेश्वरो कृष्ण: यत्र पार्थो धनुर्धर:।
तत्र श्रीर्विजयो भूतिर्ध्रुवा नीतिर्मतिर्मम॥

पहले रसमंजरी के भूतों और बाद में ट्रेन के जुआरी सहयात्रियों से नीतीश ने समझ लिया था कि तीन पत्तों के खेल में तीन इक्के का हाथ में आ जाना सबसे बड़ा हाथ माना जाता है। इन्हें अंग्रेज़ी में थ्री एसेज़ कहा जाता है। ताश के खेल में अगर किसी का भाग्य बहुत ही अच्छा हो तभी उसे तीन इक्कों के दर्शन एक साथ हो सकते हैं! नीतीश तो ठहरा कर्मयोगी, भाग्य की बात वह करता ही नहीं। बिहार में मुख्यमंत्री बनकर आते ही अपने प्रशासन की नींव पक्की करने के लिए उसने तीन ज़बरदस्त इक्कों (थ्री एसेज़) का चुनाव किया। इन तीन इक्कों को सामने लाकर आनन-फ़ानन में बड़ी ज़िम्मेदारियाँ सौंप दी गईं! ये सब अधिकारी तब अपने-अपने विभागों के सबसे वरिष्ठ अधिकारी नहीं थे लेकिन उनकी ख्याति सर्वश्रेष्ठ अधिकारियों में ही होती थी। इन तीनों ने भी

नीतीश के विश्वास को कभी नहीं झुठलाया। इन सबके नाम अंग्रेज़ी के अक्षर ए (हिन्दी अक्षर अ) से शुरू होते थे। यह महज़ संयोग ही होगा कि उसने शिक्षा विभाग की बागडोर सँभालने का काम बड़े सक्षम और कर्मठ अधिकारी अंजनी कुमार सिंह को सौंपा जो पहले से ही बिहार सरकार में कार्यरत थे। गृह विभाग की ज़िम्मेदारी दूसरे ए (अ) से नाम शुरू होनेवाले बड़े ज़हीन और क़ाबिल ऑफ़िसर अफ़ज़ल अमानुल्ला के हाथों, उन्हें दिल्ली की प्रतिनियुक्ति से वापस बुलाकर, सौंपी। मास्टर स्ट्रोक या तुरुप का इक्का इन्होंने बड़े होनहार पुलिस अधिकारी अभयानन्द में खोज निकाला। वे भी प्रतिनियुक्ति पर कहीं बाहर थे। ये तीनों अधिकारी अपने-अपने कार्यक्षेत्र में किसी भी दख़लन्दाज़ी को बर्दाश्त करनेवाले लोगों में कभी नहीं रहे थे। नीतीश ने उनकी स्वायत्तता को पूरा संरक्षण दिया। फिर तो अभयानन्द और अमानुल्ला की जोड़ी ने अपराधियों की दुनिया में ऐसा ग़दर मचाया कि महीने-भर में सारे शातिर बदमाश या तो सलाख़ों के पीछे नज़र आए या फिर तड़ी पार करके हवा में विलीन हो गए! लगा कि जैसे किसी जादू के ज़ोर से नीतीश की इस नौजवानों की टीम ने रातों-रात 'मंगल राज' का बिगुल बजा दिया।

बात चल रही थी नीतीश की डेली पैसेंजरी के लिए सीट रोककर रखने की। बिहार में यह परम्परा बहुत पुरानी रही है कि किसी भी बस या ट्रेन के रुकते ही उसकी खिड़कियों से रूमाल, अँगोछा, छाता या ऐसी ही किसी चीज़ की सीटों पर दनादन बरसात शुरू हो जाती थी। इस सर्वमान्य व्यवस्था को सीट लूटना कहा जाता था। डेली पैसेंजरों की भीड़ में शुमार नीतीश धीरे-धीरे हर अन्य चीज़ की तरह ट्रेन यात्रा का भी विशेषज्ञ हो गया। जब भी उसे पटना से कहीं दूर जाना होता तो वह अपने जीजा से कहकर थ्री टायर की ऊपर वाली बर्थ रिज़र्व करा लेता। उन दिनों उसके बैग में सामान के नाम पर कुछ किताबें, कुछ कपड़े, ओढ़ने और बिछाने की चादरों के अलावा 'डक बैक' कम्पनी का हवा भरकर फुलानेवाला तकिया ज़रूर होता था। सफ़र भर का खाना और पानी भी वह साथ ही लेकर चलता। पूरे सफ़र में वह अपनी किताबों की दुनिया में सिमटा रहता! वह ज़िन्दगी में अब तक कभी भी बेटिकट नहीं चला। बख़्तियारपुर और पटना के प्लेटफ़ॉर्मों पर ट्रेनों की प्रतीक्षा करता खड़ा नीतीश, इन्तज़ार का वह उबाऊ समय काटने के लिए हमेशा अख़बार ही ख़रीदता था, कभी-कभी सारा दिन भूखे रहकर भी! भूमिगत रहने के काल में ही नेताजी को शायद पेट की आग पर नियंत्रण हो गया था, पर मन की आग जलाए रखने के लिए जठराग्नि को सुला देना उसे श्रेयस्कर उपाय लगता था। लेकिन सभी दिन एक समान तो नहीं होते, कोई-कोई रईसी का भी दिन होता था जब हमारे नेताजी की जेब कुछ गरम रहती थी।

उन दिनों की याद करते हैं विष्णु दयाल राम, जो झारखंड के निहायत ईमानदार और कड़क डीजी पुलिस रह चुके हैं। पुलिस सेवा से रिटायर होने के बाद विष्णु दयाल लगातार पलामू से बीजेपी के सांसद चुने जाते रहे हैं। वे कहते हैं—

'कभी-कभी मैं, सुरेश शेखर, नीतीश जी और श्याम सुन्दर यादव, जो आन्ध्र प्रदेश के डीजी पुलिस रहे, एक साथ मिलकर पटना की मशहूर लिट्टी और घुघनी का रसास्वादन किया करते थे। उन दिनों बेहद नरम, किन्तु दृढ़ भाव से नीतीश जी ही इस सड़क छाप छोटी और रसीली पार्टी का भुगतान किया करते थे, हम सबों के लाख प्रतिरोधों के बाद भी।'

अरुण कहता है—

'छठे-छमासे होनेवाली ऐसी पार्टियों में नीतीश के सारे प्रतिभाशाली सहभागी प्रायः अपने भविष्य के प्रति बेहद सचेत थे। ये सब बहुत अच्छी नौकरियों में बहुत ऊँचाइयों तक गए। मुझे भी पटना में ही ख्यातिप्राप्त समाचार सेवा में प्रशिक्षु की नौकरी मिल गई। मैं हर बड़ी ख़बर की तह तक जाने में जी-जान से व्यस्त हो गया। कौशल भी राँची में बिहार हाउसिंग बोर्ड में ट्रेनी इंजीनियर लग गया। पर हम सबसे अलग, नीतीश ने अनिश्चय की जो राह पकड़ी, उस रास्ते के नाम की तख़्ती कहीं आगे लगी थी और उस पर लिखा था—सम्पूर्ण क्रान्ति।'

सप्त क्रान्ति से सम्पूर्ण क्रान्ति की ओर पहला क़दम

फ़रवरी 1974 से ही छात्र संघर्ष समिति से जुड़े हुए नीतीश ने अपने लिए सम्पूर्ण क्रान्ति की डगर चुन ली थी। आन्दोलन के शुरुआती दिनों में पटना में हमारी रसमंजरी की टोली के सिर्फ़ नीतीश और मीता ही आन्दोलन से जुड़े रह गए थे। नीतीश से हम सबों की मुलाक़ात भी बहुत कम हो गई थी क्योंकि उसका कोई पक्का अता-पता किसी के पास नहीं होता था। अपना चचा अलबत्ता कई बार पटना जाकर नीतीश से मिल आया था। नीतीश के बारे में अफ़वाहें तो बहुत सुनने को मिलती थीं पर कहीं से कोई पक्की ख़बर नहीं आ रही थी। पटना से बहुत दूर बैठे हमें चिन्ता हो रही थी कि छात्रों की आस्था पर आए घोर संकट के उन दिनों में नीतीश आन्दोलन के लिए क्या कर रहा था? आन्दोलन के बाद इन मुश्किल के दिनों के बारे में उससे कुछ पूछने पर वह हर बार यह विषय टाल दिया करता था। शायद वह उन दिनों को याद करना नहीं चाहता था। ख़बरों के माध्यम से यह तो हम जानते थे कि उन दिनों छात्र संघर्ष समिति का सबसे बड़ा एजेंडा था 18 मार्च, 1974 को सचिवालय घेरने का कार्यक्रम। हमारा पक्का अनुभव था कि नीतीश ऐसे समय में ताक़त से लड़ने की रणनीति बनाता था, पीछे हटने का उसका स्वभाव ही नहीं था। लेकिन हमें नीतीश की भागीदारी के बारे में स्पष्ट पता नहीं चल रहा था क्योंकि उसकी सबसे बड़ी कमी यह थी कि उसे ख़ुद ही अपने नाम का झंडा उठाकर चलना अब तक भी नहीं आया तो उस समय इसका सवाल ही पैदा नहीं होता था!

छात्र आन्दोलन में नीतीश की सक्रिय भागीदारी की समझ हमें भोला प्रसाद सिंह से हुई बातचीत से बनी। उन्होंने हमें बताया—

'मुझे नीतीश के अन्दर की समझ और ताक़त का पूरा भरोसा था। आन्दोलन के दिनों उसका पूरा ध्यान आन्दोलन को सफल बनाने में लगा हुआ था। वह हम जैसे पुराने नेताओं से बात करते समय अपना मन्तव्य जो सामने रखता था, उससे लगता था कि वह छात्र संघर्ष समिति के नेताओं की रणनीति से बहुत

सन्तुष्ट नहीं था। उसे लगता था कि इन नेताओं में उत्साह तो बहुत था लेकिन इनके पास इस बात का कोई स्पष्ट ख़ाका नहीं था कि अगर पुरानी व्यवस्था किसी भी प्रकार से हटा भी दी जाए तो आगे के लिए क्या इन्तज़ामात होने चाहिए? इन्हीं सब सवालों से जूझते हुए वह हमेशा कुछ न कुछ ऐसा करने को कसमसाता रहता था जिसके स्वस्थ, स्थायी और दूरगामी परिणाम मिल सके। उसके दिमाग़ में हमेशा आन्दोलन के शीर्ष पर किसी मज़बूत नेतृत्व का अभाव हमेशा खटकता रहता था।'

मीता बताता है—

'निश्चिन्त होकर आन्दोलन से जुड़े रहने के लिए उसे मंजु से अभयदान मिल चुका था इसलिए अब वह अपने मन की व्यथा उससे भी नहीं कह पाता था। सबसे मुश्किल यह थी कि कौशल, बुक़रात, अरुण या सुरेश में से कोई भी तो उसके आसपास नहीं था। जैसे-जैसे सचिवालय को घेरने की तारीख़, 18 मार्च, क़रीब आती गई, पूरे राज्य को अहसास हो गया कि युवा मन का उत्साह चरम पर था और उनके घोषित सत्याग्रह के भय से राज्य का प्रशासन पूरी तरह से दबाव में था।'

'बिहार-आन्दोलन एक सिंहावलोकन' देखने से पता चलता है कि राज्य में कम्यूनिस्ट विचारधारा वाले नए-नए बने, 'बिहार राज्य छात्र-नौजवान संघर्ष मोर्चा' के कार्यक्रमों में ग़ैर छात्रों की मौजूदगी ज़्यादा होती थी। 16 मार्च को इस मोर्चे ने पूरे राज्य भर में कलेक्टरेटों और पटना में शिक्षा मंत्री के घेराव का आह्वान किया था। परिणामस्वरूप 16 मार्च को राज्य में आरा, मोतिहारी, सीतामढ़ी, बेगूसराय, दरभंगा, बेतिया आदि कई जगहों पर हिंसक घटनाएँ हुईं। इन घटनाओं में पुलिस की गोलियों से सम्भवत: सात व्यक्तियों की मृत्यु हो गई और भारी संख्या में लोग हताहत हुए। गफ़ूर मियाँ की बेहद डरी हुई सरकार ने 17 मार्च को पटना में धारा 144 लगा दी। यह तो बौराए साँड़ को लाल कपड़ा दिखाकर और अधिक उत्तेजित करनेवाली बात थी! धारा 144 लगते ही छात्रों का जोश आकाश की ऊँचाइयों को छूने लगा। इसकी सारी ख़बर अब्दुल गफ़ूर के नेतृत्व वाली सरकार को कुछ तो अपने ख़ुफ़िया तंत्र से और बाक़ी अख़बारों से मिल चुकी थी। विधि व्यवस्था की सामान्य स्थिति को भी पहले तो धमकियाँ देकर सरकार ही तनावपूर्ण बना देती थी, फिर हर आमो-ख़ास को गिरफ़्तार करके स्थिति के नियंत्रण में होने की घोषणा भी तत्परता से कर देती थी। अगर सरकार डाल-डाल डोल रही थी तो छात्र संघर्ष समिति भी पात-पात झूल रही थी। तब तक यह भी पता चल चुका था कि छात्र नेताओं की गिरफ़्तारियाँ किसी भी समय हो सकती थीं। इन ख़तरों के बावजूद 18 फ़रवरी को हुए राज्यस्तरीय छात्र सम्मेलन के एक माह पूरा होते ही, 18 मार्च, 1974 को, छात्र संघर्ष समिति

के बैनर तले पूरे बिहार से आए हज़ारों छात्रों ने पटना में महँगाई, भ्रष्टाचार और शिक्षा में अव्यवस्था के मुद्दे पर सचिवालय को घेर लिया।

देखें किसमें कितना है दम

लालू प्रसाद, सुशील मोदी, नरेन्द्र सिंह, रामजतन सिन्हा, वशिष्ठ नारायण सिंह, बाल मुकुन्द शर्मा, नीतीश कुमार आदि अलग-अलग छोरों से सचिवालय के इस घेराव का नेतृत्व कर रहे थे। नीतीश भी इसी भीड़ का हिस्सा था। राजनारायण चेतना मंच के अध्यक्ष बाल मुकुन्द शर्मा के मुताबिक़, 18 मार्च, 1974 को क़रीब एक लाख छात्रों ने पटना में डेरा डाल रखा था। उस दिन बजट सत्र का उद्घाटन महामहिम राज्यपाल महोदय करनेवाले थे। छात्र संघर्ष समिति के सदस्य अपनी माँगों पर समुचित कार्रवाइ न होने तक न तो महामहिम को बोलने देना चाहते थे और न ही सत्र चलने देना चाहते थे। 18 मार्च को सचिवालय के चारों ओर तगड़ा पुलिसिया पहरा था। चारों ओर तूफ़ान के पहले का सन्नाटा था। अलबत्ता कभी-कभार दूर-दराज़ से गगनभेदी नारे आकर सचिवालय की दीवारों से टकराते भी थे। अचानक सचिवालय के आसपास ही इधर-उधर छिपे हुए छात्र नेतागण जैसे हवा से प्रकट हो गए। लगा कि खुले आकाश के कई कोनों से एकाएक प्रचंड बिजलियाँ चमककर सचिवालय पर गिर गईं। छात्र नेतागण सचिवालय की घेराबन्दी का जी-तोड़ प्रयास कर रहे थे। एक तो 16 मार्च को प्रदेश-भर में हुई हिंसात्मक घटनाओं की वजह से पहले से ही पूरा माहौल बड़ा तनावपूर्ण था उस पर से आग में घी डालते हुए इन छात्र नेताओं ने बड़े उत्तेजक भाषण देकर मरो या मारो की ख़तरनाक स्थिति पैदा कर दी। इस ज्वलन्त माहौल में एकमात्र नीतीश ने ही अपना संयम नहीं खोया था। उस दिन को नीतीश कुछ यूँ याद करता है—

'18 मार्च की सुबह से ही मैं न जाने किस अनजानी शक्ति के प्रभाव में आकर बेहद रोमांचित और उत्साहित हो गया था। मेरा मन बिलकुल शान्त था। मैं कुछ मित्रों की टोली में शामिल होकर सचिवालय तक पहुँचा था। सड़क पर चल रही हमारी टोली का नेतृत्व कोई और कर रहा था। मैं उन बड़े नेताओं के ठीक पीछे था। सचिवालय के आगे पुलिस की भीड़ देखकर मेरे अन्दर से आवाज़ आई कि यही बस कुछ अच्छा करने या मरने की बेला है। उस गहमा-गहमी में कई उग्र छात्रों ने, जो शारीरिक बल में मुझसे बहुत मज़बूत थे, मुझे पीछे ढकेल दिया। अचानक हमारी टोली की अग्रिम पंक्ति में खड़े नेताओं ने किसी बात पर उत्तेजित होकर पुलिसकर्मियों पर ढेले और पत्थर बरसाने शुरू कर दिए। मुझे उनका यह कृत्य महात्मा गांधी की अहिंसा की नीति के बिलकुल विपरीत लगा।

मैं तो बिना हिंसक प्रतिरोध किए, मरने तक के लिए, तैयार होकर आया था लेकिन वहाँ कुछ और ही कहानी चल रही थी! देखते ही देखते इधर से दनादन पत्थरों की बारिश और उधर से अन्धाधुन्ध लाठियों की बौछार होने लगी। जोश में मतवाले नौजवानों की दीवानगी लाठियों और तलवारों से भला कब क़ाबू में आई है जो उस दिन आती! बुरी तरह से पिट चुकी पुलिस ने आँखें बन्द करके लाठियाँ भाँजना छोड़कर आँसू गैस के गोले चलाने शुरू कर दिए। जब उनका यह दाँव भी नाकाम रहा तो पुलिसकर्मियों ने बन्दूकें उठा लीं। इसके बाद उन्मत्त होकर पुलिस वालों ने आन्दोलन कर रहे युवाओं पर बर्बरता से गोलियाँ दागनी शुरू कर दीं। आन्दोलन कर रहे छात्रों में तब भी इतनी ऊर्जा थी कि उनको दबाने के लिए अन्त में थक-हार कर बिहार सरकार ने उसी समय नागरिक प्रशासन का भार भारतीय सेना के अधिकारियों को सौंप दिया। बीएसएफ और सीआरपी के उस दिन के नृशंसतापूर्ण व्यवहार के बारे में अख़बारों में छपी रिपोर्टों में कहा गया था कि वे अपना मानसिक सन्तुलन खो बैठे थे तथा अपने ही देश की जनता से ऐसा व्यवहार कर रहे थे जैसे वे दुश्मनों की चौकियों पर पहुँच गए हों। धुएँ की घुटन और धुन्ध के ऊपर से ताबड़तोड़ चल रही गोलियों की वजह से सचिवालय के बाहर की सड़कों पर भगदड़ मच गई थी। चारों ओर से उमड़ती आ रही भीड़ को तितर-बितर करने के लिए अचानक पटना में तत्काल प्रभाव से कर्फ़्यू लगने की घोषणा बड़े डरावने स्वरों में, माइक पर, चलने लगी थी। राज्य के तथाकथित अमन-चैन और क़ानून के रक्षकों के इस अप्रत्याशित हमले के आगे निहत्थे छात्रों की एक न चली। विवश होकर, आहत तन और भारी मन लिये, हमें पीछे हटना पड़ा। पुलिस की लाख घेराबन्दी के बाद भी उस दिन राज्य के कोने-कोने से आए जाँबाज़ युवाओं ने, सारी बाधाओं को तोड़कर, विधानसभा का तीन तरफ़ से घेराव करने में सफलता पाई थी। इसके बाद बर्बर पुलिसिया प्रहार से छटपटाकर आन्दोलनकारियों की भीड़ वापस लौटने को मजबूर हो गई थी। जिसके सींग जहाँ समाए वह उधर का ही रुख़ करके रवाना हो गया। मुझे और कोई विकल्प नहीं सूझा तो मैं भी वापस हॉस्टल की तरफ़ चल पड़ा। तब तक पटना शहर पुलिस छावनी में तब्दील हो चुका था। इस बीच सड़कों पर पता नहीं कहाँ से इतना पानी जमा हो गया था कि मैं टखने तक भर आए पानी में चल रहा था। केन्द्रीय पुलिस बल की एक गारद ठीक मेरे सामने खड़ी थी। मैं इतने आक्रोश में था कि मैं उनसे मुठभेड़ करने को आतुर हो रहा था। मैं चाहता था कि वे मुझे गिरफ़्तार करके जेल भेज दें लेकिन कर्फ़्यू होने के बावजूद, मुझे सड़क पर तनकर चलते हुए देखकर भी, उन्होंने मेरी अनदेखी कर दी। मैं क्रोध से तमतमाता हुआ हॉस्टल पहुँचा। उसी शाम में रेडियो से शहर में हुई लूटपाट और आगजनी की ख़बर सुनकर ही मैं समझ गया था कि अब इस नेतृत्वहीन

आन्दोलन को अहिंसक रखते हुए इसे तार्किक निष्कर्ष तक पहुँचाकर राज्य भर को त्राण दिलानेवाला शख़्स जेपी के अलावा कोई हो ही नहीं सकता।'

दुर्भाग्यवश उस दिन यह आन्दोलन मात्र नीतीश जैसी सीधी-सच्ची सोच वाले नौजवान छात्रों भर का नहीं रह गया। पुलिस के आक्रामक होने के कुछ देर बाद ही तब तक आन्दोलन का सफलतापूर्वक नेतृत्व कर रहे असली छात्र नेताओं को विवश होकर सचिवालय क्षेत्र से हट जाना पड़ा था। उनकी ग़ैर-मौजूदगी में आन्दोलन अचानक नेतृत्वहीन हो गया। इस कारण उसमें छात्रों के नाम पर कई सारे असामाजिक तत्त्व भी चुपके से घुस गए। उनकी वजह से यह अहिंसक आन्दोलन एकाएक उग्र बम की तरह फट गया। देखते ही देखते पूरे पटना शहर में अफ़रा-तफ़री का माहौल बन गया और तुरन्त लूटपाट भी शुरू हो गई। सरकारी शह पाकर, शोहदों ने पटना नगर निगम का दफ़्तर, राजस्थान होटल तथा प्रदीप एवं सर्चलाइट अख़बारों के दफ़्तर जला दिए। पटना में जगह-जगह आगजनी और लूटपाट की घटनाएँ हुईं। सरकारी अमले ने इस पाप का ठीकरा छात्र नेताओं के सर पर फोड़ा। नीतीश को इसकी आशंका पहले से ही थी। बाल मुकुन्द शर्मा के अनुसार—

'नीतीश इस तरह की (हिंसक) राजनीति के पक्षधर नहीं थे।...उनकी सलाह पर जेपी से सम्पर्क किया गया और छात्र आन्दोलन की नई पटकथा लिखी गई।'

श्रवण कुमार गर्ग ने अपनी किताब में लिखा है कि 18 मार्च की शाम को ही भवेशचन्द्र प्रसाद संचालन समिति के दो-तीन सदस्यों के साथ जेपी से मिले। वे दिन-भर में हुई सारी घटना को जेपी को बताकर आगे के लिए सलाह लेना चाहते थे। जेपी का स्वास्थ्य कुछ ठीक नहीं चल रहा था। जेपी के अनुसार—

'भवेश जी और उनके साथी इतने डरे हुए थे कि कुछ बता नहीं पा रहे थे, इसलिए मैंने कहा कि आप कल आइए और सम्भव हो तो अपने साथ कुछ और संचालन समिति के लोगों को ले आइए।'

18 मार्च को सचिवालय के घेराव के बाद जो उत्पात मचा उस आन्दोलन से जुड़े नीतीश जैसे गम्भीर छात्र नेताओं को बहुत सदमा पहुँचा। उसी दिन पूरे राज्य में पुलिस की गोलियों से 7 मासूम छात्र शहीद हो गए। अख़बारों में छपी ख़बरों के अनुसार इस दिन 81 लोग घायल हो गए थे।

भोला बाबू के अनुसार, जिस दिन नीतीश सहित कई छात्र नेताओं ने सचिवालय की पूरी घेराबन्दी कर दी थी, उसी दिन कर्पूरी ठाकुर, धनिक लाल मंडल और पूरनचन्द के साथ वे भी गिरफ़्तार हुए थे। इन चार नेताओं के अलावा, उसी दिन जनसंघ के दो नेता क्रमशः ठाकुर प्रसाद और रुद्र प्रताप सारंगी भी गिरफ़्तार हुए थे। 24 मार्च को बिहार के सभी मुख्य समाचार-पत्रों में छपी ख़बर के अनुसार नीतीश ने अपने दो साथियों के साथ संयुक्त वक्तव्य

जारी करके गिरफ़्तार हुए इन छह नेताओं के अतिरिक्त अन्य छात्र, राजनीतिक नेताओं की अविलम्ब रिहाई की पुरज़ोर माँग की थी। नीतीश जैसे समझदार छात्र नेतागण आगे की रणनीति में आमूल-चूल परिवर्तन करने के लिए सोच रहे थे। उसी समय दो बड़े निश्चय किए गए। एक, यह कि 21 मार्च को पटना बन्द किया जाएगा जिसमें छात्र अहिंसक मौन जुलूस निकालेंगे। दूसरा, यह कि 23 मार्च को बिहार बन्द का नारा दिया जाएगा। नीतीश 18 मार्च तक 9 लोगों वाली छात्र संघर्ष संचालन समिति का सदस्य नहीं था लेकिन वह छात्र संघर्ष समिति का सक्रिय सदस्य तो था ही। 19 मार्च की सुबह जेपी के निमंत्रण पर, और नीतीश की सलाह के अनुसार, छात्र संघर्ष समिति के कई सदस्यों ने जेपी से सवेरे क़रीब दस बजे मुलाक़ात की। श्रवण कुमार गर्ग की किताब में बताया गया है कि जेपी के पास जानेवाले लोगों में शिवानन्द, रामबहादुर, सुशील, वशिष्ठ नारायण, मिथिलेश, भवेश आदि प्रमुख थे। जेपी से मिलनेवाले संघर्ष समिति के सदस्यों के इस ग्रुप में नीतीश भी शामिल था। 19 मार्च को जेपी संचालन समिति के सदस्यों से मिले तो सही, पर आन्दोलन के दौरान हुई हिंसा से वे बहुत खिन्न और बिलकुल असहमत थे। गर्ग की किताब के अनुसार, जेपी 19 मार्च, 1974 को औपचारिक रूप से छात्र आन्दोलन और प्रकारान्त से छात्र संघर्ष समिति के सम्पर्क में आए लेकिन उन्होंने अपने आपको मार्गदर्शन देने तक ही सीमित रखा।

उस दिन संचालन समिति के सदस्यों ने जेपी से पिछले दिन हुए हिंसा के बारे में साफ़गोई से काम लेते हुए सब कुछ बता दिया कि इसमें किन लोगों का हाथ था। यह सब राम कहानी बयान करने के बाद संचालन समिति ने जेपी से आन्दोलन का नेतृत्व अपने हाथों में ले लेने की प्रार्थना की।

रामजतन के अनुसार, जेपी से की गई इस प्रार्थना के पीछे एक महत्त्वपूर्ण वजह थी :

'इस शान्तिपूर्ण छात्र आन्दोलन के दौरान हुई लूटपाट की हिंसक घटनाओं में कुछ तथाकथित छात्र भी संलिप्त पाए गए। इससे संचालन समिति में आन्दोलन की सफलता के लिए सही सोच वाले नेताओं को भय हुआ कि कहीं सत्तारूढ़ कांग्रेसी नेता ढुलमुल क़िस्म के कुछ छात्र नेताओं को ख़रीदकर आन्दोलन को पथभ्रमित न कर दें। इसलिए भी हम जेपी की शरण में गए।'

बातचीत के दौरान जेपी ने छात्रों से आन्दोलन के राजनैतिक पार्टियों के हाथों की कठपुतली न बनने देने की सलाह दी। उनकी इस नेक बात पर भला किसे एतराज़ हो सकता था! इस सलाह को सर-माथे पर लेकर छात्रों ने उनसे 21 मार्च को निकाले जानेवाले मौन जुलूस और 23 मार्च को आहूत बिहार बन्द के लिए नैतिक समर्थन की प्रार्थना की।

इतिहास की इस अद्‌भुत घटना के बारे में नीतीश ने 'वीर अर्जुन' में अपने एक लेख में लिखा था—

'18 मार्च, 1974 की सुबह हज़ारों छात्र विधानसभा के चारों ओर जमा हो गए थे। हमने इसकी कल्पना भी नहीं की थी। इसका फ़ायदा उन तत्त्वों ने भी उठाया जो आन्दोलन को पटरी से उतारना चाहते थे। हिंसा और आगजनी की घटनाएँ कराई गईं। शायद मकसद यह था कि ऐसी घटनाओं पर जेपी नाराज़ होंगे। वे विरोध में बयान देंगे। लेकिन जिन लोगों ने यह सोचकर हिंसा करवाई वे जेपी को समझने में भूल कर रहे थे। किसी के कहने या उकसाने से जेपी ग़लत नतीजे पर पहुँचनेवाले नहीं थे। उन्होंने अपने स्तर पर पता कराया। एक नतीजे पर पहुँचे। उन्होंने छानबीन के बाद ही आन्दोलन के पक्ष में बयान दिया। जेपी एक ज़माने में क्रान्तिकारी थे। आज़ादी के बाद उनका रूपान्तरण हुआ। अहिंसा और शान्ति के वे पथिक हुए। परिवर्तन का यही मार्ग उन्होंने चुना। आन्दोलन को जेपी ने इन्हीं दो कसौटियों पर कसा। जब पाया कि छात्र संघर्ष समिति सही मायने में उनकी कसौटी पर खरी उतरती है, तब आन्दोलन को आशीर्वाद दिया।'

दरअसल आन्दोलन शुरू होते ही छात्र संघर्ष समिति को आन्दोलन की दिशा सही बनाए रखने के लिए किसी सशक्त नेतृत्व का अभाव पहले दिन से ही खटक गया था। कई सरकार विरोधी पार्टियों के खुर्राट लकड़बग्घे छात्रों को अपनी ओर खींचने की लगातार कोशिशें कर रहे थे। इन्हीं परिस्थितियों में उन दिनों एक नारा सुनाई पड़ने लगा था—

पार्टी वालो दूर हटो, हम दुनिया नई बनाएँगे।
तेरे नारों के चक्कर में, हम न कभी अब आएँगे॥

छात्र आन्दोलन का उत्साह और उन्माद देखकर जेपी रुक नहीं पाए। कुछ समय बाद ही उन्होंने बेलगाम हो रहे आन्दोलन के रथ की बागडोर सँभालकर उस पर सम्पूर्ण क्रान्ति का झंडा फहरा दिया। कांग्रेस के आपातकाल का ज़हर पूरे बिहार को निर्दयता से डसने-मथने लगा था जिससे जेपी पूरी ताक़त से जूझ रहे थे। समर्पित युवा छात्र नेताओं का समूह भी प्राणपण से जयप्रकाश का साथ दे रहा था।

पूर्व नियोजित कार्यक्रम के अनुसार 21 मार्च को छात्र संघर्ष समिति ने पटना बन्द का आह्वान किया था। यह बन्द अभूतपूर्व रूप से सफल रहा। उसी दिन पटना के कांग्रेस मैदान (नया नाम क्रान्तिकारी मैदान), कदमकुआँ से छात्रों का मौन जुलूस निकला। पटना की सड़कें छात्रों के पदचाप और उनके लिए जनता के हृदय से निकलते अशेष आशीर्वाद के स्पन्दन से गुंजायमान थीं। उसी दिन शिवानन्द सहित कई छात्र नेता गिरफ़्तार कर लिये गए। उसी दिन से सरकारी

तंत्र और संघर्ष समिति के नामचीन चेहरों के बीच चूहे-बिल्ली का खेल शुरू हो गया। छात्र संघर्ष समिति द्वारा 23 मार्च को आहूत बिहार बन्द को विफल बनाने के लिए पूरे राज्य से ढूँढ़-ढूँढ़कर छात्र नेताओं को जेल में ठूँसा जाने लगा। 22 मार्च तक क़रीब 1500 लोगों को गिरफ़्तार कर लिया गया। इनमें से कुछ लोगों को छोड़ दिया गया। लेकिन छात्रों का दमन जारी रहा। तमाम विपदाओं और अवरोधों के बावजूद 23 मार्च का बिहार बन्द बेहद सफल रहा। उसके ठीक बाद बिहार में नौजवानों की गिरफ़्तारी का अन्तहीन सिलसिला शुरू हो गया।

अफ़वाहों का गर्मा-गर्म बाज़ार—मगर मुर्दा तो ज़िन्दा है

18 मार्च की शाम से ही यह अफ़वाह बड़े ज़ोरों से फैल गई कि लालू मारे गए जिससे राज्य के बड़े हिस्से में लोगों और छात्रों के बीच भारी क्षोभ हुआ। लालू जैसे एसवाईएस के नेता के मारे जाने की ख़बर पाकर नीतीश भी बहुत चिन्तित हो गया था। छात्र संघ का अध्यक्ष होने के कारण लालू को घर पर एक फ़ोन मिला हुआ था। इस ख़बर से परेशान होकर लालू के परिवार से सम्पर्क करने की नीतीश की हर कोशिश असफल रही। एक तो शहर में कर्फ़्यू लगा हुआ था और जहाँ नीतीश रहता था उस जगह के आसपास कोई टेलीफ़ोन काम नहीं कर रहा था। ऊपर से बेरहम पुलिसिया दमन अपने चरम पर था। इसलिए वह लालू की मौत के बारे में सोच-सोच कर हलक़ान हुआ जाता था। समाजवादी होने के कारण लालू के प्रति नीतीश के मन में स्नेह तो था ही। नीतीश को इस बात की भी चिन्ता थी कि लालू की नई-नवेली सीधी-सादी पत्नी पर, जो क़रीब-क़रीब उन्हीं दिनों पटना आई थी, इस हादसे की ख़बर से क्या गुज़र रही होगी। इन सब दुश्चिन्ताओं के बोझ के तले, अपनी छटपटाहट के मारे, वह नरेन्द्र सिंह जैसे हर उस आन्दोलनकर्मी से सम्पर्क करने की असफल कोशिशें कर रहा था जिनकी लालू से ज़रा भी प्रगाढ़ता थी। उसे उड़ती-उड़ती ख़बर मिली कि सौभाग्यवश लालू जीवित था। फिर तो सुरक्षित लालू को देखने की उसकी बलवती इच्छा ने कर्फ़्यू जैसी आई हर बाधा को तोड़ दिया। उसे सहयोग मिला राजेश्वर प्रसाद सिंह का, जो उसकी मझली दीदी, प्रभा दी के चचेरे देवर थे। राजेश्वर भाई के पास बुलट मोटरसाइकिल थी जिस पर सवार होकर उनका दबंग व्यक्तित्व और भी निखर जाता था। चमचमाती मोटरसाइकिल पर उन्हें सीना तानकर बैठे देखकर उनके पुलिस के किसी अधिकारी होने का भ्रम होता था। उनकी छत्रच्छाया में, उनके साथ ही, नीतीश पशुपालन विभाग के क्वार्टर्स में अपने भाई के साथ रह रहे लालू के घर धड़धड़ाता हुआ पहुँच गया। वहाँ पहुँचकर जब उसने वहाँ लालू को सशरीर देखा तो पहली नज़र में वह ख़ुशी

से भर गया। लेकिन तुरन्त बाद में उसे बड़ी नाराज़गी इस बात से हुई कि लालू की मौत की अफ़वाह की वजह से राज्य भर में अफ़रा-तफ़री, अनिश्चितता और भय का जो माहौल बन गया था उसके लिए सिर्फ़ लालू ही ज़िम्मेदार थे। नीतीश ने अपनी नाराज़गी ज़ाहिर करने में जरा भी देरी नहीं की। उसे लगा कि यह सब जानकर शायद अब जेपी आन्दोलन की ज़िम्मेदारी नहीं लेंगे। सौभाग्य से नीतीश की यह आशंका निर्मूल साबित हुई।

कब, क्यों और कैसे ली ज़िम्मेदारी

जेपी ने यह ज़िम्मेदारी कब और कैसे ली, इसका आंशिक लेखा-जोखा श्री गर्ग की किताब में कुछ ऐसे मिलता है—

'25 मार्च को संघर्ष संचालन समिति के सभी सदस्यों के साथ जेपी की तीन घंटों की मैराथन मीटिंग हुई। इसमें बस वही छात्र नेता भाग नहीं ले सके जो जेल में बन्द थे। जेपी 19 मार्च को ही कह चुके थे कि आन्दोलन को अहिंसक रखना है और राजनीतिक दलों की घुसपैठ से बचाना है। जेपी के पूछने पर कि संघर्ष समिति इस आन्दोलन के लिए कितना समय दे सकेगी, छात्र नेताओं ने कहा कि जब तक लड़ाई चलेगी तब तक वे साथ देंगे।' कहना न होगा कि इन स्पष्ट स्वरों में नीतीश का दृढ़ स्वर भी था।

1942 के आन्दोलन की आँच में पूरी तरह तपे-तपाए जानकार समाजवादी लोग इसमें कुछ और भी कारक देख रहे थे। समाजवादी बुज़ुर्ग नेता, (अब स्वर्गीय) उमा शंकर श्रीवास्तव के अनुसार—

'ठीक ऐसा नहीं था कि जेपी के इस निर्णय परिवर्तन का एकमात्र कारण नौजवानों का दबाव था। आरएसएस (राष्ट्रीय स्वयंसेवक संघ) के नानाजी देशमुख और इंडियन एक्सप्रेस समाचार-पत्र समूह के मालिक रामनाथ गोयनका के लगातार और अनथक प्रयासों ने भी जेपी को इस आन्दोलन का भार उठाने के लिए राज़ी होने में अहम भूमिका निभाई थी। ये दोनों ही इन्दिरा पीड़ित थे। गोयनका तो ख़ैर, अपनी व्यवस्था विरोधी नीतियों के लिए जगत् विख्यात थे ही! नानाजी देशमुख स्वस्थ सोच वाले ऐसे चिन्तक माने जाते थे जो पार्टी की सीमाओं से ऊपर उठकर देशहित की बात करते थे। वैसे वे अपनी अन्य सामाजिक गतिविधियों में पूरी तरह व्यस्त रहते थे फिर भी वे भी सक्रिय राजनीति में तो थे ही। इसलिए सत्ता परिवर्तन के द्वारा देशहित के अतिरिक्त कई और लक्ष्य भी उनके मन में रहे हों तो कोई आश्चर्य की बात नहीं समझनी चाहिए। जेपी की खोजी नज़रों से ढेर सारी लफ़्फ़ाज़ी करनेवाले, पिटे हुए विपक्षी दलों की पिछली टाँगों के नीचे दबी दुम छुप नहीं पाई। उन्होंने नेतृत्व सँभालने की स्वीकृति देते समय यह

शर्त लगा दी कि आन्दोलन के छात्रों तथा जनता के मुद्दों पर आधारित होने के कारण इसके संचालकों को दलगत राजनीति से अलग रहना होगा। कांग्रेस को किसी भी क़ीमत पर सत्ताच्युत करने को आमादा विपक्षी दलों के पास इस शर्त को मानने के अलावा कोई और उपाय भी नहीं था। जेपी यह अच्छी तरह जानते थे कि छात्र संघर्ष समिति से आए अनेक छात्र नेता किसी-न-किसी राजनीतिक दल से जुड़े हुए तो थे ही, पर जेपी का इस संघर्ष से जुड़े अन्य लाखों नौजवानों पर अटूट विश्वास था जो जेपी की आस्था के अतिरिक्त किसी भी विचारधारा के हिमायती नहीं थे। ये वे लोग थे जो व्यवस्था से त्रस्त होकर बदलाव चाहते थे और जिन्हें उस वक़्त जेपी ही इस बदलाव के एकमात्र रहनुमा नज़र आ रहे थे। जेपी की एक बात तो माननी ही पड़ेगी कि आन्दोलन में आगे आते ही उन्होंने इसको असामाजिक तत्त्वों के हाथ में न जाने देने के लिए इसे बिलकुल अहिंसक रखा।'

8 अप्रैल के मौन जुलूस में भाग लेकर ऊर्जावान हो गया नीतीश, अगले ही दिन यानी 9 अप्रैल की दोपहर को, विद्यार्थियों के एक जुलूस का नेतृत्व करने के जुर्म में पुलिस की हिरासत में था। उन दिनों के बारे में वीर अर्जुन में नीतीश ने लिखा है—

'वह दिन मुझे पूरी तरह याद है जब जेपी ने मौन जुलूस का नेतृत्व किया। 8 अप्रैल, 1974 को जेपी की अगुवाई में सैकड़ों लोग चल रहे थे। उनके मुँह पर पट्टी बँधी थी। जेपी जीप में सवार थे उनके पीछे जुलूस था वह वास्तव में मौन जुलूस था। सरकार के सुलूक और ज़्यादती के विरोध में जेपी का मौन जुलूस इतना भारी था कि शहर का कोलाहल थम गया। सुनाई पड़ती थी तो केवल मौन विरोध की पदचाप। उस जुलूस में दल के नेता नहीं थे। अगर कोई नेता था भी तो वह मौन सत्याग्रही के रूप में निजी तौर पर शामिल हुआ। उस दिन से जेपी आन्दोलन में कूदे। मैं कह सकता हूँ कि वही दिन है जब बिहार का आन्दोलन नई राह पर चल पड़ा। लोगों ने देखा कि जेपी के आते ही छात्र आन्दोलन की कायापलट होने लगी।'

9 अप्रैल की शाम गांधी मैदान में एक आमसभा आयोजित की गई, जिसमें जेपी शामिल हुए। इस सभा में क़रीब एक लाख लोग शामिल हुए थे पर जेल में बन्द नीतीश, इस सभा में नहीं जा पाने के कारण मन मसोसकर रह गया था। रामजतन ने बताया था कि उस सभा को सम्बोधित करते समय जेपी कई बार भावुक भी हुए थे। जेपी ने उस सभा में कहा था—

'यह स्वर्ण अवसर है, जब हम बिहार का नैतिक स्तर उठा सकते हैं। अब तक तो चुपचाप देखता रहा हूँ, अब यह सहन के बाहर है। मैंने भी यह प्रण कर लिया है कि यह चलेगा नहीं, मैं नहीं चलने दूँगा।'

यह बताते हुए कि उसी सभा में छात्रों ने जेपी को शायद पहली बार 'लोकनायक' कहकर सम्बोधित किया था। नीतीश ने उस काल के बारे में बताया था—

'जयप्रकाश जी के आन्दोलन के समय एक बात सबके मन में घर कर गई थी कि यह आन्दोलन, जिसका लोकप्रिय नाम जेपी मूवमेंट हो गया था, अन्य आन्दोलनों से बहुत अलग था क्योंकि यह सामाजिक सरोकारों से जुड़ा हुआ था। यह महँगाई, भ्रष्टाचार और बेरोज़गारी के ख़िलाफ़ शुरू हुआ एक सच्चे आदमी का सच्चे मन से शुरू किया गया सामाजिक आन्दोलन था। इसमें जेपी ने सत्ता के विकेन्द्रीकरण की बात भी की थी। यदि यह आन्दोलन लम्बा चलता तो इसका असर कई प्रकार से दिखता। जिस सरोकार की शुरुआत में इतना भारी फैलाव दिखता था, वह सब सिमटकर फिर से एक बीज तत्त्व बनकर उभरता और उसकी दिशा तब कुछ और ही होती। लेकिन इस सबके लिए कम से कम दो-चार वर्षों का समय और चाहिए था। आपातकाल प्रारम्भ होते ही यह सारा सरोकार लोकतंत्र बचाने में बदलकर रह गया। उन दिनों आलम यह था कि समाज में रोज़ नए-नए प्रयोग चल रहे थे। जेपी ने जनेऊ तोड़ने की बात कही तो विरोध में कुछ लोग पिछड़ों को जनेऊ पहनाने लगे। सामाजिक विभेद के घोर विरोधी जेपी को भी तब जाकर अनुभव हुआ कि बिहार में जातिवाद की जड़ें कितनी गहरी हैं और यह भी कि बदलाव के लिए समाज के इन पिछड़े बहुसंख्यकों को साथ लेकर चलना ही होगा, क्योंकि व्यवस्था के सारे ज़ोर-जुल्म के निशाने पर मुख्यत: वही थे। इसलिए आन्दोलन के ज़ोर पकड़ते ही जेपी का ज़ोर पिछड़ों को सामने लाने पर केन्द्रित हो गया था। मुझे लगता है कि जेपी और लोहिया जी की सामाजिक चेतना तथा ग़ैर कांग्रेसवाद में आस्था बिलकुल एक जैसी रही है। लोहिया जी नर-नारी समता, पिछड़ों की सहभागिता, हिमालय की रक्षा, भाषा, रंगभेद, देशभक्ति आदि सप्तसूत्री कार्यक्रम लेकर चले थे। जेपी प्रारम्भ में मार्क्सवादी थे, उनके मन में सर्वोदय के बीज विनोबा जी के सम्पर्क ने परिपुष्ट किए होंगे। जेपी मूवमेंट के शुरुआती दिनों में एक प्रश्न बार-बार उठता था कि आख़िर सम्पूर्ण क्रान्ति का उद्देश्य क्या है और साथ में यह भी कि जेपी की सम्पूर्ण क्रान्ति और लोहिया की सप्त क्रान्ति में क्या अन्तर है? शायद अगस्त 1974 में पटना के गांधी मैदान में जेपी ने स्वयं कहा था कि लोहिया की सप्त क्रान्ति ही मेरी सम्पूर्ण क्रान्ति है।'

इससे पहले 9 अप्रैल की हुई जनसभा में जेपी ने यह भी कहा था—

'यह शान्तिपूर्ण आन्दोलन का आरम्भ है। इसके आगे हमें सत्याग्रही की भूमिका में काम करना है। एक सरकार के जाने और दूसरी के आने भर से हमारा काम चलेगा नहीं। यह तो भूत के जाने और प्रेत के आने जैसी बात होगी। इसलिए हमें तो समाज की बीमारियों की जड़ में जाना है। मैं आपके सामने

कार्यक्रम रखूँगा। लेकिन यह एक लम्बी यात्रा है। यह किसी एक मंत्रिमंडल को उलटने का काम नहीं है।'

जेल की हवा

आन्दोलन के शुरुआती दिनों में ही जेल जानेवालों में हमारे नीतीश कुमार भी शामिल थे। उन दिनों को याद करते हुए नीतीश बताता है—

'छात्र आन्दोलन आरम्भ होते ही मार्च 1974 से सत्याग्रह का दौर शुरू हुआ और मुझे गिरफ़्तार करके पटना बाँकीपुर जेल में महज़ 48 घंटों के लिए बन्द कर दिया गया था। मेरे लिए वह जैसे आनेवाले दिनों की झाँकी भर थी। जेल से बाहर निकलकर मैं जेपी के कक्षा बहिष्कार आन्दोलन को सफल बनाने में जी-जान से लग गया।'

सरकार की नज़र में छात्रों के कार्यकलाप

नीतीश को आख़िर किस जुर्म में गिरफ़्तार करके बाँकीपुर जेल में बन्द कर दिया गया था? इसकी जानकारी के लिए 11 अप्रैल, 1974 को 'छात्रों के कार्यकलाप' विषय पर पटना के डीएम, विजय शंकर दूबे की आयुक्त, पटना प्रमंडल को भेजी गई रिपोर्ट को देखना उचित होगा। एक दूसरी रिपोर्ट भी इन्हीं ज़िलाधिकारी ने 1974 की 26 सितम्बर को, पत्रांक 5278 के माध्यम से, गृह विभाग के संयुक्त सचिव भेजी भी जिसमें नीतीश को मीसा क़ानून के तहत गिरफ़्तार करने के कारण बताए गए थे। यह ताज्जुब की बात नहीं लगनी चाहिए कि नीतीश पर यह काला क़ानून लगाए जाने से पहले से ही वह गया के केन्द्रीय कारागार में बन्द था। 26 सितम्बर की उक्त रिपोर्ट के मुताबिक़, प्रतिबन्धों के बावजूद 9 अप्रैल, 1974 को नीतीश के नेतृत्व में क़रीब 150 विद्यार्थियों का जुलूस, सचिवालय का घेराव करने की मंशा से, हार्डिंग पार्क से सचिवालय की ओर बड़े उत्तेजक नारे लगाता हुआ जा रहा था। नारे ये थे—

ख़ून का बदला ख़ून से लेंगे,
महँगाई नहीं रुकी तो लहू बहेगा सड़कों पर,
कार्यालय में काम ठप्प करो

इस जुलूस को पुलिस ने सवेरे साढ़े दस बजे के क़रीब हार्डिंग पार्क से थोड़ी ही दूरी पर रोककर नीतीश को गिरफ़्तार कर लिया। 11 अप्रैल वाली पहली रिपोर्ट के अनुसार शहीद स्मारक के निकट सुशील मोदी, अशोक ठाकुर, विक्रम कुँवर, बाबुल

शरण, नीतीश और मधुकर सिन्हा, अर्थात् कुल छह लोगों को धारा 151/188 के तहत गिरफ़्तार किया गया था। इनमें से पहले तीन को 9 अप्रैल को और बाक़ी तीन को 10 अप्रैल को ज़मानत पर रिहा किया गया।

अर्थात् हमारे नीतीश बाबू को सरकार विरोधी उत्तेजक नारे लगाने-लगवाने तथा सचिवालय कर्मचारियों को कार्यालय का बहिष्कार करने के लिए उकसाने के जुर्म में जेल की हवा खानी पड़ी थी! आर्यावर्त अख़बार के 10 अप्रैल, 1974 में छपी ख़बर के अनुसार प्रदेश छात्र संघ के प्रवक्ता ने बताया कि शान्तिपूर्ण ढंग से सत्याग्रह करनेवाले छात्रों पर लाठी चार्ज किया गया। उसी अख़बार में 26 अप्रैल को जगन्नाथ प्रसाद यादव, नीतीश कुमार और विजय कृष्ण का एक संयुक्त वक्तव्य छपा जिसके अनुसार समाजवादी युवजन सभा बिहार प्रदेश छात्र संघर्ष समिति के साथ सहभागी के रूप में कार्यरत थी। यह बात बहुत महत्त्वपूर्ण है क्योंकि जहाँ बाक़ी युवा संगठनों के सदस्य संघर्ष समिति में अपने आपको व्यक्तिगत रूप से स्थापित करने में व्यस्त थे, एसवाईएस ने पटना के प्रयागराज में यमुना बनकर प्रदेश छात्र संघर्ष समिति की गंगा में अपना समग्र अस्तित्व समाहित करने का निश्चय सार्वजनिक करने का साहस दिखाया था।

14 अप्रैल, 1974 के 'दिनमान' में 08 अप्रैल के घटनाक्रम के बारे में 'मौन जुलूस : अभूतपूर्व' शीर्षक से बेहद रोमांचक रपट छपी। इसमें बताया गया है कि 8 अप्रैल को तीखी धूप में, शाम के चार बजे पटना के कदमकुआँ स्थित कांग्रेस मैदान से जेपी के नेतृत्व में चुने हुए एक हज़ार लोगों का मौन जुलूस निकला।

क्षुब्ध हृदय है, बन्द ज़बान

इसमें छात्र, पत्रकार, वकील, सर्वोदयी कार्यकर्ता और समाजसेवी शामिल थे। ये वही लोग थे जिन्होंने 'शान्तिपूर्ण संघर्ष और त्याग' के प्रतिज्ञा-पत्र पर हस्ताक्षर किए थे। जुलूस में शामिल हुए हर व्यक्ति के मुँह पर पट्टी बँधी थी और हर व्यक्ति के दोनों हाथ कमर के पीछे थे। साथ चल रही तख़्तियों पर लिखा था, 'क्षुब्ध हृदय है, बन्द ज़बान' और 'हमला चाहे जैसा हो, हाथ हमारा नहीं उठेगा'। नागरिकों से अपील की गई थी कि वे जुलूस में शामिल न हों। रास्ते के दोनों तरफ़ शान्तिपूर्वक खड़े रहें और वे भी किसी तरह की नारेबाज़ी न करें। उस दिन पटना के लगभग एक-दो लाख नागरिक पूरे रास्ते पर इस अभूतपूर्व मौन जुलूस को देखने के लिए चुपचाप खड़े रहे। सब कुछ स्वत:स्फूर्त था, स्वनियंत्रित था। गुज़रते जुलूस के समर्थन-अभिनन्दन में ताली बजाना भी और मौन रहना भी। सिर्फ़ अनावश्यक विदूषक की तरह लग रहे थे जुलूस के आगे-पीछे चलते पुलिस-फ़ौज के जवान! जुलूस में शामिल लेखक फणीश्वरनाथ रेणु से किसी

पत्रकार ने पूछा था कि कैसा लगा, बोले; अद्भुत, अवर्णनीय अनुभव से गुज़रा हूँ। अनेक जुलूसों में शामिल हुआ हूँ पर ऐसे जुलूस में नहीं। पहला अनुभव है कि एक ऐसा जुलूस भी होता है जो पूरे शहर पर छा गया हो।'

कहना न होगा कि शहर पर जुलूस के छाने से बहुत पहले से ही नीतीश के पूरे वजूद पर अलमस्ती का नशा छा चुका था। 9 अप्रैल को गिरफ़्तारी और 10 अप्रैल की रिहाई के बाद नीतीश के भविष्य की राह बिलकुल पक्की हो चुकी थी। बाद में उन दिनों को याद करते हुए नीतीश ने 'वीर अर्जुन' में प्रकाशित अपने लेख में लिखा था—

'9 अप्रैल को छात्र नेताओं ने बहुत बड़ा जुलूस निकाला जो विशाल जनसभा में परिवर्तित होकर जन आन्दोलन बनने की तरफ़ बढ़ा। छात्र संघर्ष समिति और उसकी संचालन समिति को जेपी का महान व्यक्तित्व प्राप्त हुआ। उनकी अगुवाई मिली। मार्गदर्शन मिला। संचालन समिति से परामर्श करने और तमाम लोगों को सुनने के बाद जेपी आन्दोलन के कार्यक्रमों की घोषणा करते थे। मुझे आन्दोलन के काम में एक मोड़ पर जेपी की शाबाशी मिली। उन्होंने अपील की थी कि छात्र अपना एक साल आन्दोलन के लिए दें। हज़ारों छात्र उनकी अपील पर कक्षाओं के बाहर आ गए। इससे सरकार सकते में आ गई। उसके समर्थक संगठनों ने छात्रों में फूट डालने का अभियान चलाया। इसका थोड़ा असर पड़ा। छात्र कक्षाओं में लौटने लगे। आन्दोलन में वह ऐसा मोड़ था जब ज़्यादातर छात्र नेता जेल में थे। पटना यूनिवर्सिटी के छात्र संघ पदाधिकारी भी पकड़ लिये गए थे। मेरे ऊपर ज़िम्मेदारी आई। मैं 4 सितम्बर को पूरे विश्वविद्यालय में घूमा। छात्रों को कक्षाओं से बाहर निकाला। छात्र जो कक्षाओं से बाहर आ जाते थे वे जुलूस बनाकर घूमने लगे। मैं साथ-साथ था। एक जगह कुलपति देवेन्द्र नाथ शर्मा से मुठभेड़ हुई। इस पूरे घटनाक्रम की रिपोर्ट जेपी को मिली। उन्होंने मुझे बुलाया। चरख़ा समिति के अपने कमरे में जेपी कई लोगों से घिरे हुए थे। पर मेरे लिए वह मुलाक़ात अविस्मरणीय है। वह पहली मुलाक़ात है जो जेपी से उनके बुलावे पर आमने-सामने हुई। मैंने उनमें वात्सल्य भाव देखा। जेपी से निजता की उस दिन से शुरुआत हुई जो बढ़ती गई। समूह में मिलने का सिलसिला पहले से चलता आ रहा था। उस दिन से मैं यह समझने लगा कि जेपी मुझे भी जानते हैं। उस आन्दोलन की अपनी यह विशेषता थी। लोग जेपी से सीधा जुड़ा हुआ महसूस करते थे। उनकी छत्रच्छाया में आन्दोलनकारी निर्भय थे, निश्चिन्त थे। आन्दोलन बदलाव के लिए था। जेपी ने सम्पूर्ण क्रान्ति का नारा दिया। उनसे जब पूछा जाता था कि सम्पूर्ण क्रान्ति होगी कैसे, उनका एक ही उत्तर होता था। एक समय एक क़दम काफ़ी है। वे बड़े परिवर्तन के लिए सबको धीरे-धीरे तैयार कर रहे थे। उनके व्यक्तित्व का ही कमाल था कि आन्दोलन बिहार की

सीमाओं को पार कर फैलता जा रहा था। वे हमेशा सत्ता से बाहर थे। उनकी नैतिक ताक़त थी। वह नैतिक बल आन्दोलन को प्राप्त हुआ। एक घटना मुझे याद है। जेपी आन्दोलन के अगले चरण की घोषणा करना चाहते थे। उन्होंने परामर्श के लिए छात्र संघर्ष संचालन समिति की बैठक बुलाई। किसी ने विरोध किया। जेपी ने उस एतराज़ पर नाराज़ होकर कार्यक्रम के टाइप हुए काग़ज़ को वहीं फाड़ा और फेंक दिया। उसके टुकड़े मैंने चुन लिये ताकि सुरक्षित रहें। जेपी अद्‌भुत व्यक्तित्व थे जिसका कोई सानी नहीं दिखता।'

नीतीश के पास भी वे टुकड़े सुरक्षित नहीं रह सके। जिस बक्से में उसने आन्दोलन के दिनों के धरोहरों को सँभालकर रखा था, वही तब गुम हो गया जब वह जेल में था।

आन्दोलन के पहले से ही बीमार चल रहे जेपी 23 अप्रैल को प्रोस्टेट का ऑपरेशन करवाने वेल्लौर चले गए थे यद्यपि आन्दोलन में उनकी बनाई गई रूपरेखा के अनुरूप, शुरू से ही चार प्रकार के काम किए जा रहे थे—लोक-शिक्षणात्मक, संगठनात्मक, रचनात्मक और प्रतिकारात्मक। वैसे तो नीतीश की अभिरुचि इन चारों प्रकार के कामों में थी लेकिन धीरे-धीरे उसकी दक्षता संगठनात्मक कार्यों को छोड़कर अन्य तीनों प्रकार के काम में महारत की हद तक पहुँच गई। यहाँ यह स्मरण रखना समीचीन होगा कि जहाँ संगठनात्मक कार्यों में जेपी ने हमेशा ही अकल्पनीय सफलता पाई थी, लोहिया इस विधा में कुछ अधिक नहीं कर सके थे!

आन्दोलन के दिनों में जेपी चाहते थे कि बिहार के सारे विधायक त्यागपत्र देकर विधानसभा को प्रभावहीन कर दें। 6 मई को आचार्य राम मूर्ति की अध्यक्षता में छात्र संघर्ष संचालन समिति की बैठक हुई जिसमें कांग्रेस तथा भारतीय साम्यवादी दल को छोड़कर शेष दलों से विधानसभा सदस्यता से त्यागपत्र देने के लिए आग्रह करने के निमित्त चार सदस्यों की एक उपसमिति संगठित की गई। इस समिति के सदस्य क्रमश: नीतीश कुमार, रामजतन, मिथिलेश कुमार और वशिष्ठ नारायण हुए। कहना न होगा, इस समिति में चारों के चारों असन्दिग्ध रूप से श्रेष्ठ बुद्धिजीवी होने के साथ-साथ ज़मीन से अन्तरंगता से जुड़े लोग थे जो अपना लक्ष्य बख़ूबी जानते थे। इस उपसमिति की उपलब्धियों के बारे में पूछे जाने पर नीतीश बहुत निराश होकर सिर हिलाता है। उसका कहना है :

'कांग्रेसियों और साम्यवादियों को छोड़ देने से जो एमएलए बच गए, उनमें अधिकांश दिग्गज समाजवादी या फिर प्रतिबद्ध जनसंघी थे। उनमें भी अधिकांश पहले ही अपना सर्वस्व आन्दोलन में झोंक चुके थे। बचे हुए लोगों में संगठन कांग्रेस, शोषित दल, हुल झारखंड, एआई झारखंड जैसी पार्टी के विधायकों के अलावा कई निर्दलीय विधायक थे। इनमें से अधिकतर अपने-अपने क्षेत्र में रहते

थे। कुछ लोग जो हमें मिल भी जाते थे, वे हमें पिद्दी समझकर हमसे बड़ी सतही बात करके हमसे छुटकारा पाने की जुगत में लगे रहते थे। अन्ततोगत्वा कर्पूरी जी ने इन लोगों से सम्पर्क साधना शुरू किया। इसके भी परिणाम मिश्रित ही मिले।'

वेल्लौर में इलाज करा रहे जेपी वहाँ पूरी तरह से स्वस्थ नहीं हुए थे फिर भी छात्र आन्दोलन को सही दिशा देने के उद्‌देश्य से वे 2 जून को ही पटना लौट आए थे। तब तक बिहार के सभी विधानसभा निर्वाचन क्षेत्र से क़रीब एक करोड़ तीस लाख मतदाताओं ने स्वेच्छा से विधानसभा-भंग किए जाने की माँग पत्र पर हस्ताक्षर किए थे या अपने अँगूठे के निशान लगा दिए थे। इन्हें 5 जून को जेपी के नेतृत्व में राजभवन जाकर राज्यपाल को सौंपा जाना था।

संचालन समिति चालू आहे

छात्र आन्दोलन को सही रास्ते पर चलाते रहने में संचालन समिति का बहुत बड़ा योगदान था। इसके बारे में शिवानन्द बताते हैं—

'देश में मीसा क़ानून लगे होने के कारण संचालन समिति के सदस्यों के सरों पर गिरफ़्तारी की तलवार हमेशा ही लटकती रहती थी। इसलिए यह नियम बनाया गया था कि जैसे ही समिति का कोई सदस्य गिरफ़्तार होगा, वह अपने स्थान पर नया व्यक्ति नामित कर देगा जिससे समिति के सदस्यों की संख्या का टोटा न पड़े। मुझे तो स्मरण नहीं है, पर मिथिलेश, अशोक, जगदीश शर्मा वग़ैरह ने संचालन समिति के सदस्य सचिव भवेश से भी तस्दीक़ करके मुझे यह बात बताई थी कि मेरी और लालू की गिरफ़्तारी के बाद मेरी जगह नीतीश और लालू की जगह जगदीश शर्मा संचालन समिति में नामित हुए थे।'

हमारा भी दमख़म, किसी से न कम

3 जून को बिहार राज्य कम्यूनिस्ट पार्टी ने जेपी विरोधी नारों के साथ, क़रीब तीस हज़ार लाठी-भालों से सुसज्जित हथियारबन्द लोगों का जुलूस गांधी मैदान से निकाला। इस जुलूस से पटना में नए क़िस्म का आतंक छा गया। आर्यावर्त अख़बार में 4 जून को छपी ख़बर के मुताबिक़ जुलूस के लोग जो बैनर हाथ में लेकर चल रहे थे, उन पर महँगाई, बेरोज़गारी और भ्रष्टाचार विरोधी नारे लिखे थे। जुलूस में जो नारे लग रहे थे उनमें सबसे प्रमुख नारा था, 'विधानसभा को तोड़ो मत, लोकतंत्र को छोड़ो मत'। उनकी इन माँगों के अलावा जेपी के ख़िलाफ़ भी नारे लगाए जा रहे थे। मसलन—

जयप्रकाश की गुंडागर्दी, नहीं चलेगी नहीं चलेगी। और
जयप्रकाश पर हमला बोल, हमला बोल हमला बोल।

यह जुलूस राजभवन तक गया और उनके प्रतिनिधिमंडल ने महामहिम, श्री भंडारे को 13 माँगों का स्मारपत्र दिया। इनमें प्रमुख माँग विधानसभा को भंग न करने की थी।

जेपी ने 5 जून को अपने भाषण में बताया था कि चूँकि वे अमेरिका में भी पढ़े थे और अमेरिकी राष्ट्रपति का नाम निक्सन था तो इसलिए एक नारा यह भी था—

निक्सन को दे दो तार, जयप्रकाश की हो गई हार।

5 जून, 1974 को जेपी के नेतृत्व में निकलने वाले जुलूस के आगे आनेवाले सम्भावित अवरोधों के प्रति आशंकित होकर उससे पाँच दिन पहले ही, 30 मई को, नीतीश और उसके अन्य साथियों ने सरकार से इन्दिरा ब्रिगेड की गतिविधियों पर यथाशीघ्र रोक लगाने की माँग की थी। नीतीश के इस उद्घोष में आवाज़ मिलानेवालों में रवि शंकर प्रसाद, एवं रवीन्द्र प्रसाद के नाम शामिल थे। यह नीतीश की राजनैतिक दूर दृष्टि का एक और नायाब नमूना था जिस पर अगर अमल हो जाता तो सरकार बहुत बड़ी फ़ज़ीहत से बच सकती थी।

एक बार फिर 5 जून के जेपी के कार्यक्रम को फ़्लॉप करने की सरकार की मंशा जगज़ाहिर हो गई। इसके बावजूद, बिहार विधानसभा भंग करने की माँग वाला ज्ञापन राज्यपाल को देने के लिए एक लाख से अधिक लोगों का जुलूस, गांधी मैदान से 5 जून को निकला।

वो मंज़र वो नज़ारा नहीं मिलेगा फिर दोबारा

जुलूस के आगे-आगे केसरिया रंग के कपड़ों में बँधे आवेदन-पत्रों के बंडलों से भरा एक ट्रक चल रहा था, जिसके पीछे जेपी की जीप थी और बाद में विद्यार्थियों के साथ आम लोगों का विशाल जनसमूह था। जुलूस का अगला सिरा जब राजभवन पहुँचा तब तक उसका अन्तिम सिरा, चार किलोमीटर पीछे, गांधी मैदान में ही अटका खड़ा था!

'आर्यावर्त' अख़बार में 6 जून, 1974 को छपी ख़बर के अनुसार आज़ादी के बाद से अब तक राजधानी में इस प्रकार का विराट जुलूस नहीं देखा गया था। उसी ख़बर में सोशलिस्ट पार्टी के नेता रामानन्द तिवारी के हवाले से कहा गया कि जुलूस में ढाई-तीन लाख लोग शामिल थे। महामहिम राज्यपाल से मिलने की इजाज़त सिर्फ़ जेपी और छात्रों को ही मिली। क़रीब साढ़े 5 बजे शाम में जेपी के साथ सर्वोदय नेतागण एवं छात्र संघर्ष समिति के सदस्य, लालू प्रसाद यादव, अशोक कुमार सिंह, जगन्नाथ प्रसाद यादव, रवीन्द्र प्रसाद, नीतीश कुमार,

विजय कुमार सिन्हा, अजय कुमार सिंह, नरेन्द्र कुमार सिंह, भवेश चन्द्र प्रसाद एवं रामजतन सिन्हा, एक जीप पर सवार होकर अन्दर गए। महामहिम राज्यपाल को आवेदन सौंपने के बाद जेपी ने उनसे कहा कि वर्तमान विधानसभा जनता का विश्वास खो चुकी है, इसलिए जनता की माँग है कि उसे विसर्जित कर दिया जाए। ज्ञापन सौंपने के बाद जेपी ने वापस गांधी मैदान में ही बहुत बड़ी जनसभा को सम्बोधित किया। इस सभा में जेपी ने घोषणा की कि अब यह आन्दोलन केवल विद्यार्थियों की बारह माँगों तक और सरकार को हटाने और विधानसभा को विसर्जित करने तक ही सीमित नहीं रहेगा, बल्कि अब यह सम्पूर्ण क्रान्ति के लिए सारी जनता की लड़ाई का रूप लेगा। इस दिन जेपी ने कहा—

'हमें सम्पूर्ण क्रान्ति चाहिए, इससे कम नहीं।'

इसी सभा में जेपी ने संघर्ष के उद्‍देश्यों को बहुत दूरगामी बताते हुए कहा था कि भारत के लोकतंत्र को रीयल यानी यथार्थ और सुदृढ़ बनाना, जनता का सच्चा राज स्थापित करना, समाज के जीवन में से अन्याय, शोषण आदि का अन्त करना, एक नैतिक, सांस्कृतिक और शैक्षणिक क्रान्ति करना, नया बिहार बनाना और अन्त में नया भारत बनाना; यह सम्पूर्ण क्रान्ति है। हमारा आन्दोलन ऐसी सम्पूर्ण क्रान्ति का आन्दोलन है।

जेपी ने उस दिन जो बात कही थी उससे गांधी जी के 1921 के असहयोग आन्दोलन की भीनी-भीनी ख़ुशबू आती थी। गांधी जी ने भी अंग्रेज़ी साम्राज्य से एक साल के भीतर भारत छोड़ने को कहा था। सरकार पर दबाव बनाने कि लिए गांधी जी ने असहयोग को हथियार बनाया था। जिस किसी भी तरीक़े से सरकार का राजस्व कम किया जा सकता था, गांधी जी ने वे सब अपनाए थे। चाहे सरकारी स्कूल-कॉलेजों, कोर्ट-कचहरियों का बहिष्कार हो या विदेशी कपड़ों की होली या फिर शराब की दुकानों के आगे धरना अथवा सरकारी करों की भुगतानबन्दी, सबका ध्येय बस एक था—विदेशी सरकारी शिकंजे से छुटकारा। जेपी भी समाज की बीमारियों की जड़ में जाना चाहते थे, इसलिए उन्होंने आन्दोलन, असहयोग और समाज के पुनर्निर्माण को सामाजिक परिवर्तन के लिए अपना अस्त्र बनाया जिसे उन्होंने सम्पूर्ण क्रान्ति का नाम दिया। उस समय कई लोगों को जेपी की सम्पूर्ण क्रान्ति समझ में नहीं आती थी।

कारस्तानी इन्दिरा ब्रिगेड की—बैरी छुप-छुप के वार करे

जेपी के 5 जून के सम्बोधन के दौरान ही पटना के बेली रोड पर एक बड़ी अप्रिय घटना घटी। जेपी के भाषण के दौरान ही पटना के ज़िलाधिकारी दूबे ने उन्हें एक नोट भेजकर बताया था कि जुलूस पर कुछ बदमाशों ने गोलियाँ चलाई हैं। ख़बर

मिलते ही डीएम और सीनियर एसपी सहित वरिष्ठ अधिकारियों ने घटनास्थल पर छापा मारकर एक घर से छह लोगों को रँगे हाथों पकड़ लिया था जिनके पास से कई असलाह भी बरामद हुए थे। डीएम ने यह चिट्ठी इसलिए भेजी थी कि गोलीबारी की ख़बर सुनकर भीड़ अनियंत्रित न हो जाए। दरअसल, हुआ यह था कि गांधी मैदान में हो रही सभा में शामिल होने के लिए राजभवन से ट्रक में भरकर लौट रहे प्रदर्शनकारियों पर कांग्रेसी विधायक फुलेना राय के घर से गोलीबारी हुई जिसमें कुछ लोग घायल हो गए। उसी घर की दीवार पर इन्दिरा ब्रिगेड के दफ़्तर का बोर्ड भी लगा था। आनन-फ़ानन में विधायक फुलेना राय को पार्टी से निकालकर कांग्रेस पार्टी अपने पाप छुपाने की असफल कोशिशें करने लगी। इसी क्रम में विधायक फुलेना राय सहित 17 लोग जेल में बन्द कर दिए गए थे। पहले तो कांग्रेस पार्टी इस सारी घटना में अपनी संलिप्तता से इनकार कर रही थी लेकिन फुलेना राय की गफ़ूर साहब को लिखी गई चिट्ठी ने षड्यंत्र का सारा भांडा फोड़कर रख दिया। उन्होंने लिखा कि (इन्दिरा) ब्रिगेड का सारा काम आप (गफ़ूर मियाँ) ही के आदेशानुसार विधानसभा विघटन की माँग के ख़िलाफ़ एवं जनतंत्र की रक्षा के लिए चलाया जा रहा था!

उन्हीं दिनों हमारे कई कवि मित्र हमें देशप्रेम की कविताएँ सुना कर नए जोश से भर देते थे। हमें दिनकर जी की 'रश्मिरथी' और 'हुंकार' के कई जोशीले अंश अपने आप ही याद हो गए थे। वह ऐसा काल था जब रेणु और सत्यनारायण की बेख़ौफ़ आवाज़ें पटना के नुक्कड़ों और चौराहों पर लगातार गूँज रही थीं। उन दिनों के हर नौजवान छात्र के साँसों की माला जोशीले नारों में तब्दील होकर पूरे राज्य में अलख जगा रही थी। इनमें से कुछ नारे ये थे—

लाठी गोली की बौछार, सहने को हम हैं तैयार!
घर-घर से आया संवाद, छात्र-एकता ज़िन्दाबाद!
चोरबाज़ारी भ्रष्टाचार, नहीं चलेगी यह सरकार!
भ्रष्टाचारी यह सरकार, हमें नहीं इसकी दरकार!
महँगाई और भ्रष्टाचार, सत्ता ही है ज़िम्मेवार!
जल्दी टूटे मंत्रिमंडल, यही चाहता नारी मंडल!

नदियाँ जब महासागर से मिलीं

एसवाईएस के सदस्य लगातार गिरफ़्तार हो रहे थे। नीतीश को भी जेल भेजने के लिए पूरी तैयारियाँ हो रही थीं। इनकी एक छोटी-सी झलक हमें 26 सितम्बर के मेमो में नीतीश पर लगाए गए इल्ज़ामात से मिलती है। इसके दूसरे पैराग्राफ़ में कहा गया है कि सितम्बर 1974 की 4 तारीख़ को क़रीब 10 बजे दिन में

शिवानन्द तिवारी, गोपाल शरण सिंह, छोटन सिंह जैसे कुछ अन्य छात्र नेताओं के साथ नीतीश ने पटना के कदमकुआँ स्थित सर्वोदय मंडल में एक गुप्त मीटिंग में भाग लिया। इस मीटिंग में नीतीश ने प्रस्ताव रखा कि किसी भी स्कूल या कॉलेज को उसी वक़्त से चलने न दिया जाए। विद्यार्थियों को 2 अक्टूबर से चलनेवाले ऐसे भारी आन्दोलन के लिए तैयार होना चाहिए। इससे ऐसी अराजकता और विधिविहीनता की स्थिति पैदा हो जाए जिससे वर्तमान व्यवस्था के लिए काम करना असम्भव हो जाए।

तीसरे पैराग्राफ़ में कहा गया है कि सितम्बर 1974 की ही 10 तारीख़ को क़रीब 4 बजे अपराह्न में शिवानन्द तिवारी, वशिष्ठ नारायण सिंह, छोटन सिंह, अशोक कुमार सिंह जैसे अन्य छात्र संघर्ष समिति के कुछ सदस्यों के साथ नीतीश ने पटना के लोहानीपुर मोहल्ले में स्थित छोटन सिंह के घर में एक मीटिंग में भाग लिया। जिसमें नीतीश के सुझाव और सहयोग से 2 अक्टूबर से रेल और सड़क परिवहन को बाधित करके 3 अक्टूबर से सरकारी कार्यालयों, स्कूलों, कॉलेजों, दुकानों और अन्य प्रतिष्ठानों का घेराव और धरना करके उन्हें ठप्प कर देने का प्रस्ताव स्वीकार किया गया।

अगले पैराग्राफ़ में कहा गया है कि सितम्बर 1974 की 13 तारीख़ को साढ़े 3 बजे से 5 बजे अपराह्न तक पटना के कदमकुआँ स्थित महिला चरख़ा समिति में छात्र संघर्ष समिति और राजनीतिक दलों की राज्य समन्वय समिति की बैठक हुई। जिसमें रामानन्द तिवारी, जगबन्धु अधिकारी, राम दयाल सिंह, रघुनाथ गुप्ता और अन्य के साथ नीतीश ने भी सक्रिय रूप से भाग लिया। इसमें माननीय उच्च न्यायालय, नीचे की सभी अदालतों, दुकानों, सभी प्रतिष्ठानों का कार्य ठप्प करने के अलावा संचार के रेल, सड़क, तार, टेलीफ़ोन जैसे सभी साधनों को पंगु बनाने के लिए संचार के पोल, रेल की पटरियाँ, पुल और पुलिया उखाड़ने, रेलवे स्टेशनों, बस अड्डों, सरकारी कार्यालयों और महत्त्वपूर्ण संयंत्रों का 2 अक्टूबर से घेराव करने का सामूहिक निर्णय लिया गया।

आन्दोलन के आरम्भिक दिनों में छात्र संघर्ष समिति और जन संघर्ष समिति के शीर्षस्थ पदाधिकारी जेपी के सबसे क़रीब हुआ करते थे। जेपी उन पर बहुत विश्वास भी करते थे। उन दिनों पटना यूनिवर्सिटी का छात्र संघ बिहार का सर्वाधिक शक्तिशाली छात्र संगठन माना जाता था। बिहार राज्य छात्र संघर्ष समिति के गठन का बहुत बड़ा श्रेय उसे ही जाता था। नीतीश पटना इंजीनियरिंग कॉलेज के छात्र संघ, बामसू का भूतपूर्व, मगर बेहद प्रभावशाली, प्रेसिडेंट होने के कारण छात्र संघर्ष समिति का एक सदस्य तो था पर कोई पदाधिकारी नहीं। लेकिन उसकी योग्यता, क्षमता और प्रभाव का परिणाम था कि उसको आन्दोलन में बराबर साथ रखना बड़े छात्र नेताओं की मजबूरी भी थी। नीतीश

पूरी निष्ठा और ईमानदारी से जेपी के सपनों को पूरा करने की कोशिश में चुपचाप लगा रहता था।

एक ओर तो बिहार की हर सड़क पर सारी विपक्षी पार्टियाँ सरकार को भंग करने की माँग लिये प्रशासन की नाक में दम किए हुई थी लेकिन वामपंथियों का सुर ऐसा था जो सरकार के सुर के सुर से गलबहियाँ करके सड़कों पर उतरा था। वामपंथियों की सरकार के समर्थन के विरुद्ध नीतीश हर सम्भव प्लेटफ़ॉर्म पर उनके दोमुँहापन की धज्जियाँ उड़ाता रहता था।

आन्दोलन के दिनों में वह कितना व्यस्त रहता था, इसकी एक बानगी 25 जुलाई, 1974 को पुनपुन थाना के सहायक आरक्षी निरीक्षक द्वारा पटना ज़िलाधिकारी को भेजी गई रिपोर्ट में मिलती है। जिसमें बताया गया है कि 25 जुलाई, 1974 को दोपहर 14:30 से लेकर 15:40 बजे तक पुनपुन धर्मशाला में नीतीश, सुभाषचन्द्र और श्री कृष्ण प्रसाद ने क़रीब 200 विद्यार्थियों और जनता के आगे परीक्षा न देने और परीक्षा का बिलकुल बहिष्कार करने की माँग की।

उन दिनों को याद करते हुए अरुण कहता है—

'जेपी ने 1 अगस्त, 1974 को पूरे दिन उपवास की घोषणा की थी और शाम को मूसलाधार बारिश में खड़ी भारी भीड़ से उन्होंने प्रतिज्ञा भी करवाई थी कि हम अपने ख़ुद के जीवन में किसी भी प्रकार के भ्रष्टाचार का प्रवेश नहीं होने देंगे, समाज में फैले हुए भ्रष्टाचार को भी सहन नहीं करेंगे, और उसे समाप्त करने के लिए पूरा प्रयत्न करेंगे। शायद वह शपथ आज भी कौशल, नीतीश, चचा और मेरी रगों में दौड़ रहा है। नीतीश सहित हम सब उस शपथ को आज तक जी रहे हैं।'

जेपी की सभा में क़समें खाने के बाद हम फिर से अपने-अपने दरबों में जाकर दुबक गए। अब भ्रष्टाचार से हर स्तर पर लड़ने की शपथ तो हम सबने खाई थी पर इसका सबसे मज़ेदार तमाशा चचा ने देखा और झेला भी। नीतीश भी अपनी छात्र आन्दोलन की दुनिया में छाती ठोंककर लगातार खड़ा रहा। उस आन्दोलन में नीतीश की संलिप्तता का यह हाल था कि जहाँ सितम्बर 1974 की 4 तारीख़ की सुबह 10 बजे वह कदमकुआँ में बैठक करके छात्र आन्दोलन की रूपरेखा बना रहा था, वहीं उसी दोपहर वह पटना यूनिवर्सिटी के वाइस चांसलर के सामने क़रीब 300 छात्रों के साथ खड़ा होकर निर्भीकतापूर्वक अपनी बात कह रहा था और फिर वहाँ से पीएमसीएच के अधीक्षक के कार्यालय के आगे वहाँ के छात्रों की माँगों का झंडा उठाए खड़ा था। इस बाबत सदर अनुमंडल पदाधिकारी का पटना के ज़िलाधिकारी को दिनांक 8 सितम्बर, 1974 को भेजे गए ज्ञापन देखने से नीतीश की बेचैनी और छटपटाहट का पता चलता है।

पिता मिले जननेता से

नीतीश के बाबूजी, कविराज राम लखन सिंह, जेपी को स्वतंत्रता संग्राम के दिनों से जानते थे। वैसे तो उनकी सक्रिय राजनीति में गहरी पैठ थी, पर वह थी अंशकालिक। नीतीश सब कुछ छोड़कर पूर्णकालिक राजनीति करने लगा था। पर वहाँ की अनिश्चितता को लेकर चिन्तित भी रहते थे। दूध का जला छाछ भी फूँक-फूँककर ही पीता है। अपनी प्रकृति के विपरीत, एक बार बिना किसी को बताए हुए, कविराज जी जेपी से मिलने पटना चले आए। जानकार लोग बताते हैं कि उन्होंने देश के स्वतंत्रता संग्राम के अपने अनुभवों की चर्चा की और अपने चुनाव में भाग लेने के कटु प्रसंग को भी बताया। उन्होंने जेपी को बताया कि यद्यपि वे कांग्रेस में उनसे भी अधिक लम्बे समय तक रह चुके थे, लेकिन आज़ादी के बाद कांग्रेस में आए पतन से निराश होकर वे राजनीति से निर्लिप्त होकर बैठ गए थे। जेपी के साथ आए इस नई हवा के झोंके ने उन्हें भी उद्वेलित किया है, कर्तव्य-बोध कराया है। और यह भी कि सच्चे कांग्रेसी होने के बाद भी वे आन्दोलन से पूरी तौर पर सहमत हैं। यद्यपि कविराज जी स्वयं इस आन्दोलन में सक्रिय रूप से भाग नहीं ले पा रहे थे, पर उन्होंने बताया कि किस तरह नीतीश, उनका बेटा, इस आन्दोलन में पूरी तरह समर्पित है। जेपी से अपने आदर्शवादी पुत्र नीतीश के लिए आशीर्वाद की प्रार्थना करके कविराज जी वापस हो गए।

नीतीश सदा से चाहता था कि जेपी उसे उसके काम से ही जानें, पिता के नाम से नहीं, इसलिए उसे शायद यह बात अच्छी न लगी हो, पर नीतीश इस घटना को बड़े फ़लसफ़ाना अन्दाज़ में याद करते हुए बड़ी श्रद्धापूर्वक कहता है—

'मेरे बाबूजी भी सामान्य पिता की भाँति दुनिया छोड़ने से पहले अपनी सन्तान को जीवन में व्यवस्थित देखने की कामना रखते थे। जेपी से उनका मिलना इसी क्रम की एक कड़ी भर थी। मुझे नहीं लगता कि बाबूजी से मिलने के बाद जेपी को मेरा कभी ध्यान भी आया होगा। बाबूजी की जेपी से हुई मुलाक़ात के बाद मैं जेपी से नज़रें चुराने लगा। मेरे विचार से जेपी का स्वभाव भी ऐसा नहीं था जिसे पैरवी से प्रभावित किया जा सके, उनके आगे हर व्यक्ति को अपनी उपादेयता काम करके सिद्ध करनी होती थी।'

नीतीश ने जेपी से हुई निकटता की बाबत नीतीश से ही कुछ और भी जानना दिलचस्प है। नीतीश बताता है—

'जेपी के स्कूल और कॉलेज के बॉयकाट के नारे का प्रारम्भ में तो बड़ा अच्छा असर हुआ। लेकिन जैसे-जैसे आन्दोलन लम्बा खिंचता चला गया, विद्यार्थियों में असुरक्षा की भावना के साथ-साथ बेचैनी भी बढ़ती गई और धीरे-धीरे विद्यार्थियों की जमात कक्षाओं में दिखने लगी। कक्षाओं की तरफ़ लौटनेवाले

विद्यार्थियों की संख्या पटना में सर्वाधिक थी। वहाँ की देखा-देखी धीरे-धीरे पूरे राज्य में यह भेड़चाल शुरू हो गई थी। मैंने एक बात देखी कि इस आन्दोलन में छात्रों की तुलना में छात्राओं का सहयोग अधिक मिल रहा था। वैसे तो छात्र संघर्ष संचालन समिति के कई सदस्य मिलकर कॉलेजों को बन्द कराने के लिए वहाँ जा रहे थे लेकिन संचालन समिति ने एक दिन मुझे यह ज़िम्मेदारी दी कि मैं अकेला ही पटना यूनिवर्सिटी के कॉलेज की कक्षाओं में जाकर छात्रों को बहिष्कार के लिए प्रेरित करूँ। उन्हीं दिनों मैं 48 घंटों तक बाँकीपुर जेल की हवा खाकर लौटा ही था।'

सुनो जी, सुनो, अब हमारी भी सुनो

आगे की बात मीता बताता है—

यह 4 सितम्बर, 1974 की बात है। नीतीश के जीवन का वह पहला मौक़ा था जब उसे कहीं तो उग्र और कहीं अक्खड़ विद्यार्थियों के झुंड को बातचीत के द्वारा बहिष्कार की आवश्यकता समझानी थी। वैसे तो उसके साथ अरुण कुमार भी था पर करने की ज़िम्मेदारी सिर्फ़ नीतीश पर थी। भ्रमित और घबराए हुए विद्यार्थियों से बहस करके यह सब समझाना आसान नहीं था। उनके आगे बहुत धैर्य और आत्मविश्वास के साथ, शान्तचित्त होकर अपनी बातों को स्पष्ट तरीक़े से रखने की पहली आवश्यकता थी। नीतीश में ये सब गुण तो थे ही, साथ ही था इंजीनियरिंग कॉलेज में विद्यार्थियों के आन्दोलन के सफल संचालन का लम्बा अनुभव। पहले तो लड़के नीतीश को देखकर बिफर गए, लेकिन धीरे-धीरे यह बात उन्हें हृदयंगम होने लगी कि उनके आगे जो नौजवान खड़ा था उसने तो पहले ही अपना इंजीनियरी का अपेक्षाकृत बेहतर भविष्य दाँव पर लगा दिया था और उसके बाद ही उन लोगों के आगे खड़ा हुआ था। अगर इसकी समझ में आ गया था कि वर्तमान व्यवस्था के पास इन लोगों को देने के लिए कुछ भी नहीं था तो फिर आर्ट्स या साइंस पढ़ रहे बच्चों का क्या भविष्य हो सकता था? और फिर इन विद्यार्थियों से नीतीश माँग भी क्या रहा था? सम्भावनाओं से भरी नई राज्य व्यवस्था के निर्माण के लिए उनके लम्बे जीवन से मात्र एक वर्ष! शायद उस एक वर्ष के त्याग से उनका आगे का जीवन व्यवस्थित हो जाए, शायद इस काल में अर्जित अनुभव उनकी आनेवाली पीढ़ियों के लिए कोई मीठी दास्तान लिख जाए! शायद आनेवाले कल उन्हें इस बात की बधाई दे कि उनके एक वर्ष के त्याग ने आनेवाले सौ वर्षों की तकदीर बदलकर रख दी है। वैसे भी जो आज कॉलेज आ रहे थे, वे सिर्फ़ अपना वक़्त ही तो बरबाद कर रहे थे, केवल माता-पिता की ख़ुशी के लिए या फिर उनकी आँखों में धूल

झोंक रहे थे घर से बाहर रहकर। किसी अन्य विकल्प के न होने पर कॉलेज आना कुछ हद तक जायज़ था, पर यहाँ तो राज्य निर्माण का स्वर्णिम अवसर बाँहें फैलाकर उन्हें पुकार रहा था। नीतीश की बातों में कोई फ़रेब नहीं था, वहाँ तो बात थी—

कबिरा खड़ा बजार में, लिये लुकाठी हाथ।
जो घर जारै आपना, संग चलै वही साथ।

अपनी बात कह लेने के बाद नीतीश स्वामी विवेकानन्द की भाँति अपने दोनों हाथ सामने छाती पर बाँध, सीना ताने खड़ा हो गया था मानो कोई देशभक्त दृढ़ता से अंग्रेज़ों की अदालत में फ़ैसला सुनने को प्रतीक्षा कर रहा हो। पत्थर की अविचल मूर्ति-सा खड़ा नीतीश सहमे क़दमों की आवाज़ सुनकर अपना सर धीरे से घुमाकर दाएँ-बाएँ देखता है। पहले एक, फिर दो, फिर तीन और बाद में कुछ और लड़कों को अपनी ओर आते देखकर नीतीश कुछ कहता नहीं, हाथ भी नहीं पकड़ता, बस आँखों से अभयदान देता है। ठगे-से रह गए बाक़ी बच्चे भी हुमककर दौड़ते हुए नीतीश के पास आ जाते हैं। जादूगर की आँखों से छलकते प्रेम के कारण मंत्रमुग्ध हुए सारे फनियल नाग मानो हिरण शावक बनकर उसके पीछे चलने लगते हैं। यह शान्त जुलूस विश्वविद्यालय के हर कॉलेज में जाता है। क़ाफ़िला अपने आप बड़ा होता जाता है, शिक्षकों की धमकाती नज़रों से अब कोई भी नहीं डरता। अब किसी का भविष्य कॉलेज के ब्लैकबोर्डों पर, सड़ी-गली शिक्षा व्यवस्था के इन चोबदारों द्वारा नहीं लिखा जा सकेगा। कम से कम अगले एक साल तक तो हरगिज़-हरगिज़ नहीं। ये सब, अपने भविष्य के मालिक, आज नीतीश के पीछे चलने में गर्व का अनुभव कर रहे हैं। पटना यूनिवर्सिटी की सड़कें तो वही पुरानी ही हैं पर चाल नई है! थिरकन है पाँवों में और मुट्ठी में हैं हसीन कल के सुनहरे सपने! सौ से अधिक लोगों का यह क़ाफ़िला कुलपति जी के कार्यालय पहुँचता है। नीतीश वहाँ कक्षा का बहिष्कार करनेवाले छात्रों को विश्वविद्यालय प्रशासन द्वारा दंड दिए जाने की धमकी को संयत, किन्तु कड़ी भाषा में चुनौती देता है—वहाँ घेराव तब तक जारी रहेगा जब तक कुलपति जी स्वयं आकर उन लोगों से बातचीत नहीं कर लेंगे। तत्कालीन कुलपति डॉक्टर देवेन्द्र नाथ शर्मा समझ गए हैं कि उनके पास बातचीत करने के अलावा कोई चारा नहीं है। कुलपति जी सरकारी व्यवस्था का प्रतिनिधित्व कर रहे हैं, प्रशासन की पूरी ज़िम्मेदारी उन्हीं पर है! वे बात करने के लिए आगे आए हैं। कोई शरारती बच्चा फुसफुसाता है कि अगर यह आन्दोलन फ़ेल हो जाए तो शायद कुलपति जी की जागीरदारी एक टर्म और चल जाए! कुलपति महोदय हनक और अधिकार के साथ विद्यार्थियों को कक्षा

में वापस जाने का आदेश देते हुए कहते हैं कि कक्षा का बहिष्कार करनेवालों का भविष्य पूरी तरह चौपट हो जाएगा। उनके आदेश और उनके ही विद्यार्थियों के बीच नीतीश नाम की किरचों-भरी दीवार खड़ी है। तब तक यह नाम बहुत कम ही लोगों को पता है! अपने आदेश की अवज्ञा कुलपति जी से बर्दाश्त ही नहीं होती। सामने मुस्कुराते नीतीश को देखकर क्रोध से उनका शरीर काँपने लगा है। लगता है कि बाल कांड का दृश्य फिर से दोहराया जा रहा है। शिव का धनुष भंग हो जाने के बाद भरे दरबार में क्रोधित परशुराम के सामने, उनकी हर कटु बात का उत्तर मुस्कुराकर देते हुए, लक्ष्मण खड़े हैं। वही हाल यहाँ भी है। नीतीश लोहियाई अन्दाज़ में तर्क से सिद्ध कर देता है कि कांग्रेस की दूषित शिक्षा प्रणाली और दिशाहीन आर्थिक नीतियों के कारण बच्चों के भविष्य को तो पहले से ही बेरोज़गारी का ग्रहण लगा हुआ है। नीतीश यह भी कहता है कि वर्तमान बाँझ शिक्षा व्यवस्था से किसी के लिए न तो नौकरी ही पैदा होनी थी और न ही व्यवसाय के अवसर। फिर उस शिक्षा के पीछे वक़्त बरबाद करने से क्या फ़ायदा जिसमें सरकार के चाटुकारों को छोड़कर किसी के लिए कोई भविष्य है ही नहीं। इससे तो हज़ारों गुना बेहतर था कि एक साल लगकर राज्य का नव निर्माण किया जाए और फिर शिक्षा व्यवस्था में आमूल-चूल परिवर्तन लाकर पूरी व्यवस्था रोज़गारोन्मुख बनाई जाए। कुलपति जी की कौन कहे, उनके अमले की भारी भीड़ के पास भी इन अकाट्य तर्कों का कोई उत्तर नहीं है। कुलपति जी खिसियाकर वहाँ से खिसक लेते हैं और शाम होते-न-होते पूरे पटना यूनिवर्सिटी की सभी कक्षाओं में श्मशान की-सी मुर्दनी छा जाती है। किसी ने यह भी कहा कि विश्वविद्यालय के जिन कोनों से मनचलों की सीटियों की आवाज़ गूँजती थी, वहाँ उल्लुओं और चमगादड़ों का वास हो गया है मानो व्यवस्था अपनी आख़िरी साँस गिन रही है।'

उपरोक्त प्रसंग का एक साक्ष्य पीरबहोर थाना के प्रभारी ने 5.9.74 को पत्रांक 3648 (5) की यह रिपोर्ट से मिलता है जो उन्होंने पटना के वरीय आरक्षी अधीक्षक को भेजी थी : 4 तारीख़ को क़रीब 300 छात्रों का जुलूस बीएन कॉलेज से अशोक राजपथ होता हुआ पटना कॉलेज से विश्वविद्यालय कार्यालय में पहुँचा। इसका नेतृत्व बेरोज़गार अभियन्ता तथा क़ानून महाविद्यालय के छात्र श्री नीतीश कुमार और श्री अरुण कुमार कर रहे थे। कुलपति श्री देवेन्द्र नाथ शर्मा छात्रों से मिलने बाहर आए परन्तु छात्रों ने उन्हें बोलने नहीं दिया। श्री नीतीश कुमार ने ज्ञापन पढ़ा...कुलपति के प्रति अभद्र भाषा का प्रयोग किया...विश्वविद्यालय से जुलूस पीएमसीएच के अधीक्षक के कार्यालय के पास पहुँचा और वहाँ भी अपनी माँगें रखी। उसी दिन से श्री नीतीश कुमार और श्री अरुण कुमार वर्मा छात्रों के कक्षा में नहीं जाने के लिए प्रचार कर रहे हैं।'

इस रिपोर्ट में नीतीश पर लगाए गए आरोप बेशक अतिरंजित थे, पर नीतीश का यह एकाकी प्रयास जेपी की नज़रों से छुपा न रहा। शरमाया हुआ नीतीश उन दिनों को याद करते हुए क़बूल करता है कि जब जेपी ने पहली बार उसका नाम लेकर सम्बोधित किया था तब उसे बड़ा रोमांच हुआ था। शामिल बाजा बजानेवाले से ढोलकिया में प्रोन्नत होने और अनाम चेहरे वाले छात्र संघर्ष समिति की भीड़ से हटकर अपनी अलग पहचान बनने का अनुभव नैसर्गिक सुख से क़तई कम नहीं था! जेपी अन्य विश्वासी छात्र नेताओं तथा सर्वोदयी कार्यकर्ताओं के अतिरिक्त नीतीश से भी सलाह लेने लगे थे। जेपी नीतीश के सुझावों को गम्भीरता से लेते। नीतीश के प्रति जेपी के बढ़ते स्नेह को देखकर संघर्ष समिति के अन्य सदस्यों में भी उनकी प्रतिष्ठा बढ़ी। जेपी की नज़रों और संघर्ष समिति में पहचान बनने से नीतीश का रुतबा बढ़ा और वह दूने जोश-ख़रोश से अपनी मंज़िल की ओर बढ़ने लगा। जेपी के आशीर्वाद और बढ़े हुए आत्मविश्वास से लैस नीतीश अब विभिन्न ज़िलों में जाकर बड़ी-बड़ी सभाओं को सम्बोधित करने लगा था।

लटकला त गेला बेटा

अपनी ओज-भरी वाणी, श्रोता से सीधी बात करके तादात्म्य स्थापित करने की सहजता और इन सबसे बढ़कर अपनी सरल और आडम्बरहीन जीवन शैली के कारण नीतीश स्थानीय कार्यकर्ताओं में अनायास ही अत्यन्त लोकप्रिय हो गया। बातों-बातों में उसका यश फैला और छात्रों के साथ ही सामाजिक कार्यकर्ताओं में भी उसकी पहचान बनी। जहाँ जाता, जिसके साथ रहता, वहाँ नीतीश अच्छी छवि छोड़कर आता, क्योंकि अपने मेज़बान की सुविधा उसे अपनी असुविधा से अधिक महत्त्वपूर्ण लगती। नीतीश को रहने के लिए बस थोड़ी-सी साफ़-सुथरी जगह चाहिए थी। कोई बुरी आदत तो थी नहीं, खाना-पीना भी एकदम सादा—शाकाहारी, पैसों की आवश्यकता ट्रेन या सरकारी बस के किराये तक सीमित। हाँ, कपड़े बेहद साफ़ पहनने की तब भी आदत थी, सफ़ेद कुर्ता-पाजामा और नाज़ुक पाँवों में बाटा की नरम हवाई चप्पल। वह अपना सब कुछ भूलकर सम्पूर्ण क्रान्ति का अलख जगाने निकल पड़ा था। भीड़ के पीछे खड़ा नीतीश, लोगों को समझाता नीतीश, अपनी सुध-बुध खोकर हर आँखों में आशा के दीप जलाता नीतीश!

नीतीश की प्रकृति सदा से ही चुप रहकर काम करने की रही है। वैसे भी वह कहने भर के लिए छात्र नेता था। बेचारा छात्र संघर्ष समिति के काम के लिए जैसे-तैसे यहाँ-से-वहाँ भटकता फिरता था। ठीक वैसे ही, जैसे कभी लोहिया और जयप्रकाश नारायण अपनी बात जन-जन तक पहुँचाने के लिए भटके होंगे या

फिर पिछले दिनों में लोहिया की सबसे सही समझ रखनेवाले किशन पटनायक। हममें से बहुत से लोगों ने नीतीश को आन्दोलन में संघर्ष करते देखा है, कभी बस की छत पर टँगा तो कभी किसी प्रशंसक के स्कूटर के पीछे लटकता हुआ, या फिर ईंट या रेत से भरे ट्रैक्टर के ट्रेलर में बैठकर, जिसके पीछे टेढ़े-मेढ़े अक्षरों में लिखा होता था—'लटकला त गेला बेटा'।

कई आन्दोलनकारियों को छात्र संघर्ष समिति के लिए जनसाधारण से मिले चन्दे से अपना निजी काम चलाना पड़ता था। भागलपुर के छात्र नेता ललन सर्राफ़ ने बताया है कि भागलपुर क्षेत्र में प्राप्त चन्दे की राशि और उसके ख़र्च का दैनिक विवरण भागलपुर बाज़ार के सबसे व्यस्त चौराहे, पीपलगाछी चौक पर रोज़ लगा दिया जाता था। इससे चन्दा देनेवाले निश्चिन्त रहते थे कि लोगों की गाढ़ी कमाई के पैसों का सदुपयोग ही हो रहा है।

नए तौर से लिखी गई आन्दोलन की सच्ची दास्तां

जब आन्दोलन की अच्छी और बुरी कहानियों का ज़िक्र चल ही पड़ा है तो आपको याद दिलाना समीचीन होगा कि 1974 में शुरू हुए बिहार आन्दोलन का 2016 से पहले किसी भी तरह का कोई लेखा-जोखा उपलब्ध नहीं था। उस काल खंड का प्रामाणिक इतिहास सिलसिलेवार ढंग से समझने के लिए हम जिस भी आन्दोलनकारी से बातें करते, वह एक नई कहानी सुना जाता था। ऐसी हर कहानी के हीरो हमेशा जेपी और विलेन कांग्रेसी नेता तो होते ही थे लेकिन कहानी सुनानेवाला बन्दा अपनी कहानी का दूसरा हीरो ज़रूर बन जाता था! हम आन्दोलन में छात्रों की भूमिका का सच ढूँढ़ने की अपनी कोशिशों में थक जाते पर हार कभी नहीं मानते थे। हम जानते थे कि हमारा नीतीश जेपी आन्दोलन की सही ऐतिहासिक-सामाजिक और राजनैतिक दास्तान ज़रूर खोज निकालेगा। उसने ठीक वैसा ही किया। वह सही तौर पर बिहार के मुख्यमंत्री की कुर्सी पर 2005 के अन्त में बैठा। इसके कुछ माह के बाद से ही उसने बड़ी कोशिशें करके आन्दोलन के दिनों के अपने साथियों को एक-एक करके ढूँढ़ निकाला। फिर शुरू हुई उसकी आन्दोलन के सच की तलाश! आधा-अधूरा सच नहीं, बिलकुल पूरा और खाँटी सच जहाँ एकमात्र नायक बस काल या समय ही है। उसने 2008 में बिहार राज्य अभिलेखागार निदेशालय, बिहार सरकार को यह कठिन काम सौंप दिया। पूरे आठ साल की मेहनत के बाद बिहार आन्दोलन-1974 का पूरा इतिहास आठ खंडों में तैयार होकर, 2016 में प्रकाश में आया। इस असम्भव-सी लगनेवाली 'इतिहास श्रृंखला' का सम्पादन किया है प्रसिद्ध समाजशास्त्री डॉ. महेन्द्र नारायण कर्ण ने। इस अद्वितीय श्रृंखला की पहली कड़ी है 'जनता

आती है'। इसके अनुसार, पहली बार 2 मार्च, 1974 को 'बिहार प्रदेश छात्र संघर्ष समिति (बिप्रछासंस)' के ग्यारह सदस्यीय संचालन समिति का गठन हुआ था। हमने इस आन्दोलन में तपे-तपाए कई लोगों से जानना चाहा कि सबसे पहले बनी संचालन समिति में कौन लोग थे लेकिन हमें सही जानकारी कहीं मिल नहीं पाई। सब कुछ देखने-सुनने के बाद, हमारी समझ से, रामजतन सिन्हा ने जो 9 मूल नाम और 2 अन्य चुने गए नाम बताए, वे युक्तिसंगत होने के कारण सच के बहुत क़रीब लगते थे। रामजतन के अनुसार इस समिति में पटना यूनिवर्सिटी छात्र संघ के तत्कालीन और भूतपूर्व अध्यक्षों तथा महासचिवों के अतिरिक्त आयुर्वेदिक, होम्योपैथिक, वेटनरी कॉलेजों से एक-एक छात्र नेता, बिहार राज्य समाजवादी युवजन सभा (संसोपा) के संयोजक तथा पटना स्थित गांधी शान्ति प्रतिष्ठान के सचिव पहले नौ सदस्य हुए। इनके क्रमवार नाम हैं—

1. लालू प्र. यादव (छात्र संघ के अध्यक्ष)
2. सुशील मोदी (छात्र संघ के महामंत्री)
3. रामजतन सिन्हा (छात्रसंघ पूर्व अध्यक्ष)
4. नरेन्द्र सिंह (छात्र संघ के पूर्व महामंत्री)
5. उदय कु. सिन्हा (होम्योपैथिक कॉलेज)
6. विजय कु. सिन्हा (आयुर्वेदिक कॉलेज)
7. रघुनाथ गुप्ता (बिहार राज्य एसवाईएस)
8. भवेश च. प्रसाद (गांधी शान्ति प्र.)
9. रवीन्द्र कु. सिन्हा (वेटनरी कॉलेज)

रामजतन की सूचना के अनुसार—

'युवा कांग्रेस (संगठन) के दो और नेताओं क्रमशः वशिष्ठ नारायण सिंह और मिथिलेश कुमार सिंह को भी पहली संचालन समिति में शामिल करके 11 की संख्या पूरी हुई। इन 11 समर्पित छात्र नेताओं के अलावा सबसे पहले अखिल भारतीय विद्यार्थी परिषद के राष्ट्रीय सचिव राम बहादुर राय को संचालन समिति में रखा गया। उसके बाद अरुण वर्मा, जगन्नाथ यादव, शिवानन्द तिवारी, विक्रम कुँवर आदि कुछ और लोग संचालन समिति में आए।'

हमें एक आधार तो मिला लेकिन हमें यह लिस्ट भी पूरी तौर पर सही नहीं लगी। अपनी इस खोज यात्रा के क्रम में हम छात्र संघर्ष संचालन समिति के एक धूमकेतु से ही जा टकराए! दरअसल, हम विक्रम कुँवर से मिले, जो राबड़ी देवी की सरकार में मंत्री रह चुके हैं! उनके मुताबिक़—

'रामजतन की लिस्ट 8 नम्बर तक तो सही है लेकिन 9, 10 और 11 नम्बरों पर आप क्रमशः राम बहादुर राय, रघुवंश प्रसाद सिंह और मेरा नाम लिख लीजिए। छात्र-संघर्ष संचालन समिति में शायद सबसे कम उम्र मेरी ही थी।

वशिष्ठ भाई और मिथिलेश जी आदि के नाम तो बाद में जोड़े गए। शुरू के 11 लोगों में जाति विशेष के लोगों का बाहुल्य और वर्चस्व होता देखकर जेपी ने जातीय समीकरण में सन्तुलन लाने के लिए नीतीश, शिवानन्द, जगन्नाथ यादव, शहाबुद्दीन जैसे कर्मठ लोगों को इसमें शामिल कर लिया। लेकिन अन्तिम लिस्ट में 20 लोग ही रखे गए थे।'

यहाँ रुककर एक बात समझने की ज़रूरत महसूस होती है। रामजतन, शिवानन्द और विक्रम की बातों में एक साम्य तो है ही। हमारा नीतीश इस विराट छात्र आन्दोलन के शुरुआती दौर का स्थापित नेता हरगिज़ नहीं था! वैसे तो वह सितम के ख़िलाफ़ उठती हर आवाज़, हर जुलूस, हर धरना, हर सभा में हमेशा मौज़ूद होता था लेकिन उसकी मौज़ूदगी थी फूल की ख़ुशबू की तरह, जिसे बस महसूस ही किया जा सकता था। वह कभी-कभी भाषण भी देता था, लोगों को जगाने के लिए और जगे हुए लोगों को जगाए रखने के लिए!! वह तब भी नए कल की बात करता था। वह तब भी 'समता' की बात करता था।

लोहिया जी की बात समझाते हुए कहता था कि 'सम्पूर्ण समता' हमारा आदर्श है और 'सम्भव समता' हमारा प्रयास। उसने मौक़ा मिलते ही अब बिहार की घोर ऊबड़-खाबड़ धरती पर 'असम्भव समता' को 'सम्भव समता' में बदल दिया है। अब वह 'सम्पूर्ण समता' की ओर, आहिस्ता-आहिस्ता ही सही, मगर बढ़ रहा है। 2005 में मुख्यमंत्री बनने के बाद नीतीश ने उन पुराने बीस चेहरों में से प्राय: प्रत्येक को ढूँढ़ निकाला और उनमें से कई लोगों को उनकी अपेक्षाओं से आगे जाकर उचित सम्मान भी दिया। इनमें एक नाम विक्रम कुँवर का भी है।

अकल से की नक़ल

विक्रम कुँवर हमें नीतीश के बारे में एक नई बात बताता है—

'मैं पटना स्थित कॉमर्स कॉलेज का छात्र नेता था। सन् 1971 में मेरे कॉलेज में आने से पहले वहाँ कोई छात्र संघ का नाम भी नहीं जानता था। मेरी देख-रेख में ही मेरे कॉलेज में प्रशासन की ज़्यादतियों के ख़िलाफ़ संघर्ष शुरू हो गया। देखते ही देखते 1972 में बात यहाँ तक आ गई कि मेरे कॉलेज का प्रशासन कॉलेज में भी छात्र संघ बनाने की बात मान गया। अब समस्या यह खड़ी हुई कि उसका संविधान कैसे और कौन बनाएगा? ढूँढ़ते-ढूँढ़ते मुझे पता चला कि नीतीश जी ने इंजीनियरिंग कॉलेज के छात्र संघ का जो संविधान बनाया है, वह सबसे अच्छा और एकदम दोषरहित है! फिर क्या था, हमने उन्हीं की बनाई छात्र संघ की नियमावली की हूबहू कॉपी अपने कॉलेज में जमा कर दी। वह नियमावली ऐसी खरी थी कि लाख कोशिशों के बावजूद कॉलेज प्रशासन इस

दस्तावेज़ की एक बिन्दी भी इधर से उधर नहीं कर सका। हमारे कॉलेज के छात्र संघ का संविधान रिकॉर्ड समय में पारित होकर लागू हो गया। क़ानूनी नुक़्तों पर नीतीश जी की पकड़ का कोई जवाब ही नहीं।'

जॉर्ज फ़र्नांडिस द्वारा सम्पादित 'प्रतिपक्ष' पत्रिका में 18 अगस्त, 1974 को छपी एक ख़बर में बिहार राज्य छात्र संघर्ष संचालन समिति के सदस्यों के बारे में निम्नलिखित सूचनाएँ मिलती हैं—

'बिहार राज्य छात्र संघर्ष समिति के सदस्यों की संख्या के सम्बन्ध में कुछेक ग़लतफ़हमियाँ पैदा होती रही हैं। समिति के गठन के पहले दौर में सदस्यों की संख्या काफ़ी कम थी पर ज्यों-ज्यों संघर्ष का विस्तार होता गया, संघर्ष समिति के सदस्यों की संख्या कई सौ हो गई। उसमें राज्य भर में फैले सैकड़ों महाविद्यालयों को भी प्रतिनिधित्व देना था। दिशा-निर्देश और जल्दी के फ़ैसलों के लिए संघर्ष समिति के सदस्यों के बीच से ही बीस-सदस्यीय बिहार राज्य छात्र संघर्ष संचालन समिति का गठन हुआ है। संघर्ष समिति के सदस्य हैं :

लालू प्रसाद यादव, सुशील कुमार मोदी, राम बहादुर राय, वशिष्ठ नारायण सिंह, शिवानन्द तिवारी, रघुनाथ गुप्ता, मिथिलेश कुमार सिंह, रामजतन सिन्हा, नरेन्द्र कु. सिंह, भवेश चन्द्र प्रसाद, नीतीश कुमार, विक्रम कुँवर, गोपाल शरण सिंह, अक्षय कुमार सिंह, विजय कुमार सिन्हा, रघुवंश नारायण सिंह, उदय कुमार सिन्हा, अरुण कुमार वर्मा, रवीन्द्र प्रसाद और अशोक कुमार सिंह।'

हमारी खोज के सिलसिले में 28 जून, 1974 के आर्यावर्त में बिहार प्रदेश छात्र संघर्ष समिति के कार्यालय की 26 तारीख़ की एक विज्ञप्ति छपी थी। इसमें 19 सदस्यीय संचालन समिति के सदस्यों के नाम की घोषणा की गई थी। विज्ञप्ति के अनुसार संचालन समिति के सदस्यों के नाम वही हैं जो प्रतिपक्ष के लेख में बताए गए हैं। बस 19वें नम्बर पर आया रवीन्द्र प्रसाद का नाम उसमें नहीं है। शायद उसे 26 जून के बाद और 18 अगस्त के पहले जोड़ा गया होगा।

इन सारे साक्ष्यों के आधार पर यह निष्कर्ष निकालना तथ्यसंगत लगता है कि 26 जून को नीतीश का नाम बिहार राज्य छात्र संघर्ष संचालन समिति की फ़ेहरिस्त में औपचारिक रूप से भी जुड़ गया था। जैसे-जैसे नीतीश का परिचय क्षेत्र बड़ा होता चला गया, उसकी चिन्तन और आत्ममन्थन की प्रवृत्ति बढ़ती गई और वह कई सुधारवादी प्रयोग अपने जीवन में भी करने लगा। अपने में रोज़-रोज़ सुधार लाने के साथ ही वह जेपी, व्यक्ति और विचार दोनों के बारे में अधिक से अधिक जानने की कोशिश करने लगा जिससे अगर किसी ने जेपी को न भी देखा हो तो भी उसे नीतीश की बातें सुनने के बाद जेपी पूरी तौर पर आत्मीय लगें। इन सब वजहों से नीतीश की छवि अलग क़िस्म की बनती जा रही थी। उसे पार्टी के हर स्तर पर कई लोगों के साथ और हर तरह के काम करने

का अनुभव हो गया था। चिन्तन-बैठक में भी नीतीश की बातें बहुत गम्भीरता से सुनी जाती थीं। वह जेपी की सोच का दिन-ब-दिन ज़्यादा से ज़्यादा क़ायल होता जा रहा था। इसलिए जहाँ छात्र संघर्ष समिति के अन्य नेता तो जेपी की क़ीमत पर अपनी छवि चमकाने में लगे थे, नीतीश जी-जान से उस महामानव की कीर्तिगाथा से जनजीवन में छाए निराशा के अन्धकार को काट रहा था। आन्दोलन की सफलता जेपी के लिए इस हद तक महत्त्वपूर्ण थी कि उन्होंने घोर दक्षिणपंथी लोगों को भी देशभक्त कहकर सम्मानित करते हुए आन्दोलन में बड़ी भागीदारी दी थी।

जेपी ने छात्र संघर्ष समिति के साथ-साथ जन संघर्ष समिति को भी खड़ा किया था। गाँव, प्रखंड, ज़िला और राज्य स्तर तक की इन दोनों संघर्ष समितियों को सम्पूर्ण क्रान्ति का वाहक बनाया गया था। उन्हें सत्ता परिवर्तन से आगे जाकर सामाजिक परिवर्तन का कारक बनना था। जेपी के आग्रह पर कई राज्य के कई स्थानों में जनता सरकार की स्थापना भी हुई जिसने जमाख़ोरों के गोदामों पर छापे मारकर वहाँ से बरामद माल को जनता में उचित मूल्य पर बेचने का काम बहुत सफलता से किया। छोटे-मोटे आपसी झगड़ों के निबटारे भी इन अदालतों में सहजता से होने लगे। यह सब देख-सुनकर नीतीश को लगता था कि सामाजिक परिवर्तन की उसकी मुरादें पूरी होने का समय नज़दीक आता जा रहा है।

किशन पटनायक ज़बरदस्त युवानायक

उन दिनों बिहार में किशन पटनायक, लोहिया और जेपी की विचारधाराओं के प्रबल व्याख्याकर्ता माने जाते थे। नीतीश उन दिनों को कुछ इन शब्दों में याद करता है—

'किशन पटनायक जी को मैंने सबसे पहली बार 1974 के आन्दोलन से जाना। वे कंकड़बाग़ में, मेरी ससुराल के पास ही, किराए के छोटे से घर में रहते थे। मेरी समझ से उन दिनों यही सर्वमान्य था कि लोहिया जी के विचारों को सबसे सही तरीक़े से सामने लाने में उनका जवाब नहीं था। बड़े अच्छे चिन्तक और प्रखर विचारक के साथ ही वे बेहद साफ़गोई और स्पष्टता से अपनी बात कह सकते थे। वे चुनावी राजनीति का विरोध करनेवाले गुट के बड़े सक्रिय सदस्य थे। विरोधाभास था कि यद्यपि इस गुट में अधिकांश वही लोग थे जो सारा समय चुनावी राजनीति का विरोध करते रहते थे, पर चुनाव आते ही उन्हें ख़ुदबुद-सी होने लगती कि कैसे चुनाव लड़कर जीता जाए! मगर किशन जी की दुनिया उन सबसे बिलकुल अलग थी। उन्होंने 'सामयिक वार्ता' पत्रिका भी प्रारम्भ की थी जो अपने समय में मील का पत्थर साबित हुई थी। अरुण ने भी बाद में इस

पत्रिका में अंग्रेज़ी में बड़ा अच्छा लेख लिखा था जिसका अशोक सक्सेरिया जी ने बड़ा सुन्दर अनुवाद किया था। सक्सेरिया जी बेहद ख़ुद्दार इनसान थे। अगर व्यावसायिक रूप से अनुवाद का काम करते तो न जाने आज किन ऊँचाइयों को छू रहे होते पर खाते-पीते घर के इस मनमौजी इनसान को बन्धनों से बड़ी कोफ़्त होती थी। वे शब्दों का अनुवाद नहीं करते, विषय पर मज़बूत पकड़ होने के कारण उनमें प्राण डाल देते थे। उनकी बड़ी याद आती है मुझे। 1974 में उनके साथ हम सभी नौजवान युवा जनता नाम के संगठन के झंडे के नीचे एकजुट होकर खड़े थे।'

आगे की कहानी मीता बताता है—

'1974 के अगस्त महीने से ही पूरे देश में धड़ाधड़ गिरफ़्तारियाँ हो रही थीं। नीतीश जैसी आग भरी बुलेटिन छापकर बाँट रहा था, उसके लिए उसका भूमिगत रहना बहुत आवश्यक हो गया था। बहुत सारे लोग व्यग्रता से उसकी चिट्ठियों की प्रतीक्षा करते थे। इसलिए उसके पीछे तो पुलिस हाथ धोकर ही पड़ गई थी। वह भी ज़्यादातर पटना से बाहर ही रहता था। कई बार जेल की हवा खाने से वह बच गया। हर बार वह दूने उत्साह से छुपता-छुपाता आन्दोलन की ख़बरों के बुलेटिन बनाता, छापता और बाँटता फिरता रहा! धूप-बारिश झेलता, परिवार से दूर और ख़ुफ़िया पुलिस की नज़रों से बचकर क्रान्ति का शंख फूँकता हुआ, अलख जगाता हुआ। न तो निश्चिन्तता से कोई रात बीतती और न ही चैन से किसी शाम खाना मयस्सर होता। मगर ख़ानाबदोश ज़िन्दगी की गाड़ी थी कि सरपट रफ़्तार में, बिना थके, दौड़ी जा रही थी।'

जेपी की नज़रों में आ जाने के बाद क्या हुआ इस बारे में नीतीश बताता है—

'पढ़ाई बहिष्कार अभियान की सफलता के कारण मैं जहाँ एक ओर जेपी की नज़रों में आ गया, वहीं प्रशासन और पुलिस की वक्र दृष्टि भी मुझ पर पड़ने लगी। 1974 में जेपी ने 3 से 5 अक्टूबर तक, बिहार बन्द का आह्वान किया था। मैं अपने साथियों के साथ घर-घर जाकर इस क्रान्ति की बात समझाता रहा। जवाब में कांग्रेसी सरकार ने मीसा (आन्तरिक सुरक्षा क़ानून) लगा ही रखी थी। सितम्बर का अन्तिम सप्ताह था वह, जब आन्दोलन को विफल बनाने के लिए हर छोटे-बड़े नेता को गिरफ़्तार करने की तैयारियाँ चरम पर थीं। पुलिस हम जैसों को पकड़ने के लिए अधिक सचेष्ट हो गई थी। 24 सितम्बर, 1974 को, जब मैं गिरफ़्तार हुआ, मैं पटना के आसपास की कई जगहों से, बिहार बन्द को सफल बनाने के लिए प्रचार-प्रसार करके पटना लौटा था। उस दिन अपने काम की रिपोर्ट देने तथा आगे का कार्यक्रम समझने के लिए मैं कदमकुआँ स्थित छात्र संघर्ष समिति के दफ़्तर गया था। गांधी स्मारक निधि भवन में चलनेवाला यह दफ़्तर जेपी के निवास के सामनेवाली गली में था। संयोग की ही बात है कि

उसी दिन मोतिहारी में हमारे प्रिय नेता श्री अटल बिहारी वाजपेयी जी भी मीसा के तहत गिरफ़्तार कर लिये गए! बहरहाल, यह शायद दोपहर 1 बजे की बात होगी। वहीं बैठे कुछ साथियों ने मेरे गिरफ़्तार हो जाने की आशंका भी व्यक्त की। तभी संघर्ष संचालन समिति के हमारे सहयोगी, रघुनाथ गुप्ता जी वहाँ आए। गुप्ता जी मुझे चाय पीने के लिए बाहर चलने को कहा। यद्यपि बाक़ी लोगों ने मुझे बाहर निकलने से मना किया था फिर भी रघुनाथ भाई की बात मैं टाल नहीं सका और उन्हीं के साथ बाहर चला गया। हमारे दफ़्तर के ठीक बाहर, एक पुलिस वाला मानो मेरी ही प्रतीक्षा में, बैठा तो नहीं था पर, खाट पर लेटा हुआ ज़रूर था! उसने देखते ही मुझे धर दबोचा और बिना किसी शोर-शराबे के मुझे सीधा फुलवारीशरीफ़ कारा में भेज दिया गया। शायद मैं ख़तरनाक क़िस्म का मुजरिम माना गया रहा होऊँगा क्योंकि थोड़े ही दिनों के बाद उस छोटे-से जेल से मेरा स्थानान्तरण गया के केन्द्रीय कारा में कर दिया गया। उस जेल को सारे आन्दोलनकारी बिहार का सबसे घटिया जेल मानते थे। मैं गया के जेल में वाया बख़्तियारपुर ले जाया गया।'

वह दिन सतीश जी को अब भी अच्छी तरह से याद है। उस दिन का ज़िक्र करते हुए वे यादों की वादियों में बहुत दूर तक उतरते चले जाते हैं—

'फुलवारीशरीफ़ से गया जाने के रास्ते में नेताजी का क़ाफ़िला बख़्तियारपुर भी रुका। उस दिन मीसा और इमरजेंसी की सारी पाबन्दियों को धता बताते हुए सारा शहर हमारे छोटे-से घर के आँगन में उमड़ आया था।'

नेता की उतरी आरती

सतीश जी आगे बताते हैं—

'कोई बहुत पुराना इतिहास बाबूजी की आँखों के सामने ख़ूबसूरत कबूतरों का झुंड बनकर ज़रूर फड़फड़ाया हुआ होगा। माँ ने अपने लाड़ले की आरती उतारी, बलैया ली और उसके सर पर हाथ रख, विजयी होने का ममता-भरा आशीर्वाद दिया। नीतीश के साथ फुलवारीशरीफ़ से गया जा रहे क़ाफ़िले में शामिल इंस्पेक्टरनुमा एक अधिकारी को यह सब आयोजन देखकर बड़ा आश्चर्य हुआ। वह अपनी उत्सुकता रोक नहीं पाया। उसने कविराज जी से कहा कि उसे तो आशंका थी कि बेटे के हाथों में लगी हथकड़ियाँ देखते ही माँ का हृदय पिघलकर आँखों से बह निकलेगा, पर यहाँ तो माँ हँसते हुए अपने बेटे की आरती उतार रही है, आशीर्वाद और विदाई दे रही है! कविराज जी को अपने सपूत पर नाज़ तो था ही, बड़े गर्व से उन्होंने कहा कि अन्याय के विरुद्ध आवाज़ उठानेवाले बच्चे को इससे बड़ा सर्टिफिकेट और क्या मिलेगा? जिसके विश्वास

के पीछे पूरा समाज खड़ा हो, अगर उसका परिवार ही उसका साथ न दे तो यह सरासर अन्याय ही होगा। फिर मुन्ना जी की माँ के लिए यह पहला मौक़ा भी तो नहीं था! वर्षों पहले, इसी जगह और इसी उत्साह से उन्होंने मुझे जेल जाने के पहले विदाई दी थी। तब भी उन्हें अकेले रहने का भय नहीं था। अब तो यह दुनिया अँधेरी होकर भी गुलज़ार है। उस बार देश अंग्रेज़ों की ग़ुलामी से आज़ाद हुआ था। इस बार यह नौजवान पीढ़ी जब जेल से लौटेगी तो सम्पूर्ण स्वराज्य लेकर ही।'

बख़्तियारपुर से नीतीश का क़ाफ़िला धूल के गुबार उड़ाता हुआ गया के लिए रवाना हो गया। लेकिन विदाई की भीड़ में, सारी राह, जेल से बाहर, जेल में, अकेले में भी, नीतीश को एक जोड़ी आँखों में झिलमिलाते आँसू पुकारते थे। जब वह बहुत थोड़ी देर के लिए बख़्तियारपुर रुका था तब किसी को तलाशती उसकी बेसब्र निगाहें अधखुली खिड़की से झाँकती मंजु की डबडबाती आँखों से टकराई थीं और वहीं थम गई थीं। तब से वह मायूस चेहरा यादों की झालर बनकर तब तक उसकी आँखों में रचा-बसा रहा जब तक कि उसकी गृहस्थी फिर से न जम गई।

पिया मिलन की अन्तहीन प्रतीक्षा

गया जेल में प्रवास काल के बारे में नीतीश बहुत अनिच्छा से बताता है—

'बाक़ी जेलों में तो आन्दोलनकारी जेल के फाटक के आसपास ही चक्कर लगाते रहते थे जहाँ बाहरी दुनिया से उनका बढ़िया सम्पर्क बना ही रहता था, पर गया सेंट्रल जेल का सुपरिंटेंडेंट दुनिया से निराला था। बड़ा सख़्त था वह, इतना कि सप्ताह में बस एक दिन, वह भी जाली के आर-पार से, वह परिवार वालों से बात करने देता था। मंजु मुझसे मिलने गया आती थी। बार-बार अपने आँसुओं को आँचल के कोर से पोंछती, जाली के उस पार खड़ी मंजु को देखकर मेरा कलेजा मुँह को आ जाता था। मगर हमारे दुर्भाग्य से जाली भी इतनी घनी थी कि उससे छोटी उँगली तक न निकल सके। 1973 के फ़रवरी में ही मेरा ब्याह हुआ था जब पत्नी पटना में रहकर पढ़ रही थी। अक्टूबर 1973 तक मैं भी पढ़ता ही रहा। बाद के तीन-चार महीने आजीविका की तलाश में फुर्र से ऐसे निकल गए कि पता भी न चल पाया। तब तक आ गया छात्र आन्दोलन का समय और फ़रवरी 1974 से मैं आन्दोलन से सम्पूर्णता से जुड़ गया था। इसलिए तब तक हमारा दाम्पत्य जीवन ठीक से प्रारम्भ भी नहीं हो पाया था। जेल की जाली के आर-पार खड़े हम दोनों एक-दूसरे को तृषित नज़रों से देखकर ही सन्तोष कर लेते थे। उँगलियाँ स्पर्श करने को अकुलाकर रह जाती थीं। देखते

ही देखते मिलने या सच कहें तो देखने का समय समाप्त हो जाता था और फिर अगली मुलाक़ात की अन्तहीन प्रतीक्षा शुरू हो जाती थी। उस भेंट के पहले की आकुलता और विरह के बाद की व्याकुलता के लिए मेरे पास शब्द नहीं हैं, तब तो और भी नहीं थे। स्वयं से अधिक मुझे पूर्ण समर्पित और प्रेम में आकंठ डूबी मंजु की चिन्ता होती थी। मुझे हमेशा लगता था कि मैं तो जैसे-तैसे अपने दिन गुज़ार ही लेता था पर मेरे बारे में व्यग्र और चिन्तित मंजु के दिन कैसे बीतते होंगे। उसकी दुखद स्थिति के लिए मैं अपने आपको पूरी तरह दोषी मानकर अपने आपसे ही नाराज़ रहने लगा था।'

उन दिनों की अपनी पीड़ा के बारे में इससे पहले नीतीश ने कभी कुछ नहीं कहा था। आज उसके सदा निर्विकार और शान्त दिखनेवाले चेहरे पर वेदना की गहरी लकीरें साफ़-साफ़ देखी जा सकती हैं। वह उसी रौ में बता रहा है—

'वह काल दुखदायी था, कालिदास के मेघदूत में नायक यक्ष की विरह वेदना समझ में आने से मुझे उससे सहानुभूति होने लगी थी। लेकिन गया जेल में आने के दो-ढाई महीनों के बाद ही, एडवाइज़री बोर्ड के आगे पेशी के लिए, मुझे पटना लाया गया। कोई पन्द्रह या बीस दिनों तक मैं फिर से बाँकीपुर जेल में ही रहा और कोई भी जुर्म न साबित होने पर शायद दिसम्बर 1974 या जनवरी 1975 में छोड़ दिया गया। जैसे मेरे बाबूजी ने अपने दिनों में जेल में ही रहकर आगे के कार्यक्रमों की रूपरेखा बनाई थी, मैंने भी वैसा ही कुछ किया। आगे आन्दोलन के लिए क्या करना है, यह प्रश्न मुझे जेल में बहुत मथता था। बाहर आते ही मैं फिर से सक्रिय हो गया।

नीतीश की इन पुरानी यादों की दुख की कालिमा ने हमारे मन पर भी अँधेरे की कूँची फेरकर हम सबको बेहद उदास कर दिया है।

थोड़ा विषयान्तर करने के लिए क्षमा-याचना करते हुए हम मूल कथा पर वापस आते हैं। आन्दोलन के दिनों भूमिगत रहते हुए नीतीश की समझ में एक महत्त्वपूर्ण बात अनायास ही आने लगी थी। सत्ता परिवर्तन, जो इस सम्पूर्ण आन्दोलन का बड़ा छोटा-सा हिस्सा भर था, इन्दिरा गांधी की हठधर्मिता के कारण अचानक सर्वाधिक महत्त्वपूर्ण हो गया। समय का पहिया तेज़ी से घूम रहा था। चुनाव की सम्भावना देखते हुए जेपी ने कह दिया था कि इस बार चुनावों में केवल दो पक्ष होंगे, एक होगा जनता का 'संघर्ष पक्ष' और दूसरा सत्ताधारियों का 'संघर्ष विरोधी पक्ष'। जेपी ने संघर्ष पक्ष की ओर से जनता के उम्मीदवार खड़े किए जाने की बात कही। साथ ही यह भी कहा कि जन-उम्मीदवारों का सम्बन्ध किसी भी राजनैतिक पार्टी से नहीं होना चाहिए। यह बात निर्विवाद सत्य है कि क़ानून बनाने, उसमें संशोधन करने और फिर बने हुए क़ानून में छोटा-सा छिद्र ढूँढ़कर उससे अपने स्वार्थ का हाथी पार करा लेने की कला में विश्व स्तर

पर भी हम भारतीयों का मुक़ाबला शायद ही कोई कर सके। जेपी के इस सुझाव पर विपक्ष की राजनीति कर रहे क़रीब-क़रीब सारे काले कौवे रातों-रात सफ़ेद बगुले बनकर जेपी के चारों ओर मँडराने लगे। जेपी यह सब ख़ूब समझते थे इसलिए यह ढोंग जेपी को रास नहीं आया। नीतीश भी यह सब देखकर ख़ुश नहीं था। जेपी ने लोहिया जी के सिद्धान्तों की ज़मीन पर क्रान्ति की जो इमारत खड़ी करने की कोशिश की थी, वह नीतीश को भी पूरी तौर पर स्पष्ट नहीं दिख पा रही थी। पदलोलुपता की मानसिकता की सीमाओं को देखते हुए उसे आन्दोलन के आन्तरिक विरोध भी दिखने लगे थे।'

नारी शक्ति का दिव्य प्रभाव

गिरफ़्तारी से कुछ पहले नीतीश ने 10 सितम्बर, 1974 को अख़बारों ख़ासकर आर्यावर्त को बताया था कि अब छात्राएँ भी कक्षा बहिष्कार और अनशन के कार्यक्रम में भाग लेने लगी हैं। दरअसल, महिलाओं की भागीदारी रोज़-ब-रोज़ बढ़ती ही जा रही थी। महिला संघर्ष समिति और तरुण संघर्ष संघ की मेहनत से पूरे राज्य भर के अधिकांश मुहल्लों में महिलाओं ने जगह-जगह तदर्थ समितियाँ बनाकर मोर्चाबन्दी शुरू कर दी थी। 'जनता आती है' के अनुसार, पटना की क़रीब 40 महिलाएँ बहुत सक्रिय होकर आन्दोलन को आगे बढ़ा रही थीं। इन सब प्रयत्नों के कारण 3 से 5 अक्टूबर तक, तीन दिनों के लिए, पूरा बिहार बन्द रहा। सैकड़ों लोगों ने पटरियों पर दिन-रात धरना देकर रेल का चक्का जाम कर दिया। यह सब कुछ पूरी तरह अहिंसक रहा जिसे जनता का पूर्ण समर्थन प्राप्त था। चोली-दामन के साथ की तरह आन्दोलन और दमन साथ-साथ चलते रहे। जेपी को अब भी क्षितिज पर आशा का सूरज निकलने की उम्मीद थी इसलिए 1 नवम्बर, 1974 को इन्दिरा गांधी से जेपी की बात हुई थी। जेपी ने कहा था कि इन्दिरा बिहार की भ्रष्ट सरकार को भंग करके अपनी नेकनीयती का सबूत दे तो बिहार की जनता को विश्वास हो सकेगा। ऐसा करने से इन्दिरा ने स्पष्ट इनकार कर दिया। तब जेपी के मन में एक और बहुत बड़ा प्रयोग करने का ख़याल आया। उन्होंने जनता को अपने निकम्मे प्रतिनिधियों को वापस बुलाने के अधिकार की माँग की। सच पूछा जाए तो अमेरिका सहित कई देशों के क़ानूनों में ऐसे प्रावधान हैं। फिर क्या था, उन्होंने राज्य की जनता का आह्वान किया कि वे 4 नवम्बर को पटना आकर अपने-अपने जन-प्रतिनिधियों को इस्तीफ़ा देने को कहें। बिहार सरकार द्वारा लगाए गए तमाम अवरोधों के बावजूद सारे बिहार से पटना आकर लोगों ने बहुत बड़ा प्रदर्शन किया। वह बड़ा प्रलयकारी दिन था। 4 नवम्बर, 1974 को दोपहर में पटना के आयकर चौराहे पर कवि बाबूलाल

मधुकर की कविता सुनने जेपी का क़ाफ़िला रुका। जेपी जैसे ही जीप से उतरकर कवि की ओर बढ़े, पुलिस ने उन पर डंडे से प्रहार किया। श्यामानन्द मिश्र और नानाजी देशमुख जी ने उन्हें सँभाला। पुलिस की बेरहम लाठियाँ सभी बेगुनाहों पर बरसीं, यहाँ तक कि बूढ़े जेपी तक को नहीं बख़्शा गया। उन्हें गहरी चोटें आईं। वह तो अच्छा हुआ कि कुछ नौजवानों ने उन पर किए गए कई प्रचंड प्रहारों को अपने शरीरों पर झेल लिये, नहीं तो कुछ भी अकल्पनीय घट सकता था। घायल जेपी को मरहम-पट्टी के लिए राजवंशी नगर के एक कमरे में चल रहे किसी सरकारी अस्पताल में लाया गया। नीतीश भी साथ में था। वह कमरा इतना घटिया था कि वहाँ बदबू से प्राण घुटते थे। जेपी का इलाज तो हो गया पर उस दिन नीतीश के मन पर जो घाव हुए वे तभी भरे जब नीतीश मुख्यमंत्री बना। उस एक कमरे के अस्पताल की जगह वहाँ उसने हड्डियों के इलाज के लिए सुपर स्पेशिएलिटी अस्पताल बनवाया और उसका नाम दिया लोकनायक जयप्रकाश अस्पताल। जेपी के प्रति नीतीश के भावनात्मक लगाव का यह एक छोटा-सा उदाहरण है शायद जेपी में वह अपने बाबूजी का अक्स देखने लगा था और उसे यक़ीन हो गया था कि अगर गांधी जी के 'स्वराज' की परिकल्पना साकार होती है तो उसके लिए लोकनायक जयप्रकाश का होना ज़रूरी है।

4 नवम्बर की प्रत्यक्षदर्शी श्रीमती रीता सिंह के मुताबिक़, पटना की महिला तदर्थ समितियों ने इस कार्यक्रम में बाहर से आए लोगों के लिए भोजन की व्यवस्था की थी। इस दिन प्रहार सिर्फ़ पुरुषों पर ही नहीं हुआ। जुलूस में शामिल स्त्रियों को भी बख़्शा नहीं गया। नीतीश की सरकार ने 2009 में जेपी सेनानी सम्मान पेंशन योजना शुरू की। उसमें यह नियम भी था कि यदि कोई महिला एक दिन के लिए भी जेल गई हो तो उन्हें जेपी पेंशन की पूरी राशि मिलेगी। श्रीमती रीता सिंह आन्दोलन के अपराध में तीन बार जेल जा चुकी थीं। उन्होंने सब जानते-समझते हुए भी पेंशन के लिए आवेदन नहीं दिया था। आर्थिक संकटों से जूझ रही रीता को उनके स्वाभिमान ने ऐसा नहीं करने दिया था। रीता स्कूल में शिक्षिका थीं। पति सार्वजनिक जीवन में फ्रीलांसिंग कर रहे थे। इस बीच विक्रम कुँवर की अध्यक्षता में नीतीश ने जेपी सेनानियों के हितों की रक्षा के लिए एक समिति गठित की थी। काफ़ी खोजबीन के बाद राज्य सरकार ने अपनी ओर से रीता सहित उन कई जेपी सेनानियों को, जिन्होंने दरख़ास्त नहीं दिए थे पेंशन की पेशकश की गई। 4 नवम्बर को जेपी पर हुए प्रहार की पूर्व सन्ध्या की कहानी रीता इस प्रकार बताती हैं—

'3 नवम्बर, 1974 की बात है। सभी जगहों से खाने के पैकेट लेकर मैं शाम 7 बजे कदमकुआँ स्थित चरख़ा समिति पहुँच गई। राज्य भर से पटना पहुँचनेवाले आन्दोलनकारियों को खाने के पैकेट समय-समय पर आम लोग ख़ुशी-ख़ुशी देते

थे। हम उन्हें घर-घर जाकर एकत्र करते थे। मैं उन दिनों जक्कनपुर में रह रही थी। उस दिन बहुत सी महिलाएँ चरख़ा समिति में रुकी थीं। वहाँ कहा गया कि कल के प्रदर्शन को लेकर पुलिस की ओर से बहुत कड़ाई है। 4 नवम्बर को सुबह ही गांधी संग्रहालय पहुँचना है। हम महिलाएँ सुबह गंगा स्नान करने के बहाने गांधी संग्रहालय पहुँच गईं। जयप्रकाश जी जीप से कदमकुआँ से चलकर गांधी मैदान पहुँच रहे थे। सी.आर.पी. की कड़ी निगरानी के बावजूद हम कई महिलाएँ गांधी संग्रहालय से निकलीं और गांधी मैदान की रेलिंग फाँदकर छज्जुबाग़ होते हुए इनकम टैक्स गोलम्बर से थोड़ा पहले पहुँच गईं। जयप्रकाश जी तब तक डाकबँगला चौराहा होते हुए इनकम टैक्स गोलम्बर पहुँच ही रहे थे। हम लोग जेपी की जीप पर चढ़ने के लिए वहाँ पहुँचे ही थे कि अश्रु गैस के गोले गिरने लगे। भीड़ को तितर-बितर करने के लिए पुलिस गोले फेंक रही थी। एक गोला मेरे सिर पर आकर गिरा। मैं बेहोश होकर गिर पड़ी! मेरे साथ आन्दोलनकारी गिरिजा देवी भी थीं। वे पटना के ही बिहारी साव लेन की रहनेवाली थीं। इस बीच सी.आर.पी. के जवानों ने बेहोश देखकर मुझे नाले में फेंकने की कोशिश की। लेकिन गिरिजा देवी ने उन्हें यह कहकर रोका कि यह मेरी बेटी है। मुझे जब होश आया तो मैंने ख़ुद को राजेन्द्र सर्जिकल वार्ड में पाया। अश्रु गैस के गोले के सर पर प्रहार होने से मेरे शरीर का एक हिस्सा और सर के बाल जल गए थे। मुझे पता नहीं था कि मैं अस्पताल पहुँची भी तो कैसे? बाद में मुझे बताया गया कि श्री नानाजी देशमुख और अली हैदर जैसे अन्य गम्भीर घायलों के साथ मुझे एक कार से पीएमसीएच पहुँचाया गया था।

श्री नानाजी देशमुख तथा हम लोगों को देखने अस्पताल में जयप्रकाश जी आए थे। मुझे कई दिनों तक अस्पताल में रहना पड़ा।'

गई भैंस पानी में

इसी बीच परिस्थिति में एकाएक और अनसोचा, परिवर्तन आ गया। लोहिया के पट्ट शिष्य रहे राजनारायण ने रायबरेली संसदीय सीट पर हुए चुनाव में इन्दिरा गांधी की जीत को 1971 में इलाहाबाद हाईकोर्ट में चुनौती दी थी। 12 जून, 1975 को इलाहाबाद हाईकोर्ट ने इन्दिरा गांधी के चुनाव को रद्द कर दिया। कोर्ट ने उन्हें चुनाव सम्बन्धी भ्रष्टाचार का दोषी पाया था। इस फ़ैसले के ख़िलाफ़ हाईकोर्ट ने इन्दिरा गांधी को सुप्रीम कोर्ट में 20 दिनों के भीतर, यानी 2 जुलाई से पहले, अपील करने की इजाज़त भी दी थी। क़ानून के जानकारों के हिसाब से इलाहाबाद कोर्ट के इस फ़ैसले के बाद इन्दिरा की लोकसभा की सदस्यता चली गई थी। ऐसा माना जा रहा था कि हाईकोर्ट के फ़ैसले का सम्मान

करते हुए इन्दिरा प्रधानमंत्री के पद से तब तक हट जाएँगी जब तक कि सुप्रीम कोर्ट से उनके पक्ष में फ़ैसला न आ जाए। पर जब ऐसा नहीं हुआ तब जेपी ने कहा था कि अपने पद पर बने रहकर वे सार्वजनिक सदाचार और लोकतंत्र की मर्यादा के विरुद्ध एक ख़तरनाक मिसाल पेश कर रही थीं। कुलदीप नैयर ने अपनी किताब, 'The Judgement' में बताया है कि जेपी ने केन्द्र सरकार पर अपने हमले तेज़ करते हुए उसे 'लोकतंत्र की आड़ में तानाशाही के निचले स्तर पर उतरी एकल महिला की सरकार' कहना शुरू कर दिया। हाईकोर्ट के फ़ैसले से उत्साहित होकर विपक्षी दलों ने राष्ट्रपति से मिलकर इन्दिरा गांधी से इस्तीफ़ा माँगने के लिए दबाव बनाने का फ़ैसला किया। 23 जून को जेपी ने न सिर्फ़ राष्ट्रपति के आगे हुए इस प्रदर्शन में भाग लिया बल्कि एक प्रकार से इसकी अगुवाई भी की। 25 जून, 1975 के दिन दिल्ली के रामलीला मैदान में हुई जनसभा में जेपी ही मुख्य वक्ता थे।

देश का कलंक इमरजेंसी

उस जनसभा में जेपी ने ऐसा बहुत कुछ सच कहा था जिसकी ख़बर आम जनता तक पहुँचने से पूरे देश में 1942 जैसी सरकार विरोधी हवा एक बार फिर फैल जाती। इस ख़बर को जनता तक न पँहुचने देने के लिए दिल्ली के बहादुरशाह ज़फ़र मार्ग पर स्थित कांग्रेसी अख़बार नेशनल हेराल्ड को छोड़कर, सभी बड़े अख़बारों के दफ़्तरों की बिजली 25 जून की रात में ही काट दी गई। बिहार में भी प्रदीप और सर्चलाइट के साथ यही सुलूक हुआ। नतीजतन, अगले दिन कई अख़बार छपे ही नहीं। समाचार-पत्रों पर नियंत्रण लागू कर दिया गया। कुलदीप नैयर अपनी किताब में लिखते हैं, 'उस रात इन्दिरा गांधी के किचन कैबिनेट के विश्वस्त महारतियों, मसलन आर.के. धवन, ओम मेहता आदि ने तब के बेताज बादशाह संजय गांधी के साथ बैठकर उन लोगों की लिस्ट बना ली जिन्हें गिरफ़्तार किया जाना था। इसमें जेपी, आडवाणी, वाजपेयी, फ़र्नांडीस सहित सभी बड़े नाम थे। 25-26 जून की आधी रात को, राष्ट्रपति फ़ख़रुद्दीन अली अहमद के दस्तख़त से पूरे देश में आपातकाल लागू हो गया जिसके औचित्य के बारे में इन्दिरा गांधी ने 26 जून की सुबह रेडियो पर देश को बताया था—

'जब से मैंने आम आदमी और देश की महिलाओं के फ़ायदे के लिए कुछ प्रगतिशील क़दम उठाए हैं, तभी से मेरे ख़िलाफ़ गहरी साजिश रची जा रही थी।'

अपने इस आरोप के प्रमाण में इन्दिरा गांधी ने एक भी तर्कसंगत बात नहीं कही। ऐसा नहीं था कि इमरजेंसी रामलीला मैदान की जनसभा की प्रतिक्रिया में

झटके से लगा दी गई थी। देश की बागडोर पर इन्दिरा गांधी की पकड़ 1974 से ही ढीली होने लगी थी। उन दिनों उनके कुछ सलाहकारों में से प्रमुख थे बंगाल के तत्कालीन मुख्यमंत्री सिद्धार्थ शंकर रे, जो बैरिस्टर-एट-लॉ होने के कारण क़ानून की अच्छी जानकारी रखते थे। रे ने इन्दिरा गांधी को 8 जनवरी, 1975 को ही आपातकाल की पूरी योजना भेजी थी। उन दिनों दुनिया के कुछ देशों की सरकारें भी अपने विरोधी स्वरों का गला दबाकर अपना प्रभुत्व बनाए रखने के लिए इमरजेंसी जैसे जन विरोधी क़ानून का चाबुक चला ही रही थीं। इसलिए कांग्रेसी सरकार ने भी बात का बतंगड़ बनाते हुए इमरजेंसी लगाकर कुछ अजूबा नहीं किया। अलबत्ता जून महीने की 25 तारीख़ को रामलीला मैदान से उठी ललकार ने आग में घी की पूर्णाहुति देकर सर्व शक्तिमान इमरजेंसी देवी के चरणों में भारत भूमि को समर्पित कर दिया! 25 जून की आधी रात के बाद, अर्थात् 26 जून की सुबह, शायद क़रीब चार बजे, जेपी को दिल्ली में गांधी शान्ति प्रतिष्ठान से जगाकर पुलिस ने गिरफ़्तार कर लिया। पहले उन्हें सोहना (हरियाणा) और फिर दिल्ली की जेल में बन्द रखा गया। बाद में वे चंडीगढ़ जेल में स्थानान्तरित कर दिए गए। विदेशी रेडियो से ख़बर आई कि चंडीगढ़ जेल में ही उनके गुर्दे को ख़राब करने की साज़िश भी शुरू हुई थी जिसकी वजह से बाद में उन्हें मृत्युपर्यन्त डॉयलैसिस पर निर्भर रहना पड़ा। 26 जून की सुबह-सुबह मीसा क़ानून के तहत विपक्ष के कई बड़े नेताओं को भी गिरफ़्तार कर लिया गया। यह ख़बर आते ही पूरे देश में बेचैनी की लहर फैल गई। उस काल की चर्चा बहुत बेचैन होकर नीतीश करता है—

'26 जून, 1975 को मैं इंजीनियरिंग कॉलेज के हॉस्टल में अपने किसी मित्र के कमरे में था और कहीं बाहर जाने की तैयारी कर रहा था। अचानक वह भागा हुआ आया और उसने कहा कि इमरजेंसी लग गई है। मैंने कहा कि आपातकाल तो पहले से ही लगा हुआ है। उसने कहा कि यह कोई नई घोषणा हुई है और तुम्हें पकड़ने अब पुलिस यहाँ आती ही होगी। तुम यहाँ से निकल लो। बहुत जल्द ही हममें से बहुत से लोग जेपी के घर के आसपास इकट्ठा हो गए। मगर जेपी तो दिल्ली में गिरफ़्तार हो चुके थे। शहर में चारों ओर पुलिस का जाल फैल गया था। उस दिन से हम लोगों ने सड़कों पर लगातार प्रदर्शन करना शुरू कर दिया। प्रेस पर सेंसर लगा दिया गया था।

तब अख़बारों में एकतरफ़ा ख़बरें ही छपती थीं। प्रचार था कि ट्रेनें समय से चल रही हैं। जेपी के साथ विपक्ष के प्राय: सभी बड़े नेताओं की गिरफ़्तारी 26 जून को ही हो गई थी। हम जैसे लोग, जो गिरफ़्तारी से बच गए थे, धीरे-धीरे भूमिगत हो गए। हम लोग पर्चे बनाते और बाँटते थे। लोग नाराज़ तो थे पर भयभीत भी थे। मुझे लगने लगा था कि अब हमारे ढेर सारे परिचित भी हमारी

उपस्थिति में असहज होने लगे थे। साथ ही मुझे यह भी प्रतीत होने लगा था कि पुलिस विभाग के बहुत सारे कर्मियों की आन्तरिक सहानुभूति हमारे साथ थी यद्यपि वे उसे सार्वजनिक रूप से व्यक्त नहीं कर सकते थे। जुलाई महीने में पटना में एक पुलिस अधिकारी ने मुझे दूर से देख तो लिया था फिर भी वह मेरी अनदेखी करता हुआ, मुँह फेरकर, दूसरी ओर चला गया। 1975 में जुलाई के बाद ही बिहार में बाढ़ आ गई। पुलिस के महाजाल के फन्दे से बचने के लिए हम एक से दूसरे गाँव में छिपते रहे। गया में फल्गु नदी के किनारे जेपी ने खादी ग्रामोद्योग संघ की स्थापना की थी। हम वहाँ बड़ी मीटिंग कर रहे थे जिसमें मैं भाषण दे रहा था। मेरे साथ लालू जी और जगदीश शर्मा जी भी थे।'

आव देखा न ताव और कूद पड़े

नीतीश आगे की कहानी बता रहा है—

'न जाने पुलिस को कैसे ख़बर लग गई और वहाँ पुलिस का छापा पड़ गया। मीटिंग में भाग ले रहे छात्र संघर्ष समिति, सर्वोदय, संघर्ष वाहिनी तथा विरोधी दलों के 16-17 बड़े नेता गिरफ़्तार हो गए। लालूजी सहित हम 12-13 लोग वहाँ से भाग निकलने के चक्कर में थे। वहाँ चहारदीवारी के साथ ही लकड़ियों का बड़ा गट्ठर पड़ा था। उस ढेर पर जैसे-तैसे चढ़कर हम 10-11 फ़ीट ऊँची दीवार की मुँडेर तक तो पहुँच गए पर दूसरी तरफ़ सूखी पड़ी फल्गु नदी में बालू और भी अधिक गहराई पर था। मेरी और लालू जी की आयु 25 वर्षों के आसपास होगी लेकिन हमसे आयु में बड़े भवेश चन्द्र प्रसाद जी, यहाँ तक की क़रीब 50 वर्षीय राम सुन्दर जी, को भी इस ऊँचाई से नीचे छलाँग लगाकर भागना पड़ा। मुझे यह सब अच्छा तो नहीं लगा लेकिन इस समय हर सूरत से गिरफ़्तारी से बचना ही हमारी प्राथमिकता थी। हम सब अपने कई साथियों के साथ पुलिस की पकड़ में आने से बचने के लिए जिधर सींग समाए उधर सरपट भागते रहे। बहुत देर भागने के बाद लालू जी तो बेदम होकर ज़मीन में ही लोट गए। इसी भागमभाग में मेरी वह मूँगा जड़ी सोने की अँगूठी, जो दादी के झुमके से बनाई गई थी, गया तीर्थ की फल्गु नदी में गिरकर खो गई।

उसके बाद तो लगातार हम कई जगह भागते ही रहे लेकिन पुलिस का ख़ुफ़िया तंत्र इतना पक्का था कि हम कहीं कुछ घंटों के लिए भी रुक गए तो उन्हें इसकी ख़बर मिल ही जाती थी।'

जिस दिन इमरजेंसी की घोषणा हुई थी, उस रात नीतीश इंजीनियरिंग कॉलेज के हॉस्टल में जिस साथी के कमरे में बैठकर सरकार विरोधी नारे गढ़ने में व्यस्त था, वे बताते हैं—

'नए नारे लिखने के काम में तो नीतीश सिद्धहस्त था ही! नीतीश अपने घर बख़्तियारपुर न जाकर अपनी ससुराल, सेवदह चला गया। सेवदह में सबसे बड़ी मुसीबत यह थी कि वहाँ आन्दोलन की सही ख़बरें बड़ी मुश्किल से ही मिल पाती थीं। इससे निराश होकर नीतीश अगले ही दिन पटना वापस आकर शहर के इर्द-गिर्द ही कहीं छुपकर रहने लगा। फिर तो पटना में होनेवाले हर सरकार विरोधी धरना और प्रदर्शन में वह आगे ही आगे रहता।'

दाढ़ी वाला युवा नेता

सदा साफ़-सुथरे कपड़े पहनने और रोज़ दाढ़ी की शेविंग करनेवाले नीतीश ने लोगों की नज़रों से बचने के लिए अपना कलेवर ही बदल लिया। उसने अपनी दाढ़ी बेतरतीबी से बढ़ने को छोड़ दी। 1974 से 2021 तक उसकी दाढ़ी पर सिर्फ़ दो दुःखद अवसरों पर, उसकी पत्नी और माँ के देहावसान के बाद, उस्तरे चले हैं। हालाँकि लोहिया और जेपी, दोनों की मूँछें और दाढ़ियाँ सफ़ाचट रहती थीं लेकिन आन्दोलन के दिनों बढ़ने के लिए छोड़ दी गई खूँटी दाढ़ी अब नीतीश के व्यक्तित्व का हिस्सा बन गई है।

इमरजेंसी और बच्चन

इमरजेंसी लगने से पहले तक जेपी गुजरात से लेकर बिहार तक की हर जनसभा में हरिवंशराय बच्चन की एक कविता की कुछ पंक्तियाँ ज़रूर सुनाते थे—

तीर पर कैसे रुकूँ मैं, आज लहरों में निमंत्रण!
विश्व की सम्पूर्ण पीड़ा सम्मिलित हो रो रही है,
शुष्क पृथ्वी आँसुओं से पाँव अपने धो रही है,
इस धरा पर जो बसी दुनिया यही अनुरूप उसके
इस व्यथा से हो न विचलित नींद सुख की सो रही है,
क्यों धरणि अब तक न गलकर लीन जलनिधि में गई हो?
देखते क्यों नेत्र कवि के भूमि पर जड़-तुल्य जीवन?
तीर पर कैसे रुकूँ मैं, आज लहरों में निमंत्रण!

यह कविता किसी भी संवेदनशील हृदय को झकझोरनेवाली है। विडम्बना यह है कि इस कविता के रचयिता बच्चन जी ने अपनी जीवनी के तीसरे खंड 'दशद्वार से सोपान तक' में जून 1974 के आसपास की घटनाओं के बारे में लिखा है—

'...श्री चव्हाण और श्री जगजीवन राम पार्टी के नेता चुने जा सकते थे, उन्होंने नेतृत्व सँभालने में अपना-अपना संकोच श्रीमती गांधी के सामने प्रकट कर दिया था।...शासक दल के विरुद्ध एक प्रकार का जन-आन्दोलन कई रूपों में पहले से चल रहा था—श्री मोरारजी देसाई के नेतृत्व में कांग्रेस (ओ) के जनता फ्रंट का, जिसमें वे कुछ सफल भी हुए थे, गुजरात विधान परिषद के चुनाव में; श्री जयप्रकाश के नेतृत्व में जनता 'सरकार' की सम्पूर्ण क्रान्ति का, जिसका कार्यक्रम अभी केवल नकारात्मक और ध्वंसात्मक था; और श्री अटल बिहारी वाजपेयी के नेतृत्व में जनसंघ का, जिसे बैंक राष्ट्रीयकरण और प्रिवी पर्स आदि के उन्मूलन से असन्तुष्ट और पूँजीपतियों के हितों की पक्षधर स्वतंत्र पार्टी और महारानी गायत्री देवी का सहयोग प्राप्त था। अब इनमें इलाहाबाद हाईकोर्ट के मुक़दमे के विजेता श्री राजनारायण अपनी प्रजा सोशलिस्ट पार्टी को लाकर मिल गए, और सबका एकमात्र ध्येय हो गया श्रीमती गांधी को हटाना और इस प्रकार कांग्रेस पार्टी को उखाड़ फेंकना। 26 तारीख़ को रेडियो से हमें पता चला कि राष्ट्रपति ने पूरे देश में आन्तरिक आपातकालीन स्थिति की घोषणा कर दी थी... शासक दल ने आपात स्थिति को न्यायसंगत सिद्ध करने के लिए जिन प्रचार साधनों का उपयोग किया उनमें एक यह था कि उसे अपने इस क़दम में लेखकों और बुद्धिजीवियों का समर्थन प्राप्त है। एक दिन किसी ने मुझे प्रधानमंत्री निवास से फ़ोन किया, शायद संजय ने, कि क्या मेरा नाम आपातकालीन स्थिति के समर्थकों में दिया जा सकता है? और अगर मैं सच कहूँ तो केवल गांधी परिवार से अपनी मैत्री और निकटता के कारण मैंने फ़ोन पर ही हामी भर दी। बाद को कई दिनों तक रेडियो और टेलीविज़न के माध्यम से कई और लेखकों के साथ मेरा नाम भी इमरजेंसी के समर्थकों में प्रसारित किया गया। जहाँ तक मुझे याद है, उनमें दो प्रमुख नाम थे गुरुमुख सिंह 'मुसाफ़िर' और सरदार जाफ़री के।... मैंने इमरजेंसी को आपद्धर्म के रूप में स्वीकार किया है और मैं समझता हूँ कि वर्तमान असामान्य परिस्थितियों में इसी को मानने में देश की भलाई है।...मेरे कई मित्रों को इमरजेंसी को मेरा समर्थन देना पसन्द नहीं आया। सबके अपने-अपने तर्क थे। बाद को एकाधिक साक्षात्कारों में मुझसे इस पर प्रश्न किए गए और मेरे उत्तर पत्र-पत्रिकाओं में छपे। संक्षेप में मेरा स्टैंड यह था कि मुझे श्रीमती गांधी के नेतृत्व में विश्वास था कि देश की असाधारण परिस्थिति को देखते हुए—और इसका जितना ज्ञान उन्हें था उतना शायद ही किसी को हो—जो क़दम उन्होंने उठाया है वह देश के हित में है।'

इमरजेंसी के समर्थन में बच्चन जी का वक्तव्य आने के बाद जेपी उनकी यह कविता शायद भूल गए। पुराने लोगों की बनिस्बत उनका ध्यान छात्र आन्दोलन से जुड़े युवाओं की ओर अधिक हो गया।

छात्र आन्दोलन का इन्द्रधनुष

छात्र आन्दोलन के प्रत्यक्षदर्शी और नीतीश के एक सहपाठी ने भाव विभोर होकर कहा था—

'छात्र आन्दोलन के इन्द्रधनुष के ठंडे बैगनी छोर पर सर्वोदयी विचारधारा के हिमायती शान्तिप्रिय भवेश थे तो दूसरे गर्म लाल छोर पर शिवानन्द और विक्रम कुँवर जैसे जोशीले नौजवान! बीच में लालू जी थे। लेकिन इन सबसे अलग अन्दाज़ नीतीश का था। वह विद्यार्थियों की भीड़ में वैसे ही चमकता था जैसे शरद पूर्णिमा की रात में सितारों के बीच जगमगाता चाँद! वह पूरे राज्य में छात्रों के बीच आन्दोलन का एकतारा बजाता फिरता था, कभी अकेले तो कभी समर्पित साथियों के साथ।'

संवेदनहीनता की पराकाष्ठा पर पहुँच चुकी सरकार की यातनाओं के विरुद्ध बिहार खौल रहा था। छात्र आन्दोलन से बेहद संजीदगी से जुड़े भागलपुर के छात्र नेता स्वर्गीय अशोक घोष बहुत अच्छे राजनैतिक चिन्तक भी माने जाते थे। वे हर नज़रिये से समर्पित क्रान्तिकारी थे। भागलपुर सेंट्रल जेल में वे नीतीश के साथ काफ़ी दिनों तक बन्द रहे। उन्होंने नीतीश का ज़िक्र कुछ ऐसे किया था—

'नीतीश पर प्रशासन द्वारा लगाए गए सारे इल्ज़ाम बिलकुल बेबुनियाद नहीं कहे जा सकते क्योंकि वह अपनी बात से बातों-बातों में ही लोगों का हृदय परिवर्तन करके उन्हें जुलूस निकालने, क्लास का बहिष्कार करने और सरकारी तंत्र का घेराव करके उन्हें पंगु करने की ऊर्जा से आकंठ भर देता था! इस जुर्म का वह ज़रूर दोषी था! पर वह किसी भी प्रकार की हिंसा या ज़ोर-ज़बरदस्ती का सख़्त विरोधी था। उसका सत्याग्रह में अटूट विश्वास था। वह मानता था कि सरकारी सम्पत्ति देश के नागरिकों की थी। उन्हें नष्ट करना अपने घर में आग लगाकर तापने जैसा था। उसका दृढ़ मत बस एक ही था कि यह लड़ाई सिद्धान्तों की है, विचारों की है, लोगों की नहीं। विचारों में परिवर्तन न आए तो सिर्फ़ व्यक्तियों को बदल देने से व्यवस्था में बड़ा बदलाव आ ही नहीं सकता। हमें उसके मुँह से यह सब सुनकर यही लगता था कि यह गांधी, लोहिया और जेपी का समवेत स्वर है।'

अशोक घोष के सौजन्य से ही हम भागलपुर के ही एक अन्य छात्र आन्दोलनकारी नेता, सुभाष पांडेय से मिले। बचपन से ही वह धुर कांग्रेसी था लेकिन राज्य सरकार की दमनकारी प्रवृत्तियों से वह इस हद तक ख़फ़ा हुआ कि उसके आसपास के तमाम लोग उसे 'विद्रोही सुभाष' कहने लगे थे—

सुभाष पांडेय के मुताबिक़—

'बिहार के इस छात्र आन्दोलन में तमाम विरोधी दलों को कांग्रेस के विरुद्ध देशव्यापी मुहिम चलाने और उसे पटखनी देने का बहुत बढ़िया मौक़ा दिख रहा था, पर वे यह भी जानते थे कि अगर उन्होंने इसमें सीधे दख़ल देने की ज़रा भी कोशिश की तो जनता उनकी मंशा समझकर उसे कभी सफल नहीं होने देगी। उन्हें

एक मुखौटे की आवश्यकता थी जिसको आगे रखकर वे अपना उल्लू सीधा कर सकें। उधर पुलिसिया अत्याचार से बौखलाया हुआ मासूम छात्र नेतृत्व भी अपने लिए एक अदद ऐसा नेता ढूँढ़ रहा था जिसका कोई निजी स्वार्थ न हो, जिसकी कोई राजनीतिक आकांक्षा न हो, जिसकी छवि राष्ट्रीय स्तर पर बेदाग हो और जिसके पास आन्दोलनों के नेतृत्व का विराट अनुभव भी हो। इन दोनों विपरीतधर्मी अपेक्षाओं पर बस एक ही नाम पूरी तरह से खरा उतर रहा था वह था—जयप्रकाश नारायण!

11 अप्रैल, 1946 को आगरा जेल से रिहा होने के बाद पटना में जेपी के लिए गांधी मैदान में आयोजित भव्य स्वागत समारोह की अध्यक्षता श्रीकृष्ण सिंह ने की थी। उस समारोह में रामधारी सिंह 'दिनकर' ने उन्हें 'युवकों का हृदय सम्राट' कहा था। जेपी को पूरा देश नेहरू युग के बाद का सबसे सशक्त नेता मानता था। उनकी रहनुमाई की वजह से ही हमें नीतीश जी और अशोक घोष जी जैसे अनेकानेक युवा नेता मिले जिससे यह आन्दोलन सफल हो सका।'

जिन दिनों यह उथल-पुथल मची थी उन दिनों पटना के ज़िलाधिकारी वीएस (विजय शंकर) दूबे थे उनकी ख्याति ईमानदार और स्पष्ट निर्णय लेनेवाले अधिकारी के रूप में थी। कालान्तर में वे बिहार और झारखंड, दोनों राज्यों के मुख्य सचिव बने।

दूबे जी उवाच

हमने दिसम्बर 2020 में उनसे जानना चाहा कि उन्होंने 1974 के आन्दोलन के दिनों किन परिस्थितियों में नीतीश की मीसा क़ानून के तहत गिरफ़्तारी के आदेश निकलवाए थे? उन्हें उन कई आन्दोलनकर्मियों के नाम याद थे जिन्हें उनके आदेश से गिरफ़्तार किया गया था पर उन्होंने उस फ़ेहरिस्त में नीतीश का भी नाम होने से साफ़ इनकार कर दिया। फिर हमने उन्हें नीतीश की बाबत ज़ारी किए गए सरकारी मेमो की कॉपियाँ व्हाट्स एप से भेजीं। अपने दस्तख़त पहचानकर उन्होंने झट से वापस हमें फ़ोन करके बहुत बेबाक़ी से माफ़ी माँग ली। हमने भी माफ़ीनामा की एक छोटी-सी शर्त रख दी कि वे आन्दोलन के दिनों के लोगों और राजनीतिक माहौल के बारे में अपने अनुभव हमें बताएँगे! वे इसके लिए सहर्ष तैयार हो गए। उन्होंने सबसे पहले बताया कि आन्दोलन के सबसे कठिन दिनों में भी नीतीश की छवि अत्यन्त साफ़-सुथरे और अहिंसक नौजवान की थी। इसलिए उन्हें अब याद भी नहीं था कि नीतीश का भी नाम ऐसे किसी मामले में उनके सामने कभी आया था। फिर उन्होंने बताया—

'बिहार में 1967 के विधानसभा के चुनाव के कुछ दिनों बाद से ही मुझे लगने लगा था कि राज्य की राजनैतिक फ़िज़ा बहुत तेज़ी से बदल रही है। राज्य में कोई

भी सरकार स्थिर होकर लम्बे समय तक काम नहीं कर पा रही थी। सरकार से जनता की न्यूनतम अपेक्षाएँ भी बड़ी मुश्किल से पूरी हो पा रही थीं। सर्वव्यापी भ्रष्टाचार पर नियंत्रण पाने, आम जन के जान-माल की सुरक्षा सुनिश्चित कराने और अन्न, वस्त्र जैसी मूलभूत सुविधा मुहैया कराने में भी सरकार बहुत कारगर क़दम नहीं उठा पा रही थी। इसलिए आम जन की निराशा भीतर-भीतर ही उबल रही थी। एक समय ऐसा आया कि सरकार से निराशा की अभिव्यक्ति छात्र आन्दोलनों के माध्यम से होने लगी। पटना की सड़कों पर कोई न कोई प्रदर्शन और जुलूस एकदम रोज़मर्रे की बात हो गई। 1973 के अन्त आते न आते पटना की सड़कों पर आन्दोलनकारियों और पुलिस के बीच आए दिन झड़पें भी होने लगीं। सरकार की एक बात परेशान करनेवाली थी। कारण चाहे जो भी हो, उन दिनों सरकारी तंत्र आन्दोलन के मूल में छिपी समस्याओं का समाधान ढूँढ़ने से ज़्यादा आन्दोलन का दमन करने में तत्पर प्रतीत होता था। समस्याएँ ऐसी नहीं थीं जिनका समाधान न हो सके पर उसके लिए जिस अनुभव, धैर्य और दूरदर्शिता की आवश्यकता थी, उसमें सरकार की ओर से कुछ कमी-सी जान पड़ती थी। उन दिनों ऐसा लगता था कि राज्य सरकार हर छोटे-बड़े फ़ैसले के लिए दिल्ली का मुँह जोहती थी। नतीजतन एक बार जब-जब स्थानीय परिस्थितियों पर सरकार का नियंत्रण हाथ से फिसला तो फिसलता ही चला गया। छात्रों के आन्दोलन के कारण गुजरात की सरकार बदलने के बाद 1975 आते-आते यह बात एकदम से समझ में आ गई थी कि बिहार में भी शायद इस सरकार का अधिक दिनों तक चलना अब सम्भव नहीं होगा। आनेवाले दिनों में सत्ता का स्वरूप बदलने के लिए तत्पर प्रखर नौजवानों में लालू यादव, शिवानन्द तिवारी, विक्रम कुँवर, सुशील कुमार मोदी, वशिष्ठ नारायण सिंह आदि के नाम मैंने ही मीसा के तहत आरोप-पत्र दाख़िल किए थे। नरेन्द्र सिंह, रामजतन सिन्हा, रविशंकर प्रसाद आदि जैसे और भी कई समर्पित नौजवान उन दिनों आन्दोलन में बहुत सक्रिय थे। इनमें कई लोग आज देश और राज्य की राजनीति में बहुत महत्त्वपूर्ण रोल निभा रहे हैं। ये लोग अपनी मंज़िल पहचानते थे और उसको पाने की डगर भी। जयप्रकाश नारायण जी का नेतृत्व ऐसा सशक्त और अपने लक्ष्य के प्रति इतना समर्पित था कि सरकारी तंत्र के भी कई लोग उनसे अन्दर-ही-अन्दर सहमत होने लगे थे। इसलिए जब नई सरकार आई तो, कुछेक लोगों को छोड़कर, हम सबने राहत की साँस ली। अफ़सोस बस इस बात का रहा कि 1977 में निज़ाम बदलने के बाद भी राज्य में तरक़्क़ी पसन्द व्यवस्था स्थापित होते-होते 28 साल लग गए और धीरे-धीरे 2005 का साल भी आ गया।'

एक अन्य पत्रकार मित्र ने हमें बताया है—

'मज़े की बात यह है कि दूबे ने नीतीश और लालू सहित आन्दोलन में भाग लेनेवाले कई नौजवानों को हवालात की हवा भरपेट खिलवाई थी। लेकिन यह भी

ताज्जुब की बात है कि किसी भी आन्दोलनकर्मी को दूबे से कभी कोई शिकायत नहीं हुई। उन्हें किसी से कोई ज़ाती दुश्मनी तो थी नहीं! जब बड़ी जद्दोजहद के बाद 1977 में बिहार में नई सरकार बनी तो आपातकाल में उनकी कर्तव्यनिष्ठा देखते हुए नई सरकारों में भी उन्हें कई महत्त्वपूर्ण काम दिए जाते रहे। लालू के मुख्यमंत्रित्व काल में दूबे बिहार के वित्त सचिव थे। उन्होंने ही चारा घोटाला का पर्दाफ़ाश करने की नींव डाली। दिल्ली में केन्द्रीय मंत्री रहकर भी नीतीश बिहार की राजनीति से गहराई से जुड़ा हुआ था ही। इसलिए उसने 2005 की अपनी सात दिनों की सरकार में दूबे को राज्य का मुख्य सचिव बनाया। दोबारा चुनाव जीतने के बाद नीतीश ने प्रशासनिक सुधार कमीशन बनाई जिसके चेयरमैन दूबे हुए। उसके एक माननीय सदस्य बनाए गए वही आरा वाले पुलिस अधिकारी मिस्टर श्रीवास्तव, जिन्होंने नीतीश को पूछताछ के लिए जेल से बाहर न निकालकर उसके प्राणों की रक्षा की थी! इस कमीशन ने 3 महीनों में ही अपनी रिपोर्ट दे दी जिसके 3 सौ से भी अधिक संस्तुतियों में अधिकांश तत्काल ही मान ली गईं! उसके बड़े सकारात्मक और दूरगामी परिणाम हुए।'

ख़ैर, दूबे जी ने अपनी बातचीत का अन्त इन शब्दों से किया था—

'एक बात ठीक से जान लीजिए। आज जो यह बदला हुआ बिहार, सक्षम बिहार और प्रगतिशील बिहार आप देख रहे हैं न, सब बस नीतीश जी की अतुलनीय ईमानदारी, दृढ़ इच्छाशक्ति, अदम्य संकल्प शक्ति, अथक परिश्रम करने की क्षमता और आम जन की सभी समस्याओं के लिए अपार संवेदनशीलता का परिणाम है। मैंने बिहार और झारखंड मिलाकर जितने माननीय मुख्यमंत्रियों के साथ काम किया है, उन सबकी गिनती भी अब भूलने लगा हूँ। लेकिन आज भी उन सबमें सबसे अलग और सर्वश्रेष्ठ नाम मेरे ज़ेहन में बस नीतीश जी का ही आता है।'

थोड़ा विषयान्तर करने के लिए क्षमा-याचना करते हुए हम मूल कथा पर वापस आते हैं। आन्दोलन के दिनों भूमिगत रहते हुए नीतीश की समझ में एक महत्त्वपूर्ण बात अनायास ही आने लगी थी। सत्ता परिवर्तन, जो इस सम्पूर्ण आन्दोलन का बड़ा छोटा-सा हिस्सा भर था, इन्दिरा गांधी की हठधर्मिता के कारण अचानक सर्वाधिक महत्त्वपूर्ण हो गया। समय का पहिया तेज़ी से घूम रहा था। चुनाव की सम्भावना देखते हुए जेपी ने कह दिया था कि इस बार चुनावों में केवल दो पक्ष होंगे, एक होगा जनता का 'संघर्ष पक्ष' और दूसरा सत्ताधारियों का 'संघर्ष विरोधी पक्ष'। जेपी ने संघर्ष पक्ष की ओर से जनता के उम्मीदवार खड़े किए जाने की बात कही। साथ ही यह भी कहा कि जन-उम्मीदवारों का सम्बन्ध किसी भी राजनैतिक पार्टी से नहीं होना चाहिए। यह बात निर्विवाद सत्य है कि क़ानून बनाने, उसमें संशोधन करने और फिर बने हुए क़ानून में छोटा-सा छिद्र ढूँढ़कर उससे अपने स्वार्थ का हाथी पार करा लेने की कला में विश्व स्तर

पर भी हम भारतीयों का मुक़ाबला शायद ही कोई कर सके। जेपी के इस सुझाव पर विपक्ष की राजनीति कर रहे क़रीब-क़रीब सारे काले कौवे रातों-रात सफ़ेद बगुले बनकर जेपी के चारों ओर मँडराने लगे। जेपी यह सब ख़ूब समझते थे इसलिए यह ढोंग जेपी को रास नहीं आया।

हम पहले ही जान चुके हैं कि जेपी आन्दोलन के दौरान नीतीश पटना के अलावा भी कई स्थानों पर जाकर अलख जगा रहा था। उसके कार्यकलापों की आगे की कहानी रहुई ब्लॉक के सलेमपुर गाँव के रहनेवाले, अशोक की ज़ुबानी सुन लेते हैं—

'मैं बी.एस-सी. पार्ट वन की परीक्षा सहजता से पास कर आगे पढ़ने की सोच रहा था तभी बिहार में जय प्रकाश के नाम की प्रकाशमय आँधी आई और मैं पढ़ाई-लिखाई सब कुछ छोड़कर आन्दोलन में कूद पड़ा। मैं ज़िला और ब्लॉक स्तर पर गाँव-गाँव में स्कूल और कॉलेजों में जाकर सरकार की नीतियों के विरुद्ध धरना, जुलूस और प्रदर्शन करने और करवाने लगा। 1974 में मैं रहुई ब्लॉक के युवाओं के बीच बहुत अधिक सक्रिय था। वहीं मैं नीतीश कुमार जी के सम्पर्क में आया। राज्य के बाहर से दो और छात्र नेता, क्रमशः गरुड़ शर्मा और गोस्वामी जी, रहुई में छात्रों में नई चेतना भरने आए थे। लेकिन नीतीश जी की बात ही कुछ और थी! मैं तो पहली बार देखने के बाद से ही उनके प्रति सदा के लिए समर्पित हो गया। युवा और दुबले-पतले नीतीश जी के सामान्य से दिखनेवाले व्यक्तित्व में अद्भुत आकर्षण था। वे जब बोलने को खड़े होते थे तो चारों ओर उनके सम्मोहन का जादू छा जाता था। बहुत कर्मठ, अपने लक्ष्य की प्राप्ति के लिए अथक प्रयास करनेवाले, बिना किसी लाग-लपेट के, साफ़गोई और दृढ़ता से अपनी बातों को सटीक तर्कों के माध्यम से लोगों के हृदय में उतारने में सक्षम नीतीश जी मेरे लिए तत्काल ही आदर्श बन गए। मैं उन्हें जात-पाँत और धर्म आदि की सीमाओं से बहुत ऊपर पाता था। मुझमें अपना गांधी और अपना लोहिया उन्हीं में एक साथ मिल गया था। तब से मैं उनका साया बनकर उनके साथ ही रहने लगा। हमें उनके बारे में बताया गया था कि वे बिहार राज्य छात्र संघर्ष संचालन समिति के प्रखर और मुखर सदस्य थे, शायद उनमें सबसे अधिक पढ़े-लिखे और कई विषयों के अच्छे जानकार। छात्र संघर्ष समिति का दफ़्तर कदमकुआँ में स्थित महिला चरख़ा समिति में चलता था। 1976 के जून महीने की 10 तारीख़ को भोजपुर ज़िला के दुबौली गाँव में नीतीश जी के गिरफ़्तार होने की ख़बर पाते ही मेरे अन्दर जल रहे आन्दोलन के दीप का प्रकाश बुझने-सा लगा क्योंकि दीपक और उस दीपक का तेल भी नीतीश बाबू ही थे, वही थे उस दीपक के साथ-साथ मेरे प्राण के लिए जोत भी!'

आन्दोलन के अथाह सागर में आकंठ डुबकी

जनवरी 1975 में गया जेल से छूटकर नीतीश थोड़े दिनों के लिए परिवार और आत्मीय परिवेश से बिलकुल अन्तर्धान ही हो गया। क्रान्ति के लिए बुलेटिन छापने, जनसभाओं में आशावाद के परचम लहराने और चेतना जागरण में आपादमस्तक डूब गया नीतीश। उसके बारे में निश्चित जानकारियाँ नहीं पाने के कारण तो हम सब उसे लेकर चिन्तित रहते थे।

ख़ब्त-उल-हवास (भ्रमित व्यक्ति) की डायरी

सुधी पाठको, आपको अब तक तो यह अन्दाज़ लग ही गया होगा कि हमारी रसमंजरी में सबसे उम्रदराज़ हमारा चचा है और सबसे बड़ा अहमक भी! वर्षों से उसके सर पर डायरी लिखने का ख़ब्त सवार है। अलग-अलग रंगों की डायरियों में वह हमारी रसमंजरी सहित देश और दुनिया के बारे में बहुत कुछ लिखता रहता है। हमने चची से माँगकर चचा की 1974 की डायरी खँगाल ली है पर उसमें जो कुछ मिला है वह बहुत सतही लगता है। चचा उन दिनों लखनऊ में सरकारी नौकरी कर रहा था। उस डायरी में जो थोड़ा सा आन्दोलन के बारे में मिला है, हम आपके आगे रख रहे हैं—

3 अक्टूबर—आज से बिहार बन्द शुरू हुआ है। जेपी का आन्दोलन है। रेडियो ने ज़्यादा बताया नहीं।

4 अक्टूबर—बिहार में फ़ायरिंग हुई है। तीन सौ लोग मारे गए। तीन सौ जानें मुफ़्त में गईं। उनकी वापसी के लिए किसी के पास कोई इन्तज़ाम है क्या?

26 अक्टूबर—अशोक कुमार, स्कूल के दिनों का दोस्त, सीबीआई में काम करता है। उसने जो बताया उससे लगता है कि देश की हालत बड़ी पतली और गम्भीर है।

6 दिसम्बर—(शायद वह पटना आया हुआ है) यह बिहार सरकार भी ख़ूब है! (मेडिकल टेस्ट के लिए) प्रति व्यक्ति 30 रुपये घूस की माँग की जा रही है

जिससे लिस्ट जल्दी-जल्दी फ़ाइनल हो सके। विचित्र अवस्था है! सारा राष्ट्र, सारा प्रान्त और शायद हम सब लोग, (अब) एक ही भाषा जानते हैं—वह जो ईमानदारी के विपरीत है, वह रास्ता जो सच के दूसरी ओर जाता है, जहाँ अधिकार को भी वे कृपा बना देते हैं! मैंने सबको ख़ूब खरी-खोटी सुनाई। उसने जो बताया यदि उसका शतांश भी सच है तो इस सरकार को अवश्य ही ख़त्म हो जाना चाहिए। यह दुनिया की नृशंसतम सरकार है जिसे न तो कोई दया है न माया।

शायद किसी सरकारी महकमे, या फिर अपने ही दफ़्तर में चचा जो नज़ारा देख आया था उसके बारे में उसने अंग्रेज़ी में लिखा है—

16 दिसम्बर— '...वहाँ से हम लोग राजेन्द्र कुमारी वाजपेयी* के घर आए। वहाँ इतना ख़राब लगा कि कह नहीं सकता। श्रीमती इन्दिरा गांधी (लखनऊ) आई हुई हैं। लाखों की तादाद में लोग ट्रेनों में लादकर लाए गए हैं। इलाहाबाद, कटनी, झाँसी और न जाने कहाँ-कहाँ से स्पेशल गाड़ियाँ चली हैं। सब सिर्फ़ eye wash ही है। Just to make her feel that she is great. I asked a man, 'आप यहाँ क्यों आए हैं?' उसने जैसे ख़ुद से पूछा, 'मैं यहाँ क्यों आया हूँ?' But neither he (him) nor me had an answer. हम दोनों अहमकों की तरह एक-दूसरे को ताक़ते रहे। I have decided not to see any minister any more.'

यह सब पढ़कर हमें समझ में आ गया कि ये चचा के दिखानेवाले दाँत हैं, खानेवाले नहीं! असली माल उसने कहीं और छुपा रखा है। हम चची से पूछते हैं तो वे बड़ी मासूमियत से बताती हैं कि चचा ने इमरजेंसी के दौरान लिखी गई कई काली डायरियों सहित ढेर सारे दस्तावेज़ों को जला दिया था। उन्हें यह बात बिलकुल नागवार थी कि बाद में कोई उन्हें पढ़े। हमने चची से उन दस्तावेज़ों के बारे में भी पूछा तो एक बड़ा सनसनीख़ेज़ खुलासा हुआ जिसके बारे में चचा ने हमें कभी हवा तक नहीं लगने दी थी। आप वह पूरी दास्तान चची से ही सुन लीजिए—

'इलाहाबाद हाईकोर्ट ने इन्दिरा गांधी जी के मुक़दमे का जिस दिन फ़ैसला सुनाया, उसके दो दिनों के बाद ही पापा (मेरे ससुर) लखनऊ तशरीफ़ ले आए। वे बड़े जाँबाज़ फ्रीडम फ़ाइटर के नाम से मशहूर थे। फ्रीडम स्ट्रगल के दौरान उन्हें जेल में ऐसी बेदर्दी से सर पर मारा गया कि उनकी आँखों की रोशनी हमेशा के लिए चली गई फिर भी वे अपनी आन पर डटे रहे। उनके चाहनेवालों की तादाद बहुत बड़ी थी जिसमें हर पार्टी के वैसे लोग थे जिन्होंने मुल्क की आज़ादी के लिए लड़ाइयाँ लड़ी थीं। लखनऊ में भी उनसे मिलने बहुत सारे लोग आए जिनमें ज़्यादातर मुझे कांग्रेसी लगे। उनमें मैं सिर्फ़ श्रीमती राजेन्द्र कुमारी वाजपेयी जी को पहचानती थी। मेरा काम तो मुस्कुराते हुए चाय-नाश्ता देने भर

* कांग्रेसी नेता—उन दिनों यूपी की हेल्थ मिनिस्टर थीं जो चचा के वालिद के साथ बीएचयू में पढ़ी थीं और चचा के ऊपर बड़े घरेलू क़िस्म के रिश्ते की धौंस जमाकर रखती थी।

का था लेकिन उनकी बातें उड़ती-उड़ती मेरे कानों तक भी पहुँच जाया करती थीं। बहस का मुद्दा हमेशा इन्दिरा का इस्तीफ़ा देना या न देना होता था। पापा बहुत ज़ोर देकर कहते थे कि इन्दिरा को फ़ौरन इस्तीफ़ा देकर सुप्रीम कोर्ट के फ़ैसले का इन्तज़ार करना चाहिए। दो-तीन दिनों में पापा से मिलने न जाने कितने लोग आए। एक दिन पापा की आपके चचा से अकेले में कुछ बातें हुईं और अगली सुबह पापा वापस चले गए। पापा के जाने के दो दिनों में हम लोगों ने भी घर बदल लिया। हमारा नया ठिकाना गुमनाम-सी बस्ती में बहुत छोटा, अकेला और भुतहा क़िस्म का घर था जहाँ अगले दिन से ही कई नौजवान आने लगे। इनमें से कुछ तो हमारी छोटी-सी रसोई में भी घुसकर जो हाथ लगता चट कर जाते! इनमें से कुछ रात में ठहरते भी थे। ये सब-के-सब पढ़े-लिखे, कमिटेड और सलीकेदार बच्चे थे जो बातों-बातों में कई बार लोहिया जी, जॉर्ज फ़र्नांडिस साहब और जयप्रकाश जी का नाम लेते थे। कभी-कभी नीतीश जी का नाम भी सुनाई पड़ जाता था। आपके चचा हमेशा इन नौजवानों को नुक्कड़ नाटक और चौराहों पर कविता पाठ करने जैसी बेमतलब की नसीहतें देते रहते। हमारे घर में आनेवाले बुज़ुर्गों में एक हजरत का नाम था मुद्राराक्षस। उन्होंने सरकार पर तंज़ कसते हुए नौटंकी के अन्दाज़ में 'आला अफ़सर' नाम का एक नाटक लिखा था। नफ़ीस मज़ाहियापन से लबरेज़ यह नाटक बेहद पसन्द किया गया था। वैसे तो हमारे बिन बुलाए मेहमानों के पास उनकी अपनी भी बहुत क़िस्मों की किताबें होती थीं पर धीरे-धीरे हमारे घर की लाइब्रेरी में सिर्फ़ पुराने फ़िल्मी रिसाले ही बच गए और बाक़ी सारी सीरियस किताबें एक-एक करके ग़ायब होती चली गईं! इस बीच इमरजेंसी लग गई। तब तक हमारी छोटी-सी गृहस्थी पैसों की कमी की आँच में पिघलने लगी थी। हमारे घर में कभी-कभी आनेवाली एक जोड़ी मुझे बहुत पसन्द थी जिसमें शौहर, मिस्टर एसपी वर्मा, गन्ना विभाग के बड़े ऑफ़िसर थे। उनकी घरवाली बेहद सुलझी हुई और तेज़-तर्रार औरत थी, नाम था सरोज वर्मा। उनकी बेटी का नाम शायद सन्ध्या था जो बहुत मीठा गाती थी। सरोज वर्मा ने हमारे घर में कुछ बहुत भारी बक्से रखवाए थे। धीरे-धीरे ऐसे कई लोगों के छिटपुट काग़ज़ात हमारे पास धरोहर रखे जाने लगे। जब इमरजेंसी हटी तो सब लोग अपनी-अपनी चीज़ें हमारे यहाँ से ले गए। सरोज जब अपना बक्सा हटवाने को आईं तब जाकर उन्होंने मुझसे बताया कि वे चौधरी चरण सिंह की बेटी हैं और इस बक्से में चौधरी साहब के इम्पार्टेंट काग़ज़ात थे जो अगर कांग्रेसियों के हाथों पड़ते तो बड़ा हादसा हो सकता था! पहले मुझे इस बात से बड़ी कोफ़्त हुई कि आपके चचा ने मुझे इस सचाई की हवा तक नहीं लगने दी थी फिर बाद में लगा कि उस दौर के लिए यही मुनासिब था। हमारे घर में तब भी बहुत से ऐसे काग़ज़ लोग छोड़ गए थे जिनका ग़लत हाथों में पड़ने से

किसी का नुक़सान हो सकता था। दिल्ली में जैसे ही नई सरकार बनी, आपके चचा ने इमरजेंसी के दौरान की अपनी काली और लाल डायरियों के साथ उन काग़ज़ों को भी जला दिया।'

यह तो हुई चचा बुक़रात की बात लेकिन हम नीतीश से पूछते हैं कि इमरजेंसी के दिनों में वह कहाँ था और क्या कर रहा था?

अजनबी राहों का सफ़र तनहा-तनहा

हमारी मनुहार सुनकर नीतीश एक बार फिर से उसी कालखंड में चला गया है—

'वह भी बड़ा विचित्र दौर था मेरे जीवन का। रात कहाँ बीत रही है और सुबह कहाँ होगी, कई बार यह भी पता नहीं चलता था। चौबीसों घंटे मदहोशी का आलम रहता था। जोश में भरा अस्थिर जीवन बाढ़ में बिना पाल वाली नाव की तरह नियति के हाथों यहाँ से वहाँ डोलता रहता था। मैं पर्चे बनाता, लेख लिखता, भाषण देता और इस भरोसे से कि मेरी मंज़िल अब दूर नहीं है, सभी को प्रोत्साहित करता रहता। शरीर से बहुत सशक्त न होने पर भी मेरा मनोबल और आत्मबल अद्भुत ऊँचाइयों को छूता रहता। पता नहीं कहाँ से सबके लिए, पूरे राज्य की जनता के लिए, मुझे उन दिनों से ही अदम्य आत्मीयता का अनुभव होता रहता। सरकारी दमन की चक्की में पिसते लोगों से नज़दीक से मिलने-जुलने के बाद मुझे लगने लगा था कि इन सभी की पीड़ा मेरी ही तो है, इन सभी का दुख मेरा ही तो है! ये सब मेरे ही तो हैं और मैं इन सबसे अलग, मैं अकेला कुछ भी तो नहीं! मैं इन्हीं के बीच का हिस्सा हूँ, अपने मन की आग से इन मजबूर लोगों की आँखों के आँसू सुखा डालूँ आदि-आदि भाव मुझे हरदम नया सोचने और नया करने को प्रेरित करते रहते। इस कालखंड में मैं एक बात और समझ सका कि मौत ठंड या गर्मी से नहीं होती, सुविधाओं की कमी से होती है। यदि ठंडक या गर्मी से ही लोग मरते होते तो पूरे यूरोप और अरब देश में एक भी आदमी ज़िन्दा नहीं बचा होता। हमारे देश में इन सभी देशों के मुक़ाबले कम ठंडक या गर्मी पड़ती है, परन्तु प्राकृतिक आपदाओं से हमारे यहाँ सबसे अधिक जानें जाती हैं। मैंने निश्चय किया था कि वक़्त आने पर मैं अपने राज्य में कम से कम किसी को अभावों के कारण मरने नहीं दूँगा। पूरे एक साल तक मैं पुलिस वालों के लिए भूमिगत रहा पर यह वही काल है जब मैं अपनी धरती से सबसे ज़्यादा जुड़ा रहा, उसे सबसे अधिक निकट से देखकर उससे सच्चा प्यार कर सका, अपने बाबूजी की तरह!'

यह कोई ताज्जुब की बात नहीं कि सर से पाँव तक कलेवर बदले नीतीश का यह क्रान्तिकारी रूप बाबूजी को ज़्यादा मनोहर लगने लगा। वे जानते थे

कि नीतीश उन्हीं के पद-चिह्नों पर चल रहा था और मंज़िल मिले न मिले पर उसकी राह बिलकुल सही थी।

पारिवारिक स्तर पर असमंजस की स्थिति में आने पर नीतीश अपने पिता को आदर्श मानकर आज तक उनके जैसा ही आचरण करने की कोशिश करता आया है। राजनीति के मामलों में नीतीश अव्वल तो दुविधा में पड़ता ही नहीं, लेकिन कभी असमंजस हो जाए तो वह आज भी शान्तचित्त से सबसे पहले जेपी और लोहिया के साथ गांधी जी, डॉक्टर आम्बेडकर और कर्पूरी जी को याद करता है कि इन परिस्थितियों में ये महान आत्माएँ क्या करतीं और वैसा ही करता भी है।

बहरहाल, अभी तो बात 1975 के आन्दोलनकर्मी नीतीश की चल रही है। उन दिनों इमरजेंसी अपने पूरे शबाब पर थी। फिर भी बिहार की उमस भरी जानलेवा गर्मी में उन दिनों अलख जगाते हुए हर ओर घूम रहा था। लोग इमरजेंसी का विरोध हर स्तर पर अपने-अपने तरीक़े से कर रहे थे। इनमें दुष्यन्त कुमार भी एक बड़ा सशक्त नाम था।

निज़ाम भी शायर का ज़ुबान सिल न सका

दुष्यन्त कुमार पर समाजवादी लेखक विजय बहादुर सिंह के लिखे आलेख के एक अंश में बताया गया है कि इन्दिरा गांधी के आपातकाल लगाते ही दुष्यन्त ने लिखा—

एक गुड़िया की कई कठपुतलियों में जान है,
आज शायर, ये तमाशा देखकर हैरान है।

देश की हालत बद से बदतर होती जा रही थी। पहले दुष्यन्त की इसी ग़ज़ल का एक तल्ख़ शेर देखिए—

कल नुमाइश में मिला वो चीथड़े पहने हुए,
मैंने पूछा नाम तो बोला कि हिन्दुस्तान है।

जयप्रकाश सहित देश के सारे बड़े नेता जेलों में डाल दिए गए। इसी ग़ज़ल का एक और शेर देखिए तो कुछ पूछने की ज़रूरत नहीं पड़ेगी—

एक बूढ़ा आदमी है मुल्क में या यों कहो,
इस अँधेरी कोठरी में एक रोशनदान है।

दुष्यन्त कुमार ने विजय बहादुर से कहा था—

'जानते हो, इधर इन ग़ज़लों को लिखने के बाद मेरे साथ क्या हुआ? वो अपने राष्ट्रपति फ़ख़रुद्दीन अली अहमद ख़ाँ विदेश गए तो बीबीसी वालों ने

उनसे पूछ लिया कि यह कौन सा शायर है, जो इस तरह लिख रहा है? क्या आप उसे जानते हैं? और उन्हें वो एक बूढ़ा आदमी वाला शेर सुना भी दिया गया। दिल्ली से इन्क्वायरी प्रदेश सरकार के मार्फ़त आई कि शायर से पूछा जाए कि यह बूढ़ा आदमी कौन है? मैंने शासन को जवाब में लिख दिया है कि वो बूढ़ा आदमी विनोबा भावे है!'

मूढ़मति सरकार ने दुष्यन्त का यह उत्तर स्वीकार भी कर लिया! उन दिनों दुष्यन्त कुमार और कमलेश्वर जैसे साहित्यकार सरकार की नाराज़गी की परवाह किए बग़ैर साहित्य के माध्यम से जनजागरण का काम कर रहे थे।

आपातकाल की घोषणा होते ही नीतीश भी ठीक वही काम कर रहा था लेकिन एक बार फिर से अपने साथियों के साथ भूमिगत होकर। 1975 के जुलाई महीने से लेकर अक्टूबर तक भूमिगत होकर नीतीश जो कुछ कर रहा था उसकी अपुष्ट जानकारी पहले हमें इधर-उधर से ही मिल सकी थी। बाद में नीतीश ने भी स्वीकार किया कि ये बातें कमोबेश सही हैं। अख़बारों और अन्य समाचार साधनों पर लगी पाबन्दी के कारण नेताओं के बारे में सही ख़बरें कहीं से प्राप्त नहीं हो पा रही थीं। विशेष रूप से जेल में बन्द और बीमार जेपी के स्वास्थ्य को लेकर लोगों के मन में कई आशंकाएँ उमड़ती-घुमड़ती रहती थीं। ऐसे में सभी नेताओं के विचार, आगे के कार्यक्रम और आशाओं के द्वार खोलती नीतीश की क़लम आग उगलती ही रहती थी। नीतीश के हाथ से ही लिखे प्रेरणादायक सन्देशों को लेकर जब यह साहित्य लोगों को प्राप्त होता तो लगता कि चातक को स्वाति की बूँद मिल गई है। नीतीश की गिनती अब हैसियत वाले कर्मठ नेताओं में होने लगी थी। राज्य के हर कोने से आन्दोलन के प्रति गम्भीर कार्यकर्ता उनके पास सलाह लेने आते ही रहते थे। पुलिस उसे हर ओर सूँघती फिरती थी। नीतीश पटना और बख़्तियारपुर से दूर यहाँ से वहाँ छुपता फिरता। आन्दोलन की मशाल जलाए रखने भर से ही उसका सरोकार रह गया था। लेकिन अपनी मइयो का राजदुलारा बेटा नीतीश हर साल अपनी मइयो की छठ पूजा में बिना नागा भाग लेता रहा था।

चाहे कैसी भी व्यस्तता हो या फिर चाहे कितनी ही दूरी क्यों न हो, नीतीश कभी भी छठ पूजा में मइयो के दामन से दूर नहीं रह पाता था। धीरे-धीरे 1976 की दीवाली भी आ गई। सबने इसे काली दीवाली कहा। बस छह दिनों के बाद ही छठ पर्व आनेवाला था। मइयो की आँखें अपने मुन्ना को याद करके बार-बार छलक जाती थीं। अपना आँचल पसारकर वह सूर्य भगवान से अपने क्रान्तिकारी बेटे की सलामती की भीख माँगती पर अपना दुख कभी किसी से नहीं कहती। कविराज जी के मन में चल रही चिन्ता का किसी को पता तक नहीं चलता था लेकिन अपनी छोटी बहू को देखकर उनके मन में भी मुन्ना की सलामती के

लिए प्रार्थनाएँ अनवरत चलती ही रहती होंगी। लगता है कि बाबूजी और मइयो की इन मौन प्रार्थनाओं ने मुन्ना को भी ज़रूर झकझोरा होगा। सूर्य षष्ठी के दिन उसने तय कर लिया कि अब परिणाम चाहे जो भी हो, वह अपनी माँ के सामने सूर्य भगवान को अर्घ्य देकर ही रहेगा। बख़्तियारपुर की हर गलियों से उसके क़दम बरसों से परिचित थे। उस शाम भी वह इन्हीं पेचीदा गलियों से चुपचाप गुज़रता हुआ दक्षिण वाले उस बड़े दरवाज़े के पास खड़ा हो गया जिसके पल्ले इसी गली में खुलते थे और जिस दरवाज़े की दूसरी ओर बैठी, छठ व्रत की पूरी मर्यादा सँभाले, उसकी मइयो उसे ही याद करके हलक़ान हो रही थी। नीतीश अपने घर में दाख़िल हुआ, ठीक वैसे ही जैसे कोई बछड़ा अपनी माँ से मिलने को मचले। ठीक वैसे ही जैसे कोई हहराती नदी सागर की गोद में समाने को दौड़ जाए! पुलिस उसे हर जगह तलाशती फिर रही थी, फिर भी, अगली सुबह वह अपनी मइयो के साथ, श्रवण कुमार की श्रद्धा से उनका सहारा बनकर, गंगाजी के तट पर पहुँचा। उसने सबके सामने सूर्य नारायण को अर्घ्य देकर मइयो के चरण छुए और अपनी दृढ़ता भरी चाल चलता हुआ लोगों की नज़रों से ओझल हो गया। जब तक उसे पकड़ने का शोर उठता तब तक वह बहुत दूर निकल गया था, अपनी मइयो के आँचल में एक बार फिर से अकल्पनीय ख़ुशियों की ख़ुशबू छोड़कर!

पुलिस को चकमा देने की यह कहानी लोहिया और जेपी के स्वतंत्रता आन्दोलन के दिनों की याद दिलाती है। तब लोग अंग्रेज़ों के अत्याचारों से तंग थे और अब संजय गांधी की नादिरशाही से जनता परेशान थी। इन्दिरा जी के कुछ चाटुकारों को अगर दरकिनार कर दिया जाए तो हर चेहरा उदास और भयाक्रान्त था। बस जेपी के बारे में मिली अच्छी ख़बर ही जले दिलों पर मरहम का काम करती थी। वह ख़बर भी देनेवाला अपना नीतीश ही तो था! इस काल की कुछ घटनाएँ हम नीतीश से ही सुन लेते हैं।

और हम फ़रार हुए

नीतीश बताता है—

'उन दिनों जेपी बम्बई में नारिमन पॉइंट में रहकर अपना इलाज करा रहे थे। हम उनसे मिलकर उनका हाल जानने और आगे के लिए दिशा-निर्देश लेने के लिए कृतसंकल्प थे। पटना में हम कई मित्र फ़रारी घोषित थे, कभी भी पकड़े जाने की गुंजाइश बनी रहती थी इसलिए मैंने और भाई नरेन्द्र सिंह ने वाराणसी से बम्बई की ट्रेन पकड़ी। रिज़र्वेशन का प्रश्न ही नहीं था, हम किसी थ्री टीयर की बोगी में धँसे पड़े थे। बोगी में ही कुछ यात्री सारी रात इमरजेंसी की तारीफ़

करते रहे। सारी रात हम मुँहतोड़ जवाब देने के लिए कसमसाते रहे लेकिन कुछ सोचकर हम चुप रह गए। जब सवेरा हुआ तब हम भी इस बहस में कूद पड़े। थोड़ी ही देर में सबकी बोलती बन्द हो गई। मुझे लगा कि बोगी में अधिकांश लोग हमारी बातों से प्रभावित थे, उनकी मौन सहमति हमारे साथ थी लेकिन प्रकट रूप से कुछ भी कहने में उन्हें भय होता था। इस क्रम में जोश में आकर हम इतना कुछ बोल गए थे कि कुछ लोग हमें सन्देह भरी नज़रों से लगातार घूरने लगे। हमें अचानक समझ में आ गया कि इस गरमागरम बहस के बाद हमारे सही परिचय का अन्दाज़ इन लोगों को लग गया होगा और इसकी सूचना पुलिस को जल्दी ही मिल भी जाएगी। फिर तो हम पकड़ लिये जाएँगे।

यह सब सोच-समझकर हम बम्बई पहुँचने से पहले ही कल्याण स्टेशन पर उतर गए मानो हमें चाय की तलब लगी है! हम किसी बाद वाली लोकल ट्रेन से बम्बई पहुँच गए। हमें किसी ऐसी जगह की तलाश थी जहाँ हम एकाध दिन सुरक्षित रह सकें। संयोगवश उन दिनों हमारा मीता, मोटू नरेन्द्र भी बम्बई में ही था। वह रूबीना लॉज में रहकर अपने बाबूजी का इलाज करा रहा था। हम उसी के पते पर जा धमके। मीता भी ऐसा उदारमना कि हमें देखकर ही वह ख़ुशी से नाचने लगा! हम जब जेपी से मिले तो उनके बीमार शरीर से भी जैसे तेज़ निकल रहा था। उनका चेहरा किसी पराशक्ति से चमकता देखकर यही लगा कि जब तक इनके शरीर में प्राण है तब तक हमें अपने उद्देश्य की प्राप्ति में कोई रोक ही नहीं सकता! जब हम नए उत्साह से भरकर पटना लौटनेवाली ट्रेन में बैठे तो फिर हमें पुलिस से पकड़े जाने का अन्देशा हुआ क्योंकि जेपी से मिलनेवाले हर व्यक्ति पर कड़ी निगरानी रखी जा रही थी। हमें तो किसी भी क़ीमत पर गिरफ़्तार नहीं होना था, इसलिए लौटते समय, पास में पटना का टिकट रहते हुए भी, हम इलाहाबाद में ही उतर गए और कई गाड़ियाँ बदल-बदलकर पटना पहुँचे। हमें अन्दाज़ था कि आन्दोलन के दिनों कर्पूरी जी भूमिगत होकर बंगाल में कहीं छिपे हुए थे। एक बार उन्होंने मुझे अपने अत्यन्त विश्वसनीय भूमिगत चैनल के माध्यम से मिलने के लिए बुलाया। लेकिन मैं उनसे मिलने बंगाल में नहीं, चक्रधरपुर गया जो तब बिहार का ही हिस्सा था। कर्पूरी जी वहाँ रेलवे के किसी चतुर्थ वर्गीय कर्मचारी के यहाँ छिपकर रह रहे थे। उन्हें देखकर पहले तो मैं पहचान ही नहीं पाया। हमेशा धोती-कुर्ता पहनने और दो-चार दिनों की बढ़ी छोटी दाढ़ी-मूँछों वाले कर्पूरी जी को मैंने पहली बार पतलून पहने देखा। उनकी दाढ़ी भी बहुत बढ़ी हुई थी। उनकी यह बदली हुई छटा देखकर मैं अवाक् रह गया। पहले तो उन्होंने बिहार में चल रहे हर छोटे से छोटे कार्यक्रमों की अद्यतन जानकारी ली फिर मेरा जवाब सुनकर वे सन्तुष्ट दिखे। उन दिनों मैं आन्दोलन के लिए जो भी कर रहा था, उसके बारे में जानकर उन्होंने मेरी बहुत हौसलाअफ़ज़ाई की।

उनसे इस बार की मुलाक़ात के बाद मेरी समझ में आया कि बिहार में लोहिया और जेपी की विचारधारा का यदि कोई एक व्यक्ति वारिस हो सकता है तो वे कर्पूरी जी ही हैं, और कोई नहीं।'

इस काल में नीतीश में कई क्रान्तिकारी परिवर्तन आए। अचानक उसका नाम नेताजी हो जाना भी हम लोगों के लिए बहुत विस्मयकारी रहा था।

नीतीश की छोटी बहन इन्दु उसके मुन्ना जी से नेताजी बनने की कथा दिलचस्प ब्योरों के साथ बताती हैं—

'छोटका भैया जब पटना इंजीनियरिंग कॉलेज में पढ़ रहे थे तभी मेरा दाख़िला पटना यूनिवर्सिटी में हो गया और मैं हॉस्टल में रहने लगी। मुझसे मिलने भैया नियमित रूप से आते, पढ़ने की प्रेरणा देते, उत्साह बढ़ाते और चलते समय हाथ में कुछ रुपये चुपचाप थमा जाते। उनके जाने की घड़ी आते-आते मेरी आँखों से गंगा-यमुना की धार बह निकलती। भैया के विवाह के बाद मंजु भाभी भी उसी हॉस्टल में रहने लगी। भैया आते-जाते रहते ही थे। एक दिन पता चला कि छोटका भैया इंजीनियर बन गए। भाभी और बाबूजी तो वाजिबन सबसे ज़्यादा ख़ुश हुए पर मेरी ख़ुशी भी कम न थी। अचानक उन्हीं दिनों जयप्रकाश जी का आन्दोलन नई ऊँचाइयाँ छूने लगा था। न जाने कितनी क्रान्तियों का केन्द्र रहा पटना भला इससे कैसे अछूता रहता। हम सब भी उसके समर्थक बन गए। छोटका भैया तो उसमें आकंठ डूब ही गए थे। धीरे-धीरे उनका हमारे हॉस्टल आना भी बन्द हो गया था, शायद वे भूमिगत हो गए थे। तब उनके अनगिनत प्रशंसक, जिनमें भैया के शादीशुदा होने के बावजूद बहुत सारी लड़कियाँ भी होतीं, उनके बारे में पूछते कि नेताजी कहाँ हैं, अथवा यह भी कि नेताजी कैसे हैं। इनमें कुछ सन्दिग्ध-से लगनेवाले, शायद ख़ुफ़िया विभाग के लोग और कुछ पुराने कार्यकर्ता, जिन्हें मैं बख़्तियारपुर के दिनों से ही पहचानती थी, भी होते थे। तब मैं और भाभी अचकचा जाते कि किसके बारे में बातें हो रही हैं। लेकिन देखते ही देखते भैया के बारे में यही सम्बोधन सबकी ज़ुबान पर चढ़ गया तथा अत्यन्त अल्प काल में ही मुन्ना भैया, नीतीश भैया, छोटका भैया जैसे सारे सम्बोधनों पर समय की लीपापोती हो गई। उनके सम्बोधन के लिए बस एक 'नेताजी' ही काल की शिला पर तब का उकेरा गया शब्द आज तक स्थायी चमक लिये स्पष्ट दिखता है। ताज्जुब नहीं कि अपने-अपने क्षेत्रों में लोकप्रिय समाजवादियों को नेताजी ही कहा जाता रहा है। मसलन राजनारायण और मुलायम सिंह यादव अपने परिवार में भी नेताजी के नाम से विख्यात रहे हैं।'

नीतीश की मझली दीदी, प्रभा जी, के पास भी उन दिनों की ढेर सारी यादें हैं। पटना के इनके रिहाइशी घर के ठीक पीछे इन्हीं लोगों का प्याज़ का बहुत बड़ा भंडार है। आन्दोलन के दिनों यदा-कदा नेताजी अपने मित्रों के साथ वहाँ भी छुपा

करते थे। रहने के लिए तो वह जगह बिलकुल ठीक नहीं थी, प्याज़ की गन्ध से वहाँ कई बार खड़ा रहना भी दूभर होता था, लेकिन छुपने के लिए उससे अच्छी जगह और कहाँ होती! पहले बिना किसी पूर्व सूचना के ये सारे नौजवान वहाँ कभी तो आधी रात के अँधियारे में और कभी अलस्सबाह, दबे पाँव जा धमकते थे।

प्रभा जी बताती हैं—

'पता नहीं मुझे कैसे पूर्वाभास हो जाता था कि नेताजी आनेवाले हैं और ठीक उसी दिन नेताजी का आगमन होता। यदा-कदा अकेले, बहुधा साथियों के साथ। सब एक-दूसरे का नाम लेने की बजाय एक-दूसरे को नेताजी कहकर सम्बोधित करते। यह सब मुझे बड़ा विस्मयकारी लगता कि आख़िर नेताजी सुनने से यह कैसे पता चलता होगा कि बात किसको कही जा रही है। लेकिन मैं जब भी खाना लेकर जाती, तो देखती कि मेरे लाड़ले भाई वहाँ भी सबके नेता बने हुए हैं और किसी गम्भीर विषय पर, जिसे मैं बिलकुल न समझती, नेताजी का भाषण बदस्तूर जारी रहता। वैसे अपने नेताजी बोलते कम थे, लेकिन जो भी बोलते उसमें माधुर्य तो होता ही और शायद सार भी। जिस एकाग्रता और भक्ति भाव से उनके श्रोता उनकी बातें सुन रहे होते, वह आजकल के ढेर सारे टेलीविज़न बाबाओं को भी मयस्सर नहीं होता होगा। ख़ैर, मैं यथासम्भव सबकी पसन्द का अलग-अलग खाना बनाकर ले जाती पर इन जाँबाज़ों का ध्यान बस खाने को छोड़कर हर जगह होता। इतने प्यार से बनाए खाने को ठंडा होता देखकर मुझे झल्लाहट भी होती, फिर भी उसे दोबारा गरम करके लाने में अच्छा ही लगता और मैं साम, दाम, दंड तथा भेद के सारे दाँव-पेच लगाकर उन सबको खिलाकर ही मानती। इनमें रामविलास पासवान और लालू प्रसाद की शक्लें मुझे आज तक याद हैं। लालू दुबले-पतले थे और मुझे दीदी कहते थे। उनकी एक बात मैं कभी भूल नहीं सकती। ये सब 'नेताजी' एक साथ पटना के बांकीपुर जेल में बन्द थे। एक बार मैं टिफिन डिब्बे में पूरियाँ और सूखी सब्ज़ी अपने छोटे भाई, नेताजी के लिए लेकर गई। वे और लालू एक साथ मुझसे मिलने आए। मैं नेताजी से बात करने में व्यस्त हो गई और लालू टिफिन डिब्बा लेकर अन्दर चले गए। थोड़ी देर बाद वे डिब्बा झुलाते हुए आए और मुझे पकड़ा दिया। डिब्बा उठाते ही मुझे लग गया कि ये तो ख़ाली है। लालू ने झेंपते हुए कहा कि उन्हें बहुत भूख लगी थी इसलिए वे सब खा गए, अब अगली बार जो मैं लाऊँगी, और ज़्यादा लाऊँगी, तो वह नीतीश जी को मिलेगा। मुझे दुख तो बहुत हुआ पर मैं मन मसोसकर रह गई।'

यह सब याद करके नीतीश के होंठों पर हँसी की एक लकीर कौंध जाती है, वह कहता है कि वह सब उसे लुका-छुपी के खेल जैसा लगता था, चूहे-बिल्ली जैसा नहीं, जिसमें पकड़े जाने पर चूहे की मौत निश्चित होती है। आख़िरी

विजय तो जेपी को छोड़कर किसी और की क्या ख़ाक होनेवाली थी! उसे लगने लगा था कि उसका रिश्तेदारों के यहाँ, उसमें भी बहन के पास रुकना, बेहद ख़तरनाक हो सकता था। उस घर पर भी पुलिस की निगाह पड़ चुकी थी सो इस बार नेताजी जो यायावरी में निकले तो फिर प्रभा जी को उनके दर्शन बक्सर जेल में ही हो पाए।

वैसे तो इमरजेंसी लगने के बाद तीन-चार माह बीतते-न-बीतते लोगों के दिलों में सरकार से भय के बदले उसके प्रति घृणा पनपने लगी थी। अब जनता आपातकालीन अत्याचारों के विरुद्ध कुछ सार्थक करना चाहती थी। बस उन्हें राह दिखानेवाले नीतीश जैसे मसीहा की ज़रूरत थी जो वह दुबौली जैसे गाँव में कर रहा था।

चाहे कोई भी हो, आदत होती है बड़ी ख़राब

दुबौली में 9-10 जून 1976 को जो हुआ था उसका ब्योरा आरा के ज़िलाधिकारी महोदय की रिपोर्ट 62/75 No. 326 (Res) से मिलता है। अंग्रेज़ी में भेजी गई इस रिपोर्ट के अनुसार—

'भोजपुर ज़िले के सन्देश थाने के अन्तर्गत आनेवाले दुबौली गाँव में पटना और भोजपुर के कुछ आन्दोलनकारी आगामी 26 जून को होनेवाले आन्दोलन की तैयारियों के लिए मीटिंग कर रहे थे। आईबी के एएसआई सूरज नारायण शर्मा की गोपनीय सूचना के आधार पर 11 अधिकारियों, 4 एचएस और 20 सादे ड्रेस के सिपाहियों ने छापा मारकर भारतीय सुरक्षा अधिनियम के अन्तर्गत 19 सक्रिय आन्दोलनकारियों को गिरफ़्तार कर लिया। इनके नाम की लिस्ट अन्त में दी जा रही है जिनमें से पहले छह नामों पर मीसा की धारा भी लगी। इनमें से कोई भी भाग नहीं सका। इनके पास से कुछ आपत्तिजनक साहित्य प्राप्त हुए। इनमें नीतीश सहित 6 लोग छात्र संघर्ष समिति के सदस्य थे। बाक़ी 13 जनों का सम्बन्ध जन संघर्ष समिति से था। यह बैठक नीतीश के इशारों पर बुलाई गई थी। गिरफ़्तार लोगों में नीतीश के साथ इंजीनियरिंग पढ़े उनके दुबौली वासी मित्र, महेन्द्र दूबे भी हैं जो इस बैठक की मेज़बानी कर रहे थे। पहले यह बैठक उनके ही घर पर होनेवाली थी। बाद में इसका स्थल बदलकर पास के बगीचे में कर दिया गया जहाँ से आन्दोलनकारियों की गिरफ़्तारी हुई।'

इस रिपोर्ट में विसंगति यह है कि महेन्द्र दूबे इंजीनियरिंग के छात्र तो रहे थे लेकिन नीतीश के साथ पढ़े नहीं थे। वे सच्चे अर्थों में आन्दोलन से हृदय से जुड़े थे और थे नीतीश की भाँति घोर अहिंसक। इसलिए दोनों में बेहद समझदारी भरी, और पारस्परिक सम्मान पर आधारित दोस्ती थी। नीतीश इस दोस्ती को

अन्त-अन्त तक निबाहता रहा है। महेन्द्र ने ही नीतीश को दुबौली आकर लोगों को जगाने का आमंत्रण दिया था। नीतीश उन्हीं के घर पर ठहरा भी था।

संघर्ष संचालन समिति के एक पुराने सदस्य बताते हैं—

'आन्दोलन के शुरुआती दिनों में ही छात्र नेताओं में क़रीब-क़रीब सभी नामचीन और बड़बोले हवाई नेता जेल में बन्द कर दिए गए। नीतीश जी जैसे ज़मीन से जुड़े कुछ नेता छुपकर, प्राय: भूमिगत रहकर ही, आन्दोलन चलाए रखने के लिए आनन-फ़ानन में जनसभा आहूत करते और सन्देश सुनाकर बुझते दीयों में फिर से तेल देकर उन्हें प्रज्वलित रखते। नीतीश जी तो इस खेल के प्रवीणतम खिलाड़ियों में एक हो गए थे। उनके नाम पर भीड़ भी अपने आप जुट जाती थी। ये सभाएँ बिना अधिक प्रचार-प्रसार के शाम में, वह भी किसी गाँव के बीच में होतीं। गाँव के अन्दर आनेवाले रास्तों पर छोटे बच्चों या स्त्रियों की पहरेदारी रहती थी और ख़तरे का ज़रा भी अन्देशा होते ही इशारों-इशारों में ही सबको आगाह कर दिया जाता। बस फिर सारी चिड़ियाँ फुर्र से उड़ जातीं और पलक झपकते ही मैदान बिलकुल ऐसा सुनसान हो जाता मानो वहाँ बरसों से भूत का डेरा रहा हो।'

9 जून, 1976 की शाम थी वह, तारों से दहकती हुई शाम थी वह, दरअसल, अमावस की शाम थी वह! भोजपुर से आगे, उदवन्तनगर के बाद, रेलवे का हॉल्ट है दुलारपुर। वहाँ से भी एक-डेढ़ किलोमीटर दक्षिण में महेन्द्र दूबे का गाँव है दुबौली, जहाँ की जनसभा में नीतीश को बोलना था।

बकौल नीतीश—

'आन्दोलन के दिनों ही 1976 की गर्मियों में मैं अपने कुछ साथियों के साथ श्री राम इक़बाल जी से मिलने गया। राम इक़बाल जी पूरे भोजपुर इलाक़े के बहुत प्रतिष्ठित नेता थे जिन्हें लोहिया जी ने 'पीरो का गांधी' की उपाधि दी थी। उन दिनों उस इलाक़े में नक्सलियों की गतिविधियाँ भी बहुत तेज़ थीं। चूँकि उधर बम ब्लास्ट की कई घटनाएँ भी हो चुकी थीं इसलिए पूरे इलाक़े में पुलिसिया बन्दोबस्त बहुत तगड़ा था। हम लोगों ने मेरे मित्र श्री महेन्द्र दूबे के गाँव दुबौली में एक बैठक रखी थी जिसमें राम इक़बाल जी को भी भाग लेना था। राम इक़बाल जी का विश्वास हमेशा से आमने-सामने की लड़ाई में था। वे खुलकर आन्दोलन करने के पक्षधर थे लेकिन हम नई पीढ़ी के लोग, हर स्तर पर और हर प्रकार से अन्यायी सरकार का विरोध करने के लिए कटिबद्ध थे।

हमने मीटिंग की जगह गाँव के बाहर तय की थी। वहाँ आसपास के गाँवों से भीड़ इकट्ठी हो गई। गाँव की ओर आनेवाली सड़क पर किसी समझदार व्यक्ति की ख़बरदारी ड्यूटी लगी। उसे दो ज़िम्मेदारियाँ दी गई थीं। पहली तो यह कि अगर गश्ती पुलिस तलाशी लेने आए तो उसे गाँव या मीटिंग की ग़लत जगह बताकर गुमराह करना और दूसरी ज़िम्मेदारी यह कि गश्ती पुलिस के दूसरी

तरफ़ जाते ही सभा में आकर पुलिस के आ धमकने की ख़बर देना! ज़रा भी ख़तरा होते ही उसे टिटिहरी की आवाज़ लगाकर लोगों को सचेत भी कर देना था। सब कुछ ठीक-ठाक चल रहा था। सारे कील-काँटे बिलकुल दुरुस्त थे। एक समर्पित मित्र की पहरे की ज़िम्मेदारी थी कि वे पुलिस के आने पर उन्हें गुमराह कर दें और हमें सावधान कर दें जिससे हम फ़ौरन उड़नछू हो सकें। दुर्भाग्यवश इस मित्र के घर उसी समय एकाएक मेडिकल इमरजेंसी आ गई। उसका बच्चा अचानक बीमार हो गया जिससे उसके घर की किसी स्त्री ने उसे आवाज़ देकर घर बुला लिया। उस स्त्री को पता नहीं था कि गाँव में क्या चल रहा था। बात खुल जाने के भय से पहरे पर खड़ा हमारा मित्र चिल्लाकर आने से मना भी नहीं कर पाया। बच्चे को लेकर उसे डॉक्टर के पास जाना पड़ा। डॉक्टर के यहाँ जाने से पहले उसने अपनी जगह किसी और मित्र की ड्यूटी लगा दी। इस नए मित्र ने शायद पूरी बात नहीं समझी। जैसे-तैसे उसने अपनी जगह किसी को पहरे पर खड़ा तो कर दिया लेकिन घर जाने की हड़बड़ी में शायद उसे वह आधी बात ही बता सका। अब नए पहरेदार मित्र को इतना ही पता था कि अगर पुलिस आ जाए तो उसे ग़लत रास्ता बताकर गुमराह कर देना है। वह नहीं जानता था कि पुलिस के दूसरी तरफ़ जाते ही उसे टिटिहरी की तेज़ आवाज़ निकालते हुए फ़ुर्ती से दौड़कर मीटिंग करनेवालों को पुलिस के छापा पड़ने की इत्तिला भी देनी थी। उधर जेपी की बात सुनने के उत्साह से भरे कई लोग सभास्थल पर पहुँच चुके थे। लेकिन सबसे आवश्यक पहरा अचानक टूट गया। हमारी तलाश में जब पुलिस आ धमकी तो हमारे पहरेदार मित्र ने अपना आधा काम बख़ूबी करके पुलिस को दूसरी ओर बरगला दिया लेकिन वह हमें सतर्क करने के लिए टिटिहरी की आवाज़ निकालना भूल गया था। थोड़ी देर इधर-उधर भटकने के बाद पुलिस वाले महेन्द्र दूबे के घर आ धमके। वहीं पर खेल रहे एक बच्चे से उन लोगों ने बहला-फुसलाकर मीटिंग की जगह का पता कर लिया। इसके बाद पुलिस अमराई में खड़े अपने वांछित असामियों के पास पहुँच गई।'

आगे की कहानी यह है कि कुछ सयाने लोग तो पुलिस को देखते ही वहाँ से खिसक गए। बचे हुए 19 निहत्थे लोगों को 35 हथियारबन्द सरकारी बन्दों ने घेरकर वैसा ही कुकुहार मचाया मानो जंगल में हाथियों के झुंड को गीदड़ों की टोली घेरकर हुआँ-हुआँ करने लगी है। आपाधापी और अमावस के कारण पुलिस वाले समझ ही नहीं पा रहे थे कि आख़िर इन 19 लोगों में ख़ूँख़ार अपराधी नीतीश है कौन? उनकी कोई तसवीर, कोई शिनाख़्त किसी के पास थी ही नहीं! लेकिन अचानक एक पहचान, मुखबिर की एक शिनाख़्त काम में आ गई। उसने बताया था कि नीतीश बाबू बाएँ हाथ में उलटी तरफ़ घड़ी बाँधते हैं! शायद यह बात बहुतों को पता न हो कि नीतीश अपनी बाईं कलाई में उलटी ओर घड़ी

बाँधता है। इसका औचित्य भी है नीतीश के पास। वह कहता है कि बाबूजी गांधी जी की तरह जेब घड़ी रखते थे। वैसी तो अब मिलती ही नहीं इसलिए जैसे वह घड़ी बाँधता है, उससे समय देखने के लिए हाथ उलटा नहीं करना पड़ता। जबकि दूसरी तरह से घड़ी बाँधी जाए तो दूसरों को तो वह दिखती रहती है पर आप स्वयं समय देखना चाहें तो हथेली को उलटी ओर घुमाना पड़ता है। नीतीश कहता है कि उसे शुरू से ही वैसे ही घड़ी बाँधने की आदत लग गई है जिसका एक नुक़सान तो अवश्य होता है कि घड़ी के ऊपर का शीशा खरोंच लगने से ख़राब हो जाता है। इस बार नीतीश को उलटी तरफ़ घड़ी बाँधने का भारी नुक़सान बहुत अप्रत्याशित रूप से हुआ है। खरोंच सिर्फ़ घड़ी के शीशे पर ही नहीं लगी, नीतीश की इस आदत से आन्दोलन को बहुत बड़ी खरोंच लग गई है। पुलिस अब भी नीतीश को पहचान नहीं पा रही है। उन 19 लोगों में घड़ी बाँधनेवाले वैसे भी एकाध लोग ही थे। उनमें भी अकेले नीतीश जी के हाथ में घड़ी उलटी ओर बँधी थी और वे पकड़े गए।'

इसके बाद जो हुआ वह नीतीश के शब्दों में सुनिए—

'एक साथ चारों ओर से पुलिस वालों से घिर जाने की वजह से हम लोगों के पास भागने का कोई रास्ता ही नहीं बचा। पुलिस को देखकर मुझे भला क्या डर लगता, बल्कि वही मुझे देखकर ऐसे डर रहे थे जैसे मैं मेरा ही भूत हूँ! उनमें जो सबसे साहसी था, उसने काँपते हाथों से, बिलकुल फ़िल्मी स्टाइल में, अपनी पिस्तौल मेरी कनपटी पर सटा दी और पता नहीं वह क्या कुछ बोला। उसकी पिस्तौल से तो नहीं पर उसकी घबराहट से यह चिन्ता ज़रूर हुई कि कहीं उसकी बेवक़ूफ़ी से गोली न चल जाए! मैंने उसकी पिस्तौल हटाते हुए कहा कि इसकी कोई ज़रूरत नहीं है। आप ले चलिए जहाँ चलना है। तब तक बहुत रात हो गई थी। उन दिनों गाँव में बिजली की व्यवस्था नहीं थी और वैसे भी गाँवों में रात बहुत जल्दी उतर आती है। हम चाहते थे कि वह रात गाँव में ही काट लें लेकिन घबराए हुए पुलिस कर्मियों ने उसी रात हमें क़रीब-क़रीब घसीटते हुए ले जाकर आरा जेल में ठूँस दिया। यह 1976 की बात है जब मैं क़रीब दस-ग्यारह महीनों से भूमिगत था। आरा जेल में पहुँचकर ही मेरी भोजपुर के ज़िलाधिकारी, मिस्टर के. झा से अच्छी-ख़ासी झड़प हो गई। वे शायद प्रोमोशन से ज़िलाधिकारी बने थे और सरकार के पक्के पिट्ठू थे। मुझे पहली मुठभेड़ में लगने लगा कि वे आन्दोलन विरोधी थे। उन्होंने मुझसे बड़े रुआब से पूछा कि क्या मैं इंजीनियरिंग का स्नातक हूँ? मैंने उसी स्वर में जवाब दिया कि अगर आपको पता नहीं तो आपने मुझे गिरफ़्तार क्यों किया है? मुझे अपने चंगुल में देखते ही उनकी मंशा कुछ और ही हो गई थी। वे मुझे पूछताछ के बहाने उसी समय जेल के बाहर रिमांड पर ले जाकर तगड़ा सबक़ सिखाना चाहते थे। संयोगवश भोजपुर के

एसपी, मिस्टर श्रीवास्तव की आन्दोलनकारियों से सहानुभूति थी। वे अकारण ही मुझसे जुड़ से गए। उन्हें मुझे जेल से बाहर ले जाने का मन ही नहीं था पर उनकी भी नौकरी की मजबूरी थी। उन्होंने बड़ी दबी ज़बान से मुझे अपने साथ चलने को कहा। देश की इतनी बिगड़ी हुई व्यवस्था के बाद भी क़ानून के राज पर मेरा विश्वास था। लेकिन उसी जेल में बन्द, भाई राम इक़बाल जी, जो उस पूरे क्षेत्र में बेहद लोकप्रिय और ऊँची साख रखनेवाले व्यक्ति थे, उन दिनों की वास्तविकता को मुझसे अधिक निकट से जानते थे। उन्होंने प्रशासन की इस चाल को ठीक से समझते हुए मुझे जेल से हटाने के विरोध में बड़ा भारी बवाल खड़ा कर दिया। उन्होंने जो घनघोर बवंडर मचाया उसमें जेल के सभी बन्दी भी अपने आप शामिल हो गए। मैं यह सब कुछ नहीं समझ पा रहा था कि आख़िर बात क्या थी? मैं तो डीएम साहब के साथ कहीं भी जाने को तैयार था। लेकिन एसपी साहब की तरह जेल के डॉक्टर भी बाहर के हालात के बारे में बहुत निश्चिन्त नहीं थे। मेरी गिरफ़्तारी के बाद मुझे बाहर ले जाकर पूछताछ करने के विरोध में हुए इस स्वतःस्फूर्त आन्दोलन को बल देने के लिए डॉक्टर साहब ने मेरे अस्वस्थ होने का लिखित प्रमाण पत्र दे दिया। इन सब बातों का मिला-जुला ऐसा असर हुआ कि आख़िरकार प्रशासन को झुकना ही पड़ा। मैं वहीं जेल के अन्दर ही रह गया और पुलिस के हत्थे पर चढ़ने से बच गया। अगर मैं उस रात वहाँ न रुकता तो कुछ भी अघटित हो सकता था। शायद मेरी कहानी बहुत पहले, इसी मोड़ पर, ख़त्म हो गई होती। श्रीवास्तव जी वैसे भी मुझे वहाँ से निकालने के लिए उत्सुक थे नहीं, इसलिए वे मुझसे हाथ मिलाकर मुस्कुराते हुए चले गए। वर्षों बाद मेरी श्रीवास्तव जी से दिल्ली में मुलाक़ात हुई। मैंने उन्हें उनकी सदाशयता की याद दिलाई तो बेचारे चकित से रह गए और बड़ी विनम्र मुस्कुराहट से इसे छोटी-सी बात कहते हुए भूल जाने का आग्रह किया। पर मैं भला कैसे भूल सकता था क्योंकि जिस काल में उन्होंने अनायास मेरे प्राणों की रक्षा की वह ऐसा समय था जब मेरे होने या न होने से तब की सरकार पर विशेष असर नहीं पड़नेवाला था पर मेरा परिवार ही छिन्न-भिन्न हो जाता। कुछ दिनों के बाद पुलिस वाले, शायद मुझे बड़ी मछली समझकर, आरा से 69-70 किलोमीटर दूर, अधिक सुरक्षित बक्सर सेंट्रल जेल में छोड़ आए।

मुझे वहाँ की एक घटना याद आती है। बारिश के दिन थे और हम क़ैदियों के कपड़े बाहर खुले में सूख रहे थे। मैं गहरी नींद में सो रहा था अचानक तेज़ बारिश आई और लोग अपने सूख रहे कपड़ों को समेटने के लिए दौड़े। इसमें मिनट-दो मिनटों के लिए जेल में ऐसी आपाधापी मची कि मेरी नींद अचानक खुल गई और जगते ही मेरी पहली प्रतिक्रिया यह हुई कि शायद मुझे गिरफ़्तार करने के लिए पुलिस आ गई है, मुझे फ़ौरन यहाँ से भाग निकलना चाहिए! फिर

मुझे तुरन्त ही याद आया कि अरे! मैं तो पहले से ही गिरफ़्तार होकर जेल में ही पड़ा हुआ हूँ तो अब चिन्ता की क्या बात है!!

बक्सर की सेंट्रल जेल से मैं भागलपुर सेंट्रल जेल में भेज दिया गया। इमरजेंसी के दौरान फ़रारी का काल छोड़कर कुल मिलाकर मैं नौ महीनों तक जेल में ही रहा।'

पूरा प्रसंग सुनाने के बाद नीतीश ने कहा—

'चाहे कोई भी हो साहब, आदत होती है बड़ी ख़राब! मेरी उलटी तरफ़ घड़ी बाँधने की आदत ही ने मुझे पकड़वा दिया। वह तो भला हो श्रीवास्तव साहब का कि मैं आज आपके बीच में हूँ। मैं आज भी उनका एहसानमन्द हूँ।'

अगर एक पुराने रसमंजरिया की बात सुनें तो उसके हिसाब से बिहार में यह आन्दोलन भी जातिवाद से अछूता कहाँ रह सका था? इन्दिरा गांधी ब्राह्मण थीं तो भोजपुर का ब्राह्मण कलक्टर, के. झा, आन्दोलन विरोधी होकर नीतीश की जान के पीछे ही पड़ गया था। जयप्रकाश जी कायस्थ थे तो कायस्थ एसपी, श्रीवास्तव, आन्दोलन का पक्षधर बनकर नीतीश का प्राणरक्षक बन गया! वैसे ये दोनों अधिकारी उच्च वर्ण के ही थे। यह विवेचना चाहे जितनी सतही और आधारहीन हो, लेकिन दुबौली में नीतीश की गिरफ़्तारी की ख़बर से समाज में हर वर्ण के सभी चैतन्य लोगों को अकल्पनीय दर्द महसूस हुआ। कोई रिक्तता उनके बेबस मन और प्राण को छील गई। लगा, अब क्रान्ति की ख़बरों का बुलेटिन कौन छापेगा, ख़बरची तो जेल में बन्द हो गया है! 1976 में, जब नीतीश बक्सर जेल में था, बाबा नागार्जुन भी वहीं और उसी जुर्म में बन्द थे सरकारी अत्याचार के ख़िलाफ़ अपनी बात और जनता की बात इतने ऊँचे स्वर में कहने की तोहमत लेकर कि सत्ता के मद में सोई पड़ी सरकार को जगाने का अपराध किया था बाबा नागार्जुन ने। कवि के शरीर को जेल की सलाखों के पीछे तो भेजा जा सकता था, पर उसके मन की उड़ान, सागर की मौज़ों और बादलों की ग़रज़ को कौन बाँध सका है? उन दिनों बाबा ने जेल में भी कई कविताएँ लिखी थीं, जिनमें एक थी 'चन्दू मैंने सपना देखा'—

यह अनुभूत सत्य है कि जेल में बन्द मन जब बहुत छटपटाता है तब वह शुद्ध-निःस्वार्थ प्रेम के सपने बुनता है और ऐसा प्रेम बच्चों के पास सहज ही सुलभ होता है।

आज अगर बाबा हमारे बीच होते तो शायद इस कविता के अन्दर की आँच से हमें अवश्य परिचित कराते। चन्दू कोई भी आन्दोलनकारी हो सकता है जो देश में मूल्यों की पुनर्स्थापना के लिए ज़ालिम क़ानून तोड़ने जैसी बड़ी परीक्षा में बैठने के कारण पुलिस यान में बैठाकर आज तो जेल में बन्द कर दिया गया है पर वह देश में व्याप्त मीसा और आपातकाल जैसे कोढ़ का डॉक्टर है और जब

छूटकर इलाज करेगा तो उसका सुयश पूरे देश में ज़रूर फैलेगा। कहीं वह चन्दू जयप्रकाश तो नहीं या फिर उसी बक्सर जेल में बन्द अपना मुन्ना? ज़रा आप भी एक बार इस कविता को पढ़िए, चन्दू की जगह मुन्ना को बिठाकर, और बताइए कि कहीं आप भी तो वही सपना नहीं देख रहे जो हमारी आँखें देख रही हैं!

पहले तो नागार्जुन सम्पूर्ण क्रान्ति के ऐसे पक्षधर थे कि बक्सर जेल की हवा भी बेहिचक खा आए थे। बक्सर जेल में ही उनके साथ छात्र संघर्ष संचालन समिति का बड़ा नेता विक्रम कुँवर भी बन्द था जो शुरू से आरएसएस का सक्रिय सदस्य रहा था। एक जानकार व्यक्ति से पता चला है कि उसने वामपंथी बाबा को अपनी दक्षिणपंथी विचारधारा से बहुत सताया था। जब नागार्जुन ने सम्पूर्ण क्रान्ति के संचालन में भगवा पार्टी का बढ़ता वर्चस्व देखा तो वे बिदककर आन्दोलन के विरोध में ही खड़े हो गए। नाराज़ बाबा ने सम्पूर्ण क्रान्ति का नाम 'खिचड़ी क्रान्ति' देकर एक कविता भी लिख मारी। उनकी नीयत में तो कोई खोट नहीं था, पर घोर जनवादी होने के कारण एक लक्ष्य के लिए विरोधाभासी, उसमें भी धुर दक्षिणपंथी, विचारधाराओं के साथ सामंजस्य करके आगे लड़ना उन्हें मंज़ूर नहीं था। उनकी कविता 'खिचड़ी-विप्लव देखा हमने' में यह भाव बड़ा साफ़ परिलक्षित होता है—

नीतीश की गिरफ़्तारी के बाद क्या हुआ, यह हम नरेन्द्र उर्फ़ मीता बताता है चार दशक बीत जाने के बाद भी इतनी पुरानी वे सब बातें इस सफ़ाई से याद हैं मानो कल की ही बात हो।

मीता बताता है—

'नीतीश के कभी भी गिरफ़्तार हो जाने की आशंका तो हम सभी को इमरजेंसी लगने के दिनों से ही हो रही थी। मैं एक साल पिछड़ने के कारण अप्रैल 1976 में रिज़ल्ट निकलने तक कॉलेज में ही था और हर सम्भव प्रयास करके नीतीश की ख़बरें उसके परिवार को पहुँचाता रहता था। गिरफ़्तारी की ख़बर मुझे अगली सुबह तड़के ही मिल गई। जब नीतीश बक्सर जेल में भेज दिया गया तब मैं और उसकी पत्नी मंजु भाभी, बड़ी दीदी और बड़े जीजाजी के साथ बक्सर पहुँचा। मंजु भाभी बेहद चिन्तित और घबराई हुई थीं। विवाह से पहले नीतीश जेल में कुछ दिन रह चुका था, फिर भूमिगत रहने के दिनों हर प्रकार के दुख सहकर उसने अपने शरीर को पत्थर जैसा कठोर बना लिया था। रही-सही कसर गया के जेल में पूरी हो गई थी।

भले ही आपसे दूर सही, मेरी हर साँस में हैं आप

पर मंजु भाभी के मन में अपने पति के लिए अपार चिन्ता थी। जेल का मतलब था गुंडों, बदमाशों के साथ दिन-रात रहने की मजबूरी, जेल का मतलब था

वहाँ के निहायत ख़ूँख़ार अधिकारियों की क्रूरता बर्दाश्त करते रहने की मजबूरी, जेल का मतलब था हर रात अँधेरी नंगी फ़र्श पर करवटें बदलते हुए मच्छरों और खटमलों से अपना ख़ून चुसवाते रहने की मजबूरी, जेल का मतलब था हर रोज़ सड़ा हुआ स्वादरहित भोजन किसी तरह आधे पेट खाने की मजबूरी। नीतीश को इस मजबूर हाल में छोड़कर वह न तो सो पाएगी और न कभी कुछ खा ही पाएगी। हर पल उसकी आँखों में नीतीश का बस चेहरा ही नाचता रहेगा, इसलिए वह भी वहीं रहेगी। इतना कहते-कहते मंजु भाभी की आँखें भर आई हैं। उसकी वेदना से सबकी छाती फटी जा रही है। अपने श्रीराम को अकेले वनवास काटने नहीं देगी मंजु भाभी। लेकिन किसी और मिट्‌टी का बना है नीतीश, हँसकर आश्वासन देता है कि वह वहाँ बहुत दिनों तक रहनेवाला है ही नहीं, क्योंकि यह तानाशाही ज़्यादा दिनों तक नहीं चलनेवाली थी। मंजु भाभी को भरोसा नहीं होता। यह जानते हुए भी कि उसके पति झूठे आश्वासन नहीं देते, उसका मन आशंकाओं से भरा हुआ है। उसे राजनीति का कुछ भी ज्ञान नहीं है, पर उसे लगता है कि तानाशाही हटने से ही उसका सुहाग सुरक्षित रह सकेगा। मुलाक़ात का वक़्त समाप्त हो चुका है। नियमों का पाबन्द नीतीश उन लोगों को इशारों से जाने को कहता है। यह बड़ा मार्मिक क्षण है। मंजु भाभी वहाँ से हटना नहीं चाहती, लेकिन कोई और उपाय न देखकर कहती है कि ठीक है, मैं रोज़ प्रार्थना करूँगी, वह भी दोनों टाइम सुबह-शाम, कि यह तानाशाही जल्दी हट जाए। सच पूछा जाए तो बक्सर की जेल बिहार की सबसे अच्छी जेलों में एक थी। सन्तोषी नीतीश को राजनीतिक क़ैदियों को प्राप्त होनेवाली सारी सुविधाएँ मिलती देख मंजु का दुख पहले से थोड़ा कम हुआ था। जब तक नीतीश वहाँ रहा तब तक नियमित रूप से मंजु भाभी सहित सारा परिवार उससे मिलने बक्सर जेल जाता रहता था। बख़्तियारपुर में अकेली रह गई मंजु भाभी को सदा मानसिक तनाव बना रहता। कोई भी उनकी वेदना समझनेवाला नहीं था और वे बिना पूछे बोलनेवालों में नहीं थीं। ससुराल में अपनी निष्क्रियता के कारण उन्हें घुटन का अनुभव भी होता रहा होगा। नीतीश की सहमति से मंजु भाभी ने 1975 में बी.एड. में पटना यूनिवर्सिटी में दाख़िला ले लिया और कंकड़बाग़ में अपने मायके में रहकर पढ़ने लगीं। 1977 में वे द्वितीय श्रेणी में पास भी हो गईं।'

अज्ञात आँसुओं का इतिहास

इस प्रसंग में नीतीश की भाभी गीता जी भी महत्त्वपूर्ण जानकारी देती हैं—

'जयप्रकाश जी के आन्दोलन में जब नेताजी बक्सर जेल में बन्द कर दिए गए तो मेरा मन बड़ा कचोटने लगा। मैं सोचती थी कि यदि कोई ऐसा नियम

हो तो उनके बदले मैं ही जेल चली जाऊँ, क्योंकि वे तो कई बार जेल जा ही चुके थे। नेताजी के जेल जाने की ख़बर से मैं घबराकर पागल जैसी हो गई। घर में बाबूजी की नृस्पृहता और अपने पति की नेताजी के लिए कुछ भी न कर पाने की असहायता मेरे क्रोध को और बढ़ा देती। माताजी और मंजु का दुख देखकर मेरा मन छटपटाता और मर जाने को करता। देवरानी बनने से पहले से ही पढ़ाई के प्रति मंजु के रुझान के बारे में मुझे पता था, पर उसकी उँगलियों में अन्नपूर्णा बसती हैं, यह बात मुझे उसके विवाह के बाद पता चली। खाना बनाने और खिलाने का ऐसा शौक़ मैंने किसी और में नहीं देखा। पर नेताजी से जेल में मिलकर लौट आने के बाद वह सब कुछ छोड़कर गुमसुम रहती, जैसे विरह की प्रतिमूर्ति बन गई थी। अन्त में जब मेरे सब्र का बाँध टूट गया तो मैं सारे संकोच छोड़कर परिवार वालों के साथ नेताजी से मिलने की ज़िद करने लगी। तब मुझे दुखी देखकर किसी सन्त ने मुझे माई कहकर सम्बोधित करते हुए कहा था—

'जेल की बात सोचकर जी छोटा मत कर माई, सबके मुक्तिदाता कृष्ण का जन्म तो जेल में ही हुआ था।'

पता नहीं क्यों, लेकिन मुझे इस बात से बड़ा सन्तोष हुआ और लगा कि मेरे देवर भी जब जेल से बाहर आएँगे तो वे सबको अन्याय से मुक्ति दिलाएँगे। अगली बार जब मैं उनसे मिली तो मैंने मन ही मन उनसे सब कह दिया। इतनी बड़ी भीड़ के सामने नेताजी के आगे मुँह खोलने का दुस्साहस मेरे लिए तो असम्भव ही था। नेताजी जब पहली बार मंजु के साथ लम्बी यात्रा पर गए तो मेरे लिए बहुत सारे उपहार लेकर आए। बाद में मॉस्को से बिटिया के लिए गुड़िया और न जाने कहाँ से बेटे के लिए माइक्रोस्कोप लेकर आए थे। आज वह बच्चा उसी से प्रेरणा पाकर डॉक्टर बन गया है।'

यह सब बताते-बताते गीता जी इतनी भावुक हो गईं कि उनका गला रुँध गया। वर्षों से अब तक दबी, और आज अचानक फूट पड़ी गीता जी की वेदना के मूकदर्शक बने हम स्तब्ध खड़े हैं। शायद यह चुप्पी बेहद मुखर होकर हम सबको यही कह रही है कि नीतीश या फिर किसी भी जीवन की दहकती पथरीली राह को थोड़ी ठंडक पहुँचाने में कितनी जोड़ियाँ अनाम आँखें आँसू बहाती हैं तब जाकर सफ़र पूरा होता है और शायद यह भी कि इन अज्ञात आँसुओं का इतिहास भी लिखा जाना चाहिए। हमारी व्याकुलता मीता से बर्दाश्त नहीं हो पाती। वह पूरी कहानी को नया मोड़ देते हुए कहता है—

'जनवरी 1977 में इन्दिरा जी ने मार्च में लोकसभा के चुनावों की घोषणा की। शायद बाहर किसी सुगबुगाहट के न महसूस होने के कारण उन्हें ख़ुफ़िया तंत्र ने सूचना दी थी कि अभी चुनाव कराए जाने से उनकी भारी जीत में कोई शंका नहीं थी। विपक्ष के सारे नेता जेल में बन्द थे। सचाई यह है कि तब तक

जनता इतनी त्रस्त हो चुकी थी कि उसने मुँह से कुछ न कहकर बस एक बार सीधे मार्च ही में पासा पलटने का निश्चय कर लिया था। आग थी, मगर पृथ्वी के गर्भ में खौल रहे लावा की तरह बहुत अन्दर, इतने अन्दर कि बाहर धुआँ तक नहीं दिखता था। तब तक यत्न से लोगों के सीनों में छुपाकर रखा गया यह ज्वालामुखी सीधे चुनाव के दिन ही फूटा था। जेपी के आशीर्वाद से विपक्ष के पाँच बड़े दलों, अर्थात संसोपा, जनसंघ, भारतीय लोकदल, कांग्रेस (जगजीवन राम) और कांग्रेस (ओ) का आपस में विलय हो गया था और जनता पार्टी बन गई थी। ये सब परिवर्तन देश की राजनीति के लिए शुभ लक्षण थे। उन्हीं दिनों अज्ञात कारणों से नीतीश का स्थानान्तरण भागलपुर सेंट्रल जेल में कर दिया गया। इसी जेल में सारे बड़े क्रान्तिकारियों को रखा गया था।'

सप्तक्रान्ति से सम्पूर्ण क्रान्ति की ओर दूसरा क़दम

नीतीश की ज़िन्दगी बक्सर जेल में एक ढर्रे पर चलने लगी थी। इस एकरसता से उसे बड़ी उलझन महसूस होती थी। लगता था कि वह कुछ कर नहीं पा रहा है। समय की रेत मुट्ठियों से बस फिसलती ही जा रही है। अख़बारों और पत्रिकाओं पर लगे प्रतिबन्धों के कारण बाहर से आन्दोलन की सही ख़बरें बस इधर-उधर से छन-छन कर ही आती थीं। रेडियो पर तो सरकार का पूरा नियंत्रण था ही। इसलिए मानसिक स्थिरता बनाए रखने के लिए नीतीश के पास किताबों के अलावा और कोई साधन नहीं था। वह फिर भी जेल में बन्द सभी आन्दोलनकारियों को सप्त क्रान्ति और सम्पूर्ण क्रान्ति की बात समझाता। लोगों का उत्साह बनाए रखने के लिए बहस और चर्चा आयोजित करता रहता। गांधी, मार्क्स और लोहिया साहित्य तो उसे कंठाग्र थे! उन पर अनवरत चर्चा चलती। वही सब उसके ओढ़ना और बिछावन बनकर रह गए थे। भोजन पानी में उसकी कोई विशेष अभिरुचि थी ही नहीं, बौद्धिक चर्चा ही उसकी ख़ुराक थी। शायद उसके बक्सर जेल में बन्दी रहने के दौरान ही बिहार के प्रखर कवि श्री सत्यनारायण जी की मशहूर कविता 'बन्दी होगी, धरना होगा' बाहर रह गए लोगों की ज़बान पर चढ़ गई। वह कविता इस तरह थी—

बन्दी होगी, धरना होगा, जो भी होगा करना होगा!
सच बोलो तो लाठी-गोली, झूठ कहो तो भरती झोली!
कुछ मत पूछो, दिल्ली पटना, सब है लफ़्फ़ाज़ों की टोली।
पानी सिर से बढ़े कि इससे, पहले दोस्त, उबरना होगा!
छोड़ो पिछला पंजा-छक्का, जाम करो सरकारी चक्का।
दरक गई है नींव ईंट की, होगा यही आख़िरी धक्का!
उठो साथियो, आगे बढ़कर, जेल-सेल सब भरना होगा!

बिहार की सारी जेलें पूरी तरह भरने लगी थीं। गिरफ़्तार लोगों को पुलिस गाड़ियों में भर-भर कर लाती और जेलों में जगह नहीं होने के कारण कहीं

दूर-दराज़ स्थान पर छोड़ देती थी। जेल के अन्दर बन्दी आन्दोलनकारियों में असन्तोष और व्यग्रता बढ़ती जा रही थी। वहाँ से कभी भी विद्रोह की ज्वलामुखी फूट सकती थी। जयप्रकाश बहुत पहले ही हज़ारीबाग़ जेल की चहारदीवारी फाँदकर पुलिस को अँगूठा दिखा चुके थे। छोटे-मोटे जेलों में वैसी ही घटना की पुनरावृत्ति की आशंका हर रोज़ बढ़ती ही जा रही थी। इसलिए महत्त्वपूर्ण क़ैदियों को अपेक्षाकृत बड़े और अधिक सुरक्षित जेलों में स्थानान्तरित किया जाने लगा। फिर नीतीश तो एक साथ पूरी जेल का अन्दरूनी कलेवर ही बदल रहा था। इससे दक्षिणपंथी विचारधारा वाले राजनैतिक क़ैदियों की बौखलाहट बढ़ती ही जाती थी। नीतीश की लोकप्रियता से घबराकर किसी ने उसके सारे काग़ज़ात ही चुरा लिये। इसी क्रम में नीतीश को पुलिस एस्कॉर्ट पार्टी के साथ बक्सर से भागलपुर सेंट्रल जेल भेजने का निश्चय हुआ।

मैं कहाँ-कहाँ से गुज़र गया

नीतीश बताता है—

'मुझे अपने साथ लेकर पुलिस एस्कॉर्ट पार्टी बक्सर से भागलपुर के लिए ट्रेन से रवाना हुई। ट्रेन खुलने के थोड़ी ही देर बाद मेरे साथ चल रहे पुलिस वालों को मुझसे सहज ही सहानुभूति हो गई। कई छोटे-बड़े स्टेशनों पर रुकती-थमती ट्रेन पटना जंक्शन पर पहुँच गई। स्टेशन पहुँचने के थोड़ी देर पहले से ही मेरे दिल की धड़कनें अपने आप तेज़ होने लगीं। इसी शहर से तो मेरा सर्वस्व जुड़ा हुआ था! मुझे मेरी पहचान, मेरी आस्था और मेरे भविष्य के जीवन दर्शन की पहली झलक भी यहीं मिली थी। फिर मेरी जीवनसंगिनी भी तो इसी शहर पटना में, रेलवे स्टेशन से तीन किलोमीटर से भी कम दूरी पर, संताप में जी रही थी। जब ट्रेन पटना जंक्शन पर रुकी तब तक रात का आँचल पसरने लगा था। पटना में ट्रेन काफ़ी देर तक रुकती थी। बहुत तेज़ बारिश के बन्द हो जाने के बाद भी वहाँ हल्की-फुल्की फुहारें गिर ही रही थी। ट्रेन में उकड़ूँ बैठे-बैठे हम सबके शरीर अकड़े हुए थे। सबको ज़ोरों की चाय की तलब भी लग गई थी। पुलिस एस्कॉर्ट पार्टी मुझे साथ लेकर प्लेटफ़ॉर्म पर चाय पीने के लिए उतर गई। मुझे हथकड़ी तो लगी नहीं थी, इसलिए मैं पुलिस पार्टी को चाय पीने में व्यस्त छोड़कर वहीं प्लेटफ़ॉर्म पर टहलने लगा। टहलते-टहलते ही मैं उनकी नज़रों से ओझल होकर उनकी प्रतिक्रियाएँ देखने लगा। ट्रेन छूटने की सीटी बजते ही उनके होश फ़ाख़्ता हो गए! बदहवासी में मेरी तलाश शुरू हुई। जब ट्रेन प्लेटफ़ॉर्म से बहुत दूर निकल चुकी तब मैं आराम से चलता हुआ उनके सामने आ गया। मुझे देखकर उनकी प्रतिक्रिया ठीक वैसी ही थी कि मानो अन्धे को आँखें मिल

गई हैं! मैं न मिलता तो उन पर गाज गिरनी ही थी। इसलिए मुझ पर नाराज़गी न जताकर वे मुझ पर आशीर्वाद की बारिश करने लगे। मज़े की बात यह थी कि भागलपुर के लिए अगली ट्रेन दूसरे दिन सवेरे ही मिलनेवाली थी। इसलिए मैंने सबको अपनी ससुराल में भोजन करने और वहीं रात गुज़ारने का आमंत्रण दिया। पुलिस एस्कॉर्ट पार्टी ने तुरन्त ही यह प्रस्ताव मान लिया। उसी हल्की-फुल्की बारिश में हम सब रिक्शों पर लदकर मेरी ससुराल, कंकड़बाग़ में पहुँचे। वहाँ घुटने-घुटने भर पानी में अनगिनत हरहरा साँप तैर रहे थे! मेरा एकाएक वहाँ पहुँच जाना इतना अप्रत्याशित था कि पहले तो किसी को विश्वास ही नहीं हुआ। लेकिन मुझे सशरीर देखकर तुरन्त ही लोगों की ख़ुशी का ठिकाना न रहा। मैंने मोटू (नरेन्द्र) को भी ख़बर कर दिया। तब वह पांडु लॉज में रहता था। रात ग्यारह बजे वह कंकड़बाग़ पहुँचा तब तक फटाफट सभी लोगों के खाने-सोने की व्यवस्था की जा चुकी थी। मंजु को देखकर मुझे बहुत ही दया आई। मुझे देखते ही उस विरहिणी की कुम्हलाई शक्ल कैसे खिल उठी थी, यह याद करके मुझे आज भी अच्छा लगता है।'

उन दिनों के बारे में मीता बताता है—

'एस्कॉर्ट पार्टी के साथ नीतीश भागलपुर के लिए सवेरे-सवेरे ही रवाना हो गया। अपने पति को बहुत दिनों बाद जेल से बाहर देखकर मंजु भाभी के पूजा-पाठ का क्रम और भी नियमित, दृढ़ और आस्थावान हो गया।'

भागलपुर जेल में कई महिलाएँ भी बन्द थीं। उनमें सुधा श्रीवास्तव, कृष्णा मित्रा, वीणा मोदी, स्मृति पांडेय शामिल थीं। ललन सर्राफ़ के अनुसार, उनकी सास सुधा जी अपने पति उमा श्रीवास्तव की तरह प्रतिबद्ध समाजवादी थीं। सुधा दरअसल, जेपी की बहन की बेटी थीं, पति भी क्रान्तिकारी प्रवृत्तियों वाले सज्जन थे इसलिए आन्दोलन के प्रति इनका समर्पण बहुत ज़बरदस्त था। इस परिवार के बच्चों की मानसिकता भी बेहद आदर्शवादी थी। भागलपुर जेल में शाम में जब मुलाक़ातियों से मिलने का समय होता था, तब जेल के गेट तक आते-जाते महिला और पुरुष क़ैदियों की दुआ-सलाम भी हो जाया करती थी। इसी क्रम में सुधा जी को नीतीश का व्यक्तित्व बहुत गरिमापूर्ण लगा। नीतीश भी उनके प्रति बड़ी श्रद्धा और आदर का भाव रखने लगा था।

बकौल नीतीश—

'मुझे भागलपुर जेल भेज दिया गया। भागलपुर जेल बहुत विशाल तो है ही, अपने आपमें एक विस्तृत संसार ही है वह जगह। वहीं मुझे अनुभव भी हुआ कि 'कबिरा इस संसार में भाँति-भाँति के लोग!' जेल में मुझे आन्दोलन के प्रखर नेता हीरा पांडेय जी के साथ वाला बिस्तर मिला जिनके पास जेल के भीतर रहनेवाली एक बिल्ली बहुधा आती थी। धीरे-धीरे वह बिल्ली मेरे पास भी

आने और बाद में मेरे बिस्तर में घुसकर सोने लगी थी। बक्सर जेल में बाबा नागार्जुन के साथी के पास एक नेवला आया-जाया करता था जिस पर उन्होंने एक कविता भी लिखी थी। उस बिल्ली का शुरू का मेरे साथ का चौकन्नापन, मुझ पर प्रारम्भिक अविश्वास, वक़्त के साथ-साथ उससे बढ़ती दोस्ती और आज तक ज़ेहन में बसी उसकी मीठी यादें, वह सब सोचकर अब लगता है कि उस बिल्ली से मेरे सम्बन्ध की बेल कुछ-कुछ वैसे ही परवान चढ़ी जैसे जेल के अन्दर बन्द भागलपुर के स्थानीय आन्दोलनकर्ताओं के साथ मेरे सम्बन्ध बने। मैं पटना का नेता था, वह भी छात्र संघर्ष समिति से। उसमें भी मैं संचालन समिति का सक्रिय सदस्य था। तब तक कतिपय कारणों से संचालन समिति की छवि धूमिल पड़ने लगी थी। जिसका सीधा असर यों हुआ कि उसका सदस्य जानकर स्थानीय लोगों ने आरम्भ में मेरी बड़ी उपेक्षा की। किसी ने कहा भी था कि कोयले की दलाली में मुँह नहीं तो कम से कम हाथ तो काले होंगे ही। संचालन समिति की सदस्यता का यह इनाम मेरी नियति में ही था। बाद में मेरे स्वभाव को जानकर थोड़ी बर्फ़ पिघली और महीने भर में सब कुछ सामान्य हो गया। वह फ़िकरेबाज़ों का भारी जमावड़ा भी था जिसमें बैठकर मैंने भी 'बैठकबाज़ी', 'उड़ान कसना', 'ठोस हो जाना' आदि स्थानीय मुहावरों का धड़ल्ले से प्रयोग करना सीख लिया। हीरा पांडेय जी के साथ सदा-सर्वदा रहनेवालों में प्रकाश गुप्ता और ललन सर्राफ़ थे। इस कारण सबसे पहले वहाँ मैंने इन्हीं लोगों को जाना। ललन सर्राफ़ तो ख़ैर आज भी साथ हैं और बिना किसी हिचक के, भाई से बढ़कर साथी की तरह, हर प्रकार से मेरी नि:स्वार्थ सहायता करते रहते हैं। वहीं अशोक घोष, सुभाष पांडेय, शमीम, जय प्रकाश जय, शैलेश भारती, दयानन्द गोस्वामी, बनारसी दास गुप्ता, भागलपुर विश्वविद्यालय के प्रकाश चन्द्र गुप्ता, सर्वोदयी नेता डॉ. रामजी सिंह, स्थानीय विधानसभा के सदस्य विजय मित्र आदि भी मिले जिनकी छवि मन में आज भी तब की ही तरह ताज़ा है। सबसे अधिक मुझे आयुर्वेदिक कॉलेज भागलपुर के लम्बे और मोटे-ताज़े दिनेश तिवारी की याद आती है, पता नहीं कहाँ और कैसा है आजकल, उसका निश्छल स्वभाव बिलकुल बच्चों जैसा ही था। भागलपुर से बाहर के जो लोग उस जेल में बन्द थे उनमें बाँका या अमरपुर के, थोड़े हकलानेवाले, श्रवण कानोडिया और उनके साथ रहनेवाले उदय जी। शायद गोड्डा के रहनेवाले थे पंकज सिंह, वकील साहब, जिनकी मुझे अभी तक स्पष्ट याद है। एक और रवीन्द्र सिंह हमारे साथ थे जो गिरिडीह के रहनेवाले थे। बाहर वालों में गौतम सागर राणा, समरेश सिंह, कृपा शंकर चटर्जी, परमेश्वर हेम्ब्रम और परमेश्वर कुँवर भी थे जिनसे मन के तन्तु आज भी किसी-न-किसी स्तर पर जुड़े हुए हैं। बहुत-सी मीठी स्मृतियों के फूलों वाली बगिया है वह काल, जिसमें थका हुआ मन कभी एक चक्कर भी

काट ले तो फिर से स्फूर्ति का अनुभव होने लगता है। इन लोगों ने जेल का वह प्रवास उतना त्रासदायक नहीं रहने दिया जितना वह मेरे जैसे संकोची व्यक्ति के लिए हो सकता था। जेल में ही जॉर्ज फ़र्नांडीस साहब के गिरफ़्तार होने और उन पर बड़ौदा डायनामाइट मामले में मुक़दमा चलने की ख़बर आई।

इन्हीं दिनों 'धर्मयुग' के सम्पादक डॉ. धर्मवीर भारती की एक 'मुनादी' शीर्षक की बेहद चुभती हुई कविता बहुत चर्चित हुई थी। उसकी शुरू की कुछ पंक्तियाँ मुझे याद आती हैं—

खलक ख़ुदा का, मुलुक बाश्शा का, हुकुम शहर कोतवाल का...
हर ख़ास-ओ-आम को आगाह किया जाता है कि ख़बरदार रहें
और
अपने-अपने किवाड़ों को अन्दर से कुंडी चढ़ाकर बन्द कर लें,
गिरा लें खिड़कियों के पर्दे और बच्चों को बाहर सड़क पर न भेजें—
क्योंकि
एक बहत्तर वर्ष का बूढ़ा आदमी
अपनी काँपती कमज़ोर आवाज़ में
सड़कों पर सच बोलता हुआ निकल पड़ा है!

उस एक बूढ़े आदमी का सड़क पर बोला गया सच पल भर में ही हर घर में अन्तर्नाद बनकर गूँजने लगा। आन्दोलन से शिद्दत से जुड़े हम जैसे लोगों को लगने लगा सवेरा बस होने ही वाला है। मैं भागलपुर जेल में अधिकतर चुप रहकर कुछ न कुछ पढ़ता ही रहता था। बक्सर जेल की अपेक्षा यहाँ आन्दोलन की आँच में अधिक तपे-तपाए लोग बन्द किए गए थे। इसलिए साथियों का बहुत दबाव पड़ा तो छोटी-सी मित्र मंडली के बीच लोहिया जी के विचारों के बारे में चर्चा भी कर लेता था। वैसे तो जेल में भी मेरे पास कुछ गम्भीर किताबें इकट्ठी हो गई थीं लेकिन मुझे सबसे आश्चर्य मिश्रित ख़ुशी तब हुई जब भागलपुर जेल में मेरे बाबूजी ने मुझे हिन्दी में अनूदित दो अद्भुत किताबें भेजीं। चक्रवर्ती राजगोपालाचारी की लिखी इन किताबों के नाम थे क्रमश: 'दशरथ-नन्दन श्रीराम' और 'महाभारत'। पहली किताब के पहले पन्ने पर ही बाबूजी ने लाल स्याही से, वह भी अपने ही हाथों से, मेरा नाम अंग्रेज़ी और हिन्दी दोनों में लिखा था।

मैंने पढ़ना शुरू करने से पहले ही इन किताबों को बाबूजी का प्रसाद समझकर प्रणाम किया। फिर मेरी नज़र इस बात पर पड़ी कि बाबूजी ने 'वाइस-प्रेसिडेंट' और 'उपाध्यक्ष' शब्दों को कितनी दृढ़ता से रेखांकित किया था! ख़ुशियाँ और दुआएँ जैसे उनकी क़लम से रोशनी के फ़व्वारे की तरह फूट रही थीं! मैं उनके

आशीर्वाद के इस झरने के नीचे खड़ा होकर सर से पाँव तक नई ऊर्जा से भर गया। मैं उसी क्षण अच्छी तरह समझ गया कि मेरे राजनीति में आने के निर्णय को उन्होंने न सिर्फ़ हृदय से स्वीकृति दी है बल्कि उसे पूरा संरक्षण भी देने का अभयदान दे दिया है। मुझे यह बात भी समझ में आ गई कि मैं उन दो लाल रेखाओं के बीच मंजु को छोड़कर तब तक निश्चिन्त हो सकता हूँ जब तक बाबूजी की छत्रच्छाया मेरे सर पर है। वे दो लाल रेखाएँ बाबूजी के दो मज़बूत हाथ थे जो मुझे परिवार की ज़िम्मेदारियों से मुक्त कराकर निश्चिन्त रहने का वचन दे रहे थे। इन किताबों को पढ़ने से पहले मैंने मान लिया था कि तब तक के जीवन में मैं देशी-विदेशी ढेर सारा दर्शनशास्त्र इतना कुछ पढ़ चुका था कि मुझे अब कुछ नया सीखने की आवश्यकता नहीं बची थी। मेरा यह अभिमान कितना थोथा था, मुझे उन दोनों कालजयी रचनाओं को पढ़कर यह बात समझ में आई। त्रेता युग की रामकथा का काल और महाभारत की कथा का द्वापर युग एक दूसरे से बिलकुल भिन्न थे। पता नहीं क्यों रामायण के मुख्य पुरुष पात्र मुझे बहुत अपने जीवन में कभी नहीं दिखे। शायद आजकल वैसे उच्च आदर्श वाले लोग पृथ्वी पर विरल ही होंगे। उनकी तुलना में अहल्या, केवट, निषाद राज, सीता, शबरी, जटायु, तारा, अंगद, मन्दोदरी, त्रिजटा, विभीषण, हनुमान आदि जैसे चरित्र मुझे कई बार मिले हैं। राम कथा में ये सब चरित्र अपनी-अपनी सीमाओं में रहकर भी निःस्वार्थ भाव से अनंत से जुड़ने और अनंत का ही कार्य करने के लिए प्रयासरत थे। श्रीराम का हर परिस्थिति में धीरज और विवेक न खोना, एक पत्नी निष्ठावान होना और हर के लिए एक जैसी कृपा दृष्टि रखना जैसे गुण मुझे बहुत प्रेरणा देते थे। बस, राजा दशरथ से अधिक विवेकी मुझे मेरे बाबूजी ही लगते। रामजी के वियोग में सीताजी का दुखी जीवन पढ़कर मुझे बरबस मंजु की याद आ जाया करती थी। रामायण में वर्णित गुरुओं, गुरुकुलों और घटनाओं के बिहार से जुड़े होने की बात पढ़कर मुझे बहुत गर्व हो जाया करता था। सीताजी के कारण मिथिला की मिट्टी से मेरी श्रद्धा बहुत बढ़ गई। कई कारणों से रावण भी मुझे वैसे खलनायक कभी नहीं लगे जैसा बाद में टीवी सीरियल में दिखाया गया था। चक्रवर्ती राजगोपालाचारी जी की किताब पढ़कर यही लगा कि वह तो अपनी मुक्ति के लिए सारे नाटक कर रहा था। वर्षों बाद, एक बार, रामानन्द सागर की रामायण सीरियल में राम का पात्र निबाहनेवाले, अरुण गोविल से मेरी मुलाक़ात मेरे मित्र स्वामी आनन्द अरुण ने पटना में कराई थी। तब भी उनकी बातें करने के अन्दाज़ में वही सीरियल वाला ठहराव था। बाद में मैंने तुलसीदास जी की रामचरितमानस भी पढ़ी जिसमें मुझे लंका कांड का वह प्रसंग सबसे मधुर लगा जब विभीषण चिन्तित है कि बिना रथ, कवच, पदत्राण (जूते) आदि के श्रीराम वीर और बलवान रावण को कैसे जीतेंगे?

रामजी विभीषण से कहते हैं कि मित्र सुनो, जिससे विजय प्राप्त होती है वे अन्य प्रकार के रथ होते हैं। शौर्य और धैर्य उस रथ के पहिए हैं। सत्य और शील उस पर लहरानेवाले मज़बूत झंडे हैं। शक्ति, विवेक, इच्छाओं पर नियंत्रण और दूसरों का हित, ये उस रथ के चार घोड़े हैं। इन घोड़ों को क्षमा, कृपा और सबको एक समान देख सकने की शक्ति की रस्सियों ने जोड़कर रखा है। ईश्वर का भजन इस रथ को हाँकनेवाला सारथी है।

वैराग्य ढाल और सन्तोष तलवार है। दान फरसा, बुद्धि प्रचंड शक्ति (एक विशेष प्रकार का अस्त्र जिससे मंत्रों से शक्तिशाली बनाकर शत्रु पर प्रहार किया जाता है) और विशेष ज्ञान मज़बूत धनुष है। निर्मल और स्थिर मन तरकश और शम (मन पर नियंत्रण), यम, नियम (सम्भवत: अष्टांग योग) आदि विभिन्न प्रकार के बाण हैं।

विप्र (ज्ञानी व्यक्ति) और गुरु की पूजा अभेद्य कवच है। इसके समान विजय प्राप्ति का कोई दूसरा उपाय नहीं है। हे मित्र, ऐसा धर्ममय रथ जिसके पास है, उसके सामने जीतने के लिए कोई शत्रु ही नहीं है!

मुझे लगा कि इस संघर्षपूर्ण अहिंसक आन्दोलन के हमारे लोकनायक श्री जयप्रकाश नारायण जी को यह सूत्र अवश्य ही पता है। उनके पास ही यह धर्ममय रथ है इसलिए अब उनके प्रयासों के सफल होने में कोई सन्देह नहीं बचा है। शायद उन्हीं दिनों मैं कभी-कभी हनुमान चालीसा भी पढ़ने लगा था। बाद में जब मैंने मॉरीशस सहित दक्षिण अफ्रीकी देशों में ग़ुलाम बना जबरन भेजे गए बिहारी और उत्तर प्रदेश के मज़दूरों के बारे में पढ़ा तो मुझे बहुत दुख हुआ। इन्हें गिरमिटिया कहा गया क्योंकि इनसे जबरन काग़ज़ पर अँगूठे का निशान लेकर एग्रीमेंट कराया जाता था। एग्रीमेंट का अपभ्रंश हुआ गिरमिट और गिरमिट करनेवाले कहलाए गिरमिटिया। इन्हें किन अमानवीय परिस्थितियों में ले जाया गया था, उसका लोमहर्षक विवरण कई स्थानों से मुझे मिला। उन्हीं स्रोतों से मैं यह भी जान सका कि जीवित रहने की असम्भव-सी लगनेवाली सम्भावनाओं के बीच भी इनकी जीवन ज्योति जगी रही तो सिर्फ़ इसलिए कि ये अपने साथ 'रामायण' ले गए थे। जब मुझे मॉरीशस जाने का मौक़ा लगा तो वहाँ इस प्रसंग को अधिक विस्तार से समझकर मैं रामकथा पर मानव की आस्था का हमेशा के लिए क़ायल हो गया।

इसी प्रकार महाभारत पढ़ते समय मुझे लगा कि श्रीकृष्ण में पांडवों की दृढ़ आस्था के कारण उनकी विजय हुई। आस्था चाहे किसी व्यक्ति में हो, या फिर किसी मूर्ति या किसी पुस्तक में, आस्था के परिणामस्वरूप किसी भी व्यक्ति के अन्दर की शक्ति अपने प्रबलतम रूप में प्रकट हो जाती है। महाभारत में मुझे अधिकांश पुरुषों की अपेक्षा स्त्री पात्रों में चारित्रिक दृढ़ता अधिक नज़र आई।

सत्यवती, अम्बा, कुन्ती, गांधारी, द्रौपदी, यशोदा आदि की सोच में मुझे कभी कोई संशय नहीं दिखा। पुरुष पात्रों में विदुर और कृष्ण ने मुझे सबसे अधिक प्रभावित किया। इसमें कोई सन्देह नहीं कि कृष्ण जैसा पात्र और भगवद्गीता जैसा ज्ञान मुझे कहीं भी और कभी भी नहीं मिला। आज भी मेरे पढ़ने की मेज़ पर श्रीमद्भागवद्गीता की एक प्रति हमेशा रहती है। कृष्ण मेरे प्रदेश और मेरे क्षेत्र मगध में आए थे और यहाँ भी उनकी लीला हुई थी, यह सब सोचकर मैं बड़ा रोमांचित हुआ करता था।

यह बात समझने में मुझे बहुत समय लगा कि आज से कई हज़ार वर्ष पहले श्रीकृष्ण और द्रौपदी के बीच वासना विहीन और अत्यन्त प्रबल सखा भाव था! इसे ठीक से समझने के लिए सोच में जिस खुलेपन की आवश्यकता है, उसका आज के युग में अभाव दिखता है। द्रौपदी की हर बड़ी मुश्किल से उसे जिस तरह श्रीकृष्ण ने उबारा, वह मुझे अद्भुत मित्रता की अद्वितीय मिसाल लगी थी। महाभारत में ही मैंने मित्रता के विभिन्न आयामों की तीन कहानियाँ भी पढ़ीं। ये द्रुपद और द्रोण, कर्ण और दुर्योधन तथा कृष्ण और सुदामा की मित्रता की कहानियाँ हैं। स्कूल के दिनों में दिनकर जी की रश्मिरथी पढ़कर मैं कर्ण का भक्त हो गया था। अब उन्हीं के अंग प्रदेश (भागलपुर) के कारावास में बन्द होकर मैं महाभारत पढ़ रहा था! लेकिन महाभारत में कर्ण ने अभिमन्यु के वध में जो अन्याय किया और उसके वध में श्रीकृष्ण ने जो प्रपंच रचा, मैं उसकी वैधता आज तक स्वीकार नहीं कर पाया। मैं जेल से छूटने के बाद डॉक्टर लोहिया के 'राम, कृष्ण और शिव' और 'सीता-सावित्री' आलेखों को दोबारा पढ़कर लोहिया जी की सोच का एक बार फिर से क़ायल हो गया। उनका लिखा मुझे याद है कि द्रौपदी शायद इतिहास की एकमात्र महिला हैं जो अपने समय के सभी पुरुषों की तुलना में सबसे अधिक समझदार थीं। लोहिया जी की पुरुषों की इस फ़ेहरिस्त में श्रीकृष्ण ही एकमात्र अपवाद बताए गए हैं। बहुत दिनों बाद मैंने श्री मनु शर्मा की लिखी 'कृष्ण की आत्मकथा' बहुत मनोयोग से, और एक से अधिक बार पढ़ी। आठ खंडों में लिखी यह कथा किसी महाकाव्य से कम नहीं। इसमें 'छन्दक' नाम के एक काल्पनिक चरित्र से मैं बड़ा प्रभावित हुआ हूँ। 'छन्दक' कृष्ण का विश्वासी मित्र था और निडर होकर कृष्ण को पूरे राज्य की सही ख़बर देता था। आज यह काम मीडिया बख़ूबी कर सकती है। लेकिन आजकल मीडिया के साथ जितनी क़िस्मों की प्रतिबद्धता है उनको देखने से मीडिया की निष्पक्षता सन्दिग्ध हो जाती है। बहरहाल बाबूजी की दी हुई इन दो किताबों में मैं डूबता चला गया। देखते ही देखते 1977 आ गया। जनता पार्टी बनने की घोषणा हुई। सीएफडी (कांग्रेस फ़ॉर डेमोक्रेसी) बनी जिसके सूत्रधार बाबू जगजीवन राम, हेमवती नन्दन बहुगुणा आदि जैसे कई पुराने कांग्रेसी नेता थे।

राष्ट्रपति जी ने लोकसभा भंग कर दी थी। नये चुनाव मार्च में होनेवाले थे। तब इस बात का बड़ा प्रचार था कि जेपी चाहते थे कि मैं भी लोकसभा का चुनाव लड़ूँ। 1974 से 1977 तक बहुत गहन चिन्तन के उपरान्त और जयप्रकाश जी के दर्शन की थोड़ी समझ हो जाने के बाद, मैं इस निष्कर्ष पर पहुँच गया था कि देश की डूबी हुई स्थिति में स्थायी परिवर्तन चुनावी राजनीति से ही लाया जा सकता था, आदर्शवाद से बिना कोई समझौता किए हुए भी।'

स्पष्टत: नीतीश ने अपने सामने के कई विकल्पों में से चुनावी राजनीति में उतरने का फ़ैसला बहुत सोच-समझकर लिया था। लेकिन उसमें अभी बहुत वक़्त बाक़ी था।

वक़्त ने किया, क्या हँसी सितम

नीतीश बताता है—

'अगर मैं जेल से बाहर होता तो मेरे बाढ़ लोकसभा क्षेत्र से खड़े होने की बात लगभग पक्की थी। मैं जेल में था और चुनाव लड़ने के लिए मानसिक रूप से तैयार भी था। मैं जानता था कि आनेवाले दिनों में समाज में क्रान्तिकारी परिवर्तन लाने के लिए राजनैतिक शक्ति का रोल कितना महत्त्वपूर्ण होगा। लेकिन मुझे बिलकुल ही पता नहीं था कि लोकसभा का चुनाव लड़ने के लिए मुझे इन परिस्थितियों में क्या करना चाहिए। यह बात मेरी समझ के बिलकुल परे थी कि जेल के अन्दर रहते हुए भी बाहर की चुनावी दुनिया का हिस्सा कैसे बना जा सकता है! मेरे जो हितैषी और मित्र बाहर थे, उनका इस विषय में ज्ञान मुझसे भी गया-बीता था। चुनाव के पर्चे के दाख़िल करने का आख़िरी दिन सर पर आ गया था। मुझे जेल से छोड़े जाने के सारे काग़ज़ तैयार होकर कारा विभाग के किसी उच्चाधिकारी के पास पटना में पड़े थे। वे सज्जन सारा दिन दफ़्तर से कहीं बाहर थे। नरेन्द्र को वे काग़ज़ात लेने थे लेकिन दिन-भर उनकी प्रतीक्षा करके शायद वह थक और ऊबकर वापस चला आया। देर शाम अधिकारी महोदय ने दफ़्तर में आकर मेरे निर्गमन आदेश पर दस्तख़त किए, पर उन्हें लेने के लिए नरेन्द्र तो वहाँ था ही नहीं! मामले की गम्भीरता को समझनेवाले, उसी दफ़्तर में कार्यरत, बख़्तियारपुर के एक सज्जन ने वह काग़ज़ वहाँ से ले लिया। उन्हें पता नहीं था कि मैं तब भागलपुर में था। इसलिए मेरी तलाश में बेचारे, दो दिनों तक आरा और बक्सर की धूल फाँकने के बाद, भागलपुर पहुँच सके। जिस दोपहर तक मुझे कारावास से मुक्ति के काग़ज़ मिल पाए, वह पर्चा दाख़िल करने का आख़िरी दिन था। मुझे लगता है कि शायद मंजु की सवेरे-शाम वाली अर्जी सुने जाने से ही अचानक चुनाव की घोषणा हो गई थी। इमरजेंसी के समाप्त हो जाने

के थोड़े ही दिनों में मैं जेल से छूट तो गया था, पर समय इतना कम बचा था कि तब कुछ भी कर सकना सम्भव नहीं रह गया था। सोचता हूँ कि अगर नरेन्द्र थोड़ा और धीरज धरकर रुकता और काग़ज़ ले लेता तब वह सीधे भागलपुर आ सकता था। तब शायद सब कुछ अलग होता। मैं सांसद तो बन ही जाता, पर होनी को तो कुछ और ही मंज़ूर था। जेपी के आन्दोलन के दौरान मैं सोशलिस्ट पार्टी का राष्ट्रीय स्तर का छात्र नेता तो था ही जिस कारण मधु लिमये और जॉर्ज फ़र्नांडिस जैसे नेता मुझे ख़ूब अच्छी तरह जानते और पहचानते थे। छात्र आन्दोलन के दौरान ही कर्पूरी जी भी मुझे हृदय से स्नेह करने लगे थे। इसलिए मुझे टिकट दिए जाने में राज्य या राष्ट्रीय स्तर पर कोई परेशानी रही हो, ऐसा मुझे नहीं लगता।'

उन दिनों की मीता कुछ यों याद करता है—

'जनता पार्टी के उम्मीदवारों की सूची पक्की करने तथा नामांकन भरने की आख़िरी तारीख़ निकली जा रही थी, पर तब तक नीतीश भागलपुर जेल में ही था। वैसे तो सभी आन्दोलनकारियों के रिहा होने के सरकारी आदेश निर्गत हो गए थे, पर उसमें भी काफ़ी काग़ज़ी कार्रवाइयाँ करनी होती थीं। हम सब लोग, जो बाहर थे, लगे हुए थे कि नीतीश के जेल से छूटने के सारे काग़ज़ात जल्दी से जल्दी मिल जाएँ। यह काम इतना आसान नहीं था, क्योंकि नीतीश के कुछ काग़ज़ तो गया तथा बक्सर जेल से आने थे और शेष भागलपुर से। सवेरे-शाम मैं आई.जी. प्रिज़न के दफ़्तर के चक्कर काटता रहा, पर आवश्यक काग़ज़ात समय पर नहीं मिले। वह शायद नामांकन भरने के आख़िरी दिन से एक दिन पहले का दिन था। मैं आई.जी. के दफ़्तर में सारा दिन बैठा रहा पर वे बाहर किसी बैठक में व्यस्त थे। शाम को मैं थोड़ी देर के लिए वहाँ से हटा था कि वे आकर नीतीश की रिहाई के काग़ज़ों पर दस्तख़त कर गए। मुझे वहाँ न पाकर, हड़बड़ी में हमारा कोई हितैषी उन काग़ज़ों के साथ निकल पड़ा। बहुत भटकने के बाद वह अगले दिन भागलपुर पहुँच सका, लेकिन तब तक जनता पार्टी ने बाढ़ क्षेत्र से, जहाँ से नीतीश चुनाव लड़ना चाहता था, कोलकाता के व्यवसायी श्याम सुन्दर गुप्ता के नाम की घोषणा कर दी थी। गुप्ता आन्दोलन के घोर समर्थकों में थे। वे कोलकाता के मेयर भी रह चुके थे। आन्दोलन के दिनों में कर्पूरी जी को उन्होंने कलकत्ता में अपने साथ ही छिपाकर रखा था। जनता पार्टी के पक्ष में बिहार में तब जैसा माहौल था कि उसके टिकट पर सन् 1977 के लोकसभा चुनाव में किसी के हारने का प्रश्न ही नहीं था। नीतीश बाढ़ से जनता पार्टी का सर्वाधिक योग्य प्रत्याशी था। उसका नाम सम्भावित प्रत्याशियों में बड़ी गम्भीरता से लिया जा रहा था। मुझे लगता है कि जब लिस्ट को अन्तिम रूप दिया जा रहा था तब किसी भी पुराने समाजवादी नेता ने शायद उसके नाम का

पुरज़ोर समर्थन नहीं किया। नीतीश काम करनेवालों में रहा था, लल्लो-चप्पो करने और किसी बड़े नेता के आगे-पीछे नाचनेवालों में नहीं। इसलिए नीतीश का नाम काफ़ी सशक्त होते हुए भी अन्तिम सूची में नहीं आ पाया। अगर जनता पार्टी वाले सच में नीतीश को ही टिकट देना चाहते तो वे उसकी ज़मानत करवाकर उससे नामांकन भरवा सकते थे और बाद में काग़ज़ी ख़ानापूरी की जा सकती थी। ऐसा एकाध नेता के लिए किया भी गया था, पर जनता पार्टी में नीतीश का कोई गॉडफ़ादर नहीं था। जेपी स्वस्थ होते तो वे नीतीश के लिए कुछ न कुछ अवश्य करते पर एक तो वे स्वयं बेहद बीमार थे और डायलेसिस पर चल रहे थे; फिर लोकसभा के चुनाव सारे देश में एक साथ होने के कारण उनका सारा समय उधर ही लगता था। मधु लिमये, जॉर्ज साहब, कर्पूरी जी आदि जैसे नेताओं के प्रिय पात्र रहे नीतीश को टिकट न दिया जाना भविष्य में जनता पार्टी के भीतर होनेवाली अन्दरूनी कलह की झलक मात्र थी। नीतीश को टिकट न मिलने से हम सब बहुत हताश और निराश थे, लेकिन पता नहीं किस मिट्टी का बना हुआ था वह। बढ़ी दाढ़ी और मूँछें रखने से उसका दुबला चेहरा भरा-भरा लगने लगा था। तब से जो उसने दाढ़ी पाली है, वह कई रूप बदलने के बाद आज खूँटियों में तब्दील हो गई है। जेल से अभी-अभी छूटा ही था, पर उसके अन्दर से जनता पार्टी के लिए समर्पण-भरे उत्साह का सागर जैसे छलक-छलक पड़ता था, मानो मंजु नहीं, वही उसकी नई-नवेली और प्रतीक्षारत पत्नी हो! उसने बाबूजी का आशीर्वाद लेकर हम सबकी टोली बनाई और तब तक के सबसे बड़े तथा ऐतिहासिक चुनाव समर में हमारा क्षत्रप बनकर खड़ा हो गया। उसकी तब की जिजीविषा में आज तक रत्ती भर भी कमी नहीं आई है। आज भी वह उसी शिद्दत से किसी भी चुनाव में भाग लेता है और अपने प्रत्याशी को जिताने के लिए एड़ी-चोटी का पसीना एक कर देता है।'

नीतीश फिर अपनी बात दुहराता है—

'अगर नरेन्द्र ने उस दिन थोड़ा और धैर्य दिखाया होता तो मैं 1977 में ही जनता पार्टी के उम्मीदवार के रूप में चुनाव जीतकर संसद में आ जाता और तब बहुत कुछ अच्छा कर सकता था। ऐसा होने से मेरी और आप सबकी बाद के चुनावों में इतनी घिसाई-रगड़ाई भी नहीं होती। मैं तो सदा काम करने में भरोसा रखता हूँ, भाग्य में नहीं, पर इस मामले में शायद मेरे पुरुषार्थ में कुछ कमी रह गई होगी या फिर अगर भाग्य जैसा कुछ होता हो तो अवश्य ही मेरा दुर्भाग्य उस काल में प्रबल रहा होगा।'

नीतीश की इस बात का भारी प्रतिरोध करते हुए कौशल पहले तो श्रीरामचरितमानस की चौपाई, 'होइहै सोइ जो राम रचि राखा', सुनाकर भाग्यवाद की तोप का मुँह नीतीश की ओर कर देता है, फिर इसी चौपाई की

दूसरी पंक्ति 'को करि तर्क बढ़ावै साखा' का गोला हम सबों पर दन्न से दाग देता है। वह कहता है—

'इस मामले में किसने मेहनत नहीं की? लेकिन सब कुछ तो सुनियोजित था। शुरू में गाड़ी ठीक पटरी पर सही रफ़्तार से चल रही थी पर काल भारी पड़ जाने से मीता बस थोड़ी देर को दफ़्तर से हट गया और वह काग़ज़ किसी और के हाथों लगकर चक्करघिन्नी में पड़ गया। नीतीश के भाग्य में दूसरों के कन्धों पर चढ़कर आगे बढ़ना बदा ही नहीं था। नीतीश के पास पाल वाली वह नाव नहीं थी जिसे जनता पार्टी की हवा के सहारे से आगे बढ़ना नसीब होता। नियति ने तो उसे अपने सिद्धान्तों की उस छोटी-सी डोंगी पर सवार कर दिया था जिसे खेने के लिए भगवान ने उसे पुरुषार्थ के चप्पू और हाथ में ईमानदारी की ताक़त देकर भेजा था। जो भी हो, नीतीश का उस वर्ष जनता पार्टी का सांसद न बनना हर प्रकार से अच्छा हुआ। उस समय न जाने कितने चुनाव वीरों की गाड़ियाँ जनता पार्टी के धक्के से सरपट दौड़ पड़ी थी। आज उनमें से अधिकांश योद्धा हाशिए पर भी नज़र नहीं आते! शायद भगवान नीतीश को 1977 में जनता पार्टी की विजय के बाद हुई भारी किचकिच में पड़ने देना नहीं चाहते थे।'

हम पहली बार रसमंजरी में दैव (भाग्य) और पुरुषार्थ पर बहस होते देख रहे हैं। महाभारत के अनुशासन पर्व में युधिष्ठिर शरशय्या पर पड़े भीष्म पितामह से पूछते हैं कि भाग्य और पुरुषार्थ में कौन श्रेष्ठ है? भीष्म पितामह इस प्रश्न का सीधा उत्तर स्वयं न देकर वसिष्ठ और ब्रह्मा जी के बीच हुए संवाद से देते हैं। वसिष्ठ जी को ब्रह्मा जी बताते हैं कि जैसे आग की एक छोटी चिनगारी भी हवा की सहायता से फैलकर विकराल रूप धारण कर लेती है, वैसे ही भाग्य भी पुरुषार्थ की सहायता से बड़ा हो जाता है। तथा जैसे तेल के समाप्त होते ही दीपक बुझ जाता है वैसे ही पुरुषार्थ के हटते ही भाग्य का नाश हो जाता है। इस पृथ्वी पर कर्म न करनेवाला व्यक्ति प्रगति कर ही नहीं सकता। जैसे कर्म किए जाते हैं, वैसा ही भाग्य भी हो जाता है। भाग्य है अतीत और पुरुषार्थ है भविष्य—आनेवाला कल। इसलिए नीतीश जैसे पुरुषार्थी के लिए भाग्य पर भरोसा करके बैठ जाना असम्भव था, है और रहेगा।

चुनाव की आग में पहला स्नान

जेपी की आँखों के इशारे पर नीतीश के चुनाव संग्राम में उतरने की कथा नीतीश के साये की तरह उनके साथ रहनेवाले साथी अशोक बताते हैं—

'पलक झपकते ही आ गया 1977 का लोकसभा का चुनाव। नीतीश जी जेल से पर्चा दाख़िल नहीं कर पाए। कलकत्ता के श्याम सुन्दर गुप्त को हमारे

क्षेत्र, बाढ़ से जनता पार्टी का टिकट मिला। प्रत्याशी के रूप में उनका नाम सुनकर पहले पूरे क्षेत्र में बड़ी निराशा फैल गई। लगा कि वे पूरी तरह से बाहर से लाकर हम पर थोपे हुए उम्मीदवार थे, वह भी हमारे स्थानीय और परम लोकप्रिय नेता नीतीश बाबू की जगह पर! नीतीश बाबू की इस बात के लिए हृदय से तारीफ़ करनी होगी कि टिकट न मिलने से वे बिलकुल निराश नहीं हुए और हम लोगों के साथ वे भी समर्पित कार्यकर्ता की तरह जनता पार्टी के उम्मीदवारों के प्रचार में लग गए। नीतीश बाबू का ग़ज़ब का उत्साह देखकर हम सब स्थानीय लोगों ने गुप्ता जी को नीतीश जी की ही प्रतिमूर्ति मानकर उनके लिए जी-जान से मेहनत की थी। अपने लम्बे जेल प्रवास के बाद भी छूटते ही, परिवार की चिन्ता छोड़कर, चुनाव समाप्त होने तक वे पूरे बिहार में दौड़ते ही रहे। बिहार से लोकसभा की सभी 54 सीटें जनता पार्टी की झोली में गिरीं। गुप्त जी बाढ़ से सांसद चुने गए। बाद में पता चला कि उनके पुरखे इसी इलाक़े से जाकर कलकत्ता में बस गए थे। उस चुनाव में लालू प्रसाद यादव भी जीत गए थे। लालू जी ने दिल्ली में भोजपुरी और लोहा सिंह का दाँव बहुत ख़ूबसूरती से चलाकर चन्द्रशेखर जी जैसे कई दिग्गजों को अपनी ओर आकर्षित कर लिया। फिर उन्होंने पिछड़ा और यादव का कार्ड खेलकर देवीलाल, मुलायम सिंह यादव और शरद यादव जैसे नेताओं के बीच अपनी अच्छी पैठ बना ली। आन्दोलन के दिनों के नीतीश बाबू के कई सहयोगी सांसद बने। उनमें से कुछ केन्द्र में मंत्री भी बन गए। यह वही काल था जब जॉर्ज फ़र्नांडिस, राजनारायण, चौधरी चरण सिंह, मधु लिमये, चन्द्रशेखर जैसे अनेकानेक राष्ट्रीय स्तर के नेताओं से नीतीश बाबू की प्रगाढ़ता आत्मीयता में बदल रही थी। बिहार में जेपी और कर्पूरी ठाकुर जी जैसे नेताओं से नीतीश जी की सन्निकटता पहले से ही थी।'

लोकसभा के इस चुनाव में नीतीश ने अपनी सारी शक्ति झोंक दी थी। मुज़फ़्फ़रपुर से जॉर्ज साहब जीते थे। वे तो जेल में बन्द थे लेकिन उनके हाथों में हथकड़ी लगी फ़ोटो ही उनके चुनाव प्रचार के लिए यथेष्ट थी। उस फ़ोटो में जॉर्ज साहब के मोटे फ्रेम के चश्मे के पीछे से चिनगारी बरसाती आँखें देखकर लगता था कि अब कांग्रेसी अत्याचार की लंका जलकर नष्ट होने ही वाली है। अपने इस प्रिय नेता के प्रचार में नीतीश आकंठ डूब गया था। देश में 16 से 19 मार्च, 1977 तक लोकसभा के चुनाव हुए थे। 22 मार्च को आए परिणामों से पता चला कि संसदीय चुनाव में जनता पार्टी ने पूरे उत्तर भारत में कांग्रेस का सफ़ाया करके रख दिया था। केन्द्र में जनता पार्टी का शासन आ गया। जॉर्ज साहब भी भारी मतों से जीते और जेल से छूटकर दिल्ली पहुँचे। जीत की ख़बर मिलते ही एक नौजवानों की टोली के साथ नीतीश दिल्ली पहुँचा। उसने देखा कि जॉर्ज साहब सत्ता से दूर रहना चाहते थे। उन्हें विरोध की राजनीति का

बेहद तगड़ा अनुभव था पर भ्रष्टाचार के कीड़ों से बजबजाती सत्ता की नदी में उतरकर उसे साफ़ करने में उनकी अभिरुचि नहीं थी। इसी बात पर दिल्ली के 'प्रेस क्लब', 'कॉन्स्टिट्यूशन क्लब', 'मावलंकर हॉल' तथा वैसे ही किसी अन्य बड़े हॉल में दिन-रात भारी कोलाहल मचा हुआ रहता था। जॉर्ज सत्ता से बाहर रहने की अपनी ज़िद पर अड़े हुए थे। आख़िरकार मधु लिमये के साथ मिलकर नीतीश ने जॉर्ज साहब का क़रीब-क़रीब घेराव करके उन्हें केन्द्रीय मंत्रिमंडल में शामिल होने के लिए मना ही लिया। वह एक ऐसा मौक़ा था जब जॉर्ज साहब ने नीतीश की क़ीमत को परखकर स्वीकार कर लिया। बाद में दोनों एक-दूसरे के पूरक ही बन गए।

नीतीश से खार खाए उसके कुछ तथाकथित पुराने साथी उस पर जॉर्ज साहब से दग़ाबाज़ी करने का आरोप लगाते हैं। ऐसे ही लोगों ने जॉर्ज साहब के कान भर के उनसे मुख्यमंत्री पद के लिए नीतीश की सम्भावित दावेदारी के विरुद्ध कहलवा भी दिया था जबकि बीजेपी के शीर्ष के नेताओं ने नीतीश के नाम की पहले ही घोषणा कर दी थी। नीतीश ने उन बातों पर कभी अपनी प्रतिक्रिया व्यक्त नहीं की। 2019 की जनवरी में जॉर्ज साहब के देहावसान के बाद उनकी याद को अक्षुण्ण रखने के लिए उसने उसी मुज़फ़्फ़रपुर के सिटी पार्क में जॉर्ज साहब के हाथों में हथकड़ी लगी आदमक़द प्रतिमा लगवाई। इस प्रतिमा का अनावरण उसने ही 3 जून, 2020 को किया। 3 जून जॉर्ज साहब के जन्म की तारीख़ है। नीतीश के आदेश से अब मुज़फ़्फ़रपुर में हर वर्ष यह तारीख़ राजकीय समारोह के रूप में मनाई जाती है। उसने सार्वजनिक रूप से कई बार कहा है कि उसके मुख्यमंत्री बनने में जॉर्ज साहब की महत्त्वपूर्ण भूमिका रही है। इतना ही नहीं, जॉर्ज साहब तथा कर्पूरी ठाकुर को 'भारतरत्न' से सम्मानित करने के लिए वह शुरू से ही ज़ोरदार सिफ़ारिशें करता रहा है।

जॉर्ज को केन्द्र में मंत्री बनने के लिए राज़ी करने के बाद नीतीश वापस पटना चला आया था। दूर से देखने से यही लगता था कि राजनीति के घनचक्कर में वह अपनी घरेलू और पारिवारिक ज़िम्मेवारियों से किनाराकशी कर रहा था। वह चर्चा भी हम बाद में करेंगे। 1977 में जनता पार्टी के केन्द्र से कांग्रेस को उखाड़ फेंकने की मुहिम की आशातीत सफलता ने जहाँ देश को सम्भावित परिवर्तन के नए सपने दिखाए, वहीं एक नई परेशानी भी सामने आ खड़ी हुई। जनता पार्टी के बड़े घटकों में प्रधानमंत्री के पद को लेकर घनघोर विवाद शुरू हो गया। जेपी तथा जे.बी. कृपलानी के अथक प्रयासों और हस्तक्षेप के बाद मोरारजी भाई देसाई ने प्रधानमंत्री का पद ग्रहण किया लेकिन उनके साथ जगजीवन राम तथा चरण सिंह जैसे दो धाकड़ नेताओं के गौरव की रक्षा उन्हें उप-प्रधानमंत्री बनाकर की गई। अन्य दिग्गज नेताओं के मान-सम्मान को बनाए रखने के लिए

भी कई सारे मंत्री पद सृजे गए। इन नए हुक्मरानों में अधिकांश को विरोध की राजनीति का तो बड़ा अच्छा अनुभव था, पर राज-काज चलाना इनके लिए अबूझा था। फिर प्रत्येक बड़ा नेता व्यवस्था को अपने ढंग से चलाना चाहता था, इसलिए खींचातानी भी शुरू हुई। जयप्रकाश के जीवनकाल में ही उनकी वैसी ही उपेक्षा होने लगी जैसी गांधी की स्वराज्य के बाद होने लगी थी पर उनके सम्मान की रक्षा और जनता की सम्भावित विरोधी प्रतिक्रिया के भय से जनता पार्टी के सभी घटक जैसे-तैसे साथ चलते रहे। जगजीवन राम की लोकतांत्रिक कांग्रेस पार्टी अपनी अलग लीक पर चल रही थी। 3 अप्रैल को नीतीश सहित छात्र संघर्ष समिति के कई सदस्यों ने एक पत्रकार सम्मेलन आयोजित करके बाबू जगजीवन राम से लोकतांत्रिक कांग्रेस पार्टी की जनता पार्टी में अविलम्ब विलयन की माँग की। तमाम विरोधाभासों के बाद भी नीतीश बहुत आशावादी था। उसे बिहार से चुने गए सांसदों से बड़ी अपेक्षाएँ थीं कि अब राज्य के भाग्य भी बदलेंगे। बिहार में मृतप्राय कांग्रेसी सरकार अपनी अन्तिम साँसें गिन रही थी। बिहार विधानसभा को भंग कराने के लिए छात्र संघर्ष समिति पूरे राज्य में अनशन और आन्दोलन का कार्यक्रम पूरे ज़ोर-शोर से चला रही थी। छठी लोकसभा के सबसे अधिक मतों से विजयी उम्मीदवार रामविलास पासवान पूरे देश के हीरो बन गए थे। बिहार को अपने इस लाल की अभूतपूर्व सफलता पर बड़ा गर्व था। रामविलास का वृहद् अभिनन्दन समारोह छात्र संघर्ष समिति ने 15 अप्रैल, 1977 को पटना में आयोजित किया। पटना के व्हीलर सीनेट हॉल में हुए इस कार्यक्रम की अध्यक्षता नीतीश ने की। रामविलास ने उस समारोह में वायदा किया कि बिहार विधानसभा भंग कराने के लिए वे पहल करेंगे। तब से नीतीश का रामविलास से बहुत स्नेह भरा नाता काफ़ी लम्बे समय तक चला। बाद में, कई कारणों से, दोनों के रास्ते कभी अलग हुए और कभी किसी चौराहे पर आकर मिल भी गए—फिर से अलग होने के लिए।

भारतीय राजनीति की अलिखित परम्परा रही है कि केन्द्र में सरकार बदलते ही जिन राज्यों में विपक्षियों की सरकार होती है, वहाँ भी बदलाव के लिए जोड़-तोड़ और उठा-पटक शुरू हो जाती है। केन्द्र में जनता पार्टी के सत्तारूढ़ होते ही बिहार में सत्ता पर क़ाबिज़ जगन्नाथ मिश्र की कांग्रेसी सरकार की चूलें हिलाने की क़वायद शुरू हो गई। बिहार की कांग्रेसी सरकार को भंग करने के सिलसिले में बिहार छात्र संघर्ष समिति की संचालन समिति ने पहले से ही राज्य भर में अनशन-सत्याग्रह चला रखा था। नीतीश अपने कुछ साथियों के साथ इसमें बहुत सक्रियता से भाग ले रहा था। आर्यावर्त में छपी एक ख़बर के अनुसार 15 अप्रैल को बिहार छात्र संघर्ष समिति की संचालन समिति के प्रमुख सदस्य गोपाल शरण सिंह, शहाबुद्दीन, नरेन्द्र कुमार सिंह और नीतीश कुमार ने

बिहार विधानसभा को भंग कराने के लिए राज्य के छात्रों और युवकों से और दो-तीन दिनों तक राज्य भर में व्यापक तौर पर अनशन सत्याग्रह जारी रखने की हार्दिक अपील थी। इतने से ही सन्तुष्ट न रहकर अगले ही दिन नीतीश सहित छात्र संघर्ष समिति के कई महत्त्वपूर्ण सदस्यों ने संयुक्त वक्तव्य जारी करके राज्यव्यापी आन्दोलन की घोषणा भी कर दी। केन्द्र सरकार तो कांग्रेसी राज्य सरकार को बाहर का रास्ता दिखाने के लिए तैयार बैठी ही थी। इसलिए बिहार में 30 अप्रैल, 1977 को राष्ट्रपति शासन लगाकर विधानसभा भंग कर दी गई।

1977 में 10 से 14 जून तक बिहार में चुनाव होने थे जिसके लिए 20 मई को जनता पार्टी के 322 उम्मीदवारों के नाम की घोषणा भी हो गई। नीतीश ने हरनौत से जनता पार्टी के प्रत्याशी के रूप में नामांकन भरा। विरोध में स्वतंत्र प्रत्याशी की हैसियत से खड़े थे भूतपूर्व समाजवादी नेता भोला प्रसाद सिंह। पहली नज़र में नीतीश के विरुद्ध दूर-दूर तक कोई चिड़ी का पूत तक नहीं नज़र आता था। तभी बिहार राज्य के माथे पर तब तक के सबसे बड़े कलंकों में से एक के रूप में, 27 मई, 1977 को हरनौत के चुनाव क्षेत्र में ही, बेलछी नरसंहार कांड हो गया।

जो गुज़र चुका है उसे जरा मुड़कर देखें

साठ के दशक में लोहिया जी ने जब 'पिछड़ा पावे सौ में साठ' का नारा दिया तो पिछड़ी जातियों में कांग्रेस के ख़िलाफ़ सुगबुगाहट-सी उठी। कांग्रेस तथा सवर्णों के साथ मुसलमानों और हरिजनों का अलिखित समझौता स्वतंत्रता प्राप्ति के बाद से ही चला आ रहा था। लोहिया इसमें अभेद्य दीवार में छोटी-सी सेंध ढूँढ़ने में लगे थे। इस वर्चस्व को तोड़ने के लिए पिछड़ी जातियों में भी, यादव, कुर्मी और कुशवाहा, तीन ऐसी समर्थ जातियाँ सामने आने लगी थीं जो अपेक्षाकृत अधिक समृद्ध और जागरूक थीं। इन्हें त्रिदेव या त्रिवेणी जैसे नामों से भी सम्बोधित किया जाने लगा था। सरकार भूमि सुधार के क़ानून बनाकर बड़े ज़मींदारों की ज़मीन की हदबन्दी कर चुकी थी। इन्हें अपने हाथों से काम करने की आदत तो थी नहीं, दलित और हरिजन और पिछड़े वर्ग के लोग इनके खेतों में हाड़-तोड़कर मेहनत करते थे। ये बड़े लोग, गाँव की अपनी सम्पत्ति इन्हीं त्रिदेवों को बेचकर, आसपास के बड़े शहरों में जाकर बसने लगे थे। इस तरह गाँवों में त्रिदेव ज़मींदारों की एक नई जमात खड़ी हो गई थी। ये लोग भी पुराने हरिजनों एवं दलितों से खेती करवाते थे, प्राय: सवर्णों के अत्याचारी और नृशंस तरीक़ों से ही। राम लखन सिंह यादव सहित कांग्रेस में यादवों के कई नेता थे। कुशवाहा समुदाय के सर्वमान्य और सर्वाधिक लोकप्रिय नेता थे जगदेव प्रसाद। अपनी जाति के अलावा वे अन्य सभी

पिछड़ी जातियों एवं हरिजनों के भी बहुत सम्मानित नेता थे। जेपी के आन्दोलन के चरम पर पहुँचने के दिनों में बिहार के लेनिन कहे जानेवाले जगदेव बाबू 5 सितम्बर, 1974 को पुलिस की गोलियों से शहीद हो गए थे। इधर कुर्मियों में भोला बाबू की अच्छी पैठ मानी जाती थी। भोला बाबू बताते हैं—

'बेलछी कांड का, जो चुनाव से ठीक पहले हुआ था, नीतीश के चुनाव पर बेहद विपरीत असर हुआ। 1977 में जो भी नेता पटना आया हरनौत ज़रूर पहुँच जाता था भाषण देने। उस समय कुल कुर्मी वोट मेरे साथ था जो कि निर्णायक वोटर थे। उसी समय प्रोटेक्शन के लिए हमने 150-200 अपने लोगों को राइफल का लाइसेंस दिलवाया। जनता पार्टी ने उसका भी एजेंडा बनाया कि कुर्मी को क्रिमनलाइज किया जा रहा है।'

उस जीत की हार

नीतीश चुनाव लड़ेगा सुनकर मीता, नरेन्द्र सिंह को चैन से कहाँ रहना था! वह बोरिया-बिस्तर समेटकर नीतीश के पास पहुँच गया। नीतीश अपने परिवार के साथ बख़्तियारपुर में ही रहकर चुनाव लड़ रहा था। मीता हरनौत में अपना मुख़यालय बनाकर डट गया। वह बताता है—

'बख़्तियारपुर के लिए पटना छोड़ने से पहले मुझे बताया गया कि चुनाव जीतने का एक सरल और प्रभावशाली मंत्र उत्तर प्रदेश से चलकर नया-नया ही बिहार में आया था। मंत्र यह था कि चुनाव जीतने के लिए कोई अर्हता चाहिए ही नहीं। मात्र 'धबाजा बल', अर्थात धनबल, बाहुबल और जातिबल से चुनाव की वैतरणी सरलता से पार की जा सकती थी। बिहार में यह समीकरण थोड़ा और परिमार्जित कर दिया गया था। यहाँ प्राथमिकता का क्रम हो गया था जातिबल, बाहुबल और धनबल। नीतीश ने जो क्षेत्र चुना था वहाँ उसकी जाति के लोगों का प्रतिशत सबसे अधिक था। यह मैं शुरू से ही जानता था, इसलिए पहले मुझे लगा कि नीतीश एक-तिहाई लड़ाई तो शुरू होने से पहले ही जीत गया। पर मैं मूरख तब यह भूल गया था कि हमारे प्रतिद्वन्द्वी के भी नीतीश की जाति के होने के कारण हमें इस बिन्दु पर कोई बढ़त नहीं मिल रही थी बल्कि वे अपनी जाति में नीतीश से बड़े नेता माने जाते थे। हरनौत में पहुँचकर थोड़ी देर के आत्ममन्थन के बाद मेरा यह भ्रम भी झटके से टूट गया कि नीतीश की ससुराल वाले एकजुट होकर हमारा हाथ मज़बूत करेंगे। ज़मीन की वस्तुस्थिति जानने-समझने के बाद मुझे लगा कि नए पनप रहे दुबले-पतले नेता नीतीश के पास बल के नाम पर बस आत्म-बल ही था। बाक़ी मामला हमारे प्रतिद्वन्द्वियों के हरे-हरे नोटों के मुक़ाबले हमारे पास मौजूद 'हरे राम और हरे कृष्ण' की

नामधुन तक ही सीमित रह गया था। वैसे तो नीतीश के पक्ष में प्रचार करने के लिए बहुत सारे समर्पित कार्यकर्ता सदैव उपलब्ध रहते थे, पर चुनाव लड़ने का क़ायदा जिस घिनौने निचले स्तर तक फिसल चुका था, उसकी इन आदर्शवादी नौजवानों को हवा तक नहीं लग सकी। मुझे लगता था कि नीतीश के लिए जो सपनों का महल हम बनाना चाहते थे, उसकी नींव का पत्थर रखे जाने से पहले ही उसकी मुँडेरों पर कई बूढ़े गिद्ध आकर बैठ गए हैं। किसी अज्ञात आशंका से मैं छटपटा उठता था।'

मीता की छटपटाहट बिलकुल जायज़ थी क्योंकि नतीजे जब सामने आए तो रसमंजरियों की समझ में आया कि हम सब आरामकुर्सियों पर लेटकर चुनावों की अन्दरूनी जानकारी रखने का दावा करनेवाले दम्भी मूर्ख बुद्धिजीवी से भी अधिक बुद्धू हैं!

सुरेश शेखर की पत्नी बताती हैं कि यद्यपि सुरेश जी सरकारी नौकरी करने लगे थे पर नीतीश जी का चुनावी हाल स्वयं देखे बिना उनका मन नहीं मानता था। उनका आकलन था कि नीतीश जी ज़रूर जीतेंगे, वह भी भारी बहुमत से।

मीता बताता है—

'नीतीश के हरनौत के उस चुनाव का संचालक मैं था। हरनौत और रहुई, दोनों ही स्थानों के सारे दबंग कुर्मी नेता हमारे विरोधी हो गए थे। हम सारा दिन पोस्टर-बैनर लगाते और हमारे प्रतिद्वन्द्वी रात-भर में सब फड़वा डालते। उन लोगों का रहुई और हरनौत क्षेत्र में इतना दबदबा था कि क्या जनता और क्या प्रशासन, किसी में भी इनके विरोध में सामने आने का साहस न था। फिर उनके पास पैसे भी बहुत थे और अपना हाल पूरी तरह फक्कड़ों वाला था। कहीं से सौ तो कहीं से हज़ार रुपये आ जाते तो हमारा काम जैसे-तैसे चल जाता था। उन दिनों इंजीनियरिंग कॉलेज के साथियों ने बड़ी आर्थिक सहायता की थी। हरनौत के वैद्य सूर्य नारायण सिंह समाज में पनप रही हिंसक प्रवृत्तियों से बहुत दुखी रहते थे और नीतीश को उनका गांधीवादी जवाब मानते थे। हमारी सबसे बड़ी मुसीबत यह थी कि मंजु भाभी के दो चाचा ही हमारे ख़िलाफ़ में खुलकर प्रचार कर रहे थे। पर एक बात है कि नीतीश में उत्साह बहुत था। सवेरे-सवेरे वह एक सर्वोदयी झोला लेकर निकल जाता, जिसमें होते थे दो जोड़ी कपड़े, एक अच्छा अँगोछा, एक अदद कंघी, और बस, टूथब्रश और मंजन भी नहीं, राह में थककर बैठे नीतीश को छाया देनेवाले पेड़ों से दतुवन जो मिल जाते थे! इतना ही उसका सामान होता था। उसके साथ मुन्ना सरकार जैसे कुछ लोग साए की तरह साथ रहते। कभी मोटरसाइकिल के पीछे तो कभी बस में सवार होकर नीतीश दिन-रात प्रचार में जुटा रहता। उसकी सभाओं में बहुत लोग आकर उसकी बातें बड़े ध्यान से सुनते थे। वह बातें भी बड़ी सटीक और बड़े सधे तरीक़े से करता

था। किसी पर बिना कोई आक्षेप लगाए वह अपनी बात इतने ज़ोरदार तरीक़े से कहता कि सारे श्रोता सहमति में सर हिलाते रहते, पर वैसे ख़तरनाक माहौल में उनकी सहमति को वोट में तब्दील करना शायद हमारे पीर के वश में भी नहीं था। हमारे कार्यकर्ता थे नौजवान और छात्रगण जो बिलकुल मासूम थे। बाढ़ के एक प्रोफ़ेसर भी आकर नीतीश के पक्ष में ज़ोरदार प्रचार करते थे जिनकी सभाओं में अच्छी भीड़ जमा हो जाती थी पर अन्दर चल रही आतंक की हवा का किसी को सही अनुमान तक नहीं था। पता होने से भी क्या होता, हमारा प्रत्याशी तो घोर सिद्धान्तवादी था! बाबूजी भी नीतीश का प्रचार बड़े उत्साह से करते। उनका जोश हम सबको भी उत्प्रेरित करता रहता। नीतीश निश्चित रूप से उस क्षेत्र का सबसे अच्छा उम्मीदवार था इसलिए बेचारे बाबूजी अपने सम्बोधन में बस यही कहते कि आप सही उम्मीदवार का चयन कीजिए। उनकी इतनी प्रतिष्ठा थी कि राक्षसों के हृदय भी परिवर्तित हो जाते थे, पर वे ठहरे अकेले, संसाधनों के अभाव में आख़िर कितने लोगों से सम्पर्क कर सकते थे? हमारी ओर से मंजु भाभी भी प्रचार में जी-जान से पिल पड़ी थीं। सेवदह की वे आदर्श बेटी थीं। दोपहर में जब वे महिलाओं से मिलने जातीं तो उनके चारों ओर बड़ी भीड़ इकट्ठी हो जाती। उनकी बातों से मंत्रमुग्ध महिलाएँ बस एकटक उन्हें देखती ही रह जातीं। सबकी आँखों में बस एक ही चमक, एक ही खनक, एक ही मिन्नत और एक ही मन्नत रहती कि उनके घर की बेटियाँ भी बड़ी होकर मंजु बन जाएँ! मंजु के कपड़ों और बातचीत की सादगी और सफ़ाई से सभी औरतें अभिभूत हो जातीं। उससे कितने सारे सवालों के सहज उत्तर सुनकर उन्हें लगता कि उनके बीच का बिरवा अचानक बड़ा होकर छतनार पेड़ बन गया था। सामान्यत: महिलाएँ मंजु भाभी को अपने बीच से जाने देना नहीं चाहतीं, पर हमारी भाभी जब नीतीश को वोट देने की बात कहतीं तो सभी को जैसे साँप सूँघ जाता। बचपन से उन्हें इस बात की घुट्टी पिलाई गई थी, उनका अपना कुछ था ही नहीं। विवाह से पहले उनका स्वामित्व मायके के पुरुषों के हाथों में होता था और विवाह के बाद उनके स्त्रीत्व की नकेल उनके मालिक के हाथ पकड़ा दी जाती थी, मानो वह स्त्री न होकर कोई ढोर या गाय हो।

यह अनुमान लगाना ग़लत न होगा कि मंजु दिन-भर के प्रचार अभियान के अपने अनुभव नीतीश को अवश्य बताती रही होंगी, क्योंकि जब भी नीतीश को मौक़ा लगा, उसने स्त्रियों को आगे बढ़ाने, उनकी क्षमता जगाने और उनकी शक्ति को ललकारने का काम बख़ूबी किया है। इस मामले में वह लोहिया से कहीं भी कमतर नहीं लगता। पंचायतों में मुखिया पद के लिए स्त्रियों की 50 प्रतिशत सुरक्षित भागीदारी उसी की देन है। गाँवों के मठाधीशों को जब इस महिला मुखिया व्यवस्था से अपच होने लगी तब उनके मुख से जो वमन

निकला उसका नाम पड़ा मुखियापति। महिला मुखिया वाली पंचायतों में आरम्भ में महिला मुखियाएँ रबर की मुहरें बनी रहीं और मुखियापति उनके नाम की खाते रहे, लेकिन नीतीश के बार-बार चेताते रहने से महिला मुखिया भी अपनी शक्ति और सामर्थ्य पहचानकर अपनी जनता का काम और राज-काज स्वयं करने लगी हैं। आज के समाज में बहुत कम मुखियापति बचे हैं, पर नीतीश के पहले चुनाव में उसके क्षेत्र का हर पति वोटपति हुआ करता था और उसकी शान भी बघारता फिरता था।

ख़ैर, पहले चुनाव में मिली पराजय का नीतीश का अपना ही आकलन है :

'यद्यपि मेरे चुनाव में प्रचार के लिए राजनारायण जी और कर्पूरी जी जैसे बड़े-बड़े नेता भी आए थे, पर उस समय मेरी पराजय के बहुत कुछ और भी कारण थे।'

मीता इस 'बहुत कुछ और' की व्याख्या करता है—

'बहुत कुछ और माने हम बूथ लूटना नहीं जानते थे और जहाँ हमारे समर्थक मतदाताओं के बूथ थे, उस इलाक़े में लोग इतने कमज़ोर थे कि बूथ लूटे जाते देखकर भी असहाय खड़े रहते थे। मुश्किल यह थी कि जो लोग हमें वोट देने जाना चाहते थे, उन्हें रास्ते में ही धमकाकर लौटा दिया जाता था और उनके नाम के सारे के सारे वोट हमारे विरोधियों द्वारा छाप दिए जाते थे। हमारे पास वोट से पहले गुंडों-बदमाशों को शराब पिलाने के लिए पैसे नहीं थे। पैसे होते भी तो शायद हमारे गांधी बाबा जैसे नेताजी उन्हें शराब पिलाने और बकरे का गोश्त खिलाने की बजाय बकरी का दूध और खजूर का गुड़ खिलाने को कहते! हमारे पास वोट के दिन बूथ पर हमारा प्रतिनिधित्व कर रहे अपने कार्यकर्ताओं को खाना खिलाने की कौन कहे, चाय तक पिलाने के पैसे नहीं थे। हमारे पास नैतिकता छोड़कर कुछ भी नहीं था। फिर पुराने लोगों के लिए नीतीश युवा थे जिनके आगे पूरा जीवन पड़ा था। अभी तो वोट उसे दिया जाना था जो अपनी जाति के स्थानीय भाई-बन्धुओं की रक्षा का बीड़ा उठा सके! नीतीश से यह अपेक्षा थी ही नहीं, क्योंकि वह सदाचार, सत्य और न्याय की बात करता था, देश और समाज के परिवर्तन की बात करता था। नीतीश को हरेक तबक़े ने वोट दिए पर सही वोट पड़ ही कहाँ सके? रहुई और हरनौत में तो हमारे दबंग प्रतिद्वन्द्वी के पक्ष में बूथ-के-बूथ छाप दिए गए। भोला बाबू का मनमोहक नारा भी बहुत मशहूर हो गया था, 'जीतेगा भोला—चले बम या गोला!' उस चुनाव के दिन हमारे वोटरों को डराने के लिए ख़ूब बम और गोले चले। हमारे बहुत से वोटरों को घर से निकलने ही नहीं दिया गया। उस दिन एक और बड़ी घटना घटी। विपक्ष के किसी कार्यकर्ता का नाम भी नरेन्द्र सिंह ही था। वह किसी बूथ पर एक फ़र्ज़ी मुहर लेकर खड़ा हो गया। वह लोगों के मतपत्र लेकर देखता

और यदि वह वोट नीतीश को दिया गया होता तो उस पर अपनी मुहर मारकर उसे निरस्त कर देता। नियम भी यही था कि यदि एक मतपत्र पर दो स्थानों में मुहर लगी हो तो वह निरस्त माना जाएगा। मैंने ही उसे पकड़ा। फिर क्या था, बड़ा हंगामा हुआ। विपक्षियों की बड़ी फ़ज़ीहत हुई। बहुत चिरौरी-विनती के बाद मामला शान्त हो सका। पर वह तो बस एक मामला था। मसल तो हर शाख़ पर उल्लू के बैठने की थी, इसलिए अंजामे-गुलिस्ताँ वही हुआ जो इन हालात में हो सकता था! हर प्रकार की बेईमानियों के ख़िलाफ़ अत्यन्त सीमित साधनों से लड़ी गई यह लड़ाई चुनाव के पहले दिन से ही हारी हुई थी, क्योंकि इस युद्ध में हमारे पास केवल जेपी, आम्बेडकर, लोहिया, गांधी और बाबूजी के सिद्धान्तों के अस्त्र-शस्त्र थे। वह 'बहुत कुछ और' नहीं था जिनकी उस समय के चुनावों में आवश्यकता थी। इसलिए हम मात्र 5895 वोटों से हारकर भी जीत का अनुभव कर रहे थे। उस गुंडागर्दी के माहौल में भी इतने वोट ले आना किसी चील के घोंसले से मांस छीन लाने से कम न था। मगर हार तो आख़िर हार ही होती है। एक बढ़िया बात ज़रूर हुई कि चुनाव के नतीजों से नीतीश का मनोबल ज़रा भी नहीं डिगा। उसकी पहली चिन्ता थी कि लोगों के उधार कैसे चुकेंगे। चुनाव परिणामों की घोषणा के अगले दिन से ही वह अपने क्षेत्र में और अधिक पिलकर मेहनत करने लगा। पूरे क्षेत्र में हर किसी के व्यक्तिगत या सामाजिक कार्य में नीतीश अवश्य शामिल होता। उसकी यह आदत आज भी बरकरार है।'

बूथ कैप्चर बनाम रूट कैप्चर

उन्हीं दिनों की चर्चा करते हुए नीतीश कहता है—'1977 की विधानसभा के लिए मैं जब पहली बार हरनौत से चुनाव लड़ रहा था तब कर्पूरी जी एक से अधिक बार मेरे पक्ष में प्रचार करने के लिए आए थे। वे जीतकर मुख्यमंत्री बने थे और राज्य को व्यवस्थित करने की कोशिश में लगे हुए थे। मेरे हारने से उन्हें हार्दिक सदमा लगा था। दरअसल, वह मेरी पराजय थी भी नहीं, वह पाशविक और असामाजिक तत्त्वों की, चुनाव संहिता पर दानवी विजय थी। बूथ कैप्चर के ख़िलाफ़ विरोध प्रदर्शन में मैं पेड़ पर चढ़कर बैठ गया था, तब दिनमान में यह ख़बर 'रूट कैप्चर' शीर्षक से छपी थी। कर्पूरी जी ने चुनाव में इस ज़बरदस्त धाँधली के ख़िलाफ़ इलेक्शन पेटिशन डलवाने की ज़िम्मेदारी तत्कालीन एडवोकेट जनरल श्री राधा रमण तथा श्री वर्मा को सौंपी थी। उन्होंने इस मद में होनेवाले ख़र्च से भी मुझे बिलकुल मुक्त कर दिया था। इस मध्यावधि चुनाव के पहले अगर मेरी पार्टी सत्ता में होती तो इस चुनाव के निष्पक्ष होने की काफ़ी गुंजाइश

थी, मगर तब तो राज्य में राष्ट्रपति शासन लगा था और फिर शेषन या केजी राव का ज़माना नहीं था वह।'

चुनावी राजनीति की शुरुआती दौर में ही नीतीश का सामना पराजय से हुआ। जेपी के इतने क़रीब होकर भी नीतीश अपने पहले चुनाव में हार गया। 17 जून को परिणामों की घोषणा सुनकर नीतीश की हार का सदमा रसमंजरिया पार्टी के लिए बर्दाश्त करना बहुत मुश्किल हो रहा था। नीतीश का हर अच्छा मित्र अपने आपसे ही बड़ा शर्मिन्दा था, इस क़दर कि किसी के पास नीतीश को सान्त्वना देने के शब्द नहीं थे। इस पराजय से अपने जाननेवालों में अगर कोई व्यक्ति अविचलित खड़ा था तो वह बस नीतीश ही था। नीतीश के स्थान पर कोई भी अन्य व्यक्ति इस अप्रत्याशित पराजय से घबराकर नकारात्मक सोच में पड़ जाता और अपने पराजय के कारणों की उलटी-सीधी व्याख्या में लग जाता। पर उन दिनों भी नीतीश का जीवन दर्शन बड़ा शानदार होता। बड़े मूड में आकर वह कहता—

'यार, जीवन में हमारे चारों ओर ढेर सारे काँच के दरवाज़े लगे हैं जिनसे देखो तो बाहर की दुनिया बेहद हसीन दिखती है। लेकिन उनमें बस एक को छोड़कर सारे तिलिस्मी, जादुई हैं। बाएँ, दाएँ या फिर पीछे वाले किसी भी ख़ूबसूरत दरवाज़े को खोलकर आगे बढ़ने पर आदमी किसी अन्तहीन और कहीं भी न जानेवाली भूल-भुलैया में खो जाता है। वह कोल्हू के बैल की तरह एक ही जगह चक्कर लगाता रहता है, आगे बढ़ नहीं पाता और अन्त में थकान और निराशा से भर जाता है। प्रगति और मुक्ति का तो बस एक ही दरवाज़ा है, नाक की सीध में साधारण-सा, कठिन-सा, नितान्त अप्रभावशाली-सा। लेकिन यह अकेला द्वार है जिसके उस पार, काँटों पर चलने के बाद, आशा की जीवन सरिता हमारे पाँव पखारने के लिए कलकल बहती है, सतत बजनेवाला उत्साह का बासन्ती संगीत हमारी प्रतीक्षा करता रहता है, भविष्य का इन्द्रधनुष वहीं सबसे चटख रंगों में उगता है और अतीत में की गई कल्पनाओं को मूर्त रूप देनेवाला संगतराश भी वहीं बसता है। बस आगे ले जानेवाली राह ही सबसे सही है, बाक़ी सब भूल-भुलैया ही है।'

तिलिस्मी दरवाज़े की कुंजी

पता नहीं कितनी बार और कितने लोगों के लिए यह सही दरवाज़ा खोलकर नीतीश खड़ा हुआ है। नीतीश के पास आज सही दरवाज़े की कुंजी और वह दरवाज़ा धीरे-धीरे खुल रहा है, परिवर्तन का ख़ुशबूदार झोंका उस दरवाज़े के उस पार से आकर हौले से सहला रहा है, आश्वस्त कर रहा है कि यही सही दरवाज़ा है।

सही दरवाज़ों को खोलने के साथ-साथ नीतीश ग़लत दरवाज़ों को भी एक-एक करके चिह्नित करते हुए मज़बूती से बन्द करता जा रहा है।

अशोक बताते हैं—

एक आकलन के अनुसार हरनौत के उस चुनाव यद्यपि दूसरी सारी जातियाँ नीतीश जी के पक्ष में गोलबन्द हो गईं मगर संख्या बल में बहुत अधिक होने और चुनाव में हर प्रकार के हथकंडे बेशर्मी होकर अपनाने के कारण उस चुनाव में कुर्मियों का ही वर्चस्व रहा। इन्द्रदेव चौधरी अस्थावाँ से निर्दलीय उम्मीदवार की हैसियत से जीते। हमारे लिए चुनाव लड़ने और हारने का यह पहला मौक़ा था। मैं नीतीश जी को सदा से अपराजेय मानता था। वे मेरे ऐसे नेता थे जिनके लिए कोई भी बाधा मुश्किल नहीं थी। उन्हें हर विकट और विपरीत परिस्थितियों में भी सम्भावनाओं को तलाशना बख़ूबी आता था। फिर उनकी बौद्धिक समृद्धि का मुक़ाबला तो कोई कर ही नहीं सकता था। फिर भी अगर चुनाव के नतीजे उनके पक्ष में नहीं आए, और वह भी तब जबकि पूरे राज्य के युवाओं में उनके नाम का डंका बज रहा था, तो यह दोष हम कार्यकर्ताओं का ही था, खोट कहीं हममें ही था, कमी कहीं हमारी ओर से रह गई थी, वे तो निष्कलंक थे और पराजय के बाद भी वैसे ही रह गए। चुनावी नतीजे निकलने के महीने भर बाद तक हम लज्जित होकर ख़ामोशी से प्रतिद्वन्द्वी ख़ेमे से बरसाए जा रहे व्यंग्य बाणों की बौछार झेलते रहे। हमारा मनोबल टूटने लगा था पर इस्पात जैसा मज़बूत उनका आत्मविश्वास ज़रा भी नहीं लड़खड़ाया। हमारे मातम का मुहर्रमी महीना पूरा होते ही वे ईद का चाँद बनकर फिर से रोशन हुए। उन्होंने जो उस दिन मूल मंत्र दिया था वह बड़ा सरल था। उन्होंने पूरी ईमानदारी से कहा था कि आगे-पीछे सब भूलकर बस अपना काम करते जाना है और अपना काम है जन-जन की सेवा तन-मन से करना। उन्होंने कहा कि अब घर में बैठने से काम नहीं चलेगा। आइए गाँव-गाँव और घर-घर में चलकर हम सब लोगों से मिलें, उनका दुख-दर्द सुनें और समझें। जिन्होंने वोट दिया है, उनका आभार व्यक्त करें और जिन्होंने नहीं दिया है उनसे भी मिलकर उनकी परेशानी दूर करने के भागीदार बनें। उनकी सोच का आधार बहुत ठोस था। कर्पूरी जी मुख्यमंत्री बन गए थे और नीतीश जी के लिए उनके मन में अगाध प्रेम था। मुख्यमंत्री जी नीतीश जी की हर बात बहुत ध्यान से सुनते थे और जानते थे कि नीतीश जी का अपना कोई व्यक्तिगत स्वार्थ था ही नहीं। वे सिर्फ़ क्षेत्र के विकास की बात करते थे। इसलिए उनकी संस्तुति के आधार पर क्षेत्र में हमेशा कुछ न कुछ विकास का काम होता ही रहता था। मैंने सोच रखा था कि हमारी पराजय की वजह विरोधियों की शक्ति नहीं हमारी कमज़ोरियाँ थीं। हमारी सबसे विकट समस्या धन की कमी की थी। हमारे पास वाहनों का घोर टोटा पड़ा रहता था। मैं अगले चुनाव से पहले अपनी

संस्थागत कमज़ोरियाँ ढूँढ़कर दूर करना चाहता था लेकिन नेताजी का तो आदेश ही अलग था! चुनाव-वुनाव को दरकिनार करके मैं नेताजी के पग चिह्नों पर चल पड़ा। पहले तो हम दो ही निकलकर आगे आए पर धीरे-धीरे एक जैसी सोच वाले लोगों की जमात तैयार हो गई और हम सब नीतीश जी द्वारा निर्दिष्ट लक्ष्य की प्राप्ति के पीछे अपनी पूरी शक्ति से पिल पड़े।'

यद्यपि नीतीश स्वयं चुनाव हार गया था, पर कर्पूरी जी के नेतृत्व में उसकी पार्टी राज्य में सत्तारूढ़ हो गई थी और नीतीश को पार्टी के संचालन में बड़ा काम दे दिया गया था। कर्पूरी जी उसकी बात समझते और मानते थे। उनके काम और मिलने-जुलने का अन्दाज़ सबसे अलग था। एक बार अलस्सबाह, चार बजे, उन्होंने नीतीश और मीता से हवाई अड्डे के पास वाले पी.डब्ल्यू. डी. के गेस्ट हाउस में मुलाक़ात की थी। तब भी वे नहा-धोकर तैयार थे। नीतीश की कार्यशैली से बेहद प्रभावित होकर कर्पूरी जी ने नीतीश को युवा लोकदल का अध्यक्ष ज़बरदस्ती बनाया था। उपाध्यक्ष तो वह पहले से ही था। 1977 में चुनाव हार जाने के बाद भी नीतीश की व्यस्तता का ठिकाना न था। क्षेत्र में भागमभाग के बाद पटना का काम, विधायक क्लब में बैठक और फिर क्षेत्र का काम। चलने के लिए कोई साधन नहीं था बस मुन्ना सरकार की मोटरसाइकिल, रेलगाड़ियों और सरकारी बसों का सहारा भर था। वह बिना किसी चिन्ता के अपने क्षेत्र के विकास में सब कुछ भूलकर लगा ही रहता था। उसकी ही पार्टी सत्ता में थी जहाँ उसकी बात सुनी जाती थी। इसलिए उसके मात्र कह देने भर से ही हर किसी का जायज़ काम आगे-पीछे हो ही जाता था। उसका स्वभाव जानते हुए ग़लत काम के लिए कोई उसके पास आता ही नहीं था।

यहाँ यह भी समझने की बात है कि नीतीश के बड़े प्रियपात्र रहे उपेन्द्र कुशवाहा ने, दरअसल कर्पूरी जी के घर में, पटना में रहकर अपने कॉलेज की पढ़ाई का एक हिस्सा पूरा किया था। बाद में 1985 में जब उपेन्द्र युवा लोकदल के राज्य महासचिव बने, शायद तब ही वे नीतीश के सम्पर्क में आए और उसकी विचारधारा से प्रभावित हुए। 1988 तक इस पद पर काम करने के बाद उन्हें 1993 में युवा लोकदल का राष्ट्रीय महासचिव बना दिया गया। उपेन्द्र 1994 में जनता दल को छोड़कर नीतीश के साथ ही समता पार्टी में आ गए थे। नीतीश ने पहले उन्हें बिहार विधानसभा में नेता प्रतिपक्ष और फिर राज्यसभा का सदस्य बनाया था। बाद में 3 मार्च, 2013 को जेडीयू से विमुख होकर उपेन्द्र ने अपनी पार्टी आरएलएसपी खड़ी कर ली। उसके बाद वक़्त के झूले ने उन्हें सफलता और असफलता की बहुत-सी पींगें दी। सब प्रकार के खट्टे-मीठे अनुभवों के बाद उपेन्द्र ने अपनी पार्टी का विलय 14 मार्च, 2021 को जेडीयू में कर दिया। नीतीश ने उपेन्द्र को फ़ौरन विधान परिषद का सदस्य बनाते हुए पार्लियामेंटरी बोर्ड

का चेयरमैन भी बना दिया। नीतीश ने सार्वजनिक रूप से कहा था कि 2025 के विधानसभा के चुनाव आरजेडी के नेता तेजस्वी यादव के नेतृत्व में लड़े जाएँगे। तब तक उपेन्द्र अपने आपको नीतीश का स्वाभाविक वारिस मानकर चल रहा था। नीतीश की इस बात से उसकी राजनीतिक महत्त्वाकांक्षा को भारी झटका लगा होगा। इसलिए यह बात नहीं पचा पाने के कारण 2023 की शुरुआत से ही उपेन्द्र ने जेडीयू के शीर्ष नेतृत्व के इस निर्णय के ख़िलाफ़ विद्रोह का झंडा उठा लिया। और 20 फ़रवरी, 2023 को आरएलजेडी नाम की नई पार्टी की घोषणा कर दी। जानकार लोग बताते हैं कि इन्हें बीजेपी का अघोषित समर्थन प्राप्त है।

कभी न थकनेवाले पाँव

नीतीश हमेशा ज़मीन से जुड़कर रहनेवालों में रहा है, आसमानी नेता नहीं। अपने क्षेत्र की समस्या पर नीतीश ने 1977 में ही बिहारशरीफ़ में राज्य स्तरीय किसान सम्मेलन आयोजित किया था। जिसमें ट्रैक्टरों में भर-भरकर लोग अपनी इच्छा से आए थे। उस सम्मेलन को केन्द्र और राज्य की सरकारों ने बड़ी गम्भीरता से लिया था जिससे उस क्षेत्र में विकास के कई बड़े कार्य हुए। नीतीश की कर्मठता और लगन को तब पहली बार इतने बड़े स्तर पर जनता से पहचान मिली थी। नीतीश की सबसे बड़ी मुसीबत यह थी कि नई सरकार भी छात्रों के लिए कुछ ख़ास नहीं कर पा रही थी। इस सिलसिले में वह मुख्यमंत्री कर्पूरी ठाकुर से कई बार मिला भी था। उसकी बार-बार की मेहनत के फलस्वरूप 7 सितम्बर, 1977 को मुख्यमंत्री जी ने छात्र-समस्या पर विचार हेतु 18 सदस्यीय सलाहकार समिति के गठन की घोषणा कर दी। यह भी तय हुआ कि इस समिति की बैठक प्रत्येक माह की जाएगी। इस सलाहकार समिति के सदस्य प्राय: वही लोग थे जो बिहार छात्र संघर्ष समिति में सक्रिय रहे थे। ये थे लालू, रामविलास, भवेश, रमाकान्त ठाकुर, जगदीश शर्मा, नईम अख़्तर, सुबोध कान्त सहाय, जनार्दन यादव, रघुनाथ गुप्ता, नीतीश, वशिष्ठ नारायण, नरेन्द्र कुमार सिंह, सुशील मोदी, रविशंकर प्रसाद, प्रशान्त कुमार और छोटन सिंह। लेकिन छात्रों की समस्याओं के समाधान तक पहुँचने की नीतीश की हरचन्द कोशिशें नाकाम रहीं। नीतीश को लग रहा था कि उसकी अपनी सरकार के पिछले चार महीनों से सत्ता पर क़ाबिज़ होते हुए भी जनता के लिए किया गया कोई भी ठोस काम ज़मीन पर नज़र नहीं आ रहा था। सत्ता मिल तो गई थी पर उसके सही संचालन की प्रतिबद्धता नहीं थी। लोहिया जी ने 19 जुलाई, 1959 को हार्वर्ड यूनिवर्सिटी में अपने भाषण में कहा था—

'...मैं चाहता हूँ कि कभी सत्ता में न आऊँ। मेरी इच्छा है कि राजनेताओं का एक क़बीला ऐसा रहे जो सत्ता में आए बिना काम करने की विशेषता हासिल

करे। इस वक़्त मानवता की सबसे बड़ी समस्या है सत्ता पर अंकुश रखने की। शायद इसका एक रास्ता स्वेच्छा से सत्ता का त्याग है। कम से कम इसका प्रयास किया जाना चाहिए।'

लोहिया और जेपी सत्ता में कभी नहीं रहे। दोनों में नए और साफ़-सुथरे तरीक़े से हर काम करने की विशेषता थी। लेकिन नए-नए मंत्री बने समाजवादियों के काम करने की शैली में पुराने कांग्रेसी दस्तूर के आने के बाद लोहिया जी का यह सुझाव और लोहिया जी स्वयं भी, दोनों ही अप्रासंगिक हो गए थे। जनता पार्टी के शासन काल में जेपी भी कमोबेश वैसे ही दौर से गुज़र रहे थे। नीतीश लोहिया और जेपी की योजनाओं को अमली जामा पहनाने के लिए ठोस उपायों पर काम कर चुका था पर उन्हें सुनने-समझनेवाला कोई नहीं था। जो लोग सत्ता में आ चुके थे उनमें से अधिकांश लोगों के लिए नीतीश खोटे सिक्के की तरह ग़ैरज़रूरी हो गया था। उसे बहुत शिद्दत से लगने लगा था कि जनता का काम करने के लिए सत्ता में होना बेहद ज़रूरी है। यह एक कड़वी हक़ीक़त है कि 'केन्द्र और राज्य में सत्ताधारी जनता पार्टी जन आकांक्षाओं पर खरी नहीं उतर पा रही थी। बिहार में 3 नवम्बर, 1977 को बिहार जनता पार्टी की 76 सदस्यीय तदर्थ समिति का गठन हुआ जिसमें नीतीश को भी सदस्य की हैसियत से शामिल किया गया। आन्दोलन से जुड़े लोगों में अन्दर-ही-अन्दर बेचैनी छा रही थी। नवम्बर में ही पटना में उन लोगों का तीन दिनों का बड़ा अधिवेशन हुआ जिसमे पाँच सौ से अधिक प्रतिनिधियों ने भाग लिया था। अपनी बीमारी और गिरते हुए स्वास्थ्य के बावजूद इसका उद्घाटन स्वयं जेपी ने किया था। अपने सारगर्भित उद्घाटन भाषण में उन्होंने कहा था कि सम्पूर्ण क्रान्ति का शंखनाद कम से कम बिहार के हर गाँव में बजना ही चाहिए। सम्मेलन के अन्त में युवा जनता की ओर से नीतीश ने प्रस्ताव रखा जिसका अनुमोदन छात्र युवा संघर्ष वाहिनी के अनिल प्रकाश ने किया और उपस्थित सदस्यों ने उसे पारित कर दिया। 1-15 दिसम्बर, 1977 की सामयिक वार्ता में वह छपा भी जिसका सारांश यह था कि जनता पार्टी की सरकार भी कांग्रेसियों की राह पर चल पड़ी है।

पटना इंजीनियरिंग कॉलेज में भी राजनीति नित नया रंग बदलने लगी थी जहाँ बामसू के नेता हरदम नीतीश की बाट जोहते ही रहते। 1969 में बने अभियंत्रण संघर्ष समिति की भी नई सरकार, विशेष रूप से नीतीश से बड़ी अपेक्षाएँ थीं। मीता उसका अध्यक्ष बन गया था। नौकरी की माँग करते हुए उसके सदस्य कर्पूरी जी के घर के सामने भूख-हड़ताल पर बैठकर धरना दे रहे थे। किसी सरकारी आदेश के तहत धरने और प्रदर्शन पर पाबन्दी लगा दी गई और नीतीश की मौज़ूदगी में उस धरने का तम्बू वग़ैरह हटा दिया गया। नीतीश ने इसका बड़ा प्रतिरोध किया, पर वहाँ उसकी सुनता ही कौन था! अपनी ही सरकार से

आहत नीतीश ने इसके बारे में फिर सामयिक वार्ता में एक लेख लिखा भी था जिसका सारांश था कि मंत्री गण सरकारी आवासों को अपना निजी मकान समझने लगे हैं और उसमें बीत रही सन्तुष्ट ज़िन्दगी में वे कोई भी ख़लल बर्दाश्त नहीं करना चाहते। भले ही उसकी इस बात का तात्कालिक प्रभाव कुछ भी होता नहीं दिखा, नीतीश फिर भी निराश नहीं हुआ। वह अपनी धुन में लगा ही रहा और अन्त में उसकी ख़ुशी का ठिकाना न रहा जब सिंचाई भवन के सामनेवाले मैदान में मुख्यमंत्री और सिंचाई मंत्री ने बहुत बड़ी संख्या में सिविल और मेकैनिकल इंजीनियरों को नौकरी दी। नीतीश की वह ख़ुशी क्षणभंगुर ही थी, क्योंकि उसके चारों ओर निराशा का माहौल बन रहा था।

सच तो यह है कि वे दिन नीतीश की ज़िन्दगी के बड़े संघर्षमय दिन थे। उसकी पत्नी ने 1975 में बी.एड. में पटना यूनिवर्सिटी में दाख़िला लिया था। उस पढ़ाई से नौकरी तो मिल सकती थी, पर ज्ञान की बुभुक्षा भला कहाँ शान्त हो सकती थी। इसलिए मंजु ने 1976-78 में पटना यूनिवर्सिटी में एम.ए. में दाख़िला ले लिया जिस कारण उसे पटना में अपने मायके में रहना पड़ा। बख़्तियारपुर में नीतीश एकदम से अकेला हो गया था। कौशल बोकारो में रहने लगा था और सुरेश शेखर बम्बई में रिज़र्व बैंक की ट्रेनिंग ले रहा था। उन दिनों की बाबत सुरेश की पत्नी मंजु शेखर बताती हैं—

'सुरेश जी की प्रबल इच्छा नीतीश जी के साथ राजनीति में जाने की थी, पर वे बड़े साधारण परिवेश से आते थे। उनके एक अच्छे मित्र ने उन्हें समझाया था कि अभी तो तुम्हारी दाल-रोटी तक का इन्तज़ाम तुम्हारे पास नहीं है तो राजनीति कहाँ से करोगे और खाओगे क्या? इन्होंने अपने जीवन से राजनीति को अर्धविराम लगाते हुए राष्ट्रीय स्तर की प्रतियोगिताओं में अपना ध्यान लगाया। 1976 में इनका चयन रिज़र्व बैंक ऑफ़ इंडिया के प्रोबेशनरी ऑफ़िसर के पद पर हो गया और ये प्रशिक्षण के लिए बम्बई चले गए। हमारा विवाह दिसम्बर 1977 में हुआ था, लेकिन तब तक मैं अपने पति से नीतीश जी के बारे में इतना कुछ सुन और जान चुकी थी कि हाड़-मांस के नीतीश जी को मार्च-अप्रैल 1978 में बम्बई वाले घर में देखकर कुछ भी अचीन्हा नहीं लगा। बस मुझे ये नीतीश जी की दिल से निकलनेवाली मुस्कान के बारे में नहीं बता पाए थे जो मैंने तब देखी। सुरेश जी का विश्वास था कि यदि विश्वस्तर पर भी मुस्कान की कोई प्रतियोगिता हो तो नीतीश जी अगर प्रथम नहीं तो कम से कम सान्त्वना जैसा कोई न कोई पुरस्कार अवश्य झटक लेंगे! मुझे कौतूहल होता था कि आख़िर जेल से छूटे नीतीश जी और ताज़ातरीन शादीशुदा मेरे पूज्य पतिदेव आपस में क्या बातें करते होंगे? उन दिनों नीतीश जी पैंट-कमीज़ भी पहनते थे। इन दोनों दोस्तों की बातचीत बिलकुल बच्चों जैसी थी कि 'मेरी यह कमीज़ तुम ले लो,

यह तुम पर अधिक फबेगी' कि 'अच्छा तो मेरा यह मफ़लर तुम रख लो, तुम इसमें बहुत जँचोगे' आदि-आदि। त्याग और बलिदान का यह अनवरत संवाद सवेरे के नाश्ते के बहुत पहले से शुरू होकर रात के भोजन के बहुत बाद तक चलता ही रहता। तब मुझे सुरेश जी ने नीतीश जी के दहेज़रहित विवाह की बात बताई थी और यह भी कहा था कि नीतीश अपनी पत्नी से बेइन्तहा प्यार करता है, इस हद तक कि वह अपनी पत्नी से एक दिन भी अलग रहना नहीं चाहता। नीतीश जी की वापस लौटने की फड़फड़ाहट देखकर सुरेश जी की बातों का विश्वास न करने का मेरे पास कोई कारण ही नहीं बचा। सुरेश जी ने मंजु के खाना बनाने की विशेषज्ञता के बारे में एक बात और बताते हुए कहा था कि वे खाना इतना बढ़िया बनाती हैं कि हर कोई उँगलियाँ चाटने को विवश हो जाता है। अब नीतीश जी को किसी दूसरे के हाथ का बनाया खाना बिलकुल नहीं सुहाता। यह जान लेने से मुझे बड़ा सन्तोष हुआ, क्योंकि तब मैं समझ गई कि नीतीश जी खाना खाते समय इतने अनमने से क्यों रहते थे।'

नीतीश की भोजन के प्रति अनासक्ति की वजह निशान्त की बातों से पता चलती है।

मेरी माँ और मेरे पापा

निशान्त ने अपनी माँ मंजु के बारे में, जिन्हें वह मम्मी कहता था, बहुत प्यारी बातें कही थीं—

'मम्मी के कई शौक़ थे। मम्मी को बाग़बानी में इतनी अभिरुचि थी कि उन्होंने छत पर कई गमलों में फूल और सब्ज़ियाँ उगाने में महारत हासिल कर ली थी। एमएलए फ़्लैट में भी समय मिलते ही मम्मी कुछ न कुछ सिलाई-कढ़ाई का काम करती रहती थीं। बेड शीट पर मम्मी बहुत डिज़ाइनों में पेंट किया करती थीं। मैं उन्हें सूती साड़ियों पर कढ़ाई करने के अतिरिक्त अनेक डिज़ाइनों में कपड़े काटकर उन पर सिलाई करते देखता। मम्मी को गाना सुनना भी बहुत अच्छा लगता था। घर में कुछ भी करते समय वे रेडियो चला देतीं और कभी-कभी साथ-साथ गुनगुनाती भी थीं। बाद में टेप आ जाने के बाद वे अपनी पसन्द के गाने बजातीं जो सुविधा रेडियो में नहीं थी। ये तो थे मम्मी के शौक़ पर मम्मी का सबसे मनपसन्द काम था खाना बनाना! उन दिनों टीवी में कोई कार्यक्रम आता था जिसमें विभिन्न प्रकार के व्यंजन बनाना सिखाया जाता था। उस कार्यक्रम के शुरू होने से पहले ही मम्मी किसी जिज्ञासु विद्यार्थी की भाँति काग़ज़-क़लम लेकर टीवी के सामने बैठ जाती थीं और जो भी बताया-सिखाया जाता था, उसे पूरी तन्मयता से लिख लेतीं और फिर उसे बनाकर

खिलाती थीं। मम्मी को इतने से ही सन्तोष नहीं होता, खाने के बाद उसकी पूरी विवेचना होती कि उसे और अच्छा कैसे बनाया जा सकता था। मम्मी बहुत सारी सब्ज़ियाँ डालकर मेरे लिए नित नए स्वादिष्ट और स्वास्थ्यवर्धक पकवान बनाती ही रहती थीं। मेरी सबसे पसन्दीदा सब्ज़ी थी चिली पनीर, चिली बेबी कॉर्न या पनीर टिक्का। साथ में होती थी पत्तागोभी, गाजर, मटर, शिमला मिर्च और प्याज़ देकर बनाई गई गरमागरम चाऊमीन। मम्मी छोटे-छोटे आलू को दही, हल्दी, नमक और प्याज़ मिलाकर काफ़ी देर छोड़ देती थीं। बाद में उसे अवन में रोस्ट कर देती थीं। बिना घी-तेल के बनी उस सब्ज़ी का स्वाद मुझे अब भी भुलाए नहीं भूलता। मम्मी आलू की टिक्की भी बहुत मज़ेदार बनाती थीं। सबसे बड़ी बात तो यह थी कि बिना पहले से बताए भी घर में चाहे कितने भी लोग आ जाएँ, मम्मी बिना घबराए फटाफट खाना बना देती थीं। लेकिन मम्मी की पाककला अपने शीर्ष पर तब होती थी जब पापा पटना आते थे। शाकाहारी कबाब, दोसा, ढोकला, उत्तपम और भी न जाने क्या-क्या और कितना-कुछ मम्मी पल भर में बना देतीं और पापा मुस्कुराते-मुस्कुराते सब खाकर भी नहीं अघाते थे। हाँ, कभी-कभी माँ को सुनाते हुए मुझे कहते कि उनकी माँ मेरी माँ से भी अच्छा खाना पकाती है!'

कौन जाने, नीतीश की भोजन के प्रति वीतरागिता मंजु की असाधारण पाककला को विस्मृत न कर पाने के कारण ही हो।

मंजु शेखर कहती हैं—

'नीतीश जी की चुनावी लगन देखकर सुरेश जी का मन भी सक्रिय राजनीति में छलाँग लगाने को छटपटाया करता था, आर्म चेयर पॉलिटिशियन तो वे शुरू से थे। उनके अचानक हमें हमेशा के लिए तनहा छोड़कर चले जाने के बाद, बच्चों की ख़ातिर, मुझे मजबूर होकर रिज़र्व बैंक ऑफ़ इंडिया में काम करना पड़ा।'

मंजु शेखर ने अपने बच्चों को अकेले ही बड़ा किया है, इतना बड़ा कि उनको याद करके ही वह फिर से खिल जाती है। बेटे कोणार्क ने बरास्ता आई.आई.टी. (कानपुर) हार्वर्ड बिजनेस स्कूल से पढ़ाई पूरी की है। अब वह अमेरिका की बहुत बड़ी कम्पनी में अपने माँ और पिता का नाम रोशन कर रहा है। बिटिया मांडवी ने देश के सबसे प्रतिष्ठित नेशनल लॉ स्कूल हैदराबाद से क़ानून की पढ़ाई पूरी की है और अब बहुत बड़ी नौकरी कर रही है। मंजु शेखर के घर में घुसते ही किसी स्तरीय पुस्तकालय में घुसने का अनुभव होता है। दाहिनी ओर की लम्बी दीवार सुरेश की भारी-भरकम पुस्तकों से ठसाठस भरी हुई है। दूसरी दीवार पर बच्चों की किताबों का ज़ख़ीरा है। उन पुस्तकों को प्यार से निहारती श्रीमती मंजु शेखर को फिर से यादों का सैलाब बहाकर अतीत के किसी तट पर अकेली छोड़ आता है।

एकाएक वे हमसे कहती हैं—

'सुरेश जी को तनख़्वाह मिलने का दिन मेरे लिए सबसे त्रासदायी होता था क्योंकि वे कम से कम पच्चीस प्रतिशत वेतन पुस्तकों पर अवश्य ख़र्च करते फिर वे मुझसे बड़े शान से कहते थे, देखो, यही हमारी-तुम्हारी सम्पत्ति है, बाद में शायद यह सब न कर पाऊँ!

आज मेरे बच्चे भी पास नहीं हैं, लेकिन इन पुस्तकों को साफ़ करते, सँभालकर रखते समय मैं उन सबका स्पर्श बख़ूबी महसूसती हूँ जो अपनी यादों की ख़ुशबू इन किताबों में छोड़ गए हैं। जब वे बीमार होकर नीतीश की कृपा से एम्स में भर्ती हुए, उन्हीं दिनों मुझे बी.एड. की परीक्षा देनी थी। नीतीश जी दिन-रात उनके इलाज के लिए लगे रहते। सबको लगने लगा था कि अब ये ठीक हो जाएँगे। ग़लत दवा पड़ जाने के कारण ये नहीं बचे। बिस्तर पर पड़े सुरेश जी तब भी मुझे नोट्स बनाने में मदद करते थे। दुर्भाग्य से मुझे वह परीक्षा देने का समय नहीं मिल पाया और जीवन की सबसे बड़ी परीक्षा में मैं शायद फ़ेल हो गई।'

उनकी यादों की दुनिया से ही एक तसवीर निकलकर सामने आई है। कोणार्क की शादी के बाद उसे कसकर अपने सीने से चिपटाये नीतीश, दोनों की आँखें डबडबाई हुईं। कोणार्क को उस आलिंगन में अपना पिता मिल गया है और नीतीश को अपना दोस्त।

चुनाव की राजनीति में ज़ोर-आज़माइश

नीतीश की पहली चुनावी हार से सारे हम रसमंजरिया निराश हो चुके थे लेकिन नीतीश इस पराजय से ज़रा भी विचलित नहीं हुआ था। हम पहले ही जान चुके हैं कि बौद्धिक ख़ुराक के लिए सुरेश, अरुण, कौशल और नीतीश सहित समाजवादियों के लिए पटना का कॉफ़ी बोर्ड सही और पक्का अड्डा था। चाहे अफ्रीका हो या अमेरिका, आस्ट्रेलिया हो या यूरेशिया यहाँ तक कि शायद अंटार्कटिका तक, ग़रज़ कि दुनिया के हर कोने में, समाज की चिन्ताओं के प्रति जागरूक विचारकों, चिन्तकों, लेखकों, कलाकारों आदि हर प्रकार के बुद्धिजीवियों का एक न एक ऐसा अड्डा टैवर्न (मधुशाला), कॉफ़ी हाउस या पब (शराबख़ाना) में जमता ही है। कोलकाता में हर नुक्कड़ पर ऐसे चायख़ानों का नाम ही अड्डा है। वही हाल चेन्नई, तिरुवनंतपुरम और बेंगलूरु के नुक्कड़ों का है, बस वहाँ चाय की बजाय कॉफ़ी की चुस्कियों पर अनवरत बहस चलती ही रहती है। मुम्बई में भी जे.जे. स्कूल ऑफ़ आर्ट्स के अलावा और भी कई ऐसे अड्डे हैं लेकिन संघर्षशील रंगकर्मियों की युवा पीढ़ी का पसन्दीदा अड्डा आज भी जुहू चर्च रोड पर पृथ्वी थियेटर के साथ वाला पृथ्वी कैफ़े ही है। वाराणसी में वैसे तो गोदौलिया पर कॉफ़ी हाउस है लेकिन वहाँ की अड्डेबाज़ी की असली जगह ज़माने से अस्सी पर स्थित 'पप्पू की चाय की दुकान' रही है। वह ऐसा ही बेजोड़ अड्डा है जहाँ गुज़रे ज़माने में लोहिया, जॉर्ज, राजनारायण जैसे समाजवादी नेता घंटों बहस करते देखे जा सकते थे। दिल्ली के कनॉटप्लेस में भी कॉफ़ी बोर्ड ऐसा अड्डा था जहाँ लोहिया की अड्डेबाज़ी प्राय: हर रोज़ हुआ करती थी। वहाँ दिल्ली का हर आम अड्डा-ओ-ख़ास बुद्धिजीवी ज़रूर जमा होता था। लोहिया का एक और पसन्दीदा इलाहाबाद के सिविल लाइंस वाला कॉफ़ी हाउस था। वहाँ बैठकर उन्हें हेमवती नन्दन बहुगुणा से समाजवाद के बारे में बहस करते हुए अक्सर देखा जाता था। एक ज़माने में फ़िराक़ गोरखपुरी, सुमित्रानन्दन पंत, महादेवी वर्मा, उपेन्द्रनाथ अश्क, धर्मवीर भारती,

लक्ष्मीकान्त वर्मा, कमलेश्वर, मार्कंडेय सिंह आदि-इत्यादि साहित्य के कीर्ति स्तंभों की मजलिसें भी वहीं जमती थीं। वहाँ का माहौल ऐसा गर्म रहता था कि राजनीति और साहित्य के अलावा देश की दशा-दिशा पर ज़ोरदार बहस चलती ही रहती थी। नई मॉल संस्कृति से यह परम्परा लुप्तप्राय हो गई है। पटना में भी, डाक बँगला चौराहे से पूरब में स्थित कॉफ़ी बोर्ड के कॉफ़ी हाउस में, इन सब चाय और कॉफ़ी के अड्डों का कॉकटेल पाया जाता था। समाजवादियों की पसन्दीदा जगह थी वह। राज्य की राजनीति का तापक्रम नापने का बहुत अच्छा थर्मामीटर था वह अड्डा! कॉफ़ी बोर्ड में फणीश्वरनाथ रेणु, नागार्जुन, शंकर दयाल सिंह, आलोक धन्वा जैसे साहित्य जगत के सितारे, उप्पल जी, श्याम शर्मा जैसे कलाकार, रंगकर्मी सतीश आनन्द के अलावा घनश्याम पंकज, जितेन्द्र सिंह, जुगनू शारदेय आदि वरीय पत्रकारों की बैठकी लगती थी। तब के युवा राजनेताओं में लालू यादव, सुशील मोदी, शिवानन्द तिवारी, सुबोधकान्त सहाय, सरयू राय, नीतीश आदि जैसे अदम्य उत्साह से भरे नौजवान भी वहाँ के चक्कर लगाते ही रहते थे। मुख्यमंत्री होने के पहले तक कर्पूरी जी भी यदा-कदा कॉफ़ी हाउस में मिल जाया करते थे। उनकी सरकार की कार्यप्रणाली से दुखी नीतीश कॉफ़ी हाउस में जाकर अपनी बात बहुत मुखर होकर कह देता था। कर्पूरी जी के निजी सचिव रह चुके वरिष्ठ पत्रकार सुरेन्द्र किशोर 'अकेला' भी कॉफ़ी हाउस में अक्सर बैठते थे।

मुक्का ठोंक धमाकेदार एलान

एक बार नीतीश उनके साथ कॉफ़ी पीने बैठा तो सरकार से हुई अपनी निराशा बता दी। उस दिन उन दोनों के बीच हुई बातचीत के बारे में सुरेन्द्र जी ने जो बताया—

'मैं एसवाईएस से बहुत क़रीब से जुड़ा होने के कारण सुरेश शेखर और नीतीश कुमार को अच्छी तरह जानता था। वहाँ के सभी युवाओं में ये दोनों मुझे बेहद सुलझे हुए और ईमानदार लगते थे। 1977 के चुनाव में हुई नीतीश जी की अप्रत्याशित पराजय से मैं दुखी था। मैं जानता था कि वे हारे नहीं, हराए गए हैं। उस दिन कॉफ़ी पीते हुए कर्पूरी जी के प्रशासन की नाकामियों पर बात चल निकली। नीतीश जी कर्पूरी जी का बहुत सम्मान करते थे लेकिन उन्हें लगता था कि मुख्यमंत्री जी के मंत्रियों से जनता की जो अपेक्षाएँ थीं वो पूरी नहीं हो पा रही थीं। मैंने ही उनसे पूछ लिया कि क्या बिहार को एक अच्छा मुख्यमंत्री कभी नहीं मिलनेवाला है? इस बात ने उनके समाजवादी मन को शायद झकझोर दिया। उन्होंने बहुत सारी योजनाओं की चर्चा के बाद मेज़ पर मुक्का मारकर

कहा कि अगर कभी वह बिहार के मुख्यमंत्री बनेंगे तो मुख्यमंत्री बनकर अच्छा काम ज़रूर करेंगे। यह कहकर वे चले गए।

मुझे उनका आत्मविश्वास से यह कहना अच्छा लगा। मुझे मालूम नहीं था कि यह होगा कैसे लेकिन मेरे अन्दर से आई एक आवाज़ ने कहा कि यह होगा ज़रूर!

आज भी नीतीश जी बिहार को ठीक करने की पूरी कोशिश कर रहे हैं। मेरा आकलन है कि जिन मुश्किल हालातों में नीतीश जी ने बिहार की बागडोर सँभाली थी, उनसे बिहार को उबार पाना बस उन्हीं के बूते की बात थी।'

मुख्यमंत्री कर्पूरी ठाकुर की सरकार की नाकामयाबी के कारण नीतीश का क्षुब्ध होना अकारण नहीं था। यह बात सीपीआई (एमएल) के मुखपत्र 'लोकयुद्ध' के तत्कालीन सम्पादक अशोक कुमार के एक आलेख से समझी जा सकती है। लेख में उन्होंने कर्पूरी जी की नीतियों के बारे में बताया है—

'ज़मीन के बँटवारे के सवाल पर उनका जो भी योगदान रहा हो, भले ही वह छोटा हो, उसी के कारण उनके प्रति हमारे मन में सम्मान का भाव है।'

आलेख में आगे लिखा है—

'लेकिन एक बात ज़रूर कहना चाहूँगा कि विपक्ष के नेता कर्पूरी और सत्ता में आसीन, उसमें भी मुख्यमंत्री पद पर, कर्पूरी में बहुत फ़र्क़ है। विपक्ष के नेता कर्पूरी जनता के पक्ष में निर्भीकता से लड़ते थे, सही मायने में नेता थे, जन नायक थे। सत्ता में आने के बाद वे जिन बातों के लिए पहले से लड़ते आए थे उनको लागू करना उनके लिए आसान नहीं था। शासक वर्ग के घेरे से, वास्तविक राजसत्ता के अंकुश से, बाहर जाना उनके लिए सम्भव नहीं था।'

ज़मीन के बँटवारे के सम्बन्ध में कर्पूरी ठाकुर जी के योगदान को लेकर गोरखपुर विश्वविद्यालय के प्रोफ़ेसर उदयभान त्रिपाठी ने कर्पूरी जी के बारे में नरेन्द्र पाठक को यह रोचक संस्मरण सुनाया था—

'1980 में जब वे एक चुनावी सभा में गोरखपुर आये तो मेरे घर भी आये थे। भोजन के बाद जब वे आराम कर रहे थे तब मैंने उनसे अन्य बातों के अलावा भूमि सुधार के सम्बन्ध में अपनी जिज्ञासा प्रकट की कि आप बिहार में भूमि सुधार का प्रस्ताव क्यों नहीं ला सके, जबकि ग़रीब जातियों का आप पर बहुत विश्वास था। मेरी इस बात को सुनते ही जैसे कर्पूरी जी तमतमा गए और उठकर बैठ गए। थोड़ी देर चुप रहने के बाद बहुत गम्भीर मुद्रा में उन्होंने जो कहा वह जेपी की सम्पूर्ण क्रान्ति से उपजी ग़ैर-कांग्रेसी जनता पार्टी की सरकार के चरित्र को स्पष्ट कर देता है। उन्होंने कहा था—

'उदयभान जी, मैं जिस सरकार में मुख्यमंत्री था उस सरकार का हर एक मंत्री कम से कम मुझसे अपने को ताक़तवर मानकर चल रहा था। मैं जिस

मंत्रिमंडल की बैठक में भू-हदबन्दी का प्रस्ताव लाता, उस मंत्रिमंडल की बैठक के बाद मैं जीवित बाहर नहीं आता, मेरी लाश आती। और जानते हैं, उस बैठक में जो पिछड़ी जाति के सामन्त थे, वही पहले मेरी हत्या करते। अगर मुझे ज़िन्दा रहकर ग़रीब और कमज़ोर जातियों के लिए कुछ करना था तो उस प्रस्ताव को अभी ठंडे बस्ते में ही पड़े रहने देने में मेरी और दलितों, पिछड़ों की भलाई थी।

उदयभान जी, मुझे ख़ून का घूँट पीकर रह जाना पड़ता है जब ग़रीबों पर अत्याचार होता है और वह अत्याचार अगड़ी जाति के सामन्तों से पहले पिछड़ी जाति के सामन्तों के द्वारा होता है। मैं उस दिन के इन्तज़ार में हूँ जब ये कमज़ोर जातियाँ संगठित होकर सामन्तों से जुल्म के एक-एक पल का हिसाब माँगेंगी तब बड़े भू-धारी लोग, जो ग़रीबों का हक़ मारकर पटना, राँची और दिल्ली में महल खड़ा किए हैं—ख़ुद भाग जाएँगे।

उदयभान जी, पता नहीं, वह दिन कब आएगा। मैं दिन-रात इसी सोच में डूबा रहता हूँ।'

कर्पूरी जी के बारे में उनके दो समकालीन प्रबुद्ध लोगों के विचारों से स्पष्ट हो जाता है कि वे प्रचंड दबाव में रहकर भी अच्छा, बल्कि बहुत अच्छा करने की जी-तोड़ कोशिशें कर रहे थे। उनके आसपास या मंत्रिमंडल में शायद एक भी ऐसा व्यक्ति नहीं था जिस पर भूमि सुधार के कार्यक्रम लागू करने के लिए कर्पूरी जी को पूरा एतबार हो सकता था।

नीतीश का शासक वर्ग के घेरे और वास्तविक राजसत्ता के अंकुश की पूरी शक्ति से तब तक परिचय नहीं हुआ था, जब तक कि 1990 में वह केन्द्रीय सरकार के राज्यमंत्री के पद पर पहुँचकर स्वयं सत्ता में नहीं आ गया था। उससे पहले आदर्शवादी नीतीश को यक़ीन ही नहीं होता था कि लोहिया, जयप्रकाश या कर्पूरी जैसे पूर्ण समर्पित बड़े समाजवादी नेताओं के लिए किसी भी जनहित के क़ानून को लागू करने में कोई अड़चन टिक भी सकती है! इसलिए उसका सुरेन्द्र किशोर के सामने फूट पड़ा क्षणिक आक्रोश बड़ा स्वाभाविक था जिसे संकर्षण ठाकुर जैसे परिपक्व पत्रकार ने शायद अनजाने में ही महत्त्वपूर्ण बना दिया था। नीतीश को बहुत क़रीब से जाननेवाले एक समाजवादी नेता, जो कॉफ़ी हाउस वाली इस घटना से वाक़िफ़ थे, ने बताया कि संकर्षण ठाकुर की किताब में नीतीश जी के इस सामान्य से वाक्य को अनावश्यक तूल दे दिया गया है। जो भी नीतीश जी को जानते हैं उन्हें पता है कि न तो वे 'हुक' में विश्वास रखते हैं न ही 'क्रुक' में। अगर उनमें इन दाँव-पेचों की ज़रा भी बुद्धि होती तो वे विधानसभा के दो चुनाव लगातार नहीं हारते। नीतीश जी अगर यही सब जानते होते तो राज्यसभा या विधान परिषद के सदस्य बनकर केन्द्र या राज्य सरकार के मंत्रिमंडल में कब के पहुँच गए होते! अगर यही सब उनकी फ़ितरत होती तो न

तो वे ख़ुद इस क़दर फटेहाल होते और ना ही उनकी पार्टी। अरे भाई, उन्होंने तो अपना जायज़ टीए-डीए, यात्रा भत्ता तक भी कभी नहीं लिया! दरअसल, नीतीश के इस वक्तव्य के पीछे हर नौजवान के दिल में बैठी उस छटपटाहट को मानना चाहिए जो विलम्ब होने से बेक़रारी में बदलकर फूट पड़ती है।'

बनो तुम निर्बल के बल

नीतीश की 1977 की एक और कहानी मुन्ना सरकार ने सुनाई थी। उन्होंने बताया था—

'1977 में जब राज्य में जनता पार्टी की सरकार आई तब जनता का उत्साह चरम पर था। रोज़ नए-नए विचार सामने आने लगे थे जिनसे जनता को सीधे लाभ मिलना था। इसी कड़ी में अनुभव में आया कि क्रिकेट और बैडमिंटन जैसे महँगे शहरी खेलों के कारण सस्ते और सुलभ ग्रामीण खेल-कूदों में लोगों की अभिरुचि घटने लगी थी। इसलिए राज्य सरकार ने ग्रामीण खेल-कूदों के विकास के लिए प्रखंड स्तर पर समितियाँ बनाईं। बख़्तियारपुर प्रखंड में भी ऐसी ही समिति बनी जिसमें बहुत सारे खेलों का आयोजन बड़े धूम-धड़ाके से हुआ। लोगों का उत्साह देखते ही बनता था। पलक झपकते ही प्रतियोगिता के फ़ाइनल मैच का दिन भी सर पर आ गया। हमने आख़िरी दिन किसी मंत्री को मुख्य अतिथि बनाकर समापन समारोह में पारितोषिक वितरण के लिए बुलाने की बात नीतीश जी से कही। नीतीश जी यह सुनकर थोड़ी देर चुप रहे। मैं समझ गया कि मंत्रियों के तलुए चाटते रहने के कांग्रेसी कल्चर को घसीटते रहना उन्हें बिलकुल पसन्द नहीं आया। उनकी चुप्पी तोड़ने के लिए हमने उनसे मार्गदर्शन की प्रार्थना की। उन्होंने दलित समाज के किसी ग़रीब स्वतंत्रता सेनानी को बुलाने के लिए कहा। उनकी यह सलाह कमिटी को बेहद पसन्द आई। कमिटी ने रविदास समाज के श्रीराम, रिक्शा चालक को मुख्य अतिथि बनाया। श्रीराम हमारे समाज में हमेशा सम्मानित और निर्भीक स्वतंत्रता सेनानी के रूप में प्रतिष्ठित थे। आर्थिक रूप से जर्जर हो चुके लेकिन आत्माभिमान से भरे श्रीराम के आने से हमारी समिति की प्रतिष्ठा बढ़ी और हमारा प्रखंड भी गौरवान्वित हुआ।'

बहरहाल, 1978 की शुरुआत में ही नीतीश को लगने लगा था कि देश और राज्य में सत्तारूढ़ जनता पार्टी अपने चुनावी संकल्पों को पूरा करने की बजाय वह भी कांग्रेसी परम्परा का ही अनुसरण करने लगी है। इस विषय पर ऐसी सोच रखनेवाला वह अकेला नहीं था। अखिल भारतीय युवा जनता के बिहार संभाग नेताओं ने 8 फ़रवरी, 1978 को इसी आशय का प्रस्ताव पास करके 18 मार्च से आन्दोलन करने का निर्णय किया। 8 फ़रवरी को हुई इस बैठक में अखिल

भारतीय युवा जनता के वरिष्ठ पदाधिकारी, क्रमश: शिवानन्द तिवारी और नीतीश कुमार, सरकार की विफलताओं पर जमकर बरसे। ग़ौरतलब है कि 1974 में 18 मार्च से ही छात्र आन्दोलन की शुरुआत हुई थी। इसलिए 18 मार्च को 'वादा निभाओ दिवस' के रूप में मनाने का निश्चय किया गया। यह अपनी ही पार्टी की निष्क्रियता के विरोध में पार्टी के युवाओं के एक धड़े का गर्जन था। नतीजतन, प्रदेश युवा जनता में फूट पड़ने की शुरुआत हो गई। इसी बीच कर्पूरी जी ने मुंगेरी लाल कमीशन की रिपोर्ट के आधार पर अन्य पिछड़ी जातियों के लिए सरकारी नौकरियों में 26 प्रतिशत आरक्षण का नया फ़ॉर्मूला बिहार में लागू कर दिया। इस नियम की घोषणा होते ही बिहार में मानो भूचाल आ गया। देखते ही देखते पूरा राज्य इस फ़ॉर्मूले के पक्ष और विपक्ष में बँट गया। आपातकाल के दिनों से ही बिहार में हर गली के नुक्कड़ों और चौराहों पर अनवरत बहस का माहौल बना रहता था। ताज़ा अख़बार या कोई पर्चा लेकर लोग घंटों जूझते रहते। जनता सरकार के आने के बाद इस यज्ञ की लपटें धीमी पड़ने लगी थीं, लेकिन मुंगेरी लाल कमीशन का यह फ़ॉर्मूला बुझती आग को फिर से भड़का गया। नौजवान नीतीश इन सबों से बहुत व्यथित था। वह युवा जनता का राष्ट्रीय स्तर का नेता था और पूरे देश की भावनाओं से जुड़ा हुआ था। उसने लोहिया जी के एक अन्य अनुयायी बजरंग सिंह के साथ मिलकर पटना के गांधी म्यूज़ियम हॉल में आम नागरिकों की सभा में आरक्षण का संशोधित फ़ार्मूला पेश किया जिसे सर्वसम्मति से स्वीकार कर लिया गया। इसका ख़ास मुद्दा था कि समाज के आर्थिक रूप से सम्पन्न लोगों को आरक्षण की सुविधा नहीं मिलनी चाहिए चाहे वे पिछड़ी जाति के ही क्यों न हों। दूसरा मुद्दा यह था कि समाज की अगड़ी जाति के उन लोगों को भी आरक्षण की सुविधा मिलनी चाहिए जो आर्थिक रूप से पिछड़े हुए थे। तीसरी बात यह थी कि लोगों को क़ानून द्वारा रोज़गार का अधिकार मिले तथा चौथी और बड़ी महत्त्वपूर्ण बात कि पिछड़ों को अधिक सरकारी सहायता और सहयोग द्वारा पढ़ने-लिखने के लिए प्रेरित किया जाए जिससे वे अपने लिए आरक्षित सुविधाओं का लाभ उठा सकें।

उन दिनों को नीतीश याद कर रहा है—

'उन दिनों मेरी सोच थी कि क्रीमी लेयर—आर्थिक रूप से सम्पन्न लोगों को आरक्षण की सुविधा नहीं मिलनी चाहिए, क्योंकि वे हर प्रकार से सक्षम थे। यह भी लगता था कि प्रत्येक ग्रामीण या शहरी क्षेत्र में जो भी धनाढ्य लोग थे या बड़े नेता हो गए थे, वही अपने इलाक़े में सबसे प्रतिष्ठित हो गए थे। इनमें सभी जाति के लोग थे और वे सभी जाति के लोगों से सम्मान पाते थे। मेरे इस विचार को किशन जी ने अंग्रेज़ी और अशोक सेकसरिया जी ने हिन्दी में बहुत अच्छी तरह सामने रखा। किशन जी ने इसे 'नीतीश फ़ॉर्मूला' का नाम दिया था।

लेकिन कुछ समय बाद मुझे लगने लगा कि इस सूत्र का आधार केवल आर्थिक स्थिति है जबकि सामाजिक विषमता का मूल आधार तो यह है ही नहीं! पिछड़ेपन का सीधा सम्बन्ध पीढ़ियों से चली आ रही वर्णव्यवस्था से है। जो सदियों से दलित माने गए, चाहे वे आज आर्थिक रूप से सम्पन्न हो भी गए हों, उनमें से अधिकांश के अवचेतन से आज भी हीन भावना नहीं हट पाई है। मैंने बहुधा उन दिनों की बड़ी बैठकों में पाया था कि कोई अच्छी बात अगर कोई सवर्ण कहे तो एक तो उसकी बोली और शारीरिक भंगिमा में बड़ा आत्मविश्वास झलकता होता है फिर उसकी बात भी ध्यान से सुनी जाती है। लेकिन वही बात, अगर कोई पिछड़ा नेता कहना चाहे तो पहले तो कोई उसे गम्भीरता से लेता ही नहीं फिर उसके आत्मविश्वास का बैंड तो पहले से ही बजा होता है इसलिए वह अपनी बात भी ठीक से कह नहीं पाता और एक बार कह भी ले तो विरोध होते ही या तो कछुए की तरह अपने ही खोल में सिमट जाता है या फिर झुँझलाकर तेज़ आवाज़ में झगड़ने लगता है। मूल बात वहीं-की-वहीं धरी रह जाती है। अब मुझे लगता है कि मेरी सोच तब तक शायद उतनी परिपक्व नहीं हो सकी थी, इसलिए क्रीमी लेयर में अटककर रह गया था मैं। बाद में जब मैं चुनावी राजनीति में आया तो सभी जातियों से मेरा परिचय बढ़ा और मैं दलितों और पिछड़ों की मानसिकता को और अच्छी तरह से समझने लगा। तब मुझे लगने लगा कि उन्हें अब भी सहारे की आवश्यकता है ही। जब मैं पूरी तरह आश्वस्त हो गया कि हमारे यहाँ पिछड़ेपन का सीधा सम्बन्ध जाति से है, तब मुझे कर्पूरी जी का अनेक्श्चर वन और अनेक्श्चर टू का फ़ॉर्मूला ज़्यादा व्यावहारिक लगा। इसलिए जब मुझे पंचायत में आरक्षण लागू करने का अवसर प्राप्त हुआ तो मैंने इसे अनेक्श्चर वन तक ही सीमित रखा। पंचायत स्तर पर यादव, कुर्मी, वैश्य या फिर कोइरी आदि जाति के लोग अपने संख्याबल, खेती-बाड़ी, ज़मीन-जायदाद, व्यवसाय, शिक्षा आदि के कारण आगे आ ही जाते हैं। फिर परिचित परिवेश में रहने के कारण इनका मनोबल भी उतना गिरा हुआ नहीं है। लेकिन सदियों से कुचले हुए लोग, कम शिक्षित लोग, कम संख्या वाले लोग, सामाजिक दृष्टि से पिछड़े हुए लोग आदि विशेष ध्यान दिए जाने के पात्र हैं। इसलिए मैं मानता हूँ कि सभी धर्मों के पिछड़े, अति पिछड़े, दलित, महादलित आदि को आरक्षण के अन्दर भी आरक्षण दिया जाना चाहिए।'

सामयिक वार्ता में नीतीश फ़ॉर्मूला के छपने से राजनीतिक हलक़ों में सुगबुगाहट हुई। कर्पूरी जी ने नवम्बर 1978 में संशोधित फ़ॉर्मूला सामने रखा जिसमें अन्य पिछड़ी जातियों के लिए 20 प्रतिशत, महिलाओं के लिए 3 प्रतिशत तथा आर्थिक रूप से पिछड़े अगड़ी जाति के लोगों के लिए 3 प्रतिशत आरक्षण का प्रावधान किया गया। तब तक बात काफ़ी बिगड़ चुकी थी, इस हद तक कि बढ़ती महँगाई

को लेकर आम जनता का विश्वास सरकार से हिल गया था। सरकारी नौकरियाँ थीं भी कहाँ जो आरक्षण के मुद्दे पर कोई सर खपाता फिरता! बिलकुल सूत न कपास, जुलाहे में लट्ठम-लट्ठा वाली हालत हो गई थी।

'नीतीश फ़ॉर्मूला' के स्वीकार्यता की ख़ुशी उसके लिए क्षणभंगुर ही थी। उसके आगे-पीछे व्यक्तिगत समस्याओं का अम्बार था। फिर भी सभी आपदाओं को हँसकर अपने सीने पर झेलते, आगे बढ़ रहे उस ज़माने के नीतीश को याद करने से दुष्यन्त कुमार की ग़ज़ल की ये पंक्तियाँ अचानक मन में गूँजती हैं—

दुख नहीं कोई कि अब उपलब्धियों के नाम पर,
और कुछ हो या न हो, आकाश-सी छाती तो है।

और कुछ हो-न-हो पर सच यही है कि 1978 में काफ़ी दिनों तक नीतीश को किसी ने दुखी नहीं देखा था। पर उसकी आकाश-सी छाती भी सितम्बर में फटने लगी जब युवा जनता दो फाड़ में बँट गई। वैसे तो 18 मार्च, 1978 को ही स्पष्ट हो गया था कि जनता पार्टी में भी बिखराव आने लगा था क्योंकि उस दिन पटना में दोनों गुटों के छात्र संगठनों ने अलग-अलग प्रदर्शन किए थे। पर नीतीश की नेकनीयती में किसी को रंच मात्र भी सन्देह नहीं था। शिवानन्द तिवारी ने, जो अखिल भारतीय युवा जनता के उपाध्यक्ष थे, बिहार प्रदेश युवा जनता की तदर्थ राज्य समिति को भंग करके नीतीश को उसका अध्यक्ष बना दिया। यही नहीं, तिवारी ने पहले से चले आ रहे प्रदेश अध्यक्ष और सचिव नरेन्द्र कुमार सिंह को समिति से हटा दिया। इस प्रकार वशिष्ठ नारायण सिंह, विजय कृष्ण, देवेन्द्र प्रसाद यादव, मिथिलेश कुमार सिंह आदि विद्रोही स्वर वाले जंगजू एक ओर हो गए। दूसरी ओर रह गए सरकार की नीतियों के समर्थक। कर्पूरी जी के बहुत क़रीबी, राजीव रंजन सिंह, उर्फ़ ललन, यद्यपि मँगनी लाल मंडल के पक्षधर थे लेकिन तब भी उन्हें नीतीश के विचार और तेवर बहुत प्रभावित करते थे। बाद में ललन नीतीश के बहुत क़रीब आ गए, लड़े-झगड़े भी, और अब उनके अनन्य विश्वासियों में बहुत महत्त्वपूर्ण स्थान रखते हैं।

नई शुरुआत सम्पूर्ण क्रान्ति के दूसरे चरण की

नीतीश ने 25 सितम्बर, 1978 को बिहार प्रदेश युवा जनता की कार्य समिति की बैठक की आम राय के बारे में पत्रकारों को बताया था कि पुरानी समिति अपने घोषित सिद्धान्तों और मार्गों से अलग हट गई थी और उसका सरकारीकरण हो चुका था। शिवानन्द गुट के इन नौजवानों ने सम्पूर्ण क्रान्ति के दूसरे चरण को आरम्भ करने का निश्चय किया। यह भी ग़ौरतलब है कि अखिल भारतीय

युवा जनता के अध्यक्ष वी.मायाकृष्णन ने मँगनी लाल मंडल वाले ख़ेमे को ही संवैधानिक और वैध मानते हुए 13 अक्टूबर को इस आशय की चिट्ठी निकाल दी थी। इसका कोई प्रत्यक्ष प्रभाव नीतीश वाले विद्रोही ख़ेमे पर पड़ता नहीं दिखा। उन लोगों ने 4 नवम्बर, 1978 को बहुत शानदार 'वादा निभाओ' मौन जुलूस निकाला। इसमें एक महत्त्वपूर्ण माँग भ्रष्ट मंत्रियों को हटाने की थी। मुख्यमंत्री कर्पूरी ठाकुर ने इस जुलूस से स्वयं मिलकर उनका दस सूत्री माँग पत्र लिया और उस पर विचार करने का आश्वासन भी दिया। यह शिवानन्द-नीतीश ग्रुप की बड़ी विजय थी। युवा जनता से जुड़े एक गम्भीर साथी ने बताया था—

'नीतीश जी और उनके अन्य साथी विपक्ष की राजनीति के पहुँचे हुए खिलाड़ी थे। अपनी बात जनता तक पहुँचाने के लिए ये स्वयं समाचार-पत्रों के कार्यालयों में जाकर बड़ी शालीनता से बैठते और तर्क करते थे। इसलिए अख़बार के किसी कोने में इनके बारे में भी छोटी-सी ख़बर हमेशा दिख जाती थी। केन्द्र और बिहार राज्य की सरकारों में एक बेहद महत्त्वपूर्ण फ़र्क़ बड़ा स्पष्ट था। दिल्ली में बहुत सारे ऐसे मंत्री थे जो ईमानदार तो थे ही, साथ ही उनका किसी राज्य या केन्द्र सरकार में काम करने का अच्छा-ख़ासा अनुभव पहले से रहा था। सरकारी तंत्र पर उनकी पकड़ भी बहुत अच्छी थी। प्रधानमंत्री मोरारजी भाई देसाई सहित कई मंत्रियों को हल्के में क़तई नहीं लिया जा सकता था। देश के बड़े-बड़े उद्योगपतियों के सहयोग की वजह से केन्द्रीय जनता पार्टी के पास पार्टी चलाने के लिए धन का अभाव भी नहीं था। इसलिए वहाँ की मुश्किलें मूल रूप से सत्ताधीश दिग्गज महारतियों में मत भिन्नता के कारण थी। प्राय: सारे स्थापित नेता अपनी ही तरह से सरकार चलाना चाहते थे। किसी एक व्यक्ति का नेतृत्व मानने को अधिकतर बड़े नेता तैयार नहीं थे। दूसरी तरफ़ बिहार राज्य में समस्याएँ कुछ दूसरी तरह की थीं। राज्य सरकार में कर्पूरी ठाकुर को छोड़कर स्वच्छ छवि वाले ऐसे लोग शायद बहुत कम थे जिनका प्रशासन का अनुभव अच्छा था। इन सबसे अलग एक और बहुत बड़ी समस्या थी, आम लोगों की सरकार से अपेक्षाएँ! चुनावों के पहले बिहार की जनता को लगता था कि सरकार बदलते ही उनके भाग्य भी रातों-रात बदल जाएँगे। मगर सरकारी तंत्र तो वही पुराना, कांग्रेस राज वाला ही था! कुछ दिनों पहले तक यही नौकरशाही आज के नए सत्ताधारियों को सड़कों पर दौड़ा-दौड़ाकर पीटती रही थी। इसलिए सहमी और भौचक खड़ी सत्ता, कुटिल विपक्ष तथा रीढ़ विहीन नौकरशाही के अवांछित योग ने प्रगति की हर कोशिश को निष्क्रिय बनाकर छोड़ दिया था। मुंगेरी लाल समिति की अनुशंसाओं को सरकार ने मान तो लिया था पर उसे लागू कराना आसान नहीं था। ये तो थीं सरकार की आरम्भिक मुश्किलें जो हमारे समाजवादी युवा साथियों की हड़बड़ी के दबाव से और भी बढ़ जाती थीं। राज्य में अधिकांश नेता ऐसे

थे जिनके पास ठोस काम का न तो कोई अनुभव था और न आगे कुछ नया सीखने-करने के लिए कार्यक्रम। इसलिए इनमें से बहुत से लोगों ने परिस्थितियों से समझौता करके धीरे-धीरे हाथ खड़े कर दिए। अब देखिए कि जब नीतीश जी ने बिहार की बागडोर सँभाली तब उनके पास देश के कृषि, परिवहन, रेलवे आदि जैसे बड़े विभागों को सफलता से चलाने का अच्छा-ख़ासा अनुभव था। नियमों और क़ानूनों की उन्हें अच्छी जानकारी थी। सबसे बढ़कर नौकरशाहों की लालफ़ीताशाही से निबटना उन्हें पहले से ही ख़ूब आता था। इसलिए उन्हें राज्य की बागडोर सँभालने में कोई ज़्यादा मुश्किल नहीं आई।'

शिवानन्द ने नीतीश को लोहिया विचार मंच से जोड़कर पटना में इस मंच का बड़ा कार्यक्रम आयोजित किया। मुख्य अतिथि के रूप में जनेश्वर मिश्र को आना था जो केन्द्र सरकार में नए-नए मंत्री बने थे। लोहिया विचार मंच के कार्यक्रम की थीम तल्ख़ होने के साथ-साथ सरकार के लिए बहुत आलोचनात्मक भी थी। शिवानन्द को लगा कि जनेश्वर मिश्र के आगे यह धमाकेदार भाषणबाज़ी ठीक नहीं होगी इसलिए उन्होंने भरसक प्रयास किया कि मिश्र इस आयोजन में शामिल ही न हों। दुर्भाग्यवश उनसे सम्पर्क न हो सका।

नई और पुरानी कुर्सी में फ़र्क़

उस सभा में किशन पटनायक ने बड़ी मार्के की बात कही। उन्होंने नेतागिरी की नई और पुरानी कुर्सी में भेद बताते हुए कहा कि लेनिन की कुर्सी नई थी तो वह क्रान्तिकारी बन गया। वहीं जब स्टॉलिन की कुर्सी पुरानी हो गई तो वह यथास्थितिवादी होकर नौकरशाह हो गया!

बकौल शिवानन्द—

'जनेश्वर मिश्र भी ख़ूब बोले। उन्होंने पहले तो बग़ैर मेरा नाम लिये देश की राजनीति में व्याप्त पिता-पुत्र व्यवस्था की कटु आलोचना की। इस क्रम में उन्हें यह याद नहीं रहा कि मैंने अपने यशस्वी पिता के दम पर कभी राजनीति नहीं की। आगे जनेश्वर मिश्र ने जो कहा वह नए बने मंत्रियों के ऊहापोह का सही चित्रण था। उन्होंने कहा कि कुर्सी पर बैठा नया मंत्री सामने पड़ी फ़ाइल को लेकर इसी उधेड़बुन में पड़ा रहता है कि अब वह करे तो क्या करे! उसकी इस दुविधा पर मंत्री की कुर्सी के पीछे खड़ा विभागीय सचिव मुस्कुराता रहता है। इस बीच सामने बैठा मंत्री के आन्दोलन के दिनों का पुराना साथी आँखें लाल करके उसे तरेरता है तो बेचारा मंत्री डर के मारे दुबककर नौकरशाह के और क़रीब पहुँच जाता है। उन दिनों बिहार के हर मंत्रालय में प्राय: यही दृश्य रोज़ दुहराया जा रहा था। मैंने सब देख-सुनकर मँगनी लाल और नरेन्द्र सिंह की जगह

नीतीश को अध्यक्ष घोषित कर दिया। तब के गार्डनर रोड पर नए बने एमएलए अरुण कुमार सिन्हा के सरकारी आवास में हमने बहुत बड़ा, चमचमाता हुआ, साइनबोर्ड लगाकर अपनी युवा जनता का दफ़्तर तुरन्त खोल लिया।'

लोहिया जी का इतिहास नीतीश और शिवानन्द के रूप में अपने आपको फिर से दोहरा रहा था! जिन अरुण कुमार सिन्हा के घर में युवा जनता का चमचमाता हुआ बोर्ड लग गया था वे महान समाजवादी नेता बसावन सिंह के सुपुत्र होने के अतिरिक्त बहुत सुलझी हुई सोच के स्वामी थे। यह बहुत कम लोग जानते होंगे कि अरुण की अकाल मृत्यु के बाद नीतीश ने उनकी धर्मपत्नी की बकाया रक़म सरकार से निकलवाने के लिए एड़ी-चोटी का पसीना एक कर दिया था। यह सब उसने पूरी ईमानदारी से किया था मगर उसने किसी को इसकी हवा तक नहीं लगने दी थी।

विधानसभा का अपना पहला चुनाव हार जाने के बाद नीतीश की गतिविधियाँ मात्र पटना तक ही सीमित नहीं थीं। कहने को तो नीतीश बख़्तियारपुर में रहता था, पर मानो उसके पाँवों में कोई चरख़ी लग गई थी। वह एक जगह टिककर बैठ ही नहीं पाता था। कभी पटना तो कभी पूरे हरनौत क्षेत्र में चक्कर लगाता रहता। क्षेत्र में हर किसी के सुख-दुख का सच्चा साथी हो गया था वह।

इधर पूरे बिहार में निस्पृहता का माहौल था, सब अपने-अपने दरबों में घुसे चले जाते थे। वस्तुत: आन्दोलन के दिनों में भरोसे का जो माहौल बना था, वह बिखर रहा था। राजनीति में अभिरुचि रखनेवाले हमारे परिचितों में बस नीतीश ही ऐसा था जो हर मसले, हर सवाल पर सक्रिय था और उसके स्वागत में सभी घरों के दरवाज़े और खिड़कियाँ भी खोली जाती थीं। उसका हरनौत से प्यार बढ़ता ही जा रहा था। वह क्षेत्र में हो रहे हर छोटे-बड़े आयोजनों में शामिल होने के लिए अकेला ही निकल पड़ता। उसकी यह लगन देखकर उसके 'मैन फ्रायडे', सच्चे अनुयायी, अशोक भला कब तक और क्यों पीछे रहते? वे भी नीतीश के साथ साये की तरह चिपक गए। वे बताते हैं—

'1978 के अन्त तक राज्य में पिछले चुनाव की राख ठंडी हो चुकी थी और अगले चुनाव की कोई सुन-गुन भी नहीं थी। नवम्बर 1978 में इन्दिरा गांधी चिकमंगलूर से चुनाव जीतकर संसद में आ गई थी। हाथी पर चढ़कर अँधेरी रात में बेलछी पहुँचने के कारण इन्दिरा गांधी का नाम अन्तरराष्ट्रीय स्तर पर फिर से चर्चित हो गया था। शायद दिसम्बर 1978 में ही कांग्रेस पार्टी फिर से दो भाग में बँट गई थी। एक भाग की नेता थीं इन्दिरा गांधी तो दूसरी ओर यशवन्तराव बलवन्तराव चव्हाण, देवराज अर्स, ब्रह्मानन्द रेड्डी आदि जैसे धाकड़ नेता खड़े थे। इसलिए हम जहाँ भी जाते, वहाँ देश की गरमा रही राजनीति से परिचित कुछ लोगों को लगता कि शायद चुनाव फिर से होंगे और हम वोट माँगने आए हैं।

लेकिन नीतीश जी की निष्कपट बातें सुनकर वे सभी अभिभूत हो जाते। उनके सद्प्रयासों से क्षेत्र में हो रहे विकास कार्यों की चर्चा अपने आप शुरू हो जाती। लोगों को लगने लगा था कि इस आदमी की बातों में सचाई है। बातचीत के अन्त में प्राय: हर परिवार से यही आश्वासन मिलता कि आपके आने से अच्छा लगता है। आप तो हमारे हर सुख-दुख में हमारे साथ ही खड़े रहते हैं। इसलिए हमारे पास जो है, सब आपका ही है। इसलिए आपको कभी भी वोट माँगने के लिए यहाँ आने की आवश्यकता नहीं है!'

नीतीश की सम्पूर्ण क्रान्ति के घोषित लक्ष्यों की प्राप्ति के लिए प्रतिबद्धता और उन्हें प्राप्त न कर पानेवाली अपनी ही पार्टी की सरकार के प्रति गहरे आक्रोश का दर्द यदा-कदा छलक ही पड़ता था। इसकी एक बानगी हमें युवा जनता के सराय सम्मेलन में 29 नवम्बर को प्रस्तुत किए गए नीतीश के दिए जानेवाले अध्यक्षीय भाषण में मिलती है। यह भाषण उन दिनों हर रविवार को निकलनेवाली 'जनता' पत्रिका के 31 दिसम्बर, 1978 के अंक में 'ठोस क़दम उठाने में सरकार असफल' शीर्षक से छपा था। 'जनता' के संस्थापक लोकनायक थे और जब यह आलेख छपा तब वे जीवित थे। उस आलेख में नीतीश ने लिखा था—

'देश आज एक नाजुक दौर से गुज़र रहा है।...बिहार के नौजवानों की दृष्टि हमारे सम्मेलन पर लगी है। युवा वर्ग आज सही दिशा की तलाश में भटक रहा है।...हमारे बीच हमारा मार्गदर्शन करने के लिए कई मूर्धन्य विद्वान तथा चिन्तक आये हुए हैं।

लोकनायक जयप्रकाश नारायण ने सम्पूर्ण क्रान्ति के द्वितीय चरण प्रारम्भ करने का आह्वान किया है। उन्हें युवा शक्ति से काफ़ी उम्मीदें हैं। क्या हम उनकी आशाओं के अनुकूल अपने को साबित करने में सक्षम होंगे? यह सवाल हमें अपने आप से पूछना चाहिए। हम सम्पूर्ण क्रान्ति के द्वितीय चरण को प्रारम्भ करने हेतु कार्यक्रम बनाने के लिए एकत्रित हैं।...18 मार्च, 1974 को पहली बार बिहार के छात्र और नौजवान समाज की समस्याओं को लेकर सड़कों पर आये थे। लोकनायक जयप्रकाश नारायण का नेतृत्व मिला। छात्र आन्दोलन जन आन्दोलन में परिणत हुआ तथा हमारा लक्ष्य सम्पूर्ण क्रान्ति हो गया।...इसी बीच आपातकाल की घोषणा हो गई।...इस देश में अधिनायकवाद थोपने का हर सम्भव प्रयास किया गया। लेकिन मार्च 1977 के चुनाव में देश की जनता ने अपने वोट के ज़रिये भारतमाता के पैरों में जकड़ी गई ज़ंजीर को तोड़कर फेंक डाला।...जनता पार्टी का उदय ऐतिहासिक अनिवार्यता थी तथा उसने देश की जनता को रोटी और आज़ादी दोनों देने का वचन दिया। सामान्य आदमी ने आपसी भेदभाव को भूलकर, जातिवाद, फ़िरक़ापरस्ती, सब तरह

की संकीर्ण प्रवृत्तियों से ऊपर उठकर जनता पार्टी के हाथों में देश की बागडोर सौंप दी।...लोगों को नई हुकूमत से नई राह की उम्मीद थी। लेकिन दिन बीतते गए और आशाओं पर पानी फिरता गया। चुनाव घोषणा-पत्र में किए गए वायदे काग़ज़ की चीज़ हो गई।...पार्टी तथा सरकार जनता से कटती चली जा रही है। जनतंत्र की वापसी का दावा भी खोखला होता जा रहा है।...जनता पार्टी की जीत के बाद गाँवों में सामाजिक तनाव बढ़ता जा रहा है।...साम्प्रदायिक दंगे तथा हरिजनों पर हो रहे अत्याचार को समाप्त करने के लिए हर स्तर पर प्रयास होना चाहिए।...अगर आज कमज़ोर वर्ग अपने को असुरक्षित महसूस करता है तो सरकार का दायित्व है कि हर हालत में उन्हें सुरक्षा प्रदान करे।... इसके लिए दंड विधान में भी आवश्यक संशोधन किया जाना चाहिए।...लोगों में वर्तमान नेतृत्व से नई राह की आशा थी।...लोकनायक ने जब चुनाव की चुनौती स्वीकार की थी तो कहा था कि आन्दोलन के गर्भ से पैदा होनेवाली सरकार जनशक्ति के सहयोग से परिवर्तन का मार्ग प्रशस्त करेगी।...दुर्भाग्यवश वर्तमान सरकार ने जन सहयोग लेने की बात तो दूर, लगातार जन समस्याओं की उपेक्षा की है।...राजनीतिक, आर्थिक विकेन्द्रीकरण की बात जनता पार्टी के चुनाव घोषणा-पत्र में की गई है। लेकिन इस दिशा में कोई कार्रवाइ नहीं हुई। गाँव का शोषण शहर के द्वारा जारी है।...पिछड़े वर्ग के लिए सरकारी नौकरियों में आरक्षण देने जैसी अच्छी नीति को भी सरकार ठीक ढंग से रखने में असफल रही है।...शिक्षा में आमूल परिवर्तन की दिशा में कोई काम नहीं किया गया।...सबों के लिए समान शिक्षा की व्यवस्था होनी चाहिए। शिक्षा को रोज़गारमूलक तथा इनसान पैदा करनेवाली होनी चाहिए।...हमें व्यवस्था परिवर्तन के अपने घोषित लक्ष्य को प्राप्त करने के लिए लम्बे संघर्ष का मन बनाना होगा। हमने मार्च 1974 से मार्च 1977 तक संघर्ष सिर्फ़ चेहरों को बदलने के लिए नहीं किया था।...देश की यथास्थिति, फ़ासिज़्म तथा पतन के गर्त में जाने से बचाने के लिए असन्तोष तथा समाज परिवर्तन की शक्तियों को इकट्ठा करके व्यापक जन आन्दोलन करने के सिवाय और कोई विकल्प नहीं है। हमारा संघर्ष अन्धविरोध का नहीं होगा। नौजवानों, किसानों तथा मज़दूरों की संगठित शक्ति के दबाव में अगर सरकार सही दिशा में चलती है तो ठीक है वरना वर्तमान सरकार भी संघर्ष को कुचलने के अन्तिम प्रयास के बाद आन्दोलन की आँधी में पेड़ के पत्ते की तरह उड़ जाएगी।

आइए! हम सब मिलकर एक बार फिर युवा शक्ति को संगठित कर सम्पूर्ण क्रान्ति के घोषित लक्ष्य की ओर दृढ़संकल्प के साथ आगे बढ़ें।'

नीतीश सराय में स्वयं यह भाषण नहीं दे सका था। उसकी अनुपस्थिति में पढ़े गए इस भाषण में उन सभी समस्याओं की चर्चा थी जिन्हें दूर करने के लिए

नीतीश को 2005 का इन्तज़ार करना पड़ा। इस आलेख में वह सब कुछ था जो उसके हृदय में वर्षों से दबा-छिपा था, और जो वक़्त आने पर सकारात्मक सोच की ऊर्जा से फूटकर बाहर आ सका था।

एक अनार सौ बीमार, कौन बने अब तारणहार

1979 के शुरू से ही दिल्ली में जनता पार्टी के नेताओं के बीच का अन्तर्विरोध सामने आने लगा था। धीरे-धीरे दिल्ली में सत्तारूढ़ जनता पार्टी में आन्तरिक विद्रोह का स्वर फूटा। दरअसल, पार्टी में शामिल आरएसएस के लोगों की दोहरी सदस्यता के विरोध में जनता पार्टी में समाजवादी बैकग्राउंड वाले राजनारायण, मधु लिमये आदि जैसे नेता बहुत मुखर रहते थे। इस बात पर बेहद संगीन बहस छिड़ जाने से पार्टी के अन्दर के घटकवाद के घिनौने चेहरे पर पड़ा पर्दा अपने आप हट गया। प्रधानमंत्री मोरारजी भाई देसाई वैसे तो बेहद ईमानदार इनसान और पक्के सिद्धान्तवादी थे लेकिन वे साथ ही कई मामलों में अव्यावहारिक होने की हद तक ज़िद्दी भी थे। पार्टी और सरकार में अन्तर्कलह इस हद तक बढ़ा कि उनके उप-प्रधानमंत्री सह गृहमंत्री चौधरी चरण सिंह और स्वास्थ्य मंत्री राजनारायण द्वारा उन्हें हटाने की मुहिम चल पड़ी। परिणामस्वरूप इन दोनों को पार्टी विरोधी गतिविधियों के आरोप में छह वर्षों के लिए पार्टी से निष्काषित कर दिया गया। शीर्ष नेताओं की इसी हठधर्मिता के कारण समाजवादी सोच वाले तीन मुख्यमंत्रियों, क्रमशः रामनरेश यादव (उत्तर प्रदेश), देवीलाल (हरियाणा) और कर्पूरी ठाकुर (बिहार) को भी अपने पद छोड़ने पड़े। अपनी ज़मीन से जुड़े ये तीनों नेता मोरारजी की तुलना में ज़मीनी नेता चौधरी चरण सिंह के ज़्यादा क़रीब थे। मोरारजी और चौधरी साहब के द्वन्द्व में, और मुंगेरीलाल कमिटी की अनुशंसा लागू हो जाने से, बिहार में कर्पूरी जी पर केन्द्र से गाज गिरी। अप्रैल 1979 में कर्पूरी जी के स्थान पर राम सुन्दर दास बिहार के मुख्यमंत्री बनाए गए। दोहरी सदस्यता के विरोध के प्रश्न पर समाजवादियों के विचार बड़े स्पष्ट थे—बड़े धूमधाम से स्वास्थ्य मंत्री बनाए गए समाजवादी नेता राजनारायण को पार्टी से निष्कासित किया जा चुका था। राजनारायण अपने पद से इस्तीफ़ा देने के बाद मोरारजी को अपदस्थ करने की मुहिम में पिल पड़े थे। लेकिन महान समाजवादी और फायरब्रांड नेता जॉर्ज फ़र्नांडिस ने, क़रीब अन्त-अन्त तक, मोरारजी देसाई की सरकार का साथ दिया था। यहाँ तक कि देसाई सरकार के ख़िलाफ़ पेश अविश्वास प्रस्ताव पर जॉर्ज ने सरकार के पक्ष में लोकसभा में ज़ोरदार भाषण भी दिया था परन्तु उसके तत्काल बाद, शायद मधु लिमये के कहने पर, जॉर्ज ने देसाई का साथ छोड़ दिया। उन दिनों यह आम धारणा थी

कि सामान्यत: मधु की बात जॉर्ज नहीं टालते थे। इस सिलसिले में बीबीसी को जॉर्ज ने बताया था—

'मैंने 12 जुलाई को मोरारजी की सरकार का बचाव किया था। वो सरकार जितनी मोरारजी भाई की थी, उतनी हमारी भी थी। लोग ये भूल जाते हैं कि 42 मंत्रियों की मंत्रिपरिषद् में सिर्फ़ एक व्यक्ति जॉर्ज ने खड़े होकर सरकार का बचाव किया था। बाक़ी 41 मंत्री चुप रहे। जब मैंने सरकार का बचाव किया था तो सरकार बहुमत में थी। मेरी सरकार का बहुमत 12, 13 और 14 जुलाई का टूट गया। जब बहुमत टूट गया तो संसदीय बोर्ड की बैठक में मैंने मोरारजी देसाई से कहा कि हम लोग बहुमत खो चुके हैं। आपको अपने पद से इस्तीफ़ा दे देना चाहिए और हमें नया नेता चुनना चाहिए। मोरारजी ने जवाब दिया कि अगर मैं पार्टी में अकेला भी रह जाऊँ, तब भी इस्तीफ़ा नहीं दूँगा। तब मैंने उचित समझा कि मैं उनकी सरकार का विरोध करूँ।'

मोरारजी को हटाने की मुहिम जनता पार्टी के ताबूत में ठोंकी गई आख़िरी कील साबित हुई जिसने सिर्फ़ राजनारायण की ज़िद से भारत का आनेवाला कल ही बदलकर रख दिया। दरअसल, वह कालखंड भारत की राजनीति के इतिहास में राजनारायण काल ही कहा जाना चाहिए। राजनारायण प्रखर समाजवादी थे और समझौतावादियों का जमकर विरोध करते थे। उनसे स्नेह रखनेवाले उन्हें लोकबन्धु भी कहकर बुलाते थे। उन्हें निकाले जाने के प्रश्न पर पार्टी में मतभेद हुआ और लगा कि थोड़े मान-मनौवल के बाद बात सुधर जाएगी। एक बार तो यह भी लगा कि मोरारजी को हटाकर जगजीवन राम प्रधानमंत्री बन ही जाएँगे पर तभी मेनका गांधी की 'सूर्या' नाम की पत्रिका में बाबूजी के सुपुत्र सुरेश राम की ऐसी अश्लील तसवीरें छपीं कि देश-भर में तहलका मच गया। इस कांड के कारण जो कोहराम मचा उससे जगजीवन बाबू की ताज़पोशी का पत्ता ही कट गया। इधर पहले से तैयार बैठे राजनारायण ने चौधरी चरण सिंह के साथ मिलकर जनता पार्टी सेक्यूलर (एस) की स्थापना की। मधु लिमये, जॉर्ज फ़र्नांडिस आदि अधिकांश पुराने समाजवादी इसी कुनबे में शामिल हो गए। आज सोचने से यह बात अविश्वसनीय लगती है कि मोरारजी को हटाने के लिए समाजवाद के यही पुरोधा अपने जन्मजात शत्रु कांग्रेस से भी हाथ मिला बैठे! आपस में यह बात भी तय हो गई कि अब कांग्रेस के सहयोग से राजनारायण के नेतृत्व में जनता पार्टी (एस) की सरकार बनेगी। लेकिन ऐन मौक़े पर राजनारायण ने चौधरी चरण सिंह को प्रधानमंत्री बनाने की ज़िद ठान ली। उस समय तक जनता पार्टी (एस) को मान्यता न मिल पाने के कारण चौधरी जी ने 28 जुलाई, 1979 को जनता पार्टी के नेता के रूप में ही भारत के सातवें प्रधानमंत्री के पद का भार ग्रहण किया। चरण सिंह के सत्तारूढ़ होते ही राजनारायण ने पार्टी में दोहरी सदस्यता

का प्रश्न एक बार फिर से ज़ोरों से उठाया। नतीजतन, भूतपूर्व भारतीय जनसंघ के नेताओं ने जनता पार्टी छोड़कर भारतीय जनता पार्टी के नाम से नई पार्टी बना ली। चौधरी चरण सिंह को अपनी पार्टी के कम सांसदों का समर्थन प्राप्त था फिर भी बाहर से मिले कांग्रेस के समर्थन के कारण वे सरकार खड़ी कर पाने में सफल हुए। बड़ी छोटी-सी बात पर कांग्रेस द्वारा समर्थन देना बन्द कर देने की घोषणा के कारण 28 अगस्त, 1979 को ही चरण सिंह को त्यागपत्र देना पड़ा क्योंकि बहुमत उनके पक्ष में नहीं जुट पाया। जनवरी 1980 में फिर से लोकसभा के चुनाव होने तक चरण सिंह कार्यवाहक प्रधानमंत्री रहे।

बड़ी आशाओं से केन्द्र में 1977 में बनी जनता पार्टी की सरकार जनता की ही उम्मीदों पर 3 साल भी खरी न उतर पाई। कांग्रेस ने 'स्थायी सरकार' देने का ऐसा रंगीन वायदा पूरे धूम-धड़ाके से किया कि जनवरी 1980 के चुनावों में जनता पार्टी को हराकर वह फिर से केन्द्र में सत्ता में आ गई। 1980 का लोकसभा का चुनाव आनेवाले दिनों में बिहार के लिए बहुत महत्त्वपूर्ण मील का पत्थर साबित हुआ। इन्दिरा गांधी के नाम की दोबारा आई इस चुनावी आँधी में लालू जैसे दिग्गज भी मुँह के बल औंधे गिरे। नीतीश की अभिरुचि तब तक लोकसभा जाने में नहीं थी। वह बिहार में रहकर, बिहार के लिए ही काम करना चाहता था। इसलिए वह आनेवाले विधानसभा में चुनाव लड़ने के लक्ष्य को लेकर अपनी तैयारियाँ करता रहा।

इस बीच अक्टूबर 1979 में, लम्बे अरसे से बीमार चल रहे जेपी का महाप्रयाण हो गया। प्रभावती जी पहले ही जा चुकी थीं। क्रान्ति की जो पौध जेपी ने अमृत की बेल समझकर लगाई थी, उसके फल अपेक्षाओं के विपरीत, बड़े विषैले निकल आए थे। निश्चय ही अपने आख़िरी दिनों में जेपी को देश में जनता पार्टी से हो रहे मोहभंग से बड़ी निराशा हुई थी। उन्होंने अपना दुख और क्षोभ कभी छिपाया भी नहीं। बिहार में भी जनता पार्टी के ख़ेमे में नज़ारा कुछ अलग न था। अन्तर्विरोधों के कारण इसके तम्बू में इतने छेद हो गए थे कि वहाँ से ऊपर देखने पर दिन में भी तारे नज़र आ सकते थे! जननायक मुख्यमंत्री कर्पूरी अपनी नाव दो वर्षों तक ही खींच पाए थे। 1980 के चुनावों से पहले चौधरी चरण सिंह ने अपनी पार्टी का नाम जनता दल (सेक्यूलर) से बदलकर भारतीय लोकदल रख लिया। 1982 में लोकदल फिर से विभाजित हो गया। चरण सिंह ने देवीलाल, हेमवती नन्दन बहुगुणा, बीजू पटनायक और कर्पूरी ठाकुर को अपनी पार्टी से निकाल दिया। निष्कासित लोगों ने अपने दल को ही असली लोकदल बताते हुए कर्पूरी जी को इसका अध्यक्ष चुना। कर्पूरी जी के नाम पर, एक और नया समाजवादी दल, लोकदल (क), राजनीति के अखाड़े में खड़ा होकर ताल ठोंकने लगा। दो वर्षों के बाद चौधरी चरण सिंह के नेतृत्व में लोकदल (च)

और लोकदल (क) का पुनर्मिलन होकर नई पार्टी, दमकिपा (दलित मज़दूर किसान पार्टी) बनी। प्रसंगवश चरण सिंह के जीवन की दिसम्बर 1984 की एक घटना याद आ रही है। देश में लोकसभा चुनाव हो रहे थे। रोहतक में कांग्रेस (आई) के ख़िलाफ़ खड़े साझा प्रत्याशी के पक्ष में प्रचार करने के लिए चौधरी चरणसिंह ने बड़ी रैली को सम्बोधित करने के बाद पत्रकारों के सामने कहा कि जिन राजनीतिक पार्टियों का गठन धर्म के आधार पर हुआ है, उन पर बैन होना चाहिए। यहाँ तक कि अकाली दल पर भी! याद रहे कि हरियाणा में दमकिपा और अकाली दल साझा चुनाव लड़ रहे थे। यह सनसनीख़ेज़ बयान सभी प्रमुख समाचार-पत्रों में छपते ही दमकिपा के राष्ट्रीय उपाध्यक्ष चौधरी देवीलाल ने कोशिश की कि चरण सिंह या तो बयान वापस ले लें अथवा इसका खंडन करें। क्योंकि इस एक बयान के चलते हरियाणा में लोकसभा की कई सीटें इधर से उधर हो सकती थीं। ऐसा कहीं किसी संस्मरण में छपा भी है कि यह सुनकर चरण सिंह ने सन्देशवाहक को झिड़की देते हुए कहा कि तुम चाहे सारी सीटें हार जाओ, मेरे लिए देश बड़ा है तुम्हारी सीटें नहीं! ऐसे मिज़ाज वाले चौधरी जी ने कुछ ही दिनों में दमकिपा का नाम बदलकर फिर से लोकदल कर दिया।

उन दिनों नीतीश बहुत उलझनों में रहा था। वैसे तो उसने अपनी राजनैतिक यात्रा एसवाईएस से शुरू की थी और कालान्तर में आन्दोलन की कोख से जन्मी जनता पार्टी में स्वाभाविक रूप से पहुँच गया था। लेकिन पार्टी में इतनी घचर-पचर और तोड़-फोड़ के बाद वह चरण सिंह और कर्पूरी की बीएलडी में चला गया था। वहाँ का माहौल भी उसे रास नहीं आया तो वह चन्द्रशेखर और सत्येन्द्र नारायण की जनता पार्टी में शामिल हो गया था। उसने और मीता नरेन्द्र ने चन्द्रशेखर के साथ मथुरा से दिल्ली तक की पदयात्रा भी की थी। इस यात्रा के दौरान उसके व्यक्तित्व और व्यवहार से बेहद प्रभावित होकर चन्द्रशेखर ने उसका सम्मान किया था पर बिहार में उनकी पार्टी कांग्रेस की बी टीम बनकर रह गई थी। इसलिए नीतीश वापस लोकदल से जुड़ गया। कर्पूरी जी के साथ ही वह लोकदल फिर लोकदल (क), वहाँ से जनता दल, फिर जनता दल से दमकिपा और फिर दमकिपा से लोकदल में आ गया। इस बीच देश के पटल पर कई घटनाएँ बहुत तेज़ी से घटीं। 14 जनवरी, 1980 को केन्द्र में इन्दिरा जी की कांग्रेसी सरकार फिर से सत्तारूढ़ हुई। 23 जून, 1980 को संजय गांधी का हवाई दुर्घटना में हृदय विदारक अन्त हुआ। कांग्रेस में अब फिर से एक नए युग का सूत्रपात हुआ जिसमें राजीव गांधी के दून स्कूल के सहपाठियों की ज़्यादा पैठ थी। 31 अक्टूबर, 1984 को इन्दिरा गांधी की हत्या होने से देश की राजनीति पर क़ाबिज़ कांग्रेसी तिलिस्म टूट गया लेकिन अनाथ हो गए राजीव गांधी के सम्मोहन का जादू सर चढ़कर बोलने लगा था। कांग्रेस प्रचंड बहुमत

से जीतकर केन्द्र की सत्ता पर फिर से क़ाबिज़ हो गई थी। देश के सबसे युवा प्रधानमंत्री, राजीव गांधी का कार्यकाल 2 दिसम्बर, 1989 को ख़त्म हुआ क्योंकि उन्हीं दिनों बोफ़ोर्स तोप की ख़रीद में हुई बेईमानी की कहानी को रथ बनाकर कांग्रेस के ख़िलाफ़ बग़ावत का परचम लहराता हुआ एक नया नाम सामने आ गया था। वह नाम था जनता दल के नेता, माँडा के राजा विश्वनाथ प्रताप सिंह का। जब विश्वनाथ प्रताप सिंह की जनता दल की सरकार बनी तब लोकदल आदि कई कांग्रेस विरोधी पार्टियाँ एक होकर जनता दल कहलाने लगी थीं। इसी सरकार में नीतीश भी पहली बार केन्द्रीय सरकार में मंत्री बना। उसे कृषि एवं सहकारिता विभाग का राज्यमंत्री बनाया गया था।

ख़ुशी का कुलदीपक

1979-80 ऐसा काल था जब देश की राजनीति में उथल-पुथल मची थी। इन्हीं दिनों में किसी भँवरे ने नीतीश के कानों में गुनगुनाया होगा कि उसके मुन्ना बने रहने के दिन लदने ही वाले थे, क्योंकि मंजु की गोद में मुन्ना आने की सुनगुन उसने कहीं चुपके-से सुनी थी! अब आनेवाले मेहमान को मुन्ना का मुन्ना तो नहीं कहा जा सकता न! इस ख़बर से मिलनेवाली ख़ुशी वही समझ सकता है जिसने यह पल जिया है। उस पल में यही महसूस होता है कि धरती, सूरज, चाँद, सितारे और हवा भी सब एकाएक थमकर परियों और देवदूतों में बदल गए हैं और आपके साथ मिलकर आगत के स्वागत गान की तैयारियाँ कर रहे हैं! उस लमहे का असर शब्दों से परे है। यह सचाई, कि आपकी कल्पनाओं की प्रतिमूर्ति, आपकी अतृप्त आकांक्षाओं का खिलौना रचा जाने लगा है, महसूस तो पल भर में ही हो जाता है, पर इसे पूरी तरह जज़्ब होने में वक़्त लगता है।

दुख की काली रात

नीतीश को यह ख़बर चमत्कार जैसी ही लगी, पर यह ख़ुशी वह किसी से बाँट भी न पाया था कि अक्टूबर 1979 में ही जयप्रकाश जी का देहावसान हो गया। यह क्षति राष्ट्रीय स्तर पर थी। आहत नीतीश निरुपाय हो गया था। उसे तो अभी कितना कुछ जानना, समझना और सीखना था जेपी से। अब नीतीश की आवाज़ सुनने और समझनेवाले शरीरी रहबर बस एक बचे थे, उसके पिता कविराज जी। अभी जेपी के अवसान से सुन्न पड़ा नीतीश का मस्तिष्क पूरी तरह से चैतन्य हो भी न सका था कि 29 नवम्बर, 1979 को वैशाली ज़िले के सेराई में आयोजित युवाओं की सभा को सम्बोधित करते समय उसे अचानक पता चला कि उसका

आख़िरी सहारा भी उसे छोड़कर सदा के लिए अनन्त यात्रा पर निकल गया है। सभा में ही उसे उसके बाबूजी के दिवंगत होने की सूचना मिली थी। उस ज़माने में हर जगह फ़ोन की सुविधा थी नहीं इसलिए बिहार सरकार के बड़े प्रयत्नों के बाद पुलिस वायरलेस के माध्यम से उसे यह दिल दहला देनेवाली ख़बर मिल सकी थी। ख़बर पाते ही वह फ़ौरन बख़्तियारपुर लौट गया था जिससे की वह अपने बाबूजी के अन्तिम दर्शनों से वंचित न रह जाए। नीतीश के सर पर छाया देनेवाले एकमात्र बचे वृक्षरूपी उसके पिता उस दिन साकार से निराकार होकर अनन्त में विलीन हो गए। 'विवेक चूड़ामणि' में कहा गया है—

जो व्यक्ति अपने हितैषी तथा ज्ञानी गुरु की बताई हुई बातों का अपनी सहज बुद्धि तथा विवेक से लगाकर अनुसरण करता है, वही जीवन संग्राम में सफल होता है।

नीतीश ने गांधी जी और आम्बेडकर साहब को पढ़ा था, लोहिया जी को दूर से देखा और हृदय से पढ़कर आत्मसात् किया था। उसने तो जेपी के चरणों को छुआ भी था और दीवानों की तरह प्यार भी किया था। ये सब उसके गुरु थे जिनसे सीखकर वह आगे बढ़ रहा था। लेकिन सहज बुद्धि और विवेक देनेवाला उसका प्राणों से प्यारा आदर्श पुरुष भी आज उसे छोड़ गया है, नितान्त अकेला! जिस उँगली को पकड़कर उसके डगमगाते क़दमों ने चलना सीखा था, वही उँगली, जो उसे भविष्य की राह इंगित करती रहती थी—दीपशिखा बनकर, वही उँगली, जो उसके एकान्त के आँसू पोंछ जाती थी—माँ का आँचल बनकर, वही उँगली जो नीतीश के रास्ते का हर काँटा बुहारकर पलकों में छुपा लेती थी, वह उँगली आज निष्प्राण हो गई है। नीतीश के जीवन ने उसे एकदम से बड़ा बना दिया है। अब उसे नई राह तलाशनी है, अपने जेपी के बिना, अपने बाबूजी के बिना। यह राह सिर्फ़ उसके लिए नहीं, उन सभी के लिए होगी जो उसके बाबूजी के पीछे चले थे, वे सब लोग, जो जेपी की राह पर चलते-चलते आज ठिठककर खड़े हो गए हैं। नीतीश को उम्मीद है, वे दोनों लोग, जो थोड़े-से अन्तराल में ही चले गए हैं, शायद लौट आएँ। उसके लिए न सही, उन सबके लिए जो गुमराह न हो जाएँ, फ़ैज़ साहब ने शायद इसी उम्मीद का ज़िक्र किया है—

साँस थामे हैं निगाहें कि न जाने किस दम,
तुम पलट जाओ, गुज़र जाओ या मुड़कर देखो।
गरचे वाक़िफ़ हैं निगाहें कि ये सब धोका है।

कभी विश्राम न करनेवाले अपने सोए हुए बाबूजी को देखकर नीतीश को लगता है कि वे कहीं गए नहीं हैं, बस आराम करने को लेट गए हैं। वह चाहता है कि बस एक बार उसके बाबूजी उसे देख लें और वह उनसे कह सके कि

उसने उनसे कितना प्यार किया है, कितना सीखा है और कितना कुछ पाया है, पर बाबूजी सदा के लिए सो गए हैं। उनके चेहरे पर अद्भुत शान्ति है। कोई विकृति नहीं, किसी पीड़ा के चिह्न नहीं, बल्कि बड़ी भेद-भरी मुस्कान-सी है मानो देवदूतों की, पुरखों की, आत्मीयों की टोली स्वर्गलोक से आकर उन्हें अपने साथ ले गई हो। कमरे में अगरबत्ती जल रही है, बाबूजी के पार्थिव शरीर के पास ही, पर वहाँ एक बड़ी भीनी-भीनी ख़ुशबू भी है जो इस लोक की नहीं लगती। किसी ने कहा है कि जब देवदूत किसी दिव्य पुरुष को लेने आते हैं तब ऐसी ख़ुशबू प्रमाणस्वरूप छोड़ जाते हैं। मइयो स्तब्ध खड़ी है, वह मानना ही नहीं चाहती कि अब इस घर की चारदीवारी के अन्दर कविराज जी की गम्भीर वाणी में कबीर के पद नहीं गूँजेंगे। कहीं से वह रस और श्रद्धा में पगी आवाज़ नहीं आएगी—

कबीरा खड़ा बाज़ार में, माँगे सबकी .ख़ैर,
ना काहू से दोस्ती, न काहू से बैर।

नीतीश को लगता है कि उसके बाबूजी कहीं गए नहीं, कहीं जाएँगे भी नहीं बस—

थका-माँदा मुसाफ़िर सो रहा है,
ज़माना क्या समझ के रो रहा है।

नीतीश को तो सब कुछ भूलकर आगे बढ़ना है। नई राह पर चलना है उसे। गहरे अवसाद से भर गया है उसका मन। लेकिन रुकने से तो ज़िन्दगी का वास्ता है ही नहीं। नीतीश को अवश्य लगा होगा कि उसके बाबूजी अपनी आत्मा को पहचानते थे, इसलिए सर्वव्यापी हो गए थे। महामानव थे वे, आम इनसान की समझ से बहुत परे हो चुके थे वे, जब उन्हें इस शरीर से मुक्ति मिली।

ईश्वर की सर्वश्रेष्ठ कृति

वैसे तो उपनिषदों में मानव जीवन की श्रेष्ठता के कई उद्धरण मिलते हैं लेकिन न जाने किस मनःस्थिति में नीतीश अपने मित्रों से पूछता है कि सृष्टि में सर्वश्रेष्ठ प्राणी कौन है?

प्रायः सभी एक स्वर में उत्तर देते हैं कि मनुष्य को ही ईश्वर की सर्वश्रेष्ठ कृति कहा गया है। नीतीश की वक्र और दुधारी मुस्कान उसके चेहरे पर कौंधकर छुप जाती है। वह कहता है—

'प्रकृति में नदी, झरने, पहाड़, पेड़, पौधे, पशु, पक्षी, जलचर, थलचर, नभचर आदि न जाने कितने प्रकार से जीवन का प्रवाह दिखता है। प्रायः सबको

हवा, धूप और पानी की आवश्यकता पड़ती है। एक बात सोचने की है कि क्या किसी भी अन्य प्राणी या जीवन को मानव की आवश्यकता है? पेड़ को आदमी की क्या ज़रूरत? चिड़ियों की दुनिया में हम मनुष्यों का क्या काम? पशुओं का काम बिना मनुष्यों के बेहतर ही चलता है। आरम्भ से ही सब जीव-जन्तु अपने आपमें सन्तुष्ट जीवन बिताते हैं। प्रकृति इनकी सारी आवश्यकताएँ अनादि काल से, और हमारे-आपके हस्तक्षेप के बिना ही, पूरी करती आई है। किन्तु हम और आप, जिसे हम सभी प्रकृति की सर्वश्रेष्ठ रचना कहते हैं, क्या इनके बिना जी सकते हैं? प्रकृति की हर रचना पर मानव की प्रत्यक्ष या परोक्ष रूप से निर्भरता रहती ही है लेकिन वे सब मनुष्य के बिना भी निर्बाध और सम्भवतः अधिक निश्चिन्त ज़ीवन बिता लेते हैं। फिर देखिए, गाय का बछड़ा पैदा होने के थोड़ी देर बाद ही अपने पैरों पर खड़ा होकर माँ के स्तन में मुँह मारने लगता है। मछली या बतख़ के बच्चे अंडे से बाहर आते ही पानी में तैरने लगते हैं। छिपकली अंडे से निकलते ही सरकने लगती है और बन्दर का बच्चा जन्म लेने के थोड़े दिनों बाद से ही पेड़ पर चढ़ना-उतरना शुरू कर देता है। चिड़ियों को कलरव करना कोई नहीं सिखाता, मगर उनका समवेत स्वर अच्छे-अच्छे गायकों को मंत्र-मुग्ध करने की क्षमता रखता है। परन्तु हम लोगों को उठने, बैठने, चलने, खाने, पढ़ने, लिखने, तैरने, पेड़ पर चढ़ने आदि प्रत्येक कार्य के लिए प्रशिक्षण लेना ही पड़ता है। हममें स्वावलम्बन का जन्मजात गुण है ही नहीं। इसलिए मुझे यह तो नहीं पता कि ईश्वर की सर्वश्रेष्ठ रचना कौन है, लेकिन मनुष्य तो नहीं लगता। इतना छल-प्रपंच, झूठ-सच, ईर्ष्या-द्वेष, क्रोध-लोभ, अहंकार-मात्सर्य आदि-आदि अन्य किसी योनि में मुझे नहीं दिखते। हम मानव ही अकेले जीव हैं जो प्रसन्नता के लिए हत्या करते हैं, जबकि अन्य मांसाहारी जीव मात्र भूख लगने पर ही शिकार करते हैं, वह भी बस आवश्यकता भर। इन सबों पर विचार करने से मानव की श्रेष्ठता पर कई प्रश्नचिह्न अपने आप खड़े हो जाते हैं। हाँ, यह भी सत्य है कि प्रत्येक दिशा में मनुष्य की सम्भावनाएँ अनन्त हैं, करुणा से लेकर दुष्टता तक, प्रेम से लेकर घृणा तक, विश्वास से लेकर कृतघ्नता तक, दया से लेकर क्रूरता तक—मानव मन के असीम सागर के दोनों छोर इतने विपरीत धर्मी हैं कि विश्वास ही नहीं होता। यह भी लगता है कि एक ही व्यक्ति के अन्दर न जाने कितने व्यक्ति छिपे होते हैं और उनमें से कौन-सा रूप कब सामने आ जाए, यह समझ में नहीं आता। मानो हम एक चेहरा न होकर कितने मुखौटे लगाकर जीते हैं और कौन-सा कब खिसक जाए तथा एक नया चेहरा सामने आकर बिलकुल अलग रूप दिखाने लगे, यह भी पता नहीं चलता।'

यह सब गम्भीरता से कहकर वह सबके चेहरे पर पड़ी नक़ाबों को जैसे एक झटके से नोच फेंकता है, अपने चेहरे से भी। सभी के चेहरे पर आत्म-चिन्तन

की छाया पड़ी दिखती है। भाषण-प्रवीण तो वह है ही। फिर नीतीश ही इस निस्तब्धता को तोड़ते हुए कहता है—

'मानव होने का सबसे बड़ा लाभ है अनन्त सम्भावनाओं से युक्त होना—प्रकृति का जितना शोषण मानव द्वारा हो चुका है, उसे रोकना और उसका संवर्धन करना सिर्फ़ मानव के बूते की ही बात है। देर हो गई है, पर सब कुछ ख़त्म नहीं हुआ है। प्रकृति की अपने आपको जीवित रखने की शक्ति और मानव के सामर्थ्य में विश्वास रखते हुए हमें ही कुछ करना होगा—आज से ही, शायद अभी से ही।'

नीतीश की इस बात की सचाई का पता कोरोना के दिनों में बख़ूबी चला। लोगों के घरों में बन्द होते ही मानो मरणासन्न प्रकृति अपने पूरे शबाब में फिर से आकर अल्हड़ नवयौवना बनकर झूमने लगी। न जाने कब से ये सब अपना असली सौन्दर्य खोकर मटमैले हो गए थे और अब क्या हवा, क्या नदियाँ, क्या तालाब, क्या झीलें और क्या झरने, सब-के-सब कुछ ही दिनों में फिर से पारदर्शी होने लग गए। उनमें छुपकर रहनेवाली डॉल्फिन और बड़ी मछलियाँ, यहाँ तक कि मगरमच्छ और घड़ियाल जैसी ज़िन्दगियाँ भी, निडर होकर पानी की सतहों पर खेलने लगीं। पहले हमेशा धूसर दिखनेवाला आकाश अब हर रोज़ ज़्यादा नीला लगने लगा जिसमें जड़े सितारे और भी चमकदार लगने लगे। जंगलात खिलखिलाने लगे तो पूरा अरण्य जीवन ही सड़कों पर चहलक़दमियाँ करने लगा। यह सब देखकर पर्वत भी कहाँ पीछे रहते! जिनका अस्तित्व ही संकटग्रस्त था, अब सैकड़ों मील की दूरियों से भी दिखने लगे। यह पहली बार हो रहा था जब प्रकृति के कोप से सहमा असहाय आदमी अपने घर के पिंजरे में अन्दर बन्द था और बाहर प्रकृति जीवन का सच्चा संगीत सुना रही थी, कभी चिड़ियों की चहचहाहट तो कभी पत्तों की सरसराहट के माध्यम से!

प्रकृति के निर्मम दोहन के दुष्प्रभावों की उसकी गहरी और समझ भरी सोच की परिणति 'जल-जीवन-हरियाली' अभियान में हुई है। इस मिशन के माध्यम से नीतीश ने अपने जीवन का बहुत बड़ा लक्ष्य रखा है प्राकृतिक सम्पदा का संरक्षण, जिससे आनेवाली पीढ़ी के हाथों में वह स्वच्छ और सुरक्षित राज्य सौंप सके। इसके लिए उसने इसी क्षण से कुछ नया और अच्छा करने की बात कही है। वह ऐसा कर भी रहा है।

साँप और सीढ़ी का खेल

लेकिन जैसा नीतीश ने कहा है, आदमी को कुछ भी नया करने से पहले उसे करने का गुर सीखना पड़ता है। नीतीश ने भी बहुत कुछ जीवन से ही सीखा है, किताबों और शिक्षकों के अलावा! कभी प्रकृति के माध्यम से तो कभी खेल-

खेल में ही जीवन ने उसे कई नई बातें सिखाई हैं। नीतीश बचपन के दिनों की गर्मी की छुट्टियों में बहनों के साथ खेले गए लूडो के साँप और सीढ़ी के खेल की चर्चा करता है—

'उस खेल ने मुझे बहुत कुछ सिखाया है। हम सब जीवन में कभी न कभी कोई सीढ़ी पाकर ख़ुश हो जाते हैं और जहाँ भी होते हैं उससे ऊपर चढ़ जाते हैं। लेकिन होता यह है कि सीढ़ी चढ़ते ही हम तत्क्षण उसे भूलकर आगे की चाल चलने लगते हैं। उधर जीवन में, हमारे ही चले हुए पासों के कारण, कभी न कभी कोई साँप काट लेता है जिससे हम बहुत नीचे आ गिरते हैं। फिर से आगे बढ़ते हैं हम। जहाँ एक ओर चढ़ी गई सीढ़ियाँ हम भूल जाते हैं, वहीं काटनेवाले साँप को भूलना आसान नहीं होता। मन एक अज्ञात आशंका से डरा-मरा सा रहता है कि पता नहीं कब वही साँप दोबारा भी काट ले। भूलने और याद रखने के कारणों को भी समझना चाहिए। सम्भवतः हमारे मन में यह भावना होती है कि जो सीढ़ी एक बार चढ़ गए, वह शायद इस बाज़ी में फिर न मिले। पर जिस साँप ने एक बार काटा है, वह कहीं आगे मुँह बाए, रास्ता रोकने को खड़ा है और कभी न कभी अवश्य मिलेगा। जीवन में भी तो ऐसा ही होता है। जो भी हमारे लिए सीढ़ी बने थे, उन्हें स्मरण रखना आसान नहीं। दिमाग़ पर बहुत ज़ोर देकर भी शायद हमें माँ की वह याद न हो जिसने छुटपन में हमारे छिले घुटने की जलन फूँक-फूँककर दूर की थी या जिसने अपनी उँगलियाँ झुलसाकर हमें गरम दूध पिलाया था या वह चाट वाला जो स्कूल के बाहर खड़ा होता था या फिर वह ताँगे वाला, रिक्शे वाला, या शायद बस का वह कंडक्टर जो हमें स्कूल पहुँचाता था। ये सब छोटी ही सही, हमारे जीवन की सीढ़ियाँ ही तो थीं जिन्हें हम पीछे छोड़ आए और जिन्हें स्मृतियों की कब्रगाह में दफ़न कर दिया है। विपरीततः जिन रिश्ते में हमें कभी भी धोखा हुआ है, वे सब साँप की तरह आज तक याद रह गए हैं।'

नीतीश हँसकर आगे कहता है—

'राजनीति की मुसीबत कुछ और गहरी होती है। इस खेल में दूर से दिखनेवाली लम्बी सीढ़ी बहुत लुभाती है। वहाँ पहुँचकर उसका पहला पायदान पकड़ते ही कब वही सीढ़ी विकराल साँप में बदल जाती है, यह पता ही नहीं चलता! जब तक आप यह बदलाव समझ पाते हैं तब तक तो साँप आपको गड़प करके कितना पीछे धकेल देता है, यह भुक्तभोगी ही जानता है! लेकिन राजनीति ही ऐसा खेल है जहाँ कभी-कभी अपवाद स्वरूप ही सही, साँप भी सीढ़ी में बदल जाते हैं।'

एक प्रश्न के उत्तर में नीतीश कहता है कि उसने अपने जीवन में मिली सीढ़ियाँ हमेशा याद रखी हैं, साँपों को भूलने का प्रयास किया है और दोनों को

जीवन का स्वाभाविक अंग मानकर स्वीकारा है। जीवन में सीढ़ियों के साथ साँप न हों तो जीवन का रस ही क्या बचे! नीतीश बताता है कि उसके जीवन की हर सीढ़ी को उसने अपने मन के स्मृति वन में छायादार वृक्ष बनाकर बसाया है जिनके नीचे रुककर वह अब भी राहत की साँस लेता रहता है। कोई रसमंजरिया उससे पूछता है कि उसके जीवन दर्शन का आधार क्या है? उसने कहाँ से यह सब पढ़ा और सीखा है?

नीतीश थोड़ी देर सोचता है फिर उसे शान्ति से मनन करता देखकर अपना चचा ज़ोर से खखारता है। हम समझ जाते हैं कि उसने सवाल को लपक लिया है। वह इस प्रश्न का उत्तर सीधे न देकर महान पाश्चात्य दार्शनिक गेटे (GOETHE) का एक उद्धरण सुनाता है—

'गेटे ने कहा है कि सारे उत्तम और शुद्ध विचार पहले भी हज़ारों बार सोचे जा चुके हैं लेकिन उन पर पूरी ईमानदारी से बार-बार मनन करने पर वे हमारे ही विचार बन जाते हैं। तब वे हमारे व्यक्तिगत अनुभव में जड़ें जमाकर हमारे वजूद का भी अभिन्न हिस्सा बन जाते हैं। वह आगे कहता है कि उसने या नीतीश ने साँप-सीढ़ी वाली या अन्य वैसी ही कोई बात पहले कभी पढ़ी या सुनी हो, यह उसे स्मरण नहीं है लेकिन हर व्यक्ति के जीवन में उसने इस विचार को पूरी तरह से सत्य पाया है।'

शायद मनुष्य के सर्वश्रेष्ठ प्राणी होने की सन्दिग्धता पर किसी और ने भी सहमति जताई थी या उनके भी विचार कुछ मिलते-जुलते थे। पर मानव की अपरिमित क्षमता पर नीतीश का विश्वास अटल है। पहले चाहे जहाँ कहीं से भी उसने पढ़ी, सुनी या देखी हो, पर ये सब बातें आज उसके व्यक्तिगत अनुभव का अविभाज्य हिस्सा हो गई हैं। हमारी बातचीत में शामिल किसी रसमंजरिया को नीतीश की पार्टी में उसके आदर्श रहे जॉर्ज फ़र्नांडिस की याद आती है जिन्हें नीतीश अपने जीवन में आई बहुत बड़ी सीढ़ी मानकर बहुत आदर देता आया है। नीतीश के राजनीतिक जीवन के आरम्भिक काल से लगातार वे नीतीश के लिए आदर्श रहे थे। आपको याद होगा कि किशोर नीतीश मुम्बई में उनसे मिलने के लिए कैसे छटपटा रहा था। नीतीश ने उन्हें अपने प्रभाव क्षेत्र नालन्दा से ही लोकसभा के चुनाव लड़वाए। वह अपने क्षेत्र बाढ़ की चिन्ता दूसरों पर छोड़कर अपने जॉर्ज साहब के प्रचार-प्रसार में दौड़ता-भागता रहता था। पटना में नीतीश के अख़्तियार में विनय बाबू के सीतायन में दो ही कमरे थे। उनमें बड़ा कमरा रिज़र्व था जॉर्ज साहब के लिए और छोटे वाले में नीतीश का ठिकाना रहता था। नीतीश के मुख्यमंत्री बनने के बाद जॉर्ज शरीर और मन से बुरी तरह अस्वस्थ हो गए थे। उन्हें अल्ज़ाइमर नाम की बीमारी हो गई थी जिसमें आदमी की याददाश्त धीरे-धीरे खो जाती है। वे भी सब कुछ भूलने लगे थे। उन्होंने नीतीश

से इसके बारे में बहुत अकुलाकर बताया भी था कि अब चुनावी राजनीति उन्हें मुश्किल लगने लगी है। लेकिन उनकी ही पार्टी के कुछ लोग उन्हें लोकसभा का चुनाव लड़ने की सलाह देकर गुमराह करते रहे। ये सब पार्टी के वैसे हताश और निराश लोग थे जो नीतीश से खार खाए बैठे थे और हर हाल में नीतीश की लोकप्रियता में सेंध लगाना चाहते थे। नीतीश को नीचा दिखाने का उन्हें नया मुद्दा मिल गया था क्योंकि नीतीश अपने बुज़ुर्ग नेता को चुनाव न लड़ने की सलाह देनेवालों में सबसे आगे और सम्भवतः अकेला हितैषी था। पूरे चुनाव के दौरान, बिना किसी का जवाब दिए, नीतीश चुपचाप रहकर सारी लांक्षणाएँ सुनता रहा। उस लाचार वयोवृद्ध की चुनाव में अकल्पनीय पराजय होते ही उनके आसपास खड़े सारे चुनाव-महारती अवधूतों में बदलकर ग़ायब हो गए। सारे नाटक की समाप्ति के बाद नीतीश ने चुपचाप उन्हें राज्यसभा में भेजकर दिल्ली में इलाज के लिए स्थापित करा दिया। उनकी अन्तिम साँस तक नीतीश दिल्ली जाकर हमेशा उनकी मिज़ाजपुरसी करता रहता था। जॉर्ज साहब की सोच और नीतियों को नीतीश के अलावा जिस व्यक्ति ने पूरी तरह आत्मसात् कर लिया था उस व्यक्ति का नाम है अनिल हेगड़े। जेडीयू के दफ़्तर के एक कोने में रहकर पार्टी के लिए समर्पित भाव से काम करनेवाली यह गुमनाम-सी हस्ती मई 2022 के मध्य में अचानक सुर्ख़ियों में आ गई। बिहार में जेडीयू के राज्यसभा के सदस्य महेन्द्र प्रताप सिंह की मृत्यु से ख़ाली हुई सीट पर नीतीश ने अनिल हेगड़े का नाम प्रस्तावित किया। राज्यसभा के लिए अनिल निर्विरोध चुन लिए गए। ऐसा उस दौर में भी नीतीश ने कर दिखाया जब राज्यसभा की सदस्यता पाने के लिए एक से एक धन्नासेठ करोड़ों की थैलियाँ लेकर पार्टियों के चक्कर लगाया करते हैं! किसी पुराने समाजवादी नेता ने इसे पार्टी के सिद्धान्तों के प्रति समर्पित सभी कार्यकर्ताओं की विजय बताते हुए नीतीश को साधुवाद दिया। नीतीश ने अपने जीवन के साँप और सीढ़ी वाले खेल में कम से कम इस सीढ़ी को हमेशा बहुत श्रद्धा से याद रखा है और उन बुज़ुर्ग को बरगलाने वाले साँपों को भी। लेकिन नीतीश इस घटना की चर्चा से बेहद कतराता है। अनिल हेगड़े को राज्यसभा में निर्विरोध भेजने के बाद भी! यह भी बात याद रखने की है कि नीतीश के इस क़दम की प्रशंसा जॉर्ज साहब की पत्नी, लैला कबीर ने भी मुक्त कंठ से की। नीतीश उन सभी लोगों की चर्चा करने से बिलकुल परहेज़ करता आया है जिन्होंने पहले तो उसको सीढ़ी की तरह इस्तेमाल किया और बाद में साँप बनकर उसे निर्ममता से डसा भी।

कालचक्र को थोड़ी देर के लिए अभी यहीं रोककर हम एक बार फिर से 1979 के आख़िरी महीनों में आ जाते हैं। नीतीश के जेपी और बाबूजी उसको छोड़कर सदा के लिए किसी अन्य लोक के वासी हो गए हैं और किसी अन्य

लोक का राजकुमार कुछ ही महीनों में उसकी आँखों का तारा बनकर उतरनेवाला है। बाबूजी के जाने से नीतीश के आगे भारी आर्थिक संकट मुँह बाये खड़ा हो गया है। बख़्तियारपुर में परिवार बड़ा हो गया है और आमदनी सिकुड़ गई है। मंजु की पढ़ाई चल रही है और वह उम्मीद से है। नीतीश के जीवन में वह काल अनेक अच्छे और बुरे कारणों से अविस्मरणीय है।

लंका कांड के बदले आयोध्या कांड

जनवरी 1980 में हुए आम चुनाव में मदमस्त हाथी की तरह कांग्रेस ने सबको रौंदकर रख दिया। जनवरी 1980 के चुनावों में कांग्रेस की धमाकेदार वापसी हुई। जनता पार्टी के टिकट पर पूरे देश से मात्र 31 सांसद चुने जा सके। इनमें मुज़फ़्फ़रपुर से जॉर्ज फ़र्नांडिस भी जीते। कहना न होगा कि उनकी जीत के लिए नीतीश ने अपना ख़ून पानी की तरह बहाया था। सत्ता में आते ही कांग्रेस ने उन सभी राज्यों की सरकार भंग कर दी, जहाँ विपक्षी पार्टी सत्ता में थी। फ़रवरी 1980 में बिहार में राष्ट्रपति शासन लगा दिया गया। थोड़े दिनों के बाद, बिहार में जून 1980 में मध्यावधि चुनाव की घोषणा भी कर दी गई थी। 1980 के चुनाव परिणामों से निराश राजनारायण का चौधरी चरण सिंह से भी मोहभंग हो गया। तब तक अपने आपको हनुमान कहनेवाले ने इस बार लंका की बजाय अयोध्या में ही आग लगाने का फ़ैसला कर लिया। इस बार राजनारायण ने अपने राम, (चौधरी साहब) और भारतीय लोकदल से अलग होकर फिर से समाजवादी पार्टी की स्थापना की। राजनारायण की पार्टी ने बिहार और यूपी में प्राय: हर सीट पर अपने उम्मीदवार खड़े कर दिए। पर यह पार्टी कोई ख़ास चमत्कार नहीं दिखा सकी। बल्कि इससे नुक़सान यह हुआ कि कांग्रेस के विरोधी दलों के वोट बँट गए।

उन दिनों की चर्चा करते हुए अशोक बता रहे हैं—

'चुनावी अफ़वाहों से बेख़बर नीतीश जी अपने क्षेत्र में घूमते ही रहते थे, लोगों का सुख-दुख बाँटते। उन्हें अकेला निकलते देखकर मैं रुक नहीं पाया। मैं भी उनके पीछे अनजानी राहों पर साथ हो लिया। पहले तो हम दो ही निकलकर आगे आए पर धीरे-धीरे एक जैसी सोच वाले लोगों की जमात तैयार हो गई। मुझ जैसे कई युवक नीतीश जी द्वारा निर्दिष्ट लक्ष्य की प्राप्ति के पीछे अपनी पूरी शक्ति से पिल पड़े। इधर-उधर घूमते-बतियाते एकदम से सर पर 1980 का विधानसभा का नया चुनाव आ गया! हम तो अपनी जनजागरण की यात्राओं में पूरी तरह डूब गए थे। लक्ष्य था जयप्रकाश जी के अधूरे सपनों को पूरा करना, बिना राह के काँटों की परवाह किए, बस यात्रा पर चलते ही जाना है!'

बात यात्राओं की चल पड़ी है तो मन में नीतीश की यात्राओं की बात अनायास आ जाती है। दरअसल, नीतीश ने अपने जीवन में ढेर सारी यात्राएँ की हैं जिनसे उसने ज़मीनी ज़िन्दगी का पाठ पढ़कर बहुत कुछ सीखा और गुना है जिसकी प्रतिच्छवि समाज में दिखने लगी है। आज कोई उसकी यात्राओं का मखौल उड़ाने की कोशिश करता है तो बड़े फ़लसफ़ाना अन्दाज़ में वह उत्तर देता है—

'व्यक्ति का पूरा जीवन अनन्त यात्रा ही तो है! बस कौन-सा सफ़र अन्तिम हो जाए और कौन-सा पड़ाव अन्तिम मंज़िल में तब्दील हो जाए, यही किसी को पता नहीं रहता। मेरी हर यात्रा इसी विवेक और श्रद्धा के साथ होती है कि शायद यही यात्रा आख़िरी हो इसलिए जो कुछ भी अच्छा सम्भव है, वह पूरी ताक़त से आज ही कर गुज़रना चाहिए, कल का इन्तज़ार किए बग़ैर, ताकि बाद में मलाल न रह जाए!'

विश्वविख्यात कथाकार सॉमरसेट मॉम ने भी जीवन की कुछ ऐसी ही व्याख्या करते हुए कहा है कि हम सब प्लेटफ़ॉर्म पर खड़े यात्रियों की तरह अपनी-अपनी गाड़ियों की प्रतीक्षा कर रहे हैं। पता नहीं किसका नम्बर कब आ जाए। शायद यह अधूरा सच है, क्योंकि आपने भी अनुभव किया होगा कि बीच वाले स्टेशन पर जब कोई गाड़ी रुकती है तो उससे उतरनेवालों की संख्या भी कोई कम नहीं होती, कभी-कभी तो यह चढ़नेवालों से भी ज़्यादा ही होती है। इसी तरह इस दुनिया से विदा लेकर फिर से नया रूप लेकर वहीं वापस लौट आने का नाम ही तो ज़िन्दगी है!

इ बार हम जीत जैबउऽऽऽ

एक बार हम फिर से 1980 की ओर चलते हैं जब नीतीश दूसरी बार, वह भी अपनी ही कर्मभूमि हरनौत में, चुनाव हार गया था। विधानसभा में कांग्रेस को 173 सीटें मिली थीं। उसे बहुमत मिला था, पर वह उसके पक्ष की विजय शायद नहीं थी। दरअसल, जनता पार्टी से हुए मोहभंग का करारा थप्पड़ विपक्ष के गाल पर पड़ा था। आख़िरकार खंडित जन आकांक्षाओं की नींव पर खड़ी हुई कांग्रेसी सरकार पटना में एक बार फिर से चल पड़ी। राज्य में विपक्ष बुरी तरह हताश और निराश था। केन्द्र में भी वही हाल चल रहा था। कई टुकड़ों में बँटा विपक्ष वहाँ प्रभावशाली नहीं हो पा रहा था। इधर नेता प्रतिपक्ष के रूप में कर्पूरी जी बिहार में कुछ अच्छा करने का लगातार प्रयास कर रहे थे। पर उनकी अपनी ही पार्टी में दयनीय स्थिति हो गई थी। इसे समझने के लिए कुछ पुरानी घटनाएँ याद कर लेना ज़रूरी हैं। 1980 में चुनाव जीतकर कर्पूरी जी और लालू, दोनों ही, बिहार विधानसभा में आये थे। सवर्ण लोगों ने कर्पूरी जी को सिर्फ़ पिछड़ों का नेता घोषित करके उनकी सार्वभौमिक प्रकृति को धूमिलकरने की बड़ी कोशिश की थी। जबकि कर्पूरी जी सिर्फ़ प्रतिभा की ही क़द्र करते थे, जाति मात्र की नहीं! कोई भी निष्ठावान और कर्मठ समाजवादी तुरन्त ही उनका विश्वासपात्र बन जाता था। कर्पूरी जी की इस बात को साबित करने के लिए अन्य किसी प्रमाण की आवश्यकता नहीं है। उन्होंने अपना निजी सचिव सुरेन्द्र किशोर को बनाया था जिनसे वे बहुत सारी बातें निष्कपट भाव से साझा करते थे। सुरेन्द्र किशोर राजपूत जाति से आते थे।

जब नीतीश सत्ता में आया तो उसने स्वर्गीय कर्पूरी ठाकुर के स्मारक को पूरी तरह से दुरुस्त करा के उसे एक नया रूप दिया। यहाँ आते ही हर किसी को कर्पूरी जी की वात्सल्य भरी मुस्कुराहट और कन्धे पर उनकी आश्वस्त करती थपकी का अनुभव वहाँ के खिलखिलाते फूलों, पेड़ों से सरसराती हवा के झोंकों और चिड़ियों की चहचहाहट में अनायास हो जाता है। हाल ही में जेडीयू के प्रदेश

मुख़यालय परिसर में जेडीयू के अध्यक्ष की हैसियत से नीतीश ने सादगी से भरा बड़ा सा हॉल बनवाया है जिसका नाम है 'कर्पूरी सभागार'! उसने निर्णय लिया है कि राज्य भर में सभी जेडीयू कार्यालयों में 'कर्पूरी सभागार' बनेंगे। इतना ही नहीं, शराबबन्दी, स्त्रियों और पिछड़ों को आरक्षण, किसानों, मज़दूरों, विद्यार्थियों और अल्पसंख्यकों समेत हर वर्ग के उत्थान के लिए कर्पूरी जी के कई विचारों को नीतीश ने पूरी ईमानदारी से राज्य में लागू किया है। केन्द्र सरकार से कर्पूरी जी को 'भारत रत्न' से अलंकृत करने की सिफ़ारिश नीतीश की सरकार पाँच बार कर चुकी है।

इस आग के दरिया को डूब के पार करना है

1980 में विधानसभा के चुनावों में हार से नीतीश तो अप्रभावित दिखा, पर इससे जिनको ज़बरदस्त सदमा लगा था, वे थीं नीतीश की सहधर्मिणी मंजु। दो बार चुनाव में मिली पराजय और आर्थिक अनिश्चितता ने मंजु का मनोबल तोड़कर रख दिया था। घर की जमा-पूँजी स्वाहा हो चुकी थी। खाने के लिए अनाज भर कल्याणबिगहा से आ जाता था लेकिन अन्य ज़रूरतें थीं कि बढ़ती ही जाती थीं। कविराज जी के न रहने पर बख़्तियारपुर के बड़े से संयुक्त परिवार में पति-पत्नी दोनों अपने आपको बोझ-सा समझने लगे थे। घोर आर्थिक दबावों के कारण नौकरी करने की मजबूरी मंजु शिद्दत से महसूस कर रही थी। बी.एड. की पढ़ाई उसने 1979 में ही पूरी करके पटना यूनिवर्सिटी में एम.ए. में दाख़िला भी ले लिया था। पर नौकरी मिलने के आसार दूर-दूर तक नज़र नहीं आ रहे थे। उधर निशान्त भी उनकी गोद में आने ही वाला था। लाचार होकर मंजु अपने माता-पिता के पास पटना चली गई। मइयो बताती थी कि जब तक वह बख़्तियारपुर में रही, वह अपने कर्तव्यों के प्रति पूर्ण समर्पित बहू की भाँति ही रही। पूरे ससुराल के हर व्यक्ति के लिए हमेशा कुछ न कुछ करते रहना उसका स्वभाव था।

चन्दन से भी अधिक शीतल स्पर्श

20 जुलाई, 1980 को मंजु और नीतीश को पुत्र रत्न की प्राप्ति हुई। उसके आने के पहले न जाने विपत्ति की रातें कैसे भी काटे नहीं कटती थीं। कितने अभावों और दबावों में जी रहे दम्पती की अँधेरी रातों का सवेरा बनकर आया उनका बेटा। प्रसव से क्लान्त मंजु ने बड़ी मुश्किल से अपना सर उठाकर अपनी बड़ी-बड़ी आँखों से नीतीश की आँखों में देखा, जहाँ उसका ही सपना झिलमिला रहा था। उसने अपने लाड़ले को देखा—अपने पिता की हूबहू प्रतिच्छवि, बस अपनी

माँ की बड़ी-बड़ी भावपूर्ण आँखें उसे विरासत में मिली हैं। नीतीश को मंजु ने उसके जीवन का सबसे बड़ा उपहार दिया जिसकी मुट्ठियों में उजास-ही-उजास झलक रहा था। दाम्पत्य जीवन की पूर्णता के लिए धन्यवाद और अनुग्रह के लिए समर्पण से ओत-प्रोत आँखों में उसकी पत्नी उसे वात्सल्य की प्रतिमूर्ति दिखती है।

नीतीश ने मंजु से कहा था कि दोनों के जीवन की 'निशा का अन्त' करने के लिए प्रकृति ने जो रूप धरा उसे निशान्त कहना ठीक होगा। मंजु का कंठ आवेग से अवरुद्ध हो गया है, कुछ बोल नहीं पाती, बस सहमति में सर हिला देती हैं। निशान्त का उनके जीवन में आना माँ और पिता के लिए स्वर्ग का एक टुकड़ा मिलने जैसा सुखकर हुआ। नीतीश ने जब पहली बार निशान्त को गोद में उठाया तब उसको जो अनुभूति हुई, वह पंचतंत्र के पंचम तंत्र, अपरिक्षितकारकम्, में उस श्लोक में वर्णित कथन से पूरी तरह मेल खाती है—चन्दन बहुत शीतल होता है, लेकिन पुत्र के शरीर का स्पर्श चन्दन से भी अधिक शीतल तथा आनन्ददायक होता है!

नीतीश के जेल से छूटकर आने के बाद के साढ़े तीन साल का काल उसके वैवाहिक जीवन में अभाव का काल था। नीतीश की व्यस्तता, आर्थिक अस्थिरता, नियमित आय का अभाव और नौकरी न करने से उपजी अनिश्चितता मंजु के दाम्पत्य जीवन की कड़वी सचाई थी। लेकिन इन विपदाओं से मंजु के जीवन में आ रहे नैराश्य को उसके बच्चे के कंठ से फूटे पहले रुदन के स्वर ने बहुत दूर, एकदम से क्षितिज के भी पार, फेंक दिया।

निशान्त का हड़बड़िया स्वभाव जन्मजात ही होगा। उसे अपने पिता और अपनी मम्मी की जीवन गाथा में निशा का अन्त करने के लिए इतनी जल्दी थी कि वह समय से पहले, नवें माह की शुरुआत में ही, पृथ्वी पर अपनी माँ की गोद में आ टपका था! उस नन्ही-सी जान की खाल को चुटकियों में पकड़कर कहाँ सूई लगाकर उसके प्राणों की रक्षा करनी है, यह करिश्मा सिर्फ़ एक दक्षिण भारतीय सिस्टर को ही आता था। निशान्त की ननिहाल के हर वरिष्ठ सदस्य आज भी उस सिस्टर के अहसान को श्रद्धापूर्वक स्मरण करते हैं। निशान्त के छुई-मुई शरीर का यह हाल था कि उसकी नानी, मम्मी और मौसी को छोड़कर कोई चौथा डर से उसे हाथ तक लगाने से घबराता था।

सैंया चले फिर से ससुराल

उन्हीं दिनों नीतीश के जीवन में एक और महत्त्वपूर्ण घटना घटी जब जगन्नाथ मिश्र की कांग्रेसी सरकार ने निहायत अलोकतांत्रिक प्रेस बिल लागू कर दिया। वैसे बिहार यह बिल लागू करनेवाला पहला राज्य नहीं था लेकिन सम्पूर्ण क्रान्ति

की ज्योति जगानेवाले बिहार के हर बुद्धिजीवी को लगा कि आपातकाल के बाद एक बार फिर से अभिव्यक्ति की स्वतंत्रता छीन ली गई है। प्रेस बिल के विरोध में प्रदर्शन के दौरान नीतीश फिर गिरफ़्तार हुआ। इस बार वह फुलवारीशरीफ़ की जेल में एक माह के लिए बन्द रहा। वह महीना मंजु के लिए बेहद तनावपूर्ण बीता। उसके पास सहारा के नाम पर बस नन्हा निशान्त था जिससे बेइन्तहा जुड़कर वह उसको जी-जान से बढ़कर प्यार करने लगी। न जाने कितने गानों, कितने खिलौनों, कितने कपड़ों और कितने ख़्वाबों से वह अपने जिगर के टुकड़े को सजाती-बहलाती थी। यह सिर्फ़ वही समझ सकते हैं जिन्होंने कभी मंजु को निशान्त की वर्षगाँठ मनाते देखा होगा। निशान्त बताता है—

'माँ जिस उत्साह से मेरे काफ़ी बड़े हो जाने तक मेरा जन्मदिन मनाया करती थी, वह मुझे बहुत अच्छा और सबसे अलग लगता था। उस दिन मेरी माँ के साथ मेरे पापा भी पूरे उत्साह से जुट जाते। मैं सबसे पहले नहा-धोकर नए कपड़े पहनता जिसके बाद घर के सभी बड़ों का आशीर्वाद लेकर पूजा होती और हवन किया जाता। फिर होता बढ़िया खाना-पीना। माँ अपने हाथों से ढेर सारे पकवान बनाती, जिसे हम दोपहर में ही साफ़ कर देते फिर शाम में हम सब कोई फ़िल्म देखने जाते। अगर किसी कारणवश पापा साथ न जा सकें तो भी माँ मुझे कोई न कोई फ़िल्म दिखाने ज़रूर ले जातीं और रात का खाना हम कहीं बाहर खाकर लौटते। मैंने माँ के साथ मणिरत्नम की मशहूर फ़िल्म 'बॉम्बे' देखी थी जो हम सभी को बेहद पसन्द आई थी। जब मैं बड़ा हो गया तब मैं नहा-धोकर नानी, नाना और माँ के साथ मिलकर नियम से श्रीमद्‌भागवत का पाठ करने लगा। माँ मेरी वर्षगाँठ के दिन नियम से दान करवाती, मुझे भी समझाती कि हमें अपनी ज़रूरतों से बचाकर किसी को देना चाहिए।'

तैत्तिरीयोपनिषद् में कहा भी गया है, श्रद्धा से देना चाहिए। सामर्थ्य के अनुसार देना चाहिए। लज्जा से देना चाहिए और विवेक से देना चाहिए।

निशान्त की माँ ने तो उससे कहा था कि अपनी ज़रूरतों से बचाकर दूसरों को देना चाहिए लेकिन उन्हीं दिनों बिहार में अफ़वाह उड़ी कि मुख्यमंत्री जगन्नाथ मिश्र ने पटना के गांधी मैदान, गोलघर और पटना जंक्शन को गिरवी रखकर अकूत धन कमाया है जिसे वे दोनों हाथों से उलीचकर दान कर रहे हैं! इन्हीं जगन्नाथ मिश्र के मुख्यमंत्रित्व काल में, प्रेस पर पाबन्दी के बिल का विरोध करने के कारण नीतीश जेल भी गया था। तब किसे पता था कि इस घटना के क़रीब बीस वर्षों के बाद, नीतीश के दिल्ली के सरकारी घर (22, अकबर रोड) में इसी घटना के बारे में जगन्नाथ मिश्र से ही हमारी बात होगी! उन्हें प्रेस बिल वाली बात तो याद थी पर नीतीश भी उसका विरोध करने के जुर्म में गिरफ़्तार किया गया था यह बात वे एकदम भूल गए थे! ख़ैर दिलचस्प तथ्य यह है कि

नीतीश को गिरफ़्तार करवानेवाले दो-दो क़द्दावर मुख्यमंत्री, अब्दुल गफ़ूर और डॉ. जगन्नाथ मिश्र, बाद में उसी की पार्टी में शामिल हो गए।

बद अच्छा बदनाम बुरा

जगन्नाथ मिश्र ने उस दिन दिल्ली में जो बातें कही थीं, उसका निचोड़ कुछ ऐसा है—

'जून 1980 में मुख्यमंत्री बनते ही मैंने यह पाया कि मेरे बारे में कुछ सही और काफ़ी कुछ ग़लत अफ़वाहों का जो पहाड़ पहले से ही खड़ा था, वह बढ़कर गगनचुम्बी हो गया था। पटना से छपनेवाले कुछ अख़बार ऐसी ही मनगढ़ंत ख़बरें छाप रहे थे कि गांधी मैदान और पटना जंक्शन को गिरवी रखकर जगन्नाथ मिश्र ने बहुत पैसे बनाए हैं और उसे लुटा रहे हैं। यह भी अफ़वाह उड़ी थी कि सरकारी फ़ाइलों पर जगन्नाथ मिश्र के दस्तख़त अलग-अलग रंगों की स्याहियों से होते थे। इन रंगों का भी एक गुप्त कोड होता था जिसे कुछ ख़ास लोग ही जानते थे। इसलिए किसी भी गम्भीर मामले का अन्तिम फ़ैसला मुख्यमंत्री की लिखित टिप्पणी नहीं, बल्कि स्याही का रंग तय करती थी! सच तो यह है कि मेरे बारे में यह भी कोरी अफ़वाह ही थी। प्रेस के इस लगातार हमले की चर्चा मैंने इन्दिरा जी से भी की। इन्दिरा जी की छोटी बहू मेनका, अपने पति संजय गांधी की मृत्यु के बाद ससुराल से निकाल दी गई थी। इससे दुखी और कुपित होकर मेनका ने अपनी सास इन्दिरा जी के तथाकथित अत्याचार के ख़िलाफ़ दुनिया-भर की पत्रिकाओं में जंग छेड़ दी थी। मेनका के ताबड़तोड़ काग़ज़ी हमलों से इन्दिरा जी भी बहुत परेशान थीं। उन्हीं की सलाह पर मैंने प्रेस पर पाबन्दी का बिल बिहार के सदनों में पास करा लिया था।'

उनकी इस बात का मतलब यह हुआ कि इन्दिरा गांधी के मसले का ठीकरा जगन्नाथ मिश्र ने नीतीश और उस जैसे प्रतिबद्ध समाजवादियों के सर पर फोड़कर उन्हें जेल में डाल दिया था! उस दिन जगन्नाथ मिश्र के स्वर में इस करनी के लिए पछतावा साफ़ नज़र आया था।

इस विषय के बारे में सुरेन्द्र किशोर बताते हैं—

'उन दिनों पटना अरबन कोऑपरेटिव बैंक की कथित अनियमितताओं को लेकर तरह-तरह की चर्चाएँ थीं। आम आरोप यह था कि चूँकि बैंक के संचालकों को मुख्यमंत्री डॉ. जगन्नाथ मिश्र का संरक्षण प्राप्त है, इसलिए बैंक ऋण देने से पहले ज़रूरी औपचारिकताएँ भी पूरी नहीं करता। तभी एक दिन एक विधायक ने पटना अरबन कोऑपरेटिव बैंक की चर्चा करते हुए बिहार विधानसभा में नाटकीय ढंग से कहा कि आज उस बैंक की स्थिति इतनी बिगड़ चुकी है कि

कोई भी व्यक्ति पटना गांधी मैदान और पटना रेलवे जंक्शन की ज़मीन को भी गिरवी रखकर उस बैंक से क़र्ज़ ले सकता है। फिर क्या था! कुछ लोगों ने यह प्रचार चालू कर दिया कि पटना अरबन कोऑपरेटिव बैंक ने गांधी मैदान व पटना रेलवे जंक्शन को गिरवी रखकर क़र्ज़ दे दिए। अख़बारों में यह ख़बर कई दिनों तक सुर्ख़ियों में रही। इस बैंक में दूसरे घोटाले ज़रूर हुए थे किन्तु इस आरोप का कोई सबूत किसी को कभी नहीं मिला कि गांधी मैदान और रेलवे जंक्शन को गिरवी रखकर भी क़र्ज़ बाँटे गए थे!'

नीतीश ने 1980 में एक साथ बहुत कुछ देखा था। अब जो डगर उसके आगे थी, वह बड़ी पथरीली थी। नीतीश की फ़ितरत कभी रुकने की तो रही नहीं, इसलिए मज़ाज़ लखनवी की ये कुछ पंक्तियाँ उन दिनों के नीतीश पर पूरी तरह लागू होती लगती हैं—

रास्ते में रुक के दम लूँ,
ये मेरी आदत नहीं,
लौटकर वापस चला जाऊँ,
मेरी फ़ितरत नहीं।
और कोई हमनवा (सहमत) मिल जाए ये मेरी क़िस्मत नहीं॥

मजाज़ साहब की पहली चार लाइनें तो उसे ठीक लगती हैं पर अपना चचा पाँचवीं लाइन से इत्तेफ़ाक़ नहीं रखता। वह कहता है कि उन दिनों भी नीतीश को अपनी क़िस्मत पर बड़ा नाज़ था, क्योंकि उसके सभी साथियों के पटना से बाहर चले जाने के बाद भी मंजु उसकी हमनवा तो थी ही। परेशानी बस इतनी सी थी कि वह रहता बख़्तियारपुर में था और मंजु तथा निशान्त पटना में रह रहे थे। नीतीश को क्षेत्र की जनता के कई कामों से लगातार पटना आना पड़ता था जहाँ काम से फ़ारिग़ होने के बाद वह मंजु और निशान्त से मिलकर आता था।

पूत के पाँव तो पालने में ही पहचानने में आ गए

नीतीश को देखकर हुमकता निशान्त, उसकी उँगलियों को ज़ोरों से अपनी मुट्ठी में पकड़कर अपने मुँह की ओर ले जाता, बिस्तर में उलटने-पलटने की कोशिश करता, घुटनों के बल चलता, कुर्सी का सहारा लेकर खड़े होने की कोशिश करता और 'माँ-माँ' बोलता 'पापा' कहने की चेष्टा में उसके मुँह से फूटते बुलबुले। यह सब नीतीश को प्रसन्नता से आलोड़ित करते रहते।

अपने पिता को विदा देने लड़खड़ाते डग भरते, मुस्कुराते निशान्त को देखकर नीतीश का मन अनिर्वचनीय आनन्द से भर जाया करता, लेकिन उनसे बिछड़ते

ही उसे लगता कि उसका पारिवारिक जीवन जमने से पहले ही उखड़ रहा था। नीतीश जब अपनी ससुराल से निकलता तो उसके क़दम उठने को तैयार ही नहीं होते थे। मंजु और निशान्त की यादों में डूबा नीतीश राजनीति की हलचल सूँघने के लिए एमएलए क्लब में दोस्तों के पास चला आया करता था। पहले, जब किशन पटनायक पटना के कंकड़बाग़ में, उसकी ससुराल के पास ही, रहकर सामयिक वार्ता छाप रहे थे तब उसे कहीं और जाने की आवश्यकता नहीं पड़ती थी। किशन जी उसे ख़बरें और ख़बरों के भीतर की असली ख़बरों से भी परिचित करा देते थे। पर जैसे-जैसे बिहार में समाजवादियों की चेतना सम्पूर्ण क्रान्ति से हटने लगी, सामयिक वार्ता का प्रकाशन लड़खड़ाने लगा और अन्ततः बन्द हो गया। किशन जी भी बिहार छोड़ गए। नीतीश की बौद्धिक बुभुक्षा फिर से तृषित रहने लगी।

उन्हीं दिनों नीतीश से हुई पहली मुलाक़ात के बारे में बेलौस आलोचक स्वप्न कुमार घोष बताते हैं—

'मैं 1980 के जाड़े की किसी शाम में अपने एक दोस्त से मिलने पटना गया था। उसका परिवार राजनीति में गहरी अभिरुचि रखता था। वहीं, थोड़े अँधेरे में, सफ़ेद कुर्ता-पाजामा पहने एक दाढ़ीवाला नौजवान बैठा था। परिचय हुआ भी तो कहा गया कि यह नीतीश और यह स्वप्न! जाति-गोत्र विहीन परिचय की परम्परा तब बड़ी विरल और विकट थी! नीतीश जी बहुत कम और वह भी ठहर-ठहर कर बोलते थे। उनकी बातचीत के अन्दाज़ से ही मुझे लग गया कि यह कोई ज्ञानी, गुणी और गम्भीर आदमी हैं। वे बड़ी शराफत से हम सब से विदा लेकर चले गए। तब मेरे दोस्त ने कहा कि आज की छोड़ो पर यह हमारे राज्य का ही नहीं, सारे देश का भविष्य है। वह दिन बहुत दूर नहीं जब इस चुप्पे को सारा देश बहुत ध्यान से सुनेगा! मैं उनकी आँखों में उस समय जो डूबा सो आज तक उबर नहीं पाया। जैसी गहरी सुन्दर आँखें, जैसे सजे-सँवरे बाल, जैसी साफ़-सुथरी पोशाक, जैसी गुरु-गम्भीर आवाज़, वैसी ही सोच! पहली ही मुलाक़ात में मैं उस आदमी का मुरीद हो गया।'

राजनीति की देगजी चढ़ी एमएलए क्लब में

हालाँकि नीतीश का कुछ समय बख़्तियारपुर और पटना में भी बीतने लगा था, पर हरनौत क्षेत्र से उसकी प्रतिबद्धता बरकरार थी। अशोक बताते हैं—

'1977 में जब राज्य में जनता पार्टी की सरकार बनी, तब से ही नीतीश जी का उन दिनों के गार्डनर रोड और आज के बीरचन्द पटेल मार्ग पर स्थित एमएलए क्लब से भावनात्मक जुड़ाव हो गया था क्योंकि उनके जेपी आन्दोलन

के दिनों के प्राय: सारे साथी-संगी विधायक बनकर यहीं आ गए थे। उनमें श्री वशिष्ठ नारायण सिंह को आवंटित फ़्लैट नम्बर 32 जनता-जनार्दन की सेवा में दिन-रात खुला रहता था।'

यहाँ रुककर हम एक बार फिर से सुरेन्द्र किशोर से मिली एक जानकारी आपसे बाँटते हैं। अशोक और उन जैसे बहुत सारे लोग जिस 32 नम्बर के फ़्लैट को वशिष्ठ नारायण सिंह का फ़्लैट समझते थे वह दरअसल, संगठन कांग्रेस के एक एमएलसी, अवध बाबू के नाम से आवंटित था जिसे उन्होंने दादा (वशिष्ठ नारायण जी) को रहने के लिए दे दिया था। नीतीश के 1989 में पहली बार सांसद बनने के बाद वशिष्ठ बाबू भी पहली बार 1990 में ही विधानसभा के सदस्य बने थे उससे पहले नहीं! अशोक आगे बता रहे हैं—

'32 नम्बर के उस फ़्लैट में नीतीश जी अनवरत चलती रहनेवाली राजनैतिक चर्चाओं में बहुधा श्रोता की हैसियत से भाग लेते थे। यदा-कदा, वह भी बहुत इसरार करने पर, अपनी बात भी कह लेते थे जो बहुत ध्यान से सुनी जाती थी। वहाँ काफ़ी देर तक बैठे रहने के बाद, एमएलए क्लब के सामनेवाली सड़क के किनारे नाश्ता और खाना बेचनेवाले नन्दलाल के यहाँ से नीतीश जी यदा-कदा कुछ खा लिया करते थे। ज़्यादातर नक़द और कभी-कभी उधार भी! सलज्ज मुस्कान के साथ नन्दलाल आज भी उन दिनों को याद करते हैं। संकर्षण ठाकुर ने यह बात अपनी किताब में लिखी है कि नीतीश जी को कभी-कभी रात में वशिष्ठ बाबू के फ़्लैट के बरामदे में चादर बिछाकर सोना पड़ता था। उन्होंने शायद यह भी लिखा है कि नीतीश जी के बड़े जीजाजी रेलवे में बड़े नेता थे इसलिए नीतीश जी सवेरे पटना जंक्शन के फ़र्स्ट क्लास के वेटिंग रूम में नहा-धोकर तैयार हो जाते थे। मेरी जानकारी में ये दोनों बातें बिलकुल सही नहीं हैं। नीतीश जी की ससुराल पटना में भी है जहाँ शुरू से उनकी बड़ी प्रतिष्ठा रही है। इसके अलावा उनकी दो-दो दीदियों का भरा-पूरा और ख़ुशहाल परिवार भी पटना में ही रहता आया है जहाँ के दरवाज़े उनके स्वागत के लिए चौबीसों घंटे खुले रहते थे। नीतीश जी की भरसक कोशिश यही रहती थी कि रात होने से पहले वे बख़्तियारपुर लौट जाएँ लेकिन कभी मीटिंग-सीटिंग के चक्कर में देर हो जाने से वे इन तीनों में किसी भी परिवार में रुक जाते थे। उनके लिए ऐसे दुर्दिन कभी नहीं आए कि उन्हें किसी के दरवाज़े के बाहर सोना या रेलवे के फ़र्स्ट क्लास के वेटिंग रूम नहाना-धोना पड़ता था।'

हमने जब नीतीश से ही वशिष्ठ बाबू के बरामदे पर रात बिताने की बात पूछी तो वह ताव खा गया। उसके बाद हमें जो बेभाव के पड़ी उससे हम समझ गए कि अशोक ठीक कह रहे थे। उनके मुताबिक़—

'1977 और उसके बाद 1980 में बिहार विधानसभा के लिए हुए चुनावों के बीच समय का अन्तराल कम था। हम बहुत कम समय में ही दो ज़ोरदार झटके खा चुके थे। यह बड़े ताज्जुब की बात है कि दूसरी चुनावी पराजय के बाद भी नीतीश जी का आत्मविश्वास ज़रा भी कम नहीं हुआ था। उलटे वे संसाधनों के घोर अभाव के बावजूद जन सेवा की मुहिम में पूरी शक्ति से पिल पड़े थे। वे लोगों के हर जायज़ काम पहले जैसी मुस्तैदी से ही करवाते रहे। इस बार उनकी कार्यशैली, विशेष कर जनता से संवाद स्थापित करने में एक फ़र्क़ अवश्य आ गया था। फ़र्क़ यह कि नीतीश जी अपने भाषण के बाद नौजवानों से सरकार बदलने की नहीं, पूरी व्यवस्था बदलने की मार्मिक अपील करने लगे थे। इसका व्यापक प्रभाव नौजवानों पर स्पष्ट दिखता था।'

अब तक नीतीश ने बिना किसी प्रतिदान की आशा में अपना जीवन राजनीति नाम की छलना को बड़े निस्पृह भाव से सौंप दिया था। उसके जैसी प्रतिबद्धता वाले लोग या तो एक-एक करके बिछड़ते जा रहे थे या फिर बदल रहे थे, नए निज़ाम के अदब-क़ायदे और तौर-तरीक़े सीख रहे थे! बस जो नहीं बदली थी, जिसके उत्साह की आँच ज़रा भी मन्द नहीं हुई थी और जो अनवरत उसकी प्रतीक्षारत रहती थी, वह थी मंजु।

चल भई गंगाराम भजन कर

मंजु नीतीश को बताती कि उसने नौकरी के लिए कहाँ-कहाँ आवेदन भेजे हैं। यह सब जान-सुनकर नीतीश भी बड़ा उत्साहित होता। उसकी हार्दिक मनोकामना होती कि कम से कम मंजु काम करना शुरू कर देती तो उसकी निराशा कम होती। इसे संयोग कहें या निशान्त के आगमन से खुली खिड़की से आती सौभाग्य की बयार, बिहार सरकार ने शिक्षकों और शिक्षिकाओं की नियुक्ति के लिए आवेदन माँगे। मंजु ने भी नीतीश की सहमति से आवेदन कर दिया और साक्षात्कार की प्रतीक्षा करने लगी।

'हितोपदेश' और 'पंचतंत्र' की एक जैसी कहानियों में बताया गया है कि सिर्फ़ धन के कारण ही मनुष्य बलवान होते हैं। कोई व्यक्ति आरम्भ से ही निर्धन हो तो उसे उतना दुख नहीं होता जितना कि पहले सम्पन्न होने के कारण सुख का उपभोग कर लेने के बाद धन का अभाव हो जाने से दुख भोगनेवाले व्यक्ति को होता है। मंजु की ठीक वही अवस्था थी। उसने अपने जीवन में सदा ऐश्वर्य ही देखा था, मायके में भी और ससुराल में भी। दो चुनावों में बहुत कुछ दाँव पर लग जाने के कारण उसके आगे ऐसा आर्थिक संकट आ गया था जिसके लिए वह क़तई प्रस्तुत नहीं थी। उधर नीतीश के आत्माभिमान का जो हाल था,

उसे दुष्यन्त कुमार की कविता 'चल भई गंगाराम भजन कर' की कुछ पंक्तियों से समझा जा सकता है—

मैंने देखा यार निकट से,
कोई त्राण नहीं संकट से,
यह सर ऊँचा है चौखट से,
औ फिर तू चलता है तनकर।
चल भई गंगाराम भजन कर।

चचा बुक़रात कहता है—

'भइए, और चाहे कुछ भी हो, सरकारी बेईमानी की चौखट चाहे कितनी भी ऊँची क्यों न हो जाए, अपने लीडर का सर हमेशा उससे ऊँचा ही रहता था! वह मुफ़लिसी में भी चौड़ी छाती और ऊँचा सर लेकर चलता था तो हज़रत के सर पर ठोकर लगना लाज़िमी ही था! लेकिन तो न जाने कैसे सीमेंट से बना था उसका सर, जिससे चौखट तो टूट सकती थी, पर सर का कुछ भी नहीं होनेवाला था। फिर वह बड़ी भेद-भरी आवाज़ में फुसफुसाता है—

'जानते हो बच्चो, पहले तो शुबहा भर था पर बाद में मुझे यक़ीन हो गया था कि नीतीश पट्ठे ने मंजु से शादी करने के बाद दूसरी शादी भी कर ली थी! नहीं यक़ीन हो रहा है न? तो सुनो, अपने मोस्ट रेस्पेक्टेड लक्ष्मीकान्त साहब ही उसके हमज़ुल्फ़ (साढ़ू भाई) थे। वह तो मंजु की मेहरबानी समझनी चाहिए कि नीतीश को उससे निजात मिल सकी, वरना अपना नीतीश तो उसके साथ पूरी ज़िन्दगी बिताने को तैयार था।'

हमें अवाक् देख चचा बतलाता है—

'अरे बच्चो, लक्ष्मीकान्त जी का मतलब है देवी लक्ष्मी के शौहर भगवान विष्णु! लक्ष्मी की छोटी बहन का नाम है अलक्ष्मी, कुछ लोग उसको दरिद्रा भी कहते हैं! अब उसने जिसका भी दामन थाम लिया उसका तो बाजा बजा हुआ समझो। उस समय नीतीश की फटी जेब देखकर लगता था कि अलक्ष्मी ने उसको अपने चंगुल में हमेशा के लिए जकड़ लिया है। इसी वजह से वह परेशान और फटेहाल रहा करता था। नीतीश और अलक्ष्मी का दिन-रात का साथ था। इस वजह से नीतीश मंजु के पास देर तक रहने से कतराने लगा था। तब कहो, उन दिनों वह लक्ष्मीकान्त जी का हमज़ुल्फ था कि नहीं? वो तो शुकराना अदा कीजिए मंजु का, जिसकी रात-दिन की दुआओं की वजह से वह जेल से छूटा, जिसके पैसों से उसने चुनाव जीता और जिसने अलक्ष्मी को नीतीश का दामन छोड़ने को मजबूर कर दिया। है तुम्हारे पास ऐसी और कोई मिसाल?'

हम चाह के भी चचा का मुँह नोच नहीं पाते हैं क्योंकि उस समय हमें बाद के चुनावों में नीतीश की परेशानियों की कहानियाँ अशोक सुना रहे हैं—

1980 के विधानसभा के नए चुनाव सर पर आ गया था। केन्द्र का राजनैतिक समीकरण बिलकुल बदल गया था। जनता पार्टी छिन्न-भिन्न होकर जेपी के सपनों का उपहास उड़ाती दिख रही थी। ऐसी परिस्थितियों में नीतीश जी ने लोकदल के प्रत्याशी के रूप में हरनौत से पर्चा भरा। उनके विरुद्ध अरुण चौधरी (निर्दलीय) जैसे कुर्मियों के स्वयंभू नेता खड़े हो गए। चौधरी जी पर भी भोला बाबू का वरदहस्त था। मेरी समझ से कुर्मियों की पुरानी पीढ़ी के नेताओं के लिए युवा नीतीश जी का राजनीति में सक्रिय होना कबूतरों के दरबे में बिल्ली के घुस आने से कम भयावह बात नहीं थी। उन नेताओं की दुकानदारी में बेईमानी के बटखरों और खोटे सिक्कों का बोलबाला रहता था जहाँ बस झूठे सपने ही दनादन बिकते थे। इसके विपरीत नीतीश जी के पास जाने से बिना माँगे ही सब कुछ अँजुरी में भर-भरकर मिल जाता था। नीतीश जी कोरे आश्वासन नहीं दे पाते थे। सरकारी तंत्र का उन पर पूरा भरोसा था। चुनाव प्रचार में भाग लेने एक पूरी नई पीढ़ी सामने आ गई थी जिसने जयप्रकाश जी और नीतीश जी के विश्वास पर आधारित सामाजिक परिवर्तन के समीकरण को इसी तरह से स्वीकार कर लिया था। 1980 के हरनौत में हमारे विरोधियों के चुनावी गीत की तो यह पंक्ति थीम ही बन गई थी, *'नीतीश हराओ—कुर्मी बचाओ!'*

नीतीश के पुराने प्रतिद्वन्द्वी भोला उन दिनों को कुछ ऐसे याद करते हैं—

'1980 में समुन्दर बाबू ने, जो कल्याणबिगहा के थे, कहा कि आप नीतीश जी को हरनौत से चुनाव लड़ने दीजिए आप तो कहीं से भी लड़ लीजिएगा। इसलिए हम हरनौत छोड़ दिए। वहाँ नीतीश बाबू से लड़े श्री अरुण कुमार सिंह, जो बेलछी के अभियुक्त थे। हम हिलसा में थे और हरनौत नहीं जा पाए। उस चुनाव में नीतीश जी हार गए और अरुण बाबू चुनाव जीत गए। नीतीश जी के हारने का कारण रहा उनकी आर्थिक आधार पर आरक्षण देने की बात और चुनाव में दबंगों का असर।'

उन्होंने घुमा-फिरा करके कई बार यह बात कही कि चौबारे से पहले अपने आँगन में दीया जलाना चाहिए मतलब देश और राज्य का दिल जीतने के पहले नीतीश को कुर्मियों का दिल जीतना चाहिए। उन्होंने यह बात भी बड़ी ठसक से कही कि अगर 1980 में नीतीश उनके संरक्षण में और उनके बताए तरीक़े से चुनाव लड़ता तो कभी नहीं हारता!

भोला का अपना नज़रिया था, लेकिन उनकी बैसाखियों के बिना ही नीतीश फिर से उसी हरनौत से खड़ा हुआ जहाँ से वह पहली बार 1977 में हार चुका था। 1977 से 1980 के मध्यावधि चुनाव होने के बीच के तीन वर्षों में नीतीश

ने अपने क्षेत्र के विकास के लिए अनथक प्रयास किए थे। क्षेत्र में लोग उसे गम्भीरता से लेने लगे थे, क्योंकि उसने कभी कोई खोखला वादा नहीं किया था और जो कहा उसे पूरा कर दिखाया था। दुर्भाग्यवश उसकी पार्टी पूरे बिहार में अपनी साख लुटा चुकी थी। लुप्तप्राय हो गई विश्वसनीयता के पंख जयप्रकाश जी के निधन से कुछ ऐसे जले थे कि उनके दोबारा उगने की सम्भावनाएँ क्षीण हो गई थीं। आशा की एकमात्र ज्योति कर्पूरी जी ही रह गए थे। कोई यह भी मानने को प्रस्तुत नहीं था कि दोबारा अवसर मिलने से जनता सरकार अपनी भूलों का परिमार्जन करने में समर्थ होगी। इस कारण कहीं से कोई सहायता नहीं आ पा रही थी। यहाँ तक कि कुछ आश्वासन भी नहीं मिल पा रहा था। राष्ट्रपति शासन काल में कांग्रेस के धुआँधार प्रचार ने बिहार के विरोधी दलों की सरकार को निकम्मा साबित करने में कोई कसर नहीं रख छोड़ी थी। चुनाव की पूरी व्यवस्था अफ़वाहों पर ही तैर रही थी जिसमें नीतीश जैसे ईमानदार और ज़मीनी लोगों की बस मुसीबत-ही-मुसीबत थी। उमस-भरी गर्मी के अकुलाहट-भरे दिन थे वे। मीता ने हरनौत आकर दफ़्तर का मोर्चा फिर से सँभाल लिया था।

चुनाव के दिनों में नीतीश की मुश्किलें बढ़ती ही जा रही थीं। बाबूजी के चले जाने से उसके पक्ष में प्रचार की गंगा की एक धारा ही मानो सूख ही गई थी। एक बुलन्द और ईमानदार आवाज़ के ख़ामोश हो जाने का मतलब था उसकी प्रतिध्वनियों का भी शान्त पड़ जाना। कविराज जी के नहीं रहने से उनकी प्रतिष्ठा करनेवाला बड़ा तबक़ा इस बार भी वोट देने जाकर किसी विवाद में पड़ने का ख़तरा उठाने को तैयार न था। उनके मन में पिछली बार के चुनाव का तल्ख़ तजुर्बा अभी भी जीवन्त था। जिन कुर्मियों ने नीतीश को पिछले चुनाव में वोट दिया था, उन्हें जाति के लिए मीर जाफ़र से भी बड़ा दग़ाबाज़ घोषित कर दिया गया था। समाज में उनका उठना-बैठना तक दूभर हो गया था।

इस बार एक और नई परेशानी सामने आई। पिछली बार तो मंजु ने घर-घर जाकर चुनाव प्रचार किया था लेकिन इस बार वह उम्मीद से थी। उसकी अवस्था देखते हुए यह सम्भव ही नहीं था कि वह घर से देर तक बाहर रहे। हाँ, सक्रिय प्रचार को छोड़कर जो कुछ भी उसके लिए सम्भव था, वह पूरी निष्ठा से करती थी।

ख़ुशी के ख़रगोशों की सरगोशियाँ

नीतीश के बड़े साले अरुण जी बताते हैं—

'हम सब लोग यथाशक्ति पूरे क्षेत्र में दौड़-धूप कर रहे थे, पर दीदी घर पर ही रहती थी। तबीयत ख़राब होने के बाद भी वह सारा दिन रच-रचकर खाना

बनाने की तैयारियाँ करती रहती। देर रात गए जब एकदम थके-माँदे पाहुन (बिहार में दामाद को पाहुन या मेहमान कहकर सम्बोधित किया जाता है जिसका अर्थ सम्मानित अतिथि समझना चाहिए) घर में आकर निढाल हो जाते तो हममें से कोई पुरुष उनके लिए पानी लेकर आता। वे बिना कुछ बोले पानी पी लेते। लेकिन उनकी चंचल आँखें तब तक स्थिर नहीं हो पाती थीं, जब तक दीदी आकर उन्हें स्नान करके खाने के लिए आने को न कहतीं! दीदी को देखते ही पाहुन एकदम झट से खिल जाते और नहा-धोकर खाने को बैठ जाते। उस समय उनके और दीदी के बीच जो लच्छेदार भाषा में बातचीत होती, उसे छुपकर सुनने का लोभ हम संवरण न कर पाते—यह जानते हुए भी कि यह घोर अशिष्टता है। किन्तु उस वार्तालाप में जो माधुर्य और वाक्चातुर्य होता था वह हम सबको आह्लाद और विस्मय से भर देता। जिस कारण हम सब यह पाप बिना नागा, रोज़ ही किया करते। पाहुन तो बातों की ही खाते हैं, पर हमारी दीदी भी कभी उन्नीस न पड़तीं। उनकी बातचीत की उपमा ही नहीं दी जा सकती। हमारे पास उन दिनों रिकॉर्ड करने की सुविधा नहीं थी, वरना वह पारस्परिक संवाद हम निश्चय ही आनेवाली पीढ़ियों के लिए सुरक्षित रखते। उस बातचीत में सब कुछ होता था, एक-दूसरे के लिए सम्मान और समर्पण के साथ-साथ विशुद्ध हास-परिहास की तगड़ी छौंक भी। इसलिए उनकी बड़ी कोशिशों के बाद भी, उनकी दबी-छुपी हँसी फिसलकर नन्हे-नन्हे ख़रगोशों की तरह घर के कोने-कोने में पसरकर हम सभी को गुदगुदा जाती और पूरा घर खिल उठता। मुझे कभी लगता कि हम नीड़ का निर्माण कर रहे चिड़ियों के किसी जोड़े की चहचहाहट सुन रहे हों! या फिर दशहरे के दिनों पटना में होनेवाले संगीत समारोह में पं. रवि शंकर तथा उस्ताद बिस्मिल्लाह ख़ाँ साहब की जुगलबन्दी, जिसमें दोनों कलाकार एक-दूसरे का उत्साह बढ़ाते, एक-दूसरे का सम्मान करते हुए एक साथ सम पर पहुँचते थे। ऐसी जुगलबन्दी, जिसमें श्रोताओं का दिल जीतकर दोनों ही कलाकार विजयी होते थे। कई बार मुझे इनकी बात सुनकर तालियाँ बजाने का मन करता, विशेष तौर से तब जब दीदी की बातों से पाहुन निरुत्तर हो जाते थे, पर उसके बाद बेभाव की पड़ने की सोचकर मन शान्त हो जाता। तुलसीदास कहते हैं—

सिय राम अवलोकनि परसपर प्रेमु काहुँ न लखि परै।
मन बुद्धि बर बानी अगोचर प्रगट कबि कैसें करै॥

सच पूछिए तो तब के हँसते-खिलखिलाते पाहुन को याद करके आज कभी-कभी ऐसा लगता है कि दीदी अगर होती तो हमारे पाहुन भी इतने एकाकी, चुप और उदास न रहते।'

यह उस चुनाव के तपते आषाढ़ मास में स्नेह की मीठी फुहार की एक झलक थी जिससे नीतीश को अगले दिन की मेहनत के लिए भरपूर ऊर्जा मिल जाती थी।

कल्याणबिगहा के एक पुराने बाशिन्दे, अवधेश ने इस चुनाव के बारे में हमें बताया है—

'यह चुनाव पिछले चुनाव से भी बहुत कठिन था। पिछले चुनाव में हरनौत विधानसभा क्षेत्र के जिस ग़रीब और कुचले हुए तबक़े ने बेलछी कांड के पीड़ितों को न्याय दिलाने को लेकर नीतीश जी की प्रतिबद्धता को वोट दिया था, इस बार वे सब बेहद आतंकित थे। बेलछी कांड की सुनवाई चल ही रही थी। अख़बार में छपी ख़बरों को पढ़कर यह भी लग रहा था कि दोषियों को देर-सवेर सज़ा ज़रूर हो जाएगी। इसलिए कई इलाक़े में यह भी अफ़वाह थी कि अगर नीतीश जी को दलितों आदि के वोट पड़े तो कुर्मियों के हाथों से हरनौत क्षेत्र में ही कहीं बेलछी कांड एक बार फिर से हो जाएगा। यह कोरी अफ़वाह नहीं थी। बग़ैर लाइसेंस वाली बन्दूकें हाथों में लिये, अपनी मूँछों पर ताव देते हुए, ढेर सारे असामाजिक तत्त्व किसी के पक्ष में नहीं, बल्कि नीतीश जी को वोट न देने के लिए चुनाव क्षेत्र में लोगों को धमकाते हुए निडर घूम रहे थे। तब चुनाव आयोग को किसी भी तरह से बिहार में चुनाव कराने की जल्दी पड़ी होती थी क्योंकि चुनाव कराने गए चुनाव कर्मी भी बेहद असुरक्षित थे। बैलेट पत्रों की लूटपाट, दबंगों का बैलेट बक्सों को लेकर भाग जाना, मतदान केन्द्र को घेरकर मनमानी करना बहुत सामान्य बात थी। उस काल के चुनाव आयोग को एक शब्द में बयान करें तो चुनाव आयोग निष्क्रिय था।'

बरसों बाद 2012 में ये बातें याद करके नीतीश अचानक चुनाव आयोग के बारे में बताता है—

'मुझे लगता है कि चुनाव के समय चुनाव आयोग की शक्तियाँ बहुत बढ़ जाती हैं। पर्यवेक्षकों के लिए पेपर वर्क इतना अधिक होता है कि उसके अलावा उनके पास काम करने का वक़्त बहुत कम बचता है। इन परिस्थितियों में बात के बतंगड़ बनने की भी सम्भावनाएँ अकारण बढ़ जाती हैं। 2009 की बात है कि होली के दिन छपरा में हिंसक वारदात हो गई। उन दिनों लोकसभा चुनाव घोषित हो गया था। मामला कुछ ऐसा टेढ़ा फँसा कि जातिगत दंगे होने की प्रबल आशंका बन गई। लगा कि कुछ भी अवांछनीय तत्काल घटित हो सकता था। मामला इतना गम्भीर था कि उसी सिलसिले में, अनौपचारिक पोशाक में ही, राज्य के डीजीपी और एडीजीपी आनन-फ़ानन में हमारे सरकारी आवास पर पहुँच गए। बातचीत के बाद आगे का रास्ता तय हुआ और कुछ कठोर निर्णय लेकर स्थिति पर तुरन्त क़ाबू पा लिया गया। लेकिन मेरे ही कार्यालय के कतिपय विभीषणों ने, जिनमें सुरक्षा विभाग के लोग भी थे, मात्र अपनी ख़ैरख़्वाही के

चक्कर में यह ख़बर अख़बारों में छपवा दी। मुझे बड़ा क्रोध आया और मैंने सबको बुलाकर स्मरण दिलाया कि यह सरकारी आवास मुझे जनता के वोट से मिला है, मेरे स्वर्गीय पिता कविराज राम लखन सिंह की जायदाद नहीं है यह। इसलिए सरकारी काम से लोगों को यहीं आने की मजबूरी है। आप सब यह भी जान लें कि यह सरकार न तो निष्क्रिय है न ही नपुंसक। आवश्यकता होगी तो लोग आएँगे भी और बुलाए भी जाएँगे और उन्हें न आने का विकल्प है ही नहीं। सबको अपनी हद पता होनी चाहिए और उसका अतिक्रमण करने की छूट किसी को भी नहीं है।

मुझसे तो ख़ैर सीधे कहने का साहस किसी को नहीं हुआ, पर मैंने पाया कि वही लोग, जो एक ओर उलटी-सीधी ख़बरें छपवाकर तालियाँ पीट रहे थे, अब मेरे मातहत काम करनेवालों से रस लेकर कह रहे थे कि चुनाव आयोग से टकराव ठीक नहीं। मुझे उन लोगों के अज्ञान पर फिर बहुत आश्चर्य हुआ। मैंने कहा कि चुनाव आयोग और राज्य सरकार, दोनों ही तो भारत के संविधान से बने हैं। यदि चुनाव घोषित भी हो गए हों और राज्य में विधि-व्यवस्था का संकट उत्पन्न हो जाए तब क्या मुख्यमंत्री हाथ-पर-हाथ धरे बैठा रहेगा? वह बैठकें नहीं बुलाएगा? अगर उस दौरान कुछ अघटित घट जाए तब नैतिक तथा क़ानूनी ज़िम्मेवारी मुख्यमंत्री तथा उसकी सरकार के अलावा और किसकी होगी? और फिर सरकार क्या होती है? परिभाषा देखें तो 'Political Executive is called Government' अर्थात, राजनीतिक कार्यपालिका, जो चुनकर आती है, वह सरकार कहलाती है। राजनीति बहुत बड़ी चीज़ है। अरस्तू का बड़ा मशहूर कथन है 'Politics is the master science' अर्थात राजनीति उत्कृष्ट विज्ञान है। हमें राजकाज चला रही कार्यपालिका के लिए आवश्यक राजनीति, अर्थात पॉलिटिक्स और अपनी दुकानदारी ज़माने-चलाने के लिए की जा रही ज़मीनी राजनीति, अर्थात पॉलिटिकिंग, में फ़र्क़ समझना होगा। ज़रा सोचिए कि देश की परमाणु ऊर्जा सम्बन्धी नीति कौन तय करेगा, वैज्ञानिक या राजनेता? यद्यपि आज क्लोनिंग सम्भव है लेकिन वैसा नहीं किया जाना पॉलिटिकल निर्णय है। मेरी समझ से चुनाव घोषणा के बाद भी सरकारी अधिकारियों का मुख्यमंत्री आवास पर आकर विधि-व्यवस्था को बहाल करने के लिए विमर्श करना न्याय-सम्मत था, फिर भी इस विषय पर अनावश्यक चर्चा होते देखकर मुझे बड़ा अटपटा-सा लगा। इसलिए मैंने निर्णय लिया कि हमें सुप्रीम कोर्ट जाना चाहिए और इसकी व्याख्या करा लेनी चाहिए कि चुनाव के दिनों में क्या करना है और क्या नहीं। मेरे इस कथन से मामला एकदम ठंडा पड़ गया। बाद में, चुनाव आयोग का आदेश निकला कि चुनाव के दौरान डीजीपी मुख्यमंत्री के बजाय गृह सचिव को रिपोर्ट करेंगे। यह बात भी समझनेवाली है कि चुनाव आयोग को जो स्वतंत्रता दी

गई है, वह भी पॉलिटिकल निर्णय ही है। चुनाव आयोग का कर्तव्य है कि सभी प्रत्याशियों को समान अवसर प्राप्त हों, चुनाव निष्पक्ष हों और प्रत्येक मतदाता अपने मताधिकार का प्रयोग अपनी इच्छा से कर सके, बिना किसी दबाव या भय के। लेकिन कुछ दिनों से चुनाव आयोग का ऐसा हौआ खड़ा कर दिया गया है कि हैरानी होती है। एक उदाहरण देखिए, चुनावों की घोषणा हो जाने के बाद परिस्थितियाँ कुछ ऐसी हो गईं कि मुझे अपने काबीना के दो मंत्रियों को अलविदा कहना पड़ा। तब कहीं से कोई जरा-सी सुगबुगाहट भी नहीं हुई। लेकिन जब मैंने एक नए मंत्री को काबीना में शामिल करने का प्रस्ताव माननीय महामहिम जी को भेजा तो वहाँ से एक नया शिगूफ़ा छूटा कि ज़रा चुनाव आयोग से पूछ लेना चाहिए। मैं बड़ा चकित हुआ, क्योंकि काबीना को चुनना पूरी तरह से मुख्यमंत्री का काम होता है और महामहिम जी मुख्यमंत्री की सलाह से पूरी तरह बँधे होते हैं। उन्हें इसमें दख़ल देने की कोई गुंजाइश ही नहीं है। दरअसल, पूरी प्रकिया यह है कि मुख्यमंत्री का कार्यालय राज्यपाल के कार्यालय से पूर्णतया अनौपचारिक रूप से पता करता है कि वे शपथ ग्रहण कराने के लिए कब उपलब्ध हो सकेंगे। यह सब तय हो जाने के बाद ही राज्यपाल महोदय को औपचारिक पत्र भेजा जाता है। उसके उपरान्त राज्यपाल महोदय के यहाँ से नियुक्ति का विधिपत्र (Warrant of appointment) निर्गत होता है। राजभवन की चिन्ता पर मेरी प्रतिक्रिया बड़ी सीधी थी कि मुख्यमंत्री और महामहिम के मध्य हुए गोपनीय संवैधानिक पत्राचार की जानकारी किसी भी तृतीय पक्ष को दिया जाना क़ानूनी प्रक्रिया का उल्लंघन ही होगा। मेरी बात से सहमत होकर राज्यपाल महोदय के कार्यालय ने ठीक वैसा ही किया जो उचित था। मैंने इन दोनों बातों पर, यानी चुनाव की घोषणा के बाद राज्य संचालन की व्यवस्था कैसी हो तथा चुनाव के दौरान मंत्रिमंडल में परिवर्तन कैसे हो, संसद में भी चर्चा करवाई थी, पर मैं इतना छोटा आदमी हूँ कि इन महत्त्वपूर्ण बातों को अख़बारों में ज़रा भी तरजीह नहीं दी गई। मैंने तो तब यह भी कहा था कि संसद के चुनावों के समय भी केन्द्र में राष्ट्रपति शासन लगाकर केन्द्र में भी वैकल्पिक व्यवस्था होनी चाहिए। चुनाव आयोग की भी अपनी सीमाएँ होंगी, पर हर वर्ष, चुनाव के दिनों, हमारे राज्य के वरिष्ठ आई.ए.एस. अधिकारियों को बाहर जाना होता है। मेरा सुझाव तो यह है कि केन्द्रीय चुनाव आयोग को एक अलग काडर बना लेना चाहिए।'

ज़ायक़ा बदलने के लिए हम चचा की पुरानी काली डायरी का वह पन्ना खोजते हैं जिसमें इन दिनों के बारे में चचा ने बस इतना ही लिखा है—

'आजकल नीतीश केंचुआ से बहुत परेशान है।'

हम चचा का टेंटुआ पकड़कर इस पहेली का मतलब पूछते हैं। वह कहता है कि आजकल थोड़े से ही ज़्यादा मतलब निकालना पड़ता है। अब कोई

आतंकवादी ही तो स्टेडियम जलाने की बात करेगा? लेकिन दिल्ली की कई बसों पर मैंने लिखा देखा है, 'जलाने स्टेडियम'! किसी ने बताया कि यह तो जवाहरलाल नेहरू स्टेडियम का शार्ट फ़ॉर्म है! लो भला! भगवान के अवतार माने जानेवाले राम कृष्ण परमहंस हो गए आर के और स्वतंत्रता की सन् 1857 की हिन्दुस्तान की पहली जंगे-आज़ादी के चमकते सितारे तात्यां टोपे को बना दिया टीटी! मैंने भी 'केन्द्रीय चुनाव आयोग' जैसा लम्बा नाम लिखने की बजाय 'केंचुआ' वाला छोटा रास्ता अख़्तियार कर लिया!'

उसकी इस थेथरोलॉजी सुनकर आपको जैसा बुरा लगा होगा, हमें भी ठीक वैसा ही बुरा लगा।

1980 में नीतीश को फिर से चुनाव में हरा दिया गया। सचाई की यह पराजय अभिमन्यु वध से भी अधिक अनैतिक थी। नीतीश के समर्थकों के गाँवों की नाकेबन्दी करके बन्दूकों की नोकों पर उन्हें वोट देने जाने से रोक दिया गया। यही नहीं, जिन्हें बूथ तक जाने नहीं दिया गया, उनके नाम के सारे वोट विपक्षियों ने छाप दिए। चुनाव कराने गए कर्मी मजबूर हो मुँह, आँखें और कान बन्द करके अपनी जान की सलामती माँगते रहे। जो बेईमानी की राह पर सीधी तौर से आ गए उनके स्वागत-सत्कार में कोई कमी ही नहीं रही। बचे-खुचे, ज़मीर वाले कर्मियों से निबटने के लिए भरपूर पिटाई जैसी दवाइयों का पूरा इन्तज़ाम हर बूथ पर था। इसलिए पहले ईमानदारी की अकड़ दिखानेवाले एक कर्मी की पिटाई होते-होते बची। बात जब उसके जान पर बन आई तो वह भी 'लाइन' पर आ गया! बाद में उसने कहा भी कि हम सबने मिलकर हीरे जैसे इनसान नीतीश जी को हराकर बड़ा पाप किया। भगवान इसके लिए हमें कभी माफ़ नहीं करेंगे।

इस चुनाव में भी हुई बेइन्तिहा धाँधली दुष्यन्त की ये पंक्तियाँ याद दिलाती थीं—

दुकानदार तो मेले में लुट गए यारो!
तमाशबीन दुकानें लगा के बैठ गए।

लुटे दुकानदारों में एक अपना मीता भी था जिसकी हैसियत महज़ तमाशबीन की भी नहीं रह गई थी। इस गुज़रे दौर को याद करने मात्र से ही मानो उसे काठ मार जाता है, जिसे वह अपनी मातृ भाषा में 'कठुआ जाना' कहता है। मीता कहता है—

नि:स्वार्थ भाव से पूरे क्षेत्र में तीन वर्षों में किए गए अच्छे कार्यों की अच्छी-ख़ासी पूँजी हमारे पास इकट्ठा हो गई। हमारी हालत पिछली बार से बहुत पतली थी, क्योंकि तब तो बाबूजी थे जिनसे कुछ न कुछ तो पैसे अनवरत मिलते रहते थे। पूरे क्षेत्र में एक हवा और भी चल पड़ी थी कि जीतें या हारें,

नीतीश बाबू तो क्षेत्र के लिए हर हाल में खटते ही रहेंगे, फिर उन्हें वोट देने या न देने में अन्तर क्या!'

नीतीश का अपना आकलन है—

'पिछली बार की तरह इस बार भी क्षेत्र रहुई और हरनौत के दो टुकड़ों में बँट गया था। हमारे साधन तो अत्यन्त सीमित थे ही। यह कोई ढकी-छुपी बात नहीं कि उस बार भी अगर सही वोट पड़े होते तो मैं अवश्य जीत जाता। फिर भी मुझे सन्तोष था कि इस बार हम मात्र पाँच हज़ार वोटों से ही हारे जिससे आगे की उम्मीदें बरक़रार रहीं। ख़ुशी इस बात की भी रही कि मुझे इस बार भी सभी जातियों के मत प्राप्त हुए।'

मुन्ना सरकार से नीतीश के दूसरे चुनाव के दिनों की बात हो रही थी। वे याद करते हैं—

'इस पराजय के बाद भी राष्ट्रीय स्तर पर नीतीश की भारी प्रतिष्ठा थी। देवीलाल, चन्द्रशेखर, जॉर्ज फ़र्नांडिस, मधु लिमये आदि जैसे बड़े नेता हमारे नेताजी को सर आँखों पर बिठाकर रखते। हम चुनाव तो चन्दे के बूते ही लड़ते थे जो आख़िरी वक़्त तक आते रहते थे। ख़र्चे का हिसाब-किताब मैं ही रखता था। इस चुनाव के आख़िरी दिनों में एक बार जब देखा कि हमारी सारी जमा-पूँजी दहाई के आँकड़ों में रह गई है, तब बड़ा डर लगा। पैसों की आवश्यकता उसी समय सबसे अधिक होती है और यहाँ अपना हाल था बिलकुल ठनठन गोपाल, बल्कि उससे भी बदतर! उस कठिन समय में नेताजी से कुछ कहना सम्भव ही नहीं था, क्योंकि वे बेचारे सुबह से रात तक दौड़ते ही रहते थे। हारकर किसी धर्मी दाता से कम से कम पैसे उधार लेकर काम चलाया गया। हमारी लाख कोशिशों के बाद भी हम हार गए तो मैं बहुत उदास हो गया। मेरे गमगीन होने की दो वजहें थीं। एक तो ऐसे अच्छे प्रत्याशी की हार और ऊपर से सर पर उधार की लटकती भारी तलवार! समझ में नहीं आता था कि लोगों की आँखों में छलकते प्रश्नों से बचने के लिए पराजय की कालिख से पुता चेहरा और उधार के बोझ से झुकी गरदन लेकर हम किस पतली गली से सरक लें। अब समझ में आता है कि उन नज़रों में हमारे लिए सहानुभूति ही होती थी और भविष्य में सहायता देने का थोड़ा आश्वासन भी, पर उन दिनों हमें लगता था कि सब हमसे बस उधार वसूलने की मंशा से हमें घूरते रहते थे। हमारा बहुत बड़ा सौभाग्य था कि चुनाव ख़त्म होते ही कहीं से इतना बड़ा मनीऑर्डर आ गया जिससे हमारा उधार काफ़ी हद तक बराबर हो सकता था। हमारा उतना ही बड़ा दुर्भाग्य कि मैं यह शुभ सन्देश लेकर सीधे नेताजी के पास पहुँच गया! नेताजी को शायद मुझे इतना ख़ुश देखना अच्छा नहीं लगा होगा, क्योंकि उन्होंने छूटते ही कहा कि अब हम पैसे कैसे ले सकते हैं, जब चुनाव ख़त्म हो चुके हैं? मैंने कहा कि मगर

उधार तो पहले का है। नेताजी कुछ सख़्ती से बोले कि इन पैसों को स्वीकारना सिद्धान्ततः ग़लत होगा। आप पैसे फ़ौरन वापस कर दें। उधार हम सब अपनी कमाई से चुकाएँगे, चुनाव ख़त्म तो भिक्षावृत्ति भी ख़त्म! बड़े इत्मीनान से इतना कहकर नेताजी ने बात वहीं ख़त्म कर दी। ठगा-सा मैं बस अपनी उँगलियाँ ही चटकाता रह गया! मनीऑर्डर से ही पैसे वापस किए गए।

ठनठन गोपाल की ठसक—छाई फिर से चुनावी बदरिया

इस चुनाव में सिर्फ़ नीतीश ही नहीं, और भी कई बड़े ग़ैर-कांग्रेसी भी पराजित हुए थे। बस कर्पूरी जी, लालू प्रसाद यादव आदि चन्द जाने-पहचाने ग़ैर-कांग्रेसी नाम ही चुनकर विधानसभा पहुँचे। लालू सांसद न रहकर विधायक हो गए। देखते ही देखते 1985 का चुनाव सर पर आ गया। नीतीश अपनी जनसभाओं में जनता से आन्तरिक संवाद स्थापित करने के बाद अपने किए गए कार्यों की मज़दूरी के रूप में वोट माँगता था। उसकी अपील में वह कशिश होती थी कि सुननेवाले नौजवानों की आँखें डबडबा जाती थीं। उन दिनों उसके भाषणों में सबसे बड़ी बात यह होती थी कि वह कभी भी एक जैसा भाषण दो स्थलों पर नहीं देता था। वह हर जगह एक नई स्थानीय समस्या पर सारगर्भित चर्चा के बाद उसके सम्भावित समाधान की बात ज़रूर करता था। पहले वह देश और राज्य की वर्तमान स्थिति से लोगों को परिचित कराता था। फिर उनके क्षेत्र के विकास की सम्भावनाओं की बात विस्तार से करता था। अपने सम्बोधन के अन्त में वह अपनी बात भी बड़े पुरअसर अन्दाज़ में कह जाता था। इस बार उसका मुक़ाबला कांग्रेसी उम्मीदवार बृजनन्दन यादव से था। कुछ पुराने कांग्रेसियों और यादवों को छोड़ इस बार पूरे क्षेत्र की जनता नीतीश की ईमानदारी और निष्ठा की क़ायल थी। लोगों का नीतीश के नेतृत्व करने की क्षमता में अदम्य विश्वास हो गया था। नीतीश का ईमानदारी से काम करने का विनम्र आत्मविश्वास उसकी चाल और बातों से टपकता था। धीरे-धीरे हमें लगने लगा था कि इस बार जब भी चुनाव होंगे, वह ज़रूर अच्छे मतों से जीतकर विधायक बन जाएगा।

इस चुनाव के बारे में मीता का अनुभव भी मुन्ना सरकार के समान ही रहा है—

'वैसे तो पहले विधानसभा के चुनाव मई 1985 में होने थे जिसके लिए नीतीश कमर कस भी रहा था पर राजीव गांधी ने उन्हें फ़रवरी में ही कराने का फ़ैसला ले लिया। इससे नीतीश भारी संकट में पड़ गया। घर में छोटा बच्चा, नौकरीपेशा पत्नी, बाबूजी की सरपरस्ती भी नहीं, आमदनी के नाम पर जय-जय सियाराम और ख़र्च का कोई हिसाब ही नहीं! उसे उम्मीद थी कि मई तक उसे

दोस्तों से कुछ सहायता ज़रूर मिलेगी। उन दिनों वह लोकदल में था। पार्टी से उसे हरनौत से टिकट के अलावा एक लाख रुपये मिले थे जो चुनाव में बढ़ रहे अनाप-शनाप ख़र्च के सामने ऊँट के मुँह में ज़ीरा वाली बात ही थी। इसके अलावा नीतीश को पार्टी की ओर से एक जीप भी मिली थी (CHK 5802) जो आज भी जेडीयू के पटना कार्यालय में खड़ी है!'

अरुण की यादों की पुरानी दराज़ से एक बेहद ख़ूबसूरत बात निकल आई है। वह नीतीश से मिलने एमएलए क्लब गया था। पत्रकार बनकर नहीं, वही पुरानी यारी निबाहने! दोस्ती-यारी की रौ में जब पुरानी बातों का स्टॉक ख़त्म होने को आया तो अरुण के अन्दर बैठा पत्रकार फिर उसे चुनाव के बारे में सवाल करने के लिए ज़ोरों से कोंचने लगा। नीतीश भी शायद अतीत की बातों से छुट्टी पाना चाहता था। उसकी आँखों के सामने चुनाव का देवदूत आँकड़ों के ज़रिये नई आशाओं की लड़ियाँ बिखेरता जा रहा था। अरुण उससे चुनावी हवा-पानी के बारे में जानना चाहता था। स्वभाव से अपनी शक्ति को कमतर आँकनेवाले नीतीश ने अरुण से ठेठ मगही में कहा, लगौ ही कि इ बार हम जीत जैबऊऽऽ, (लगता है कि इस बार मैं जीत जाऊँगा)! उसने साथ में यह भी कहा कि अगर वह इस बार भी चुनाव हार गया तो वह राजनीति तो नहीं छोड़ेगा लेकिन जेपी और किशन जी की तरह चुनावी राजनीति से संन्यास ज़रूर ले लेगा। यही बात उसने मंजु से भी कही थी। अचानक वह मंजु पर और ज़्यादा बोझ डालने की कल्पना से सिहर गया। उसकी परेशानी यह थी कि उसे राजनीति के अलावा किसी अन्य काम की न तो ठीक से समझ थी और न ही किसी और काम करने में गहरी अभिरुचि। इसलिए उसने कहा कि आगे की राह ईमानदारी से निकालने के लिए जो भी करना होगा किया जाएगा। अगर हो सका तो शायद वह समाजवादी सोच को बढ़ानेवाली राष्ट्रीय स्तर की राजनैतिक पत्रिका निकालेगा। जन आन्दोलनों को सफल नेतृत्व तो देगा ही और छात्रों/युवाओं के भविष्य को सुनिश्चित करने के लिए आवश्यकता पड़ी तो अन्त तक, और ज़रूर लड़ेगा। ग़रज़ कि वह निठल्ला नहीं बैठेगा, कुछ न कुछ बहुत सार्थक काम करेगा ज़रूर!

आगे कभी चुनाव न लड़ने की बात

अशोक बताते हैं—

'उन्हीं दिनों, जब चुनाव होने में दो-चार दिन ही रह गए थे, नीतीश बाबू अपने चुनाव क्षेत्र रहुई की किसी बड़ी जनसभा को सम्बोधित कर रहे थे। उनके पिछले हर भाषणों की तरह उस दिन भी भाषण में तेज़ था, ओज था, सचाई थी, वायदे थे और वायदे निबाहने के लिए पक्की कार्य योजना भी थी। इन सबके

अतिरिक्त उनके भाषण में बेहद भावुकता भरा जुनून भी था। शायद इन सब भावनाओं का मिला-जुला असर रहा होगा कि उन्होंने अपने भाषण का समापन यह कहकर किया—

'इस बार भी अगर हरनौत की जनता ने मुझे नहीं जिताया तो मैं आप सबकी यथाशक्ति सेवा तो करता रहूँगा, राजनीति छोड़ूँगा भी नहीं लेकिन फिर कभी चुनाव नहीं लड़ूँगा।'

इतना कहकर वे चुप हो गए। यह कहते हुए उनका स्वर ज़रा भी नहीं लड़खड़ाया लेकिन उनकी अविचल और शान्त स्वरों में की गई इस भीष्म प्रतिज्ञा से श्रोताओं की आँखों के कोर ज़रूर नम हो गए। उनकी इस अप्रत्याशित घोषणा ने अब तक उनकी हर बात पर ज़ोर-शोर से तालियाँ पीट रही जनता को अवाक् कर दिया था।'

सुधी पाठको, अब आपको हम बिहार में 2020 में तीन चरणों में होनेवाले विधानसभा चुनाव की ओर ले चलते हैं। इस बार 28 अक्टूबर तथा 3 और 7 नवम्बर को वोट डाले जाने थे। इन चुनावों की घोषणा 25 सितम्बर को हुई थी। पूरा देश कोविड की चपेट में था। देश के हर कोने में बसे बिहार राज्य के निवासी, परदेस में अपना सर्वस्व खोने के बाद, निराश और हताश होकर अपनी मिट्टी की गोद में लौट रहे थे। पिछले हर चुनाव की तरह इस बार भी नीतीश अपनी पूरी ताक़त से मैदान में डटा हुआ था। उसके आगे सबसे बड़ी चिन्ता कोविड-19 की वजह से थी। राज्य के बाहर से भारी संख्या में आ रहे लोगों को नीतीश पर भरोसा है क्योंकि वे भारी आपदा को झेल रहे हैं और नीतीश ने बार-बार कहा है कि बिहार के राजकोष पर आपदा प्रभावित लोगों का हक़ सबसे पहले है! ये सारे थके-हारे हुए लाखों लोग, अपनी क़िस्मत को कोसते और सरकार से गगनचुम्बी अपेक्षाएँ लिये, नीतीश की जनसभाओं में भी आ रहे थे और विपक्षियों की जनसभाओं में भी। जहाँ नीतीश लोगों से सीधी-सच्ची बातें करता था, उन्हें कोरोना के ख़तरों से आगाह कराते हुए सावधान रहने की सलाह देता था, वहीं दूसरी ओर विपक्षी नेतागण झूठे-सच्चे लोक-लुभावने वायदे करते, नीतीश के बारे में मनगढ़ंत कहानियाँ सुनाते और फुर्र से उड़ जाते! नीतीश एनडीए के हर उम्मीदवार के क्षेत्र में जाकर उनके लिए प्रचार कर रहा था। प्रधानमंत्री नरेन्द्र मोदी भी बिहार के इस चुनाव को अपनी और नीतीश की प्रतिष्ठा से जोड़कर ही प्रचारित करते थे। वे नीतीश का चेहरा आगे रखकर हर सभा में एक बात ज़रूर कहते थे कि विधानसभा में एनडीए के चाहे जिस भी घटक को सबसे ज़्यादा सीटें मिलें, एनडीए की तरफ़ से मुख्यमंत्री का चेहरा नीतीश कुमार ही होंगे।*

* पाठक यहाँ बीजेपी मान सकते हैं क्योंकि बाक़ी घटक कम सीटों पर चुनाव लड़ रहे थे।

अब इस कथन के ढेर सारे निहितार्थ हो सकते हैं। पहला और साफ़ मतलब तो यह निकाला जा सकता है कि 2005 से ही बिहार विधानसभा के चुनावों में नीतीश की पार्टी का साथ जिस किसी भी पार्टी को मिला है उसकी जीत की शर्तिया गारंटी है चाहे वह बीजेपी रही हो या फिर महागठबन्धन। दूसरी और ढकी-छिपी बात यह भी हो सकती है कि राज्य में एनडीए के ही घटक रहे एलजेपी के एलानिया विरोध और अन्य दलों की भितरघात से नीतीश की पार्टी को अपेक्षाकृत कम सीटें आ भी जाएँ, जिससे उसकी पार्टी तो राज्य की सबसे बड़ी पार्टी बनने से चूक जाए लेकिन एनडीए को इतनी सीटें मिल जाएँ कि वह सरकार बना ले तो भी मुख्यमंत्री नीतीश ही बनेगा। यह तो सबको पता था कि आज की तारीख़ में नीतीश के मुक़ाबले में खड़ा होने का दम-ख़म राज्य की किसी भी पार्टी के बड़े से बड़े नेता में दूर-दूर तक भी नहीं था। इसलिए अगर एनडीए को बिहार की सत्ता पर क़ाबिज़ होना था तो वह सिर्फ़ नीतीश के नेतृत्व में चुनाव लड़ने से ही सम्भव था। इसका एक और पहलू भी था। अगर एनडीए जीत जाती और नीतीश की सीटें सबसे ज़्यादा नहीं होतीं तो उस पर अहसानों की बोरियाँ लादी जा सकती थीं कि देखो, हम चाहते तो मुख्यमंत्री हमारी पार्टी का होता मगर हमने तुम्हें अपने वायदे के मुताबिक़ मुख्यमंत्री बना ही दिया! ऐसी सोच वाले यह भूल जाते थे कि अगर नीतीश एनडीए के मुख्यमंत्री का चेहरा नहीं होता तो बिहार में एनडीए की सरकार बन ही नहीं पाती! इस बीच, 8 अक्टूबर, 2020 को रामविलास पासवान का लम्बी बीमारी के बाद देहान्त हो गया। उनके जीवन काल में ही उनके पुत्र चिराग़ पासवान उनकी पार्टी एलजेपी के सर्वेसर्वा बना दिए गए थे। 2020 के चुनाव प्रचारों में एनडीए के घटक दल के नेता होते हुए भी चिराग़ पासवान नीतीश पर अनर्गल बयानों की बौछार कर रहे थे। एक ओर जहाँ अपने भाषण के क्रम में वे अपने आपको प्रधानमंत्री का हनुमान बताते हुए थकते नहीं थे, वहीं दूसरी साँस में, सत्ता में आते ही नीतीश को जेल भेज देने की बात पूरी ताक़त से कहते थे।

फिर से वही बात और फिर वही ग़लत मतलब

बहरहाल, विधानसभा चुनाव के अन्तिम चरण के प्रचार की आख़िरी तारीख़ 5 नवम्बर, 2020 थी। आख़िरी चरण के मतदान बिहार के पूर्वांचल के इलाक़ों में 8 नवम्बर, 2020 को होनेवाले थे। पिछले कई दिनों से नीतीश मधेपुरा में पार्टी के विधान पार्षद ललन सर्राफ़ के घर में बने कैम्प ऑफ़िस से ही पूर्वांचल में सघन प्रचार कर रहा था। सवेरे से रात तक अनवरत भाषण देते रहने पर भी उसका उत्साह ज़रा भी कम नहीं हुआ था। हालाँकि उसके साथ गए उसके व्यक्तिगत

डॉक्टर उसे बार-बार थोड़ा आराम करने की सलाह दे रहे थे लेकिन नीतीश था कि एक दिन में 10 से 15 जनसभाओं को पूरे जोश से सम्बोधित कर रहा था। 4 तारीख़ की रात देर गए जब वह प्रचार करके लौटा तो वह ठीक से सो भी नहीं पाया क्योंकि तड़के ही उसे फिर से चुनाव प्रचार के लिए निकलना था। 5 तारीख़ की सुबह से ही वह बड़ा ख़ुश था कि आज इस चुनाव का आख़िरी दिन था, आज के बाद वह डॉक्टर की सलाह मानकर अपने शरीर को थोड़ा विश्राम दे सकेगा। चुनाव प्रचार के लिए हेलिकॉप्टर में बैठने से पहले उसने डॉक्टर साहब को ऐसा ही कुछ आश्वासन भी दिया था। इधर नीतीश का हेलिकॉप्टर हवा में उड़ा, उधर डॉक्टर साहब पटना के लिए सड़क मार्ग से रवाना हुए। शाम होने को आई थी। इस बेहद संगीन चुनाव के प्रचार के अन्तिम दिन नीतीश का आख़िरी भाषण पूर्णिया के धमदाहा में चल रहा था। अच्छी-ख़ासी भीड़ के सामने अपनी रौ में ही बोलता हुआ नीतीश अन्त में यह कह गया कि यह उसका आख़िरी चुनाव है। दरअसल उसकी मंशा तो 'आख़िरी चुनावी भाषण' कहने की थी पर सरस्वती ने जिह्वा पर बैठकर अर्थ का अनर्थ करवा दिया है। यह कहते समय उसने सोचा तक न था कि उसकी इस सीधी-सच्ची बात को असाधारण तूल देकर बतंगड़ बना दिया जाएगा। गाड़ी में बैठकर पटना लौट रहे डॉक्टर साहब अपने मोबाइल फ़ोन पर नीतीश का भाषण सुन रहे थे। उन्हें भी यह बात अटपटी-सी लगी क्योंकि उन्होंने कुछ घंटे पहले ही नीतीश को बड़ी सकारात्मक मन:स्थिति में हेलिकॉप्टर पर चुनाव प्रचार के लिए जाते देखा था। जब तक डॉक्टर साहब पटना पहुँचे, तब तक तो सियासी गलियारे में भूचाल आ चुका था। डॉक्टर साहब के सीएम हाउस पहुँचने के बाद नीतीश का हेलिकॉप्टर भी पटना पहुँचा। उससे निकला वही बेफ़िक्री वाले अन्दाज़ लिये, थोड़ा थका पर बेहद उत्साहित नीतीश! उसकी बातों और तौर-तरीक़े से समझ में आ गया कि उसे पता भी नहीं है कि उसके एक छोटे से वाक्य ने कैसी बेबुनियाद नई और घमासान चर्चा छेड़ दी है! वह नहा-धोकर तैयार हुआ और पूरी सहजता से पूर्व निर्धारित कार्यक्रम के अनुसार हाईकोर्ट के परिसर वाले मज़ार पर चादर चढ़ा आया। उसे तब तक अन्दाज़ नहीं लग सका था कि वह किस बवंडर का सूत्रपात कर आया है। घर आकर उसने लम्बी तान ली और ख़ूब सोया। उसके दिमाग़ में बस यही चल रहा था कि उसने जिन लोगों के साथ मधेपुरा में इतने दिन बिताए हैं, नीतीश के साथ उन सबका भी कोविड टेस्ट तुरन्त हो जाना चाहिए। शाम में सबकी निगेटिव रिपोर्ट आने के बाद वह सुस्थिर होकर अपने बयान के पचड़े में पड़ा। यह बहुत मज़े की बात हुई कि उसके 'आख़िरी चुनाव' वाले भाषण के थोड़ी देर बाद ही प्रधानमंत्री जी ने बिहारियों के नाम एक चिट्ठी में लिखा—

‘मुझे बिहार में नीतीश कुमार जी की ज़रूरत है। मुझे विश्वास है कि डबल इंजन की ताक़त इस दशक में बिहार को विकास की नई ऊँचाई पर पहुँचाएगी।’

नीतीश ने राजनीतिक जीवन से संन्यास लेने की बात तो कभी सोची तक नहीं थी इसलिए जेडीयू ने आधिकारिक तौर पर स्पष्ट कर दिया कि उनकी बात का ग़लत मतलब नहीं निकाला जाए। उनकी मंशा चुनाव प्रचार के आख़िरी दिन की आख़िरी मीटिंग से थी न कि आख़िरी चुनाव से। बीजेपी के प्रदेश प्रवक्ता प्रेम रंजन पटेल ने भी इस विषय पर किसी इंटरव्यू में कहा था कि इस वक़्त बिहार को नीतीश जी की ज़रूरत है। वे चाहेंगे भी तो बिहार की जनता उन्हें राजनीति छोड़ने नहीं देगी। इस चुनाव के बाद एक बार फिर से बिहार में नीतीश के नेतृत्व में ही एनडीए की सरकार बनी।

प्रिय पाठको, मूल स्वर से भटकाव शायद इस किताब का स्थायी स्वर है। इससे थोड़ा पहले कहानी तो नीतीश की असफल चुनावी यात्रा के राजपथ पर सरपट दौड़ रही थी, अचानक न जाने कैसे यह किसी कम परिचित पगडंडी पर फिसल आई है! आइए, हम एक बार फिर से नीतीश की ज़िन्दगी के उस रास्ते को तलाशते हैं, जिन पर चलता हुआ नीतीश अपने हाथों में अपने बाबूजी, गांधी जी, लोहिया जी, जेपी और कर्पूरी जी के सिद्धान्तों की मशाल की रोशनी में अपनी सही मंज़िल तलाश रहा है। यह सब जानेंगे हम बस अगले ही अध्याय में!

विधायक से सांसद बनने का सफ़रनामा

1980 से 1985 तक के कांग्रेसी राज में बिहार के सारे विपक्षियों में बेचैनी-सी तारी हो गई थी, क्योंकि राज्य में कोई सधी हुई व्यवस्था नहीं थी जो आगे के कार्यक्रम तय करती और उसकी सफलता के लिए लोगों को तैयार करती। दिल्ली का हाल और भी बुरा था जहाँ रोज़ नए राजनीतिक समीकरण बनते और बिगड़ जाते थे। पुरानी पार्टियों को तोड़-जोड़कर केन्द्र में लगातार नई पार्टियों के बनने का सिलसिला जारी हो गया था। जिस कारण बिहार के नेताओं से भी अपेक्षा की जाती थी कि वे बदलते समय के अनुरूप अपनी प्रतिबद्धता बदलते रहें। सम्पूर्ण क्रान्ति में तपे-तपाए कई राजनेताओं के लिए भी यह काल बहुत थकान भरी दुविधा का था जिनमें नीतीश भी एक था। उसे सामाजिक न्याय के लिए लड़ना था जिसके लिए वह सोशल इंजीनियरिंग के नए आयाम खँगाल रहा था। यह समय नीतीश के चिन्तन के घनीभूत होने का था। एक बात तो तय हो गई थी कि नीतीश को आगे भी साफ़-सुथरी चुनावी राजनीति में ही रहना था, जिसमें धीरे-धीरे नीतीश को थोड़ी सफलता भी मिलने लगी थी।

अपना चचा बुक्रात नीतीश और मंजु के बारे में हमेशा बहुत अच्छी बातें करता है, शायद बढ़ा-चढ़ाकर भी, लेकिन उसकी एक बात ठीक है कि उन दिनों भी मंजु के भाग्य से नीतीश का भाग्य पूरी तरह जुड़ा हुआ था। चचा की यह बात भी ठीक लगती है कि दोनों के सम्मिलित भाग्य में आशा की किरण उनके विवाह के बहुत दिनों के बाद चमकी।

गृहस्थी की गाड़ी पटरी पर

हुआ यूँ कि मंजु ने बिहार सरकार में शिक्षिका के पद के लिए जो आवेदन दिया था, उसमें उसका इंटरव्यू बहुत बढ़िया हुआ। 1982 के अन्त में ख़बर आई कि उसका अन्तिम चयन भी हो गया है। कुछ विधाता की कृपा, कुछ पति-पत्नी

का सम्मिलित भाग्य और कुछ मंजु के पिता श्रीकृष्ण नन्दन प्रसाद सिन्हा जी के प्रयास, सबका मिला-जुला असर यह हुआ कि मंजु को अपने मायके सेवदह के एकमात्र हाई स्कूल में शिक्षिका की सरकारी नौकरी मिल गई।

यह वही स्कूल था जिसकी स्थापना उसके पिता ने की थी। यह वही स्कूल था जहाँ से वह हाई स्कूल तक पढ़कर आगे पढ़ने के लिए पटना चली गई थी। यह वही स्कूल था जिसके हर फूल-पत्ते से उसे बेपनाह मुहब्बत थी। मंजु की वर्षगाँठ 25 फ़रवरी को पड़ती है। 1983 में उस दिन शुक्रवार था जब उसे नियुक्ति पत्र मिला था। अपने पति, माता और पिता से आशीर्वाद लेकर मंजु ने 28 फ़रवरी, 1983 को, सोमवार के दिन, स्कूल में अपना कार्यभार ग्रहण किया और देखते ही देखते वह वहाँ अत्यन्त लोकप्रिय हो गई। नीतीश को बड़ा सन्तोष हुआ कि अब उसकी गृहस्थी की नाव किसी किनारे लगने लगी है। अब उनका इकलौता बच्चा सही देखभाल पा रहा है। पटना के दमघोंटू शहरी वातावरण से निकलकर सेवदह की खुली हवा में वह भी अब बरगद के पेड़ की तरह ही बड़ा होगा, बन्द कमरे में पड़े मनी प्लांट की तरह नहीं। एक अच्छी बात थी कि समय-समय पर सेवदह से मंजु और निशान्त नीतीश के परिवार से मिलने बख़्तियारपुर आ जाते।

नीतीश का परिवार दो टुकड़ों में बँटकर रह गया था जिसका एक बड़ा अंश पटना को छोड़कर सेवदह में रहने लगा था और दूसरा अंश वह स्वयं ही तो था! उन दिनों नीतीश एकाएक अकेला हो गया, बेहद अकेला।

ख़्वाबोख़याल हो गए मेरी ख़ुशी के दिन।
किस आसरे पे काटे कोई ज़िन्दगी के दिन।

अभी कुछ दिनों पहले तक ही नीतीश के पटना आने पर मंजु को देखते ही उसके आसपास अपने आप ही मोगरा के फूल खिल उठते थे और निशान्त के शरीर को छूते ही चन्दन की ख़ुशबू उसे सराबोर कर जाती थी। पहले वह किसी-न-किसी बहाने से, बेहद ख़ुश होकर पटना आता था। पर अब पटना आना उसकी मजबूरी थी, क्योंकि दिल्ली की सीधी ट्रेन वहीं से आती-जाती थी और उसकी राजनीति की दिशा बनाने में दिल्ली बहुत अहम भूमिका अदा कर रही थी। राजनीति के भँवर में फँस गए नीतीश के सुखी दाम्पत्य जीवन पर भी अनगिनत प्रहार होने लगे थे। लगता है कि दाम्पत्य सुख के सन्दर्भ में लोहिया जी, जेपी, राजनारायण, जॉर्ज फ़र्नांडिस से लेकर नीतीश तक—सच्चे और सफल समाजवादियों की नियति शायद एक जैसी ही रही है। लोहिया, जेपी और जॉर्ज जैसे प्रखर समाजवादी नेताओं का दाम्पत्य जीवन उनके साथ नियति का खिलवाड़ ही कहा जा सकता है।

शायद यह लोहिया जी का दुर्भाग्य ही रहा होगा कि इलाहाबाद की सुश्री पूर्णिमा बैनर्जी, बंगलूरू की स्नेहलता रेड्डी, कोलकाता की सुश्री रमा मित्र और पुणे की सुश्री शान्ति नाइक जैसी कई प्रगाढ़ महिला मित्रों के होते हुए भी कोई उनकी जीवनसंगिनी नहीं बन पाई।

लोहिया जी ने वैसे भी बहुत पहले ही यह निर्णय कर लिया था कि वे शादी नहीं करेंगे।

तब चर्चा थी कि सेठ जमुनालाल बजाज उनकी शादी अपनी कन्या से कराना चाहते थे। पर लोहिया ने इनकार कर दिया था और सेठ जी की नौकरी छोड़कर भाग गए थे।

लोहिया कहते थे कि सार्वजनिक जीवन में रहनेवालों को परिवार नहीं बसाना चाहिए।

एक बात और वे कहते थे—बलात्कार और वादाख़िलाफ़ी को छोड़कर स्त्री पुरुष के बीच के सारे सम्बन्ध जायज हैं।

वही सच भी था, और कुछ सच था ही नहीं। प्रखर कांग्रेसी सांसद श्रीमती तारकेश्वरी सिन्हा की तो वे आँखों के तारे ही थे। एक बार पटना में किसी छोटी-सी अनौपचारिक मित्र गोष्ठी में तारकेश्वरी जी ने कहा भी था कि संसद में पुरुष प्रायः सांसद स्त्रियों को स्त्री की तरह ही देख पाते हैं, उन्हें सच्चा स्नेह, सच्ची श्रद्धा और सच्चे हृदय से, बिना किसी लिंग-भेद के, बराबरी का दर्जा देने में लोहिया जी का मुक़ाबला ही नहीं है।

जेपी के दाम्पत्य जीवन की कहानी बहुत अलग है। गांधी जी स्वयं प्रभा के शिक्षक बने। चरख़ा कातना और नियमित रूप से डायरी लिखना भी प्रभावती जी ने गांधी जी के प्रभाव में ही सीखा। बाद में प्रभावती जी कहती थीं कि मैं जो कुछ भी हूँ, सो सब गांधी जी के कारण हूँ। उन्होंने मेरा पूरा जीवन गढ़ा है। जेपी की अपने दाम्पत्य जीवन की दुविधा को लेकर बात यहाँ तक बढ़ी कि गांधी जी ने जेपी को प्रभावती जी को छोड़कर दूसरा विवाह तक करने की सलाह दे डाली। जेपी इस बात की कल्पना भी नहीं कर सकते थे। उन्होंने किसी बातचीत में इसे गांधी जी का 'रूथलेस लॉजिक' (निष्ठुर तर्क) कहा था। यहाँ तक कि प्रभावती जी ने भी गांधी जी से कहा था—

'आपको ऐसा नहीं करना चाहिए था। यह बहुत ग़लत हुआ। उनको दुख हुआ होगा। यह बात नहीं है उनके मन में।'

जेपी की इस निर्मलता पर गांधी जी मुग्ध हो गए। जेपी ने स्वीकार भी किया है—

'हम दोनों का सम्बन्ध एक विशिष्ट प्रकार का विलक्षण सम्बन्ध था। सहज ही हमारे बीच मतभेद थे। अच्छी-ख़ासी मित्रता थी। किन्तु हम दोनों के बीच जो

एक नाता जुड़ा था, उसने हमें सभी प्रकार के आन्तरिक और बाह्य संघर्षों के पार करा दिया और हम दोनों को साथ बनाए रखा। यह नाता एक पत्नी और एक पति के बीच महज़ मामूली नाते की अपेक्षा कुछ विशेष था। इस नाते को समझना कठिन है।'

बिलकुल यही बात नीतीश और मंजु के बारे में कही जा सकती है कि उनके बीच महज़ मामूली नाते की अपेक्षा कुछ विशेष था जिसे उन दोनों के अलावा किसी और के लिए समझना आसान नहीं है। मंजु को उसके पिता ने शापग्रस्त देवी बताया है। हमें भी उसके जीवन और गंगा के पृथ्वी पर के जीवन में थोड़ा साम्य लगता है। आज निशान्त भी किसी निस्पृह योगी जैसा दिखता है, जिसे उसकी माँ उसके पिता के पास सदा के लिए छोड़ गई है और वह अपनी माँ के अधूरे सपनों को पूरा करने में हमेशा प्रयत्नशील रहता है। माँ की बस याद है निशान्त के पास।

जाते-जाते वो मुझे ऐसी निशानी दे गया,
उम्र भर दोहराऊँगा, ऐसी कहानी दे गया।

मंजु और नीतीश के पारस्परिक प्रगाढ़ प्रेम का अनुभव हमें सुरेश की पत्नी मंजु शेखर और नीतीश के साले अरुण से की गई बातचीत से हुआ था। अगर मंजु और नीतीश के दाम्पत्य जीवन पर आरम्भ से ही गहरी नज़र डालें तो पहली बात यह लगेगी कि दोनों बेहद ज़हीन लोग थे। दोनों थे पढ़ने-लिखने के शौक़ीन, सफ़ाई-पसन्द, संस्कारी, ईमानदार और अपने-अपने परिवारों और एक-दूसरे से दीवानगी की हद तक प्यार करनेवाले लोग। मुश्किल यह थी कि नीतीश को उच्छृंखल प्रेम जताना नहीं आता था, उसका प्रेम बड़ा संयत था और इस मामले में मंजु का मिज़ाज भी बिलकुल वैसा ही था। दोनों शब्दों से नहीं, इशारों तक से भी नहीं, फिर भी चाहे एक-दूसरे से कितने भी दूर क्यों न हों, पता नहीं कैसे एक-दूसरे की भावनाएँ समझ लेते थे। यह याद रखने की बात है कि जहाँ नीतीश ज़मीन से जुड़े खेतिहर परिवार से आता था, वहीं मंजु का परिवेश ज़मींदाराना था। मंजु के हाथों से शादी की मेहँदी का रंग ठीक से छूटा भी नहीं था कि दोनों पति-पत्नी अपनी-अपनी पढ़ाई पूरी करने में लग गए। इंजीनियरिंग की पढ़ाई से फ़ारिग़ होते ही आन्दोलन से जुड़कर नीतीश अपना सुध-बुध खो बैठा। मंजु पढ़ती ही रही, पहले शौक़ तथा उत्साह से और बाद में आर्थिक स्वावलम्बन पाने की आशा से। आत्मा के तल पर दोनों की घनिष्ठता निःसन्देह अनुकरणीय थी पर भौतिक तल पर इन्हें साधारण दम्पती की भाँति स्वतंत्र रूप से साथ रहने के अधिक अवसर मिले ही कहाँ? मंजु अपनी बात कहे भी तो किससे? सुरेश शेखर जब भी मिलते, नीतीश की व्यस्तता की दो-चार

कैफ़ियत सुना जाते, उसकी तारीफ़ों के पुल बाँधे जाते, मंजु को समझाते रहते और आश्वासन देकर चले जाते। पर उनसे रोटी नहीं बनाई जा सकती थी, बच्चे के लिए दूध नहीं आ सकता था, कॉलेज की फ़ीस नहीं दी जा सकती थी, यहाँ तक कि खीजकर आत्महत्या का विचार आए तो ज़हर की पुड़िया तक नहीं आ सकती थी! जितने दिनों तक नीतीश जेल में रहा, मंजु का हर पल उसकी रिहाई की प्रार्थना में बीता। उसे लगता था कि नीतीश के छूटते ही उसका सूख रहा आशियाना अपने आप फिर से हरा-भरा हो जाएगा। बिना कुछ जाने-समझे भी आदर्श पत्नी की भूमिका निबाहते हुए मंजु ने नीतीश के पहले चुनाव में जिस उत्साह से भाग लिया था, वह देखते ही बनता था। उसे लगता था कि नीतीश की जीत अवश्यम्भावी थी। चुनावों से पहले नीतीश उसे मानवेतर श्रेणी के प्राणी लगते थे, अपराजेय! दो चुनावों के नतीजों से उसका यह विश्वास भी शायद अवचेतन में कुछ डगमगा गया होगा लेकिन उसे चचा के उस्ताद ने बहुत पहले ही बता दिया था कि उसका पति असाधारण रूप से प्रतिभाशाली है जिसके विशिष्ट भविष्य के बारे में किसी को अनुमान ही नहीं है। 1980 के बाद, पटना में अपना ठिकाना न होने के कारण, मायके में रहना मंजु की मजबूरी थी और उसको पटना में एक स्थायी पता न दे पाना नीतीश की आर्थिक बेबसी थी। पटना में नीतीश का अपना छोटा-सा भी आशियाना होता तो शायद इस सुखद कहानी का ऐसा असम्बद्ध और आकस्मिक अन्त न हुआ होता कि—

इक उम्र है कि बितानी है मुझको तेरे बग़ैर,
एक लमहा है कि बिन तेरे गुज़ारा नहीं जाता।

मंजु का सेवदह में नौकरी करना इस दम्पती को बच्चे की भौतिक आवश्यकताओं से तात्कालिक रूप से राहत तो दे गया, पर इसने किसी तल पर नीतीश को बिलकुल अकेला कर दिया था। इस व्यवस्था से मंजु भी कहाँ ख़ुश हो सकती थी! वे दिन सभी को भारी पड़ते थे।

एक युग और बीत गया

1985 के निर्णायक वर्ष में नीतीश के उस संघर्ष के बारह वर्ष पूरे हो रहे थे जो उसने 1973 में प्रारम्भ किया था। वनवास काल मानो अनन्त जैसा लम्बा खिंचता जा रहा था। लेकिन उसे यक़ीन था कि पिछली दो पराजयों के बाद भी उसने अपने क्षेत्र के लिए कृतसंकल्प होकर जो मेहनत की थी, वह निष्फल नहीं जा सकती थी। दरअसल, पिछले दो चुनावों के अनुभवों से उसे एक बात समझ में आ गई थी कि क्षेत्र के अधिकांश लोग उसे पसन्द करते थे और उसे

वोट देना चाहते भी थे। पर होता यह था कि उसके विरोधियों के गुर्गे उन बूथों पर क़ब्ज़ा कर लेते थे जहाँ वे मज़बूत होते थे; वहाँ धन और जातिबल का खेल चलता था। दूसरी ओर जहाँ नीतीश के समर्थक अधिक होते थे, वहाँ बाहुबल का खुलेआम प्रयोग करके नीतीश समर्थकों को बूथ तक जाने ही नहीं दिया जाता था। इन दोनों प्रकार की गड़बड़ियों पर नियंत्रण रखना नीतीश के लिए ज़रूरी था इसलिए इनसे मुक़ाबला करने के लिए उसने बेहद सफल रणनीति बनाई।

शायद वक़्त से थोड़ा पहले

एक बार रसमंजरी में हमने मीता से नीतीश के इस चुनाव के बारे में एक दिलचस्प बात सुनी थी जो उससे नीतीश ने ही कही थी—

'इतनी बेईमानी और गन्दगी से भरे माहौल में, वह भी इतने सीमित संसाधनों की सहायता से ईमानदारी से लड़ी जा रही, शायद यह मेरी आख़िरी चुनावी लड़ाई ही हो। मैं मान लूँगा कि शायद मैंने राजनीति में ईमानदारी की राह चुनने की ग़लती कर ली थी और यहाँ भी दुनियादारी वाली राह ही सही थी। मगर सबके लिए अगर एक ही राह होती तो ज़िन्दगी में चौराहे नहीं होते न! कोई माने या न माने, मगर मेरा मन अभी भी कहता है कि मैं सही हूँ, शायद वक़्त से थोड़ा पहले हूँ, पर हूँ बिलकुल सही।'

मीता बताता है—

'नीतीश की यह बात सुनकर मुझे लगा कि किसी ने मेरी आँखें खोल दी हैं। जैसे मेरे दिमाग़ में किसी ने जलती सलाख से लिख दिया था कि हमें लड़ना ही होगा। हमने हर चन्द कोशिशें करके, प्रशासन की सहायता से, बाहुबलियों को तो क़रीब-क़रीब अशक्त कर दिया लेकिन तब भी हमारे विरोधियों के पास अकूत पैसे थे जो वे पानी की तरह बहा रहे थे। हमारे पास पैसे एकदम ख़त्म हो गए थे। मेरे आगे भी कोई राह स्पष्ट नहीं थी, आर्थिक अभाव विपन्नता की सरहदें छू रहा था। तभी मंजु भाभी ने, जो सेवदह के स्कूल में शिक्षिका का कार्य कर रही थीं, बिना नीतीश को कुछ भी बताए हुए, अपने ख़ून-पसीने की सारी कमाई मुझे लाकर सौंप दी। कुल जमा दो-ढाई साल की नौकरी की बचत थी 20 हज़ार रुपये जो मुझ डूबते के लिए तिनके का सहारा साबित हुए। मुझे लगता है कि उन्हीं सात्त्विक पैसों के कारण हम चुनाव जीत गए।'

दिसम्बर 2010 के 'द वीक' नामक अंग्रेज़ी साप्ताहिक में छपे साक्षात्कार में भी नरेन्द्र की कही बात पर, कि नीतीश ने इसे अपनी आख़िरी चुनावी लड़ाई कही थी, चर्चा हुई है जहाँ नीतीश ने इस बात का खंडन किया है। उसने कहा है—

'मेरा आगे चुनाव न लड़ने के बारे में नरेन्द्र जी का यह संस्मरण शत-प्रतिशत सही नहीं लगता, क्योंकि जब एक बार मैंने राजनीति में ही जीने-मरने का मन बना लिया था तब पीछे लौटने का प्रश्न ही कहाँ शेष रह गया था? इसलिए चुनावों में जय या पराजय मेरे लिए बड़ी छोटी बात हो गई थी।'

मुन्ना सरकार बताते हैं—

'चुनाव के बिलकुल निकट आ जाने के समय हमारे पास अचानक चन्दा देनेवाले धनकुबेरों की भीड़-सी इकट्ठी होने लगी। लेकिन नेताजी की तरफ़ से किसी भी व्यक्ति से मोटा पैसा लेने पर पूरी तरह से पाबन्दी थी। वे हमें हमेशा चन्दा और घूस में फ़र्क़ समझाते थकते नहीं थे।'

वक़्त से छीन ली अपने हिस्से की जीत

मुन्ना सरकार कहते हैं—'1985 के चुनाव हमारे मुक़ाबले में 10 से अधिक, शायद 12 प्रत्याशी थे लेकिन उनमें से प्रमुख थे, तत्कालीन विधायक और हमारे पुराने प्रतिद्वन्द्वी, अरुण कुमार सिंह जो परिणाम निकलने पर खिसककर पाँचवें स्थान पर चले गए। कांग्रेसी प्रत्याशी बृज नन्दन यादव हमारे बाद दूसरे नम्बर पर रहे। हमें मिले क़रीब 50 हज़ार वोटों के मुक़ाबले उनके पक्ष में क़रीब 28 हज़ार पाँच सौ वोट पड़े थे। नेताजी लोकदल के प्रत्याशी थे। वोटिंग ख़त्म होते ही विपक्षियों के ख़ेमों में मुहर्रमी माहौल और अपनी तरफ़ फागुन की मस्ती का सूखा सुरूर पसर गया। बिहारशरीफ़ में वोटों की गिनती होली के एक दिन पहले हुई थी। हम धरपकड़कर नेताजी को भी काउंटिंग स्टेशन तक ले गए थे इसलिए जब रात घिर आने के बाद उन्हें औपचारिक रूप से विजयी घोषित किया गया तब वे भी वहीं थे। हममें इतना ज़्यादा जोश था कि हम नेताजी को अपने कन्धों से उतरने ही नहीं दे रहे थे। संकोची नेताजी बार-बार निहोरा करते, चिरौरी भी, कि अब हो गया, बस अब हो गया, पर उस जोश में उनकी सुनता ही कौन था! उनकी जय-जयकार से आकाश भी गूँज उठा था और आकाश के बीचोबीच पूरे शबाब से चमकता था चाँद, नेताजी की सफलता का चाँद, हम सबकी सम्मिलित मेहनत का चाँद! पूरे नालन्दा ज़िले और ख़ास तौर से बख़्तियारपुर में इतना उत्साह था कि पूरे क्षेत्र में प्राय: सब लोग सारी रात जगे ही रहे। हाँ, हमारा यह जगद्गुरु औघड़दानी महादेव की बरात वाला जुलूस नाचता-गाता बिहारशरीफ़ से हरनौत होते हुए बख़्तियारपुर तक आया। नेताजी को कोई आगे जाने देना ही नहीं चाहता था। उनके बार-बार के अनुनय-विनय के बाद भी जब लोग उन्हें छोड़ने के लिए राज़ी नहीं हुए तो मैंने बड़ी मुश्किल से उन्हें उस भीड़ से बाहर खींचा और अपनी मोटरसाइकिल से आधी रात के

आसपास, उन्हें हक़ीक़तपुर (बख़्तियारपुर) के उनके घर तक पहुँचा सका। वहाँ का नज़ारा कौन सा अलग था! वहाँ भी स्थानीय लोगों का बड़ा हुजूम हम सबकी प्रतीक्षा कर रहा था। अपने लाल की आरती उतारने को आतुर मइयो उस भारी भीड़ में कहीं छिप गई थी।'

17 मार्च, 2022 और आज भी फाल्गुन मास की पूर्णिमा है, होलिका दहन का दिन! नीतीश आज 37 साल बाद, फिर से अपने पुराने विधानसभा चुनाव क्षेत्र, हरनौत में पैदल घूम-घूमकर लोगों से मिल रहा है। यह उसकी नितान्त व्यक्तिगत यात्रा है। अतीत की परछाइयों को उसकी सतरंगी यादों के कंदीलों ने जगमगाकर उसके चेहरे को फिर से रोशन कर दिया है। यह नीतीश की नौजवानी के दिनों का, क़रीब 40 साल पुराना, वही चेहरा है जहाँ से फूटती हुई करुणा, ममता और लोगों के सर्वांगीण विकास की कटिबद्धता का तिरंगा आज 30 किलोमीटर लम्बे रोड शो में अपने आप तब्दील हो गया है। अब नीतीश फिर से हरनौत बाज़ार में पैदल चल रहा है। उस घड़ी वहाँ चारों ओर जो उजास फूटकर बिखरा पड़ा है उसके लिए शायद अकेला सूरज कम पड़ रहा है। आकाश में तपता हुआ सूरज ऊपर से आग बरसा रहा है। नीचे, सड़क पर पैदल चल रहे नीतीश के चेहरे की चमक सूरज से ज़रा सा भी कम नहीं बस सिर्फ़ तपिश की जगह वहाँ से मलयाचल के चन्दन की ठंडक हर ओर और हर क्षण, बरस रही है! नीतीश की आँखें चारों ओर घूम-घूमकर तलाश रही हैं, कोई पुरानी पहचान, कोई पुराना चेहरा, कोई पुराना ठौर-ठिकाना?

चुनाव की बेशुमार ज़िम्मेदारियों के बोझ के तले दबे, नीतीश को तब सबसे ज़्यादा सुकून इन्हीं लोगों के पास आकर मिलता था—हरनौत हो या रहुई! अपनी तमाम व्यस्तताओं के बावजूद इस इलाक़े के लोगों की समस्याएँ सुनने और उनका भरसक समाधान करने के लिए तब उसके पास फ़ुरसत ही फ़ुरसत हुआ करती थी। क्षेत्र में उसके पहुँचते ही लोग उसे घेरकर खड़े हो जाते और अपने दुःख-दर्द की गठरियाँ उसे सौंपकर निश्चिन्त हो जाते। आज, क़रीब चार दशक बीत जाने के बाद, उसकी नज़रों के आगे तीन-चार पीढ़ियाँ एक साथ खड़ी हैं। अधेड़, युवा, किशोर और बच्चे, सब उसे जानते और एकदम अपना मानते हैं। नीतीश की पीढ़ी के चन्द ही लोग अब बचे हैं, जो उसके इर्द-गिर्द पुराने दिनों की तरह खड़े होना चाहते हैं। बेरहम समय ने मकड़ियों के जाले जैसी झुर्रियाँ बुनकर इनके असली चेहरों को कहीं छिपा दिया है लेकिन नीतीश से नज़रें मिलते ही इनकी धुआँती आँखों से भी नीतीश पर नूर और मुहब्बत की बारिश होने लगती हैं।

उसे देखकर भावुक हो रहे इन लोगों से नीतीश एक-एक करके मिल रहा है। उस पर लगातार फूल बरसानेवाले हाथों में सबसे मज़बूत हाथ ये हैं जिन्होंने

नीतीश के संघर्ष के माध्यम से अपना उत्कर्ष देखा है! गुरुदेव रवीन्द्रनाथ ठाकुर के 'काबुलीवाला' की तरह नीतीश को भी एकाध बार यह भ्रम होता है कि सामनेवाले नौजवान की शक्ल उसके चुनावी यात्रा में सहभागी रहे पुराने साथी की है लेकिन वह तुरन्त सँभलकर जान लेता है कि यह नौजवान अपने पिता की हुबहू अनुकृति है! नीतीश की आँखें तलाशती हैं वह अमराई या फिर खेत की मेंड़ों या गाँव की पगडंडियों पर खड़ा विशाल बरगद का वह पेड़ जिसके नीचे वह न जाने कितने दोस्तों से देश-दुनिया की चर्चा कर लेता था! आज वे सब निशान कहीं खो गए हैं। पगडंडियों और बाढ़ में डूबे खेतों की जगह चमचमाती पक्की सड़कों का जाल बिछ गया है। बाढ़ की विभीषिका से वर्षों पहले मुक्ति मिल गई है। नए स्कूल और अस्पताल, सरकारी दफ़्तर और सबसे बढ़कर निर्बाध मिल रही बिजली! जैसे 8 मिलीमीटर की फ़िल्म का कैनवस बढ़कर एकदम से 70 मिलीमीटर हो गया हो!

हरनौत से नीतीश रहुई पहुँचा। वह दर्जनों गाँवों में गया, खोज-खोज कर लोगों से मिला और उनकी नई समस्याएँ सुनकर उनका तुरन्त समाधान कराने के आदेश भी दे दिए। जब वह पहली बार 1985 में विधायक बना था तब उसने विधायक फ़ंड से वहाँ एक पुल बनवाकर लोगों की बड़ी मुसीबत दूर कर दी थी। अब 35 साल पुराने उस पुल की मरम्मत की ज़रूरत महसूस की जा रही थी। सरकारी महकमा फ़ौरन हरकत में आकर विभाग के फ़ंड से काम शुरू कराना चाहता था लेकिन नीतीश ने सबको यह कहकर चुप करा दिया कि इस काम में सारा धन उसके विधायक कोष से लगाया जाएगा।

लीजेंड बनते देखने का सुख

नीतीश की इस पूरी यात्रा के दौरान उसके साथ रहे एक प्रबुद्ध नौजवान, मनीष कुमार वर्मा, आइएएस (स्वेच्छा से सेवानिवृत्त), ने लौटकर कहा—

'किसी व्यक्ति को उसके जीवन काल में लीजेंड (दंतकथाओं का नायक बनते मैंने पहली बार देखा। बचपन से मैं सोचता था कि गांधी, नेहरू, सुभाष आदि महान हस्तियों को सामने से देखकर लोगों को कैसा लगता होगा? उनका अपने प्रिय नेता के साथ कैसा व्यवहार होता होगा? नेता अपने प्रशंसकों के साथ कैसे पेश आते होंगे? आदि-आदि। सभी सवालों का जवाब एक साथ ही, इस यात्रा के पूरे होने से पहले ही मिल गए! मेरी समझ से ऐसे विरले लोग किसी दुर्लभ मिट्टी के बने होते हैं। करुणा, ऊर्जा, दूरदर्शिता और आशावादिता से भरे हुए ये ऐसे लोग होते हैं जिनका कण-कण सेवा भाव से उत्प्रेरित रहता है। जैसे किसी मुकुट में लगी कलगी या उसमें जड़ा कोई बड़ा रत्न मुकुट का

अविभाज्य अंश होते हुए भी उससे अलग और दूर से ही दिख जाता है, वैसे ही होते हैं ये नायक!'

1985 में पहली बार चुनाव जीतकर घर आए नीतीश का धूमधाम से स्वागत किया गया। मइयो ने उसकी आरती उतारी। द्वार पर नीतीश की आरती पहले भी उतारी गई थी जब वह जेल जा रहा था! तब उसकी मइयो के साथ खड़े थे उसके आदर्श बाबूजी! उस दिन खिड़कियों के पीछे से किसी की झिलमिलाती आँखों ने उसे विदाई दी थी। मइयो के पीछे से चमकती-दमकती वे आँखें आज दिख नहीं रही थीं क्योंकि मंजु वहाँ नहीं थी। नीतीश को आज किसी आरती की आवश्यकता नहीं थी क्योंकि आकाश में उगा झिलमिलाता चाँद कविराज का आशीर्वाद बनकर सबों पर बरस रहा था। नीतीश ने अपनी माँ के पाँव छुए, पर उसने मइयो के साथ-साथ अपने बाबूजी को भी प्रणाम किया और प्रणाम किया गांधी जी को, जेपी को और लोहिया जी को। उस रात मइयो ने सबके लिए पूरी, आलू दम, पूआ और खीर बनाई थी। उस रात लगा कि मइयो साक्षात् अन्नपूर्णा बन गई थी और उनका अक्षय पात्र न जाने कितने लोगों को आकंठ भोजन कराने के बाद भी ख़ाली नहीं हुआ था।

इस विजय का पूरा श्रेय देने और किसी की गहरी आँखों में डूबकर घड़ी भर विश्राम करने के लिए नीतीश की तृषित आँखें हर ओर मंजु की खिलखिलाती आँखों को तलाशती थीं। पर मंजु तो निशान्त के साथ सेवदह में थी! मुन्ना सरकार बताते हैं—

'रात पूरी तरह गहरा चुकी थी। होली के माहौल में कितने लोग उलटा-सीधा खा-पीकर सड़कों पर मस्त डोल रहे थे। यह सब देखकर नेताजी भी उसी समय मेरी मोटरसाइकिल के पीछे बैठकर सेवदह जाने के लिए बेचैन थे। उस रात मैं जीवन में पहली और आख़िरी बार ढीठ बनकर नेताजी के आगे अड़ गया। मैं इतनी रात गए अपने एकदम ताज़ातरीन एमएलए साहब को अपनी एकदम जर्जर हो चुकी मोटरसाइकिल पर बैठाकर सेवदह ले जाने का इतना बड़ा ख़तरा मोल लेने के लिए हरगिज़ तैयार नहीं था। इसलिए मैं प्रशंसकों से घिरे नेताजी को किंकर्तव्यविमूढ़ छोड़कर वहाँ से अलग, एक कोने में जाकर खड़ा हो गया। तभी अचानक भोर का तारा आकाश में झिलमिलाने लगा। मुझे लगा, ईश्वर की ओर से सेवदह के लिए प्रस्थान करने का इससे बड़ा इशारा क्या हो सकता है? मैंने चट से अपनी मोटरसाइकिल को ज़ोरदार किक लगाई। उसकी भड़भड़ाहट से गली में सो रहे कुत्ते जगकर ऊँचे स्वर में भौंकने लगे। तब तक नेताजी पीछे की सीट पर जमकर बैठ चुके थे। मेरी खटारा मोटरसाइकिल में मानो पंख लग गए थे। पलक झपकते ही हम सेवदह पहुँच गए। वहाँ भी सारी रात बहुत जश्न का माहौल रहा था। रात से ही नेताजी की प्रतीक्षा कर रही भाभी जी उन्हें देखकर

पहले आह्लाद से मुस्कुराई और फिर अचानक शरमाती हुई छुई-मुई बनकर हमारी आवभगत के इन्तज़ाम में व्यस्त हो गईं। कन्हैया जैसा निशान्त भी बिना कुछ जाने-समझे ही, इतनी सुबह जगकर अपने पापा को देखकर मुस्कराने लगा। उस दिन होली थी। विवाह के इतने वर्षों में नेताजी की शायद वह पहली ससुराली होली थी। सीधे-सादे नेताजी की ससुराल में जो गत बनी वह तो उनके लिए जायज़ थी पर उनके साथ मेरी भी घोर दुर्गति हुई एकदम ललित-ललाम! ग़नीमत बस यह रही कि मेरा रंग पहले से इतना पक्का है कि उस पर सफ़ेद रंग ही थोड़ा फ़र्क़ डाल सका! थर-थर कँपानेवाली वह होली मुझे निश्छल स्नेह और दिव्य भोजन के कारण आज तक याद है। हम उसी शाम सेवदह में अपना बहुत कुछ छोड़कर मोटरसाइकिल से ही बख़्तियारपुर लौट आए। लौटते समय मेरा और नेताजी का मन तो दुखी था ही, मोटरसाइकिल भी बहुत घिसटती हुई चल रही थी। हम लोगों की तरह शायद वह भी सेवदह से वापस आना नहीं चाहती थी!'

पूरे 420 या 421

नीतीश के विधायक बन जाने के बाद की कहानी चचा बहुत मज़े लेकर सुनाता है—

'मियाँ, तुम तो जानो कि नीतीश पटना में 1966 से ही रहता आया था। छात्र आन्दोलन के दिनों के उसके बहुत सारे साथी, शायद 29, जनता पार्टी के चुनाव चिह्न पर जीतकर 1977 में एमएलए बन गए थे। उनमें कई तो ऐसे भी थे जिनमें नीतीश के पासंग में भी खड़े होने की क़ूवत नहीं थी। मज़े की बात है कि तब के बिहार में चुनकर आए 324 एमएलए और 96 एमएलसी, कुल जमा पूरे 420 होते थे! एक एंग्लो-इंडियन एमएलए नॉमिनेट भी किया जाता था।'

नई दुनिया और खद्दरधारी नए लोग

1985 के चुनाव में कांग्रेस 323 सीटों पर लड़ी थी। जिनमें से 195 उनकी झोली में गिरीं। स्पष्ट बहुमत वाली कांग्रेस पार्टी ने बिन्देश्वरी दूबे के नेतृत्व में 12 मार्च, 1985 को बिहार में नई सरकार बनाई। इस विधानसभा में कई कांग्रेसी चेहरे अपनी पहचान अलग से रखते थे जिनमें से कुछ नाम आज भी परिचित लगते हैं।

संख्या के हिसाब से कांग्रेस के बाद दूसरे नम्बर पर लोकदल था जिसका नीतीश सक्रिय सदस्य था। लोकदल ने 261 उम्मीदवार खड़े किए थे जिनमें से कर्पूरी जी के नेतृत्व में 46 विधायक चुनाव जीतकर आए थे। इस प्रकार लोकदल विपक्ष का सबसे बड़ा घटक था। स्वाभाविक रूप से इसके नेता कर्पूरी ठाकुर नेता प्रतिपक्ष बन गए थे। अपने अकाट्य तर्कों से सरकारी तंत्र की

बख़िया उधेड़कर सरकार की नाक में दम किए रहने की वजह से इस विपक्षी दल के नीतीश जैसे कई नौजवान नेता विधानसभा की रौनक़ बनाए रखते और हमेशा चर्चा में बने रहते थे। कर्पूरी जी बेहद गम्भीर और संजीदा क़िस्म के नेता प्रतिपक्ष थे ही। उनके साथ समर्पित नौजवानों की एक छोटी, मगर मज़बूत टोली भी थी। इस लिस्ट में नीतीश का नाम अगर तर्कसंगत बातें करनेवालों में था तो अपने अलबेली अदाओं के साथ लालू भी यहीं मौजूद थे! लोकदल के कुछ अन्य चर्चित नामों में वृषिण पटेल, छेदी पासवान, शिवनन्दन पासवान, दशई चौधरी, अनूप लाल यादव, वशिष्ठ नारायण सिंह, महावीर प्रसाद, विनायक प्रसाद यादव, जगदानन्द सिंह, राजनन्दन प्रसाद, नवल किशोर भारती, गजेन्द्र प्रसाद हिमांशु (सिंह), चुनचुन प्रसाद यादव, गणेश प्रसाद यादव, गौतम सागर राणा, रमई राम, मुंशी लाल राय, रघुवंश प्रसाद सिंह, विरेन्द्र कुमार सिंह, आदि शामिल थे। इनमें से अनूप लाल यादव और गजेन्द्र प्रसाद हिमांशु तो 1967 से ही विधानसभा के सदस्य रहते आए थे।

संख्या के हिसाब से तीसरे नम्बर पर कोई पार्टी नहीं थी। दरअसल, इस बार शकुनि चौधरी, नागमणी, प्रभुनाथ सिंह, राजो सिंह, सदानन्द सिंह, आदि जैसे 29 विद्रोही नेता निर्दलीय चुनकर विधानसभा पहुँचे थे।

बीजेपी ने भी पूरे राज्य में 234 उम्मीदवार खड़े किए थे। जिनमें से 17 विधायक चुने गए थे। उनमें से 16 लोग तब के दक्षिण बिहार और आज के झारखंड से थे। उत्तरी बिहार से बीजेपी के इकलौते विधायक, सत्य नारायण आर्य, राजगीर से जीतकर आए थे।

पुरानी जनता पार्टी के टिकट पर रघुनाथ झा, तसलीमुद्दीन, सुबोधकान्त सहाय, सूर्यदेव सिंह, आदि 13, रामलाल सिंह सहित सीपीआई के 167 में से 12 तथा सीपीआइएम के 44 में से 1, अजीत चन्द्र सरकार भी उस विधानसभा के सदस्य थे। झारखंड मुक्ति मोर्चा के 57 में से 9 विधायक जीते जिनमें सबसे प्रमुख नाम शिबू सोरेन का था। आईपीएफ के 85 उम्मीदवारों में एक भी नहीं जीत सका। इन सभी विधायकों में से कई नीतीश के साथ जुड़े और कुछ अलग भी हो गए। कुछ के साथ तो ज़िन्दगी भर के लिए उसकी दोस्ती दाँतकटी हो गई और कुछ के साथ धीरे-धीरे छत्तीस का आँकड़ा बनता चला गया। चूँकि माननीय विधायकों के लिए बड़े घर कम थे इसलिए नए-नए चुनकर आए नेताओं में से ज़्यादातर को तब के गार्डनर रोड और आज के बीरचन्द पटेल पथ पर अवस्थित एमएलए क्लब में जगह मिलती थी जहाँ हर के हिस्से फ़क़त दो छोटे कमरे ही आते थे। वैसे यह जगह पटना के एकदम बीच में पड़ती थी जहाँ से विधानसभा, सचिवालय, हाईकोर्ट, रेलवे स्टेशन, जीपीओ, तारघर, अस्पताल आदि बहुत क़रीब थे। इसलिए बहुत से युवा नेताओं की रहने के लिए पहली

पसन्द भी एमएलए क्लब ही हुआ करती थी। वहीं नीचे सरकारी कैंटीन और क्लब की चहारदीवारी के दूसरी ओर नन्दलाल का उधारी ढाबा दिन-रात चलता था। इसलिए अनइम्प्लाइड पॉलिटिशियंस को अड्डेबाज़ी के लिए एमएलए क्लब से बढ़िया और क्या जगह मिलती!

1985 में विधानसभा का चुनाव जीतने के बाद नीतीश को एमएलए क्लब में 94 और 95 नम्बर के कमरों की यूनिट मिली। ये कमरे अग़ल-बग़ल में और पहली मंज़िल पर थे। ठीक नीचे की यूनिट 83 और 84 नम्बरों वाली थी जो जगतानन्द को मिली। दोनों बड़े अच्छे मित्र थे और एक-दूसरे का बड़ा सम्मान करते थे। दोनों ने पारस्परिक समझौता करके ऊपर और नीचे के एक-एक कमरे अदल-बदल कर लिए। इस प्रकार दोनों के दफ़्तर नीचे और रिहायशी कमरे ऊपर हो गए। नीतीश के हिस्से आए 95 और 84 नम्बरों के कमरे और जगतानन्द के हिस्से में 94 और 83 नम्बरों के कमरों का आधिपत्य आया। नीतीश को दरबानुमा सरकारी फ़्लैट मिल गया था उसी में वह पहली बार क़द्दावर ख़ानाबदोश से लद्दू-पद्दू गृहस्थ बनने की कोशिश में अपने पूरे परिवार के साथ रहने लगा था। चुनाव जीतकर पटना आने के बाद नीतीश की कोशिशों से मंजु का तबादला भी सेवदह से पटना जल्दी ही हो गया था। इस काम में उसके तब तक के बन चुके अभिन्न मित्र, कांग्रेसी विधायक विजय चौधरी ने बड़ी सहायता की थी। आशुतोष नीतीश और सन्तोषी मंजु, अपने इकलौते बच्चे निशान्त के साथ उस छोटे से फ़्लैट में भी सुख से रहने लगे। इस बीच एक सुबह कौशल अपनी गाड़ी से सपत्नीक वहाँ पहुँचा और नीतीश के पूरे परिवार को लाद-फाँदकर पटनदेवी के मन्दिर ले गया। नीतीश ने विनम्र प्रतिरोध भी किया लेकिन कौशल की पत्नी वीणा ने पहले ही मंजु से साँठ-गाँठ कर ली थी और कौशल ने पटनदेवी माँ से नीतीश के विजय की मन्नत भी माँग रखी थी! पता नहीं शायद यह भी एक वजह रही होगी कि अब भी अगर समय मिले तो नवरात्र के दिनों, बिना किसी तामझाम के, नीतीश छोटी और बड़ी पटनदेवी के मन्दिरों में मत्था ज़रूर टेक आता है। कभी-कभी मौक़ा पड़ जाए तो वहीं आरती भी कर लेता है।

एक बँगला बसा न्यारा

उस छोटे से एमएलए फ़्लैट में नीतीश सपरिवार तब तक सुखपूर्वक रहा जब तक कि 1989 में नीतीश लोकसभा का चुनाव जीत नहीं गया!

मीता के मुताबिक़—

'एक तो हद से ज़्यादा सफ़ाईपसन्द नीतीश और उससे भी ज़्यादा घर को चुस्त-दुरुस्त रखने में हमेशा तत्पर मंजु भाभी ने उस सड़े हुए फ़्लैट की

काया ही पलटकर रख दी। मंजु भाभी ने अपने सत्रह साला वैवाहिक जीवन में पहली बार अपने और नीतीश के संयुक्त सामर्थ्य पर, और पूरी निश्चिन्तता से, तिनका-तिनका समेटकर अपनी गृहस्थी बसाई। तब शायद ही किसी को अन्दाज़ा था कि ऐसा संयोग उनके जीवन में फिर नहीं हो पाएगा, जब इतने लम्बे समय तक दोनों साथ रह सके। उस घर में सुबह से ही ऐसा गरमागरम राजनीतिक माहौल रहता कि बच्चे के पढ़ने-पढ़ाने की कौन कहे, उसे ठीक से दूध और नाश्ता भी नहीं मिल पाता। मंजु भाभी को अपनी छोटी-सी गृहस्थी में इस अनचाही भीड़ के लिए अनवरत चाय-नाश्ते के प्रबन्ध करते रहने से बड़ी परेशानी होती। उससे भी बड़ी ग्लानि उन्हें अपने बच्चे की समुचित देखभाल न कर पाने से होती।'

जेपी आन्दोलन के आरम्भिक दिनों से नीतीश के साथ उसके हर सुख-दुख में साये की तरह साथ रहनेवाले अशोक बताते हैं—

1985 से पहले मैं अपने गाँव में ही रहकर नीतीश जी का सहयोग करता था। विधायक बन जाने के बाद नीतीश जी अपनी पत्नी और बेटे को वहाँ ले आए फिर मुझसे भी वहीं, परिवार के सदस्य के रूप में रहने को कहा। मैं तो चाहता ही था कि मुझे किसी भी प्रकार से इनके साथ रहने का अधिक से अधिक अवसर मिले इसलिए इनके परिवार के सदस्य की भाँति मैं 84 नम्बर वाले नीचे के कमरे में पाँच सालों के लिए स्थापित हो गया। दिन-भर नीतीश जी अपने राजनैतिक कार्यों में व्यस्त रहते, अपने पाँच साल के बेटे निशान्त को मेरी देखरेख में निश्चिन्त छोड़कर उनकी धर्मपत्नी, मंजु जी, पटना सिटी के स्कूल में पढ़ाने चली जाती। एमएलए क्लब में आ जाने से मंजु भाभी के ऊपर काम का बहुत बोझ बढ़ गया था। काम में सहयोग करने के लिए कोई परिचारी भी नहीं था। भाभी जी के ऊपर झाड़ू-पोंछा, चौका-बरतन और कपड़ों की धुलाई के बाद नील और कलफ़ लगाकर उन पर इस्त्री करने के अलावा तीन वक़्त की रसोई बनाना और बच्चे की पढ़ाई-लिखाई से लेकर उसकी हर तरह से देखभाल करना ही पूर्णकालिक ज़िम्मेदारी थी। इसके अलावा उन पर मेहमाननवाज़ी का भी अतिरिक्त बोझ था। लेकिन इतना सब करने के साथ ही भाभी जी को एमएलए क्लब से काफ़ी दूर, पटना सिटी के स्कूल की नौकरी भी करनी पड़ती थी। यह सब काम वे बहुत सहजता से और बिना थके ही कर लेती थीं। लेकिन एमएलए क्लब के बन्द माहौल और मेहमानों की अनवरत क़तार से घबराकर, नीतीश जी की सलाह पर, वे निशान्त के साथ एकाध दिनों के लिए कंकड़बाग़ में स्थित अपने मायके चली जाती थीं। उन दिनों कभी-कभी थककर नीतीश जी मुझे कहकर अपने कमरे में बाहर से ताला लगाकर आराम करते क्योंकि उन दिनों हमारे घर में मुफ़्त का बेमतलब फ़ोन करनेवालों का

भी ताँता लगा रहता था। ऐसे अकेलेपन के दिनों में नीतीश जी के लिए रात का भोजन बड़ा सादा होता था। वे नीचे कैंटीन से 3 तंदूरी रोटियाँ मँगवा लेते थे और मैं करेले पतले-पतले काटकर उन्हें छान देता था। यही बेचारे का शाही डिनर हुआ करता था। लेकिन अपने प्रति पूरी तरह लापरवाह रहनेवाले नीतीश जी को अपने क्षेत्र के लोगों के काम की चिन्ता हमेशा बनी रहती थी। उनके ही दिशा-निर्देशों के अनुसार मैं क्षेत्र की जनता की हर ज़रूरत का ख़याल बड़ी मुस्तैदी से रखता था। नीतीश जी का स्पष्ट आदेश था कि हमारी एकमात्र पूँजी इनका हम पर विश्वास है। इनका मान-सम्मान हमारी ही प्रतिष्ठा है। हर किसी की जायज़, व्यक्तिगत या सामूहिक कार्य के लिए उठी आवाज़ को हमें सुनना ही होगा और उसे तार्किक परिणति तक ले जाए गए बग़ैर हमारा विधायक होना अर्थहीन होगा। अपने प्रथम विधायकी काल में ही नीतीश जी ने अपने क्षेत्र के विकास के लिए जो काम किए वे राजनीति के पुराने दिग्गजों के लिए भी अनुकरणीय बन गए। क्षेत्र से आए प्रत्येक व्यक्ति का, वह भी बिना किसी भेदभाव के, वे हार्दिक स्वागत करते। प्राय: हर आगन्तुक का नाम, उसका पता और उसकी सम्भावित पारिवारिक समस्या उन्हें ज़बानी याद होती थी। नीतीश जी जाति, धर्म और राजनैतिक प्रतिबद्धताओं के चश्मे से देखे बग़ैर, आगत व्यक्ति को उसके नाम से बुलाकर, बड़ी आत्मीयता और गम्भीरता से उसकी बात सुन-समझकर उसकी हर सम्भव सहायता करते थे। ऐसे लोग प्राय: फटेहाल और नंगे पाँव चलनेवाले होते थे जिनके रेशे-रेशे से दीनता और निराशा टपकती थी। नीतीश जी अपनी मीठी मुस्कान से पल भर में ही उन्हें रंक से राजा बनाकर उनका दैन्य और दौर्बल्य सब हर लेते थे। तब उस मलिन और पराजित से लग रहे नक़ली चेहरे का मुखौटा हट जाता था और उसके पीछे दबी-छुपी साहसी और आशावादी नौजवान की असली शक्ल एकदम से उभरकर सामने आ जाती थी। उसका सीना फूलकर चौड़ा हो जाता था और गिरे हुए कन्धे फिर से मज़बूत होकर तन जाते थे। बुझी हुई निस्तेज आँखों में सुनहरे भविष्य की बिजली कौंधने लगती थी। उसकी पीठ पर रखा गया नीतीश जी का आश्वासन भरा हाथ या फिर गालों पर दी गई हल्की प्यार भरी थपकी ही यह करिश्मा करने के लिए यथेष्ट होता था। यहाँ फिर से वही लोहिया जी की हीलिंग टच वाली बात एकदम से याद आ जाती है। यद्यपि नीतीश जी विपक्ष के नए-नए विधायक ही थे पर तत्कालीन कांग्रेसी मुख्यमंत्री गण, क्रमश: बिन्देश्वरी दूबे और भागवत झा आज़ाद को इनकी नेकनीयती पर पूरा भरोसा था इसलिए इनकी हर संस्तुति को वे सहजता से स्वीकार कर लेते थे। उन दिनों नीतीश जी जैसे कुछ जुझारू युवा विधायकों की बड़ी सशक्त टोली विधानसभा में अपना अच्छा प्रभाव रखती थी। इस टोली में एक जैसी ईमानदार सोच वाले हर दल के लोग थे जो अपने राज्य के सर्वांगीण

विकास के लिए बहुत प्रयत्नशील रहते थे। वे दिन मेरे लिए अत्यन्त व्यस्तताओं के बावजूद बड़े प्रेरणादायी और ऊर्जावान होते थे।'

27 नवम्बर, 2010 के दैनिक जागरण (पटना संस्करण) में 'खोज-बीन' के अन्तर्गत 'नीतीश का सिटी से पुराना रिश्ता' शीर्षक से एक ख़बर छपी थी। जो उसके गुज़रे दिनों का हाल बख़ूबी बयान करती है। कचौड़ी गली स्थित नारायणी कन्या उच्च विद्यालय के सेवानिवृत्त शिक्षक श्री परमानन्द कुमार के हवाले से बताया गया था कि मंजु 1985 से 1990 के दौरान वहाँ पढ़ाती थी। (एक बार फिर विजय चौधरी की मदद से मंजु का तबादला 1987 में वहाँ से बोरिंग रोड स्थित जे.डी. बालिका उच्च विद्यालय में हो गया था)। उन दिनों बहुत व्यस्त रहने पर भी मंजु को पटना से पटना सिटी स्थित स्कूल पहुँचाने के लिए अक्सर नीतीश स्वयं जाया करता था। उस समय भी नीतीश की सादगी और उसके सौम्य व्यवहार के कारण स्कूल में मंजु के साथ काम करनेवाले शिक्षकों और शिक्षिकाओं को यह पता नहीं चल सका था कि वह विधायक की पत्नी है! यह सब लोगों को क़रीब डेढ़ मास बाद पता चला। नीतीश स्कूल कैम्पस के बाहर ही पत्नी को छोड़ता या छुट्टी के बाद वहीं से घर ले जाया करता था।

बक़ौल मंजु शेखर, नीतीश की पत्नी मंजु को अपने पति की व्यस्तता से बड़ी शिकायत रहती थी। वे चाहती थीं कि नीतीश भी जल्दी घर आकर बच्चे के साथ समय बिताएँ। बार-बार कहने पर भी उनके कानों पर जूँ नहीं रेंगती। कभी दया करके जल्दी आ भी गए तो दोस्तों से घिरे हुए और फिर बार-बार चाय की फ़रमाइश आती रहती। अगर यह सब टंटा न भी हो तो फ़ाइलों का साथ आना लाज़िमी होता था। मंजु नीतीश को सामने बैठाकर सुरेश दम्पती के आगे अपनी शिकायतें रखती। नीतीश चुपचाप बैठा मुस्कुराता रहता। कभी-कभी सुरेश समझाने की कोशिश करते कि नीतीश का जीवन सार्वजनिक हो चुका था जिससे मंजु को सामंजस्य बिठाना चाहिए। सुरेश जी की इस बात पर मंजु उनसे भी नाराज़ हो जाती। वह सुरेश को खीजकर कहती कि उनकी इन्हीं बातों के बहकावे में आकर नीतीश जी गृहस्थी की गम्भीरता के प्रति निर्लिप्त होते जा रहे थे। पर यह सब होता था थोड़ी देर का खेल ही। मेरी समझ से 1985 से 1989-90 के ये चार-पाँच साल नीतीश बाबू और मंजु जी के जीवन के सर्वाधिक सुखद पारिवारिक दिन थे।

मंजु शेखर एक और बात बताती हैं—

'एक शाम मैं और मेरे पति एमएलए क्लब वाले नीतीश बाबू और मंजु जी के घर खाना खाने गए। मेरे मन से उस शाम के अनुभव आज तक हट ही नहीं पाए हैं। मैं और मंजु जी रसोई में रच-रचकर खाना बना रहे थे और ये दोनों बाहर के कमरे में किसी लम्बी बहस में लगे थे। मेरे बच्चे, कोणार्क

और मांडवी, निशान्त के साथ खेल रहे थे। हँसते-बतियाते खाना बनाने में थोड़ी देर हो गई थी। सब काम हो चुका था, बस गरमागरम पूरियाँ तलना रह गई थीं। इसी बीच धड़धड़ाते हुए नीतीश जी किचन में घुस आए और चूल्हे पर चढ़ी कड़ाही के सामने जाकर खड़े होकर बोले, देखिए भाभी, पूरी कैसे बनती है। फिर गरम हो चुके तेल में उन्होंने एक पूरी छोड़ी और उसे झरने से दबाते हुए बोले, बस इसे ऐसे ही दबाते रहिए और देखिए कि पूरी अपने आप कैसे फूलती-फलती है। समझ लीजिए कि पूरी पूरी नहीं, पूरा हिन्दुस्तानी पति है, जितना दबाएँगी, उतना ही फूले-फलेगा! नीतीश जी के हाथों वह पूरी सच में बहुत बढ़िया फूली। मैंने कहा कि सारा गुण आप ही सीख लीजिएगा तो हम लोगों के लिए क्या बचेगा! बिना कुछ बोले नीतीश शरारती बच्चे की तरह मुस्कुराते रहे। खाना खाने के दौरान बातों के क्रम में पता चला कि घर में राजनीतिज्ञों की भीड़ से हारे हुए पति-पत्नी अपने बच्चे की पढ़ाई से बेहद परेशान थे। तब मैं पटना के ही सेंट केरन्स स्कूल में पढ़ाती थी। उस शाम सर्वसम्मति से फ़ैसला हुआ कि निशान्त आगे से मेरी देख-रेख में मेरे ही स्कूल में पढ़ेगा। उसका दाख़िला सेकंड स्टैंडर्ड में हो भी गया। वह पढ़ने में बहुत अच्छा तो था ही, मोती जैसे अक्षर होते थे उसके! क्लास के सबसे शरीफ़ बच्चों में उसकी गिनती होती थी। पता नहीं किस कारण से किसी टीचर ने उस पर छड़ी चला दी और उसके माथे पर एक बड़ा सा गूमड़ निकल आया। शायद उसे बुख़ार भी हो गया था। नीतीश जी इस बात से बेहद आहत हुए और मुझसे इसकी बड़ी संयत भाषा में चर्चा की। जब तक मैं निशान्त के क्लास टीचर से बात करती, क्षुब्ध नीतीश जी ने निशान्त को मेरे स्कूल से हटा लिया और कलेजे पर पत्थर रखकर छोटे से निशान्त को पढ़ने के लिए मसूरी के ग़ैर-अंग्रेज़ी स्कूल मानव भारती में भेज दिया।'

पापा का ग़ुस्सा और पापा का प्रेम

निशान्त को अपने बचपन की ढेर सारी बातें स्पष्ट रूप से याद हैं। वह बताता है—

'पापा के दोस्तों, सरयू राय अंकल और अरविन्द अंकल की सलाह पर मैं मसूरी के पास मानव भारती नाम के नए स्कूल में गया जहाँ मुझे छात्रावास में रखा गया। पापा और मम्मी मुझे जब वहाँ छोड़ने जा रहे थे तो हम तीनों ही बहुत अशान्त थे। मम्मी और मैं तो रो रहे थे पर पापा एकदम चुपचाप रहे। मुझे हॉस्टल में भर्ती करा दिया गया पर वहाँ मूलभूत सुविधाओं के अभाव के कारण मैं बीमार पड़ गया। वहाँ बाथरूम कमरों से काफ़ी दूर थे जहाँ रात के अँधेरे में जाने में मुझे डर लगता था। एक दीदी थी वहाँ जो बहुत प्यार करती

थीं। उनको देखकर बहुत अच्छा भी लगता था। लेकिन एक बात बेहद ख़राब भी लगती थी वहाँ। मेरी मम्मी और पापा मुझे ढेर सारे खिलौने दे गए थे जिन्हें मेरी एक अन्य टीचर ने मुझसे लेकर अपने बेटे को गिफ़्ट कर दिया था। अपने खिलौने छिनते देख मैं दुखी होकर भी कुछ बोल नहीं पाता था। मुझे हमेशा यह भी लगता था कि मैं अपने पापा और मम्मी के पास ही क्यों नहीं रह सकता? उनके बिना मेरा मन बहुत उदास रहने लगा था, फिर भी उनकी बातें याद करके मैं भरसक मन लगाकर पढ़ता था। तीसरी क्लास की परीक्षा मैं अच्छे नम्बरों से पास तो कर गया लेकिन मैं शरीर से बहुत कमज़ोर हो गया। इसलिए मम्मी ने मुझे पटना वापस बुला लिया।'

अपनी इकलौती बीमार सन्तान से विछोह बर्दाश्त न कर पाने के कारण मंजु को उसे वापस पटना लाना पड़ा। निशान्त वापस आकर बेली रोड स्थित केन्द्रीय विद्यालय में पढ़ने लगा और अपनी ही देख-रेख में मंजु उसे पढ़ाने भी लगीं। इस प्रकार नीतीश की गृहस्थी की गाड़ी जैसे-तैसे फिर से पटरी पर आ गई। यहाँ रुककर हम नीतीश के बेटे निशान्त से फिर से एमएलए क्लब में बिताए गए उन दिनों की बात सुनते हैं जब वह था तो बेहद छोटा, पर उन दिनों की उसे बड़ी प्यारी स्मृतियाँ हैं।

निशान्त बताता है—

'मुझे साइकिल का बड़ा शौक़ था। पापा मेरे लिए, शायद दिल्ली से, तीन पहियों वाली चमचमाती हुई साइकिल लेकर आए। मैं तो दिन-रात उसी साइकिल पर सवार रहने लगा। पूरी छत पर मेरी वह साइकिल लगातार दौड़ती ही रहती। कभी-कभी घर के लोग मेरी इस आदत से नाराज़ भी हो जाते, पर मैं उसे छोड़ना नहीं चाहता था। पापा मुझे बहुत प्रोत्साहन देते। जैसे ही छोटी साइकिल पर मेरा अभ्यास पक्का हो गया, पापा ने थोड़ी बड़ी साइकिल ला दी। यह भी बहुत सुन्दर थी जिसमें सहारे के लिए दो छोटे पहिए अलग से लगे थे ताकि मैं सन्तुलन बिगड़ने पर गिर न पड़ूँ। जब मैं ठीक से साइकिल चलाना सीख गया तो सबसे ज़्यादा पापा ही ख़ुश हुए। मैं जब बड़ा हो गया तो पापा से मैंने मोटरसाइकिल की फ़रमाइश की। मैं भूल गया था कि पापा ने भी मोटरसाइकिल चलाना सीखना चाहा था, पर वे बेचारे पहले प्रयास में ही गिरकर चोट खा बैठे थे और दोबारा उसे सीखने की कभी कोशिश ही नहीं की। मेरे दोपहिए वाहन के अनुरोध को तो उन्होंने ठुकरा दिया मगर जल्दी ही, शायद मेरे और मेरी माँ के लिए, पहले पुरानी एम्बेसडर और बाद में नई मारुति 800 गाड़ी ख़रीद दी। उन्हीं की इच्छानुसार मैंने गाड़ी चलाना सीखा जिसे कभी-कभी मैं ख़ुद ही चलाकर कॉलेज भी जाने लगा। पापा ने तब भी बहुत ख़ुश होकर कहा था कि अब तुम्हारी माँ को ज़बरदस्त सहारा हो गया, वह कहीं भी आराम से जा सकेगी।

इतना कहकर उन्होंने मुझे प्यार से गले लगाया और अपने काम में व्यस्त हो गए। यह उनका प्यार जताने का तरीक़ा था, लेकिन बचपन में मेरी पढ़ाई में ढिलाई उन्हें बिलकुल अच्छी नहीं लगती थी। मेरी मुश्किल यह थी कि मेरी माँ और मेरे नाना, दोनों ही अद्भुत शिक्षक थे। ये दोनों अपने दिनों में बड़े अच्छे विद्यार्थी भी रहे थे। वही हाल मेरे पापा का था। स्वाभाविक है कि ये मेरे सभी अभिभावक मुझसे उम्मीद रखते थे कि मैं भी उनके जैसा ही अच्छा करूँ। पहाड़ जैसे बस्ते का बोझ अपने कन्धों पर लादे मैं स्कूल जाने लगा था। माँ को तो घर के काम और स्कूल से फ़ुरसत ही नहीं मिल पाती थी इसलिए एक शिक्षक मुझे पढ़ाने आने लगे थे। लगता है कि पापा उनके पढ़ाने के तरीक़े से बहुत ख़ुश नहीं होंगे, क्योंकि कभी-कभी वे स्वयं मुझे पढ़ाने के लिए बैठ जाते थे। अधिकतर मुझे वे अंग्रेज़ी पढ़ाते थे और मेरे सही जवाब देने पर बहुत ख़ुश हो जाते थे। उनकी नाराज़गी भी बहुत ख़तरनाक होती थी। उनसे पढ़ते समय मेरी ग़लती पर उनसे कभी डाँट-फटकार तो कभी कनैठी और कभी-कभी एकाध हल्की चपत की प्रसादी भी मिल जाती थी।

एक बार को छोड़कर उन्होंने कभी भी मुझे बहुत ज़ोरों से न तो डाँटा या पीटा। तब मैं छोटा ही था इसलिए स्कूल से जल्दी छुट्टी मिल जाया करती थी। तब तक अगर माँ घर में लौट नहीं पाती तो पापा ज़रूर वहाँ रहते। कभी-कभी मैं नीचे जाकर अशोक अंकल के पास भी रहता था। एक दिन माँ घर में नहीं थी और मैं स्कूल से घर आकर खेलने में व्यस्त हो गया। पापा ने कई बार होम वर्क करने को कहा, पर मैं तो अपनी ही दुनिया में मस्त था! जब मैंने न पढ़ने की बहुत ज़िद की तो उन्हें भी बेहद ग़ुस्सा आ गया। उन्होंने अपने दोनों हाथों से मेरी दोनों बाँहों को पकड़कर मुझे उठा लिया और छत से नीचे छज्जे पर लटका दिया। वैसे तो उन्होंने मुझे बहुत मज़बूती से दोनों हाथों से थाम रखा था, और मेरे पाँवों के ठीक नीचे छज्जा भी था, फिर भी मुझे बहुत डर लगा और मैं इतना सहम गया कि मैं रोना ही भूल गया! मैंने पापा को इतना ग़ुस्सा करते कभी देखा ही नहीं था। इससे तो अच्छा होता कि वे मुझे ठीक से ठोक देते।

पापा को भी लगा होगा कि मेरी ग़लती की सज़ा कुछ ज़्यादा ही हो गई थी, इसलिए उन्होंने मुझे वापस उतारकर छोड़ दिया और बाद में पढ़ने के लिए भी नहीं कहा। इस घटना के बाद मैं ख़ुद भी इतना सँभल गया था मुझे ख़ुद ही पढ़ने में बहुत मन लगने लगा। इसके बाद मेरी ज़िद पर पापा मेरे लिए क्रिकेट का पूरा सेट ख़रीद लाए। बैट, बॉल, विकेट ही नहीं, सारे पैड और ग्लव्स और टोपी भी! स्कूल ख़त्म हो जाने के बाद उसी कम्पाउंड में मैं अपने दोस्तों के साथ ख़ूब खेलता। मुझे खेलते समय तो कभी कुछ नहीं हुआ, पर एक बार मैदान के बाहर बैठकर मैच देखते समय गेंद मेरे सर पर आ लगी और मुझे

बड़ी चोट आई पर मैंने यह बात किसी से बताई ही नहीं। पापा के साथ मैं और माँ कई बार घूमने गए थे।

मम्मी और पापा के साथ बचपन में की गई गोवा तथा आगरा की यात्राएँ मुझे अच्छी तरह से याद हैं। पापा हर नई चीज़ बहुत ग़ौर से समझते और फिर उतना ही रस लेकर माँ और मुझे समझाते। उनकी एक बात से मैं परेशान रहता था। अन्य बच्चों के पिता उन्हें खिलौने लाकर देते थे और मेरे पापा जब देखो न तब किताबें ला दिया करते थे। वैसे तो वे सभी किताबें बहुत अच्छी होती थीं, पर उन पर सवारी तो नहीं की जा सकती थी! अपने कपड़े सही तरीक़े से तह करके रखना, खाना खाने के बाद अपने जूठे बरतन की स्वयं सफ़ाई करना और सफ़ाई की कोई व्यवस्था हो तो बरतनों को वहाँ तक रख आना, अपना बिस्तर लगाना, समेटना और अपने जूतों पर पॉलिश करना मैंने अपने पापा से ही सीखा है। उन्होंने कुछ सिखाया नहीं, अद्‌भुत शिक्षक हैं मेरे पापा, जिनको अपने सारे काम स्वयं करते देखकर ही मैंने यह सब सीखा है।'

इब्तिदा (शुरुआत) ही ज़ोरदार

नीतीश को देखकर निशान्त ने जो सीखा उससे यही लगता है कि घर हो या बाहर, नीतीश ने हमेश आत्मानुशासन बनाए रखा। इसी का फल था कि नीतीश के पहली बार विधायक बनने के समय बिहार में कांग्रेसी राज के रहते भी उसकी हनक कुछ कम नहीं थी।

विधानसभा में दिया गया उसका पहला ही भाषण इतना ज़बरदस्त था कि वहाँ हड़कम्प मच गया। इस घटना के माह भर के भीतर ही तत्कालीन कांग्रेसी मुख्यमंत्री बिन्देश्वरी दूबे के बजट भाषण पर हुई बहस में नीतीश ने जो कहा वह आज भी याद किया जाता है। उस भाषण को तैयार करने में सुरेश शेखर ने भी सारी रात जगकर नीतीश की बहुत मदद की थी। सुरेश पटना में ही रिज़र्व बैंक में नौकरी करता था और अर्थशास्त्र जैसे रूखे विषय पर भी बहुत अच्छी पकड़ रखता था। बहस बजट भाषण पर होनी थी इसलिए सुरेश और नीतीश ने मिलकर बहुत सारगर्भित उत्तर तैयार किया। आँकड़ों की बौछार करते हुए उसने राज्य के अलग-अलग क्षेत्रों में व्याप्त सरकारी कुव्यवस्था पर ऐसा ज़बरदस्त प्रहार किया कि सरकारी पक्ष की बोलती ही बन्द हो गई! सरकार की ओर से बोलते हुए मुख्यमंत्री ने विपक्ष के बस दो लोगों, क्रमशः कर्पूरी जी और नीतीश कुमार के भाषणों की चर्चा की। बाद में सदन के समक्ष जो विनियोग विधेयक प्रस्तुत हुआ, उस पर हुई बहस में नीतीश ने सरकार की धज्जियाँ उड़ा दीं। उस दिन नीतीश ने कहा था—

'...जो विनियोग विधेयक इस सदन के समक्ष प्रस्तुत है अगर यह पास हो जाता है, तो इससे बिहार सरकार को अकर्मण्यता का लाइसेंस मिल जाएगा। यह सरकार जो कहती है, उसके मुताबिक़ काम नहीं हो रहा है। बजट भाषण के जवाब में और बजट पर, सिंचाई विभाग और विद्युत विभाग की माँग पर बोलते हुए माननीय मुख्यमंत्री ने कहा था कि प्लांट लोड फ़ैक्टर में सुधार हो रहा है। मैं मानता हूँ कि अप्रैल में सुधार हुआ, लेकिन उसके बाद से प्लांट लोड फ़ैक्टर नीचे की ओर जा रहा है, जेनरेशन नीचे जा रहा है। हमें देखना होगा कि बिजली की स्थिति ऐसी क्यों है? यह स्थिति इसलिए है कि आज सभी जगह मिसमैनेजमेंट है। हर जगह पावर हाउसों की हालत ख़राब है। बरौनी में अगर एक यूनिट चलता है तो दूसरा बन्द हो जाता है।...मरम्मती के अभाव में बरौनी में 107 मेगावाट के स्थान पर 60-70 मेगावाट बिजली का उत्पादन होता है,...पतरातू आज बन्द है, रोटर फ़ॉल्ट के चलते। आज विद्युत् का उत्पादन नहीं हो पाता है दूसरी तरफ़ जो जेनरेशन इंजीनियर होते हैं, जो विदेशों में जाकर ट्रेनिंग करके आते हैं, उन्हें जेनरेशन से हटाकर जेनरल लाइन में भेज दिया जाता है। जेनरेशन वालों को जो सहूलियत मिलनी चाहिए, वह सहूलियत उनको नहीं दी जाती।...इसलिए जेनरल कैडर में पैरवी कराकर आना चाहते हैं। इसलिए जेनरेशन इम्प्रूव करने की बजाय नीचे घटता चला जा रहा है।...परिवहन निगम 79 करोड़ के घाटे में चल रहा है और इस साल 16 करोड़ से अधिक का घाटा है। मैं कहना चाहता हूँ कि परिवहन निगम की ऐसी ख़राब हालत यहाँ के प्रबन्धन के चलते हो रही है।... पूँजी मद की राशि को राजस्व मद में डाइवर्ट किया जाता है। निगम की स्थिति ख़राब होने का यह भी एक ख़ास कारण है।...इसकी जाँच होनी चाहिए, इसकी समीक्षा होनी चाहिए कि जितने अधिक प्रशासनिक अधिकारी वहाँ नियुक्त किए जाते हैं, उतना ही घाटा बढ़ता जाता है।...निगम की साढ़े आठ सौ बसें ख़राब पड़ी हैं। इसके इंजीनियर की बहाली होनी चाहिए, लेकिन इंजीनियर की बहाली नहीं होती है। चीफ़ इंजीनियर जो वहाँ हैं, वे कोई इंजीनियर नहीं हैं, वे नॉन-टेक्निकल हैं।...परिवहन निगम की केन्द्रीय कर्मशाला में मैकेनिकल इंजीनियर होना चाहिए था लेकिन उसको हटाकर इलेक्ट्रिकल इंजीनियर को बहाल कर दिया गया है। उसी तरह चीफ़ एकाउंट्स ऑफ़िसर फ़ाइनेंशियल सर्विस से आना चाहिए था, क्योंकि सरकार को इसे नियुक्त करना है लेकिन इस पर एक वाउचर चेकर को बहाल कर दिया गया है। परिवहन निगम के इम्पलाइज़ की संचित निधि का रुपया ख़र्च कर दिया जाता है...मुक़दमा होना चाहिए।...संचित निधि का रुपया राष्ट्रपति को भी ख़र्च करने का अधिकार नहीं है।...पिछला वर्ष अन्तरराष्ट्रीय विकलांग वर्ष था और उस दौरान विकलांगों के लिए कृत्रिम अवयव निर्माण करने के सरकारी केन्द्र में, उसमें बने सामानों के दाम में 50 प्रतिशत की छूट

दी जाती है, जो विकलांग उसे ख़रीदते हैं।...कृत्रिम अवयव केन्द्र कंकड़बाग़ के 126 नम्बर फ़्लैट हाउसिंग बोर्ड में अवस्थित था उसको ख़ाली करा लिया गया है, ज़बरदस्ती, जबकि वह बाज़ाब्ता आवंटित था और उसका किराया समय पर आवास बोर्ड को दिया जाता था...उसमें ऑफ़िसर को रख दिया गया है, जबकि एक लाख 22 हज़ार रुपये का उपकरण और निर्मित वस्तुएँ तीन माह तक सामने खड़ा रख दिया, वे वस्तुएँ सड़ रही हैं, धूप से बर्बाद हो रही हैं और अब वे वस्तुएँ कहाँ हैं, पता नहीं है।...अन्तरराष्ट्रीय युवा वर्ष के अवसर पर क्या हो रहा है यहाँ के युवाओं के साथ...प्रतियोगिता के आधार पर 203 प्रतियोगियों को चुना गया प्रखंड स्तर पर नियोजन पदाधिकारी नियुक्त करने के लिए। दिसम्बर 1983 में रिज़ल्ट निकाला गया। जब डॉ. जगन्नाथ मिश्र मुख्यमंत्री थे तो उन्होंने कहा कि ज़रूरत है और जब श्री चन्द्रशेखर सिंह मुख्यमंत्री हुए, तो उन्होंने कहा कि इसकी कोई ज़रूरत नहीं है।...इसमें 100 सफल उम्मीदवार आयु-सीमा को पार कर चुके हैं, और उनका कोई क़सूर नहीं है।...सवाल है, अब वे कहाँ जाएँगे? वही हालत है प्रखंड उद्योग विस्तार पदाधिकारी की...बहाली के लिए बीपीएससी ने प्रतियोगिता परीक्षा ली और उनका चयन किया। लेकिन आज तक बहाली नहीं हो रही है। झगड़ा चल रहा है दोनों विभागों में, इसलिए इस सरकार की अकर्मण्यता के कारण और विफलता के कारण ये ख़र्च करने के अधिकारी नहीं हैं, इसलिए मैं सदन से दरख़्वास्त करता हूँ कि इस विनियोग विधेयक को ख़ारिज कर दें।'

ज़ाहिर है, इस भाषण के लिए नीतीश ने ज़बरदस्त होमवर्क किया था। इस बहस में नीतीश ने आगे जैसी बातें कहीं, वैसी बातें सदन में पहले कभी नहीं सुनी गई थी।

आदमी और आदमी के बीच बने पुल

नीतीश ने सरकार के सामने गिरिडीह ज़िला के बगोदर निर्वाचन क्षेत्र के बिरनी प्रखंड में इरगा नदी पर एक पुल निर्माण का प्रस्ताव रखा था। उस दिन नीतीश ने सदन में बहुत भावपूर्ण शब्दों में कहा था—

'अध्यक्ष महोदय, मैं तो चाहता हूँ कि इस दुनिया में आदमी और आदमी के बीच पुल बने।'

आज जिनका मूल प्रस्ताव था, माननीय सदस्य श्री गौतम सागर राणा का, वे हिन्दुस्तान के प्रतिनिधिमंडल में अन्तरराष्ट्रीय युवा महोत्सव में सोवियत रूस की राजधानी मास्को गए हुए हैं। जहाँ दुनिया-भर के नौजवान इकट्ठा हो रहे हैं, जहाँ यह प्रयास हो रहा है कि दुनिया-भर की सभ्यताओं और संस्कृति के बीच

भी पुल बने।...पूर्ववर्ती सरकार ने, तत्कालीन मुख्यमंत्री श्री कर्पूरी ठाकुर एवं श्री रामसुन्दर दास ने उस पुल के निर्माण की दिशा में काम करने का आदेश दिया है। इसलिए मैं सरकार से दरख़्वास्त करूँगा, सरकार से अनुरोध करूँगा कि इस पुल को जनहित में बना दें ताकि लोगों को सहूलियत हो। इस निर्माण-कार्य के बारे में कोई राजनीति नहीं होनी चाहिए।

यह हैरानी की बात थी क्योंकि पुल बनाने का प्रस्ताव मूल रूप से गौतम सागर राणा का था जो बगोदर से विधायक थे। यह पुल उनके चुनाव क्षेत्र में बनना था और यहाँ सदन में वकालत कर रहा था नीतीश!

नीतीश के उस भाषण का प्रभाव तब के कई विधायकों पर इतना गहरा पड़ा कि वे नीतीश के मुरीद हो गए। मुरीद होनेवालों में कांग्रेस के कई विधायक भी थे। धीरे-धीरे नीतीश के आसपास नौजवान विधायकों की ऐसी गोलबन्दी हुई कि सब ईमानदार सोच वाले लोग पार्टी से ऊपर उठकर राज्य के हित की बात सोचने-करने लगे।

नीतीश ने अपने भाषणों में राज्य में किसी भी व्यवसाय के न पनपने की बात कही। गोकि यह बात पूरी तरह से सच नहीं थी। इस सिलसिले में एक प्रख्यात पत्रकार ने कहा था कि—

'उन दिनों बिहार के सारे बड़े उद्योग-धन्धे दक्षिण बिहार में ही लगे और फल-फूल रहे थे। उत्तर बिहार में कृषि ही आय का एकमात्र साधन थी। फिर भी पटना में एक बारहमासी व्यवसाय उत्कर्ष पर था—पैसे देकर मनचाहा ट्रांसफ़र/पोस्टिंग का। यह एक ऐसा खेल था जिसमें कई विधायकों की संलिप्तता रहती थी।

लाल बत्ती का लफड़ा

19 मार्च, 1972 से 1973 तक और पुन: 30 जून, 1980 से लेकर 10 अगस्त, 1987 तक कर्पूरी ठाकुर नेता प्रतिपक्ष रहे। जानकार लोग बताते हैं कि किसी सैद्धान्तिक मुद्दे पर विधानसभा के तत्कालीन अध्यक्ष शिव चन्द्र झा की कर्पूरी ठाकुर से ठन गई थी। अध्यक्ष महोदय कर्पूरी जी को नेता प्रतिपक्ष के पद से हटाने के लिए कृतसंकल्प थे। नेता प्रतिपक्ष को कैबिनेट मंत्री के दर्जे के साथ ही उस पद की सारी सुविधाएँ मिलती हैं। उन दिनों इन सुविधाओं में लाल बत्ती वाली गाड़ी का बड़ा क्रेज था। यह गाड़ी राजनैतिक आकांक्षाओं की चरम परिणति की पहचान बन गई थी। कर्पूरी जी से मनोमालिन्य रखनेवाले शिव चन्द्र झा ने उनकी लाल बत्ती वाली गाड़ी छीनने का मन बना लिया था। उन्होंने किसी क़ानूनी प्रावधान का सहारा लेकर येन-केन-प्रकारेण कर्पूरी ठाकुर को नेता प्रतिपक्ष

के पद से 11 अगस्त, 1987 को हटाकर ही दम लिया। कहा गया कि कर्पूरी ठाकुर के समर्थकों की संख्या घट जाने के कारण उन्हें नेता प्रतिपक्ष के पद से हटाया गया था। क्षुब्ध होकर कर्पूरी जी ने 22 जनवरी, 1988 को एक पत्र के द्वारा अध्यक्ष बिहार विधानसभा के सामने सारी बातें स्पष्ट रूप से रख दी थी। उन्होंने इस चिट्ठी में अकाट्य तर्कों के सहारे अध्यक्ष महोदय की कारवाइ को असंवैधानिक सिद्ध कर दिया था। यही नहीं, कर्पूरी जी ने राज्यपाल के समक्ष अपनी पार्टी के विधायकों की परेड कराई थी और निर्धारित मापदंड पर खरे भी उतरे थे लेकिन उनकी एक न सुनी गई। अन्ततोगत्वा, बड़ी लम्बी लड़ाई के बाद, 12 फ़रवरी, 1988 को उन्हें नेता प्रतिपक्ष के रूप में मान्यता मिली थी। कर्पूरी जी के प्रतिपक्ष पद से हटाए जाने के वर्षों बाद जगन्नाथ मिश्र ने कर्पूरी जी के बारे में लिखा है—

'कर्पूरी जी के निधन ने एक प्रश्न अनुत्तरित छोड़ दिया है। यह विधानसभा तथा संसद से सम्बन्धित है।...विधानसभा में जब विधान मंडल के नियम व क़ायदों की सीमा के भीतर उन्हें न्याय नहीं मिल पाया तब उन्होंने सर्वोच्च न्यायालय की शरण ली। अपने जीवन काल में वह न्यायालय का फ़ैसला नहीं सुन सके।...खरे उतरे लेकिन विपक्ष के नेता का पद उन्हें जीवन काल में नहीं मिल पाया।'

दरअसल, कर्पूरी जी के जीवन काल में यह घोषणा सार्वजनिक नहीं हो पाई थी क्योंकि 17 फ़रवरी, 1988 को ही कर्पूरी ठाकुर का निधन हो गया। आदेश तो शायद 12 फ़रवरी को पारित हो गया था लेकिन उसका प्रकाशन कर्पूरी जी के निधन के बाद हो पाया था। कर्पूरी जी से नाराज़ दिलजलों ने शिगूफ़ा छोड़ा कि लाल बत्ती के ग़म में वे चल बसे!

कर्पूरी जी के गुज़र जाने के बाद, लोकदल के सामने नया नेता चुनने की समस्या खड़ी हो गई। लोकदल के 46 विधायकों में सबसे बड़ी संख्या यादवों की थी इसलिए यह तो सर्वसम्मति बनी कि इस बार लोकदल का नेता कोई पिछड़े वर्ग से आये और यदि सम्भव हो तो कोई यादव ही दल का नेता बने। इनमें लोकदल से अनूप लाल यादव, विनायक प्रसाद यादव, चुनचुन प्रसाद यादव आदि के नाम आगे आ रहे थे। नीतीश इस चूहा दौड़ में शामिल नहीं था। दरअसल 3 वर्षों से भी कम समय से विधायक रहने के बावजूद वह 'किंग मेकर' की हैसियत में आ गया था। लालू ने अपनी जीवनी में लिखा भी है—

'...दो-तीन पुराने कार्यकर्ता भी थे; अनूप लाल यादव, गजेन्द्र हिमांशु और विनायक प्रसाद यादव, जो पद के लिए इच्छुक थे। लेकिन नीतीश और अन्य नई पीढ़ी के नेताओं ने मुझे समर्थन दिया और बिहार विधानसभा में विपक्ष का नेता बनने में मेरी मदद की।'

कैसे बना नया नेता

हमने इस सिलसिले में नीतीश से टुकड़ों-टुकड़ों में बातें करके समझा कि उसकी सोच शुरू से स्पष्ट थी कि इस बार लोकदल का नेता लालू प्रसाद यादव को ही बनाना है। बक़ौल नीतीश, लालू को लोकसभा का तो अनुभव था ही, विधानसभा में भी 1980 से ही वह अपनी साख बना चुका था। तब तक कई टुकड़ों में बिखर चुकी पुरानी जनता पार्टी के प्राय: सभी केन्द्रीय नेताओं से लालू की अच्छी पहचान थी। देवीलाल, वी.पी. सिंह, मुलायम सिंह यादव, चन्द्रशेखर, देवगौड़ा, शरद यादव आदि ऐसे स्थापित नेता थे जिनमें हरेक तक बिहारी नेताओं में लालू की सबसे अधिक पहुँच थी। नीतीश के सामने लालू के पक्ष में जो तर्क जा रहे थे उनमें सबसे पहली बात यह थी लालू का सभी दलों के बड़े नेताओं से ठीक-ठीक सम्बन्ध होना। इस वजह से लालू अपने दल की तरफ़ से लाए गए प्रस्ताव को अधिक आसानी से पारित करा सकता था। दूसरी बात यह थी कि पार्टी में नीतीश की तरह समझ रखनेवाले नेताओं की सही बातों को स्वाभाविक परिणति तक पहुँचाने में लालू जैसा शायद ही कोई विपक्षी नेता था। कांग्रेस के ज़बरदस्त संख्या बल के आगे लालू की जिह्वा बल के सहारे ही टिका जा सकता था इसलिए लालू को लोकदल का नेता बनाने में नीतीश जी-जान से लग पड़ा। उन दिनों नीतीश और लालू, और इनके साथ कभी-कभी जगतानन्द सिंह को भी, लोकदल के हर विधायक के दरवाज़े पर दस्तक देते देखा जाता था। आख़िर में नीतीश की मेहनत रंग लाई। लालू को विधानसभा में लोकदल का नेता चुन लिया गया। लालू के लिए आगे की राह बहुत कठिन थी। कर्पूरी जी के निधन के क़रीब एक साल बाद नेता प्रतिपक्ष का पद ख़ाली रहा। 18 मार्च, 1989 को लालू नेता प्रतिपक्ष बना। इस पद पर वह 7 दिसम्बर, 1989 तक बना रहा जिसके बाद वह लोकसभा का चुनाव जीतकर सांसद हो गया। लालू के दिल्ली चले जाने के बाद 18 जनवरी, 1990 से लेकर 19 मार्च, 1990 तक, लोकदल के अनूप लाल यादव नेता प्रतिपक्ष रहे।

उस समय नीतीश बिहार की राजनीति के क्षितिज पर उभरता हुआ नया और चमकता हुआ सितारा बन गया था। 1987 में वह बिहार युवा लोकदल का अध्यक्ष और 1989 में जनता दल बिहार का महासचिव भी चुना गया।

अशोक बताते हैं—

निरन्तर भागदौड़ के बावजूद हम सबके लिए वे दिन बड़े प्रेरणादायी और ऊर्जावान होते थे। विधानसभा के चार साल तो जैसे पंख लगाकर उड़ गए। विधायक बनने के बाद भी, अपनी आदत से मजबूर, नीतीश जी हरनौत क्षेत्र में घूमते ही रहते थे। हरनौत विधानसभा क्षेत्र तब बाढ़ लोकसभा क्षेत्र में पड़ता था। मैं भी उनके साथ लगा ही रहता था। एक बार क्षेत्र में यूँ ही मिलने-मिलाने

के क्रम में, रहुई में भरी दोपहरी में खेत में काम कर रहे, हमारे एक बुज़ुर्ग हितैषी ने हमें रोक लिया। बाद में जब नीतीश जी केन्द्र में स्थापित नामों में एक हो गए तब मैंने और नीतीश जी ने उन्हें ढूँढ़ने की बड़ी कोशिश भी की लेकिन हम असफल रहे। उन्होंने बहुत मीठी डाँट पिलाते हुए नीतीश जी से कहा था कि स्थानीय स्तर के छोटे-मोटे कामों में अपना समय और दिमाग़ आप क्यों लगा रहे हैं? आपके क्षेत्र की जनता आप में देश को बदलने की अपार सम्भावनाएँ देखती है। इसलिए अपनी क्षमता का सदुपयोग करने और अपने क्षेत्र के शुभचिन्तकों की इच्छा का पालन करने के लिए आपको लोकसभा जाकर अपनी बात कहनी चाहिए!

बढ़ता आकार और छोटी पड़ती ज़मीन

अशोक आगे बताते हैं—

फिर आया 1989 का लोकसभा का चुनाव।

पहले नीतीश जी केन्द्र की राजनीति में जाना ही नहीं चाहते थे। रहुई वाले भलेमानुस की केन्द्र की राजनीति करने की नेक सलाह पर नीतीश जी ने गम्भीरता से सोचने के बाद इस विषय पर हम कई लोगों से बहुत गहन विमर्श किया। काफ़ी गहराई से कुछ दिनों तक चिन्तन-मनन के बाद नीतीश जी ने बाढ़ क्षेत्र से लोकसभा का चुनाव लड़ने के लिए सहमति दे दी। फिर क्या था! हमारा उत्साह आकाश छूने लगा। बाढ़ लोकसभा में हमारे सबसे मज़बूत प्रतिद्वन्द्वी, उस समय के यादवों के बेताज बादशाह, कांग्रेसी नेता रामलखन सिंह यादव थे। तब तक उन्हें हराना प्राय: असम्भव माना जाता था। चुनाव में जो घमासान कांग्रेसी धाँधली चलनी थी वो तो चली ही, लेकिन इन सबके बाद भी ऐसे धाकड़ नेता को नीतीश जी ने क़रीब 75,000 वोटों से हराया था।'

1989 की 28 नवम्बर की तारीख़! माघ मास की अमावस्या की गहराती काली रात। बिहार में लोकसभा के चुनावों की दो दिन पहले पड़े आख़िरी वोटों की गिनती क़रीब-क़रीब पूरी हो चुकी है। पूरे राज्य की 54 सीटों में कुल जमा 4 सीटों पर ही कांग्रेस पार्टी जीत सकी है। जनता दल को 32 सीटें हासिल हुई हैं। आश्चर्य की बात है कि जहाँ उत्तर भारत में कांग्रेस की हालत 'रहा न कुल कोउ रोवनिहारा' हो गई वहीं दक्षिण भारत में उसे प्रचंड बहुमत मिला। बाढ़ के लोकसभा के चुनाव के साथ एक महत्त्वपूर्ण तथ्य भी जुड़ा है जो हमें अशोक ने बताई है—

'एक मज़ेदार बात और हुई। पहले बाढ़ से कम्यूनिस्ट पार्टी के विश्वमोहन चौधरी विधायक थे। नीतीश जी ने जब हरनौत विधानसभा क्षेत्र छोड़ी तो यही

चौधरी जी वहाँ से एक बार फिर विधायक हुए लेकिन इस बार जनता दल के प्रत्याशी के रूप में।'

उस दिन चचा ने अपनी डायरी में लिखा था—

'केन्द्र में किसी दल को बहुमत नहीं मिला है। जनता दल वामपंथी दलों आदि की मदद से सरकार बनाने की जुगत में लगी है जो बहुत दिनों तक टिकेगी नहीं। अभी तो इन्हें अपना नेता चुनने में ही कष्ट हो रहा है। चन्द्रशेखर जी, श्री वी.पी.सिंह और चौधरी देवीलाल में स्पष्ट टक्कर है। अब देखें कौन आगे निकलते हैं। मुझे यह भी लगता है कि देश एक अनिश्चय के दौर में फँसने ही वाला है। फिर वही कुर्सी की खींचतान चलेगी और वही मध्यावधि चुनाव का चक्कर चलेगा। ऊपरवाला ही जाने कि इस देश का क्या होगा! बिहार से अपने यार, नीतीश कुमार, की जीत पूरी चुनावी प्रक्रिया की इकलौती अच्छी ख़बर है।'

इस इकलौती अच्छी ख़बर के केन्द्र में खड़े हमारे नेता नीतीश के इस चुनाव के बारे में हम अगले अध्याय में जानेंगे।

केन्द्र से लेकर राज्य की राजनीति तक

साल 1989 नीतीश के राजनीतिक करियर के लिए काफ़ी अहम था। इस साल नीतीश पहली बार लोकसभा के लिए बाढ़ से चुना गया। यह 9वीं लोकसभा थी जिसका कार्यकाल 2 दिसम्बर, 1989 से 13 मार्च, 1991 तक, क़रीब सवा साल का रहा। नीतीश के सक्रिय सहयोग के कारण जॉर्ज फ़र्नांडिस भी बिहार के नालन्दा से ही जीतकर लोकसभा में पहुँचे। 1989 की संसद में जनता दल के नेताओं की भीड़ थी पर उनमें पहली बार लोकसभा में पंजाब से निर्वाचित होकर आए इन्द्र कुमार गुजराल ने उसे बड़ा प्रभावित किया था। फ्रेंच कट दाढ़ी और सफ़ारी सूट में गुजराल साहब दूर से ही राजनेता नहीं राजदूत लगते थे जो वे रह भी चुके थे। उनका बात करने का वह मख़मली अन्दाज़ नीतीश को पहले दिन से ही भा गया था। कर्मठ, लेकिन संकोची, नीतीश को दोस्ती करने के लिए पहल करने में मुश्किल होती थी। कमोबेश वही हाल बुद्धिजीवी गुजराल साहब का भी था। इसलिए दोनों के बीच खड़ी औपचारिकता की दीवार को गिरने में कुछ समय लग गया। एक बार जब यह दीवार हट गई तो दोनों ने एक-दूसरे की ताक़त को पहचानकर उसकी इज़्ज़त करने लगे। बाढ़ से लोकसभा के लिए इस चुनाव में नीतीश की हुई इस विजय में कई लोगों का बड़ा योगदान रहा था। उनमें एक थे रुकनपुरा गाँव के होम्योपैथी के प्रसिद्ध डॉक्टर स्वर्गीय कमला प्रसाद सिंह के बेटे ज्ञानेन्द्र कुमार सिंह उर्फ़ ज्ञानू, जो फ़िलहाल (2023 की जून में) जेडीयू को छोड़कर बीजेपी के विधायक हैं। ज्ञानू से मिलने पर उन्होंने बताया—

'मेरे और नीतीश जी के पिताजी बहुत अच्छे मित्र थे। मेरे पिताजी के देहावसान के बाद नीतीश जी ने सुनिश्चित किया कि मेरे परिवार को उनकी अनुपस्थिति का अनुभव कम से कम हो। मुझे राजनीति में शुरू से ही दिलचस्पी रही थी। केन्द्र में जब विश्वनाथ प्रताप सिंह की सरकार बनी तब से नीतीश जी और श्री शिवानन्द तिवारी जैसे नेताओं के साथ मैं भी बिहार की राजनीति के गिने-चुने पूर्णकालिक कार्यकर्ताओं में सम्मिलित हो गया।

1989 के लोकसभा चुनावों में नीतीश जी बाढ़ से प्रत्याशी थे। मैं उस क्षेत्र में पहले से ही सक्रिय था इसलिए मैंने बड़ी लगन से उस चुनाव में काम किया। मैंने सभी कार्यों के लिए अपने ही स्त्रोतों से धन की व्यवस्था की। वह किसी बड़े चुनाव का मेरा पहला अनुभव था लेकिन उसमें मैंने नीतीश जी से बहुत कुछ सीखा। सबसे बड़ी बात यह सीखी कि सच्ची राजनीति करनेवाले की राह कभी सरल नहीं होती। ऐसा व्यक्ति अपना सर्वस्व त्याग करने के बाद भी क्षेत्र की जनता की नाजायज़ माँगों के आगे समर्पण नहीं करता और उसके बुरे परिणाम झेलता ही रहता है। दूसरी बात यह भी सीखी कि राजनीति में न तो कोई स्थायी मित्र होता है और न ही स्थायी शत्रु। नीतीश जी की कर्मठता और धैर्य से एक बात और समझ में आई कि हर परिस्थिति में व्यक्ति को अपने मूल सिद्धान्तों से कभी समझौता नहीं करना चाहिए। उस चुनाव के दौरान अपने प्रति मेरा समर्पण देखकर नीतीश जी का भरोसा मुझ पर बढ़ता गया। वे भी क्या ख़ुशगवार दिन थे! उनके दिल्ली जाने के बाद तो ख़ैर, हम सब जब कभी दिल्ली गए तब उनके घर को छोड़कर कहीं और रुकने का प्रश्न ही नहीं हुआ।'

बाढ़ से 1989 को लोकसभा चुनाव जीतने में नीतीश का जिन लोगों ने सहयोग किया था, उनमें अथमलगोला के पास के कल्याणपुर गाँव के गृहस्थ परिवार से आनेवाले विजय कृष्ण भी थे। अशोक उनका ज़िक्र करते हुए कहते हैं—

'जिस इलाक़े में विजय बाबू की पैठ थी वहाँ यादवों के अलावा राजपूत और भूमिहार जाति के लोगों की भी काफ़ी संख्या थी। राजनीति की अच्छी जानकारी रखनेवाले ये लोग, चुनाव के दौरान यादवों की तरह सदा से आक्रामक माने जाते रहे हैं।'

बकौल मुन्ना सरकार, रसमंजरी के हम फक्कड़ दोस्तों के अलावा विजय कृष्ण उन गिने-चुने लोगों में एक था जिसको धीरे-धीरे नीतीश की मइयो और भैया का स्नेह मिलने लगा। नीतीश के परिजनों के बीच उनकी स्वीकार्यता देखकर विजय के सामने रसमंजरी के सदस्यगण अपनी हाँकने में कम हिचकिचाने लगे थे। भवेश के बाद विजय संघर्ष समिति के सचिव बनाए गए थे। छात्र आन्दोलन के दौरान नीतीश जब जेल गया तो उसने संघर्ष समिति में अपनी जगह पर विजय को नामित किया था। आन्दोलन के दौरान विजय पर हुए लाठी चार्ज और उनकी गिरफ़्तारी के बाद अख़बारों में नीतीश का कड़ा बयान छपा था। 1977 में विजय को भी लोकसभा का टिकट नहीं मिला था लेकिन तुरन्त बाद उसे बख़्तियारपुर से विधानसभा का टिकट मिल गया। विजय और नीतीश, दोनों, अपने पहले चुनावों में हार गए। विजय को बुद्धदेव सिंह ने हराया था। नीतीश और विजय ने 1980 का विधानसभा चुनाव भी क्रमशः हरनौत और बाढ़ से लड़ा। दुर्भाग्य से इस बार भी दोनों पराजित हुए। 1985 में विजय को कहीं से भी टिकट नहीं

मिला। नीतीश जी हरनौत से जीत गए। 1990 के विधानसभा चुनाव में विजय को बाढ़ से टिकट मिला। उसके मुक़ाबले में खड़े थे भुवनेश्वर (पप्पू सिंह), जो उस इलाक़े के ज़बरदस्त नेता थे। फिर भी नीतीश जी ने दिन-रात एक करके चुनाव जीतने में विजय की मदद की। कुछ समय बाद विजय को, नीतीश के मशविरे पर ही, राज्य मंत्री, राजभाषा (स्वतंत्र प्रभार) और राज्य मंत्री, भवन निर्माण विभाग बनाया गया।'

1989 में नीतीश और लालू दोनों लोकसभा चुनाव जीतकर दिल्ली पहुँचे। उसके बारे में लालू ने अपनी जीवनी में कहा है—

'...नीतीश कुमार और मैंने मंत्री बनने का प्रयास किया। हम अपनी ओर ध्यान खींचने की उम्मीद में प्रधानमंत्री कार्यालय (पीएमओ) के आसपास अपना सबसे अच्छा कुर्ता-पाजामा पहनकर घूमा करते थे। हालाँकि, केन्द्रीय मंत्री बनने की यह शुरुआती महत्त्वाकांक्षा जल्द ही ख़त्म हो गई। मेरा दिल बिहार में था, और मैंने अपने करियर को अपने गृह राज्य में समर्पित करने का संकल्प लिया, जिसने मुझे इतना कुछ दिया था।'

इस विषय में नीतीश ने हमसे कई बार कहा था कि उसकी मंशा केन्द्र में मंत्री बनने की क़तई नहीं थी। अलबत्ता वह यदा-कदा लालू के साथ बड़े लोगों से मिलने ज़रूर चला जाया करता था। नीतीश दिल्ली तो पहुँच गया लेकिन परिवार के लिए स्थायी निवास का एक बहुत बड़ा प्रश्न भी उसके साथ दिल्ली पहुँच गया। सांसद होने की हैसियत से उसे नॉर्थ एवेन्यू में 132 नम्बर का घर मिला। उसमें मरम्मत का काम चलने के कारण नीतीश को दो-तीन महीनों तक बिहार भवन में रहना पड़ा। नॉर्थ एवेन्यू वाले घर से संसद भवन बहुत क़रीब था। उसी घर में रहते हुए उसके कृषि राज्य मंत्री बनाए जाने की घोषणा हुई। तब मंत्री पद के अनुरूप उसे 1, सर्कुलर रोड नम्बर का बँगला आवंटित हो गया। शीघ्र ही वह वहाँ गृहस्थी जमाकर रहने भी लगा।

नीतीश के अजिया ससुर, ब्रज किशोर प्रसाद सिंह भी मंजु के माता-पिता के साथ नीतीश से मिलने दिल्ली आए और बड़े प्रसन्नचित्त होकर लौटे। ठाकुर साहब के नाम से मशहूर ब्रजकिशोर बाबू की राजनीति में गहरी पैठ थी। वे नीतीश को काफ़ी पसन्द करते थे क्योंकि उन्हें नीतीश की क्षमता और योग्यता पर पूरा भरोसा था। अपने स्तर पर थोड़ा प्रयास करने के बाद मंजु भी जुलाई 1990 में बिहार सूचना केन्द्र, नई दिल्ली में प्रतिनियुक्त होकर चली गई थी। तब तक निशान्त पाँचवीं कक्षा में पहुँच गया था। उसका दाख़िला दिल्ली के केन्द्रीय विद्यालय में हो गया। मंजु भी दिल्ली में बस रही अपनी नई गृहस्थी में अपने माता-पिता और दादाजी का स्वागत करके निहाल हो गई थी। स्वाभाविक सहजता से मंजु ने आसपास के घरों में रहनेवालों से पहचान

करने की कोशिश की। यह सब याद करते हुए चचा ने हमें बशीर बद्र का एक शेर पकड़ा दिया—

कोई हाथ भी न मिलाएगा जो गले मिलोगे तपाक से,
ये नए मिज़ाज का शहर है ज़रा फ़ासले से मिला करो!

दिल्ली में भी नीतीश की ऊँची उठ रही पतंग को काटने के लिए कितने ही दिलेर बाँस-बल्लियाँ लेकर उछल रहे थे। उनमें से ही किसी ने मंजु की प्रतिनियुक्ति की वैधता का प्रश्न उछाल दिया। यह ख़बर बिहार के अख़बार में भी छपी। फिर 8 सितम्बर, 1990 के अख़बार में यह ख़बर भी छपी कि नीतीश ने तत्कालीन मुख्यमंत्री लालू को इस विषय में कड़ा पत्र लिखा जिसमें नीतीश ने कहा कि यद्यपि पत्नी की प्रतिनियुक्ति में कहीं से क़ायदे-क़ानून का उल्लंघन नहीं हुआ है फिर भी इस सम्बन्ध में छपी ख़बर से सरकार की छवि पर ख़राब असर पड़ा है। वह नहीं चाहता कि उसके चलते सरकार की छवि ख़राब हो। इस पत्र में नीतीश ने लालू से अनुरोध किया कि मंजु की प्रतिनियुक्ति के निर्गत आदेश रद्द कर दिए जाएँ एवं उन्हें पटना में पहले वाली जगह पर पदस्थापित करने की कार्रवाइ की जाए।

लोकापवाद के कारण सीताजी को वनवास मिला था। यद्यपि मंजु की दिल्ली प्रतिनियुक्ति में कुछ भी असंगत नहीं था, फिर भी इस बार लोकापवाद के भय से नीतीश ने मंजु को अविलम्ब पटना वापस भेज दिया।

उधर से आए तो फिर लौटकर गए न हम

पटना वापस आकर मंजु मार्च 1991 से जे.डी. बालिका उच्च विद्यालय, पटना में पढ़ाने लगीं। बेचारे निशान्त को भी माँ के साथ वापस आकर पुराने स्कूल में जाना पड़ा। फिर वही पुराना यक्षप्रश्न खड़ा हुआ कि पटना में परिवार आख़िर कहाँ रहेगा और उसकी देखभाल कैसे होगी? मंजु और नीतीश पहले से ही मन बना चुके थे कि इस बार अपने बलबूते पर रहने की व्यवस्था करनी है। इसमें मदद करने के लिए नीतीश के इंजीनियरिंग कॉलेज के दिनों का एक अन्य सहृदय मित्र देवदूत की तरह उपस्थित हो गया। वैसे तो उसका नाम भी अरुण था लेकिन उसकी सामने की दन्तपंक्तियाँ इतनी ख़ास दिखती थीं कि हम सब उसे बीडीएस अरुण ही कहते थे। अरुण कॉलेज में नीतीश से एक साल सीनियर था मगर दोनों बहुत अच्छे दोस्त थे। अरुण नीतीश की समाजवादी सोच पर जान छिड़कता था। इंजीनियरिंग की परीक्षा पास करने के बाद अरुण को बिहार सरकार के पीएचईडी विभाग में नौकरी मिल गई। उसका पटना में अपना पैतृक

घर भी था। वह जब पटना में बदली होकर आया तो उसे पुनाईचक में सरकारी फ़्लैट (F-4) मिल गया। यह ख़ाली पड़ा था इसलिए उसने वह फ़्लैट नीतीश के परिवार को रहने के लिए सहर्ष दे दिया। इस प्रकार एक बहुत बड़ी चिन्ता की ओर से नीतीश निश्चिन्त हो गया।

नीतीश के पास दिल्ली में जब काम कम होता था तब उसका वहाँ ज़रा भी दिल नहीं लगता था। उसे दिल्ली के बारे में दिनकर जी की यह मार्मिक कविता 'भारत का यह भी रेशमी नगर' बहुत उद्वेलित करती रहती थी। इस कविता की चन्द पंक्तियाँ आप देखें—

भारत धूलों से भरा, आँसुओं से गीला,
भारत अब भी व्याकुल विपत्ति के घेरे में।
दिल्ली में तो है ख़ूब ज्योति की चहल-पहल,
पर, भटक रहा है सारा देश अँधेरे में।
रेशमी क़लम से भाग्य-लेख लिखनेवालो,
तुम भी अभाव से कभी ग्रस्त हो रोये हो?
बीमार किसी बच्चे की दवा जुटाने में,
तुम भी क्या घर भर पेट बाँधकर सोये हो?

नीतीश को वैसे तो यह पूरी कविता ही दहकती हुई लगती थी लेकिन ये अंश उसे इतना बेचैन कर देते थे कि अकुलाहट से त्रस्त होकर वह मौक़ा मिलते ही झट से पटना चला आया करता था। अभावग्रस्त लोगों के बीच, बीमार बच्चों की दवा जुटाने जैसे भाव से ओत-प्रोत नीतीश बिना नागा हर शुक्रवार की रात या शनिवार की सुबह पटना आ जाता। पूरे क्षेत्र का दौरा करता, लोगों से मिलता-जुलता रहता और उनकी समस्याओं का हल निकालता और सोमवार की सुबह वापस चला जाता। वैसे तो वह अपने घर की प्रत्येक आवश्यकता का पूरा ध्यान रखता था पर अपनी राजनैतिक व्यस्तताओं के कारण वह परिवार में उपस्थित रहकर भी वहाँ अधिक समय नहीं दे पाता था। उसकी प्राथमिकताएँ बिहार को पटरी पर लाने की थी। लेकिन उसकी ऐसी जन-कल्याणकारी भावनाओं का सरपट दौड़ता रथ उसी के प्रांगण में उगी कितनी कोमल कलियों को अनजाने में रौंदता जाता था, इसका उसे या सच कहें तो किसी को भी एहसास तक न था।

इसी काल में नीतीश के व्यक्तिगत सुरक्षा अधिकारी के रूप में हरेन्द्र की नियुक्ति हुई। हरेन्द्र बताते हैं—

'पुनाईचक के उस छोटे-से फ़्लैट में मानो सुख और शान्ति का स्थायी निवास था। तब के मुख्यमंत्री लालू जी, वशिष्ठ बाबू, ललन बाबू, शिवानन्द तिवारी जी, विजय कृष्ण जी आदि-आदि बड़े नेताओं की तो वहाँ ख़ूब बैठकें

होतीं ही, क्षेत्र के लोगों का भी मेला लगा रहता। मेम साहब और साहब सभी आनेवाले छोटे-बड़ों की बड़ी आवभगत, बिना किसी भेदभाव के, दिल से करते। मेम साहब के हाथ में अन्नपूर्णा का वास था। निशान्त बाबू और मेमसाहब के लिए छोटी-मोटी सौग़ात तो साहब दिल्ली से लाते ही थे, हम सभी स्टाफ़ के लिए भी कुछ न कुछ अवश्य आता था। स्वेटर, कमीज़, पतलून, जूते आदि सब आवश्यक वस्तुएँ हमें साहब से ही मिलतीं। मैं उनके परिवार में वैसे ही घुल-मिल गया जैसे दूध में शक्कर।'

जाति आधारित जनगणना की नींव

दिल्ली के चाणक्यपुरी में रहने के समय नीतीश की दोस्ती वहाँ किसी ख़ास से तो नहीं हो पाई पर पटना से कर्पूरी ठाकुर उसके सम्पर्क में हमेशा रहते थे। कर्पूरी ठाकुर की कुछ अतृप्त इच्छाओं में से एक थी जाति आधारित जनगणना जिसकी पूर्ति के लिए नीतीश शुरू से ही सचेष्ट था। उसे 1990 में दिल्ली में मंत्री बन जाने के बाद इस मुद्दे पर एक जगह से अप्रत्याशित सहयोग मिला, नीतीश बताता है—

'राज्यमंत्री बनने के बाद मुझे जो घर मिला, वह तीन मूर्ति भवन के पास, चाणक्यपुरी में सर्कुलर रोड पर पहला घर था। उस क़तार में चार-पाँच ही घर थे जिनमें रहनेवालों से मैं तब तक अपरिचित था। किसी छुट्टी के दिन मुझे एक कर्मी ने आकर बताया कि 4 नम्बर की कोठी में रहनेवाले सज्जन मुझसे मिलने के लिए आना चाहते हैं और इसके लिए समय माँग रहे हैं। हमारे बिहार में पड़ोसियों के यहाँ जाने के लिए ऐसी औपचारिक अनुमति की आवश्यकता पड़ते मैंने कभी देखी ही नहीं थी। फिर मेरे घर के दरवाज़े तो हर आगन्तुक के लिए हमेशा खुले ही रहते थे इसलिए बिना कुछ सोचे मैंने कह दिया कि इसमें पूछने की ज़रूरत क्या है, वे जब भी आना चाहें, आ सकते हैं—उनका हमेशा हार्दिक स्वागत है! मेरे मन में अचानक विचार आया कि पता तो कर लिया जाए कि आख़िर कौन हैं जो आना चाहते हैं और क्या वजह है? अपने सवाल का जो जवाब मुझे मिला, उसकी अपेक्षा तो मैंने सपने में भी नहीं की थी!

पता चला कि 4 नम्बर की कोठी में रहनेवाले अन्य कोई नहीं, भारत के पूर्व राष्ट्रपति सरदार ज्ञानी जैल सिंह जी हैं और उन्होंने ही यह विनम्र इच्छा प्रकट की है! यह सुनकर लगा कि मानो मेरे पैरों के नीचे की धरती खिसक गई है! मैंने कहा कि मैं स्वयं ही उनकी सेवा में हाज़िर होना चाहता हूँ और वह भी फ़ौरन! मुझे जैसे ही अनुमति मिली, मैं उनके पास पहुँच गया। मुझे उन्होंने बहुत स्नेह से बैठाकर कहा कि वे मेरे भाषणों और विचारों को पसन्द करते हैं। कुछ आँकड़े

सामने रखकर ज्ञानी जी ने मुझे देश में जाति जनगणना का क़ानून लागू कराने के लिए संसद में पूरा ज़ोर लगाकर प्रयास करने के लिए कहा। मैंने लोहिया जी को छोड़कर उनसे पहले किसी राष्ट्रीय स्तर के इतने बड़े नेता से इस ज्वलन्त समस्या पर ऐसी स्पष्ट बातें नहीं सुनी थी। मैंने तुरन्त इस दिशा में काम शुरू कर दिया। उचित स्थानों पर पत्र लिखे, संसद में चर्चा की और लोगों में इस ज्वलन्त समस्या के प्रति चेतना जगाई। मुझे बेहद ख़ुशी हुई कि मैं तो इस दिशा में सही राह पर पहले से ही चल रहा था अब ज्ञानी जी की बातों ने मुझे उत्साह के ऐसे नए पंख दे दिए जो आज भी मुझे इस समस्या का समाधान खोजने में किसी भी ऊँचाइयों तक पहुँचा रहे हैं।'

बहरहाल, यह भी जानने की बात है कि 1990 से निरन्तर उठ रही इस माँग को 2021 में केन्द्र सरकार ने ख़ारिज कर दिया। वैसे इस मुद्दे पर नीतीश की तत्कालीन सहयोगी पार्टी, बीजेपी भी खुलकर नीतीश का विरोध नहीं कर पा रही थी। ग़ौरतलब है कि जाति आधारित जनगणना आख़िरी बार अंग्रेज़ी शासन काल में 1931 में हुई थी। इसी के आधार पर पूरे देश में आज तक आरक्षण मिलता आया है। नीतीश की सोच के अनुसार पिछले 90 वर्षों में जातिगत संख्या बल के समीकरण में भारी उलट-फेर हुआ है। पहले समाज के पिछड़े लोगों में मृत्यु दर बहुत अधिक थी। उनकी संख्या के सही आकलन का कोई ठोस आधार भी नहीं था। धीरे-धीरे उनके स्वास्थ्य में गुणात्मक परिवर्तन आने से उनकी प्रतिशत संख्या में अवश्य ही फ़र्क़ पड़ा होगा। देश में आख़िरी जनगणना 2011 में हुई थी जिसमें सूचनाएँ तो बहुत सारी इकट्ठी की गईं पर नीतीश की लाख कोशिशों के बाद भी उसमें जातियों का आकलन नहीं हुआ। उसे अच्छी तरह मालूम है कि अगर एक बार फिर से जाति आधारित जनगणना हो जाए तो देश की आरक्षण नीति में बड़े परिवर्तन आना सम्भावित है। नीतीश के शासन काल में ही बिहार सरकार ने क्रमशः 18 फ़रवरी, 2019 और 27 फ़रवरी, 2020 को बिहार विधानसभा की सर्वसम्मति से जाति जनगणना कराने के लिए केन्द्र सरकार के पास प्रस्ताव भेजा था। 23 अगस्त, 2021 को तत्कालीन विपक्ष के नेता तेजस्वी यादव, बीजेपी के कोटे से बिहार के मंत्री और बीजेपी नेता जनक राम सहित दस लोगों का सर्वदलीय प्रतिनिधिमंडल नीतीश के नेतृत्व में प्रधानमंत्री नरेन्द्र मोदी से मिला था। इस प्रतिनिधिमंडल ने प्रधानमंत्री के सामने, आँकड़ों सहित, अपनी बातें रखी। प्रधानमंत्री में विश्वास प्रकट करते हुए प्रतिनिधिमंडल ने एक स्वर से यह भी कहा कि इस पर वे जो भी निर्णय लेंगे वो सर्वमान्य होगा। प्रधानमंत्री ने तो इस विषय पर कुछ नहीं कहा लेकिन केन्द्र सरकार ने सितम्बर 2021 की 23 तारीख़ को सुप्रीम कोर्ट के आगे जातिगत जनगणना कराने से पल्ला झाड़ लिया। नीतीश की अध्यक्षता में 1 जून, 2022 को इस विषय पर हुई

सर्वदलीय बैठक में सर्वसम्मति से निर्णय लिया गया कि बिहार में सभी धर्मों, जातियों और उपजातियों की गणना होगी। निर्णय के तुरन्त बाद ही, 6 जून को राज्य के संसाधनों से ही, जाति जनगणना की अधिसूचना जारी कर दी गई। इसकी ज़िम्मेवारी बिहार सरकार के सामान्य प्रशासन विभाग को सौंपी गई। 7 जनवरी, 2023 को जाति जनगणना का पहला चरण शुरू हुआ। उस दिन अपनी 'समाधान यात्रा' के दौरान नीतीश ने वैशाली ज़िले के गोरौल के हरशेर गाँव में जाकर शिवशरण पासवान और मनोज पासवान के घर के पास के खम्भे पर 01 नम्बर लिखवाकर इस अभूतपूर्व अभियान की शुरुआत की। जिस तेज़ी से इस अभियान पर अभी काम चल रहा था, उससे मई 2023 तक इसके पूरा हो जाने का अनुमान था। इस बीच पटना हाईकोर्ट ने 4 मई, 2023 को एक अन्तरिम आदेश से इस सर्वे पर रोक लगा दी। तब तक, बिहार सरकार के हलफ़नामे के अनुसार, सर्वे का 80 प्रतिशत काम हो चुका था। हाईकोर्ट के अन्तरिम आदेश के ख़िलाफ़ बिहार सरकार 20 मई को सुप्रीम कोर्ट गई। सुप्रीम कोर्ट ने फ़िलहाल हाईकोर्ट के आदेश में दख़ल देने से इनकार कर दिया।

बहरहाल, फ़िलहाल हम नीतीश के संसद में पहुँच जाने की बात कर रहे थे! वह 1989 के नवम्बर महीने की आख़िरी तारीख़ को सांसद बनकर दिल्ली चला गया था। 2 दिसम्बर, 1989 को, जब वी.पी. सिंह के नेतृत्व में ग़ैर कांग्रेसी केन्द्रीय सरकार बनी तब, उसके उल्लास का ठिकाना न था। जहाँ आज़ाद के चुनाव हार जाने से संसद में बिहार के प्रतिनिधित्व में बौद्धिक स्तर पर भारी रिक्तता हो गई थी वहीं पहली बार सांसद बना नीतीश एक नए बिहारी सूरज के क्षितिज पर उगने का एलान कर रहा था। 1977 के बाद से जनता पार्टी के बिहारी सांसद काम तो ठीक से कर ही रहे थे पर नीतीश वाली ईमानदारी और समझदारी की चमक शायद ही किसी में थी। वह पहली बार बिहार की विधानसभा छोड़कर केन्द्र की राजनीति में आया था।

मिडिल स्कूल से हाई स्कूल

नीतीश को ठीक वैसा ही लग रहा था जैसा उसे तब लगा था जब वह मिडिल स्कूल से हाई स्कूल और हाई स्कूल से कॉलेज में आया था। वह संसद के बारे में सब कुछ जल्द से जल्द सीख लेना चाहता था। संसद में चौधरी देवीलाल (उप-प्रधानमंत्री, सह कृषि राज्य मंत्री), मुफ़्ती मोहम्मद सईद (गृह), इन्द्र कुमार गुजराल (विदेश), मधु दंडवते (वित्त), जनेश्वर मिश्र (शिपिंग तथा परिवहन), शरद यादव (कपड़ा), जॉर्ज फ़र्नांडिस (रेल), अरुण नेहरू (पर्यटन के अलावा वाणिज्य तथा उद्योग), आरिफ़ मोहम्मद ख़ान (ऊर्जा तथा नागरिक उड्डयन),

रामविलास पासवान (श्रम एवं रोज़गार), मुरोसोली मरान (नागरिक विकास) सहित कई ऐसे कैबिनेट मंत्री थे जिनकी नीतीश से पुरानी आत्मीयता रही थी। राज्य मंत्रियों में भी मेनका गांधी, डॉ. राजा रामन्ना, प्रोफ़ेसर एम.जी.के. मेनन जैसे ख्यातिलब्ध लोग थे। पी. चिदंबरम, एस. जयपाल रेड्डी, इन्द्र कुमार गुजराल, मणिशंकर अय्यर, विद्या चरण शुक्ल आदि के अलावा भी विपक्ष की बेंचों पर महारतियों की कोई कम भीड़ नहीं थी। वहाँ वैसे कुछ लोगों की जमात भी थी जिन्होंने वर्षों शासन की गाड़ी मनचाहे तरीक़े से सरपट दौड़ाई थी। ये वैसे लोग थे जो प्रशासन की सड़क की हर ठोकर और हर गड्ढे से वाक़िफ़ थे क्योंकि ये तो उन्होंने ही खड़े किए या फिर खोदे थे! इसलिए ये सब मिलकर वी.पी.सिंह की सरकार को तिगनी का नाच नचाने में हमेशा भिड़े रहते थे। नीतीश लोकसभा में हो रही हर बहस, हर नोक-झोंक को इतने ध्यान से सुनता मानो तानसेन की तान पर कोई हिरण ठिठक गया हो। सत्तापक्ष और विपक्ष के एक से एक महारतियों को सुनना उसके किसी बेहद पुराने और हसीन स्वप्न के सत्य होने जैसा था। यही वह जगह थी जहाँ नेहरू जी की तूती बोलती थी! यहीं लोहिया जी ने पहली बार खड़े होकर बोलते हुए पूरे सदन को स्तब्ध कर दिया था! डॉ. आम्बेडकर ने भी तो यहीं खड़े होकर नई चेतना जगाई थी!! इस सदन में गूँजती अतीत की आवाज़ों से नीतीश हर पल कुछ नया सीखकर अपनी जानकारी का विस्तार कर रहा था। एक बार उसने कहा भी था कि यह भारत के लोकतंत्र में ही सम्भव था कि उसके जैसा अति सामान्य पृष्ठभूमि वाला आदमी देश के सर्वोच्च जनप्रतिनिधियों के सदन की चौखट लाँघ सका! उसे क्या पता था कि अल्लामा इक़बाल साहब उसी के लिए बहुत पहले फ़रमा गए हैं—

तू शाहीं है परवाज़ है काम तेरा, तिरे सामने आसमाँ और भी हैं!

नीतीश को ज्ञान के कई आसमान अभी भी पार करने थे जिसके लिए उसने हर तरह से अपना समय बचाकर, यहाँ तक कि सदन में हो रहे भाषणों के अन्तराल में भी, सबसे पहले पार्लियामेंटरी लाइब्रेरी का रुख़ करना शुरू किया। उसे यह देखकर बहुत ताज्जुब होता था कि पीलू मोदी जैसे कई सांसद, जो वैसे तो हमेशा चुहलबाज़ी करते दिखते थे, सदन में अपनी बात रखने से पहले लाइब्रेरी की ख़ाक छानकर कितनी गम्भीरता से तैयारियाँ करते थे! नीतीश ने भी वहीं एक कोने में अपनी धूनी रमा ली और शीघ्र ही पार्लियामेंटरी कार्य प्रणाली को भलीभाँति समझकर पारंगत हो गया।

4 मार्च, 1990 को पहली बार जब संसद में पीठासीन अधिकारी ने बोलने के लिए नीतीश का नाम पुकारा तो कुर्सी के हत्थे पकड़कर खड़ी, टेलीविज़न देख रही, चची ने दुपट्टे के पल्लू से अपनी आँखें पोंछते हुए नीतीश की बलैयाँ लीं

और ऊपर वाले का बड़ा शुक्रिया अदा किया। हम सब पहली बार नीतीश को लोकसभा में बोलते हुए 'लाइव' देख रहे थे! वही खनकती हुई गम्भीर आवाज़। उस दिन दिग्गजों के भीड़ में अपनी वही साधारण-सी सदरी पहने हुए खड़ा नीतीश असाधारण लग रहा था जैसे हाथियों के झुंड के बीच दहाड़ता हुआ शेर! उसने पटना, नालन्दा और मुंगेर ज़िलों के 1,062 वर्ग किलोमीटर क्षेत्रफल में फैले टाल-क्षेत्र की समस्याओं और उनके समाधान के लिए अपने छोटे से, लेकिन सारगर्भित भाषण में सरकार से जो आग्रह किया और उसके समर्थन में माननीय सांसदों ने ऐसे ज़ोरों से मेज़ थपथपाकर उसका समर्थन किया कि चचा जैसी सूखी टहनी पर भी गुलमोहर के फूल खिल गए! उस दिन के बाद नीतीश बिहार की समस्याओं को लोकसभा में लगातार उठानेवाली सशक्त आवाज़ बन गया।

इधर बिहार में इसी बीच लालू नेता प्रतिपक्ष भी बने और 1990 में मुख्यमंत्री भी।

हमने नीतीश से पूछा कि जब वह सुरेन्द्र किशोर के आगे कॉफ़ी बोर्ड में मुख्यमंत्री बनने की इच्छा ज़ाहिर कर चुका था तो वह उस दौड़ में कहीं क्यों नहीं था?

प्रत्युत्तर में उसी ने एक प्रश्न हमारे मुँह पर दन्न से मारते हुए कहा कि उस समय वह इस ज़िम्मेदारी के लिए तैयार था क्या?

नीतीश ने अंग्रेज़ी में तब जो बात कही थी, वह आज भी लालू पर अक्षरशः लागू होती है। उसने कहा था—

'Either you can love him or hate him but you can not ignore Laluji' (या तो आप लालूजी से प्यार कर सकते हैं या नफ़रत लेकिन आप उनकी अनदेखी नहीं कर सकते)। यह बात सौ फ़ीसदी सच है कि जिस महफ़िल में लालू होते हैं, सबका ध्यान उनकी ओर ही आकर्षित रहता है।

बिहार में विधानसभा के चुनावों के नतीजे मार्च 1990 में ही आ चुके थे। नीतीश के आगे तत्काल सबसे बड़ी चुनौती लालू को बिहार का मुख्यमंत्री बनाने की थी। पटना और दिल्ली के बीच चक्करघिन्नी बनकर रह गया था बेचारा नीतीश! तब तक देश की राजनीति में बहुत कुछ बदल चुका था। कर्पूरी जी के नहीं रहने से कांग्रेस विरोधी विपक्ष को बहुमत प्राप्त होते ही बिहार के मुख्यमंत्री पद के लिए ज़बरदस्त रस्साकशी शुरू हो गई। केन्द्र में बैठे वी.पी. सिंह और चन्द्रशेखर के बीच छत्तीस का आँकड़ा पसरा हुआ था। लालू को उम्मीद थी कि उसके पक्ष में जनता दल के शीर्षस्थ वी.पी. सिंह ज़रूर आगे आएँगे। यही अपेक्षा उसे देवीलाल, जॉर्ज फ़र्नांडिस तथा चन्द्रशेखर से भी थी। वी.पी. सिंह आदर्शवादी होने के अतिरिक्त बिहार की राजनीति पर गहरी नज़र रखते थे इसलिए बिहार के मुख्यमंत्री के लिए उन्होंने लालू के बजाय राम सुन्दर दास का नाम अधिक मुनासिब समझा। राम सुन्दर दास 1979-80 में बिहार के

मुख्यमंत्री रह भी चुके थे। यदि यह मुक़ाबला राम सुन्दर दास और लालू के बीच सीधे होता तो लालू की पराजय निश्चित थी। नीतीश जानता था कि बुज़ुर्ग हो चले राम सुन्दर दास को बिहार का मुख्यमंत्री बनना पुराने कांग्रेसी राज्य की नक़ल वाली सरकार को ही गद्दी पर बैठाने जैसा था। वह चाहता था कि अब कोई युवा चेहरा बिहार का मुख्यमंत्री बने जिसके माध्यम से समाजवादी कलेवर का नया बिहार बनाया जा सके। लालू ने कर्पूरी के साथ काम किया था। जेपी आन्दोलन का उसे अच्छा अनुभव था। समाज के पिछड़े वर्गों में उसकी गहरी पैठ थी। इसलिए कई विरोधाभासों के बावजूद, मुख्यमंत्री पद के लिए उपलब्ध चेहरों में, नीतीश को लालू ही सबसे योग्य लगे थे। उसे भरोसा था कि ऐसे व्यक्ति के शीर्ष पद पर रहने से कम से कम समाजवादी मूल्यों के संरक्षण की उम्मीद तो रखी ही जा सकती थी। इन कारणों से लालू को मुख्यमंत्री बनाने के अभियान को नीतीश का पुरज़ोर समर्थन मिल गया। मुश्किल यह थी कि सांसद लालू बिहार में किसी भी सदन के सदस्य नहीं थे। इसलिए उनके मुख्यमंत्री बनने के प्रश्न पर वी.पी. सिंह को सख़्त एतराज़ था। उन्होंने मुख्यमंत्री पद के प्रत्याशी के रूप में विधायक राम सुन्दर दास का नाम घोषित कर दिया था। इधर नीतीश और लालू अपनी जगह पर डटकर खड़े थे। अन्त में निश्चय हुआ कि बिहार जनता दल के विधायक ही मतदान के द्वारा अपना नेता चुनें। राम सुन्दर दास की जीत सुनिश्चित करने के लिए चौधरी चरण सिंह के बेटे, अजीत सिंह, तथा जॉर्ज फ़र्नांडिस सहित जनता दल के कई बड़े नेताओं को गोलबन्दी करने के लिए दिल्ली से पटना भेज दिया गया। नीतीश तब केन्द्र में कृषि राज्य मंत्री था। वह अपने कैबिनेट मंत्री, ताऊ देवीलाल का बड़ा विश्वासपात्र था। देवीलाल देश के उप प्रधानमंत्री भी थे। नीतीश के कारण उन्होंने लालू को हर तरह की मदद करने का भरोसा दिलाया। उठापटक वाले इस खेल के पुराने खिलाड़ी होने के कारण शरद और मुलायम सिंह यादव, ऐसे कार्यों में अपने बिहारी यादव मित्र की मदद करने के लिए सदा तत्पर रहते ही थे! नीतीश ने स्वयं बताया है वह अपनी पार्टी के हर विधायक से मिलकर लालू के पक्ष में पूरी शिद्दत से प्रचार कर रहा था। अन्ततोगत्वा सोची-समझी रणनीति के तहत चुनाव के ठीक पहले चुनावी जंग के मैदान में तीसरा सवार भी कूद पड़ा जिनका नाम था रघुनाथ झा। दरअसल, रघुनाथ झा कोई गम्भीर प्रत्याशी नहीं था लेकिन लालू की मदद करने के लिए चन्द्रशेखर ने उसे चुनावी मैदान में जबरन धकेल दिया था। रधुनाथ झा ने रामसुन्दर दास के सवर्ण के वोट बैंक में सेंध लगाई। जनता पार्टी के यादवों में लालू जैसी ही प्रवृत्ति और बुद्धि वाले विधायक गणेश प्रसाद यादव की लालू से वर्चस्व के लिए अदावत जगज़ाहिर थी। उन्होंने रघुनाथ झा को वोट दिया। चन्द्रशेखर के दूसरे अनन्य सहयोगी रहे

सुबोधकान्त सहाय ने भी रघुनाथ झा का समर्थन किया। अनुसूचित जाति के वोट राम सुन्दर दास को मिले। नीतीश के अथक प्रयासों के कारण पिछड़ी जाति तथा अति पिछड़ी जाति के नेताओं के क़रीब-क़रीब सभी वोट लालू को मिल गए। इस वजह से जब वोटों की गिनती हुई तो देखा गया कि दास को मिले 56 वोटों के मुक़ाबले लालू को सर्वाधिक मत (59) प्राप्त हुए। इस प्रकार लालू विधानसभा की सबसे बड़ी पार्टी के नेता तो चुन लिए गए, फिर भी उनके और मुख्यमंत्री की कुर्सी के बीच में एक पहाड़ जैसा रोड़ा खड़ा हो गया जिसे हम बिहार के महामहिम राज्यपाल मोहम्मद यूनुस सलीम के नाम से जानते हैं। लालू को सर्वाधिक मत प्राप्त होते देखकर अजीत सिंह राज्यपाल से मिले जो शुरू से ही चौधरी चरण सिंह से जुड़े हुए थे। सलीम साहब लोकदल के उपाध्यक्ष भी रह चुके थे तथा प्रधानमंत्री वी.पी. सिंह को नाराज़ करने की स्थिति में नहीं थे। अजीत सिंह चाहते थे कि जब तक लालू यादव के चुनाव पर दिल्ली से जनता दल के नेताओं की स्वीकृति न मिल जाए तब तक लालू को शपथ ग्रहण नहीं कराया जाए। यह बात कहीं से भी क़ानूनसम्मत नहीं थी लेकिन सलीम साहब के लिए अजीत सिंह की बात को ठुकराना आसान नहीं था। अन्त में नीतीश ने देवीलाल से बात की जिनके हस्तक्षेप के कारण यूनुस साहब ने लालू यादव को मुख्यमंत्री के पद की शपथ दिलवाई। 10 मार्च, 1990 को लालू के गांधी मैदान में बिहार के मुख्यमंत्री पद की शपथ लेने के बाद नीतीश दिल्ली आकर अपने काम में लग गया। संसद का सत्र चालू रहने के कारण नीतीश का ज़्यादा समय दिल्ली में ही बीत रहा था। दुर्भाग्यवश 16 अप्रैल, 1990 को पटना से थोड़ी दूर पहले, गुलज़ारबाग़ से थोड़ा आगे जाकर ही एक शटल गाड़ी में रखे वेल्डिंग गैस सिलेंडर से आग लगने के कारण भीषण दुर्घटना घटी जिसमें 71 लोग जल मरे और 64 लोग घायल हो गए। बाद में, चिकित्सा सुविधा में कमी होने के कारण, कुछ और लोगों की मृत्यु रेलवे अस्पताल में हो गई। नीतीश सूचना मिलते ही भागकर घटनास्थल पर पहुँचा। उसने त्वरित सहायता के लिए रेलमंत्री, जॉर्ज की बाँह पकड़ी। इन दोनों ने दुर्घटना होने के 4-5 घंटों के भीतर ही पटना पहुँचकर बचाव कार्य को गति दी। मुख्यमंत्री लालू को हर पल सहारा देकर उसका सुरक्षा कवच बनने का काम भी नीतीश ने किया क्योंकि लालू को ऐसे प्रशासनिक कार्यों का तब तक कोई ख़ास अनुभव नहीं था। इस दुर्घटना के दो दिनों बाद ही, 18 अप्रैल को, संसद में इस घटना के बारे में नीतीश ने भाषण में कहा था—

'...रेलमंत्री इस दुर्घटना की ख़बर सुनते ही तत्काल वहाँ पहुँचे। मंत्री महोदय के साथ और अलग से भी मुझे इस दुर्घटनास्थल पर जाने का मौक़ा मिला। बिहार के मुख्यमंत्री भी तत्काल गए।'

उसने अपने भाषण में पूरी दुर्घटना का चित्र खींचते हुए बड़ी मार्के की एक बात कही—

'पटना के इर्द-गिर्द जो गाड़ियाँ चलती हैं, जिनको उपनगरीय सेवा कह सकते हैं, वहाँ ट्रेनों की हालत बहुत ख़राब है। मैंने रेलमंत्री जी से बार-बार अनुरोध किया और माँग की, लेकिन उन्होंने कोई ध्यान नहीं दिया। मैं जिस इलाक़े से आया हूँ, वहाँ पर यही एक ट्रेन है, जो सही समय पर चलती है। उसमें सब नौकरी करनेवाले लोग होते हैं। इसके अलावा ग़रीब लोग, सब्ज़ी बेचनेवाले और दूध बेचनेवाले चढ़ते हैं। उसमें चेकिंग की ज़रूरत नहीं पड़ती है, क्योंकि सारे के सारे मासिक टिकट लेकर चलते हैं। इस ट्रेन में पहले 17 डिब्बे रहते थे, लेकिन उनको घटाकर 13 ही कर दिया गया। इस बारे में मैंने रेलमंत्री जी से अनुरोध किया था कि इसमें डिब्बों की संख्या बढ़ाई जाए, लेकिन इस तरफ़ कोई ध्यान नहीं दिया गया। इसके साथ ही यह भी अनुरोध किया था कि जो साधारण ट्रेनें हैं और मोकामा से बक्सर के बीच में जो उपनगरीय सेवाएँ चलती हैं, उनको पैसेंजर ट्रेन में कनवर्ट करके हर हाल्ट स्टेशन पर रोकें। मंत्री जी मेरे इस आग्रह को स्वीकार करें।'

नीतीश कांग्रेसी सरकार के रेलमंत्री माधव राव सिंधिया की बात कह रहा था जिनकी काम करने की शैली और प्रतिबद्धता का वह शुरू से प्रशंसक रहा था।

इस भाषण में नीतीश ने आगे कहा था—

'...रेल ट्रिब्यूनल फ़ैसला करता रहेगा, पता नहीं किसको क्लेम क्या देगा, पता नहीं किस आदमी के जीवन की क़ीमत कितनी आँकेगा, वह ज़िन्दा रहता तो कितना कमाता? कई फैक्टर्स होंगे, जिसके आधार पर एक आदमी की क़ीमत इनका रेल विभाग तय करेगा, इसलिए एक बार बिलकुल ही समान रूप से 2-2 लाख रुपये हर मृतक परिवार को मिलना चाहिए। दूसरी बात यह है कि जो लोग मरे हैं, उनके परिवार के कम से कम एक व्यक्ति को उसकी योग्यता के अनुसार रेल विभाग में नौकरी दी जाए। जितने लोग घायल हुए हैं, उनके इलाज की पूरी व्यवस्था की जाए और 50 हज़ार से एक लाख रुपये तक उनको भी अनुदान दिया जाए, ताकि वे जीवनयापन ठीक ढंग से कर सकें, क्योंकि बहुत से लोग होंगे, जो जल जाने के बाद किसी काम के लायक़ नहीं रह जाएँगे, उनके हाथ-पैर कमज़ोर हो जाएँगे।

जिसके कारण एक्सीडेंट हुआ, उसके एक कारण की ओर मैं ध्यान आकृष्ट कर देना चाहता हूँ। गैस की दुर्गंध के चलते बहुत सारे लोग निकलकर नहीं भाग सके, बेहोश हो गए। यह जाँच का विषय है कि किस प्रकार से लोग बेहोश हुए और भागने में असफल रहे? दो आदमी ऐसे हैं जिनकी आँखें चली गई हैं, उनके लिए भी विशेष इलाज का प्रबन्ध होना चाहिए। अनुग्रह राशि का प्रबन्ध

होना चाहिए। इस दुर्घटना के बाद जो अधिकारी आज कोताही कर रहे हैं, अपने कर्तव्य के अनुपालन में उनके ख़िलाफ़ सख़्त कार्रवाइ होनी चाहिए। उपनगरीय रेल सेवा की सुविधा में समुचित सुधार लाया जाना चाहिए।'

कालान्तर में रेलमंत्री बनने के बाद नीतीश ने इन सभी सुझावों को मूर्त रूप देने की पहल की। पिछली सरकार की हर चूक के बारे में नीतीश की जानकारी और सतर्कता स्पर्हणीय थी इसलिए उनको आधार बनाकर नीतीश ने नए प्रतिमान गढ़ने में भी अद्‌भुत महारत हासिल कर ली थी। उसने अपने भाषण में रेल मंत्रालय की जो भी कमियाँ बताई थीं, रेलमंत्री बनने के बाद उसने उन सबको दूर करके ही दम लिया। नीतीश ने अप्रैल महीने में ही रेलवे की सेवाओं के बारे में तीन बार अपनी बातें रखीं और उसके भाषणों पर हर बार ज़ोरदार तालियाँ बजती रहीं।

1990 के अप्रैल महीने के अन्त में उसे कृषि मंत्रालय में कृषि और सहकारिता विभाग में राज्य मंत्री बना दिया गया। इस विभाग के कैबिनेट और राज्य मंत्री, दोनों के प्रभार चौधरी देवीलाल के पास थे जो देश के उप प्रधानमंत्री भी थे। उनके पास इस मंत्रालय के अलावा देश हित के बहुत सारे और काम भी थे। इसलिए नीतीश पर विभाग की क़रीब-क़रीब सारी ज़िम्मेदारियाँ सौंपकर वे स्वयं अन्य अधिक ज़रूरी कामों में व्यस्त हो गए। नीतीश जो भी नया और अच्छा काम करता, सबका श्रेय चौधरी साहब को ही देता। वैसे भी नीतीश पर चौधरी जी का शुरू से ही इतना अकाट्य विश्वास था कि थोड़े दिनों में ही उसके काम करने की शैली समझ लेने के बाद उन्होंने नीतीश से उसके काम काज के बारे में पूछना भी बन्द कर दिया। उनके इस विश्वास ने दिल्ली के राजनैतिक रंगमंच पर नीतीश का क़द और भी बढ़ा दिया। यहाँ तक कि संसद में बैठे समाजवादी सोच के कांग्रेसी नेताओं ने भी उससे सहज ही मित्रता स्थापित कर ली। इस कारण सदन में सार्थक और गम्भीर चर्चा का माहौल एक बार फिर से बन गया। कई पुराने सांसद भी विमर्श करने और अपने क्षेत्र में कृषि सम्बन्धी विकास कार्यों के लिए नीतीश के पास लगातार आने लगे। नीतीश उनकी हर जायज़ माँग पर तुरन्त कार्रवाइ करवा देता। उसकी पारदर्शी कार्यशैली और सटीक भाषण देने की प्रतिभा का प्रधानमंत्री श्री विश्वनाथ प्रताप सिंह ने भी कई बार लोहा माना। वह अपने चुटीले और तथ्यात्मक भाषणों के लिए मशहूर हो चला था। दुर्भाग्यवश जैसे ही वह मंत्री बनने के बाद पटना आया, वह बीमार पड़ गया। उसने दिल्ली लौटकर 14 मई, 1990 को, कृषि राज्य मंत्री की हैसियत से अपना पहला भाषण कृषि अनुदान की माँगों पर हो रही चर्चा के दौरान दिया। उसका आत्मविश्वास से लबरेज़ यह भाषण सचमुच में कृषि और डेयरी के विकास तथा समुचित आपदा प्रबन्धन में केन्द्र सरकार की हिस्सेदारी के नए युग का उद्‌घोष था जब

उसने नेशनल सीड प्रोजेक्ट, कॉम्प्रिहेन्सिव क्रॉप इंश्योरेंस, ऋण राहत योजना, ऑपरेशन फ़्लड, कैलेमिटी रिलीफ़ फ़ंड, कृषि विज्ञान केन्द्र, फ़सल का समर्थन मूल्य, वेस्ट लैंड मिशन, आई.सी.ए.आर. की उपलब्धियों आदि के बारे में विस्तार से चर्चा की थी।

कृषि मंत्रालय नहीं, कृषि विकास मंत्रालय

इन बातों के अलावा नीतीश ने सदन को बताया—

'सहकारी संस्थाओं को मज़बूत, कारगर और गतिशील बनाने के लिए योजना आयोग ने चौधरी ब्रह्मप्रकाश जी की अध्यक्षता में एक कमिटी गठित की है।... कृषि को उद्योग का दर्जा देने और कृषि उत्पाद को विदेश में एक्सपोर्ट करने के बारे में परामर्श देने के लिए भानु प्रताप सिंह जी की अध्यक्षता में कमिटी बनी है...कृषि विकास से सम्बन्धित मामलों पर व्यावहारिक और नीतिगत सुझाव देने के लिए स्थायी तौर पर एक स्टैंडिंग एडवाइज़री कमेटी, जो हिन्दुस्तान के नामी किसान नेता हैं, शरद जोशी, उनकी अध्यक्षता में गठित की गई है, समय-समय पर जो मामले उसके सुपुर्द किए जाते हैं, नीति विषयक या तत्काल प्रभाव के मामले पर वह समिति सुझाव देती है। कृषि विभाग एक ऐसे रूप में काम कर रहा है, जिससे यह लगे कि यह कृषि मंत्रालय नहीं, कृषि विकास मंत्रालय है।'

नीतीश ने 24 अगस्त, 1990 को कृषि और सहकारिता विभाग में राज्य मंत्री की हैसियत से कृषि नीति पर हो रही बहस में एग्रीकल्चरल पॉलिसी रिज़ोल्यूशन लाने की जो बात कही वह किसानों को समर्थन मूल्य देने की दिशा में पहला बहुत बड़ा क़दम था। पहले से चली आ रही CACP (Commission on Agricultural Costs and Prices) की सहायता के लिए उसने हनुमंत राव की अध्यक्षता में बनी कमिटी के बारे में बताया जिसे 'Cost of production or procurement price' की मेथेडोलॉजी तय करनी थी। यह पहली बार हो रहा था जब किसानों की हर लागत, चाहे वह रुपयों में हो, या फिर प्रबन्धन में, सबका हिसाब-किताब रखा जा रहा था। उसने इस भाषण के दौरान एक और बहुत बड़ी, लगभग कृषि क्रान्ति लाने जैसी बात भी कही—'...प्रधानमंत्री जी ने घोषणा की है कि अगला दशक 'कृषक दशक' होगा और बजट के प्लान का आधा पैसा देहात और खेती के विकास में ख़र्च किया जाएगा...'

इस बीच देश में ध्रुवीकरण की राजनीति ने नई करवटें ले ली। लालकृष्ण आडवाणी 25 सितम्बर, 1990 को सोमनाथ से अयोध्या के लिए रथ यात्रा पर निकले। नीतीश को भागकर पटना आना पड़ा क्योंकि यह यात्रा बिहार से लम्बी दूरी तक गुज़रनेवाली थी। इस यात्रा का घोषित उद्देश्य चाहे कुछ भी रहा हो पर

इससे जातीय उन्माद को बहुत हवा लगी। यह सब देख-सुनकर 23 अक्टूबर, 1990 को आडवाणी बिहार में गिरफ़्तार कर लिए गए। यह लालू, नीतीश और शरद यादव सहित कुछ बड़े नेताओं का सम्मिलित निर्णय था पर इसका सारा श्रेय लालू लेकर अल्पसंख्यकों के बीच नए नायक के रूप में स्थापित हो गए। आडवाणी की गिरफ़्तारी के बाद उनकी पार्टी, बीजेपी ने सरकार को सहयोग देने से मना कर दिया फिर भी नीतीश वापस दिल्ली लौटकर अपने काम में तन्मयता से लगा रहा। 1990 में अप्रैल से लेकर नवम्बर तक ही उसका यह कार्यकाल रहा लेकिन इसी दौरान दिल्ली में पूसा रोड पर स्थित भारतीय कृषि अनुसन्धान संस्थान को नया जीवन मिल गया था। देश के सभी कृषि विश्वविद्यालयों और महाविद्यालयों में नव जीवन का संचार हो गया था। उसे प्रगतिशील राजनेताओं तथा कर्मठ और ईमानदार सरकारी अधिकारियों का स्नेह और विश्वास समान रूप से प्राप्त होने लगा था। इसलिए कृषि और सहकारिता विभाग में राज्य मंत्री के पद पर नीतीश ने लोकसभा के भंग होने, यानी नवम्बर 1990, तक जमकर काम किया। 10 नवम्बर, 1990 को वी.पी. सिंह की सरकार सदन में अपना बहुमत साबित नहीं कर सकी। अपनी सहयोगी पार्टियों के साथ नीतीश की पार्टी भी विपक्ष में चली आई। कांग्रेस के सहयोग से चन्द्रशेखर देश के नए प्रधानमंत्री बने। उनके शासन का छोटा सा, कोई सात एक महीनों का दौर चला। नीतीश से उनका परिचय बहुत पुराना था और उसके प्रति उनका अगाध व्यक्तिगत स्नेह हमेशा की तरह तब भी बना ही रहा था। नीतीश के भाषणों के दौरान उन्होंने कई बार मेज़ थपथपाकर उसकी प्रशंसा भी की थी। साल 1991 में कांग्रेस पार्टी ने बहुत छोटी-सी बात पर अपना समर्थन झटके से खींचकर चन्द्रशेखर की सरकार ही गिरा दी। दरअसल, चन्द्रशेखर को देश की ऐसी डाँवाँडोल आर्थिक अवस्था मिली थी कि भारत में विदेशी मुद्रा भंडार क़रीब-क़रीब ख़ाली होने के कगार पर आ गया था। किसी ख़बर के अनुसार शायद देश के पास तीन सप्ताह से भी कम दिनों तक आयात बिल चुकाने की ताक़त बची थी। मजबूरन सरकार ने रिज़र्व बैंक में रखा 47 टन सोना विश्वबैंक के पास गिरवी रखकर 40 करोड़ डॉलर का क़र्ज़ लेकर किसी प्रकार अपनी इज़्ज़त बचाई। यह आवश्यक किन्तु नितान्त अप्रिय फ़ैसले का ठीकरा चन्द्रशेखर के सर पर ही फूटा। उनके इस्तीफ़े के बाद प्रधानमंत्री के पद का कोई भी दावेदार सामने आने की हिम्मत नहीं कर सका। इस प्रकार 13 मार्च, 1991 को नौवीं लोकसभा भंग हो गई और नए लोकसभा चुनाव का ऐलान हो गया।

नीतीश एक बार फिर से चुनाव लड़ने के लिए बाढ़ लोकसभा क्षेत्र पहुँच गया।

संसदीय चुनाव में हार और जीत

देश में दसवीं लोकसभा के चुनाव क्रमशः 20 मई तथा 12 और 15 जून, 1991 को हुए। इस चुनाव के बारे में ज्ञानू बताता है—

'1991 से हर लोकसभा के चुनाव में बाढ़ में नीतीश जी की तरफ़ से मैं ही व्यवस्थापक रहा। चुनाव के दिनों हमारा मुख़यालय उनका बख़्तियारपुर का पैतृक मकान होता था। तब चुनाव में हमारे विरोधी हर प्रकार के हथकंडे अपनाने में महारती थे। ऐसी हर गतिविधि से स्थानीय प्रशासन और राज्य सरकार से लेकर चुनाव आयोग तक को अवगत कराने का काम मेरा था। पूरे देश के लिए हमेशा अच्छा काम करने और लगातार चुनाव जीतने से नीतीश जी की कीर्ति पताका पटना और दिल्ली में फहरने लगी। उन दिनों कुछ स्वार्थी तत्त्व इनके साथ जोंक की तरह चिपक गए थे। 1991 के चुनाव तक तो नीतीश जी के केन्द्र और राज्य सरकार से सम्बन्ध सहज ही थे।'

इस बार बाढ़ से आसानी से चुनाव जीतकर नीतीश फिर से संसद पहुँचा। इस चुनाव में एक दुखद घटना भी हुई। वोटिंग के दौरान बाढ़ के पंडारक थाने के ढीबर मध्य विद्यालय में बने बूथ पर गोलियाँ चल गईं। बूथ पर मौज़ूद सीताराम सिंह की मृत्यु गोली लगने से हो गई। वे नीतीश के विरोधी दल, कांग्रेस के कार्यकर्ता थे। नीतीश उस दिन अपने कई साथियों के साथ कहीं और भागदौड़ कर रहा था। बड़े ज़ोरों से अफ़वाह उड़ी कि समता पार्टी वालों ने ही, नीतीश की सहमति से, यह हत्या करवाई है।

एक गुनाह जो किया ही नहीं

सिद्धान्तवादी नीतीश को उसके चुनाव के दौरान हुई इस हिंसा से अकल्पनीय पीड़ा हुई। जून में हुई इस हत्या के सिलसिले में 17 नवम्बर, 1991 को पंडारक थाने में एफआईआर दाख़िल हुआ। इसमें कहा गया कि नीतीश ने अपने कुछ

हथियारबन्द साथियों के साथ बूथ में जाकर सीताराम को वोट डालने से मना किया और उनकी बात न मानने पर नीतीश ने ही राइफ़ल से गोली चलाई। इस गोली से सीताराम की मृत्यु घटनास्थल पर ही हो गई। कुछ अन्य लोग भी घायल हो गए। अगर उन दिनों बूथों पर वीडियोग्राफ़ी की व्यवस्था होती तो पल-भर में ही दूध का दूध और पानी का पानी हो जाता। ऐसा नहीं होने के कारण साक्ष्यों के आधार पर हो रही जाँच में थोड़ा समय तो ज़रूर लगा लेकिन वहाँ की पुलिस ने अपनी तफ़तीश के बाद नीतीश को क्लीन चिट देते हुए फ़ाइनल रिपोर्ट कोर्ट में जमा कर दी थी। इस रिपोर्ट को बाढ़ के एसीजेएम (अपर मुख्य न्यायिक दंडाधिकारी) ने 5 अगस्त, 2008 को स्वीकार कर लिया था। इसके बाद बात आई-गई हो गई। अलबत्ता नीतीश के मन में ऐसी सभी घटनाओं को लेकर पीड़ा तो रहती ही थी। अचानक 20 जनवरी, 2009 को, एफआईआर के दाख़िल होने के क़रीब 18 वर्षों के बाद, किन्हीं अशोक सिंह ने बाढ़ के एसीजेएम के कोर्ट में मामले की फिर से सुनवाई करने की अर्ज़ी डाल दी। इस अर्ज़ी का संज्ञान लेते हुए पुराने एफआईआर के आधार पर बाढ़ के कोर्ट ने नीतीश के ख़िलाफ़ आपराधिक मामलों की सुनवाई शुरू कर दी। इस दौरान इसी मामले में नीतीश के विरुद्ध कुछ और झूठे मुक़दमे भी दायर हो गए थे। उसी वर्ष, 2009 में, नीतीश ने इस आदेश को चुनौती देते हुए पटना हाईकोर्ट में एक रिट अपील दायर की। 2010 में नीतीश को बाढ़ के अपर मुख्य न्यायिक दंडाधिकारी ने अपनी अदालत में हाज़िर होने का आदेश दिया। नीतीश के रिट पिटीशन (writ of certiorari) पर हाईकोर्ट ने नीतीश को बाढ़ अनुमंडल अदालत में हाज़िर होने के आदेश पर रोक लगाते हुए सीताराम जी की हत्याकांड में नीतीश से जुड़े सभी मामलों को हाईकोर्ट भेजने के आदेश दे दिए। अन्त में, प्राय: 28 वर्षों के बाद, 31 जनवरी, 2019 को, पटना हाईकोर्ट के माननीय जज असउद्दीन अमानउल्ला ने सुनवाई तो पूरी कर ली मगर काफ़ी सोच-विचार के बाद उन्होंने अपना फ़ैसला शुक्रवार, 15 मार्च, 2019 को सुनाया जिसमें उन्होंने नीतीश के ख़िलाफ़ सभी आरोपों को ख़ारिज कर दिया। नीतीश ने जब विधान परिषद में चुनाव के लिए अपना हलफ़नामा दायर किया था तो उसने एक ईमानदार प्रत्याशी के तौर पर इस मुक़दमे का पूरा विवरण भी उसमें दर्ज किया था। नीतीश ने इस विषय में हाईकोर्ट का फ़ैसला आ जाने से पहले कभी भी अपना मुँह नहीं खोला था।

गुज्जर गुजराल

1991 के लोकसभा चुनाव के वक़्त नीतीश का बाढ़ चुनाव क्षेत्र अपेक्षाकृत गुमनाम था। बिहार में सबसे ज़्यादा हॉट सीट पटना की हो गई थी। आई.के.

गुजराल पटना से नीतीश-लालू की पार्टी जनता दल के टिकट पर चुनाव लड़ रहे थे। यशवन्त सिन्हा ने अपनी जीवनी 'रिलेंटलेस' में बताया है कि वे चन्द्रशेखर की पार्टी जनता दल (सेक्युलर) के प्रत्याशी थे। उनके मुक़ाबले में गुजराल के अलावा कांग्रेस के डॉ. सीपी ठाकुर और बीजेपी के डॉ. शैलेन्द्रनाथ श्रीवास्तव थे। डॉक्टर श्रीवास्तव पटना से ही सांसद थे और सिन्हा के क़रीबी रिश्तेदार भी। उन दिनों बिहार में जनता दल के नेता लालू प्रसाद यादव मुख्यमंत्री थे। काँटे की टक्कर थी यह। लालू के लिए गुजराल का जीतना प्रतिष्ठा का प्रश्न बन गया था। इसके लिए वे हर प्रकार की नीति अपनाने के लिए तैयार थे जबकि नीतीश को लगता था कि गुजराल अपनी क्षमता पर ही यह चुनाव जीतने में सक्षम हैं। उनके लिए प्रचार करते समय नीतीश उनके सद्गुणों की विस्तार से चर्चा करता जिसका समझदार लोगों पर बहुत अच्छा प्रभाव पड़ता। उधर लालू अपनी ही रौ में प्रचार करने में जुटे थे। पटना में कायस्थ वोटरों की तादाद अच्छी है। वे एकजुट होकर वोट देते भी हैं। उनके सामने उनकी ही जाति के दो विकल्प मौज़ूद थे। डॉक्टर सीपी ठाकुर भी कोई छोटी-मोटी हस्ती नहीं थे। इन सबके मुक़ाबले गुजराल हल्के माने जा रहे थे। इस बीच उनके विरोधियों ने 'स्थानीय बनाम बाहरी' का कार्ड भी खेल दिया। लोग जाति के आधार पर गोलबन्द होने लगे। लालू की दाद देनी पड़ेगी कि इस भारी मुसीबत से भी बाहर निकलने की काट उन्होंने खोज निकाली! वे अपनी सभाओं में पंजाबी खत्री वंश के गुजराल को गुर्जर जाति का यादव बताकर उनके लिए वोट माँगने लगे। वे हर जगह कहते कि बिहार में गुर्जर को यादव और पंजाब में यादव को गुर्जर कहा जाता है। वही गुर्जर गुजराल हो गए हैं। मतलब कि लालू की तरह गुजराल भी यादव कुलभूषण ही हैं, इसलिए उन्हें बाहरी कैसे कहा जा सकता है? वे तो स्थानीयों से भी अधिक स्थानीय हैं! लालू यह भी कहते पाए गए थे कि सभी यदुवंशियों की तरह गुर्जर गुजराल की प्राथमिकता ग़रीब, किसान और गाँव तथा खेत खलिहान हैं। वे श्रीकृष्ण की तरह कूटनीतिज्ञ हैं और कई भाषाओं के जानकार होने के अलावा वे तो भगवान कृष्ण की तरह 16 कलाओं में पारंगत हैं! लालू की इस बात का मतदाताओं पर असर भी पड़ा। हालत यहाँ तक हो गई कि एक जाति विशेष के लोग गुजराल का असली नाम भूलकर 'ऊहे गुजरवा' को वोट देने की अपील करने लगे। प्रत्यक्षदर्शी नरेन्द्र कुमार सिंह ने उस चुनाव-प्रचार की एक अप्रत्याशित घटना का ज़िक्र किया है :

वे मई महीने की चिपचिपाहट भरी गर्मियों के दिन थे। चुनाव प्रचार के लिए पटना की सबसे व्यस्त सड़क, बेली रोड पर प्रचारक नेतागण शान से जीप में बैठे थे और बेचारे प्रत्याशी गुजराल, तपती धूप में उनके पीछे, लगभग घिसटते हुए, पैदल चल रहे थे! यह दुनिया की शायद अकेली बरात थी जिसमें दूल्हा तो

चल रहा था झुलसती हुई सड़क पर पाँव पैदल और बरातियों का मजमा मज़े में गाड़ी पर सवार था!

20 मई, 1991 को पटना में चुनाव हुए। यशवन्त सिन्हा की पुरज़ोर कोशिशों के बाद भी उन्हें लग गया था कि पटना में उनकी पार्टी का कॉडर मज़बूत नहीं था। वोटिंग ख़त्म होते ही गुजराल को छोड़कर प्रायः सभी प्रत्याशियों ने जनता दल के कार्यकर्ताओं के दुर्व्यवहार और चुनाव में हुई बड़े स्तर की धाँधली की पुरज़ोर शिकायत चुनाव आयोग से की। उन दिनों टी.एन. शेषन भारत के चीफ़ इलेक्शन कमिश्नर थे। उन्होंने फ़ौरन चुनाव को रद्द किए जाने के आदेश दे दिए। 21 मई, 1991 को पटना का यह चुनाव निरस्त कर दिया गया।

इस कहानी का एक दूसरा पहलू भी है। उसी दिन, यानी 21 मई, 1991 को, राजीव गांधी की निर्मम हत्या हो गई। देश-भर में यह ख़बर आँधी की तरह इतने ज़ोरों से फैली कि पटना लोकसभा के चुनाव रद्द होने की घटना कहीं वैसी प्राथमिकता नहीं पा सकी जिसकी वह मुस्तहक़ थी। चुनाव आयोग के इस आदेश की वजह से लालू को एड़ी चोटी का पसीना एक करना पड़ा। उन्होंने गुजराल के लिए पटना के सब्ज़ी बाग़ में अपने किसी मुसाहिब का घर किराए पर मुहैया करा दिया। जब गुजराल को एक बिहारी पता मिल गया तो लालू ने 1992 में उन्हें राज्यसभा के लिए जनता दल का बिहारी प्रत्याशी बनाकर आगे कर दिया। जनता पार्टी के एक बहुत पुराने कार्यकर्ता के अनुसार—

'गुजराल को संसद में भेजने के लिए सबसे ज़्यादा मेहनत करनेवालों में नीतीश जी भी थे। लोकसभा में जनता दल की ओर से चुनकर गए बिहारियों की अच्छी-ख़ासी तादाद थी जिनमें कई प्रतिभाशाली नेता थे। लेकिन राज्यसभा में बिहार से इतने अनुभवी और सौम्य प्रकृति के नेताओं की कमी थी जो उत्तर से लेकर दक्षिण तक देश की हर बड़ी पार्टी को एक जैसी सहजता से स्वीकार्य हो सकते थे। राज्यसभा में जनता दल के प्रतिनिधियों के रूप में प्रबुद्धों की आवश्यकता को नीतीश जी ख़ूब समझते थे। इसलिए उन्होंने राज्यसभा में भेजे जाने के लिए गुजराल के नाम पर बहुत ज़ोर दिया।'

इस प्रकार 1992 में गुजराल आसानी से राज्यसभा में पहुँच गए। इससे पूर्व, उन्होंने 1991 में पटना संसदीय क्षेत्र में हुए लोकसभा के चुनाव के निरस्त किए जाने के चुनाव आयोग के आदेश को दिल्ली हाईकोर्ट में चुनौती दी थी। लेकिन 27 मार्च, 1993 को हाईकोर्ट ने उनकी अर्ज़ी ख़ारिज कर दी थी।

1991 के लोकसभा चुनाव में यद्यपि कांग्रेस को पूर्ण बहुमत प्राप्त नहीं था फिर भी सियासी जोड़ तोड़ में माहिर कांग्रेसियों ने 21 जून, 1991 को केन्द्र में अपनी सरकार बना ली। पी.वी. (पामुलापति वेंकट) नरसिंहाराव के नेतृत्व में बनी इस सरकार में 'लाइसेंस राज' पर काफ़ी हद तक अंकुश लगा। राव ने

सरदार मनमोहन सिंह को वित्त मंत्रालय का भार सौंपा था जो एक जोखिम भरा क़दम था। लेकिन इसी समय, पहली बार, भारतीय अर्थनीति में खुलेपन का भी आग़ाज़ हुआ। यद्यपि सरकार जिन बैसाखियों पर टिकी थी और इस पर जिस प्रकार सांसदों के ख़रीद-फ़रोख़्त के आरोप लगे, वे लोकतंत्र पर कलंक के अमिट धब्बे बन गए। इसमें झारखंड भी बदनाम हुआ। ये सब शायद कमज़ोर सरकार को बचाए और चलाने की मजबूरी की क़ीमतें रही होंगी।

एक अकेले सर पर, कितनी-कितनी टोपियाँ

इस बार लोकसभा में आते ही नीतीश को जनता दल का महासचिव और लोकसभा में पार्टी का डिप्टी लीडर बना दिया गया। नीतीश 17 दिसम्बर, 1991 से 10 मई, 1996 तक अर्थात् 20वीं लोकसभा के पूरे कार्यकाल के दौरान, रेलवे कन्वेंशन कमिटी का सदस्य बना रहा। इस कारण से नीतीश रेलवे की ताक़त, कमज़ोरियों और मजबूरियों को बहुत क़रीब से समझ सका। उस समय के कांग्रेसी रेलमंत्री, जाफ़र शरीफ़ भी नीतीश की क़ाबिलियत के प्रशंसक हो गए। क़रीब दो साल बाद, यानी 8 अप्रैल, 1993 को, नीतीश संसद की कृषि समिति का चेयरमैन बना। उस समय के देश के कृषि मंत्री, बलराम जाखड़ से भी नीतीश की अच्छी पटती थी। नीतीश इस पद पर लोकसभा के पूरे कार्यकाल, अर्थात् 10 मई, 1996 तक बना रहा। कृषि समिति के चेयरमैन की हैसियत से उसने कृषि और किसानों की दशा में सुधारों के लिए कई महत्त्वपूर्ण अनुशंसाएँ की। इन पाँच वर्षों में नीतीश विपक्ष की बेहद पुरज़ोर आवाज़ों में एक साबित हुआ। उसने 10 दिसम्बर, 1991 को अलगाववाद और आतंकवाद के सन्दर्भ में सदन में क़ानून और व्यवस्था पर हो रही चर्चा के दौरान कहा था—

'...क़ानून और व्यवस्था की चर्चा करना तो बेकार है, क़ानून और व्यवस्था नाम की कोई चीज़ नहीं रह गई है। अक्सर यह देखा गया है कि क़ानून और व्यवस्था के सवाल को एक छड़ी के रूप में, राजनीति में, राजनीतिक रूप से इस्तेमाल किया जाता है। जब किसी राज्य सरकार को परेशान करना हो तो केन्द्र की तरफ़ से यह कहा जाता है कि क़ानून और व्यवस्था की स्थिति ख़राब है, वहाँ कार्रवाइ की जाएगी।...इस देश का एक-एक आदमी समझ चुका है कि कश्मीर में सरकार नाम की कोई चीज़ नहीं है, केन्द्र की कोई अथॉरिटी नहीं है और वहाँ वही होता है, जो वहाँ के लोग चाहते हैं।...पंजाब की स्थिति का समाधान क्या है? पंजाब में जो हालत है, चुनाव टाल दिए गए।...नरसिंहराव जी की सरकार में क्या हो रहा है...क़ानून-व्यवस्था की स्थिति देखिए, तो अपहरण बढ़ रहे हैं, हत्याएँ बढ़ रही हैं, लूट में वृद्धि हो रही है, दहेज़ और हर तरह के

जुर्म बढ़ रहे हैं, छीना-झपटी में वृद्धि हो रही है। मतलब तरक़्क़ी की है नरसिंह राव जी की सरकार ने अवमूल्यन में, चीज़ों के दाम बढ़ाने में और दूसरी तरफ़ लूट में, हत्याओं में, अपहरण में, हरिजनों पर ज़ुल्म ढाने में और दंगों में। दंगे रोकने में यह सरकार सफल नहीं रही है।...लेकिन दंगों का मुक़ाबला सिर्फ़ पॉलिटिकल विल (राजनीतिक इच्छाशक्ति) से हो सकता है।...मैं इमरजेंसी में जेल में बन्द था।...98 प्रतिशत लोग जो क़ैदख़ाने में बन्द किए गए थे, वे पिछड़े वर्ग के, हरिजन और आदिवासी समुदाय के थे। हमें जो पनिया मिला था खाना बनाने के लिए...(उसने) भूख की आग शान्त करने के लिए रोटी की चोरी की और साढ़े चार साल से जेल में बन्द था। किस तरह से अपराधी बनाए जाते हैं, किस प्रकार से लोगों को जलील करके नक्सलाइट बनाया जाता है? इन तमाम सवालों पर ठंडे दिल से विचार करने की ज़रूरत है।...सोवियत रूस, यूगोस्लाविया और कई मुल्कों में बिखराव होता जा रहा है। अब घर में बैठने की स्थिति नहीं है। चाहे पंजाब, कश्मीर, तराई, नॉर्दर्न-रीजन या कोई भी मसला हो, तो इन भेदों से ऊपर उठकर विचार करें और एक नतीजे पर पहुँचकर, इस मुल्क को एक रखने के लिए, तरक़्क़ी के रास्ते पर ले जाने के लिए और रास्ता मज़बूत बनाने के लिए हम कोशिश करें।'

इस भाषण के मात्र 3 दिनों बाद, अर्थात् 13 दिसम्बर, 1991 को, उसने सदन में 'जाति संघर्ष' की विभीषिका पर बहुत सटीक चर्चा की थी—

'...हिन्दुस्तान की समाज व्यवस्था में जाति एक सचाई है। आज़ादी के बाद सबसे पहले डॉक्टर आम्बेडकर ने इस बात का ज़िक्र किया। उसके बाद आज़ाद भारत में कोई सबसे बड़ा आदमी पैदा हुआ है, तो उसका नाम है डॉ. राममनोहर लोहिया। उन्होंने कहा, जाति ऐसे नहीं टूट सकती, जाति को तोड़ना पड़ेगा और इन दो कारणों को उन्होंने तलाशा कि जन्म से जाति आती है और जाती है शादी से। इसको तोड़ने की बात कही चौधरी चरण सिंह ने...मतलब उस वक़्त जाति ख़त्म हो जाती है, जब जाति के साथ क़लम की ताक़त और ओहदे की ताक़त आ जाती है। इसलिए जाति को तोड़ना है तो ओहदे की ताक़त, क़लम की ताक़त उनको देनी पड़ेगी, इससे हम बचकर नहीं निकल सकते।... इसलिए ताक़त है तो क़लम में है और जाति को तोड़ना चाहते हैं, जातीय संघर्ष से बचना चाहते हैं तो जो दबाई हुई जातियाँ हैं, सताए हुए लोग हैं, तो उन्हें अवसर देना होगा और विशेष अवसर देना होगा।...लँगड़े आदमी को दौड़ना होगा तो विशेष अवसर देना होगा, उसके लिए अलग से पॉइंट का सिलसिला तय करना पड़ेगा कि यह कितनी दूर दौड़ेगा तो इसकी दौड़ मानी जाएगी, इसके लिए इसको विशेष अवसर देना होगा। यही कहा डॉक्टर आम्बेडकर ने, यही कहा डॉक्टर लोहिया ने और लोकनायक के नेतृत्व में जब बिहार का आन्दोलन

चल रहा था, इस पक्ष (अगड़ी जाति वाले लोग) के लोग भी उसमें शामिल थे। मैं इस सदन के माध्यम से स्वर्गीय कर्पूरी ठाकुर जी को धन्यवाद देना चाहता हूँ, लोकनायक जयप्रकाश नारायण के मरणोपरान्त 1977 में उनकी सरकार ने यह फ़ैसला लिया कि जो अन्तर्जातीय शादी करेगा, उसको पुरस्कृत किया जाएगा। आज बिहार में यह योजना लागू है।'

18 दिसम्बर, 1991 को भी सदन में देश के आर्थिक संकट पर नीतीश जमकर बोला। उसने बहुत भावुक होकर कहा—

'देश में मुद्रास्फीति की दर बढ़ रही है, चीज़ों के दाम बढ़ रहे हैं, बेरोज़गारी बढ़ रही है, ग़रीबी बढ़ रही है और जो आयात-निर्यात के बीच का गैप है, वह बढ़ रहा है, विदेशी मुद्रा की कमी होती चली जा रही है, देश में क्षेत्रीय असन्तुलन बढ़ रहा है, असमानता बढ़ रही है। यह आज का मौज़ूदा आर्थिक संकट है।... आज हालत यह हो गई है कि यह देश क़र्ज़ के जाल में फँसता चला जा रहा है।'

उसके बाद पहले तो उसने मणि शंकर अय्यर को उनके तथ्यहीन भाषण में विरोधाभासी बातों के लिए ऐसे शीशे में उतारा कि सदन के हर कोने से हँसी के गुब्बारे हवा में उछलकर पूरे सदन की छतों से जा लटके फिर अय्यर की ओर इशारा करते हुए नीतीश ने कहा—

'...आज ये स्वीकार कर रहे हैं कि इनकी आर्थिक नीतियाँ विफल रहीं।... असल में इस देश में नेहरूवियन मॉडल चला आ रहा है, जिसकी तारीफ़ ये कर रहे थे, (उसका) जनाज़ा तो निकाल दिया और तारीफ़ भी साथ-साथ कर रहे हैं। दोनों काम एक साथ!...1956 में द्वितीय पंचवर्षीय योजना से कृषि की उपेक्षा शुरू हुई और उद्योग को प्रधानता मिलनी शुरू हुई। आज इस पूरे मुल्क के विनाश का यही कारण है।...औद्योगीकरण की तरफ़ हम बढ़ते चले जा रहे हैं, जब आप औद्योगीकरण की तरफ़ बढ़े तो दुनिया ऑटोमेशन की तरफ़ बढ़ती गई। मतलब इसके पीछे बढ़ते चले गए, अन्धानुकरण करते चले गए, उसका इस देश में कोई नतीजा नहीं निकला।...नेहरूवियन मॉडल का यह सिद्धान्त था ग्रोथ विद् इक्विटी और यह कहा कि जब औद्योगीकरण होगा तो ऊपर जो विकास होगा, उसका लाभ नीचे तक पहुँचेगा। यह पिरामिड को उलटने की बात थी, और यह हुआ नहीं, फलतः यह विफल हुआ। इस मुल्क में नेहरू जी के इस मॉडल की ख़िलाफ़त उस समय के समाजवादियों ने की थी। डॉक्टर लोहिया ने ख़िलाफ़त की, जेपी ने ख़िलाफ़त की, लेकिन आपने इस बात पर ध्यान नहीं दिया और आज आप बड़े फ़ख़्र के साथ भारतीय समाजवाद की चर्चा कर रहे थे! पता नहीं आपकी पार्टी का दर्शन अगर हिन्दुस्तानी समाजवाद है तो यह मणि शंकर अय्यर को मुबारक हो, डॉ. मनमोहन सिंह को मुबारक हो, डॉक्टर नरसिंह राव जी को मुबारक हो, लेकिन इस देश की जनता गुमराह

होनेवाली नहीं है।...अच्छा होगा, अगर आपका वश चले तो समाजवाद शब्द की परिभाषा को आप बदल दीजिए, समाजवाद का अर्थ पूँजीवाद लिख दीजिए, तब कोई बात नहीं!... गांधी जी ने कहा था कि हमारे देश में आदमी ज़्यादा हैं और पूँजी कम। इसलिए कम पूँजी में कुटीर उद्योगों के माध्यम से ही हमें अपने लोगों के समृद्धि की रूपरेखा तैयार करनी होगी। दुर्भाग्य से स्वतंत्रता के बाद राष्ट्रपिता की बातों को दरकिनार कर बड़ी पूँजी की औद्योगीकरण की योजना बनी, जिससे बहुसंख्यक आबादी की समृद्धि की बात तो छोड़िए, आर्थिक विषमता एवं सामाजिक ग़ैर-बराबरी की खाई और चौड़ी होती गई। अमीरी-ग़रीबी के फ़ासले और बढ़ते गए। उससे भी दुर्भाग्यपूर्ण बात यह है कि उस आर्थिक नीति पर पुनर्विचार करने के बजाय देश को दुर्गति की ओर, रसातल में ले जाने के लिए श्री नरसिंह राव और डॉ. मनमोहन सिंह प्रयास कर रहे हैं, अर्थशास्त्र का नया सिद्धान्त गढ़ रहे हैं। माननीय मणि शंकर अय्यर जैसे बुद्धिजीवी जो उसका समर्थन कर रहे हैं, ये मुल्क को कहाँ ले जाएँगे, यह पूरी की पूरी बुद्धि विरोधी बात है।...नेहरूवियन मॉडल के ख़िलाफ़ हिन्दुस्तान का ज़्यादा जनमत था। आपको वोट पड़ते रहे 40 प्रतिशत से कम और आपके ख़िलाफ़ वोट पड़ते रहे 60 प्रतिशत से ज़्यादा। 60 प्रतिशत से ज़्यादा लोग आपकी नीतियों को नकारते रहे हैं। चाहे आप अपनी कितनी भी पीठ थपथपा लें लेकिन आज वह नीति फेल हो गई है।...मुल्क दो हिस्सों में बँटा हुआ है। एक है भारत और एक है इंडिया। एक भारत है, जो कंगाली का भारत है और एक इंडिया है, जो मुरली देवड़ा और मणि शंकर अय्यर का, जिसमें कुछ मल्टीनेशनल के एजेंट इस देश में पनपते हैं। जिसमें कुछ पूँजीपति हैं, जो फलते हैं, बढ़ते हैं, यह तसवीर है आज की, मुल्क के आर्थिक संकट की।...देश को अगर सही रास्ते पर लाना है तो निश्चित रूप से आज़ादी की लड़ाई में हमारे जो उद्देश्य थे, उनकी तरफ़ लौटकर देखना होगा और इस धरती से निर्माण शुरू करना होगा। विदेश के दान से और भयंकर शर्तों पर मिले विदेशी क़र्ज़े से मुल्क नहीं बन सकता है। मुल्क बन सकता है अपने संसाधनों के सही इस्तेमाल से, और मुल्क बन सकता है कठोर श्रम से, परिश्रम से, समन्वय से। देश की दुर्गति से निकालने के लिए मिलकर काम करने से मुल्क बच सकता है।...मैं अनुरोध करूँगा कि गांधीवादी नीतियों की ओर इस मुल्क को ले चलिए, ताकि सचमुच में देश अपने पैरों पर खड़ा हो सके और हम दुनिया को दिशा दे सकें।'

18 दिसम्बर, 1991 के इस गरमागरम भाषण के ठीक दो दिनों के बाद नीतीश ने 20 दिसम्बर को सदन में रोज़गार मुहैया कराने की केन्द्र सरकार की बेढब नीतियों के ख़िलाफ़ बोलते हुए लगभग आग ही लगा दी। उसने बेरोज़गारी दूर करने के लिए अपने चार सूत्री सिद्धान्त प्रतिपादित करते हुए कहा—

'इसका समाधान होगा—एक व्यक्ति को एक रोज़गार का सख़्ती से पालन, दूसरा है, छोटी मशीनों पर आधारित उद्योगों को और कुटीर उद्योगों को बढ़ावा देना और तीसरी बात है, मानवप्रधान उद्योगों और उद्यमों को बढ़ावा देना। पूँजीप्रधान जो हमारी अर्थव्यवस्था हो गई है, उसको समाप्त करना और चौथी बात है, खेती की तरक़्क़ी करना और खेती पर आधारित उद्योगों को बढ़ावा देना। ये चार काम करेंगे तो बड़े स्तर पर रोज़गार के अवसर उपलब्ध होंगे और जो करोड़ों हाथ बेकार पड़े हुए हैं, उनको इस प्रकार का काम दे सकते हैं, वरना इस मुल्क में तबाही मच जाएगी।...हम लॉ एंड ऑर्डर इनफ़ोर्स करने के लिए पैसा ख़र्च कर दें, लेकिन अगर हाथ में काम न होगा तो उसको बम लेकर चलाने से कोई रोक नहीं सकता है, चाहे कितनी भी बहस और कितने उपदेश हम यहाँ लोकसभा और विधानसभा में दें, उसका रास्ता नहीं निकलेगा।'

उसके भाषणों का संसद में यह असर हुआ कि जब नीतीश की बोलने की बारी आती तो सरकारी पक्ष और विरोधी दलों की बेंचों पर हाज़िरी क़रीब क़रीब पूरी होती।

17 और 23 मार्च, 1992 को उसने क्रमशः लोक प्रतिनिधित्व संशोधन विधेयक और कमला-बाग़मती परियोजना के बारे में बहुत ज़रूरी बातें सदन के सामने रखीं।

25 मार्च, 1992 को सदन में जब राम मन्दिर—बाबरी मस्जिद विवाद पर बहस चल रही थी तब नीतीश ने आशंका ज़ाहिर की थी कि इस विषय में बीजेपी और कांग्रेस के बीच कोई अन्दरूनी समझौता हो गया है और मस्जिद के ढाँचे को ढहा दिया जाएगा। ग़ौरतलब है कि उस समय केन्द्र में कांग्रेस की सरकार थी और यूपी में बीजेपी की। नीतीश ने बड़ी बेबाक़ी से कहा था—

'...यह बात आज आडवाणी जी की और गृह मंत्री जी (शंकरराव चव्हाण) के हवाई-फ़ायर से साफ़ हो गई है कि इन दोनों के बीच में मन्दिर के सवाल पर साँठ-गाँठ हो गई है। यही कारण है कि वहाँ मन्दिर तोड़ते चले जा रहे हैं। वहीं मन्दिर टूटता चला जा रहा है और केन्द्र सरकार उसकी रक्षा के लिए कोई क़दम नहीं उठा रही है। ऐसा लगता है कि मन्दिर को तोड़ने के बाद वहाँ पर मस्जिद के ढाँचे को ढहाया जाएगा। इन दोनों की साँठ-गाँठ से मुझे पूरी आशंका है और अब यह सदन में साफ़ हो गया है, इसलिए यह बात सरकार स्पष्ट करे।...साँठ-गाँठ के तहत सरकार की आर्थिक नीतियों पर जो चोट हो रही है, उससे लोगों का ध्यान हटाने के लिए इस विवाद को नए सिरे से खड़ा किया जा रहा है।'

कहना न होगा कि नीतीश की शंका कितनी जायज़ थी क्योंकि केन्द्र सरकार के हज़ार आश्वासनों के बावजूद अयोध्या में बाबरी मस्जिद एक सोची-समझी साज़िश के तहत 6 दिसम्बर, 1992 को आख़िरकार गिरा ही दी गई।

18 दिसम्बर, 1992 को इस विषय पर बोलते हुए नीतीश ने कांग्रेस और बीजेपी, दोनों की बख़िया उधेड़ते हुए सदन में खलबली मचा दी। उसने कहा—

'आज यह सदन माननीय सदस्य श्री अटल बिहारी वाजपेयी द्वारा इस सरकार के ख़िलाफ़ प्रस्तुत अविश्वास प्रस्ताव पर चर्चा कर रहा है। कल जब श्री अटल बिहारी वाजपेयी जी बोल रहे थे, तो मुझको लग रहा था कि अटल जी कोई नई बात कहेंगे और सरकार को बेनकाब करेंगे, लेकिन अटल जी का अविश्वास का प्रस्ताव मेरी समझ में नहीं आया कि यह कैसा अविश्वास का प्रस्ताव है?... 6 तारीख़ को जो कुछ हुआ, उसके लिए ये लज्जा प्रकट कर रहे थे, दुःख प्रकट कर रहे थे। कई माननीय सदस्यों ने, माननीय सोमनाथ जी ने और श्री इन्द्रजीत गुप्त जी ने कहा कि इन्होंने निन्दा नहीं की। इन्होंने निन्दा की या नहीं की, लेकिन लगातार अपने भाषण में दुख प्रकट किया है, खेद प्रकट किया है, जिसको देहात की भाषा में, मंडल की भाषा में हम लोग समझते हैं कि माफ़ी माँगने का काम किया है। सभापति महोदय, दो तरह की भाषा इस देश में है, जैसे दो तरह का यह मुल्क है, इंडिया और भारत, उसी तरह से इस देश में दो तरह के समाज हैं, दो तरह के हिन्दू हैं, एक मंडल वाले और एक कमंडल वाले। मुझको साफ़-साफ़ लग रहा है कि इन्होंने माफ़ी माँगने का काम किया है, लेकिन मुझे आश्चर्य हो रहा था कि इनका चेहरा अन्दर कुछ है और बाहर कुछ और है। अटलजी बार-बार बोल रहे थे, 6 तारीख़ के पहले बोल रहे थे कि आडवाणी जी गए हैं, आडवाणी जी गए हैं तो अच्छा ही होगा, आप लोग ऐसा क्यों समझते हैं कि लोगों को उकसाने का काम करने जा रहे हैं? वहाँ जाएँगे तो स्थिति पर नियंत्रण भी करेंगे, यह इन्होंने कहा था कि स्थिति को काबू में करेंगे, लेकिन जब आडवाणी जी अपनी अधूरी यात्रा को पूरी करने के लिए चले... तो समस्तीपुर से यात्रा शुरू करनी चाहिए थी, हिम्मत होनी चाहिए थी। सचमुच अयोध्या तक की अधूरी यात्रा को पूरा करने चले थे, आडवाणी जी में साहस होना चाहिए था, समस्तीपुर से यात्रा शुरू करते, जहाँ इस देश के एक बहादुर लाल, लालू प्रसाद ने इनके रथ को पकड़ लिया था, क्योंकि (वह) बरबादी का रथ था। इनको समस्तीपुर से जाना चाहिए था।...इनको पक्की जानकारी है कि कौन कारसेवक थे और कौन सा गिरोह शामिल था। मुझको आश्चर्य लगता है कि पाँच सौ आदमी क्या मस्जिद गिराने का काम करेंगे? श्री कुमार मंगलम जी के शब्दों में कि ढाई लाख होंगे। वे पाँच सौ से ज़्यादा थे, जो भजन-कीर्तन कर रहे थे। श्री अशोक सिंघल की तसवीर छपी है, जो उनको कीर्तन करा रहे थे।... थोड़ी देर पहले जिसको वाजपेयी जी ने कहा, मन्दिर या ढाँचा, जिसको हम लोग बोलते हैं, बाबरी मस्जिद और ये बोलते हैं मन्दिर, उस मन्दिर को या मस्जिद को ढहाने की इजाज़त कौन सा भजन-कीर्तन देता है, जो नपुंसक भजन-कीर्तन

आप गाते रहे, वहाँ पर उस भजन-कीर्तन के ख़िलाफ़ सारा काम होता रहा। अगर सचमुच भजन-कीर्तन में आपकी आस्था थी, तो वहाँ से निकलते और रोकते और अगर वे नहीं रुकते तो भी उन्हें हर हालत में रोकते।...जब ज़रूरत पड़ती है, तभी इनको हमारी याद आती है। हमको इतना ज्ञान नहीं है माइथोलॉजी का, लेकिन एक बात मैं बताता हूँ। जब से राम का क़िस्सा चला आ रहा है, तब से राम की पूजा हनुमान के माध्यम से होती है। राम की सीधे पूजा नहीं होती। सभापति महोदय, यह भी बताएँ बड़े धर्माचारी, जो इस सदन में चले आए हैं। अगर इनका बस चले तो इस पूरी संसद को मठ में बदल दें। अब संसद के ऊपर एक अथॉरिटी हो गई है, धर्म संसद। मैं नहीं जानता, यह धर्म संसद क्या है?...

राम कौन हनुमान कौन

हम लोगों ने सुना है कि राम की पूजा हनुमान से होती है, क्योंकि हनुमान जो वानर थे, तो इसका मतलब वे भी पिछड़े थे। हम लोगों (पिछड़ों) को तो अभी तक फुल ह्यूमन बीइंग नहीं माना जाता, हम लोगों को कहा जाता है कि मेरिट नहीं है। हम लोगों का तो यह आधार है। जब भी मंडल उठाया तो कहा गया कि मेरिट नहीं, यानी वानर हैं तो हम लोग तो हनुमान हुए और उस माध्यम से राम की पूजा पहले से चली आ रही है, हनुमान के माध्यम से, लेकिन जब से हम लोगों ने मंडल उठाया, तो इन्होंने सीधे राम की पूजा शुरू की, हनुमान को छोड़ दिया।...कल अटल जी ने एक अच्छी बात कही कि वहाँ मन्दिर की लड़ाई नहीं है, यह मानसिकता की लड़ाई है। मैं भी कहना चाहता हूँ, कि यही तो हम कहना चाहते थे कि यह मन्दिर की लड़ाई नहीं है, यह मानसिकता की लड़ाई है। क्या मानसिकता की लड़ाई है? इन्होंने कहा कि सत्य को देखने का नज़रिया होता है, यह सही बात है। जब इस देश में रहनेवाले 90 प्रतिशत शोषित और पीड़ित होंगे और उनके हक़ में सरकार ने एक छोटा सा फ़ैसला किया और मंडल कमीशन लागू कर दिया, तो आप कमंडल लेकर रथ पर चढ़कर जा बैठे, यह आपकी मानसिकता है?...मुझे इस बात की आशंका है कि जान-बूझकर इस देश में इस प्रकार की राजनीति होती रही है। क्या राजनीति होती रही है, आज इस देश की अक्लीयत का आदमी, मुसलमान ख़ासकर के, उसके दिल में एक बात की चिन्ता रहती है कि अगले दिन हमारी जान की रक्षा होगी या नहीं, सबसे बड़ा कंसर्न उसका यह है। इस हालत में उसको किसने लाकर रखा है? उसकी बेकारी का सवाल, उसकी निर्धनता का सवाल, उसकी ग़रीबी का सवाल, आज उसके सामने नहीं है। आज उसके ज़ेहन में सिर्फ़ एक सवाल है, उनकी जान का सवाल रहता है और यह राजनीति लगातार कांग्रेस पार्टी ने की

है। उसको डरा करके रखा है। सिर्फ़ अपनी जान की रक्षा की गारंटी माँगी और उसके सेवियर के रूप में यह सामने आई और उसका वोट लिया...पॉलिटिक्स होती रही है।...इन सारी चीज़ों पर आज परदा पड़ गया, सारी बातों पर परदा पड़ेगा, सिर्फ़ इस अयोध्या के सवाल से, और यह चाहते हैं कि इसी प्रकार से इस मुल्क में ऐसे सवाल हों, जो भावनाओं को झकझोरते रहें और आदमी के पेट की जो भूख है, ऊँच और नीच के भेदभाव से जो त्रस्त हैं, उससे उबरने की जो भूख है, उन पर लाठी भूख मारकर उस भूख को फिर से कुन्द कर दिया जाए। यह एक साजिश है भारतीय जनता पार्टी की और उसमें शागिर्द हैं कांग्रेस आई के लोग। इसलिए मैं बताना चाहता हूँ कि इन दोनों से अलग इस देश में तीसरा रास्ता निकलेगा और निकलकर रहेगा। यह सवेरा आएगा, जो इस मुल्क की ख़ुशहाली का सवेरा होगा। इस मुल्क में इंसाफ़ और इज़्ज़त का शासन होगा और दुनिया में फिर से हिन्दुस्तान रोशनी देने की स्थिति में आएगा। इन्हीं शब्दों के साथ मैं अपनी बात समाप्त करता हूँ।'

इस भाषण का बेहद गहरा और दूरगामी असर पड़ा।

23 फ़रवरी, 1993 को सदन में रैली पर प्रतिबन्ध पर चर्चा चल रही थी। उसी में नीतीश ने बहस का रुख़ मोड़ते हुए बाबरी मस्जिद का मसला सामने खड़ा कर दिया—

'...हम इनसे (सरकार से) यही कहना चाहेंगे कि जो कुछ भी करना था, 6 दिसम्बर के पहले करना चाहिए था। अब करने से क्या फ़ायदा? अब जो कुछ भी आप करेंगे, वह इनके हक़ में हो जाएगा। 6 दिसम्बर के पहले सारे लोग आपको कहते रहे और गृह मंत्री जी, आप यहीं बैठे थे और यहाँ से भूतपूर्व प्रधानमंत्री वी.पी. सिंह जी ने कहा था कि अगर ऐन वक़्त कल्याण सिंह इस्तीफ़ा दे देंगे तो क्या होगा? आपने खड़े होकर वी.पी. सिंह का मज़ाक़ उड़ाते हुए कहा था कि वी.पी. सिंह को समझ में नहीं आता है, कल्याण सिंह इस्तीफ़ा देंगे तो बीजेपी दूसरा चीफ़ मिनिस्टर नॉमिनेट कर देगी। कहाँ नॉमिनेट किया बीजेपी ने? पूर्व प्रधानमंत्री को जानकारी थी, बीजेपी को जानकारी थी, चन्द्रशेखर जी को जानकारी थी और इस देश के बड़े-बड़े नेताओं को जानकारी थी कि वह क्या कर सकते हैं।

...गृह मंत्री जी, जब 6 दिसम्बर को मस्जिद टूट गई, जिसको कि यह कहते हैं कि मस्जिद मत कहो, मस्जिद नहीं थी तो वह तोड़ी क्यों? देश-भर में यह प्रचार किया कि यह बाबरी मस्जिद है। इनका गजब दोहरा चरित्र है! यहाँ आडवाणी जी कुछ बोलते हैं और बाहर इनके लोग कुछ और बोलते हैं।... हक़ीक़त यह है कि आप जो कुछ भी कर रहे हैं, गृह मंत्री जी, उससे इनका फ़ायदा हो रहा है और हम लोगों को यह बात समझ में नहीं आती है कि आप

ऐसा कर क्यों रहे हैं? रैलियों पर, सभाओं पर रोक जनता पसन्द नहीं करती। आपने इनके ऊपर रोक लगा दी, जनता पसन्द नहीं करती। कभी भी आपकी रोक का समर्थन हम लोग नहीं कर सकते हैं। वामपंथी दल के लोग आपको किसी भी तरह से बचा रहे हैं, कह दे रहे हैं कि चलिए इनकी बात पर भरोसा नहीं, लेकिन आप कर क्या रहे हैं?...पहले तो आप थे ही करेला, ऊपर से राजेश पायलट जी आन्तरिक सुरक्षा मंत्री बनकर उस पर चढ़ गए नीम।...यह मन से चाहते हैं कि चुनाव नहीं हो; क्योंकि जिस दिन चुनाव होगा, उस दिन इनकी यह स्थिति नहीं रहनेवाली है, जो आज यह मनोविज्ञान पैदा करके चल रहे हैं, इनका यह मनोविज्ञान टिकनेवाला नहीं है, लेकिन सबसे दु:खद बात यह है कि 'का पर करूँ सिंगार, पिया मोरे आन्हर।' आप जो काम करते चले आ रहे हैं, किस पर उम्मीद की जाए? सत्ता में आप बैठे हैं, इनीशिएटिव आपको लेना था, उम्मीद आपसे थी कि आप साम्प्रदायिक ताक़तों का मुक़ाबला करेंगे, लेकिन आप साम्प्रदायिक ताक़तों का मुक़ाबला नहीं कर रहे हैं, बगलें झाँक रहे हैं और आप कैम्प फ़ायर की तैयारी कर चुके हैं। ऐसा लगता है कि नॉर्थ ब्लॉक और साउथ ब्लॉक में तैयारी कर रहे हैं, चार्ज हैंड ओवर करने की।

जैसे-जैसे नेता आपके यहाँ अनुकम्पा के आधार पर होने लगे हैं, यह किसी से छिपा नहीं है। हम लोगों के यहाँ सरकारी नौकरियाँ अनुकम्पा के आधार पर होती हैं। जो मर जाता है, उसके बाल-बच्चों को अनुकम्पा के आधार पर नौकरी देते हैं। उसमें कुव्वत नहीं है, कम्पटीशन के आधार पर नौकरी पाने की। वैसे ही कांग्रेस पार्टी में कम्पटीशन के आधार पर कोई लीडर नहीं है, न बन सकता है। यहाँ तो सब अनुकम्पा के आधार पर ही चल रहा है। कोई मारा गया तो कोई आ गया। उनकी हत्या हो गई तो कोई आ गया—यह तो अनुकम्पा वाली पार्टी है। यह पार्टी बहुत दिनों तक चलनेवाली नहीं है। आपकी पार्टी का दुर्भाग्य यह है कि पूरे मुल्क का माहौल ख़राब करके और जहाँ-जहाँ जिन ताक़तों से लड़ना चाहिए, उन ताक़तों से लड़ने के बजाय, आप गुपचुप समझौता कर रहे हैं।...वह रूलिंग-एलिट भारतीय जनता पार्टी की ओर शिफ्ट होता चला जा रहा है। इनका पूरा का पूरा हिन्दुत्व नकली हिन्दुत्व है। इनका हिन्दुत्व दस प्रतिशत लोगों का हिन्दुत्व है। इनके हिन्दुत्व की परिभाषा में 90 फ़ीसदी लोग नहीं आते हैं।...हमारे बिहार के, पूर्वी उत्तर प्रदेश के, उड़ीसा के लोग सूरत से, वहीं लाखों लोग बम्बई में बिहार और उत्तर प्रदेश के लोग रहते हैं, उनमें दो-चार लाख लोगों को बम्बई से निकाल बाहर कर दिया। उन ग़रीब लोगों की निष्ठा, ग़रीब मज़दूरों की निष्ठा इस देश में नहीं थी? और क्या देश में निष्ठा की परिभाषा ये तय करेंगे और शिव सेना तय करेगी?...समय रहते अगर आप नहीं चेतेंगे, तो स्थिति बहुत भयानक होने जा रही है। ऐसा लग रहा है, जो आपकी साजिश है,

उसको हम लोग समझ रहे हैं। आपकी साजिश ने धीरे-धीरे ऐसा माहौल पैदा कर दिया है, एक ऐसा भूत खड़ा कर दिया जाए, एक ऐसा घोस्ट खड़ा कर दिया जाए कि हमको गद्दी पर बनाए रखने के लिए लोग मजबूर हो जाएँ। पार्टी के अन्दर कोई विद्रोह न हो सके और पार्टी के बाहर भी एक हौवा खड़ा कर दिया जाए, साम्प्रदायिकता का एक प्रकार से ख़तरा है, लेकिन घोस्ट के रूप में आप दिखा दीजिए कि यही ताक़तें हैं और लोग मजबूर हो जाएँ और इस सरकार को भी किसी-न-किसी प्रकार झेलते रहें।...मैं कहना चाहता हूँ कि इस देश की जनता भोली नहीं है, वह सही रास्ता निकालेगी। ये दोनों मिले हुए हैं। इन दोनों को छोड़कर कोई तीसरी ताक़त निकलेगी जो देश को इस साम्प्रदायिकता के तनाव से उबारेगी और सचमुच देश को एक सही रास्ते की ओर ले चलेगी।'

बहरहाल, संसद में नीतीश तमाम राष्ट्रीय और अन्तरराष्ट्रीय समस्याओं पर बड़ी गम्भीर बातें बहुत सहजता से कह रहा था। उसके सदन में दर्जनों महत्त्वपूर्ण भाषणों की चर्चा यहाँ की जा सकती है लेकिन डंकल ड्राफ़्ट पर उसने 3 अप्रैल, 1992 को जो कहा वह ज़बरदस्त था और उसके पुरज़ोर भाषण के बाद इस ड्राफ़्ट पर ब्रेक लगने शुरू हो गए। उस भाषण में कई बिन्दुओं का उल्लेख किया था—

'सरकार द्वारा प्राप्त सभी प्रस्तावों, ट्रिप्स, ट्रिम्स और गैट, हमारे देश के पेटेंट क़ानूनों और आर्थिक प्रभुसत्ता का अभिनन्दन करेंगे, उसको अस्वीकृत करने के लिए माननीय सदस्य श्री रूपचन्द पाल जी द्वारा यह संकल्प लाया गया है, उसके लिए मैं उनको धन्यवाद देता हूँ कि उन्होंने इस विषय पर चर्चा का अवसर प्रदान किया। दरअसल ये तीनों चीज़ें, जो गैट नेगोसिएशन हो रहा है, जो उरुग्वे राउंड टेबल की वार्ता हो रही है, उससे ये सारी चीज़ें निकली हैं। 'डंकल ड्राफ़्ट' पर पूरे देश में और पूरी दुनिया में कई प्रकार से बहस हो रही है और चर्चा हो रही है।...तो हम यह मानें कि 'डंकल ड्राफ़्ट' में हमारा अहित नहीं है? यह बिलकुल ही एक शर्मनाक तर्क है।...हम लोग कह रहे हैं कि 'डंकल ड्राफ़्ट' से आर्थिक सम्प्रभुता को ख़तरा है और सरकार की तरफ़ से एक ही बात, कि चीन ने स्वीकार कर लिया है, मतलब लोगों को यह बतलाना कि चीन जैसे मुल्क ने दस्तख़त कर लिया, जो हमसे बड़ा है, तो हमारे लिए इसमें क्या लाचारी है?...अब 'स्पेशल 301' को लागू करने की साजिश है, ट्रिप्स के ज़रिये।

आख़िर क्या है, यह पेटेंट लॉ, जो वे करना चाह रहे हैं, उर्वरक, कीटनाशक, बीज, यह सभी चीज़ पेटेंटबद्ध हो जाएँगी मेडिसिन, यह सब पेटेंटबद्ध हो जाएँगी। अब आप देखिए पौधे और पशु जीवित प्राणी हैं, क्या इनको पेटेंटबद्ध किया जा सकता है? कल कहिएगा कि मनुष्य को हम पेटेंटबद्ध कर देंगे, यानी एक बड़ा ख़तरनाक तर्क इस देश में चल रहा है।...हमारे देश की जो नैतिकता रही है, हमारे देश का जो एक राष्ट्रधर्म रहा है, मतलब भगवान् और धर्म-संस्कृति के हिसाब

से नहीं बल्कि हिन्दुस्तान का जो अपना राष्ट्र धर्म रहा है, उसके हिसाब से जो हमारी मान्यता रही है, शुरू से हमारी जो सभ्यता है, उसके मुताबिक़ हम इस चीज़ को क़तई स्वीकार नहीं कर सकते कि जीवित चीज़ों को पेटेंटबद्ध किया जाए।...हमारे यहाँ एक-से-एक हाइब्रिड सीड की वेरायटी विकसित हुई है और हर प्रकार से हमारा इसमें विकास हुआ है, लेकिन अब अमेरिका जो तैयार करेगा, उसी को पेटेंट करेगा। हमारी ही चीज़ को लेकर के उसमें कई फेर-बदलकर देगा और कहेगा कि यह हमारा पेटेंट है। मतलब, जो हमारी परम्परागत खेती है, वह धीरे-धीरे चौपट हो जाएगी। आज वैश्विक महामारी और अन्न संकट की आशंका से मिट्टी की उर्वरता प्राकृतिक रूप से बनी रहे, इसके लिए परम्परागत खेती पर केन्द्र सरकार ज़ोर दे रही है।

अगर कोई किसान मल्टीनेशनल कम्पनी से बीज ख़रीदेगा तो वह फ़सल में से बचाकर अगली बार उसका प्रयोग बीज के रूप में करेगा तो भारत सरकार उसको पकड़ेगी। कम्पनी के एजेंट भारत सरकार को ख़बर करेंगे और भारत सरकार उसको सज़ा देगी। अगर भारत सरकार ऐसा नहीं करेगी तो भारत सरकार से क्रॉस रीटैलिएशन के रूप में बदला लिया जाएगा।

धीरे-धीरे हमारी खेती चौपट होती चली जाएगी। यही हश्र होगा दवाइयों के बारे में।...मैं एक बात की ओर आपका ध्यान आकर्षित करना चाहता हूँ, क्योंकि न तो चिदंबरम साहब के यहाँ वह रोग है और न ही यहाँ बैठे हुए टाइटलर साहब के यहाँ यह रोग है। मेरे चुनाव में टाइटलर साहब आए थे, पता नहीं इनको मिला या नहीं मिला कालाजार का मरीज़। बिहार में कालाजार बड़े पैमाने पर फैला हुआ है। इस बीमारी की दवा हमारे यहाँ नहीं बन रही, विदेश से लानी पड़ती है। विदेश से इतनी मात्रा में दवा मिल नहीं पाती, जितनी मात्रा में हमें ज़रूरत है। इसलिए हम बता रहे हैं कि जो बीमारी, जिसका इलाज दुनिया में सम्भव है, हम उसका इलाज नहीं कर पा रहे हैं और हज़ारों लोग मर रहे हैं और लाखों लोग इसके शिकार हैं। इसी प्रकार से कई ऐसी बीमारियाँ हमारे यहाँ होंगी, जिनका इलाज है, लेकिन उनकी हम दवा नहीं बना सकेंगे, विदेश से लानी होगी। वह दवा पर्याप्त मात्रा में हमको नहीं मिलेगी और हमारे लोग मरेंगे। भूख से मरेंगे, बीमारी से मरेंगे। यही है समूचा क़ानून! इसलिए इसको रिजेक्ट करें और सरकार अपनी सम्प्रभुता के साथ किसी भी प्रकार का समझौता न करे। हम यही आग्रह करेंगे।'

नीतीश प्रायः पूरे देश में घूम-घूमकर डंकल प्रस्ताव की ख़ामियों से लोगों, विशेषकर किसानों को अवगत कराता रहा। इसी क्रम में 3 मार्च, 1993 को डंकल प्रस्ताव के विरुद्ध बोट क्लब में देश-भर के किसानों की रैली आयोजित थी। ऐन वक़्त पर केन्द्र सरकार ने उसे बोट क्लब से हटाकर लाल क़िले के

पीछे वाले मैदान में करने के आदेश दिए। 2 मार्च, 1993 को फिर वह सदन में डंकल प्रस्ताव के विरुद्ध जमकर बरसा। इस बार उसने कहा—

'...यदि सरकार ने इन डंकल प्रस्तावों पर दस्तख़त कर दिए, तो किसानों का इससे अहित होगा।...जीन का पेटेंटीकरण नहीं होना चाहिए और दूसरा बिन्दु है—विदेशी बीजों का अन्धाधुन्ध आयात नहीं होना चाहिए और मल्टीनेशनल कम्पनीज को, ख़ासकर अनाज के बीज के क्षेत्र में, छूट नहीं मिलनी चाहिए।'

नीतीश के इतना कहते ही सदन में गरमागरम बहस छिड़ गई। लालकृष्ण आडवाणी ने यह कहा कि आज नीतीश कुमार ने जो सवाल उठाया है, उसके दोनों पहलू महत्त्वपूर्ण हैं। इस प्रकार डंकल ड्राफ़्ट के विरुद्ध जनमत तैयार कराके नीतीश ने किसानों के हित में बहुत बड़ा काम किया।

31 अक्टूबर, 1993 को पटेल जयन्ती के अवसर पर उसने बिहार शरीफ़ में डंकल प्रस्ताव के ख़िलाफ़ तूफ़ान-सा खड़ा कर दिया। इस दौरान बिहार में बहुत कुछ ऐसा हो रहा था जिससे देश और राज्य में बहुत सारे नए समीकरण बनते जा रहे थे। केन्द्र में तो कांग्रेस की सरकार थी लेकिन लोकसभा में जनता दल के सांसदों की बड़ी संख्या के कारण लालू की हनक ही कुछ और थी। आइए, अभी लोकसभा की कहानियाँ यहीं छोड़कर उस काल के बिहार की राजनीति के बारे में अगले अध्याय में जानते हैं।

इन्द्रप्रस्थ से पाटलिपुत्र की ओर एक बार फिर

1991 के लोकसभा चुनावों में बिहार की 54 सीटों में 48 सीटों पर लालू प्रसाद के नेतृत्व में जनता दल को विजय मिली। इससे लालू के व्यवहार में काफ़ी परिवर्तन आ गया। 1991 के आख़िरी दिनों की एक घटना ने इस परिवर्तन को बिलकुल सतह पर ला दिया। लालू ने शिवानन्द तिवारी, वृषण पटेल और नीतीश की उपस्थिति में ललन सिंह से ऐसा अनपेक्षित व्यवहार किया कि इन लोगों ने लालू से अलग होने का निश्चय कर लिया और नीतीश के हस्ताक्षर से लालू को बड़ी कड़ी चिट्ठी लिखी गई। उस चिट्ठी को याद करना नीतीश को आज भी बहुत दुःखद लगता है। यह उसके लिए तब भी अत्यन्त पीड़ादायक था क्योंकि यह क़दम उसने ऐसी अवांछित परिस्थिति उत्पन्न होने पर उठाया था जिसके न बदलने से बिहार का गर्त में जाना तय था।

कर्पूरी की विरासत का वारिस कौन?

1993 में एक बार ऐसा हुआ कि पटना में कर्पूरी जी की जयन्ती दो दिनों में, वह भी अलग-अलग स्थानों पर, मनी। पहले आयोजन का नाम रखा गया 'सद्भावना रैली'। 20 जनवरी की इस रैली के आयोजन में बिहार के मुख्यमंत्री लालू और उनके समर्थकों की बड़ी भागीदारी थी। इस रैली के कर्ताधर्ताओं ने नीतीश सहित कई वरिष्ठ और स्थापित समाजवादी नेताओं को दरकिनार कर दिया था। इसके चार दिनों बाद ही, अर्थात् 24 जनवरी को, कर्पूरी जी के सम्मान में ही रवीन्द्र भवन में एक दूसरा आयोजन हुआ जिसका नाम था 'जननायक कर्पूरी ठाकुर जयन्ती समारोह'। सरकारी अभिलेखों में कर्पूरी जी की जन्म तिथि 24 जनवरी ही अंकित है। इस समारोह में उन्हीं लोगों ने प्रमुखता से भाग लिया जिन्हें 'सदभावना रैली' में आमंत्रित नहीं किया गया था। नीतीश इस समारोह में जमकर बोला। उसने बिहार सरकार के द्वारा पिछड़े वर्गों को कर्पूरी जी द्वारा प्रदत्त कई सुविधाओं से

वंचित रखने सहित सरकार की कई कमियों की ओर भी इशारा किया। अख़बार वाले इस ख़बर को ले उड़े। वैसे भी उन दिनों भड़काऊ और मसालेदार ख़बरों का जैसे अकाल पड़ गया था। फिर क्या था, बिहार के प्राय: हर अख़बार में इसी विषय पर आरोपों-प्रत्यारोपों का सिलसिला शुरू हो गया। इन सबसे तंग आकर नीतीश ने लालू को एक चिट्‌ठी लिखी। जिसके मुख्य अंश द्रष्टव्य हैं।

'गत 20 जनवरी की सदभावना रैली और गत 24 जनवरी को रवीन्द्र भवन में आयोजित जननायक कर्पूरी ठाकुर जयन्ती समारोह के सन्दर्भ में आपसी विवाद की ख़बरें विभिन्न समाचारपत्रों में छप रही हैं। गत 2 फ़रवरी की रात जब आपने मुझे टेलीफ़ोन किया तो संवादहीनता की स्थिति टूटी। हमारे और आपके सम्बन्ध ऐसे हैं कि बातचीत होने पर उसमें व्यक्तिगत पुट अधिक रहता है। नतीज़तन सार्वजनिक मुद्‌दों पर विस्तार से बातें नहीं हो पाती हैं। इसलिए पत्र के माध्यम से अपनी भावनाएं आप तक पहुँचाने की कोशिश कर रहा हूँ ताकि स्थिति स्पष्ट हो जाए।

24 जनवरी के कर्पूरी जयन्ती समारोह के अवसर पर आरक्षण के मुतल्लिक मैंने जो भी कहा और उसके बाद आपने जो घोषणा की उसमें कोई सैद्धान्तिक मतभेद नहीं है। उस समारोह में अत्यन्त पिछड़े वर्ग की भावनाओं को समझकर मुझे लगा कि इनके मन में एक संशय उत्पन्न हो गया है। उन्हें आश्वस्त करते हुए मैंने स्पष्ट किया था कि बिहार में आरक्षण के लिए पिछड़े और अति पिछड़े वर्गों की श्रेणी बरकरार रखी जाएगी और आरक्षण के कोटा में कोई परिवर्तन हुआ तो उसमें दोनों श्रेणियों के लिए समानुपातिक वृद्धि होगी। मैंने यह भी कहा था कि मंडल आयोग की सिफ़ारिशें मूलत: केन्द्र सरकार की नौकरियों के लिए हैं और इन सिफ़ारिशों को लागू कराने के लिए हम लोग अन्तिम दूरी और अन्तिम दम तक संघर्ष करेंगे। उस समारोह में माननीय मंत्री श्री उपेन्द्र प्रसाद वर्मा ने भी यह भावना व्यक्त किया था जब उन्होंने नेतृत्व से अति पिछड़ा वर्ग के मन में बैठ रहा संशय दूर करने और इस बाबत न्यायपूर्ण निर्णय लेने का आग्रह किया था।

लेकिन कतिपय लोगों द्वारा इसे 'मंडल बनाम कर्पूरी' विवाद के रूप में प्रचारित किया गया जो बिलकुल निराधार और भ्रामक है। मैं समझता हूँ कि इस विवाद को बढ़ने से रोकना ही उचित होगा। आरक्षण के सम्बन्ध में एक सुझाव के तौर पर आग्रह करना चाहूँगा कि पिछड़े वर्गों के आरक्षण में महिलाओं को संरक्षण मिलना चाहिए। मैं समझता हूँ कि यह बात आपके ज़ेरे-तज़वीज ज़रूर होगी।

इस परिप्रेक्ष्य में जो वातावरण बना है उससे लगता है कि बिहार (में) पार्टी के अन्दर एक अप्रिय विवाद उठ खड़ा हुआ है। इसलिए मैं अपनी ओर से और कर्पूरी जयन्ती समारोह में शामिल मंत्रियों, सांसदों, विधायकों एवं अन्य नेताओं-कार्यकर्ताओं की ओर से यह स्पष्ट कर देना चाहता हूँ कि किसी की भी मंशा

आपकी सरकार को अस्थिर करने या कमज़ोर करने की क़तई नहीं थी। लेकिन यह अफ़सोसजनक बात है कि कर्पूरी जयन्ती समारोह को अनावश्यक तौर पर विवादास्पद बनाया जा रहा है।

यह बात लिखने के लिए मैं इसलिए मजबूर हुआ हूँ कि एक मशहूर निर्दलीय विधायक द्वारा बयान देकर और कुछ निहित स्वार्थी तत्त्वों द्वारा कानाफूसी अभियान चलाकर पार्टी में वातावरण को विषाक्त बनाने का कुत्सित प्रयास हो रहा है। यहाँ तक कि मेरे तथा उस जयन्ती समारोह में शामिल कुछ नेताओं का निन्दा अभियान चलाया जा रहा है। हालाँकि इन बातों का मेरी मान्यताओं और राजनैतिक निष्ठा पर कोई असर नहीं पड़नेवाला है। सिद्धान्तों की रक्षा और पार्टी की मज़बूती के लिए मैं हर क़ुर्बानी देने को तैयार हूँ।

इस पत्र के माध्यम से आपके सामने कुछ सुझाव भी देना चाहूँगा—

1. बिहार में जनता दल की सरकार बने तीन साल पूरे हो चले हैं। पर अभी तक विभिन्न स्तर पर पार्टी संगठन की समितियाँ तथा युवा जनता दल, छात्र जनता दल आदि का विधिवत गठन नहीं हो पाया है। आम कार्यकर्ता अपने को उपेक्षित महसूस करते हैं। राज्य के अन्तर्गत कार्यक्रम कार्यान्वयन समितियाँ तथा विभिन्न विभागों की राजकीय समितियों का गठन भी अधर में लटका हुआ है। सम्बद्ध प्रमुख साथियों की राय सलाह से इन समितियों का गठन काफ़ी पहले हो जाना चाहिए था। विभिन्न स्तर पर कार्यक्रम कार्यान्वयन समितियों और विभिन्न विभागों की निगरानी समितियों में राज्य सरकार द्वारा मनोनीत सदस्यों के रूप में पार्टी के योग्य एवं सक्षम कार्यकर्ताओं का समावेश जल्द से जल्द कर दिया जाना चाहिए। आप सहमत होंगे कि अगर पार्टी मज़बूत होगी तो सामाजिक न्याय और साम्प्रदायिक सद्भाव का आन्दोलन और भी मज़बूत होगा।
2. बिहार घोर आर्थिक संकट के दौर से गुज़र रहा है। राज्य सरकार की आर्थिक कठिनाइयों का सीधा असर विकास कार्यों पर पड़ रहा है। इसे सुधारने के लिए प्राथमिकता के आधार पर ठोस क़दम उठाया जाना अत्यन्त आवश्यक है। स्थिति की गम्भीरता को देखते हुए आपने इस बारे में श्वेत पत्र जारी करने की घोषणा की थी। इसे राज्य की जनता को विश्वास में लेने के लिए जारी किया जाना चाहिए ताकि केन्द्र सरकार द्वारा किए जा रहे आर्थिक शोषण के ख़िलाफ़ जनता को गोलबन्द कर कारगर अभियान चलाया जा सके। अगर ऐसा नहीं किया गया तो आनेवाले दिनों में बिना वजह हम लोग भी जनता की नज़रों में दोषी मान लिये जा सकते हैं।

आप सहमत होंगे कि आगे आनेवाली चुनौतियाँ काफ़ी गम्भीर हैं। अतः समय पर सामाजिक न्याय और साम्प्रदायिक सद्भाव की मुहिम में जो लोग सहभागी हैं, पार्टी के साथी हैं और आपकी सरकार की मज़बूती चाहते हैं, वैसे लोगों को साथ लेकर इन मसलों पर विचार-विमर्श किया जाना चाहिए। ऐसा करने से जनतंत्र की, पार्टी की और नेतृत्व वर्ग की जड़ें और भी मज़बूत होंगी।

मैं समझता हूँ कि स्वर्गीय जननायक कर्पूरी ठाकुर के निधन के बाद से बिहार की राजनीति के संघर्षमय दिनों में आपका साथ देनेवाले इस अदना साथी की भावनाओं को आप समझेंगे और अन्यथा न लेते हुए कारगर कार्रवाइ करेंगे।

ससम्मान—

आपका

(नीतीश कुमार)

इस पत्राचार के बाद शरद यादव ने नीतीश और लालू के बीच बढ़ रहे सैद्धान्तिक मतभेद दूर करने की कोशिश की जिसके बारे में 6 अक्टूबर, 1993 के नवभारत टाइम्स अख़बार में फ़ोटो सहित 'खुली धूप में लालू और नीतीश में सुलह' शीर्षक से एक ख़बर छपी। इसमें बताया गया कि मुख्यमंत्री लालू प्रसाद और उनके दोस्त सांसद नीतीश कुमार में जारी विवाद आज (5 अक्टूबर) दल के प्रधान महासचिव शरद यादव की मध्यस्थता के साथ समाप्त हो गया। यह वार्ता मुख्यमंत्री आवास के पिछवाड़े गेहूँ की फ़सल और मछली भरे तालाब के किनारे हुई, इसमें उक्त तीनों के साथ-साथ सांसद रंजन प्रसाद यादव और जल संसाधन मंत्री जगदानन्द सिंह भी मौज़ूद थे। नीतीश ने स्पष्ट किया कि वे कुछ मामलों में सरकार की कार्यशैली में सुधार चाहते हैं। बातचीत के दौरान उन चुनौतियों की भी चर्चा की गई, जिनसे बिहार में जनता दल सरकार जूझ रही है। शरद यादव ने इस बैठक के बाद एक बार फिर श्री (नीतीश) कुमार और (जनता दल के राष्ट्रीय अध्यक्ष) रमई राम से बन्द कमरे में बातचीत की। इसके बाद संवाददाता सम्मेलन में उन्होंने समन्वय समिति के गठन की घोषणा की। यह समिति मूलतः मुख्यमंत्री और संगठन के बीच तालमेल बनाएगी और उन सवालों का समाधान खोजने का काम करेगी, जिन पर विवाद पैदा हो सकता है।

जो बात अख़बार में छपी वह मूल प्रश्न को टाल गई कि दोनों नेताओं के विचारों में अन्तर कर्पूरी जी की समाजवादी मान्यताओं को ज़मीन पर उतारने को लेकर है। उसी अख़बार, में 19 अक्टूबर को लालू के बारे में आलोक कुमार का एक आलेख छपा। उस आलेख में बताया गया कि ख़ुद कर्पूरी ठाकुर और लालू यादव में नैतिक मसलों पर अनबन रहती थी। वस्तुतः उन दिनों नीतीश और लालू के मतभेद शाश्वत मूल्यों के मतभेद थे। उन्हें पाटने

की पहल शरद यादव का असफल प्रयास था। चचा से हमें इस प्रसंग का पूरा ब्योरा इस प्रकार मिलता है—

एक और समाजवादी की परछाईं

'सच पूछा जाए तो जिन शरद यादव को हमने 70 के दशक की शुरुआत से देखा था वे विलक्षण प्रतिभाशाली (इंजीनियरिंग की डिग्री में गोल्ड मेडलिस्ट), बेहद जुझारू छात्र नेता और ठेठ लोहियाइट थे। 1969 से 1974 तक शरद छात्र आन्दोलन के अग्रिम पंक्ति के सक्रिय नेता थे। जेपी के पटना में सक्रिय होने से पहले, 1971 में जैसे पटना के इंजीनियरिंग कॉलेज के नेता के रूप में नीतीश स्थापित हो चुका था वैसे ही, जबलपुर इंजीनियरिंग कॉलेज और बाद में जबलपुर यूनिवर्सिटी के छात्र संघ अध्यक्ष के रूप में शरद की तूती ज़ोर-शोर से बज रही थी। जैसे नीतीश लोहिया जी की समाजवादी युवजन सभा के हर कार्यक्रमों और आन्दोलनों में सक्रिय रहता था वैसे ही शरद यादव भी सक्रिय रहते थे। नीतीश और शरद, दोनों ही मीसा क़ानून के तहत कई बार जेल भी गए। दोनों ही इंजीनियरिंग की पढ़ाई में भी अव्वल रहे। बस, नीतीश को सोशल इंजीनियरिंग में महारत हासिल हुई तो शरद को सोशल के अलावा बीएससी इंजीनियरिंग में भी! उन दिनों मध्य प्रदेश की सत्ता में नेहरू परिवार के प्रिय पात्र रहे रवि शंकर शुक्ल, (श्यामा चरण एवं विद्या चरण शुक्ल बन्धुओं के पिता) तथा द्वारिका प्रसाद मिश्र जैसे ब्राह्मण कांग्रेसी नेताओं का वर्चस्व था। क़रीब-क़रीब वैसे ही, जैसे केदार पांडेय, बिन्देश्वरी दूबे, भागवत झा आज़ाद आदि के बाद में बिहार की सत्ता पर जगन्नाथ मिश्र की मज़बूत पकड़ बन गई थी। वह दौर ऐसा था जब देश के उत्तरी और मध्य भाग के अधिकांश राज्यों में सवर्ण ही सत्ता पर क़ाबिज़ थे। इसलिए मध्य प्रदेश जैसे सामन्तवादी राज्य में सत्ताधारियों को चुनौती देना आसान नहीं था। यह दुस्साहस पहली बार शायद शरद यादव ने ही किया। 1974 में ही, जब वह जेल में थे, सर्वोदय नेता, दादा धर्माधिकारी के सुझाव से जेपी ने जबलपुर संसदीय निर्वाचन क्षेत्र से जनता प्रत्याशी के रूप में शरद को खड़ा किया। इस उप चुनाव में, बड़े दिग्गज कांग्रेसी को हराकर शरद लोकसभा में आ गए थे। तब उनकी उम्र महज़ 27 वर्ष की थी। उन्होंने स्वयं कहीं कहा था कि वह लोकनायक जयप्रकाश के अनुयायी थे और उन्हीं की इच्छा के अनुसार लोकसभा के जनता प्रत्याशी के रूप में चुनाव लड़े। पाँचवीं लोकसभा में उनके आते ही समाजवादियों ने उन्हें हाथों-हाथ लपक लिया! इतना ही नहीं, दिल्ली आते ही वे हरियाणवी ताऊ देवीलाल के प्रिय पात्र बन गए। देखते ही देखते आ गया 1977 का साल! इस साल भी शरद पुरानी ही सीट से जीते। इस बार संसद

पहुँचकर वे एचडी देवगौड़ा, गुरुदास दासगुप्ता, मुलायम सिंह यादव और लालू प्रसाद यादव के सम्पर्क में आए। लालू यादव में वैसा अनूठापन था जिनका शरद यादव में सर्वथा अभाव था। लालू को जेपी आन्दोलन की लहरों ने संसद में ला पटका था जबकि शरद अपनी नाव को अपने ही हाथों से खेते हुए किनारे तक लाए थे। शरद का आत्मविश्वास और उनकी गरिमा उन्हें आकर्षक बनाती थी। दोनों के ही यदुवंशी होने के कारण यदि आपसी सम्बन्ध प्रगाढ़ बने हों तो यह बहुत आश्चर्य की बात नहीं होनी चाहिए।

बहरहाल, 1977 में शरद को युवा जनता पार्टी का अध्यक्ष बना दिया गया। जॉर्ज साहब को मंत्री बन जाने के लिए मनाने के लिए, नीतीश जब दिल्ली आया था तब वह शरद यादव से भी बड़ी गर्मजोशी से मिला था। 1978 में जनता पार्टी में बिखराव शुरू हो गए थे। शरद यादव लोकदल के महासचिव के अलावा युवा लोकदल के अध्यक्ष बनाए गए थे। लालू, शरद यादव और नीतीश की तिकड़ी जमने लगी थी। वैचारिक स्तर पर नीतीश लालू की अपेक्षा शरद के अधिक क़रीब तो था ही। जब नीतीश केन्द्र की राजनीति करने सांसद बनकर 1989 में दिल्ली पहुँचा तो शरद यूपी की बदाऊँ लोकसभा सीट से चुनाव जीतकर तीसरी बार संसद में पहुँचे थे। इस बार उन्हें कैबिनेट में कपड़ा मंत्री की हैसियत से जगह मिली। इसी साल शरद जनता दल के महासचिव बने और उन्हें जनता दल के संसदीय बोर्ड का अध्यक्ष भी बना दिया गया। नीतीश भी कृषि राज्य मंत्री बन चुका था। शरद से उसकी नज़दीकियाँ बढ़ती गईं। तब तक धीरे-धीरे जनता पार्टी के कल-पुर्ज़े अलग-अलग होकर बिखरने लगे थे। समाजवादी सोच वाले नीतीश ने शरद यादव और देवगौड़ा जैसे लोगों के साथ मिलकर जनता दल को बचाने की हरचन्द कोशिशें की। अहम की चोट से टूटे चीनी मिट्टी के बरतन जैसे नाज़ुक जनता दल को सिर्फ़ सद्भावना की गोंद से चिपकाकर जोड़ तो लिया गया था लेकिन उसकी दरारें फिर कभी भरी नहीं जा सकीं। फिर आ गया 1991 का लोकसभा का चुनाव। इस बार शरद ने बिहार आकर यादवों के गढ़, मधेपुरा से चुनाव जीता। इस प्रकार शरद ने मध्य प्रदेश और उत्तर प्रदेश से चुनाव जीतने के बाद बिहार से भी चुनाव जीतकर तीन राज्यों से चुनाव जीतने का नया कीर्तिमान बनाया। शरद यादव मधेपुरा से लगातार 2014 तक सांसद रहे। शरद यादव को बची-खुची जनता दल का कार्यकारी अध्यक्ष 1995 और राष्ट्रीय अध्यक्ष 1997 में चुना गया। इस बीच 1996 में कर्नाटक के प्रबल नेता रामकृष्ण हेगड़े और 1997 में लालू ने भी जनता दल से अलग होकर क्रमशः लोक शक्ति और राष्ट्रीय जनता दल नाम की राज्य स्तर की पार्टियाँ खड़ी कर लीं। लालू जब जनता दल से अलग हुए थे तब संसद में सत्तारूढ़ जनता दल के 17 सांसद थे। आरजेडी जब बनी तो लालू के साथ श्रीमती कान्ति सिंह और

रघुवंश प्रसाद सिंह जैसे 7 सांसद आ गए। इन्हीं साथियों की अथक मेहनत के कारण 1998 के लोकसभा के चुनाव में आरजेडी को बिहार की 17 सीटों पर विजय मिली। 1998 में ही पुरानी जनता दल से टूटकर बीजू जनता दल के नाम से नवीन पटनायक की नई पार्टी भी बनी। 1999 आते-आते कंकाल-सी बनकर रह गई जनता दल भी दो फाड़ में बँट गई। देवगौड़ा जनता दल (सेक्युलर) और शरद यादव जनता दल (यूनाइटेड) के झंडे हाथों में लेकर उन्हें अलग-अलग फहराने लगे। लालू से नाराज़ होकर रामविलास पासवान भी पहले जेडीयू में ही शामिल हुए थे लेकिन बाद में उन्होंने लोक जन शक्ति नाम की पार्टी बनाकर जेडीयू को भी छोड़ दिया। उधर 1998 में समता पार्टी के जेडीयू में विलय होने से फिर एक नया समीकरण बना। हालाँकि समता पार्टी के ब्रह्मानन्द मंडल जैसे कुछ विक्षुब्ध नेताओं के विरोध करने से चुनाव आयोग ने शुरू में इस विलय को मान्यता नहीं दी। फिर भी 1999 के मधेपुरा में हुए लोकसभा के चुनाव में तो शरद ने लालू यादव को ही ज़ोरदार पटकनी दे दी। धीरे-धीरे जेडीयू में शरद का क़द बढ़ने और जॉर्ज का क़द घटने लगा था। जॉर्ज की आयु अधिक हो जाने के कारण उनकी पकड़ जेडीयू पर ढीली होने लगी थी। उन्हें भूल जाने और विस्मृति की बीमारी हो गई थी। नीतीश ने उनको आवश्यकता से अधिक श्रम करने से मना किया था और उनसे पार्टी का अध्यक्ष पद स्वेच्छा से शरद को सौंप देने की प्रार्थना की थी, लेकिन पार्टी में ही नीतीश के विरोधियों का एक छोटा ख़ेमा खड़ा हो रहा था जो जॉर्ज के कान भरता रहता था। 2006 में जेडीयू के राष्ट्रीय अध्यक्ष का चुनाव होना था जिसे शरद के पक्ष में नीतीश सर्व-सम्मति से करवाना चाहता था। इससे पहले पार्टी अध्यक्ष के पद पर जॉर्ज हमेशा निर्विरोध ही चुने जाते रहे थे इसलिए शरद के विरुद्ध किसी का न खड़ा होना पार्टी के लिए सामान्य-सी बात मान ली गई थी। इसमें अड़ंगा डाला नीतीश के कुछ धुर विरोधियों ने। ये जॉर्ज के समर्थक बनकर चुनाव के लिए अड़ गए। इसके कारण 11 अप्रैल, 2006 को पटना में बहुत गहमागहमी के बीच पार्टी के चुनाव हुए। जॉर्ज साहब को मात्र 25 वोट मिल सके जबकि नीतीश के समर्थन के कारण शरद के पक्ष में 413 मत पड़े। नीतीश ने शरद यादव को वर्षों जेडीयू का राष्ट्रीय अध्यक्ष और सांसद बनाकर रखा। यहाँ यह स्मरण करना उचित होगा कि जब अटल बिहारी वाजपेयी के नेतृत्व में केन्द्र में एनडीए की सरकार थी तब जॉर्ज साहब बड़े महत्त्वपूर्ण मंत्री पदों पर रहने के अतिरिक्त एनडीए के राष्ट्रीय संयोजक भी बनाए गए थे। जॉर्ज साहब के बाद नीतीश ने अपनी पूरी शक्ति लगाकर शरद को यह ज़िम्मेवारी दिलवाने में भी सफलता पाई। नीतीश की मंशा थी कि दिल्ली में बैठकर शरद यादव उसकी पार्टी का विस्तार अन्य राज्यों में भी करें और पूर्ण नशाबन्दी की नीति का राष्ट्रीय स्तर पर प्रचार-प्रसार हो लेकिन

तब तक शायद शरद थकने लगे थे। महिला आरक्षण बिल पर बहस के दौरान लोकसभा में शरद के सामन्तवादी वक्तव्यों से जेडीयू की बड़ी किरकिरी हुई। शरद ने संसद में महिला आरक्षण विधेयक का विरोध करते हुए कहा था कि यदि यह बिल पारित हो गया तो मैं ज़हर खा लूँगा। शरद ने ये भी कहा था कि इस बिल से सिर्फ़ परकटी औरतों को फ़ायदा पहुँचेगा। इस विवादित वक्तव्य से पूरे देश में बड़ा हंगामा हुआ। अन्त में पटना में बैठकर नीतीश ने बड़ी मुश्किल से डैमेज कंट्रोल किया।

यह बात 2010 की है। उस साल पहली मार्च को होली पड़ी। नीतीश की सालगिरह भी पहली मार्च को मनाई जाती है। कौशल के इसरार पर हम सब यह सोचकर एकदम से पटना धमक गए कि इस मौक़े पर नीतीश हम लोगों के लिए भी थोड़ा समय निकाल सकेगा। हमारे दुर्भाग्य से उस समय पटना का नज़ारा ही कुछ और था। हमारी जन्मदिन की बधाइयाँ रस्मी तौर पर समेटकर नीतीश किसी और समस्या से निपटने में लग गया। पटना में नीतीश से नज़दीकी का दावा रखनेवाले विधायक मंडली के लोग लाभ के पद के लिए उसे तंग कर रहे थे। वहीं दिल्ली में बैठे उसकी पार्टी के राष्ट्रीय अध्यक्ष शरद यादव रोज़ पैंतरे बदल रहे थे। नीतीश महिलाओं के सशक्तीकरण का शुरू से ज़ोरदार हिमायती रहा है। लेकिन संसद में महिला सशक्तीकरण बिल पर बहस के दौरान मुलायम सिंह यादव और लालू प्रसाद यादव विभिन्न बहानों की आड़ में इस बिल का विरोध कर रहे थे। नीतीश की पार्टी के राष्ट्रीय अध्यक्ष शरद यादव उनके ही सुर में सुर मिलाने लगे। यादव तिकड़ी की यह चाल नीतीश को सख़्त नापसन्द रही होगी क्योंकि जब हम 6 मार्च की सुबह उससे मिलने गए तो वह फ़ोन पर शरद यादव से ही लम्बी बहस में मशगूल था। शरद को वह नई दुनिया को खुली निगाहों से देखने की सलाह दे रहा था। हवा में तैर रहे उसके कई वाक्य हमें झकझोरते रहे। उसने कहा—

'महिलाओं को ऑब्जेक्ट की तरह देखने की आदत तुरन्त बदल डालिए।... कई मायनों में पुरुषों से बेहतर हैं।...उन्हें यह साबित करने का बस एक मौक़ा चाहिए।...यह नया इतिहास लिखने का समय है।...लोहिया जी के सपनों को साकार करने की यह घड़ी है।...मैं अब और इस टॉपिक पर बेमतलब की बहस करूँगा ही नहीं।...इस बिल को हमारी पार्टी हर प्रकार से समर्थन देगी!'

इतना कहकर उसने फ़ोन बन्द कर दिया। उसने एक बार भी न तो अपना स्वर ऊँचा किया और न किसी सख़्त शब्द का प्रयोग। पर यह कड़ा सन्देश बहुत दूर तक गया और शायद शरद यादव को गहराई तक बेध भी गया। शरद यादव को शायद याद न रहा होगा कि नीतीश ने 13 सितम्बर, 1996 को संसद में महिलाओं के अधिकार के लिए पेश किए गए बिल पर बोलते

हुए महिलाओं के हक़ के बारे में एकदम नए पहलुओं को उजागर किया था। उसने कहा था—

'...यह आरक्षण हॉरिजेंटल होगा। वर्टिकल आरक्षण होता है, एस.सी. तथा एस.टी. का।...उसी तरह हमारी माँग है कि पिछड़े वर्गों के लिए आप वर्टिकल आरक्षण दे दीजिए। इसके बाद हॉरिजेंटल आरक्षण महिलाओं के लिए लाइए और एक-तिहाई रिज़र्व कर दीजिए और यह होना चाहिए।...महिलाओं के हित उनको दिलाने के लिए हम कोई भी क़ुर्बानी देने के लिए तैयार हैं, लेकिन इसके साथ पिछड़े वर्ग की महिलाओं का भी ख़याल करें। ऐसा नहीं हो कि महिलाओं को आरक्षण मिल गया, जनरल कैटेगरी में महिलाएँ आ गईं और पिछड़े वर्ग की महिलाएँ पिछड़ जाएँ।...कल अगर एक आदमी को एक वोट का अधिकार नहीं होता, लोकतंत्र नहीं होता तो मेरे जैसा आदमी संसद में मौजूद नहीं होता। आज देवगौड़ा जैसा व्यक्ति प्रधानमंत्री नहीं होता।...जब कुछ दिनों बाद यह लागू होनेवाला है तो इस पर ठीक ढंग से चर्चा होनी चाहिए और चर्चा के क्रम में आज तक का नारी-उत्पीड़न का इतिहास है, उसको भी रिकॉर्ड पर लाना चाहिए। क्यों नारियों को यह अधिकार मिलना चाहिए, ये सारी बातें आनी चाहिए। क्योंकि कोई इतिहास पढ़नेवाला जब इस पर रिसर्च करेगा तो सारी बातें उसको नहीं मिलेंगी, लेकिन संसद का रिकॉर्ड उसको मिलेगा।...'

ख़ैर, महिला आरक्षण बिल पर नीतीश से नसीहत मिलने के बाद से शरद यादव ने नीतीश के काम करने के तरीक़ों के प्रति भी सार्वजनिक रूप से बेरुख़ी ज़ाहिर करना शुरू कर दिया। जब नीतीश ने जीतनराम माँझी को बिहार का मुख्यमंत्री बनाया तो प्रेस में छपी ख़बरों के मुताबिक़ माँझी को शरद ने उलटी-सीधी पट्टी पढ़ाने का काम भी किया। इससे नीतीश से उनकी दूरियाँ और बढ़ गईं। समय बीतने के साथ जेडीयू के राष्ट्रीय अध्यक्ष के पद से भी उन्हें हाथ धोना पड़ा। नतीजतन कालान्तर में शरद ने जेडीयू से नाता तोड़कर लोकतांत्रिक जनता दल (एलजेडी) नाम की नई पार्टी बना ली। यह नई पार्टी बिहार में कुछ ख़ास करिश्मा नहीं दिखा पाई। 2021 में मुलायम सिंह, लालू, देवगौड़ा आदि कई पुराने समाजवादी नेताओं से मिलने के कारण शरद यादव एक बार सुर्ख़ियों में फिर आए लेकिन लगता रहा कि उनके साथ ही उनकी पार्टी के भाग्य का सितारा पतझड़ की ओर बढ़ गया है। अन्ततोगत्वा 20 मार्च, 2022 को शरद यादव की पार्टी एलजेडी का लालू प्रसाद यादव की पार्टी आरजेडी में विलय हो गया। वैसे तो शरद के वक्तव्य के मुताबिक़ उन्होंने ये फ़ैसला इसलिए लिया जिससे बिखरा हुआ जनता परिवार फिर एक बार साथ खड़ा होकर भगवा दल को चुनौती दे सके। लेकिन अन्दर की ख़बर रखने का दावा करनेवालों की मानें तो इसमें अपने लिए राज्यसभा की सीट का इन्तज़ाम

करने की कोशिश भी छिपी हुई थी। विलय की इस बात का एलजेडी की केरल शाखा ने सिद्धान्तों पर आधारित विरोध किया था। समय की चाल देखिए कि 26 मई, 2022 को आरजेडी ने राज्यसभा के लिए नाम घोषित किए उनमें शरद यादव का नाम नहीं था। ये नाम क्रमशः मीसा भारती और फ़ैयाज़ अहमद के थे। दुर्भाग्य ने बाद में शरद का पीछा नहीं छोड़ा। उसे कोर्ट के आदेश से 31 मई, 2022 को सरकारी बँगला भी ख़ाली करना पड़ा। स्मरणीय है कि शरद की बेटी सुभाषिनी यादव बुंदेला ने 14 अक्टूबर, 2020 को कांग्रेस पार्टी में शामिल होकर कांग्रेस के टिकट पर मधेपुरा के बिहारीगंज से 2020 का विधानसभा का चुनाव लड़ा था। क़रीब 69 हज़ार वोट मिलने के बाद भी सुभाषिनी जेडीयू के मेहता से पराजित हुई। यह राष्ट्रीय राजनीति के आकाश पर अरसे से चमकते एक बड़े सितारे के धीरे-धीरे अस्त होने का लोहित दृश्य था। अन्ततोगत्वा 12 जनवरी, 2023 को बीमार चल रहे शरद यादव ने, 75 वर्ष की आयु में, शरीर त्याग दिया। यह ख़बर पाकर नीतीश अतिशय भावुक हो गया था। उसने किसी प्रकार से अपने को संयत करके बस इतना ही कहा था—

'शरद यादव से मेरा बहुत गहरा लगाव था। वह महान समाजवादी नेता थे। यह मेरे लिए व्यक्तिगत क्षति भी है। मैं मर्माहत हूँ। उनका निधन राजनीतिक और सामाजिक क्षेत्र की अपूरणीय क्षति है।'

बिहार में कर्पूरी डिविज़न

1993 में लालू बिहार के स्कूलों में अंग्रेज़ी पढ़ाने को अनिवार्य बनाने के पीछे पड़ गए। बिहार में कर्पूरी ठाकुर के समय ही 'मुंगेरीलाल कमीशन' की रिपोर्ट लागू हो गई थी जिसकी पृष्ठभूमि में भाषा नीति भी थी। सुरेन्द्र किशोर बताते हैं—

'मुंगेरीलाल कमीशन की रिपोर्ट लागू होने के बाद कर्पूरी जी के लिए जनसभाओं में यदा-कदा कुछ लोग उनका नाम लेकर घोर अभद्र भाषा का प्रयोग भी करते थे। उन्हें इसकी रत्ती भर भी परवाह नहीं थी। वे हृदय से जानते थे कि समाज के किस वंचित वर्ग को सरकारी मलहम की कितनी और कब ज़रूरत है। इसलिए उनके मुख्यमंत्रित्व काल में बिहार देश का पहला राज्य बना जहाँ 'अन्य पिछड़ी जातियों (ओबीसी)' के लिए आरक्षण लागू किया गया। कर्पूरी जी के रहते ही राज्य में पहली बार मैट्रिक तक की स्कूली शिक्षा नि:शुल्क हुई। अंग्रेज़ी भाषा की अनिवार्यता को हटाने का क्रान्तिकारी काम बिहार सरकार ने 1967 में ही कर दिया था जब कर्पूरी जी उप मुख्यमंत्री, वित्त मंत्री व शिक्षा मंत्री थे। डॉक्टर लोहिया ने बिहार सरकार पर दबाव डालकर यह काम करवाया था। लालू ने अपने शासनकाल में अंग्रेज़ी भाषा के भूत को फिर से जगाने की

कोशिश की थी। इससे नाराज़ और व्यथित होकर नीतीश जी ने 28 अगस्त, 1993 को लालू को एक कड़ा पत्र लिखा था।

'आदरणीय लालू जी—

...तत्काल मैंने फ़ोन पर आपसे बात की और आग्रह किया कि अंग्रेज़ी को फिर से मैट्रिक की परीक्षा में अनिवार्य नहीं बनाइए। आप विधानसभा जाने की जल्दी में थे।...फ़ोन पर आपने यह ज़रूर कहा कि बिहार में विद्यार्थियों का भला सोचकर यह निर्णय लिया गया है।...मुझे यह भी पता चला कि रंजन (यादव) जी ने प्रेस बयान देकर अंग्रेज़ी की अनिवार्यता को ख़त्म करनेवाली सरकार पर बिहार के नौजवानों के भविष्य से खिलवाड़ करने और ख़ासकर पिछड़ों के हित के विरोध में काम करने का आरोप लगाया। अगर उनका बयान ऐसा है या इसी आशय का है तो यह अत्यन्त ख़तरनाक और दुर्भाग्यपूर्ण है।...अंग्रेज़ी इस देश में शासकों की भाषा थी, शोषण का हथियार थी और साम्राज्यवाद का प्रतीक थी।...आज़ादी मिलने के बाद दुर्भाग्य से इस देश को एक अंग्रेज़ीदाँ प्रधानमंत्री मिल गया जिसने अंग्रेज़ी को जारी रखने का कुचक्र चलाया। आम लोगों को शासन से दूर रखने के लिए ही अंग्रेज़ी को इस देश में जारी रखा गया।...इस देश में शोषण के तीन आयाम हैं। जाति, सम्पत्ति तथा अंग्रेज़ी। जब हम समता और सामाजिक न्याय की वकालत करते हैं तो अंग्रेज़ी का विरोध इस लड़ाई को ईमानदारी से चलाने के लिए अनिवार्य है। एक तरफ़ सामाजिक न्याय और अमीरों द्वारा ग़रीबों के शोषण के ख़िलाफ़ दमदार आवाज़ और दूसरी तरफ़ अंग्रेज़ी की वकालत, यह न सिर्फ़ बेमानी है बल्कि नए प्रकार के शोषण का संकेत है।...के मुख से अंग्रेज़ी की वकालत स्वाभाविक लगती है लेकिन आपके मुँह से न सिर्फ़ अटपटी लगती है बल्कि प्रतिक्रान्ति की ध्वनि देती है।...यह उसी प्रकार का अन्धविश्वास है जो 'शुभ' के नाम पर बच्चे की बलि चढ़वाता है।...अंग्रेज़ी के पक्ष में राग अलापनेवालों का कुतर्क है कि अंग्रेज़ी ज्ञान के अभाव में बिहार के युवजन केन्द्रीय सरकार की ऊँची नौकरियों में, अखिल भारतीय सेवाओं में पिछड़ जाते है। पिछड़े लोग इसके चलते अवसर से वंचित रह जाते हैं।...अत: यह प्रचार कि संघ लोक सेवा आयोग की परीक्षाओं में निबन्ध के माध्यम के तौर पर अंग्रेज़ी भाषा को अनिवार्य बनाया गया है, बिलकुल झूठ है। यह तर्क कि अंग्रेज़ी की अनिवार्यता को मैट्रिक की परीक्षा पास करने के लिए समाप्त किए जाने के कारण पिछले 26 वर्षों में लोग पिछड़ रहे हैं, बिलकुल बेबुनियाद है।...अंग्रेज़ी भाषा में पास करना जब तक अनिवार्य था तब तक कितने परीक्षार्थी मैट्रिक की परीक्षाओं में सिर्फ़ अंग्रेज़ी में फेल हो जाने के कारण फेल करते थे।...इस प्रकार फेल करनेवाले ज़्यादातर हर जाति के ग़रीब लोग तथा पिछड़े

वर्ग के होते थे।...बिहार सरकार की नौकरियों के लिए अंग्रेज़ी में पारंगत होना अनिवार्य नहीं है। अगर आप अपनी क़लम से पुराने निर्णय को नहीं बदलें तो बिहार में राज-काज की भाषा हिन्दी है और उर्दू को द्वितीय भाषा का दर्जा प्राप्त है। अंग्रेज़ी का कोई स्थान नहीं है। केन्द्र सरकार की कितनी नौकरियाँ हैं और कितने लोग उसमें शामिल होते हैं? जो लोग अखिल भारतीय सेवाओं में जाना चाहते हैं वे अंग्रेज़ी का भी कामचलाऊ ज्ञान प्राप्त कर लेते हैं। इसके लिए सबों को ज़बरदस्ती अंग्रेज़ी सिखलाना कहाँ तक न्यायसंगत है? यह तो अन्याय है।... ग़रीबों, शोषितों और पीड़ितों का शासन पर क़ब्ज़ा हो इसके लिए आवश्यक है कि अंग्रेज़ी की बाधा को देश से समाप्त किया जाए न कि इसे अंगीकार कर शासक वर्ग का चाकर बना जाए। अंग्रेज़ी को क़ायम रखने के लिए देश के शासक वर्ग ने दक्षिण के लोगों को हिन्दी के ख़िलाफ़ भड़काया। मैं तो समझता था कि अपनी लोकप्रियता का इस्तेमाल आप हिन्दी तथा अन्य भारतीय भाषाओं को जोड़कर दक्षिण में हिन्दी के विरोध में उत्पन्न कराए गए भावनाओं को तार्किक रूप में शान्त करने का प्रयास करेंगे। इतिहास ने आपको अवसर दिया है। आप चाहें तो इसका सदुपयोग कर सकते हैं।...अन्त में मैं पुनः आपसे मैट्रिक की परीक्षा में अंग्रेज़ी की अनिवार्यता के मामले पर ठंडे दिल से पुनर्विचार कर इस घातक विवाद को समाप्त करने की अपील करता हूँ।'

इस चिट्ठी की जड़ में 26 जुलाई, 1973 को हाथ से लिखी चिट्ठी भी थी जो किशन पटनायक ने नीतीश को लिखी थी, विषय था 'भाषा आन्दोलन की ऐतिहासिक पृष्ठभूमि'। उस चिट्ठी में किशन जी ने नीतीश को लिखा था—

'दुनिया के विभिन्न देशों के इतिहास में सामन्ती भाषा और लोक भाषा के बीच टकराव हुए हैं। यूरोप में लैटिन भाषा का वही स्थान था जो हमारे यहाँ संस्कृत का था। लेकिन यूरोपीय देशों में तथा उन सारे देशों में जो विकसित कहलाते हैं, शिक्षा तथा राजकाज में देशी भाषाएँ ही चलती हैं, विदेशी भाषाएँ ऐच्छिक होती हैं।...भक्ति युग का साहित्य संस्कृत और फ़ारसी के विरुद्ध एक विद्रोह था। इसी भक्ति आन्दोलन के दिनों में भारत की आधुनिक जन भाषाओं का विकास विशेष तौर पर हुआ।...अंग्रेज़ी राज के साथ-साथ अंग्रेज़ी भाषा को शिक्षा और राजकाज...महर्षि दयानन्द, महात्मा गांधी, ईश्वर चन्द्र विद्यासागर विश्व कवि रवीन्द्रनाथ टैगोर ने इसका विरोध किया और आज़ादी के आन्दोलन में यह तय हो गया कि हिन्दी भारत की राष्ट्रभाषा होगी। आज़ादी के पहले ही उस्मानिया यूनिवर्सिटी ने घोषणा की थी कि सर्वोच्च शिक्षा उर्दू के माध्यम से दी जाएगी—इसका स्वागत टैगोर ने किया था। आज़ाद भारत में...पुनः अंग्रेज़ी का वर्चस्व बढ़ने लगा।...1960 से अंग्रेज़ी हटाओ आन्दोलन शुरू हुआ। समाजवादी नेता डॉक्टर लोहिया इसके प्रेरणा-स्रोत थे। कर्नाटक के महाकवि पुटप्पा (ज्ञानपीठ

विजेता) तथा गुजरात विद्यापीठ के वी.सी. मगन भाई देसाई इस आन्दोलन के साथ जुड़े रहे।...1961 में अंग्रेज़ी हटाओ सम्मेलन (उज्जैन) में जो प्रस्ताव पास हुआ उसमें ये दो बातें थीं। (क) सरकारी नौकरियों के लिए अंग्रेज़ी ज्ञान ज़रूरी नहीं होनी चाहिए। (ख)...विषयों में पास, लेकिन अंग्रेज़ी में फेल विद्यार्थियों को पास घोषित किया जाना चाहिए। संविद सरकार ने इस प्रस्ताव के अनुसार कर्पूरी ठाकुर की पहल से बिहार की मैट्रिक शिक्षा के लिए यह नियम लागू किया गया। यह कोई आकस्मिक कार्य नहीं था, बल्कि एक लम्बे आन्दोलन का तक़ाज़ा था।'

बहरहाल, नीतीश ने लालू को लिखी चिट्ठी में भी अंग्रेज़ी की अनिवार्यता थोपने से होनेवाले कुप्रभावों के प्रति ऐसी ही संवेदनशीलता जताई है।

नीतीश तो शुरू से ही भाषण देने के अलावा लिखने-पढ़ने में निष्णात रहा है। ख़ास तौर से अच्छे मूड में लिखी गई उसकी कई चिट्ठियाँ बेहद सुकून देने वाली रही हैं। लालू को लिखी गई इस तल्ख़ चिट्ठी के बाद नीतीश की लिखी एक दोस्ताना चिट्ठी भी देख लेते हैं जो उसने पटना कैम्प से 20 अक्टूबर, 1993 को विजय कृष्ण को लिखी थी। विजय कृष्ण को नीतीश की अनुशंसा पर लालू ने मंत्री तो बना दिया था पर मंत्री का कार्य शुरू करने में विजय को हिचकिचाहट थी। नीतीश ने लिखा है—

'प्रिय श्री विजय कृष्ण जी—

कई लोगों ने मुझसे मिलकर बताया है कि आपने अभी तक मंत्री के रूप में कार्य करना शुरू नहीं किया है। मुझे मालूम है कि बाढ़ ज़िला नहीं बनने के कारण आपको मंत्री के रूप में काम करने में संकोच हो रहा है। आपको पता है कि स्वयं मुख्यमंत्री जी ने विधानसभा में बाढ़ को पुलिस ज़िला बनाने की घोषणा कर दी है। ऐसी स्थिति में मेरा आपसे व्यक्तिगत अनुरोध और आग्रह होगा कि आप जनहित में मंत्री के रूप में कार्य करना प्रारम्भ कर दें।

शुभकामनाओं सहित—

आपका
नीतीश कुमार।'

इस चिट्ठी से नीतीश की स्पष्टवादिता के साथ-साथ विजय कृष्ण के प्रति उसकी अनौपचारिक प्रगाढ़ता भी स्पष्ट है। विजय कृष्ण के बारे में अशोक कहते हैं—

'लालू जी के कैबिनेट में राज्य मंत्री बनने के बाद भी नीतीश जी से इनकी मित्रता बरकरार रही। लेकिन बाद में एम वाई समीकरण के मज़बूत होते जाने से इनकी सोच में काफ़ी बदलाव आना शुरू हुआ। तब तक, 1994 में, जॉर्ज साहब

और नीतीश जी समता पार्टी बनाकर लालू जी से अलग हो चुके थे। नीतीश जी ने जब लालू जी से अलग होने का फ़ैसला लिया था तब ऐसी सोच थी कि विजय जी स्वाभाविक रूप से अपने पुराने मित्र का साथ देंगे लेकिन हुआ उलटा ही।'

विजय को लिखी चिट्ठी से यही लगता है कि अपने स्तर से नीतीश बिहार की राजनीति में सुधार लाने की जी-तोड़ कोशिश कर रहा था लेकिन 1993 के उत्तरार्ध तक बिहार में धीरे-धीरे अराजकता और आतंक का वातावरण बन गया था।

जुल्म और बर्दाश्त नहीं

नीतीश जैसे कई समाजवादी नेता बिहार में हर प्रकार से तैयार हो रहे नकारात्मक माहौल से घबरा गए थे। अन्ततोगत्वा जॉर्ज फ़र्नांडिस के नेतृत्व में 15 सांसदों ने जनता दल से किनाराकशी करने का फ़ैसला कर लिया। 'प्रथम ग्रासे मक्षिका पातः' वाली मिसाल के रूप में मुश्किल यह आन पड़ी कि इन 15 लोगों में एक माननीय सांसद थे प्रताप सिंह, जिनकी विश्वनाथ प्रसाद सिंह से रिश्तेदारी थी। पार्टी छोड़ने के समय आख़िरी वक़्त में प्रताप सिंह की हिम्मत डोल गई। शेष 14 सांसदों ने विद्रोह का बिगुल 21 अप्रैल, 1994 को फूँक दिया। इनमें से 10 बिहार, 03 यूपी और 01 ओड़िशा से सांसद थे—

1. मो. यूनुस सलीम (कटिहार)
2. जॉर्ज फ़र्नांडिस(मुज़फ़्फ़रपुर)
3. नीतीश (बाढ़)
4. सैयद शहाबुद्दीन (किशनगंज)
5. अब्दुल गफ़ूर (गोपालगंज)
6. मंजय लाल (समस्तीपुर)
7. वृषिण पटेल (सीवान)
8. हरिकिशोर सिंह (शिवहर)
9. रामनरेश सिंह (औरंगाबाद)
10. महेन्द्र बैठा (बगहा अ.जा.)
11. चरणजीत यादव (आज़मगढ़, यूपी)
12. मोहन सिंह (देवरिया, यूपी)
13. हरिकेवल सिंह (सलेमपुर, यूपी)
14. रवि राय (केन्द्रपाड़ा, ओड़िशा)

पहले तो जनता दल से अलग हुए इस ग्रुप को जॉर्ज साहब के सम्मान में तत्काल जी-14 का नाम दे दिया गया लेकिन जल्दी ही इसे एक राजनैतिक दल घोषित करके इसका नामकरण जनता दल (जॉर्ज) हुआ। उन दिनों न जाने

कितनी पार्टियाँ जनता दल के नाम से चल रही थीं कि उस भीड़ में जनता दल (जॉर्ज) के खो जाने की आशंका बलवती हो गई। तब इसका बड़े धूमधाम से नामकरण हुआ 'समता पार्टी।' समता पार्टी का जन्म ही लालू की अदूरदर्शिता के कारण हुआ था। समता पार्टी में भी बिहार के दस सांसद थे तो उसकी ज़्यादातर गतिविधियाँ बिहार में ही होती थीं जहाँ इसकी जड़ें अपेक्षाकृत मज़बूत थीं। पार्टी के प्रारम्भिक दिनों की एक कहानी हरेन्द्र बहादुर सिंह सुनाते हैं—

'लालू जी से अलग होने के बाद हमारे साहब और जॉर्ज साहब राज्य के कोने-कोने की यात्राएँ करने निकल पड़े। पार्टी की आर्थिक हालत ऐसी ख़राब थी कि हर जनसभा के बाद जॉर्ज साहब अँगोछा फैलाकर पाँच-दस रुपये तक चन्दा स्वीकार कर लेते थे। रात होने पर हम लोग समता पार्टी के किसी भी कार्यकर्ता के घर में रुक जाते थे। ये सब वैसे लोग थे जो किसी भी क़ीमत पर लालू राज से छुटकारा पाना चाहते थे। इस अनोखी यात्रा की सफलता से जलकर विरोधियों ने अफ़वाह उड़ाई कि यह तो डेढ़ बिहारियों की पार्टी है, मतलब कि जॉर्ज साहब बिहार से सांसद ज़रूर थे मगर थे तो बाहरी ही। यह आक्षेप सुनकर सभी 14 सांसदों ने हर जनसभा में एक साथ उपस्थित रहने का निर्णय किया। इसके बाद इन सब माननीयों की एक साथ की यात्रा शुरू हुई। हमारे साहब और जॉर्ज साहब तो कहीं भी रुककर कुछ खा भी लेते थे लेकिन बाक़ी लोगों को इस तरह से रहने का अभ्यास नहीं था। साहब ने सभी माननीयों के व्यक्तिगत सामानों को सँभालने की ज़िम्मेदारी मुझे दे रखी थी जो आसान काम नहीं था! इसलिए मेरी पूरी मेहनत कर चुकने के बाद साहब हर व्यक्ति के पास स्वयं जाकर सारी व्यवस्था का मुआयना करके ही सन्तुष्ट होते थे। हमारे साहब के इतने प्रयत्नों के बाद भी इनमें कुछ नेता गण ऐसे तुनकमिज़ाज थे कि सभा में माला न मिलने की बात पर भी नाराज़ हो जाते थे। साहब बहुत धीरज से इन लोगों का मान रखते। किसी की ख़ुशामद ज़रा भी नहीं करते पर बड़े लक्ष्य की प्राप्ति के लिए छोटे-मोटे त्याग की बात ज़रूर करते। इससे मामला ठंडा पड़ जाता और जोश फिर से गर्म हो जाता। अप्रैल 1994 में समता पार्टी के बनने के बाद एक साल के भीतर ही सर पर आ गया 1995 का विधानसभा का चुनाव। उस समय हमारे साहब जहाँ से गुज़रते थे, वहाँ पर लोगों का भारी हुजूम उमड़ पड़ता था। छोटी-से-छोटी जगह पर भी सैकड़ों लोग माला लेकर इन्तज़ार करते रहते थे। इनके नाम के चारों ओर से गगनभेदी नारे लगते थे। लगता था कि इस बार हमारी ही सरकार बनेगी लेकिन जब अप्रैल 1995 में नतीजे सामने आए तो सबको ज़ोरदार झटका लगा। हमारे 310 प्रत्याशियों में से मात्र 7 जीत सके। 271 तो अपनी ज़मानत तक नहीं बचा पाए थे। उस समय हम लोगों की स्थिति बहुत दयनीय हो गई। पार्टी में न तो पैसे बचे और न ही बहुत लोग ही!

इसी बीच जॉर्ज साहब की तबीयत मुम्बई में बिगड़ गई। यह ख़बर पाते ही जॉर्ज साहब से मिलने हमारे साहब फ़ौरन मुम्बई चले गए।'

मिलते-जुलते दिल ही मिल गए

अपने नेता जॉर्ज साहब को देखने जब नीतीश मुम्बई के अस्पताल में पहुँचा तो उसने पाया कि जॉर्ज साहब की मिज़ाजपुर्सी के लिए वहाँ आडवाणी जी और अटल जी पहले से मौजूद थे। आगे की कहानी नीतीश के शब्दों में—

'जॉर्ज साहब से बीजेपी के दोनों नेताओं की अन्तरंगता थी। मुम्बई में अगले दिन ही बीजेपी का कोई बड़ा सम्मेलन होनेवाला था। जिस कमरे में जॉर्ज साहब भर्ती थे, वहाँ की खिड़की से नीचे एक बड़ा मैदान दिखता था जहाँ यह सम्मेलन होनेवाला था। जब अस्पताल में मुलाक़ात का समय ख़त्म हो रहा था, तब जॉर्ज साहब ने मुझे आडवाणी जी को नीचे तक छोड़ आने को कहा। नीचे पहुँचकर आडवाणी जी ने मुझे अपनत्व और अधिकार से अगले दिन होनेवाली सार्वजनिक सभा में शामिल होने का आमंत्रण दिया। मैंने लौटकर जॉर्ज साहब को यह बात बताई तो उन्होंने कहा कि मुझे अवश्य जाना चाहिए। अगले दिन की सभा में मुझे अटल जी और आडवाणी जी के बीच बहुत सम्मान से बैठाया गया। मेरे भाषण पर लोगों ने तालियाँ भी ख़ूब बजाईं। वापस आकर मैंने जॉर्ज साहब को सारी बात बताई। फिर जो हमारा गठबन्धन हुआ, वह तो इतिहास की बात है।'

जब समता पार्टी के दोनों बड़े नेता मुम्बई में अटल जी और आडवाणी जी से मिले तब से ही क़यास लगने लगा कि गठबन्धन होगा और बेहद सफल गठबन्धन हुआ भी। वैसे भी जॉर्ज का कर्म क्षेत्र सदा से मुम्बई ही रहा। वहाँ के सभी दलों के नेताओं से उनकी पक्की दोस्ती थी। समता पार्टी के लिए बड़ा फ़ंड भी वहीं से आता था। नीतीश जब पहली बार संसद में आया था, तब से ही महाराष्ट्र के कई सांसद भी उसके मित्र बन गए थे। उनमें प्रमोद महाजन का नाम सबसे पहले याद आता है। महाजन की बाल ठाकरे साहब से बहुत गहरी छनती थी। ठाकरे साहब को भी नीतीश बहुत अच्छा लगता था।

1996 का लोकसभा चुनाव बीजेपी और समता पार्टी ने साथ-साथ लड़ा। अटल जी प्रचार करने के लिए बिहार आते थे तो नीतीश हमेशा साथ होता था। इस चुनाव में बीजेपी को 18, समता पार्टी को 6 तथा लालू की पार्टी को 22 सीटें मिलीं।

लालू की तब तक की बिहार में मज़बूती से जमी कुर्सी की चूलें हिलानेवाले इस गठबन्धन के बनने की एक कम मशहूर, लेकिन अन्दरूनी क़िस्म की,

कहानी भी है जिसे हमने नीतीश के परम हितैषी, आर्ट ऑफ़ लिविंग के पुराने टीचरों में से एक, गुड़गाँव में रहनेवाले पंडित जी से सुनी है। उनसे सुदर्शन क्रिया सीखने वालों की फ़ेहरिस्त है तो बहुत लम्बी, लेकिन उनमें से तीन नाम, क्रमशः दीनानाथ मिश्र, बलबीर पुंज और यशवन्त देशमुख हमारी कहानी से जुड़े हुए हैं। दीनानाथ जी को अटल बिहारी और लालकृष्ण आडवाणी से बराबर का स्नेह मिलता आया था। जनसंघ के मुख्य साप्ताहिक पत्र पांचजन्य में पूर्ण समर्पण से काम करने के कारण इनकी पैठ दिल्ली में बढ़ी। दीनानाथ संघ के भी समर्पित कार्यकर्ता थे इसलिए देश के नेताओं और उनकी राजनीति के बारे में उनकी बड़ी गहरी और गम्भीर समझ समय से और परिपक्व होती चली गई। दीनानाथ मूल रूप से बिहार, शायद गया, के रहनेवाले थे इसलिए इनकी पैनी दृष्टि बिहार के नेताओं पर विशेष रूप से टिकी रहती थी। जेपी और उनके विश्वस्त छात्र नेताओं के बारे में पर्याप्त जानकारी हो जाने से इन्हें बिहार छात्र आन्दोलन की गतिविधियों के बारे में अद्यतन ख़बरें रहती थीं। इमरजेंसी लगी तो कांग्रेसी सरकार विरोधी अपनी गतिविधियों के आरोप में दीनानाथ भी जेल में ठूँस दिए गए। जेल से छूटने के बाद ये नवभारत टाइम्स अख़बार के सम्पादक के रूप में पटना में अप्रैल 1986 से 1988 तक रहे। इस दरम्यान इन्होंने बिहार में दो कांग्रेसी मुख्यमंत्रियों, क्रमशः बिन्देश्वरी दूबे और भागवत झा आज़ाद का शासन काल देखा था। इस समय बिहार में विपक्ष कम ताक़तवर नहीं था जहाँ कर्पूरी ठाकुर, कैलाशपति मिश्र वग़ैरह ऐसे कई बहुत बड़े नेता थे जो सरकार की नाक में हमेशा दम किए रहते थे। लेकिन उनसे परे, दीनानाथ की पारखी नज़रों में, युवाओं की बेहद सशक्त टोली भी नई पीढ़ी की कमान सँभालने, सामने आ चुकी थी। ये जेपी की टकसाल से निकले 24 कैरेट शुद्धता वाले खनखनाते हुए सिक्के थे जिनकी चमचमाती रोंशनी से बिहार का हर मुरझाया चेहरा रोशन हो जांता था और हर बदनज़र वाले की आँखें फूटने लगती थीं! इन्हीं होनहार नौजवानों में से एक था नीतीश, जिसकी प्रतिभा के बारे में मुख्यमंत्री भागवत झा आज़ाद ने दीनानाथ से भी प्रशंसा की थी। आज़ाद के अपदस्थ होने के बारे में दीनानाथ ने कहा था—

'जिस तरह से आज़ाद मुख्यमंत्री के पद से हटाए गए, उसे उसी समय यह लग गया कि अब बिहार में कांग्रेस का शासन स्थायी नहीं रह पाएगा। अगले कुछ महीनों तक यहाँ म्यूज़िकल चेयर का खेल चलेगा और फिर नेता और चेयर वग़ैरह सब हवा हो जाएँगे। ऐसा हो जाने के बाद भी बिखरा हुआ विपक्ष तब तक स्थायी सरकार नहीं दे पाएगा जब तक कि सत्ता नीतीश की पीढ़ी के हाथ में नहीं आएगी। उसमें भी शर्त यह है कि इन पर लोहिया और जेपी की चढाई हुई बेहद तेज़ धार तब तक भोथरी न हो जाए।'

इतिहास गवाह है कि दीनानाथ की यह भविष्यवाणी अक्षरशः सत्य सिद्ध हुई। समय ने पलटी खाई और 1988 में दीनानाथ दिल्ली पहुँचे। 1989 में नीतीश भी सांसद बनकर दिल्ली आ गया। केन्द्र की राजनीति में उठापटक का ज़बरदस्त खेल चालू हो गया था। तब तक दीनानाथ नवभारत टाइम्स के दिल्ली एडिशन के स्थानीय सम्पादक और बाद में ब्यूरो चीफ़ बन गए थे। दिल्ली में नीतीश और दीनानाथ की हाय हैलो बदस्तूर चलती ही रही। उन्हीं दिनों दीनानाथ ने अपने रसूख से बिहार का जो सर्वेक्षण करवाया उससे पता चला कि लालू की लोकप्रियता का सागर अपनी सारी सीमाएँ तोड़कर अबाध रूप से बढ़ता ही जा रहा था। जब आडवाणी की रथयात्रा बिहार पहुँची तो नीतीश आदि साथियों के मशवरे पर लालू ने आडवाणी को गिरफ़्तार करने की योजना बनाई। एक बड़ा मत यह था कि इस गिरफ़्तारी से देश में दंगे ज़रूर हो जाएँगे लेकिन दीनानाथ के आकलन से आडवाणी जी की गिरफ़्तारी से दंगे होने की बजाय केन्द्र सरकार के गिरने की गुंजाइश ज़्यादा थी। इस बार भी ठीक वैसा ही हुआ। 23 अक्टूबर, 1990 को आडवाणी गिरफ़्तार हुए और केन्द्र सरकार से बीजेपी के समर्थन खींच लेने से वीपी सिंह की सरकार धराशायी हो गई। सम्भावनाओं का ऐसा सटीक आकलन किसी ने नहीं किया था। राजनीति के बाज़ार में दीनानाथ की साख कुछ और बढ़ी। राजनीति के कुछ नए खिलाड़ी उनसे मशविरा करने लगे। इनमें नीतीश के जानकार लोग भी थे। अप्रैल 1995 में लालू की पार्टी आरजेडी के हाथों बुरी तरह पराजित होकर समता पार्टी अपने घाव सहला रही थी। उन्हीं दिनों दीनानाथ के मित्रों ने जो अन्दरूनी सर्वे किया, उससे लगा कि लालू को हटाने के लिए कम से कम दो बड़ी पार्टियों को हाथ मिलाना होगा। यह बात उन्होंने नीतीश को समझाई। अपने पुराने अनुभवों के आधार पर नीतीश या जॉर्ज के लिए कांग्रेस से गठबन्धन करना क़तई सम्भव नहीं था। दीनानाथ और बलबीर पुंज, दोनों प्रगाढ़ मित्रों ने मिलकर इंडिया फ़र्स्ट फ़ाउंडेशन की स्थापना की थी और उसके माध्यम से कांग्रेसियों की जमकर धुलाई होती रही थी। इनकी मित्र मंडली में दो और नाम, प्रमोद महाजन और यशवन्त देशमुख, बहुत महत्त्वपूर्ण हैं।

बिहारी जोड़ महाराष्ट्रियन माने बिहाराष्ट्रियन

सांसद प्रमोद महाजन से जॉर्ज फ़र्नांडिस और नीतीश की भी अच्छी पटती थी। यशवन्त ऐसे युवा सेफोलॉजिस्ट थे जिन्हें चुनावों के नतीजों का पूर्वानुमान लगाने में महारत हासिल थी। सीमित साधनों के बावजूद यशवन्त की चुनावी भविष्यवाणियाँ बहुत सटीक निकलती थीं। शायद उन्हें भी नीतीश में बिहार का भावी नेता दिखता था। आगे की लड़ाई में सहयोग माँगने के लिए समता पार्टी

के पास बीजेपी ही एकमात्र विकल्प बच गया था। आन्दोलन के दिनों जेल में रहकर नीतीश और जॉर्ज भगवा पार्टी के अन्दरूनी कड़े अनुशासन को समझ चुके थे। जनता पार्टी में आ गए भगवाधारी सदस्यों के कुछेक विवादास्पद मुद्दों को छोड़ दें तो वे भी जेपी को बहुत प्रिय रहे थे। इसलिए जॉर्ज को उन्हें ऐसे ही साथी की तलाश भी थी। मुसीबत यह थी कि जॉर्ज और नीतीश की पार्टी ने ही बिहार में लालकृष्ण आडवाणी को गिरफ़्तार किया था! अब नीतीश या जॉर्ज कौन-सा मुँह लेकर आडवाणी से बात करने जाते!

दीनानाथ ने यह अड़चन दूर कर दी। उन्होंने दोनों के बीच की कड़ी का काम किया। बीजेपी के महाराष्ट्र के नेता इस सिलसिले में जॉर्ज से पहले ही बात कर चुके थे। जॉर्ज की महाराष्ट्र की राजनीति में साख और धाक, पहले से ही दोनों बहुत बुलन्दी पर थीं। आख़िर बनते-बनते बात बन ही गई! दोनों पार्टियों ने पहली बार बिहार में लोकसभा का चुनाव साथ लड़ने का फ़ैसला किया। दीनानाथ ने यह सारी दास्तान स्वयं ही हमें गुड़गाँव वाले पंडित जी के फ़्लैट में तब बताई थी जब वाजपेयी जी के शासन काल में उन्हें 1998-2004 के लिए यूपी से राज्यसभा का सांसद नामित किया गया था।

1991 के लोकसभा के चुनाव में बनी नरसिंहा राव की कांग्रेसी सरकार 1996 में चली गई। 11वीं लोकसभा के चुनाव फिर से अप्रैल और मई 1996 में हुए। नीतीश फिर से बाढ़ से चुनाव जीतकर लोकसभा में आ गया था लेकिन जो नतीजे सामने आए वे बड़े चौंकानेवाले थे। इस बार किसी भी दल को स्पष्ट बहुमत नहीं मिला था। भारतीय जनता पार्टी लोकसभा में सबसे बड़ी पार्टी बनकर सामने आई थी। 16 मई, 1996 को अटल बिहारी वाजपेयी ने प्रधानमंत्री का पद सँभाला।

फिर सात दिनों का वाजपेयी जी का शासन हुआ। वाजपेयी जी की सरकार के गिरते ही नए प्रधानमंत्री के लिए तलाश शुरू हुई। कांग्रेस ने पहले ही अपना दावा ठोंकने से मना कर दिया था। तब ले-दे के गेंद संयुक्त मोर्चा की गोद में आ गिरी।

प्रधानमंत्री कौन—वसु, नायडू या हेगड़े?

1996 में लगा कि क़रीब-क़रीब बीस सालों से पश्चिम बंगाल की गद्दी पर क़ाबिज़, सीपीआइएम के क़द्दावर नेता, दादा ज्योति बसु, भारत के नए प्रधानमंत्री बन ही जाएँगे। वाम मोर्चा के साथ ही संयुक्त मोर्चा के सभी दलों को भी वे सहज ही स्वीकार्य थे। इसमें बस एक पेच फँस रहा था। सीपीआइएम के शीर्ष नेतृत्व को यह मंज़ूर नहीं था कि उनकी विचारधारा का कोई भी व्यक्ति ऐसी

सरकार का नेता बने जिसके घटक मार्क्सवादी सिद्धान्तों के अनुरूप कार्यक्रमों को चलाने के लिए समर्पित न हों। सीपीआइएम के संस्थापकों में एक, ज्योति बाबू, शुरू से ही पार्टी के समर्पित कार्यकर्ता रहे थे। उन्होंने बिना किसी प्रतिवाद के यह बात स्वीकार कर ली। हालाँकि बाद में उन्होंने अपनी पार्टी के इस क़दम की बड़ी कटु आलोचना भी की। वसु दा के मैदान से हटते ही उत्तर भारत के कई अन्य बड़े नेता प्रधानमंत्री की कुर्सी पर बैठने के लिए लालायित हो गए। मुश्किल यह थी कि इधर के दो क़द्दावर यादव बन्धु, क्रमशः मुलायम सिंह और लालू प्रसाद, एक दूसरे को प्रधानमंत्री की कुर्सी पर बर्दाश्त करने के लिए राज़ी नहीं थे। चन्द्रशेखर दूध के जले थे इसलिए छाछ भी फूँककर पी रहे थे। वे भोंडसी के आश्रम में आत्मचिन्तन में लीन थे। राजनीति के सक्रिय खिलाड़ी रहे वी.पी. सिंह, मैदान से बाहर निकलकर मूकदर्शक बन चुके थे। अब एक ही विकल्प बचा था कि किसी दक्षिण भारतीय नेता का नाम आगे किया जाए। तमिलनाडु की डीएमके और एडीएमके के बीच की स्थानीय राजनीति की आँच ऐसी तेज़ थी कि वहाँ से कोई भी बन्दा दिल्ली की ओखली में सर देकर प्रधानमंत्री पद की मूसली से सर कुटवाने को राज़ी नहीं था। केरल की वामपंथी सरकार के ऊपर वसु दादा वाली ही बन्दिशें थीं। जनता दल के कन्वेयर तथा आन्ध्र प्रदेश के मुख्यमंत्री चन्द्र बाबू नायडू ने स्पष्ट कर दिया था कि वे किसी चतुरंगी सरकार के हाथों की कठपुतली बनने के बजाय अपने राज्य में स्वतंत्र रूप से तकनीकी प्रयोग करनेवाले राजा बनना ज़्यादा पसन्द करेंगे। अब सारी नज़रें कर्नाटक की ओर घूमीं। उन दिनों कर्नाटक में जनता दल का सबसे बड़ा नाम था राम कृष्ण महाबलेश्वर हेगड़े का। हेगड़े की शुरुआती दौर की पढ़ाई काशी विद्यापीठ में हुई थी। उन्होंने इलाहाबाद यूनिवर्सिटी से लॉ की डिग्री हासिल की। इस कारण से हिन्दी के गढ़ रहे इन दो जनपदों तथा वहाँ के लोगों की मानसिकता से वे अच्छी तरह वाक़िफ़ थे। यहाँ तक कि जनता दल के भोजपुरी में बातें करनेवाले दोनों यादव दिग्गजों की भाषा भी वे ख़ूब समझते थे। हेगड़े का राजनैतिक अनुभव भी बहुत कमाल का था।

वे कर्नाटक के एक से अधिक बार कई बार मुख्यमंत्री रह चुके थे। 1978 से लेकर 1983 तक और फिर दूसरी बार 1996 से लेकर 2002 तक वे राज्यसभा के सदस्य रहे। इस दौरान उन्हें दिल्ली और देश की राजनीति नज़दीक से समझने का बहुत अच्छा मौक़ा लगा। वे वीपी सिंह के कार्यकाल के दौरान, सन् 1989 से लेकर 1990 तक, भारत के योजना आयोग के उपाध्यक्ष भी रहे थे। 1996 में, जब प्रधानमंत्री पद के लिए कोई आम सहमति नहीं बन पा रही थी, उनका नाम भी सामने आया। एक बार तो ऐसा लगने लगा कि वे निर्विरोध चुन लिए जाएँगे। उनके आगे दो अड़चनें थीं। जनता दल के उत्तर भारत के बड़े राज

नेताओं को उनकी समझौता न करने की मुँहफट प्रवृत्ति पर लगाम लगाने में भारी दिक़्क़त आने की आशंका थी। यह निर्मूल भी नहीं थी। दूसरी अड़चन उनके राज्य के उन्हीं के दल के नेता एच.डी. देवगौड़ा लगा रहे थे। इन दोनों की राज्य की राजनीति में चली आ रही व्यक्तिगत अदावत के गर्म छींटे दिल्ली तक पड़ रहे थे। जनता दल के राष्ट्रीय अध्यक्ष लालू प्रसाद यादव को हेगड़े की तुलना में देवगौड़ा ज़्यादा मक़बूल थे। तब जाकर एक सोची-समझी नीति के तहत, जनता दल ने देवगौड़ा का नाम संयुक्त मोर्चा की समन्वय समिति के आगे रखा।

देवगौड़ा की दस माह की सरकार

संयुक्त मोर्चा की संचालन समिति के अध्यक्ष श्री हरदनहल्ली डोडेगौड़ा देवगौड़ा, 1 जून, 1996 को, प्रायः दस महीनों के लिए, देश के अगले प्रधानमंत्री बने। देवगौड़ा को भी कर्नाटक जैसे विकट राज्य को, बतौर मुख्यमंत्री, सफलतापूर्वक चलाने का थोड़ा अनुभव था। प्रधानमंत्री बनने के शुरुआती दिनों में पार्टी के अध्यक्ष लालू से उनकी केमिस्ट्री इतनी अच्छी बैठी कि 1996 में ही उन्होंने हेगड़े को जनता दल से निकलवाकर ही दम लिया। लेकिन अपनी गद्‌दी बचाए रखने के लिए देवगौड़ा को लालू की बहुत चिरौरी करनी पड़ती थी जिसका बख़ूबी बदला उन्होंने चारा घोटाला की जाँच के समय ले लिया। देवगौड़ा की दिक़्क़त बस इतनी ही थी कि उन्हें अंग्रेज़ी और हिन्दी, दोनों ज़ुबानों, पर पूरा अख़्तियार नहीं था। इसलिए उनकी बातचीत करने का अन्दाज़ कुछ अलहदा क़िस्म का था। वजह जो भी हो लेकिन धीरे-धीरे केन्द्र सरकार पर उनकी पकड़ मज़बूत हो रही थी। जब से देवगौड़ा जनता पार्टी के महत्त्वपूर्ण घटक बनकर राष्ट्रीय फ़लक पर उभरे थे तब से ही उनके बारे में नीतीश के विचार सकारात्मक रहे थे। समता पार्टी के बनने के बाद यद्यपि देवगौड़ा विरोधी ख़ेमे में चले गए थे फिर भी नीतीश उनकी समग्रता को पसन्द करता था। देवगौड़ा का कार्य काल साल भर से भी कम रहा लेकिन उन्होंने 1996 में ही जम्मू-कश्मीर में पिछले छह वर्षों से चले आ रहे राज्यपाल शासन को हटाकर वहाँ चुनाव करवाए। उन्हें इन्द्र कुमार गुजराल के रूप में बेहद ज़हीन विदेश मंत्री मिल गए थे। उनकी सलाह पर बाँग्लादेश से गंगाजल के बँटवारे पर चला आ रहा विवाद का समाधान निकला और विद्रोही नागा नेताओं से शान्तिपूर्ण समझौता भी हो सका। यह भारत के विदेश मंत्री गुजराल की ही ताक़त थी कि लाख अन्तरराष्ट्रीय दबाव रहते हुए भी भारत ने 1996 में सीटीबीटी (व्यापक परमाणु परीक्षण प्रतिबन्ध सन्धि) पर दस्तख़त नहीं किए थे। यह दुनिया-भर के देशों के बीच एक ऐसा समझौता था जिसके ज़रिये विभिन्न राष्ट्रों को परमाणु परीक्षण करने से रोका जा सके। भारत

के इस सन्धि पर हस्ताक्षर न करने के कारण ही बाद में 1998 में अटल जी की सरकार पोखरण में दूसरी बार परमाणु बम का सफल परीक्षण कर सकी थी। जिसका कूट नाम था, 'स्माइलिंग बुद्धा या मुस्कुराते बुद्ध'!

दिल्ली से (पटना) आया दुश्मन

बहरहाल, देवगौड़ा के कार्यकाल में हवाला कांड की आँच से देश का सारा राजनैतिक माहौल गर्म होने लगा था। इसमें कई विख्यात कांग्रेसियों के नाम भी उछाले जा रहे थे। यह सब देखकर 31 जुलाई, 1996 को देवगौड़ा, कर्नाटक कैडर के तेज़-तर्रार और अपने विश्वस्त पुलिस अधिकारी, सरदार जोगिन्दर सिंह को सीबीआई का डायरेक्टर बनाकर दिल्ली ले आए। जानकार लोग बताते हैं कि नरसिंहा राव के ज़माने में, जनवरी 1996 से ही, बिहार में हुए चारा घोटाला की इक्का-दुक्का कहानियाँ सामने आने लगी थीं। इस कांड की जाँच सीबीआई से कराने के आदेश 11 मार्च, 1996 को पटना हाईकोर्ट ने दे भी दिए थे। बिहार सरकार ने इस आदेश के ख़िलाफ़ उच्चतम न्यायालय में अपील की थी पर 19 मार्च, 1996 के सुप्रीम कोर्ट के फ़ैसले के मुताबिक़ हाईकोर्ट का आदेश ही बहाल रहा। यही नहीं सुप्रीम कोर्ट ने हाईकोर्ट की दो सदस्यों की बेंच को इस मामले पर नज़र रखने के आदेश भी पारित किए। फिर भी इस मामले की जाँच की रफ़्तार बड़ी ढुलमुल थी। सरदार जोगिन्दर सिंह को पटना पहुँचते ही खाने के लिए चारा घोटाला की पकी-पकाई खीर मिल गई। सीबीआई में हड़कम्प मच गया। रोज़ नई अफ़वाहों की बारिश से पूरा बिहार तर-बतर हो रहा था। घोर संकट में पड़े लालू को लगता था कि उनकी मदद से बने प्रधानमंत्री देवगौड़ा उनके लिए संकटमोचन बनकर अवश्य खड़े होंगे। उनकी उम्मीदों के विपरीत इस पेचीदा मामले में प्रधानमंत्री देवगौड़ा ने लालू की रत्ती भर भी मदद नहीं की। प्रधानमंत्री के पद पर जब देवगौड़ा के पाँव जमने लगे तो कांग्रेसी ख़ेमे में बेचैनी पाँव पसारने लगी।

देवगौड़ा ने अपनी राजनीति कांग्रेस पार्टी से ही शुरू की थी। कांग्रेसी नेताओं से उनके सम्बन्ध शुरू से बहुत अच्छे थे। केन्द्र सरकार की स्थिरता देखकर कांग्रेस के तत्कालीन अध्यक्ष सीताराम केसरी यह मानने लगे थे कि अब केन्द्र में कांग्रेस की भी सरकार बन सकती है और पार्टी के अध्यक्ष होने के नाते वे ही देश के अगले प्रधानमंत्री बन सकते हैं। इसलिए 30 मार्च, 1997 को जब बजट सत्र चल ही रहा था, अचानक कांग्रेस के अध्यक्ष ने संयुक्त मोर्चा सरकार से समर्थन वापस लेने का फ़ैसला कर लिया। इस विश्वासघात से नीतीश बहुत आहत हुआ था। इस घटना से पहले भी कांग्रेस में समाजवादी सोच रखनेवाले

युवा नेताओं ने कोशिशें की थी कि देश को स्थिर और समाजवादी सोच वाली सरकार की ज़रूरत है। इसके लिए धुर दक्षिणपंथी और घोर वामपंथी के बीच से मध्यम मार्ग अपनानेवाली एक जैसी विचारधारा वाली पार्टियों को मिलाकर सशक्त और स्थायी गठबन्धन बनाए जाने की ज़रूरत थी। उन्हें भरोसा था कि नीतीश और जॉर्ज जैसे खुली सोच के कुछ लोग इस पहल का ज़रूर समर्थन करेंगे। इस दिशा में बातचीत शुरू होते ही केसरी बिफर गए और बात वहीं समाप्त हो गई। वैसे कांग्रेस पार्टी की यह पहल कोई नई बात नहीं थी। बरसों पहले नेहरू ने भी जेपी वग़ैरह समाजवादी नेताओं को सरकार में शामिल होने का न्योता दिया था। इस नए प्रयास की भाँति वह पुराना प्रयास भी असफल ही रहा था। बजट पेश कर रही देवगौड़ा सरकार 11 अप्रैल, 1997 को सदन में विश्वास प्राप्त करने में असफल रही क्योंकि सरकार के पक्ष में सिर्फ़ 158 वोट ही पड़े। नीतीश ने इस प्रस्ताव के दौरान कांग्रेस को लताड़ लगाते हुए सदन में कहा—

'...मैं इस सदन का क़ीमती समय उन लोगों (कांग्रेसी नेताओं) के भाषणों को उद्धृत करके बर्बाद करना नहीं चाहता हूँ, क्योंकि मुझे यक़ीन हो गया है कि इस देश में लोग दिल से नहीं, कंठ से भाषण देते हैं और भाषण देने के बाद उसे कचरे के डिब्बे में फेंक देते हैं। उस समय जो उन्होंने कहा था, उन बातों को यहाँ याद रखना चाहिए था...उस समय एक सरकार को गिराने के लिए और एक दूसरी सरकार को बनाने के लिए हाथ मिलाया था।...अभी इस देश के अन्दर तीन तरह की ख़ेमेबन्दी है। इस देश में आपने एक ख़ेमा संयुक्त मोर्चे का बनाया, चिदंबरम जी, आप उस ख़ेमे में बहुत सक्रिय थे...आपकी जितनी भी संख्या थी, आप अपने में से किसी को भी नेता चुनने की स्थिति में नहीं थे। इसलिए आपने 'थ्योरी ऑफ़ एलिमिनेशन' अख़्तियार की। और सबसे पहले श्री वी पी सिंह को खदेड़ा कि आप नेता बन जाइए, लेकिन वे तैयार नहीं हुए, भाग खड़े हुए। चार घंटे तक अपने घर से बाहर दिल्ली की सड़कों पर चक्कर लगाते रहे और तीन-तीन मुख्यमंत्री जाकर उनके दरवाज़े पर बैठे रहे, लोग सोच रहे हैं कि मैं मज़ाक़ कर रहा हूँ।

क्यों नहीं? जब वरिष्ठ नेता देश के साथ मज़ाक़ कर सकते हैं, तो मैं क्यों नहीं?'

सचमुच कांग्रेस पार्टी ने बिना किसी बड़ी वजह के जिस बेदर्दी से देवगौड़ा की सरकार से अपना समर्थन खींच लिया था वह किसी क्रूर मज़ाक़ से कम नहीं था।

देवगौड़ा के हटने के बाद फिर से नए नाम की तलाश शुरू हुई जिन्हें प्रधानमंत्री की कुर्सी पर बैठाया जा सकता था। कोई भी नेता, यहाँ तक कि सोनिया गांधी समर्थक कांग्रेस का बड़ा ख़ेमा भी, केसरी को प्रधानमंत्री बनाने के

लिए तैयार नहीं था। इसलिए ज्योति बसु से लेकर चन्द्रबाबू नायडू, एस.आर. बोम्मई, जी.के. मूपनार आदि तक सारे पुराने नाम एक बार फिर से दोहराए गए और एक बार फिर से ख़ारिज हो गए थे। देवगौड़ा नई सरकार के सत्ता में आने तक केयर टेकर सरकार चला रहे थे। उनकी सरकार गिरे क़रीब दस दिनों का समय हो चला था लेकिन नए नाम की तलाश तब भी जारी थी।

दिल्ली में दरकार कठपुतली पीएम की

उधर लालू की बेचैनी बढ़ती ही जा रही थी। देश के सभी सहयोगी दलों के नेता, जो उनके हितैषी माने जाते थे, उन्हें बिहार के मुख्यमंत्री के पद से त्यागपत्र देने की सलाह दे रहे थे। लालू जानते थे कि सीबीआई कुछ भी कर ले बिहार की सरकार पर उनकी पकड़ ज़रा भी ढीली नहीं होनेवाली थी। 27 जुलाई, 1997 को उन्होंने अपनी पत्नी श्रीमती राबड़ी देवी को बिहार के मुख्यमंत्री की कुर्सी पर बैठाकर यह साबित भी कर दिया था। उनके ऊपर सीबीआई की जो तलवार लटक रही थी, उसे वापस म्यान में डालने के लिए उन्हें ऐसे प्रधानमंत्री की तलाश थी जो उनकी मुट्ठी में रहे। उनकी इच्छा के अनुरूप जनता दल के सब महारतियों की नज़र में तब आए इन्द्र कुमार गुजराल। उनकी गुजराल डॉक्ट्रिन भी उन्हीं दिनों ज़ोर-शोर से चर्चा में आ रही थी। 20 अप्रैल, 1997 को देर रात गए उनके नाम पर संयुक्त मोर्चा के घटकों में सहमति बनी। सच पूछा जाए तो गुजराल के अलावा संयुक्त मोर्चा के पास कोई विकल्प बचा भी नहीं था। इसे अंग्रेज़ी में TINA (There is no Alternative) फ़ैक्टर अर्थात् 'कोई विकल्प नहीं' कहते हैं। अगले दिन, यानी 21 अप्रैल, 1997 को, देवगौड़ा की 324 दिनों की सरकार का पटाक्षेप हो गया। इसी दिन गुजराल ने भारत के नए प्रधानमंत्री के पद की शपथ ली। वह सोमवार का दिन था। गुजराल को गद्दीनशीन हुए हफ़्ता भर भी नहीं हुआ था कि 27 अप्रैल, 1997, रविवार को जोगिन्दर सिंह ने दूरदर्शन पर यह कहकर बड़ा भारी विस्फोट कर दिया कि सीबीआई के पास लालू प्रसाद यादव के ख़िलाफ़ चार्जशीट करने के पर्याप्त सबूत थे और सीबीआई जल्द ही ऐसा करने जा भी रही थी। देवगौड़ा से निराश लालू ने अपने बेहद क़रीबी माने जानेवाले इन नए प्रधानमंत्री से हर प्रकार की मदद की काफ़ी उम्मीदें लगा रखी थीं। चूँकि मामला कोर्ट के आदेश का था इसलिए सरकार के हाथ भी बँधे हुए थे। गुजराल ने अपनी सीमाओं में रहकर अपने दल के नेता की मदद करने की हरचन्द कोशिशें ज़रूर की लेकिन उनका कोई स्थायी लाभ लालू को नहीं मिला। यह पूरा काल गुजराल के लिए त्रासदायक था। एक ओर सत्ता में सहायक दल लालू के प्रति कोई भी रियायत न होने देने के लिए कृतसंकल्प थे दूसरी ओर

लालू के अहसानों की नागिन अपना फ़न काढ़े उन्हें लालू के ख़िलाफ़ कोई भी अप्रिय फ़ैसले की ओर बढ़ने नहीं दे रही थी। पसोपेश में पड़े गुजराल के सचिव अवनींद्र ने इलाहाबाद में रहनेवाले अपने चचेरे बड़े भाई, रवीन्द्र कुमार से इस आस्था के संकट काल में उनका अनौपचारिक मन्तव्य जानना चाहा। रवीन्द्र उस घटना की बाबत बताते हैं—

"लालू के चार्जशीट होने की ख़बर हर चैनल लगातार उगल रहे थे। इस समय देश अभी बड़े नाज़ुक और अस्थिरता के दौर से गुज़र रहा है। ऐसे में इस सरकार के भंग होने से संयुक्त मोर्चा की सार्थकता के बारे में जनता में बहुत ग़लत सन्देश जाएगा। प्रधानमंत्री जी लालू की विधि सम्मत मदद करना चाहते हैं मगर यह कोर्ट का मामला है। समझ में नहीं आता कि हमें क्या करना चाहिए।"

"मैंने कहा कि माननीय प्रधानमंत्री जी की स्वच्छ और 'नो नॉनसेंस' छवि को देखते हुए उचित तो यही होगा कि लालू से फ़ौरन इस्तीफ़ा माँग लिया जाए। सरकारें तो आती-जाती रहती हैं पर प्रकृति या प्रारब्ध युग-पुरुष बनने का मौक़ा किसी विरले को ही देती है। आज यह अवसर गुजराल साहब को मिला है। अगर गुजराल साहब लालू से इस्तीफ़ा ले लेते हैं तो कालजयी पुरुषों की श्रृंखला में उनका नाम निश्चित रूप से स्वर्णाक्षरों में लिखा जाएगा। मगर अफ़सोस यह हुआ कि गुजराल साहब यह ताक़त दिखा नहीं सके। उन्होंने अपने मीठे अन्दाज़ में सरदार जोगिन्दर सिंह से लालू को बचाने के बारे में ज़रूर कुछ कहा भी होगा। मेरी समझ से वह सब कुछ क़ानूनी दायरों के अन्दर, और बड़ा मर्यादित रहा होगा। 10 मई, 1997 को सीबीआई ने, राज्यपाल जनाब अख़लाक़ उर रहमान किदवई साहब से, लालू के ख़िलाफ़ मुकदमा चलाने की अनुमति माँगी जो उन्हें 17 जून, 1997 को मिल भी गई। सीबीआई ने हफ़्ते भर बाद चार्जशीट दाख़िल कर दी। इसके क़रीब हफ़्ते भर बाद ही, 30 जून, 1997 को, सीबीआई के डायरेक्टर के पद से जोगिन्दर सिंह को हटाकर उनकी जगह आर.सी. शर्मा को लाया गया। इस तबादले को लेकर कई सवालिया निशान भी खड़े हुए लेकिन इससे लालू को शायद ही कोई लाभ मिला होगा।"

मई, जून और जुलाई के महीनों में अख़बारों और टीवी की सुर्ख़ियों में बस चारा घोटाला और लालू ही छाए हुए थे। इससे संयुक्त मोर्चा और ख़ास तौर से उसमें शामिल बिहार के नेताओं की शर्मिंदगी का ठिकाना न था। जनता दल की प्रतिष्ठा पर आँच न आने देने के लिए देवगौड़ा, रामविलास पासवान और शरद यादव जैसे कई बड़े नेता लालू के इस्तीफ़े की ज़रूरत महसूस कर रहे थे। ये लोग लालू के पुराने सहयोगी भी रह चुके थे। जुलाई में ही जनता पार्टी के अध्यक्ष के चुनाव होने थे। लालू की यह गद्दी भी डाँवाँडोल हुई जा रही थी। इस पद पर बैठे लालू को टक्कर देने के लिए शरद यादव लगातार ताल ठोंक रहे थे।

4 जुलाई, 1997 को गुजराल ने पार्टी में चल रहे फ़साद को ख़त्म करने के लिए अपने सरकारी घर में पार्टी के लोगों को डिनर पर बुलाया। लालू ने गुजराल से शायद यह कहा था कि वे मुख्यमंत्री का पद छोड़ देंगे बशर्ते उन्हें जनता दल का अध्यक्ष बने रहने दिया जाए। इसके लिए शरद यादव को चुनाव मैदान से हटने के लिए गुजराल को कहना पड़ता। गुजराल से ऐसी उम्मीद रखना लालू की महज़ ख़ाम-ख़याली भर थी। उस रात्रि भोज में गुजराल ने भरसक प्रयास किया कि पार्टी में टूट न हो।

अजनबी, तुम तो जाने-पहचाने से लगते हो

जब लालू का कम से कम जनता दल के राष्ट्रीय अध्यक्ष बने रहने का मनसूबा भी पूरा नहीं हो सका तो अगले दिन, यानी 5 जुलाई, 1997 को, लालू ने जनता दल से अलग होकर आरजेडी नाम की नई पार्टी खड़ी कर ली। यद्यपि लालू की यह नई पार्टी संयुक्त मोर्चा का विधिवत अंग नहीं बनी फिर भी आरजेडी के डॉक्टर रघुवंश प्रसाद सिंह, कैप्टन जय नारायण निषाद और श्रीमती कान्ति सिंह केन्द्रीय मंत्रिमंडल के सदस्य बने रहे।

लालू ने 27 जुलाई, 1997 को राबड़ी को मुख्यमंत्री की कुर्सी पर बैठाया। लालू की गिरफ़्तारी के बारे में राज्य सरकार का उलटा रुख़ देखकर उस समय के सीबीआई के ज्यॉइंट डायरेक्टर यू.एन. विश्वास ने सेना से मदद माँगी थी। कोई और रास्ता न होने से 30 जुलाई, 1997 को लालू ने ख़ुद जाकर सीबीआई कोर्ट के सामने आत्मसमर्पण कर दिया।

इस बीच वक़्त ने एक और करवट ली। राजीव गांधी की हत्या के षड्यंत्र की जाँच कर रहे जस्टिस मिलापचन्द जैन कमीशन की रिपोर्ट 28 अगस्त, 1997 को सरकार में जमा हो गई। 16 नवम्बर को कतिपय बड़े लोगों ने इस कमीशन की रिपोर्ट की ख़ुशबू लगने का दावा यह करते हुए किया कि उसमें हत्या के आरोपी लिट्टे की साँठ-गाँठ तमिलनाडु में सत्तारूढ़ डीएमके से बताई गई है। इस बात को मुद्दा बनाकर कांग्रेस ने काफ़ी शोर मचाया। उन्हें लग रहा था कि अगर जगत का उद्धार करनेवाली के रूप में नहीं तो कम से कम कांग्रेस का उद्धार करने के लिए राजनीति के रंगमंच पर सोनिया गांधी का अवतरण अत्यन्त आवश्यक है और इसके लिए यही सबसे सही समय है। फिर क्या था, जितेन्द्र प्रसाद और अर्जुन सिंह सोनिया गांधी के प्रतिनिधि बनकर सरकार पर दहाड़ने लगे। हालाँकि कांग्रेस के अध्यक्ष सीताराम केसरी इसके पक्ष में नहीं थे लेकिन सोनिया को प्रसन्न करने के लिए बाक़ी कांग्रेसियों ने सरकार पर इस रिपोर्ट को सदन में रखने का बहुत दबाव बनाया। गुजराल जानते थे कि यह रिपोर्ट

सार्वजनिक होते ही डीएमके और कांग्रेस के बीच पहले से चली आ रही कटुता और बढ़ेगी इसलिए वे इसे सार्वजनिक करना टाल रहे थे। जब उनके आगे अन्य कोई चारा न रहा तो अन्त में यह रिपोर्ट 20 नवम्बर, 1997 को संसद में रख दी गई। आश्चर्यजनक बात यह है कि जैन कमीशन की रिपोर्ट में डीएमके के बारे में ऐसी कोई बात नहीं कही गई थी। उधर राजीव गांधी की हत्या के मामले की सुनवाई मद्रास के कोर्ट में क़रीब-क़रीब पूरी हो चुकी थी। दो महीने बाद, जनवरी 1998 में, फ़ैसला आने की उम्मीद भी की जा रही थी। इसलिए ऐसी कोई जल्दबाज़ी की ज़रूरत ही नहीं थी लेकिन कांग्रेस का मक़सद तो सरकार गिराकर सोनिया की छवि चमकाने भर का था! इसलिए जैसे ही यह रिपोर्ट सदन में रखी गई, कांग्रेसियों ने ज़बरदस्त हंगामा करके सदन को चलने ही नहीं दिया। वे डीएमके के मंत्रियों को बर्ख़ास्त करने की माँग पर अड़ गए। इस दबाव के आगे भी गुजराल टस से मस नहीं हुए। खीजकर 28 नवम्बर को कांग्रेस ने संयुक्त मोर्चा की सरकार से समर्थन वापस ले लिया। गुजराल ने राष्ट्रपति श्री के.आर. नारायणन को अपना इस्तीफ़ा सौंप दिया जिसे स्वीकार भी कर लिया गया। 19 मार्च, 1998 को अगली सरकार बनने तक गुजराल अन्तरिम सरकार के शीर्ष पर बने रहे। यह सरकार कुल 332 दिनों तक चली। इससे पहले देवगौड़ा की सरकार 324 दिनों तक सत्तारूढ़ रही थी। उसी वर्ष गुजराल का राज्यसभा का कार्यकाल भी समाप्त हो गया। इस लोकसभा का कार्यकाल पूरा होने से कुछ पहले ही, 27 अगस्त, 1997 को, संसद के बुलाए गए विशेष सत्र में नीतीश ने अपने भाषण में बहुत कुछ ऐसा कहा था जो आज भी प्रासंगिक है। इस समय गुजराल प्रधानमंत्री थे। तब नीतीश ने कहा था—

'...जब हम लोग किसी गाँव में पहुँचते हैं तो बड़ी संख्या में हमारे पीछे अधनंगे, फटेहाल और भूखे-प्यासे बच्चे दौड़ते हैं। उनको देखकर भय लगता है कि क्या होगा इस मुल्क का?...वे बच्चे कुछ दिनों बाद बड़े होकर युवा बनेंगे और बच्चे पैदा करने के लायक़ हो जाएँगे तो क्या होगा हमारी आबादी का? क्योंकि उनके समूचे शरीर से और चेहरे से ग़रीबी झलकती है। उसको दूर करने की योजना नहीं दिखती है, तो यह परेशानी होती है कि आख़िर क्या होगा इस मुल्क का?...जब हम किसी गाँव में पहुँचते हैं तो सबसे पहला प्रश्न यह होता है कि गाँव में स्कूल नहीं है। अगर स्कूल है तो स्कूल का भवन नहीं है। स्कूल का भवन बना हुआ है तो शिक्षक नहीं है। इन समस्याओं से हमें जूझना पड़ता है।...गाँव में पहुँचने के लिए सड़क नहीं है। पीने का पानी नहीं है। खेत की सिंचाई के लिए पानी नहीं है। बिजली का प्रबन्ध नहीं है। जितनी बिजली का इन्तज़ाम होना चाहिए था, उतना नहीं हुआ। शहरों को हमने प्राथमिकता दे रखी है, लेकिन गाँव के लिए कोई बिजली की प्राथमिकता नहीं है। नतीजा यह

है कि हमें जितने अन्न की ज़रूरत है, उसको पूरा करने में हम असक्षम हैं।... वही हाल पीने के पानी का है।...यदि हमने एक पीने के पानी की समस्या का समाधान अगर इन पचास वर्ष में कर दिया होता तो भी ठीक था। हवा के बाद सबसे ज़रूरी चीज़ पानी ही इनसान के लिए है।...हमें 'राइट टू इन्फ़ॉर्मेशन' नहीं है। आज भी इस देश में बहुत सारी सूचनाएँ गोपनीय हैं। सब पारदर्शिता की बात करते हैं...लेकिन 'राइट टू इन्फ़ॉर्मेशन' का क्या हुआ?...सबसे बड़ी पार्टी यहाँ बैठी हुई है। उसके बाद वाली पार्टी बीच में बैठी है, और सबसे कम संख्या वाली पार्टी मिलकर सरकार चला रही है। एक विचित्र परिस्थिति है, क्योंकि संविधान में ऐसी व्यवस्था है। क्या हम इसे बदल नहीं सकते?...मैं आग्रह करूँगा कि इस सदन में पार्टी से ऊपर उठकर सभी पार्टी के नेताओं को यह सोचना चाहिए कि हम मिलकर क्या काम कर सकते हैं? सम्भव हो तो एक साथ मिलकर मंत्रिमंडल बनाएँ। क्या यह सम्भव है कि इस सदन में जो 544 सदस्य हैं, उनके बीच से गुप्त मतदान के ज़रिये प्रधानमंत्री और मंत्रियों का चुनाव हो? क्या हम इस बात पर विचार करेंगे?'

यह 11वीं लोकसभा में नीतीश का अन्तिम भाषण था जिस पर बहुत सार्थक चर्चा नहीं हो सकी। लेकिन अगर कोई व्यक्ति इस भाषण की तह में जाए तो पता चलेगा कि मुख्यमंत्री नीतीश कुमार के 7 निश्चय की बुनियाद का पत्थर यही भाषण है जिसमें उसने वो सब बातें कही गई थीं जो आगे चलकर 7 निश्चय बनकर बिहार में क्रान्ति का नया दौर शुरू करने की वजह बनी।

19 मार्च, 1996 को जब गुजराल की सरकार हटी तो उसके कुछ दिनों पहले से ही भारत सरकार के 20 अशोक रोड पर स्थित संचार मंत्रालय के मुख़यालय, संचार भवन, में सरगर्मियाँ बढ़ गई थीं। देवगौड़ा और गुजराल के कैबिनेटों में लगातार संचार मंत्री रहे बेनी प्रसाद वर्मा ने वक़्त के हस्ताक्षर शायद पहले ही पढ़ लिए थे।

नई डगर पर नए क़दमों की थाप

पूरे उत्तर प्रदेश में बेनी प्रसाद वर्मा कुर्मी जाति के क़द्दावर समाजवादी नेता माने जाते थे। वे मुलायम सिंह यादव की पार्टी, समाजवादी पार्टी से सांसद चुने गए थे। अपने कई विवादास्पद बयानों के कारण भी वे सुर्ख़ियों में रहे।

बेनी प्रसाद वर्मा की आशंकाओं के अनुरूप ही 12वीं लोकसभा के चुनाव में गुजराल की सरकार पराजित हुई। 16, 22 और 28 फ़रवरी, 1998 को हुए इस चुनाव में भी बाढ़ से ही विजय कृष्ण पर विजयी होकर नीतीश लोकसभा में पहुँच गया और अटल जी की सरकार में कैबिनेट मंत्री भी बनाया गया।

20

केन्द्र की राजनीति की गुत्थियाँ

बारहवें लोकसभा चुनाव से पहले की ग्यारहवीं लोकसभा के 2 सालों में देश ने तीन प्रधानमंत्री देखे। तीनों की प्राथमिकताएँ भिन्न होने की वजह से देश में राजनीतिक अस्थिरता का माहौल-सा बन रहा था। बीजेपी इसी मुद्दे को लेकर बारहवें लोकसभा चुनाव के मैदान में खड़ी थी। किसी भी दल या गठबन्धन को पूर्ण बहुमत नहीं मिल सका। एनडीए गठबन्धन को कुल 252 सीटें मिली थीं। जिनमें से 182 बीजेपी, 5 एआइएडीएमके और 12 समता पार्टी की थीं। कहने को कांग्रेस ने यह चुनाव अपने अध्यक्ष सीताराम केसरी के नेतृत्व में लड़ा था लेकिन दर हक़ीक़त तब तक सोनिया गांधी ने कमान अपने हाथों में ले ली थी। फिर भी कांग्रेस की सीटों में कोई ख़ास इज़ाफ़ा नहीं हुआ। कांग्रेस और उसके सहयोगी दलों को 165 सीटों पर सन्तोष करना पड़ा। हालाँकि कांग्रेस को बीजेपी से लगभग 1 प्रतिशत ज़्यादा वोट मिले थे।

अटल बिहारी के नेतृत्व में बनी सरकार

15 मार्च, 1998 को राष्ट्रपति केआर नारायणन ने बहुमत वाले गठबन्धन के नेता, अटल बिहारी वाजपेयी को सरकार बनाने का न्योता दिया। 272 सांसदों के समर्थन से 19 मार्च को अटल बिहारी वाजपेयी के नेतृत्व में 41 पार्टियों के राष्ट्रीय जनतांत्रिक गठबन्धन (एनडीए) की नई सरकार बनी। इस सरकार को तेलुगुदेशम, शिवसेना, अकाली दल, समता पार्टी, नेशनल कॉन्फ्रेंस, एआइएडीएमके और बीजू जनता दल जैसी कई क्षेत्रीय पार्टियों का समर्थन प्राप्त था। हमारे हल्के-फुल्के से नीतीश को सरकार में कैबिनेट रेलमंत्री की भारी-भरकम जगह मिली। आरसीपी ने नीतीश से मिलकर अपने लिए रेल मंत्रालय में मंत्री के सचिव की जगह के लिए कहा। नीतीश से बेनी प्रसाद वर्मा ने भी आरसीपी की सिफ़ारिश की थी। नीतीश को जैसा भी अनगढ़ पत्थर

मिले, उसे अपनी खराद पर चढ़ाकर सुन्दर मूर्ति गढ़ ही लेता था। इसलिए आनन-फ़ानन में आरसीपी की इंट्री रेल मंत्रालय में हो गई। नीतीश के प्रिय नेता जॉर्ज फ़र्नांडिस को रक्षा मंत्रालय का भार सौंपा गया। चचा को एक मज़े की बात यह पता लगी कि मंत्रालयों के पत्राचार में रक्षा मंत्री को संक्षेप में आरएम (RM) तथा रेलमंत्री को इसके उलट एमआर (MR) लिखा जाता है। अर्थात् दोनों मंत्रालयों के नेताओं में विपरीतार्थक साम्य अपने आप बन गया। आरएम के यहाँ से एमआर को ट्रेन की ज़रूरतों के बारे में बेशुमार चिट्ठियाँ आती रहतीं कि फ़लाँ जगह पर रसद और फ़लाँ जगह पर फ़ौज और देश की फ़लाँ सीमा पर सुरक्षात्मक तैनाती के लिए टैंक वग़ैरह पहुँचाने के लिए रेलगाड़ियों और मालगाड़ियों की ज़रूरत है। एमआर साहब आरएम साहब की चिट्ठियों पर फ़ौरन ज़रूरी कार्रवाइयाँ करवा देते!

दोबारा मंत्री बनने के बाद नीतीश पहले 5 विश्वम्भर दयाल (बीडी) मार्ग, और फिर बाद में 22 अकबर रोड के बँगले में आ गया। पटना के एमएलए हॉस्टल जैसा ही कुछ-कुछ घरेलू माहौल नीतीश के रेलमंत्री बनने के बाद, 5, बीडी मार्ग पर भी बना था जब निशान्त अपनी नानी और माँ के साथ वहाँ छुट्टियाँ बिताने आया था। नीतीश अपनी अति व्यस्त ज़िन्दगी से भी परिवार के लिए कुछ लमहे चुरा ही लेता! पीछे के लॉन में क्रिकेटरों का पूरा ताम-झाम चढ़ाए, अपने दोस्तों के साथ खेलता निशान्त, नीबू के छितराए पेड़ के नीचे कुर्सी लगाकर बच्चों को निहारती, स्वेटर बुनती मंजु, साथ में बैठी उसकी माँ और पास खड़ा इन सबों को अपनी आँखों से पीकर तृप्त होता नीतीश! शाम में पाँच बाती की आरती करती मंजु और साथ में बेमन से खड़ा नीतीश, जिसे दीये की एक कँपकँपाती लौ दिखाकर पंडित समझाने की कोशिश करता कि नीतीश को धन का अभाव बना रहेगा! इससे मंजु के माथे पर आई शिकन को देखकर नीतीश एक पल के लिए आँखों से पंडित पर चिनगारियाँ बरसाता और दूसरे ही पल उन्हीं आँखों से पत्नी को अभयदान देता! अपने हर अधूरे रह गए छोटे-बड़े शौक़ को पूरा करने के लिए दिल्ली के बाज़ारों से ढेर सारा सामान ख़रीदकर मुदित लौटती मंजु, बच्चों जैसी अपनी ख़रीदारी की एक-एक छोटी-बड़ी चीज़ नीतीश को दिखाकर आह्लादित होती मंजु और बिल देखकर विकल होता पर, नक़ली मुस्कान बिखेरकर मंजु को आश्वस्त करता नीतीश! क़र्ज़ में डूबकर भी मंजु की सभी देखने, सुनने और ख़रीदने की अतृप्त आकांक्षाओं की पूर्ति होता देखकर सन्तुष्ट होता नीतीश! दिल्ली के सरकारी घर में मंजु के हाथ के बने पनीर टिक्के खाकर अपार तृप्ति से डकार लेता हुआ नीतीश!

यह सब लिखते समय काफ़ी दिनों के बाद की एक और तसवीर अचानक आँखों के आगे कौंध जाती है। 30 जुलाई, 2003 को रेलमंत्री नीतीश कुमार अपने

सेक्रेटरी आरसीपी के साथ किसी सरकारी कार्यक्रम में भाग लेने आगरा जा रहा है। इन दोनों के साथ में एक मित्र और भी ज़बरदस्ती लटक गया है। गाड़ी में आबिदा परवीन की आवाज़ में कबीर के ये शब्द गूँज रहे हैं—

मन लागो मेरो यार फ़क़ीरी में।

यही भजन हमने बहुत दिनों बाद, कल्याणबिगहा में, नीतीश के साथ 1 जनवरी को किसी लोक गायक की आवाज़ में सुना था। नीतीश के बाबूजी का भी प्रिय भजन था यह। भजन सुनते-सुनते नीतीश की आँखों की कोरों में कुछ तरलता अनायास आ गई जिसे अपनी नरम उँगलियों की पोरों से उसने हौले से हटाया। बाबूजी कैसे और क्यों अकेला छोड़ गए उसे, यह सब सोचकर उसका मन बड़ा मायूस हो गया था। रास्ते में उसका क़ाफ़िला वृन्दावन में चाय-पानी के लिए रुका है। वहाँ के इस्कॉन मन्दिर में श्रीकृष्ण और राधा जी के परस्पर अनुराग में डूबे विग्रहों को देखकर उसे अपने दाम्पत्य जीवन की ज़ोर से याद आती है। गाड़ी फ़तेहपुर सीकरी की ओर मुड़ गई है। क़िले में खड़ा है वह, शेख़ सलीम चिश्ती की मज़ार के पास। पीछे से क़व्वालों का एक समूह अमीर ख़ुसरो का कलाम गा रहा है—

छाप तिलक सब छीनी रे मोसे नैना मिलाय के।

कबूतरों का एक बड़ा झुंड अचानक फड़फड़ाकर उड़ गया—नीतीश थोड़ा अनमना-सा हो गया। सामने सूरज डूबने की तैयारी कर रहा था। बहुत पहले वह मंजु के साथ यहाँ आया था। तब भी सूरज ऐसे ही लाल भभूका होकर डूबने की तैयारी में था, तब भी कबूतरों का बड़ा-सा झुंड अचानक फड़फड़ाकर उड़ गया था और तब मंजु घबरा गई थी। तब भी कोई यही गा रहा था और तब नीतीश की छाप-तिलक, सब अचानक छिन गई थी। आज भी वही ढलता सूरज, वही शाम, वही आवाज़, वही कलाम थे, आज बस उसके साथ मंजु नहीं खड़ी थी। वह तो अपने बेटे निशान्त के साथ पटना में अपने पति की प्रतीक्षा कर रही थी! नीतीश की छाप-तिलक अब कौन छीनता? एक लम्बी साँस भरकर नीतीश वर्तमान में वापस लौटा। विधाता ने उसे इस विलास की सुविधा से भी वंचित कर रखा है कि वह अपना सुख और दुःख भी अकेले ही फिर से जी सके!

कोई भी मंत्री अपने सेक्रेटरी के व्यक्तिगत मामलों में बहुत अभिरुचि नहीं ले पाता है लेकिन 8 जनवरी, 2003 में जब आरसीपी बीमार होकर रेलवे के दिल्ली वाले अस्पताल में भर्ती हुआ तब नीतीश की छटपटाहट देखी नहीं जाती थी। वह कई रातों को अस्पताल में आरसीपी का हाल लेने पहुँच जाया करता था। एक बार तो वह सारी रात अस्पताल में ही रह गया। चिन्ता और थकान

आरसीपी की मुख्य परेशानी थी। इसलिए थोड़े समय के बाद वह ठीक हो गया धीरे-धीरे नीतीश को भी आरसीपी पर इतना भरोसा हो गया कि वह उसकी कई बेतकल्लुफ़ हरकतों को नज़रअन्दाज़ करने लगा।

मंत्री या कौतूहली विद्यार्थी?

जब नीतीश ने रेल मंत्रालय में, बहैसियत रेलमंत्री, क़दम रखे थे तब हमारे आदित्य मिश्र, रेलवे के वरिष्ठ अधिकारी थे। आदित्य रेलमंत्री के प्रति सीधे जवाबदेह थे। उनके मुताबिक़ नीतीश के रेलमंत्री बनते ही रेल मंत्रालय में भारी भूचाल जैसा कुछ आ गया। रेलमंत्री की कुर्सी पर ठसक और हनक से बैठे खद्दरपोश नेता को देखने की आदी आँखों ने अब वहाँ उत्सुकता और कौतूहल से भरे एक विद्यार्थी को बैठा देखा। पता चला कि उन दिनों मंत्री जी प्रत्येक विभाग के अधिकारियों से उनके कार्य-कलापों का पूरा लेखा-जोखा माँगते थे। सवेरे दस बजे से जो प्रस्तुतीकरणों का सिलसिला शुरू होता था वह रात दस बजे तक चलता था। कभी-कभी आधी रात भी हो जाती थी। जिस विभाग का प्रस्तुतीकरण चल रहा होता था, उसके छोटे-बड़े सभी कर्मी वहाँ उपस्थित होते थे। उन्हें माक़ूल सलाह देने की पूरी छूट थी। नीतीश सबके सुझाव चुपचाप सुनता और नोट्स बनाता रहता था। लगता था, सामने हो रहे नाटक की कहानियाँ और उसके पात्र तो लगातार बदल रहे हैं पर दर्शक दीर्घा में तपस्वियों की तरह लगातार, बिना थके, एकाग्रचित्त और एकाकी बैठा है अपना नीतीश! इस पूरी प्रक्रिया के दौरान नीतीश के चन्द सवाल ही होते थे। पहला सवाल यह कि इस विभाग को बेहतर करने के लिए क्या संसाधन चाहिए? और दूसरा यह कि इन संसाधनों के मुहैया कराए जाने के कितने दिनों के बाद और क्या-क्या सकारात्मक नतीजे सामने आएँगे। तीसरा तथा ज़्यादातर आख़िरी सवाल होता था कि इतना सब करने के बाद क्या देश में सुरक्षित, आरामदायक और ससमय चलनेवाली रेलगाड़ियाँ हर व्यक्ति के लिए सहज ही उपलब्ध हो जाएँगी?

रेलवे के ही एक उच्चाधिकारी (अब सेवानिवृत्त) ने बताया—

'माननीय मंत्री जी की सभी प्रस्तुतीकरणों में इतनी गहन अभिरुचि थी कि उनकी पैनी दृष्टि के भय से हम लोगों ने अपने काम के बारे में वह सब भी पढ़-सुनकर जान लिया जिनकी हमने कभी परवाह नहीं की थी। लेकिन, उन पर ध्यान देने से, प्रगति के नए रास्ते निकल आए।'

सांसद की हैसियत से नीतीश ने रेल मंत्रालय के कार्यकलापों को लेकर संसद में कई ख़ास तौर से क्षेत्रीय असन्तुलन को लेकर, गम्भीर सवाल उठाए थे। उन पर कोई समुचित कार्रवाइ नहीं हो सकने के कारण वह बहुत व्यथित

रहता था। इसलिए रेल मंत्रालय का दायित्व सँभालने के बाद वह अपने द्वारा उठाई गई समस्याओं का समाधान ढूँढ़ने में लग गया। उन समस्याओं का समाधान मुश्किल नहीं था, लेकिन अभी तक मंत्रालय में इच्छाशक्ति नहीं थी। एक ओर जहाँ मंत्रालय का एक भाग अधूरे कामों को पूरा करने में व्यस्त था वहीं दूसरी ओर दूसरा, और अधिक बड़ा भाग देश के समस्त भागों में रेलवे के समान विकास के प्रश्न का हल ढूँढ़ने की कोशिशों में लग गया। नीतीश की स्पष्ट सोच थी कि सिर्फ़ राजनैतिक तुष्टीकरण के लिए तदर्थ रूप से जहाँ-तहाँ नई रेल लाइनें नहीं बिछाई जाएँ, न ही नई गाड़ियाँ चलाई जाएँ। उसने नीति बनाई कि रेल मार्ग, गेज परिवर्तन, दोहरीकरण, विद्युतीकरण आदि की नई परियोजनाएँ किसी भी क्षेत्र की जनसंख्या तथा वहाँ रेलवे के विकास की सम्भावनाओं के आधार पर तय की जाएँगी। इससे क्षेत्रीय शिकायत की आशंका ख़त्म हो गई। यात्री सेवा में क्षेत्रीय असन्तुलन को दूर करने के लिए उसने कई नई रेलगाड़ियों का परिचालन भी शुरू किया। उसने देखा कि रेल यात्रियों की सुरक्षा, मालगाड़ियों से ढुलाइयाँ बढ़ाने और ससमय गाड़ियों के परिचालन सुनिश्चित करने के लिए आधुनिक तकनीकों और उपकरणों के उपयोग की भारी गुंजाइश थी। उसके पास सक्षम युवा अधिकारियों की ऐसी मज़बूत टोली भी मौज़ूद थी जो नई तकनीकों का उपयोग करके रेलवे का कायाकल्प करने को तड़प रही थी, लेकिन स्पष्ट नीतियों और दिशा निर्देशों के अभाव में कुछ नया नहीं हो पा रहा था। यह सब जानने के बाद नीतीश ने अपनी युवा अधिकारियों की टोली के साथ गहन विमर्श किया रेलवे के सम्मुख 21वीं शताब्दी की चुनौतियों और उससे निपटने की ठोस योजना बनी। उसने रेल दुर्घटनाओं को सबसे बड़ी चुनौती के रूप में स्वीकार करते हुए यह पाया कि क़रीब-क़रीब 70 प्रतिशत रेल दुर्घटनाएँ मानवीय भूलों से होती हैं। इन पर रोक लगाने के लिए उसने योजनाबद्ध तरीक़े से ट्रैक सर्किटिंग कराना शुरू करवा दिया। चालक ग़लती से सिग्नल को पार न कर सके इसके लिए स्वचल गाड़ी नियंत्रण प्रणाली योजना (Automatic Train Control System, एटीसीएस) पर काम शुरू हुआ। मानवीय भूलों पर यथासमय रोक लगाने के लिए उसने दोतरफ़ा प्रयास फ़ौरन शुरू करवाए। एक ओर तो उसने रेलवे के कर्मियों का गहन प्रशिक्षण शुरू करवाया, दूसरी तरफ़ उसने नई टेक्नोलॉजी के हर सम्भव आयाम को खँगालकर स्वचालित अग्रिम चेतावनी, ख़तरा होने पर अपने आप चालू होनेवाले सिग्नल, ऑटोमेटिक स्विचिंग प्रणाली, बेहतर सम्पर्क और सम्प्रेषण की संचार प्रणाली आदि-आदि नवीनतम तकनीकों का उपयोग रेलवे में प्रारम्भ करवाया। देश में रेलवे के पहले मात्र 9 ज़ोन थे। रेलवे के विस्तार होने के कारण प्रत्येक ज़ोन पर काम का भारी बोझ था। इसलिए

समुचित प्रशासनिक सन्तुलन बनाए रखने के लिए नीतीश ने ज़ोन और उनके अन्तर्गत आनेवाले डिविज़नों की संख्या बढ़ाई। आज देश में रेलवे के 17 ज़ोन और 73 डिविज़न हैं। यही नहीं, इतने बड़े काम के लिए धनराशि उपलब्ध कराने में उसने अपनी पूरी शक्ति लगा दी। नीतीश का पहला रेल बजट ही इतना सन्तुलित और सही था कि छिद्रान्वेषी विपक्ष भी उसकी गम्भीर आलोचना नहीं कर पाया। प्रधानमंत्री वाजपेयी को वह बजट इतना पसन्द आया कि बाद में कैबिनेट की बैठकों में ज़रा भी मतभिन्नता होने पर नीतीश का लाया हर प्रस्ताव वह अपने व्यक्तित्व का वीटो लगाकर पारित करा दिया करते थे।

डी लाल सर की खिसकी हवा

दिल्ली की राजनीति के गलियारों में अनादि काल से ही एक जन्तु हमेशा घूमता हुआ पाया जाता रहा है। इसकी कोई जाति नहीं होती, कोई नाम नहीं होता, कोई धर्म भी नहीं होता और कोई उसूल तो ख़ैर होता ही नहीं। इसके पास हर जायज़ और नाजायज़ समस्या का समाधान मौज़ूद होता है बस उसकी क़ीमत देनी होती है। यह व्यक्ति इतना प्रभावशाली होता है कि किसी भी मंत्रालय में कोई भी काम, चाहे वह क़ानून की नज़र में ग़लत क्यों न हो, उचित मुआवज़े के बदले अक्सर चुटकियों में करा सकता है। मंत्रालयों में मंत्री और अफ़सरान समय-समय पर बदलते रहते हैं। लेकिन यह पुराना भेड़िया हर बार भेड़ की नई खाल ओढ़कर, बिना हिम्मत हारे हुए, हर हाल में अपने ऑपरेशन में लगा रहता है। इसे आप कभी निरुत्साहित नहीं देख सकते हैं। सबसे नई चाल के महँगे विदेशी कपड़े, जूते, चश्मे, घड़ियाँ, मोबाइल, गाड़ियाँ और सेंट अमूमन इनकी पहचान होती है। लेकिन एक अलग, शायद बेशर्म अन्दाज़ में इनके बात करने के अन्दाज़ से ही इन्हें अँधेरे में भी पहचाना जा सकता है। नीरा राडिया जैसे जीवट वाले स्त्री या पुरुष को अंग्रेज़ी में फ़िक्सर (Fixer) कहा जाता है। यानी वह शख़्सियत जो हर मुश्किल काम को फ़िक्स (ठिकाने लगा) कर सकता है। हिन्दी में इसका बेहद घटिया सा नाम है 'दलाल'। अपना चाचा इन्हें बेहद इज़्ज़त से 'डी लाल सर' कहकर सम्बोधित करता है। नीतीश के आने से पहले भाँति-भाँति के 'डी लाल सर' रेल भवन में भी पाए जाते थे। नीतीश के वहाँ आते ही, पता नहीं कैसे, रेल भवन से यह प्रजाति ही विलुप्त हो गई!

नीतीश के आने से पहले रेल विभाग में बहाली के मामले में घोर धाँधली मची रहती थी, जिसका तरीक़ा भी बहुत सीधा था। यह ग़ौर करने की बात है कि परीक्षा भवन में किसी कदाचार या प्रश्नपत्र लीक होने की घटनाओं के बारे

में कोई ख़बर नहीं होती थी। असली खेल परीक्षा ख़त्म होने के बाद कॉपियों की जाँच होने के क्रम में शुरू होता था। पैसे देनेवाले कमज़ोर परीक्षार्थी की कॉपी कॉपियों के मूल्यांकन के समय किसी तेज़ परीक्षार्थी की कॉपी से सफ़ाई से बदल दी जाती थी। नतीजतन, अच्छा परीक्षार्थी लटक जाता था लेकिन पैसे देनेवाला कमज़ोर परीक्षार्थी नौकरी पा जाता था। हवा यह बनाई जाती थी कि परीक्षा कदाचार मुक्त हुआ है लेकिन सचाई से वाक़िफ़ ऊपर बैठे लोग उसकी अनदेखी करते थे। इस वजह से रेलवे की परीक्षाओं के बारे में कोई दोषारोपण करना आसान नहीं था। नीतीश को जब इस धाँधली की ख़बर लगी तो उसने एक क्रान्तिकारी क़दम उठाया। देश-भर में पता करने के बाद उसने परीक्षार्थियों की उत्तर पुस्तिकाओं में कार्बन पेपर लगवाने शुरू किए। इस प्रकार परीक्षा होते ही उत्तर पुस्तिका की दो-दो कॉपियाँ तैयार हो जाती थीं जिनमें से एक परीक्षक के पास चली जाती थी और दूसरी एक्ज़ीक्यूटिव डायरेक्टर, रेलवे भर्ती बोर्ड के पास। धाँधली होने के सन्देह पर परीक्षार्थी अपनी कॉपी के पुनरीक्षण की माँग कर सकता था तथा अपनी उत्तर पुस्तिका का मिलान करवाकर सन्तुष्ट हो सकता था कि उसकी ही कॉपी की जाँच हुई है। नीतीश के इस एक फ़ैसले से रेलवे में भर्ती की परीक्षाओं में होनेवाला कदाचार थम गया।

नीतीश ने रेलवे में होनेवाली नियुक्तियों में पारदर्शिता लाने के लिए एक और साहसिक क़दम उठाया। पहले चतुर्थ वर्गीय कर्मियों की भर्ती के लिए इंटरव्यू लिए जाते थे। यहाँ भी पक्षपात और धाँधली का बोलबाला था। नीतीश ने उनके लिए भी इंटरव्यू समाप्त करके सरल ऑब्जेक्टिव परीक्षाओं की अनिवार्यता कर दी। ये परीक्षाएँ भी रेलवे के डिविज़न के स्तर पर, वह भी स्थानीय भाषाओं में, आयोजित किए जाने से प्रक्रिया में और पारदर्शिता आ गई। परीक्षाओं का आयोजन मंडलवार किया गया। हिन्दी, अंग्रेज़ी के स्थान पर संविधान की आठवीं अनुसूची में वर्णित स्थानीय भाषाओं में प्रश्न पत्र को तैयार कराने का प्रावधान हुआ। इससे लाभ यह हुआ कि नीतीश की सोच के अनुरूप सैकड़ों-हज़ारों लोगों को रेलवे की नौकरी अपने ही परिवेश में मिली।

इन सबसे बढ़कर उसने रेलवे में शुचिता लाने के लिए एक ऐसा क्रान्तिकारी क़दम उठाया जिसकी कल्पना रेलवे के अच्छे से अच्छे धुरन्धरों ने कभी नहीं की थी। रेलवे बोर्ड के चेयरमैन (सीआरबी) को अपरिमित शक्तियाँ होती हैं जिनका वह मनचाहा उपयोग कर सकता है। पहले सक्रिय राजनीति की चौपड़ से उतर चुके मुहरों को यह पद देकर अनुग्रह करने की परिपाटी चली आ रही थी। सीआरबी के मातहत रेलवे के एक से एक विद्वान, कर्मठ और ईमानदार अधिकारियों को काम करने और उनके कई ऊटपटाँग आदेशों को मानने की मजबूरी होती थी।

नीतीश ने यह परम्परा तोड़कर इस पद पर रेलवे के ही वरिष्ठतम और श्रेष्ठतम अधिकारियों की नियुक्ति का नया चलन शुरू करके भ्रष्टाचार के एक और नाग के विषैले दाँत जड़ से उखाड़ डाले!

रेलवे में करोड़ों रुपयों के कई ठेके हर साल दिए जाते थे। इन बड़े ठेकों की ख़बर दुनिया के कई देशों में हर सम्भव तरीक़े से मुहैया कराई जाती थी। टेंडर आ जाते थे। उनमें जो भी सार्वजनिक किया जाना होता था, वह सब पारदर्शिता से सार्वजनिक कर दिया जाता था। अनेक स्तर पर विमर्शों के बाद टेंडर के बारे में गोपनीय नोट्स टाइप किए जाने के बाद मंत्री महोदय की स्वीकृति के लिए भेजे जाते थे। होता यह था कि फ़ाइलें एक टेबल से दूसरे टेबल तक पहुँचाने के क्रम में मंत्रालय के भीतरख़ाने में वर्षों से डटे, 'डी लाल सर' के पाले हुए कुछ खुर्राट सरकारी चूहे गोपनीय नोट्स के बारे में ख़बरें बाहर भी पहुँचा देते थे। इनसे ठेके की शुचिता तो नष्ट होती ही थी, मंत्रालय की साख पर भी सवाल उठते थे। इस धाँधली पर नज़र पड़ते ही नीतीश ने अन्तिम नोट्स लिखने का काम आदित्य प्रकाश मिश्र जैसे अपने विश्वस्त अधिकारियों को सौंप दिया। ये अधिकारी अपने हाथ से गोपनीय नोट्स लिखने के बाद स्वयं फ़ाइलें लेकर मंत्री जी के पास जाते और उनसे चर्चा करते। लम्बे विमर्श के बाद, सब कुछ सुन और समझकर, मंत्री जी वहीं अपने हाथों से निर्णय लिख देते और पारदर्शी फ़ैसला हो जाता! नतीजतन, रेलवे के टेंडर की पारदर्शिता और गोपनीयता चर्चा का विषय बन गए।

नीतीश के कार्यकाल में ही कोंकण रेलवे, टिकटों के कम्प्यूटरीकृत आरक्षण केन्द्रों में वृद्धि, स्टेशनों तथा ट्रेनों की बेहतरीन साफ़-सफ़ाई, रेल नीर के संयंत्रों की स्थापना, कुलियों के लिए अधिक सम्मानजनक व्यवस्था आदि-आदि कई ऐसे नए काम हुए जिनसे रेलवे की ख्याति बढ़ी।

उन दिनों रेलवे की बढ़ती साख और तेज़ी से हो रहे आधुनिकीकरण के कारण व्यवसाय जगत में बैठे मठाधीशों की गिद्ध दृष्टि इधर आ गड़ी। रेलवे के निजीकरण के लिए बिना माँगी सलाहों की झड़ी लग गई। लोहे के व्यवसाय में लगे देश के बड़े से बड़े उद्योगपतियों को भी रेल भवन के गलियारों में चक्कर लगाते देखना सामान्य बात हो गई थी। नीतीश रेलवे की कॉमर्शियल मुश्किलों और सीमाओं को बख़ूबी समझता था। उसे अपने मंत्रालय को हर हाल में आर्थिक रूप से सुदृढ़ रखना ही था। वह समझ गया था कि बस ज़रा सी चूक हुई नहीं कि रेल सेवाएँ अरबी घोड़े से सफ़ेद हाथी में तुरन्त तब्दील हो जाएँगी। वह यह भी समझता था कि रेलवे की सामाजिक प्रतिबद्धताओं के कारण बिना कोई टैक्स लगाए या भाड़े में अधिक वृद्धि किए हुए हर क़ीमत पर रेलवे का सुदृढ़ीकरण करना ही है। रेलवे के निजीकरण का मतलब था एक सर्व सुलभ जनसेवा के

माध्यम को निजी हाथों में सौंपकर धीरे-धीरे उसका गला घोंट देना। इसलिए तमाम दबावों के बावजूद नीतीश ऐसी राय से सहमत नहीं हुआ। उसने कहा कि निजी क्षेत्र की भागीदारी हो सकती है लेकिन भारतीय रेलवे का निजीकरण नहीं किया जा सकता।

एक नई सोच के तहत उसने कभी न लैप्स करनेवाला रेलवे सुरक्षा फ़ंड बना दिया। साल ख़त्म हो जाने के बाद भी इसमें जमा राशि ख़त्म नहीं होती थी। इसलिए इस फ़ंड से रेल लाइनों, पुलों और सिग्नलों को सुदृढ़ करके नया जीवन प्रदान किया जाने लगा था।

नीतीश ने देखा कि मालगाड़ियों में उनकी क्षमताओं के अनुरूप लदाई नहीं की जा रही थी। रेलवे लाइनों की कमज़ोर स्थिति, ट्रेनों का समय से न चलना, सिग्नलों की ख़राबियाँ आदि जैसे इसके कई कारण थे। नीतीश ट्रैकों के सुदृढ़ीकरण करवाने में मुस्तैदी से लगा हुआ था ही। इसलिए मालगाड़ियों पर उनकी क्षमताओं के अनुरूप, पहले से बहुत अधिक लदाई होने लगी। इस एक साहसिक निर्णय से रेलवे की आय में हमेशा के लिए वृद्धि हो गई।

रेलवे ने जब 150 वर्ष पूरे किए तो नीतीश ने देश-भर में लोकप्रिय ट्रेनों का जाल फैला दिया जिसमें एक ट्रेन 'सम्पूर्ण क्रान्ति' भी शामिल है। नीतीश के रेलवे मंत्रालय के काम के दौरान एक बड़ी नई बात हुई जब 2002 में उसने दुनिया के सबसे ऊँचे रेलवे आर्क ब्रिज बनाने की परियोजना की फाइल पर स्वीकृति दे दी। उधमपुर-श्रीनगर-बारामूला रेल लिंक परियोजना के तहत यह पुल जम्मू कश्मीर के कोरी इलाक़े में चिनाब नदी पर निर्मित होना था। 1,315 मीटर लम्बा और 359 मीटर ऊँचा यह पुल कई मायनों में अद्भुत है क्योंकि साल के कई महीनों में बादलों के टुकड़े इसके नीचे भी अठखेलियाँ करते रहते हैं। नीतीश ने इस पुल को बनाने की स्वीकृति सहर्ष दे दी। आख़िरकार अगस्त 2022 को जब इस पुल का आख़िरी टुकड़ा जोड़ दिया गया और 21 मार्च, 2023 को जब इस पुल पर ट्रायल ट्रेन चली तब नीतीश की ख़ुशी का ठिकाना नहीं रहा—इतिहास के पन्ने में जो यह अविस्मरणीय घटना अंकित हुई उसकी नींव की पत्थर में नीतीश का ही नाम तो लिखा हुआ है!

मार्च 1998 के ख़त्म होते न होते नीतीश की ईमानदारी की चर्चा व्यवसाय जगत के सबसे ऊँचे स्तर पर भी लगातार होने लगी। देश के सबसे बड़े व्यवसायियों के इस ग्रुप में कुछ की सीधी पहुँच प्रधानमंत्री तक थी। उन्हें जब इसका पता चला तो उनकी ख़ुशी का ठिकाना न रहा। उन्होंने इस बात की चर्चा सार्वजनिक रूप से भी की।

13 मार्च, 2022 की चिलचिलाती गर्मी में अपने कैबिनेट के जल संसाधन मंत्री, संजय झा के साथ नीतीश गंगा नदी से सम्बन्धित एक परियोजना को देखने

जा रहा था। उनके साथ एक व्यक्ति और था जो नीतीश के रेलमंत्री बनने के दिनों का चश्मदीद गवाह था। उसने नीतीश की ईमानदार छवि स्थापित होने की यह कहानी संजय झा को सुनाई थी। उसने यह भी बताया था—

'नीतीश जी के 19 मार्च, 1998 को रेलमंत्री बनने के महीने भर के अन्दर ही उन्हें 9 अप्रैल, 1998 को भूतल परिवहन मंत्री भी बना दिया गया। वाजपेयी सरकार ने पहले ही ताड़ लिया था कि रेल और सड़क परिवहन में अन्योन्याश्रय सम्बन्ध है। इसलिए ये दोनों मंत्रालय नीतीश जी के सबल हाथों में छोड़कर सरकार निश्चिन्त हो गई। नीतीश जी ने नए विभाग की कमान सँभालने के बाद तुरन्त ही समझ लिया कि समस्या कहाँ है। उन्होंने सिद्धान्त प्रतिपादित किया कि पूर्व काल में लम्बी दूरी तय करने के लिए जल मार्ग ही सर्वोत्तम और सुरक्षित था। नदियाँ अपने बहने के क्रम में सबसे सीधी राह स्वयं बना लेती हैं। यातायात का दबाव बढ़ने पर अधिकांश सड़कें नदियों के समानान्तर ही बनीं। इसी परम्परा का निर्वाह करते हुए ज़्यादातर रेल लाइनें भी नदियों के समानान्तर ही बनाई गईं। इससे दूर-दराज़ स्थानों से रेल लाइनों अथवा नदियों के किनारे पहुँचने में सुगमता नहीं रही। नीतीश जी ने प्राथमिकता के आधार पर रेलवे लाइनों और नदियों के लम्बवत सड़कें बनवानी शुरू कीं। पुराने राज मार्गों का चौड़ीकरण, उनकी मरम्मतें तथा रख-रखाव और देश की लम्बाई से चौड़ाई तक नई सड़कों का निर्माण कराना शुरू कराया।

मिला सुर मेरा तुम्हारा—तो गिर गई सरकार

पाठको, हम आपको फिर से 1998 में ले चलकर कुछ खट्टा-मीठा याद कर लेते हैं। नीतीश जिस गठबन्धन का सदस्य था उसका एक घटक था सुदूर दक्षिण भारत के तमिलनाडु राज्य का दल एआइएडीएमके। नीतीश जब इस दल की सुप्रीमो, जयललिता से पहली बार मिला तो उनकी ताबड़तोड़ नफ़ीस अंग्रेज़ी और लटक-झटक से रूबरू हुआ। उसे यह पता भी नहीं था कि जयललिता दक्षिण भारत की बड़ी नामी सिने अभिनेत्री रही हैं और उन्होंने हिन्दी फ़िल्म में भी काम किया है। जब नीतीश रेलमंत्री और भूतल परिवहन मंत्री बना तब तमिलनाडु में एआइएडीएमके की जयललिता वाली सरकार को परास्त करके उसकी धुर विरोधी पार्टी, डीएमके सत्तारूढ़ थी। अपने विरोधियों को हर प्रकार प्रताड़ित करने में पारंगत जयललिता ने करुणानिधि को जेल में बन्द करवाने से लेकर उन्हें परेशान करने के लिए हर सम्भव छोटी-से-छोटी हरकतें की थी। बदले में डीएमके ने अब सत्ता में आकर जयललिता पर भी भ्रष्टाचार के 8 बड़े मुक़दमे दायर कर दिए थे जिनमें जयललिता और उनकी सहेली शशिकला की

संलिप्तता की आशंकाएँ थीं। इनमें कुछ की त्वरित सुनवाई के लिए डीएमके की सरकार ने फ़ास्ट ट्रैक कोर्ट भी बहाल कर दिए थे। इस वजह से घबराई हुई जयललिता ने बीजेपी को अपना समर्थन देने से पहले उनके नेताओं को नाकों चने चबाने के लिए मजबूर कर दिया था। समर्थन देने के बाद जयललिता ने अपने ख़िलाफ़ चल रहे भ्रष्टाचार के मामलों को वापस लेने और डीएमके की सरकार को भंग करने के लिए अटल बिहारी वाजपेयी पर पुरज़ोर दबाव बनाने शुरू कर दिए। विपक्ष की राजनीति के पुराने खिलाड़ी रह चुके वाजपेयी यह जानते थे कि ऐसे दबावों के आगे झुक जाने से सरकार के बारे में राष्ट्रीय स्तर पर अच्छा सन्देश नहीं जाएगा। इसलिए पहले तो इस मसले पर वे कुछ भी स्पष्ट निर्णय लेने से बचते रहे बाद में उन्होंने जयललिता की इन बातों को मानने से साफ़ मना कर दिया। एक अपुष्ट ख़बर के अनुसार सुब्रमण्यम स्वामी ने अपने लिए जयललिता के माध्यम से वाजपेयी पर वित्त मंत्रालय के लिए भी दबाव डलवाया। एक ज़माने में वाजपेयी के बहुत क़रीब रहे सुब्रमण्यम स्वामी अब चोटिल नाग की तरह फुफकारने लगे थे। वे कोई छोटी-मोटी हस्ती नहीं थे। हार्वर्ड विश्वविद्यालय से डॉक्टरेट की उपाधि अर्जित करने के बाद सुब्रमण्यम स्वामी ने 1969-70 में आईआईटी, दिल्ली में मैथेमेटिकल इकोनॉमिक्स पढ़ाया था। वे वहाँ प्रोफ़ेसर के पद पर काम कर रहे थे। किसी बड़े विवाद की वजह से 1970 में उन्हें आईआईटी से निकाल दिया गया था लेकिन सुप्रीम कोर्ट में मुक़दमा जीतने के कारण 1990 में वे फिर से पुराने पद पर बहाल कर दिए गए थे। 1991 में उन्होंने पढ़ाने का काम छोड़ दिया और प्रधानमंत्री चन्द्रशेखर की कैबिनेट में वाणिज्य एवं विधि विभाग के मंत्री बने। 1998 में हुए लोकसभा के चुनाव में उनकी जनता पार्टी ने जयललिता की पार्टी एआइएडीएमके के साथ गठबन्धन करके चुनाव लड़ा था। जब उन्हें देश की वित्त व्यवस्था के बारे में अपनी मौलिक और अपरम्परावादी सोच के कारण वाजपेयी सरकार में वित्तमंत्री की जगह नहीं मिली तो उन्होंने 29 मार्च, 1999 को दिल्ली के अशोक होटल में सरकार विरोधी दलों के लिए वृहद् चाय पार्टी का आयोजन किया। इस पार्टी में चन्द्रशेखर, नरसिंहा राव, देवगौड़ा, मनमोहन सिंह आदि तो थे ही पर आकर्षण का केन्द्र बन गई जयललिता और सोनिया गांधी की जोड़ी। स्वामी ने सोनिया गांधी को क्या पट्टी पढ़ाकर बीजेपी के विरुद्ध तैयार कर लिया, इसका पता तो किसी को नहीं लगा लेकिन वक़्त की मार देखिए कि यही सुब्रमण्यम स्वामी आज बीजेपी में हैं और गांधी परिवार के विरोध में 'नेशनल हेराल्ड' अख़बार समूह के अधिग्रहण में हुए कथित धाँधलियों के मामले में मुक़दमों की झड़ी लगाकर ऐसे मुखर हैं कि शायद सोनिया गांधी को जेल भिजवाकर ही दम लेंगे!

बहरहाल, 29 मार्च की चाय पार्टी में सोनिया के साथ हुई वार्ता के बाद जयललिता ने वाजपेयी सरकार से समर्थन वापस लेने की घोषणा कर दी।

17 अप्रैल, 1999 को लोकसभा में सरकार के प्रति विश्वास प्रस्ताव पर बहस होनी थी। बीजेपी और उसके अन्य सहयोगी दलों को लगता था कि जयललिता की पार्टी के विरोध के बावजूद सरकार गिरेगी नहीं। इस विश्वास के कई कारण थे। अव्वल तो जोड़-तोड़कर सांसदों की गिनती सरकार के पक्ष में ही पड़ रही थी। फिर वाजपेयी सरकार काम भी ठीक-ठाक ही कर रही थी। पिछले चुनाव फ़क़त साल भर पहले ही हुए थे इसलिए फिर से इतनी जल्दी चुनाव बहुत कम लोगों की ख़्वाहिश थी। राजनीतिक हलक़ों में यह भी हवा बन रही थी कि अगर किसी क्षेत्रीय पार्टी के नाजायज़ दबाव की वजह से सरकार जबरन गिरा दी जाएगी तो सहानुभूति के वोटों के आधार पर बीजेपी पहले से भी ज़्यादा मज़बूत होकर फिर से सत्ता पर क़ाबिज़ हो जाएगी। वैसे तो मायावती की पार्टी, बीएसपी, जिसके 5 सांसद थे, सरकार की सहयोगी नहीं थी लेकिन इसका रुख़ सरकार विरोधी नहीं था।

राजनीतिक हलक़ों में उम्मीद की जा रही थी कि बीएसपी अगर विश्वास मत में भाग नहीं लेगी तो सरकार बच जाएगी! लेकिन ऐन मौक़े पर मायावती ने ऐसा कुछ नहीं किया। 17 अप्रैल की सुबह से संसद में लगातार बहस होती रही और अन्त में शाम में वोटिंग हुई। सबकी कल्पना के विपरीत सरकार के पक्ष में 269 और विपक्ष में 270 मत पड़े। महज़ एक वोट से वाजपेयी सरकार अल्पमत में आ गई। यह हम रसमंजरिया पार्टी वालों के लिए बड़े अफ़सोस की बात थी लेकिन चचा तो वाजपेयी सरकार के गिरने की ख़बर सुनते ही मस्त होकर भाँगड़ा करने लगा।

उस दिन उसने हमारी चची की बहुत ख़िदमतें की। उसने चची को नए कपड़े और जूतियाँ तो दिलाईं ही, हम रसमंजरियों के लिए उसने शानदार दावत भी की। हमने जब चचा की इस बेइंतहा ख़ुशी की वजह पूछी तो उसने बहुत नख़रों के बाद बताया—

'तुम्हीं बताओ मेरी आँखों के सितारो कि यह ऊपरवाले के लिए शुक्रिया अदा करने का मुक़द्दस दिन है कि नहीं? उसकी इनायत की वजह से न तो तुम्हारी चची कुँवारी हैं और न हम कुँवारे ही हैं। ख़ुदा-न ख़्वास्ता कभी उस हालत में हम दोनों एक-दूसरे से टकरा जाते तो न जाने मेरी क्या फ़ज़ीहत होती! देखा शादी न करने का नतीजा? दो कुँवारी औरतों, जयललिता और मायावती ने मिलकर बेचारे हर दिल अज़ीज़, चिर कुँवारे, अटल बिहारी वाजपेयी जी की सरकार की पुंगी बजा दी या नहीं? इन औरतों के माथे पर भी तुम्हारी चची की तरह गृहस्थी का बोझ रहता तो ये घर की सरकार चलातीं, अपने शौहरों की जान

हलक़ान किए रहतीं और मुल्क की अच्छी-भली चल रही सरकार को गिराने का काम कभी नहीं करतीं। है कि नहीं?'

यह सवाल हमारे सर पर दाग कर चचा बिरयानी की देग की ओर लपक गया।

किसने गिराई सरकार?

अब यह वाजपेयी सरकार के पराभव का हैरतअंग्रेज़ नतीजा सामने एक उधेड़बुन से भरा सवाल छोड़ गया कि आख़िर वह कौन महारती था जिसकी वजह से सरकार की नाव साहिल पर पहुँचने से ठीक पहले ही डूब गई। वजह चाहे जो भी रही हो लेकिन नतीजे सामने आने के अगले दिन ही नेशनल कॉन्फ्रेंस के सांसद सैफ़ुद्दीन सोज़ को फ़ारूक़ अब्दुल्ला ने अपनी पार्टी से निकाल दिया। पहले हम सोज़ साहब के बारे में भी कुछ जान लेते हैं। 27 फ़रवरी, 1991 को इन्हीं की साहिबज़ादी, नाहिदा इम्तियाज़ का अपहरण जम्मू एंड कश्मीर स्टूडेंट्स लिबरेशन फ्रंट (जेकेएसएलएफ) ने कर लिया था और बदले में जेल में बन्द 5 आतंकवादियों को रिहा करने की माँग रखी थी। कहा जाता है कि सैफ़ुद्दीन ने पार्टी के व्हिप के ख़िलाफ़ जाकर एनडीए के विरुद्ध वोट दिया था। सोज़ ने अगर एनडीए को वोट दिया होता तो गणित पूरी तरह बदल जाता था। वोटिंग के रिकॉर्ड्स देखने से एक दूसरा नाम भी सामने आता है जिसने इन असामान्य परिस्थितियों में एनडीए के विरुद्ध वोट दिया था। यह नाम है उस काल में ओड़िशा की कांग्रेस सरकार के मुख्यमंत्री गिरिधर गमांग का। मुख्यमंत्री बनने के बाद भी गमांग ने लोकसभा से इस्तीफ़ा नहीं दिया था और 17 अप्रैल को संसद में आकर कांग्रेस की व्हिप के मुताबिक़ एनडीए के विपक्ष में वोट दिया था। अगर गमांग ने वोट नहीं दिया होता तो पक्ष और विपक्ष का पलड़ा बराबरी पर झूलता दिखता। तब तो बात ही कुछ और होती! बहरहाल, 2015 में गिरिधर गमांग ने कांग्रेस छोड़ दी और बीजेपी में शामिल हो गए। 17 अप्रैल को हुई वोटिंग के बाद अटल बिहारी वाजपेयी की 13 महीने पुरानी सरकार गिर गई। इस सरकार को गिराने के सूत्रधार बने सुब्रमण्यम स्वामी जो जनता पार्टी के अध्यक्ष होने के अलावा इस पार्टी के अकेले सांसद थे। जिस बीजेपी की सरकार गिराने का काम वे 1999 में कर चुके थे, उसी बीजेपी में स्वामी 11 अगस्त, 2013 को शामिल हो गए और जनता पार्टी का अस्तित्व मात्र इतिहास के पन्नों में सिमटकर रह गया।

सदन में विश्वास मत हारने के बाद भी अटल बिहारी देश के कार्यवाहक प्रधानमंत्री बने रहे। दैवयोग से कार्यवाहक वाजपेयी सरकार के सत्ता में रहते

ही मई महीने में कारगिल युद्ध शुरू हो गया। इस 'ऑपरेशन विजय' में भारत को शानदार जीत मिली। इस फ़तह की याद में 25 जुलाई को पूरा देश 'विजय दिवस' के रूप में मनाता है।

इस विजय से बीजेपी की साख इतनी बढ़ी कि जब 1999 में लोकसभा के दोबारा चुनाव हुए तो भाजपा एक बार फिर सबसे बड़ी पार्टी के तौर पर उभरी और भारत के इतिहास में पहली बार 5 साल तक ग़ैर-कांग्रेसी सरकार केन्द्र में सत्ता में रही। इस बार नीतीश ने फिर बाढ़ से लोकसभा का चुनाव लड़कर विजय हासिल की और फिर से 13वीं लोकसभा में केन्द्रीय मंत्री के पद पर आसीन हुआ।

कहिए दोस्तो, क्या हाल है!

धर्मपत्नी मंजु कुमारी

बाबूजी राम लखन सिंह

मइयो परमेश्वरी देवी

बाबूजी ने अपना नाम कुएँ पर यूँ लिखवाया

ज़ीने की दीवार पर लिखा 'ॐ'

ताजमहल के सामने कुर्ता पहनकर खड़ा नीतीश

नीतीश कुमार, मइयो और सतीश कुमार

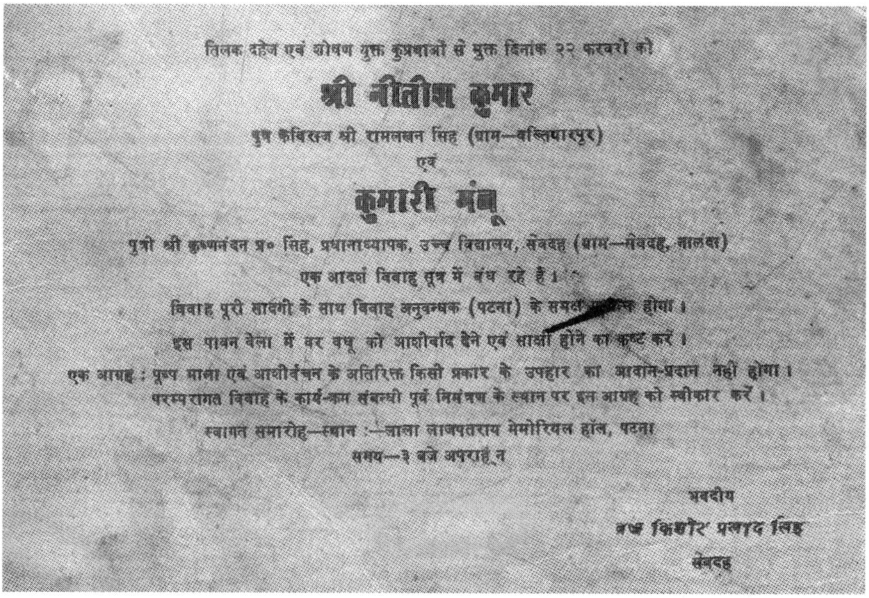

तिलक दहेज एवं शोषण युक्त कुप्रथाओं से मुक्त दिनांक २२ फरवरी को

श्री नीतीश कुमार

पुत्र कविराज श्री रामलखन सिंह (ग्राम—बख्तियारपुर)

एवं

कुमारी मंजू

पुत्री श्री कृष्णनंदन प्र० सिंह, प्रधानाध्यापक, उच्च विद्यालय, सेवदह (ग्राम—सेवदह, नालंदा)

एक आदर्श विवाह सूत्र में बंध रहे हैं।

विवाह पूरी सादगी के साथ विवाह अनुबन्धक (पटना) के समक्ष सम्पन्न होगा।

इस पावन वेला में वर वधू को आशीर्वाद देने एवं साक्षी होने का कष्ट करें।

एक आग्रह : पुष्प माला एवं आशीर्वचन के अतिरिक्त किसी प्रकार के उपहार का आदान-प्रदान नहीं होगा।
परम्परागत विवाह के कार्य-क्रम संबन्धी पूर्व निमंत्रण के स्थान पर इस आग्रह को स्वीकार करें।

स्वागत समारोह—स्थान :—लाला लाजपतराय मेमोरियल हॉल, पटना
समय—३ बजे अपराह्न

भवदीय
ब्रज किशोर प्रसाद सिंह
सेवदह

पारम्परिक निमंत्रण के स्थान पर दिया गया अभिनव निमंत्रण

मंजु को दाम्पत्य सूत्र में बाँधता नीतीश

नीतीश और मंजु, पीछे कौशल और नरेन्द्र

मंजु कुमारी

नन्हा निशान्त

मंजु और निशान्त

चन्दन से अधिक शीतल स्पर्श

आदर्श दम्पती नीतीश और मंजु

समुद्र तट पर नीतीश

निशान्त के पापा का प्यार जताने का तरीक़ा अलग होता है

मामा नीतीश और मामी मंजु के साथ टुनटुन

नीतीश के श्वसुर, नीतीश, मंजु तथा अन्य

माँ को सुनाकर पापा कहते, "तुम्हारी माँ से ज़्यादा अच्छा खाना मेरी माँ बनाती है।"

प्रभा दीदी, मइयो, ऊषा दीदी और इन्दु

निशान्त की बड़ी मामी, मौसी, नानी, मझली और छोटी मामी

नीतीश कुमार ध्यान करते हुए

निशान्त के साथ नीतीश कुमार

नीतीश कुमार और उनके पुत्र निशान्त

अजय, अरुण, निशान्त, अजीत, प्रकाश और नीतीश कुमार

सुरेश शेखर और नीतीश

कविराज जी के बख़्तियारपुर वाले घर में
मुन्ना सरकार (शैलेन्द्र कुमार)

नीतीश कुमार

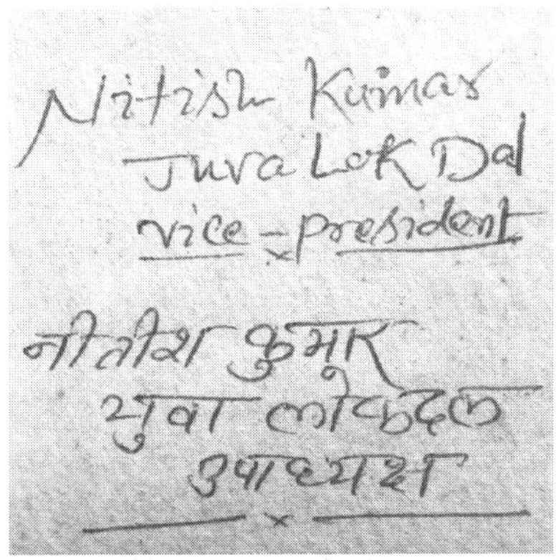

बाबूजी का अभयदान

जेपी की बात गम्भीरता से सुनता नीतीश

राज्यपाल को ज्ञापन देने जाते जेपी, इसी भीड़ में नीतीश भी हैं

गांधी मैदान की विशाल जनसभा में जेपी

कर्पूरी जी के साथ नीतीश, लालू और अन्य युवा नेता राजभवन के बाहर

नीतीश कुमार और लालू के बीच में शरद यादव

वशिष्ठ भाई का भाषण सुनते हुए रामविलास, नीतीश, जगदानन्द तथा अन्य

जॉर्ज फ़र्नांडिस और नीतीश कुमार

एपीजे अब्दुल कलाम जी के साथ नीतीश कुमार

प्रणब मुखर्जी के साथ नीतीश कुमार

इमरान ख़ान और नीतीश कुमार

नीतीश कुमार और शिंजो आबे

दलाईलामा के साथ प्रार्थना करते हुए नीतीश कुमार

दलाईलामा के दिये उपहार

नीतीश के साथ भूटान नरेश और पवन वर्मा

दिली मुस्कुराहट : नीतीश कुमार और बिल गेट्स

शहीद सूरज नारायण सिंह की याद में

दशरथ माँझी श्रम एवं नियोजन संस्थान का लोकार्पण दशरथ माँझी के सुपुत्र भगीरथ माँझी के साथ

चचा बुक़रात को हड़काने के बाद की ख़ुशी

वर्षों बाद नीतीश से मिल रहे स्वामी आनन्द अरुण

मीता नरेन्द्र, नीतीश कुमार, कौशल और अरुण

मीता नरेन्द्र, नीतीश कुमार

जल-जीवन-हरियाली मिशन का आग़ाज़ करते हुए, नीतीश कुमार के साथ
जलपुरुष राजेन्द्र सिंह, सुशील मोदी, विजय चौधरी तथा अन्य

विधान परिषद के सभापति पद के लिए देवेश चन्द्र ठाकुर का नाम प्रस्तावित नीतीश कुमार, सुश्री राबड़ी देवी,
तेजस्वी यादव और अन्य नेतागण

श्री गणेश हाई स्कूल का निरीक्षण

रसोई में

गाय को भी दुलार

मुख्यमंत्री आवास का हर्बल गार्डन

नीतीश कुमार के एकान्त के संगी

केन्द्रीय मंत्री से राज्य का मुख्यमंत्री

12वीं लोकसभा में वाजपेयी सरकार के सिर्फ़ 1 वोट से हारकर विश्वास मत खो देने के बाद अगले चुनाव तक राजकाज सँभालनेवाली इसी कामचलाऊ सरकार ने 18,000 फ़ीट की ऊँचाई पर स्थित कारगिल युद्ध में घुसपैठियों को खदेड़कर भारत को विजय दिलाई थी। इस सफलता के कारण वाजपेयी सरकार की छवि चमक गई थी। 13वें लोकसभा चुनाव 1999 में 5 सितम्बर से शुरू होकर 3 अक्टूबर को ख़त्म हुए। इस चुनाव में भी नीतीश बाढ़ से जेडीयू के प्रत्याशी के रूप में खड़ा हुआ था। बाढ़ से ही उसके विरुद्ध आरजेडी के टिकट पर विजय कृष्ण लड़ रहा था। इस चुनाव को जीतने के लिए विपक्षियों ने हर तरह के हथकंडे अपनाने शुरू कर दिए थे। नीतीश और उसके समर्थकों की चुनावी बैलगाड़ी पुराने गांधीवादी रास्ते पर ही चल रही थी।

ज्ञानू सिंह बताते हैं—

'1999 का लोकसभा चुनाव हम लोगों के लिए बहुत भारी पड़ गया। हमारे कल तक के मित्र रहे विजय कृष्ण ही हमारे दुश्मन बनकर हमारे विरुद्ध चुनाव में खड़े हो गए। स्थानीय बाहुबली अनन्त सिंह ने हमारे विरोधी दल का अधिनायक बनकर परसाना आदि पंचायत के बाईस बूथों पर क़ब्ज़ा जमा लिया था जहाँ दरअसल, हमारे समर्थकों की संख्या बहुत अधिक थी। उनके बूथ तक पहुँचने की राह ही विरोधियों ने बाहुबल से अवरुद्ध कर दी थी। जो मुक़ाबला चुनाव से पहले अपनी जेब में लग रहा था, अचानक बिलकुल काँटे की टक्कर में बदल गया! लेकिन कर्मठ और ईमानदार और युवा डीएम तथा एसपी लोगों की कड़ाई के कारण हमारे यहाँ प्राय: निष्पक्ष चुनाव हो सके। चुनाव नतीजों के हर राउंड के बाद बाज़ी इधर से उधर और उधर से इधर जा-आ रही थी। माननीय प्रधानमंत्री, श्री अटल बिहारी वाजपेयी जी भी नतीजे जानने के लिए बहुत व्यग्र थे। उनके यहाँ से मेरे फ़ोन पर नीतीश जी से बात कराने को कहा गया पर नीतीश जी काउंटिंग हॉल के अन्दर थे, इस कारण से उन तक पहुँचना

मेरे लिए सम्भव नहीं था। अन्ततोगत्वा एक पत्रकार मित्र के माध्यम से दोनों में बात हो सकी। तब तक हमारी नैया बिलकुल डूबने की हालत में लगने लगी थी। जब अन्तिम नतीजे सामने आए तो पता चला कि नीतीश जी ने 1,300 वोटों से जीत दर्ज की। नीतीश जी इस नतीजे से ख़ुश नहीं थे। उनकी आदत भी है कि वे हर छोटी-बड़ी घटना के बाद उसका सूक्ष्म विश्लेषण करते हैं। इसलिए इस बार उन्होंने स्थानीय लोगों की व्यक्तिगत अपेक्षाओं का विशेष ध्यान रखना शुरू किया। सामाजिक सरोकार से जुड़ी समस्याओं का समाधान तो वे क्षेत्र में बड़ी-बड़ी परियोजनाएँ लाकर तत्परता से करवा भी रहे थे। लेकिन होनी को कुछ और मंज़ूर था।'

होनी को मंज़ूर यह था कि इस क्षेत्र की अथक सेवाओं, अपनी लाख कोशिशों और मेहनतों के बावजूद इसी बाढ़ क्षेत्र से नीतीश 2004 में चुनाव हार गया। हालाँकि इस चुनाव में वह नालन्दा से भी लोकसभा के लिए लड़कर जीत गया था लेकिन बाढ़ से, वह भी विजय कृष्ण से हारने की कसक हम रसमंजरियों के दिलों में बहुत दिनों तक बनी रही। यह सब भविष्य के गर्भ में छिपा था।

आइए, देखते हैं कि 1999 में हुए इस चुनाव से ठीक पहले राष्ट्रीय स्तर पर क्या सरगर्मी थी। दरअसल, जयललिता और सुब्रमण्यम स्वामी के विश्वासघात के कारण एआइएडीएमके से बीजेपी सहित एनडीए के अन्य घटकों का मोह भंग हो चुका था। अब उन्हें दक्षिण भारत, विशेष रूप से तमिलनाडु में नए और मज़बूत सहयोगियों की तलाश थी। तमिलनाडु में सत्तारूढ़ पार्टी डीएमके के नेता तथा मुख्यमंत्री थे एम. करुणानिधि! वे प्रखर वक्ता तथा ज़मीन से जुड़े नेता और बहु-आयामी व्यक्तित्व के स्वामी थे। दिक़्क़त बस ज़रा-सी यह थी कि जहाँ बीजेपी परम्परावादी आस्तिक पार्टी के रूप में स्थापित हो गई थी वहीं डीएमके की छवि घोर नास्तिक और परम्पराओं को तोड़नेवाली पार्टी की थी। बीजेपी के वोट बैंक की आधारशिला बनियों और ब्राह्मणों के कन्धों पर टिकी थी जबकि डीएमके ब्राह्मणवाद की घोर विरोधी पार्टी थी। दोनों पार्टियों में समन्वय होना तेल और पानी को फेंटने जैसा था। फिर भी इस असम्भव से लगनेवाले मिशन को सम्भव कर दिखाया नीतीश के हितैषी और सुहृदय मित्र प्रमोद महाजन ने। कुछेक वार्ताओं के उपरान्त डीएमके ने एनडीए का साथ दे दिया। एनडीए को 270 सांसदों का समर्थन प्राप्त हुआ जो पिछली लोकसभा की सीटों से 16 अधिक था। इनमें प्रमुख घटकों बीजेपी, जेडीयू, शिव सेना, डीएमके, बीजू जनता दल, तृणमूल कांग्रेस, पीएमके, इंडियन नेशनल लोकदल, एमडीएमके, नेशनल कॉन्फ्रेंस, शिरोमणि अकाली दल और राष्ट्रीय लोकदल के थे। तेलुगु देशम के 29 सांसदों ने सरकार को बाहर से समर्थन देने का आश्वासन दिया था। वाजपेयी सरकार में डीएमके के तीन नेताओं, क्रमशः मुरासोलि मारन, टीआर

बालू और ए राजा को नीतीश के साथ कैबिनेट मंत्री बनाया गया। बालू और राजा से नीतीश की बहुत गहरी दोस्ती हुई। कालान्तर में करुणानिधि भी नीतीश के ज़बरदस्त प्रशंसक हो गए।

13 अक्टूबर, 1999 को नीतीश ने फिर से भूतल परिवहन मंत्री के पद पर काम करना शुरू कर दिया। मज़े की बात है कि इससे पहले वाले मंत्रिमंडल में एआइएडीएमके के नेता एम. थम्बी दुरै इसी मंत्रालय में राज्यमंत्री के पद पर काम कर रहे थे। इस पद पर नीतीश बस एक माह से कुछ दिन अधिक तक ही रहा। 22 नवम्बर, 1999 को उसे कृषि मंत्री का पद दिया गया। बीच में 4 मार्च, 2000 से लेकर 26 मई, 2000 तक का समय छोड़कर वह 21 जुलाई, 2001 तक कृषि मंत्री भी रहा। नीतीश के पहले और नीतीश के बाद, कृषि मंत्रालय बीजेपी के सुन्दर लाल पटवा के हाथों में रहा। सुन्दर लाल नीतीश के कृषि मंत्रालय के प्रबन्धन की प्रशंसा करते थकते नहीं थे।

किसकी ग़लत सज़ा किसे

3 अगस्त, 1999 को दिल्ली जा रही ब्रह्मपुत्र मेल दूसरी दिशा से आ रही अवध-असम एक्सप्रेस से गैसल, पश्चिम बंगाल में जा टकराई। इस भीषण दुर्घटना में 285 लोगों की मौत हो गई। घायलों की संख्या भी 312 बताई गई। इस दुर्घटना के समय रेल मंत्रालय का प्रभार नीतीश के पास था। उसने इसकी नैतिक ज़िम्मेदारी लेते हुए फ़ौरन अपने पद से इस्तीफ़ा दे दिया। प्रधानमंत्री ने उसका त्यागपत्र अस्वीकार कर दिया इस पर नीतीश ने दोबारा त्यागपत्र भेज दिया। इससे दुखी होकर अटल बिहारी वाजपेयी ने उसे इस्तीफ़ा वापस लेने के लिए बहुत समझाया। फिर भी नीतीश की ज़िद के आगे बाध्य होकर उन्होंने उसका त्यागपत्र स्वीकार कर लिया। इसके बाद पश्चिम बंगाल की नेत्री ममता बनर्जी को रेलमंत्री बनाया गया। वे 13 अक्टूबर, 1999 से लेकर 15 मार्च, 2001 तक इस पद पर रहीं। वाजपेयी ने रेल मंत्रालय का भार 20 मार्च, 2001 को फिर से नीतीश को सौंप दिया।

वो उत्तेजना और अपेक्षाओं से भरे सात दिन

नीतीश ने इस पद की सारी ज़िम्मेदारियाँ 21 मई, 2004 तक बख़ूबी निभाईं।

ऐसा नहीं था कि 1999 में रेलमंत्री का पद छोड़ने के बाद नीतीश का सारा समय संसद में हो रही बहसों में ही बीतता था। उसकी आँखों के आगे जनवरी-फ़रवरी 2000 में होनेवाले बिहार विधानसभा के आसन्न चुनावों की परछाइयाँ

नाचती रहती थीं। दरअसल, 1999 के लोकसभा चुनाव के अभूतपूर्व नतीजों ने विभिन्न राज्यों के विधानसभा के चुनावों में भी एनडीए को बहुत बड़ी सफलता की आस दिला दी थी। उस चुनाव में बिहार से कुल 54 सांसद चुने गए जिसमें बीजेपी के 23 और जेडीयू के 18, कुल मिलाकर 41 सांसद थे। अगर विधानसभा के क्षेत्रों के वोटों को देखा जाए तो 324 क्षेत्रों में से एनडीए को 177 सीटों पर बढ़त मिली थी। इसलिए विधानसभा में भी एनडीए को 180 सीटों तक जीतने की यानी पूर्ण बहुमत की उम्मीद थी। आरजेडी को बस 7 सीटों पर विजय मिली थी। लालू इस चुनाव में हार गए थे। इसलिए एनडीए को लगने लगा था कि राज्य में लालू-राबड़ी राज के ख़िलाफ़ लहर चल रही है जिससे उनकी जीत सुनिश्चित है। इस बार चुनावों के नतीजे कुछ अलग क़िस्म के आए। जहाँ राष्ट्रीय पार्टियों को क़रीब 40 प्रतिशत वोट मिले वहीं क्षेत्रीय पार्टियों और निर्दलीयों के पक्ष में 60 प्रतिशत मत पड़े। एनडीए की जनसभाओं में उमड़ती भीड़ से लगता था कि इस बार के बवंडर का नाम एनडीए है लेकिन नतीजे नीतीश और एनडीए की अपेक्षाओं के बिलकुल विपरीत आए। 25 फ़रवरी को वोटों की गिनती शुरू हुई जिसमें आरजेडी, बीजेपी, समता पार्टी, जेडीयू और कांग्रेस को क्रमशः 103, 67, 34, 21 और 23 सीटों पर विजय मिली। इस चुनाव में एनडीए ने मुख्यमंत्री के लिए नीतीश का चेहरा सामने रखा था।

आगे का वृत्तान्त ख़ुद नीतीश बताता है—

‘2000 में हुए विधानसभा चुनाव में 324 सदस्यों के सदन में सरकार बनाने के लिए 163 सदस्यों की आवश्यकता थी। हमने राज्यपाल महोदय को 152 लोगों की फ़ेहरिस्त सौंपी थी जो पूर्ण बहुमत से 7 कम थी। फिर भी हमारा गठबन्धन सबसे बड़ा होने के कारण माननीय राज्यपाल महोदय ने हमें सरकार बनाने तथा सदन में बहुमत सिद्ध करने का आमंत्रण दिया। हमारे सहयोगियों को सात-आठ और सदस्यों के हमारे साथ आने की आशा थी। वैसा होने से हमारी सरकार चल तो पड़ती, लेकिन तब ‘कहीं की ईंट कहीं का रोड़ा, भानुमती ने कुनबा जोड़ा’ वाली कहावत मुझ पर पूरी तरह चरितार्थ होती। यह सच है कि अपने राज्य को फिर से पटरी पर लाने की ज़िम्मेदारी पाकर मैं ख़ुश था। मेरे पास विकास का, नया बिहार बनाने का, ख़ाका भी था जिसकी सफलता में मुझे पूरा भरोसा था। लेकिन ज़मीनी सच्चाइयाँ भी सामने दिखती थीं। बिहार का विभाजन तय हो चुका था। झारखंड के अलग होते ही नए समीकरण बनते जिसके बाद मेरी शक्ति कितनी बच जाती इसका अन्दाज़ लगाना मुश्किल नहीं था। बाद में, 15 नवम्बर, 2000 को, बिहार से कटकर झारखंड अलग राज्य बन भी गया था। इस वजह से अगले चुनाव में बिहार में विधानसभा क्षेत्रों की संख्या 324 से घटकर 243 रह गई थी।

जिस दिन मुझे सदन में अपना बहुमत सिद्ध करना था, उससे पहली रात बैठा मैं आकलन करने की कोशिश कर रहा था कि इस सब ताम-झाम की क़ीमत मुझे क्या चुकानी होगी? सभी निर्दलीय विधायकों सहित हमारे अपने गठबन्धन के विधायकों की आकांक्षाएँ गगनचुम्बी हो रही थीं। इनमें से भी कुछ तो आपको इतना सशक्त मानते थे कि मुझे अपने अँगूठे के नीचे रखे बिना इनके पेट का पानी तक हज़म नहीं होता। फिर कुछ इतने तुनकमिज़ाज थे कि मेरा बहुत समय इनकी चिरौरी में ही बीतने की आशंका निर्मूल नहीं थी। कुछ का अतीत कालिखों से लिपा-पुता था तो कुछ का वर्तमान और भविष्य भी असम्भव से लगनेवाले आपराधिक किंवदंतियों से अटा पड़ा था। कुछ तो ऐसे कुख्यात थे कि उनके नाम लेकर ही माँ अपने छोटे बच्चों को डराती थी। इन सबसे सहयोग लेने से मेरे सिद्धान्तों की हत्या अवश्यम्भावी थी और यह क़ीमत देने को मेरी अन्तरात्मा बिलकुल भी तैयार नहीं थी। इसलिए मैंने माफ़ी माँग ली और न सिर्फ़ एक बहुत बड़ी ग़लती करने से बच गया, बल्कि अविश्वसनीय बैसाखियों के बिना चलने का अभ्यास भी करने लगा।'

नीतीश 3 मार्च से लेकर 10 मार्च, 2000 तक पहली बार बिहार का मुख्यमंत्री बना। इन 7 दिनों तक पहना गया मुख्यमंत्री का काँटों भरा ताज न तो उसे कभी भारी लगा और न ही अपना। इन 7 दिनों में ही उसने बहुत से ऐसे काम किए कि प्रशासन में हड़कम्प मच गया। नीतीश ने तेज़-तर्रार विजय शंकर दूबे को फ़ौरन मुख्य सचिव बनाकर अपने इरादों की मुनादी करा दी। बिहार राज्य की विधानसभा में 325 सीटों में एक सीट एंग्लो-इंडियन समुदाय के सदस्यों के लिए सुरक्षित थी। एंग्लो-इंडियन समुदाय राँची के आसपास अरसे से बसा हुआ है। राँची के पास ही मैकलुस्कीगंज नाम के एक गाँव में इस समुदाय के लोगों की संख्या सबसे अधिक है। इस सुरक्षित सीट पर मुख्यमंत्री की अनुशंसा से राज्यपाल किसी योग्य व्यक्ति को नामित करते थे। नीतीश की अनुशंसा पर तत्कालीन राज्यपाल विनोद चन्द्र पांडेय जी ने इस सीट पर बहुत ही योग्य शिक्षाविद् जोसफ पिचली गलस्टॉन (Joseph Pechli Galstaun) को नामित करके अल्पसंख्यकों के प्रति नीतीश की प्रतिबद्धता को रेखांकित कर दिया। दुर्भाग्य है कि यह सीट झारखंड के हिस्से में आई और मिस्टर गलस्टॉन का कार्यकाल 2005 में समाप्त हो जाने के बाद शायद आज तक ख़ाली है। नीतीश के हटते ही फिर से राबड़ी देवी बिहार के मुख्यमंत्री के पद पर अगले 5 वर्षों के लिए आसीन हो गईं।

इसके बाद, विक्रम और बेताल की कहानियों के अन्त में जैसा कहा जाता है कि 'और बेताल पुनः डाल पर जा लटका', वैसे ही नीतीश भी वापस दिल्ली जाकर अपना काम पूरी मुस्तैदी से करने लगा।

2001-02 में जब अयोध्या में राम मन्दिर बनाने का उत्साह अपने पूरे शबाब पर था, 27 फ़रवरी, 2002 को गुजरात के गोधरा में बड़ा हादसा हो गया। गोधरा में कारसेवकों से भरी रेलगाड़ी में आग लगा दिए जाने की वजह से 90 लोग जीवित ही जल मरे। इस लोमहर्षक कांड के बाद नीतीश से एक प्रश्न हमेशा पूछा जाता था कि क्या उसने पद से चिपके रहने की इच्छा की वजह से रेलमंत्री के पद से त्यागपत्र नहीं दिया? जबकि 3 अगस्त, 1999 को गैसल में हुई रेल दुर्घटना की नैतिक ज़िम्मेदारी लेते हुए उसने तुरन्त त्यागपत्र दे दिया था। गोधरा कांड के बाद हुई घटनाओं के बारे में, नीतीश के साथ रेलवे मंत्रालय में ही काम करनेवाले एक उच्चाधिकारी ने हमें विस्तार से बताया—

'गैसल में ट्रेनों की टक्कर पूरी तरह से रेल विभाग के कर्मियों की असावधानियों से हुई थी। इसमें घायलों और मृतकों की संख्या कुल मिलाकर हज़ार से भी अधिक रही होगी। रेलवे का शीर्षस्थ होने के कारण माननीय मंत्री जी ने दुर्घटना की नैतिक ज़िम्मेदारी स्वीकार करते हुए अपने पद से इस्तीफ़ा दे दिया था। इससे रेलवे के सभी अधिकारी और कर्मचारी, यानी हम सब, शर्मसार हुए थे कि हमारी लापरवाही की सज़ा कोई और अपने सर पर ले रहा था। लेकिन इसके साथ ही बहुत गौरव का भी अनुभव हो रहा था कि हमें ऐसे उच्च आदर्शों वाले मंत्री के साथ काम करने का मौक़ा मिला था। हमारी गरम मिज़ाज की नई मंत्री के आने के बाद से तो हमें पुराने सर की और भी याद आने लगी। धीरे-धीरे 2001 भी आ गया जब सर फिर से रेलमंत्री बने। इस समय उन्होंने देश को न जाने कितनी नईं योजनाएँ दीं। लेकिन सबसे बड़ा काम उन्होंने रेल यात्रा को सुरक्षित बनाने का किया।

आग क्या, राख के उड़ने पे भी तमाशा होगा

इसी दौरान गोधरा की लोमहर्षक घटना हो गई। यह रेल की दुर्घटना नहीं थी। यह लॉ एंड ऑर्डर के फेल होने का स्थानीय मामला था। हमारे मंत्री जी के स्वभाव से अच्छी तरह परिचित हो चुके माननीय प्रधानमंत्री जी ने उन्हें फिर से त्यागपत्र देने जैसा कुछ भी करने से मना कर दिया था। उन्हें पूरी घटना की विस्तृत जानकारी थी इसलिए उन्होंने गुजरात के मुख्यमंत्री को राजधर्म निबाहने की सलाह दी थी। हमारे मंत्री जी के इस्तीफ़े का कोई सवाल ही नहीं था। उन्होंने यह कहा भी था कि बतौर रेलमंत्री वे गोधरा गए थे। उनकी ज़िम्मेदारी रेलवे की सुरक्षा और इससे सम्बन्धित मुद्दों की थी। ममता बनर्जी ने हमारे रेलमंत्री नीतीश जी पर गोधरा कांड में सूचना छिपाने का आरोप लगाया था। इस बारे में सांसद कमलनाथ को संसद में 31 जुलाई, 2002 को जवाब देते हुए हमारे मंत्री जी ने कहा था—

'...जैसा कमलनाथ जी ने बताया, उस बयान में यह कहा गया है कि गोधरा कांड को कवर-अप करने या जो इरादा हो, तथ्य छुपाने के लिए मुझे रिवार्ड दिया गया।...गोधरा कांड का विक्टिम रेलवे है। उसमें रेल यात्री मारे गए, रेलवे प्रॉपर्टी को नुक़सान हुआ।...सदन में सबको पता है कि ऐसे मामले में रेल मंत्रालय की क्या भूमिका है? जब कोई एक्सीडेंट होता है तो एक्सग्रेशिया पेमेंट होता है, उसका क्लेम होता है और वह 'रेलवे क्लेम ट्रिब्यूनल' के माध्यम से मिलता है। एक्सग्रेशिया पेमेंट तत्काल रेल प्रशासन की तरफ़ से दिया जाता है। बाद में ऐक्ट में संशोधन करके अनटूवार्ड इन्सिडेंट्स को भी जोड़ा गया। जो इन्सिडेंट गोधरा में हुआ वह अनटूवार्ड इन्सिडेंट है। उस सिलसिले में रेलवे की तरफ़ से जो एक्सग्रेशिया पेमेंट होना था वह किया गया है।...जाँच का काम स्टेट पुलिस का होता है। रेल मंत्रालय अलग से ऐसे मामले की जाँच नहीं कर सकता है। जाँच से मेरा मतलब इनवेस्टिगेशन से है। ऐसी कौन सी बात इनवेस्टिगेशन में है, मैं ज़रूर जानना चाहता हूँ?

...मेरे अन्दर की जो शक्ति है, उसे पूरे कमांड के साथ मैं कहना चाहता हूँ। मैं इसको (आरोप को) बिलकुल रिफ़्यूज करना चाहता हूँ। मेरी जानकारी में ऐसी कोई बात नहीं है कि किसी तथ्य को छुपाया गया और उसके चलते जाँच कार्य प्रभावित हुआ।...जिस दिन यह वाक़या हुआ उस दिन यह गाड़ी जो मुज़फ़्फ़रपुर से चलती है उसके रास्ते में फ़ैज़ाबाद आता है। कोच एस-6 में ज़्यादातर रिज़र्वेशन लखनऊ और कानपुर से था, एकाध आगे के भी थे।...इतना बीभत्स हत्याकांड हुआ है, जिसके बारे में जाँच चल रही है। उसका जो भी नतीजा हो, क़ानून को अपना काम करने देना चाहिए। रेलवे प्रशासन की तरफ़ से सम्पूर्ण रूप से सहायता पहुँचाई गई है और पहुँचाई जा रही है। हम लोगों की तरफ़ से जो कुछ भी किया जा सकेगा, हम उससे पीछे नहीं रहेंगे।...इसलिए मैं चाहूँगा कि ऐसे कौन से तथ्य हैं, जिस पर मैं चुप रहा आप सार्वजनिक करें। मैं भी जानूँ कि ऐसे कौन से तथ्य हैं जिससे रिवार्ड मिल सकता है?...उपाध्यक्ष महोदय, मैं लेन-देन की राजनीति नहीं करता। हम एनडीए के साथ हैं और हमारी पार्टी समता पार्टी है। हमने एक साथ चुनाव लड़ा है। हमारा एलाएन्स लेन-देन पर नहीं है। हमारा कॉमन मिनिमम प्रोग्राम है, जिसे 'नेशनल एजेंडा ऑफ़ गवर्नेन्स' कहते हैं। जब तक 'नेशनल एजेंडा ऑफ़ गवर्नेन्स' के हिसाब से काम-काज चलता रहेगा, हमारी पार्टी को कोई एतराज़ नहीं है। अगर दो पार्टियों के बीच में कोई मतभेद होगा, हम मिलकर उस पर विचार करेंगे।... मंत्रिमंडल ने रेल मंत्रालय द्वारा उठाए गए क़दमों को सम्पुष्ट कर दिया। उसके बाद आप कोई चर्चा करना चाहते हैं तो सदन तो सर्वोपरि है, आप कोई चर्चा कर सकते हैं और मैं चर्चा से बाहर नहीं हूँ चाहे सप्लिमेंट्री डिमांड्स पर करे,

मैं विस्तृत उत्तर देना चाहूँगा। क्योंकि 1:30 बज रहे हैं और सब लोग लंच पर जाने के लिए व्यथित हैं।

...हंगर और एंगर में बहुत कम फ़ासला होता है। इसलिए हम नहीं चाहते हैं कि उस प्रकार की परिस्थिति बने।

एक बड़े गम्भीर विषय पर विस्तार से चर्चा करने के बाद माननीय मंत्री जी ने हंगर और एंगर की मीठी बात कहकर संसद में अपनी बात ख़त्म की थी।"

अपने इस कार्य काल के दौरान नीतीश ने रेलवे का तो कायाकल्प कर ही दिया था कृषि मंत्रालय में भी ढेर सारे क्रान्तिकारी क़दम उठाए थे। आपदा आने की स्थिति में कृषि मंत्रालय राहत बाँटने का काम करता था। आपदा प्रबन्धन पर तब तक कोई ठोस सोच नहीं बन पाई थी।

9 अगस्त, 2000 को संसद में बाढ़ नियंत्रण पर विमर्श के दौरान नीतीश ने बहुत मार्के की बात कही—

'एग्रीकल्चर मिनिस्ट्री का काम है कि कोई नेचुरल कैलामिटी आती है तो उस स्थिति में जो रिलीफ ऑपरेशन्स होते हैं, उन्हें कोऑर्डिनेट करना, सीआरएफ को ऑपरेट करना आदि बातें हैं।...11वें वित्त आयोग की रिपोर्ट में कहा गया कि केन्द्र या राज्य सरकार के किसी उल्लेख के बिना सभी प्रकार की प्राकृतिक आपदाओं की निगरानी के लिए कृषि मंत्रालय के अधीन एक 'राष्ट्रीय आपदा प्रबन्धन केन्द्र' की स्थापना की जाए। इस केन्द्र को प्रभावित राज्यों को 'आपदा राहत कोष' से परे, वित्तीय सहायता की आवश्यक सिफ़ारिश करने की शक्ति हो।'

दरअसल, नीतीश के प्रयास से यहीं राष्ट्रीय आपदा प्रबन्धन प्राधिकरण की नींव पड़ी। नीतीश ने आगे कहा—

'जहाँ तक बाढ़ का सवाल है, बाढ़ के प्रभाव को कम करने की दिशा में ही क़दम उठाया जा सकता है। लोग फ्लड प्लेन जोनिंग की बात कर रहे हैं... सर्वेक्षण करके...मंत्रालय के राज्य सरकारों को वह चीज़ दे देंगे कि कहाँ पर आबादी बसनी चाहिए, कहाँ पर आबादी नहीं बसनी चाहिए। हर चीज़ के बारे में जब फ्लड प्लेन जोनिंग हो जाएगी तो एक सुविधा होगी। मानवता पर संकट उत्पन्न होता है तो हर हालत में इतना हम ज़रूर आश्वस्त करना चाहते हैं कि उनकी सेवा के लिए जो भी सम्भव होगा, हम लोग क़दम उठाएँगे।'

नीतीश के इस आश्वासन ने देश में आपदा प्रबन्धन को बिलकुल नई दिशा दी। इसी दिशा में बात को आगे बढ़ाते हुए उसने 30 नवम्बर, 2000 को संसद के सामने आपदा प्रबन्धन के बारे में पूरा ख़ाका खींचकर रख दिया। उसने कृषि मंत्री की हैसियत से संसद में कहा—

'यह सब लोग जानते हैं कि कुछ ऐसी चीजें हैं, जिसके लिए 'स्ट्रक्चरल मेजर्स' लेने की ज़रूरत होगी। फ्लड के प्रभाव को रोकने के लिए 'नॉन स्ट्रक्चरल

मेजर्स' हैं, लेकिन कुल मिलाकर कुछ ऐसी व्यवस्था होनी चाहिए कि इसका असर कम हो चाहे वह देश का कोई हिस्सा हो, जहाँ तबाही और बरबादी हुई है, वहाँ केन्द्र सरकार अपनी वही ज़िम्मेदारी निभाएगी, जो केन्द्र सरकार को निभानी होती है...और अगर कहीं कोई आपदा आती है तो प्रबन्धन इस ढंग से होना चाहिए कि उसका कम से कम नुक़सान हो। सदन को मालूम है कि एक उच्चस्तरीय कमेटी आपदा प्रबन्धन के लिए बनाई गई है। उच्चस्तरीय कमेटी ने जितनी प्राकृतिक आपदाएँ हैं, उसको पाँच हिस्सों में बाँटकर हर तरह का काम करना प्रारम्भ कर दिया है। उसकी रिपोर्ट मार्च के आख़िर तक आने की उम्मीद है। उसके बाद एक राष्ट्रीय स्तर पर आपदा प्रबन्धन, राष्ट्रीय स्तर से लेकर ज़िला स्तर और नीचे के स्तर तक कि क्या, किस ढंग से कौन रिस्पोंड करेगा, किस ढंग से कैसी बात होगी और नए तरह से कोड को अमैंड करके क्या मेजर्स लेने हैं, आदि इन सब चीज़ों पर काम चल रहा है।'

बाद में इसी विमर्श के आधार पर देश में काम शुरू हुआ। जब वह बिहार का मुख्यमंत्री बना तो उसने आपदा प्रबन्धन विभाग और आपदा प्रबन्धन प्राधिकरण की स्थापना की। उसके नेतृत्व में अगर आज बिहार का आपदा प्रबन्धन देश में अग्रणी माना जाता है तो यह कोई ताज्जुब की बात नहीं है। इसी प्रकार 12 मार्च, 2001 को, जब संसद में पौधा-क़िस्म और कृषक अधिकार संरक्षण विधेयक पर चर्चा चल रही थी, उसने कृषि का इन्द्रधनुषी ख़ाका तैयार करनेवाला जो वादवृत्त संसद के आगे रखा, बाद में वही बिहार के कृषि रोड मैप की आधारशिला बना।

ये जीत थी, फिर भी बहुत कड़वी लगी

बहरहाल, देखते ही देखते सर पर 2004 का लोकसभा चुनाव आ गया। इस चुनाव से कुछ पहले से ही बाढ़ क्षेत्र में अफ़वाहों का बाज़ार गरम था कि रेलमंत्री होकर भी नीतीश जी गिने-चुने परिवार के लोगों को रेल विभाग में कोई नौकरी दिलवाते हैं। यह आरोप बिलकुल निराधार था लेकिन झूठी अफ़वाहें तो हवा के पंखों पर बहुत तेज़ी से उड़ती फिरती हैं! उधर नीतीश के चुनाव क्षेत्र के अनन्त सिंह नाम के बाहुबली ने नीतीश का साथ देने का उच्च घोष कर दिया। इससे मतदाताओं में अच्छा सन्देश नहीं गया। शायद अनन्त बाबू की क्षमता बहुत बढ़ा-चढ़ाकर आँकी गई थी जो वस्तुत: अनन्त नहीं थी। नतीजा यह हुआ कि नीतीश बाढ़ से चुनाव हार गया। वह तो सौभाग्य की बात थी कि नीतीश नालन्दा से भी लोकसभा का प्रत्याशी था जहाँ से वह 13,500 मतों से विजयी हुआ।

नीतीश 2 दिसम्बर, 1989 से अक्टूबर 2005 तक सांसद रहा। इस बीच शायद ही कोई ऐसा दिन गया होगा जब संसद चल रही हो और उसने किसी-

न-किसी विषय पर गम्भीरता से कोई मौलिक बात न कही हो। इस बात की तस्दीक़ 21वीं सदी के शुरुआती दिनों में दिल्ली हवाई अड्डे पर एस (सुदिनी) जयपाल रेड्डी ने की। नीतीश से 10 साल बड़े रेड्डी उसके बड़े अच्छे दोस्त थे और उसे काफ़ी प्यार करते थे। नीतीश के प्रति उनके स्नेह का अन्दाज़ा सिर्फ़ इस एक बात से लग जाएगा कि दिल्ली हवाई अड्डे पर जैसे ही उन्होंने नीतीश को देखा, अपनी बैसाखी छोड़कर उससे गले मिलने को लपके और लड़खड़ाकर गिरने लगे। नीतीश ने उन्हें दौड़कर सहारा दिया तो उन्होंने हँसते हुए अंग्रेज़ी में कहा—

'जिसके साथ नीतीश जैसा ईमानदार और कर्मठ साथी खड़ा हो, उसे किसी बैसाखी की क्या ज़रूरत है।'

जयपाल रेड्डी भी बेहद ईमानदार और कर्मठ नेता थे। रेड्डी की राजनीति कांग्रेस पार्टी से शुरू हुई मगर 1977 में वे जनता पार्टी और बाद में जनता दल में आ गए। कांग्रेसी विरोधी राजनीति में लगातार उठापटक से ऊबकर वे 1999 में वापस कांग्रेस पार्टी में ही चले गए। संसद में अंग्रेज़ी में दिए गए उनके जीवन्त भाषणों की तुलना बस नीतीश के हिन्दी में दिए गए भाषणों से ही की जा सकती है।

परस्पर अत्यन्त स्नेह सौहार्द रखने के बावजूद राजनीतिक मुद्दों पर इन दोनों के बीच, सदन में 22 नवम्बर, 2000 को संसद में स्थगन प्रस्ताव पर हो रही चर्चा के दौरान छोटी-सी नोक-झोंक भी हुई। तब नीतीश केन्द्र में कृषि मंत्री था और रेड्डी कांग्रेस में जा चुके थे। नीतीश ने अपने भाषण में जयपाल रेड्डी के वक्तव्य की चर्चा की थी।

'एस. जयपाल रेड्डी : महोदय, एक स्पष्टीकरण (व्यवधान) उन्होंने मेरे ऊपर टिप्पणी की है, मैं उनसे स्पष्टीकरण माँगना चाहता हूँ।'

'नीतीश कुमार : जयपाल रेड्डी साहब, आप जरा बैठिए। आपसे तो हमारे पुराने सम्बन्ध हैं! आप तो इधर के आदमी थे, उधर कहाँ चले गए? आप तो हम लोगों के साथ थे। आप इतनी बढ़िया अंग्रेज़ी बोलते थे! आप जब जनता दल में अंग्रेज़ी में बोलते थे तो हम लोगों को लगता था कि एक अंग्रेज़ी का आदमी हमारे पास भी है, जो सोमनाथ बाबू और सिंधिया जी की बातों का, उसमें भी एक तथ्यात्मक जवाब दे देगा। आप भी उधर ही चले गए! हमने आपका पूरा भाषण सुना। उसमें एक भी तथ्य नहीं था, सारी लच्छेदार अंग्रेज़ी थी।'

तो यह था किसी मित्र की सार्वजनिक रूप से प्रशंसा करने का नीतीश का अनोखा अन्दाज़! 22 नवम्बर के इसी भाषण में नीतीश ने कृषि सम्बन्धित बहस के दौरान कहा—

'आपको भी मालूम है कि सरकार ने आज़ादी के बाद पहली बार राष्ट्रीय कृषि नीति अपनाई, उसकी घोषणा की, और उसे सदन में रखा।...

हमारे समय में एग्रीकल्चरल इम्पोर्ट बढ़ा नहीं है बल्कि घटा है।...कुछ मुद्दे उठाए गए हैं कि किसानों के हित के लिए और क्या काम करना है। किसानों को ऋण चाहिए, भारत सरकार ने ऋण देने के लिए 'किसान क्रेडिट स्कीम' लागू की और उसमें 70 लाख से ज़्यादा किसान लाभान्वित हो चुके हैं। लक्ष्य से ज़्यादा किसानों को किसान क्रेडिट कार्ड बाँटे गए।...पहले फ़सल बीमा योजना थी और वह ऋण लेनेवाले किसानों पर लागू थी। अब राष्ट्रीय कृषि बीमा योजना है, जो किसान ऋण नहीं लेगा, उसके लिए भी यह बीमा उपलब्ध है। हम इस कृषि बीमा की भी समीक्षा कर रहे हैं, ताकि पंचायत को इकाई बनाएँ।...किसानों को स्टोरेज की समस्या आती है। इसके लिए भारत सरकार ने एक स्कीम शुरू की है। —'कैपिटल इन्वेस्टमेंट सब्सिडी स्कीम'। कोल्ड स्टोरेज लगाने की योजना में...25 प्रतिशत भारत सरकार कैपिटल सब्सिडी देगी...इसका कोई भी लाभ ले सकता है।'

इस बीच 26 जनवरी, 2001 को गुजरात के कच्छ ज़िले के भुज में भीषण भूकम्प आया। तबाही का यह आलम था कि अस्पताल तक ढह गए जिसमें मरीज़ों और उनके तीमारदारों के अलावा नर्सों और डॉक्टरों की भी मौत हो गई। हर ओर त्राहिमाम् की गुहार मची थी। ख़बर मिलते ही फ़ौरन नीतीश देश के उप प्रधानमंत्री और गृहमंत्री, लालकृष्ण आडवाणी के साथ भुज पहुँच गया। उसने भुज में हर प्रकार की सहायता पहुँचवाने का काम असाधारण समर्पण और लगन से काम किया इस भूकम्प से उत्पन्न स्थिति पर 27 फ़रवरी, 2001 को सदन में हुई चर्चा में नीतीश ने विस्तार से बताया था,

'नेचुरल डिजास्टर के मिटीगेशन के लिए की जानेवाली व्यवस्था के बारे में सुझाव देने हेतु भारत सरकार ने जे.सी.पंत की अध्यक्षता में विशेषज्ञों की एक हाई पावर्ड कमेटी का गठन 1999 में ही कर दिया था। इस कमेटी ने बहुत ही अच्छा काम किया और अपनी द्वितीय अन्तरिम रिपोर्ट में कहा कि 'नेशनल फ़ंड फॉर नेशनल कैलेमिटी मिटीगेशन' होना चाहिए। बाद में यह फ़ंड भी बना।'

नीतीश ने आपदा से पूर्व हर स्तर के लोगों को, सरकारी कर्मचारियों को लगातार ट्रेनिंग देने का प्रावधान रखा ताकि जब कोई डिजास्टर आए, तंत्र तत्काल सक्रिय हो जाए और लोगों को काम में लगाए। उसने सिविल डिफ़ेंस फोर्सेस, एनजीओ आदि की मदद से समाज में आपदाओं के प्रति जागरूकता और आपदा से निबटने के लिए आपदा पूर्व तैयारियों के कार्यक्रम भी उसी समय ही शुरू करवा दिए। उसने तभी डिस्ट्रिक्ट लेवल पर डिजास्टर मैनेजमेंट प्लान बनाने का सुझाव दिया और उसके लिए मंत्रालय ने ज़िला स्तर पर सोर्स बुक भी सप्लाई किया जिसका सहारा लेकर हर ज़िले में डिजास्टर मैनेजमेंट प्लान बनाने के निर्देश दिए गए। सुखाड़, बाढ़, साइक्लोन और भूकम्प के बारे में पहली बार

एटलस बनाकर ख़तरों को चिह्नित करने का काम हुआ। इसके अलावा स्टेट लॉ के लिए एक मॉडल डिजास्टर मैनेजमेंट ऐक्ट का ड्राफ़्ट भी सारे मुख्यमंत्रियों को उनकी प्रतिक्रिया के लिए लिखकर भेजा गया। इसके साथ ही नीतीश ने राष्ट्रीय स्तर पर एक ऐक्ट की बात की। कालान्तर में भारत सरकार ने 2005 में 'डिज़ास्टर मैनेजमेंट ऐक्ट' लागू किया। जब नीतीश बिहार का मुख्यमंत्री बना तो उसने 2007 में 'बिहार राज्य आपदा प्रबन्धन प्राधिकरण' की नियमावली बनाकर राज्य को आपदाओं से लड़ने के लिए तैयार किया।

ये सारी दूरगामी सकारात्मक परिणाम देनेवाली योजनाओं के बारे में नीतीश की सोच बिलकुल स्पष्ट थी।

अगर कोई नीतीश के संसद में दिए गए भाषणों को गम्भीरता से देखे, तो पाएगा कि उनमें नीतीश सांसदों से ही नहीं, शायद अपने आप से भी मुख़ातिब होता रहा है। इसलिए जब वह बिहार का मुख्यमंत्री बना तो उसने अपने कार्यक्रमों में प्राय: उन सभी मुद्दों को शामिल किया जो उसके जज़्बाती वजूद का हिस्सा बनकर उसके मन को वर्षों से मथते रहे थे। ये वैसे मुद्दे थे जिन्हें उसने जनता के हितों की रक्षा के लिए या तो संसद में स्वयं उठाया था या उन पर हो रही बहसों में ज़ोरदार तरीक़े से शिरकत की थी।

होते-होते 13वीं लोकसभा का कार्यकाल 6 फ़रवरी, 2004 को समाप्त हो गया। 14वाँ लोकसभा चुनाव 20 अप्रैल से लेकर 10 मई, 2004 तक हुआ। आनेवाले समय में नीतीश की भूमिका और विशिष्ट हो गई।

न्याय यात्रा : निकल पड़े हैं खुली सड़क पर

2000 में 7 दिनों तक मुख्यमंत्री रहने के बाद नीतीश पटना से दिल्ली वापस आ गया। सांसद तो वह था ही इसलिए वह संसद में पुराने उत्साह से ही बहसों में भाग लेने लगा। 28 नवम्बर, 2000 को संसद में किसानों की हालत पर हो रही चर्चा में उसने सरकार का पक्ष बहुत मज़बूती से रखा—

'पहले भारत के पास खाद्यान्न को आयात करने की सीमा को नियंत्रित करने का अधिकार था। इसके विरुद्ध अमेरिका डब्ल्यूटीओ के डिस्प्यूट सेटलमेंट में गया जहाँ बैलेंस ऑफ़ पेमेंट की पोजीशन के कारण भारत हार गया, जिसके चलते भारत को क्वांटिटेटिव रिस्ट्रिक्शन को हटाना पड़ा। इससे कुछ चीज़ों का आयात बढ़ गया। मार्केट एक्सेस का यह मतलब क़तई नहीं है कि विकासशील मुल्कों का बाज़ार खुल जाए, विकसित देशों का बाज़ार बन्द रहे! मार्केट एक्सेस का मतलब है कि अगर बाज़ार खुल रहा है तब एक लेवल प्लेइंग फ़ील्ड चाहिए। उसके लिए भारत मज़बूती से माँग करेगा कि एक्सपोर्ट सब्सिडी ख़त्म करो, अपनी डोमेस्टिक सब्सिडी घटाओ। नीतीश ने स्टोरेज क्षमता बढ़ाने के लिए कैपिटल इन्वेस्टमेंट सब्सिडी स्कीम चलाई जिसमें नॉर्थ-ईस्टर्न स्टेट्स में एक-तिहाई (अधिकतम सीमा 60 लाख रुपये) तथा शेष भारत में 25 प्रतिशत (अधिकतम सीमा 50 लाख रुपये) की सहायता की बात कही गई। राज्यों को कृषि के क्षेत्र में ज़्यादा-से-ज़्यादा स्वायत्तता दी जाए, इसलिए 27 स्कीमों को एक साथ कन्वर्ज करके माइक्रो मैनेजमेंट स्कीम शुरू की गई। सिंचाई के लिए वाटर हारवेस्टिंग की योजनाएँ लाई गईं। पशुपालन के क्षेत्र में 'नेशनल प्रोजेक्ट फॉर कैटल एंड बफैलो ब्रीडिंग प्रोजेक्ट' तथा 'इंटीग्रेटेड डेयरी डेवलपमेंट प्रोजेक्ट' को मंज़ूरी दी। इसके अलावा 'फिश फार्म डेवलपमेंट एजेंसी' का काम और बढ़ाया।'

नीतीश को वाजपेयी जी ने कृषि मंत्रालय का भी भार दे दिया था। उसने राष्ट्र की कृषि नीति को अन्तिम रूप देने में सफलता पाई थी। इसकी चर्चा

उसने 26 अप्रैल, 2001 को संसद में की। उस दिन, जब संसद में किसानों को समृद्ध बनाने के मुद्दे पर विमर्श चल रहा था, कृषि मंत्री की हैसियत से नीतीश ने फिर से कई बहुत अहम बातें कहीं :

'किसानों को आधुनिक जानकारी और अच्छी प्रैक्टिस की जानकारी नहीं मिलने के कारण उनकी फ़सलें नष्ट हो जाती हैं और हताश किसान आत्महत्या तक कर लेने को मजबूर हो जाते हैं। इसका कई बार विश्लेषण हुआ तो पाया कि इनपुट्स की गड़बड़ी के चलते उनकी फ़सल बरबाद हो गई। कृषि क्षेत्र में फ़सलों की बीमारी और कमी दूर करने और समय पर उचित इनपुट्स देने के लिए कृषि ग्रेजुएट्स को ज़्यादा ट्रेनिंग देकर एक पैकेज तैयार किया गया। उसमें उनकी जो इच्छा होगी, वे प्रैक्टिस को एडॉप्ट करेंगे और 'एग्री क्लीनिक' खोलेंगे। इसके लिए बैंक उन्हें क़र्ज़ा देंगे, उन दिनों किसानों से क़र्ज़ की वसूली का तरीक़ा बड़ा ग़लत था जो अंग्रेज़ों के ज़माने से चला आ रहा था। कई जगहों पर अगर किसान क़र्ज़ वापस न कर सके तो उसे गिरफ़्तार करके जेल में डाला जाता था और जेल में जो उन पर ख़र्च होता था, वह भी क़र्ज़े की राशि में जोड़ दिया जाता था। अगस्त, 2000 में ही नीतीश ने किसान को बेइज़्ज़त करनेवाले इस क़ानून को बदलने के लिए सारे मुख्यमंत्रियों को पत्र लिखा था। उसकी कृषि नीति में पूरे देश में चकबन्दी, पट्टेदारों और बँटाईदारों के अधिकारों को मान्यता देने के लिए पट्टेदारी में सुधार, जोत के आकार को बढ़ाने की बात, भू-अभिलेखों का नवीनीकरण, सुधार और कम्प्यूटरीकरण तथा किसानों को भूमि पासबुक जारी किए जाने जैसे कई क्रान्तिकारी विचार थे। उसका यह भी विचार था कि जितने देवी-देवताओं के नाम कई जगह ज़मीनें हैं, वे लैंडलेस किसानों में बाँटी जा सकती हैं। उसने ज़मीन पर महिलाओं के लिए बराबरी के अधिकारों, बराबरी के हक़ को मान्यता देने की बात दोहराई। नीतीश ने रबी की फ़सल पर प्राइस-पॉलिसी बनाई और गेहूँ की क़ीमत बढाई। किसानों को 'कोरम सीरियल्स', जैसे दलहन, तिलहन, ऑयल सीड्स आदि की खेती के लिए प्रोत्साहित करने के लिए उनकी क़ीमत ज़्यादा बढ़ाने की बात की। कृषि नीति में ही फलों और सब्ज़ियों के प्रोसेसिंग का भाग भी निहित है। उसने देखा कि देश में मात्र 1.8 प्रतिशत फ़्रूट्स और सब्ज़ियों की प्रोसेसिंग होती है। शेष 98 प्रतिशत से अधिक की सीधी मार्केटिंग होती है। नीतीश की कोशिश थी कि प्रोसेसिंग को 10 प्रतिशत के लेवल पर लाया जाए जिससे किसानों को 35 प्रतिशत ज़्यादा क़ीमत मिल सकेगी। नीतीश के अनुरोध करने पर वित्त मंत्री ने प्रोसेसिंग के ऊपर लगनेवाले टैक्स में छूट की घोषणा कर दी। नीतीश ने छोटे-छोटे किसानों के लिए भी फूड-प्रोसेसिंग के लिए पॉलिसी बनाई जिसमें इंडस्ट्रीज मिनिस्ट्री की भी सहभागिता हुई। उसने देखा कि कृषि नीति से 18 मंत्रालयों का सम्बन्ध है।

इसलिए नीतीश के अनुरोध पर प्रधानमंत्री ने एक 'ग्रुप ऑफ़ मिनिस्टर्स' बनाया, ताकि कृषि सम्बन्धी मसलों को अधिक गम्भीरता से देखा जा सके।

14वाँ लोकसभा चुनाव में बहुमत प्राप्त करने के बावजूद यूपीए की मुख्य घटक पार्टी, कांग्रेस के सदस्यों की लाखों मिन्नतें ठुकराते हुए कांग्रेस की अध्यक्ष, सोनिया गांधी ने प्रधानमंत्री बनने से इनकार कर दिया। उनकी इच्छानुसार, 22 मई, 2004 को सरदार मनमोहन सिंह के नेतृत्व में कांग्रेस की सरकार बनी। नीतीश नालन्दा से जीतकर संसद में आया था जहाँ उसकी लोकप्रियता का ठिकाना न था। बिहार से ही जीतकर लालू प्रसाद यादव और रामविलास पासवान भी सांसद बने थे। दोनों ही केन्द्र में क्रमशः रेलमंत्री तथा रसायन एवं उर्वरक मंत्री थे। नीतीश मंत्री पद से हट गया था और वह तुरन्त ही मंत्री की हैसियत से मिला सरकारी बँगला ख़ाली करके सांसदों के निमित्त बने अपेक्षाकृत छोटे घर में जाना चाहता था। सरकार थी कि उसकी वरीयता के आधार पर उसे दूसरा घर दे ही नहीं पा रही थी। इसको लेकर वह मन ही मन बहुत अशान्त रहा करता था लेकिन संसद में बोलते समय उसका शालीन हास्य बोध अनायास उभरकर सामने आ जाता था।

लेफ़्ट और राइट

4 जून, 2004 को सीपीआइएम के सांसद, सोमनाथ चटर्जी, लोकसभा के अध्यक्ष निर्विरोध चुने गए। इसी प्रकार 9 जून, 2004 को शिरोमणि अकाली दल के सांसद, चरणजीत सिंह अटवाल, निर्विरोध ही लोकसभा के उपाध्यक्ष चुने गए। परम्परा के अनुसार लोकसभा में अध्यक्ष के आसन के दाहिनी ओर सत्ता पक्ष और बाईं ओर विपक्ष के लोग बैठते हैं। उस दिन उपाध्यक्ष के स्वागत में नीतीश ने जो कहा—

'अध्यक्ष महोदय, अभी कुछ दिन पहले ही आपका सर्वसम्मति से निर्वाचन हुआ था। इसी प्रकार उपाध्यक्ष के पद की सर्वसम्मति से निर्वाचन होने से एक नई परम्परा की शुरुआत हो रही है। लेकिन अध्यक्ष महोदय, आपने उस दिन कहा था कि मैं लेफ़्टिस्ट हूँ, इसलिए हमेशा लेफ़्ट की तरफ़ झुका रहूँगा। आपके लेफ़्ट में हम लोग हैं, मगर कल आप इधर झुके हुए नहीं थे। हम आपसे आग्रह करेंगे कि आप अपने वचन पर कायम रहेंगे।'

नीतीश की इस मीठी चुटकी पर सदन में ज़ोरदार ठहाका लगा। 12 जुलाई, 2004 को बिहार में आई बाढ़ के बारे में बोलते हुए उसने नेपाल में उन नदियों पर बाँध बनाने पर ज़ोर दिया जिनका पानी बिहार में बाढ़ की विभीषिका लाता रहा है। इसी तरह 22 दिसम्बर, 2004 को एक बार फिर उसने किसानों की

समस्याओं पर बहुत विस्तृत चर्चा की। केन्द्र में कांग्रेस की अगुवाई वाली तत्कालीन सरकार को आड़े हाथों लेते हुए नीतीश ने याद दिलाया कि केन्द्र में जब एनडीए की सरकार थी तब 12 राज्यों में एक साथ सूखा पड़ने के बावजूद सरकार ने एक भी आदमी को भूख से नहीं मरने दिया था लेकिन तत्कालीन यूपीए की सरकार में देश के कुछ ही हिस्सों में सूखा पड़ने से लोग भूख से मर रहे थे। उस समय शरद पवार देश के कृषि मंत्री थे। 9 जुलाई, 2004 को नीतीश ने बिहार को विशेष पैकेज देने के लिए बहुत अच्छी बहस की।

जुलाई में संसद में हुए इस बहस के बाद उसका पूरा ध्यान बिहार की समस्याओं पर चला गया। बिहार विधानसभा के लिए फ़रवरी 2005 में होनेवाले चुनावों को लेकर भी खींचातानी शुरू हो चुकी थी। एक बात तो तय थी कि राज्य के लोग सरकार से नाख़ुश थे और विकल्प की तलाश में थे। एनडीए राज्य की काया-पलट कर सकती थीं पर उसे अपने चुनावी जहाज़ के लिए ऐसे मज़बूत हाथों की तलाश थी जो जहाज़ को कुशलतापूर्वक सही दिशा में संचालित भी करे और डूबने भी न दे!

जो बात तुझमें है वो और कहीं है ही नहीं

ऐसे में बीजेपी वालों की नज़र नीतीश पर जाकर ठहर गई। परेशानी जेडीयू में चल रहे भितरघात के षड्यंत्रकारियों को थी। ये लोग नीतीश की नीतियों को बहुत सख़्त और अव्यावहारिक मानते थे। उसकी वजह भी थी। उन्हें पता था कि सत्ता में आने पर नीतीश उन पद लोलुपों को, मलाई की कौन कहे, घास भी नहीं डालनेवाला था। नीतीश के हाथों कमान आते ही ये परवाने हवा में उड़कर हमेशा के लिए गुम हो जाते! इन लोगों ने नीतीश के ख़िलाफ़ जॉर्ज फ़र्नांडिस के कान भरने शुरू कर दिए। सन् 2005 में बिहार विधानसभा के लिए चुनाव तीन चरणों में हुए। नीतीश चाहता था कि एनडीए के मुख्यमंत्री के प्रत्याशी के नाम की घोषणा पहले ही हो जाए। बीजेपी के वाजपेयी, आडवाणी और अरुण जेटली वग़ैरह जैसे सब बड़े नेता समझ चुके थे कि बिहार में उनकी पार्टी का कोई नेता ऐसा नहीं था जो नीतीश की तरह लालू को टक्कर दे सके। इसलिए वे नीतीश का नाम एनडीए के नेता के रूप में सार्वजनिक करने को तैयार थे। नीतीश के नाम की घोषणा में विलम्ब होते देखकर अटल बिहारी को ज़िम्मेदारी दी गई कि वे भागलपुर की जनसभा में यह तथ्य उजागर करें। जब वाजपेयी जी ने उस सभा में बोलना शुरू किया तो उन्होंने नीतीश की तारीफ़ की झड़ी लगा दी। नीतीश के मंत्री रहते हुए उसके काम करने के तरीक़ों को उन्होंने बहुत नज़दीक से देखा था। अपनी रौ में बहते हुए नीतीश के बारे में वाजपेयी कितना

कुछ कह गए मगर यह कहना भूल गए कि नीतीश ही एनडीए का मुख्यमंत्री का चेहरा है जबकि उनको स्मरण दिलाने के लिए यह बात एक पुर्ज़े में लिखकर उनकी जेब में डाल दी गई थी! अगले दिन आडवाणी ने यह सार्वजनिक घोषणा की। तब तक चुनाव के दूसरे चरण का आग़ाज़ होने ही वाला था।

नीतीश ने स्वयं बताया है—

'फ़रवरी 2005 में होनेवाले चुनाव की घोषणा होते ही हमारे गठबन्धन में नेता पद के लिए नया खटराग शुरू हो गया। इस बार भी चुनाव तीन चरणों में ही होने थे। हालात ऐसे बन गए कि पहले चरण का चुनाव समाप्त हो गया और हम दूसरे चरण में भी आधी दूरी तय कर चुके तो भी हमारे गठबन्धन के नेता की घोषणा नहीं हो पाई। इससे जनता के बीच अच्छा सन्देश नहीं जा सका। बाद में फिर मेरे नाम की घोषणा हुई। लोगों में यह सन्देह पैदा किया गया कि गठबन्धन की पहली पसन्द मैं नहीं था। याद रहे कि यह चुनाव किसी के ख़िलाफ़ नहीं था। यह एक सही सरकार चुनने की मुहिम थी जिसमें मुझे अपनी और अपने साथियों की विश्वसनीयता स्थापित करनी थी। लेकिन हम इस काम के लिए थोड़ी देर से निकले। जनता का विश्वास जमने में समय लग गया, पर उसके बाद जनता ने बहुत ठोंक-बजा और सोच-समझकर ही वोट दिए। अगर आप उस चुनाव के नतीजों का आज भी समग्र विश्लेषण करेंगे तो पाएँगे कि पहले चरण में नतीजे बेहद मिले-जुले हैं जिनमें कोई स्पष्ट रुझान नहीं दिखता। दूसरे चरण में, जब हम अपनी बात किसी हद तक लोगों के सामने रख सके थे, नतीजे हमारे गठबन्धन के मज़बूत होते जाने की ओर इंगित करते हैं। तीसरे चरण में तो हमें स्पष्ट बढ़त मिली ही है।

मुझे आज भी लगता है कि अगर निर्विवाद नेता के नाम की घोषणा समय पर हो गई होती तो नतीजे कुछ और होते। बहरहाल, हमारी दीर्घसूत्रता और अनिश्चय के फलस्वरूप किसी भी दल या गठबन्धन को स्पष्ट बहुमत न मिल सका। झारखंड के अलग हो जाने के बाद बचे बिहार में नई सरकार बनाने के लिए 122 विधायकों की आवश्यकता थी। यह सब देख-सुनकर मैं दिल्ली से पटना आया ही नहीं। दूध का जला था, छाछ भी फूँक-फूँककर पी रहा था। इतना मैंने अवश्य किया कि रामविलास जी को अपने 55 विधायकों के समर्थन की बात पूरी ईमानदारी से कही जिसका उनकी पार्टी के विधायकों में बढ़िया सन्देश गया।'

यहाँ रुककर बिहार के नतीजों पर एक नज़र डालना मुनासिब होगा। 25.07 प्रतिशत वोट पाकर आरजेडी 75 सीटों पर विजयी हुई थी। जेडीयू और बीजेपी के मतों का प्रतिशत क्रमशः 14.55 और 10.97 था जिससे इनके विधायकों की संख्या क्रमशः 55 और 37 थी। रामविलास पासवान की एलजेपी को भी

29 सीटों पर विजय मिली। उस पार्टी के मतों का प्रतिशत बीजेपी से भी ज़्यादा (12.62) था। नीतीश रामविलास को मुख्यमंत्री बनाने को पूरी तरह तैयार था। रामविलास अपने आपको 'किंग मेकर' मान भी रहे थे। अचानक उन्होंने एक शर्त रख दी कि जो पार्टी अल्पसंख्यक (मुस्लिम) को मुख्यमंत्री बनाने को राज़ी होगी, एलजेपी का समर्थन उसे ही मिलेगा। पटना में गणित का खेल अपने पूरे शबाब पर था। वहाँ से रोज़ नए समीकरण की चर्चा दिल्ली पहुँचती थी जिसमें सबके केन्द्र में एलजेपी ही होती थी। आरजेडी और एलजेपी मिलकर भी अपेक्षित संख्या पूरी नहीं कर पा रहे थे। आरजेडी और जेडीयू मिलते तो संख्या पूरी हो जाती पर उस समय यह असम्भव-सी बात थी। एनडीए के पास बीजेपी और जेडीयू मिलाकर 92 लोग थे। तब दूसरी सम्भावना एनडीए और एलजेपी को मिलाकर सरकार बनाने की थी। उस स्थिति में भी 121 लोग ही पूरे पड़ते थे, एक की कमी फिर भी रह जाती थी। तीसरी, प्रायः असम्भव सी, सम्भावना आरजेडी और बीजेपी को मिलाकर सरकार बनाने की थी। कांग्रेस तथा बीजेपी के एक छतरी के नीचे आने की सम्भावना रावण के सीताजी से राखी बँधवाने से भी कम थी। असमंजस की स्थिति के कारण विधानसभा का तत्काल गठन भी नहीं हो पा रहा था। सब दूर की कौड़ी ला रहे थे। निहायत विश्वसनीय सूत्रों की मानें तो उन दिनों दिल्ली के बीजेपी के मित्रों से नीतीश को यह सन्देश मिला कि अगर कुछ लेन-देन से बात पक्की हो सके तो उसके लिए भी थैलियाँ खुली पड़ी हैं और बन्दोबस्त पक्का है। नीतीश ने विनम्रतापूर्वक यह प्रस्ताव ठुकरा दिया। नीतीश बताता है—

'मैंने उसके बाद अपनी पार्टी का राजगीर में शिविर किया जिसमें राजगीर प्रस्ताव पारित हुआ। वह बड़ा महत्त्वपूर्ण दस्तावेज़ है। हालात कुछ ऐसे बन गए कि एनडीए बहुमत में आ गई।* इससे पहले कि कोई बात आगे बढ़ती, दिल्ली में बैठी कांग्रेसी सरकार ने आधी रात में कबीना की बैठक बुलाकर विधानसभा भंग करने की संस्तुति माननीय राष्ट्रपति महोदय ए.पी.जे. अब्दुल कलाम साहब के पास, जो उस समय रूस में थे, भेजकर उनका अनुमोदन ले लिया और रातों-रात विधानसभा भंग कर दी गई।** कुछ विधायकों ने इस अन्याय के विरुद्ध उच्चतम न्यायालय में याचिका दायर की थी जिसका फ़ैसला उनके पक्ष में आया कि केन्द्र सरकार का विधानसभा को भंग करने का जल्दी में लिया गया निर्णय ग़लत था। यह भी हुआ कि जब राष्ट्रपति जी भारत आए तब वे बिहार के विधायकों से

---

* हुआ ऐसा कि लोजपा में फूट पड़ गई और विद्रोहियों का धड़ा, जो संख्या बल में बहुत बड़ा था, नीतीश के पक्ष में खड़ा हो गया। परिस्थिति में यह परिवर्तन देखकर जो विधायक अनिश्चय की स्थिति में थे वे भी नीतीश के साथ आ गए।

** बिहार राज्य में 7 मार्च, 2005 को जारी की गई उद्घोषणा के अनुसार 7 सितम्बर, 2005 तक राष्ट्रपति शासन लग गया।

मिले और उन्हें समझ में आ गया कि बहुमत किसके साथ था! उन्हें भी लगा कि संवैधानिक व्यवस्था के साथ न्याय नहीं हुआ, लेकिन तब तक बहुत देर हो चुकी थी और नए चुनावों के तिथियों की घोषणा हो चुकी थी। शायद यह भी एक कारण रहा हो कि मेरी सचाई जानने के बाद से डॉक्टर कलाम साहब का अपरिमित, अबाध और असीमित स्नेह मुझे निरन्तर मिलता रहा। मैंने बिहार के हितों के लिए जब भी उनसे कोई अनुरोध किया, उन्होंने उसे निःसंकोच स्वीकार करके मुझे कृतार्थ ही किया।'

क्या राज्यपाल का पद उधार भर

19 मार्च, 2005 को नीतीश ने संसद में बिहार के बारे में हो रही चर्चा में कहा—

'...यह बात सही है कि जो चुनाव हुए, उसके परिणाम इस प्रकार के थे कि हम उसे कह सकते थे कि यह एक खंडित जनादेश था। पार्टी की बात छोड़िए, चुनाव पूर्व किसी गठबन्धन को भी पूर्ण बहुमत प्राप्त नहीं हुआ, वैसी परिस्थिति में चुनाव के पश्चात् भी अगर कुछ आपसी सहमति बनती, नए समीकरण बनते, तब कोई लोकप्रिय सरकार गठित हो सकती थी। लेकिन ऐसी परिस्थिति थी कि अलग-अलग दलों ने एक ऐसी पोजीशन ले ली, जिसके कारण किसी भी गठबन्धन की सरकार नहीं बनी। सबसे घोर आश्चर्य यह हुआ कि राष्ट्रपति शासन लागू हो रहा है, केन्द्र सरकार में जो पार्टियाँ एक साथ हैं, वे भी वहाँ एकजुट नहीं हो सकीं। जो दल केन्द्र सरकार में शामिल हैं, वे आपस में एक नहीं हो सके। जेडीयू और बीजेपी गठबन्धन को पूर्ण बहुमत नहीं मिला, लेकिन चुनाव पूर्व गठबन्धन के तौर पर सबसे अधिक सीटें हमें मिलीं और चुनाव के बाद कुछ नए समीकरण बने। आरजेडी के साथ जो चुनाव में नहीं थे, वैसे लोगों ने उन्हें समर्थन का पत्र दिया और कुल मिलाकर 91 लोगों के पत्र के साथ उन्होंने दावा पेश किया। हम लोगों ने अपना कोई दावा पेश नहीं किया था। हम लोगों ने राज्यपाल महोदय के यहाँ एक केविएट ज़रूर दायर किया था।...उस समय भी कुछ चर्चा हुई थी, सरकार बनाने के लिए। वहाँ उस समय भी वर्ष 2000 में बिहार विधानसभा का जो चुनाव परिणाम निकला था, उसमें किसी को बहुमत नहीं मिला था। आरजेडी और एनडीए को लगभग बराबर सीटें मिली थीं। कांग्रेस पार्टी ने अलग चुनाव लड़ा था और वह इस वायदे के साथ बिहार की जनता के सामने गई थी कि वे किसी क़ीमत पर आरजेडी से हाथ नहीं मिलाएँगे। जब चुनाव के बाद एनडीए और आरजेडी की तरफ़ से भी दावा किया गया, तो हम लोगों की सदस्य संख्या ज़्यादा थी और उस समय झारखंड मुक्ति मोरचा ने भी हमें समर्थन दिया था। उसके अलावा कई निर्दलीय

लोगों ने समर्थन दिया। कुल मिलाकर जब हम लोगों की संख्या 147 के ऊपर हुई, तब हमने दावा किया। जिस दिन गवर्नर साहब ने मुझे आमंत्रित किया था, उस दिन 150 के ऊपर हमारा समर्थन था और उस समय आरजेडी ने जो दावा किया था, उनको 130 के आसपास समर्थन था। वैसी परिस्थिति में न्योता मिला था। कांग्रेस पार्टी ने उस समय तक फ़ैसला नहीं किया था। जब निमंत्रण मिला, उसके बाद कांग्रेस पार्टी ने फ़ैसला किया कि वे आरजेडी का समर्थन करेंगे। जिस समय गवर्नर साहब ने आमंत्रित किया था, उस समय बहुमत के बहुत क़रीब हमारी संख्या थी, जिसको स्ट्राइकिंग डिसटेंस कह सकते हैं। कई दिनों तक यह स्थिति कायम रही। तब गवर्नर साहब ने अपने विजडम से हमें आमंत्रित किया, लेकिन बार-बार एक ही बात कही जाती है। ऐसा नहीं हुआ था कि हम लोगों का समर्थन कम था, आरजेडी का समर्थन ज़्यादा था, और तब मुझे बुलाया गया था। जिस समय बुलाया गया था, उस समय हमारे पास आरजेडी के दावे की तुलना में समर्थन बहुत ज़्यादा था, लगभग 20 का फासला था। उस स्थिति में आमंत्रित किया गया था, लेकिन उसको दूसरे सन्दर्भों में पेश किया जाता है।...अगर कांग्रेस पार्टी ने 2000 में आरजेडी को समर्थन देने का निर्णय ले लिया होता तो शायद किसी भी राज्यपाल को मुझको निमंत्रित करने की नौबत नहीं आती, उनकी संख्या ज़्यादा बढ़ जाती। उनका दावा बनता तो उनको निमंत्रण मिलता। अगर पिछली बार भी पहले हमें निमंत्रण मिला, तो वह कांग्रेस पार्टी के अनिर्णय के कारण मिला। कांग्रेस पार्टी अनिर्णय का शिकार थी कि क्या करें, क्या न करें, इस दुविधा में थी। हम नहीं कह सकते हैं कि हम लोगों के गठबन्धन के पास वहाँ बहुमत है कि हम वहाँ दावे पेश करें और वहाँ एक लोकप्रिय सरकार बनाएँ। इसलिए अगर 356 को लागू करके वहाँ राष्ट्रपति शासन लागू किया गया है, तो इससे अलग कोई इन्तज़ाम हो नहीं सकता है, मुझको भी ऐसा लगता है।...

अध्यक्ष महोदय, उन दिनों राज्यपालों की भूमिका को लेकर भी विवाद चल रहे थे। वैसी स्थिति में हमने एक वक्तव्य दिया था। यहाँ सदन के नेता बैठे हुए हैं, गृह मंत्री बैठे हैं और यूपीए की चेयरपर्सन भी बैठी हुई हैं। केन्द्र के एक मंत्री श्री रामविलास पासवान का एक बयान है। उन्होंने कहा है कि—'यह दुर्भाग्य की बात है कि जनता दल यूनाइटेड के नेता नीतीश कुमार राज्यपाल के पद को ही समाप्त करने की बात कह रहे हैं, जब बिहार में एक दलित व्यक्ति राज्यपाल के पद पर बैठा है।' उनका एक वक्तव्य 16 मार्च को पटना के 'दैनिक जागरण' में छपा है, जिसमें उन्होंने कहा है—

'राष्ट्रपति शासन लगे सात दिन भी नहीं हुए हैं कि बदलाव दिखने लगा है। प्रशासन अब पूरी तरह सतर्क है। लोग सुरक्षित महसूस कर रहे हैं। विकास कार्य

शुरू हो गए हैं। राशि की कोई कमी नहीं रहेगी। मैं इस सम्बन्ध में वित्त मंत्री श्री पी. चिदंबरम से मिला हूँ।'

यह वक्तव्य उन्हीं केन्द्रीय मंत्री श्री रामविलास पासवान जी का है। श्री पासवान जी ने कहा है कि एक दलित का बेटा राज्यपाल बनकर सत्ता की बागडोर सँभाल रहा है। गृह मंत्री जी इस बात को नोट करें, दलित का बेटा राज्यपाल बनकर सत्ता की बागडोर सँभाल रहा है इसलिए कुछ लोग राष्ट्रपति शासन का विरोध कर रहे हैं। यह वक्तव्य केन्द्रीय मंत्री का है।

मैंने व्यापक सन्दर्भ में कहा था कि राज्यपाल का पद नहीं रहना चाहिए। मेरा अपना विचार है कि राज्यपाल का पद नहीं होना चाहिए। इसके अल्टरनेटिव अरेंजमेंट पर राष्ट्रीय बहस होनी चाहिए। यह बात सिर्फ़ मैंने ही नहीं कही है।... किस प्रकार राज्यों और प्रदेशों में राज्यपाल को वे, यानी डॉक्टर लोहिया एक निरर्थक संस्था मानते थे। उनका मत था कि केन्द्र और प्रदेशों के सम्बन्ध स्पष्ट होने चाहिए, ताकि ज़्यादा-से-ज़्यादा झंझट इन मामलों में न हो। मैं ज़िक्र करना चाहता हूँ कि 1996 के अक्टूबर में इंटर स्टेट काउंसिल की मीटिंग हुई थी। उस मीटिंग की रिपोर्ट छपी थी। उसके अनुसार केरल के तत्कालीन मुख्यमंत्री श्री ई.के. नयनार ने कहा था—

'सरकारिया आयोग की सिफ़ारिशों की पूर्व समीक्षा की जानी चाहिए और राज्यपाल के पद को समाप्त कर दिया जाना चाहिए।'

मैं और कुछ नहीं कहना चाहता, याद कराना चाहता हूँ, जब इटली में मुसोलिनी डिक्टेटर थे, उस समय भी मुसोलिनी के पक्ष में कहा जाता था कि ट्रेनें समय पर चल रही हैं। वर्ल्ड वार वन के बाद वहाँ पर ट्रेन के परिचालन की व्यवस्था ठप्प हो गई थी तो मुसोलिनी साहब ने जो सत्ता हथिया ली, उसके बाद कहा गया कि ट्रेनें समय पर चलनी शुरू हो गईं। इमरजेंसी में भी यही कहा गया था, जब इस देश पर इमरजेंसी थोपी गई थी तो इमरजेंसी की प्रशंसा में पुल बाँधे जाते थे और कहा जाता था कि ट्रेनें समय पर चल रही हैं। वैसे ही राष्ट्रपति शासन लागू हो गया तो सब कुछ वहाँ पर ठीक हो गया। मैं एक दिन पटना में था, जिस इलाक़े में मैं रहता हूँ, वहाँ बिजली गुल थी। मुझे तो राष्ट्रपति शासन का पहला तजुरबा वही मिला। अगले दिन सुबह मैं घूम रहा था तो मैंने सड़कों पर देखा कि दर्जनों की संख्या में गाय और भैंस को पुलिस वाले निकाल लिए जा रहे हैं।...अब मैं पूछना चाहता हूँ कि यह जो एक प्रचार चल रहा है, राष्ट्रपति शासन न हुआ, मानो धरती पर स्वर्ग उतर आया है! उनके केन्द्रीय मंत्री ने कहा है कि अभी कुछ दिन यह चलेगा, यहाँ कचरा साफ़ करना है। किसने कचरा पैदा किया था? गृह मंत्री जी, मैं जानना चाहता हूँ, आपके सहयोगी ने कहा कि राष्ट्रपति शासन चलेगा, कूड़ा-कचरा साफ़ करना है।...

एक बात का उत्तर गृह मंत्री जी को देना होगा, यह बात इनकी पार्टी से भी सम्बन्धित है।...ज़रूर बताइए कि कांग्रेस पार्टी का इस मामले में क्या रुख़ है? कांग्रेस पार्टी वहाँ क्या चाहती है? अगर बिहार में राष्ट्रपति शासन लागू है तो इसके लिए ज़िम्मेदार आप हैं। आपके पास संख्या नहीं आई है तो आप परोक्ष रूप से राज करना चाहते हैं।

आज रास्ता निकालिए या फिर इसी स्थिति में आप बीच में तराज़ू लेकर, एक पलड़े पर पासवान जी को बैठाकर और दूसरे पर लालू जी को बैठाकर, कब तक बैलेंसिंग ऐक्ट करना चाहते हैं?...आपने राष्ट्रपति शासन लागू किया, तो जो अधिसूचना जारी की, उसमें आपने धारा 195 को भी निलम्बित कर दिया। जहाँ तक बिहार विधानसभा के नवनिर्वाचित सदस्यों के वेतन, भत्ते और अन्य सुविधाओं का प्रश्न है, मैं आग्रह करूँगा कि जो विधायक चुनकर आए हैं, उनका कोई कसूर नहीं है। उन्हें कुछ नहीं मिल रहा है। उन्हें पर्क्स मिलने चाहिए।... आर्टिकल 195 का यह पक्ष निलम्बित है, सस्पेंडेड है। मैं आपसे करबद्ध प्रार्थना करूँगा कि नव-निर्वाचित विधायकों को वेतन मिले, कुछ सुविधाएँ मिलें, ताकि वे काम कर सकें। ऐसा पूर्वोदाहरण उत्तर प्रदेश और महाराष्ट्र में है।'

बिहार में राष्ट्रपति शासन को लगे क़रीब पाँच महीने का समय हो गया था। राज्य में चारों तरफ़ असन्तोष और अनिश्चितता का माहौल बन रहा था। बिहार के मुख्य सचिव लम्बी छुट्टी पर चले गए थे। अधिकारियों में भी विकास के कार्यों के प्रति उदासीनता आ गई थी। क़ानून और व्यवस्था दिनों-दिन कुलाँचे भरते हुए बदहाली की ओर दौड़ रही थी। इसलिए सब चाहने लगे थे कि विधानसभा के चुनाव शीघ्र हो जाएँ ताकि सरकारी अधिकारियों की मनमानी की बजाय जनप्रतिनिधियों के माध्यम से समुचित विकास का काम हो सके। इसके विपरीत केन्द्र में बैठी कांग्रेसी सरकार ने अपना राज्यपाल बैठाकर राज्य के प्रशासन की बागडोर अपने ही हाथों में रखने के लिए राष्ट्रपति शासन के विस्तार के पक्ष में थी। इन सबसे निराश होकर नीतीश ने 2 अगस्त, 2005 को संसद में राष्ट्रपति शासन हटाने के लिए यह प्रस्ताव रखा—

'यह सभा राष्ट्रपति शासन के अन्तर्गत बिहार राज्य में क़ानून और व्यवस्था की बिगड़ती स्थिति तथा साथ ही राज्य के मुख्य सचिव के लम्बी छुट्टी पर चले जाने से उत्पन्न स्थिति पर अपनी गम्भीर चिन्ता व्यक्त करती है।'

इसके उत्तर में तत्कालीन गृह मंत्री, शिवराज वी. पाटील ने संविधान के अनुच्छेद 356 के अन्तर्गत बिहार राज्य के सम्बन्ध में राष्ट्रपति द्वारा 7 मार्च, 2005 को जारी की गई उद्घोषणा को 7 सितम्बर, 2005 से और आगे 6 माह की अवधि के लिए जारी रखने के अनुमोदन का संकल्प प्रस्तावित कर दिया।

इस पर नीतीश ने कहा—

'बिहार में और कुछ बने या न बने और कोई उद्योग चले या न चले, अपहरण उद्योग बिहार में चलता है। वहाँ और कुछ बने या न बने, लेकिन आँकड़े ज़रूर मैन्युफैक्चर होते रहते हैं और वह भी रात में! रात के लिए तो ये एक्सपर्ट लोग हैं। रात में ये कैसे-कैसे निर्णय लिया करते हैं?

हम लोगों का आनन्द उस समय और ज़्यादा होगा, जब माननीय गृह मंत्री जी कहेंगे कि वहाँ की स्थिति में सुधार आया है और उससे यह इंप्लीसिट होगा कि पहले वहाँ की स्थिति बहुत बुरी थी। सब जानते हैं कि पहले 15 सालों में लगातार इन्हीं के शागिर्द का शासन रहा है।

माननीय मंत्री जी ज़रूर बताएँगे कि उक्त प्रदेश में लॉ एंड ऑर्डर की स्थिति में सुधार आ रहा है, यानी आपके आरजेडी और कांग्रेस शासन में जो बुरा हाल था, उसको आपने राष्ट्रपति शासन में सुधारा है।

यह बात हमने 9 अप्रैल, 2005 को कही कि 17 इंडिपेंडेंट और 92 एनडीए को मिलाकर कुल 109 हो गए थे।...एलजेपी के विधायक भी आपस में बात करने लगे। अगर विधायक एनडीए का समर्थन करते हैं तो 'हॉर्स ट्रेडिंग' होती है और आपके साथ आने की बात करते हैं तो रिएलाइनमेंट हो रहा है, धर्मनिरपेक्षता की बात हो रही है? नीयत की बात पर बहस होनी चाहिए। देश में जब तक नीयत नहीं सुधरेगी, ये तकनीकी बातें लोग अपनी मरजी से बोलते रहेंगे। ज़रूरत है नीयत सुधारने की। हम सबको मालूम है कि सरकार की नीयत ठीक नहीं है।... आप विपक्ष के किसी गठबन्धन को मौक़ा नहीं देना चाहते हैं, आप बरदाश्त नहीं कर सकते हैं। आपको लोकतंत्र में यक़ीन नहीं है। रात के 12 बजे इस देश पर इमरजेंसी ठोंकनेवाले आप लोग हैं, इसलिए आपसे बरदाश्त नहीं होता है कि कोई और दूसरा राज करे। कोई ज़रूरी नहीं था कि हम लोगों की सरकार बनती। राज्यपाल के हाथ में यह अख्तियार था, लेकिन यह अवसर किसी को नहीं दिया गया। लोकतंत्र का गला घोंटा गया। यह आपके गले की फाँस बना और बनेगा। हमने कल राष्ट्रपति जी से बात की है और बाहर भी कहा है कि ऐसे राज्यपाल को हटाया जाए, लेकिन मुझे मालूम है कि आप उन्हें नहीं हटाएँगे।'

बहरहाल, इस पुरज़ोर बहस के बाद बिहार में राष्ट्रपति शासन को हटाकर विधानसभा चुनाव घोषित कर दिया गया। इस बीच नीतीश ने संसद में दो मुद्दों पर अपनी बातें रखीं। 18 अगस्त, 2005 को रोज़गार गारंटी विधेयक पर संसद में बोलते हुए नीतीश ने सरकार पर यह कहकर करारा प्रहार किया—

'पहली बार माननीय प्रधानमंत्री जी कह रहे हैं कि 'ग़रीबी हटाओ' का नारा बग़ैर रोज़गार के पूरा हो ही नहीं सकता। यह अनुसन्धान करने में कितना समय लगा? 1970 के दशक से 'ग़रीबी हटाओ' का नारा दिया जा रहा है, लेकिन सरकार को अनुसन्धान करने में 35 साल लग गए कि तब तक ग़रीबी

नहीं हटेगी, जब तक बेरोज़गारी नहीं हटेगी। कांग्रेस 'ग़रीबी हटाओ' का नारा देकर चुनाव जीतती रही और आज सरकार कह रही है कि बेरोज़गारी हटाओ?

मैं आपके सामने रखना चाहता हूँ। इसके शेड्यूल-2 में एप्लीकेशन (आवेदन) देने की बात आती है। गाँवों में कितने ग़रीब हैं, जिन्हें एप्लीकेशन लिखना आता है? यहीं से उनका शोषण शुरू होगा। उसका एप्लीकेशन फ़ॉर्म भरवाने के लिए गाँव का चालाक और होशियार आदमी वहीं से पैसा लेना शुरू करेगा। इतनी फ़ॉर्मेलिटी की क्या ज़रूरत है? आप लिस्ट बना रहे हैं। आपके पास एक-एक हाउसहोल्ड की पिक्चर है। आप ग्राम सभा की बात करते हैं। ग्राम पंचायत के पास उनकी तसवीर है। आप ढिंढोरा पिटवा दीजिए, जो भी विलिंग हैं, जिसे काम की ज़रूरत है, वह आ जाए। इतनी लम्बी-चौड़ी क्लैरिकल फ़ॉर्मेलिटी ग़रीबों के हक़ में नहीं है। आप इसमें जितना लिखा-पढ़ी का काम डालेंगे, इसमें बिचौलिए और दलाल आएँगे। हर लेवल पर उसका शोषण होगा और इसमें जो 60 रुपये का उल्लेख किया गया है, उसका एक हिस्सा दलाल की भेंट चढ़ जाएगा।

आपको बेरोज़गारी भत्ता भी देना है, जब यह केन्द्र की योजना है तो उन्हीं से दिलवाइए। राज्यों की आर्थिक स्थिति ऐसी नहीं होगी कि उन पर आप निर्भर कर सकें।...राज्यों को इसे इंप्लीमेंट करना चाहिए और आप उसकी मॉनीटरिंग करें, तब माना जाएगा कि कुछ हद तक आपने इसे विमर्श करके लागू किया है।'

दलित और महादलित के पक्ष में

दलितों के बारे में हो रही चर्चा के दौरान 24 अगस्त, 2005 को नीतीश ने अब तक के अपने संसदीय जीवन में दिए गए आख़िरी भाषण में कहा—

'इस देश में धर्म बदल लेने से व्यक्ति की जात नहीं बदलती। यह बापूजी ने भी कहा है। यह प्रश्न ईसाइयों में भी है और मुसलमानों में भी है। हिन्दू धर्म में जो जातियाँ हैं, जो आज अनुसूचित जाति मानी जाती हैं, उसी प्रकार की जातियाँ मुस्लिम सम्प्रदाय में हैं, उनको अनुसूचित जाति की सुविधा नहीं मिलती, यह अन्यायपूर्ण है। वह हर प्रकार से शोषण के शिकार होते रहे हैं। उनका पेशा एक है। हम खुले तौर पर कहना चाहते हैं कि मुसलमानों में जो दलित जातियाँ हैं, उनको भी अनुसूचित जाति में शामिल करना चाहिए। यह एक प्रश्न है, जिसका समाधान होना चाहिए। यह सबको मालूम है कि यहाँ पर किस प्रकार से मुसलमानों की ज़्यादा संख्या हुई या ईसाइयों की ज़्यादा हुई, यह सब धर्म परिवर्तन से हुआ। ऐसी स्थिति में उनकी बुनियादी जात बदलती नहीं है। जिस प्रकार से भी उनको झेलना पड़ता है, उसी प्रकार की उपेक्षा का शिकार वह भी होता है, चाहे वह ईसाई हो या मुसलमान हो, हर जगह होता है। यह जो सिद्धान्त है।

यह आस्था का प्रश्न है। उसमें भी सरकार को आगे बढ़कर जो अनुसूचित जाति में आने लायक़ मुस्लिम जगत की जातियाँ हैं, उनको भी अनुसूचित जाति का दर्जा दिलाए जाने के लिए आपको आवश्यक विधेयक लाना चाहिए। यहाँ से कोई टकराव का सन्देश नहीं जाना चाहिए।

वरना ऐसा अहसास होता है कि इस देश ने कई बार टकराव देखे हैं, इस देश में इमरजेंसी लागू हुई है और इस देश में कमिटेड ज्यूडिशियरी की भी बात हुई है और आज वे लोग फिर से सत्ता में हैं। निष्पक्ष ज्यूडिशियरी होनी चाहिए और सर्वोच्च न्यायालय या न्यायपालिका को जो अधिकार संविधान ने दिया है, हम उसमें किसी प्रकार से हस्तक्षेप नहीं कर सकते हैं।'

किसी भी ज्वलन्त विषय पर नीतीश की राय स्पष्ट होती थी। उसे नए चुनावों का इन्तज़ार था, जो अक्टूबर और नवम्बर 2005 में हुए। पिछले चुनाव के अस्पष्ट नतीजों से सबक़ लेते हुए एनडीए ने इस बार नीतीश कुमार को ही भावी मुख्यमंत्री का चेहरा बनाकर सामने रखा।

भविष्य की यात्राओं की बुनियाद

नवम्बर 2005 के विधानसभा चुनाव की तैयारियों के बारे में नीतीश बताता है—

'बहरहाल, उन दिनों विधानसभा भंग हो जाने से बिहार की राजनीति में निराशा का आलम छाने लगा था और विधायकों की एक असन्तोष-भरी तसवीर भी उभरने लगी थी। राष्ट्रपति शासन पहले से ही लगा हुआ था। तब मेरे मन में न्याय-यात्रा का विचार आया।

मुझे लगा कि यही समय था जब जनता की अदालत में जाकर न्याय और विकास की बात की जाए। उस समय लोगों के बीच जाकर अपने विकास के सपने के बारे में बातें करके लगा कि बहुमत के बाद भी विधानसभा के भंग किए जाने के विरुद्ध जनता की भावनाएँ मुखर थीं। स्पष्ट अन्याय हुआ देखकर उनके मन में अन्याय का प्रतिकार करने का जज़्बा था। इसलिए कहने को तो यह न्याय-यात्रा थी पर जनता और मीडिया का मुखर आक्रोश देखकर जनसभाओं में इस विषय में ज़्यादा कुछ कहने की ज़रूरत ही नहीं पड़ती थी।'

एक बात और समझ में आ गई थी कि जोड़-तोड़ की राजनीति के पीछे सबसे प्रबल कारक स्पष्ट बहुमत का अभाव होता है। इसलिए इस यात्रा में मैंने स्पष्ट जनादेश माँगा था। हर सभा में स्वत:स्फूर्त इकट्ठा हो जाती भीड़ का अदम्य उत्साह, उनकी आत्मीय भागीदारी और बिना किसी शर्तों में लिपटा प्यार देखकर लगा कि कुछ भी हो, बिहार की धमनियों में गौरवशाली अतीत का उष्ण रक्त आज भी उसी ओज से प्रवाहित हो रहा है। तब मैंने बिहार के गौरव की

चर्चा भी बहुत गम्भीरता से शुरू की। मुझे लगातार लगता रहा था कि बिहार के पिछले पन्द्रह वर्षों के राज में समाज का मानसिक, नैतिक और राजनीतिक स्तर ऊपर उठने की बजाय ठहर-सा गया था। शायद अनजाने में ही सब कुछ भ्रम की खोखली दुनिया का हिस्सा बन गया था। नीचे ही गिरता चला गया था। मैं उसी गिरावट पर लगाम लगाने और फिर उसको ऊर्ध्वगामी बनाने की बात करता था। इस पतन को रोकने और दुरुस्त करने के लिए मेरे पास ठोस कार्यक्रम थे जिन्हें मैं जनता के सामने बड़ी ईमानदारी से रखता था। यह तो निर्विवाद सत्य है कि ग्रामीण अर्थव्यवस्था को मज़बूत करने के लिए सबसे पहले आवश्यक है सड़क। उसके बाद तो गाँव को सुदृढ़ बनाने की बाक़ी सुविधाएँ अपने आप ही पहुँच जाती हैं।

मैं जानता था कि आख़िर किसी समझदार आदमी के सत्ता में आने की चाहत के पीछे क्या सोच होती है, यही न कि वह अपनी चिन्तन शैली लागू करके समाज में सकारात्मक परिवर्तन ला सके। पर बिहार में परिवर्तन के नाम पर जनता को वैचारिक और भावात्मक अफ़ीम चटाकर इतना ग़ाफ़िल रखा जाता रहा कि उसे बस वोट देने तक का होश रहता। कभी जातीयता के नाम की गोली खिलाकर तो कभी साम्प्रदायिकता का गब्बर दिखाकर ग़रीबों का शोषण बहुत दिनों तक सफलतापूर्वक होता रहा। मुझे इस मिथक को तोड़ना ही था। मुझे लोगों को बताना ही था कि मंडल कमीशन की सिफ़ारिश तो दरअसल, केन्द्र की तत्कालीन वी.पी. सिंह की सरकार ने मानी थी जिसे लागू करना हर मुख्यमंत्री की बाध्यता थी। यह भी उतना ही सच है कि बिहार में सामाजिक न्याय के आन्दोलन को सही मुक़ाम नहीं मिल पाया। क्योंकि उसे गन्तव्य तक पहुँचाने की दिशा में रत्ती भर प्रयास नहीं किया गया।

मैं सोचता था कि यूरोप में जब लोग जंगलों में भटक रहे थे, तब इसी बिहार में पूरी सभ्यता विकसित थी। शहर, गाँव, सरकार, शिक्षा, जल संरक्षण, क्या नहीं था तब हमारे पास! मैं सबसे कहना चाहता था कि हमारी पहचान कुचले-मसले और उठाकर सड़ने के लिए फेंक दिए गए फूल की तरह नहीं है। बहुत पहले ख़्वाजा अहमद अब्बास साहब की एक फ़िल्म आई थी 'शहर और सपना', जिसे राष्ट्रपति पुरस्कार भी प्राप्त हुआ था। उसमें क़ैफ़ी साहब के गाने की एक पंक्ति है—

फिर से खिल सकते हैं, कुचले हुए, मसले हुए फूल,
शर्त बस है इन्हें सीने से लगाना होगा।

मैं इन्हें सीने से लगाने को तैयार था, इन्हें इनकी पुरानी पहचान देने को कृतसंकल्प था। एक ओर था बिहार का तिरस्कृत ग़रीब तबक़ा जो ज़िन्दा भर

रहने की जद्दोजहद में मर रहा था, दूसरी ओर थी सक्षम बिहारी बुद्धिजीवियों की बुझ रहे दीपकों की क़तार। बिहार का बुद्धिजीवी, जो देश चलाने की अकूत क्षमता रखता था, तब बिहार में राजकीय उपेक्षा के कारण मुँह छिपाए फिर रहा था। लेकिन एक आग तो लगी ही हुई थी भीतर-भीतर। पढ़ा-लिखा आदमी इस जलन का कारण जानता था। ग़रीब को आँच तो लगती थी, पर वह कारण से अनजान था।

इतिहास के पन्नों को पलटते हुए मैं पाता था कि जिस भी व्यवस्था ने बुद्धिजीवी वर्ग की अवहेलना की है, उसका पतन निश्चित रूप से हुआ ही है। बिहार में सब कुछ वही हो रहा था जिसको देखकर परिवर्तन की आस बँधती थी। इस यात्रा में मैं लोगों के आगे सारी सच्चाइयाँ रखता था। मैं कहता था कि बिहार में किसी की पहचान के लिए जाति हज़ारों बरस पुरानी सचाई है। इससे इनकार करना मूर्खता ही होगी; पर बिहारी होना उससे भी पुरानी, बड़ी और बेहतर पहचान है यह बात समझाना भी ज़रूरी था। मैंने बिहारी होने के गौरव को बार-बार झिंझोड़ा, इसी मिट्टी से तो सम्पूर्ण क्रान्ति की लहर उठी थी। बहुत दिनों के बाद, मेरी याददाश्त में शायद पहली बार ही, बिहारी पहचान पर पड़ी धूल हटने लगी थी और आत्म-गौरव से चमकता हुआ बिहारी चेहरा लोगों को पसन्द भी आने लगा था। उस यात्रा में बिहारी पहचान के अतिरिक्त मैं सुरक्षा, ग़रीबी, भ्रष्टाचार आदि पर बात तो करता ही था, मेरे और उनके सपनों का बिहार कैसा होगा और वह सपना मैं कैसे पूरा करने की सोचता था, यह सब मैं बताता था। मैं यह भी कहता था कि अगर मुझे मौक़ा मिला तो आगे भी यात्राएँ करूँगा, जनता के बीच बार-बार आऊँगा। उस यात्रा से बहुत-सी बातें मुझे भी समझ में आईं जिससे अन्य यात्राओं की नींव पड़ सकी।'

विधानसभा चुनाव के नतीजे 22 नवम्बर, 2005 को आए जिसमें जेडीयू 88 (20.46 प्रतिशत) सीटों पर जीतकर सबसे आगे रही। दूसरे नम्बर पर आई बीजेपी 55 (15.65 प्रतिशत)। वैसे तो आरजेडी को वोट प्रतिशत सबसे अधिक, 23.45 प्रतिशत रहा लेकिन सीटें काफ़ी कम (54) हो गईं। एलजेपी और कांग्रेस की भी सीटें घटकर क्रमश: 10 और 9 ही रह गईं।

उस दिन नीतीश के दिल्ली वाले सरकारी घर में बेहद गरिमापूर्ण वातावरण था। कोई नारेबाज़ी नहीं, कोई ढोल ताशों की धमक नहीं, कोई पटाखों का शोर नहीं, कोई लड्डुओं की बरसात नहीं, कोई रंग-अबीर की बौछार भी नहीं। अपनी आदत के मुताबिक़ नीतीश अपने कुछ पुराने सहयोगियों के साथ शान्त बैठकर आनेवाले कल की तैयारियों में गम्भीरता से जुटा हुआ था। उसने 24 नवम्बर, 2005 को मुख्यमंत्री पद की शपथ ली।

मुख्यमंत्री का ताज—लोगों के दिलों का राज

नीतीश के नेतृत्व में एनडीए के जीतने की ख़बर 22 नवम्बर, 2005 को आई। अगले दिन, यानी 23 तारीख़ को, उसे दिल्ली से पटना के लिए सहारा इंडिया की फ़्लाइट लेनी थी। उसके साथ आरसीपी, ललन सिंह, शरद यादव और एक अन्य मित्र भी जा रहे थे। दिल्ली हवाई अड्डे पर, बग़ैर किसी तामझाम के, अपना छोटा-सा बक्सा पकड़े, वह सामान्य यात्री की तरह लाइन में खड़ा होकर अपनी बारी की प्रतीक्षा कर रहा था। तभी हवाई अड्डे का कोई कर्मचारी उसकी ओर लपकता हुआ आया और हाथ जोड़कर बोला—

'माफ़ कीजिएगा सर, दूर से देखने पर लगा कि आप नीतीश कुमार हैं! लेकिन तब याद आया कि नीतीश कुमार जी इकोनॉमी क्लास वाली लाइन में क्यों खड़े होंगे? अगेन सॉरी सर!'

इतना कहकर वह कर्मी ख़ुद तो वहाँ से खिसक गया लेकिन अपने पीछे मुस्कानों का एक झरना छोड़ गया!

नीतीश जब जहाज़ से उतरा तो पटना हवाई अड्डे का माहौल ही कुछ अलग था! लोगों ने उसे हाथों-हाथ लपक लिया और फिर वहाँ जो धूम मची उसका वर्णन सम्भव ही नहीं है। नीतीश इधर-उधर न ठहरकर विनय बाबू के सीतायन वाले दो कमरों के फ़्लैट में पहुँच गया। इसमें जो दो कमरे थे, उनमें एक में नीतीश रहता था और दूसरे में जॉर्ज फ़र्नांडिस! उस दिन दोनों कमरे ख़ाली थे। एक में नीतीश तैयार हुआ और दूसरे में आरसीपी और नीतीश की लटक बनकर पटना पहुँचा हमारा रसमंजरिया। उसको वह दिन अब भी याद है—

'पहले तो उस छोटे से फ़्लैट के बाहर खड़ी जोश से पागल भीड़ को चीरकर कमरे में पहुँचना बहुत मुश्किल काम था। उस भीड़ के बीच से निकलना तो और भी मुश्किल! जैसे-तैसे भीड़ को धकियाकर हम चारों बॉस (नीतीश) की ससुराल पहुँच गए! वहाँ भाभीजी ने भोजन की जो अद्भुत व्यवस्था की थी, उसे देखकर ही मेरा मन तृप्त हो गया। मैंने बॉस और भाभीजी को बहुत

दिनों के बाद एक साथ देखा था। उन दोनों की आँखों ही आँखों में हो रही बातचीत देखकर मुझे शब्दों की सीमाओं का पहली बार अनुभव हुआ। मैंने ऐसी समर्पित जोड़ी पहले कभी नहीं देखी थी। मैं इन दोनों को निहारकर ही धन्य हो गया। रात देर गए बॉस के पास बिहार के मुख्य सचिव और पुलिस महानिदेशक साथ-साथ आए। उन्होंने राज्य की मूल समस्याओं के बारे में थोड़ी-सी बातें बताईं। मुझे लगा नहीं कि इन लोगों ने ऐसा नया कुछ कह दिया जिसकी जानकारी बॉस को नहीं थी। दोनों की बातों से लगा कि पूरा प्रदेश निकम्मेपन में बुरी तरह जकड़ा हुआ है। मुझे यह भी लगा कि बॉस की राह आसान नहीं है।'

24 नवम्बर, 2005 को अपार भीड़ के सामने नीतीश ने मुख्यमंत्री पद की शपथ ली। उसके साथ एनडीए के कई मंत्रियों ने भी शपथ ग्रहण किए। मंच पर नीतीश के साथ अटल बिहारी वाजपेयी, लालकृष्ण आडवाणी, फ़ारूक़ अब्दुल्ला, उमा भारती, अरुण जेटली, ओम प्रकाश चौटाला, प्रकाश सिंह बादल समेत एनडीए की पूरी स्टार कास्ट मौजूद थी। मंच के ठीक नीचे, दाहिनी तरफ़, जहाँ अति विशिष्ट लोगों के बैठने की व्यवस्था थी, वहीं बैठी थीं मंजु! अपने पति को विभोर होकर निहारती, उसकी हर बात पर मर्यादित तालियाँ बजातीं, अपनी सुध-बुध बिसराये हुए, साथ बैठे निशान्त का हाथ ज़ोर से पकड़कर अपनी भावनाओं को छिपाने का असफल प्रयास करती मंजु! उनकी वह छवि जिसने भी देखी है, वह क्या उसे कभी भूल सकता है?

हम उन दिनों की चचा की डायरी खँगालते हैं। उसने तो डायरी में बहुत कुछ लिखा है पर यहाँ सिर्फ़ अपने काम की बात निकालकर, अपनी भाषा में, हम आपके सामने रख रहे हैं—

'शपथ लेने के बाद नीतीश सीधे अपने काम में जुट गया। वह पहले तो सेक्रेटेरियट गया जो क़रीब-क़रीब किसी कबाड़ख़ाने जैसा लगता था। फिर वह कई सरकारी महकमों में घूमा। उसके आगे बहुत काम हैं और वह बड़ी निकम्मी टीम के साथ है। पटना बदल-सा गया है। सड़कों पर चल रहा हर आदमी बार-बार कोशिश कर रहा है कि बदले हुए माहौल की ख़ुशबू से तर-बतर हो लिया जाए। बिहार नया बने, चोरी-भ्रष्टाचार न हो, विकास हो—यह सोचकर सब काम करेंगे। नीतीश का इतना रसूख़ होगा, यह मुझे पता भी न था!'

पद सँभालने के बाद नीतीश ने यात्राओं का नया सिलसिला शुरू किया। हम नीतीश की यात्राओं में उसकी कोई ख़ास मदद कभी नहीं कर पाए लेकिन हमारी कई बार की बैठकों में नीतीश ने अपनी कुछ यात्राओं के बारे में टुकड़ों-टुकड़ों में ढेर सारी बातें बताई।

विकास, धन्यवाद, प्रवास, विश्वास और जनादेश यात्राएँ

चुनाव से पहले नीतीश ने न्याय यात्रा की थी। चुनाव के बाद की यात्राओं की कहानी उसने इन शब्दों में बयान की—

'सन् 2005 में, जनादेश' मिलते ही, हम सबने न्याय यात्रा में सीखी गई बातों से सबक़ लेकर आगे के रास्ते की रूपरेखा बनाई जिसमें सबसे पहला क़दम था मुख्यमंत्री का जनता के दरबार में नियम से खड़े होकर लोगों की बातें सुनना और उनके समाधान की तत्काल व्यवस्था करना। जनता यह समझती थी कि उसकी सारी समस्याओं का तत्क्षण निरूपण तो टेढ़ी खीर थी, पर अपना दर्द कह-सुन लेने का अवसर ही नई ऊर्जा और विश्वास का कारक हो जाता था। उसे सरकार के अपने होने का भरोसा होता था। मैं 2006 में तो सत्ता के कील-काँटे ही दुरुस्त करता रह गया, पर आम जनता से मेरा सम्पर्क लगातार बना रहा। 2007 में मेरे दुर्भाग्य ने चरम पर पहुँचकर मेरी अर्द्धांगिनी को मुझसे हमेशा के लिए छीन लिया। इस पारिवारिक हादसे से हुई मेरी व्यक्तिगत क्षति को आम जनों के प्रेम ने ही भरने का काम किया। इसी बीच न चाहते हुए भी मुझे मॉरीशस जाना पड़ा। वहीं मुझे कोसी में आए प्रलयंकर बाढ़ की सूचना मिलते ही मैं उलटे पाँवों बिहार लौटकर रिलीफ़ के काम में लग गया। जनता का अकल्पनीय दर्द देखने से मेरा व्यक्तिगत दुख मुझे इतना छोटा लगा कि मैं कुछ हद तक भुला भी सका। फिर भी जब मैं पल भर के लिए भी अकेला होता था तो मेरी आत्मा पटना से बाहर निकल भागना चाहती थी, लोगों के बीच जाकर खुली हवा में साँस लेने को मेरा मन छटपटाता रहता था, सवेरे से शाम तक जनता के साथ, उनकी ज़मीन पर जाकर, उन्हीं के मुँह से उनकी बात सुनने और उसका समाधान करने की बलवती इच्छा थी मेरी। पर 2008 में कोसी के दोबारा आए प्रकोप ने मुझे कई मोर्चों पर बाँधकर रख दिया। इस बीच लोगों ने बन्द्योपाध्याय कमिटी की रिपोर्ट को लेकर अकारण ही बहुत हाय-तौबा मचाई जबकि मैं खेती और खेतिहरों की दशा में सुधार लाने के लिए शुरू से ही प्रतिबद्ध था। इस अनर्गल प्रचार का ख़मियाज़ा भी मेरी पार्टी को 2009 में हुए विधानसभा के मध्यावधि चुनावों में भुगतना पड़ा पर मैं हर क़ीमत पर जनता से जुड़ा रहना चाहता था। वैसे तो मैं अपने सहयोगी मंत्रियों के साथ राज्य का सघन दौरा करता ही रहता था लेकिन मुझे इन यात्राओं की सार्थकता में कोई कमी हमेशा खटकती रहती थी। मैं जब भी पटना से बाहर निकलता था तो दिन-भर में कम से कम दो-तीन जनसभाएँ ज़रूर सम्बोधित करता था। पर जनसभाओं से मुझे सन्तोष नहीं होता था, क्योंकि उनमें मैं सरकार का पक्ष तो जनता के आगे रख देता था, पर मुझे जो फ़ीडबैक चाहिए था, वह नहीं मिल पा रहा था। मैं तो सवेरे खपरैलों के ऊपर से उठनेवाले धुएँ को अपने अन्दर घुलते देखना चाहता

था, शाम को घर आती गाय की पगध्वनि से हुमकते हुए बछड़े के गले में बँधी नन्ही घंटी की रुनझुन में डूबकर झूमना चाहता था।

अन्त में पगहा तुड़ाकर भागे बैल की तरह मैंने भी सब कुछ छोड़कर 9 जनवरी, 2009 से 'विकास-यात्रा' शुरू की। विकास-यात्रा में मैं यह देखना चाहता था कि पिछले एक वर्ष के दौरान हमने जो हाड़-तोड़ मेहनत की थी, उसका परिणाम क्या हो रहा था? क्या चीज़ें सही लोगों तक पहुँच भी रही थीं? लोगों की सोच और मेरी कोशिशों में कोई विभेद तो नहीं है? सत्ता परिवर्तन के बाद लोगों के मानस को कौन-कौन सी बातें उद्वेलित कर रही थीं? ऐसे ही कई सवालों का जवाब ढूँढ़ने के लिए इस यात्रा में मैं और मेरे साथ सूबे के सभी बड़े-से-बड़े पदाधिकारी गाँव में ही रात बिताते थे जिससे तत्काल निर्णय लिए जा सकें। हर दिन या तो प्रदेश के मुख्य सचिव या उन्हीं के स्तर के विकास आयुक्त (डेवलपमेंट कमिश्नर) साथ होते थे। गाँव में यदि किसी घर में व्यवस्था नहीं हो पाती तो हम सब, उस कड़कड़ाती ठंड में भी, छोलदारियों में रह लेते थे।

इस यात्रा में कई बातें समझ में आईं। गाँव में रहने का तो निश्चित रूप से लाभ था पर उसकी व्यावहारिक सीमाएँ थीं। कई बार किसी भी गाँव में इतनी सरकारी जगह ख़ाली ही नहीं मिलती कि सबके रहने की न्यूनतम सुविधाओं वाली व्यवस्था भी हो सके। इसलिए विकास-यात्रा के अन्तिम चरण और उसके बाद की सभी यात्राओं में हम सब ज़िला मुख़यालयों में रात बिताने लगे। ख़ैर, विकास-यात्रा में हम सब आसपास के गाँवों में चल रही विकास योजनाओं की प्रगति की समीक्षा स्थल पर जाकर करते, गाँवों में दिन बिताते, खेत-खलिहान से लेकर अस्पताल, स्कूल, आँगनबाड़ी सभी जगहों का मुआयना करते और लोगों की बातें ग़ौर से सुनते। यह सब करते-कराते पूरा दिन कैसे निकल जाता, यह पता ही नहीं चलता था। तब तक शाम घिर आती, घर लौटते पशुधन की रँभाने की आवाज़ बन्द होने और धुएँ के छप्परों से निकलकर बादलों में खो जाने के बाद, हमारा संवाद का कार्यक्रम होता। हज़ारों लोगों की भीड़ के आगे सबसे पहले बीस-बाईस मिनटों की कोरियोग्राफ़्ड 'गौरव-गान' नाम की नृत्य नाटिका होती जिसमें बिहार के गौरव और अस्मिता का बड़ा रोमांचक प्रस्तुतीकरण होता। इसका असर फ़ौरन दिखता। दिन-भर के श्रम से थके-बुझे अलसाए चेहरे एकदम से खिल जाते, हज़ारों जोड़ी आँखों में जैसे अनगिनत जुगनू जगमगा उठते और हर सीने से एक लौ उठती जो कंठ में आकर पिघल जाती। मैंने यह कार्यक्रम न जाने कितनी बार देखा है, पर हर बार का रोमांच अलग-सा ही हुआ है जो बढ़ता ही गया है, कभी कम नहीं हुआ। फिर छोटे-से नुक्कड़ नाटक या अन्य नृत्य नाटिका के माध्यम से राज्य में चल रही विकास योजनाओं की बात बताई जाती थी; फिर मैं मंच पर आकर पाँच-सात मिनटों में अपनी बात कहकर आम

लोगों से मंच पर आने को कहता था। पार्टी के कार्यकर्ताओं को समझा-बुझाकर नीचे ही रखा जाता था। मैं यह बात अवश्य कहता था कि कृपया मेरी प्रशंसा न करें, यहाँ सिर्फ़ वैसे सुझाव दीजिए या शिकायतें कीजिए जिनका समाज से ताल्लुक़ हो। व्यक्तिगत समस्याओं को सुनने के लिए मैंने सुबह का समय निर्धारित कर रखा था। जहाँ भी रुकता था, वहीं सुबह साढ़े नौ बजे से लेकर डेढ़ बजे तक जनता के दरबार में खड़े होकर हरेक की व्यक्तिगत मुश्किलों का यथासम्भव समाधान भी कर देता था, पर शाम का यह मंच तो शुद्ध रूप से सार्वजनिक समस्याओं का था।

यह बात लोगों को बेहद पसन्द आई। नतीजतन, मंच पर वैसे लोग आने लगे जिन्होंने पहले कभी बोला ही नहीं था। वे अपनी सीमाओं के बावजूद बताते कि कहाँ भ्रष्टाचार है, कहाँ गड़बड़ी है, या हमारे किस कार्यक्रम को लेकर शिकायत है। मैं लोगों को निडर होकर सच्ची बात कहने के लिए प्रोत्साहित करता था। मैं कहता था कि प्रशंसा पीछे और आलोचना सामने की जानेवाली चीज़ है, तभी परिवर्तन हो सकेगा। तब वहाँ शिक्षक, पंचायत, भ्रष्टाचार आदि पर बेबाक बात शुरू हो जाती थी। मैं इस बात पर भी नज़र रखता था कि मंच से जो बात कही जा रही है, उसके प्रति उपस्थित भीड़ की क्या प्रतिक्रिया है? उससे बात की गम्भीरता का पता चल जाता था। इससे लाख प्रयत्नों द्वारा आँकड़ों के जाल में छिपाए गए तथ्यों का अद्यतन और सही आकलन तत्क्षण हो जाता था। इससे आगे के विकास कार्यक्रमों की रूपरेखा बनाने में बड़ी सहायता मिली। जब लोग अपनी बात कह लेते थे तब मैं उन बातों का सचाई से जवाब देता था। सभा का अन्त सर्वधर्म प्रार्थना के बाद गांधी जी के प्रिय भजन 'वैष्णव जन तो तेने कहिए' से होता था। रात के दस सवा दस बजे, सबकी भरपूर तृप्ति के बाद, यह कार्यक्रम शेष होता था। अगली सुबह, पौ फटने के पहले ही, हम सब जिस गाँव में रुकते वहाँ घूमकर चीज़ों से रूबरू होते फिर साढ़े नौ बजे से जनता के दरबार में और दोपहर बाद अगले ज़िले के लिए प्रस्थान कर जाते थे। नई जगह में फिर से वही कार्यक्रम। इस बीच लोकसभा के चुनावों की घोषणा हो जाने से पूरे राज्य की विकास-यात्रा नहीं हो पाई। चुनाव शेष होते ही, घोर गर्मी में, मैंने भोजपुर आदि बचे हुए ज़िलों में जाकर विकास-यात्रा पूरी की।

2009 में हुए लोकसभा के चुनावों में एनडीए को जनता ने अभूतपूर्व विश्वास और अपरिमित स्नेह दिया था। इससे जनता को धन्यवाद देने की इच्छा बलवती होती चली गई। अन्त में 17 जून, 2009 को 'धन्यवाद-यात्रा' शुरू हुई।

यह भी बेहद महत्त्वपूर्ण यात्रा थी। विकास-यात्रा के बाद आए बदलाव को समझने का यह बड़ा अच्छा मौक़ा था। इस यात्रा में धन्यवाद देने के अतिरिक्त मैंने अपने राज्य को और क़रीब से जानने की गम्भीर कोशिश की। देश ने बिहार

में आ रहे सकारात्मक बदलाव को पहचानना शुरू कर दिया था। परिणामस्वरूप मुझे राज्य के मुख्यमंत्री होने के कारण कई राष्ट्रीय स्तर के पुरस्कार मिले जिसके सच्चे हक़दार तो मेरे राज्य के प्रत्येक वासी थे। तब मेरी यात्राओं का नाम पड़ा 4 से 44 तक। अर्थात् जाड़े की ठिठुरन भरी 4 डिग्री सेंटीग्रेड से लेकर 44 डिग्री सेंटीग्रेड की तपती हुई गर्मी में भी की गई हर यात्रा का समारोह में बदल जाना। और हर समारोह में जनता का भारी संख्या में उत्साह से भाग लेना। इन समारोहों में मैं बिहार गौरव की बात करता था, बिहारी होने के गौरव की बात करता था, और यह भी सोचता था कि बिहार का इतिहास जितना समृद्ध है, उसके शतांश की जानकारी भी बाहर के लोगों की कौन कहे, स्थानीय लोगों को भी नहीं थी। इसलिए 25 दिसम्बर, 2009 से मैंने पुरातात्त्विक दृष्टि से महत्त्वपूर्ण स्थानों पर ही कैम्प लगाना शुरू किया जिसका उद्देश्य तो जनता से संवाद करना था, पर स्थानीय गौरव को नज़दीक से देखने का काम भी उतना ही महत्त्वपूर्ण था, इसलिए इस यात्रा का नाम दिया 'प्रवास-यात्रा'।

प्रवास-यात्रा संस्कृति, इतिहास, पर्यटन आदि कई दृष्टियों से जानकारी बढ़ाने के लिए बेहद महत्त्वपूर्ण थी। इन सभी यात्राओं से बिहार के पुरातत्त्व के ख़ज़ाने के संरक्षण के प्रति नई समझ और नई चेतना आई। तब तक बिहारी होने का गर्व भी देश में चारों ओर दिखने लगा था। इस यात्रा के बाद तो बिहारी होने का गौरव और भी बढ़ गया। पूरे राज्य में जातीयता से ऊपर उठकर अपना क़द नए उत्साह से मापने का काम शुरू हो गया। सबसे पहले मैं राजगीर में सात दिनों तक रहा, जहाँ के आसपास के कई ज़िलों का मैंने निरीक्षण भी किया, साथ में पुरातात्त्विक दृष्टि से महत्त्वपूर्ण जानकारी भी मिली। मेरे साथ इतिहासविद् तथा पुरातत्त्व विशेषज्ञ भी होते थे। इनके सहयोग से बिहार के गौरवशाली इतिहास के प्रति मेरी समझ में बड़ा फ़र्क़ पड़ा। यह भी समझ में आया कि इस जानकारी के प्रसार-प्रचार के अभाव में पर्यटन के विकास की सम्भावनाओं का पूरी तरह से उपयोग नहीं किया जा सका है। तत्काल यह फ़ायदा तो अवश्य हुआ कि अपने क्षेत्र की धरोहर को लेकर स्थानीय लोगों को और भी आत्म-सम्मान का अनुभव हुआ। पता नहीं यह कैसे होता है, मगर यह सच है कि बिलकुल अनजानी जगह में भी पुरातात्त्विक महत्त्व के स्थान मुझे आवाज़ देते से लगते हैं। ज़मीन के अन्दर सदियों से दबी-छिपी इतिहास की घंटियाँ मेरे कानों में अचानक ज़ोरों से बजकर मुझे अपनी ओर बुलाने लगती हैं। ऐसा मेरे साथ एक नहीं अनेकों बार हुआ है जिसकी शुरुआत इस 'प्रवास-यात्रा' से बहुत पहले से हो चुकी थी। कॉलेज की छुट्टियों के दौरान मैं बाबूजी के पास बख़्तियारपुर आ जाता था। थोड़े दिनों के बाद ही मुझे लगने लगता कि नालन्दा के खँडहर और राजगीर की पहाड़ियों से मुझे बहुत कुछ सीखना है। मैंने अपना थोड़ा समय यहाँ भी बिताना

शुरू कर दिया। वहीं मैंने मख़दूम साहब के गर्म पानी के चश्मे और गुरु नानक देव जी शीतल कुंड में डुबकियाँ लगाकर इनकी विशेषताओं के बारे में जाना। जनश्रुति के अनुसार पांडु पोखर भी यहीं है। जैनियों के तीर्थंकर भगवान महावीर और भगवान बुद्ध के जीवन काल की ढेर सारी धरोहरें तो इस पावन भूमि में यत्र-तत्र-सर्वत्र तो हैं ही पर इन धरोहरों के संरक्षण की ओर किसी का ध्यान नहीं था। यहीं मौज़ूद भारत के इकलौते साइक्लोपियन वॉल की दुर्दशा देखकर बड़ी पीड़ा होती थी। मगध साम्राज्य की सुरक्षा के लिए सदियों पहले बनाए गए इस चालीस किलोमीटर लम्बी पत्थर की दीवार अपनी ही सुरक्षा की मोहताज हो गई थी। मैं तब भी जानता था कि जीवन में मैं इस जगह के जीर्णोद्धार के लिए अपना सब कुछ दाँव पर लगाने में भी नहीं हिचकूँगा। 'प्रवास-यात्रा' से जो राजगीर में सुधार के कार्यक्रम शुरू हो गए वे आज तक अनवरत चल रहे हैं।

प्रवास-यात्रा का दूसरा चरण था वैशाली पड़ाव। 2010 की जनवरी 15 से 17 तक मैं वहीं रहा और बिहार की मिट्टी से जुड़े होने के गर्व से अभिभूत हो गया। राजनीति, धर्म, कर्म आदि सब का अद्‌भुत संगम स्थल है वैशाली। फिर मैं बोधगया में 2010 की 27 से 29 जनवरी तक रहा। गया और बोधगया में सनातन और बौद्ध धर्म का सम्यक् बोध होता है। वहाँ भी पर्यटन के विकास की अपार सम्भावनाएँ हैं जिन पर अभी तेज़ी से काम चल रहा है। प्रवास-यात्रा का समापन मैंने फ़रवरी 2010 में सारण ज़िले के चिरांद से किया। चिरांद गंगा, सरयू और सोन नदी के संगम पर स्थित है। अद्‌भुत विस्मयकारी स्थल है यह जहाँ क्रमशः ई.पू. 5,000, 3,000 और 1,500 के स्पष्ट निशान अवशेषों के रूप में मिलते हैं। प्रवास-यात्रा के अन्तिम दिन जनता के दरबार में खड़े होकर मैं इतिहास के पन्नों से निकलकर वर्तमान की चर्चा करता था, अपनी कहता और उनकी सुनता था। इससे जो आपसी समझदारी बनी उसने मुझे विश्वास-यात्रा की प्रेरणा दी।

वैसे तो 'विश्वास-यात्रा' मैंने 29 अप्रैल, 2010 को शुरू की लेकिन 'विश्वास-यात्रा' की नींव दरअसल, 2005 के अन्त में आए बदलाव के साथ ही शुरू हो गई थी। चुनाव जीतने के बाद 2006 तक की प्रायः हर जनसभा में मैं कहता था कि यह सरकार पहले साढ़े चार साल ही काम करेगी, क्योंकि कार्यकाल के अन्तिम छह महीने काम बन्द होकर राजनीति होने लगती है। साढ़े चार साल के बाद मैं पहले आकलन करूँगा कि काम हुआ भी है या नहीं।

अगर मुझे लगेगा कि कुछ काम हुआ है, परिवर्तन स्पष्ट दिखता है तब तो फिर मैं दोबारा वोट माँगने आऊँगा अन्यथा पटना से ही हाथ जोड़कर आप सबसे माफ़ी माँग लूँगा। ज़मीनी हक़ीक़त समझने के लिए, सच पूछिए तो लम्बी यात्रा की सफलता के लिए, यह भी आवश्यक है कि समय-समय पर रुककर पीछे मुड़कर भी देखा जाए।

इसी तरह अपनी सीमाओं तथा जनता की अपेक्षाओं का सही आकलन करना भी परम आवश्यक है। लेकिन सबसे आवश्यक तो यह है कि आपने जो वादे किए हैं और उनको पूरा करने के लिए जो भी योजनाएँ पारित की हैं, क्या उनका कार्यान्वयन सही-सही और जनता की अपेक्षाओं के अनुरूप हो रहा है? मैंने यही सब जाँचने-परखने के लिए 'विश्वास-यात्रा' शुरू की। किसी भी ज़िले का चयन कर लेता था जहाँ कोई बड़ी समस्या रहती थी।

इस क्रम में नक्सल-माओवाद से प्रभावित गाँवों वाले ज़िले मेरी प्राथमिकता में होते थे। ज़िला प्रशासन को थोड़ा पहले बता दिया जाता था कि मैं किस ज़िले में और कब जा रहा था, पर कौन से गाँव में जाऊँगा इसका खुलासा ठीक दो दिन पहले ही करता था। नतीजन मेरे पहुँचने से पहले ही पूरे ज़िले में विकास का काम तेज़ी से होने लग जाता था। इस क्रम में बहुत से पिछड़ रहे काम भी जल्दी हो गए और लोगों को विकास का असली स्वाद मिला। मैं यात्रा के पहले दिन शाम ढलने के बाद गाँव पहुँच जाता था और आसपास के जंगल या आतंकवाद से प्रभावित क्षेत्र का दौरा रात में करता था। फिर सुबह गाँव में घूमता था। पहले तो मेरी आकांक्षा थी कि सम्पूर्ण क्रान्ति के दिनों की भाँति मैं गाँव में लोगों के साथ घूमता और बाद में उनके साथ बैठकर बातचीत करता। पर पहले ही गाँव में लग गया कि भारी भीड़ के कारण यह सम्भव ही नहीं है। घूम-फिर कर हर कोने से किसी अवसरवादी का एक ही चेहरा बार-बार सामने आ जाता था और वह सर्वहारा, जिसका दुख-दर्द बाँटने मैं गाँव गया था, भीड़ में दबता, कुचलता, धक्के खाता किनारे पर खड़ा रहता। उससे मेरा संवाद स्थापित करने का बस एक ही स्थान बचा रहता था, जनसभा। जनसभा में मेरे लिए श्रोता बस वही होता था, दूर किनारे सबके अन्त में खड़ा वह गांधी जी का आख़िरी इनसान! मैं सारी दुनिया भुलाकर, उसी की भाषा में, उसी से और उसी की, उसके परिवार और परिवेश की बात करता था। जब वह मुस्कुरा देता तो लगता कि मैंने अँजुरी भर फूल से किसी देवता की पूजा की है जो स्वीकार ली गई है। और तब मैं वह सब काम देखता जो उसे प्रत्यक्ष या परोक्ष रूप से प्रभावित कर रहे होते थे। चाहे वह जन वितरण प्रणाली की दुकान हो या आँगनबाड़ी केन्द्र, या फिर स्कूल या अस्पताल या ब्लॉक के दफ़्तर और सर्किल ऑफ़िस के सारे रिकॉर्ड, मेरी नज़र से कुछ भी नहीं छूट पाता। मैं सवेरे नौ बजे से साढ़े बारह बजे तक गाँव में रहकर वहाँ की जनसभा के बाद ज़िला मुख़यालय में आकर देखता कि विकास की योजनाओं का हश्र क्या हुआ है? पहले से भेजे गए जाँच के 27-28 बिन्दुओं पर समीक्षा दो बजे से प्रारम्भ होकर देर शाम तक चलती जिसमें दूध का दूध और पानी का पानी हो जाता।

उससे ज़मीनी हालत का सही पता चल जाता और जहाँ आवश्यक होता वहाँ सुधार के लिए आवश्यक निर्णय वहीं ले लिए जाते। फिर पूरे ज़िले की प्रगति की एक रिपोर्ट तैयार करके शाम की जनसभा में उसे बाक़ायदा छपवाकर जनता के सामने रख दिया जाता। इससे मुझे बड़ा आत्मबल मिलता क्योंकि अगर हम शत-प्रतिशत सफल नहीं हो पाए थे तो भी हमारी उपलब्धियाँ कहीं से छोटी भी नहीं थीं। उनका महत्त्व और भी अधिक बढ़ जाता था, क्योंकि एक ओर उन दिनों बिहार प्रकृति की सबसे भीषण विभीषिका से पीड़ित था तो दूसरी ओर केन्द्र सरकार की बेरुख़ी और भी बेदम किए देती थी। इन सबके बाद भी जो चेहरा उभरता था वह किसी सवर्ण या किसी पिछड़े या किसी अल्पसंख्यक का नहीं, आत्मविश्वास से लबरेज़ किसी बिहारी का था, जिसे अपने अतीत पर नाज़ था और जिसे अपने आज पर विश्वास था और जिसे अपना सुनहरा भविष्य अपनी मुट्ठी में क़ैद दिखता था। शाम की सभा के बाद जेडीयू के किसी कार्यकर्ता के घर सहभोज होता जिसमें उत्साहवर्धक बातचीत होती, सबों की सहमति से आगे के कार्यक्रमों की रूपरेखा बनती। वापस आकर बीते हुए दिन-भर में पूरे राज्य की समीक्षा करता, उसके बाद सरकारी फ़ाइलें निबटाता और देर रात गए विश्राम कर पाता। मैंने पाया था कि पिछली सरकारों में प्रशासन बिलकुल बैठ गया था। किसी को कोई पेपर बनाना तक नहीं आता था। मैंने तो अपना कार्यकाल राजकीय अतिथिशाला से प्रारम्भ किया था और तभी मुझे लगा था कि राज्य में प्रतिभा की कमी नहीं है, पर उपयोग न होने के कारण उनमें स्वाभाविक रूप से जंग लग गया था। थोड़ा समय तो लगा पर जब मेरे बार-बार कहने पर अफ़सरों को भरोसा हो गया कि मुझे बस काम चाहिए और काम के सिवा कुछ नहीं चाहिए तो उनका भी आत्म-सम्मान जगा। उनका खोया हुआ आत्मविश्वास वापस आया और धीरे-धीरे वे पावर पॉइंट के माध्यम से अपनी बात कहने में इतने निष्णात हो गए कि दूसरे राज्यों के अधिकारी भी हमारा प्रेज़ेंटेशन माँगकर उसी के आधार पर अपनी रिपोर्ट बनाने लगे।

विश्वास-यात्रा के शेष होते-न-होते चुनाव घोषित हो गए। मैं भी यात्राओं का इतना आदी हो गया था कि चुनाव अभियान का भी नाम हमने 'जनादेश-यात्रा' ही कर दिया!

जनादेश-यात्रा भी अद्‌भुत अनुभव था। मैंने उस बिगड़े मौसम में भी प्रायः तीन सौ जनसभाओं को सम्बोधित किया था। ऐसा एक बार भी नहीं हुआ कि किसी भी कारण से मैं घोषित सभा में नहीं पहुँच पाया। दरअसल, मैं एक बार निकलकर छह-सात दिनों तक क्षेत्र में ही रह जाता था, इसलिए मेरा जनसम्पर्क न तो कभी टूटा, न ही कमज़ोर पड़ा। उधर, पटना में बैठे नेतागण कई बार विपरीत मौसम के कारण उड़ान ही नहीं भर पाए लेकिन मैं दूरस्थ इलाक़ों में रहने

के कारण जनता के बीच पूर्व निर्धारित सभी सभाओं में जा सका। और जनता की शक्ति में हमारे विश्वास की रक्षा जनता ने हम पर विश्वास जताकर की।'

नीतीश और उसकी सहयोगी पार्टियों को 2010 के चुनावों में अभूतपूर्व सफलता मिली। विधानसभा की 243 सीटों में से जेडीयू को 115 और बीजेपी को 91 सीटों पर विजय प्राप्त हुई। आरजेडी को मात्र 22 सीटों से सन्तोष करना पड़ा था। उस शाम नीतीश प्रसन्न होने के बजाय बेहद गम्भीर था। वह जनता के इस अपरिमित विश्वास के बोझ से अभिभूत तो था पर उसका मन लगातार यह सोच रहा था कि इस विश्वास की रक्षा करने के लिए उसे और बहुत कुछ करना होगा, अपनी सीमाओं से भी बहुत आगे जाकर। जनादेश यात्रा के बाद भी नीतीश ने राज्य भर में कई यात्राएँ की। एकाध अपवादों को छोड़कर वह मौक़ा मिलते ही प्राय: हर वर्ष जनता के बीच जाकर खड़ा रहा।

सेवा और अधिकार यात्राएँ

जनादेश-यात्रा के बाद भी नीतीश की यात्राओं का सिलसिला नहीं रुका।

9 दिसम्बर, 2011 को नीतीश ने सेवा यात्रा का आगाज किया। जनादेश यात्रा के दौरान सरकार की विकास योजनाओं या कार्यक्रमों की ज़मीनी स्थिति देखने-समझने के दौरान नीतीश ने देखा कि छोटी-मोटी लोक सेवाएँ हासिल करने के लिए भी आम आदमी को सरकारी विभागों में भ्रष्टाचार का सामना करना पड़ रहा था। नीतीश ने जून 2011 में ही 'बिहार लोक सेवाओं का अधिकार अधिनियम 2011' तैयार करवा लिया था। स्वतंत्रता दिवस की 65वीं वर्षगाँठ पर 15 अगस्त, 2011 को नीतीश ने गांधी मैदान से इस क़ानून को लागू करने की घोषणा की थी। इस क़ानून के तहत जनता को कई महत्त्वपूर्ण लोक सेवाओं को निश्चित समय में मिलने का अधिकार दिया गया। इसमें विलम्ब होने से सम्बन्धित अधिकारियों एवं कर्मचारियों को दंडित करने का प्रावधान भी रखा गया। नीतीश ने इस यात्रा के बारे में स्वयं बताया था कि गाँवों में लोगों के बीच पहुँचकर मौक़ा-मुआयना करना और ख़ासकर भ्रष्टाचार निवारण के लिए यहाँ लागू 'सेवा का अधिकार क़ानून' की सफलता या विफलता का जायज़ा लेना इस यात्रा का मूल मकसद है। ज़मीनी हक़ीक़त तो यह है कि भ्रष्टाचार पर पूरी तरह अंकुश तो नहीं लग पाया लेकिन लोगों को आवास, जाति, चरित्र और आमदनी से सम्बन्धित प्रमाण पत्र, और राशन कार्ड, ड्राइविंग लाइसेंस तथा ज़मीन-जायदाद के दस्तावेज़ दिए जैसी सेवाएँ पाने के लिए सरकारी दफ़्तरों में रिरियाना और घिघियाना नहीं पड़ता। सेवा-यात्रा में नीतीश को पता लग गया कि अब 'जन-अधिकार' की गाड़ी चल पड़ी है। धीरे-धीरे यह रफ़्तार भी पकड़ ही लेगी। अब राज्य के कील-काँटे को

और अधिक चुस्त-दुरुस्त बनाने के लिए यहाँ नए निवेश के रास्ते ढूँढ़ने होंगे। जब तक बिहार बड़े उद्योगपतियों को आकर्षित नहीं कर पाएगा तब तक विकास की गति अपेक्षित नहीं हो पाएगी। इसके लिए केन्द्र सरकार से बिहार राज्य को 'विशेष राज्य' का दर्जा मिलना ही चाहिए। यह बड़ा कड़वा सच है कि बिहार शुरू से ही केन्द्र सरकार की उपेक्षा का शिकार रहा था। उसका वाजिब हक़ भी केन्द्र सरकार नहीं दे रही थी। नीतीश ने बहुत पहले 'ख़ैरात नहीं, अधिकार चाहिए' की हुंकार पटना के गांधी मैदान में भरी थी। अब एक बार फिर केन्द्र से अपना हक़, अपना अधिकार माँगने का वक़्त आ गया था। इसलिए नीतीश ने 19 सितम्बर, 2012 से एक बार फिर चम्पारण से ही 'अधिकार-यात्रा' शुरू की। उसने यहाँ तक घोषणा कर दी कि केन्द्र की सत्ता पर क़ाबिज़ जो भी दल बिहार को विशेष दर्जा देने की बात मानेगा, जेडीयू उसे बिना शर्त समर्थन देगा। उसकी इस घोषणा से विरोधी दलों के पाँव के नीचे की ज़मीन ही खिसक गई। नतीजतन, उसकी खगड़िया, बेगूसराय और मधेपुरा की 'अधिकार यात्रा' की जनसभाओं में सुनियोजित उपद्रवों के मामले भी सामने आए। वर्षों से बेकार बैठे जिन नौजवानों को नीतीश ने 'शिक्षा-मित्र' के रूप में बहाल करके उन्हें काम दिया था, वही अब सरकारी शिक्षकों के बराबर सुविधाओं की माँग कर रहे थे। नीतीश ने उनकी बात सुनी और समझी, बाद में उनकी सहायता भी की लेकिन कुल मिलाकर पूरे देश ने चौंककर अधिकार यात्रा के माध्यम से बिहार को विशेष दर्जा दिलाने की इस माँग को गम्भीरता से लिया। यह मुद्दा धीरे-धीरे इतना गर्म हो गया कि इसकी वजह से बिहार की राजनीति में बड़ा तीखा मोड़ आ गया।

आनेवाले समय की पदचाप

नीतीश की सरकार में सहयोगी पार्टी बीजेपी का रवैया तब तक बहुत समझदारी का था। उनके पास बहुत अनुशासित और बहुत बड़ा कॉडर तो था पर बिहार की जनता की नब्ज़ समझनेवाला नीतीश जैसा सर्वमान्य नेता बिहार में नहीं था। नीतीश की छवि तो बेदाग़ थी ही फिर उसकी दूरदर्शिता और विवेक से निर्णय लेने की क्षमता भी शायद उसकी पीढ़ी में बीजेपी में किसी में नहीं थी। देश में बीजेपी में नई पीढ़ी के प्रमोद महाजन, सुषमा स्वराज, अरुण जेटली, दीनानाथ मिश्र, जगमोहन, बलबीर पुंज, वेंकैया नायडू, नितिन गडकरी आदि जैसे सारे महत्त्वपूर्ण नेताओं से नीतीश की बढ़िया ट्यूनिंग थी। अटल बिहारी वाजपेयी, लालकृष्ण आडवाणी, मुरली मनोहर जोशी, शान्ता कुमार, यशवन्त सिंह, भैरों सिंह शेखावत आदि जैसे पुराने नेताओं से वह हमेशा सम्मान ही पाता रहा था। इनमें से अधिकांश उसके साथ केन्द्रीय मंत्रिमंडल में काम कर चुके थे और

सब-के-सब रेलमंत्री की हैसियत से किए गए उसके कार्य के भारी प्रशंसक थे। रेल मंत्रालय में बैठकर वह हर छोटे-बड़े नेता की जायज़ माँगें बहुत ध्यान से सुनकर उन पर फ़ौरन कार्रवाइ करवा देता। काम हो जाने के बाद वह सम्बन्धित व्यक्ति को स्वयं फ़ोन करके बता भी दिया करता। इससे दिल्ली में उसकी साख सभी दलों के नेताओं में थी। बिहार की बीजेपी में भी सुशील मोदी, रविशंकर प्रसाद, सरयू राय आदि उसके आन्दोलन के दिनों के ही साथी थे। बिहार बीजेपी के ही डॉ. सीपी ठाकुर, यशवन्त सिन्हा आदि उसके साथ केन्द्रीय कैबिनेट में रह चुके थे इसलिए कुल मिलाकर बिहार सरकार की गाड़ी मज़े में चल रही थी। राज्य के वित्त मंत्री सुशील मोदी समाज के हर वर्ग के लिए अपने वार्षिक बजट में पर्याप्त धन राशि का प्रावधान रखते थे। इसलिए 1989 में भागलपुर और 2002 में गोधरा के बाद गुजरात में हुए साम्प्रदायिक दंगों के बाद भी बिहारी मुसलमानों का भरोसा नीतीश में था। वे राज्य की कुल जनसंख्या का बड़ा हिस्सा, क़रीब 17 प्रतिशत थे लेकिन वे परिवर्तन और प्रगति की राह पर चलनेवालों में बहुत पीछे थे। बीजेपी के नीतीश के साथ होने के कारण मुसलमानों का उस पार्टी पर भी अविश्वास घट रहा था। बल्कि सुशील मोदी के अलावा भी प्रेम कुमार, नन्द किशोर यादव आदि कई मंत्री थे जिन्हें मुसलमानों और सिक्खों जैसे अल्पसंख्यकों का विश्वास प्राप्त था। 2020 के विधानसभा के चुनावों के बाद इन तीनों नेताओं को इस विश्वास की बड़ी क़ीमत चुकानी पड़ी थी। बिहार और बिहार से बाहर कुछ ऐसे हिन्दू राष्ट्रवादी नेता थे जिनके प्रति बिहार के मुसलमान सशंकित रहते थे। नीतीश उनके प्रति भी बड़ी ज़िम्मेवारी महसूस करता था। वह डरे और कुचले हुए लोगों की मन:स्थिति ख़ूब समझता था। इसलिए वह नक्सली आन्दोलन को 'लॉ-एंड ऑर्डर' की समस्या के बजाय हमेशा सामाजिक विषमता से उपजी समस्या मानता था। उसने इसका मानवीय समाधान ढूँढ़ने में भी बड़ी सफलता पाई। नीतीश ने नक्सलियों के गढ़ में बैठकर वहाँ विकास के काम करवाए। 'आपकी सरकार, आपके द्वार' कार्यक्रम के माध्यम से उसने हर हाथ को काम दिलवाने की भरसक कोशिश की। इन क्षेत्रों में बिजली, पानी, सड़क, अस्पताल, स्कूल आदि मूलभूत सुविधाओं का जाल बिछाकर उसने लोगों का विश्वास जीतने में अच्छी सफलता पाई है। आज बिहार में उग्रवाद की आँच इतनी ठंडी पड़ गई है कि गया और औरंगाबाद ऐसे नक्सल प्रभावित इलाक़ों के बच्चे आईआईटी और यूपीएससी की परीक्षाओं में आशातीत सफलताएँ पा रहे हैं।

समाज के पिछड़े और अति पिछड़े लोग नीतीश के साथ तो शुरू से ही थे, धीरे-धीरे उसके काम से प्रभावित होकर सवर्ण भी उसकी ओर आकर्षित होने लगे। पुराने ज़माने में लालू के बारे में कहा जाता था कि उन्होंने अपने लोगों से 'भू-रा-बा-ल' साफ़ करने को कहा है। अर्थात् 'भू' से भूमिहार, 'रा' से राजपूत,

'बा' से ब्राह्मण और 'ल' से लाला (कायस्थ) को साफ़ कर दो या सवर्णों को कमज़ोर कर दो। गोकि लालू ने कहीं कहा है कि उनके बारे में अख़बारों के माध्यम से यह अफ़वाह उड़ाई गई है। उसी समय लालू के नाम से ऐसा ही एक नारा उड़ाया गया था, 'प'-'र'-'ब'-'ल' को खा जाओ। इसका मतलब भी ठीक पहले वाले नारे जैसा ही है। अर्थात् 'प' से पंडित (ब्राह्मण), 'र' से राजपूत, 'ब' से बाभन (भूमिहार) और 'ल' से फिर वही लाला (कायस्थ)। पहले राजपूतों को लालू समर्थक माना जाता था। पता नहीं ऐसे नारे कहाँ से उगते थे पर इनके परिणामस्वरूप सभी सवर्णों में भय होना स्वाभाविक था। जेडीयू और बीजेपी दोनों इस नए वोट बैंक को अपनी ओर खींचना चाहती थी साथ ही यह भी कि लालू से छिटके पुराने वोट बिखर न जाएँ। हालाँकि जेडीयू और बीजेपी की विचारधाराओं में स्पष्ट अन्तर थे। मसलन संविधान की धारा 370, अयोध्या भूमि विवाद, सीएए आदि जैसे विवादास्पद मामलों पर दोनों सहयोगी पार्टियों के विचार बिलकुल अलग थे। फिर भी एनडीए में रहते हुए नीतीश को बीजेपी से कभी परेशानी नहीं हुई क्योंकि वहाँ 'कॉमन मिनिमम प्रोग्राम' बना हुआ था जिस पर सरकार मिल-जुलकर काम करती थी। कॉमन मिनिमम प्रोग्राम के बाद हर पार्टी अपने-अपने एजेंडा पर भी सक्रिय रहती थी। गोधरा कांड के बाद बीजेपी में बेहद आक्रामक तेवर वाले, नरेन्द्र मोदी नए नायक बनकर उभरे। वे गुजरात के मुख्यमंत्री थे गोधरा कांड के बाद हुए साम्प्रदायिक दंगे को कहीं-कहीं हिन्दुत्व शौर्य का दर्जा भी मिलने लगा था।

ऐसे काल की छाया देखकर नीतीश को यह बात समझ में आने लगी थी कि अब वाजपेयी जी की सबको साथ लेकर चलनेवाली समेकित राजनीति के दिन लदने ही वाले हैं। अब अगर केन्द्र में एनडीए की सरकार आ भी जाए तो खेल के नियम बदल जाएँगे। अब बीजेपी की आन्तरिक नई नीति हिन्दुत्ववादी हो जाएगी। यहाँ तक कि आडवाणी जैसे हार्डकोर दक्षिणपंथी भी धीरे-धीरे महत्त्वहीन हो जाएँगे। कुछ ही वर्षों में नीतीश की आशंका बिलकुल सच निकली। एकाएक राजनाथ, जेटली, सुषमा, गडकरी जैसे आडवाणी कैम्प से उछाले जा रहे प्रधानमंत्री के सम्भावित नाम धूमिल पड़ने लगे क्योंकि आरएसएस की एक मज़बूत लॉबी से नरेन्द्र मोदी का नाम प्रधानमंत्री के लिए बार-बार सामने आने लगा। नीतीश आनेवाले समय की पदचाप स्पष्ट सुन पा रहा था इसलिए वह नरेन्द्र मोदी से मिलने से परहेज़ करने लगा। जब वह गोधरा कांड के बाद, बहैसियत रेलमंत्री, गुजरात गया था तब उसने प्रोटोकॉल के अनुसार मुख्यमंत्री नरेन्द्र मोदी से रस्मी मुलाक़ात भर की थी। उसे लगने लगा था नरेन्द्र मोदी से आमदरफ़्त बढ़ाने का मतलब है देश-भर के मुसलमानों की नज़र में सन्दिग्ध हो जाना। लेकिन उसे बीजेपी में मोदी की बढ़ रही और अपनी घट रही शक्ति का ठीक से अन्दाज़ नहीं हो पाया था। बहरहाल, बिहार के मुसलमानों में बेचैनी की सुगबुगाहट से उसने

यह तो समझ लिया था कि बिहार के चुनाव प्रचारों में नरेन्द्र मोदी की उपस्थिति भर से ही सारे मुसलमान फिर से लालू की तरफ़ चले जाएँगे जिससे राजद की सीटें अपने आप बढ़ जाएँगी। बीजेपी भी यह समझ रही थी कि इस ध्रुवीकरण से उसे और उसकी सहयोगी पार्टियों को बिहार में नुक़सान पहुँचेगा। इसलिए 2005 के चुनाव के दिनों में नीतीश ने अरुण जेटली और प्रमोद महाजन जैसे बिहार की राजनीति की अच्छी समझ रखनेवाले दोस्तों की सहायता से नरेन्द्र मोदी के लिए बिहार के दरवाज़े बन्द करवा लिए। उन दिनों अख़बारों में नरेन्द्र मोदी को 'नमो' और सुशील मोदी को 'सूमो' कहा जाने लगा था। नमो का अर्थ होता है श्रद्धानत होकर नमस्कार करना जबकि विशाल और भारी-भरकम शरीर वाले जापानी पहलवान सूमो कहलाते हैं। नीतीश के एक मुँह लगे प्यादे ने इस पर कहा भी था कि जब हमारे पास 'सूमो' मोदी पहले से ही है तो हमें किसी 'नमो' मोदी की क्या ज़रूरत? यह बेहद घटिया मज़ाक़ था लेकिन इस बात पर सामने से कोई तीखी प्रतिक्रिया कहीं से भी नहीं आई। इस तरह की छिछोरी बातों से दोनों दलों की बाहर से चिकनी दिखनेवाली दोस्ती की दीवार अन्दर-ही-अन्दर से दरकने लगी थी। नीतीश के बीजेपी के साथ चले आ रहे सरल समीकरण को बहुत बड़ा नुक़सान तब हो गया जब 2006 में उसके बहुत विश्वासी मित्र और बीजेपी नेता प्रमोद महाजन की हत्या उन्हीं के छोटे भाई ने ही कर दी। पुराने जानकार लोग बताते हैं कि प्रमोद को विपरीत गुण धर्मों की पार्टियों को आपस में जोड़ने की कला ख़ूब आती थी। आडवाणी की रथयात्रा का सारा दारोमदार उन्हीं के मज़बूत कन्धों पर था। अगर मोदी आडवाणी के सारथी थे तो प्रमोद थे उनके लक्ष्मण, जो आडवाणी पर होनेवाले हर प्रहार को अपने ऊपर झेल लेते थे। संसद में उनके बोलने के लिए खड़े होते ही सारा माहौल बदलकर संजीदा हो जाता था। संसद में जब नीतीश कोई बात कह रहा होता तो प्रमोद उसका पुरज़ोर समर्थन करते और जब प्रमोद महाजन की संसद में कुछ कहने की बारी आती तो नीतीश अपनी वाक्पटुता से उसे और भी धारदार बना देता। उनकी हत्या से नीतीश और बीजेपी के बीच के पुल का एक मज़बूत पाया ही टूट गया। इसके बाद, 2007 में, जब नीतीश मॉरीशस गया हुआ था, बिहार की कोसी नदी में भीषण बाढ़ आ गई थी। जानकार लोगों ने इस विभीषिका को प्रलय कहा था। नीतीश फ़ौरन भागकर वापस आया था और आते ही उसने कमान अपने हाथों में सँभालकर अपने घर में ही आपदा नियंत्रण कक्ष स्थापित कर लिया था। वह लगातार हर आपदाग्रस्त क्षेत्र में स्वयं दौड़कर हर गतिविधियों पर कड़ी नज़र रख रहा था। बाढ़ पीड़ितों के लिए सुरक्षित आवास, भोजन, पानी, चिकित्सा और नए वस्त्रों की व्यवस्था अविलम्ब हो गई। हर व्यक्ति को स्टेनलेस स्टील की नई थालियाँ, कटोरियाँ और गिलास दिए गए। इतना ही उसने माल-जाल

की बाढ़ से सुरक्षा के लिए भी पहली बार मेगा शिविरों की व्यवस्था करवाई। इन शिविरों में बच्चों की पढ़ाई, बीमारों की दवाई, गर्भवतियों की जचगी, मृतकों के अन्तिम संस्कारों की कार्रवाइ और बाद में बाढ़ से हुए नुक़सान की भरपाई का भी दुरुस्त इन्तज़ाम हो गया। नतीजतन, इतनी बड़ी आपदा के बाद भी कोई महामारी नहीं फैली जिसकी प्राय: ऐसे हर हादसे के बाद आशंका बढ़ जाती है। उसके इस अकल्पनीय और प्राय: असम्भव से लगनेवाले प्रयास से कोसी की बाढ़ से हो सकनेवाले भारी नुक़सान पर नियंत्रण पाया जा सका था। इस त्रासदी से मिले अनुभवों का सबसे बड़ा लाभ तुरन्त मिल गया जब 2008 में एक बार फिर वैसी ही प्रलयकारी बाढ़ बिहार में आई। कोसी ने फिर अपने विकराल और विनाशकारी रूप में बढ़-चढ़कर झपट्टा मारा था। पर एक बार यही सब झेल चुका बिहार अब इस आपदा का मुक़ाबला करने के लिए कमर कसकर मज़बूती से खड़ा था। आनन-फ़ानन में युद्ध स्तर पर मेहनत करके स्थिति पर क़ाबू पा लिया गया। इस बार इस त्रासदी के सफल प्रबन्धन के बाद सारे देश ने नीतीश और उसकी टीम की आपदा प्रबन्धन क्षमता का लोहा मान लिया था।

25 अप्रैल, 2015 की दोपहर में नेपाल में ऐसा जोरदार भूकम्प आया कि उसके झटकों से पूरा बिहार हिल गया। ऐसी अफ़रा-तफ़री मच गई कि लोग बदहवास होकर सड़कों और खुले मैदानों की तरफ़ बेतहाशा भागे सबसे ज़्यादा दहशतगर्दों की तादाद पटना में थी। पटना का गांधी मैदान, ईको पार्क और सारे उद्यान लोगों से अटे पड़े थे। नीतीश ने आपदा प्रबन्धन की कमान फ़ौरन अपने हाथों में सँभालते हुए प्रशासन को पूरी तरह एलर्ट मोड में तैयार कर लिया और ख़ुद पूरे शहर में, ख़ास तौर से गांधी मैदान और ईको पार्क जैसी जगहों पर सारी रात संयमी संत की तरह घूम-घूमकर लोगों के लिए भोजन-पानी और आराम कर सकने की व्यवस्था दुरुस्त करता रहा। गीता में भी कहा गया है कि जो समय सामान्य लोगों के लिए रात्रि है, उस समय में संयमी जागते हैं,

या निशा सर्वभूतानां तस्यां जागर्ति संयमी।

सूर्योदय के ठीक पहले एक दिव्यांग व्यक्ति ने नीतीश के साथ गए एक अधिकारी का हाथ पकड़कर बड़े भावुक स्वरों मेंकहा था कि उसे नीतीश बाबू में आज श्री कृष्ण का रूप दिखा था।

इन सब तारीफ़ों से बेख़बर नीतीश, भूकम्प के अगले झटके से निबटने की तैयारियों में मशगूल था। भूकम्प का अगला बड़ झटका कुछ ही दिनों के बाद आया भी पर तब तक नीतीश ने आपदा प्रबन्धन के ऐसे पुख़्ता इन्तज़ाम करवा लिए थे कि पिछली बार की तुलना में घबराहट और भगदड़ का नामोनिशान तक नहीं दिखा। नीतीश के आदेश से बिहार में भवनों के निर्माण में भूकम्परोधी

उपायों को अपनाया जाना अनिवार्य कर दिया गया है। नीतीश ने पटना में ही बेस आइसोलेशन भूकम्परोधी तकनीक से सरदार पटेल भवन का निर्माण कराया है। भारी से भारी भूकम्प को झेल सकने वाला यह देश का ऐसा छठा या सातवाँ भवन है।

नीतीश की आगे रहकर आपदा से लड़ने की प्रतिबद्धता का लोहा पटना में रहनेवालों ने एक बार फिर 28, 29 और 30 सितम्बर, 2019 को मान लिया। इस बार तीन दिनों की लगातार हुई बारिश में पटना के बहुत सारे इलाक़े जलमग्न हो गए थे। वहाँ से पानी निकालने के लिए लगाए गए पम्प भी खामोश होने लगे थे। तब भी नीतीश ने सारी सारी रात, घुटनों भर गन्दे पानी में उतरकर, इन्तज़ामात का जायज़ा लिया था और प्रभावित लोगों को हर सम्भव सहायता फ़ौरन पहुँचवा दी थी। उसकी दूरदर्शिता का ही परिणाम यह हुआ कि ऐसे ख़तरनाक हालातों में, पानी उतर जाने के बाद भी कोई महामारी नहीं फैली। उसके व्यक्तिगत दिशा-निर्देश में घर-घर में शुद्ध पानी, ताजा खाना और ज़रूरी दवाइयाँ पहुँचाई जाती रहीं।

आपदा प्रबन्धन की बदलती तसवीर

2008 में बाढ़ के वक़्त देश के हर कोने से बिहार में सहायता के लिए लोग धन भेजने लगे थे।

नीतीश ने किसी से कोई भी सहायता स्वीकारने की तीन शर्तें रखीं। पहली कि किसी की उतरन यानी पुराने कपड़े या बरतन आदि नहीं लिए जाएँगे। दूसरी कि सारी नक़द सहायता सिर्फ़ राज्य सरकार के पास जमा की जाएगी और तीसरी कि आवश्यक दवाइयाँ सिर्फ़ रेडक्रास सोसाइटी के माध्यम से ली जाएँगी। पुराने अनुभव में आया था कि अधिकांश स्वयंसेवी संस्थाएँ ऐसी प्राकृतिक आपदाओं के समय में सहायता कम और आत्म प्रचार में ज़्यादा लगी रहती हैं। आर्ट पेपर वाली चमचमाती अन्तरराष्ट्रीय पत्रिकाओं के अन्दर जो प्रतिनिधि बिहार की भूखी-नंगी तसवीरों के बीच मसीहा बनकर मुस्कुराता हुआ खड़ा दिखता है वह सचाई से बिलकुल परे सन्देश देता है। इसलिए रेडक्रास को छोड़कर नीतीश ने इनकी सहायता लेने से विनम्रतापूर्वक मना कर दिया था। उसने अपने आन्तरिक स्रोतों से ही इतनी अच्छी व्यवस्था कर ली थी कि किसी भी आपदा से निपटने के लिए बिहार को किसी ख़ैरात की ज़रूरत नहीं थी। इस पूरे काम में कुछ हज़ार करोड़ रुपये लग गए। केन्द्र में बैठी कांग्रेस सरकार ने जो आर्थिक सहायता देने का वायदा किया था, वह भी पूरा नहीं किया। फिर भी नीतीश की सरकार के कर्मठ कर्मचारियों ने मिलकर बेड़ा पार लगा ही लिया। जनता ने राहत की साँस ली। गुजरात सरकार से भी पाँच करोड़ रुपयों की सहायता राशि प्राप्त हुई थी।

यह बात आई-गई हो गई। नीतीश ने इस उदारता का बहुत सहजता से कृतज्ञता ज्ञापन किया। राज्य की विपदा से निबटने के बाद नीतीश ने जब देश की तेज़ी से बदल रही राजनीति की ओर देखा तो परेशान हो उठा। देश में अगले प्रधानमंत्री के तौर पर नरेन्द्र मोदी का नाम धीरे-धीरे उभरने से नीतीश असहज होने लगा था। इसलिए नहीं कि उसे बीजेपी या नरेन्द्र मोदी से कोई व्यक्तिगत बैर था, वह बस मोदी के नाम के साथ नत्थी साम्प्रदायिक विचारों से घबराता था। यह उसकी अकेले की सोच नहीं थी। बीजेपी के बाहर ही नहीं, बीजेपी के अन्दर भी एक तबका था जो मोदी को प्रधानमंत्री के रूप में देश का भविष्य सौंपने में हिचकिचाता था। यह हिचकिचाहट कुछ तो इस वजह से भी थी कि ये सब लोग भी केन्द्र की राजनीति में वर्षों से महत्त्वपूर्ण पदों पर क़ाबिज़ थे, बीजेपी में अपने को मोदी को वरिष्ठ मानते थे और स्वयं प्रधानमंत्री पद की लालसा रखते थे। शेष लोग सिद्धान्ततः बीजेपी को धुर दक्षिणपंथी होने से बचाना चाहते थे क्योंकि गोधरा कांड के बाद खाड़ी के देशों तथा अमेरिका और यूरोप के उदारवादी देशों में बीजेपी की किरकिरी हुई थी। लेकिन संघ परिवार की सोच इन सबसे अलग थी। भारत को सशक्त हिन्दू राष्ट्र बनाने के लिए 'अगर-मगर' वाला नेता उन्हें अब मंज़ूर नहीं था।

समय की रेत पर लिखी एक पुरानी इबारत

उनकी सोच से भारत देश का नेता ऐसा होना चाहिए था जो देश के अल्पसंख्यकों के तुष्टीकरण की नीति छोड़कर बहुसंख्यकों के हितों को भी समग्रता से देखे, जो कश्मीर और आसाम जैसे अल्पसंख्यक बहुल सीमावर्ती राज्यों का रंग भी भगवा कर सके।

देश की तेज़ी से बदल रही परिस्थिति को समझने के लिए थोड़ा पीछे घूमकर देखना होगा।

1971 में बाँग्लादेश के पाकिस्तान से अलग कर दिए जाने के समय से ही पाकिस्तान की सरकार भारत से बदला लेने के लिए तिलमिलाती रहती थी। पाकिस्तान के हुक्मरानों की शह पर वहाँ की आतंकवादी शक्तियाँ और भारत से भागकर वहाँ जा बसे अवैध हथियारों के तस्कर तथा ड्रग्स के माफिया सरगना भारत में अस्थिरता पैदा करने के लिए कुछ न कुछ षड्यंत्र रचते ही रहते थे। इसके लिए मुम्बई, गोवा और गुजरात सहित भारत के पश्चिमी समुद्री तटों और राजस्थानी रेगिस्तान से पाकिस्तान में बैठे दाऊद इब्राहीम की शह पर ख़ुराफ़ातों की बौछार होती रहती थी। अहमदाबाद में बैठा गैंगस्टर अब्दुल लतीफ़ दाऊद का पक्का यार था। लतीफ़ अवैध शराब के कारोबार के अलावा संगमरमर के

व्यापारियों से जबरन वसूली, अपहरण, फिरौती, डकैती, ब्लैकमेल आदि करने के लिए कुख्यात तो था ही, वह हथियारों सहित हर प्रकार की तस्करी का उस्ताद भी था। बताया जाता है कि 6 दिसम्बर, 1992 को बाबरी मस्जिद के ढाँचे के गिरने के बाद दाऊद के इशारों पर लतीफ़ की टीम ने भारत में दंगे शुरू करवा के नया बवाल शुरू किया। एकाएक साम्प्रदायिकता का काला धुआँ भारत के पश्चिमी छोर पर फिर से मँड़राने लगा। यह भी कहा जाता है कि लतीफ़ ने ही देश में आतंक फैलाने के लिए पाकिस्तान से एके 47 जैसे हथियारों की बड़ी खेप स्मगलिंग के ज़रिये मँगाई थी। देश में जहाँ-तहाँ दंगे-फ़साद होने लगे थे। आतंक के इस ज़हर के पहले डोज़ का असर कम भी नहीं हो पाया था कि 12 मार्च, 1993 को मुम्बई में सिलसिलेवार ढंग से 12 जगहों पर धमाके हुए। इसमें क्रमश: 257 मारे और 713 लोग घायल हुए थे। इसे भारत में मुसलमानों पर हो रहे तथाकथित अत्याचारों और अयोध्या में हिन्दुओं द्वारा बाबरी ढाँचे के गिराए जाने का बदला लेना बताया गया। इससे देश में साम्प्रदायिक तनाव बढ़ने लगा। बिहार की अन्तरराष्ट्रीय सीमा के कुछ नौजवानों के नाम भी आतंकवाद के लपेटे में आए। बम्बई ब्लास्ट के मामले में सुप्रीम कोर्ट के फ़ैसले के मुताबिक़ इस घटना का मास्टर माइंड दाऊद ही था। भारत में वैसे उसके सहयोगी कई बदमाश थे पर हथियारों की सप्लाई और हीरा-सोना जैसे बहुमूल्य पदार्थों की स्मगलिंग के लिए लतीफ़ उनमें सबसे मज़बूत माना जाता था। 10 अक्टूबर, 1995 को लतीफ़ को गुजरात एटीएस, सीबीआई और दिल्ली पुलिस ने जॉइंट ऑपरेशन में पकड़ा। कहा जाता है लतीफ़ के पास जो स्मगलिंग से आई काफ़ी बड़ी तादाद में एके 47 राइफ़लें थीं वह सब उसका ड्राइवर ले उड़ा था। सोहराबुद्दीन शेख नाम था उस ड्राइवर का। ये राइफ़लें पुलिस ने मध्य प्रदेश के उज्जैन ज़िले में सोहराबुद्दीन के घर से 1995 में बरामद कर लिए थे। इसलिए मुम्बई ब्लास्ट के सिलसिले में सोहराबुद्दीन का नाम भी बतौर हिस्ट्रीशीटर आया था। इस बीच 28 नवम्बर, 1997 को लतीफ़ अहमदाबाद क्राइम ब्रांच से हुई मुठभेड़ में मार गिराया गया। लतीफ़ के मरते ही सोहराबुद्दीन शेख का नाम नए डॉन के रूप में उभरा। गुजरात पुलिस के मुताबिक़ सोहराबुद्दीन के सम्बन्ध अंडरवर्ल्ड डॉन दाऊद इब्राहिम के साथियों और लश्कर-ए-तैयबा व पाकिस्तान के आइएसआई से थे। इसके बाद सोहराबुद्दीन पर हत्या, तस्करी, एके-47 राइफ़लों का अवैध ज़ख़ीरा रखने के अलावा गुजरात और राजस्थान के व्यापारियों से जबरन वसूली के कई मुकदमे दर्ज हो गए। सोहराबुद्दीन पर चरमपंथी संगठन लश्कर-ए-तैयबा के साथ जुड़े होने, मध्य प्रदेश, गुजरात, राजस्थान और आन्ध्र प्रदेश में हथियार सप्लाई करने के आरोप तो थे ही लेकिन जो उस पर सबसे संगीन इल्ज़ाम लगाया गया वह था नरेन्द्र मोदी की हत्या की साज़िश रचने का।

गुजरात सरकार की मानें तो सोहराबुद्दीन आतंकवादी था जो राज्य के तत्कालीन मुख्यमंत्री नरेन्द्र मोदी को मारने की फ़िराक में था। पुलिस की रिपोर्ट के मुताबिक़ उसे हैदराबाद में 22 नवम्बर, 2005 को उसकी पत्नी कौसरबी और साथी तुलसी प्रजापति के साथ गिरफ़्तार किया गया था। 26 नवम्बर, 2005 की सुबह सोहराबुद्दीन पुलिस एनकाउंटर में अहमदाबाद में मारा गया। उसकी पत्नी, कौसरबी, न जाने कहाँ गुम हो गई जिसका कोई पता नहीं चला। सोहराबुद्दीन का साथी और उसके एनकाउंटर का आख़िरी चश्मदीद गवाह, तुलसीराम प्रजापति भी गुजरात के ही बनासकांठा ज़िले में पुलिस एनकाउंटर में मारा गया। 2004 से 2014 तक केन्द्र में कांग्रेस की सरकार थी। उसने यह मामला सीबीआई को सौंप दिया था। सीबीआई ने सोहराबुद्दीन की हत्या के सिलसिले में गुजरात के तत्कालीन गृह राज्यमंत्री, अमित शाह को 2010 में गिरफ़्तार करके रिमांड पर भेज दिया था। अमित शाह तब गुजरात के मुख्यमंत्री नरेन्द्र मोदी के दाहिने हाथ माने जाते थे। 2023 में, आज भी, देश के गृह मंत्री की हैसियत से, वे प्रधानमंत्री नरेन्द्र मोदी के सबसे विश्वसनीय सहायक और मित्र हैं। दक्षिणपंथियों के लिए अमित शाह की गिरफ़्तारी का मतलब था नरेन्द्र मोदी पर सीधा आक्रमण। सोहराबुद्दीन के मामले में अमित शाह की गिरफ़्तारी से एक ख़ास विचारधारा रखनेवालों के लिए नरेन्द्र मोदी 'हिन्दू, हिन्दी, हिन्दुस्तान' के पर्यायवाची बन गए। गुजरात को तरक़्क़ी के रॉकेट पर चढ़ाकर आगे बढ़ाने की वजह से मोदी की प्रशासनिक प्रतिभा के डंके बजने लगे थे। इसलिए प्रधानमंत्री पद के लिए बीजेपी और हिन्दुत्ववादियों का सबसे पसन्दीदा प्रत्याशी होने से उन्हें कौन रोक सकता था?

यहाँ रुककर इस सिलसिले में नीतीश की मानसिकता समझने की ज़रूरत है। वह अपने एसवाईएस के दिनों से ही बाबा साहब आम्बेडकर और भारत के संविधान में लिखे धर्मनिरपेक्षता के सिद्धान्तों पर अदम्य विश्वास रखता आया है। वह देश की शुरू से बनी धर्मनिरपेक्ष छवि को बचाए रखने के लिए किसी भी धुर दक्षिणपंथी नेता को प्रधानमंत्री बनाने के विचार का यथाशक्ति विरोध करता था। इधर उसके मंत्रिमंडल में शामिल दक्षिणपंथी विचारधारा वाले कुछ मंत्री 'हर-हर मोदी, हर घर मोदी' का मंत्र जाप करने लगे थे। नीतीश उसे चिढ़ानेवाले इस नए चलन को जानबूझकर बहुत महत्त्व नहीं देता था। उसे लगता था कि नारे लगानेवाले इन नेताओं की अपनी ही पार्टी में कोई ताक़त, कोई सुनवाई नहीं थी इसलिए अपनी पहचान बनाने के लिए ये सब इधर-उधर टरटराते रहते थे। उसका यह आकलन सही नहीं था क्योंकि इन नाच रही कठपुतलियों की डोर किसी और जादूगर की उँगलियों में थी। बिहार में बीजेपी के सर्वाधिक स्वीकृत चेहरे, सुशील मोदी ने सार्वजनिक रूप से नीतीश को प्राइम मिनिस्टर मैटेरियल

बताकर फ़िज़ा बदलने की कोशिश भी की थी लेकिन इस बयान की क़ीमत उन्हें 2020 में चुकानी पड़ी जब उन्हें राज्य की राजनीति से खींचकर राज्यसभा भेज दिया गया। उनके साथ ही बिहार बीजेपी के कुछ और बड़े नाम भी हाशिये पर लटका दिए गए। ये सब नीतीश की सरकार में वर्षों से कैबिनेट मंत्री रहे थे।

फिर आ गया 2009 का मई महीना। एनडीए के प्राय: सभी घटक चाहते थे कि उनकी ओर से प्रधानमंत्री का चेहरा लालकृष्ण आडवाणी ही हों। इस सिलसिले में 10 मई को लुधियाना में सभी घटक दलों के मुख्यमंत्रियों को एक विशाल जनसभा को सम्बोधित करने बुलाया गया था। नीतीश के लिए इस सभा के आयोजकों ने चंडीगढ़ तक चार्टर्ड प्लेन की व्यवस्था की थी। उसके साथ गए एक सरकारी अधिकारी ने बताया था कि जाते समय 'साहब' बहुत 'अनमने' थे और लौटते समय बिलकुल 'आगबबूला'। इसकी बेहद ख़ास वजह थी। दरअसल हुआ यह कि लुधियाना में जैसे ही नीतीश स्टेज पर पहुँचा वैसे ही कहीं से भाई नरेन्द्र मोदी अचानक प्रकट हो गए। उन्होंने पास आकर झट से नीतीश का दाहिना हाथ अपने बाएँ हाथ में पकड़ा और मुस्कुराते हुए उसे पट से हवा में उठा दिया! नीतीश के लिए यह अत्यन्त अप्रत्याशित था क्योंकि उसके सामने अनगिनत कैमरों के फ़्लैश अचानक चमक उठे थे। इस फ़ोटो में नीतीश के चेहरे पर ज़बरदस्ती ओढ़ी हुई खिसियानी मुस्कान बाक़ी सब कहानी अपने आप बयान कर देती है। नीतीश और मोदी सहित एनडीए के सारे दिग्गजों के इस रैली में भाग लेने से 2009 के चुनाव में आडवाणी या बीजेपी का तो क्या ख़ाक भला हुआ, उलटे दिल्ली में पाँच साल के लिए यूपीए की सरकार फिर से क़ाबिज़ हो गई!

फिर शुरू हुई (आत्म) विश्वास से भरी यात्रा

लुधियाना में मोदी और नीतीश के इस फ़ोटो प्रकरण को किसी जानकार ने इसे 'एडवांटेज मोदी' का फ़तवा भी दे दिया! इसे सुनकर नीतीश कसमसाता रहा पर इधर-उधर अपनी भड़ास निकालने के सिवाय कुछ कर नहीं पाया। साल भर बाद ही बिहार में 2010 के अक्टूबर में विधानसभा चुनाव होने थे। नीतीश 28 अप्रैल से ही 'विश्वास-यात्रा' में राज्य के सुदूर क्षेत्रों में व्यस्त था। तब तक की ऐसी सभी यात्राओं में नीतीश के साथ उसके सहयोगी दल, बीजेपी के कई मंत्री भी होते थे। नीतीश यात्रा के बीच-बीच में एकाध दिनों के लिए पटना आकर सरकारी काम भी तत्परता से निबटा लिया करता था।

उन्हीं दिनों 12 जून से पटना में होनेवाली बीजेपी की राष्ट्रीय कार्यकारिणी की बैठक की ज़ोर-शोर से तैयारियाँ शुरू हो गई थीं। बीजेपी में नीतीश के

हिमायती पटना में इस बैठक के किए जाने के निर्णय से आशंकित थे क्योंकि इसमें गुजरात के मुख्यमंत्री नरेन्द्र मोदी का आना और उनको बड़ी धूमधाम से देश के बहुत सशक्त नेता के रूप में प्रोजेक्ट किया जाना तय था। पटना की दीवारों पर पहले से लिखी पुरानी इबारतों पर एक नए और चमकदार चेहरे वाला पोस्टर चिपकाया जा रहा था।

अपना चचा बुक़रात 11 जून की दोपहर से ही पटना में था। जून महीने में पटना में ऐसी सड़ी गर्मी पड़ती है कि तौबा ही भली। नीतीश उसी शाम अपनी किसी लम्बी यात्रा से थका-हारा, गर्मी में झुलसकर, पटना लौटा था। फिर भी 12 जून की रात नीतीश ने अपने सरकारी घर में बीजेपी के सभी नेताओं की बड़ी दावत रखी थी जिसकी तैयारियाँ वहाँ सुबह से ही चल रही थीं। चचा भी वहाँ कुछ चुगने के चक्कर में 12 की सुबह को ही नीतीश के पास धमक गया था। वह निशान्त के पास बैठकर कई दिनों की दौड़-भाग से थककर सोए हुए नीतीश के जगने का इन्तज़ार कर रहा था। तभी उसके पुराने दोस्त (अब मरहूम) हाजी तक़ी उमर ख़ाँ साहब का फ़ोन आ गया। हाजी साहब नीतीश के ख़ैरख़्वाह थे। उन्होंने पहले चचा से आज के किसी भी अख़बार में छपे विज्ञापन को देखने के बारे में पूछा। चचा ने तब तक कोई अख़बार नहीं देखा था। जब चचा ने बताया कि उसे पटना के अख़बारों में कोई दिलचस्पी नहीं थी तब हाजी साहब ने उसे संजीदा होकर बात सुनने को कहा। उन्होंने कहा, 'ब-ख़ुदा (ईश्वर की सौगन्ध) कुछ लोगों ने इस बार अख़बारों में इश्तहार देकर नीतीश जी के लिए बड़ा महीन ट्रेप बिछाया है। आप नीतीश बाबू से कहिए कि बिहार का हर समझदार मुसलमान नीतीश बाबू की नेकनीयती और ईमानदारी का क़ायल है। बाहर का कोई आदमी चाहे कितनी भी कोशिशें कर ले, हम नीतीश बाबू से अलग नहीं होने वाले। उन्हें इस इश्तहार को बिलकुल नज़रअन्दाज़ कर देना चाहिए।'

यह सब सुनकर चचा फ़ौरन बाहर गया और उसने एक हिन्दी अख़बार ख़रीदकर मामला समझा। 12 तारीख़ को पटना के बड़े हिन्दी अख़बारों में किसी 'बिहार के मित्र' ने काफ़ी रुपये ख़र्च करके एक विज्ञापन दिया था। उसमें कोसी के बाढ़ पीड़ित बिहारियों के लिए गुजरात के मुख्यमंत्री श्री नरेन्द्र मोदी के पाँच करोड़ के महादान को महिमामंडित करते हुए इसके लिए 'बिहार के मित्र' ने उनका आभार व्यक्त किया था। इसमें लुधियाना वाली नीतीश और मोदी की फ़ोटो भी छपी थी। चचा को भी लगा कि यह तो कोई ख़बर नहीं थी, महज़ इश्तहार था नीतीश को इस इश्तहार के बारे में चुप ही रहना चाहिए। लोग अगले दिन ही इसे भूल भी जाएँगे। लेकिन जब तक वह नीतीश के पास पहुँचा तब तक तीर हाथ से निकल चुका था। नीतीश ने अख़बारों से झाँकते अपने और मोदी की फ़ोटो से सब जान और समझ लिया था। उसकी पहली

प्रतिक्रिया थी कि जिस महायज्ञ में हज़ारों करोड़ रुपये ख़र्च हो गए उसमें मात्र पाँच करोड़ की रक़म 'महादान' कैसे हो गई? उसके बिना रिलीफ़ का कौन सा काम रुका? यह सब सोचकर उसने तुरन्त यह रक़म गुजरात सरकार को वापस करने का आदेश दे दिया जिसे गुजरात सरकार ने अपने ख़ज़ाने में फ़ौरन जमा करा लिया। हर किसी समझदार आदमी को वह विज्ञापन थोड़ा अशिष्ट और अनावश्यक लगा। इसलिए रक़म लौटाने का नीतीश का फ़ैसला तो हर किसी के समझ में फ़ौरन आ जाने से उसे पूरे राज्य का मौन समर्थन मिल गया। लेकिन उसके बाद जो हुआ वह पहले किसी की समझ में ही नहीं आया। बिना कोई कारण बताए नीतीश ने उस रात बीजेपी के नेताओं के स्वागत में जो दावत रखी थी, वह भी कैंसिल कर दी। दूर बैठे हम लोगों को लगा कि यह गठबन्धन धर्म के अलिखित नियमों का सरासर उल्लंघन था। क्या नीतीश उसके साथ की गई किसी नीचता का जवाब दूसरी नीचता से दे रहा था? लेकिन यह तो उसके स्वभाव के बिलकुल विपरीत बात थी!

हमने चचा से सामने पत्तल परोसकर फिर से वापस खींचने की उस घटना की वजह समझने की कोशिश की। चचा ने बेहद मायूस होकर कहा—

'ऐसा करके नीतीश ने बीजेपी की गोट ही लाल कर दी! रातों-रात वे 'भगवा विलेन' से 'भगवा विक्टिम' में तब्दील हो गए। इस तमाशे के बाद मुसलमानों के दिलों में बसी नीतीश की तसवीर का रंग चाहे और पक्का न हुआ हो लेकिन न जाने कितने ढुलमुल लोगों का रंग रातों-रात भगवा हो गया। नीतीश की इस ज़रा सी मेहरबानी से बीजेपी के वोट तो शायद बढ़ गए लेकिन नीतीश का कोई ख़ास नुक़सान नहीं हुआ। सोचो ज़रा कि इस इश्तहार के बाद अगर दावत होती तो अख़बार और टीवी वालों के सामने लुधियाना वाली कहानी एक बार फिर से दोहराई जाती। यह दास्तान अगले दिन की सुर्ख़ियाँ बनकर पूरे सूबे में नीतीश के कैरेक्टर के दोहरे चेहरे की झूठी और मनगढ़न्त कहानियाँ फैलातीं। लोगों में यह मैसेज चला जाता कि कहने को तो वह सेक्युलर है पर है वह भी अपने मेहमानों जैसा ही; जिनसे वह मज़े से गलबहियाँ ले रहा है! नीतीश माइनॉरिटी के लिए फ़िक्रमन्द होने की अपनी साफ़-सुथरी इमेज को हमेशा बेदाग़ रखता आया है। उसे वैसी ही बनाए रखने के लिए वह कोई भी क़ीमत देने को हमेशा तैयार रहा है, बड़ी मेहनत से बनाए तब तक के अपने पॉलिटिकल कैरियर तक की भी!'

अपने इस फ़ैसले से नीतीश बिलकुल ख़ुश नहीं था क्योंकि वह स्वभाव से बेहद संवेदनशील और सभ्य है। इसलिए किसी को दावत देकर फिर ऐन वक़्त पर पीछे हट जाने की मजबूरी उसे हमेशा सालती है। इससे फ़ायदा उठाकर लोगों के एक तबक़े ने शिगूफ़ा छोड़ दिया कि राष्ट्रवादी मोदी की तुलना में नीतीश अविवेकी, हठी, घमंडी और मुसलमानों का चापलूस है। हम जानते हैं

कि चचा ने उस दिन कुछ भी नहीं खाया। उस रात उसने अपनी काली डायरी में बस एक लाइन लिखी—

'आज एक मीठे ख़रबूज़े को बेहद कड़वे खीरे में तब्दील होते देखकर मैं बेहद पशेमाँ हूँ।'

इस अप्रिय घटना और उसके फलाफल की चर्चा तो किसी ने नहीं की पर हमारे ज़ेहन में बसी चचा की डायरी की लाइन ने सारी कहानी साफ़ कर दी। इस घटना से पहले बीजेपी और जेडीयू की दोस्ती ख़रबूज़े जैसी थी जिसकी धारियों को बाहर से देखने से लगता है कि इसके अन्दर भी ऐसे ही बहुत से टुकड़े मिलेंगे। लेकिन ख़रबूज़े के अन्दर कोई फाँक नहीं होती। इसके उलट खीरा बाहर से चिकना और एक जैसा ही दिखता है पर इसके अन्दर तीन फाँकें होती हैं। 12 जून की रात को अब तक ठीक चल रहे गठबन्धन का वही हाल हो गया।

नीतीश का 'विश्वास-यात्रा' पर कैबिनेट मंत्री नन्दकिशोर यादव और उप मुख्यमंत्री सुशील मोदी के साथ निकलना पहले से तय था। लेकिन 12 जून की रात को हुई बदमज़गी के बाद बीजेपी के दोनों मंत्री कोई न कोई कारण बताकर साथ गए ही नहीं।

दूसरी बार 2010 में बिहार विधानसभा का चुनाव प्रचंड बहुमत से जीतने के बाद नीतीश कुमार की देश में राष्ट्रीय स्तर पर नेतृत्व कर सकने की छवि बनने लगी थी कि मोदी को टक्कर देने की क्षमता सिर्फ़ नीतीश में है। लेकिन नीतीश विरोधी अफ़वाहों से बाज़ार अटा पड़ा था कि वह हिन्दू विरोधी है, कि वह अन्य लोगों की क़ीमत पर मुसलमानों को आगे बढ़ाने में लगा है, कि नीतीश की शह पर नेपाल से लगनेवाली सीमाओं पर दुनिया-भर के मदरसे और मस्जिद बन गए हैं, कि नीतीश की वजह से बिहार आतंकवाद की प्रयोगशाला बन गया है जहाँ से देश-भर के लिए जेहादी तैयार किए जा रहे हैं आदि-इत्यादि। नीतीश के नाम पर ऐसे कीचड़ उछालने का काम उसके लिए कोई नई बात नहीं थी। राज्य की राजनीति के आरम्भिक दिनों में नीतीश ऐसी ही अफ़वाहों का शिकार हो चुका था जब उसी की जाति के पुराने नेताओं ने उसकी समदर्शी सोच को कुर्मी विरोधी बताकर उसे विधानसभा के चुनावों में दो बार हरवा दिया था। अब ठीक वही सब केन्द्र की राजनीति में हो रहा था। विधानसभा के चुनाव की तारीख़ें तेज़ी से नज़दीक आती जा रही थीं। किसी अन्य विकल्प के अभाव में मीठे ख़रबूज़े से कड़वा खीरा बन गई इस जोड़ी ने 2010 का चुनाव साथ लड़ा भी और बिना नरेन्द्र मोदी की किसी मदद के बहुत बड़ी जीत भी हासिल की।

विश्वास-यात्रा से जगा आत्मविश्वास

वर्ष 2009 नीतीश की 'विश्वास-यात्रा' का

केन्द्रीय चुनाव आयोग ने 2 मार्च, 2009 को 15वें लोकसभा चुनाव की तारीख़ें (16 अप्रैल से लेकर 13 मई तक) घोषित कर दी। उन्हीं दिनों पटना के किसी सिनेमा हॉल में 'स्लमडॉग मिलियनेयर' फ़िल्म लगी थी। इस फ़िल्म को आठ-आठ ऑस्कर पुरस्कार मिले थे। नीतीश को यह फ़िल्म देखने की बड़ी हुमक लगी। चुनाव तारीख़ की घोषणा होते ही आचार संहिता लागू हो गई। सरकारी वाहन पर वह निजी काम के लिए चढ़ नहीं सकता था। नीतीश के पास कोई अन्य वाहन उपलब्ध भी नहीं था। उसने इस फ़िल्म के बारे में इतना कुछ अच्छा सुन रखा था कि उसने यह फ़िल्म हर क़ीमत पर देखने का इरादा बना लिया था। मौज़ आई तो वह 5 मार्च को साइकिल रिक्शे पर ही सवार होकर सिनेमा देखने चला गया। लौटकर उसने रसमंजरिया पार्टी को फ़ोन करके बताया कि उसे फ़िल्म बहुत अच्छी लगी और सबसे इसे देखने की सिफ़ारिश भी की। कुछ लोगों ने नीतीश के रिक्शे पर जाकर फ़िल्म देखने को उसका पब्लिसिटी स्टंट बताया। नीतीश को भला क्या पब्लिसिटी मिलनी थी लेकिन पहले घिसटती हुई चल रही इस फ़िल्म को नीतीश की तारीफ़ के बाद मानो पंख लग गए और पहले पिट रही यही फ़िल्म पटना में हिट हो गई!

वफ़ादारी का इनाम—टिकट चाहिए

इसी साल एक और अनोखी बात यह हुई कि तब तक नीतीश के प्रधान सचिव के पद पर काम कर रहे आरसीपी ने अचानक नालन्दा से लोकसभा का चुनाव लड़ने की इच्छा ज़ाहिर की। सरकारी महकमों में उसे नीतीश के सुरक्षा कवच के साथ-साथ सुदर्शन चक्र भी माना जाता था। इसलिए उसका बिहार में बना रहना नीतीश के लिए महत्त्वपूर्ण था।

चचा की डायरी से पता चलता है कि रामचन्द्र बाबू के चुनाव लड़ने की इच्छा को लेकर 2009 में 13 मार्च, से 19 मार्च तक नीतीश बेहद तनाव में रहा। नीतीश जान रहा था कि अगर आरसीपी ने लोकसभा का चुनाव पहली बार लड़ा तो उसको जिताने के लिए नीतीश उसी इलाक़े से बँधकर रह जाएगा जबकि उसके ऊपर पूरे राज्य की ज़िम्मेवारी थी। इसलिए वह इसके पक्ष में बिलकुल ही नहीं था। उन दिनों आरसीपी मुख्यमंत्री आवास के कैम्पस में ही रहता भी था। आरसीपी तो अपनी बात कहने के बाद हाथ-पाँव मोड़कर घर बैठ गया लेकिन उसकी धर्मपत्नी, श्रीमती गिरिजा देवी, अपने पति की इस माँग को लेकर बहुत मुखर रहीं। उनका एक मुँहबोला भाई हरकारा बनकर दोनों घरों के बीच दौड़ता रहा। अन्त में तय हुआ कि लोकसभा चुनाव के बाद अगर गुंजाइश बनी तो आरसीपी राज्यसभा भेजे जाएँगे। अन्ततोगत्वा 8 जुलाई, 2010 को आरसीपी ने राज्यसभा में जेडीयू के सांसद की हैसियत से शपथ ली। नीतीश ने उसे 2016 में, दूसरी बार भी राज्यसभा में भेजा। आरसीपी पर नीतीश का इस क़दर भरोसा था कि उसने अपने स्थान पर उसे 27 दिसम्बर, 2020 को जेडीयू का राष्ट्रीय अध्यक्ष बना दिया। नीतीश को उम्मीद थी कि राष्ट्रीय अध्यक्ष होने के नाते आरसीपी जेडीयू को क्षेत्रीय पार्टी से ऊपर उठाकर राष्ट्रीय पार्टी बनाने के लिए लगन से काम करेगा लेकिन आरसीपी ने नीतीश को निराश ही किया। 2019 के लोकसभा के चुनावों में बीजेपी और जेडीयू को क्रमश: 17 और 16 सीटें आईं। दोनों ने 17-17 सीटों पर चुनाव लड़ा था। केन्द्र में एनडीए की सरकार बनी। बिहार से बीजेपी के 5 मंत्री बनाए गए। जेडीयू ने समानुपातिक मंत्री पदों की अपेक्षा रखी थी। अगर बिहार में 17 सीटें जीतकर बीजेपी के पाँच मंत्री हो सकते थे तो जेडीयू को भी 5 मंत्री पद मिलने चाहिए थे। अगर यह माँग भी बीजेपी वालों को अधिक लग रही थी तो कयास लगाए जाने लगे कि जेडीयू से कम से कम चार लोगों को मंत्री पद से नवाजा जाएगा, यानी दो कैबिनेट मंत्री और दो राज्यमंत्री। इधर बीजेपी अपनी सहयोगी पार्टियों को सिर्फ़ एक ही मंत्री पद दे रही थी। इस प्रस्ताव पर सहमत होने से बिहार के जेडीयू परिवार के कई समीकरणों के गड़बड़ा जाने की प्रबल सम्भावनाओं को देखते हुए जेडीयू ने मंत्रिमंडल में शामिल होने से इनकार कर दिया। इस एक मंत्री पद बाँटने की कहानी के कारण शिवसेना से भी बीजेपी का मतभेद हुआ। नीतीश ने केन्द्र सरकार के मंत्रिमंडल में जेडीयू के सदस्यों की संख्या और उनके नाम तय करने के लिए अपने राष्ट्रीय अध्यक्ष को प्राधिकृत कर दिया था। जैसे ही जुलाई 2021 में केन्द्र सरकार के मंत्रिमंडल में परिवर्तन हुआ तो लोगों के सामने एक नया आश्चर्य उपस्थित हुआ, जेडीयू से सिर्फ़ एक कैबिनेट मंत्री बनाया गया—आरसीपी! एक झटके में आरसीपी केन्द्र सरकार में इस्पात मंत्री बन गया। इससे जेडीयू में अन्तर्कलह शुरू हो गया

क्योंकि जेडीयू के राष्ट्रीय अध्यक्ष की हैसियत से मंत्री पद के लिए रामचन्द्र प्रसाद सिंह का नाम स्वयं रामचन्द्र बाबू ने ही प्रस्तावित किया था। जेडीयू में एक व्यक्ति एक साथ 2 पदों पर क़ाबिज़ नहीं रह सकता इसलिए उसे राष्ट्रीय अध्यक्ष के पद से 31 जुलाई, 2021 को त्याग पत्र देना पड़ा। इस बीच विभिन्न राज्यों के जेडीयू के कार्यकर्ताओं में आरसीपी को लेकर नई क़िस्म की बेचैनी फैलनी शुरू हो गई। कहा जाने लगा कि मंत्री बनने के बाद आरसीपी जब भी कहीं सरकारी दौरे पर जाता तो वह वहाँ जेडीयू के स्थानीय कार्यकर्ताओं से मिलने में अभिरुचि नहीं लेता। स्थानीय कार्यकर्तागण उसी उत्साह से आरसीपी से मिलने जाते, मानो नीतीश से मिलने जा रहे हैं पर उनकी लम्बी इन्तज़ार की घड़ियाँ कभी ख़त्म होने को ही नहीं आतीं। यह भी कहा जाने लगा कि अचानक आरसीपी के आसपास अधिकतर बीजेपी के कार्यकर्ताओं की भीड़ लगने लगी थी। 2020 के विधानसभा चुनावों में आरसीपी ने ही टिकट बाँटे थे और प्राय: सही प्रत्याशी को टिकट नहीं दिया गया था। जेडीयू को अच्छी संख्या में जीत नहीं मिलने का यह भी कारण माना जा रहा था।

उत्तर प्रदेश का विधानसभा चुनाव फ़रवरी-मार्च 2022 में होनेवाला था। जेडीयू ने उत्तर प्रदेश में बीजेपी के साथ तालमेल करने एवं सीटों के सामंजस्य के लिए आरसीपी को ही अधिकृत किया था। इसकी दो वजहें थीं, पहली तो यह कि वह उत्तर प्रदेश कैडर से ही आइएएस अधिकारी रह चुका था। केन्द्रीय मंत्री होने की वजह से उसकी निकटता बीजेपी के साथ भी मानी जाती थी। आरसीपी की बातों से लगता था कि यह काम चुटकियों में हो जानेवाला था लेकिन सीटों के मामले में वह बीजेपी के साथ जेडीयू का तालमेल बैठाने में सफल नहीं हो सका। अन्ततोगत्वा जेडीयू ने उत्तर प्रदेश के विधानसभा चुनाव में भाग तो लिया लेकिन तब तक बहुत देर हो चुकी थी। जब 10 मार्च, 2022 को चुनाव के नतीजे आये उसमें उसके जेडीयू के किसी भी प्रत्याशी को जीत नहीं मिली। इसके बाद जेडीयू में आरसीपी की साख में बट्टा लगना शुरू हुआ। एक ख़बर यह भी थी कि धीरे-धीरे आरसीपी जेडीयू की अपेक्षा बीजेपी के अधिक क़रीब होता जा रहा है। कुल मिलाकर आरसीपी के विरुद्ध जेडीयू में अविश्वास का माहौल बनने लगा। आरसीपी का राज्यसभा का कार्यकाल 4 जुलाई, 2022 को शेष हो रहा था। वह केन्द्र में इस्पात विभाग का मंत्री था इसलिए अपेक्षा की जा रही थी कि उसे एक टर्म की वृद्धि और मिलेगी लेकिन ऐसा कुछ नहीं हुआ। जेडीयू ने उनके स्थान पर झारखंड के खीरू महतो को राज्यसभा के लिए नामित किया। फिर भी एक आशा बची हुई थी कि गठबन्धन में होने के कारण शायद प्रधानमंत्री उसके कार्यकाल को कम से कम अगले 6 माह तक के लिए बढ़ा दें और इस बीच उसकी राज्यसभा की सदस्यता अगस्त तक एडजस्ट कर

दी जाए। लेकिन ऐसा भी नहीं हुआ। 6 जुलाई, 2022 को आरसीपी ने मंत्री पद से त्याग पत्र दे दिया। काफ़ी दिनों तक अपने मन की भड़ास निकालने के बाद अन्ततोगत्वा आरसीपी ने 11 मई, 2023 को बीजेपी की सदस्यता ग्रहण कर ली।

हम गठबन्धन के सिद्धान्तों के बारे में समझने के लिए बिहार की राजनीति की गहरी समझ रखनेवाले एक सज्जन से मिले। उन्होंने छूटते ही कह दिया कि आज की राजनीति में गठबन्धन बस ज़रा सा बदलकर ठगबन्धन हो गया है। उन्होंने हमें गठबन्धन या ठगबन्धन का सिद्धान्त कुछ इस तरह समझाया—

मान लो कि चुनाव के पहले कुछ दलों ने गठबन्धन करके चुनाव लड़ने का फ़ैसला किया है। सबसे पहले सीटों की संख्या पर निर्णय हो जाता है कि कौन सी पार्टी कितने सीटों पर चुनाव लड़ेगी। यहाँ पर ज़्यादातर समझदारी और कभी-कभी लाठी और भैंस के सिद्धान्त पर फ़ैसले होते हैं। इसके बाद तय होता है कि कौन सी पार्टी किस स्थान से चुनाव लड़ेगी। सभी पार्टियाँ अपने लिए सुरक्षित क्षेत्र की माँग करती हैं जो सम्भव ही नहीं है इसलिए इस स्थिति में घोर हाहाकार मचता है। तब तक नामांकन भरने की तारीख़ सर पर आ जाती है। कई बार तो परिस्थितियाँ समझ में ही नहीं आती हैं कि आख़िर हो क्या रहा है? मसलन, बिहार विधानसभा के 2020 के चुनावों को ही ले लो। एनडीए के साथी थे जेडीयू, बीजेपी, हम और एलजेपी। गठबन्धन के समझौते के अनुसार बीजेपी को अपने हिस्से से एलजेपी को सीटें देनी थी। उन्होंने एलजेपी को 26 सीटें दी। लेकिन एलजेपी के नेता चिराग़ पासवान ने नीतीश बाबू को परेशान करने के लिए 75 से अधिक सीटों पर अपने उम्मीदवार खड़े कर दिए। इनमें 9 नेता ऐसे थे जो मूल रूप से बीजेपी के पुराने सदस्य थे और पार्टी में काफ़ी हनक रखते थे। गठबन्धन धर्म का पालन करते हुए, 12 अक्टूबर को, बीजेपी ने क्रमश: राजेन्द्र सिंह, रामेश्वर चौरसिया, उषा विद्यार्थी, रविन्द्र यादव, श्वेता सिंह, इन्दु कश्यप, अनिल कुमार, मृणाल शेखर और अजय प्रताप को 6 साल के लिए पार्टी से निष्कासित कर दिया क्योंकि वे सभी लोग एनडीए (जेडीयू) के प्रत्याशी के ख़िलाफ़ चुनाव लड़ रहे थे। रोहतास का नोखा विधानसभा क्षेत्र जेडीयू के कोटे में चला गया था इसी प्रकार दियारा क्षेत्र भी जेडीयू के हिस्से में आ गया था। इन दोनों स्थानों पर बीजेपी के पुराने नेता, क्रमश: रामेश्वर चौरसिया और राजेन्द्र सिंह एलजेपी के टिकट पर चुनाव लड़े। ध्यान देने की बात है कि नोखा से रामेश्वर चौरसिया कई बार बीजेपी के टिकट पर चुनाव जीतकर विधानसभा के सदस्य बन चुके थे। वे बीजेपी के प्रवक्ता भी रह चुके थे। इसी प्रकार दियारा से चुनाव लड़नेवाले राजेन्द्र सिंह बीजेपी के उपाध्यक्ष रह चुके थे। यह हुआ ठगबन्धन! यद्यपि बीजेपी ने इन 9 लोगों को 6 साल के लिए पार्टी से निकाला था लेकिन 16 महीनों के भीतर ही इनकी बीजेपी में वापसी हो गई! इन 75 सीटों

पर, जहाँ एलजेपी ने अपने प्रत्याशी खड़े किए थे, कम से कम 40 सीटें ऐसी थीं जहाँ जेडीयू के वोट बैंक में सेंध लगी और जेडीयू का प्रत्याशी पराजित हुआ। इससे इस सन्देह को बल मिला कि एलजेपी और बीजेपी के बीच जेडीयू को हराने के लिए कोई अन्दरूनी ठगबन्धन वाली साँठ-गाँठ रही होगी।'

यह बात 2022 के दिसम्बर महीने की है। देश की राजनीति की अच्छी समझ रखने वाले एक पत्रकार महोदय बता रहे हैं—

'इस नए दौर में बीजेपी की दूसरी पार्टी के लोगों को अपनी पार्टी में खींचकर लाने की प्रबल प्रवृत्ति जाग्रत होती दिख रही है। इसका एक उदाहरण है 23 मार्च, 2022 को मुकेश सहनी की विकासशील इनसान पार्टी के सभी 3 विधायकों का अपनी पार्टी छोड़कर बीजेपी की सदस्यता स्वीकार कर लेना। यहाँ ध्यान देने की बात है कि मुकेश सहनी की पार्टी में आने से पहले ये सभी बीजेपी के सदस्य थे तथा बीजेपी में लौटकर जाने को इन्होंने बड़े फ़ख़्र से घर वापसी बताया था।

2019 में कुछ-कुछ ऐसी ही भितरघात की खिचड़ी अरुणाचल प्रदेश में 11 अप्रैल, 2019 को पकी थी। अरुणाचल प्रदेश की 60 सदस्यों वाली विधानसभा में हुए चुनाव में दो सबसे बड़ी पार्टियाँ क्रमश: बीजेपी (41) और जेडीयू (7) थी। वहाँ बीजेपी की सरकार बनी। इस सरकार को जेडीयू ने बाहर से समर्थन दिया। इधर 16 नवम्बर, 2020 को बिहार में बीजेपी और जेडीयू की सरकार बनी जहाँ यद्यपि बीजेपी के विधायकों की संख्या अधिक थी फिर भी बीजेपी के दबाव में आकर राज्य का नेतृत्व नीतीश बाबू कर रहे थे। 25 दिसम्बर, 2020 को अचानक ख़बर आई कि अरुणाचल प्रदेश में जेडीयू के 7 में से 6 विधायक बीजेपी में शामिल हो गए! यह तो अमानत में ख़यानत वाली बेहद चौंकानेवाली बात हुई। बीजेपी और जेडीयू की दोस्ती की ताबूत में आख़िरी कील 24 अगस्त, 2022 को तब ठुँक गई जब इधर बिहार के सदन में महागठबन्धन अपने बहुमत का दावा पेश कर रही थी, और उधर अरुणाचल प्रदेश में जेडीयू का बच गया इकलौता विधायक भी बीजेपी में शामिल हो गया!

इससे पहले 2017 को गोवा में भी ऐसा ही देखा गया था। वहाँ के बीजेपी के नेता और मुख्यमंत्री मनोहर पर्रिकर का कार्यकाल 18 मार्च, 2017 को शेष हो गया था। उसके बाद 2017 में गोवा की 40 सीटों वाली विधानसभा के लिए हुए इस चुनाव में किसी भी दल को बहुमत नहीं मिला। अलबत्ता 17 विधायकों के साथ कांग्रेस सबसे बड़ी पार्टी बनकर उभरी। बीजेपी को 13 सीटों पर विजय मिली। कांग्रेस जब तक अपनी सरकार बनाने का दावा पेश करती, बीजेपी ने जोड़-तोड़ करके 27 विधायकों की सहायता से सरकार बना ली। इसके बाद 2019 की जुलाई और अक्टूबर में कांग्रेस के क्रमश: 10 और 2 विधायक बीजेपी में शामिल हो गए। इसके तुरन्त बाद, नवम्बर 2019 में, यही खेल कर्नाटक में भी

हुआ जब कांग्रेस और जेडीएस के 17 विधायकों ने पाला बदलकर बीजेपी का पल्लू थाम लिया और वहाँ भी बीजेपी की सरकार बन गई! धीरे-धीरे बीजेपी के काम करने का नया पैटर्न समझ में आने लगा। पूरे देश को भगवा रंग में रँगने के लिए यह पार्टी, विपक्ष में जो दूसरा सबसे मज़बूत खम्भा होता है, उसे हिलाने की भरपूर कोशिश करती है। मध्य प्रदेश का एक मौज़ूँ उदाहरण है। 2018 में मध्य प्रदेश के कांग्रेसी मुख्यमंत्री थे कमलनाथ। उनकी पार्टी में दूसरे नम्बर पर थे ज्योतिरादित्य माधवराव सिंधिया, जो यशस्वी कांग्रेसी नेता माधवराव सिंधिया के पुत्र हैं। वे अचानक बीजेपी में शामिल हो गए और केन्द्र सरकार में मंत्री बन गए। धीरे-धीरे ऐसा भितरघात हुआ कि कमलनाथ की सरकार 20 मार्च, 2020 को गिर गई और वहाँ बीजेपी की सरकार बन गई! एक और उदाहरण, राजस्थान का है 12 जुलाई, 2020 को राजस्थान के उपमुख्यमंत्री, कांग्रेसी नेता राजेश पायलट के सुपुत्र सचिन पायलट, 18 विधायकों के साथ दिल्ली चले गए और वहाँ पहुँचकर उन्होंने मुख्यमंत्री अशोक गहलोत के ख़िलाफ़ मुहिम शुरू कर दिया। माना जाता है कि इस विद्रोह के स्वर के पीछे भी बीजेपी का ही हाथ था! फिर भी वहाँ की सरकार बच गई। यह बात तो जगज़ाहिर है कि राजस्थान के कांग्रेसी मुख्यमंत्री अशोक गहलौत जादूगरी भी जानते हैं इसलिए उन्होंने अपनी गद्दी बचाने के लिए कौन-सी हाथ की सफ़ाई दिखाई, यह उन्हें ही पता होगी!

इस दिशा में किया गया एक शोध भी कुछ महत्त्वपूर्ण संकेत देता है। 12 मार्च, 2021 को निकली 'एसोसिएशन फॉर डेमोक्रेटिक रिफार्म' की रिपोर्ट में बताया गया है कि 2016 से 2020 के बीच में देश में 405 विधायकों और 38 सांसदों कुल 443 विधायकों और सांसदों ने पार्टी बदल ली। 405 विधायक में से 182 (44.97 प्रतिशत) अपनी पार्टी छोड़कर बीजेपी में शामिल हो गए। मध्य प्रदेश, मणिपुर, गोवा, अरुणाचल प्रदेश और कर्नाटक की सरकारें, विधायकों के दल बदलने के कारण गिर गईं।

केरल, तमिलनाडु, आन्ध्र प्रदेश, तेलंगाना, पश्चिम बंगाल, बिहार, झारखंड, दिल्ली, राजस्थान, पंजाब और छत्तीसगढ़ जैसे राज्यों में, जहाँ बीजेपी सत्ता में नहीं है, वहाँ भी जोड़-तोड़ की राजनीति ख़ूब चलने लगी है। पश्चिम बंगाल के शुवेन्दु अधिकारी, असम में हेमंत बिस्वा सरमा, महाराष्ट्र के नारायण राणे और ओड़िशा के जयन्त पांडा आदि कुछ बड़े नाम ऐसे हैं जो कई ज्ञात-अज्ञात कारणों से बीजेपी के शरणागत हो गए। एनसीपी के अध्यक्ष शरद पवार के भतीजे, अजित पवार के विरुद्ध पड़ताल, बंगाल की मुख्यमंत्री ममता बनर्जी के भाई और भतीजे के ख़िलाफ़ जाँच के आदेश, लालू के सहयोगी रहे भोला यादव की गिरफ़्तारी, दिल्ली के उपमुख्यमंत्री मनीष सिसोदिया और मंत्री सत्येन्द्र जैन की गिरफ़्तारी अन्य कई के ख़िलाफ़ सीबीआई के छापे, उनके परिवार के

ख़िलाफ़ मुक़दमे आदि कई ऐसे प्रत्यक्ष और अप्रत्यक्ष कारण हैं जिनसे बीजेपी की साम, दाम, दंड और भेद नीति से सत्ता हथियाने की प्रवृत्ति स्पष्ट दिखती है। ऐसा नहीं है कि ये सब नेता दूध के धुले हुए हैं। परन्तु यह बात भी सच है कि आजकल बीजेपी की गंगा में डुबकी लगाते ही सभी राजनेताओं के पाप शायद स्वत: ही धुल जाते हैं।

बिहार के पड़ोसी राज्य झारखंड का हाल कुछ अलग नहीं रहा है। 30 जुलाई, 2022 को झारखंड के तीन कांग्रेसी विधायक पश्चिम बंगाल के रानीहट्टी में अकूत धन के साथ पकड़े गए। कांग्रेस ने बताया कि यह बीजेपी के ऑपरेशन लोटस का ही एक अंश था जहाँ सरकार में शामिल कांग्रेस के विधायकों को तोड़कर सरकार गिराने और बीजेपी की सरकार को स्थापित करने की मंशा थी। अभी हालात ऐसे हैं कि मुख्यमंत्री हेमन्त सोरेन के ख़िलाफ़ खनन के मामले में ईडी के माध्यम से उन पर दबाव बनाया जा रहा है। उनके सहयोगी पंकज मिश्रा गिरफ़्तार कर लिए गए हैं।

इस सिलसिले में महाराष्ट्र में उद्धव ठाकरे की अगुवाई वाली महाविकास अघाड़ी की सरकार के गिरने की कहानी भी प्रासंगिक है। 20 जून, 2022 को शिवसेना के एमएलए, एकनाथ शिन्दे, अचानक अपने दल के 40 एमएलए के साथ, गुजरात के सूरत और फिर वहाँ से असम के गौहाटी, चले गए। इन दोनों राज्यों में बीजेपी सत्तारूढ़ है। उधर शिवसेना के बेहद मुखर सांसद संजय राऊत और उनकी पत्नी रश्मि से इन्फोर्समेंट डायरेक्टरेट ने गहन पूछताछ शुरू कर दी। शिन्दे ने मुद्दा उठाया कि शिवसेना का आधार हिन्दुत्व रहा है इसलिए इसकी सरकार बीजेपी के साथ बने और हिन्दुत्व का झंडा फिर से बुलन्द किया जाए। निरुपाय होकर उद्धव ठाकरे ने 29 जून को मुख्यमंत्री और एमएलसी के पद से त्यागपत्र दे दिया। भीतरधात करके उद्धव ठाकरे की सरकार गिराने में बीजेपी सफल हो गई। उम्मीदें लगाई जाने लगीं कि अब महाराष्ट्र में देवेन्द्र फड़णवीस के नेतृत्व में, शिन्दे के सहयोग से, बीजेपी की सरकार बनेगी। लेकिन अगले दिन, यानी 30 जून को, फड़णवीस ने यह कहकर सबको चौंका दिया कि शिन्दे नए मुख्यमंत्री बनेंगे और फड़णवीस की सरकार में भागीदारी नहीं रहेगी। इस कहानी में एकदम अप्रत्याशित मोड़ तब आया जब उसी दिन देश के गृह मंत्री, अमित शाह, ने ट्वीट किया कि फड़णवीस उपमुख्यमंत्री की शपथ लेंगे और दोनों ने क्रमश: मुख्यमंत्री और उपमुख्यमंत्री पदों की शपथ ले भी ली।

पश्चिम बंगाल में भी हालत कुछ अलग नहीं है। वहाँ के बीजेपी विधायक और नेता प्रतिपक्ष ने अगस्त 2022 के पहले सप्ताह में दावा किया कि उस राज्य में भी शीघ्र ही महाराष्ट्र की कहानी दुहराई जाएगी और दिसम्बर 2022 तक तृणमूल कांग्रेस की सत्ता ख़त्म हो जाएगी। उन्होंने यह भी कहा कि फिर 2024

में लोकसभा और विधानसभा के चुनाव एक साथ कराए जाएँगे। मई 2023 तक तो उनकी यह भविष्यवाणी ग़लत साबित होती दिख रही है।'

तथ्यों और आँकड़ों पर आधारित, इन पत्रकार महोदय की विवेचना बहुत गम्भीर है। शायद ऐसी ही जानकारी के आधार पर 24 अगस्त, 2022 को विधानसभा में बोलते हुए बिहार के उपमुख्यमंत्री तेजस्वी प्रसाद यादव ने कहा कि 'बीजेपी के तीन जमाई ईडी, आईबी, सीबीआई!'

उन दिनों की उड़ती हुई ख़बर थी कि बीजेपी महाराष्ट्र में हुए तख़्तापलट का खेल पटना में भी करने की पूरी तैयारियाँ कर चुकी थी। इस बार बिहार का शिन्दे आरसीपी बनता। बिहार में जेडीयू के हार्डकोर वर्कर सब समझ-बूझकर बेचैन हो रहे थे। इस बीच एक और ख़बर आई कि आरसीपी ने 2013 से 2022 के बीच अपनी पत्नी और दो बेटियों के नाम आय से अधिक सम्पत्ति कर ली है। जेडीयू नेतृत्व ने इन आरोपों के बारे में जब उससे पूछा तो 6 अगस्त को आरसीपी ने पार्टी की प्राथमिक सदस्यता से त्यागपत्र दे दिया। उस समय आरसीपी ने नीतीश के बारे में सार्वजनिक रूप से जो कुछ कहा वह राजनीतिक शुचिता के बिलकुल भी अनुरूप नहीं था। बाद की घटनाओं को देखते हुए लगने लगा कि आरसीपी के विद्रोही स्वर के पीछे बीजेपी वालों का सुरताल लगा था। इतना ही नहीं, आरसीपी का साथ देने को चिराग़ पासवान भी खड़े हो गए। इस बीच, कोविड हो जाने की वजह से, नीतीश पटना से निकल नहीं पाया। इसलिए वह न तो नए राष्ट्रपति के लिए आयोजित समारोहों, और न ही अपने मित्र रहे उपराष्ट्रपति, श्री वेंकैया नायडू के विदाई समारोह में भाग लेने के लिए दिल्ली जा सका। इसका अन्यथा मतलब निकालकर बीजेपी के केन्द्रीय नेतृत्व के कान खड़के। उनके कई नेता पटना आकर नीतीश की मनुहार करने लगे। लगता है कि इससे पहले नीतीश की सोनिया गांधी और लालू से बातें हो चुकी थीं। 9 अगस्त, 1942 को भारत में नारा गूँजा था, 'अंग्रेज़ो भारत छोड़ो'। 9 अगस्त, 2022 को बिहार की तीन बड़ी पार्टियों क्रमश: आरजेडी, जेडीयू और कांग्रेस ने अपने-अपने विधायक दलों की बैठक करके मानो 'बीजेपी बिहार की सत्ता छोड़ो' का नारा देने का निश्चय कर लिया। उस समय के बिहार में विपक्ष की सभी पार्टियों ने एक मत से कहा कि अगर नीतीश बीजेपी का साथ छोड़ दें तो वे उन्हें बिना शर्त समर्थन देने को तैयार हैं। उस दिन हुई पार्टी की बैठक में जेडीयू के सभी विधायकों और सांसदों ने एक स्वर से बीजेपी से नाता तोड़ने की सलाह दी। नीतीश ने उसी दिन शाम में चार बजे राजभवन जाकर, महामहिम को अपना त्यागपत्र सौंप दिया। अगले दिन, यानी 10 अगस्त को दोपहर दो बजे, नीतीश और तेजस्वी यादव ने राजभवन में नई सरकार की शपथ ली। नीतीश ने रिकॉर्ड आठवीं बार मुख्यमंत्री पद की शपथ लेकर एक कीर्तिमान स्थापित कर

दिया। उस दिन नीतीश को देखकर लगा कि उसके सिर से चिन्ताओं का सबसे बड़ा बोझ उतर गया है।

राजनीति के अखाड़े के दाँव-पेच को ठीक से समझने के लिए हम एक बार फिर से इतिहास के पन्ने खँगालते हैं। यह बात तब की है जब मनमोहन सिंह की कांग्रेसी शीर्ष वाली यूपीए सरकार पिछले पाँच वर्षों में कुछ बहुत अच्छा नहीं कर पा रही थी इसलिए चुनाव विशेषज्ञों की राय में इसकी छुट्टी हो जानी थी। इस डूबती नाव से बाहर कूद पड़ने के लिए अब तक यूपीए में क़द्दावर जगह रखनेवाले लालू और रामविलास ने रोज़ नई चालें चलना शुरू कर दीं। 16 अप्रैल से 13 मई, 2009 तक होनेवाले लोकसभा चुनाव में यूपीए और एनडीए के बीच चलनेवाले मुक़ाबले में दूर से तमाशबीन बनने के लिए इन दोनों ने यूपीए छोड़कर मुलायम सिंह यादव के चौथे मोर्चे का दामन पकड़ लिया। इन्हें भरोसा था कि यूपी और बिहार में इस मोर्चे को इतनी सीटें ज़रूर आएँगी कि अब चाहे जो भी पक्ष जीते, किंग मेकर यही लोग होंगे। जैसे-जैसे चुनाव के दिन नज़दीक आते गए, सम्भावित नतीजों को लेकर एनडीए के अन्दर भी खलबली मचने लगी। नीतीश की लोकप्रियता को लेकर उनकी बेचैनी और भी बढ़ने लगी। जेडीयू पार्टी के कार्यकर्ताओं में बीजेपी की नीयत को लेकर सन्देह होने लगे थे। उन्हें भय था कि बीजेपी के समर्थक जेडीयू के प्रत्याशियों को वोट दिलवाने में कोताही करेंगे जबकि जेडीयू का हर कार्यकर्ता बीजेपी के प्रत्याशियों को जिताने में कोई कसर नहीं रख छोड़ेगा। दोनों दलों के बीच अन्दर-ही-अन्दर तनाव बढ़ता जा रहा था। ऐसे तनाव का सबसे बुरा असर अपने-अपने दलों की विचारधाराओं और सिद्धान्तों से प्रतिबद्ध कार्यकर्ताओं पर पड़ता है। जो लोग आर्थिक या राजनैतिक लाभ की उम्मीद लेकर किसी पार्टी में कार्यकर्ता बनकर आते हैं, उनकी बात अलग होती है। 'गंगा गए तो गंगाराम, यमुना गए तो यमुनाराम' सिद्धान्त को माननेवाले लोगों को अपने लाभ के लिए चोला बदलने में देरी नहीं लगती। लेकिन परेशानियाँ उनकी बढ़ जाती हैं जो लोग सिद्धान्तों के कारण किसी पार्टी से जुड़ते हैं और उनके शीर्षस्थ नेता रातों-रात अपनी निष्ठा बदलकर कल के शत्रुओं के मित्र बन जाते हैं। इसलिए राज्य या केन्द्र के स्तर पर यदि विपरीतधर्मी दलों में राजनैतिक लाभ के लिए सन्धि हो भी जाए, ज़मीनी स्तर पर दिलों का मिलना बहुत मुश्किल होता है। नीतीश यह समझता था। उसने अपनी पार्टी में सख़्त हिदायत दे रखी थी यह चुनाव यूपीए की सरकार बनाने के लिए है इसलिए बिना किसी सन्देह के सब मिलकर घटक दलों के सभी प्रत्याशियों को चुनाव में जिताएँ। इसके उलट बीजेपी के दिल्ली और नागपुर में बैठे नेताओं के मन में नीतीश को लेकर बड़ा सन्देह था। इसलिए चुनाव के पहले दिन, 16 अप्रैल को, सवेरे-सवेरे गुड़गाँव वाले पंडित जी के पास बेंगलुरु

आश्रम के विश्वविख्यात धर्म गुरु का फ़ोन आया। वे चिन्तित थे कि कहीं नीतीश कांग्रेस से हाथ न मिला ले! वैसे समय-समय पर नैतिक मूल्यों पर आधारित मुद्दों पर जेडीयू संसद में कांग्रेस का समर्थन भी करती आई थी। जिस रफ़्तार से यह नीतीश के कांग्रेस से गठबन्धन की अफ़वाह आगे आई उससे बीजेपी वाले तो परेशान थे ही, आरजेडी वाले भी कम चिन्तित नहीं थे। इन सरगर्मियों से बेख़बर नीतीश चुनाव प्रचार में दिन-रात एक किए हुए था। उसे लग रहा था इस बार एनडीए को देश में बहुमत मिल जाएगा। लेकिन 16 मई को जो नतीजे आए उसने सारे पूर्वानुमानों की छुट्टी कर दी। यूपीए को पहले से 61 सीटें ज़्यादा आईं और उनका कुल जमा हासिल हुआ 206। देश में सरकार भी उन्हीं की बनी। एनडीए को 22 सीटों का नुक़सान हुआ। उन्हें पूरे देश में कुल 116 सीटों पर विजय मिली। इसमें से क़रीब एक-तिहाई (32) सीटें तो अकेले बिहार ने ही इस झोली में डाल दिए। बिहार में बीजेपी और जेडीयू को क्रमश: 12 और 20 सीटों पर सफलता मिली। आरजेडी और एलजेपी ने आपसी सहमति से क्रमश: 28 और 12 सीटों पर अपने प्रत्याशी खड़े किए थे। उनमें से मात्र 4 सीटें ही आरजेडी के खाते में आईं। लालू दो सीटों पर लड़ रहे थे। वे सारन की सीट तो बचा ले गए मगर पाटलिपुत्र की सीट पर उन्हें मुँह की खानी पड़ी। उन्हें हराया जेडीयू के रंजन यादव ने जो कॉलेज के दिनों से ही उनके सबसे बड़े हितैषियों में एक रहे थे। लेकिन इस चुनाव में असली हीरो उभरकर आए नीतीश की पार्टी के 88 वर्षीय राम सुन्दर दास जिन्होंने दूसरे राम जी, यानी रामविलास पासवान को शिकश्त दे दी। एलजेपी अपना खाता भी न खोल सकी। कांग्रेस के 37 में मात्र 2 प्रत्याशी जीत पाए। दो सीटें निर्दलीयों के हाथ भी आईं। जेडीयू के राष्ट्रीय अध्यक्ष शरद यादव मधेपुरा से जीत गए।

उत्तम खेती मध्यम बान

2009 में लोकसभा चुनाव में हुई शानदार जीत के बाद भी उसी वर्ष बिहार के मुख्यमंत्री की हैसियत से नीतीश को कई मुश्किलें झेलनी पड़ीं जिनमें ज़्यादातर की जड़ में है भूमि सुधार सम्बन्धी बन्द्योपाध्याय कमिटी की रिपोर्ट की अनर्गल व्याख्या करके तिल का ताड़ बना दिया जाना।

पंचतंत्र में कहा गया है, प्रजा का हर प्रकार से पालन करना राजा के कोष की वृद्धि करता है। नीतीश की हर समय यही कोशिश रही है कि प्रजा का हर प्रकार से पालन हो। 1990 में जब नीतीश पहली बार कृषि एवं सहकारिता राज्यमंत्री बना तबसे ही वह कृषि के क्षेत्र में सुधार की बहुत सी नई बातें सोचता आया है। शुरू से ही उसका ध्येय कृषि उत्पाद को भरसक बढ़ाकर किसान को समृद्ध बनाना रहा है। उसे हमेशा से महसूस होता आया है कि खेत और खेतिहरों की

अवस्थाओं में, जो देश के वास्तविक पालनकर्ता हैं, बदलते समय के साथ बहुत कम सकारात्मक परिवर्तन आए हैं। ज़मीन तो बेज़ुबान है, सब ज़ुल्म चुपचाप सहती रहती है पर बिहार का किसान भी, जो धरती माँ का वास्तविक पुत्र है, समुचित न्याय व्यवस्था के अभाव में मूक और बधिर होकर पथराई आँखों से अपनी दुर्दशा देखता आया था। अब उसे नीतीश का ही एकमात्र भरोसा है।

प्राचीन भारत का किसान अवश्य ही ख़ुशहाल रहा होगा क्योंकि न जाने कब से चली आ रही घाघ भड्डरी की लोकोक्ति में भी कहा गया था—

उत्तम खेती मध्यम बान। निषिद चाकरी, भीख निदान॥

2005 से ही नीतीश ने किसानों को उनका वाजिब हक़ दिलाने के लिए रास्ते तलाशने शुरू किए। उसने भूदान में मिली ज़मीन के अलावा ग़ैरमजरुआ आम ज़मीन को भी भूमिहीनों, विशेषकर महादलितों में बाँटने का काम शुरू किया लेकिन उसे इस काम की प्रगति क़तई सन्तोषजनक नहीं लगी।

इस बीच 2006 में उसने कृषकों को अपनी फ़सल खुले बाज़ार में बेचने की छूट देकर बड़ा क्रान्तिकारी क़दम उठाया था। फिर भी मूल समस्या जोतदारों को उनका वाजिब हक़ दिलाने और उत्पादकता बढ़ाने की थी। उसने पता किया कि पड़ोसी राज्य पश्चिम बंगाल में 'ऑपरेशन बरगा' के नाम से मशहूर भूमि सुधार क़ानून के लागू होने के बाद कृषि विकास की दर, जो क़रीब सौ वर्षों में शून्य से एक प्रतिशत के आसपास ही रही थी, बढ़कर क़रीब 5-7 प्रतिशत हो गई। 'बरगा' बांग्ला भाषा का शब्द है जिसका अर्थ है बँटाई और बरगादार का मतलब है बटाईदार। इस ऑपरेशन में कृषि योग्य भूमि के मालिकों के साथ-साथ बटाईदारों के नाम भी सरकारी खातों में दर्ज हुए। लाखों परिवारों को उनके नाम की ज़मीन पहली बार मिली। सिंगूर और नन्दीग्राम में वामपंथी विचारधारा को चुनौती देते हुए ममता बनर्जी ने 'माँ, माटी, मानुष' का नारा दिया था। नतीजतन जब ज़मीन के असली मालिक बनकर खेतिहर अपनी ज़मीन जोतने सामने आ गए तब टाटा कम्पनी को अपना नैनो कार बनाने का सारा तामझाम उठाकर गुजरात जाना पड़ा था। बरगादारों को सम्मान दिलानेवाले नए क़ानून के प्रणेता थे आइएएस अधिकारी देवव्रत बन्द्योपाध्याय, जो बाद में तृणमूल कांग्रेस के सांसद हुए। नीतीश ने 16 जून, 2006 को बिहार की ज़मीनी हालत सुधारने के लिए उनकी अध्यक्षता में त्रि-सदस्यीय 'भूमि सुधार आयोग' का गठन किया। इसके बाक़ी दो सदस्य थे राजस्व विभाग के प्रधान सचिव और रेवेन्यू बोर्ड के एक सदस्य। इस आयोग को आठ बिन्दुओं पर काम करना था जिनमें तीन मुख्य थे ज़मीन का वास्तविक सर्वेक्षण, भूस्वामियों और बटाईदारों के अधिकारों की स्पष्ट व्याख्या और इजारेदारों के चंगुल से निकालकर ज़मीन की हदबन्दी को

ठोस रूप से प्रभावशाली बनाना। ज़ाहिर है कि इतने बड़े राज्य में ज़मीन का तानाबाना वर्षों से इतना उलझा हुआ था कि उसे सुलझाने के लिए एक साल का समय नाकाफ़ी था। इसलिए आयोग का कार्यकाल बढ़ाकर एक साल से बढ़ाकर दो साल, जून 2008 तक कर दिया गया। इन दो वर्षों में आयोग ने दूर-दराज़ के गाँवों तक जाकर ज़मीनी हक़ीक़त समझने की कोशिश की।

आयोग की जानकारी का मुख्य स्रोत था जन सुनवाई। इस आयोग ने पाया कि पिछले कुछ वर्षों में ग्रामीण भूमिहीनों की संख्या और ग़रीबी में बढ़ोतरी हुई है क्योंकि 2000 में क़रीब 75 प्रतिशत ग्रामीण भूमिहीन या प्राय: भूमिहीन पाए गए थे। यह आँकड़ा 1993-94 में 67 प्रतिशत था। साथ ही इसी दौरान भूमिहीन किसानों की ग़रीबी 51 प्रतिशत से बढ़कर 56 प्रतिशत हो गई थी। निश्चय ही ये आँकड़े चिन्ताजनक थे। अपना काम ख़त्म करते-करते बन्द्योपाध्याय ने भी बिहार के बड़े भूस्वामियों की आक्रोश भरी छटपटाहट और उसके सम्भावित विस्फोटक परिणाम भाँप लिए थे। आयोग अपना काम कर ही रहा था कि नीतीश ने 2007 में राज्य में 'महादलित आयोग' गठित किया। इस आयोग की अनुशंसा पर 2008 में बिहार 'राज्य महादलित मिशन' बना। उपलब्ध आँकड़ों से पता चलता है कि महादलितों के हितों की रक्षा के लिए बने आयोग और मिशन, 2008 तक, क़रीब साढ़े दस हज़ार वासरहित महादलित लोगों को ज़मीन दिलवा सके थे। इस बीच नीतीश ने 17 फ़रवरी, 2008 को पटना में 'किसान पंचायत' बुलाई। उसने देश के प्रख्यात कृषि वैज्ञानिक, डॉ. मंगला राय को अपना कृषि सलाहकार बनाया। इस पंचायत में राज्य भर के छोटे-बड़े किसान तो आए ही, देश के बहुत बड़े कृषि वैज्ञानिकों के सामने पहली बार बिहार के लिए तैयार किए गए कृषि रोड मैप का ड्राफ़्ट रखा गया। बहुत खुले मन से हुई इस चर्चा के बाद कृषि उत्पादकता बढ़ाने के लिए बिहार का पहला सार्थक कृषि रोड मैप 2008-2012 बना। उसमें मिट्टी की गुणवत्ता में सुधार, अच्छे और समुन्नत बीज, सही खाद और पानी की उपलब्धता के लिए कई क़दम उठाए गए। बाढ़ और सुखाड़ जैसी हरेक साल आनेवाली प्राकृतिक आपदाओं के बावजूद फ़सल कैसे अच्छी हो, इसके लिए भी कई काम हुए। सबसे बड़ी बात यह हुई कि जलवायु परिवर्तन के कारण फ़सल चक्र पर जो विपरीत प्रभाव पड़ रहे थे, उससे निबटने के लिए भी योजनाबद्ध तरीक़े से काम शुरू हुआ। मृतप्राय पड़े बिहार राज्य बीज निगम में फिर से प्राण फूँककर 'मुख्यमंत्री तीव्र बीज योजना', 'किसान विकास शिविर' आदि कार्यक्रमों के माध्यम से खेतीबाड़ी को नई दिशा मिलने लगी।

इस बीच नीतीश ने महादलित भूमिहीनों को तीन डिसमिल ज़मीन मुफ़्त में वितरित कराने का काम शुरू करा दिया था।

बन्द्योपाध्याय कमिटी की सिफ़ारिशों में कहा गया था कि अलग से बटाईदार क़ानून बनाया जाए जिसमें बटाईदारों को भी उचित हिस्सेदारी (60 से 75 प्रतिशत) देने की बात कही थी। इस रिपोर्ट की सुन-गुन लगते ही पूरे राज्य के बड़े जोतदारों के कान खड़े होना शुरू हुए। उन्हें लगने लगा कि नीतीश 'कोसी क्रान्ति' की तर्ज़ पर फिर किसी 'महा क्रान्ति' का बीजारोपण कर रहा है जिससे बेनामी क़ब्ज़े वाली ज़मीन उनके हाथों से बस निकलने ही वाली है।

कमोबेश कई वर्षों पहले ऐसी ही कहानी, कर्पूरी जी के समय में भी दुहराई गई थी। उसे जानने के लिए थोड़ा और पीछे चलना होगा।

बिहार में 'द बिहार लैंड रिफार्म्स ऐक्ट 1950' के लागू होने से 1950 में ही ज़मींदारी प्रथा का उन्मूलन हो गया मान लिया गया था पर ज़मीनी हक़ीक़त कुछ और ही थी। बिहार में राजा रामगढ़, हथुआ महाराज, दरभंगा महाराज जैसे कई बड़े ज़मींदार थे जिनके पास हज़ारों एकड़ ज़मीन थी। ऐसे ही बनैली, बेतिया, डुमरांव आदि में भी बहुत बड़ी ज़मींदारियाँ थीं।

इन सब पर नकेल कसने के लिए बिहार सरकार इस अधिनियम को संशोधित करके 1961 में भूमि की हदबन्दी का नया अधिनियम ले आई—

'द बिहार लैंड रिफार्म्स (फ़िक्सेशन ऑफ़ सीलिंग एरिया एंड एक्वीजिशन ऑफ़ सरप्लस लैंड) ऐक्ट 1961'। इसमें पाँच सदस्य के एक परिवार को पन्द्रह से लेकर पैंतालीस एकड़ ज़मीन तक ही रखने का अधिकार था।

पढ़ने में यह अधिनियम बहुत अच्छा था क्योंकि इसमें किसी भी व्यक्ति के पास ज़मीन की अधिकतम सीमा निर्धारित कर दी गई थी। इस सीमा से अधिक ज़मीन का सरकार अधिग्रहण करके उसे भूमिहीन किसानों में बाँटने को दृढ़ संकल्प भी रखती थी। पर ज़मीन की मिल्कियत में कितनी असमानता थी इसका अन्दाज़ 1971 में हुए कृषि के सेंसस से पता चलेगा। इस सेंसस से यह बात सामने आई कि उस समय राज्य के क़रीब एक लाख परिवार ऐसे थे जिनके पास कम से कम पचीस एकड़ कृषि योग्य ज़मीन थी। इन परिवारों का राज्य की 20 प्रतिशत कृषि योग्य भूमि पर क़ब्ज़ा था। इनमें से सबसे बड़े 41 ट्रस्टियों या भूस्वामियों में प्रत्येक के क़ब्ज़े में कम से कम एक हज़ार एकड़ ज़मीन थी। यह भी ताज्जुब की ही बात होनी चाहिए कि कुछेक भूस्वामियों के पास दस हज़ार एकड़ से भी ज़्यादा ज़मीन थी। यह सब घपला कुछ बड़े लोगों ने क़ानून की हद में ही रहकर किया था।

2003 में 'राष्ट्रीय नमूना सर्वेक्षण संगठन' (एनएसएसओ) की रिपोर्ट में पता चला कि बिहार में कुल किसानों में छोटे और सीमान्त किसान 96.5 प्रतिशत थे। इनके पास कुल खेती करने के योग्य ज़मीन का 66 प्रतिशत हिस्सा था। बच गई 34 प्रतिशत ज़मीन के मालिक मझोले और बड़े किसान थे जिनकी

संख्या सिर्फ़ 3.5 प्रतिशत थी। इनमें भी मात्र 0.1 प्रतिशत ऐसे थे जिन्हें बहुत बड़ा किसान कहा जा सकता था। जिनके पास ही क़रीब 19.76 लाख एकड़ ज़मीन थी। दूसरी बात जो सामने में आई, वह यह थी कि जिन्हें बड़े और मझोले किसान बताया गया था ये वैसे सामन्तवादी लोग थे जिनकी ज़मीन तो गाँव में थी पर इनमें से ज़्यादातर शहरों में बस गए थे। इनके लिए खेती का मतलब इतना ही होता था कि इन्हें सरकार, हुज़ूर, माई-बाप, अन्नदाता, ग़रीब नवाज़, बन्दा-परवर, ज़मींदार साहब, मालिक या सरकार जैसे नामों से सम्बोधित किया जाए। इसका एक उदाहरण देखना पर्याप्त होगा।

सबै भूमि गोपाल की

अखंड भारत में पूर्वी बंगाल के दिनाजपुर में राजा टनक नाथ चौधरी की बड़ी ज़मींदारी थी। उनका मूल निवास तब के पूर्णिया ज़िले में कटिहार के पास सोनौली गाँव में था। वहाँ भी उनकी बहुत बड़ी ज़मींदारी थी जिसमें खेत, खलिहान, नदी, तालाब, बाग़-बगीचे सब कुछ थे। जब देश का बँटवारा हुआ और दिनाजपुर पूर्वी पाकिस्तान में चला गया तो अपनी अकूत सम्पत्ति वहीं छोड़, केवल कुछ गहने और असलाह लेकर, टनक नाथ के बेटे, वैद्यनाथ चौधरी, सोनौली भाग आए। यहाँ आकर वैद्यनाथ चौधरी जी लोकल राजा कहलाए। वे अपने लिए 'सरकार' छोड़कर कोई दूसरा सम्बोधन सुनना पसन्द ही नहीं करते थे। जब 'कोसी क्रान्ति' के दिनों में सरकारी कारिन्दे सोनौली में सर्वे करने आए तो चौधरी जी के सारे मुंशी और मैनेजर उन्हें चौधरी जी की हर सम्पत्ति को 'सरकार' की है, 'सरकार' की है, कहकर बताते रहे। नतीजतन उनकी सम्पत्ति का बहुत बड़ा हिस्सा राज्य सरकार के खाते में 'सरकारी सम्पत्ति' के रूप में दर्ज हो गया! बाद में नाकों चने चबाने और कोर्ट कचहरी के हज़ारों चक्कर लगाने के बाद उनकी सम्पत्ति का थोड़ा हिस्सा उन्हें वापस मिल सका। इस क्रम में चौधरी 'सरकार' की ख़ूब फ़ज़ीहत भी हुई।

ये 'सरकार' चाहे किसी भी जाति या धर्म के क्यों न हों, इन्हें कृषि की आधुनिकीकरण से कुछ भी लेना-देना नहीं है। इन्हें बस इनकी शर्तों पर काम करनेवाले सस्ते मज़दूर और इनकी दिन-रात चापलूसी करनेवाले कारिन्दे ही चाहिए। इन्हीं अतीतजीवी एवं मज़दूरों का ख़ून चूसकर झूठी शान बघारने वाले सामन्तों की वजह से राज्य भर में क़रीब एक-तिहाई कृषि योग्य भूमि से आज भी समुचित फ़सल नहीं मिल पा रही है। बच गई दो-तिहाई ज़मीन के स्वामी, छोटे और सीमान्त किसान, में भी आधे ऐसे हैं जो बटाईदारी से काम करवा रहे हैं। इस व्यवस्था का सबसे दुखद पक्ष यह है कि चूँकि खेती करनेवाले का नाम

किसी सरकारी खाते में कहीं दर्ज नहीं होता इसलिए फ़सल नष्ट होने की अवस्था में मिलनेवाली सरकारी सहायता से भी ये लोग वंचित रह जाते हैं। किसानों में बढ़ रही आत्महत्या की प्रवृत्ति का शायद एक कारक यह बटाईदारी भी है। जो ग़रीब खेत को जोत-कोड़ रहा है उसकी टेंट में इतने पैसे नहीं होते जिसे खेती को सुधारने में लगा सके। इसलिए खेती योग्य एक-तिहाई और ज़मीन का सदुपयोग नहीं हो पाता है। इस प्रकार कुल मिलाकर बस एक-तिहाई ज़मीन ही ऐसी बच जाती है जिसका मालिक ही उसमें खेती करता है और अपनी मेहनत और पूँजी के बल पर पैदावार बढ़ाने की कोशिश करता है।

यह तो सर्वविदित है कि सिर्फ़ बिहार में ही नहीं, पूरे देश में ख़ाली पड़ी सरकारी ज़मीन का अतिक्रमण करने की प्रवृत्ति है। इसके विरुद्ध 1956 में ही अधिनियम बना पर वह भी बहुत कारगर सिद्ध नहीं हुआ। पिछली सदी के पचासवें दशक की शुरुआत में विनोबा भावे और जयप्रकाश नारायण के प्रभाव से बिहार में भी 'भूदान' और 'ग्रामदान' यज्ञ बड़े उत्साह से शुरू हुआ। इस यज्ञ में कई बड़े ज़मींदारों ने स्वेच्छा से अपनी ज़मीन दान में दी पर दान दी गई अधिकांश ज़मीन बंजर थी या कृषि के लिए अनुपयोगी। जो ठीक-ठाक सी ज़मीन दलितों को मिली भी, उसे या तो बड़े लोगों ने औने-पौने दाम पर ख़रीद ली या फिर दबंगों ने ज़ोर-ज़बरदस्ती करके हड़प ली। इस ज़बरदस्ती के विरुद्ध कहीं-कहीं ग़रीबों ने आवाज़ के साथ हथियार भी उठाए और अपना हक़ पाने में सफल भी हुए। इसका ज्वलन्त उदाहरण है पचास के दशक में पूर्णिया के धमदाहा में हुआ संथाल आदिवासियों का ख़ूनी संघर्ष। इसी से शक्ति पाकर अन्य बटाईदारों ने पूर्णिया के दूसरे हिस्सों में भी नछत्तर माली*, जिन्हें जेपी ने नक्षत्र मालाकार का सुन्दर नाम दिया, के नेतृत्व में सफल संघर्ष किया।

ये स्थानीय स्तर पर हुई बहुत छोटी क्रान्तियाँ थीं जिनसे ग़रीबों का कोई बड़ा फ़ायदा नहीं हुआ। लेकिन यह तो पता चल गया कि कोसी की मिट्टी में भूमि विप्लव का रक्त भी सन् गया है जिसकी गर्मी से भूमि क्रान्ति के द्वारा भूमिहीनों के लिए उम्मीदों की नई फ़सल ज़रूर पैदा हो सकेगी।

सम्पूर्ण क्रान्ति की आदर्शवादिता की हवा पर सवार मुख्यमंत्री कर्पूरी जी की पतंग रोज़ नए क्षितिज तलाश रही थी। उनमें आकाश का एक बड़ा ख़ूबसूरत हिस्सा था जिसका नाम उन्होंने बड़े प्यार से 'कोसी क्रान्ति' रखा था। दरअसल इस सपने के प्रणेता थे जयप्रकाश नारायण जिनकी हार्दिक इच्छा थी कि भूमि समस्याग्रस्त पूर्णिया ज़िले के कोसी क्षेत्र में सुधार के कुछ नए काम किए जाएँ।

---

* इस महान योद्धा का ज़िक्र फनीश्वर नाथ रेणु की कालजयी रचना 'मैला आंचल' में चलित्तर कर्मकार के रूप में आया है। अनूप लाल मंडल के उपन्यास 'तूफ़ान और तिनके' में भी एक पात्र दरअसल नक्षत्र मालाकार ही हैं।

आधिकारिक सूत्रों के अनुसार उस समय पूर्णिया ज़िले में लगभग 10 हज़ार ऐसे भूस्वामी थे जिनके पास एक सौ एकड़ से अधिक भूमि थी। इनमें से अधिकांश बेनामी ज़मीन थी। राज्य सरकार के नियमों के तहत जिनका फिर से लेखा-जोखा रखा जाना था। इस क्रान्तिकारी योजना का ब्लू प्रिंट गांधी शान्ति प्रतिष्ठान के बी.जी. वर्गीज़ ने तैयार किया था। उन्होंने भूमि सुधार क़ानून को कड़ाई से लागू करने के लिए पायलट प्रोजेक्ट के तौर पर पूर्णिया ज़िले में कोसी की एक छिछली धारा के किनारे बसे पाँच प्रखंडों, क्रमश: बनमनखी, भवानीपुर, बरहरा कोठी, धमदाहा और रुपौली का चयन किया था। 'कोसी क्रान्ति' से अपेक्षा थी कि सबसे पहले ज़मीन की सही पैमाइश करा के आधिकारिक नक़्शा बनाया जाएगा। इसमें सरकारी तंत्र, बड़े जोतदार रैयत, जिन्होंने बेनामी तरीक़े से ज़मीन के काग़ज़ात बनवा रखे थे, बटाईदारों, मज़दूरों, किसानों, पार्टी के स्थानीय अधिकारियों और कार्यकर्ताओं सहित स्थानीय स्वयंसेवी संस्थाओं से ईमानदारी से सहयोग की अपेक्षा थी क्योंकि वे ज़मीनी हक़ीक़त से वाक़िफ़ थे। इस काम को करनेवाले सरकारी तंत्र को भी निष्पक्ष और निर्भय होकर यह काम करना था। पर जैसे ही सरज़मीन पर काम शुरू हुआ, उस इलाक़े के बड़े जोतदारों और उनके संरक्षक नेताओं ने इसका जमकर विरोध करना शुरू कर दिया। ये इतने बड़े लोग थे कि इनकी जेबों में राज्य की राजनीति की बिसात पर दौड़नेवाले मंत्रियों, हाथियों, ऊँटों और घोड़ों जैसे मज़बूत मोहरे भी शक्तिहीन प्यादों की तरह पड़े रहते थे। इन इजारेदारों ने कर्पूरी जी को, उनके विधायकों के माध्यम से, जल्दी ही समझा दिया कि अगर वे वक़्त रहते न चेते तो उनकी 'कोसी क्रान्ति' पलक झपकते ही 'खूनी क्रान्ति' में बदल जाएगी। उस इलाक़े के सत्ताधारी जनता पार्टी के अनेक दबंग जनप्रतिनिधियों ने भी कर्पूरी सरकार के ख़िलाफ़ ऐसा तगड़ा हल्ला बोल दिया कि सरकार के गिरने की नौबत आ गई। बिहार में भूमिपतियों का ऐसा चौतरफ़ा दबाव था कि इस सम्बन्ध में वर्गीज ने जो लम्बा लेख लिखा था, उसकी एक ही किस्त एक अख़बार में छप सकी। दूसरी किस्त छापने की हिम्मत उस अख़बार ने भी नहीं की। इस बीच 1980 में परसबिगहा में एक ज़मीन विवाद के चलते कई लोगों को उनके घर में बाहर से बन्द कर ज़िन्दा जला दिया गया था। कोसी क्षेत्र के स्थानीय बड़े नेताओं ने कर्पूरी जी को यहाँ तक चेतावनी दे दी कि यदि भूमि सुधार के काम बन्द नहीं किए गए तो पूर्णिया में भी परसबिगहा कांड की पुनरावृत्ति हो सकती है। कर्पूरी जी को राज्य की बढ़ोतरी के लिए और भी बड़े काम करने थे जिसके लिए ज़रूरी था कि वे मुख्यमंत्री बने रहें। वे चारों ओर से पड़ रहे दबाव में आ गए। इस सिलसिले में हम पहले ही चौदहवें अध्याय में गोरखपुर विश्वविद्यालय के प्रोफ़ेसर उदयभान त्रिपाठी से कर्पूरी जी की हुई बातचीत के क्रम में उनकी हताशा कथा का ज़िक्र

कर चुके हैं। बेचारे ने सियासत की बाज़ी में अपने मुख्यमंत्री नाम के वजीर को बचाए रखने के लिए 'कोसी क्रान्ति' नाम के घोड़े की शहादत दे दी।

इस घटना के वर्षों बाद, जब नीतीश ने भी 'कोसी क्रान्ति' की तर्ज़ पर बिहार में भूमि सुधार कार्यक्रमों पर नए सिरे से विचार करने के लिए 'बन्द्योपाध्याय कमिटी' बना दी तो कई ख़ेमों में खलबली मच गई। आयोग की अनुशंसा थी कि हर ज़मीन पर पन्द्रह एकड़ प्रति परिवार की हदबन्दी का एक ही क़ानून लागू हो। नीतीश शुरू से चाहता था कि सबसे पहले बटाईदारों को वह सब सरकारी सुविधाएँ मिलें जिनके वे वास्तविक हक़दार हैं। इसके लिए नीतीश ने पैक्स (प्राइमरी एग्रीकल्चरल क्रेडिट सोसाइटी) और व्यापार मंडलों के ज़रिये धान की ख़रीद के नियम बेहद सरल बनाकर जोतदारों से भी धान ख़रीदने का प्रावधान कर दिया। यह बात देखने में तो छोटी लगती है लेकिन इससे पहले बिचौलियों द्वारा जोतदारों का जैसा शोषण होता आया था, उसे कोई भुक्तभोगी ही जानता था। इसलिए इस क़ानून के आने से जोतदारों को बहुत लाभ हुआ।

अप्रैल 2008 में, जब बन्द्योपाध्याय कमिटी की रिपोर्ट आई, उससे पहले से ही बिहार का पहला कृषि रोड मैप प्रभावी हो चुका था। इस रोड मैप की सफलता से सन्तुष्ट होकर सरकार ने सन् 2012-2017 के लिए दूसरा कृषि रोड मैप जारी किया। यह पहले से भी अधिक महत्त्वाकांक्षी और बड़ा था। इसके फ़ायदे भी बहुतेरे हुए। भारत सरकार ने साबुत अनाजों, दालों, धान एवं गेहूँ की सबसे अधिक पैदावार करने वाले राज्यों को प्रोत्साहन देने के लिए 2010-11 से 'कृषि कर्मण' पुरस्कारों की घोषणा की थी। बिहार को 2011-12 में चावल के सर्वाधिक उत्पादन के लिए, 2012-13 में गेहूँ के सर्वाधिक उत्पादन के लिए, 2015-16 और 2016-17 में मक्का के सर्वाधिक उत्पादन के लिए यह पुरस्कार मिले। तब तक तीसरे कृषि रोड मैप का समय आ गया था। इसकी अवधि 2017 से लेकर 2022 तक रखी गई थी। 2022 के मार्च महीने में इसकी वैधता एक वर्ष के लिए बढ़ा दी गई। कहना न होगा कि इस रोड मैप में पिछले दोनों रोड मैप के अनुभवों को बारीकी से समेटा गया। कहने को यह कृषि रोड मैप है लेकिन इस रोडमैप को सफल बनाने के लिए 12 विभागों की सहायता ली गई है। बहरहाल, अब तो चौथे कृषि रोड मैप के लिए 18 जनवरी, 2023 को प्रख्यात कृषि वैज्ञानिक, डॉ. मंगला राय को एक बार फिर से मुख्यमंत्री का कृषि सलाहकार नियुक्त किया है।

बात बन्द्योपाध्याय कमिटी की रिपोर्ट की चल रही थी जिसे अप्रैल 2008 में बन्द्योपाध्याय जी ने मुख्यमंत्री कार्यालय के किसी अधिकारी को पकड़ा दी और अपने कर्तव्य की इतिश्री मानकर वापस चले गए। इस रिपोर्ट को उन्होंने न तो सरकार को विधिवत सौंपा और न ही इसे सार्वजनिक किया। हमारी जानकारी

के मुताबिक़ नीतीश को पहले तो इस रिपोर्ट की हवा तक नहीं थी पर जब उस पर इस रिपोर्ट को लेकर चारों ओर से तीखे प्रहार होने लगे तो उसने 2008 में ही यह रिपोर्ट अशोक वर्धन की अध्यक्षता वाली कमिटी को अध्ययन करने के लिए दे दी। जब राजस्व विभाग के प्रधान सचिव ने कमिटी की अनुशंसाओं का खुलासा किया तो नीतीश को इस रिपोर्ट में कुछ नया नहीं लगा क्योंकि जन आकांक्षाओं को ध्यान में रखकर खेती और खेतिहरों के विकास के लिए वह कृषि रोड मैप बनाकर पहले से ही बहुत कुछ कर ही रहा था। इसके अलावा इसमें जो थोड़ा-बहुत नया था भी, वह बिहार की ज़मीनी हक़ीक़त देखते हुए बहुत अव्यावहारिक था। इसलिए इस रिपोर्ट को लागू करने से उसे लाभ की बजाय नुक़सान होने की सम्भावना अधिक लगी थी। फिर भी, सिर्फ़ विधायकों की उत्सुकता शमन करने के लिए नीतीश ने अप्रैल 2009 में रिपोर्ट की सीडी सभी विधायकों को सौंप दी पर सदन में इस पर चर्चा करने से इनकार कर दिया।

बरगागीरी और संशय की अदृश्य दीवार

नीतीश के कई धुर विरोधियों ने रिपोर्ट को बिना ध्यान से पढ़े ही हवा बनाई कि अब बिहार में भी बन्द्योपाध्याय के चेले 'बरगागिरी' करेंगे। अब सब ज़मीन तो किसान मज़दूर की हो जाएगी और ज़मीन के असली मालिक के पास बचेगा ठेंठुआ (अँगूठा) और घंटा! जबकि आयोग की अनुशंसा में ऐसा कुछ भी नहीं था। इन्हीं दिनों एक और बुरी बात हो गई।

नीतीश की पार्टी के ही कई बड़े महत्त्वपूर्ण नेता, अलग-अलग कारणों से, बन्द्योपाध्याय कमिटी की रिपोर्ट को लेकर अपनी ही सरकार की धज्जियाँ धड़ल्ले से उड़ाने लगे। कहा जाने लगा कि यह रिपोर्ट पूरी तरह आत्मघाती है फिर भी इसे लागू कराने के लिए नीतीश कुमार छटपटा रहे हैं क्योंकि इसे लागू करने से उनकी व्यक्तिगत छवि तो और निखर जाएगी लेकिन इसकी क़ीमत बिहार के किसानों के ख़ून से दी जाएगी। मज़े की बात यह रही कि ये नेतागण पूरी रिपोर्ट को ध्यान से पढ़े बिना ही हवा में टोपियाँ उछाल रहे थे। इसी रिपोर्ट की आड़ लेकर जेडीयू के कई प्रभावशाली पदों पर आसीन नेताओं ने भी, वह भी विरोधियों के मंच से, नीतीश की नीति की सरेआम आलोचना शुरू कर दी। इन्हीं दिनों बिहार के 18 विधानसभा क्षेत्रों में सितम्बर, 2009 में उप चुनावों की घोषणा हो गई थी। इस चुनाव में जेडीयू के कई बड़े नेता अपनी सन्तानों और रिश्तेदारों के लिए पार्टी के टिकट को अपना हक़ समझकर उस पर दावा ठोंक रहे थे। यह भाई-भतीजावाद नीतीश को मंज़ूर नहीं था। टिकट के बँटवारे में उसका कड़ा रुख़ अपनाना उसी की पार्टी के भीतर के बड़े लोगों को अपमानजनक लग रहा

था। इन सब बातों से खुन्दक खाकर यही लोग कमिटी की रिपोर्ट को लेकर हर मुमकिन जगह पर लगातार अनर्गल बयानबाज़ी कर रहे थे। उन्होंने जैसा समाँ बाँधा उससे लगने लगा कि जोतदारों और ज़मीन के मालिकों के बीच ख़ून की होली फिर से खेली जाने वाली है। यह अफ़वाह फैलाने वाले लोगों की समाज में प्रतिष्ठा थी इसलिए ये लोग संशय की एक अदृश्य दीवार दोनों पक्षों के बीच खड़े करने में सफल होने लगे। तब तक बन्द्योपाध्याय कमिटी की रिपोर्ट पर बारीकी से किए गए अध्ययन के नतीजों को नीतीश देखकर इसे न लागू करने का निश्चय कर चुका था। उसने 'जनता के दरबार में मुख्यमंत्री' कार्यक्रम में प्रेस के एक सवाल के जवाब में कहा भी था कि बन्द्योपाध्याय कमिटी की रिपोर्ट में बिहार की परिस्थितियों के अनुकूल समग्रता नहीं है। इसके बाद, मध्यावधि चुनावों से कुछ पहले, बिहार सरकार ने 5 अगस्त, 2009 को यह घोषणा की कि अभी पुराने ही भू-हदबन्दी क़ानून और बटाईदारी क़ानून लागू रहेंगे। लेकिन सितम्बर में 18 विधानसभा क्षेत्रों में हुए उप चुनाव में से एनडीए को मात्र 5 सीटों पर जीत हासिल हुई। लोकसभा में इतनी बड़ी विजय पाने के चार महीने बाद ही बिहार में हुए विधानसभा के मध्यावधि चुनावों में एनडीए को ऐसी करारी हार का सामना करना पड़ा जिसकी किसी को कभी सपने में भी उम्मीद ही नहीं थी।

इस बीच नीतीश के विरोधियों द्वारा फैलाई जा रही अफ़वाहों की वजह से ज़मीन की मिल्कियत को लेकर नए विवाद शुरू हो गए थे। इसलिए नीतीश ने 2009-10 में 'बिहार भूमि न्यायाधिकरण अधिनियम और क़ानून' तथा 'बिहार भूमि विवाद निबटारा अधिनियम और क़ानून' लागू कर दिया। इन दोनों क़ानूनों से भूमि विवादों में काफ़ी कमी तो आई पर मूल समस्या को जड़ से उखाड़ा जाना अब भी बाक़ी था।

बिहार और बंगाल की खेतीबाड़ी में फ़र्क़

हम समझना चाहते थे बन्द्योपाध्याय कमिटी की रिपोर्ट अगर बंगाल में लागू हो सकती है तो बिहार में क्यों नहीं? इसको समझने के लिए हम पत्रकार, कुल भूषण 'गोपाल' से मिले जो अपने सक्रिय पत्रकारिता के दिनों में 'राजस्व और भूमि सुधार' विभाग की रिपोर्टिंग करते थे। उन्होंने बताया—

'इस मसले को ठीक से समझने के लिए पहले आपको बिहार और बंगाल के खेतिहरों और उनकी खेतीबाड़ी पर निर्भरता में फ़र्क़ समझना होगा। दोनों की राजनैतिक चेतना में शुरू से बड़ा अन्तर रहा है। बंगाल में मार्क्सवादियों ने 'कुलक' और 'सर्वहारा' के बीच वर्ग संघर्ष कराया और किसान मज़दूर उनके सबसे बड़े समर्थक बनकर खड़े हो गए। इस संघर्ष में नक्सलवाद की छौंक

पड़ जाने से जोतदार किसान अपने हक़ की माँग और अधिक आगे बढ़कर ज़ोर-शोर से करने लगा। ज़मींदार वर्ग भी ज़मीनी हक़ीक़त समझकर थोड़ा पीछे हटा। इसलिए बटाईदारी क़ानून लागू होने के बाद थोड़ी मशक़्क़त तो ज़रूर हुई लेकिन बाद में दोनों पार्टियों ने समझौता कर लिया। बंगाल में बिहार की तरह जातीय झगड़े नहीं हैं। इसलिए वहाँ क़ानून लागू करने के बाद समन्वय होने में बहुत समय नहीं लगा। इधर बंगाल से प्रेरित होकर बिहार में भी नक्सलवाद के छींटे पड़े क्योंकि बंगाल की सीमाएँ बिहार, ख़ासतौर से अब के झारखंड से लगी हुई थीं। लेकिन नीतीश कुमार जी की बिहार सरकार के 'आपकी सरकार आपके द्वार' कार्यक्रम से यह आवाज़ बहुत दिनों तक बहुत उग्र रूप में नहीं रह सकी। धीरे-धीरे छिटपुट जगहों को छोड़कर बिहार में नक्सलियों की कमर ही टूट गई है। जबकि पड़ोसी राज्य झारखंड में नक्सलवाद का प्रभाव हाल फ़िलहाल तक क़रीब-क़रीब पुराने ढर्रे पर ही है। अब आप एक टिपिकल बंगाली किसान को देखिए। चाहे उसके पास थोड़ी सी भी खेती की ज़मीन क्यों न हो पर उसके पास एक छोटा तालाब ज़रूर होगा। उस तालाब में मछलियों के अलावा आपको तैरते हुए हंस या बतख़ और तालाब के बाहर कुछ न कुछ चुगती चरती मुर्ग़ियाँ और बकरियाँ भी दिख जाएँगी। तालाब के चारों ओर नारियल और ताड़ के पेड़ तो होंगे ही। ताज्जुब नहीं कि वहीं दो-चार आम, कटहल या जामुन जैसे फलदार पेड़ भी मिल जाएँ। घर के पास कम से कम केले और पपीते के दो-चार पेड़ और साग और हरी सब्ज़ियों की एकाध क्यारियाँ ज़रूर होंगी। कहीं किसी के पास ज़्यादा ज़मीन हो तो थोड़ा-बहुत बाँस, शीशम, ईख और सरकंडा भी लगा दिख जाएगा। इसलिए उनको अपने साल भर के भोजन के लिए बाहर से बहुत कम चीज़ों की ज़रूरत होती है। बंगाली किसान का इस प्रकार की ज़मीन से स्थायी रूप से जुड़ना बहुत स्वाभाविक है जहाँ से उन्हें अनाज के अलावा भी आजीविका के बहुत से साधन घर में ही उपलब्ध हैं। बिहार में वैसी सुविधा बहुत कम स्थानों पर है। बाढ़ और सुखाड़ के रूप में वार्षिक आपदाओं के मारे किसान के पास खेती के अलावा आजीविका का कोई अन्य साधन नहीं है क्योंकि बाढ़ अपने साथ उनके घरों के अलावा पेड़-पौधों और पालतू जानवरों तक को बहाकर ले जाती है। इसलिए वे अपने जीवनयापन के लिए बंगाल टाइप का मॉडल नहीं अपना सकते। सच पूछिए तो आप बंगाल और बिहार के खेतिहरों की तुलना सही तौर से किसी भी पैमाने पर नहीं कर सकते हैं।

बन्द्योपाध्याय आयोग की रिपोर्ट के क़ानूनी पहलुओं को समझने में 'बिहार टेनेसी या बीटी ऐक्ट' के शिक्षक, लॉ कॉलेज के भूतपूर्व प्रोफ़ेसर दीनबन्धु सिंह ने भी हमारी बहुत मदद की। उन्होंने बताया—

'1950 में लागू हुआ अपना 'बीटी ऐक्ट' बहुत ही डॉयनमिक है। इस ऐक्ट में सबसे नया संशोधन 2017 में किया गया है। बीटी ऐक्ट सहित बिहार सरकार के ज़मीन सम्बन्धी क़ानून बहुत मज़बूत हैं। अगर इस ऐक्ट को शुरू से देखें तो इसकी धाराएँ 20, 21, 23 और 24 बहुत महत्त्वपूर्ण हैं। इतना ही नहीं, आगे अगर आप सिर्फ़ धारा 48 और इसकी उपधाराओं के साथ धाराएँ 49, 51 और 52 को भी ठीक से समझ लें तो आपको पता चलेगा कि खेती से जुड़े हर व्यक्ति के हितों की रक्षा के लिए भी कितने अच्छे नियम बने हुए हैं। बीटी ऐक्ट में सेक्शन्स 101 से 115 ए तक में गाँव की हदबन्दी से लेकर रैयत, अंडर रैयत आदि सारे रिकॉर्ड्स बनाने की विस्तृत जानकारी है।

वैसे तो बीटी ऐक्ट अपने आपमें ही सम्पूर्ण है लेकिन इसे और भी धारदार बनाने के लिए 2009 में 'बिहार लैंड ट्रिब्यूनल ऐक्ट' लाया गया है जिसमें चार-चार जज बैठ रहे हैं। इसी प्रकार समय-समय पर 'भूमि बन्दोबस्ती क़ानून', 'भूमि हदबन्दी क़ानून' जैसे और भी कई क़ानून आ गए जिनसे हर हितभागी के हितों की सुरक्षा बढ़ी।

'बिहार लैंड रिफार्म्स ऐक्ट (2019) के तहत अपने अधिकार में ज़मीन लेकर सरकार उसे उसी गाँव के ग़रीब लोगों को देती है। बिहार सरकार ने लैंड ट्रान्सफर, रजिस्ट्रेशन और म्यूटेशन के क़ानून बहुत सरल बना दिए हैं। इनकी फ़ीस की दर भी बहुत मामूली रखी गई है। इसलिए मुझे नहीं लगता कि राज्य में कुछ बेईमानों और भूमाफ़ियों को छोड़कर किसी को कोई ज़मीन सम्बन्धी परेशानी रह जाएगी। सच पूछिए तो बिहार में अब कोई बहुत बड़ा लैंडलॉर्ड है ही नहीं! अभी पुराने संयुक्त परिवारों में हुए बँटवारे के कारण तथाकथित समृद्ध किसानों के पास भी बस एकड़-दो एकड़ की खेती की ज़मीन है। हाँ, पूर्णिया की तरफ़ कई पुराने टेन्युर होल्डरों और बड़े रैयतों ने पुश्तों से अपना नाम अंडर रैयत में डलवा रखा है। यह तो सरासर बेईमानी है जिसके विरुद्ध कुछ न कुछ जल्दी ही किया जाना चाहिए। देखा जाए तो आज बिहार में ज़मीन का ऐसा विखंडन (फ्रैगमेंटेशन) है कि अभी समेकन (कंसोलिडेशन) की सबसे ज़्यादा ज़रूरत है।

ज़मीन सम्बन्धित अधिकतर झगड़ों की जड़ में भूमि के सही काग़ज़ों की अनुपलब्धता है। नीतीश जी की सरकार ने 2011 में 'बिहार विशेष सर्वेक्षण एवं बन्दोबस्त अधिनियम' लागू किया। इस क़ानून के अन्तर्गत हवाई फ़ोटो और ज़मीनी सत्यापन की संकर प्रणाली से दोबारा सर्वेक्षण करा के नए मानचित्र बनवाने का काम शुरू किया गया। चकबन्दी में पहले जो गड़बड़ियाँ हो गईं उनमें भी सुधार करने की कोशिशें चल ही रही हैं। बिहार सरकार ड्रोन और सेटेलाइटों के साथ-साथ ज़मीनी माप जोख की सहायता से ज़मीन सम्बन्धित दस्तावेज़ों को सही करवा रही है। 14 अप्रैल, 2021 को दैनिक भास्कर में छपी ख़बर के अनुसार

आईआईटी रुड़की की सहायता से राज्य के राजस्व और भूमि सुधार विभाग ने 'चक बिहार सॉफ़्टवेयर' बनवाने का काम शुरू किया है जिससे राज्य के सभी गाँवों की ज़मीन की चकबन्दी चार वर्षों में पूरी होगी। वैसे तो अभी ही ज़मीन सम्बन्धी सारे रिकॉड्र्स डिजिटल प्लेटफ़ॉर्म पर सार्वजनिक रूप से उपलब्ध हैं। उम्मीद है कि यह नया क़दम राज्य के लिए यह बहुत बड़ी बात होगी।'

प्रोफ़ेसर साहब से बीटी ऐक्ट के बारे में इतना कुछ समझकर, इस विषय में किसी ठोस नतीजे पर पहुँचने के लिए कुछ नई जानकारी के लिए हम फिर से पत्रकार, कुल भूषण 'गोपाल' से मिले। गोपाल ने बताया—

'2016-17 में राज्य के राजस्व और भूमि सुधार विभाग के मंत्री ने सदन में कहा था कि भूदान से प्राप्त कुल 6,48,593.14 एकड़ में से 2,56,392.39 एकड़ भूमि और भूबन्दी से अर्जित 3,29,905.07 एकड़ ज़मीन में से 2,58,358.977 एकड़ ज़मीन 3,32,486 परिवारों में बाँटी जा चुकी थी। शेष बची 71,546.093 एकड़ भूमि खेती के लिए अयोग्य पाई गई थी क्योंकि ये सब पहाड़ी और बेकार ज़मीन थी। परिवारों में लगातार हो रहे विघटन के कारण अभी भी ज़मीन के रिकॉड्र्स बहुत उलझे हुए हैं। आज निरपेक्ष होकर देखने से लगता है कि बन्द्योपाध्याय कमिटी की रिपोर्ट को जल्दबाज़ी में पूरी तरह लागू न करके मुख्यमंत्री जी ने सही ही किया। बस सरकारी तंत्र को कमर कसने की ज़रूरत है।'

भूमि-सुधार सम्बन्धी चर्चा से हम एक बार फिर नीतीश की अनवरत चलनेवाली यात्राओं की ओर लौटते हैं। 2009 की 'विश्वास-यात्रा' के दौरान, हमें अंग्रेज़ी की पत्रिका 'द वीक' के स्वतंत्रता दिवस (15 अगस्त, 2009) का अंक हाथ लगा। इसमें विस्तृत सर्वेक्षण के बाद देश-भर से मात्र पच्चीस लोगों को चुना गया था जिन पर देश की आशा भरी निगाहें टिकी थीं। नीतीश का नाम तो ऐसी लिस्ट में आना ही था। नीतीश के लिए यह बात महत्त्वहीन थी, वह मध्यावधि चुनाव के प्रचार में बुरी तरह व्यस्त था। इस रिपोर्ट को आए महीने भर भी नहीं हुए थे कि 17 सितम्बर को मध्यावधि चुनाव के नतीजे आ गए और हम चारों खाने चित हो गए! लेकिन अपने स्वभाव के अनुसार, नीतीश चटपट धूल झाड़कर खड़ा हो गया और अपनी प्रवास-यात्रा में डूबता चला गया।

प्रवास-यात्रा पर एकाकी यात्री

2009 के दिसम्बर के अन्तिम दिनों में वह 'प्रवास-यात्रा' में राजगीर में था। फिर पता नहीं भाई को क्या मौज़ आई कि दिसम्बर की 28 तारीख़ को उसने अकेले ही राजगीर रोपवे से लेकर घोड़ा कटोरा तक का सफ़र किसी भी आम पर्यटक की तरह टमटम (इक्का) से तय किया। हमने इसके लिए उसकी जब

लानत मलामत करनी चाही तो उसने बड़े भोलेपन से कहा कि वह कम से कम कुछ घंटों के लिए नीले आकाश में उड़ता सफ़ेद बादल का टुकड़ा बनकर जीना चाहता था, बिलकुल अकेला!

2010 की 1 जनवरी को हम सब कल्याणबिगहा में मइयो को श्रद्धा सुमन अर्पित करके लौटे। 3 जनवरी के अंग्रेज़ी अख़बार 'द टाइम्स ऑफ़ इंडिया' के मुखपृष्ठ पर नीतीश की तारीफ़ के पुल बाँधे गए थे। 10 जनवरी को नीतीश को मुम्बई में 'द इकोनॉमिक टाइम्स' का वार्षिक पुरस्कार मिला। लेकिन 31 जनवरी को बड़ा सुखद संयोग बना जब नीतीश के कुछ पुराने दोस्त पटना में इकट्ठा हो गए और सबने एक साथ सिनेमाघर में जाकर 'थ्री ईडियट्स' फ़िल्म देखी। हमें कॉलेज के दिनों की फुटानी याद आ गई जब वह अक्सर हम सब यार-दोस्तों को समेटकर सिनेमा दिखाने ले जाता था! यह फ़िल्म दोस्तों के बीच के अटूट सम्बन्ध की बेहद ख़ूबसूरत कहानी थी। पूरी फ़िल्म के दौरान किसी की आँखों में पानी आता रहा तो किसी का दिल उसके गले में अटक गया। लगा कि यह हम दोस्तों की ही कहानी तो है! बाद में बाहर खड़े पत्रकारों से नीतीश ने कौशल, अरुण और अपना परिचय तो 'थ्री ईडियट्स' कहकर कराया और चचा बुक़रात को बताया 'ईडियट कोऑर्डिनेटर'! यही नहीं, सिनेमा देखने के बाद नीतीश ने दोस्तों को धर-पकड़कर 'वसन्त विहार' रेस्तराँ में शानदार दोसा पार्टी भी दी। पुराने दोस्तों से घिरा हुआ नीतीश, न जाने कितने युगों के बाद मस्ती में गुनगुनाता और ठहाके लगाता दिख रहा था। वह शाम वाक़ई कभी न भूलनेवाली शाम है। लेकिन रेस्तराँ में उसे देखकर लगा कि काम की व्यस्तता के कारण वह अपने स्वास्थ्य का ख़याल बिलकुल नहीं रख पा रहा था। पटना में वह अकेला था भी। दोस्तों ने बहुत मनुहार करके उसे मुंगेर के 'बिहार योग विद्यालय' से एक योग शिक्षक के हाथों सौंप दिया और सब निश्चिन्त होकर अपने-अपने मुक़ाम पर चले गए। नीतीश भी अपने काम में जुनूनी की तरह पिल पड़ा।

नीतीश की राज्य भर की यात्राएँ जारी तो रहीं पर उनमें बीच-बीच में उत्पात भी होने लगे। 3 जुलाई को गिद्धौर से लौटते समय उसका हेलिकॉप्टर दुर्घटनाग्रस्त होते-होते बचा। पता नहीं क्यों उस पर चारों ओर से आपदाएँ तो आ ही रही थीं, 2010 के जुलाई महीने की 20 तारीख़ को उसके मुख्यमंत्री काल में पहली बार बिहार विधानसभा के सदन में विरोधियों ने ज़ोरदार हंगामा किया। पिछले कई वर्षों से राज्य के सरकारी विभाग आवंटित राशि ख़र्च तो कर लेते थे पर सरकारी ख़ज़ाने में उसका सही हिसाब देने में कोताही बरतते थे। विपक्ष का आरोप था कि इस मद में 11,412 करोड़ रुपये के हिसाब-किताब में गड़बड़ी हुई है। पहले तो कथित घपले के आरोप में मुख्यमंत्री नीतीश कुमार और तत्कालीन उपमुख्यमंत्री सह वित्त मंत्री सुशील कुमार मोदी के ख़िलाफ़

नारेबाज़ी हुई। विपक्ष के लोग शोर मचाते हुए अध्यक्ष के सामने आ खड़े हुए। बात हाथापाई से शुरू हुई। बाद में मेज़ और कुर्सियों को ही हथियार बनाकर सत्तापक्ष के लोगों पर प्रहार होना शुरू हो गया। इस घटना के बाद विधानसभा में हाथापाई करनेवाले 67 विधायकों को सदन की कार्यवाही से निलम्बित कर दिया गया। इन सबसे नीतीश को सदन की मर्यादा तार-तार होती लगी। सदन में जो कुछ भी हुआ उस पर नीतीश का कोई वश नहीं था। सदन की गरिमा बनाकर रखने के लिए आवश्यक था कि सही सोच के लोग ही माननीय विधायक चुने जाएँ। इस लक्ष्य की प्राप्ति के लिए अब उसके सामने विकल्प था नवम्बर में होनेवाले विधानसभा चुनावों को ठीक तरह से सम्पन्न करा के गम्भीर लोगों को सदन में लाना। उसने सदा की भाँति अपने आपको इस चुनाव में भी पूरी तरह झोंक दिया था लेकिन अपनी तमाम व्यस्तताओं के बावजूद वह कौशल के बेटे की सगाई के लिए 21 नवम्बर, 2010 की शाम में मुम्बई आ गया। अरुण वग़ैरह पहले से ही वहाँ मौज़ूद थे। शरीर से एकदम थका हुआ नीतीश दोस्तों को देखकर एकदम से खिल गया। बातों-बातों में उसने कहा—

'इस बार के चुनाव में लोगों ने जात-पात से बहुत ऊपर उठकर वोट दिया है। मैंने भी अपने पिछले वर्षों में किए गए अपने काम की मज़दूरी भर माँगी है।'

इतना कहकर उसने सलाद का एक टुकड़ा भर खाकर पेट भर जाने का एलान कर दिया। 24 नवम्बर को जो नतीजे आए उसने देश-भर को हिलाकर रख दिया। नीतीश के नाम की सुनामी कहें या झंझावात या फिर राहतों की बारिश, आप जो चाहें वही नाम दे दें पर वह सब कुछ अभूतपूर्व हुआ। जेडीयू (115) और बीजेपी (91) ने मिलकर 243 में 206 अर्थात् क़रीब 85 प्रतिशत सीटें जीत लीं। कांग्रेस, आरजेडी और एलजेपी की ऐसी दुर्गति पिटी कि इनमें से किसी भी दल के नाम नेता प्रतिपक्ष बनाने के लायक़ सीटें भी नहीं आ सकीं। चचा ने कहा—

'इधर तो भाई ने सबका गर्दा ही उड़ा दिया।'

उधर कौशल ने नीतीश विरोधियों के लिए चचा को रामचरितमानस की दो पंक्तियाँ लिख भेजी, "राम विमुख अस हाल तुम्हारा। रहा न कोउ, कुल रोवनि हारा॥"

ये क्या सत्यानाश

नीतीश के जीवन में जब भी ख़ुशी की सौग़ात आई है, ज़्यादातर किसी दुर्भाग्य के काले रैपर में ही लिपटी हुई। नीतीश का गठबन्धन जीत गया, उसे 26 नवम्बर को गांधी मैदान में शपथ लेने के लिए पहुँचना है। वह तैयार हो रहा है और

उधर उसकी मइयो की तबीयत अचानक गड़बड़ा गई है। उनकी साँस उखड़ने लगी, नब्ज़ का अता-पता चलना भी बन्द हो गया। पहले तो यह ख़बर नीतीश से छिपाकर रखी गई पर यह सम्भव नहीं था। नीतीश ने निश्चय कर लिया कि वह पहले मइयो का इलाज कराएगा फिर कुछ और करेगा। उधर गांधी मैदान में लोगों का हुजूम बढ़ता ही जा रहा था। चारों ओर फ़ोन की घंटियाँ अनवरत बजती ही जा रही थीं। चचा नीतीश को एक कोने में ले गया और उसे गले लगाकर उससे पता नहीं क्या कहा, कि लगा जैसे उसने उफनते दूध पर पानी के छींटें मार दिए हैं। चचा फ़ौरन ही डॉक्टरों की टीम को साथ लेकर मइयो के साथ अस्पताल पहुँच गया और नीतीश आ गया गांधी मैदान में। कौशल जो उस वक़्त नीतीश के साथ ही था, बताता है—

'नीतीश की ऐसी अकुलाहट भरी बेचैनी मैंने पहले कभी नहीं देखी। वह संविधान की शपथ ले रहा था, जनता का अभिवादन स्वीकार कर रहा था, सहयोगियों से मिल रही बधाइयों की बौछारों को विनम्रतापूर्वक झेल रहा था पर वह वहाँ था ही नहीं। वह अस्पताल से लगातार आ रही हर ख़बर को आँखों ही आँखों में पी रहा था।'

उधर अस्पताल में कुशल डॉक्टरों की टीम ने क़रीब-क़रीब सितारों की दुनिया में पहुँच चुकी मइयो को इस दुनिया में वापस बुला लिया। मइयो की स्थिति जैसे ही थोड़ी स्थिर हुई, चचा अस्पताल से भागकर गांधी मैदान पहुँचा और नीतीश को वहाँ से ले उड़ा। दोनों मइयो के पास पहुँचे, और उनको मुस्कुराते देखकर दोनों एक-दूसरे से लिपटकर थोड़ा रोए भी!

उस शाम अस्पताल में ही हमारी चंडाल चौकड़ी मइयो का मनोरंजन करने पहुँच गई। एक बार फिर से राजमाता बन गई मइयो की तीमारदारी कम और चमचागिरी में ज़्यादा लगे डॉक्टरों की फ़ौज को हमने सबसे पहले चलता किया। तीन-चार तकियों के सहारे बिस्तर पर अधलेटी मइयो के खुले केश को चचा हल्के हाथों से सहलाते हुए नीतीश के शपथ लेने की नक़ल करके सबको हँसा रहा था। नीतीश के बड़े भाई, सतीश भैया, दिन में पहली बार थोड़े तनावरहित लगे। चुनावी जीत और मइयो के बच जाने की ख़ुशी की वजह से अस्पताल के उस कमरे में भी रह-रहकर ठहाकों की उल्लास भरी फुलझड़ियाँ से रोशनी की जगमगाहट का अहसास होता था। इसी ख़ुशगवार माहौल में किसी प्यादे क़िस्म के इनसान ने, सिर्फ़ नीतीश की चमचागिरी करने के ख़याल से, पूछा कि इतिहास में आज तक का सबसे मशहूर बिहारी कौन है? इससे पहले कि वह बेवक़ूफ़ इनसान ख़ुद ही अपने सवाल के जवाब में नीतीश का नाम ले लेता, कमरे का परदा उठाकर नीतीश अन्दर आ गया। उसने यह सवाल सुन ही लिया होगा क्योंकि उसकी भौंहें सवालिया निशान बन गई थीं। अपना चचा बन्दर की

तरह कूदकर उसके आगे खड़ा हो गया। उसने नीतीश को सर्कस के जोकर की तरह कोर्निश बजाते हुए तीन बार फ़र्शी सलाम दाग दिया। फिर सवाल पूछनेवाले की ओर देखकर बड़े अदब से बोला—

'यह तो सरासर ग़ुस्ताख़ी होगी कि आपके सवाल के जवाब में मैं अपनी ज़बान से अपना ही नाम ले लूँ, मगर हक़ीक़त यही है हुज़ूर! यक़ीन न हो तो राजमाता मइयो से ही पूछ लीजिए!'

उसकी इस अदाकारी पर सब ख़ूब हँसे, मइयो भी हँसी लेकिन थोड़ी देर बाद नीतीश ने बड़ी मार्के की बात कही। वह बोला—

'देश और दुनिया के इतिहास में जो बिहारी नाम सबसे मशहूर था, है और हमेशा-हमेशा रहेगा वह नाम है गौतम बुद्ध।'

फ़िलहाल मइयो के अस्पताल के उस कमरे से चली एक ख़बर आपसे साझा करने की दिली ख़्वाहिश हो रही है।

हुआ यूँ कि जब मइयो पीएमसीएच में ही थीं, न जाने कैसे उनकी मिज़ाजपुरसी के लिए विजय कृष्ण अस्पताल आ गया। वहीं बैठे नीतीश ने मइयो से पूछ लिया कि क्या वे उसे पहचानती हैं? मइयो की आँखों में रोशनी सी कौंध गई। बहुत निस्पृह होकर बोली—

'बीजय न हय? एकरा बहुत खिलैलियो हऽऽनऽऽ। बेटा बन के रहलौ। (विजय है न? इसे बहुत खिलाया था। बेटा बन के रहा था।)'

इतना कहकर मइयो ने अपना चेहरा चादर में छिपा लिया। विजय कृष्ण से मइयो की इस नाराज़गी की वजह समझने के लिए हमने बहुत पापड़ बेले तब जाकर मुन्ना सरकार और सतीश भैया की जुगलबन्दी ने हमें यह बात बताई—

'वे 1999 के लोकसभा के चुनाव के आख़िरी के दिन थे। बाढ़ क्षेत्र से नीतीश जी के ख़िलाफ़ विजय कृष्ण चुनाव लड़ रहा था। बरसात का मौसम था। शाम के सात बजे के आसपास का समय रहा होगा। नेताजी के पैतृक निवास में ही उनके चुनाव का मुख्य कार्यालय था। वहाँ रोज़ की तरह सतीश भैया, मुन्ना सरकार, और कुछ अन्य कार्यकर्ता मिलकर दिन-भर की हुई गतिविधियों का लेखा-जोखा ले रहे थे। एकाएक ख़बर आई कि डाकबँगले के पूरब, श्री हरि नारायण सिंह के पुराने पेट्रोल पम्प पर, गोलियाँ चली थीं। इस गोलीबारी में मोहम्मदपुर के रहनेवाले, ओम सिंह नाम के राजपूत नौजवान की मौत हो गई। उसी पेट्रोल पम्प पर बख़्तियारपुर के एक बड़े नेक व्यवसायी, यादव जाति के श्री गंगा सिंह का भी कत्ल हो गया। श्री गंगा सिंह, हनुमान मिल के मालिक थे। हत्या की ख़बर आते ही विरोधी दल के लोगों ने अफ़वाह फैला दी कि विजय कृष्ण के समर्थक, ओम सिंह की हत्या नेताजी के इशारों पर हुई है। फिर क्या था, दौड़ती हुई उग्र भीड़ ने नेताजी के घर को घेर लिया। हल्ला

मचा कि नेताजी ने ही दो मर्डर करवा दिए हैं। ऐसी उन्माद भरी स्थिति में लोग व्यक्ति से भीड़ बन जाने के बाद सोच भी कहाँ पाते हैं? उत्तेजित भीड़ बेचैन होकर हिंसक हो गई। उन लोगों ने पहले तो ईंट और पत्थर से ज़ोरदार हमला किया और फिर शोर मचा कि नेताजी का घर ही जला दो। लगता है कि लोग घर जलाने की पूरी तैयारी करके आए भी थे। इनमें से किसी ने पाँच लीटर भरा हुआ मोबिल या डीज़ल आयल का डिब्बा घर पर फेंक दिया। ढक्कन खुला हुआ था लेकिन पता नहीं डिब्बा कैसे गिरा कि वह सीधा ही खड़ा रह गया और थोड़ा तेल छलका पर ज़्यादा तेल नीचे गिरा ही नहीं! बारिश के दिन थे। थोड़ी ही देर पहले पड़ी तेज़ बौछार के कारण घर की ज़मीन पूरी तरह से गीली थी। तेल को जलाने के लिए बदमाशों ने जो जलता हुआ पुआल का गट्ठर फेंका था, वह भी गीली फ़र्श पर गिरकर बुझ गया। अगर तेल गिरकर बिखर गया होता तो ज़रा सी चिनगारी पकड़ते ही यह लकड़ी का मकान तुरन्त ही राख हो जाता साथ ही साथ इसके अन्दर जो लोग भी थे, सब जलकर मर गए होते। जब यह कुकांड हो रहा था तब बख़्तियारपुर का एसडीओ घर के सामने ही खड़ा था। वह चुपचाप तमाशा देखता रहा। लगा कि वह हमारी नहीं, बदमाशों की सुरक्षा कर रहा था। संयोगवश उस दिन सतीश भैया के साले घर में ही थे। उन्होंने छत पर से फूलों का गमला नचाकर नीचे खड़ी उग्र भीड़ पर फेंका। इससे भीड़ कुछ पीछे हटी। पड़ोस के घर में एक दरोगा, श्री साह जी रहते थे। सड़क पर हो रहे उत्पात को देखकर उन्होंने अपनी पिस्तौल से हवा में दो गोलियाँ दाग दी। रात का समय था, बिजली की लाइन कट गई थी, इसलिए यह बात किसी की समझ में नहीं आई कि गोलियाँ किधर से चल रही हैं। हल्ला हो गया कि नेताजी के घर में ही ख़तरनाक अस्त्र-शस्त्र हैं और यही लोग गोलियाँ चला रहे हैं। इससे डरकर भीड़ तितर-बितर होने लगी। जब नेताजी के घर में आग लगाने का कार्यक्रम फेल हो गया तब बाढ़ के डीएसपी के नेतृत्व में पुलिस दनदनाती हुई वहाँ फ़ौरन पहुँच गई। हम लोगों ने घर का मुख्य दरवाज़ा अन्दर से बन्द कर लिया था। टिन के इस दरवाज़े में एक छोटा सूराख़ था। उससे झाँककर सतीश भैया ने देखा कि डीएसपी ज़ोर-ज़ोर से दरवाज़ा पीटकर खोलने को कह रहा था। डीएसपी ने फ़ौरन हम पर इल्ज़ाम लगा दिया कि भीड़ पर गोली यहीं से चली है और यहाँ असलाह छिपाकर रखे गए हैं। उसने यह भी धमकाया कि उसकी सूचना के मुताबिक़ पेट्रोल पम्प पर हुए मर्डर के अपराधी इसी घर में छिपे हुए थे। उसने कड़ाई से कहा कि वह उसी वक़्त घर की तलाशी लेगा। सतीश भैया ने दरवाज़ा खोलकर डीएसपी को अन्दर बुलाया और दरवाज़ा अन्दर से बन्द कर लिया ताकि पीछे से कोई बदमाश घुस ना आए। तलाशी के लिए वे सहर्ष तैयार हो गए। घर में नीचे बैठे पार्टी के कार्यकर्ताओं के अलावा ऊपर बस

बूढ़ी माताजी और नेताजी की भाभी थीं। सतीश जी ने अपने साथ उस डीएसपी को घर का कोना-कोना घुमाकर दिखा दिया। डीएसपी ने बेहद लज्जित होकर हाथ जोड़कर सतीश जी को प्रणाम किया और चलता बना। उसके प्रस्थान के फ़ौरन बाद ग्रामीण एसपी भी वहाँ पहुँच गया। उसने आते ही हवा में दो-चार गोलियाँ चला दीं। यह तो साँप के निकल जाने के बाद लकीर पीटनेवाली बात थी! पुलिस ने एफआईआर में हत्या के तीन आरोपियों के नाम, क्रमशः मुन्ना सरकार, राजेन्द्र सिंह और के.डी. सिंह, दर्ज किए। मुन्ना सरकार का नाम बतौर हुक्मे-दहिन्दा, घटनास्थल पर खड़े होकर मार डालने का हुक्म देनेवाला, आया जबकि मुन्ना सरकार उस समय घटनास्थल से काफ़ी दूर थे। हम जानते थे कि यह सब व्यर्थ की कहानी थी इसलिए हम घर पर ही डटे रहे। नेताजी उस समय पटना से बख़्तियारपुर के लिए निकल पड़े थे। सतीश भैया ने झाँककर देखा कि बाहर दो नौजवान एके 47 राइफ़ल लेकर नेताजी की प्रतीक्षा में डटे हुए थे। उन्हें देखते ही गोलियों से भून डालने की पूरी तैयारी देखकर सतीश जी डर गए। उन्होंने घोसवरी में स्थित पेट्रोल पम्प के मालिक डॉक्टर सूर्य नारायण सिंह से फ़ौरन सम्पर्क करके नेताजी को रात में बख़्तियारपुर न आने देने को कहा। डॉक्टर साहब बहुत प्रतिष्ठित व्यक्ति थे। तब तक नेताजी की गाड़ी घोसवरी से आगे बढ़ गई थी। डॉक्टर साहब ने अपने स्कूटर और हमारे नेताजी के परम सहयोगी श्री राज बल्लभ राय की मोटरसाइकिल से नेताजी की गाड़ी का हवा की तेज़ी से पीछा करके उसे पकड़ा और नेताजी को वापस ले आए। नेताजी ने पेट्रोल पम्प पर पहुँचकर तुरन्त घर फ़ोन किया। जब उन्हें घर और लोगों के सुरक्षित होने का विश्वास हो गया तब वे निश्चिन्त हो सके। सतीश जी को जॉर्ज साहब का फ़ोन आया कि डीजीपी बिहार स्वयं पूरी घटना पर नज़र रखे हुए हैं और नीतीश कुमार रास्ते से ही वापस लौट गए हैं। उस दिन जॉर्ज साहब पटना में ही थे। उन्होंने आनन-फ़ानन में प्रेस कॉन्फ्रेंस बुलाकर जनता के आगे सचाई रखी। अख़बार में छपी ख़बर का पढ़े-लिखे लोगों पर बहुत अच्छा असर भी हुआ। बख़्तियारपुर में भी लगा कि जैसे उफनते हुए दूध पर ठंडे पानी के छींटे पड़ गए। मामला एकदम शान्त हो गया। नेताजी अगले दिन बख़्तियारपुर आ गए। उनके आने से पहले ही पटना के एसपी ने बख़्तियारपुर पहुँचकर सतीश भैया के बयान पर एफआईआर दर्ज कर लिया। पूरे मामले में सतीश जी अकेले सूचना देनेवाले भी थे और गवाह भी। तब तक दोनों लाशों के पोस्टमार्टम हो गए थे। अगली सुबह सतीश भैया गंगा बाबू की अर्थी पर फूल चढ़ा आए और उसे कन्धा भी दिया। यादव लोगों के मन में जो भी गिले-शिकवे थे, सतीश भैया के इस एक क़दम से सब दूर हो गए। नेताजी भी ओम सिंह के घर, मोहम्मदपुर जाकर सबको सांत्वना दे आए। उनके पहुँचते ही गाँव में आश्चर्य मिश्रित सन्नाटा

छा गया। बस मृतक की पत्नी ने नेताजी से किसी आश्रित के लिए नौकरी की व्यवस्था करने का अनुरोध किया। नेताजी ने बग़ैर एक शब्द कहे उस महिला की बात मान ली। इस घटना से पूरा गाँव जैसे शर्मसार था। क्षेत्र के हर सभ्य परिवार में इस घटना की बड़ी भर्त्सना हुई। हमारे प्रतिद्वन्द्वी के वोट में भारी कमी आई और वह हार गया। लेकिन उस बार यह बात हम सबकी समझ में आई कि इस चुनावी व्यवस्था में बस जात-पाँत का समीकरण ही सबसे ऊपर चलता है। समाज के विकास के लिए जी-तोड़कर किए गए प्रयासों की बातें मतदाताओं की बहुत बड़ी संख्या के लिए ऐन चुनाव के समय महत्त्वहीन हो जाती हैं और इनका चुनाव के परिणामों पर कोई सकारात्मक असर नहीं पड़ता। नहीं तो इसी बाढ़ क्षेत्र में एनटीपीसी, रेल फैक्ट्री आदि मेगा प्रोजेक्ट्स की वजह से कितने नौजवानों को काम मिला था, उसकी गिनती नहीं है। क्षेत्र में कौन सा गाँव बचा रह गया था जहाँ विकास का काम नहीं हुआ था? हम लोग क्षेत्रीय स्तर की राजनीति या विवाद में कभी नहीं पड़े। किसी रोज़ घर के सामने से गुज़र रहे विजय को रोककर सतीश भैया ने भी उसे ख़ूब खरी-खोटी सुनाई थी और वह एक बार भी नज़रें ऊँची नहीं कर सका था। यह इतिहास जानने के बाद मइयो के आगे विजय के अचानक हो गए विवर्ण चेहरे के बारे में कुछ भी जानना बाक़ी नहीं रह गया था।

अधिकार यात्रा और अन्य यात्राएँ

2010 हम रसमंजरिया दोस्तों के लिए बहुत महत्त्वपूर्ण था। हममें से कुछ सठिया चुके थे और कुछ सठियाने की तैयारियाँ कर रहे थे। चुनाव में अभूतपूर्व विजय के बाद नीतीश कुछ तनाव में रहने लगा था। उसे जनता की अपेक्षाओं से भी आगे जाकर काम करना था। 31 दिसम्बर की शाम उसने अपने और सहयोगी दल के कई लोगों से अगले साल के कार्यक्रमों पर विमर्श किया था। रोज़ की तरह सोने के लिए जाने से पहले मइयो के कमरे में जाकर उसने दूध, दवा, पानी, नर्स वग़ैरह सारी व्यवस्थाओं की ख़ुद ही पड़ताल की थी। मइयो के गहरी नींद में सो जाने के बाद वह भी निश्चिन्त होकर अपने कमरे में आराम करने चला गया था।

बेवजह की ख़ुशी—आसन्न संकट का संकेत

नए साल 2011 की पहली सुबह को नीतीश तैयार होने के बाद मइयो, भइया और भाभी से आशीर्वाद लेकर नाश्ता करने बैठ गया। बेहद ख़ुश था वह, तो उसे लगा कि यह बेवजह की ख़ुशी किसी आसन्न संकट का सिग्नल तो नहीं? फिर उसने सर झटककर अपने आपको दिन के लिए तैयार किया। घर के नीचे ही कई लोग उसका इन्तज़ार कर रहे थे। वे ऐसे लोग थे जो नए साल की शुरुआत नीतीश से आशीर्वाद लेकर ही करना चाहते थे। नीतीश नीचे उतरकर सहज भाव से सबसे मिल रहा था। शनिवार की दोपहर के बारह बज चुके थे, लोगों से मिलते-जुलते घंटे भर से अधिक समय निकल गया था और लोगों की क़तार छोटी होने की बजाय बढ़ती ही जा रही थी। तभी ऊपर से धड़धड़ाते हुए हरेन्द्र नीचे आया और उसने नीतीश से कहा कि मइयो की तबीयत बिलकुल भी ठीक नहीं है। मइयो के डॉक्टर एस एन मिश्र हर नाकामयाब कोशिशों के बाद निराश होकर एक कोने में सर झुकाए खड़े थे। उनमें कुछ कहने की हिम्मत

नहीं बची थी पर उनकी बेबस ख़ामोश निगाहें सब कुछ कह रही थीं। न जाने कहाँ से आकर सवेरे की ख़ुशी का नाग एक बार फिर नीतीश को डस गया था। कौशल उस दिन चचा के पास, दिल्ली में था। ख़बर मिलते ही वे दोनों पटना भागे। कोहरे के कारण दोपहर बाद की पटना की सारी उड़ानें रद्द थीं। आदित्य ने जैसे-तैसे राजधानी एक्सप्रेस में उनके लिए टिकट की व्यवस्था की। अगली सुबह मइयो की मिट्टी लेकर नीतीश बख़्तियारपुर चला गया जहाँ के पूजा घर में मइयो के प्राण बसते थे। वहीं मइयो के गुरु की तसवीरें थीं। मइयो ने बाबा भूपेन्द्र नाथ सान्याल से क्रिया योग की दीक्षा ली थी। शरीर के पिंजरे से उनकी आत्मा को मुक्त होने में न तो कोई पीड़ा हुई और न ही कोई समय लगा। इधर ट्रेन में रात-भर प्रार्थना करते हुए कौशल और चचा पटना से बख़्तियारपुर पहुँचे। उस दिन बख़्तियारपुर की हर आँखों में आँसू थे। मइयो के अन्तिम संस्कार पटना में ही दीघा घाट पर हुए। घाट पर ख़ामोश बैठा नीतीश लोगों की संवेदनाएँ स्वीकार करता रहा। हमें लगा कि आज नीतीश पूरी तौर से अकेला हो गया—एक बार फिर से। उसका धैर्य देखकर बहुत शक्ति का अनुभव हुआ।

अगर वह सच में धैर्यवान और आदर्श पुरुष न होता तो दो रातों का जगा नीतीश अगली सुबह, सोमवार के दिन, जनता के दरबार में खड़ा न हो पाता। भैया की इच्छा के अनुरूप नीतीश ने सारे श्राद्ध कर्म करवाए। तब तक नीतीश ने अपने आपको बहुत संयत रखा था। 16 जनवरी को वह मइयो का अस्थिकलश लेकर पूरे परिवार के साथ कल्याणबिगहा गया था। वहाँ उसके धैर्य का बाँध टूट गया। अपने शोक के टापू पर एकाकी खड़ा पत्थर की मूर्ति बना नीतीश! उसका दिल, उसका दिमाग़, उसके दोनों हाथ, सब ख़ाली हो गए थे। उसके पास अब खोने के लिए कुछ भी तो नहीं बचा था। आँखों के आँसू तक नहीं।

ज़िन्दगी कभी-कहीं रुकती भी है क्या?

कल्याणबिगहा से लौटकर नीतीश फिर से काम में पिल पड़ा। इस बीच भारत में चीन के राजदूत मिस्टर झाँग यान नीतीश से मिलने पटना आए। उन्होंने नीतीश के कार्यकाल में हुए बिहार की प्रगति की खुलकर प्रशंसा करते हुए कहा था कि भारत के सबसे ग़रीब राज्य में हुए कायापलट के बाद चीन बिहार के साथ कृषि, कृषि आधारित उद्योग, शिक्षा और पर्यटन के क्षेत्र में, ख़ास कर बुद्धिस्ट सर्किट को मज़बूत करने में सहयोग करना चाहता है। झांग यान ने ऐतिहासिक नालन्दा यूनिवर्सिटी को दोबारा स्थापित करने के लिए चीन की ओर से एक अरब डॉलर की सहायता देने का वायदा किया। 2011 भगवान बुद्ध के महानिर्वाण का 2,600 वाँ साल भी था। इससे पहले नीतीश ने 12 फ़रवरी, 2007 को नालन्दा

में ह्वेन त्सांग स्मृति हॉल का उद्घाटन किया था जिसमें कई महान हस्तियों के अलावा तत्कालीन चीनी विदेश मंत्री भी उपस्थित थे। उस समय नीतीश ने एक साल से थोड़ा ही पहले ही मुख्यमंत्री का पद सँभाला था लेकिन इस थोड़े ही समय में उसने क़ानून-व्यवस्था को नियंत्रित करके अपनी अनोखी कार्यशैली की अमिट छाप छोड़ी थी। इसलिए चीन के विदेश मंत्री ने 2011 में नीतीश को चीन आने के लिए बहुत सम्मान के साथ आमंत्रण दिया। नीतीश का मन कहीं और खोया रहता था पर उसने उतनी ही भद्रता से यह आग्रह स्वीकार कर लिया। वह सारे औपचारिक कार्यक्रमों में भाग भी लेता रहा। वह 26 जनवरी को गणतंत्र दिवस की परेड में शामिल हुआ और 30 जनवरी को गांधी घाट पर जाकर गांधी समाधि पर पुष्पांजलि भी अर्पित कर आया पर वह एकदम ख़ुश नहीं था। उसे धुन लग गई थी ख़ुशी का मंत्र ढूँढ़ने की।

सकल राष्ट्रीय प्रसन्नता इंडेक्स

नीतीश को भूटान के प्रधानमंत्री से भूटान यात्रा का भी निमंत्रण मिला हुआ था। जब दुनिया के दूसरे देश जहाँ विकास के आकलन के लिए 'सकल राष्ट्रीय उत्पाद' (ग्रॉस नेशनल प्रोडक्ट) जैसी अवधारणाओं से जूझ रहे थे उन दिनों भूटान 'ग्रॉस नेशनल हैप्पीनेस इंडेक्स' अर्थात् सकल राष्ट्रीय प्रसन्नता इंडेक्स से अपने देश की समृद्धि नाप रहा था। नीतीश को यह बात बहुत पसन्द आई। 4 मई, 2011 को वह चार दिनों के लिए भूटान पहुँचा। अपनी भूटान यात्रा के दूसरे दिन नीतीश ने भूटान नरेश जिग्मे खेसर नामग्येल वांगचुक से मुलाक़ात करके 'ग्रॉस नेशनल हैप्पीनेस' की परिकल्पना समझी। इसके लिए तीन आधारभूत तत्त्वों का विकास ज़रूरी है। ये तत्त्व हैं शरीर, अभिव्यक्ति और बुद्धि। मतलब यह हुआ कि राज्य की प्राथमिकता स्वास्थ्य सेवाओं, जनतांत्रिक मूल्यों और शिक्षा की सुविधाओं का विकास हो तो 'बॉडी, स्पीच और माइंड' तीनों स्तर पर प्रजा का विकास होता है। सुखी प्रजा ही सुखी राज्य बनाती है और तब बढ़ता चलता है 'ग्रॉस नेशनल हैप्पीनेस'। नीतीश यह सब जानकर बहुत ख़ुश हुआ। भूटान के लोगों की बौद्ध धर्म में आस्था देखकर उसे बिहार के लिए पर्यटन की अपार सम्भावनाएँ भी दिखीं। वहाँ के लोगों के विशेष आग्रह पर उसने बुद्ध मन्दिर के निर्माण के लिए राजगीर में ज़मीन आवंटित करने का वायदा भी किया। इस मन्दिर का शिलान्यास नीतीश ने ही 2018 की 11 नवम्बर को किया। यह भारत और भूटान के परस्पर औपचारिक राजनयिक सम्बन्धों का 50वाँ वर्ष था। भूटान की इस यात्रा में ही नीतीश की मुलाक़ात पवन वर्मा से हुई। पवन वर्मा भारतीय विदेश सेवा के वरिष्ठ अधिकारी थे और उन दिनों भूटान में भारत के

राजदूत थे। देश के अख़बारों में उनके आलेख छपते ही रहते थे। साहित्य में भी उनकी अच्छी पैठ थी। इन कारणों से पवन की अपने पत्रकार मित्र अरुण से भी अच्छी पहचान थी। अरुण ही पवन को नीतीश के क़रीब लाने में बहुत सहायक हुआ। पवन की आकांक्षाओं का आकाश बहुत बड़ा था। भूटान में ही नीतीश के प्रति पवन का इतना आकर्षण बढ़ा कि 2012 में उन्होंने पटना आकर नीतीश से मुलाक़ात की। नीतीश से प्रभावित होकर उन्होंने राजनीति में आने का मन बना लिया था। अन्ततोगत्वा पवन वर्मा जनवरी 2013 में सरकारी नौकरी छोड़कर नीतीश के साथ राजनीति में सक्रिय हो गए। उनके जेडीयू में आते ही नीतीश ने सबसे पहले उन्हें कैबिनेट मंत्री का दर्जा देकर मुख्यमंत्री का 'संस्कृति सलाहकार' (कल्चर एडवाइज़र) नियुक्त किया। पवन को दिल्ली में ही रहकर पार्टी का काम करने को कहा गया। जून 2014 से लेकर जुलाई 2016 तक वे जेडीयू का राज्यसभा सांसद भी रहे। इस काल में पवन वर्मा को जेडीयू का राष्ट्रीय महासचिव बना दिया गया। नीतीश के सम्पर्क में प्रशान्त किशोर को लानेवाले शख़्स पवन वर्मा ही हैं। प्रशान्त किशोर भी नीतीश के बहुत क़रीब आ गया था। उसे भी नीतीश ने पार्टी का उपाध्यक्ष बनाया था। बाद में हालात ने ऐसी करवट ली कि 29 जनवरी, 2020 को जेडीयू ने इन दोनों को पार्टी से यह कहकर दरकिनार कर दिया कि ये दोनों वरिष्ठ नेता अपनी बातें पार्टी के मंच पर न रखकर लगातार पार्टी के ख़िलाफ़ बयानबाज़ी कर रहे थे। यह भी कहा गया कि प्रशान्त किशोर और पवन वर्मा लगातार पार्टी नेतृत्व (नीतीश) के ख़िलाफ़ सवाल खड़े कर रहे थे। इस क़दम के भी दूरगामी परिणाम अच्छे नहीं हुए।

चीन की यात्रा

नीतीश ने चीन जाने के लिए चीनी राजदूत का आमंत्रण पहले ही स्वीकार कर लिया था। विदेश मंत्रालय से सहमति मिलने के बाद, एक छोटे से दल को साथ लेकर, नीतीश 13 जून को सात दिनों के लिए चीन गया। अपने ही ख़र्च पर, चीन की यात्रा पर गए, बिहार चेम्बर ऑफ़ कॉमर्स के भूतपूर्व अध्यक्ष, ओम प्रकाश साह ने हमें बताया कि उन्होंने चीन में आख़िर क्या देखा, सुना और सीखा?

'मैं चीन के सहयोग से बिहार में लग सकनेवाले एग्रो बेस्ड इंडस्ट्री (कृषि उत्पाद सम्बन्धित उद्योगों) के बारे में समझना चाहता था इसलिए मैं चीन अपने ख़र्च से गया। अकेला गया होता तो शायद बहुत कम सीख या समझ पाता पर माननीय मुख्यमंत्री जी के दल के साथ होने से मुझे वास्तविकता समझने में बहुत मदद मिली। पहली बात तो मैं कह दूँ कि नया सीखने के लिए हमेशा तत्पर रहने में माननीय नीतीश जी जैसा अन्य कोई व्यक्ति मैंने आज तक नहीं देखा। उनका

एक मुख्य मुद्दा था बिहार में कृषि में सुधार लाने के बारे में नई जानकारी हासिल करना। इस सिलसिले में हम बीजिंग और शंघाई जैसे बड़े शहरों में ज़्यादा समय न बिताकर सुदूर पूर्वी चीन में स्थित शॉनडांग इलाक़े के गाँव गए। शॉनडांग में उन्होंने ट्रैक्टर सहित खेती के लिए उपयोगी विभिन्न उपकरणों को बनानेवाली कई कम्पनियों में कई बार जाकर उनकी असेम्बली लाइन को बहुत ग़ौर से समझा। शिजुई काउंटी में तो वे कई किसानों से भी घंटों बातें करके कृषि की बारीकियाँ समझते रहे। वहाँ रास्ते में मीलों-मील तक, सड़क के दोनों ओर पॉली हाउस बनाकर सब्ज़ियों की बेहतरीन खेती हो रही है। वहाँ के लोग कम्पनी बनाकर खेती करते हैं जिसमें सौर ऊर्जा का भरपूर उपयोग होता है जो हमारे यहाँ शायद अभी सम्भव नहीं है। लेकिन माननीय मुख्यमंत्री ने यह सब आत्मसात् करने के लिए झियान प्रान्त में स्थित सौर ऊर्जा पैनल बनानेवाली अन्तरराष्ट्रीय कम्पनी लिनयू रिटर में भी काफ़ी देर तक रुककर बहुत कुछ समझा। हम लोग चीन में बौद्ध धर्म के सबसे बड़े संस्थानों के प्रमुखों से बीजिंग और शंघाई जाकर मिले। चीन और भारत ने मिलकर बीजिंग में एक बुद्धिस्ट कॉन्फ्रेंस आयोजित किया था। हमारे माननीय मुख्यमंत्री जी ने इस कॉन्फ्रेंस में बड़ा विद्वत्तापूर्ण और सारगर्भित भाषण देकर सबको मंत्रमुग्ध कर दिया। उन्हें बौद्ध धर्म की ऐसी गहरी समझ है, यह मेरी तो छोड़िए, उनके निकटतम सहयोगियों को भी पहले पता ही नहीं था। इस पूरी यात्रा में सिर्फ़ एक ही बात बहुत खटकी, वह था शाकाहारी भोजन का अभाव। हम पूरे सप्ताह फल, फलों का जूस, शहद, डबलरोटी और मक्खन खाकर जैसे-तैसे काम चलाते रहे। मुझे शुरू से ही कई प्रकार के व्यंजन और हमेशा चटपटा खाने की आदत थी। वहाँ मैं भूख से सूख गया लेकिन हमारे शाकाहारी नेताजी बिलकुल निस्पृह होकर फल वग़ैरह खाकर हमेशा तरोताज़ा और ऊर्जावान रहे। यहाँ आकर उन्हें चीन में सीखी बातों को ज़मीन पर उतारने में कुछ समय तो लगा पर उन्होंने वहाँ से सीखी कई बातों को बिहार के कृषि रोड मैप में लागू किया। मुझे उनका गढ़ा नया नारा, 'ऊपर बिजली नीचे मछली' एकदम से प्रभावित कर गया। उन्होंने किसानों के सामने तालाब में ऊपर सौर ऊर्जा से बिजली पैदा करने और नीचे मछली पालने का नया कॉन्सेप्ट रखा।'

चीन से लौटकर नीतीश ने भी प्रेस कॉन्फ्रेंस में कहा कि जिस ढंग से चीन ने बुनियादी ढाँचे, सड़क, बिजली, उद्योग, निर्माण आदि क्षेत्रों में प्रगति की है वह प्रशंसा के लायक़ है। भारत और चीन ने मिलकर 2011 को आदान-प्रदान का वर्ष (ईयर ऑफ़ एक्सचेंज) घोषित किया था। इसलिए नीतीश को उम्मीद थी कि बिहार में भी इसके सकारात्मक परिणाम सामने आएँगे। लेकिन चीन और बिहार के बीच अपेक्षा के अनुरूप कुछ बहुत बड़ा हो नहीं पाया। अलबत्ता कृषि के क्षेत्र में चीन से सीखकर आए गुरों को बिहार में कई जगह सफलतापूर्वक

अपनाया गया, राज्य में खेती के लिए नई मशीनों का धड़ल्ले से उपयोग शुरू हुआ और लोगों को नए तरीक़े से खेती करने के लिए इन यंत्रों पर बहुत अनुदान देकर प्रोत्साहित किया जाने लगा।

जनलोकपाल विधेयक

2011 में ही देश की राजनीति में महाराष्ट्र से एक नया गांधीवादी नाम शीर्ष पर पहुँच गया। 5 अप्रैल से अन्ना हज़ारे ने केन्द्र सरकार को जन लोकपाल विधेयक पारित कराने के लिए जंतर-मंतर पर अनशन शुरू कर दिया जिसे व्यापक जन समर्थन मिला। इससे पहले भी, अन्ना हज़ारे ने अपने भ्रष्टाचार विरोधी आन्दोलनों से महाराष्ट्र सरकार को नाकों चने चबाने के लिए मजबूर कर दिया था। 10 अप्रैल को एक संवाददाता सम्मेलन में अन्ना ने गुजरात और बिहार में ग्रामीण विकास के लिए किए जा रहे कार्यों के लिए नरेन्द्र मोदी और नीतीश कुमार की सार्वजनिक रूप से प्रशंसा करते हुए कहा था कि अन्य राज्यों के मुख्यमंत्रियों को भी इन दोनों से शिक्षा लेकर इनका अनुकरण करना चाहिए। लेकिन अगले महीने, यानी मई में ही गुजरात का दौरा करने के बाद अन्ना हज़ारे के गुजरात के बारे में पहले व्यक्त किए गए विचारों में भारी परिवर्तन आ गया। उन्होंने गुजरात में बड़े पैमाने पर व्याप्त भ्रष्टाचार के लिए मोदी की आलोचना की और यह भी कहा कि मीडिया ने वाइब्रेंट गुजरात की ग़लत छवि पेश की थी। वे यहीं पर नहीं रुके। उन्होंने मोदी को प्रधानमंत्री पद के लिए उपयुक्त उम्मीदवार भी मानने से इनकार कर दिया। नीतीश अन्ना की लोकपाल की अवधारणा से पूरी तरह सहमत था। 30 जून, 2011 को नीतीश की अन्ना से एक बार फिर मुलाक़ात हुई। उस मुलाक़ात के बाद हुए संवाददाता सम्मेलन में नीतीश ने ऐसे संकेत दिए कि अन्ना के मतानुसार बिहार में लोकायुक्त का गठन किया जाएगा जिसके दायरे में मुख्यमंत्री भी आएँगे। अन्ना हज़ारे ने भी नीतीश की तारीफ़ करते हुए उसे नेकदिल इनसान बताया और कहा कि नीतीश को पता है कि देश की जड़ें कहाँ हैं! अन्ना हज़ारे 30 जनवरी, 2013 को भी पटना आए। यद्यपि इस बार वे अपने साथ गांधी जी के ख़ून से सनी मिट्टी भी लेकर आए थे पर इस बार उन्हें देखने या सुनने अपेक्षाकृत कम ही लोग आए। अन्ना हज़ारे शायद 19 मार्च, 2018 को आख़िरी बार पटना आए थे। इस बार नीतीश के बारे में पूछे जाने पर उन्होंने क़रीब-क़रीब अपनी पुरानी बात ही दुहराते हुए कहा कि नीतीश अच्छी सोच और अच्छा काम करनेवाले व्यक्ति हैं।

बहरहाल, 2011 का दो-तिहाई बीत चुका था। बिहार के दरौंदा विधानसभा में जेडीयू की विधायक जगमातो देवी के निधन से रिक्त हुए स्थान पर 13 अक्टूबर

को उपचुनाव हुए। नीतीश ने इस सीट पर जगमातो देवी की बहू कविता सिंह को खड़ा किया। दरअसल, जगमातो देवी के साहबज़ादे अजय सिंह की छवि अच्छी नहीं थी। नीतीश उसे टिकट देने को तैयार नहीं था। उस लड़के के भी ख़ुराफ़ाती दिमाग़ का जवाब नहीं था। हिन्दुओं के लिए विवाह का कोई शुभ मुहूर्त न होते हुए भी उसने पितृपक्ष में ही कविता जी से फ़ौरन विवाह रचाया और उनके लिए नीतीश के आगे सीट की दावेदारी पेश कर दी। नीतीश के पास कोई चारा न था। कविता जेडीयू की प्रत्याशी घोषित हो गई। लालू और रामविलास की जोड़ी ने इसे प्रतिष्ठा का प्रश्न बनाते हुए इस सीट पर अपनी सारी शक्ति झोंक दी। अन्ततोगत्वा कई आपदाओं को पार करके कविता जीत ही गई। तब उस इलाक़े में यह नई लोकोक्ति चल पड़ी कि नीतीश अगर चाह ले तो वह बिजली के खम्भे को भी चुनाव जिता सकता है। चचा ने अपनी काली डायरी में लिखा—

'हे परवरदिगार, यह मनहूस मसला नीतीश के कानों के रास्ते उसके दिलोदिमाग़ तक मत जाने देना। कहीं उसकी पार्टी में भी कबाब मिनिस्ट्री के लिए सरफुटौवल न शुरू हो जाए!'

देखते ही देखते 2011 भी बीत गया। फिर आ गया 2012 जिसमें देश की राजनीति ने भी कई नए रंग देखे।

8 फ़रवरी से लेकर 3 मार्च, 2012 तक उत्तर प्रदेश में हुए विधानसभा के चुनाव में बहुजन समाज पार्टी की मायावती की पूर्ण बहुमत वाली सरकार को हराकर मुलायम सिंह यादव की समाजवादी पार्टी पूर्ण बहुमत से सत्तारूढ़ हुई। मुलायम सिंह यादव के साहबज़ादे अखिलेश यादव मुख्यमंत्री के पद पर क़ाबिज़ हुए।

मार्च 2012 में ही सीबीआई ने लालू प्रसाद और जगन्नाथ मिश्र के ख़िलाफ़ चार्जशीट दायर की। इन दोनों घटनाओं से नीतीश की राजनीति पर अलग-अलग प्रकार से प्रभाव पड़ा।

10 अप्रैल, 2012 को अहमदाबाद के कोर्ट ने पुष्टि की कि सुप्रीम कोर्ट द्वारा नियुक्त एसआईटी को 2002 में गुजरात दंगों में वहाँ के तत्कालीन मुख्यमंत्री नरेन्द्र मोदी सहित 57 अन्य लोगों के ख़िलाफ़ कोई सबूत नहीं मिला है। अहमदाबाद के न्यायालय के इस कथन से शक्ति पाकर नरेन्द्र मोदी ने गुजरात विधानसभा को भंग करके राज्य में दिसम्बर में ही नए चुनाव करवा दिए यद्यपि विधानसभा का कार्यकाल 17 जनवरी, 2013 को समाप्त हो रहा था। इसमें मोदी के नेतृत्व में बीजेपी को विजय मिलने से देश की राजनीति की धारा एकदम दूसरी तरफ़ मुड़ गई। आगे जाकर बिहार की राजनीति पर भी इस फ़ैसले का गहरा और दीर्घकालिक प्रभाव पड़ा। इस बात को और अधिक स्पष्टता से समझने के लिए

हम वक़्त की घड़ी की सूइयों को एक दशक से थोड़ा और पीछे, नई सदी के एकदम शुरुआती दिनों तक ले जा रहे हैं।

गुजरात की कथा

26 जनवरी, 2001 में गुजरात के भुज में आए भूकम्प के बाद वहाँ पुनर्वास और पुनर्निर्माण के काम की निराशाजनक प्रगति से केशूभाई की बीजेपी की सरकार के प्रति पूरे राज्य में नाराज़गी की लहर दौड़ रही थी। स्थानीय निकायों के चुनावों सहित साबरमती विधानसभा और साबरकांठा लोकसभा के लिए हुए मध्यावधि चुनावों में बीजेपी हार गई। ऐसी अवस्था में हाई कमान के आदेश से नरेन्द्र मोदी ने 7 अक्टूबर, 2001 को गुजरात के मुख्यमंत्री का पदभार सँभाला था जब वह किसी भी सदन के सदस्य नहीं थे। राजकोट-2 के विधायक वाजूभाई रूदाभाई वाला ने मोदी के लिए अपनी सीट ख़ाली कर दी। इस सीट से पहली बार 24 फ़रवरी, 2002 को चुनाव जीतकर मोदी के विधिवत विधानसभा में आते ही 27 फ़रवरी को गोधरा कांड हो गया। इस कांड की वजह से देश के तत्कालीन प्रधानमंत्री वाजपेयी जी की नाराज़गी भी जगज़ाहिर हुई लेकिन गुजरात प्रशासन अपनी नई लीक से टस से मस नहीं हुआ। देखते ही देखते शारदीय नवरात्रि ने गुजरात के द्वार पर दस्तक दी। हर वर्ष नवरात्रि के दौरान गुजरात पूरी तरह भक्ति, हर्षोल्लास और आमोद में डूब जाता है। इस समय दुनिया-भर से अप्रवासी भारतीयों, विशेष तौर से गुजरातियों का गुजरात आना होता है। इसमें उनके साथ कई विदेशी मित्र भी आ जाते हैं। मोदी ने 2003 में इसका फ़ायदा 'वाइब्रेंट गुजरात' नाम के मास्टर स्ट्रोक से उठाया। पहली बार 28 सितम्बर से 2 अक्टूबर तक अहमदाबाद और सूरत में एक साथ आयोजित 'वाइब्रेंट गुजरात ग्लोबल इन्वेस्टर्स सम्मिट' में बहुत से विदेशी आए और काफ़ी अच्छा कारोबार हुआ। इससे उत्साहित होकर यह आयोजन हर दो वर्षों में होने लगा। 2005 में हुए 'वाइब्रेंट गुजरात ग्लोबल इन्वेस्टर्स सम्मिट' में मोदी ने अमेरिका में रहनेवाले भारतीय प्रवासियों को वीडियो कॉन्फ्रेंसिंग के माध्यम से सम्बोधित किया। 2007 और 2009 के ग्लोबल सम्मिट भी बहुत सफल माने गए। 2011 के 'वाइब्रेंट गुजरात ग्लोबल इन्वेस्टर्स सम्मिट' का रंग ही कुछ और था। कहा जाता है कि इस सम्मिट की रूपरेखा तैयार करने में आँकड़ों की बेहद अच्छी समझ रखनेवाले प्रशान्त किशोर का बड़ा योगदान था।

इस बीच सुप्रीम कोर्ट ने सुप्रीम कोर्ट के ही अत्यन्त वरिष्ठ वकील श्री राजू रामचन्द्रन को नरेन्द्र मोदी के ख़िलाफ़ लगाए गए साम्प्रदायिक दंगों के लिए दोषी होने के आरोपों की जाँच करने के एमिकस क्यूरिया (amicus curiae) नियुक्त

किया था। एमिकस क्यूरिया को कोर्ट का मित्र कहा जाता है। ये क़ानून के वैसे दिग्गज जानकार लोग होते हैं जिनकी सत्यनिष्ठा असन्दिग्ध होती है तथा जिनका उस मामले से कोई सम्बन्ध नहीं होता जिसके लिए ये एमिकस क्यूरिया नियुक्त किए जाते हैं। यद्यपि इनकी संस्तुति मानना कोर्ट के लिए बाध्यता नहीं होती। राजू की जो रिपोर्ट 2011 में आई उसमें कहा गया था कि मोदी के ख़िलाफ़ आईपीसी 153 ए (1) के तहत धर्म के आधार पर दुश्मनी को बढ़ावा देने का मामला बनता है। इसके अतिरिक्त मोदी के ख़िलाफ़ आईपीसी की धारा 166 और धारा 505 (2) के तहत भी मुकदमा चलाया जा सकता है। इस रिपोर्ट के आने के पहले, मई 2010 में ही, सुप्रीम कोर्ट के द्वारा गठित एसआईटी, विशेष जाँच दल ने अपनी रिपोर्ट सुप्रीम कोर्ट में दाख़िल कर दी थी। 2009 में गठित इस एसआईटी का नेतृत्व सीबीआई के सेवानिवृत्त डायरेक्टर आरके राघवन कर रहे थे। सुप्रीम कोर्ट ने यह रिपोर्ट अहमदाबाद के न्यायालय को इस आदेश के साथ भेज दी कि नरेन्द्र मोदी के ख़िलाफ़ मुक़दमा चलाने या न चलाने का फ़ैसला अहमदाबाद की न्यायालय ही करे। 10 अप्रैल, 2012 को अहमदाबाद के कोर्ट ने पुष्टि की कि सुप्रीम कोर्ट द्वारा नियुक्त एसआईटी को 2002 गुजरात के दंगों में गुजरात के तत्कालीन मुख्यमंत्री नरेन्द्र मोदी सहित 57 अन्य लोगों के ख़िलाफ़ कोई सबूत नहीं मिला है। इस फ़ैसले के आने से देश में अन्दर-ही-अन्दर साम्प्रदायिक ध्रुवीकरण की लहर चलने लगी थी। अन्ततोगत्वा 24 जून, 2022 को सुप्रीम कोर्ट ने मोदी को 2002 के दंगों के लिए ज़िम्मेदार ठहरानेवाले आरोपों से पूरी तरह मुक्त कर दिया।

नीतीश शुरू से ही इस नए परिवर्तन को अच्छी तरह भाँप चुका था। उसे अपने राज्य की मज़बूती के लिए केन्द्र से अधिक सहायता चाहिए थी पर केन्द्र की यूपीए की सरकार उसकी पूरी तरह से अनसुनी कर रही थी। अल्पसंख्यक तुष्टीकरण के आरोप की बौछार से परेशान केन्द्र सरकार को देखकर नीतीश को लगा कि अभी लोहा गर्म है इसलिए उसने बिहार के लिए विशेष राज्य के दर्जे और स्पेशल पैकेज की माँग का हथौड़ा पूरी शक्ति से दे मारा।

विशेष दर्जा बिहार का अधिकार

इस अधिकार की माँग को जन-जन तक पहुँचाने के लिए नीतीश ने बेतिया से 19 सितम्बर, 2012 को 'अधिकार यात्रा' शुरू की।

यात्रा पर निकलने से पहले नीतीश ने इस यात्रा का उद्देश्य पूछने पर मीडिया के लोगों से कहा था कि बिहार के साढ़े दस करोड़ लोगों को गोलबन्द करने निकला हूँ—लक्ष्य है पूरे बिहार के लोगों की बुलन्द आवाज़ बनकर न्याय

के साथ विकास का अभियान चलाते हुए बिहार को नई ऊँचाइयों पर पहुँचाना! इससे पहले की सारी यात्राओं में उसके सहयोगी दल बीजेपी के मंत्रीगण साथ होते थे। लेकिन इस बार की 'अधिकार यात्रा' में बीजेपी वाले मंत्री नीतीश के साथ निकलने में परहेज़ कर रहे थे। इन बातों से बेख़बर नीतीश अपनी पार्टी के ललन सर्राफ़ और वशिष्ठ नारायण सिंह जैसे नेताओं के साथ इस यात्रा पर निकला था। उसे अपने राज्य की जनता की नेकनीयती पर पूरा भरोसा था। उनमें बिहारी होने का गौरव जागने लगा था, ऐसी यात्राओं में भाग लेनेवाला हर आम जन भी अपने आपको मुख्यमंत्री से जुड़ा हुआ पाता था। लेकिन हरी-हरी घास में छिपे ज़हरीले साँप उसकी यात्रा में हर प्रकार से विघ्न डालने के लिए कुलबुला रहे थे। इसलिए इस बार नीतीश की यात्रा में अनगिनत व्यवधान हुए।

'अधिकार यात्रा' के शुरू होने से थोड़ा पहले मधुबनी ज़िले में प्रशान्त कुमार झा नाम के एक नौजवान छात्र का कुछ दिनों से अता-पता न मिलने की वजह से उत्तर बिहार में छात्रों का छिटपुट आन्दोलन चल ही रहा था कि 2 अक्टूबर को उसकी सर कटी लाश मिलने से मधुबनी में हिंसा भड़क उठी। हिंसा को दबाने के लिए पुलिस ने 5 अक्टूबर को मधुबनी में गोली चलाई जिससे एक छात्र की मृत्यु हो गई।

इसी तरह 6 अक्टूबर को पुलिस की गोली से जयनगर में तीन व्यक्ति घायल हो गए। दरअसल, यह आन्दोलन छात्रों का आन्दोलन था ही नहीं। परदे के पीछे बैठे विपक्षी नेतागण ने तदर्थ शिक्षकों को शह देकर उनकी नाजायज़ माँगें मनवाने के लिए छात्रों को प्रशासन के सामने खड़ा कर दिया था। यह पेच जैसे ही नीतीश की समझ में आया, वह कैमूर में चल रहे अपने कार्यक्रमों में कटौती करके, मधुबनी की स्थिति पर नियंत्रण करने के लिए, 14 अक्टूबर को फ़ौरन पटना के लिए कूच कर गया। उसकी मुस्तैदी की वजह से आनन-फ़ानन में सारे कील-काँटे दुरुस्त हो गए। उसकी अनुपस्थिति में भी अधिकार यात्रा का पहिया क्षण भर के लिए भी नहीं रुका। कैमूर के बाद, बक्सर और भोजपुर की अधिकार यात्राओं में जेडीयू के विधायकों और मंत्रियों ने पूरी शक्ति से बिहार को विशेष पैकेज और विशेष राज्य का दर्जा दिए जाने की ज़रूरत का मंत्र जनमानस की साँसों में घोल दिया। अपनी जायज़ माँगों के झंडे उठाकर पूरा बिहार राज्य एक बार फिर से नीतीश की फ़रमाबरदारी में खड़ा हो गया। यह सब घटनाएँ 2012 के आख़िरी तीन महीनों में ही हुईं। धीरे-धीरे अधिकार यात्रा का स्वरूप अधिकार रैली में परिवर्तित हो गया।

4 नवम्बर, 2012 को रविवार था। उस दोपहर की गुलाबी ठंड में पटना के गांधी मैदान में बिहार को विशेष राज्य का दर्जा देने की माँग को लेकर की गई अधिकार रैली में लोगों का भारी जमावड़ा हुआ। यह हर प्रकार से अभूतपूर्व

रैली थी जिसमें नीतीश ने बड़ी बेबाक़ी से दो मुख्य बातें रखीं। पहली बात यह कि जिस प्रकार बिहार के इतिहास के बिना देश का इतिहास नहीं लिखा जा सकता है, उसी प्रकार बिहार के विकास के बिना देश के समावेशी विकास की कल्पना नहीं की जा सकती। और दूसरी बात यह कि विशेष राज्य का दर्जा बिहार का हक़ है, लेकिन इस मामले को लेकर प्रधानमंत्री मनमोहन सिंह समय तक नहीं देते। उसने वहीं से केन्द्र सरकार को ललकारते हुए कहा कि अगर केन्द्र सरकार बिहार की जायज़ माँगों पर तुरन्त ध्यान नहीं देती तो अगले वर्ष मार्च में दिल्ली में इससे भी बड़ी अधिकार रैली करके कानों में तेल डालकर सो रही सरकार को जगाया जाएगा। ऐसा हुआ भी, जब नीतीश की एक आवाज़ पर 17 मार्च, 2013 को दिल्ली के रामलीला मैदान ने अचम्भित कर देनेवाले बिहारी जन सैलाब का हार्दिक स्वागत किया। वहाँ आए बिहारियों के पैरों की धमक से लगा कि एक बार पूरी दिल्ली ही डोल गई!

यह तो बाद में हुआ लेकिन वर्ष 2012 के अन्त में, 20 दिसम्बर को, गुजरात में हुए विधानसभा चुनावों के नतीजे आ गए जिससे मोदी फिर से गुजरात के मुख्यमंत्री के रूप में गद्दीनशीन हुए। उस चुनाव में पहली बार प्रशान्त किशोर की टीम ने बीजेपी का प्रचार सँभाला था और अपनी साख जमा ली थी।

तालकटोरा स्टेडियम से उठी नई ताल

दिसम्बर 2012 में नरेन्द्र मोदी की जीत के बाद 2 मार्च से 4 मार्च, 2013 तक बीजेपी की नेशनल एक्ज़ीक्यूटिव कमिटी और नेशनल काउंसिल की बैठक नई दिल्ली के तालकटोरा स्टेडियम में हुई। पहले दिन ही नरेन्द्र मोदी का स्वागत करने के लिए वहाँ देश-भर से आए प्रतिनिधियों ने खड़े होकर काफ़ी देर तक तालियाँ बजाईं जिनमें मुरली मनोहर जोशी, लालकृष्ण आडवाणी, राजनाथ सिंह, नितिन गडकरी, अरुण जेटली, सुषमा स्वराज आदि सारे दिग्गज थे। 2012 में आए गुजरात के नतीजों के बाद हुई इस बैठक के ख़त्म होते न होते पूरे देश को महक लग गई कि 2014 में होनेवाले लोकसभा के चुनावों में बीजेपी का रुख़ क्या होगा!

अप्प दीपो भव

इससे थोड़ा पहले, 2013 की जनवरी के पहले सप्ताह से ही नीतीश का उत्साह देखते ही बनता था। पिछले साल ही उसने बिहार को उसका हक़ दिलाने के लिए सीधे हिन्दुस्तान के दिल, दिल्ली के दरवाज़े पर दस्तक देने का निश्चय किया था।

वह अपनी रणनीति बनाने में पूरी तरह से लगा ही था कि बौद्ध धर्म के शीर्षस्थ गुरु परम पावन दलाईलामा के बिहार पधारने की ख़बर आई। दलाईलामा किसी व्यक्ति विशेष का नाम नहीं है, यह मंगोलियाई भाषा में एक उपाधि है जिसका मतलब होता है ज्ञान का महासागर।

दलाईलामा बुद्ध के गुणों के साक्षात् रूप माने जाते हैं। यह भी माना जाता है कि दलाईलामा करुणा की प्रतिमूर्ति हैं। वर्तमान दलाईलामा, जिनके प्रति नीतीश की अप्रतिम श्रद्धा है, चौदहवें दलाईलामा हैं। तिब्बत नाम के स्वतंत्र देश के ल्हासा शहर में पहाड़ी पर स्थित पोताला महल में दलाईलामा का मुख़यालय हुआ करता था। 1950 के प्रारम्भिक महीनों में ही चीन ने अपनी विस्तारवादी नीति के तहत अपने क्रूर पंजे तिब्बत पर गड़ा दिए। भारत जानबूझकर इस अत्याचार की अनदेखी कर गया। अत: भारत और चीन के बीच स्थित इस बफ़र स्टेट को नृशंस चीनी हुकूमत ने जबरन हड़पकर अपने देश में शामिल कर लिया। चीनी शासकों के अत्याचार से थककर क़रीब 24 वर्ष के दलाईलामा ने, अपने कई सहयोगियों के साथ 31 मार्च, 1959 को भारत में प्रवेश किया। तब यह ख़बर भारत के कई अख़बारों में प्रमुखता से प्रकाशित हुई। नौ वर्ष के नीतीश के बाल मन पर इस घटना का असर कुछ ऐसा पड़ा कि उसे दलाईलामा अच्छे लगने लगे। 1962 में भारत पर चीन के आक्रमण के पीछे उसकी विस्तारवादी नीति के साथ-साथ कई अन्य कारणों में भारत में दलाईलामा को शरण दिया जाना भी एक था। कालान्तर में दलाईलामा अपने तिब्बती सहयोगियों के साथ हिमाचल प्रदेश के धर्मशाला में बस गए। उन्हें 1989 का नोबेल शान्ति पुरस्कार से नवाज़ा भी गया।

3 जनवरी, 2013 की शाम में पटना के लोकनायक जयप्रकाश नारायण हवाई अड्डे पर स्वयं जाकर नीतीश ने इन्हीं परम पावन दलाईलामा की अगवानी की। हवाई अड्डे पर ही दलाईलामा ने बहुत सरल शब्दों में 'प्रतीत्य समुत्पाद' को समझाते हुए कहा था कि महात्मा बुद्ध के सभी सिद्धान्तों में प्रतीत्य समुत्पाद सबसे महत्त्वपूर्ण सिद्धान्त है। प्रतीत्य समुत्पाद का शाब्दिक अर्थ है—किसी वस्तु के होने पर किसी अन्य वस्तु की उत्पत्ति। अर्थात् सृष्टि में सब कुछ एक-दूसरे से जुड़े हुए हैं जिसके बिना मनुष्य का जीवन सम्भव नहीं है। वहीं पर दलाईलामा ने यह भी कहा था कि वे बिहार सरकार की बौद्ध धर्म के प्रति अभिरुचि की प्रशंसा करते हैं। नीतीश की उनसे यह पहली मुलाक़ात नहीं थी। हमारी रसमंजरिया मंडली ने अनुभव किया है कि सामान्यत: हमेशा गम्भीर रहनेवाला नीतीश जब भी परम पावन दलाईलामा के सामने आता है, वह हर बार एकदम मासूम, आज्ञाकारी और विनीत विद्यार्थी बन जाता है। दलाईलामा भी जिस ममता भरी निश्छल दृष्टि से नीतीश को हमेशा देखते हैं वैसी नज़र सिर्फ़ माँ के पास ही हो

सकती है, पिता के पास तो क़तई नहीं! नीतीश उनसे जब भी मिलता है, उनके पास मंत्रमुग्ध होकर बैठा रहता है, कुछ नहीं कहता। बस, एकाग्रचित्त होकर अपने सभी ज्ञानेन्द्रियों से उनके वचनामृत का रसपान करता रहता है। हवाई अड्डे पर हुई उस छोटी-सी भेंट के बाद नीतीश दलाईलामा को रात्रि विश्राम के लिए राजकीय अतिथिशाला में पूरी श्रद्धा के साथ स्वयं ले गया। दलाईलामा के प्रति नीतीश की यह श्रद्धा अकारण और नई नहीं थी।

2000 में 3 मार्च को जब नीतीश पहली बार सात दिनों के लिए बिहार का मुख्यमंत्री बना तो हम सब रसमंजरिया वाले अपनी-अपनी श्रद्धा के अनुसार ऊपर वाले के आगे सर झुका आए। जो पटना में थे वे पटना में मौज़ूद हरेक मन्दिर, मस्जिद और गुरुद्वारे से नीतीश के लिए प्रसाद ले आए। तब नीतीश विनय बाबू के यहाँ सीतायन में रहता था। उन दिनों बृज बिहारी, चचा और नीतीश के जेल के दिनों का पुराना और पक्का दोस्त, पटना में ही था। उसकी गाड़ी से चचा जेल के दरवाज़े तक आया, वहाँ की मिट्टी की पुड़िया बनाई और नीतीश के पास जा धमका। चचा ने, बिना कुछ बोले हुए ही, उसी मिट्टी से नीतीश के और अपने माथे पर छोटा सा टीका लगाया और वापस लौट गया। बृज बिहारी ने जब बहुत पूछा तो चचा ने उसे घुड़कते हुए याद दिलाया कि तीस साल पहले, 1970 के मई महीने में, इसी जेल की मिट्टी में लोटकर नीतीश की नेतागिरी वाली अक़्ल की गाँठें खुली थीं!

तब से, चचा जब भी पटना आया है, सबसे पहले उसने बांकीपुर जेल के आगे सर झुकाया है। कालान्तर में यह जेल बेऊर स्थानान्तरित हो गया। जैसे ही पटना जंक्शन के पास यह 22 एकड़ का परिसर ख़ाली हुआ, भूमाफ़िया सरदारों की ज़बान से लार टपकने का अन्तहीन सिलसिला शुरू हो गया। डाकबँगला चौराहा पहले ही ऐसी लोलुपता की भेंट चढ़कर तबाह हो चुका था। भारतीय सेना सहित कई सरकारी विभाग के उच्चाधिकारियों को भी यह जगह अपने काम के लिए उपयोगी लग रही थी। कई धर्मावलम्बी और समाजसेवी संस्थाएँ भी यहाँ अपने लिए इस ज़मीन की माँग लेकर आगे आ रही थी। लेकिन 2005 के नवम्बर महीने में नीतीश फिर से मुख्यमंत्री बना और उसने इस ज़मीन के उपयोग के लिए एकदम अप्रत्याशित निर्णय लिया। उसने कहा कि यह जो जेल है यहाँ न जाने कितनी पीढ़ियों ने कितने वर्षों तक यातना और प्रताड़ना का नृशंस दंश भोगा है। अब उस पाप की भरपाई, उसका प्रायश्चित्त, सिर्फ़ दया और करुणा से ही सम्भव है। इन दोनों मानवीय गुणों को बढ़ाने के लिए सतत प्रयत्नशील रहने की शिक्षा बौद्ध ग्रन्थों में मिलती है। नीतीश ने वहाँ दो सौ फ़ीट ऊँचे पाटलिपुत्र करुणा स्तूप के स्थापना की कल्पना की। साथ ही यह भी निर्णय लिया कि यह पूरा परिसर अब बुद्ध स्मृति पार्क के नाम से जाना जाएगा। इस

पार्क का शिलान्यास भगवान बुद्ध के 2550 वें महापरिनिर्वाण वर्ष में दिनांक 3 मई, 2007 को नीतीश ने बिहार के तत्कालीन राज्यपाल श्री आर एस गवई के साथ किया। पाटलिपुत्र करुणा स्तूप में छह मंजूषाओं में पाँच विभिन्न देशों से लाई गई भगवान बुद्ध की पवित्र अस्थियाँ रखी गई हैं। जापान, श्रीलंका, दक्षिण कोरिया, म्यांमार एवं थाईलैंड वे पाँच देश हैं जहाँ से लाकर भगवान बुद्ध की पवित्र अस्थियाँ रखी गई हैं। छठी के लिए स्वयं परम पावन दलाईलामा ने बुद्ध भगवान की पवित्र अस्थियाँ दी हैं। 2010 की 27 मई को बुद्ध पूर्णिमा थी। उसी दिन परम पावन दलाईलामा ने 125 करोड़ रुपये की लागत से बने इस परिसर का उद्घाटन और लोकार्पण किया। कहना न होगा कि यह भव्य समारोह नीतीश की लगन की वजह से ही सम्भव हो सका। नीतीश वहाँ मौज़ूद था ही जिसकी दलाईलामा ने भूरि-भूरि प्रशंसा की। नीतीश की अद्‌भुत कल्पनाशीलता ने इस परिसर को बिलकुल बुद्धमय ही बना दिया है। यहाँ उसने दलाईलामा के हाथों से दुनिया में मौज़ूद हर बोधिवृक्ष की शाखाएँ लगवाई हैं। इस तरह यहाँ एक नहीं, तीन-तीन बोधिवृक्ष पल्लवित हो रहे हैं। पहला पौधा तो बोध-गया से लाया गया है। यहीं गौतम बुद्ध को ज्ञान प्राप्त हुआ था। दूसरा पौधा श्रावस्ती (उत्तर प्रदेश) से लाया गया है। तथागत बुद्ध के शिष्य आनन्द ने उन्हीं की आज्ञा से बोधिवृक्ष की टहनी श्रावस्ती के जेतवन में विधिवत लगाई थी। उसका नाम आनन्द बोधिवृक्ष है। बोधिवृक्ष की तीसरी शाखा अनुराधापुरा, श्रीलंका से लाई गई है। इसका नाम है जयश्री बोधिवृक्ष। इसे सम्राट अशोक की बेटी संघमित्रा ने श्रीलंका जाकर लगाया था। इसी परिसर में नीतीश ने एक और अनोखा काम किया जिसके लिए चचा जब भी पटना आता है, नीतीश के ख़िलाफ़ कुछ न कुछ ज़रूर कहता है। दरअसल, नीतीश ने उसी परिसर में पुरानी जेल का एक हिस्सा सुरक्षित रख छोड़ा है ताकि लोगों को उसकी स्मृति बनी रहे। लेकिन बुद्ध स्मृति पार्क में अन्दर जाने के लिए टिकट लगते हैं। चचा जब भी पटना जाता है, वह बुद्ध स्मृति पार्क में ज़रूर जाता है। वहाँ जाकर वह किसी कोने में चुपचाप बैठकर घंटे-दो घंटे आँख बन्द करके दुआएँ पढ़ता रहता है। नीतीश भी वहाँ जाकर बहुत शान्ति का अनुभव करता है लेकिन वह रोज़ तो वहाँ जा नहीं सकता। इसलिए यह निश्चय हुआ कि मुख्यमंत्री आवास में भी बोधिवृक्ष लगाया जाए।

2010 के चुनावों से फ़ारिग होकर वह 9 दिसम्बर, 2011 को शुरू होनेवाली 'सेवा यात्रा' की तैयारियों में लग गया। उससे कुछ पहले ही 2011 की 8 नवम्बर को उसने 1 अणे मार्ग में बोधिवृक्ष की टहनी का विधि-विधान से रोपण करवाया था। देखते ही देखते वह बिरवा बेहद ख़ूबसूरत पेड़ की तरह बढ़ने लगा। फिर आ गई 3 जनवरी, 2013 की वह शाम जब दलाईलामा को पटना की राजकीय अतिथिशाला में नीतीश स्वयं छोड़कर आया था।

अगली दोपहर, यानी 4 जनवरी को दलाईलामा को नीतीश ने दिन के भोजन के लिए 1 अणे मार्ग में आमंत्रित किया था।

भोजन के बाद परम पावन दलाईलामा ने स्वयं इस बोधिवृक्ष की परिष्करण प्रार्थना की। उनके साथ नामग्याल मोनास्ट्री (मठ) से आए तिब्बती पुजारियों तथा बोधगया के थेरवाड शाखा के भारतीय बौद्ध पुजारियों ने बड़े मधुर स्वरों में सामूहिक प्रार्थना की। प्रार्थनाओं का एक असर तो यह दिखा कि बिना किसी हवा के झोंके के उस छोटे से पेड़ की पत्तियाँ काफ़ी देर तक हिलती रहीं। यह भी ताज्जुब की बात है कि पतझड़ में जब सारे पीपल के पेड़ ठूँठ हो जाते हैं, तब भी इस बोधिवृक्ष की हरीतिमा बनी ही रहती है। सूखे पत्तों के झड़कर गिर जाने से पहले ही इसमें नई कोंपलें आ जाती हैं और टहनियों पर हरे पत्ते हमेशा झूलते रहते हैं। बहरहाल इसके पुरश्चरण की प्रार्थना के दौरान या शायद उसके बाद किसी भंते ने एक वाक्य भी बोला था, 'अप्प दीपो भव' अर्थात अपना दीपक स्वयं बनो। कहा जाता है कि एक बार गौतम बुद्ध के शिष्य आनन्द से उसने पूछा था कि भगवान बुद्ध के निर्वाण के बाद, उनकी अनुपस्थिति में, जीवन को सही मार्ग पर कैसे रखा जा सकेगा? भगवान बुद्ध ने उत्तर में यही कहा था 'अप्प दीपो भव'!

आज लगता है कि नीतीश इसी वाक्य को थोड़े अन्तर के साथ जी रहा है। वह सिर्फ़ अपना दीपक ही नहीं है जिसमें आत्मज्ञानी प्रकाश है, वह बहुत सारे लोगों के लिए भी दीपक है। न जाने कितने दीपक उसके सम्पर्क में आकर अपने आप ही जल उठे हैं।

4 जनवरी, 2013 की अपराह्न में दलाईलामा और नीतीश बुद्ध स्मृति पार्क में गए। वहाँ भी करुणा स्तूप में बडी गरिमापूर्ण पूजा हुई। फिर दोनों ने साथ-साथ उसी परिसर में स्थापित गौतम बुद्ध की संगमरमर की विशाल प्रतिमा का अनावरण किया। इस प्रतिमा का परिष्करण भी दलाईलामा और उनके सहयोगियों ने पूरे विधि-विधान से किया। उन्होंने कहा कि यह स्थान सिर्फ़ धार्मिक पूजा स्थल में बदलकर न रह जाए। इस कार्यक्रम के बाद बुद्ध स्मृति पार्क परिसर से निकलने से पहले दलाईलामा ने नीतीश की ओर घूमकर देखते हुए कहा—

'मुझे आशा है कि आपके नेतृत्व में यह बौद्ध धर्म के ज्ञान का केन्द्र बनेगा जहाँ बौद्ध धर्म के शास्त्रीय ग्रंथों में उपलब्ध विराट ज्ञान को तीन विभिन्न खंडों क्रमश: बौद्ध विज्ञान, बौद्ध दर्शन और बौद्ध धर्म में बाँटकर जनसाधारण के लिए उपलब्ध कराया जाएगा।'

नीतीश ने उनकी बात को कितनी गम्भीरता से लिया इसका पता इस बात से चलता है कि इस शृंखला की पहली पुस्तक का लोकार्पण दलाईलामा और नीतीश ने संयुक्त रूप से 9 जनवरी, 2018 को बोधगया में किया।

22 अक्टूबर, 2021 को बिहार विधानसभा भवन के 100 वर्ष पूरे होने के अवसर पर उसके परिसर में माननीय राष्ट्रपति ने शताब्दी स्मृति स्तंभ का शिलान्यास और बोधगया से लाए गए बोधिवृक्ष के शिशु पौधे का रोपण किया। राष्ट्रपति विपश्यना केन्द्र भी गए जहाँ नीतीश ने कहा कि वह चाहता है कि जितने भी सरकारी अधिकारी और कर्मचारी हैं, वे विपश्यना केन्द्र जाएँ और वहाँ अनुभव प्राप्त करें। इसके लिए नीतीश ने 15 दिनों का सवैतनिक अवकाश देने की घोषणा की। उसकी हार्दिक इच्छा यही रही है कि राज्य का हर सरकारी कर्मी बिलकुल आन्तरिक शान्ति का अनुभव करके लोगों की प्राणपण सेवा कर सके।

और उस दिन डोल गई थी दिल्ली

बिहार को विशेष राज्य का दर्जा दिलवाने के लिए नीतीश का जी-तोड़ प्रयास निरन्तर जारी था। उसने तो यहाँ तक कह दिया था कि जो भी पार्टी बिहार को विशेष राज्य का दर्जा प्राप्त कराने में सहायक होगी, जेडीयू का समर्थन उसे ही प्राप्त होगा। यह बात राजनैतिक हलक़ों में अलग-अलग तरह से देखी गई। कुछ ने इसे कांग्रेस की तरफ़ बढ़ा दोस्ती का हाथ बताया तो कुछ को यह बीजेपी के लिए चेतावनी लगी। नीतीश, कौशल और अरुण रैली से एक दिन पहले, 16 मार्च शनिवार को, दिल्ली आ गए थे। जैसी ख़बरें आ रही थीं, उनसे लग रहा था कि रैली बड़ी होगी, क्योंकि दिल्ली में ही रहनेवाले बिहारियों की संख्या बहुत बड़ी है। फिर आसपास के राज्यों, यथा उत्तर प्रदेश, हरियाणा, राजस्थान आदि में भी बहुत से बिहारी काम करते हैं। नीतीश के नाम ने ही सबको 'अप्प दीपो भव' बना दिया था। सबकी आँखों में बिहारी होने के गर्व की बिजली कौंधती थी। बिहारी होने के एहसास भर से सर उठाए, होंठों पर निश्छल हँसी और विश्वास भरे क़दमों से जब 16 मार्च को दिल्ली के आसपास के शहरों और दिल्ली के हर सीमावर्ती इलाक़ों से जब यह सूनामी दिल्ली में उतरा तो पूरी दिल्ली ठिठककर यह नज़ारा देखने लगी। रामलीला मैदान वही जगह थी जहाँ से जयप्रकाश ने इन्दिरा गांधी की कांग्रेसी सरकार को वर्षों पहले ललकारा था। आज उसी मंच से नीतीश अपनी मिट्टी की ख़ुशबू से महक रहे लोगों को उनका गौरवशाली इतिहास याद दिला रहा है। उनकी अस्मिता जगा रहा है। बता रहा है कि वे जहाँ भी रह रहे हैं, वह जगह पूरी तरह उन पर निर्भर करती है। वे जहाँ भी रहते हैं, वे उस शहर की नींव के पत्थर हैं जो दिखते नहीं पर सारा बोझ उन्हीं पर रहता है। बिहारियों के सहयोग के बिना दिल्ली सहित किसी भी बड़े शहर की प्रगति की गाड़ी दौड़ने की कौन कहे, हिल तक नहीं सकती। उसने फिर कहा कि जब तक बिहार तरक़्क़ी नहीं करता तब तक देश तरक़्क़ी

कर ही नहीं सकता। कौशल और अरुण भी मंच पर बैठे थे। रामलीला मैदान तो ठसाठस भरा ही था, उसके चारों ओर की सड़कों पर तिल रखने तक की जगह नहीं थी। एक आकलन के हिसाब से कम से कम पाँच लाख लोग तो रैली स्थल पर ही मौज़ूद थे। बाँध के अचानक टूट जाने के बाद जैसे बाढ़ का पानी चारों ओर फैलने लगता है, वैसे ही रैली में आ रहे लोगों की भीड़ पूरी दिल्ली में पसर गई थी। उत्तरी, पूरबी और पश्चिमी दिल्ली में तो बिहारी आबादी काफ़ी दिनों से बस गई है इसलिए उन इलाक़ों में उत्साह स्वाभाविक था। लेकिन अपनी झूठी शान का लबादा ओढ़कर नाक-भौं सिकोड़ रही आभिजात्य दक्षिणी दिल्ली भी इस ख़ुशबूदार संक्रमण से कहाँ अछूती रह सकी थी! नई दिल्ली का हर इलाक़ा चाहे वह राष्ट्रपति भवन के साथ लगा रायसीना हो या फिर चाणक्यपुरी, हर जगह से हाथ में तीर के निशान वाले हरे झंडे लेकर लोगों की बेहद अनुशासित टुकड़ियाँ रामलीला मैदान की ओर हँसते-मुस्कुराते बढ़ती जा रही थी। उधर नीतीश मंच से बहुत ठहर-ठहरकर अपनी बात कह रहा था। वह जो कुछ भी कह रहा था, वे सब बातें सुननेवाले के दिलों में सीधे उतर गई थी। एक चमकता हुआ सूरज था वह जो आग की बजाय शरद चाँदनी की ठंडक बिखेर रहा था। वह हर दिल में आशा का एक नया दीप जला रहा था जिसकी रोशनी उनकी आँखों में 'अप्प दीपो भव' बनकर झिलमिलाने लगी थी। नीतीश ने उस दिन सबसे पहले बहुत सहज भाव से आए हुए लोगों का अभिनन्दन किया। फिर उसने कहा—

'शायद देश की राजधानी में पहली बार बिहारियों ने अपने हक़ को हासिल करने के लिए इस तरह की ताक़त दिखलाई है।'

उसके इतना कहते ही तालियों की ऐसी गड़गड़ाहट हुई कि वहाँ से कुछ किलोमीटर की दूरी पर स्थित जामा मस्जिद के कंगूरों पर बैठे ढेर सारे कबूतर आकाश में उड़ गए! नीतीश ने अपने सम्बोधन में कहा—

'अभी बिहार हर मामले में राष्ट्रीय औसत से नीचे है। यहाँ जनसंख्या का घनत्व सबसे ज़्यादा है। हम सवा दस करोड़ लोग सिर्फ़ चौरानबे हज़ार वर्ग किलोमीटर में रहते हैं। हमारे साथ न्याय नहीं हुआ। बिहार के विभाजन के बाद हमारे पास न तो उद्योग-धन्धे बचे और न ही प्राकृतिक संसाधन। आज बिहार में प्रति व्यक्ति की आय देश में सबसे कम है। क्या हमारा हक़ नहीं बनता है कि हम भी विकसित बनें, बिहार में रोज़गार के अवसर बढ़ें? बिहार के पिछड़ेपन को दूर करने और चौमुखी विकास के लिए उसने बिहार के लिए विशेष राज्य का दर्जा देने की माँग के बारे में बड़ी समझदारी भरी बात की। उसने बताया कि वह इस माँग के समर्थन में सवा करोड़ बिहारियों के दस्तख़त लेकर प्रधानमंत्री से मिला था। प्रधानमंत्री ने बिहार के पिछड़े होने की बात तो स्वीकार कर ली

लेकिन साथ में यह भी कह दिया कि किसी भी राज्य को विशेष दर्जा देने के लिए जो मापदंड बनाए गए हैं उन पर बिहार खरा नहीं उतरता है।'

नीतीश ने यह भी कहा—

'केन्द्र इस पुराने मापदंड में बदलाव लाए। हम भीख नहीं माँग रहे, अपना अधिकार माँगते हैं और विकास हमारा अधिकार है! आज देश की कुल आबादी का 8.2 प्रतिशत बिहार में रहता है पर राष्ट्रीय जीडीपी में हमारा योगदान मात्र 2.9 प्रतिशत है। देश के जीडीपी में इसलिए उतार-चढ़ाव आते रहते हैं क्योंकि देश के सभी राज्यों में प्रगति की दर ऊँची-नीची है।'

उसने जो सबसे बड़ी बात कही कि विशेष राज्य का दर्जा सिर्फ़ बिहार को नहीं, उस हर राज्य को मिलना चाहिए जो राष्ट्रीय औसत से नीचे हैं। उसने एक और बात भी बड़ी ज़ोरदार तरीक़े से कही। उसने कहा—

'हम बिहार के लिए लड़ रहे हैं पर यह लड़ाई सभी पिछड़े राज्यों के लिए है। विशेष राज्य का दर्जा मिलने के लिए जो मापदंड आज तक चले आ रहे हैं उनमें सुधार होते ही सभी पिछड़े राज्यों को लाभ मिलेगा। यदि सभी राज्यों का समुचित विकास हो तो देश की विकास दर में उतार-चढ़ाव नहीं होगा।'

उस विशाल जनसमूह ने नीतीश की हर बात का समर्थन हर बार तालियों की ज़ोरदार गड़गड़ाहट से किया। सभा की समाप्ति की घोषणा तो कर दी गई पर लोगों का जोश समाप्त नहीं हुआ। हर कोई नीतीश को पास से देखना, छूना और उससे हाथ मिलाने को व्यग्र था। नीतीश किसी को भी निराश नहीं करना चाहता था। इसमें देर तो बहुत हो गई लेकिन वह बहुत आश्वस्त होकर लौटा और उत्साह से भरी जनता भी आँखों में नीतीश की जननायक की छवि, तारणहार की छवि, लेकर लौटी। अगले दिन के सारे अख़बार बस नीतीश की अधिकार रैली की तसवीरों और कहानियों से रँगे हुए थे। लेकिन यह अधिकार रैली तो जेडीयू की थी जिसकी अभूतपूर्व सफलता के बाद देश की राजनीति में तेज़ हलचल अवश्यम्भावी थी। 18 मार्च को मिले समाचारों से यह बात समझ में आ गई कि आज देश के कई कोनों से पहली बार विस्मय भरी आवाज़ एक साथ निकली है, 'अरे! यह तो प्राइम मिनिस्टर मैटेरियल है!'

कौशल ने चचा को चिढ़ाते हुए कहा—

"बताओ चचा, नीतीश की तुम्हारी वह पटना वाली 'कुर्मी चेतना रैली' बड़ी थी या हमारी यह जेडीयू की दिल्ली वाली अधिकार रैली?"

कौशल ने यह सब कुछ ऐसे अन्दाज़ से कहा मानो चचा पटना वाली 'कुर्मी चेतना रैली' का आयोजक था और कौशल रामलीला मैदान वाली 'अधिकार रैली' का!

चचा इस बात पर ठठाकर हँसते हुए बोला—

'तुम जैसे अफ़लातून के अब्बा से कभी कोई जीता है जो मैं पिद्दी तुम्हारे मुक़ाबले कभी भी खड़े होने की हिमाक़त करूँगा।'

कुर्मी चेतना रैली का सच :

चचा, कौशल को यह कहकर घुड़कता है—

'अमा तुम ख़ामख़ाह गुज़िश्ता दौर की बात कर रहे हो। आख़िर कुर्मी चेतना रैली में नीतीश के जाने से क्या ग़लत हो गया ये हमें भी तो पता चले?'

कुर्मी चेतना रैली के बारे में संकर्षण ठाकुर की किताब में जो कुछ लिखा है उसकी सम्पुष्टि करने के लिए हम वैसे कई लोगों से मिले जिनका उस रैली से प्रत्यक्ष या अप्रत्यक्ष रूप से जुड़ाव रहा था। सब समझ-बूझ कर हमें लगा कि संकर्षण की किताब में अतिरंजना है और उस दिन सब कुछ ठीक वैसा नहीं हुआ जैसा कि किताब में लिखा हुआ है। हरेन्द्र उन दिनों नीतीश के साथ उसके साये की तरह था। और उसके साथ हो रही क़रीब-क़रीब हर छोटी-बड़ी घटना का प्रत्यक्षदर्शी था। इसलिए 12 फ़रवरी, 1994 को हुई कुर्मी चेतना रैली में नीतीश की भागीदारी के बारे में सबसे सही जानकारी हरेन्द्र से ही मिली। बाद में नीतीश ने भी हरेन्द्र की बताई सभी बातों को सच बताया। हरेन्द्र ने बताया था—

'इस रैली के मुख्य आयोजक थे श्री सतीश कुमार। वे सुलझे हुए विचारों वाले व्यक्ति हैं। वैसे तो वे सूर्यगढ़ा से कम्यूनिस्ट पार्टी के टिकट पर जीतकर विधायक बने थे पर हमारे साहब के पास भी उनका बहुत आना-जाना लगा रहता था। सतीश बाबू शुरू से कर्मठ और धुन के पक्के व्यक्ति रहे। शुरुआती दौर में बिहार में जनता दल के शासन काल को लोहिया जी और कर्पूरी जी के सपनों के अनुरूप पिछड़ी जातियों को सम्मान दिलानेवाला काल माना जाता था। लेकिन धीरे-धीरे जब बिहार में सिर्फ़ यादव जाति का ही सब ओर वर्चस्व हो गया तब चारों ओर से अन्य पिछड़ी जातियों के कई स्वर उठे। उनमें सतीश बाबू की आवाज़ बुलन्द थी। जब समता पार्टी का गठन हुआ तब ये कम्यूनिस्ट पार्टी छोड़कर समता पार्टी में आ गए और अस्थावाँ से जीतकर विधायक बन गए। शायद सामाजिक कार्यों में बहुत अधिक व्यय कर देने के कारण इनका हाथ हमेशा तंग रहता था। शायद इनके मन के हिसाब से काम न हो पाने के कारण सतीश बाबू कई बार समता पार्टी छोड़कर आते-जाते रहे। जब माँझी जी मुख्यमंत्री बने तब ये हमारी पार्टी में फिर से वापस लौटकर आ गए लेकिन कुछ ही दिनों में निकल लिए। 12 फ़रवरी, 1994 को गांधी मैदान में हुई कुर्मी चेतना रैली के लिए इन्होंने बहुत मेहनत की थी। रैली से दो दिन पहले ही हमारे साहब (नीतीश जी) दिल्ली से पटना आकर क्षेत्र के विकास कार्यों में लग गए थे। रैली वाले दिन साहब पुनाईचक वाले घर में अकेले थे। घर का टेलीफ़ोन

लगातार घनघना रहा था। साहब के रैली में शामिल होने या न होने के लिए लगातार बिना माँगी सलाहों की बमबारी हो रही थी। माहौल में हाँ-ना, हाँ-ना की रस्साकशी चल रही थी। लालू जी का भी फ़ोन आया था।'

बकौल हरेन्द्र,

'12 फ़रवरी, 1994 की दोपहर दो बजे के बाद हम घर की मारुति 800 गाड़ी से रैली के लिए निकले। गाड़ी में साहब पीछे और हम आगे, कामेश्वर ड्राइवर के बग़ल में बैठे। घर से निकलकर हम सीधे गांधी मैदान पहुँचे। साहब के साथ होने की वजह से हमको भी मंच पर बैठने का मौक़ा मिला। गांधी मैदान में अपार भीड़ जमा थी। चारों ओर से सिर्फ़ लोग ही लोग समुद्र की लहरों की तरह एक-दूसरे पर चढ़े चले आ रहे थे। मंच पर ही किसी से सुना कि इससे पहले यहाँ इतनी भीड़ कभी जमा नहीं हुई थी। जिस समय साहब मंच पर पहुँचकर बैठ गए उस समय समस्तीपुर के कुर्मी विधायक और आरजेडी के नेता, गजेन्द्र सिंह कुछ बोल रहे थे। उन्होंने भाषण के क्रम में ऐसा कुछ कह दिया जिसे सुनते ही चारों ओर से विरोध का बड़ा भारी स्वर उठा। उसके बाद अन्य लोगों के भाषण चलते रहे और जनता अन्यमनस्क होकर उनकी बातें सुनती रही। जब हमारे साहब बोलने को खड़े हुए तो उनकी पहली ही बात सुनकर उनके नाम की जय-जयकार से पूरा गांधी मैदान गूँज उठा। चारों ओर उत्साह की ऐसी लहर उठी कि जैसे पूरे मैदान में उनके कीर्ति का तूफ़ान आ गया। उन्होंने सबसे पहले कहा कि यदि कुर्मी समाज पर कोई भी आँच आएगी तो उसकी रक्षा के लिए हम हर क़ुर्बानी देने को तैयार हैं, बड़ा से बड़ा पद त्याग देने में कोई हिचकिचाहट नहीं होगी। हम भीख माँगने नहीं आए हैं। हम अपने जायज़ अधिकार माँग रहे हैं। वे क़रीब 40-50 मिनटों तक बोले। वे देश-दुनिया के बारे में बोलते रहे। उनकी हर बात पर रह-रहकर तालियाँ बजती रहीं। कुर्मी अस्मिता की रक्षा के लिए अपना सब कुछ निछावर करने की बात तो हर सुननेवालों के दिलों में घर कर गई। हम लोग साढ़े पाँच बजे वहाँ से सीधे पुनाईचक वापस आ गए। साहब ने रोज़ की तरह स्नान करके बस दो रोटियाँ खाईं और मगध एक्सप्रेस ट्रेन से दिल्ली के लिए रवाना हो गए। अगले दिन के अख़बारों के हीरो हमारे साहब ही हो गए। फ़िज़ा एकदम बदल गई। सतीश कुमार जी भी रैली की सफलता से बहुत प्रसन्न दिखे। उस दिन से बिहार की राजनीति का रंग बदल गया। हमारे साहब की बेदाग़ छवि पहले से भी ज़्यादा साफ़ होकर चमकने लगी। पहले भी साहब का नाम सिर्फ़ लव-कुश के नेता तक सीमित नहीं था, रैली के बाद उनकी राष्ट्रीय स्तर की प्रतिष्ठा और अधिक ही बढ़ गई।'

उन्हीं दिनों के आसपास बोध-गया के मगध विश्वविद्यालय में पढ़ रहा एक और नौजवान नीतीश को लव-कुश का नेता बनाने के लिए जी-तोड़ प्रयास कर

रहा था। उसका नाम है हरद्धार! जी हाँ, वही हरद्धार, जो रेल मंत्रालय के दिनों से ही नीतीश के व्यक्तिगत सहायक हैं। हरद्धार नीतीश के प्रति दीवानगी की हद तक श्रद्धा रखता आया है। वह कहता है—

"जब जनता दल से अलग होकर जी-14 बना तब मुझे लगा कि अब बिहार की तसवीर ज़रूर बदलेगी। उन दिनों श्री उपेन्द्र नाथ वर्मा बिहार के बड़े प्रतिष्ठित नेता थे। वही साहब (नीतीश जी) को साथ लेकर गया आए थे। मैंने पहली बार गया की बार लाइब्रेरी और बाद में एडवोकेट श्री देवनन्दन प्रसाद सिन्हा के घर में साहब को डंकल प्रस्ताव के विरुद्ध बोलते सुना और देखा। डंकल प्रस्ताव पर तो जॉर्ज साहब भी बहुत मुखर थे लेकिन उस दिन गया की दोनों सभाओं में साहब ने अपनी बात से सभी सुननेवालों को मंत्रमुग्ध कर दिया। मैं तो उनके बारे में बिना कुछ जाने-समझे, सिर्फ़ उनकी बातें सुनकर, उसी समय उनका पक्का मुरीद बन गया। बाद में यह जानकर कि ये भी स्वजातीय हैं, स्वाभाविक सी ख़ुशी भी हुई। मैं उसी समय जनता दल (जॉर्ज) का पूर्णकालिक कार्यकर्ता बन गया। मेरे चाचा जी की गया चौक पर किरण सिनेमा के सामने एक ख़ाली दुकान थी उसी में हमारे दल का कार्यालय खुल गया जिसका उद्‌घाटन जॉर्ज साहब ने ही किया। मैं वहाँ झाड़ू लगाने से लेकर बैठक आयोजित करने तक का काम करता था। धीरे-धीरे मुझे पार्टी का नगर अध्यक्ष बना दिया गया। तब मैं पढ़ भी रहा था। बाद में मुझे युवा समता का प्रदेश सचिव का काम भी सौंप दिया गया। हमारी पार्टी के जहानाबाद के सांसद श्री अरुण कुमार युवा समता के अध्यक्ष थे। हमने सीतामढ़ी से पटना तक की पदयात्रा भी की थी। मैं उन दिनों गया में लव-कुश जयन्ती, पटेल जयन्ती आदि कार्यक्रम ख़ूब आयोजित किया करता था। श्री शकुनि चौधरी, भोला बाबू, वृषण पटेल, सतीश कुमार जी जैसे बहुत से नामी-गिरामी लोग इन कार्यक्रमों की अध्यक्षता करते थे। ये सब लोग देश-दुनिया की बात करने के बाद जाति गौरव की बात बहुत ज़ोरदार तरीक़े से सामने रखते थे। हमने साहब को भी ऐसी ही जयन्ती में मुख्य वक्ता के रूप में आमंत्रित किया था। पटना की चेतना रैली के काफ़ी दिनों के बाद गया में आयोजित इस कार्यक्रम में साहब को सुनने के लिए बहुत बड़ी भीड़ जमा हुई थी। साहब जब आए तो लगा कि उत्साहित जनता उन्हें ज़मीन पर पाँव रखने ही नहीं देगी। जब वे बोलने के लिए खड़े हुए तो लगातार बहुत देर तालियाँ बजती रहीं। उनका हर भाषण तो मनमोहक होता ही है पर यह भाषण ज़बरदस्त था। साहब दुनिया की हर समस्या पर जमकर बोले, ऐसा कि जनता का जोश सातवें आसमान पर पहुँच गया। लेकिन साहब ने एक बार भी हमारी जातिगत समस्याओं की चर्चा नहीं की। जाति के उत्थान के लिए कोई आश्वासन नहीं दिया, भविष्य में किए जानेवाले किसी कार्यक्रम की चर्चा तक नहीं की। मैं तो

बड़ा हतोत्साहित हो गया लेकिन जनता की दीवानगी का यह आलम था कि साहब के भाषण के बाद न तो सभा के मुख्य अतिथि और न ही सभा के अध्यक्ष का सम्बोधन सुनने को कोई रुका। सारी भीड़ बाहर खड़ी होकर, एकदम शान्ति से हमारे साहब के निकलने की प्रतीक्षा करती रही। कुछ वर्षों के बाद देवनन्दन प्रसाद सिन्हा जी की अनुशंसा पर मुझे साहब के साथ आज तक जुड़े रहने का सौभाग्य मिला है।'

रामलीला मैदान में हुई अधिकार रैली के बाद बिहार को विशेष राज्य का दर्जा दिलाने के लिए आगे की रणनीति बनाने में नीतीश व्यस्त हो गया। उसे जो चारों ओर से ख़बरें मिल रही थीं उनसे लगा कि इस मामले में बीजेपी शायद उसके साथ क़दम मिलाकर बहुत दूर तक नहीं चलेगी। वह बीजेपी के राष्ट्रीय अध्यक्ष राजनाथ सिंह और अपने दोस्त अरुण जेटली से मिलकर समझ चुका था कि अब बिहार को उसका हक़ दिलाने के लिए कोई नई राह तलाशनी होगी। उसे साफ़ दिख रहा था कि एक ज़माने से बीजेपी के साथ बन्धी समझदारी की डोर जगह-जगह से चिटकना शुरू हो रही है। अब कोई साहसिक और बड़ा निर्णय लेने की घड़ी आ गई थी। 13 अप्रैल, 2013 को वह दिल्ली में बिलकुल अकेला बैठकर चिन्तन में लीन रहा था। आख़िर हर तरह से बहुत सोचने-समझने के बाद उसने अपनी पार्टी की बैठक अगली सुबह ही बुलाकर सभी साथियों से खुलकर मशवरा करना तय किया। अगले दिन हुई उस बड़ी बैठक में नीतीश ने अपना हृदय खोलकर रख दिया। उस बैठक में हर ओर से उसे यही भरोसा मिला कि वह जो भी निर्णय लेगा, पूरी जेडीयू पार्टी उसके पीछे खड़ी रहेगी। उसके बाद वह निश्चिन्त हो गया। अगले दिन के सारे अख़बार नीतीश की चर्चा से रँगे हुए थे। एक सुलझे हुए खिलाड़ी की तरह उसने अपनी सधी हुई चाल चल दी थी। अब बारी थी बीजेपी की जो मई महीने में कर्नाटक में हुए विधानसभा चुनाव में मिली करारी हार से बिलबिला रही थी।

नीतीश से रूठे हुए उनके पुराने विश्वस्त सहयोगी ललन सिंह उर्फ़ राजीव रंजन सिंह, कुछ समझदार मित्रों के बीच में पड़ने के कारण, 22 मई को नीतीश के पास वापस आ गए। इससे उसे थोड़ी राहत अवश्य मिली। नीतीश ने बिहार को विशेष राज्य का दर्जा दिलाने की मुहिम और तेज़ कर दी। इस बीच बिहार के महराजगंज में लोकसभा के उपचुनाव हुए। नीतीश ने अपनी पार्टी से प्रशान्त कुमार शाही को खड़ा किया था। आरजेडी की ओर से प्रभुनाथ सिंह लड़ रहे थे। शाही ने नीतीश से कई बार कहा भी था कि चुनाव प्रचार में सहयोगी पार्टियाँ उसे सहयोग देना तो दूर, भितरघात ही कर रही थीं। शाही का अन्देशा 5 जून को आए चुनाव परिणाम से पुख़्ता हो गया। वे क़रीब सवा लाख वोटों से हार गए। इससे बीजेपी और जेडीयू के बीच तल्ख़ियाँ और बढ़ गईं।

9 जून, 2013 को नीतीश बिहार में नवगछिया के पास के एक गाँव धरहरा में था। उस गाँव की बहुत पहले से एक अनोखी और अनुकरणीय परम्परा चली आ रही है। वहाँ लड़की के जन्म होने से उसके सम्मान में उसके परिवार वाले एक फलदार पेड़ का बिरवा ज़रूर लगाते हैं। उस गाँव की सारी बच्चियों की दिली ख़्वाहिश थी कि उनके गाँव में नीतीश के हाथों फलदार पेड़ का कम से कम एक पौधा तो ज़रूर लगे। नीतीश उस गाँव में जाकर ख़ुद को गौरवान्वित महसूस कर रहा था। आम का पौधा लगाने के बाद जब वह उसकी जड़ों में पानी दे रहा था तब उस पर लदी जा रही सैकड़ों बच्चियों के कलरव और आसपास के पेड़ों पर बैठी अनगिनत चिड़ियों की चहचहाहट से माहौल बेहद नैसर्गिक हो गया था। उन मासूम बच्चियों के बीच ख़ुशियों की सौग़ात बाँटता नीतीश ख़ुद ही बच्चा बन गया था, बच्चा सान्ता क्लॉज़! नीतीश को इतनी निश्छलता से ख़ुश और बेफ़िक्री में डूबा हुआ किसी ने शायद पहले कभी नहीं देखा होगा। नीतीश उस शाम देर से पटना लौटा जहाँ उसे उसी दिन गोवा में हुए बीजेपी के बेहद महत्त्वपूर्ण राष्ट्रीय अधिवेशन के बारे में जानकारी मिली। पता चला कि लालकृष्ण आडवाणी और यशवन्त सिन्हा जैसे बुज़ुर्गों की अनिच्छा के बाद भी राजनाथ सिंह ने पार्टी के कार्यकारिणी की बैठक में नरेन्द्र मोदी का नाम प्रचार समिति के मुखिया के लिए प्रस्तावित किया और मोदी के हाथों बीजेपी के प्रचार रथ की कमान सौंप दी गई। नीतीश ने इस घटना पर बहुत संयमित बयान दिया जिसकी 10 जून, 2013 के अख़बारों में भी प्रशंसा हुई। नीतीश ने नरेन्द्र मोदी के हाथों बीजेपी की चुनाव प्रचार समिति की कमान सौंपे जाने को बीजेपी का आन्तरिक मामला बताया। जेडीयू की तरफ़ से यह भी कहा गया कि मोदी बीजेपी की समिति के अध्यक्ष बने हैं, एनडीए के नहीं। इसलिए इस मामले में विरोध का सवाल ही नहीं उठता। लेकिन बीजेपी के अन्दरखाने से छनकर आ रही ख़बरों के कारण नीतीश बीजेपी वालों से बार-बार कह रहा था कि वे लोग 2014 में होनेवाले लोकसभा के चुनावों के लिए एनडीए के प्रधानमंत्री के पद के प्रत्याशी का नाम दिसम्बर महीने तक अवश्य घोषित कर दें। उसे तब भी क्षीण आशा थी कि बीजेपी की तरफ़ से एनडीए का चेहरा आडवाणी होंगे। लेकिन जब बीजेपी ने 75 वर्ष या उससे अधिक आयु वाले, आडवाणी सहित अपनी पार्टी के सारे बुज़ुर्ग नेताओं को उठाकर किसी महत्त्वहीन सलाहकार समिति में डाल दिया तब नीतीश का माथा ज़ोरों से ठनका।

साझे की गाड़ी का ईंधन शेष

बीजेपी में उसके सारे हितैषियों के पर काट दिए जाने से वह समझ गया कि साझे की यह गाड़ी अब और आगे नहीं चल पाएगी क्योंकि यह गाड़ी सिर्फ़ परस्पर

विश्वास की ईंधन से चलनेवाली थी और इसका ईंधन ख़त्म हो चला था! 10 जून को सोमवार था। हर सोमवार की तरह उस दिन भी नीतीश जनता के दरबार में हाथ बाँधे खड़े होकर लोगों की समस्याओं का समाधान कर रहा था। आख़िरी व्यक्ति की फ़रियाद सुन लेने के बाद वह प्रेस वालों के सामने शान्ति से उपस्थित हुआ। उसने बहुत संयमित ढंग से अपनी बात कही। उसका कथन बहुत स्पष्ट था कि उसका विरोध किसी व्यक्ति विशेष से नहीं था। उसे बस यही चाहिए था कि सहयोगी पार्टियों के नेता का चेहरा धर्मनिरपेक्ष व्यक्ति का हो जिसकी स्वीकार्यता सार्वभौमिक हो। अगले दिन के बहुत सारे अख़बारों में नीतीश के संयमित बयान की फिर से प्रशंसा छपी। इसी सप्ताह के अन्तिम दिन, अर्थात् रविवार 16 जून को, जेडीयू के राष्ट्रीय अध्यक्ष और विभिन्न राज्यों के प्रान्तीय अध्यक्षों ने बीजेपी से पिछले सत्रह सालों से चले आ रहे सम्बन्ध के टूट जाने का एलान करके राजनीति की नई राह पर अकेला चलने का शंखनाद कर दिया!

चचा ने कौशल को बशीर बद्र का यह शेर लिखकर भेजा—

दुश्मनी जम के करो लेकिन ये गुंजाइश रहे,
जब कभी हम दोस्त बन जाएँ तो शर्मिन्दा न हों।

शासन की पालकी आई नई डगर

बीजेपी से अलग होने के फ़ौरन बाद ही, 19 जून, 2013 को, नीतीश ने सदन में विश्वास मत आसानी से प्राप्त कर लिया। सरकार बनी रहने के लिए 122 मतों की आवश्यकता थी जबकि सरकार के पक्ष में 126 और विपक्ष में 24 मत पड़े। बीजेपी ने सरकार के ख़िलाफ़ सम्भावित मतों की संख्यात्मक कमज़ोरी को भाँपते हुए विश्वास मत में भाग ही नहीं लिया। बीजेपी के विधानसभा में सदस्यों की संख्या कुल 91 थी। उस दिन सदन का नज़ारा विचित्र था। कल तक के साथी, आज एक-दूसरे के विरोध में, आमने-सामने खड़े थे। नीतीश के पुराने सहयोगी और कई महत्त्वपूर्ण विभागों के मंत्री रह चुके नन्द किशोर यादव, नेता प्रतिपक्ष की भूमिका में, काफ़ी देर तक बोले। जवाब में दिया गया नीतीश का भाषण हर प्रकार से शालीन और तथ्यात्मक था। उसने अपने भाषण में जो महत्त्वपूर्ण बात रेखांकित की वह थी बीजेपी के साथ अब तक चले आ रहे गठबन्धन की सबसे बड़ी शर्त! बीजेपी और जेडीयू में शुरू से सहमति बनी हुई थी कि कोई भी साम्प्रदायिक मुद्दा सरकार के एजेंडे में नहीं होगा। आरएसएस ने अपने मेरठ अधिवेशन में भारत बचाने के लिए हिन्दुत्व को अकेला मॉडल बताया था। यह मॉडल देश की धर्मनिरपेक्षता और समावेशी विकास की अवधारणा के विरुद्ध था। इसलिए दोनों की राहें अलग-अलग हो गईं।

नीतीश के मंत्रिमंडल से बीजेपी के सारे मंत्रियों के निकल जाने से राज्य के प्रशासन का सारा भार नीतीश पर ही आ गया था। बीजेपी के कई मंत्री बहुत अनुभवी थे और उन्होंने अपने आपको नीतीश की कार्यशैली के अनुरूप ढाल लिया था। अपनी आदत के अनुरूप नीतीश उन पर आँख मूँदकर विश्वास करता आया था। अब नीतीश को अपनी पार्टी के लोगों के बीच से नए मंत्रियों का चयन करने की समस्या थी।

मुझे भी मंत्री बनना है

मज़ा तब आया जब रातों-रात उसकी पार्टी के एक से एक महारती मंत्री पद के दावेदार बनकर खड़े हो गए। नीतीश के छात्रजीवन से ही उसके सहयात्री रहे एक मंत्री ने तो उपमुख्यमंत्री बनने की ज़िद ही ठान ली। ये सज्जन लालू के मंत्रिमंडल में भी मंत्री रहे थे। इन्हें यह समझने में भी कठिनाई हो रही थी कि उप मुख्यमंत्री का पद संवैधानिक नहीं था। यह प्रावधान तो सहयोगी दल के नेता को सम्मान देने के लिए किया गया था। नीतीश के दूत यहाँ से वहाँ तक जूते चटकाते रहे पर बन्दा हिल के भी राज़ी न हुआ! ऐसे मौक़ों पर, जब बातें बेनतीजा रहने लगती हैं, अपना चचा बुक़रात बेहद सफल होता है। वह सामनेवाले को उसी के शब्दों में इतना 'कनफुजिया' देता है कि उसका माथा 'स्पष्टली' सोच ही नहीं पाता है। इस बार भी यही हुआ, चचा ने उस ग़रीब को पता नहीं क्या घुट्टी पिलाई कि वह अपनी रटन्त ही भूल गया। चचा ने हमें समझाया—

'देखो अभी सब लोग उसे मिनिस्टर साहब या मंत्री जी कहते हैं, जिससे बड़ा रुतबा और रुआब टपकता रहता है। अगर वह डिप्टी सीएम हो जाता तो लोग क्या कहते? डिप्टी साहब ही न? यह तो हाथी पर चढ़कर टट्टू पर चढ़ने जैसी बेइज़्ज़ती वाली बात होती! अरे मियाँ पोस्ट हो तो सीएम साहब नहीं तो मिनिस्टर साहब! यह डिप्टी साहब जब हमें ही ज़रा भी नहीं सुहाया तो मंत्री जी को कैसे मंज़ूर होता! तुम्हीं बताओ कि इस मुल्क में आज तक कितने डिप्टी हुए हैं जो सीएम या पीएम की कुर्सी पर क़ाबिज़ हो सके हैं? मिनिस्टर साहब को भी भरोसा हो गया कि मुख्यमंत्री के तख़्ते-ताऊस तक पहुँचने के लिए डिप्टी सीएम की सीढ़ी की कोई ज़रूरत नहीं है। बस, सही मौक़ा आते ही छलाँग लगाने के लिए कमर कसकर तैयार रहना है!'

महाबोधि मन्दिर में धमाके, बोधिसत्व और अल्पसंख्यक

बीजेपी से अलग होने के महीने भर के भीतर ही, 7 जुलाई, 2013 को, महाबोधि मन्दिर में बम धमाके हो गए। इसमें दो बौद्ध भिक्षुओं सहित कई लोग घायल हो गए थे जिनमें एक की हालत गम्भीर बताई गई। उग्रवादियों की इस हरकत से बोधिवृक्ष या मन्दिर को तो कोई नुक़सान नहीं हुआ लेकिन कुछ नए बने स्ट्रक्चर को नुक़सान पहुँचा। नीतीश फ़ौरन बोधगया पहुँच गया। माहौल में भीषण दहशत थी। जिधर देखिए उधर ही डरे-सहमे, सर झुकाए बौद्ध धर्म के अनुयायी खड़े थे। नीतीश को अपने बीच पाकर लगा कि पानी से बाहर तड़पती मछली को फिर से जल में डाल दिया गया है। परन्तु नीतीश जब बोधगया पहुँचा तो

बीजेपी वालों ने उसे काले झंडे दिखाए। इससे वह बड़ा मर्माहत हुआ क्योंकि वह किसी राजनैतिक कार्यक्रम में भाग लेने तो गया नहीं था। फिर भी अपने को संयत करते हुए नीतीश ने सबसे पहले पूरी स्थिति को सीधे अपने नियंत्रण में ले लिया। फिर तो जैसे प्रशासन को पंख लग गए। लेकिन उस दिन भी नीतीश की चिन्ता देखनेवाली थी। तब तक के उसके आठ वर्षों के कार्यकाल में ऐसी अप्रिय घटना कभी नहीं घटी थी, वह भी ऐसे धार्मिक स्थल पर, जहाँ हर धर्म के प्रति करुणा ही करुणा थी। नीतीश की तत्परता के कारण इस घटना के पाँच मुख्य आरोपियों को गिरफ़्तार कर लिया गया। एनआईए (नेशनल इनवेस्टिंग एजेंसी) ने इन पाँचों उग्रवादियों का सम्बन्ध इंडियन मुजाहिद्दीन से पाया और पाँचों को उम्र क़ैद की सज़ा मिली। बहरहाल, हर बार की तरह, उस दिन भी नीतीश ने बोधिवृक्ष की छाया में बहुत शान्त चित्त से बैठकर ध्यान किया था। उसे ध्यान करता देखकर किसी बौद्ध भिक्षु ने उसका अभिवादन बोधिसत्व कहकर किया था। यहाँ यह बताना समीचीन लगता है कि नेपाल में रहनेवाले, बुद्धिस्ट वर्ल्ड पीस फ़ाउंडेशन के संस्थापक और वर्ल्ड प्रेसिडेंट, लामा घ्याचो रिम्पोचे ने, अपने कई अनुयायियों के सामने नीतीश की चर्चा हमेशा बोधिसत्व, सत्य के लिए प्रबुद्ध, कहकर की है। अर्थात् ऐसा व्यक्ति जो प्राणी मात्र के लिए दया से भरा हुआ हो, जो सभी संवेदनशील प्राणियों के लाभ के लिए सदैव तत्पर रहता हो, जिसने अपने कर्मों से अपने चित्त के विकारों को नष्ट कर दिया हो, जो जन्म और मृत्यु के चक्र से मुक्त हो गया हो और जो बुद्धत्व प्राप्त करने का अधिकारी हो पर अब तक बुद्ध न हो पाया हो। शायद ऐसा ही कोई कारण होगा कि नीतीश ने बांकीपुर जेल परिसर में बुद्ध स्मृति पार्क का निर्माण करा दिया जबकि दुनिया भर में मात्र 48 करोड़ लोग हैं जो बौद्ध धर्म मानते हैं। आज भारतवर्ष में शायद 85 लाख से ज़्यादा बौद्ध न होंगे और इनमें भी क़रीब 65 लाख अकेले महाराष्ट्र में हैं।

बोधगया धमाकों के बाद उत्पन्न तनाव को दूर करने में नीतीश ने जिस तत्परता से काम किया उससे उसके मन में अल्पसंख्यकों के प्रति जगज़ाहिर करुणा एक बार फिर अभिव्यक्त हुई। राष्ट्रीय अल्पसंख्यक आयोग ऐक्ट 1992 में भारत में मुसलमानों, सिखों, ईसाइयों, बौद्धों, जैनियों और पारसियों को अल्पसंख्यक माना गया है। 2011 की जनगणना के अनुसार ये सभी मिलकर भी भारत की कुल जनसंख्या का मात्र 19.3 प्रतिशत ही हैं। विडम्बना यह है कि आम लोगों की समझ में अल्पसंख्यक का मतलब सिर्फ़ मुसलमान ही होता है। छह धर्मों—हिन्दू, मुस्लिम, सिख, ईसाई, बौद्ध और जैन की जनसंख्या के भारत सरकार के द्वारा जारी किए गए जनगणना के आँकड़े वर्ष 2011 के ही उपलब्ध हैं। इन आँकड़ों के अनुसार उस वर्ष भारत की कुल आबादी 121.09 करोड़ थी। इनमें 96.63

करोड़ (79.8 प्रतिशत) हिन्दू, 17.22 करोड़ (14.23 प्रतिशत) मुस्लिम, 2.78 करोड़ (2.3 प्रतिशत) ईसाई और 2 करोड़ 83 हज़ार सिख थे। जैन समुदाय की आबादी भी चालीस से पचास लाख की होगी। इन दोनों धर्मावलम्बियों की संख्या बिहार में बहुत कम है। यह भी सच है कि दुनिया के प्राचीनतम धर्मों में शामिल इन दोनों धर्मों के प्रवर्तकों का बिहार से बहुत नज़दीकी रिश्ता है। जैनियों के चौबीसवें और आख़िरी तीर्थंकर भगवान महावीर का जन्म स्थान कुंडलपुर, समवशरण स्थान जहाँ उन्होंने आख़िरी उपदेश दिए थे और निर्वाण स्थल भी पावापुरी ही है। कुंडलपुर और पावापुरी के अतिरिक्त बिहार में ही आरा (अतिशय क्षेत्र), चम्पापुर (सिद्ध क्षेत्र), गुणावजी (सिद्ध क्षेत्र), कमलदहजी (सिद्ध क्षेत्र), मन्दारगिरि (सिद्ध क्षेत्र) और राजगृह (सिद्ध क्षेत्र) दुनिया-भर के जैनियों के लिए पावन स्थल हैं। नीतीश ने इन सभी स्थानों की सुरक्षा और देख-रेख के लिए व्यापक व्यवस्था की है। पर्यटकों की सुविधा के लिए भी नीतीश सरकार हमेशा प्रयासरत रहती है। इसके लिए नीतीश ने बौद्ध सर्किट की तर्ज़ पर बाक़ायदा जैन सर्किट की परिकल्पना को साकार किया है। पिछले कई वर्षों से नीतीश की इच्छा के अनुरूप हर वर्ष कार्तिक माह की अमावस्या तिथि को भगवान महावीर के निर्वाण का पर्व पूरी श्रद्धा के साथ सरकारी महोत्सव के रूप में मनाया जाता है। इस उत्सव में नीतीश बराबर भाग लिया करता है।

इसी प्रकार पर्यटकों के लिए नीतीश ने बौद्ध सर्किट भी बनवाया है। बोधगया, पराग बोधि, जैथियन वन, गृद्धकूट, सप्तपर्णी गुफ़ाएँ और वैशाली आदि पावन स्थलों तक सुगमता से पहुँचने और वहाँ आराम से रुकने के लिए यातायात से लेकर हर प्रकार की सुविधाएँ मुहैया कराने में नीतीश ने बड़ी तत्परता और सूझबूझ से काम करवाए हैं। नीतीश के भगीरथ प्रयासों से ही बिहार की पावन भूमि पर विभिन्न अल्पसंख्यक धर्मावलम्बियों के पधारने की संख्या में आशातीत वृद्धि हुई है।

बिहार के कोने-कोने में शिक्षा का स्तर सुधारने और हर परिस्थिति में उसकी गुणवत्ता अक्षुण्ण रखने में ईसाई मिशनरियों का बहुत बड़ा हाथ है। इसी प्रकार कई दशकों से राज्य में अत्यन्त कम ख़र्च में उच्च स्तरीय और बेहद साफ़-सुथरी स्वास्थ्य सेवा देने में ईसाई मिशनरी अस्पतालों का बहुत बड़ा हाथ है। हालाँकि इस समुदाय पर प्रलोभन देकर धर्मान्तरण कराने के आरोप भी यदा-कदा लगते ही रहते हैं फिर भी इन सब अफ़वाहों से बेख़बर, अपने कार्य के प्रति समर्पित, इस अल्पसंख्यक समुदाय को भी नीतीश पर पूरा भरोसा है। हर वर्ष 25 दिसम्बर को पादरियों की एक टोली नीतीश के पास आती है और सच्चे हृदय से उसे आशीर्वाद देती है कि वह राज्य की इसी प्रकार सेवा करते रहे चाहे वह मुख्यमंत्री के पद पर न भी रहा हो। उन्हें नीतीश के कार्यकाल में सबसे बड़ा सन्तोष यह

होता है कि अब उनके स्कूलों और कॉलेजों या अस्पतालों में मनमानी करने गुंडों की जमात का प्रवेश क़रीब-क़रीब बन्द हो गया है। उन्हें यह भी भरोसा है कि उनकी हर जायज़ माँग के लिए नीतीश की सरकार के दरवाज़े हमेशा खुले हैं। यह तो हुई ईसाइयों की बात।

लगे हाथ एक सर्वेक्षण भी देख लेते हैं जिसके अनुसार देश-भर में पारसियों की वर्तमान संख्या 70,000 से भी कम रह गई है। पुराने संयुक्त बिहार में जमशेदपुर में कुछ पारसी परिवार भी थे क्योंकि जमशेदपुर की नींव रखनेवाले जमशेद जी टाटा पारसी थे। आज के बिहार में शायद ही इक्का-दुक्का पारसी परिवार बचा होगा। बिहार के सम्बन्ध में एक पारसी सज्जन की कहानी हम आपको आगे ज़रूर बताएँगे। अल्पसंख्यक आयोग के अस्तित्व में आने से पहले, भारत के संविधान के अनुसार, एंग्लो-इंडियन समुदाय को भी अल्पसंख्यक ही माना जाता था। अपने सात दिनों के मुख्यमंत्री के कार्यकाल में ही उसने उस समुदाय से विधायक चुनकर इतिहास रच दिया था जिसकी चर्चा हम पहले कर चुके हैं। मुसलमानों के हितों की रक्षा के लिए तो उसने अपना राजनैतिक करियर ही दाँव पर लगाकर बीजेपी वालों से इतना पुराना और सशक्त नाता तोड़ लिया कि उसे तंज़ में मौलाना नीतीश तक कहा जाने लगा। वैसे मौलाना वे विद्वान मुसलमान व्यक्ति होते हैं जिन्होंने इस्लाम धर्म की विधिवत शिक्षा पाई है।

जहाँ चार यार मिल जाएँ वहाँ बातें हों शानदार

वैसे तो नीतीश के अल्पसंख्यकों के हितों की रक्षा करने के प्रति संवेदनशील होने में किसी को कम ही सन्देह रहा होगा लेकिन इस खेल में तुरुप का इक्का जिसके पास था उसके बारे में जानने के लिए हम आपको चार लँगोटिया यारों की एक महफ़िल में ले चलते हैं। इनमें दो हिन्दू हैं, तीसरा इस्लाम को माननेवाला हाजी नमाज़ी है और चौथा है एक पगड़ी धारी रिटायर्ड मेजर! हिन्दुओं में भी एक ऐसा तबक़ा है जो देश-दुनिया की राजनीति में गहरी दिलचस्पी रखता है और उसके बारे में अच्छा जानकार भी है। कोविड का पहला दौर अभी ख़त्म हुआ था। इस जानलेवा महामारी के चक्कर में इनका आपस में मिलना जुलना बन्द हो गया था। जैसे ही थोड़ी छूट मिली, ये चारों, जो स्कूल की चौथी क्लास से ही साथ पढ़े हैं, एक दोस्त के घर इकट्ठा हुए। सोशल डिस्टेंसिंग और मास्क की मर्यादाओं का सम्मान करते हुए भी इस जमावड़े में ख़ूब धींगा मुश्ती हुई। दारूबन्दी को भरपूर गाली देने के बाद पुराने अच्छे दिनों के क़िस्से दुहराए गए और एक-दूसरे की पगड़ियों को भी ख़ूब उछाला गया। जब सबके दिलों से न मिल पाने के मलाल का दर्द मिट गया तो गम्भीर बात चीत का दौर शुरू

हुआ। कोविड से जूझने में बिहार सरकार के काम के बारे में भी बात हुई। सबने मिलकर माना कि इतनी विपरीत परिस्थितियों में भी नीतीश सरकार ने अच्छा काम करके यह दिखा दिया कि हालात चाहे कितने भी बुरे क्यों न हों, आदमी अगर ठान ले तो कुछ भी मुश्किल नहीं। बातों ही बातों में मुम्बई निवासी एक परिचित पारसी बुज़ुर्ग याजदी बाटलीबॉय की बात चल निकली। उन्हें भी कोविड हो गया था और सारे रसूखों के बावजूद किसी भी बड़े या छोटे अस्पताल में उन्हें दाख़िला नहीं मिल रहा था। हिन्दुजा अस्पताल के बाहर छोटे से टप्पर में, जहाँ दरबान खड़े होते हैं, वे पड़े हुए थे। उनकी बेटी परवीज कार्ल हर जगह हाथ-पाँव मार रही थी। तब उसने चचा बुक़रात को, जिसे वह मामू कहती है, फ़ोन करके कहा था—

'मामू, जब तुम्हारे दोस्त नीतीश जी मुम्बई आए थे तो उन्होंने कहा था कि बिहार में लोगों की इज़्ज़त होती है, जात और धर्म की नहीं। वहाँ सब का, वह भी खुले हृदय से, स्वागत है। हम पारसी लोगों ने मुम्बई की तरक़्क़ी के लिए क्या कुछ नहीं किया। लेकिन आज मेरे डैडी सड़क पर मरने के लिए छोड़ दिए गए हैं। एक खोटे सिक्के से भी बदतर क़द्र रह गई है हमारी। मेरा नीतीश जी के दिए गए वचन पर पूरा भरोसा है। क्या मैं पापा को लेकर बिहार आ जाऊँ?'

बिहार और पूर्वी उत्तर प्रदेश के लोगों को इनका वाजिब हक़ बड़े शहरों में नहीं मिलता। मुम्बई जैसे बड़े शहरों में ये लोग अगर एक या दो दिन भी काम करना बन्द कर दें तो ये शहर ठहर जाएँगे। दूसरी तरफ़ बिहार प्रदेश हर प्रान्त के अच्छे लोगों को हमेशा गले लगाता आया है। ऐसा नहीं होता तो वर्षों पहले आचार्य कृपलानी मुज़फ़्फ़रपुर में प्रोफ़ेसर नहीं होते। ना ही मराठी भूमि के पुत्र मधु लिमये और न ही कर्नाटक की सन्तान जॉर्ज फ़र्नांडिस बिहार से सांसद बनते। और तो और, देश के प्रधानमंत्री गुजराल साहब भी बिहार से ही राज्यसभा के सदस्य चुनकर भेजे गए थे। 2013 की 20 अगस्त को नीतीश मुम्बई गया था और उसने बिहारियों सहित सभी पूरबी लोगों पर हो रहे अत्याचार को देखकर ऐसा ही कुछ कहा भी था। उसके वक्तव्यों के बाद मुम्बई में रहनेवाले सभी पूरबवासियों का मनोबल बहुत बढ़ा था। नीतीश के दृढ़ता से दिए गए सार्वजनिक बयान से एक लाभ तो तत्काल हुआ। मुम्बई में ज़माने पहले से होती आ रही छठ पूजा पर संशय और भय के मँडरा रहे काले बादल न जाने कहाँ विलीन हो गए! उसके बाद तो मुम्बई सरकार ने भी छठ पूजा का महत्त्व स्वीकार कर लिया।

बहरहाल, परवीज़ की बात से चिन्तित होकर चचा ने नीतीश से फ़ौरन सम्पर्क साधा और जैसी उम्मीद थी, नीतीश ने तुरन्त सहमति दे दी। इस बीच याजदी साहब का दाख़िला मुम्बई के पारसी जनरल अस्पताल में हो गया। वे

धीरे-धीरे ठीक भी हो गए। लेकिन पटना आने के लिए उनका मन छटपटाता ही रहा। उन दिनों संचार के सबं साधन भी बन्द थे। इसलिए बिहार को याजदी साहब की सेवा करने का मौक़ा नहीं मिल सका लेकिन बात तो विश्वास की थी! आपको ताज्जुब नहीं होता कि पारसी जैसे अत्यन्त अल्पसंख्यक समुदाय का बेहद समृद्ध मुम्बईकर याजदी भी बिहार में आकर अपनी सुरक्षा की उम्मीद रखता था क्योंकि यहाँ शासन की बागडोर नीतीश के सशक्त हाथों में थी।

वास्तव में नीतीश किस अल्पसंख्यक समुदाय के बहुत (सबसे) क़रीब हैं, यह एक अन्तहीन बहस ही होगी। वह सबको अपने सर्वाधिक क़रीब और भरोसेमन्द लगता है। इससे इतर एक अन्य ख़ास बात ग़ौरतलब है। 23 जुलाई, 2013 को टेलीविज़न के एक बड़े लोकप्रिय राष्ट्रीय चैनल पर एक सर्वे रिपोर्ट आ रही थी। उसमें बताया जा रहा था कि अगर देश में अभी चुनाव हो जाएँ तो क्या नतीजे आ सकते हैं। उसमें बताया गया कि ऐसा होने पर नीतीश की पार्टी पहले से बेहतर करेगी और यदि बीजेपी या कांग्रेस के अलावा कोई तीसरी सरकार बने तो नीतीश प्रधानमंत्री पद के सबसे सक्षम उम्मीदवार होंगे। इस कार्यक्रम के बारे में नीतीश ने जब सुना तो उसने पहले इसका मखौल ही उड़ा दिया। बाद में उसने गम्भीर होते हुए कहा—

'यह भारत ऐसे लोकतंत्र में ही सम्भव है कि मेरे जैसे अत्यन्त साधारण व्यक्ति को बिहार की जनता ने राज्य की ज़िम्मेवारी इतने प्रेमपूर्वक सौंपी। मैं कभी भी प्रधानमंत्री बनने के दिवास्वप्न नहीं देखता। मेरी छोटी-सी क्षेत्रीय पार्टी है। केन्द्र या राज्य में हमेशा बड़े दलों के नेतृत्व में अन्य छोटे दलों के सहयोग से बनी सरकार के स्थायी होने की अधिक सम्भावनाएँ होती हैं। हमारे जैसे किसी भी छोटी पार्टी को केन्द्र में सरकार बनाने के लिए न जाने कितनी पार्टियों के सहयोग की आवश्यकता पड़ेगी। हर क्षेत्रीय पार्टी अपनी प्राथमिकताओं के साथ केन्द्र सरकार में शामिल होती हैं। गठबन्धन की सरकार चलानेवाले के पास बहुत से विकल्प नहीं होते। सहयोगी दलों से ज़रा सी मतभेद होने से हमने केन्द्र में मोरारजी भाई, चौधरी चरण सिंह, चन्द्रशेखर जी, देवगौड़ा जी, गुजराल साहब आदि की सरकारों को पलक झपकते ही धराशायी होते देखा है। चौधरी साहब लोकसभा में बहुमत प्रमाणित करने के लिए गए ही नहीं। चन्द्रशेखर जी अपना भाषण देकर शक्ति परीक्षण से पहले ही त्यागपत्र देकर निकल गए। देवगौड़ा साहब और गुजराल साहब का जो हश्र हुआ वह सबको याद ही होगा। मैं उस राजपथ का पथिक हूँ ही नहीं, बस अपने बिहार राज्य की यथाशक्ति सेवा करके ख़ुश हूँ।'

बीजेपी से अलग होने के तत्काल बाद उसकी राष्ट्रीय छवि का ग्राफ़ तेज़ी से ऊपर चढ़ते देखकर हम मित्रों को भी लगता था कि बीजेपी के विकल्प के

रूप में बस नीतीश ही एकमात्र नेता हैं जो इस बड़े राष्ट्र के सब तबक़ों को एक साथ लेकर विकास के रास्ते चल सकता है। हमने भी कई बार घुमा-फिरा कर प्रधानमंत्री बनने के बारे में नीतीश का मन टटोलने की कोशिश की। लेकिन हर बार उसका उत्तर यही होता था कि वह बिहार में रहकर बिहार की सेवा करते हुए ख़ुश है। एक बार चचा ने ज़रूर कहा था कि अगर सर्वसम्मति से उसे मौक़ा मिले तो वह बड़ी से बड़ी ज़िम्मेदारी उठाने से नहीं हिचकेगा क्योंकि उसमें ईमानदारी, हौसला, हिम्मत और दानिशमन्दी की कोई कमी नहीं है।

2013 का पहिया तेज़ी से आगे बढ़ रहा था। 30 सितम्बर, 2013 को लालू और डॉ. जगन्नाथ मिश्र सहित कई लोगों को सज़ा हुई और वे जेल चले गए।

हुंकार रैली और बम ब्लास्ट

इसके क़रीब एक महीने के भीतर ही, 27 अक्टूबर, 2013 को, पटना के गांधी मैदान में बीजेपी की हुंकार रैली को नरेन्द्र मोदी को सम्बोधित करना था। उस दिन सवेरे-सवेरे ही पटना जंक्शन पर एक बम फटा। बम लगानेवाला व्यक्ति ख़ुद ही घायल हो गया। उसे पुलिस ने पकड़ तो लिया पर इससे पहले कि उससे कुछ उगलवाया जा सकता, गांधी मैदान की भीड़ में लगातार छह बम फटे जिसमें कई लोग घायल हो गए। बाद में पाँच लोगों की मृत्यु भी हो गई। नीतीश ने फ़ौरन अस्पताल जाकर घायलों के इलाज की समुचित व्यवस्था की। लेकिन नीतीश को जो राजनैतिक नुक़सान होना था, वह तो हो ही गया! उसकी पार्टी का शिविर अगले दिन राजगीर में था तो उसे वहाँ जाना पड़ा। गांधी मैदान में हुई इस दुखद घटना पर नरेन्द्र मोदी का जो बयान आया उसमें उठाए गए हर बिन्दु का सटीक और संयत जवाब नीतीश ने राजगीर के अपने सम्बोधन में दिया। इसकी राष्ट्रीय प्रेस में बहुत सकारात्मक चर्चा हुई। 2 नवम्बर को नरेन्द्र मोदी का फिर से पटना आना हुआ। इस बार आने की वजह थी गांधी मैदान में मारे गए लोगों के परिवार को सांत्वना देना। पर इस बार इसकी चर्चा कम हुई। मोदी जी के आरोपों का नीतीश नें फिर बहुत संयमित जवाब दिया। कालान्तर में नीतीश के प्रयासों से आरोपियों को पकड़ लिया गया। 1 नवम्बर, 2021 को राष्ट्रीय अन्वेषण अभिकरण (एनआइए) कोर्ट के विशेष न्यायाधीश श्री गुरुविन्दर सिंह मल्होत्रा के फ़ैसले के मुताबिक़ चार आतंकियों इम्तियाज, हैदर अली, नोमान अंसारी तथा मुजीबुल्लाह को मौत की सज़ा सुनाई गई। इसके अलावा उमर सिद्दीकी तथा अजहरुद्दीन को उम्र क़ैद की सज़ा मिली। अहमद हुसैन तथा फिरोज आलम नाम के दो और आतंकवदियों को 10-10 वर्ष तथा इफ्तेखार को 7 वर्ष की क़ैद की सज़ा दी गई।

25 नवम्बर, 2013 को नीतीश के कार्यकाल के आठ साल पूरे हुए। हर साल की तरह उसने पिछले वर्ष हुए कार्यों का रिपोर्ट कार्ड सार्वजनिक रूप से सामने रखा। यह पहली रिपोर्ट थी, जब जेडीयू की सरकार में बीजेपी शामिल नहीं थी। इस रिपोर्ट से यह स्पष्ट था कि अगर नीतीश के हाथों में पूरा नियंत्रण रहे तो प्रगति की रफ़्तार निश्चित रूप से तीव्र होगी। यह भी स्पष्ट हो गया कि उसके पास राज्य की तरक़्क़ी के लिए अनेक योजनाएँ तैयार थीं और उन्हें सफलतापूर्वक लागू करने की पूरी तैयारी भी।

दिसम्बर 2013 में दिल्ली सहित पाँच राज्यों में विधानसभा के चुनाव हुए। बीजेपी ने मध्य प्रदेश, छत्तीसगढ़ और राजस्थान में जीत हासिल की। 8 दिसम्बर को दिल्ली के नतीजे भी आए जिसमें किसी भी पार्टी को स्पष्ट बहुमत नहीं मिला। सबसे बड़ी पार्टी बीजेपी ने सरकार बनाने का दावा करने से इनकार कर दिया। राजनीति के मैदान में एकदम नए उतरे खिलाड़ी, 'आप' (आम आदमी पार्टी) ने कांग्रेस के बिना किसी शर्त के समर्थन से सरकार बना ली। इस चुनाव के मैदान में जेडीयू के भी कुछ प्रत्याशी बेहद सीमित संसाधनों के साथ उतरे थे पर विजय एक भी सीट पर नहीं मिली। इन परिणामों से नीतीश अप्रसन्न भी नहीं था। उसे लगा कि रामलीला मैदान में हुई अधिकार रैली से जगा जोश चुनाव आते-आते ठंडा पड़ने लगा था क्योंकि दिल्ली में उसकी पार्टी की नींव ठीक से जम नहीं पाई थी। दिल्ली में बैठे उसकी पार्टी के अध्यक्ष सहित सभी क्षत्रप बड़े भारी बुद्धिजीवी तो थे पर उनमें से कोई भी इन्द्रप्रस्थ की मिट्टी से सही तौर पर नहीं जुड़ा हुआ था। इस कारण प्रत्याशियों के चुनाव में भी नीतीश बहुत सतर्कता नहीं बरत सका। वैसे भी उसका पूरा ध्यान बिहार को विशेष राज्य का दर्जा दिलाने और 2014 के अप्रैल मास में होनेवाले लोकसभा के चुनावों की ओर था।

सूरज और आग

2013 की शायद आख़िरी शाम थी वह। जल रहे अलाव के चारों ओर हम सब बैठकर आग ताप रहे थे तभी कहीं से नीतीश आया और उसने एक सवाल दाग दिया—

"जाड़े के दिनों में सूर्य जब अलग-अलग नक्षत्रों में होते हैं तब उनके प्रभाव के बारे में आप जानते हैं?"

हम सबके सर एक साथ अज्ञानता का प्रदर्शन करते हुए दाएँ-बाएँ झूलने लगे। उसने अपने ही प्रश्न के उत्तर में शरीर में ठंडक लगने के बारे में एक देशज कहावत सुनाकर उसका मतलब समझाया—

"काना (उत्तर फाल्गुनी) में कान में, हथिया (हस्तम) में हाथ में, चित्रा में चित्त में और सवाती (स्वाति) में सब जगह ठंड लगती है।"

उसने इसी सिलसिले में एक और कहावत सुनाई थी जो अब ठीक याद नहीं पर उसका अर्थ था कि सूरज की ओर पीठ करके और आग की ओर मुँह करके शरीर को गर्म रखना चाहिए। उसकी इस बात से यह तत्क्षण समझ में आ गई कि अब वह 2014 में बिहार को विशेष राज्य का दर्जा दिलाने की आग का सामना सामने से करेगा और उसकी पीठ पर होगी बिहार की जनता के विश्वास के सूरज की आँच!

साल 2014 की शुरुआत से ही वह अपने सम्पूर्ण क्रान्ति के दिनों की ऊर्जा से एक बार फिर से लबरेज़ हो गया। वैसे तो 1974 को बीते पूरे चालीस साल हो गए थे लेकिन नीतीश के कानों में जयप्रकाश जी का मार्च 1974 में राष्ट्र के हित में पहली बार किया गया शंखनाद अब भी गूँज रहा था। अगर दस-बारह वर्षों में एक पीढ़ी बदल जाती है तो पिछले चालीस वर्षों में कम से कम तीन पीढ़ियों की ऐसी फ़सल तैयार हो चुकी थी जिसने अपने हक़ की माँग के लिए कोई जन आन्दोलन नहीं देखा था। 2005-2010 के बीच की किशोर पीढ़ी के लिए नीतीश नया उगता सूरज था। पढ़ने के लिए साफ़-सुथरे स्कूल, स्कूल के लिए पोशाकें और किताबें, वहाँ जाने के लिए चमचमाती सड़कें, सड़कों पर दौड़ाने के लिए नई साइकिलें, इलाज के लिए नए अस्पताल और इन अस्पतालों में डॉक्टर और दवाइयाँ भी! यह सब इन किशोरों के लिए परीलोक के ज़मीन पर उतर जाने जैसा था। लेकिन इस काल में जिन बच्चों का जन्म हुआ था उनके लिए नीतीश की सरकार के पिछले दस-पन्द्रह वर्षों में किए गए विकास के कार्य जन्म सिद्ध अधिकार थे। सरकार से उनकी अपेक्षाएँ सुरसा के मुँह की तरह बढ़ती ही जाती थीं क्योंकि यह नीतीश के मुख्यमंत्री रहने का दौर था। 1974 का दौर सरकारी दमन का काल था। वह लड़ाई अपने आपको, अपने ज़मीर को ज़िन्दा रखने की लड़ाई थी। इस बार नीतीश बिहार के हक़ की लड़ाई छेड़ने को कटिबद्ध था। वह नई पीढ़ी को जनान्दोलन का स्वाद चखाकर उन्हें उनकी शक्ति से रूबरू कराना चाहता था। बिहार के सौभाग्य से इस बार के आन्दोलन की पहल सरकार की ओर से हो रही थी। जयप्रकाश के आह्वान पर जनता ने थाली बजाकर केन्द्र और राज्य सरकार के ख़िलाफ़ बग़ावत का स्वर उठाया था। अब नीतीश के आह्वान पर राज्य की लगभग दस करोड़ जनता ने 1 मार्च, 2014 को बिहार को विशेष राज्य का दर्जा दिलाने के लिए थाली पीट-पीटकर पूरे प्रदेश में अलख जगाने का काम बख़ूबी किया। क्या नौजवान और क्या बच्चे, सबका उत्साह देखते बनता था। अपने-अपने घरों के आगे, क़तार बनाकर खड़े लोगों का यह अनुशासित प्रदर्शन अनूठा था। बुज़ुर्गों को सन्

चौहत्तर की याद आ रही थी। एक बुज़ुर्ग ने बड़े मज़े में बताया कि तब हमने डर-डर के थाली बजाई थी कि पता नहीं कौन कमबख़्त हमारी शिकायत लगा दे लेकिन इस बार तो मन्दिर में भाव-विभोर खड़े होकर पूरी शक्ति से घड़ियाल बजाने का आनन्द आ गया।

अगले दिन नीतीश ने अपने सरकारी घर से गांधी मैदान तक की पदयात्रा करने के बाद बहुत बड़ी भीड़ को सम्बोधित किया। नीतीश की बातों में जो सचाई थी उसका प्रतिफल ही था कि उसकी हर नई बात पर जनता उसे तालियों की गगनभेदी गड़गड़ाहट का पुरस्कार दे रही थी।

इस जनसभा के विशाल समर्थन से मिली शक्ति लेकर वह नए संकल्पों के साथ एक बार फिर से जनता के बीच जा खड़ा हुआ। 5 मार्च, 2014 से शुरू हुई उसकी 'संकल्प-यात्रा', जो कई मायनों में अनूठी थी। संयोग की बात है कि इसी तारीख़ को चुनाव आयोग ने लोकसभा के चुनावों की तिथियों की घोषणा कर दी। नीतीश इससे पहले भी न्याय यात्रा, विकास यात्रा, धन्यवाद यात्रा, प्रवास-यात्रा, विश्वास-यात्रा, सेवा यात्रा और अधिकार यात्रा के दौरान जनता के बीच जाकर अपनी कामयाबियों के साथ-साथ नाकामियों की दास्तान भी कह-सुन चुका था। हर बार वह जनता से बहुत कुछ सीखता रहा था। हर यात्रा से पटना वापस आकर वह गहरे आत्मचिन्तन और मंथन के बाद आगे की राह तय करता आया था। इस बार की बात बिलकुल दूसरी थी। उसके कल तक के निकटतम दोस्त आज उसके ख़िलाफ़ लगातार विष वमन कर रहे थे। उनके झूठे प्रचार की पराकाष्ठा से नीतीश की विकास-पुरुष और धर्मनिरपेक्ष व्यक्ति की छवि पर लगातार कीचड़ उछाला जा रहा था। इन सबसे बेख़बर वह अपनी ही रौ में संकल्प यात्रा पर निकल पड़ा था। उसका संकल्प बिहार राज्य को विशेष राज्य का दर्जा दिलाने भर का नहीं, लोकसभा में अच्छी संख्या में जेडीयू के प्रतिनिधित्व का भी था।

मार्गदर्शक मंडल और अजनबी भाई

इस बीच एक महत्त्वपूर्ण घटना हुई। बीजेपी ने इस बार 75 वर्षों से बड़े, अपने सभी बुज़ुर्ग नेताओं को जिस घूरे पर बेदर्दी से डाल दिया था उसका चमकता हुआ नाम था मार्गदर्शक मंडल। पुरानी पीढ़ी के सभी भाजपाई अब इसी मंडल की शोभा बढ़ा रहे थे। 19 मार्च, 2014 को मार्गदर्शक मंडल में पड़े एक बुज़ुर्गवार का फ़ोन नीतीश को आया। उन्होंने कहा कि वे एक बड़े पहुँचे हुए आदमी को नीतीश जी के पास भेज रहे हैं, कृपया नीतीश जी उनकी बात सुन लें। यह बात नीतीश ने चचा बुक़रात को बताई और उसे इन हज़रत से निबटने

की ज़िम्मेदारी पकड़ाकर वह निश्चिन्त हो गया। आगे का हाल चचा अपनी डायरी के हवाले से बताता है—

'यारो, पहले तो मैं नीतीश का फ़रमान सुनकर बदहवास हो गया। सोचने लगा कि मुझ जैसे भोथरे चाकू से अब वह कौन सा कच्चा कटहल काटने पर तुला हुआ है? बहरहाल, मैं सज-सँवरकर 20 मार्च की सुबह ठीक दस बजे दरबारे-नीतीश में पेश हो गया। वहाँ जिनसे मुलाक़ात हुई, उनकी बातचीत के लहजे से लगा कि उनका ताल्लुक़ गुजरात या राजस्थान जैसे किसी मगरिबी सूबे से है। गुजरातियों के नामों के तर्ज़ पर मैंने अपने मन में झट से उसका नाम अजनबी भाई मुसाफ़िर भाई रख लिया। इस भाई ने पहले किमखाब के थैले से निकालकर स्फटिक का एक चौकोर टुकड़ा मुझे यह कहते हुए पकड़ाया कि मैं उसे पहचानूँ। तुम सब तो जानते हो कि मैं शुरू से ही इम्तिहान से घबराता रहा हूँ और यहाँ तो बग़ैर किसी तैयारी के एकदम अनजाने सब्जेक्ट में सीधे पीएच. डी. का वाइवा! पत्थर के उस टुकड़े पर बारीकी से बहुत कुछ लिखा हुआ था। मैंने मुल्ला नसीरुद्दीन के गधे की तरह ऐसे सर हिलाया जिसका मतलब हाँ और ना दोनों अलग-अलग भी हो सकता था और एक साथ भी। लेकिन वह भी कोई पुराना खिलाड़ी निकला। मेरी औक़ात पहचानकर वह फ़ौरन बोला—बुक़रात भाई, तुम कितना समझा ये मैं समझ गया। ध्यान से सुनो, यह मुक़द्दस पत्थर एक तावीज़ है। यह बादशाह अकबर का था जिस पर परवरदिगार, अल्लाह-त-आला, के 99 नाम लिखे हुए हैं। यह तावीज़ जिसके भी पास रहा है, उसकी हर जंग में शर्तिया फ़तह हुई है। अब इसे नीतीश जी को सुपुर्द करना है क्योंकि बड़े बुज़ुर्गों ने मेरे को ऐसा ही करने को कहा है। मुझे यह सोचकर ही बड़ा मज़ा आने लगा कि अब यह तो खेल खुला फ़र्रुख़ाबादी से बदलकर पूरा तिलिस्मी हो गया! मुझे लगा कि यह आइडिया तो हर तरह से चोखा है। अगर यह जादुई पत्थर या तावीज़ नीतीश के हाथ लग जाए तो उसे चुनाव में दौड़ लगाकर हलक़ान होने की मुसीबत से छुट्टी मिल जाएगी। हेलिकॉप्टर, पंडाल और रैली का झमेला और बूथ, वॉलेंटियर वग़ैरह का ख़र्चा अलग बचेगा। मैंने नीतीश को भी बुलाकर वहीं बैठाते हुए अजनबी भाई से गुज़ारिश की कि नेक काम में अब देरी क्या? बस वह जादुई चिराग़ जैसा तिलिस्मी पत्थर या कहिए कि तावीज़, फ़ौरन नीतीश को सुपुर्द कर दिया जाए! अजनबी भाई ने कहा कि जब तक यह तिलिस्मी तावीज़ सीएम साहब के पास रहेगा तब तक आपका ग्यारह करोड़ ग्यारह लाख ग्यारह हज़ार एक सौ ग्यारह रुपये उसके पास जमानत के तौर पर रहेंगे। जब आपका काम हो जाएगा और आप तावीज़ लौटा देंगे तो हम आपकी जमानत वापस कर देंगे। मुझे लगा कि यहाँ हज़ार के लाले पड़े हैं और यह करोड़ की माँग कर रहा है। फिर यह भी लगा कि अगर यह तावीज़ सच में

इतना करामाती है तो इसका मालिक, यह अजनबी भाई, ऐसा फटीचर क्यों है? उससे जब यह पूछा तो वह नाराज़ हो गया और जब हमने अपनी फटेहाली की दास्तान सुनाई तो वह अपना माल लेकर वापस हो गया। मैं ख़ुशी से उछलता हुआ बच्चों के लिए आइसक्रीम ले जा रहा था पर इस नास-पिटे मुसाफिर भाई के चक्कर में घर पहुँचते-पहुँचते सब पिघल गई।'

सच पूछिए तो उस दिन चचा की आइसक्रीम ही नहीं पिघली, बिहार की राजनीति में नीतीश ने जो 'सबका साथ-सबका विकास' की छतरी लोगों के लिए मुहैया कराई थी, वह भी मोम की तरह पिघलने लगी थी।

बिहार त नीतीश के दे देलीं, अब केकरा देब दिल्ली?

2014 में नीतीश ने 25 मार्च से लोकसभा के लिए होनेवाले चुनावों के लिए अपनी यात्रा शुरू की थी। बिहार में 10 अप्रैल से लेकर 12 मई तक चुनाव हुए थे। पता नहीं कैसे इस पूरे समय में मौसम भी बेहद ख़राब रहा। गर्मी की पराकाष्ठा थी। ऊपर आकाश आग उगलता था नीचे धरती गर्म तवे की तरह तपती थी। फिर भी नीतीश को सुनने भारी भीड़ उमड़ती थी। 10 अप्रैल को पहले चरण के चुनाव ख़त्म होते ही नीतीश को लगा कि इस बार हालात बदल गए हैं। एक नया नारा सामने आया—

बिहार त नीतीश के दे देलीं,
अब मोदी के दे द दिल्ली!

लोग कहते हैं कि मोदी के पक्ष में यह नई हवा बहाने में प्रशान्त किशोर का बहुत बड़ा हाथ था। प्रशान्त ने स्वयं कहा है कि जब वह पहली बार गुजरात आए थे तब मीडिया मोदी जी से जुड़ना नहीं चाहती थी। मोदी जी का फ़ेसबुक एकाउंट तो था मगर वह न तो सक्रिय था और न ही लोकप्रिय। प्रशान्त की प्राथमिकता थी मोदी जी को जन-जन से जोड़ने की। उन्होंने पढ़े-लिखे युवा प्रोफ़ेशनल्स की मदद से कैग (सिटिजन फॉर एकाउंटेबल गवर्नेंस) नाम का एनजीओ बनाया। उसमें उसने आईआईटी और आईआइएम जैसी विख्यात संस्थाओं से पढ़े नौजवानों को जोड़कर राजनीति की अपरिमित शक्ति से परिचित कराया। इन नौजवानों में डाटा माइनिंग और डाटा एनालाइसिस की अद्भुत क्षमता थी। किसी की छवि चमकाने और उसे जनता के मन में बैठाने के लिए विज्ञान की नई से नई तकनीक का इस्तेमाल ये बख़ूबी कर सकते थे। ये क़रीब-क़रीब परदे के पीछे रहकर काम करनेवाले लोग हैं। प्रशान्त किशोर इस खेल के पुराने और मँजे हुए खिलाड़ी थे। उनकी आई-पैक (इंडियन पॉलिटिकल एक्शन कमेटी)

नाम की दूसरी संस्था लोगों को अधिक नज़र आती है। ये लोग जनता के बीच सक्रिय रहकर उनकी नब्ज़ टटोलने का काम अभूतपूर्व तरीक़े से करते आए हैं। इन्हीं टीमों की सहायता से प्रशान्त जहाँ काम करते हैं वहाँ किसी भी दल को चुनावों में सीट मिलने के बारे में प्राय: सटीक भविष्यवाणियाँ कर सके हैं। मोदी ब्रांड को भी उन्होंने चाय पे चर्चा, रन फॉर यूनिटी, मंथन आदि जैसे अभियानों की लगातार बमबारी से पूरे उत्तर और मध्य भारत में मोदी जी की मिथकों के 'सुपरमैन' जैसे नायकों की छवि स्थापित कर दी। जिन रैलियों में मोदी जी ख़ुद नहीं जा पाए, वहाँ होलोग्राम के माध्यम से मोदी जी का थ्रीडी (त्रि-आयामी) प्रस्तुतीकरण लोगों से मोदी जी को जोड़ने का मास्टर स्ट्रोक साबित हुआ। ऐसी रैलियों में उपस्थित लोगों को लगता था कि मोदी जी उनके बीच सशरीर उपस्थित हैं जबकि वहाँ उनकी सिर्फ़ ऐसी त्रि-आयामी तसवीर होती थी जो मंच पर मोदी जी के सशरीर उपस्थित होकर भाषण देने का भ्रम पैदा करती थी। मूल रूप से यह बहुत हद तक प्रशान्त किशोर जी की टीम के प्रचार तंत्र का ही कमाल था जिसकी वजह से चुनाव के दिनों में लगने लगा कि देश में मानो बीजेपी की आँधी आ गई।

14 मई को नीतीश की पत्नी मंजु की पुण्यतिथि पड़ती है। हर साल वह पूरे परिवार के साथ अपने गाँव कल्याणबिगहा में स्थित बाबूजी, मइयो और मंजु की प्रतिमाओं पर श्रद्धा सुमन अर्पित करता है। उस दिन वह पूरे रास्ते भर अपने ख़यालों में ही डूबता-उतराता रहता है। उस दिन उसकी व्यक्तिगत व्यथा उसके पूरे व्यक्तित्व से छलक पड़ने को तत्पर लगती है। पर उस दिन भी नीतीश अपने आपको बहुत संयत रखते हुए हर किसी के अभिवादन का यथोचित उत्तर देता है। उस दिन बस एक ही बात उसे बहुत दुख देती है जब मौक़े की नज़ाकत को बिना समझे हुए ही कुछ लोग मंजु की मूर्ति के सामने ही नीतीश के आगे, उसी समय, अपनी शिकायतों की पिटारियाँ खोलकर बैठ जाते हैं जब वह भावुक होकर पुष्पांजलि अर्पित कर रहा होता है। लेकिन नीतीश का कोई सुरक्षाकर्मी अगर उस व्यक्ति को हटाने अथवा उससे उसकी शिकायत वाली दरख़्वास्त लेने की कोशिश करता है तो नीतीश अपने आँखों के इशारे से उसे रोककर सच्ची-झूठी फ़रियाद सुन ही लेता है और उचित कार्यवाही के लिए आश्वासन भी देता है। 2014 की 14 मई को नीतीश बहुत अस्वस्थ था। पिछले दिनों की चुनावी हड्डी तोड़ दौड़-धूप के बाद वह शरीर और मन से एकदम थक गया था। इस चुनाव अभियान के दौरान उसने कुल मिलाकर 216 जनसभाओं को सम्बोधित किया था। उसे पिछले कुछ दिनों से लगातार ज्वर रहने लगा था। डॉक्टर ने उसे पूरी तरह से आराम करने की सलाह दी थी। उसे बेड रेस्ट के लिए कहा गया था। लेकिन ऐसी हालत में भी वह 14 मई को कल्याणबिगहा

जाकर मंजु की प्रतिमा के आगे आँखें बन्द करके खड़ा हो गया था। वह उस भावुक क्षण में किसी से बात करने की स्थिति में नहीं था। पता नहीं किस झोंक में आकर किसी चमचानुमा नेता ने बड़ी ऊँची आवाज़ में भविष्यवाणी करते हुए कहा कि अबकी बार लोकसभा के चुनावों में जेडीयू को तीस से ज़्यादा सीटों पर विजय मिलेगी। नीतीश ने कोई प्रतिक्रिया नहीं दिखाई बस एक लम्बी साँस लेकर वह पटना वापस आने के लिए अपनी व्यक्तिगत मोटरगाड़ी में बैठ गया। थोड़ी देर बाद उसने जो कहा उसका आशय यह था कि अगर बिहार की जनता ने जेडीयू को अपना मत नहीं दिया तो वह मुख्यमंत्री के पद से त्यागपत्र दे देगा। शायद उसे बीजेपी के गुजराती दरवाज़े से उठे इस तूफ़ान का आभास हो गया था जिससे बिहार भी अछूता नहीं रह सका। 14 मई को बुद्ध पूर्णिमा भी थी। बुख़ार में तपते रहने के बाद भी नीतीश ने बुद्ध शान्ति स्तूप में बैठकर काफ़ी देर तक ध्यान किया।

खोट की चोट

16 मई को जो चुनावी नतीजे सामने आए, उसमें विभिन्न पार्टियों की स्थिति इस प्रकार रही। बीजेपी (30/22), एलजेपी (7/6), आरजेडी (27/4), आरएलएसपी (3/3), जेडीयू (38/2), कांग्रेस (12/2) और एनसीपी (1/1)। विभिन्न पार्टियों ने जितनी सीटों पर प्रत्याशियों को खड़ा किया था और उनमें जितनी सीटों पर उन्हें विजय मिली उन्हें देखकर पता लगता है कि इनमें जेडीयू का प्रदर्शन सबसे बुरा रहा। नीतीश के नेतृत्व में जेडीयू ने 38 सीटों पर चुनाव लड़ा था लेकिन उसके हिस्से पूर्णिया और नालन्दा की मात्र दो सीटें ही आईं। शरद यादव, प्रकाश झा, संजय झा आदि जैसे अरबी नस्ल वाले घोड़े भी, जिन पर आँख मूँदकर कहीं भी दाँव लगाए जा सकते थे, इस रेस में अप्रत्याशित रूप से पिछड़ गए। नीतीश के लिए यह बहुत बड़ा झटका था। उसकी आँखों में सदा से रचा-बसा 'सबका साथ सबका विकास' सन्देश जैसे लाखों-करोड़ों पुर्ज़ों में बँटकर उसके चारों ओर उड़ रहा था। उसे लगता था कि उसके आसपास की हर चीज़ उसके आदर्शों का मज़ाक़ उड़ाते थकती नहीं थी। 17 मई को उसने मुख्यमंत्री के पद से त्यागपत्र दे दिया। अगले दिन, यानी 18 मई को, जेडीयू दल का नया नेता चुनने के लिए विधायकों और दल के महत्त्वपूर्ण लोगों की बैठक हुई। उस दिन भी नीतीश का बदन बुख़ार में तप रहा था फिर भी वह इस बैठक में गया और बड़ी ईमानदारी से चुनावों में हुई विफलता की पूरी ज़िम्मेदारी अपने ऊपर लेते हुए उसने इस्तीफ़े की वजह बताई। इसके बाद वहाँ उपस्थित लोगों से उसने दल का नया नेता चुनने का

अनुरोध किया। इस्तीफ़ा तो वह पहले ही दे चुका था लेकिन वहाँ उपस्थित सभी नेताओं ने एक स्वर से नीतीश के बदले किसी भी और को अपने दल का नेता चुनने से इनकार कर दिया। कई पुराने नेतागण अपनी भावनाओं पर नियंत्रण ही नहीं कर पाए। ये वैसे लोग थे जिन्होंने अपने रक्त और पसीने की बलि देकर समता पार्टी की स्थापना की थी। देखते ही देखते पूरा माहौल एकदम मातमी हो गया। लोगों के आँसुओं और रुद्ध गलों के कारण वातावरण में इतना आवेश भर गया था कि उस दिन विधायक दल के नेता के बारे में कोई फ़ैसला नहीं हुआ। अलबत्ता सर्वसम्मति से आगे की राह चुनने का भार नीतीश पर छोड़कर सब निश्चिन्त हो गए। हवा में एक आश्वासन-सा तैर भी रहा था कि इतने विधायकों के दबाव में नीतीश जी अपना इस्तीफ़ा ज़रूर वापस ले लेंगे। बैठक शुरू होने के पहले नीतीश ऊहापोह में था। उसके वर्तमान मंत्रिमंडल में आधे से अधिक ऐसे लोग थे जिनका समता पार्टी या जेडीयू से शुरू से रिश्ता नहीं था। इनमें भी आधे तो कल तक लालू के एकदम क़रीब रह चुके थे और उनमें लालू की छाप कुछ हद तक दिखती भी थी। नीतीश को इसी भीड़ में से एक ऐसे चेहरे को चुनना था जो उसकी सोच को आगे ले जा सके। ऐसा चेहरा जो 2015 के विधानसभा के चुनाव से पहले साबित कर सके कि देश के विकास के लिए नीतीश का बिहार मॉडल सबसे उत्तम है। जिसकी हर बात को उसकी पार्टी के अधिकतम लोग नीतीश का ही स्वर और स्वरूप मानकर उसे स्वीकार कर लें। शायद उस बैठक के दौरान ही नीतीश की पैनी दृष्टि ने किसी को चुन लिया था क्योंकि उस बैठक से निकलकर नीतीश बड़ा निश्चिन्त लग रहा था। तेज़ बुख़ार के बाद भी उसकी बेफ़िक्री से उसके क़रीबी लोगों को लगा कि वह किसी निर्णय पर पहुँच चुका है। उसने अपने मन की बात अपने पार्टी के राष्ट्रीय अध्यक्ष शरद यादव से कही तो उन्होंने भी नीतीश की सोच का समर्थन कर दिया। फिर क्या था, बुख़ार उतारने की कड़ी दवाइयों के असर से उस रात वह गहरी नींद में सो गया। अगले दिन, यानी 19 मई को, उसकी तबीयत पहले से बेहतर थी। बुख़ार उतर जाने से वह नहा-धोकर तैयार होने के बाद हल्का नाश्ता कर सका था। अपनी आदत के विपरीत उस दिन उसने अख़बारों को हाथ तक नहीं लगाया था। वह जानता था कि आज का अख़बार केवल अटकलों से अटा पड़ा होगा। अपने घरेलू डॉक्टर साहब के साथ वह धीरे-धीरे नीचे उतरकर लाइब्रेरी में बैठ गया। शरद यादव को उसने वहीं बुला लिया था। नीतीश के सरकारी आवास के भूतल में उत्तर-पश्चिम में स्थित कमरे में उसकी लाइब्रेरी है। वहाँ अमूमन नीतीश अकेला ही बैठकर कुछ गम्भीर बातें पढ़ता-लिखता है। अगर वह थका होता है तो बहुत ज़रूरी होने पर अपने दफ़्तर की बजाय यहीं कुछ लोगों से मुलाक़ात भी करता है। इस कमरे

की उत्तरी दीवार पर बने एक शेल्फ़ पर भगवान बुद्ध की कई मूर्तियाँ रखी हैं। नीतीश को ये मूर्तियाँ परम पावन दलाईलामा ने विभिन्न अवसरों पर उपहार में दी हैं। इसी शेल्फ़ के ठीक नीचे तीन लोगों के एक साथ बैठने के लिए एक साधारण सा सोफ़ा सेट लगा है। इस सेट की एकल बैठनेवाले सोफ़े पर पूरब की ओर मुँह करके नीतीश बैठता है। इस कमरे में नियमित आनेवाले लोगों को यह व्यवस्था पता है इसलिए जब भी कोई परिचित विशिष्ट व्यक्ति नीतीश से मिलने इस कमरे में आता है, नीतीश को नमस्कार करके वह सीधा थ्री सीटर की तरफ़ बढ़ने लगता है। तब तक नीतीश भी अपने पढ़ने की मेज़ से उठकर एकल सोफ़े की तरफ़ बढ़ जाता है। दोनों में एक बार फिर से औपचारिक अभिवादन का आदान-प्रदान होता है। मिलने आए आगन्तुक को बहुत इज़्ज़त से बाईं तरफ़ रखे थ्री सीटर सोफ़े पर बैठाने के बाद ख़ुद अपने लिए मुक़र्रर एकल सोफ़े पर बैठता है।

थ्री सीटर से एकल सोफ़े तक का सफ़र

मुख्यमंत्री आवास की इसी लाइब्रेरी में 19 मई, 2014 को बड़ा ड्रामा हुआ। नीतीश डॉक्टर साहब के साथ नीचे आया था। डॉक्टर साहब ने दरवाज़े के पीछे रखी, एकदम किनारे वाली कुर्सी पकड़ ली जहाँ से वे नीतीश पर तो लगातार नज़र रख सकते थे लेकिन जब तक बहुत ग़ौर न किया जाए, उनके उस कमरे में बैठे होने का पता तक नहीं चलता था। उसी कमरे में शरद यादव भी चुपचाप बैठकर अपनी हथेलियाँ निहार रहे थे। नीतीश आते ही अपनी पढ़नेवाली मेज़ पर बैठकर अपने व्यक्तिगत काग़ज़ों को समेटने में व्यस्त हो गया। लग रहा था कि उसने यह घर छोड़ने का पूरा मन बना लिया है। उस दिन नीतीश को बस एकाध गिने-चुने लोगों से ही मिलना था। ज़्यादातर मुलाक़ाती उसे बाल्टी भर ज्ञान पिलाते जिसके लिए वह बिलकुल तैयार नहीं था। नीतीश ने जिन सज्जन को सबसे पहले मिलने के लिए बुलाया था वे उसकी कैबिनेट के अनुसूचित जाति, जनजाति कल्याण विभाग के मंत्री जीतनराम माँझी थे।

सरकारी रिकॉर्ड के मुताबिक़ मुसहर परिवार में जन्मे जीतनराम माँझी की पैदाइश की तारीख़ 6 अक्टूबर, 1944 है। अर्थात् 2014 में उनकी आयु सत्तर वर्षों के आसपास की रही होगी। 1967 बीए पास करने के बाद 1968 में माँझी पोस्ट एंड टेलिग्राफ विभाग में क्लर्क बने। 1980 में उन्होंने वह नौकरी छोड़ी और कांग्रेस के टिकट पर फतेहपुर विधानसभा क्षेत्र से चुनाव जीत गए। जल्दी ही वे तत्कालीन मुख्यमंत्री श्री चन्द्रशेखर सिंह और उसके बाद बिन्देश्वरी दूबे, सत्येन्द्र नारायण सिन्हा और जगन्नाथ मिश्र की कांग्रेसी सरकारों में लगातार

मंत्री रहे। 1990 में कांग्रेस की डूबती नैया छोड़कर माँझी जनता दल में आ गए जहाँ वे 1996 तक रहे। लालू ने जब जनता दल को तोड़कर राष्ट्रीय जनता दल बनाया तो जीतनराम ने भी उनका दामन पकड़ लिया और 1996 से 2005 तक लालू और राबड़ी के मंत्रिमंडल में मंत्री रहे। राबड़ी देवी के मंत्रिमंडल में शिक्षा विभाग के राज्य मंत्री की हैसियत से बी.एड. कॉलेजों के किसी मामले में सन्दिग्ध होने के कारण उनके नाम से 2000 में वारंट जारी हुआ। इसके विरुद्ध देश के उच्चतम न्यायालय से उन्हें अग्रिम ज़मानत मिल सकी। जब नीतीश की जेडीयू और बीजेपी की संयुक्त सरकार 2005 में सत्ता में आई तो जीतनराम जेडीयू में आकर मंत्री बन गए। लेकिन उनका पुराना मामला तब तक ठंडा नहीं हुआ था। नीतीश सरकार में मंत्री पद की शपथ लेने के कुछ घंटों के अन्दर ही प्रेस द्वारा इस मामले को उठाने पर जीतनराम ने नीतीश की सलाह पर मंत्री पद से इस्तीफ़ा दे दिया। बाद में मामला शान्त हुआ और जीतनराम माँझी फिर से नीतीश की कैबिनेट के सम्मानित सदस्य हो गए। इन्हीं माँझी जी से नीतीश की उस मुलाक़ात के बारे में डॉक्टर साहब ने बताया—

‘19 मई के दिन बॉस (नीतीश जी) अपना काग़ज़-पत्तर क़रीब-क़रीब समेट ही चुके थे कि बाहर से हरेन्द्र ने जीतनराम माँझी के कमरे में प्रवेश करने की सूचना दी। बॉस अपनी कुर्सी से उठे और जीतनराम की तरफ़ लपककर बढ़े। उधर जीतनराम अपनी आदत और उस कमरे की परम्परा के अनुसार थ्री सीटर की ओर धीरे-धीरे बढ़ रहे थे। बॉस ने बीच में ही अपने दाहिने हाथ से उनकी बाईं बाँह पकड़ी और उन्हें अपनी एकल कुर्सी वाले सोफ़ा की तरफ़ ले जाने लगे। जब तक जीतनराम की समझ में कुछ आता बॉस ने उन्हें अपनी कुर्सी पर बिठा दिया और ख़ुद थ्री सीटर पर जाकर आराम से बैठ गए। जीतनराम अचकचाकर फुर्ती से खड़े होकर बोले—

“ये आप क्या कर रहे हैं सर? यह तो आपकी कुर्सी है।”

बॉस ने उनके दोनों कन्धों को पकड़कर उन्हें फिर से उसी कुर्सी पर बिठाते हुए कहा—

“अब से यह कुर्सी और मुख्यमंत्री का पद आप सँभालिए, यह कुर्सी अपनी पूरी जिम्मेदारियों और ताक़त सहित अभी से आपकी ही है।”

माँझी बिलकुल हतप्रभ रह गए। शरद यादव ने भी बॉस की हाँ में हाँ मिलाई और मैं फ़ौरन वहाँ से बाहर चला आया।’

डॉक्टर साहब के बाहर आने के थोड़ी देर के बाद ही यह ख़बर भी जंगल की आग की तरह बाहर आ गई कि बिहार की प्रजा को अपना माता-पिता मानकर, उनकी आज्ञा से, राजा रामचन्द्र जी अपनी खड़ाऊँ भरत जी को सौंपकर वनवासी हो गए हैं।

शाहजहाँ से बड़ा प्रेमी

ऐसा पहली बार नहीं हुआ था कि नीतीश ने किसी महा दलित समुदाय के सदस्य, वह भी किसी माँझी को, अपनी मुख्यमंत्री की कुर्सी पर बैठाकर उनका सम्मान किया था। यह अद्‌भुत कहानी 2006 की है। नीतीश हर सोमवार की भाँति इस सोमवार को भी सवेरे से जनता के साथ, जनता के दरबार में बैठकर उनकी मुश्किलों को समझने और उनका समाधान करने में व्यस्त था। जब आख़िरी मामला भी निबट गया तो वह हर सोमवार की भाँति इस बार भी मीडिया कर्मियों के साथ चाय पीने और उनके सवालों के जवाब देने के लिए बैठा। किसी कर्मी ने उसे बताया कि दशरथ माँझी नाम के कोई हज़रत उनसे मिलना चाहते हैं। दशरथ माँझी का नाम सुनते ही नीतीश चिहुँक-सा गया। तब तक दशरथ माँझी अन्दर आ चुके थे। नीतीश ने लपककर उनका गर्मजोशी से स्वागत किया और फिर उनका हाथ पकड़कर उन्हें अपनी कुर्सी पर बैठा दिया! यह नीतीश का किसी भी सुयोग्य और कर्मठ व्यक्ति के प्रति सम्मान व्यक्त करने का मौलिक तरीक़ा है चाहे वह किसी भी सम्प्रदाय या जाति का क्यों न हो। वैसे तो हम में से अधिकांश लोग दशरथ माँझी, 'द माउंटेन मैन' की कीर्ति गाथा से पूर्ण परिचित होंगे ही, लेकिन एकदम नई पीढ़ी के लोगों को उनके बारे में बताना समीचीन होगा। बिहार के भूगोल से परिचित लोग जानते हैं कि राजगीर से गया तक के बीच में पहाड़ियाँ हैं। इनके दोनों ओर और घाटियों में कई दलित बस्तियाँ भी हैं जहाँ सामान्य जनजीवन बेहद सख़्त है। शिक्षा हो या चिकित्सा, सारी ऐसी मूलभूत सुविधाओं के लिए भी लोगों को बहुत दूर जाना पड़ता था। वह तो नीतीश की सरकार ने इन लोगों के जीवन स्तर को सुधारने के लिए बड़े सशक्त और सफल क़दम उठाए हैं। बहरहाल, हम बात कर रहे थे दशरथ माँझी और उनके शौर्य की। दशरथ माँझी गया ज़िला मुख़यालय से 35 किमी. दूर, मोहड़ा प्रखंड के एक छोटे से गाँव, गहलौर घाटी में रहनेवाले सामान्य मज़दूर थे। वे जंगल और पहाड़ों से लकड़ियाँ काटकर बेचते और अपना परिवार पालते थे। उनकी पत्नी, फाल्गुनी देवी, उनके लिए पहाड़ पर खाना पहुँचाती थी। एक दिन खाना ले जाते वक्त, दुर्भाग्यवश, उन्हें पत्थर से ठोकर लग गई और वो पहाड़ी से गिर गईं। उन दिनों गहलौर के आसपास इलाज की व्यवस्था नहीं थी। वैसे तो सबसे नज़दीकी अस्पताल गहलौर की पहाड़ी के दूसरी ओर अतरी, वजीरगंज ब्लॉक में ही था लेकिन चढ़ाई बेहद दुर्गम होने के कारण, सामान्य रास्ते से वह दूरी 55 किमी. हो जाती थी। गाँव में समुचित इलाज के अभाव में फाल्गुनी देवी का देहान्त हो गया। अगर उन्हें समय से अस्पताल ले जाया गया होता तो शायद वो बच जातीं। दशरथ माँझी को अपनी प्रिय जीवनसंगिनी की इस असामयिक मृत्यु का कारण वह पहाड़ लगा जो उनकी पत्नी के जीवित रहने का अवरोधक बन

गया था। उन्होंने पहाड़ी को काटकर, दूसरी ओर ब्लॉक तक पहुँचने के लिए, सड़क बनाने का निश्चय किया। बचपन में वे धनबाद के कोयला खदानों में कोयले की चट्टानों को अपने हाथों से काटने का मुश्किल काम कर चुके थे। इसलिए अपने तपे हुए फ़ौलादी हाथों में, छेनी और हथौड़ा लेकर वे गहलौर की पहाड़ी काटकर सड़क बनाने का असम्भव-सा काम करने को अकेले पिल पड़े। उन्होंने 1960 से लेकर 1982 तक अनवरत, अकेले और बिना धैर्य खोए हुए, पूरे 22 वर्षों जी-जान लगाकर, इस दुष्कर काम को पूरा किया। उनके इस काम करने के जुनून को पहले तो लोगों ने पागलपन बताया लेकिन धीरे-धीरे जब उनकी लगन ने लोगों का विश्वास जीता तो भोजन और औज़ार की सहायता भी उन्हें मिली। इनमें दलित (लोहार) जाति के शीबू मिस्त्री का नाम बार-बार मन में कौंध जाता है जो दशरथ माँझी को छेनी और हथौड़ा निःशुल्क देते रहे। इन्हीं औज़ारों की सहायता से दशरथ माँझी ने 360 फ़ीट लम्बी, 25 फ़ीट गहरी और 30 फ़ीट चौड़ी सड़क काटकर उस लम्बी दूरी को महज़ 10 किलोमीटर का रहने दिया। नीतीश यह सब जानता था। इसलिए जब वह उनसे मिला तभी उसके मन में उनका सम्मान करने का ख़याल आया। अपनी कुर्सी पर दशरथ माँझी को बैठाकर वह उन्हें प्रसिद्धि तो दिला ही चुका था, उनकी सामाजिक सेवा के क्षेत्र में इस उपलब्धि के लिए उसने 2006 में पद्मश्री के लिए उनके नाम की संस्तुति की। राज्य सरकार के ख़र्चे से एम्स में कैंसर का इलाज करा रहे दशरथ माँझी का 17 अगस्त, 2007 को निधन हो गया। नीतीश की सरकार ने ही इनका अन्तिम संस्कार भी करवाया। नीतीश ने गहलौर में उनके नाम पर 3 किमी. लम्बी सड़क और एक अस्पताल बनवाने का फ़ैसला किया। यही नहीं, पटना में बने श्रम एवं नियोजन संस्थान का नाम उसने दशरथ माँझी के नाम पर, 'दशरथ माँझी श्रम एवं नियोजन संस्थान' रखा। उसने 22 मई, 2022 को दशरथ माँझी के बेटे के साथ इस संस्थान के नवनिर्मित भवन का लोकार्पण किया।

अपने प्रेम की ख़ातिर पहाड़ काटकर दूध की नदी बनाने और बाद में पहाड़ी के आर-पार सड़क बनाने की मिसाल सिर्फ़ शीरीं और फरहाद के मुहब्बत की दास्तान में मिलती है। कौन जाने शीरीं और फरहाद की कहानी का सच क्या है लेकिन फाल्गुनी देवी की याद में दशरथ माँझी ने अकेले, अपने दम पर, जो पथरीली-सी सड़क बनाकर दुनिया को दिखाया उसके आगे मुमताज़ की याद में शाहजहाँ के बनवाए गए ताजमहल की रौनक़ भी मद्धिम पड़ जाती है।

यहाँ रुककर एक सवाल पर ग़ौर करने का मन करता है। जब नीतीश ने जीतनराम माँझी को व्यवस्था की कुंजी थमाई थी तब क्या उसने जीतनराम माँझी से दशरथ माँझी जैसे दृढ़ संकल्प की अपेक्षा की थी? क्या तब नीतीश

की मन:स्थिति में ऐतिहासिक सन्दर्भों में सामाजिक व्यवस्था की सड़ाँध मारती परम्परागत तसवीर थी जिसे वह जीतनराम माँझी के माध्यम से परिवर्तित करना चाह रहा था? क्या जब उसने पहाड़ पुरुष दशरथ माँझी को मुख्यमंत्री की अपनी कुर्सी पर ससम्मान बैठाया था तभी वह महादलित का नाम देकर दलित जातियों में भी जो सबसे निचले पायदान पर थे, उनके हितों की रक्षा के नए नियमों की मौन घोषणा कर रहा था? जब उचित अवसर आया तो नीतीश ने जीतनराम माँझी को मुख्यमंत्री बनाकर उनके हाथों में पूरी सामाजिक व्यवस्था को परिवर्तित करने की जादुई कुंजी भी सौंप दी थी। डॉ. नरेन्द्र पाठक के विचार से दुर्भाग्यवश जीतनराम नीतीश की अपेक्षाओं पर खरे नहीं उतर पाए। यही नहीं, नरेन्द्र आगे कहते हैं कि जिस समुदाय से जीतनराम आते हैं उस समुदाय को भी दारुण अवस्था से निकालने का उन्होंने तनिक भी प्रयास नहीं किया। और तो और नीतीश के शराबबन्दी के निर्णय को भी वे पचा नहीं पाए।

जीतनराम माँझी को मुख्यमंत्री का पद सौंपे जाने के बारे में कई क़यास लगने शुरू हो गए। सबसे ज़्यादा चलनेवाली कहानी यह रही कि वह महादलित समुदाय से आते हैं और नीतीश के बाएँ अँगूठे के नीचे दबे रहकर काम करेंगे। एक पुराने और हिसाबी पत्रकार का आकलन इस विचारधारा से बिलकुल अलग था। उनके हिसाब से—

'नीतीश जी के पास जीतनराम माँझी से अच्छा विकल्प कुछ और था ही नहीं। हालात ऐसे थे कि किसी सवर्ण का मुख्यमंत्री बनना असम्भव था। चुनाव तो अल्पसंख्यक, पिछड़ा, अति पिछड़ा, दलित या महादलित वर्ग में से ही होना था! उनके कैबिनेट के सबसे अधिक अनुभवी लोगों में जीतनराम माँझी एक थे। उनका मंत्रालय चुपचाप अपना काम कर रहा था। पार्टी में दलितों, पिछड़े और अति पिछड़े वर्गों में उनकी स्वीकार्यता थी। माँझी के ख़िलाफ़ किसी बड़े भ्रष्टाचार का कोई आरोप भी लम्बित नहीं था। नीतीश जी की नीतियों का वे पुरज़ोर समर्थन करते आए थे। सबसे बड़ी बात, नीतीश जी ने न तो अपने परिवार में और न ही अपनी पार्टी में किसी को अपना वारिस बनाया था। परिवार के किसी सदस्य की तो ख़ैर दूर-दूर तक कोई सम्भावना ही नहीं थी, पार्टी में भी नीतीश जी के अलावा सर्वमान्य नेता कोई था ही नहीं! जीतनराम के बारे में जेडीयू पार्टी के सभी दिग्गज यही सोचते थे कि यह मोहरा उनकी मुट्ठी में ही है, उनसे जो और जब चाहा जाएगा, करवा लिया जाएगा। इसलिए जब नीतीश जी ने जीतनराम माँझी को बिहार की गद्दी सौंपी तो न तो कहीं ज़्यादा आतिशबाज़ी हुई और न कहीं ज़्यादा मातम मना।'

बिहार ही नहीं, देश-भर में लब्धप्रतिष्ठित समाजशास्त्री हैं डॉ. दिवाकर जो ए.एन. सिन्हा इन्स्टिट्यूट के डायरेक्टर भी रह चुके हैं, ने पटना के किसी

अख़बार में लालू के बारे में हुई चर्चा के दौरान दो बातें बड़ी मार्के की कही थीं। पहली बात उन्होंने प्रसिद्ध समाजविज्ञानी कैलेस्की के हवाले से बताई थी—

'जो लोग नीचे से ऊपर आते हैं, सत्ता में सहभागी बनते हैं, उन्हें पहले से सत्ता में मौजूद तंत्र द्वारा जाने-अनजाने उपयोग में लाया जाता है।'

इस मंत्र के आलोक में जीतनराम माँझी के सत्ता में नीचे से ऊपर पहुँचने की परिघटना को देखना दिलचस्प होगा। उनके मुख्यमंत्री बनने से पहले से बिहार की सत्ता में गहरी जड़ें जमाए दो मोटे-मोटे सशक्त तंत्र, क्रमशः राजनेता और नौकरशाह, मौजूद थे। जीतनराम पहले बिहार की हर बड़ी पार्टी में मंत्री रह चुके थे तो उनसे हर पार्टी के क्षत्रप अपने सभी काम करवा लेने का साधिकार दावा करने लगे थे। उनकी अपनी ही पार्टी के बहुत से दबंग नेता और मंत्री ऐसे भी थे जो नीतीश के आगे अपनी नाजायज़ माँग रख नहीं पाते थे, बस कसमसाकर रह जाते थे। इस पूरे पैरवीजीवी जमावड़े को जीतनराम में अपना त्राणदाता दिखने लगा। दिल्ली में बैठे जेडीयू के राष्ट्रीय अध्यक्ष शरद यादव की भी बिहार की राजनीति में वर्चस्व रखने की दमित इच्छा फिर से फन उठाकर खड़ी हो गई। जब से नीतीश की पार्टी जेडीयू एनडीए में थी, तब से जेडीयू के अध्यक्ष ही एनडीए के संयोजक बनते आए थे। सबसे पहले जॉर्ज फ़र्नांडिस और उनके बाद अब शरद यादव एनडीए के संयोजक स्वाभाविक रूप से बन गए। इस पद की ठसक कुछ और ही थी। देश-भर की कई बड़ी पार्टियों के शीर्षस्थ नेताओं से सीधा सम्पर्क होने की हनक तो थी ही। बीजेपी से अलग होते ही वह डाल भी शरद के हाथों से छूट गई जिस पर एनडीए का घोंसला था। अब शरद भी बेरोज़गार राजनेताओं की जमात में शामिल हो गए। भले ही नीतीश ने तब तक बिहार की राजनीति में शरद यादव को कभी घुसपैठ करने नहीं दिया था लेकिन जीतनराम में शरद यादव को अपनी अतृप्त आकांक्षाओं की पूर्ति की आशा की किरणें दिख पड़ना स्वाभाविक था। जीतनराम जिस पार्टी के सदस्य होने की वजह से बिहार के मुख्यमंत्री थे उस पार्टी के राष्ट्रीय अध्यक्ष तब भी शरद यादव ही तो थे! ये सब सूखकर काँटा हो रहे लोग माँझी में वो सब कुछ खोजने लगे थे जो नीतीश उन्हें कभी नहीं दे सकता था—सत्ता की चाशनी का भोग सुख!

डॉ. दिवाकर ने उस चर्चा में यह भी कहा था कि सत्ता पर पकड़ मूलतः नौकरशाही की होती है जिसकी प्रवृत्ति किसी भी प्रकार से नेता को फँसा लेने की होती है ताकि नेता नौकरशाहों के ख़िलाफ़ न जा सके। नीतीश की हेडमास्टरों वाली चौबीस घंटों की चौकसी से बिहार की नौकरशाही की नाक में दम हुआ रहता था। माँझी में उन्हें इस विषम परिस्थिति से त्राण मिलता दिखा होगा।

इस प्रकार जीतनराम कई दिग्गज और कुख्यात नौकरशाहों के मानसिक और आर्थिक सुकून के रातों-रात कारक बन गए। लेकिन जैसा कि डॉ. दिवाकर ने

कहा था, नौकरशाही की नेता को फँसाकर रखने की प्रवृत्ति अपने सबसे घिनौने रूप में खुलकर अब सामने आ गई। मुख्यमंत्री बनने के चन्द हफ़्तों के बाद ही जीतनराम के चारों ओर अनुसूचित जाति के वरिष्ठ नौकरशाहों का मकड़जाल बिछ गया। इस नई पौध का नेतृत्व चार सेक्रेटरी स्तर के अधिकारियों के हाथ स्वत: ही आ गया। मज़े की बात यह रही कि इनमें से तीन तो ऐसे थे जो नीतीश के मुख्यमंत्री रहने के दौरान उसके सर्वाधिक प्रिय पात्र रहे थे। इस चौकड़ी की अपार शक्ति का यह आलम था कि किसी भी महत्त्वपूर्ण फ़ैसले, ख़ास तौर से अधिकारियों के तबादले के बारे में निर्णय पर चर्चा करने के लिए ये लोग मुख्यमंत्री को छापकर उनके कमरे में बन्द हो जाते थे और इस दौरान मुख्यमंत्री के प्रधान सचिव, जिनकी इस कार्य में विशेष भूमिका होनी चाहिए थी, अपने कमरे में एकाकी बैठकर अपनी उँगलियाँ चटखाते रहते। इस चौकड़ी के सभी महापुरुष, जो कल तक इन प्रधान सचिव की आँखों के इशारों पर नाचते रहते थे, आज वे ही सुपर बॉस बनकर, उन्हीं आँखों के सामने, अँधेरगर्दी का तांडव कर रहे थे। प्रधान सचिव की सार्वजनिक रूप से हो रही अवहेलना से नीतीश बड़ा मर्माहत हुआ। अन्त में इस रोज़-रोज़ की जलालत से बचने के लिए निरुपाय प्रधान सचिव ने प्रतिनियुक्ति पर दिल्ली जाना मंज़ूर कर लिया।

नई बोतल में पुरानी शराब

19 मई को मुख्यमंत्री आवास में हुए इस अप्रत्याशित परिवर्तन के बाद 24 मई को अचानक राजभवन से हुई गतिविधि ने राज्य की ठंडी हो रही राजनीति को फिर से गरमा दिया। राज्यपाल डी.वाई. पाटिल ने 2012 से रिक्त 12 विधान पार्षदों का चयन करके उनके नाम सार्वजनिक कर दिए। इसमें आरजेडी को छोड़कर जेडीयू में आए हुए तीन विधायक, क्रमश: सम्राट चौधरी, जावेद इक़बाल और राम लखन राम 'रमण', तथा बीजेपी को छोड़ आए जेडीयू में शामिल हुए दो विधायक क्रमश: विजय मिश्र और राणा गंगेश्वर सिंह के नाम थे। इस फ़ेहरिस्त में जेडीयू के ललन सिंह, ललन सर्राफ़, संजय सिंह (उर्फ़ गांधी जी), प्रोफ़ेसर राम वचन राय आदि जैसे सारे पुराने स्थापित और नीतीश के विश्वासपात्र रहे नेताओं के नाम भी सामने आए। 25 मई को जब मोदी जी की दिल्ली में पहली बार ताजपोशी हो रही थी, तब मुख्यमंत्री बिहार की हैसियत से माँझी भी उसमें शामिल हुए। जेडीयू के हर तबक़े में इसका अच्छा सन्देश नहीं गया।

कौशल उन दिनों विदेश में था। वह 28 मई को भागा-भागा मुम्बई वापस आया। 30 मई को अरुण और कौशल पटना आकर नीतीश के दाएँ-बाएँ जम गए। चचा बुक़रात भी कहीं से इन तीनों के सरों पर आ टपका। फिर तो ख़ूब गुजरी।

मौक़ा मिलते ही ये तीनों मिलकर नीतीश को कॉलेज के दिनों की कहानियाँ याद दिलाकर हँसाते रहते। नीतीश घर बदलने के अलावा नए मंत्रिमंडल के गठन में भी बहुत व्यस्त होते हुए भी इन लोगों के लिए समय निकाल ही लेता था। 31 मई को इस चौकड़ी को चची ने 'नीतीश बाबू को लफड़े से निजात' पाने की ख़ुशी में दावत दी। सबने ठूँस-ठूँसकर खाया। नीतीश को शौक़ से भरपेट खाते देखकर चची की आँखें भर आईं। चची ने नीतीश की इतनी बलैयाँ लीं कि बेचारा शरमा गया। उसने एक बात मार्के की कही कि उसने मुख्यमंत्री की कुर्सी छोड़ी है, जेडीयू नहीं। आगे अगर सब कुछ ठीक-ठाक रहा तो वह राजनीति से परे हटकर पूरी शक्ति से राज्य में अलख जगाने के लिए कमर कसकर निकलेगा। उसने यह भी कहा कि उसे पूरा विश्वास है कि उसकी पार्टी जनता का पुराना भरोसा जीतने में ज़रूर सफल होगी! चची ने इमोशनल होकर मन्नत माँग ली कि अगर परवरदिगार ने नीतीश की सुन ली तो वे भागलपुर के मुन्नेश्वर महादेव को जल और बाबा नेकनाम साहब को चादर चढ़ाएगी। नीतीश ने नेक बच्चे की तरह हँसते हुए चची से विदा ली। वह जून की पहली तारीख़ की रात थी। अगला दिन रविवार था। सब लोग नीतीश का सामान पैक करने में जुटे रहे। इतनी मेहनत करने के बाद कौशल और अरुण अगले दिन जब वापस होने लगे तो चचा ने उनके हाथ में सफ़र में खाने के लिए एक पोटली पकड़ाते हुए कहा—

हरामखोरो, दुआ दो अपनी क़िस्मत को कि तुम्हें दो जून की रोटी आज मयस्सर हुई है, बड़े नसीब वाले हो प्यारो!'

यह कहकर उसने शोहदों की तरह आँख मारी और चलता बना। कौशल को याद आया कि सच में उस दिन की तारीख़ थी 2 जून!

इधर ये दोनों पटना से उड़ चले और उधर उसी शाम को राजभवन में आयोजित एक समारोह में राज्यपाल ने जीतनराम माँझी के मंत्रिमंडल में दो महिलाओं, क्रमशः बीमा भारती और रंजू गीता सहित 14 नए मंत्रियों को शपथ दिलाई। इन दोनों के अलावा ललन सिंह, श्रवण कुमार, राम लखन राम 'रमण', रामधनी सिंह, सम्राट चौधरी उर्फ़ राकेश कुमार, महाचन्द्र प्रसाद सिंह, जय कुमार सिंह, मनोज कुमार सिंह, जावेद इक़बाल अंसारी, बैद्यनाथ सहनी, नौशाद आलम और विनोद प्रसाद यादव नए मंत्री बने। इन लोगों के मंत्री बनते ही जेडीयू के कुछ खुर्राट विधायकों की छातियों पर साँप लोटने लगे। पहले उन्हें लगता था कि नीतीश उन्हें मंत्री तो ज़रूर बनवाएगा लेकिन जब उनके हाथ बाबाजी का ठुल्लू भी नहीं लगा तो विद्रोह की कई पिपनियाँ अपने पूरे दमख़म से बजने लगीं।

इन सबसे निरपेक्ष नीतीश ने, जीतनराम माँझी को मुख्यमंत्री की ज़िम्मेदारी सौंपने से एक दिन पहले ही, अपने लिए नया ठिकाना ढूँढ़ लिया था, 2 एम, स्ट्रैंड रोड! यह ख़स्ताहाल घर दस दिनों के अन्दर ही किसी तरह से रहने के

क़ाबिल बन सका और बिना किसी तामझाम के नीतीश अपने बेटे के साथ वहाँ 5 जून को शिफ़्ट कर गया। उस शाम उससे मिलने आई छोटी-सी भीड़ में बिहार के नए भाग्य विधाता जीतनराम माँझी भी थे। वैसे तो नई-नई मिली सत्ता और शक्ति के प्रभाव से उनका चेहरा चमक रहा था लेकिन लोगों का हुजूम नीतीश को ही घेरे हुए था। नीतीश को आकर्षण का केन्द्र बनकर खड़ा रहना बिलकुल अच्छा नहीं लग रहा था। उसने लोगों को अपनी कड़ी नज़रों से माँझी की ओर लगभग धकेला और स्वयं नेपथ्य में चला गया। नीतीश और माँझी की साथ की मुस्कुराती हुई तसवीर कई जगह प्रमुखता से छपी।

पेच फँसने की गुंजाइश

नीतीश जेडीयू को आगे बढ़ाने की फ़िक्र में लग गया। उसकी आवाज़ दिल्ली में भी अच्छी तरह सुनी जाए इसके लिए ज़रूरी था कि दिल्ली में जेडीयू का खूँटा और मज़बूत हो। जेडीयू के राष्ट्रीय अध्यक्ष शरद यादव लोकसभा का चुनाव हार चुके थे। उधर राज्यसभा के तीन सदस्यों, क्रमशः रामविलास पासवान, राम कृपाल यादव और राजीव प्रताप रूढ़ी के लोकसभा में चले जाने से ये तीनों सीटें ख़ाली हो गई थीं जिनके लिए 19 जून को ही चुनाव होने थे। जेडीयू ने रामविलास की ख़ाली सीट पर शरद यादव को खड़ा किया और बाक़ी दो सीटों के लिए क्रमशः पवन कुमार वर्मा और जनाब ग़ुलाम रसूल बलियावी के नाम सामने रख दिए। शरद यादव के विरुद्ध कोई भी खड़ा नहीं हुआ तो वे निर्विरोध ही चुन लिए गए। वैसे तो जेडीयू के अपने ही इतने (117) विधायक थे कि बाक़ी दो सीटों की जीत पर कहीं से कोई संशय होने की गुंजाइश ही नहीं रहनी चाहिए थी लेकिन मंत्री पद की मलाई न मिलने से कभी अपने बाल नोचते और कभी अपनी छाती पीट-पीटकर विधवा विलाप कर रहे जेडीयू के कुछ तथाकथित शूरवीरों ने विद्रोह का झंडा लहरा दिया। इस गुट में राजीव रंजन सहित क़रीब-क़रीब वो सब लोग थे जिन्हें नीतीश ने अपनी उँगली पकड़ाकर राजनीति की डगर पर चलना सिखाया था। इन सबका नेतृत्व कर रहे थे ज्ञानेन्द्र सिंह, उर्फ़ ज्ञानू। जेडीयू के इन विक्षुब्ध लोगों और बीजेपी की शह पर अनिल शर्मा और साबिर अली, दो स्वतंत्र प्रत्याशियों के रूप में, जेडीयू के प्रत्याशियों के विरुद्ध खड़े हो गए। इनमें से जनाब साबिर अली को हाल-फ़िलहाल में ही जेडीयू से निकाला गया था। जेडीयू का विक्षुब्ध ख़ेमा (22 विधायकों की टीम) और बीजेपी (84 विधायकों की पार्टी) तो इन दोनों का सार्वजनिक रूप से समर्थन कर रहे थे। इनकी संख्या मिलकर 106 हो जाती थी। उनकी रणनीति थी कि यदि जेडीयू के दो-चार विधायक भी पार्टी लाइन के विरुद्ध जाकर मतदान

करें तो नीतीश की अच्छी फ़ज़ीहत हो जाएगी। आरजेडी के ऊँट के नीतीश के चरागाह में जाने का सवाल ही नहीं था लेकिन वह ऊँट बीजेपी की फ़ौज में शामिल भी नहीं हो सकता था। अलबत्ता चूँकि जेडीयू के विरोधी उम्मीदवारों ने अपने आपको निर्दलीय घोषित कर दिया था इसलिए शायद लालू का साथ उन्हें मिल भी सकता था। उधर बीजेपी के विरोध में कांग्रेस के चार और सीपीआई के एक विधायक का समर्थन जेडीयू को मिलना तय था लेकिन संशय तब भी बना हुआ था। नीतीश के सामने दो अच्छे लोगों को राज्यसभा में भेजने की समस्या थी। सारे गणितीय समीकरणों को देखते हुए उसके पास लालू से सहायता लेने के अलावा कोई विकल्प ही नहीं दिख रहा था। उसके सभी विश्वस्त साथियों की यही राय थी कि बीजेपी की चाल से मात खाकर बेइज़्ज़ती मोल लेने की बजाय लालू से सम्मानजनक समझौता करना बेहतर विकल्प होगा। अब सामने खड़ा था यक्ष प्रश्न कि आरजेडी से समर्थन के लिए कैसे बात की जाए! वह समय ऐसा था जब लालू का अल्पसंख्यक जनाधार भी नीतीश की कार्य शैली और सोच को बेहद सम्मान से देखता था। इसलिए जेडीयू से मेल होने की दशा में लालू के दोनों हाथों में लड्डू ही लड्डू थे। यह एक और एक के मिलकर ग्यारह होने से भी बहुत बड़ा, बिहार की ग्यारह करोड़ जनता के दिलों तक की राह सरल हो जाने का मसला था। लालू का सार्वजनिक विरोध बीजेपी से था और बीजेपी को अब नीतीश फूटी आँखों से भी नहीं सुहा रहा था। इस प्रकार लालू और नीतीश एक-दूसरे के लिए शत्रुओं के शत्रु हो गए थे। पंचतंत्र और हितोपदेश की कई कहानियों में कहा गया है कि हित साधने के लिए शत्रु के शत्रु को तात्कालिक या स्थायी मित्र बनाया जा सकता है। यह उक्ति यहाँ भी कुछ ऐसे सटीक बैठ गई कि नीतीश विरोधियों को एक बार फिर मुँह की खानी पड़ी। यह तो बात जगज़ाहिर थी कि जेडीयू में जीतनराम माँझी सहित बहुत से लोग ऐसे थे जो पिछले दिनों तक आरजेडी में अहम हैसियत रखते थे। पता नहीं इनमें से किसके माध्यम से या फिर कांग्रेसियों की मदद से या शायद स्वयं नीतीश ने ही लालू से सम्पर्क साधा और बाज़ी पलटकर रख दी!

लालू उन दिनों दिल्ली में थे और 15 जून को पटना हवाई अड्डे से सीधे मुज़फ़्फ़रपुर चले गए थे। उस दिन लालू ने कहा था कि जेडीयू के घर के भीतर जब आग लगी है तो आग बुझाने के लिए तो दमकल की ज़रूरत पड़ती है! उन्होंने उस दिन यह भी कहा था कि सामाजिक न्याय व धर्मनिरपेक्षता की लड़ाई तो वह शुरू से लड़ रहे हैं और इस लड़ाई को वह अन्तिम मुकाम तक पहुँचाएँगे। अगले दिन नीतीश को चचा ने एक पुराना शेर लिख भेजा था—

दिल के फफूले जल उठे सीने के दाग़ से।
इस घर को आग लग गई घर के चराग़ से॥

यह बात बिलकुल सही थी कि जेडीयू के घर को घर के चिराग़ से ही आग लग गई थी लेकिन आग ऐसी ख़तरनाक भी नहीं थी जिसे नीतीश सिर्फ़ अपने ही हाथों से बुझा नहीं सकता था। उसमें अब भी इतना दमख़म था कि ऐसे छोटे-मोटे तूफ़ानों का रुख़ वह अकेले ही आसानी से मोड़ सकता था। इसलिए लालू के दमकल की ज़रूरत की बात एकदम ग़ैर मौज़ूँ थी। 16 जून को चचा ने जब नीतीश को लालू के दमकल का नाम लेकर छेड़ा तो नीतीश थोड़ा झल्ला गया। उसने कहा कि अब यह समस्या नई सरकार को देखनी चाहिए। लेकिन जेडीयू के वे लोग, जिन्होंने आरजेडी से पल्ला झाड़कर नीतीश का पल्लू थामा था, उन्हें लालू की लालटेन में ही दमकल दिखने लगा! इसके पहले भी विधानसभा में जब माँझी सरकार शक्ति परीक्षण में जूझ रही थी, आरजेडी ने उसे बिना शर्त समर्थन दिया था। इस बार भी राज्यसभा की दो सीटों के चुनाव के एक दिन पहले, यानी 18 जून को, लालू ने जेडीयू के नुमाइंदों को समर्थन देने का ऐलान कर दिया। इतना ही नहीं, 19 जून को कांग्रेस और आरजेडी के विधायक सारा दिन जेडीयू के विधायकों के साथ रहकर उनका मनोबल बढ़ाते रहे। यह सब देखकर नतीजा जानने में किसी की दिलचस्पी ही नहीं बची। 19 जून की शाम को नीतीश ने ज़रूर राहत की साँस ली होगी क्योंकि जीतने वालों को उसने बड़ी गर्मजोशी से बधाइयाँ दीं। उसकी बातों से लगा कि उसे लालूजी से हाथ मिलाने का मलाल कम होने लगा है। इसके बाद हफ़्ते भर तक नीतीश आगे की रणनीति बनाने और अपने सरकारी आवास को थोड़ा ठीक कराने में व्यस्त रहा। राजकाज में अनावश्यक टाँगें अड़ाना उसे मंज़ूर नहीं था। इस हफ़्ते दो-तीन दिनों तक उसने जेडीयू के भविष्य के बारे में काफ़ी चिन्तन किया।

उधर रुख़सती इधर उठापटक

उधर चुनाव जीतने के बाद पवन वर्मा और बलियावी मियाँ शान से दिल्ली रुख़सत हुए और इधर विधानसभा के स्पीकर, उदय नारायण चौधरी ने जेडीयू की शिकायत पर ज्ञानेन्द्र सिंह 'ज्ञानू', रवींद्र राय, नीरज कुमार सिंह 'बबलू' और राहुल शर्मा की विधानसभा की सदस्यता ही समाप्त कर दी। निश्चय ही स्पीकर के इस फ़ैसले से जीतनराम माँझी को राज-काज चलाने में कुछ दिनों के लिए काफ़ी राहत मिली।

किसी भी मुख्यमंत्री को जिन दो सरकारी अधिकारियों पर सबसे अधिक निर्भर करना होता है वे क्रमशः मुख्यमंत्री के प्रधान सचिव और राज्य के मुख्य सचिव होते हैं। इन पदों पर हर मुख्यमंत्री अपना सबसे पसन्दीदा अधिकारी रखना पसन्द करता है। लालू ने इसके लिए क़ानून ही बनवा लिए थे जिससे सेवानिवृत्त

होने के बाद भी प्रधान सचिव की पुनर्नियुक्ति उसी पद पर हो सकती थी! नीतीश ने जीतनराम माँझी के हाथों राज्य की बागडोर तो सौंप दी थी लेकिन इन दो पदों पर नई नियुक्तियों के लिए संचिका पहले से ही चल रही थी। मुख्यमंत्री के प्रधान सचिव के पद पर अंजनी कुमार सिंह लम्बे अरसे से काम कर रहे थे। अब उनकी प्रोन्नति का समय भी आ गया था। इसी प्रकार दीपक कुमार स्वास्थ्य विभाग के प्रधान सचिव के साथ ही मुख्यमंत्री के विशेष कार्य पदाधिकारी का काम देख रहे थे। अंजनी कुमार सिंह को राज्य के मुख्य सचिव और दीपक कुमार को मुख्यमंत्री के प्रधान सचिव की ज़िम्मेदारियाँ सौंपने की फ़ाइलें चल पड़ीं। ये दोनों कर्मठ अधिकारी नीतीश की तरह ही पूरे राज्य की नब्ज़ पर सही पकड़ रखते थे। नीतीश की तरह ये दोनों अधिकारी भी सिद्धान्तों से समझौता नहीं करते थे। 26 जून को एक सरकारी आदेश निकला जिसमें अंजनी कुमार सिंह को मुख्य सचिव, स्वास्थ्य विभाग के प्रधान सचिव दीपक कुमार को मुख्यमंत्री के प्रधान सचिव का अतिरिक्त प्रभार तथा कृषि विभाग के प्रधान सचिव अमृत लाल मीणा को मुख्यमंत्री के विशेष कार्य पदाधिकारी की अतिरिक्त ज़िम्मेदारी दी गई। इसी आदेश में कई अन्य तबादले भी हुए। निश्चय ही इन आदेशों की संचिका पर नए मुख्यमंत्री ने हस्ताक्षर किए होंगे।

एक तरफ़ यह सब जारी था, दूसरी तरफ़, नीतीश निश्चिन्त होकर निर्वासित क़िस्म की ज़िन्दगी गुज़ारने की तैयारी कर रहा था। चचा ने अपनी काली डायरी में 29 जून को जो लिखा है उसे पढ़कर लगता है कि नीतीश उन दिनों कबीर की साखियों को सुन-पढ़कर राजनीति से संन्यास लेने की बात बहुत संजीदगी से करता था। संन्यास लेने की बात तो और कोई नहीं जानता पर कुमार गंधर्व की आवाज़ में 'उड़ जाएगा हंस अकेला' और आबिदा परवीन की आवाज़ में कबीर की वाणियाँ उसके कमरे से छनकर उस घर में इधर-उधर बिखरती रहती थी। नीतीश की बस एक ही चिन्ता थी, अपने भैया के परिवार को अपने साथ रखने की। मइयो के गुज़र जाने के बाद सिर्फ़ भैया और भाभी उसकी सरपरस्ती के लिए रह गए थे जिन्होंने अपने रहने के लिए जैसे-तैसे अस्थायी व्यवस्था कर ली थी। मुख्यमंत्री आवास को ख़ाली करने की जल्दबाज़ी में नीतीश का अपने लड़के के साथ स्ट्रैंड रोड वाले घर में चले आना उसकी इस समस्या का कोई पक्का समाधान नहीं था। 30 जून को अकस्मात् एक राह निकल आई। उसी दिन सेवानिवृत्त हो रहे बिहार के मुख्य सचिव, अशोक कुमार सिन्हा, अपना सरकारी आवास 7 सर्कुलर रोड, ख़ाली कर रहे थे। यह घर स्ट्रैंड रोड वाले घर से थोड़ा बड़ा था। इस बीच 4 जुलाई को नीतीश अपने दाँतों का इलाज करने के लिए 3 दिनों के लिए दिल्ली चला गया। वहाँ उसकी बिहार की राजनीति में पैठ रखनेवाले जिस भी व्यक्ति से मुलाक़ात हुई उसमें से किसी ने भी उसके मुख्यमंत्री पद को छोड़ने

के निर्णय को सीधे तो ग़लत नहीं कहा लेकिन अनुभवहीन और महत्त्वाकांक्षी माँझी के हाथों सत्ता सौंपने को जल्दबाज़ी में लिया गया ऐसा फ़ैसला बताया जिसके नतीजे नीतीश की उम्मीदों से उलटे भी हो सकते थे। नीतीश दुखी मन से पटना वापस आ गया। कौशल नीतीश की मनःस्थिति ख़ूब समझता था। उसने बहुत मनुहार करके आख़िरकार नीतीश को मुम्बई आने के लिए मना ही लिया। 25 जुलाई को थका-हारा नीतीश एक बार मुम्बई रसमंजरी के अनऑफिशियल सेक्रेटरी के पास पहुँचा। वर्षों पहले राजनीति से बहुत थककर वह इसी मुम्बई में सुरेश शेखर के पास जाकर दो दिनों तक रहा था और वहाँ से पूरी तरह ऊर्जावान होकर लौटा था। इस बार वह कौशल के घर रुका है, दो दिनों के लिए ही सही, लेकिन वह जानता है कि धर्मभीरु कौशल के पास शुद्ध स्नेह है। उस घर में राजनीति का प्रेत उसका पीछा कर ही नहीं सकता। वहाँ दोनों ने ख़ूब ठहाके लगाए, साथ ही फ़ोन पर ही चचा बुक़रात की टाँगें इतनी खींचीं कि बक़ौल चचा, उसके सारे पायजामे छोटे होकर टखनों तक ही पहुँचने लगे! नीतीश मुम्बई से तरोताज़ा होकर अपने दाँत ठीक करवाने, एक दिन के लिए, दिल्ली चला गया।

कर्मयोगी फ़क़ीर

नीतीश के दाँतों का इलाज कर रहे डॉक्टर बजाज दम्पती नीतीश के संसद विहार वाले फ़्लैट में उससे मिलने गए। आगे की कहानी डॉक्टर (श्रीमती) रोहिणी बजाज के शब्दों में—

भैया जी (नीतीश कुमार) थे तो बिहार जैसे बड़े राज्य के मुख्यमंत्री लेकिन हमारे छोटे से क्लिनिक में बिना किसी तामझाम के, बहुत सहज होकर आया करते थे। उनके आने के पहले बहुत बड़ी सरकारी फ़ौज हमारे क्लिनिक का मुआयना करती थी कि यह जगह उनके माननीय मुख्यमंत्री के लिए हर प्रकार से सुरक्षित तो है!

इस बार भैया जी का कोई अमला साथ नहीं था। उनके दाँतों के लिए एक गार्ड लेकर हम उनके द्वारका के संसद विहार वाले फ़्लैट में पहुँचे। वह हमारे माननीय सांसदों की ग्रुप हाउसिंग सोसाइटी है। सारे फ़्लैट्स माननीय सांसदों के हैं। हमने तो आलीशान साजोसामान देखने की उम्मीद रखी थी लेकिन वह टू बीएचके का बड़ा साधारण सेट था। सारे कमरे छोटे-छोटे थे और बालकनी भी एकदम ज़रा सी थी। वह फ़्लैट था तो बेहद साफ़-सुथरा और हर चीज़ क़रीने से अपनी जगह पर भी थी मगर सारे फ़र्नीचर एकदम मामूली और कामचलाऊ थे। कहीं कोई क़ालीन का टुकड़ा तक नहीं था। भैया जी ने शायद हमारी मायूसी

ताड़ ली और हँसकर बोले कि उनकी औक़ात इतनी भर ही है। उनके पास बस यही एक सम्पत्ति है जहाँ रिटायरमेंट के बाद वे अपने बेटे के साथ सुखपूर्वक रह लेंगे। मुझे लगा कि फ़क़ीर की तरह रहने वाला इतना बड़ा आदमी अपनी ख़ुद की ज़रूरतों पर इतनी सख़्ती बरतने के बाद, या शायद उसी वजह से, इतना पारदर्शी और सुखी हो गया है। वहाँ से लौटते समय मेरे पति, डॉ. सुमित बजाज ने जो कुछ बताया उसे सुनकर मैं तो सन्न रह गई। उन्होंने यह बात सुनी है कि उसी कॉलोनी में दूसरे कई माननीय सांसदों ने करोड़ों रुपये इंटीरियर डेकोरेशन में ख़र्च करके अपने फ़्लैट का कायापलट करवा लिया है। यह जानकर मेरा मन भैया जी और उनकी ईमानदारी के प्रति और अधिक श्रद्धा से भर गया।'

डॉ. सुमित बजाज ने भी नीतीश के बारे में एक मार्के का संस्मरण सुनाया है—

'माननीय मुख्यमंत्री जी से मेरा परिचय दशक भर से भी अधिक पुराना है। वैसे तो मैं उनकी सादगी और अग्रगामी सोच का बड़ा क़ायल रहा हूँ लेकिन उनके आगे मेरी ज़ुबान ही नहीं खुलती। विभिन्न राजनैतिक दलों द्वारा टीवी पर दिए जा रहे विज्ञापनों के माध्यम से आत्म प्रशंसा की बौछार से चिन्तित होकर मैंने यह पूछने की धृष्टता कर ही दी कि वे अन्य राज्यों की तुलना में बिहार में इतने बड़े और अच्छे काम सिर्फ़ आपकी वजह से हो पाए हैं। आप अपने राज्य की उपलब्धियों का ऐसे प्रचार क्यों नहीं करते? उन्होंने बहुत सधे हुए स्वर में उत्तर दिया कि जिस ऊर्जा और धन का सदुपयोग मेरे राज्य में जन कल्याण के लिए होना चाहिए उसका अपव्यय मैं अपनी या अपनी सरकार की उपलब्धियों के बखान करने में क्यों करूँगा? यह तो जनता के विश्वास के साथ पूरी बेईमानी होगी और यह काम हर तरह से अनैतिक होगा। यह सब सुनकर मेरे दिल से स्वतः फूट पड़ा ऐसे महान कर्मयोगी को शत शत नमन।'

नीतीश 29-30 जुलाई को पटना लौट आया और 10 अगस्त को सात नम्बर के घर में शिफ़्ट कर गया। उस दिन श्रावण पूर्णिमा होने के कारण रक्षाबन्धन का उल्लास भी था। उसकी तीनों बहनों ने उसको उसी घर में राखी बाँधी तो उसने सबको बाक़ायदा नक़द नारायण का उपहार दिया। लेकिन शाम होते न होते उसने वहाँ बोधिवृक्ष की शाखा रोपी तो बौद्ध पंडितों के मंत्रोच्चारण से पूरा परिसर मानो चैतन्य और जाग्रत हो गया। इन सबका गवाह बना पूर्णिमा का चाँद जो एक बार भी बिना बादलों की ओट में गए सारी रात जगमगाता रहा।

21 अगस्त को बिहार में दस जगहों पर विधानसभा के रिक्त सीटों पर चुनाव होने थे। हाल ही में सम्पन्न राज्यसभा के चुनावों में विरोधियों के षड्यंत्र को धता बताकर विजयी हुई कांग्रेस, आरजेडी और जेडीयू की तिकड़ी एक बार फिर साथ मिलकर चुनाव लड़ रही थी। नीतीश इससे पहले उप चुनावों में प्रचार करने से बहुत परहेज़ करता था लेकिन इस बार बात ही दूसरी थी। वह

हर प्रत्याशी के क्षेत्र में जा-जाकर पूरी ताक़त से प्रचार करता रहा। नतीजतन 25 अगस्त, 2014 को घोषित हुए परिणामों में आरजेडी, जेडीयू और कांग्रेस को क्रमशः 3, 2 और 1, कुल मिलाकर 6 सीटों पर विजय हासिल हुई। इसमें सबसे रोचक जीत भागलपुर से कांग्रेसी उम्मीदवार अजीत कुमार शर्मा की हुई। वे पिछले छह चुनावों में भागलपुर से ही अलग-अलग दलों का प्रत्याशी बनकर हर बार हार चुके थे। इस बार नीतीश ने उनके पक्ष में इतना बढ़िया प्रचार किया कि भागलपुर में बीजेपी का बीस साल पुराना गढ़ ढह गया। वोट पड़ने के दिन से लेकर नतीजे आने के दिन तक नीतीश बेहद परेशान रहा। 23 अगस्त को माँझी उससे मिलने आए थे। उस दिन उनके तेवर कुछ बदले हुए थे। उन दोनों में क्या बातें हुईं इसका ज़िक्र तो नीतीश ने किसी से नहीं किया पर उस मुलाक़ात के बाद से वह हमेशा झल्लाया हुआ रहने लगा। यह देखकर चचा बुक़रात नीतीश से मिलने जा धमका।

उसने नीतीश को भी ज़रूर कोई भारी-भरकम डोज़ दिया होगा क्योंकि दोस्तों की फटकार भरी इसरार सुनकर नीतीश 26 अगस्त को दिल्ली और मुम्बई होते हुए अरुण के पास गोवा चला गया। पटना से ही उसके साथ आरसीपी और ललन सर्राफ़ गए। मुम्बई से कौशल भी साथ में जुड़ गया। अरुण ने गोवा में अपने दोस्तों की ऐसी भयंकर मेहमाननवाज़ी की कि ललन और आरसीपी जैसे विकट मांसाहारियों की भी सामिष भोजन करते-करते तबीयत बिगड़ गई। कौशल, नीतीश और अरुण समुद्र की लहरों को अठखेलियाँ करते हुए देखने के साथ-साथ इनकी बाथरूम तक की बारम्बार दौड़ के मज़े लेते रहे। नीतीश वहाँ हो रही बरसात की फुहारों में ख़ूब भीगा, ठीक वैसे ही जैसे बचपन में कल्याणबिगहा में वह अपने दोस्तों के साथ भीगा करता था। वह 30 अगस्त को पटना लौट आया था, फिर से जीवन संग्राम में कमर कसकर कूद पड़ने के लिए!

सब कुछ ठीक से अब कुछ भी ठीक नहीं

सितम्बर की शुरुआत में उसे लगने लगा कि राज्य का राजनैतिक माहौल बद से बदतर होता जा रहा है। वैसे तो उसने राजनीति से किनाराकशी कर ली थी पर जेडीयू पार्टी तो उसके ही दमख़म पर खड़ी थी। उसके जानने और चाहनेवाले लोग उससे बार-बार कह रहे थे कि एक ओर से बीजेपी और दूसरी ओर से लालूजी, जेडीयू में सेंध लगाने की पूरी कोशिश कर रहे हैं। पटना में रहने से कई बेसिर-पैर की चर्चाओं से नीतीश का रोज़ सामना होने लगा था। इन सब से थककर अपना चिर यायावर 13 नवम्बर, 2014 को एक बार फिर से आगामी चुनाव में अपनी पार्टी की सम्भावनाओं का क्षितिज तलाशने बिहार के चप्पे-

चप्पे में घूमने निकला। अपनी इस तलाश का उसने नाम दिया 'सम्पर्क-यात्रा'। जैसा कि नाम से ही ज़ाहिर है, इस बार वह राज्य में जेडीयू के सभी छोटे-बड़े कार्यकर्ताओं से सम्पर्क करना चाहता था। अब वह मुख्यमंत्री नहीं, जेडीयू का एक अदना-सा कार्यकर्ता भर था। उसे अपने कॉडर के माध्यम से ज़्यादा से ज़्यादा मतदाताओं को बताना था कि साम्प्रदायिक शक्तियों से उनकी रक्षा सिर्फ़ जेडीयू ही कर सकती है। उसे यह बताना था कि मोदी ने देश को कितने सब्ज़बाग़ दिखाए और कैसे गुमराह किया। उसे हर वोटर को समझाना था कि किन कारणों से जेडीयू ने बीजेपी को छोड़कर कांग्रेस और आरजेडी के साथ खड़े होने का जोखिम उठाया। नीतीश ने अपनी हर पिछली यात्राओं की तरह सम्पर्क यात्रा की शुरुआत भी चम्पारण की धरती से ही की। उसकी सभाओं में जेडीयू के कार्यकर्ताओं की भीड़ अपने आप जमा होती थी इसलिए वह उनके माध्यम से आम लोगों की वास्तविक समस्याएँ और शिकायतें सुनकर जनता के सम्पर्क में क़रीब से पहुँच रहा था। लोग बख़ूबी समझ रहे थे कि यदि उसे सत्ता का लालच होता तो वह मुख्यमंत्री के पद से इस्तीफ़ा नहीं देता या फिर माँझी की जगह किसी रिश्तेदार के हाथों सत्ता की चाभी सौंपकर निश्चिन्त हो जाता। नीतीश ने बेतिया की सभा में ऐसा ही कुछ कहा भी था जिससे तालियों की ऐसी न थमनेवाली गड़गड़ाहट हुई कि उसे लोगों को शान्त कराने में कुछ देर लगी। पूरी सम्पर्क यात्रा में उसने राज्य के 32 ज़िलों में इतनी ही सभाओं को बहुत उत्साह से सम्बोधित किया। 23 नवम्बर को वह एक रात के लिए पटना आया और अगले ही दिन फिर से अपनी यात्रा पर निकल पड़ा।

नीतीश से मिलने कई विदेशी डेलिगेट्स आते-जाते रहते हैं पर ये मुलाक़ातें बिलकुल रस्मी या औपचारिक रहती हैं जिनका छोटा सा ज़िक्र स्थानीय अख़बारों के अन्दर कहीं दबा रह जाता है।

मुहाजिरों के देश में

इसमें एक कम सुनी गई कहानी हमें नीतीश के साथ गए एक उच्च अधिकारी ने सुनाई थी—

'2012 के अगस्त-सितम्बर माह में पाकिस्तान से 18 लोगों का ऑल पार्टी पार्लियामेंटरी डेलिगेशन बिहार आया था। इनमें से कई लोगों के पुरखों की जड़ें बिहार में ही थीं। भारत विभाजन के समय बिहार से कई धनाढ्य मुसलमान कराची जा बसे थे। वहाँ आज भी बिहारी कॉलोनी नाम का मुहल्ला मौजूद है। इस्लाम धर्म को माननेवाले बिहार के कई लोग तब के पूर्वी पाकिस्तान (आज के बाँग्लादेश) भाग गए थे। बाँग्लादेश के स्वतंत्र होने के बाद वहाँ इन बिहारी

मुसलमानों को सन्देह से देखा जाने लगा क्योंकि पश्चिमी पाकिस्तानियों की तरह ये भी उर्दू भाषी थे जबकि बाँग्लादेश में बांग्ला भाषा की प्रमुखता थी। जब वहाँ भाषाई आन्दोलन दोनों गुटों में हो रहे दंगों में बदलने लगे तब इन बिहारी मुसलमानों की परेशानियाँ बहुत बढ़ गईं। ये भी पाकिस्तान में कराची के ओरंगी टाउन में बसाए गए। इस परिप्रेक्ष्य में जब पाकिस्तानी डेलिगेशन बिहार आया तो यहाँ की मिट्टी में उसमें से कइयों को अपने पुरखों की ख़ुशबू भी मिली। उन्होंने कई चीज़ों की जानकारी बहुत गहराई में जाकर ली। उन्हें बिहार सरकार द्वारा आरटीपीएस (राइट टू पब्लिक सर्विस) अर्थात् 'लोक सेवा अधिकार क़ानून' और आरटीआई (राइट टू इन्फ़ॉर्मेशन) अर्थात् 'सूचना प्राप्ति का अधिकार' लागू करने में दिखाई गई पारदर्शिता ने बड़ा प्रभावित किया। उन्होंने कई मामलों के बारे में औचक रिकॉर्ड माँगकर देखे और सरकार की मुस्तैद कार्रवाइयों से भौचक रह गए। कुल मिलाकर उन सबने बिहार सरकार की कार्य प्रणाली और प्रशासन के बिहार मॉडल को बेहद पसन्द किया। बिहार में अल्पसंख्यकों, विशेष तौर से मुसलमानों के लिए अच्छे काम से वे अधिक प्रसन्न हुए। दरअसल, बँटवारे के समय भारत से पश्चिम पाकिस्तान में जाकर बसे मुसलमानों का बड़ा हिस्सा बिहार और यूपी से गया हुआ है। इन्हें अब भी कहीं-कहीं मुहाजिर (शरणार्थी) कहकर बराबरी का दर्जा नहीं दिया जाता है। अपने हक़ की लड़ाई के लिए इनका एक बड़ा आन्दोलन एमक्यूएम (मुहाजिर क़ौमी मूवमेंट) शुरू हुआ था। आज उसका नाम बदलकर एमक्यूएम (मुत्तहिदा क़ौमी मूवमेंट) हो गया है। पाकिस्तान में रहनेवाले मुहाजिरों के उन रिश्तेदारों को, जो भारत—ख़ासतौर से बिहार में रह गए हैं, देश के किसी भी दूसरे नागरिक के बराबर हक़ और सम्मान मिला हुआ है। हमारे माननीय मुख्यमंत्री जी तो मेहमाननवाज़ी में बेजोड़ है ही! मेहमानों ने उससे जितने भी सवाल पूछे मुख्यमंत्री जी ने सबका जवाब बहुत सचाई से दिया। उन्होंने बिहार में हुए किसी भी अच्छे काम के लिए ख़ुद श्रेय न लेकर अपने सहयोगी मंत्रियों और सहकर्मियों की प्रशंसा के पुल बाँध दिए। पाकिस्तानी मेहमानों के लिए यह एक बड़ी अचम्भे वाली बात थी। उन्हें हृदय से लगा कि बिहार के मुख्यमंत्री से प्रेरणा लेकर पाकिस्तान में भी प्रशासनिक सुधार के कई ठोस काम किए जा सकते हैं। उन्होंने अपने मुल्क की सरकार से मशविरा करके हमारे माननीय मुख्यमंत्री जी को पाकिस्तान आने का बड़ा भावभीना आमंत्रण दिया। पाकिस्तान में अपेक्षाकृत नई राजनैतिक पार्टी पीटीआई (पाकिस्तान तहरीक-ए-इंसाफ़) के सदर इमरान ख़ान भी बिहार सरकार की ईमानदारी और पारदर्शिता से किए जा रहे कार्यों के बारे में जानकर बेहद प्रभावित थे। बिहार सरकार के मंत्रियों और अधिकारियों की तरह उनकी पार्टी की सेंट्रल एक्ज़ीक्यूटिव कमिटी के पदाधिकारियों ने भी अपनी सम्पत्ति सार्वजनिक की थी।

मुख्यमंत्री जी को उन्होंने भी चाय की दावत दी थी। मुख्यमंत्री जी सिन्ध राज्य सरकार की तरफ़ से भी आमंत्रित थे। हर जगह उन्हें बिहार की प्रगति के रहस्य (सीक्रेट्स ऑफ़ बिहार्स ग्रोथ) के बारे में बात करनी थी। पाकिस्तान सरकार के निमंत्रण पर 9 नवम्बर, 2012 को माननीय मुख्यमंत्री जी के नेतृत्व में 11 लोगों का प्रतिनिधिमंडल आठ दिनों की सरकारी यात्रा पर दुबई के रास्ते से कराची पहुँचा। इस दल में बिहार विधानसभा के स्पीकर, उदय नारायण चौधरी, बिहार की उद्योग मंत्री रेणु कुशवाहा, कला एवं संस्कृति मंत्री सुखदा पांडेय, बिहार विधान परिषद के डिप्टी स्पीकर जनाब सलीम परवेज़, ख़ुदाबख़्श लाइब्रेरी के डायरेक्टर जनाब इम्तियाज़ अहमद, राज्य अल्पसंख्यक आयोग के चेयरमैन मोहम्मद नौशाद, राज्य सवर्ण आयोग के सदस्य मोहम्मद अब्बास, जेडीयू से राज्यसभा के सांसद श्री एन के सिंह, बिहार राज्य के मुख्य सचिव श्री अशोक कुमार सिन्हा, गृह सचिव जनाब अमीर सुबहानी, मुख्यमंत्री के प्रधान सचिव श्री अंजनी कुमार सिंह, मुख्यमंत्री के सचिव अतीश चन्द्रा तथा वरिष्ठ पत्रकार संकर्षण ठाकुर थे। माननीय मुख्यमंत्री जी का पाकिस्तान में जो स्वागत और सम्मान हुआ वह तो हम लोगों की कल्पना से बहुत परे था। सिंध राज्य सरकार का पूरा मंत्रिमंडल ही हवाई अड्डे पर उनके स्वागत के लिए उपस्थित था। कराची में एमक्यूएम (मुत्तहिदा क़ौमी मूवमेंट) के सभी पदाधिकारी हमारे माननीय मुख्यमंत्री जी से मिलने आए। इस मुलाक़ात के बाद कई डबडबाई आँखों में देश के विभाजन का दर्द पढ़ा जा सकता था। हमारे माननीय मुख्यमंत्री जी इस्लामाबाद में पाकिस्तान के राष्ट्रपति आसिफ़ अली ज़रदारी और प्रधानमंत्री रजा परवेज़ अशरफ़ से मिले। इनके पास हमारे राज्य में मुसलमानों के लिए किए जा रहे अच्छे कामों और उनकी ख़ुशहाली की पूरी जानकारी थी। उन्होंने हमारी उम्मीद से भी बहुत ज़्यादा इज़्ज़त बख़्शी। हम इतने व्यस्त कभी नहीं रहे। हर समय कोई सेमिनार, कोई बैठक, कहीं भाषण तो कहीं स्वागत समारोहों से हम सब नौजवान थक गए। बस माननीय मुख्यमंत्री जी ही एकमात्र ऊर्जावान व्यक्ति हमारे बीच रह गए थे। हमें थोड़ा चैन तब ही मिला जब हमने पिंगल (सिंध देहात) में मोहनजोदड़ो में दुनिया की सबसे पुरानी शहरी सभ्यता के अवशेष देखे। वहाँ अपने मुख्यमंत्री जी की सब कुछ जानने और समझने की उत्सुकता देखते ही बनती थी। भारत लौटने पर पता चला कि सिंध के ही सहवान क़स्बे में महान सूफ़ी संत लाल शाहबाज़ कलन्दर की दरगाह थी। हमारे मुख्यमंत्री जी को पता था कि बुल्ले शाह ने इन्हें ही झूलेलाल कलन्दर कहा था जो हिन्दुओं और मुसलमानों में समान रूप से सम्मानित थे। अमीर खुसरो ने इस सूफ़ी सन्त की शान में जो 'दमादम मस्त कलन्दर' क़व्वाली लिखी थी वह हमारे माननीय मुख्यमंत्री जी को बेहद शान्ति देती है। वह क़व्वाली आज तक पूरे सूफ़ियाना संगीत के दिल की धड़कन है।

सिंध जाकर भी, जानकारी के अभाव में, हम महान सूफ़ी संत लाल शाहबाज़ कलन्दर की दरगाह में अपना सर नहीं झुका सके, इसका अफ़सोस माननीय मुख्यमंत्री जी को अब तक कचोटता है। ख़ैर, सिंध से हम पंजाब में कटासराज (शंकर भगवान का प्राचीन मन्दिर) भी गए। इस्लामाबाद में हमें प्रसिद्ध क्रिकेटर इमरान ख़ान ने दावत दी थी। हम तो उन्हें दुनिया में क्रिकेट के सबसे कामयाब ऑलराउंडर कप्तानों में एक जानते थे लेकिन तब तक उन्होंने अपनी राजनैतिक पार्टी पीटीआई (पाकिस्तान तहरीक-ए-इंसाफ़) बनाकर पाकिस्तान की राजनीति में एक नया और तीसरा मोर्चा खोल लिया था। उन्होंने हमारे मुख्यमंत्री जी से सफल प्रशासन के बारे में बहुत कुछ पूछा। उन्हें उम्मीद थी कि पाकिस्तान में निकट भविष्य में ही होनेवाले चुनावों में उनकी पार्टी जीतेगी और उन्हें पाकिस्तान सँभालने का अवसर ज़रूर मिलेगा। तब शायद वे बिहार मॉडल अपनाने की सोचते। माननीय मुख्यमंत्री जी को उन्होंने फिर से पाकिस्तान आने का निमंत्रण दिया। इमरान ख़ान साहब की मेज़बानी और बातचीत के अलावा उनकी सलवार और कॉलर वाली क़मीज़ हमारे मुख्यमंत्री जी को बेहद पसन्द आई। इसे शायद पठान सूट कहते हैं। हमने मोहम्मद अली जिन्ना साहब की क़ब्र और महाराजा रंजीत सिंह की समाधि पर भी श्रद्धा सुमन चढ़ाए। इस्लामाबाद के पास जौलियाँ में तक्षशिला के अवशेष हैं। वहाँ बुद्ध की एकमात्र खंडित मूर्ति बची है जिसका धड़ कहीं और है। मान्यता है कि तक्षशिला में दीवार पर प्लास्टर से बने बुद्ध की मूर्ति की नाभि में उँगली डालकर मनोकामना करने से वह सिद्ध हो जाती है। अमूमन मुख्यमंत्री जी किसी भी ऐसी जगह पर अपनी श्रद्धा प्रकट करने के लिए एकान्त नहीं चाहते। सामान्य व्यक्ति की तरह हाथ जोड़कर आँखें बन्द किया और हल्के से सिर झुका दिया, बस हो गई पूजा या अकीदत! लेकिन यहाँ माननीय मुख्यमंत्री जी ने हम सबको हटाकर, अकेले में कोई मनोकामना भी की थी। हम सड़क मार्ग से वाघा बार्डर के रास्ते से लौट आए। हम अपने साथ ढेर सारी ख़ुशगवार यादें लेकर लौटे थे लेकिन सिंध और पंजाब के दूर-दराज़ के गाँवों की दीवारों पर भी माननीय मुख्यमंत्री जी के स्वागत में उर्दू में लिखे नारे हमारे लिए चकित कर देनेवाले थे। हममें से उर्दू जाननेवाले लोगों ने उसका अर्थ बताया था—'पाकिस्तान का होनेवाला प्रधानमंत्री इमरान ख़ान ज़िन्दाबाद' और 'हिन्दुस्तान का होनेवाला प्रधानमंत्री नीतीश कुमार ज़िन्दाबाद!'

यात्राएँ—थर्मामीटर, बैरोमीटर और लैक्टोमीटर

नीतीश जैसे कई लोगों की, जो कभी सम्पूर्ण क्रान्ति से जुड़े थे या फिर जिन्होंने हमेशा साम्प्रदायिक तत्त्वों का खुलकर विरोध किया था, आशंका थी कि मोदी जी के नेतृत्व में देश में साम्प्रदायिक शक्तियों को फिर से ऐसे सर उठाने का मौक़ा मिलेगा जैसा भारत के इतिहास में पहले कभी नहीं मिला था। 9 नवम्बर, 2014 को जब मोदी मंत्रिमंडल का विस्तार हुआ तो बिहार से गिरिराज सिंह और राजीव प्रताप रूढ़ी जैसे नीतीश के आलोचकों को वहाँ जगह मिली। मोदी के इस कैबिनेट विस्तार से देश की राजनीति में भी इस क़दर हरारत हुई कि दिल्ली में बैठे पुराने समाजवादी नेताओं को नीतीश की ज़रूरत महसूस होने लगी। नीतीश 12 तारीख़ को ही अपनी सम्पर्क यात्रा पर निकल गया था। 23 नवम्बर की शाम में वह पटना आया और 24 नवम्बर को फिर से सम्पर्क यात्रा पर निकल पड़ा। वह जनता से सम्पर्क कर रहा था और कई पुराने नेता उससे सम्पर्क करने की जुगत भिड़ा रहे थे! 24 नवम्बर, 2014 से ही संसद का शीतकालीन सत्र प्रारम्भ हुआ था। विपक्षी दलों ने इस सत्र को बहुत हंगामेदार बना दिया था। कई बार विपक्षियों के शोर मचाने के कारण संसद की कार्यवाही ठीक से चल नहीं पा रही थी।

समाजवादी तम्बू खड़ा करने की नाकाम कोशिश

इसी समय नीतीश अपनी यात्रा के बीच से समय निकालकर 2 दिसम्बर, 2014 को दिल्ली पहुँचा। वह वहाँ कई-कई पुराने वैसे लोगों से मिला जो तब भी समाजवाद का परचम लहरा रहे थे। नीतीश के प्रयासों से 4 दिसम्बर को मुलायम सिंह के आवास पर दोपहर के भोजन पर जो लोग मिले उनमें मेज़बानी कर रहे मुलायम सिंह (अध्यक्ष समाजवादी पार्टी) और मेहमानों में नीतीश के अलावा जनता दल (सेक्युलर) के अध्यक्ष एच.डी. देवगौड़ा, आरजेडी के राष्ट्रीय अध्यक्ष लालू प्रसाद यादव, समाजवादी जनता पार्टी (राष्ट्रीय) के अध्यक्ष कमल मोरारका, जेडीयू के अध्यक्ष शरद यादव के अतिरिक्त के.सी. त्यागी, रामगोपाल यादव तथा शिवपाल

यादव इस बैठक में थे। समाजवादी सोच वाले ओमप्रकाश चौटाला की पार्टी इंडियन नेशनल लोकदल के प्रतिनिधियों का पूरा समर्थन भी इस सोच के लोगों को था। शायद यह जानकारी अब इतनी महत्त्वपूर्ण नहीं रही कि समाजवादी जनता पार्टी (राष्ट्रीय) के संस्थापक प्रखर समाजवादी सोच वाले श्री चन्द्रशेखर थे। लग रहा था कि ये सब मिलकर 'समाजवादी जनता दल' के नाम से नया दल बनाएँगे जिसकी रूप रेखा निशान, झंडा, कार्यक्रम आदि तय करने में मुलायम सिंह यादव की अहम भूमिका होगी। नीतीश ने उस बैठक के बाद हुए प्रेस कॉन्फ्रेंस में बहुत नपी-तुली बात की। बाहर से देखने-सुनने में यह गठबन्धन मज़बूत लग रहा था क्योंकि इसमें जिन लोगों के शामिल होने की सम्भावना थी उन सबको मोदी सरकार और बीजेपी से परेशानी थी। लेकिन यह मेढक तौलने या बाल्टी में रखे केकड़ों के अपने आप बाहर आ जाने की उम्मीद से भी ज़्यादा मुश्किल था। फिर भी एक बात तो अवश्य हुई कि सम्भावनाओं के आकाश के क्षितिज पर उम्मीद का एक सितारा ज़रूर टिमटिमाने लगा था। इस तथाकथित समाजवादी ख़ेमे के सभी क्षत्रप एक से बढ़कर एक दिग्गज थे। नीतीश जैसे एकाध अपवाद को छोड़ दें तो बाक़ी सभी नेताओं को परिवारवादी कहने में कोई पाप नहीं था। फिर इनमें सबकी अपनी प्रचंड महत्त्वाकांक्षाएँ भी थीं। समाजवादी कल्पना के धुर विपरीत, एच.डी. देवगौड़ा, मुलायम सिंह यादव, ओम प्रकाश चौटाला और लालू प्रसाद यादव के परिवार राजनीति में अमरलता की बेल की तरह फैलते जा रहे थे। बीजेपी और कांग्रेस को छोड़कर तीसरे मोर्चे की सरकार बनने की स्थिति में इनमें से किसी की निगाहें राष्ट्रपति/उप-राष्ट्रपति की कुर्सी पर टिकी थीं तो प्रधानमंत्री पद के दावेदार भी कम न थे। मोदी जी अगर पिछड़ी जाति से आते थे तो यह जमात भी सवर्णों की कहाँ थी! कमल मोरारका बहुत बड़े व्यवसायी होने के अलावा कला, संस्कृति, खेल-कूद आदि क्षेत्रों में अहम स्थान रखते थे। देश की राजनीति में पद पाने में उनकी व्यक्तिगत रुचि कोई ख़ास नहीं थी। उनकी दिलचस्पी अपने राजनैतिक गुरु, स्वर्गीय चन्द्रशेखर के समाजवादी मूल्यों की फिर से स्थापित करने में थी। चन्द्रशेखर को जिस तरह प्रधानमंत्री के पद से हटना पड़ा था वह इस ख़ेमे में सबको बुरा लगा था। बहरहाल, मुलायम सिंह यादव के हाथों तीसरे मोर्चे की कमान थमाकर नीतीश उसी दिन पटना लौट आया। अगले दिन, यानी 5 दिसम्बर को, जीतनराम माँझी उससे मिलने उसके घर आए।

हर हाल में पुरानी लकीर को छोटी करना है

जीतनराम माँझी और नीतीश के आपसी सम्बन्धों के बारे में किसी की व्यक्तिगत राय जो भी हो, माँझी को भरोसा दिलाया जा चुका था कि वे कोई रबर स्टाम्प

नहीं, पूरे और पक्के राजा हैं। यही नहीं, उन्हें यह भी समझाया जा रहा था कि वे तो हर प्रकार से नीतीश से भी बेहतर मुख्यमंत्री साबित हो रहे थे। माँझी अपने रोज़ रोज़ के बयानों और ताबड़तोड़ निर्णयों से हमेशा सुर्ख़ियों में रहने लगे थे। यहाँ तक तो हालात क़ाबू में थे लेकिन दिसम्बर की 5 तारीख़ के आसपास माँझी के चारों ओर नीतीश विरोधियों का एक ऐसा घेरा बन गया था जो माँझी के नेतृत्व में 2015 का विधानसभा चुनाव लड़ना चाहते थे। उन्हें अकेले सरकार बना पाने की उम्मीद तो ज़रा भी नहीं थी लेकिन जो भी सबसे बड़ी पार्टी होती, उसके साथ मोलभाव करने की अपनी शक्ति का अहसास उन्हें होने लगा था। जैसे उत्तर प्रदेश में मायावती दलितों की क़रीब-क़रीब एकमात्र नेता थीं, जीतनराम अपनी वैसी ही छवि बिहार में देखने लगे थे। रामविलास पासवान दलितों के राष्ट्रीय स्तर के नेता पहले ही बन चुके थे। इस दिशा में माँझी का 23 अक्टूबर, 2014 को गया में दिया गया एक सार्वजनिक बयान बहुत महत्त्वपूर्ण है। माँझी ने उस सभा में कहा था कि बिहार में सभी दलितों की संख्या राज्य की कुल जनसंख्या का 22-23 प्रतिशत है उनकी राजनैतिक चेतना से राज्य में एक दलित मुख्यमंत्री बन सकता है।

इन सब घिचपिच से घबराकर जेडीयू के कुछ विधायक बीजेपी या आरजेडी में जाने की सोचने लगे थे। पहले माँझी ने विकास और जनकल्याण की योजनाओं की बौछार करके नीतीश से बड़ी लकीर खींचने की कोशिश की। मसलन नीतीश की सरकार दसवीं कक्षा की परीक्षा में प्रथम श्रेणी में पास होनेवाले अनुसूचित जाति, अनुसूचित जनजाति तथा अल्पसंख्यक बच्चों को 8,000 रु. की प्रोत्साहन राशि अलग से दे रही थी। माँझी ने यह सुविधा द्वितीय श्रेणी में पास होनेवाले बच्चों को भी देने का फ़ैसला किया। इसके अलावा उन्होंने इन्हीं श्रेणियों के बच्चों को बारहवीं कक्षा में प्रथम और द्वितीय डिविज़न आने से क्रमश: 15,000 रु. तथा 10,000 रु. की प्रोत्साहन राशि देने की घोषणा की। इसके बाद बारहवीं कक्षा से आगे पढ़ने के इच्छुक दलित और महादलित लड़कियों के लिए छात्रवृत्तियों की घोषणा भी हुई। नीतीश ने बहुत सोच-समझकर पासवान जाति को महादलित की श्रेणी से अलग रखा था। माँझी ने इस पुराने फ़ैसले को पलटते हुए पासवानों को भी महादलितों में शामिल कर लिया। इतनी कलाबाज़ियों के बाद भी जब उन्हें नीतीश की खींची लकीर से बड़ी लकीर खींचने में कामयाबी नहीं मिलती दिखी तो उन्होंने नीतीश की खींची लकीर को काट-छाँटकर छोटा करने का अभियान शुरू कर दिया। अब उन्होंने नीतीश के मुख्यमंत्रित्व काल में शुरू की गई बड़ी परियोजनाओं की सार्वजनिक आलोचना शुरू कर दी। पटना में ही अन्तरराष्ट्रीय स्तर का नया म्यूज़ियम बन रहा था। इसके पूरा होने से पहले ही इस म्यूज़ियम की चर्चा पूरे देश में होने लगी थी। भारत के संसद भवन की तर्ज़ पर बना

बिहार विधानभवन का विस्तारित परिसर भी अपनी मनोहारी वास्तुकला के लिए हर ओर से प्रशंसा पा रहा था। राज्य में नीतीश सरकार ने पक्की सड़कों और महासेतुओं का जाल बिछा दिया था। माँझी ने सार्वजनिक रूप से ऐसी सभी बड़ी परियोजनाओं के औचित्य पर ही प्रश्नचिह्न खड़े करते हुए मीन-मेष निकालने शुरू कर दिए थे। पानी तब सर से ऊपर निकलने लगा जब माँझी ने भ्रष्टाचार का धुआँ राज्य के शीर्षस्थ नेता तक पहुँचने का आरोप लगाकर नीतीश की धवल छवि पर कालिख पोतने की कोशिश शुरू कर दी।

जीतनराम माँझी को यह समझने में ज़्यादा वक़्त नहीं लगा कि अब उनके भी त्यागपत्र देने के दिन आ रहे हैं क्योंकि उन्होंने 15 नवम्बर को ही सार्वजनिक रूप से कहा था कि यदि नीतीश कुमार कहें तो वह पद त्याग कर देंगे। माँझी ने सार्वजनिक रूप से यह भी कहा था कि पार्टी अध्यक्ष शरद यादव ने उनसे नीतीश के कहने पर भी मुख्यमंत्री के पद से इस्तीफ़ा देने से मना किया था। माँझी न तो बीजेपी का बढ़ता क़द रोक पा रहे थे न ही सुरसा के मुँह की तरह तेज़ी से बढ़ता हुआ भ्रष्टाचार। 8 जनवरी को पटना उच्च न्यायालय ने ज्ञानू सहित 8 विधायकों के निलम्बन के विधानसभा के स्पीकर द्वारा दिए गए आदेश को निरस्त करते हुए उनकी विधानसभा की सदस्यता बहाल कर दी। उसी दिन माँझी ने नीतीश के विश्वस्त अधिकारियों को इधर से उधर करते हुए अपनी पसन्द के लोगों को संवेदनशील जगहों पर बिठा दिया। यह सब देखकर नीतीश भी बहुत परेशान था। सुशासन का वह सुदृढ़ क़िला, जो उसने कर्मठ अधिकारियों की ईंटों को जोड़कर क़रीब दस वर्षों में बनाया था, आज उसकी नींव में अब सेंध लग रही थी, वह भी उसकी आँखों के सामने ही! उसे समझ में आ रहा था अब और कुछ दिनों तक अगर प्रशासन की लगाम अनुभवहीन लोगों के हाथों में रह गई तो यह घोड़ी बेलगाम होकर औंधे मुँह गिरेगी। वैसे भी उन दिनों उसका स्वास्थ्य बिलकुल ठीक नहीं रह पा रहा था। नज़ला, जुकाम और बुख़ार से वह लगातार परेशान था। फिर भी 14 जनवरी, मकर संक्रान्ति की शाम में उसके घर पर जेडीयू के शीर्षस्थ नेताओं में गहन मन्थन हुआ जिसमें शरद यादव आदि कई लोग मौज़ूद थे। वहाँ हुई सारी बातों का नतीजा यही निकला कि समय रहते कुछ ठोस कार्रवाइ नहीं की गई तो अब जेडीयू पर आया संकट पार्टी के अस्तित्व को ही लीलने में देरी नहीं करेगा। जेडीयू के कई समझदार लोगों ने 6 फ़रवरी तक माँझी को समझाने की हरचन्द कोशिश की। उनमें से एक ने हमसे बताया—

'जीतनराम जी ने विद्रोह का बिगुल बजा दिया है। हमारी हर तर्कपूर्ण बात के जवाब में वे बिफर जाते हैं। विडम्बना देखिए कि नीतीश जी ने जीतनराम को अपना प्रतिनिधित्व करने के लिए चुना था और अब वे नीतीश जी को ही आँखें दिखा रहे हैं।'

जेडीयू में नीतीश के सभी समर्थकों को लगने लगा था कि अब पानी सर के ऊपर से निकलने ही वाला है। उन्होंने नीतीश को तुरन्त कुछ सार्थक करने को कहा। इतने लोगों के अनुरोध पर नीतीश ने 7 फ़रवरी को स्वयं जीतनराम माँझी से बात करके कोई सम्मानजनक रास्ता निकालने को कहा पर माँझी की ज़िद का खूँटा इतना गहरा गड़ा हुआ था कि नीतीश की एक न चली। लगता था कि माँझी पर कोई जुनून सवार हो गया था। सबकी समझ में आ गया कि अब घी सीधी उँगली से निकलने का काम बेहद मुश्किल है।

नई इबारत फिर से लिखनी है

अन्ततोगत्वा 7 फ़रवरी, 2015 के अपराह्न में ही जेडीयू के विधायकों ने नीतीश को अपना नेता फिर से चुन लिया। विधायक दल की इस बैठक में नीतीश ने सुशासन को अपनी पार्टी की विशेषता बताते हुए कहा कि एक ओर माँझी पार्टी की अनदेखी कर रहे थे और दूसरी ओर जेडीयू के ख़िलाफ़ साजिशें हो रही थीं। कुछ और दिनों तक अगर ऐसे ही दूसरों के इशारे पर काम चलता रहता तो पार्टी नेस्तनाबूद हो जाती। यह बात किसी को भी गवारा नहीं थी। अपने भावुक भाषण का समापन नीतीश ने यह कहकर किया—

‘आप जानते हैं कि मैं सामने से नेतृत्व करने में विश्वास रखता हूँ। इसलिए मैं आप सबके अनुरोध को स्वीकार करता हूँ।’

नीतीश के फिर से सामने से नेतृत्व करने के आश्वासन से पार्टी में जश्न का ऐसा माहौल था कि नीतीश के जेडीयू के नेता चुने जाने के ख़िलाफ़ उसके विरोधियों ने हाईकोर्ट में जो याचिका दायर कर दी थी उसे किसी ने गम्भीरता से नहीं लिया था। बंगाल के राज्यपाल केसरी नाथ त्रिपाठी बिहार के राज्यपाल के प्रभार में थे। वे उस दिन कोलकाता में थे। सहयोगी पार्टियों के नीतीश के समर्थन की चिट्ठियों के साथ मुख्यमंत्री पद की दावेदारी वाली चिट्ठी उन्हें मिल गई थी जिसमें उनसे 48 घंटों के अन्दर सदन में शक्ति परीक्षण कराने का अनुरोध किया गया था।

कौशल उसी शाम में पटना आकर लगातार नीतीश के साथ रहा और उसका मनोबल बढ़ाता रहा। उस रात अपने चंट चचा बुक़रात ने कौशल को फ़ोन करके कहा कि अब तुम्हें देखना गुनाह नहीं होगा, तुम्हें देखने से पाप नहीं लगेगा। कौशल ने जब चचा को अचानक मिले इस महाज्ञान की वजह पूछी तो बुक़रात ने उसे तुलसीदास की यह चौपाई लिख भेजी—

जे न मित्र दुख होहिं दुखारी। तिन्हहि बिलोकत पातक भारी॥

जो लोग मित्र के दुख से दुखी नहीं होते, उन्हें देखने से ही बड़ा पाप लगता है।

8 फ़रवरी को रविवार था। उस दिन माँझी दिल्ली जाकर प्रधानमंत्री मोदी से मिले। इधर 9 फ़रवरी को जेडीयू के अलावा कांग्रेस, आरजेडी तथा सीपीआई के कुल मिलाकर 130 विधायकों के साथ महामहिम राज्यपाल से मिलने पर भी कोई नतीजा निकलता न देखकर नीतीश 10 फ़रवरी को अपने इन साथी विधायकों के साथ दिल्ली चला गया था। नीतीश इन सबके साथ माननीय राष्ट्रपति, डॉ. प्रणब मुखर्जी, से 11 फ़रवरी को मिला। प्रणब दा नीतीश को बेहद कुशल और ईमानदार सांसद के रूप में वर्षों से जानते थे। यह मुलाक़ात बहुत अच्छी रही। उसी दिन पटना हाईकोर्ट ने नीतीश को जेडीयू विधायक दल का नेता चुने जाने को अवैध करार कर दिया। नीतीश परेशान तो ज़रूर हुआ लेकिन इस याचिका के विरुद्ध फ़ौरन उसके वकील प्रशान्त शाही ने हाईकोर्ट में रिट पिटीशन डाली। इसकी सुनवाई 13 फ़रवरी को डिविज़न बेंच के सामने हुई जिसमें पटना हाईकोर्ट के मुख्य न्यायाधीश न्यायमूर्ति रेड्डी और न्यायमूर्ति विकास जैन ने नीतीश को जेडीयू के विधायक दल के नेता की मान्यता दे दी। उस दिन एक टीवी चैनल पर माँझी ने नीतीश पर उन्हें पीड़ित करने का आरोप लगाया।

माँझी ने क्रमशः 10, 13 और 20 फ़रवरी को कैबिनेट की बैठक बुलाकर कई निर्णय लिये। इसमें कोई शक नहीं कि इनमें से कई निर्णय लोक हितकारी थे लेकिन उन्हें जिस हड़बड़ी में पारित किया गया था वे नियमानुकूल नहीं थे। शक्ति परीक्षण के लिए बिहार के दोनों सदनों की संयुक्त बैठक 20 फ़रवरी को तय हुई थी जिसका शुभारम्भ महामहिम राज्यपाल महोदय के अभिभाषण से होना था। नीतीश चैन की साँस भी नहीं ले पा रहा था। जेडीयू में बैठकर वृषिण पटेल, नरेन्द्र सिंह, महा चन्द्र सिंह और भीम सिंह के अतिरिक्त डॉ. जगन्नाथ मिश्र के बेटे नीतीश मिश्र का गुट माँझी के समर्थन में कोई न कोई टंटा रोज़ पसार ही रहा था। ज्ञानू और राजीव रंजन सहित आठ विद्रोही विधायक तो उनके साथ थे ही। एक बार लगने लगा था कि नीतीश के विरुद्ध बड़ी संरचना तैयार करने में जीतनराम सफल होकर जीत जाएँगे पर नीतीश के समर्थकों के व्यूह कौशल के आगे किसी की एक न चली। एक बार फिर समाजवादी लालू ने नीतीश को आदर्शों के प्रति स्नेह से समर्थन दिया। लालू ने अपनी पार्टी के विक्षुब्धों को भी टस से मस नहीं होने दिया। जीतनराम की जी-तोड़ कोशिशों के बाद भी उनके समर्थकों की गिनती 25 के पार जा ही नहीं रही थी। आँकड़ों का यह गणित बीजेपी की समझ में पहले ही आ गया था। इसलिए उन्होंने जीतनराम की गाड़ी का जुआ अपने कन्धे से उतार फेंका। हार-पार कर माँझी 20 फ़रवरी की सुबह फ़्लोर टेस्ट के लिए विधानसभा न जाकर क़रीब पौने 10 बजे राजभवन गए और वहाँ महामहिम को अपना त्यागपत्र सौंप आए। कुछ अपुष्ट ख़बर यह भी

थी कि माँझी विधानसभा को भंग करने की सिफ़ारिशी चिट्ठी भी साथ ले गए थे पर इसकी सही जानकारी हमें किसी से नहीं मिल पाई।

उस दिन नीतीश विधानमंडल में जाकर अपने हितैषियों से मिल आया। उसने बड़ी विनम्रतापूर्वक अपनी भूल स्वीकार करते हुए सबसे क्षमा-याचना कर ली। वहाँ उपस्थित लोगों की भारी भीड़ ने पार्टी लाइन से भी हटकर जिस गर्मजोशी से नीतीश का स्वागत किया उससे यही लगा कि नीतीश वापस नेतृत्व सँभालकर जैसे गंगा में अपने सारे पाप धो आया है। 21 तारीख़ को शनिवार की वजह से छुट्टी का दिन था लेकिन पटना की सड़कों पर उत्साह का आलम बिलकुल होली जैसा था जबकि होली आने में अभी पूरे दो सप्ताह की देरी थी! वैसे तो नीतीश को उस दिन थोड़ा आराम कर लेना चाहिए था क्योंकि पिछले कई दिनों से तेज़ बुख़ार में भी वह भागमभाग में लगा था लेकिन उस दिन भी बेचारे नीतीश के नसीब में विश्राम कहाँ था! मंत्री पद पाने की धकपेल की धमक नीतीश को चैन नहीं लेने दे रही थी। अगली सुबह कौशल और थोड़ी देर बाद ही अरुण भी पटना आ गया। अपना मोटू मीता नरेन्द्र पटना में ही था। पुरानी रसमंजरिया टोली ने 22 फ़रवरी, 2015 की दोपहर में बड़ा आनन्द किया। चचा सबको तिलिस्मी तावीज़ लेकर आए भाई परदेसी की ऐक्टिंग दिखाकर हँसाता रहा। 22 फ़रवरी की शाम 5 बजे राजभवन में हुए भव्य समारोह में नीतीश ने एक बार फिर से मुख्यमंत्री के पद की निष्ठापूर्वक निर्वहन की शपथ ली। हम रसमंजरिया पार्टी वाले जितने ख़ुश थे, नीतीश उतनी ही गम्भीर मुद्रा में दिख रहा था। शायद वह आनेवाले दिनों की ज़िम्मेदारियों के बोझ का अनुमान लगा रहा था। अगले दिन खाना तो रसमंजरिया टोली ने नीतीश के साथ ही खाया पर चचा की दुनिया-भर की ऊल-जलूल बातें भी नीतीश के चेहरे पर हँसी की एक रेखा तक नहीं खींच सकी। 25 तारीख़ को नीतीश की अफ़सरों की पुरानी टीम वापस अपने स्थानों पर आ गई। चंचल कुमार फिर से मुख्यमंत्री के सचिव बने और अमीर सुबहानी गृह सचिव।

कौशल और अरुण वापस लौटने से पहले चाची के अनुरोध पर उनके घर में जूठन गिराकर उसे पवित्र करने के लिए राज़ी हो गए! नीतीश को भी जबरन घसीटकर वहाँ ये दोनों मित्र ले गए। नीतीश अपने साथ कुछ सरकारी काग़ज़ लेकर आया था जिन्हें चाची से अनुमति लेकर वह खाना परोसे जाने तक देखने में मशगूल हो गया। इस बीच जो बहस छिड़ गई वह बिना बहुमत के जीतनराम की मुख्यमंत्री के पद पर बने रहने की ज़िद के बारे में थी। किसी ने वरीय मनोचिकित्सक, डॉ. शकील कुमार सिंह के हवाले से बताया कि ईमानदार व धैर्यवान व्यक्ति सत्ता शक्ति का उपयोग सामाजिक कार्य व विकास में करते हैं। लेकिन राजसत्ता और उसमें निहित शक्ति व्यक्ति की मनोवृत्ति बदल सकती है। ऐसे व्यक्ति को

महसूस होने लगता है कि अपने प्रभामंडल के क्षेत्र में वह जो चाहे कर सकता है। वह सबसे बड़ा है और उस पर अंकुश रखनेवाला कोई नहीं है। उसे यह भी लगता है कि उसके लिए सामान्य जन पर लगनेवाले क़ानून लागू नहीं होते।

नीतीश काम तो कुछ और कर रहा था लेकिन शायद उसका ध्यान इस चर्चा पर भी था। तब तक चाची ने मेज़ पर खाना लगा दिया था। नीतीश ने बहुत गम्भीर होकर कहना शुरू किया—

'हम सब अपनी-अपनी सीमाओं के दास हैं। मैं, लालूजी या जीतनराम जी, या फिर राजनीति की दुनिया का कोई भी व्यक्ति हो, हर कोई समाज के लिए कुछ अच्छा करके अपने लिए स्थान बनाना चाहता है। बिरले ही लोग राजनीति में उतरते हैं जिनकी नीयत में शुरू से ही खोट होता है। जीतनराम जी को मैं वर्षों से जानता रहा हूँ और सब समझ-बूझकर ही उन्हें मुख्यमंत्री का भार सौंपा था। वे अच्छे व्यक्ति हैं जिनके सलाहकार शायद उन्हें सही वक़्त पर उचित सलाह नहीं दे सके। उन्हें बिहार के समग्र विकास के बारे में बनाई गई रूपरेखा का सही अनुमान लगने नहीं दिया गया। इसलिए सरकार और प्रशासन में कतिपय ग़लत लोगों की महत्त्वाकांक्षाओं को पनपने का मौक़ा मिल गया। अगर माँझी जी उन लोगों के प्रभाव में न आते तो उनकी नीयत बिलकुल सीधी-सच्ची राह पर चलते रहने की होती। हम सब उसे उस मौक़ापरस्त नौकरशाहों की चौकड़ी की याद दिलाते हैं जो कल तक जीतनराम के इर्द-गिर्द गुड़ की मक्खी बन कर लिपटे हुए थे। हम पूछते हैं कि आज नीतीश ने उन्हें फिर से अत्यन्त महत्त्वपूर्ण पदों पर ऐसे बिठा रखा है जैसे वे आकाशगंगा में डुबकी लगाकर फिर से देवदूतों की श्रेणी में आ गए हैं।

इसके उत्तर में नीतीश बड़ा सुलझा हुआ जवाब देकर हमारी बोलती बन्द कर देता है—

'सामान्यत: नौकरशाहों की प्रतिबद्धता व्यक्ति से नहीं, बॉस की कुर्सी से होती है। पिछले दिनों जातिगत और व्यक्तिगत महत्त्वाकांक्षाओं के रंग मिल जाने से इनकी तात्कालिक प्रतिबद्धता थोड़ी मटमैली ज़रूर हो गई थी लेकिन आज मेरे साथ काम कर रही वही नौकरशाही पहले जैसी ही पारदर्शी हो गई है।'... गपागप खा गया। वे राज्य सँभालते और मैं पार्टी के संगठन का काम निश्चिन्त होकर करता रहता।'

नीतीश के इस संक्षिप्त से भाषण को इधर हम सब मुँह फाड़े हुए चुपचाप सुनते रहे उधर मेज़ पर रखी सारी मिठाइयाँ चचा गपागप खा गया।

यह सच है कि अगले कुछ महीनों में जीतनराम का नीतीश के प्रति असीमित आदर और अपार स्नेह सार्वजनिक रूप से प्रदर्शित होता रहा। 2020 के विधानसभा के चुनावों में जीतनराम की पार्टी को जेडीयू के कोटे से सीटें मिलीं। नए मंत्रिमंडल

में नीतीश ने जीतनराम के बेटे डॉक्टर सन्तोष कुमार 'सुमन' को अनुसूचित जाति/जनजाति कल्याण विभाग का कैबिनेट मंत्री बनाया। जब महागठबन्धन सत्ता में आ गया तो जीतनराम ने लगातार और हर मंच से नीतीश और उसकी राजनीतिक समझ की भूरि-भूरि प्रशंसा की। लगता है कि जीतनराम अपनी पार्टी के लिए राज्य में और भी अधिक मंत्री पद, राज्यसभा, विधान परिषद में सीटें तथा लोकसभा में कम से कम पाँच सीटें चाहता था। नीतीश के लिए यह सम्भव ही नहीं था। नीतीश की स्पष्टवादिता से आजिज़ होकर धीरे-धीरे जीतनराम के सार्वजनिक बयानों के सुर भी बदलने लगे। नीतीश की नशाबन्दी की नीति भी उसे रास नहीं आ रही थी। सुर्ख़ियों में बने रहने के लिए कुछ न कुछ शोशे छोड़ते रहना उसकी मजबूरी भी हो सकती थी। एक खबर यह भी उड़ी कि अपनी अव्यक्त नीतियों के अनुरूप बीजेपी जीतनराम की पार्टी को महागठबन्धन छोड़कर अपनी ओर आकर्षित करने का चुग्गा डाल रही थी। 14 अप्रैल को जब जीतनराम दिल्ली जाकर भारत के गृहमंत्री, अमित शाह, से मिलकर आया था, तब से ही इसी तरह की अफ़वाहों का बाज़ार बेहद गर्म था। इन सब समाचारों से अप्रभावित रहते हुए नीतीश विपक्षी दलों को एकजुट करने की मुहिम में भिड़ा हुआ था। 2023 के अप्रैल तक, रमज़ान के पाक महीने में, उसकी मेहनत रंग लाने लगी।

16 अप्रैल की शाम में जीतनराम ने अपने घर में इफ़्तार का आयोजन किया था। उसी दिन, इफ़्तार से पहले अपनी पार्टी के नेताओं के बीच उसने जो कहा था उसका मतलब यही था कि कुछ लोगों की मंशा (यहाँ जेडीयू समझना चाहिए) 'हम' पार्टी को अपनी पार्टी में समाहित करने की है लेकिन 'हम' के कार्यकर्ता इसके पक्ष में बिलकुल भी नहीं हैं।

यह बात बेबुनियाद भी नहीं थी। नीतीश की कोशिशों की वजह से जिस तेज़ी से साम्प्रदायिकता विरोधी पार्टियाँ राष्ट्रीय स्तर पर गोलबन्द हो रही थीं, उससे बीजेपी की महागठबन्धन को तोड़ने की पोशीदा कोशिशें और भी तेज़ होकर सामने आने लगी थीं। उन्हें जीतनराम में अपार सम्भावनाएँ दिख रही थीं। उपेन्द्र कुशवाहा और आरसीपी को फोड़ लेने के बाद अब यही सबसे गर्म लोहा था जिसे सही समय पर बस एक चोट की ज़रूरत थी। लेकिन इस बार पिछले दो धोखों से सबक़ लेकर जेडीयू इन ख़तरनाक इरादों से पूरी तरह वाक़िफ़ थी। 'हम' से भितरघात की आशंका को देखते हुए ही विलय की बात उठी थी क्योंकि वैसे भी 'हम' को टिकटें जेडीयू के कोटे से ही मिली थीं। बहरहाल, जीतनराम की इफ़्तार की दावत में नीतीश ने बहुत खुश होकर शिरकत की। वह बहुत स्नेह से जीतनराम से गले भी मिला। जवाब में जीतनराम ने बाबुलन्द आवाज़ में कहा कि 'हम' पार्टी माननीय मुख्यमंत्री के साथ चट्टान की तरह खड़ी है और वे चाहे महागठबन्धन के साथ रहें या न रहें, हम हमेशा उनके ही साथ रहेंगे।

लेकिन यह लफ़्फ़ाज़ी बहुत काम की साबित नहीं हुई क्योंकि महागठबन्धन के नेताओं की नज़रों में जीतनराम की नीयत साफ़ नहीं थी। बीजेपी की भितरघात की कोशिशों की कहानियों से बाज़ार अटा पड़ा था। इस बीच घोषणा हो गई कि सारे विपक्षी दल पटना में 23 जून को मिलेंगे। जो बात पहले दूर की कौड़ी लग रही थी, उसके हक़ीक़त में बदलने का वक्त दरवाज़े पर दस्तक दे रहा था। इससे बीजेपी ख़ेमे में बेचैनी तारी हो गई और महागठबन्धन को तोड़ने की उनकी कोशिशें और तेज हो गई।

अचानक हो रही इस राजनीतिक हलचल से नीतीश भी चौकन्ना हो गया। उसने डैमेज कन्ट्रोल के लिए अपने सबसे विश्वस्त साथी, वित्त मंत्री, विजय कुमार चौधरी, का सहारा लिया। विजय की नीतीश से प्रगाढ़ दोस्ती सन 1985 से ही बेमिसाल मानी जाती रही है। दोनों एक-दूसरे के पूरक जैसे हो गए हैं। जीतनराम के साथ भी विजय का परिचय शायद तब से ही है जब दोनों कांग्रेस में थे। नीतीश के कई कैबिनेट में ये दोनों साथ ही मंत्री भी रहे हैं। शान्त और परिपक्व विजय ने मामले को सँभालने की हर चन्द कोशिशें की पर वह भी अपने मिशन में नाकामयाब रहा।

2 जून को जीतनराम ने एक प्रेस कॉन्फ्रेंस करके कहा था कि हालाँकि उसकी पार्टी सारी सीटों पर चुनाव लड़ने की तैयारी कर रही है लेकिन अपने वायदे के मुताबिक़ वह नीतीश के एकदम साथ है! इसके बाद वह अपने पूरे दल के साथ 7 जून को नीतीश और 8 जून को बिहार के राज्यपाल राजेन्द्र आर्लेकर से अपनी शिकायतों का पुलिन्दा लेकर मिला। तभी से हर ओर आगे की ट्रेजेडी के क़यास लगने लग गए। आख़िरकार जीतनराम के बेटे और 'हम' पार्टी के राष्ट्रीय अध्यक्ष डॉक्टर सन्तोष ने 13 जून को राज्य सरकार के अनुसूचित जाति/जनजाति कल्याण मंत्री पद से इस्तीफा दे दिया। नीतीश ने उसकी जगह मुसहर समाज से आने वाले, सोनबरसा के जेडीयू के विधायक, रत्नेश सदा को डॉक्टर सन्तोष की जगह मंत्री बना दिया। 15 जून को नीतीश के आगे भाव विह्वल रत्नेश को फूट-फूटकर रोते, उसे सांत्वना देते हुए नीतीश को जिसने देखा है, उसके हिसाब से हर स्थिति के लिए नीतीश की पारखी नज़र का जवाब ही नहीं है।

सपनों का सच्चा संसार—सात निश्चय

2015 के जून महीने में प्रशान्त किशोर नीतीश के साथ रहकर इस बार के चुनाव में हाथ बँटा रहे थे। प्रशान्त ने पटना आते ही जेडीयू का नाम हर घर में पहुँचाने के लिए 2 जुलाई, 2015 से 'हर घर दस्तक' नाम का एक अनूठा कार्यक्रम पूरे बिहार में 10 हज़ार जगहों पर, एक साथ शुरू किया था। उस दिन नीतीश ने स्वयं पटना में बीस घरों में जाकर दस्तक दी थी और घर के सदस्यों के साथ बैठकर बिहार के विकास के लिए अब तक किए गए कार्यों की चर्चा करने के बाद आगे के लिए सुझाव माँगे थे। यह प्रचार करने का बिलकुल नया तरीक़ा था जिसके तहत कार्यकर्ताओं की मदद से एक करोड़ घरों तक पहुँचने का लक्ष्य रखा गया था। राज्य के कई घरों के दरवाज़ों पर लगे स्टिकरों पर छपा था, 'आगे बढ़ता रहे बिहार, फिर एक बार नीतीश कुमार।' ये स्टिकर देखते ही देखते चर्चा का विषय भी बन गए।

23 अगस्त, 2015 को नीतीश के घर पर रसमंजरी पार्टी की प्रशान्त किशोर से पहली औपचारिक मुलाक़ात हुई थी। चचा बुक़रात ने रात-भर में ही प्रशान्त किशोर के बारे में दुनिया-भर की सूचनाएँ इकट्ठा कर ली थी।

अजनबी तुम जाने-पहचाने से लगते हो

इससे पहले कि उनके आगे चचा अपना ज्ञान बघारता, प्रशान्त ने हम लोगों को देखते ही हममें से प्रत्येक व्यक्ति का कच्चा चिट्ठा खोलकर हमारे सामने रख दिया! चचा की तो हेकड़ी ही गुम हो गई। प्रशान्त ने मुस्कुराते हुए कहा—'मेरे लिए यह सबसे पहले जानना ज़रूरी था कि मुख्यमंत्री जी के सबसे नज़दीकी कौन से लोग हैं और उनसे मुख्यमंत्री जी को सम्भावित ख़तरे क्या हो सकते हैं? उनकी नीयत क्या है और मुख्यमंत्री जी के सपनों को साकार करने में उनकी ताक़त का इस्तेमाल कैसे किया जा सकता है? मेरी अब तक की

जानकारी के हिसाब से आप सबके ख़िलाफ़ कोई भी बात नज़र नहीं आई है। बल्कि आप लोगों के आसपास होने से वे अच्छा ही महसूस करते हैं।'

प्रशान्त किशोर से भी रूबरू हो लें

प्रशान्त जब 2 जून, 2015 को बिहार आया तो वह नीतीश के साथ, उसके सरकारी आवास में ही रहा। पटना आने के बाद धीरे-धीरे वह कौशल और अपने चचा बुक़रात से बेतकल्लुफ़ हो गया। कई वजहों से चची भी प्रशान्त में अपने दोनों बच्चों का अक्स देखती थी, कालान्तर में प्रशान्त उन्हें बड़ी माँ कहकर पुकारने लगा, सगे बेटे के अधिकार से!

एक दिन हम सब नीतीश के लॉन में कुर्सियों पर बैठकर लोहिया जी की सप्त क्रान्ति की चर्चा कर रहे थे। चचा अचानक बारिश के बाद खिली हुई धूप में एकदम गीली घास पर लेट गया और उसने दन्न से एक सवाल दाग दिया—

'अरे अक़्ल से पैदल, बेवक़ूफ़ी बटलोहियो, पहले यह बताओ कि पॉलिटिशियन और लीडर में क्या फ़र्क़ होता है और फिर यह भी बताओ कि हमारा नीतीश पॉलिटिशियन है या लीडर?'

सच तो यह है कि हमने कभी ऐसा सोचा ही नहीं था। नीतीश जैसा भी है हम सबका प्यारा है और हमारी जानकारी में सबसे अच्छा है। वैसे यह सवाल अच्छा तो था लेकिन हमें चचा की औक़ात से बहुत बड़ा लगा। हमने उसे छेड़ने के लिए अँगूठा दिखा दिया। फिर क्या था वह चिढ़कर धाराप्रवाह बोलने लगा और वाक़ई उसने बड़ी मार्के की बात कही, चाहे वह उधार की ही क्यों न हो। उसने कहा—

'पॉलिटिशियन माने भारी जुगाड़ू मास्टर! वह बस अगले चुनाव को हर हाल में जीतने के लिए तरह-तरह के हथकंडों के जुगाड़ में लगा रहता है। उसके गरेबान में झाँककर देखो तो फ़क़त दिलफ़रेब नारों, घिसे-पिटे प्रोग्रामों की फ़ेहरिस्त और झूठे वायदों के अलावा वहाँ कुछ भी नहीं होता। लोगों को हर हाल में डराकर रखना इनका वोट लेने का बड़ा आज़माया हुआ हथियार होता है। चुनाव आते ही ये धुरन्धर कभी तो जात-पाँत, कभी फ़िरक़ापरस्ती और कभी बाहरी बनाम लोकल का दामन थाम लेते हैं तो कभी चीन और पाकिस्तान की ओर से हमले होने की अफ़वाह उड़ा देते हैं। अपनी चुनावी हवस मिटाने के लिए छोटे-मोटे दंगे करवाकर क़ई मासूम लोगों की जान की क़ुर्बानियाँ लेने में ये जरा भी नहीं हिचकिचाते। इनका यक़ीन हरगिज़ नहीं किया जा सकता क्योंकि पैसा और पावर छोड़कर ये किसी के सगे नहीं होते। दूसरी तरफ़ सही लीडर के पास हमेशा पक्का विज़न होता है। वह अपने मुल्क और

अवाम के लिए सोचता है। अव्वल तो ऐसे लोगों को जनता सर-आँखों पर उठाकर कौंसिल या पार्लियामेंट में बिठा देती है और अगर ख़ुदा न ख़्वास्ता उसे चुनाव लड़ना ही पड़ जाए तो भी अगले चुनाव से ज़्यादा अगली पीढ़ी की बेहतरी के लिए हमेशा फ़िक्रमन्द रहना उसकी फ़ितरत होती है। उसके सारे प्लान आम आदमी और उसकी आनेवाली नस्लों की ज़िन्दगी आसान बनाने के लिए होते हैं। उसके पास अपने लिए माँगने या सोचने के लिए कुछ ख़ास होता भी नहीं।'

हम कुछ बोल नहीं रहे थे तो चचा हमारी ओर आया और कुर्सी पर बैठकर बोला—

'मेरी टूटी ढिबरी की फूटी चिमनियो, एक बात हमेशा याद रखना, कुछ बेहद ज़हीन लीडर यक़ीन करने के क़ाबिल पॉलिटिशियन भी हो सकते हैं लेकिन आज तक कोई माई का लाल ऐसा पॉलिटिशियन नहीं हुआ जो सच्चा लीडर भी साबित हुआ हो।'

उसने हमें सोचने को मजबूर कर दिया कि बिहार की मिट्टी ने हर दौर में देश को तो ढेर सारे पॉलिटिशियन दिए हैं। फिर भी यहाँ की उर्वरा भूमि में राजेन्द्र बाबू, श्री कृष्ण बाबू, श्री जयप्रकाश नारायण, श्री कर्पूरी ठाकुर आदि जैसे लीडर अपेक्षाकृत कम ही पैदा हुए हैं जिन्होंने साफ़-सुथरी राजनीति के नए कीर्तिमान स्थापित किए हैं। नीतीश यक़ीनन उनमें से एक है जो लोहिया की सप्त क्रान्ति और जेपी की सम्पूर्ण क्रान्ति को आज के सन्दर्भ में, और आनेवाली पीढ़ियों के लिए भी, फिर से परिभाषित कर रहा है। उसके दिमाग़ में जो नए कार्यक्रमों की रूपरेखा बन रही थी उसके कई आयाम थे। अपने स्वभाव के अनुरूप वह इन कार्यक्रमों की उपयोगिता के बारे में निश्चित हो जाने के अलावा इन्हें आम जन तक पहुँचाने की ठोस रणनीतियों पर भी काम कर रहा था। हम लोगों को लगता था कि कहीं सप्त क्रान्ति और सम्पूर्ण क्रान्ति की तरह नीतीश की आँखों में बसे ये सपने भी अधूरे न रह जाएँ। नीतीश, कौशल और प्रशान्त ने मिलकर आनेवाले दिनों के लिए एक बहुरंगी ठोस कार्यक्रम तो बना लिया था पर इसका नाम चुनने में उन्हें कठिनाई आ रही थी। नीतीश तो चेतन और अवचेतन मन से भी ठहरा लोहिया और जेपी के सप्त और सम्पूर्ण क्रान्तियों का पक्का चेला, सो उसी ने पूरी लिस्ट से सिर्फ़ सात ठोस कार्यक्रम चुने और देखते ही देखते 'सात निश्चय' काग़ज़ पर उकेर दिए गए! सात निश्चय की अवधारणा नीतीश के जिस निवास स्थान में बनी उसका नम्बर था सात सर्कुलर रोड और जितने लोगों ने मिलकर सात निश्चय को मूर्त रूप दिया उनकी संख्या भी सात ही थी! ये सात निश्चय थे क्रमशः (1) आर्थिक हल, युवाओं को बल, (2)आरक्षित रोज़गार महिलाओं का अधिकार, (3) हर घर बिजली लगातार, (4) हर घर नल का

जल, (5) घर तक पक्की गली-नालियाँ, (6) शौचालय निर्माण घर का सम्मान तथा (7) अवसर बढ़े, आगे पढ़ें।

सात अंक का चक्कर यहीं समाप्त नहीं होता। अतीत में अभिमन्यु भी सात अवरोधों वाले चक्रव्यूह में छल से मारा गया था।

नीतीश अच्छी तरह जानता है इस बार ऐसा नहीं होगा। अब चक्रव्यूह में चाहे कितने भी कंटक भरे दरवाज़े क्यों न हों, चाहे उसे सात समुंदर पार करके सात ताले क्यों न तोड़ने पड़ें, विकास की सब्ज़ परी का आशियाना बिहार में बनकर ही रहेगा क्योंकि नीतीश के विकास का रथ सूर्य के रथ जैसा सतत आगे ही बढ़ते रहनेवाला है। इस रथ में सात निश्चय रूपी सात तगड़े घोड़े लगे हैं। सबसे बड़ी बात कि इस रथ के सारथी गरुड़ के भाई अरुण (जो पंगु हैं) नहीं, स्वयं नीतीश है। अब कोई चक्रव्यूह, कोई घात, कोई प्रतिघात और कोई उलटी-सीधी चाल इस रथ को भी रोक नहीं सकती। नीतीश अपनी हर प्रचार सभा में अपने भविष्य के कार्यक्रमों को समझाने के क्रम में सात निश्चय लोगों के सामने पूरी ईमानदारी से रखता। वह विस्तार से बताता कि नई पीढ़ी के जो बच्चे आगे पढ़ने के लिए आर्थिक रूप से सक्षम नहीं हैं उनके लिए अविश्वसनीय रूप से आसान नियमों वाला स्टूडेंट क्रेडिट कार्ड हाज़िर है (अवसर बढ़े, आगे पढ़ें) तो अपना रोज़गार करने के लिए तैयार नौजवानों को बेहद सहज शर्तों पर बैंकों से ऋण दिलाने की योजना (आर्थिक हल, युवाओं को बल) भी तैयार है। गाँव हो या शहर, हर घर के लिए उसके चार सपने हैं (बिजली लगातार, नल का जल, पक्की गली-नालियाँ और शौचालय निर्माण)। वैसे भी नीतीश ने हमेशा महिलाओं के हितों का विशेष ध्यान रखा है। इस बार भी महिलाओं के लिए उसका स्पष्ट अभयदान है (आरक्षित रोज़गार महिलाओं का अधिकार)। अपनी हर चुनावी रैली में वह इन सात निश्चयों को दोहराता और जनता उसकी बातों का भरोसा भी करती क्योंकि नीतीश ने कभी भी और किसी को भी कोई सब्ज़बाग़ नहीं दिखाया है।

30 अगस्त, 2015 को पटना के गांधी मैदान में आयोजित महागठबन्धन की रैली अभूतपूर्व रही। रैली में अपेक्षा से भी बहुत अधिक बड़ा जन सैलाब उमड़ पड़ा। गांधी मैदान से लेकर इनकम टैक्स गोलम्बर तक लोगों की ऐसी भीड़ पहले शायद ही कभी जमा हुई होगी। लालू और सोनिया गांधी ने बहुत बढ़िया भाषण दिया लेकिन यक़ीनन नीतीश सबसे अच्छा बोला। उसने उपस्थित जनसभा को तो मोहा ही, जिस किसी ने वह भाषण टीवी पर भी सुना, वह भी एक बार फिर से नीतीश के प्रशंसकों में शामिल हो गया। शाम में हम सब नीतीश के घर फिर से इकट्ठे हुए। नीतीश अपने भाषण के बारे में कुछ नहीं सुनना चाहता था। उसके मन में बस एक ही बात थी कि आज इस महागठबन्धन से जो जनता की

अपेक्षाओं का ज्वार तरंगित हुआ है, उसे सँभालने में उसके महागठबन्धन के सहयोगी कितनी सहायता करेंगे। दो दिनों बाद ही, 1 सितम्बर को भागलपुर में प्रधानमंत्री मोदी जी ने परिवर्तन रैली को सम्बोधित किया। यह रैली बहुत बड़ी थी लेकिन मोदी जी ने अपनी छवि के विपरीत व्यक्तिगत आक्षेपों से भरा भाषण दिया। चचा ने हमें फोन किया—

'अब लड़ाई एनडीए बनाम महागठबन्धन न होकर मोदी बनाम नीतीश हो गई है।'

9 सितम्बर को बिहार में चुनाव के तारीख़ों की घोषणा हो गई। वोट डालने के लिए अक्टूबर माह की 12, 16 तथा 28 तारीख़ों तथा नवम्बर की 1 और 5 तारीख़ें मुक़र्रर की गईं। नतीजे 8 नवम्बर को आने की बात तय हुई। एक बार फिर से नीतीश चुनाव प्रचार के अभियान में पूरी शक्ति से पिल पड़ा। मौसम बदल रहा था। नीतीश का गला कुछ-कुछ ख़राब भी रहने लगा था फिर भी वह लगातार पूरे राज्य में चक्कर लगा रहा था। इस दौरान महागठबन्धन के सूत्रधार और प्रणेता मुलायम सिंह यादव ने यह कहकर कि उन्हें बिहार में बीजेपी सत्ता में आती दिख रही थी, माहौल को गरमा दिया था। स्वभावगत संकोच के मारे नीतीश ने इस पर कोई प्रतिक्रिया व्यक्त नहीं की। अलबत्ता प्रशान्त किशोर ने हमसे 28 तारीख़ को यह भविष्यवाणी की कि इस बार कोई काँटे-वाँटे की टक्कर नहीं होगी। जो भी गुट जीतेगा उसे 160 या उससे भी ज़्यादा सीटें आएँगी। इस विषय पर 5 अक्टूबर को उनकी नीतीश से लम्बी और गम्भीर बातचीत हुई। नीतीश ने अपना अभियान पूर्ववत ही जारी रखा। 8 अक्टूबर को देश के कई बड़े टीवी चैनलों के पूर्वानुमानों में बताया गया कि नीतीश के नेतृत्व में महागठबन्धन जीतकर सरकार बनाएगा। 10 अक्टूबर की शाम में देश के बड़बोले टीवी एंकर अर्णव गोस्वामी ने टाइम्स नाउ चैनल पर नीतीश का लाइव इंटरव्यू किया। शुरू के दस मिनटों तक तो अपनी फ़ितरत के मुताबिक़ अर्णव बहुत शोर मचाते रहे लेकिन धीरे-धीरे नीतीश के गम्भीर और बेहद संयत उत्तरों के सामने उनकी बोलती बन्द होने लगी। ग़रज़ते हुए शेर को भीगी बिल्ली में तब्दील होते पूरे देश ने देखा। 11 अक्टूबर को हमने पहली बार प्रशान्त का अत्याधुनिक वार रूम देखा। यहाँ की सारी व्यवस्था ठीक वैसी ही थी जैसी हमने इससे पहले सिर्फ़ किसी विदेशी सिनेमा में देखी थी। एक ही दीवार पर लगे ढेर सारे टीवी स्क्रीन और उन स्क्रीनों पर रेंगती कई चींटियाँ देखकर हमें कुछ ज़्यादा समझ में नहीं आया। प्रशान्त ने बताया कि ये चींटियाँ नहीं हैं, ये प्रचार रथ हैं जिन पर जीपीएस (ग्लोबल पोजिशनिंग सिस्टम) लगे हुए हैं। हमें यहीं से पता चल जाता है कि हमारा यह रथ कहाँ है और यह कितने लोगों तक पहुँचा है। इस रथ में बैठे हमारे लोग हमें स्थानीय लोगों की मनोभावनाओं से उसी क्षण परिचित करा

देते हैं। आवश्यक होने पर हम वहाँ के लोगों से संवाद भी स्थापित कर सकते हैं और वहाँ से मिली फ़ीडबैक के हिसाब से अपनी रणनीति में परिवर्तन कर लेते हैं। इस समय भी नीतीश की ओर से जनसम्पर्क का अनूठा कार्यक्रम 'हर घर दस्तक' चल रहा था। प्रशान्त ने राज्य के सुदूरतम इलाक़े में घूम रहे अपने किसी रथ के माध्यम से कुछ नौजवानों से हमारी बात करवाई और हर घर दस्तक की प्रगति भी पूछी। इन नौजवानों ने तुरन्त स्थानीय समस्याएँ व्यक्त कीं जिनके जवाब में पटना के वार रूम से उनके समाधान भी बताए गए। हमारे लिए यह बड़ा रोमांचकारी अनुभव था। जब हम वार रूम से वापस आ रहे थे उसी समय एक दुर्भाग्यपूर्ण घटना के बारे में हमें पता लगा। हमें बताया गया कि एक स्टिंग ऑपरेशन में नीतीश सरकार के कैबिनेट मंत्री अवधेश कुशवाहा को घूस लेते दिखाया गया। इससे पहले कि लोग तिल का ताड़ बना पाते, अगले ही दिन 12 अक्टूबर को, मंत्री जी ने अपने पद से इस्तीफ़ा दे दिया। उसी दिन वोट डाले जाने की शुरुआत हुई। चुनाव के प्रथम चरण में ही लग गया कि गठबन्धन को अच्छी बढ़त मिलनेवाली है। 16 अक्टूबर को दूसरे चरण के वोट डाले जाने थे। सदा की भाँति इस बार भी नीतीश की पार्टी घोर अर्थाभाव से ग्रसित थी। ऐसी विकट परिस्थिति से प्रशान्त का पाला पहले नहीं पड़ा था और उनके वार रूम में ठोस प्रमाणों सहित सबसे बुरी ख़बरें आ रही थीं कि चुनाव शुरू होते ही कई बूथों पर तैनात केन्द्रीय पुलिस बल के लोग सामान्य वोटरों को अन्दर नहीं आने देकर स्वयं ही केन्द्र सरकार की पार्टी के प्रत्याशियों के पक्ष में वोट डाल रहे थे। नीतीश ने अपने स्तर से डैमेज कंट्रोल करने की कोशिश की पर नुक़सान तो हो चुका था। लालू और नीतीश के बीच की कड़ी का काम प्रशान्त कर रहे थे। घोर आर्थिक संकटों से जूझ रही पार्टी की नैया पार लगाने में उसकी लगन देखकर चचा ने अपनी डायरी में 23 अक्टूबर, 2015 को लिखा—

'यह बहुत मज़बूत लड़का है जिसे हमें खोना नहीं चाहिए।'

और सारे पप्पू एक साथ पास हो गए

28 अक्टूबर को राज्य में 50 सीटों पर चुनाव हुए। इस बार प्रशान्त की टीम और स्वयं नीतीश ने भी बहुत समझदारी से काम लिया। इस चरण में किसी की भी कोई धाँधली चलने नहीं पाई। नीतीश 30 अक्टूबर से ही मधेपुरा में कैम्प कर गया। वहीं रुककर उसने पूरे उत्तरी-पूर्वी बिहार का सघन दौरा करके प्रदेश के उस क्षेत्र को लगभग मथ दिया। नतीजतन 1 और 5 नवम्बर तक वह पूरे बिहार के महागठबन्धन के प्रत्येक प्रत्याशी के क्षेत्रों में जाकर ज़बरदस्त प्रचार कर आया। अगले दिन से ही पूर्वानुमानों की बयार बह चली।

8 नवम्बर को सवेरे जब पोस्टल बैलेटों के नतीजे सामने आने लगे तो जेडीयू की हालत बेहद पतली नज़र आई। अति उत्साह में भरकर विरोधियों ने पटाके फोड़ने शुरू कर दिए। माँझी ने मुख्यमंत्री पद के लिए दावा भी ठोंक दिया। बाद में जब सारे नतीजे सामने आए तो साबित हो गया कि नीतीश का महागठबन्धन बनाकर चुनाव लड़ने का फ़ैसला कितना सही था। उसकी वजह से बिहार में कांग्रेस को 27 सीटों पर विजय मिली। लगा कि एक डूबती नैया पार लग गई और पार्टी को नया जीवन मिल गया। लालू भी 80 सीटें जीतकर फिर से स्थापित हो गए और नीतीश सुशासन का ब्रांडनेम बन गया! हालाँकि उसकी पार्टी को 71 सीटें मिलीं। कुल मिलाकर महागठबन्धन को 178 सीटें मिलने से प्रशान्त की यह भविष्यवाणी सत्य हुई कि जीतनेवाले घटकों को 160 या उससे भी अधिक सीटें मिलेंगी। 8 नवम्बर को लालकृष्ण आडवाणी जी का जन्मदिन भी पड़ता है। हर साल की तरह इस बार भी नीतीश ने उन्हें फ़ोन करके बधाइयाँ दी थी। आडवाणी जी ने नीतीश को हृदय से आशीर्वाद दिया। उन्हें आ रहे नतीजों पर थोड़ा सन्देह था। उन्हें लगता था कि नीतीश की पार्टी को राज्य में सबसे अधिक सीटें आनी चाहिए। पहले हो चुके समझौते के अनुसार जीते हुए सीटों की संख्या चाहे जो भी हो, महागठबन्धन को सरकार बनाने का आमंत्रण मिलने पर नीतीश को ही मुख्यमंत्री बनना था। इसलिए हम निश्चिन्त हो गए कि अब तो हमारा नीतीश साम्प्रदायिक शक्तियों पर नियंत्रण लगाने का काम बिना किसी दबाव के कर सकेगा। हमें क्या पता था कि यह बिहार की राजनीति के बारे में हमारी गहरी नासमझी का सबसे बड़ा नमूना था!

हमें कुछ ज़्यादा चाहिए

जेडीयू से ज़्यादा सीटें जीतते ही आरजेडी की मंशा मंत्रिमंडल में जेडीयू से ज़्यादा सीटें पाने की होने लगी। नीतीश एक सीमा के भीतर ही रहकर कोई समझौता करने के लिए राज़ी था। तनाव रोज़-रोज़ बढ़ता जा रहा था। हालाँकि नीतीश और लालू के घरों के बीच की दूरी मुश्किल से एक सौ गज़ के आसपास थी लेकिन उनके दिलों की लगातार बढ़ रही दूरी का थाह लगाना इतना आसान नहीं था। पुराने अनुभवों से सीखकर नीतीश ने लालू से सीधी बातें न करके प्रशान्त को अपना सन्देशवाहक बनाया। अच्छी बात यही थी कि लालू को भी प्रशान्त की समझदारी पर पूरा भरोसा था। प्रशान्त मूलतः भोजपुरी इलाक़े से आते थे और लालू से मिलने जाने से पहले अपना होमवर्क बहुत अच्छी तरह कर लेते थे इसलिए सम्प्रेषण की कोई कठिनाई नहीं थी। 14 नवम्बर को नीतीश ने विधायक दल की बैठक रखी। वहाँ प्रशान्त को भी बुलाया गया। प्रशान्त की

शिकायत यह थी कि वे काम तो जेडीयू के लिए कर रहे थे जिससे गठबन्धन को ज़्यादा मज़बूती मिले लेकिन सरकार को सुदृढ़ बनाने के उनके प्रयासों की सार्वजनिक रूप से प्रशंसा लालू ही करते थे! अपने स्वभाव के अनुरूप इस बार भी पार्टी में उनके योगदान पर नीतीश ज़्यादा मुखर नहीं था लेकिन उन्हें समुचित सम्मान देने के लिए नीतीश सतत प्रयासरत था। बिना प्रशान्त की जानकारी के उन्हें कैबिनेट मंत्री का पद देने पर महागठबन्धन में सहमति बन गई थी पर प्रशान्त की अपेक्षाएँ कुछ अधिक ही थीं। क़यास लगाए जा रहे थे कि आरजेडी की ओर से कोई उपमुख्यमंत्री बनाया जाएगा। जेडीयू की तरफ़ से प्रशान्त अपने लिए भी ऐसा ही पद चाहते थे। नीतीश उनकी उपयोगिता ख़ूब समझता था और चाहता था कि सीधे प्रशासन के झमेले में न डालकर उन्हें कुछ नए, और राज्य के लिए उपयोगी, कामों में लगाया जाए। प्रशान्त और जेडीयू के कुछ ऐसे नेताओं, जो किसी ज़माने में लालू के भी बहुत क़रीब रह चुके थे, के सहयोग से बड़ी मुश्किल से बात बनी। स्थिति की गम्भीरता का अन्दाज़ा सिर्फ़ इसी बात से लगाया जा सकता है चुनावों के नतीजे तो 8 तारीख़ को ही आ गए थे पर शपथ ग्रहण के लिए 20 तारीख़ तय हो सकी। इतना समय मिल जाने से महागठबन्धन ने देश के कोने-कोने से अपने सहयोगी दलों के नेताओं को इस विराट आयोजन में आमंत्रित किया। उस दिन मौसम ठीक न होने पर भी गांधी मैदान में शपथ ग्रहण के लिए बनाए मंच पर राजनीति के सितारों की जगमगाहट से दर्शकों की आँखें चुँधिया रही थीं।

वहाँ पूर्व प्रधानमंत्री देवगौड़ा, प्रधानमंत्री का प्रतिनिधित्व करने के लिए दो केन्द्रीय मंत्री, क्रमश: वेंकैया नायडू तथा राजीव प्रताप रूड़ी, कांग्रेस पार्टी के उपाध्यक्ष राहुल गांधी के साथ उनकी पार्टी के लोकसभा और राज्यसभा के नेता गण, मल्लिकार्जुन खड़गे एवं ग़ुलाम नबी आज़ाद, जम्मू-कश्मीर से उमर अब्दुल्ला एवं उनके पिता फ़ारूक़ अब्दुल्ला, एनसीपी के सर्वेसर्वा शरद पवार,दिल्ली के मुख्यमंत्री अरविन्द केजरीवाल, पश्चिम बंगाल की मुख्यमंत्री सुश्री ममता बनर्जी, बीजेपी के नेता सुशील कुमार मोदी, दिल्ली की पूर्व मुख्यमंत्री श्रीमती शीला दीक्षित, सीपीएम के नेता सीताराम येचुरी सहित देश के कई बड़े नेता शामिल हुए। उत्तर प्रदेश के मुख्यमंत्री अखिलेश यादव, ओडिशा के मुख्यमंत्री नवीन पटनायक और असम के मुख्यमंत्री तरुण गोगोई के भी समारोह में शामिल होने की पक्की ख़बर थी। ख़राब मौसम की वजह से कुछ हवाई जहाज़ पटना में उतर ही नहीं पाए। फिर भी उस विशाल मंच पर जगह कम पड़ती दिख रही थी। लालू उस लम्बे-चौड़े स्टेज के एक छोर से दूसरे छोर तक लगातार चक्कर लगा रहे थे। वहाँ से सामने देखकर लगता था कि गांधी मैदान में तिल रखने तक की जगह नहीं बची थी। सभा में लालू का पूरा परिवार तथा नीतीश के घर

के सब लोगों के अलावा दोस्तों में मोटू नरेन्द्र, कौशल और अरुण आदि मौजूद थे। उपस्थित गण्यमान्य लोगों में विदेश से आए कई लोगों को देखकर लगा कि नीतीश की लोकप्रियता अन्तरराष्ट्रीय हो गई है। वहाँ हमें कई विदेशी लोगों के अलावा अमेरिका के सनफ्रांसिस्को शहर में रहने वाली, भारतीय मूल की सुश्री प्राची नॉडकर्णी दीपंकर भी मिलीं। किसी के आमंत्रण पर उनका पूरा परिवार, सिर्फ़ इस समारोह के लिए पटना आया हुआ था। सुश्री प्राची एवं उनके पति स्वप्निल ने पूछे जाने पर एक नई बात बताई—

'आज विदेशों में बसा हर हिन्दुस्तानी भारत की राजनीति के बारे में किसी भी सामान्य भारतीय नागरिक से कम जानकारी नहीं रखता। उसकी अभिरुचि अमेरिका की स्थानीय राजनीति की अपेक्षा भारत में हो रही घटनाओं में अधिक होती है क्योंकि उसके परिवार का एक बड़ा हिस्सा अब भी यहीं रहता है। इन दिनों अमेरिका में भारत के पीएम नरेन्द्र मोदी और उनकी पार्टी बीजेपी काफ़ी चर्चा में है। उनका प्रचार तंत्र भी बहुत आधुनिक लगता है। हम समझना चाहते थे कि आख़िर बिहार के वे कौन से लोग हैं जिनसे बीजेपी जैसी स्थापित और महत्त्वपूर्ण पार्टी पराजित हो गई! पिछले दो-तीन दिनों के बिहार प्रवास में एक बात तो हमारी समझ में आने लगी थी कि बिहार में नीतीश जी ने आम लोगों, ख़ास कर औरतों के लिए बहुत सारे अच्छे काम किए हैं जिनका पॉज़िटिव असर हमें हर ओर दिखा। राज्य की महिलाओं के बीच वे बहुत पॉपुलर लगे। मुझे यहाँ मैदान में जमा भीड़ को देखकर लगा कि उन्हें इस राज्य के नौजवानों से भी बहुत सम्मान मिलता है। इस राज्य का पिछड़ापन पूरी तरह से दूर करने के लिए यहाँ नीतीश कुमार जैसे ईमानदार और मज़बूत नेता की ज़रूरत है। हमें आज के इस ऐतिहासिक घटना के साक्षी बनने की बेहद ख़ुशी हो रही है।'

प्राची और स्वप्निल दीपंकर की गोद में नील नाम का उनका गुड्डे जैसा बच्चा लोगों के लिए कौतूहल का विषय बना हुआ था।

शपथ ग्रहण समारोह से सीधा प्रसारण

उस दिन नीतीश ने पूरी निष्ठा से पद तथा गोपनीयता की शपथ ली। लालू के छोटे बेटे, तेजस्वी यादव ने ठीक उसके बाद शपथ ली।

उस समारोह में नीतीश के बेटे निशान्त के साथ वाले सोफ़ा पर लालू की बेटी डॉ. मीसा भारती बैठी थीं। हम सबने पहली बार दोनों को साथ देखा था। डॉक्टर मीसा और निशान्त दोनों ही निहायत सौम्य प्रवृत्ति के और नई पीढ़ी के सही प्रतिनिधि हैं। दोनों की बातचीत बहुत सहज और स्वाभाविक हुई। हमें लगा कि अगर नीतीश और लालू के बजाय ये दोनों ही फ़ैसले लेने के लिए

अधिकृत होते तो मिनटों में ही सारे फ़ैसले हो गए होते! उस शाम नीतीश के घर में अतिथियों के लिए चाय-पानी की व्यवस्था की गई थी। वहाँ सभी गण्यमान्य नेताओं के साथ नीतीश के पुराने दोस्त, झारखंड के बीजेपी नेता सरयू राय और जेएमएम के नेता हेमंत सोरेन भी एक ही मेज़ पर बैठ गए जहाँ नीतीश के पास प्रशान्त पहले से बैठे हुए थे। नीतीश चाहता था कि प्रशान्त को धीरे-धीरे राजनीति में उतारा जाए। इसके लिए झारखंड के चुनाव से प्रयोग प्रारम्भ किया जा सकता था। पर प्रशान्त ने इसमें कोई अभिरुचि नहीं दिखाई तो नीतीश बहुत मायूस हो गया। वह प्रशान्त को अपनी राजनीति का वारिस बनाना चाहता था लेकिन प्रशान्त अड़ियल टट्टू साबित हो रहे थे। फिर भी नीतीश ने उम्मीद नहीं छोड़ी। उसने अपने हर अभियान में प्रशान्त को अपने साथ रखा। 27 नवम्बर को जेडीयू की दो दिनों की बड़ी बैठक राजगीर में हुई जहाँ नीतीश प्रशान्त को अपने साथ ले गए थे। वहाँ हुए गम्भीर विचार मंथन के बाद नीतीश प्रशान्त को साथ ही लेकर 29 नवम्बर को कल्याणबिगहा ले आया। उस दिन नीतीश के स्वर्गीय बाबूजी की पुण्यतिथि पड़ती है।

नीतीश मंत्रिमंडल में लालू प्रसाद के छोटे बेटे तेजस्वी यादव को उप-मुख्यमंत्री के अलावा पथ निर्माण, भवन निर्माण, पिछड़ा वर्ग एवं अति पिछड़ा वर्ग कल्याण मंत्रालय की ज़िम्मेदारियाँ भी दी गईं। उनके बड़े भाई तेज़ प्रताप यादव स्वास्थ्य, लघु जल-संसाधन और पर्यावरण एवं वन विभाग के मंत्री बने। सनद रहे कि ये दोनों पहली बार विधायक बने थे और बिना किसी पूर्व अनुभव के अत्यन्त महत्त्वपूर्ण विभागों के मंत्री बन गए थे। गठबन्धन धर्म का पालन करने के क्रम में नीतीश को सत्ता का बड़ा अंश दो ऐसे नौजवानों के हाथों में सौंपना पड़ा जिन्होंने अभी तक राजधर्म को अपने पिता की आँखों से देखा था।

हम इतने बेवक़ूफ़ नहीं

उन दिनों बीबीसी की एक रिपोर्ट के मुताबिक़ बीजेपी यह क़यास लगा रही थी कि चूँकि आनेवाले दिनों में सत्ता का रिमोट कंट्रोल लालू यादव के हाथों में रहेगा और उनके खूँटे के ज़ोर पर उछल रहे आरजेडी के मंत्री और विधायक लालू वाली अराजक कार्यशैली से बाहर निकल नहीं पाएँगे इसलिए बिहार की नई सरकार जल्दी ही गिर जाएगी। जान पड़ता है कि ऐसे आरोपों को झेलने के लिए लालू पहले से ही तैयार थे। 22 नवम्बर, 2015 को रविवार था। नीतीश ने उस दिन पटना में ही महागठबन्धन की ओर से प्रेस कॉन्फ्रेंस आयोजित की थी। लालू ने इस नई सरकार के बिखराव की सम्भावना के प्रश्न पर कहा था—

"हम इतने बेवक़ूफ़ नहीं कि आनेवाले ख़तरों को भाँप न सकें...अगर हमने अब ग़लती की तो जनता कभी माफ़ नहीं करेगी।"

जानकार लोग बताते हैं कि लालू अपने इस वायदे (कौल) पर बहुत दिनों तक क़ायम नहीं रह सके। यह सब देखकर नीतीश बेचैन हो गया। वह प्रशान्त के माध्यम से मामला ठंडा करना चाहता था पर प्रशान्त की तब तक ऐसी कोई औपचारिक हैसियत नहीं थी जिसके आधार पर उसकी बातों का वज़न माना जाए। नीतीश उन्हें कोई सम्मानजनक पद देने को लेकर गहरी सोच में पड़ा हुआ रहता था। धीरे-धीरे साल 2015 इन्हीं सब उधेड़बुन में बीत गया और आ गया नया साल। 1 जनवरी उसकी माताजी की पुण्यतिथि है। हर साल पहली जनवरी को नीतीश अपनी माताजी की याद में बेहद संजीदा और ग़मज़दा रहता है। 2016 की पहली जनवरी को भी वह मन से बेहद थका हुआ था। उस दिन वह अपने कुछ अभिन्न दोस्तों के साथ अपने गाँव कल्याणबिगहा जाकर माताजी के चरणों में पुष्पांजलि अर्पित कर आया। वह रास्ते भर इतना अन्यमनस्क था कि कब उसे ठंड लग गई, उसे पता तक नहीं चला। उसकी ज़रा सी भी तबीयत बिगड़ जाए तो वह पूरी शक्ति से काम न कर पाने की वजह से छटपटाने लगता है। इसलिए वह सात निश्चय को अमली जामा पहनाने के लिए जूझता रहा। अन्त में 4 जनवरी को जब उसने 'हर घर नल का जल' कार्यक्रम का पक्का ब्लू प्रिंट बना लिया तब जाकर उसे कुछ चैन पड़ा। इन्हीं काम के कम दबाव के दिनों प्रशान्त किशोर से हमने जाना कि उन्होंने बीजेपी या मोदी का साथ क्यों छोड़ा जबकि वहाँ उन्हें पूरी प्रतिष्ठा मिल रही थी। प्रशान्त किशोर प्रशासन में सिर्फ़ आईएएस का एकाधिकार घटाकर वहाँ प्रोफ़ेशनल की लेटर एंट्री चाहते थे। इनके इस विचार को गुजरात सरकार का समर्थन नहीं मिल रहा था। यही मुद्दा उनके गुजरात से मोहभंग होने का कारण बना।

नवम्बर में चुनाव के नतीजे आने के बाद से ही नीतीश मंत्रिमंडल गठन और सरकारी तंत्र को नई दिशा देने में व्यस्त था। वैसे तो शुरू से ही नीतीश किसी भी दृष्टि से अन्धविश्वासी नहीं रहा है न ही वह मुहूर्त आदि के पचड़े में पड़ता है पर अफ़वाहों का बाज़ार गर्म होता जा रहा था कि खरमास ख़त्म होते ही, यानी 14 जनवरी के बाद, वह कोई बम फोड़ेगा। इसी तरह की अटकलबाजियों में एक सप्ताह निकल भी गया। शायद यह संयोग ही रहा होगा कि प्रशान्त किशोर के मुख्यमंत्री के सलाहकार नियुक्त होने के बाद उनकी लेटरल इंट्री वाले प्रस्ताव को 28 जनवरी, 2016 को बड़े धूमधाम से अमली जामा पहनाया गया। उस दिन 'बिहार विकास मिशन' बनने की घोषणा हुई। नीतीश ने इस घोषणा के क्रम में कहा—

'सात निश्चय के साथ-साथ सुशासन के कार्यक्रमों को तेज़ गति व पारदर्शी तरीक़े से नई तकनीक के संग मिशन मोड में पूरा किया जाना ज़रूरी है। इसी उद्देश्य को ध्यान में रख बिहार विकास मिशन की स्थापना की गई है। जन आकांक्षा को पूरा किए जाने को लेकर सरकार कृतसंकल्पित है। यह ज़रूरी है कि विभिन्न विभागों के बीच बेहतर समन्वय, त्वरित निर्णय और प्रक्रियाओं का सरलीकरण हो। बिहार विकास मिशन विभागों को इस दिशा में आवश्यक सहायता प्रदान करेगा। इससे विभाग अपने काम के लक्ष्य को और अधिक तीव्रता से हासिल कर सकेंगे। ज़रूरत दृढ़ इच्छाशक्ति की है।'

नीतीश समझ रहा था कि अगर सही और दूरदर्शी प्लान बनाकर काम नहीं किया गया तो वह उन सपनों में रंग नहीं भर पाएगा जो उसने राज्य की जनता की आँखों में सँजोए थे। उसने सार्वजनिक रूप से 9 फ़रवरी, 2016 को कहा—

'बिहार में सड़क, शिक्षा, स्वास्थ्य और बिजली सहित अन्य क्षेत्रों में काफ़ी काम हुए हैं, पर अभी भी चुनौतियाँ बाक़ी हैं। बिहार के विकास के लिए काफ़ी कुछ किया जाना है।'

उसके मन में सात निश्चय के क्रियान्वयन की मथनी लगातार चल रही थी। 19 फ़रवरी, 2016 को सुशासन कार्यक्रम के तहत, मंत्रिमंडल ने मुख्यमंत्री नीतीश कुमार की अध्यक्षता में, 'सात निश्चय' योजना पर मुहर लगाकर उसे राज्य की प्रगति के लिए अश्वमेध का घोड़ा बनाकर मैदान में उतार दिया। इस कार्यक्रम को अगले पाँच सालों में अर्थात् 2020-21 तक पूरा किया जाना था। नीतीश ने बिना किसी देरी के बिहार विकास मिशन का छोटा, मगर बेहद कारगर दफ़्तर बनवाया। देश-भर से बेहद प्रतिभाशाली युवक और युवतियाँ इस मिशन से जुड़कर बेहद मौलिक काम करने लगे। प्रशान्त किशोर चाहते थे कि युवा समाज राजनीति को भी पेशा बना सकने की सम्भावनाओं पर गम्भीरता से विचार करें। उनकी कल्पना थी कि अगर राज्य में क़रीब चार हज़ार नौजवान गाँवों और पंचायतों में मुखिया आदि होंगे तो राज्य में सकारात्मक बदलाव ज़रूर आएगा। यह लोहिया और जेपी के क्रान्ति काल के पुनर्जीवन का स्वप्न था। जेपी की सम्पूर्ण क्रान्ति ने देश को नीतीश जैसे कई युवा नेता दिए थे।

ये कनफुसिया लोग

अब नई पीढ़ी के हाथों में नेतृत्व सौंपने की बारी नीतीश की थी। उसे प्रशान्त किशोर में अपना बीता हुआ कल दिखता था। जेडीयू में, या शायद हर राजनीतिक पार्टी में, सार्वजनिक मंच पर या पार्टी की बैठकों में, राजा के बग़ल वाली कुर्सी

पर बैठकर उसके कान में अंट-शंट फुसफुसाते रहनेवाला जनाधार विहीन नेता भी आम लोगों की नज़र में बड़ा महत्त्वपूर्ण माना जाने लगता है। राजा के मंच से हटते ही ऐसे व्यक्ति साइड हीरो से सीधे हीरो के रोल में आ जाते हैं। नीतीश इन कनफुसिया लोगों से बड़ा त्रस्त रहता था। उसने ऐसी सभाओं में प्रशान्त को अपने बग़ल में बैठाना शुरू कर दिया। इस नई व्यवस्था में पार्टी में कई पुराने महारतियों को तकलीफ़ हुई क्योंकि उन्हें अचानक मंच से उखड़कर नेपथ्य में जाना पड़ा था। उनमें से कुछ समझदार लोगों ने, जिनका अपना बड़ा जनाधार था, नई पीढ़ी के लिए जगह छोड़ दी। दुर्दशा उन नेताओं की हुई जो अपने आपको मज़बूत खूँटे मानकर अपनी पुरानी कुर्सी से अब भी चिपके हुए थे। नौजवानों को अधिक से अधिक समय देकर उनका मार्गदर्शन करने के कारण प्रशान्त उनमें लोकप्रिय होते जा रहे थे। पहले गुजरात और अब बिहार में उनकी सफल रणनीति का डंका देश-भर में बजने लगा था। कांग्रेस के लिए पंजाब और उत्तर प्रदेश में काम करने के लिए स्वीकृति देने के बाद प्रशान्त दिल्ली और पटना के बीच दौड़ लगाते रहे। पंजाब में कांग्रेस पार्टी जीत भी गई। बेशक उत्तर प्रदेश में ऐसा नहीं हुआ। इधर नीतीश अपनी नई ज़िम्मेदारियों को निभाने में जी-जान से लगा हुआ था।

जनता के दरबार में खड़ा मुख्यमंत्री

1 फ़रवरी, 2016 की सुबह एक अणे मार्ग, मुख्यमंत्री आवास के परिसर के पूर्वी-दक्षिणी हिस्से में लगनेवाले जनता दरबार में सवेरे से ही फ़रियादियों की बेहद अनुशासित क़तार बन गई थी। कई काउंटरों पर बैठे चुस्त-दुरुस्त नौजवान अपने आगे रखे कम्प्यूटरों पर आगन्तुकों के नाम, पते, शिकायत आदि दर्ज करके रजिस्ट्रेशन कर रहे थे। महिलाओं, अशक्तों, वृद्धों आदि के लिए अलग-अलग काउंटर बने हुए थे जहाँ लोगों को पहुँचाने के लिए स्वयंसेवकों की फ़ौज तत्पर खड़ी थी। काउंटर पर पहुँचते ही लोगों को फ़ौरन कम्प्यूटर पर छपी हुई पर्ची मिल जाती जिसमें उन्हें एक यूनिक नम्बर दिया जाता और यह बताया गया होता कि इस नम्बर के ज़रिये वे पता कर सकते हैं कि उनकी शिकायत पर सरकार ने क्या क़दम उठाए हैं। फ़रियादी के अन्दर पहुँचने पर उसे आदर सहित कुर्सी पर बैठाकर चाय-पानी के लिए पूछा जाता। गर्मी के दिनों में तो सत्तू और आम का पना भी हाज़िर रहता। नीतीश के साथ विभिन्न विभागों के मंत्रीगण तथा सभी वरिष्ठ अधिकारीगण की मौजूदगी में हर व्यक्ति की बात ग़ौर से सुनी जाती। इन सूचनाओं पर फ़ौरन कार्रवाइ के आदेश दे दिए जाते और उनके नियत समय में अनुपालन पर कड़ी नज़र भी रखी जाती। पहली फ़रवरी को नीतीश साढ़े नौ घंटों

तक लोगों की फ़रियाद सुनता रहा। उसने न जाने कितने बेबस और बेसहारा लोगों की पीठ पर हाथ रखकर उन बुझते दीयों में आशा की नई ज्योति फिर से जला दी। उसके करुणा भरे स्पर्श से न जाने कितनी जोड़ी आँखें गंगा-यमुना की धारा बनकर उसके दामन को तर कर गईं। सच में उसके आत्मीय स्पर्श में कोई जादू तो ज़रूर था क्योंकि जो भी नीतीश से मिलकर वापस गया, उसकी चाल में विश्वास की धमक और आवाज़ में भरोसे की खनक दूर से और देर तक सुनाई पड़ती रही। उस दिन उसने कुल 1007 लोगों की बातें पूरी गम्भीरता से सुनी और उनकी शिकायतों पर कार्रवाइ के आदेश भी दिए।

चचा ने उस दिन के बारे में अपनी डायरी में जो लिखा उसका मतलब हमारी समझ में यही आया कि उसकी नज़र में नीतीश हमारी तरह हाड़-मांस का बना कोई सामान्य इनसान नहीं, वह ज़रूरतमन्दों के लिए उपरवाले का नायाब तोहफ़ा है! उसको हिफ़ाज़त से चलते रहने में मदद करना हम सबका फ़र्ज़ है। नीतीश दूसरों के दुःख से कभी भागा नहीं, उसने दूसरों का दुःख अपना ही समझकर हमेशा भोगा है।

अकेला चना कैसे भाड़ फोड़े

चचा की इस बात का हमारे पास तो कोई जवाब नहीं है। नीतीश के साथ 2016 के आम चुनाव में नज़दीक से काम करते हुए हम सब एकमत हो गए कि नीतीश के दम पर यह जीत तो हो गई लेकिन ठेठ शब्दों में कहें तो जेडीयू की आर्थिक हालत फटीचर से भी बदतर थी। पैसों के मामले में बीजेपी का तो ख़ैर कहना ही क्या था, मगर इस मामले में आरजेडी और कांग्रेस हाथी जैसी भीमकाय सहयोगी पार्टियों के आगे जेडीयू की हस्ती अदना-सी चींटी थी! कहने को तो पार्टी के अध्यक्ष शरद यादव थे लेकिन पार्टी अपनी हर छोटी-से-छोटी ज़रूरत के लिए नीतीश का मुँह जोहा करती थी। उसे चन्दा उगाहने की कला शुरू से अब तक नहीं आ सकी थी। अपने विधानसभा और लोकसभा के चुनावों के लिए वह आरम्भ से ही पूरी तरह से दोस्तों की मदद पर निर्भर करता था, अगर मोटा पैसा कहीं से आ भी जाए तो वह बिदक जाता था और अड़ियल बैल की तरह पैर पटकते हुए जुआ उतारकर फेंकने के लिए तैयार हो जाता था। पार्टी चलाने और चुनाव लड़ने के लिए पैसे तो चाहिए थे। चुनावों में पैसों की अहमियत बढ़ती ही जा रही थी। अपने पैसे ख़र्च करके प्रत्याशी का प्रचार करनेवाले कार्यकर्ताओं की लुप्तप्राय हो रही जमात के बच गए एकाध लोगों की किसी को ज़रूरत भी शायद नहीं बची थी। वैसे भी अकेला चना भाड कहाँ फोड़ पाता है! चुनाव आते ही देश में राष्ट्रीय पहचान रखनेवाली हर बड़ी पार्टी

को स्वेच्छा से चन्दा देने के लिए उद्योगपतियों की क़तार सनातन काल से लगी रहती पर इस मामले में जेडीयू की पूछ दो कौड़ी की भी नहीं थी। झारखंड बन जाने के बाद बिहार में कोई उद्योग बचा ही नहीं था, शायद इस वजह से किसी बड़े उद्योगपति को बिहार की तरफ़ देखने की भी फ़ुरसत नहीं थी। हालाँकि नीतीश की पार्टी से राज्यसभा के सदस्य, नन्द किशोर सिंह (नन्दू बाबू), अपने 2008 से 2014 तक के छह साल के कार्यकाल में देश के कई जाने-माने उद्योगपतियों को बिहार तक लाने में सफल हुए थे पर तब तक उनमें से कोई यहाँ अपना उद्योग ज़माने को तैयार नहीं था। नन्दू बाबू एक ज़माने में (1998 से 2001 तक) प्रधानमंत्री अटल बिहारी वाजपेयी के सेक्रेटरी तथा ऑफ़िसर ऑन स्पेशल ड्यूटी रहने के बाद, लम्बे अरसे तक प्लानिंग कमीशन के सदस्य रहे। 2006 में नीतीश उन्हें बिहार स्टेट प्लानिंग बोर्ड का डिप्टी चेयरमैन बनाकर पटना ले आया था। दो सालों के बाद, जगह ख़ाली होते ही, नीतीश ने उन्हें राज्यसभा में भेज दिया था। नन्दू बाबू की जान-पहचान का दायरा असीमित था। दिल्ली में उनके लम्बे कार्यकाल के दौरान देश की हर बड़ी राजनीतिक पार्टी में उनके जाननेवालों की भरमार थी। बड़े लोगों से प्रगाढ़ परिचय के चक्कर ने उन्हें परेशान भी कम नहीं किया। 2008-09 में कुख्यात नीरा राडिया टेप मामले की लपेट में सिंह भी आए। शायद यह भी वजह होगी कि जेडीयू की ओर से राज्यसभा के उनके कार्यकाल का विस्तार नहीं हुआ। प्रशान्त यह सब जानते थे इसलिए वे चाहते थे इस बार राज्यसभा में ऐसे लोग भेजे जाएँ जो राज्य में नए उद्योगों को स्थापित करने के लिए कुछ कर सकें। 2016 के जुलाई महीने में जेडीयू के दो सांसदों, क्रमशः रामचन्द्र प्रसाद सिंह और शरद यादव, के राज्यसभा का छह वर्षों का कार्यकाल पूरा हो रहा था। 27 फ़रवरी को प्रशान्त ने अपनी बेबाक़ राय देते हुए इन दोनों या इनके जैसे लोगों के बदले इस बार नए लोगों को राज्यसभा में भेजने की बात कही। यह तो सीधे स्थापित व्यवस्था को चुनौती देनेवाली बात थी जिसका नतीजा जेडीयू में उन्हें छोड़कर सबको पहले से ही पता था! उन्हें शायद बिहार में गहरे पैठी जाति की जड़ की गहराई का ज्ञान नहीं था! बीजेपी वाले लालू और उनके परिवार पर भ्रष्टाचार के आरोपों की झड़ी लगाए हुए थे। सुशील मोदी के तरकश में लालू और उनके परिवार के ख़िलाफ़ न जाने कितने तीर थे जो रोज़ एक-एक करके निकलते ही जाते थे। अख़बार और मीडिया वाले ऐसी ख़बरों को लपकने और उसमें अपनी तरफ़ से कुछ मसाले मिलाकर छापने में हमेशा तत्पर रहते थे। अब सही वजह तो ठीक से नहीं पता, लेकिन आरजेडी ने जुलाई 2016 में बिहार से रामजेठमलानी को चुनकर राज्यसभा भेज दिया। याद रहे कि उन दिनों जेठमलानी की गिनती देश के शीर्षस्थ वकीलों में होती थी।

और मर्ज़र मिशन फेल हो गया

प्रशान्त कांग्रेसी बिसात बिछाने में लग गए। उन्होंने एक नए समीकरण की कल्पना भी कर ली। अगर केन्द्र में कांग्रेस और जेडीयू मिलकर एक हो जाएँ तो उनकी सम्मिलित संख्या (71 + 27 = 98) हो जाने से दूसरे दलों पर उनकी निर्भरता कम हो सकेगी। आरजेडी की ठसक फुस्स होकर रह जाएगी। ऐसा लगता है कि उन्होंने गोपनीयता बरतते हुए दिल्ली में बहुत उच्च स्तर पर यह वार्ता भी चलाई थी। उधर से शायद इस आशय का प्रस्ताव भी आया था कि अगर जेडीयू का विलय कांग्रेस में हो जाए तो नीतीश को कांग्रेस पार्टी में दूसरा सर्वोच्च स्थान दे दिया जाएगा। नीतीश साझेदारी के न्यूनतम कार्यक्रम (कॉमन मिनिमम प्रोग्राम) के आधार पर कांग्रेस के साथ कुछ दूर तक तो आने की बात सोच सकता था लेकिन विलय की बात? वह भी कांग्रेस जैसी परिवारवादी पार्टी के साथ? नीतीश वैसे दरिद्रों में नहीं था जो किसी लोभ या लालच में पड़कर अपनी नाज़ों से पाली इकलौती सन्तान को दूसरे कुल गोत्र की गोद में सदा के लिए छोड़ दे चाहे वह गोद कितनी भी समृद्ध क्यों न हो! नीतीश का राजनीतिक जीवन का वृक्ष कांग्रेस के विरोध की खाद से ही पनपा और परिपुष्ट हुआ था। अब वह उनके साथ विलय करके अपनी जीवन भर की कमाई को तिरोहित करने को तैयार नहीं था। बात आगे बढ़ ही नहीं पाई। चचा ने हम सबसे कहा—

'मैं तो शुरू से जानता था कि जेडीयू जैसी सेक्यूलर पार्टी का मर्ज़र हो ही नहीं सकता। तुम सब जानते ही नहीं कि मर्ज़र अंग्रेज़ी नहीं हिन्दी का लफ़्ज़ है। ठीक से पढ़ो तो समझोगे कि इसमें दो अलग-अलग लफ़्ज़ हैं, मर और जर। जिस पार्टी का मर्ज़र हो गया तो समझो कि पहले वह मरेगी फिर जरेगी (जलेगी) उसके बाद ही मर्ज़र सही माना जाएगा। अब जेडीयू ठहरी सेक्यूलर जिसमें हर मज़हब के लोग हैं और सब मरने के बाद जलाए नहीं जाएँगे। इसलिए जेडीयू का कभी पूरा 'मर-जर' हो ही नहीं सकता!'

इससे पहले कि प्रशान्त का मर्ज़र मिशन नीतीश के लिए मर्ज़ बन जाता, उसने काफ़ी सोच-समझकर 10 अप्रैल, 2016 को जेडीयू के राष्ट्रीय अध्यक्ष की कमान अपने हाथों में ले ली। यह इसलिए भी ज़रूरी था क्योंकि उसकी पार्टी में भी कुछ ऐसे पद-लोलुप लोग थे जो मलाई न मिलने के कारण दूसरी ओर कूदने को तैयार थे। पुराने राष्ट्रीय अध्यक्ष का परिप्रेक्ष्य राष्ट्र से हटकर बिहार की राजनीति की जोड़-तोड़ में सिमटने लगा था जबकि नीतीश जेडीयू को राष्ट्रीय स्तर की पार्टी बनाने के लिए कटिबद्ध था। कांग्रेस के साथ कोई नया समीकरण बनने की सम्भावनाओं को उसने पहले ही दरकिनार कर दिया था।

खाट पर चर्चा—खड़ी हो गई खाट

कांग्रेस के लिए प्रशान्त के वृहत प्लान से बस कुछेक बातें ही उठाकर अमल में लाई गईं। उसमें 'चाय पर चर्चा' की तर्ज़ पर 'खाट पर चर्चा' कार्यक्रम भी शामिल था। इन बैठकों से कांग्रेस को क्या फ़ायदा हुआ यह तो पता नहीं लेकिन बैठक ख़त्म होते ही, राहुल गांधी के चले जाने के बाद, लोग-बाग़ खाटें भी उठाकर चम्पत हो जाने लगे। यूपी विधानसभा की 403 सीटों पर 11 फ़रवरी से लेकर 8 मार्च, 2017 तक, 7 चरणों में हुए चुनावों के नतीजे अगले दिन ही आ गए। इसमें कांग्रेस को कुल जमा 7 सीटें आईं जबकि बीजेपी के 312 प्रत्याशी चुनाव में जीते! यूपी में कांग्रेस की इस शर्मनाक पराजय के बाद बिहार में प्रशान्त का जलवा फीका पड़ने लगा।

18 फ़रवरी, 2022 को नीतीश किसी राजनेता के पारिवारिक समारोह में शामिल होने दिल्ली गया था। सम्भवतः उस दिन दोपहर में बीजेपी के नेता भूपेन्द्र यादव की बेटी की शादी थी। उसी शाम प्रशान्त किशोर भी नीतीश से मिलने आए। यह बातचीत भी इन्हीं दोनों के बीच में रही। प्रशान्त ने बाद में कहा कि वे नीतीश की सेहत के बारे में जानकारी लेने गए थे। नीतीश को कुछ दिनों पहले ही कोविड हो चुका था। लेकिन दिल्ली में हुई इस मुलाक़ात से लगने लगा कि एक बार फिर से पुराने सूत्र जुड़नेवाले हैं। प्रशान्त के आगे कोई बड़ी चुनौती नहीं थी। उन्हें पता था कि नीतीश में अब भी राष्ट्रीय फ़लक पर उभर आने का दमख़म बाक़ी है। शायद दक्षिण, पश्चिम, उत्तर और पूरब की गद्दियों पर क़ाबिज़ मुख्यमंत्री को नज़दीक से जानने की वजह से उन्हें ऐसा लग रहा होगा।

इसी बीच अचानक अप्रैल 2022 में कांग्रेस और प्रशान्त की नज़दीकियों के क़िस्से आम होने लगे। सोनिया गांधी के परिवार में प्रशान्त की प्रतिष्ठा तो है ही। कहा जाता है कि 2024 में कांग्रेस कैसे अपनी खोई प्रतिष्ठा वापस पा सकती है, इस पर प्रशान्त ने लम्बी-चौड़ी कार्य योजना बनाकर कांग्रेस के शीर्ष पर बैठे नेताओं के सामने परस दी। यह भी अफ़वाह उड़ी कि प्रशान्त को कांग्रेस में शामिल करके बहुत महत्त्वपूर्ण पद दिया जा रहा है लेकिन ऐसा कुछ होते-होते ही रह गया जिसके पीछे बहुत कुछ कारण ऐसे थे जो अव्यक्त रह गए।

देखने हम भी गए थे पर तमाशा नहीं हुआ

30 अप्रैल, 2022 को रविवार था। कभी-कभी रविवार की शाम में रसमंजरिया पार्टी के लोग उसके घर पर, नीतीश के साथ बैठकर, चाय पीते हुए अनाप-शनाप गपियाते भी हैं। नीतीश के सरकारी घर में भी हम बेहद बेतकल्लुफी से आते-जाते

रहते हैं। उस दिन जब हम शाम में उसके घर गए तो पता चला कि वह दफ़्तर में किसी से मिलनेवाला है। हमारे कान खड़े हो गए! हम सुनते आ रहे थे कि प्रशान्त भी पटना में ही है। अगर नीतीश दफ़्तर में है तो वहाँ हम लोगों की नो इंट्री अपने आप हो जाती है। हम नीतीश के सरकारी आवास 7 नम्बर सर्कुलर रोड से बैरंग लौट रहे थे तो रास्ते में 1 अणे के बाहर प्रेस वालों का हुजूम दिख गया। पता चला कि नीतीश से मिलने पीके आनेवाले हैं। हम भी तमाशबीनों की जमात में शामिल हो गए। फिर पता चला कि मीटिंग नहीं होगी और नीतीश अपनी टीम के साथ किसी सरकारी काम का मुआयना करने निकल रहा है। हमने बहुत मायूस होकर चचा को यह ख़बर दी। उसने बस एक शेर पढ़ा और फ़ौरन फ़ोन काट दिया। शेर आप भी मुलाहिज़ा फ़रमाइए—

थी ख़बर गर्म कि ग़ालिब के उड़ेंगे पुर्ज़े,
देखने हम भी गए थे प तमाशा न हुआ।

प्रशान्त ने बाद में किसी टीवी चैनल पर कहा कि जब तक उन्होंने नीतीश के साथ काम किया तब उनका आपसी रिश्ता पिता-पुत्र का रहा। अब प्रशान्त ने बिहार में ही रहकर कुछ नया करने का कार्यक्रम बनाया है। अभी वे 'जन सुराज' की परिकल्पना लेकर बिहार में कई स्थानों पर जा रहे हैं।

प्रशान्त के पटना में होने की ख़बर सुनते ही चची बहुत भावुक हो गई। पिछले दो वर्षों से वे अपनी बड़ी माँ को दिखे भी नहीं थे। अचानक 23 मई को प्रशान्त धूमकेतु की तरह चची के आगे प्रकट हुए। उस सुबह चची ने अपनी पाक कला का शायद सर्वश्रेष्ठ प्रदर्शन किया होगा क्योंकि प्रशान्त ने पेट भरने लेकिन मन अतृप्त रहने की बात कई बार कही। उन्होंने प्रेम से नाश्ता किया और यह भी बताया कि वे 2 अक्टूबर, 2022 को पश्चिमी चम्पारण से बिहार भर की 3,000 किमी. पदयात्रा करने के लिए निकलेंगे।

उस दिन प्रशान्त अपने काम पर निकल गए लेकिन पीछे छोड़ गए यक्ष प्रश्न कि क्या नीतीश का अनुभव और प्रशान्त की ऊर्जा एक बार फिर से मिलकर नया बिहार बनाने का बीड़ा उठाने को तैयार है?

फिर वही पुराना साथ

लालू चारा घोटाले में दोषी पाए गए थे इसलिए वे न तो चुनाव लड़ सकते थे और न ही मुख्यमंत्री बनाए जा सकते थे इसलिए नीतीश ने उनके दोनों बेटे को कई महत्त्वपूर्ण विभागों में मंत्री बना दिया था। लालू के छोटे बेटे तेजस्वी यादव को, जो उप-मुख्यमंत्री थे, नीतीश ने अपने बहुत क़रीब रखकर प्रशासन के कई महत्त्वपूर्ण सूत्र समझाए। नीतीश ने यह बात कई बार कही थी कि तेजस्वी यादव में सीखने का माद्दा बहुत है और उनमें सफल नेतृत्व करने की क्षमता भी है। बस इन गुणों को तराशने और सही दिशा देने की आवश्यकता है। लेकिन लालू के साथ-साथ तेजस्वी सहित उनके परिवार के प्रायः सभी सदस्यों पर भ्रष्टाचार के आरोपों की बौछार होने लगी थी। नीतीश महागठबन्धन को और अधिक सशक्त बनाने के लिए कोई भी प्रयास नहीं छोड़ रहा था। उसे लगता था कि महागठबन्धन को सही रास्ते पर रखने की सबसे ज़्यादा क्षमता कांग्रेस पार्टी की ही है। इसलिए 10 फ़रवरी, 2017 को दिल्ली में पी. चिदंबरम की किताब 'फीयरलेस इन अपोजीशन : पावर एंड एकाउंटबिलिटी' के विमोचन के समय मंच से बोलते हुए उसने सामने बैठे हुए राहुल गांधी और मनमोहन सिंह की जोड़ी को बहुत साफ़ शब्दों में विपक्ष की एकता के लिए मिलकर काम करने को कहा था। एशियन एज नाम के प्रतिष्ठित अख़बार में 30 जुलाई, 2017 में पवन वर्मा का एक लेख छपा था जिसमें उन्होंने इसी अवसर पर नीतीश के भाषण के बारे में बताया है। उस लेख के मुताबिक़ नीतीश ने मंच से कहा कि विपक्ष की एकता में नेतृत्व का प्रश्न आड़े नहीं आएगा। फिर उसने राहुल गांधी की ओर इशारा करते हुए कहा कि आप एकीकृत विपक्ष की कमान सँभाल सकते हैं। उसने पूरी नेक नीयत से यह प्रस्ताव सार्वजनिक रूप से रखा था। लेकिन जब समारोह समाप्त हुआ तो बिना नीतीश से कोई संवाद स्थापित करने की कोशिश किए हुए ही राहुल गांधी अपने दल के साथ वहाँ से निकल लिए।

इससे पहले भी नीतीश ने पुराने समाजवादियों के साथ मिलकर विपक्षी एकता के लिए, मुलायम सिंह जैसे वरिष्ठ नेताओं के साथ मिलकर, दिल्ली में बड़ा प्रयास किया था। वह तो यहाँ तक मान गया था कि मुलायम सिंह की ही पार्टी और झंडे के तले सब एकजुट होकर खड़े हो जाएँ पर ऐन वक़्त पर मुलायम सिंह ने ही भाँजी मार दी। यही नहीं, बाद में बिहार में हुए चुनावों में महागठबन्धन के ख़िलाफ़ उन्होंने अपने प्रत्याशी भी खड़े किए।

जबसे महागठबन्धन की सरकार बिहार में बनी, उसके कुछ दिनों बाद से ही नीतीश का ध्यान प्रशासन से हटकर महागठबन्धन के अन्य सहयोगी दलों से आए मंत्रियों को प्रशासन की बारीकियाँ समझाने में व्यतीत हो रहा था। इस क्रम में उसकी समझ में कुछ बातें आईं जो गम्भीर थीं। उसे पहले तो यह लगा कि दूसरे दलों से आये अधिकांश मंत्रियों को मंत्रालय चलाने का अनुभव नहीं था इसलिए वे अपने काम के निष्पादन में अधिकतर सरकारी अधिकारियों पर निर्भर करते थे। दूसरी बात जो नीतीश के संज्ञान में आई वह बहुत चिन्ताजनक थी। उसे यह पता चला कि इनमें से कुछ मंत्रियों की मंशा काम सीखने की कम और मंत्री पद का लाभ लेने की अधिक है। उसके लिए यह असहनीय बात थी क्योंकि वह शुरू से भ्रष्टाचार के ख़िलाफ़ लड़ता आया था। नीतीश सार्वजनिक जीवन में शुचिता का पक्षधर रहा है। वह अपने पिता से, स्वतंत्रता आन्दोलन की विचारधारा से और बाद में समाजवादी आन्दोलन के मनीषियों के जीवन चरित्र से उसने यही सीखा और इसके साथ वह समझौता कर ही नहीं सकता है। वह एक मार्के की बात हमेशा कहता है कि कफ़न में जेब नहीं होतीं। कोई अपने साथ कुछ नहीं ले जाता। लोग दोनों हाथ से अन्धाधुन्ध धन बटोरने में लगे रहते हैं, सिर्फ़ ख़ाली हाथ जाने के लिए! इसलिए जीवन में लालच का स्थान होना ही नहीं चाहिए। वह गांधी जी की बताई हुई एक बात और कहता है कि पृथ्वी सभी मनुष्यों की ज़रूरतें पूरी करने के लिए पर्याप्त संसाधन प्रदान करती है, लेकिन लालच पूरा करने के लिए नहीं। वह चाहता है कि हर सरकारी दफ़्तर में गांधी जी के बताए सात सामाजिक पापकर्म की जानकारी सार्वजनिक रूप से हो। वे सात पाप कर्म हैं—(1) सिद्धान्तों के बिना राजनीति, (2) परिश्रम के बिना धन, (3) विवेक के बिना सुख, (4) चरित्र के बिना ज्ञान, (5) नैतिकता के बिना व्यापार, (6) मानवता के बिना विज्ञान और (7) त्याग के बिना पूजा।

नीतीश की सलाह

नीतीश ने बिहार विधानसभा परिषद में पहली बार मंत्री पद सँभाल रहे व्यक्तियों/विधायकों को प्रशिक्षित करने हेतु आयोजित गोष्ठी में उन्हें हर दिन कुछ नया सीखने की सलाह दी थी। उसने कहा था—

'मैंने सैकड़ों सांसदों और विधायकों से बातचीत की है। ख़ुद अपनी जानकारी के लिए मैंने यह अध्ययन किया और पाया है कि जो चुनकर आता है उसमें कोई न कोई ख़ासियत होती है, कोई न कोई विशिष्टता होती है, तभी वह दो लाख या 12 लाख लोगों की नुमाइंदगी करता है। आप सब जो स्वयं प्रतिभासम्पन्न हैं, आप सबमें विशिष्टता है, आपके व्यक्तित्व में ख़ासियत है, इसलिए उसको कोई पाठ हम पढ़ाएँ, ये मेरे लिए शोभा नहीं देता है। मनुष्य को हमेशा सीखना चाहिए। सीखने की प्रवृत्ति उसको आगे बढ़ाती है, अगर कोई यह समझ ले कि मैं सब कुछ जानता हूँ तो उसका विकास अवरुद्ध हो जाता है। मनुष्य में अगर यह विनम्रता हो कि उसे अभी बहुत कुछ जानना बाक़ी है वह राह चलते सीखने लगता है।'

नीतीश ने यह भी कहा—

'मैं शिक्षक तो हूँ नहीं, बस आपसे विमर्श कर रहा हूँ, अपने दायित्वों/ज़िम्मेदारियों पर ग़ौर करने के लिए...हम लोग पहली बार विधायक चुनकर आये थे तो उस समय विपक्ष के नेता थे स्व. जननायक कर्पूरी ठाकुर। तब ट्रेनिंग का प्रावधान तो नहीं था किन्तु, विधानसभा के अन्दर व बाहर उनकी एक-एक बात, एक-एक गतिविधि हमारे लिए अनुशासन, जन पक्षधरता और संसदीय लोकतंत्र में जनप्रतिनिधि के दायित्वों का जीवन्त उदाहरण थी। उन्होंने कहा था कि आख़िरकार यह अवसर मिला है इसका इस्तेमाल कीजिए, इसका उपयोग कीजिए, सदुपयोग करिए। उनसे ही हमने समझा था कि शिष्टाचार सबसे बड़ी पूँजी है। यह कोई ज़रूरी नहीं है कि आप आक्रामक लहजे में ही अपनी बात रखिये, आप विनम्र रूप में अपनी बातों को रखिएगा और अगर उसमें दम है तो उसका असर ज़्यादा होगा। ज़ुबान की आक्रामकता बहुत मायने नहीं रखती, तथ्यों की आक्रामकता होनी चाहिए। आप अपनी बातों को तथ्यों के आधार पर रखिए और तर्क की कसौटी पर उसको कसिए तो आप पाइएगा कि आप एक बेहतर विधायक साबित हुए हैं।'

विधायकों को नीतीश की कुछ सलाह तो सार्वभौमिक हैं। जैसे—

'एक मित्र के नाते, एक साथी के नाते हमारी एक सलाह है कि समय का सदुपयोग करें और नम्बर दो, नियमों के मुताबिक़ अगर आप अपनी बात कहेंगे तो मैं अपने तजुर्बे के आधार पर कहता हूँ आप ज़्यादा प्रभावी विधायक के रूप में उभर पाइएगा। अध्यक्ष का आदर अवश्य करना चाहिए, दूसरे माननीय सदस्यों का आदर ज़रूर करना चाहिए। अलग पार्टियाँ हैं, विचार भिन्नता है, ख़ास-ख़ास मुद्दों पर अलग-अलग राय है, पक्ष और प्रतिपक्ष की भूमिकाएँ अलग-अलग हैं, ये सब मज़बूती के साथ करनी चाहिए लेकिन व्यक्तिगत रूप से ज़रूर एक-दूसरे के प्रति सौहार्द का व्यवहार रखना चाहिए।'

नीतीश ने कई बातें कहने के बाद अन्त में कहा—

'अध्यक्ष के कक्ष में कोई चर्चा होती है उसका उल्लेख सदन में नहीं किया जाता है। ऐसा नहीं हो कि अध्यक्ष महोदय से कोई बातचीत हुई और आप सदन में जाकर वहाँ कहें कि अध्यक्ष जी आपसे तो यह बात हुई थी तो शायद यह बहुत बड़ी भूल आप करते होंगे।'

कर्पूरी जी के विचार

दिसम्बर 1984 की संसदीय पत्रिका में कर्पूरी ठाकुर ने 'विधायकों को प्रभावी कार्यक्रम के लिए सुविधाएँ' में जो लिखा था वह आज तक भी अनुकरणीय है—

'दलीय लोकतंत्र में राजनीतिक दल का उत्तरदायित्व बढ़ जाता है। वे देखें कि जिन उम्मीदवारों का वे चयन करते हैं वे कैसे हैं? वे कामचोर तो नहीं हैं, उन्हें पढ़ने-लिखने का ज्ञान है कि नहीं, ज्ञान अर्जन करने की इच्छा उनमें है कि नहीं? यह सब बातों को देखना राजनीतिक दल का काम है।

...यदि केवल विद्वानों को चुन लिया जाए तो इसमें भी काम नहीं चलेगा यदि केवल पैसे की शक्ति रखनेवाले अथवा लाठी की शक्ति रखनेवाले को उम्मीदवार बनाया जाएगा तो ख़ाक प्रभावी बनेंगे। जहाँ तक सुविधाओं का सवाल है आज की परिस्थिति में सबसे पहले समय की सुविधा मिलना अनिवार्य है जब समय ही नहीं है तो मेम्बर कैसे प्रभावकारी हो पाएँगे? इस समय परिस्थिति ऐसी है कि जो तैयार होकर आते हैं वे भी अपनी बात कहने में समर्थ नहीं हैं क्योंकि उनको बहुत सारे सवालों को उठाने का मौक़ा नहीं मिलता। हमारे यहाँ बहुत-सी महत्त्वपूर्ण समितियाँ हैं जो अत्यन्त महत्त्वपूर्ण प्रतिवेदन प्रस्तुत करती हैं किन्तु समयाभाव के कारण इन प्रतिवेदनों पर तथ्यपरक बहस का समय ही नहीं मिलता है।

समय की सुविधा के साथ-साथ स्वाध्याय और सूचना उपलब्धि की सुविधा भी मिलनी चाहिए। आज जो सामान्यजन सांसद या विधायक बनकर आते हैं उनके पास इतने साधन नहीं होते हैं कि वे इन सुविधाओं का उपयोग स्वयं कर सकें। सबसे ज़्यादा सुविधा सदस्यों को पठन-पाठन की मिलनी चाहिए। बिना परिश्रम किए वे विधानमंडलों में अच्छा काम नहीं कर पाएँगे।

...इतना ही कहना ठीक होगा कि विधायकों और सांसदों को अपना आचरण देखना चाहिए, अगर वे नैतिक मूल्यों की अवहेलना नहीं करेंगे तो वे मात्र अपने भाषणों से ही अपने आपको प्रभावकारी कर सकेंगे। लोग सोचते हैं कि कोई सदस्य हो, कोई मंत्री हो, हमसे क्या मतलब है? जागरुक जनता ही सांसदों, विधायकों को सही मायने में जनप्रतिनिधि बना सकती है।...ज्ञान की गठरी को

अपने सर पर लाद लेने से कभी सम्प्रेषण, अभिव्यंजना और अभिव्यक्ति की क्षमता नहीं बढ़ती, यह एक व्यक्तिगत गुण है।'

अगर आज कोई ग़ौर से देखे तो नीतीश में प्रायः वे सभी गुण मिल जाएँगे जिनका ज़िक्र कर्पूरी जी ने किया है। नीतीश की सतत चेष्टा रही है कि कम से कम उसके मंत्रिमंडल के सदस्य और उसकी पार्टी के विधायक इन गुणों को अपनी आदत बना लें।

महागठबन्धन की सरकार बनने के कुछ दिनों बाद से ही प्रशासन में एक अफ़वाह ने ज़ोर पकड़ना शुरू कर दिया कि आरजेडी के मंत्री और विधायक बिहार सरकार के घोषित एजेंडे पर काम करने की बजाय लालू से दिशा-निर्देश लेकर काम करते थे। नीतीश की सरकार के आगे लगातार नई परेशानियाँ खड़ी होने लगीं। यह तो नीतीश की आन्तरिक मुश्किलें थीं जिन पर धीरे-धीरे वह नियंत्रण कर रहा था। यह मुसीबत अकेली नहीं थी। कल तक उसके दोस्त रहे और आज विरोध में खड़े हो गए बीजेपी वाले भी उसकी सरकार की नाक में दम किए हुए थे। महागठबन्धन की सरकार के सत्ता सँभालने के बाद शायद ही ऐसा कोई दिन गया होगा जब बीजेपी के नेता सुशील कुमार मोदी ने लालू परिवार के ख़िलाफ़ भ्रष्टाचार का एक-न-एक आरोप न लगाया हो। यह अन्देशा भी था कि बीजेपी वाले नीतीश पर भी आरोप लगाने की कोशिश करेंगे लेकिन नीतीश का चरित्र इतना बेदाग़ रहा है कि उसके ख़िलाफ़ कुछ लिखा या कहा नहीं जा सका।

छुटती नहीं है मुँह से, ये काफ़िर लगी हुई

महागठबन्धन की सरकार के दौरान नीतीश ने अप्रैल, 2016 से बिहार में पूर्ण शराबबन्दी लागू कर दी। यह निश्चय नीतीश ने विधानसभा एवं विधानपरिषद् के सभी सदस्यों के साथ लिए गए शपथ के बाद बनाए गए क़ानून द्वारा लोगों तक पहुँचाया था। बिहार की जनता ने भी दुनिया की सबसे बड़ी मानव श्रृंखला बनाकर इस निर्णय को अभूतपूर्व समर्थन दिया था। 21 जनवरी, 2017 को 11,292 किमी. से भी लम्बी श्रृंखला में बिहार के 2.1 करोड़ से अधिक लोगों ने 45 मिनटों तक एक-दूसरे का हाथ पकड़कर शिरकत की। नशाबन्दी के समर्थन में हुए इस प्रभावशाली शपथ ग्रहण समारोह में लालू सहित महागठबन्धन के सभी नेता सम्मिलित थे लेकिन नशाबन्दी के इसी अभियान ने नीतीश के विरुद्ध स्वार्थी और शक्तिशाली लोगों का एक समूह खड़ा कर दिया। ऐसी कई अनपेक्षित समस्याओं के बावजूद नशाबन्दी के लिए नीतीश की हरचन्द कोशिशों के नतीजों की तारीफ़ प्रधानमंत्री सहित देश-भर के सभी बड़े नेताओं ने की। इसी

बीच 8 नवम्बर, 2016 को प्रधानमंत्री नरेन्द्र मोदी ने अचानक देश में नोटबन्दी लागू करने की घोषणा कर दी। देश का बड़ा तबक़ा इस झटके के लिए तैयार न था। इसके चलते लोगों को काफ़ी कठिनाइयों का सामना करना पड़ा। नरेन्द्र मोदी के इस क़दम की पूरी देश में बहुत आलोचना हुई तथा प्राय: सभी विरोधी राजनैतिक पार्टियों ने इसके औचित्य पर बहुत से प्रश्न उठाए। राष्ट्रीय स्तर पर नीतीश सम्भवत: अकेला ग़ैर-भाजपाई नेता था जिसने नोटबन्दी का खुलकर समर्थन किया। इस मामले में नीतीश का कहना था कि अगर यह क़दम भ्रष्टाचार और कालाधन के ख़िलाफ़ है तो राष्ट्र हित में अवश्य ही सराहनीय है। इसी प्रकार 1 जुलाई, 2017 केन्द्र सरकार नया कर क़ानून (जीएसटी) लगाकर देश में खलबली पैदा कर दी। नीतीश ने इसका भी समर्थन किया। नीतीश के इन क़दमों पर महागठबन्धन में विरोध के बुलबुले भी उठे लेकिन कालान्तर में वे अपने आप शान्त हो गए। मज़े की बात यह रही कि प्रधानमंत्री ने भी नशाबन्दी के लिए राज्य सरकार और नीतीश कुमार की बेशुमार तारीफ़ें कीं।

फिर से सीबीआई और इन्फोर्समेंट डायरेक्टर

उन्हीं दिनों लालू और उनके परिवार के ख़िलाफ़ सीबीआई और इन्फ़ोर्समेंट डायरेक्टरेट की जाँच चल रही थी। लालू के बड़े बेटे, तेज़ प्रताप यादव, जो पर्यावरण विभाग के मंत्री थे, बिहार का सबसे बड़ा मॉल पटना में बनवा रहे थे। कहा गया कि यहाँ से ख़ुदाई में निकली मिट्टी, बिना नियमों का पूरी तरह पालन किए, पटना के चिड़ियाघर में पाट दी गई है। भ्रष्टाचार के इन आरोपों में तेजस्वी यादव का नाम भी सामने आया। इसी बीच भीतरख़ाने से एक ख़बर निकलकर सामने आई जिसका ज़िक्र बीबीसी के वरिष्ठ पत्रकार सुरूर अहमद ने भी किया। उस ख़बर में जेडीयू के सूत्रों से यह बताया गया कि लालू ने अपने और अपने परिवार के ऊपर चल रहे मामलों में नरमी बरतने के लिए बीजेपी के सामने, अपने दो मंत्रियों के माध्यम से, एक प्रस्ताव रखा। प्रस्ताव यह था कि अगर केन्द्र सरकार लालू के परिवार के ऊपर चल रहे मामलों की आँच कम कर दे तो आरजेडी महागठबन्धन से हाथ खींच लेगी और नीतीश की सरकार धराशायी हो जाएगी। इसके बाद अगर बीजेपी सरकार बनाना चाहे तो उसे आरजेडी बाहर से समर्थन देगी। या फिर बीजेपी के सहयोग से, विधानसभा में सबसे बड़ी पार्टी होने के नाते, आरजेडी सरकार बनाने का दावा पेश करेगी।

नीतीश की चिन्ता आरजेडी के शीर्ष नेताओं के परिवार पर लग रहे भ्रष्टाचार के आरोपों की थी जिनके विरुद्ध क़ानूनी कार्रवाइयाँ शुरू हो चुकी थीं। नीतीश ने कई बार तेजस्वी यादव से कहा भी कि वे अपने ख़िलाफ़ लगाये गए भ्रष्टाचार

के मुद्दों पर सार्वजनिक रूप से सफ़ाई दे दें जिससे उनके साथ काम करने में सहूलियत बनी रहे। तेजस्वी ने अपना पक्ष सार्वजनिक करने में कोई अभिरुचि नहीं दिखाई। दोनों पक्षों के बीच तनाव बढ़ता ही गया।

2017 में ही देश में नए राष्ट्रपति का चुनाव होना था जिसमें एनडीए के उम्मीदवार रामनाथ कोविन्द थे। यूपीए ने उनके ख़िलाफ़ स्वर्गीय जगजीवन राम की सुपुत्री, कांग्रेस की मीरा कुमार को खड़ा किया था। यह स्वाभाविक माना जा रहा था कि महागठबन्धन यूपीए के प्रत्याशी का समर्थन करती लेकिन नीतीश की पार्टी ने रामनाथ कोविन्द का समर्थन कर दिया। पहले नोटबन्दी फिर जीएसटी और अब कोविन्द का समर्थन करके नीतीश ने यह तो जता ही दिया कि वह वही करेगा जो उसे न्यायसंगत और उचित लगेगा, चाहे वह महागठबन्धन के अन्य सदस्यों के इच्छा के विरुद्ध ही क्यों न हो।

जुलाई 2017 के शुरुआत से ही राज्य की राजनीति में गहमागहमी चल रही थी। 5 जुलाई, 2017 को सीबीआई ने लालू पर एफ़आइआर कर दिया। अचानक 7 जुलाई को लालू के कई ठिकानों, शायद 12, पर प्रवर्तन निदेशालय का छापा पड़ गया। हालाँकि नीतीश को इसकी ज़रा भी भनक नहीं थी लेकिन नीतीश से खार खाये बैठे कुछ विक्षुब्ध लोगों को लगा कि इसमें भी नीतीश की मौन सहमति रही होगी। इससे राज्य की राजनीति में तनाव और बढ़ गया। 12 या 13 जुलाई को सोनिया गांधी ने भी हस्तक्षेप करने की कोशिश की जिससे दोनों दलों में मन-मुटाव दूर हो सके। समझौते के लिए नीतीश ने तेजस्वी यादव को सार्वजनिक रूप से अपना पक्ष स्पष्ट करने को कहा था। नीतीश ने यह भी कह दिया था कि ऐसा न हो पाने की स्थिति में उसके लिए महागठबन्धन की सरकार आगे चला पाना सम्भव नहीं होगा। एक ओर जहाँ वह अपनी बात पर दृढ़ था वहीं तेजस्वी यादव भी अपना पक्ष सार्वजनिक करने के लिए तैयार नहीं थे।

सुनो-कहो-कहा-सुना—कुछ हुआ क्या?

इसके बाद 23 जुलाई को नीतीश दिल्ली जाकर भारत के राष्ट्रपति, प्रणब मुखर्जी, के विदाई के लिए प्रधानमंत्री की तरफ़ से दिए गए भोज में सम्मिलित हुआ। वह 2 दिनों के बाद यानी, 25 जुलाई, 2017 को, भारत के 15वें राष्ट्रपति के रूप में रामनाथ कोविन्द के शपथ ग्रहण समारोह में भाग लेने के बाद पटना लौट आया। लगता है कि इस दरम्यान उसकी दिल्ली में बीजेपी के नेताओं से ज़रूर कोई बात हुई होगी क्योंकि दिल्ली से पटना वापस आने के अगले दिन ही, यानी 26 जुलाई को, नीतीश ने राजभवन जाकर महामहिम केसरी नाथ त्रिपाठी को अपना इस्तीफ़ा सौंप दिया। नीतीश के इस्तीफ़ा देने की घोषणा के तुरन्त बाद प्रधानमंत्री

नरेन्द्र मोदी ने, भ्रष्टाचार के विरुद्ध लड़ाई में साथ देने के लिए, नीतीश कुमार को बधाई दी और यह भी कहा कि 125 करोड़ लोग उसकी ईमानदारी का स्वागत और समर्थन करते हैं। नीतीश के इस्तीफ़े की ख़बर मिलते ही बीजेपी के नेता सुशील मोदी ने नीतीश कुमार को बीजेपी के समर्थन का ऐलान कर दिया। इस ख़बर से भी लगने लगा कि नीतीश शायद फिर से एनडीए में शामिल हो जाए। नीतीश के इस्तीफ़े की ख़बर पाते चचा और चची उसके घर पहुँचे और उसके परिवार वालों को नीतीश के इस्तीफ़े की वजह तफ़सील से समझाई। उनकी नीतीश से मुलाक़ात नहीं हो पाई। पता चला कि ठीक उसी समय नई सरकार बनाने के लिए बीजेपी वाले उससे मिल रहे थे। ऐसा लगता है कि नीतीश और बीजेपी वालों ने यह फ़ैसला अचानक नहीं लिया होगा। यह बात सभी पार्टियाँ समझ रही थीं अगर अभी फिर से चुनाव हो जाएँ तो नीतीश की पार्टी की कुछ सीटें तो ज़रूर बढ़ जाएँगी लेकिन सरकार बनाने के लिए किसी भी एक दल को स्पष्ट बहुमत फिर भी नहीं मिलेगा। नीतीश के नेतृत्व के बिना किसी स्थायी सरकार की उम्मीद किसी को भी नहीं थी। इसलिए यह नया गठजोड़ फिर से हुआ। अगले दिन, यानी 27 जुलाई को, नीतीश ने एक बार फिर, छठी बार, मुख्यमंत्री पद की शपथ ली। सुशील कुमार मोदी फिर से उप-मुख्यमंत्री बने। 28 जुलाई को नीतीश ने विधानसभा में अपना बहुमत सिद्ध कर दिया।

महागठबन्धन छोड़कर नीतीश के फिर से एनडीए में जाने की कई प्रतिक्रियाएँ हुईं। प्रशान्त किशोर ने पार्टी के उपाध्यक्ष पद से इस्तीफ़ा दे दिया। प्रशान्त किशोर को इस बात की नाराज़गी थी कि बिना किसी से मशवरा किए हुए नीतीश ने इतना बड़ा क़दम कैसे उठा लिया। अरुण को भी ताज्जुब हुआ कि बिना कोई सुन-गुन हुए नीतीश ने यह क़दम कैसे उठा लिया। उसने चचा को फ़ोन करके स्थिति समझानी चाही। प्रशान्त की तरह शायद उसका भी ख़याल था कि कम से कम ऐसा बड़ा फ़ैसला लेने से पहले नीतीश को रसमंजरी के दोस्तों से मशविरा करना चाहिए था। चचा ने उससे पूछा कि क्या नीतीश ने इससे पहले कभी कोई भी राजनीतिक फ़ैसला दोस्तों से पूछकर लिया है? इस सवाल से हमारा पक्का दोस्त अरुण तो चुप हो गया लेकिन उसके अन्दर बैठा पत्रकार फिर भी सन्तुष्ट नहीं हुआ। कुछ दिनों तक काफ़ी तहक़ीक़ात करने के बाद वह इसी नतीजे पर पहुँचा कि उन परिस्थितियों में नीतीश के आगे इससे अच्छा विकल्प कोई और नहीं था। हमने इस विषय पर नीतीश से पूछा था कि ऐसा बड़ा फ़ैसला उसने अकेले कैसे कर लिया? बहुत इसरार करने पर उसने बताया कि यह फ़ैसला उसने अपने चार सलाहकारों के विस्तार से विवेचना के बाद लिया था। उसकी इच्छा तो थी कि सरकार भंग कर दी जाए और नए चुनाव करा लिए जाएँ। अगर जनता ने फिर से मौक़ा दिया तो बहुत ठीक नहीं तो वह विपक्ष में भी वैसे

ही बोलेगा और बैठेगा जैसे अटल बिहारी वाजपेयी संसद में विपक्षी दल की ओर से बोलते और बैठते थे। हमने बहुत खोजबीन की तो इन चार सलाहकारों की कुछ-कुछ हवा लगी! पहला नाम, जो हमारी समझ में आया, वे इसकी पार्टी के राज्यसभा के वे सदस्य थे जो आइएएस छोड़कर राजनीति में आए थे और लम्बे अरसे तक इसके क़रीबी लोगों में एक रहे थे। वे मोदी सरकार में केन्द्र में मंत्री भी बने और सब जेडीयू पार्टी छोड़कर बीजेपी की शरण में जा चुके हैं। दूसरा नाम नीतीश की पार्टी के राज्यसभा के एक और सांसद का होना चाहिए जो बहुत स्तरीय समाचार-पत्र के सम्पादक रह चुके हैं और राज्यसभा में असम्भव-सी लगने वाली ऊँचाइयों तक पहुँचे हैं। तीसरा नाम भी पत्रकारिता से ही जुड़ा हुआ लगता है जो नीतीश के दिल्ली के दिनों से उसके बहुत क़रीबी रहे हैं। उनकी विद्धत्ता का सदुपयोग देश के वर्तमान राष्ट्रपति तक करते रहे हैं। चौथा नाम शायद बिहार सरकार के उन माननीय मंत्री का होगा जो आज नीतीश के बेहद क़रीब हैं और नीतीश की पार्टी में आने से पहले अरुण जेटली के बेहद क़रीब और बीजेपी में बहुत सक्रिय रहे थे। इससे यह तो समझ में आता है कि इन चारों का बीजेपी से कुछ न कुछ लगाव रहा होगा इसलिए नीतीश को उधर खींचने में सफल हो सके।

बहरहाल, बिहार में एनडीए की नई सरकार फिर से बनने के बाद मंत्री पद के लिए कई नए प्रत्याशियों के नाम उछलने लगे। इस बार क़यास लगाए जा रहे थे कि पूर्व में नीतीश से अच्छे सम्बन्धों के कारण ज्ञानू इस बार मंत्री बनाए जा सकते हैं। नए मंत्रिमंडल में उन्हें स्थान नहीं मिला और देखते ही देखते ऐसे ही विधानसभा का पूरा काल बीत गया। 2020 में जब वे एक बार फिर से बीजेपी के टिकट पर बाढ़ से ही जीतकर विधानसभा में पहुँचे और एनडीए की सरकार बनी तो बहुत लोगों को लगा कि इस बार में ज्ञानू को मंत्री अवश्य बनाया जाएगा। दुर्भाग्यवश कुछ ऐसा हुआ कि बीजेपी ने नई सरकार में मंत्री पद के लिए ज्ञानू का नाम नहीं दिया। शायद इससे दुखी होकर ज्ञानू ने बीजेपी के प्रदेश नेतृत्व के ख़िलाफ़ ज़बरदस्त नाराज़गी जताई थी। उन्होंने कहा था कि मंत्री बनाए जाने के क्रम में जातीय एवं क्षेत्रीय समीकरणों का ख़याल नहीं रखा गया। पूरे मगध क्षेत्र से एक भी मंत्री नहीं बनाए जाने पर भी उन्हें बहुत आक्रोश था। कारण चाहे जो भी रहा हो, ज्ञानू के मन में सत्ताधारी लोगों से शिकायतें बनी रहीं।

मंत्री पद की अनोखी कहानी

यह सब जानने के बाद एक बात हमारे मन में ज़रूर आती थी कि आख़िर विधायक लोग मंत्री क्यों बनना चाहते हैं जबकि विधायक और मंत्री की तनख़्वाह

में ज़्यादा अन्तर नहीं है पर मंत्री का पद इतना आकर्षक क्यों होता है? इस प्रश्न का जवाब हमें दिया विक्रम कुँवर ने। उन्होंने बताया—

'पहले यह जान लीजिए कि मैं मंत्री तो अवश्य रहा लेकिन मेरे पास पटना में अपना घर नहीं है, किराए के मकान में रहता आया हूँ। मैं पहले साल भर योजना और विकास विभाग का राज्यमंत्री रहा, मेरे ऊपर कोई कैबिनेट मंत्री थे नहीं। साल भर बाद मंत्रिमंडल में फेरबदल हुआ। एक तत्कालीन कैबिनेट मंत्री जी योजना और विकास विभाग के कैबिनेट मंत्री बनाए गए। वे मेरे कमरे में आ गए और उन्होंने मुझसे कहा कि वे राजा के (कैबिनेट) मंत्री हैं जबकि मैं राज्यमंत्री हूँ। फिर उन्होंने पहले बताया कि वे इससे पहले जहाँ मंत्री थे, वहाँ पुष्ट भोजन था फिर मुझसे इस विभाग में कम से कम भरपेट नाश्ते का प्रबन्ध कराने की बात कही! उन्हीं की सलाह पर विभाग में उन लोगों की लिस्ट बनी जो पिछले तीन-चार सालों से एक ही जगह पर पदस्थापित थे। इस क्रम में कुल 70 हज़ार रुपयों की उगाही हुई जो मैंने मंत्री जी के पीए को पकड़ा दिए। मंत्री जी ने पहले तो निराशा व्यक्त करते हुए कहा कि बस इतना ही हुआ, फिर बहुत उदार होकर उन्होंने मुझसे कहा कि कुछ आप भी रख लीजिए। मैंने मना कर दिया। शाम को मैं लालू जी के दरबार में पहुँचा तो मुझसे पहले ही यह ख़बर वहाँ पहुँच गई थी! मैंने भी सब बात साफ़-साफ़ बता दी। मेरे मंत्री जी भी वहीं पहुँचे हुए थे, वे नाराज़ होकर निकल गए। मैं देर रात गए जब भात-मछली खाकर वहाँ से निकला तो देखा कि तब भी बाहर गाड़ी में मेरे मंत्री जी बैठे हुए थे। वे बेहद डरे हुए थे। मैं बाद में उन्हें लेकर लालू जी से मिला। उन्होंने पार्टी फ़ंड के लिए पैसे लेने का बहाना बनाकर अपनी जान बचाई।

अगर आप मेरी नज़र से मेरे जीवन काल के बिहार राज्य के राजनेताओं को देखेंगे तो आप भी मानेंगे कि श्री रामानन्द तिवारी, श्री कर्पूरी ठाकुर, श्री नीतीश कुमार जैसे समाजवादी और श्री कैलासपति मिश्र तथा श्री गोविन्दाचार्य जैसे दक्षिणपंथी लोगों की राजनीति बिलकुल निष्कलंक रही है। ऐसे ही कुछ वामपंथी नेता भी अवश्य ही होंगे। उनकी ज़िन्दगी का आर्थिक पक्ष बिलकुल पारदर्शी रहा है। मेरा अपना अनुभव रहा है कि मंत्री बनने के लाभ तो नगण्य हैं लेकिन उस पद की ज़िम्मेदारियाँ ईमानदारी से निबाहने में दाँतों से पसीना छूट जाता है। कुछ की गिनती आप भी कर लीजिए।'

विक्रम उँगलियों पर गिनती कराते हैं—

'सबसे पहले मंत्री बनते ही पूरे राज्य की जनता की आपसे अपेक्षाएँ बढ़ जाती हैं। आपके क्षेत्र के लोगों की उम्मीदें तो गगनचुम्बी हो जाती हैं। इनमें अधिकांश लोगों के पास या तो असम्भव काम के लिए पैरवी होती है या फिर नाजायज़ काम के लिए! मैंने आपसे अभी जिन नेताओं के नाम लिए, उनके

चारों ओर ईमानदारी का अभेद्य आभामंडल उनके पास ग़लत काम के लिए कहनेवाले लोगों को फटकने ही नहीं देता, पर साधारणतः मंत्रियों के आसपास फ़ालतू मँडरानेवालों की संख्या बढ़ती ही जाती है।

दूसरी बात कि अपने काम को गम्भीरता से लेनेवाला मंत्री कभी पूरी तरह से स्वस्थ नहीं रह सकता है, न शरीर से और न मन से! चाहे कितना भी सबल व्यक्ति क्यों न हो, उसे मंत्री बनाकर देखिए। अगर वह कर्तव्यपरायण और ईमानदार व्यक्ति है तो वह ज़रूर ही बीपी और शुगर का पेशेंट हो जाएगा क्योंकि उसके खानपान, व्यायाम और ध्यान का सिलसिला चौपट हो जाता है। मैं ख़ुद ही कभी न बीमार पड़नेवाला हट्टा-कट्टा नौजवान था जिसके दोस्त पत्रकार और अन्य बुद्धिजीवी हुआ करते थे। मंत्री बनने के बाद अपने कार्यक्षेत्र के बाहर मैं सबसे ज़्यादा डॉक्टरों से ही मिला।

तीसरी बात यह कि दलबदल विधेयक के पास होने से पहले तो मुख्यमंत्री जी विधायकों और उनसे ज़्यादा मंत्रियों की इज़्ज़त करते थे कि पता नहीं कौन और कब पलटी मारकर सरकार की चूलें हिलाकर रख दे! इस क़ानून के आने के बाद से तो क्या विधायक और क्या मंत्री, सबकी हैसियत में बहुत गिरावट आई है। कई तो चिढ़कर अपने आपको आदेश पाल जैसा कुछ घोषित कर देते हैं।

चौथी और सबसे ख़तरनाक बात कि आपके पास न तो परिवार के लिए समय बचता है और न ही लिखने-पढ़ने के लिए। आप देखेंगे कि किसी भी जीवन्त और चैतन्य व्यक्ति को सदा के लिए कुंठित करने के लिए यह अकेला विष ही काफ़ी है।

पहले विधायकों के सरकारी घरों में अपनी समस्याओं के समाधान के लिए क्षेत्र के लोग झुंड में आते थे। थोड़ी-सी जगह में ही सब ख़ुशी-ख़ुशी रात बिता लेते थे। इन को साथ ले जाकर विधायक भी ताल ठोंककर मंत्री जी से अपना जायज़ काम करा लेते थे। उन दिनों विधायकों के आ जाने से मंत्री जी भी उनकी बात गम्भीरता से लेते थे। अच्छे मंत्रियों से नौकरशाही दबती थी और उनका सम्मान भी करती थी। सरकारी तंत्र में जैसे-जैसे घूसख़ोरी बढ़ी, वैसे ही अनुपात में जनप्रतिनिधियों की पूछ घटी। सरकारी अधिकारियों ने मंत्रियों की आज्ञा की अवहेलना शुरू कर दी। इस बात को लेकर भी ख़ूब हाय-तोबा मची कि सरकार पूरी तरह अधिकारियों के हाथ में चली गई है। जनप्रतिनिधियों की कोई सुनता ही नहीं है। इतना सब कुछ हो जाने के बाद भी अब भी मंत्री पद में काफ़ी रस के अलावा थोड़ी-बहुत प्रतिष्ठा बची हुई है जिस कारण प्रायः सभी विधायकगण मंत्री बनने के लिए लालायित रहते हैं। मंत्री पद मिलते ही चमचमाती हुई गाड़ी के अलावा व्यक्तिगत सुरक्षा के नाम पर बन्दूक़धारियों की गारद मिल जाती है। पहले गाड़ी में भक-भुक करनेवाली लाल बत्ती लगी होती

थी और भीड़ वाले इलाक़े से गुज़रने पर सायरन बजाने की सुविधा भी होती थी। दूर से ही पता चल जाता था कि देवता तुल्य माननीय मंत्री जी पधार रहे हैं! अब ये सुविधाएँ बन्द हो जाने से मंत्रीगण मणिविहीन नाग की भाँति लगने लगे हैं। फिर भी, अभी भी मंत्री जी को मिलता है बड़े अहाते वाला बड़ा-सा बँगला, जिसमें कुछ एकड़ में खेतीबाड़ी होती है। थोड़े ही दिनों में उस विशाल परिसर में गौ पालन और गाय के शुद्ध दूध का व्यवसाय शुरू हो जाता है। यह अकेला कृत्य नेताजी की काली कमाई को दूध की तरह सफ़ेद करने का बहुत सहज और सर्वमान्य तरीक़ा है। मंत्री बनने से मंत्री जी के सारे रिश्तेदारों, विशेष रूप से ससुराल वालों का सामाजिक स्तर तो एकदम से बहुत ऊँचा हो ही जाता है। इनमें से चतुर सुजान लोग मंत्री जी का नाम बहुत आराम से भुना लेते हैं। हर होशियार मंत्री पहली बार ही, वह भी जल्द से जल्द, कम से कम इतनी कमाई तो ज़रूर कर लेता है कि पिछले चुनाव के सारे क़र्ज़ उतर जाते हैं और अगले कुछ चुनावों तक उन्हें पैसों की कमी नहीं रहती। पहले यह भी सुनने में आया था कि व्यापारी क़िस्म के लोगों ने पैसे देकर पार्टी के टिकट लिए, पैसे लुटाकर चुनाव जीते और पैसों के बल पर ही मंत्री पद भी ख़रीद लिए! मंत्रियों की एक बड़ी छोटी-सी ऐसी बिरादरी भी है जो सिर्फ़ समाज सेवा के लिए राजनीति में है। समय इन्हें मंत्री की कुर्सी पर उछालकर बैठा देता है। ये लोग निर्विकार होकर दी गई ज़िम्मेदारी निबाहते रहते हैं और समय पूरा होते ही अपना बोरिया-बिस्तर समेटकर किनाराकशी कर लेते हैं। ये लोग काल के कपाल पर अमिट हस्ताक्षर हैं। मैंने नीतीश जी के साथ पहले जिनके नाम लिए, ये वैसे ही लोग हैं। इनकी एक और ख़ास बात रही है। इन सबने कर्मठ और ईमानदार सरकारी अधिकारियों पर विश्वास जताकर उनका दिल जीता है। इसकी वजह से इनके विभागों की सरकारी योजनाएँ हमेशा सफल रहीं।'

विक्रम कुँवर ने मंत्री और सरकारी तंत्र के बारे में बातों को जो एक नई दिशा दी वह नीतीश के सन्दर्भ में हमें भी बिलकुल सही लगी। नीतीश जैसे समाजवादी नेताओं को अपने काम की सार्थकता साबित करने के लिए किसी से प्रमाणपत्र लेने की आवश्यकता नहीं पड़ती। नीतीश ने 2005 के नवम्बर महीने में जब बिहार की बागडोर सँभाली थी तब से वह कृषि के चौतरफ़ा विकास के लिए काम कर रहा था। जब कृषि की गाड़ी पटरी पर आती नज़र आई तो उसने बिहार में उद्योगों के स्थापना के लिए गम्भीरता से कोशिशें शुरू की। उसके आगे इस दिशा में पहली समस्या बिजली की थी। हर उद्योग को बड़ी मात्रा में और अबाध बिजली की आवश्यकता होती है। नीतीश ने इस दिशा में क्रान्तिकारी क़दम उठाए और अब राज्य के हर कोने में पर्याप्त मात्रा में अबाध बिजली उपलब्ध है। अब रही दूसरी बात कि उद्योगों से निकले उत्पादों

को एक स्थान से दूसरे स्थान शीघ्रातिशीघ्र कैसे पहुँचाया जाए। अर्थात् मज़बूत और विश्वसनीय परिवहन व्यवस्था के बिना उद्योगों का अस्तित्व में आना बहुत आसान नहीं था। नीतीश केन्द्र सरकार में रेल और परिवहन मंत्री रह चुका था। उसे इन विभागों पर उद्योगों की निर्भरता अच्छी तरह पता थी। फिर चाहे सड़कें हों या भूकम्परोधी भवन, अन्य आधारभूत संरचना हो या उद्योग, इन सभी क्षेत्र में नवाचार की अहमियत भी उसे बख़ूबी मालूम थी। अपने अनुभवों के आधार पर उसे इस बात की भी गहरी समझ थी कि परिवहन में क्रान्ति लाने के लिए अगली छलाँग मेट्रो रेल पर सवार होकर ही लगाई जा सकती है। उसने यह भी देखा था दुनिया में सबसे आधुनिक परिवहन व्यवस्था जापान में है। रेलवे की कई परियोजनाओं में उसे जापान की सरकार और अन्य संस्थाओं से सहयोग लेने का मौक़ा मिला था। बिहार में भी जापान की मदद से कुछ योजनाएँ चल ही रही थीं। नीतीश ने 2017 में जापान के सहयोग से मेट्रो के अलावा अपने राज्य में पूँजी निवेश, सड़क, भवन निर्माण, अन्य आधारभूत संरचना, पर्यटन और औद्योगिक क्षेत्र में सम्भावनाओं की तलाश करने की बात बड़ी शिद्दत से उठी। इस बीच जापान सरकार से उसे जापान आने का आमंत्रण मिला।

जापान का जादू

यहाँ एक बार फिर ऊपरवाले ने उसकी मन की इच्छा अनायास ही पूरी कर दी। राज्य सरकार ने उसके साथ एक शिष्टमंडल की जापान यात्रा की सारी औपचारिकताएँ पूरी करवाई। 2018 की 19 फ़रवरी, सोमवार की सुबह नीतीश और बिहार के सड़क परिवहन मंत्री नन्दकिशोर यादव एक छोटे से शिष्टमंडल के साथ जापान की राजधानी टोक्यो पहुँचे। टोक्यो पहुँचने पर पहले तो जापान में भारत के राजदूत सुजान आर चिनॉय ने नीतीश और उसके दल का भव्य स्वागत किया। उसके बाद जापान के विदेश राज्य मंत्री कजायुकी नकाने ने भारतीय दल के सम्मान में लंच आयोजित किया। लंच के दौरान नीतीश ने भारत और जापान के आपसी सम्बन्धों की चर्चा करते हुए कहा कि ये शुरू से मैत्रीपूर्ण रहे हैं और वैश्विक परिदृश्य में एक नई उँचाई को छू रहे हैं। इस बार उसके साथ शिष्टमंडल में मुख्य सचिव अंजनी कुमार सिंह और प्रधान सचिव अमृत लाल मीणा के अलावा सचिव स्तर के अधिकारी चंचल कुमार, डॉ. एस. सिद्धार्थ और अतीश चन्द्रा थे। इनके अलावा वरिष्ठ पुलिस अधिकारी बच्चू सिंह मीणा, मुख्यमंत्री के साये की तरह साथ रहनेवाले ओएसडी डॉ. गोपाल सिंह, बिहार इंडस्ट्रीज एसोसिएशन के अध्यक्ष केपीएस केशरी व नीतीश से बेहद नज़दीकी से जुड़े समाजसेवी व्यवसायी ओपी साह भी साथ थे। इससे पहले ओपी साह

नीतीश के साथ शिष्टमंडल में चीन अपने ही ख़र्च पर गए थे। इस बार भी उन्होंने अपना सारा व्यय स्वयं वहन किया था। साह ने बताया—

'मुख्यमंत्री जी के साथ की जापान यात्रा हमारी चीन यात्रा से भी ज़्यादा दुरूह रही क्योंकि कम से कम समय में ज़्यादा से ज़्यादा काम कर लेने की उनकी आदत जापान में और भी परवान चढ़ गई। जापान के लोगों की कर्मठता और शिष्टता ही इसकी वजह रही होगी। वहाँ के लोगों के साथ विमर्श करने का तरीक़ा बड़ा सरल था—कम से कम शब्दों में अधिक से अधिक निष्कर्ष और फ़ैसले। हाँ, खाने-पीने और सोने-जागने का सिलसिला ऐसा ख़राब हो गया कि माननीय मुख्यमंत्री जी को छोड़कर हम सबके चेहरों पर हमेशा सवा बारह ही बजे रहते थे। बस, उन्हीं का एक चेहरा था जो सवेरे से रात तक हमेशा दमकता रहता था! उनकी ऊर्जा से ही शायद हम लोग भी घिसट-घिसटकर चल पा सके थे।'

नीतीश के साये की तरह उसके साथ रहनेवाले ओएसडी डॉ. गोपाल सिंह ने बताया कि 19 फ़रवरी को जापान के विदेश राज्य मंत्री के लंच के बाद नीतीश अपने शिष्टमंडल के साथ जापान के प्रधानमंत्री शिंजो आबे से सौहार्दपूर्ण वातावरण में मिला। शिंजो आबे ने मुलाक़ात के क्रम में भारत और जापान के दीर्घकालीन रिश्तों पर चर्चा करते हुए कहा कि दोनों देशों के सम्बन्ध सदा से मैत्रीपूर्ण रहे हैं। नीतीश ने शिंजो आबे को जापान आमंत्रण के लिए धन्यवाद दिया और बताया कि बिहार न्याय के साथ विकास के पथ पर अग्रसर है। उसने शिंजो आबे से यह भी अनुरोध किया कि वे जब भी भारत आएँ तो अपने बहुमूल्य समय में से कुछ समय बिहार के लिए अवश्य निकालें। इसके बाद उसने जापान के प्रधानमंत्री को विस्तार से अपनी जापान यात्रा का मक़सद बताया। उसने कहा कि वह सिर्फ़ सहयोग माँगने के लिए नहीं बल्कि प्रगाढ़ सम्बन्धों को दृढ़ता प्रदान करने के लिए आया है। जापान में बौद्ध धर्मावलम्बियों की संख्या दुनिया में चीन और थाईलैंड के बाद तीसरे नम्बर पर है जहाँ से बहुत बड़ी संख्या में श्रद्धालु बिहार आकर बुद्ध भगवान के जीवन से जुड़े बोधगया और राजगीर जैसे स्थानों के दर्शन करते हैं। इसलिए चिरकाल से जापान के साथ बिहार का विशेष रिश्ता है। नीतीश ने जापान के प्रधानमंत्री के साथ बिहार में पर्यटन, कृषि, खाद्य प्रसंस्करण की अपार सम्भावनाओं पर विस्तृत चर्चा की। उसने बुद्ध सर्किट को जोड़े जानेवाले हाई स्पीड रेल लिंक की बात की और उसे पीस (शान्ति) कॉरिडोर के रूप में विकसित करने के सम्बन्ध में तकनीकी सहयोग की अपेक्षा जताई।

नीतीश ने दोनों देशों के बीच मैत्रीपूर्ण रिश्तों पर विस्तार से चर्चा करते हुए कहा कि भारत के प्रधानमंत्री और जापान के प्रधानमंत्री की आपसी यात्राओं से

दोनों देशों के बीच सम्बन्धों में प्रगाढ़ता बढ़ी है। उसने जापान के प्रधानमंत्री को बताया कि जापान इंटरनेशनल को-ऑपरेशन एजेंसी के माध्यम से पटना को गया, बोधगया, राजगीर, नालन्दा को जोड़ने का काम चल रहा है, जिसे वैशाली तक बढ़ाने की आवश्यकता है। इससे दोनों देशों के बीच पर्यटन की सम्भावना को और अधिक बल मिलेगा। मुख्यमंत्री ने जापान के प्रधानमंत्री को इसके लिए धन्यवाद भी दिया। चर्चा के दौरान पटना मेट्रो के डीपीआर एवं नालन्दा विश्वविद्यालय में जापान के सहयोग को लेकर भी चर्चा हुई।

उसी दिन प्रधानमंत्री से मिलने के बाद नीतीश जापान के विदेश मंत्री तारो कोनो से भी मिला। इस मुलाक़ात में भी दोनों देशों के परस्पर सम्बन्धों पर विस्तृत चर्चा हुई। बातचीत के क्रम में नीतीश ने बिहार और जापान के बीच सीधी विमान सेवा शुरू करने के बारे में विचार करने को कहा और इस क्रम में यह भी बताया कि इससे जापान के नारा और बिहार के आपसी सम्बन्ध और मज़बूत होंगे। ध्यान रहे कि नारा जापान के प्रान्त नारा प्रिफैक्चर की राजधानी है। नारा 8वीं सदी तक तो जापान देश की राजधानी रहा ही है, साथ ही वहाँ बौद्ध धर्म का भी आज तक बहुत बड़ा केन्द्र है। ज़ाहिर है कि नारा और बिहार के हवाई मार्ग से सीधे जुड़ जाने से दोनों ही देशों के बुद्धिष्ट पर्यटकों को बहुत सुविधा होगी। नीतीश ने यह भी कहा कि बिहार में जापान के सहयोग से इंडस्ट्रियल सेंटर बनने से लोगों के लिए रोज़गार के नये अवसर पैदा होंगे। जापानी निवेशकों को बिहार में पूँजी लगाने के बारे भी गम्भीर और सार्थक बातें हुईं। इस बातचीत के समाप्त होते-होते शाम हो गई। नीतीश भारतीय दूतावास लौट आया तो उसके साथ मुँहअँधेरे से दौड़ लगाकर थक चुके शिष्टमंडल को लगा कि अब तो राहत की साँस ली जा सकती है! लेकिन नीतीश ने वहाँ पहले से ही अन्तरराष्ट्रीय हाई स्पीड रेलवे एसोसिएशन के अध्यक्ष मासाफुमी शुकुरी से बैठक तय कर रखी थी। मासाफुमी शुकुरी को नीतीश ने बुद्धिस्ट केन्द्रों को जोड़ते हुए पीस कॉरिडोर के रूप में हाई स्पीड रेलवे को विकसित करने की बात पर अपने विशेषज्ञों के साथ आकर प्री सर्वे करने का आमंत्रण और सुझाव दिया। नीतीश के अति व्यस्त दिन की कहानी यहीं ख़त्म नहीं हुई। इस बैठक के बाद उसने जापान में रहनेवाले बिहार के लोगों के साथ भी मुलाक़ात की जिन्हें उसने बिहार में हो रहे विकास कार्यों के सम्बन्ध में बताया और उन्हें बिहार के बारे में पूछे गए हर सवाल का जवाब दिया। इस बैठक के बाद बिहारी शिष्टमंडल अपने मुख्यमंत्री के सम्मान में दिए गए डिनर में शामिल हुआ। इस डिनर की मेज़बानी भारत के राजदूत सुजान चिनॉय ने की थी। अगली सुबह यानी 20 फ़रवरी, 2018 को, भारतीय दूतावास में ही बिहार विनिवेश प्रोत्साहन संगोष्ठी आयोजित की गई थी। गोष्ठी में एक्जीक्यूटिव वाइस प्रेसिडेंट शिगेकी माएदा और रिसर्च मैनेजर ओवरसीज

रिसर्च डिपार्टमेंट एशिया एंड ओसियाना डिविज़न ने भारत एवं जापान के आर्थिक सम्बन्ध एवं बिहार में आर्थिक निवेश की सम्भावनाओं पर चर्चा की। उन दिनों नीतीश पटना में दुनिया के श्रेष्ठतम म्यूज़ियमों में एक, बिहार म्यूजियम, बनवाने में आकंठ पूरी तरह डूबा हुआ था। इस परिचर्चा के दौरान बिहार म्यूज़ियम के आर्किटेक्ट, फुमिहिको माकी, ने भी अपने प्रस्तुतीकरण के माध्यम से लोगों को इस म्यूज़ियम की विशेषताओं के बारे में बताया। बिहार में उद्योग एवं आधारभूत संरचना के विकास की आवश्यकताओं एवं सम्भावनाओं पर भी शिष्टमंडल के सदस्यों ने विस्तार से चर्चा की। इस सारे आयोजन से बिहार की सम्भावनाओं से भरी हुई, चमचमाती छवि उभरकर सामने आई। दोपहर में नीतीश जापान इंडिया पार्लियामेंटरी फ्रेंडशिप एसोसिएशन के अध्यक्ष हीरोयूकी होशोदा से मिला। इस बार भी दोनों में काफ़ी सार्थक बातचीत हुई जिससे लगने लगा कि बिहार और जापान के सम्बन्ध के नई ऊँचाइयों तक पहुँचने की प्रबल सम्भावनाएँ हैं। उसने 20 फ़रवरी को टोक्यो और 21 को ओसाका में बिहार में निवेश को प्रोत्साहन देने के लिए जापान की वित्तीय संस्थाओं और निवेशकों के साथ भी बैठक की। इसके कई सकारात्मक नतीजे धीरे-धीरे सामने आए!

अगले दिन, यानी 21 फ़रवरी को, नीतीश जापान के नारा प्रिफैक्चर प्रान्त की राजधानी, नारा, पहुँचा। उसे नारा प्रिफैक्चर प्रान्त के गवर्नर, शोगो अरई ने नारा आने के लिए आमंत्रित किया था। नारा में यूनेस्को की विश्व धरोहर स्थल, तोडैजी बौद्ध मन्दिर है। नीतीश शिष्टमंडल के साथ नारा इसलिए गया था ताकि नारा को बिहार के बौद्ध स्थलों से जोड़ने के लिए कुछ सार्थक प्रयास किए जा सकें।

जापान के सबसे लम्बे समय तक प्रधानमंत्री रहे शिंजो आबे की 8 जुलाई, 2022 को हत्या इसी नारा में तब हो गई जब वे चुनाव प्रचार में व्यस्त थे। जापान यात्रा के पहले दिन ही नीतीश की लम्बी और सार्थक मुलाक़ात शिंजो आबे से हुई थी। उनकी हत्या की खबर से नीतीश बहुत मर्माहत हुआ। उसने इसे बेहद दुर्भाग्यपूर्ण बताया।

बहरहाल, नीतीश की नारा यात्रा में उन दिनों जापान में भारत के राजदूत सुजान आर चिनॉय लगातार उसके साथ रहे थे। नारा में नीतीश और उसके साथ गए शिष्टमंडल ने भव्य टोडैजी मन्दिर में अवस्थित विशाल बुद्ध प्रतिमा के दर्शन किए। इसके बाद नीतीश ने नारा प्रिफैक्चर राज्य के गवर्नर शोगो अरई के साथ आज की दुनिया में बुद्ध भगवान की शिक्षाओं के महत्त्व पर गहन चर्चा की और बौद्ध धर्म को नारा और बिहार के विभिन्न बौद्ध स्थलों के बीच आम कड़ी के रूप में बताया। उसने शोगो अरई के सामने नारा प्रान्त और बिहार के बोधगया के बौद्ध मन्दिर शहर के बीच सिस्टर-स्टेट ट्विनिंग (जुड़वाँ

बहनों का रिश्ता) समझौते का प्रस्ताव रखा जिससे दोनों स्थानों में सांस्कृतिक और वाणिज्यिक सम्बन्धों को बढ़ावा मिल सके। यह एक ऐसा भावनात्मक प्रस्ताव था जिससे दोनों पक्षों को फ़ायदा होना तयशुदा बात थी। शोगो अरई ने नीतीश के इस विचार का समर्थन करते हुए इसके अनुपालन के लिए सहमति जताई। यह भी उसी बैठक में तय हुआ कि भारतीय दूतावास इसको मूर्तरूप देने में अपनी सहायता प्रदान करेगा। इसके बाद गवर्नर साहब ने बिहार के लिए नीतीश के दूरदर्शी नेतृत्व और उसके मार्गदर्शन में राज्य के महत्त्वपूर्ण विकास की प्रशंसा की। बातचीत के बाद गवर्नर साहब ने नीतीश और उसके दल के सम्मान में पारम्परिक दोपहर के भोजन की मेज़बानी की। नीतीश की नारा यात्रा का बड़ा गहरा प्रभाव पड़ा। नीतीश ने अपनी जापान यात्रा के क्रम में हिरोशिमा जाकर द्वितीय विश्वयुद्ध में शहीद हुए लोगों की आत्माओं की शान्ति के लिए प्रार्थना भी की। वह जापान के प्राचीन शहर क्योटो भी गया। लेकिन उसकी सभी जगहों की यात्राओं का उद्देश्य बिहार के लिए कुछ नया सीखने और करने का ही था। अगर संक्षेप में देखा जाए तो नीतीश की जापान यात्रा से कई सार्थक नतीजे सामने आए।

नारा प्रिफैक्चर और बिहार राज्य के बीच सांस्कृतिक, सामाजिक, शैक्षणिक एवं भाषायी सम्बन्ध स्थापित करने पर सहमति हुई। दोनों राज्यों के बीच सिस्टर-स्टेट ट्विनिंग पर आगे कार्य किए जाने का निर्णय हुआ। बिहार में जापान का इंडस्ट्रियल ग्रोथ सेंटर स्थापित किए जाने पर सहमति बनी।

जापानी कम्पनियों द्वारा आर्थिक एवं तकनीकी निवेश की सम्भावनाओं को मूर्त रूप दिए जाने का निश्चय हुआ। आर्थिक और तकनीकी निवेश के लिए फ़ूड प्रोसेसिंग, परिधान (क़ीमती कपड़े) निर्माण तथा आईटी प्राथमिकताओं के क्षेत्र चिह्नित किए गए। पटना, गया, बोधगया, राजगीर, नालन्दा के बीच हाई स्पीड रेल सम्पर्कता स्थापित करने पर भी सहमति बनी।

यह भी तय हुआ कि भारत का विदेश मंत्रालय और जापान में भारत का दूतावास, जापान की सरकार एवं वहाँ के उद्योग जगत तथा बिहार सरकार के साथ मिलकर, इन सभी बिन्दुओं को मूर्त रूप देने पर कार्य करेगा।

2018 के मार्च महीने में भारत में जापान के राजदूत केंजी हीरामत्सू ने नीतीश को पत्र लिखकर बताया कि उनकी सूचना के मुताबिक़ नीतीश की जापान यात्रा काफ़ी लाभकारी रही है। जापान के लिए बिहार का विशेष महत्त्व है क्योंकि दोनों के बीच न केवल सांस्कृतिक और धार्मिक साझेदारी है बल्कि सम्पर्कता के लिहाज से भी यह नीतिगत महत्त्व का विषय है। उम्मीद है कि मुख्यमंत्री नीतीश कुमार के सशक्त नेतृत्व में यह निरन्तर सहयोग बिहार और जापान के बीच आर्थिक के साथ-साथ सांस्कृतिक साझेदारी को और आगे बढ़ाएगा।'

कोरोना का कहर और जल-जीवन-हरियाली

2019 के अन्त में चीन के प्रान्त वुहान से कोरोना नाम की महामारी निकली और देखते ही देखते दुनिया-भर में फैल गई। भारत में कोरोना का क़हर तेज़ी से बढ़ा। पहले तो लगा कि बिहार में इसका प्रभाव नहीं है इसलिए नीतीश ने अपने जीवन का सबसे बड़ा अभियान, जल-जीवन-हरियाली का बड़े ज़ोर-शोर से आगाज किया। 19 जनवरी, 2020 को जल-जीवन-हरियाली अभियान, शराबबन्दी के पक्ष में और दहेज़ प्रथा तथा बाल विवाह के ख़िलाफ़ अभियान में 16,443 किमी. लम्बी मानव श्रृंखला बनी जिसमें बिहार के क़रीब 5 करोड़ 16 लाख नागरिक, दोपहर 12:00 बजे से 12:30 बजे तक, एक-दूसरे का हाथ पकड़कर उत्साहपूर्वक खड़े रहे। उस दिन नीतीश ने बहुत भावुक होकर कहा कि जल-जीवन-हरियाली यानी जल और हरियाली के बीच में जीवन है।

जनवरी में शुरू हुए जल-जीवन-हरियाली अभियान के दौरान तो लग रहा था कि बिहार में कोरोना ने अपने पाँव अब तक नहीं पसारे हैं, लेकिन 13 मार्च को एक 38 वर्षीय नौजवान क़तर से मुम्बई, दिल्ली और पटना होते हुए मुंगेर आया था। वहाँ दो दिनों में सख़्त बीमार होने के बाद उसके घरवाले उसे पटना ले आए। एम्स पटना में इलाज के दौरान उसकी मृत्यु हो गई। जब उसकी लाश उसके घरवालों को सौंप दी गई तब उसके कोविड पॉज़िटिव होने की रिपोर्ट आई। इस बीच वह हर जगह न जाने कितने लोगों से मिला था, इसका कोई हिसाब नहीं था। इसलिए काफ़ी बड़ी तादाद में लोग खौफ़ के साए में जीने को अभिशप्त हुए। नीतीश ने फ़ौरन स्थिति को कैसे सँभालने का काम किया इसकी चर्चा पहले कहीं हम कर आए हैं। कोरोना की विभीषिका के कारण पूरा देश क़रीब-क़रीब साल भर के लिए थम सा गया। परिवहन के सारे साधन ठप्प कर दिए गए। स्कूलों और कॉलेजों में पढ़ाई सहित सारे सरकारी और प्राइवेट काम ऑनलाइन होने लगे। इन्हीं विषम परिस्थितियों में बिहार विधानसभा के 2020 के चुनाव हुए। नीतीश सदन में आरजेडी के अमर्यादित व्यवहार पर भी बहुत संयोजित व्यवहार लगातार करता रहा।

शायद यही वजह रही होगी कि 2022 में 22 अप्रैल को जब रमज़ान के दौरान राबड़ी देवी ने अपने घर पर होनेवाली इफ़्तार में नीतीश को बुलाया तो नीतीश अपने घर से पैदल चलकर वहाँ गया था। हालाँकि इससे हफ़्ते भर पहले नीतीश के सरकारी घर में जो इफ़्तार हुआ था उसमें तेजस्वी ने शिरकत नहीं की थी। यह बात भी ग़ौरतलब है कि जब राबड़ी ने इफ़्तार का आयोजन किया था, लालू को तब तक ज़मानत तो मिल गई थी लेकिन वे पटना नहीं आ पाए थे।

लालू ने अपना 75वाँ जन्मदिन पटना में 11 जून को मनाया। उनकी तबीयत पहले से ठीक लग रही थी। अचानक 2 जुलाई को सीढ़ियों से गिरने की वजह

से उन्हें काफ़ी चोटें आईं और उन्हें पटना के पारस अस्पताल में भर्ती कराया गया। अस्पताल में उनसे मिलनेवाले विशिष्ट और अति विशिष्ट लोगों की तादाद बहुत ज़्यादा थी लेकिन जिस शख़्स के लालू से मिलने जाने की चर्चा सबसे ज़्यादा हुई वह शख़्स था नीतीश।

नीतीश 6 जुलाई को पारस अस्पताल में बिस्तर पर पड़े लालू के आगे डबडबाई आँखें लिये खड़ा था। उन आँखों में न जाने कितने ऐसे सपने होंगे जो नीतीश ने अपने कॉलेज के दिनों में और फिर छात्र आन्दोलन के समय लालू के साथ देखे होंगे। उन आँखों में यादों की कितनी कश्तियाँ डूब-उतरा रही होंगी जिनमें लालू सवार थे और नीतीश के हाथों जिनकी पतवार थी। लालू को पटना यूनिवर्सिटी के स्टूडेंट्स यूनियन का अध्यक्ष बनाने के लिए हलक़ान होता नीतीश, छात्र आन्दोलन के दौरान लालू के मौत की झूठी ख़बर से बेचैन नीतीश, गया के चरख़ा केन्द्र की ऊँची दीवार से लालू के साथ फल्गु में कूदकर भागता नीतीश, लालू को लोकदल का नेता और बाद में बिहार का मुख्यमंत्री बनाने के लिए जी-जान लगाकर मेहनत करता नीतीश, दलितों का मसीहा बनकर उभरता लालू और उसकी पीठ पर हाथ रखकर खड़ा नीतीश, लालू को समाजवाद की सही राह पर बनाए रखने की जद्दोजहद करता नीतीश, लालू से लड़ता-झगड़ता और मान-मनौवल करता-कराता नीतीश, नेता प्रतिपक्ष राबड़ी देवी का पति लालू और मुख्यमंत्री नीतीश, मंजु के दुनिया छोड़ जाने से विकल हो गए नीतीश को ढाढ़स बँधाने में सबसे आगे खड़ा लालू, बीजेपी से अलग होने पर नीतीश के समर्थन में पूरी ताक़त से खड़ा लालू और आज बिस्तर पर अशक्त पड़े अपने दोस्त लालू का हाथ पकड़कर निरीह-सा खड़ा बेचारा नीतीश!

वह अधिक बोल नहीं पा रहा था। गहन इलाज के लिए लालू को एअर एम्बुलेंस से दिल्ली ले जाया जाएगा। नीतीश ने बस इतना कहा कि लालू के इलाज का सारा व्यय बिहार सरकार वहन करेगी।

लालू को लेकर एअर एम्बुलेंस दिल्ली के लिए उड़ गया। पीछे एकाकी छोड़ गया लालू के समाजवादी दोस्त नीतीश कुमार को।

कुजात लोहियावादी

समाजवादी विचारों से नीतीश का वास्ता उसके विद्यार्थी जीवन से ही रहा है जो समय के साथ इतना प्रगाढ़ होता गया कि ज़्यादातर लोग उसको शुद्ध समाजवादी मानते हैं। यह बिलकुल सही भी है। उसने अपने राजनैतिक जीवन के तमाम उठापटक के बीच, समाजवादी मूल्यों से कभी मुँह नहीं मोड़ा। यही वजह है कि हम जैसे दोस्तों की कौन कहे, भारत के प्रधानमंत्री और बीजेपी के नेता, नरेन्द्र मोदी ने 8 मई, 2022 को एक न्यूज एजेंसी के साथ बातचीत में यूपी विधानसभा चुनाव को लेकर राममनोहर लोहिया एवं जॉर्ज फ़र्नांडिस की तरह बिहार के मुख्यमंत्री नीतीश कुमार को भी सच्चा समाजवादी नेता बताया। यह तो सब जानते ही हैं कि लोहिया जैसे सच्चे समाजवादी भी मूल रूप से गांधी जी के रास्तों पर चलने की कोशिश करते रहे थे। लोहिया ने गांधीवादियों के तीन प्रकार बताए थे। पहला 'सरकारी गांधीवादी', जो गांधी की माला जपकर सरकारी माल-मलाई खाने में जुट गए थे। लोहिया जी का इशारा शायद गांधी टोपी पहनकर सरकारी तंत्र से हर जायज़ और नाजायज़ फ़ायदा लेनेवाले सत्ताधारी कांग्रेसियों की ओर था। दूसरा 'मठाधीश गांधीवादी', जिन्होंने गांधी के विचारों को ज़्यादा ईमानदारी से अपनाया, उनके आश्रम बनाए, लेकिन गांधी की विरासत को दंतहीन बना दिया, गांधी को महज़ एक संत तक सीमित कर दिया। इस दिशा में सोचने पर सबसे पहले विनोबा भावे का नाम मन में आता है। तीसरा 'कुजात-गांधीवादी' इस श्रेणी में लोहिया ख़ुद को रखते थे। दरअसल, वे गांधी के सच्चे अनुयायी थे, जिन्हें गांधीवादियों के कुनबे ने बहिष्कृत कर दिया था। मस्तराम कपूर ने अपनी किताब में बताया है—

'इस समय लोहिया सबसे अधिक प्रासंगिक और चर्चित बने हुए हैं क्योंकि उनके विचार और कार्यक्रम नई मानव व्यवस्था की खोज करनेवालों के लिए महत्त्वपूर्ण आशा-स्रोत दिखाई देते हैं। उनके इर्द-गिर्द मिथकों अर्थात् किंवदन्तियों का निर्माण भी होने लगा है जिसके कारण कुछ लोग 'लोहिया कल्ट' कहकर

उनके विचारों का अवमूल्यन करने का प्रयास भी कर रहे हैं। लेकिन लोहिया कल्ट नहीं बन सकता क्योंकि लोहिया कभी पूजा का विषय नहीं बनेगा। अलबत्ता इस बात की सम्भावना अवश्य दिखाई देती है कि सुकरात के स्कूल की तरह लोहिया का भी एक स्कूल, एक विचार-प्रणाली हो।'

जिन लोगों ने भारत में समाजवाद के इतिहास और वर्तमान की ओर थोड़ा भी ध्यान दिया है वे इस बात से सहमत होंगे कि लोहिया के जीवन काल में ही उनकी विशेष विचार प्रणाली, से लोग रूबरू होने लगे थे। उनके बाद कम्यूनिस्टों को छोड़कर जितनी भी कांग्रेस विरोधी विचारधाराएँ सामने आईं, सबकी नींव में लोहिया की विचार प्रणाली ही थी। अपने चचा के हिसाब से गांधीवादियों की तरह लोहियावादी भी तीन तरह के हो गए। पहले, सरकारी लोहियावादी जो देश के विभिन्न हिस्सों में समाजवाद के नाम पर सत्ता की सबसे ऊँची गद्दियाँ हथिया बैठे। दूसरे, जो लोहिया के नाम पर न जाने कितने सच्ची-झूठी संस्थानों की स्थापना करके सरकार और जनता, दोनों से, आज तक लाभ लेते आए हैं। अन्त में जो इन दोनों खाँचों में फ़िट नहीं हो सके, जिनसे दोनों श्रेणियों के लोहियावादियों को अपने अस्तित्व पर संकट महसूस होता रहा, वे हो गए कुजात लोहियावादी! मधु लिमये, किशन पटनायक, जॉर्ज फ़र्नांडिस, जनेश्वर मिश्र, कर्पूरी ठाकुर, रमानन्द तिवारी, सूरज बाबू, भूपेन्द्र नारायण मंडल, रामानन्द मिश्र आदि की तरह नीतीश भी लोहियावादी तो है, लेकिन इन्हीं लोगों की तरह हर नज़रिये से कुजात है!

नीतीश ने मार्क्सवाद को ठीक से पढ़ने और समझने के बाद जान लिया था कि भारत जैसे देश में ऐसे प्रयोग शायद कभी सफल नहीं हो सकेंगे। यह सब देख-सुनकर लोहिया जी के विचारों के प्रति नीतीश की बड़ी तगड़ी प्रतिबद्धता हो गई। मधु लिमये ने कहीं लिखा है कि लोहिया के दर्शन का अर्क किसी में है तो वह उनकी सप्तक्रान्ति की कल्पना में है। नीतीश भी सामान्य जीवन में इस कल्पना को उतार पाने की सम्भावनाओं पर हमारी रसमंजरिया टोली में जमकर चर्चा करता था। लोहिया ने सप्त क्रान्ति की चर्चा करते हुए कहा है कि हिन्दुस्तान जैसे देश में साधारण जनता, यानी ग़रीब आदमी, क्रान्ति को इतना नहीं समझेगा, जितना कि बख़्शीश को। यह सब वैसे तो कहा हुआ लोहिया का है लेकिन है सनातन काल से सनातन काल तक अटल रहनेवाला सच। लोहिया के जीवन काल का समाज शायद सम्पूर्ण क्रान्ति के ज़माने की तुलना में बेहद ग़रीब भी था। लोहिया की सप्त क्रान्ति की अवधारणा को नीतीश ने गम्भीरता से समय की कसौटी पर कसा था। इस विचार को आगे ले जाने और लोगों तक पहुँचाने के लिए नीतीश कॉलेज के दिनों से ही सतत लगा रहा। हम महसूस कर सकते थे कि धीरे-धीरे और अस्पष्ट ही सही, लेकिन समाज में परिवर्तन लाने

के लिए नीतीश की स्वतंत्र विचारधारा उन्हीं दिनों से बनने लगी थी। कभी-कभी उसे चिन्ता भी होती थी कि उसके ये मौलिक विचार कहीं दिवास्वप्न बनकर बिखर तो नहीं जाएँगे? उस समय तक हम जयप्रकाश के बारे में बहुत कम जानते थे। यह तो पता था कि पहले गया के पास, सोखोदेवरा और बाद में मुज़फ़्फ़रपुर के पास, मुसहरी ब्लॉक में ग्रामोत्थान के लिए उन्होंने काफ़ी बड़े और एकदम मौलिक प्रयोग किए थे। उनका गांधीवादी सर्वोदयी रूप हमें बहुत प्रभावित करता था जिसे हम रेडियो और अख़बारों के माध्यम से जानते रहते थे। फिर भी पटना शहर को छोड़कर सुदूर गाँवों में जाकर उनके समाज सेवा के कार्यक्रमों में भाग लेने की बात हमारी रसमंजरी टोली को कम ही आकर्षक लगती थी। लोहिया की मृत्यु के ठीक बाद जेपी के मर्मान्तक वक्तव्य के कारण पहली बार हमने जेपी की ओर गम्भीरता से ध्यान देना शुरू किया था। लोहिया के गुज़र जाने के तुरन्त बाद मर्माहत जेपी बड़ी कठिनाई से कुछ बोल सके थे। उन्होंने तब कहा था—

'राममनोहर मुझसे आठ बरस छोटे थे—उचित तो यह था कि यहाँ वह मेरी जगह पर होते और मैं उनकी जगह पर होता, लेकिन परमात्मा को यह स्वीकार नहीं था। राममनोहर लोहिया के जैसा त्यागी जीवन, आज वह संघर्षमय जीवन नहीं रहा। भविष्यद्रष्टा डॉक्टर लोहिया ने दस साल पहले ही समझ लिया था कि हिन्दुस्तान किधर जा रहा है। उन्होंने जो तसवीर खींची थी वह कितनी सच्ची थी, इसका प्रमाण भारत का चौथा आम चुनाव है जो ख़ुद डॉक्टर लोहिया की एक क्रान्तिकारी यादगार है। इस ज्योति-पुंज, इस अद्वितीय प्रतिभा, इस विप्लवकारी आत्मा को प्रणाम।'

आँसुओं के मोती

इसी क्रम में समाजवादी सोच वाले हमारे मित्र सत्येन्द्र प्रसाद सिन्हा से एक और बात पता चली थी। जयप्रकाश ने बताया था कि घरेलू जीवन को छोड़कर वे सिर्फ़ तीन बार रोए हैं। बापू के स्वर्गवास के बाद उन्हें लगा कि वे विधवा हो गए। जवाहरलाल के जाने से लगा कि सर से बड़े भाई का साया हमेशा के लिए उठ गया। तीसरी बार छाती हमेशा के लिए तब फट गई जब अपना सबसे सच्चा दोस्त सदा के लिए खो गया। वह प्यारा छोटा भाई, जिसने सबसे ज़्यादा गालियाँ दीं, वह जो सबसे ज़्यादा लड़ता रहा, वह जंगजू योद्धा, सबसे दुलारा राममनोहर!'

यह सब जानकर हमारी समझ में इतना आ गया था कि जेपी के मन में लोहिया के लिए अपार स्नेह तो था ही, भले ही उसकी अभिव्यक्ति सही समय

पर शायद नहीं हो पाई। हम यह भी समझ रहे थे कि जेपी के विराट व्यक्तित्व के सम्पर्क में आना किसी के लिए भी बड़े सौभाग्य की ही बात रही होगी। जो भी उनके क़रीब आया होगा, उनकी सोच से प्रभावित हुए बिना रह नहीं पाया होगा। हमारी यह समझ और भी पुख़्ता हो गई जब हमने उनसे क़रीब आने के बाद नीतीश में आ रहे सकारात्मक परिवर्तन को देखा।

इस परिवर्तन को निकट से देखा है नीतीश के ही एक अनन्य समाजवादी मित्र ने। उन्होंने नीतीश की सोच पर लोहिया और जेपी के प्रभाव का ज़िक्र करते हुए कहा—

'ठेठ लोहियावादी होने के कारण छात्र आन्दोलन के शुरुआती दिनों में पहले नीतीश जी जेपी के हर नए प्रोग्राम को ठीक से समझ लेने की कोशिश करते थे। जब दूरगामी परिणामों की निरपेक्ष विवेचना कर लेने के बाद उन्हें बात समझ में आ जाती थी, तब ही वह उसे स्वीकार कर पाते थे। स्वेच्छा से अगली पंक्ति की धकपेल से दूर, पीछे रहकर चुपचाप ही अपना काम करते रहनेवाले नीतीश जी ने थोड़े ही दिनों में जेपी में अकल्पनीय सहजता का अनुभव किया था। जेपी से थोड़ी निकटता होने के बाद नीतीश जी को लगने लगा था कि यदि गांधी जी और लोहिया जी की अनुपस्थिति में अब इस विराट आन्दोलन के सफल नेतृत्व की क्षमता किसी एक व्यक्ति में है तो वे हैं जेपी। यह सब तब तक लोहिया जी के प्रबल अनुयायी रहे नीतीश जी के लिए किसी सुन्दर सपने के सच होने जैसा था। नीतीश जी को यह भी तभी लगा था कि वर्तमान परिस्थितियों में उनके आदर्श जेपी जैसी असीमित सोच वाले ही हो सकते थे। ये वे लोग थे जो भले ही जेपी-लोहिया की क़समें खाते रहे हों पर उनके अन्दर कुंडली मारे बैठा जातीयता का साँप फुफकारता ही रहता था और अवसर पाते ही डस भी लेता था। छात्र नेताओं के साथ घुलमिलकर काम करते हुए भी उनमें भरी उग्रता के कारण नीतीश जी अन्दर से कहीं उनसे थोड़े अलग-थलग पड़ जाते थे। जेपी की मार्क्स के हिंसात्मक साम्यवाद से शुरू हुई गांधी जी और विनोबा भावे के अहिंसक सर्वोदय यज्ञ में जीवनदान करने तक की यात्रा से हम ज़्यादा परिचित नहीं थे। लेकिन हमने धीरे-धीरे समझ लिया था कि नीतीश जी सर्वोदयी अहिंसात्मक प्रवृत्तियों वाले समाजवादी ज़्यादा हो गए थे। वे आम आदमी की ज़िन्दगी सहज बनाने के लिए काम करने में पूरा विश्वास करने लगे थे। लोहिया जी के जातिविहीन समाज की परिकल्पना पर नीतीश जी की गहरी आस्था थी। उसे पाने के लिए लोहिया जी का पिछड़ों, स्त्रियों, अल्पसंख्यकों, अनुसूचित जातियों-जनजातियों को सीमित काल के लिए साठ प्रतिशत आरक्षण देने के सिद्धान्त की उपादेयता भी नीतीश जी को समझ में आने लगी थी। उन्होंने अवसर पाते ही यह सब बख़ूबी किया भी। लोहिया जी

के इस सिद्धान्त को कार्यान्वित करने की जेपी की लगन के कारण नीतीश जी जेपी से अधिक आत्मीयता का अनुभव करने लगे थे।'

हमने कौशल से कहा कि हमें तो यह नीतीश, लोहिया, जेपी और गांधी जी की कहानी आपस में बहुत उलझी हुई सी लगती है। कौशल की सलाह पर हम फ़ौरन चचा बुक़रात की पुरानी पुश्तैनी हवेली में जा धमके। हमारा प्यारा चचा जाड़े की दोपहरी में नाक तक बिरयानी ठूँसकर नीम के पेड़ के नीचे अपनी मूँज वाली झूले जैसी लटकती खाट पर लेटा हुआ था। निखरी धूप में एक बाल्टी में पानी गर्म होने के लिए छोड़कर, अपनी झूलती खाट पर किताबों के ज़ख़ीरे के बीच लेटा हुआ चचा हमें देखकर बहुत मायूस हो गया वह कुछ नाराज़ भी दिख रहा था। उसके ग़ुस्से और मायूसी की वजह थी कि वह बच्चों को ज्यॉमेट्री पढ़ाने जा रहा था और हम कबाब में हड्डी बनकर धमक पड़े! कौशल उससे बड़े अदब से हमें ही राजनीति की ज्यॉमेट्री पढ़ाने के लिए कहता है। कौशल की चमचागिरी से ख़ुश होकर भारी खुर्राट चचा फ़ौरन मास्टर बन जाता है—

चचा की ज्यॉमेट्री

'अच्छा बाबा तो तुम लोग नीतीश की बात ही मेरी इस चतुर्भुज ज्यॉमेट्री से सीख लो। देखो, चतुर्भुज की सबसे नीचे वाली लेटी हुई लाइन होती है न, उसे बेस या आधार कहते हैं। इसे तुम नीतीश के बाबूजी समझ लो। वही नीतीश के जीवन के आधार हैं। आज जो कुछ भी नीतीश बना है, उसकी नींव में उसके बाबूजी ही हैं। अब दूसरी, सबसे ऊपर वाली, लेटी हुई लाइन देखो। यह हैं हमारे बापू, महात्मा गांधी। नीतीश की दुनिया में ही क्यों, पूरे मुल्क में इनसे ऊपर कुछ भी नहीं, कोई भी नहीं। इसीलिए तो इन्हें राष्ट्रपिता कहा जाता है। अब बची चतुर्भुज की ये दो खड़ी लाइनें, जो एक दूसरे से दूर खड़ी हैं और ऊपर और नीचे की लाइनों को जोड़ती हैं। ये आपस में मिलतीं तो नहीं पर इनके बिना चतुर्भुज बन ही नहीं सकता। ये हैं लोहिया और जेपी। इन दोनों को ऊपर से गांधी जी ने जोड़ रखा है। अब एक ऐसा गोला बनाओ जो इन चारों लाइनों को अन्दर से छुए। दरअसल, यही सर्किल है अपना नीतीश। वह इन चारों को बाहर से नहीं, अन्दर से छू रहा है। उसमें चारों की सिफ़त (गुण) है। उसमें कोई भी आड़ा-तिरछा कोना नहीं है जिससे किसी को खरोंच भी लग सके। जैसे सर्किल की न तो कोई शुरुआत होती है और न कोई अन्त ही, जैसे सर्किल को जहाँ से देखो, एक जैसा ही रहता है, हमवार (चिकना) और हार्मलेस (अहिंसक)! वैसा ही है हमारा प्यारा नीतीश!'

हम चचा की इस ज्यॉमेट्री से दंग रह गए हैं। वह बिना किसी लाग-लपेट के जेपी और लोहिया के बारे में मधु लिमये जी की बात कहते हैं—

जेपी सद्भाव से ओत-प्रोत थे। लोहिया जी की तरह उनमें भी सत्ता-पिपासा लेशमात्र भी नहीं थी...स्वभाव सौम्य था, व्यक्तित्व में मिठास थी। मृदुभाषी थे, जल्दी किसी को नाराज़ नहीं करते थे। लोहिया का व्यक्तित्व लुभावना होते हुए भी उनमें प्रखरता थी, शब्द तीखे होते थे। भावना का वे ख़याल नहीं करते थे... लेकिन लोहिया में निर्भीकता का आत्म-परीक्षण करने का बड़ा गुण था। उनका लोकतंत्र पर पूर्ण विश्वास था जिसे वे हर प्रकार से समृद्ध बनाना चाहते थे।

नीतीश में देखोगे तो ये सभी सिफ़त (गुण) पाओगे। जेपी जैसा मृदुभाषी और लोहिया जैसा निर्भीक!

तुम दोनों तो खाने में कोई संयम बरतने वाले नहीं हो। मैं तुम लोगों की तरह भकोसने वाला नहीं। इससे पहले कि चची हमारे लिए कुछ खाने को लाती, उसने हम सबको अपने घर से खदेड़कर भगा दिया है और ख़ुद किसी नई ज्यॉमेट्री में उलझ गया है।

बिहार की एक और नई पहचान—बिहार दिवस

अलग-अलग समय में नरेन्द्र मोदी और नीतीश के चुनावों की रणनीतियाँ बनाने में काफ़ी महत्त्वपूर्ण भूमिका निभाने वाले कुछ व्यक्तियों की मानें तो दोनों नेता कुछ मायनों में क़रीब-क़रीब एक जैसे ही हैं।

इसकी जानकारी हमें सत्येन्द्र देते हैं—

'नीतीश की पृष्ठभूमि अति सामान्य मध्यवर्गीय परिवारों की है। दोनों की राजनीति की डगर पथरीली रही है। दोनों ही ज़मीन से जुड़े रहकर सम्पूर्ण क्रान्ति आन्दोलन में सब कुछ झोंक देनेवाले नेता रहे हैं। दोनों योग और ध्यान के द्वारा अपने स्वास्थ्य के प्रति सजग रहनेवाले व्यक्ति हैं। दोनों के परिवार वालों का राजनीति से दूर-दूर तक कोई वास्ता नहीं, भाई-भतीजावाद का आरोप इन पर कभी लग ही नहीं सकता। 'जोरू न जांता, अल्लाह मियाँ से नाता' वाली कहावत दोनों पर बिलकुल सटीक बैठती है। बस अल्लाह मियाँ की बजाय पॉलिटिक्स मान लेने से भर काम चल जाएगा। दोनों अव्वल दर्जे के वर्कोहलिक हैं। दिन-रात काम में डूबे रहने से ही इनका मनोरंजन भी हो जाता है! दोनों ही कुछ भी नया सीखकर उसे तुरन्त अमल में लाने के लिए हमेशा तैयार रहते हैं। दोनों के मातहत काम करनेवाले वरिष्ठ अधिकारीगण दिन में चौबीस घंटा और सप्ताह में सातों दिन इमरजेंसी मोड में रहते हैं। दोनों के भाषण में श्रोताओं को सम्मोहित करने की क्षमता है। दोनों से अकारण दुश्मनी मोल नहीं लेनी चाहिए। दोनों बहुत उर्वर मस्तिष्क के स्वामी हैं और देश तथा दुनिया के बारे में हमेशा निःस्वार्थ भाव से सोचते रहते हैं। दोनों रोज़ कुछ न कुछ नया ख़ूब ध्यान से पढ़ते हैं इसलिए इन्हें नित नए विचार आते ही रहते हैं। जब ये दोनों अपने विचारों पर ख़ूब ठीक से मन्थन कर लेते हैं तब उसे अपने विश्वस्त सहयोगियों की महफ़िल में परोस देते हैं। मुख्यमंत्री नीतीश जी ने अपने लम्बे कार्यकाल में कई जनहितकारी कार्यक्रम शुरू किए हैं जिनके सुखद परिणाम सामने आए हैं। बस, उनके नामों में ज़रा सा बदलाव करके, बिना नीतीश जी को इसका श्रेय दिए हुए, कुछ राज्य सरकारों

और केन्द्र सरकार ने भी, वैसी ही कुछ योजनाओं को लागू कर दिया है। दोनों ने जितनी भी नई योजनाएँ शुरू कीं उनमें से अधिकांश पर अपनी छाप ज़रूर लगा दी है। मसलन प्रधानमंत्री फ़लाँ योजना या मुख्यमंत्री फ़लाँ योजना आदि-इत्यादि। अहमदाबाद के मोटेरा में स्थित दुनिया के सबसे बड़े क्रिकेट स्टेडियम का नाम नरेन्द्र मोदी स्टेडियम है लेकिन नीतीश जी का नाम ऐसे कहीं देखने को नहीं आया। मोदी जी संघ के प्रचारक रहे और आडवाणी जी की मशहूर रथ यात्रा के सारथी भी। नीतीश जी लोहिया जी का झंडा उठाकर आगे बढ़े, जेपी की विचारधारा से बहुत कुछ सीखकर परिपक्व हुए और जॉर्ज फ़र्नांडिस की छत्रच्छाया में केन्द्र की राजनीति में बहुत आगे बढ़ गए। किसी भी विषम स्थिति को भाँपने और उसके अनुरूप अपनी रणनीति बना लेने की क्षमता दोनों की एक जैसी है। दोनों उसमें बहुत कम समय लेते हैं। उनके सलाहकार जीवन के हर क्षेत्र से ढेर सारे विशेषज्ञ हैं। फिर उन्हें अमित शाह जैसे अनुभवी 'चतुर सुजान' का दिन-रात का सहयोग कई वर्षों से प्राप्त है। जबकि मुख्यमंत्री बनने के बाद से नीतीश जी के पास ऐसी कोई स्थायी व्यवस्था नहीं है। हाँ, अगर श्री सुरेश शेखर जीवित होते तो शायद नीतीश जी की कोर टीम के कैप्टन वही होते। अब दोनों की राजनैतिक प्रतिबद्धता की बात करें तो मोदी धुर दक्षिणपंथी हैं और इसको कभी छिपाते नहीं। नीतीश जी शुद्ध समाजवादी हैं पर इसको कभी जताते नहीं। मोदी जी को गुजरात में उनके पूर्ववर्ती मुख्यमंत्रियों द्वारा बनी-बनाई खड़ी फ़सल मिली जिसे उन्होंने बड़े मेहनत से खाद-पानी देकर पुष्ट किया और बाद में काट भी लिया। उनके पास पूरे देश के लिए गुजरात का चमचमाता हुआ 'विकास मॉडल' है। निश्चय ही लम्बे अरसे से गुजरात समृद्ध राज्य रहा है। वहाँ हर प्रकार के रोज़गार की सम्भावनाएँ बहुत ज़्यादा हैं। गुजरात तटीय राज्य तो है ही, उसकी सीमा महाराष्ट्र जैसे सम्पन्न राज्य से लगी रहने के कारण लोगों को काम की तलाश में घर से बहुत दूर नहीं जाना पड़ता। वैसे भी सामान्य गुजराती नौजवान के पास उद्यमी और स्वावलम्बी परिवार का ठोस आधार रहता है। मगर झारखंड के अलग हो जाने के बाद बिहार में रोज़गार लगाने के अवसर पहले से ही बहुत कम हैं। फिर नीतीश जी को मिली बिहार की पथरीली और बंजर ज़मीन, जिसे कोड़ और जोत कर फलवती बनाने में उन्हें बहुत ऊर्जा ख़र्च करनी पड़ी और काफ़ी समय भी लगा। बेशक आज आम बिहारी बीते कल की अपेक्षा बेहतर खाता-पीता और पहनता-ओढ़ता है। उसे पहले की अपेक्षा स्वास्थ्य, शिक्षा, परिवहन, पेय जल, बिजली और सुरक्षा सम्बन्धी सुविधाएँ ज़्यादा मिल रही हैं पर वे अब भी यथेष्ट नहीं हैं। नीतीश जी को लगता है कि भारत जैसे विविधताओं से भरे विशाल देश के सर्वांगीण विकास के लिए सिर्फ़ एक मॉडल काफ़ी नहीं है। यह तो नीतीश जी की दिन-रात की कड़ी मेहनत का

परिणाम है कि उनके पूरे कार्यकाल में बिहार की वार्षिक आर्थिक वृद्धि की दर देश में काफ़ी ऊपर रहती आई है। लेकिन अभी भी बिहार में हर हाथ को काम नहीं मिल पाने से बहुत से बिहारी दूसरे राज्यों में काम करने को मजबूर हैं।

मोदी जी हमेशा इलेक्शन मोड में रहते हैं, ऊर्जा से भरे हुए! वे हर बड़े चुनाव से पहले कुछ न कुछ ऐसा ज़रूर करते हैं जिससे लोगों की राष्ट्रीयता की भावना उभरकर सामने आ जाए और लोग महँगाई तथा बेरोज़गारी जैसी विकराल समस्याओं को थोड़ी देर भूलकर बड़े उद्देश्य के लिए बीजेपी को वोट दे दें। नीतीश जी का चुनावी हाथी उठते-उठते उठता है।

राजनीति के खेल में दोनों अपने पत्ते अन्त तक नहीं खोलते और किसी को इसकी हवा तक नहीं लगने देते। जब पत्ते खुलते हैं तो जो कुछ भी सामने आता है वह कई बार अप्रत्याशित होता है। चुनावी रैलियों में मोदी जी इशारों-इशारों में विपक्षियों पर व्यक्तिगत आक्षेप भी लगाकर बहुत तालियाँ बटोर लेते हैं। नीतीश जी पहले इससे बहुत परहेज़ करते थे पर आजकल यह कोशिश करते तो हैं पर उनको यह कला ठीक से नहीं आती। मोदी जी के चुनावी भाषणों में आँकड़े और तथ्य कभी-कभी पूरी तरह से सही नहीं होते पर उसकी उन्हें परवाह नहीं होती। नीतीश जी बहुत छानबीन करके निश्चित हो जाने के बाद ही आँकड़ों की बात सामने लाते हैं।

विदेशों में, जहाँ प्रधानमंत्री मोदी जी अक्सर जाते-आते रहते हैं, उनके प्रशंसकों की बहुत बड़ी संख्या है। उनकी स्पष्ट नीतियों के कारण सशक्त और सक्षम भारत की नई पहचान बनी है। राज्य के स्तर पर नीतीश जी के बारे में भी ठीक यही बात कही जा सकती है। देश के हर राज्य और हर राज्य की अधिकतर राजनैतिक पार्टियों में उनकी अद्भुत ग्राह्यता है। उनकी विदेश यात्राएँ नाम मात्र की हैं लेकिन वे जिस भी देश में गए, वहाँ भारत और बिहार की बेहद प्रशंसनीय छवि छोड़कर आए हैं।

आपदा आने पर विदेशों में फँसे भारतीयों को वापस देश लाने में मोदी जी की सरकार बहुत लगन और बड़े प्रोफ़ेशनल तरीक़े से काम करती है। इनमें से बिहारियों की घर वापसी के लिए नीतीश की तैयारियाँ भी कम नहीं होतीं। ऐसे मुश्किलों के दिनों में दिल्ली में तैनात, बिहार राज्य के अधिकारियों की तत्परता देखते ही बनती है। 24 फ़रवरी, 2022 को यूक्रेन में शुरू हुए युद्ध के दौरान वहाँ फँसे एक-एक भारतीय नागरिक को सुरक्षित निकालने में भारत सफल हुआ। यह मोदी जी की कूटनीति का प्रभाव था। उन दिनों दिल्ली में पदस्थापित, बिहार की रेज़िडेंट कमिश्नर, पलका ने नीतीश जी के निर्देश के अनुसार यूक्रेन में फँसे बिहार के प्रत्येक नागरिक से सम्पर्क किया और उनका हौसला कभी भी कम नहीं होने दिया। इसी प्रकार 2023 में सूडान में फँसे हज़ारों भारतीयों

को सुरक्षित घर वापस लाने का असम्भव-सा लगने वाला कार्य भी पूरा हुआ। विराट संकट की घड़ी में दोनों नेताओं की सूझ-बूझ ने देश और दुनिया को अचम्भे में डाल दिया। दोनों जब भी साथ रहे हैं, दोनों ने अद्‍भुत सामंजस्य से काम किया है। लेकिन जब दोनों एक-दूसरे के विरोध में खड़े हुए तो चिंगारियों की बरसात भी हुई है।'

अपना नाम न ज़ाहिर करने की शर्त पर बिहार के एक बेहद ईमानदार और कर्मठ ज़िलाधीश ने एक दिन बहुत बेचारगी से अपना दर्द ज़ाहिर किया—

'हमारे माथे पर कभी दिल्ली से तो कभी पटना से, ग़रज़ कि रोज़ नई योजनाएँ बरस रही हैं। सब हैं वाक़ई बहुत अच्छी और सबके लिए प्रचुर मात्रा में फ़ंड भी ससमय मिल जाता है। लेकिन केन्द्र और राज्य सरकार की मिलती-जुलती नामों वाली एक जैसी योजनाओं के क्रियान्वयन की जल्दी में इसका श्रेय देने में कभी-कभी गफ़लत हो जाती है। भ्रम यह हो जाता है कि यह बढ़िया काम जो हो गया उसके नीचे किसका नाम लिखा जाए, केन्द्र सरकार का या राज्य सरकार का? अगर इसमें चूक रह गई तो गाज गिरने में देर नहीं लगती, तुरन्त कहीं न कहीं से फ़ोन आ ही जाता है।'

इंडिया आफ़्टर गांधी

12 जुलाई, 2022 को बिहार विधानसभा के शताब्दी समारोह में प्रधानमंत्री मोदी पटना आए। नीतीश ने उनके स्वागत भाषण के क्रम में मुस्कुराते हुए, मोदी जी की पौधे के संरक्षण के बारे में दी गई सलाह को इतने सुन्दर ढंग से लोगों के सामने रखी कि उसे सुनकर मोदी भी देर तक मुस्कुराते रहे। नीतीश ने बिहार राज्य की स्थापना के बारे में भी संक्षेप में बताया।

प्रत्युत्तर में जब मोदी बोलने को खड़े हुए तो उन्होंने नीतीश सरकार के लिए गए कुछ निर्णयों की खुलकर प्रशंसा की। उन्होंने विशेष तौर से बिहार पंचायत अधिनियम क़ानून की चर्चा करते हुए कहा कि इस क़ानून को पास करके बिहार पहला ऐसा राज्य बना जिसने पंचायत में महिलाओं को 50 प्रतिशत आरक्षण दिया। मोदी ने विकास कार्यों के लिए नीतीश कुमार को बधाई भी दी। नीतीश और मोदी के भाषणों में एक-दूसरे के प्रति जो सम्मान और आदर का भाव था, वह पूरे परिसर में रात की रानी की ख़ुशबू की तरह पसरकर देर तक महकता रहा।

यहाँ रुककर दो बातें याद करने को मन कर रहा है। जाने-माने इतिहासकार रामचन्द्र गुहा की बड़ी चर्चित किताब है 'इंडिया आफ़्टर गांधी'। इस किताब की 10वीं वर्षगाँठ पर इसके पुनरीक्षित संस्करण का विमोचन 11 जुलाई, 2017 को हुआ। उस समय देश की राजनीति के बारे में बोलते हुए गुहा ने कहा था

कि लगातार पतन की ओर जा रही कांग्रेस पार्टी को नेतृत्व में बदलाव से ही उबारा जा सकता है। इसके लिए बिहार के मुख्यमंत्री नीतीश कुमार को कांग्रेस का अध्यक्ष बनाया जाना चाहिए। इस सुझाव को अपनी फंतासी करार देते हुए गुहा ने कहा कि यदि जेडीयू अध्यक्ष नीतीश दोस्ताना तरीक़े से कांग्रेस पार्टी का कार्यभार सँभालते हैं तो यह जन्नत में बनी जोड़ी की तरह होगी। उन्होंने अपने सुझाव के समर्थन में कहा कि कांग्रेस बग़ैर नेता वाली पार्टी है और नीतीश बग़ैर पार्टी वाले नेता हैं। उन्होंने कहा कि नीतीश एक असली नेता हैं। मोदी की तरह, उन पर परिवार का कोई बोझ नहीं है। लेकिन मोदी की तरह वह आत्म-मुग्ध नहीं हैं। वह साम्प्रदायिक नहीं हैं और लैंगिक मुद्दों पर ध्यान देते हैं, ये बातें भारतीय नेताओं में विरले ही देखी जाती हैं। नीतीश में कुछ चीज़ें हैं जो अपील करती थीं और अपील करती हैं। यह भी विस्मयकारी बात है कि गुहा के इस वक्तव्य के कुछ ही दिनों के अन्दर नीतीश ने महागठबन्धन छोड़कर एनडीए सरकार का नेतृत्व किया। इस पर गुहा ने कहा था कि नीतीश को महागठबन्धन छोड़ने के बाद बीजेपी के साथ मिलकर सरकार बनाने की बजाय जनता की अदालत में जाना चाहिए था। नीतीश की आन्तरिक इच्छा भी यही तो थी पर अपने तथाकथित विश्वस्त साथियों पर विश्वास करके उसने दूसरा रास्ता अख्तियार कर लिया।

कौशिक बसु की नज़र में

अब हम एक दूसरी किताब, 'पॉलिसी मेकर्स जर्नल फ़्रॉम न्यू देहली टू वाशिंगटन डीसी' के कुछ अंश देखते हैं। 2021 में छपी, भारतीय अर्थशास्त्री पद्मभूषण कौशिक बसु की यह किताब रोज़नामचा की शैली में लिखी गई है। कौशिक बसु 2009 से लेकर 2012 तक, यूपीए सरकार के दूसरे कार्यकाल के दौरान, भारत सरकार के मुख्य आर्थिक सलाहकार के रूप में कार्य कर चुके हैं। इसके बाद वे 2012 से 2016 तक विश्वबैंक के मुख्य अर्थशास्त्री रहे। पद्मभूषण से सम्मानित बसु कॉर्नेल विश्वविद्यालय में अन्तरराष्ट्रीय अध्ययन और अर्थशास्त्र के प्रोफ़ेसर हैं।

अपनी इस किताब में उन्होंने दिल्ली के विज्ञान भवन में 6 फ़रवरी, 2010, शनिवार को हुई मुख्यमंत्रियों की एक बैठक का ज़िक्र किया है। प्रधानमंत्री मनमोहन सिंह ने बढ़ती हुई महँगाई दर पर चर्चा करने के लिए यह बैठक बुलाई थी। बसु बताते हैं कि उन्होंने नीतीश कुमार और शीला दीक्षित (दिल्ली की मुख्यमंत्री) से मुख़्तसर सी बात की। बसु आगे लिखते हैं कि अगर सिर्फ़ वक्तृत्व की कला की कसौटी पर परखा जाए तो (उस बैठक में) मेरे विचार से दो श्रेष्ठ वक्ता नीतीश कुमार और नरेन्द्र मोदी थे। बसु यह भी कहते हैं कि

अगर मुझे दोनों में चुनाव करना होता तो मैं नीतीश को पहले नम्बर पर रखता। नीतीश की हिन्दी में सरसता या कवित्व (लिरिकल) है इसलिए उनके भाषण में साहित्यिक पुट है जबकि मोदी का भाषण भावनाओं को उत्तेजित करनेवाली (rabble rousing quality that was unmatched) अतुलनीय गुणवत्ता का था। बसु आगे लिखते हैं—इससे पहले कि कोई उनके भाषणों की प्रशंसा को भाषणों को देनेवालों से जोड़े, वे झटपट जोड़ना चाहते हैं कि उन्हें नीतीश कुमार पसन्द हैं। उन्होंने ग़लतियाँ की हैं पर समग्रता में देखें (राजनेताओं के स्तर की तुलना में) उनकी नीयत अच्छी दिखती है।

इसी किताब में वे 8 अप्रैल, 2010 गुरुवार को तत्कालीन प्रधानमंत्री के आवास पर, शाम 4 बजे से रात 8 बजे तक चली 10 मुख्यमंत्रियों के साथ प्रधानमंत्री की हुई मैराथन बैठक की चर्चा करते हैं। बसु बताते हैं वे पश्चिम बंगाल के मुख्यमंत्री, बुद्धदेव भट्टाचार्य के भाषण से निराश हुए मगर नीतीश कुमार के भाषण को वे 'एक्सलेंट' बताते हुए कहते हैं कि उन्होंने बहुत ही अच्छी हिन्दी में बेहतरीन भाषण दिया जिसमें उनकी व्यावहारिक बुद्धि और प्रतिबद्धता दिखी। बसु ने अपनी इस किताब में बिल गेट्स के मार्फ़त नीतीश के बारे में एक बात और लिखी है। बिल गेट्स ने बसु को 13 मार्च, 2013 बुधवार को वाशिंगटन के ताज रेस्तराँ में डिनर पर बुलाया था। बसु बताते हैं कि बातों के क्रम में, अपनी ओर से ही बिल गेट्स ने 3 भारतीय राजनेताओं, क्रमशः राहुल गांधी, अखिलेश यादव और नीतीश कुमार के नाम लिए। बिल गेट्स ने नीतीश के बारे में बातें करते-करते उसे अपना पसन्दीदा व्यक्ति बताया (My favourite person)!

बिहार दिवस—इतिहास के झरोखों से

नीतीश ने प्रधानमंत्री को बिहार के बंगाल से अलग होने की तारीख़ बताई थी 22 मार्च, 1912। आपको जानकर ताज्जुब होगा कि नीतीश के मुख्यमंत्री बनने से पहले बिहार के स्थापना दिवस की कोई चर्चा कहीं थी ही नहीं। बिहार दिवस के सूत्रधार रहे हैं—देवेश चन्द्र ठाकुर। अपने व्यवसाय का विराट साम्राज्य स्थापित करने के सिलसिले में महाराष्ट्र के कई बड़े राजनेताओं से इनके अनौपचारिक तथा व्यक्तिगत सम्बन्ध हो गए। विशेष तौर पर श्री विलास राव देशमुख तथा श्री सुशील कुमार शिन्दे से इनकी पारिवारिक स्तर की प्रगाढ़ता होने से इनकी भी राजनीति में अभिरुचि होने लगी। जीवन के पचासवें वसन्त के आने से बस थोड़ा ही पहले ठाकुर ने 2002 में राजनीति के अन्धे कुएँ में छलाँग लगा दी। तिरहुत स्नातक क्षेत्र से, निर्दलीय प्रत्याशी के रूप में, ठाकुर चुनाव लड़े और आसानी से जीतकर पटना आ गए। उन दिनों राज्य के मुख्यमंत्री थे लालू प्रसाद यादव।

ठाकुर चाहते थे कि जैसे पहली मई को महाराष्ट्र दिवस मनाया जाता है वैसे ही बिहार दिवस भी मनाया जाना चाहिए। इनके काफ़ी शोध के बाद यह बात स्पष्ट हो सकी कि बंगाल से विभाजित होकर 1912 की 22 मार्च को बिहार बना। इस सूचना के साथ देवेश बिहार दिवस मनाने का प्रस्ताव लेकर लालू से मिले।

ठाकुर बताते हैं—

'मैं बिहार दिवस को मनाए जाने के अपने प्रस्ताव को लेकर बहुत उत्साहित था। मैं चाहता था कि मैं कुछ ऐसा काम करूँ जिससे पूरे देश में बिहार राज्य की गिरती हुई प्रतिष्ठा को सँभाला जा सके। मुझे लगता था कि छोटे स्तर ही सही, हमें भी बिहार दिवस मनाने की शुरुआत करनी चाहिए। मुझे विश्वास था कि पूरी जानकारी मिलने के बाद लालू मेरी बात ज़रूर मान लेंगे। मैं उनके पास पूरे आँकड़े लेकर गया था। उन्होंने मेरी बात थोड़ी देर सुनने के बाद मुझे बीच में ही टोक दिया। मैं ठहरकर उनका चेहरा देखने लगा। उन्होंने अपने विशिष्ट अन्दाज़ में मुझसे भोजपुरी में कहा—

'इऽऽ तऽऽऽ हमरा बुढ़ापा में छट्ठी के भोज कऽऽरेला कहऽऽता' (ये तो मुझे बुढ़ापे में बच्चे के जन्म के छठे दिन की दावत आयोजित करने के लिए कह रहे हैं)।

उन दिनों नीतीश जी केन्द्र में रेलमंत्री थे और बहुत अच्छा काम कर रहे थे। 2003 में पहली बार मेरी मुलाक़ात नीतीश जी से हुई। उनसे हाथ मिलाते समय मुझे लगा कि ये मज़बूत हाथ ही बिहार की डूबती हुई नैया को पार लगाने में सक्षम हैं। 2004 में उनसे जुड़ गया। 2005 के विधानसभा के चुनावों में मैंने अपनी पूरी शक्ति से उनके लिए काम किया। जब वे थोड़ा निश्चिन्त हुए तब 2006 में मैंने उन्हें पत्र लिखकर बिहार दिवस मनाने के बारे में विचार करने को कहा। उन्होंने तुरन्त ही कैबिनेट सचिव, श्री गिरीश शंकर को बुलाकर इस दिशा में समुचित कार्रवाइ करने के आदेश दिए। सरकार ने पूरी विस्तृत छानबीन करवाई जिसमें क़रीब तीन वर्ष का समय लग गया। इस बीच 2008 में फिर से स्नातक क्षेत्रों से विधान पार्षदों के चुनाव हुए। इस बार मैं जेडीयू के प्रत्याशी के रूप में अपने पुराने क्षेत्र से चुनाव लड़ा और विजयी हुआ। नीतीश जी ने मुझे इस बार अपने कैबिनेट में आपदा प्रबन्धन विभाग का मंत्री बनाकर सम्मानित किया। मुझे मज़ा तब आया जब मुम्बई के अख़बारों में यह ख़बर छपी 'मुम्बईकर झाला बिहारी मंत्री!' इसका भावार्थ है ठेठ मुम्बइया, बिहारी मंत्री! मुम्बई में बिहारियों की संस्था, 'बिहार एसोसिएशन', ने 2008 में बड़े पैमाने पर जुहू चौपाटी समुद्र तटों पर छठ मनाने का निश्चय किया। बिहारियों की इस घोषणा से महाराष्ट्र की अलगाववादी पार्टियों को जैसे मिर्ची लग गई। छठ की शाम का अर्घ्य 4 नवम्बर, 2008 को पड़ना था। ऐसी पार्टियों ने दो दिन पहले घोषणा कर दी कि वे मुम्बई

के समुद्र तटों पर छठ होने नहीं देंगे। इस घोषणा से बहुत क्षुब्ध होकर नीतीश जी ने मुझसे अविलम्ब कुछ करने को कहा। नीतीश जी जानते थे महाराष्ट्र के माननीय मुख्यमंत्री विलास राव जी मुझे बहुत स्नेह देते थे। उन दिनों मैं मुम्बई में ही था। मैं मुख्यमंत्री जी से छठ के आयोजन को निर्विघ्न कराने की अर्ज़ी लेकर फ़ौरन मिला। उन्हें लगता था कि गणेशोत्सव की भाँति यह भी कोई भारी-भरकम आयोजन होगा जिसमें अन्तिम दिन गणेश जी के विग्रह के विसर्जन के लिए पटाके चलाती, नाचती-गाती भारी भीड़ समुद्र तट पर इकट्ठा हो जाएगी। ऐसे जुलूस को लेकर सरकार को क़ानून और व्यवस्था के ढेरों इन्तज़ाम करने होते हैं। मैंने उन्हें छठ पर्व की महिमा/गरिमा के बारे में बताया। छठ पर्व मनाने में जितनी श्रद्धा, शुचिता और सादगी होती है, सब जानकर उन्हें बहुत सन्तोष हुआ। उन्होंने न सिर्फ़ मुम्बई के कमिश्नर को फ़ोन करके छठ निर्विघ्न मनाने के लिए हर सम्भव उपाय करने की हिदायत दी, साथ में यह भी कहा कि वे स्वयं इस पर्व में सम्मिलित होने जाएँगे। फिर क्या था! आनन-फ़ानन में सारी व्यवस्था हो गई। अपने वायदे के मुताबिक़ माननीय मुख्यमंत्री जी 4 नवम्बर, 2008 को पूजन स्थली पर पधारे और छठ व्रती लोगों से मिलकर अभिभूत हो गए। तब से मुम्बई में हर वर्ष छठ पर्व का आयोजन समुद्र तट पर बड़े हर्षोल्लास के साथ होता आया है। अब तो मुम्बई में ये हाल है कि बिहारियों की देखादेखी कई मुम्बईकर भी छठ पूजा में शरीक होने लगे हैं।

2008 में मंत्रिमंडल में लिए जाने के बाद मैं कैबिनेट की बैठकों में शामिल होकर बिहार सरकार की सभी गतिविधियों से परिचित होने लगा। मुझे तब समझ में आया कि माननीय मुख्यमंत्री जी की सोच अपने समय से कितना आगे की है! पहली बात कि उनकी नेकनीयती और ईमानदारी के बारे में हमारे विपक्षियों तक को कभी कोई सन्देह नहीं रहा है। दूसरी बात मुझे यह लगी कि उनकी प्रशासनिक क्षमता भी अद्वितीय है। सबसे बड़ी बात तो यह लगी कि किसी भी समस्या का त्वरित समाधान करने की उनकी क्षमता अद्भुत है। मैं आपदा प्रबन्धन विभाग का मंत्री था लेकिन मेरे विभाग की समस्याओं और उनके निदान की जानकारी माननीय मुख्यमंत्री जी को किसी से भी कम नहीं रहती थी। यही हाल कमोबेश हर विभाग का था। मैं बिहार दिवस मनाने के लिए छटपटाता रहता था। मुख्यमंत्री जी इस विषय पर बिना हर प्रकार से सन्तुष्ट हुए कुछ भी निर्णय नहीं लेना चाहते थे। हर प्रकार से ठोंक-बजाकर जब यह स्थापित हो गया कि बिहार राज्य 22 मार्च, 1912 को अस्तित्व में आया तब जाकर इस तारीख़ को सरकारी तौर पर मान लेने के लिए कैबिनेट में 29 दिसम्बर, 2009 को रखा गया। इस प्रस्ताव पर कैबिनेट की मुहर लगते ही माननीय मुख्यमंत्री जी ने इच्छा व्यक्त की कि बिहार दिवस हर वर्ष तो राज्य भर में सरकारी स्तर

पर मनाया ही जाए लेकिन अप्रैल 2012 में, जब राज्य की स्थापना के सौ वर्ष पूरे हो रहे हैं, इसे देश के उन अन्य महानगरों में भी मनाया जाए जहाँ बिहारियों की संख्या अधिक है। मैंने स्वयं ही मुम्बई में यह कार्यक्रम आयोजित करने की ज़िम्मेदारी उठा ली। मुझे छठ पर्व का अनुभव भी था। हालाँकि 2010 से मैं मंत्री नहीं रहा लेकिन मुख्यमंत्री जी का मुझ पर अटूट भरोसा बना रहा। 2012 में जब हमारी तैयारियाँ पूरे उफान पर थीं, 'मराठी मानुस के लिए ही महाराष्ट्र और बाहर का आदमी मंज़ूर नहीं' नाम के नाग ने फिर से फ़न उठा लिया। पिछली बार छठ पूजा का विरोध तो शिव सेना कर रही थी लेकिन इस बार जो नया सुर उठा उसके प्रणेता थे शिव सेना से टूटकर बनी पार्टी एमएनएस (महाराष्ट्र नवनिर्माण सेना) के सर्वेसर्वा राज ठाकरे। वे महाराष्ट्र में अपनी उपस्थिति जताने के लिए उत्पात करने की हद तक हर प्रकार के प्रयास कर रहे थे। यह सब जानकर मुख्यमंत्री जी ने कहा कि अब चाहे कुछ भी हो जाए मुम्बई में बिहार की शताब्दी ज़रूर मानेगी। उनकी इस बात से हम सब का हौसला आकाश छूने लगा। इस सभा के लिए जो स्थल पहले चयनित हुआ था उसकी क्षमता क़रीब पचास हज़ार की थी। पुलिस कमिश्नर ने कहा कि नीतीश जी को वही सुरक्षा मिली हुई है जो प्रधानमंत्री को मिलती है। इस छोटे से सभास्थल पर उस स्तर की सुरक्षा प्रदान करना सम्भव नहीं है क्योंकि प्राप्त सूचना के अनुसार नीतीश जी को सुनने-देखने आनेवालों की संख्या एक लाख से भी अधिक होने की सम्भावना है। मरता क्या न करता, फटाफट स्थल बदलकर सोमैया मैदान, चेम्बूर-सायन कर दिया गया। इससे पहले राज ठाकरे को हर ओर से घेरकर शान्त किया गया। उनसे मुख्यमंत्री जी की बात भी करवाई गई। इस बातचीत के क्रम में मुख्यमंत्री जी के तेज़ के आगे राज ठाकरे पूरी तरह पिघल गए। उन्होंने मुख्यमंत्री जी को पहले तो यह कहा कि उन्हें पता नहीं था कि यह कार्यक्रम अराजनैतिक है। बाद में बातों की रौ में बहकर राज ठाकरे ने यहाँ तक कह दिया कि मुम्बई में आपका स्वागत है! शिवसेना प्रमुख, श्री बाल ठाकरे ने पार्टी के अख़बार 'सामना' में हमारे मुख्यमंत्री जी की जमकर तारीफ़ की। उन्होंने लिखा कि नीतीश कुमार बिहार में अच्छा काम कर रहे हैं। वहाँ विकास की गंगा बहाने की कोशिश कर रहे हैं। हम सबको चाहिए कि हम उनका सहयोग करें। इससे भी हमारे विरोधियों के स्वर एकदम ठंडे पड़ गए। मुम्बई ने 15 अप्रैल, 2012 की शाम में हमारे मुख्यमंत्री का अभूतपूर्व स्वागत किया। डेढ़ लाख से ज़्यादा लोगों का जन सैलाब हर ओर से उमड़ता ही चला आ रहा था। मुख्यमंत्री जी के मंचासीन होने के बाद ही उदित नारायण ने बिहार का राज्य गीत, 'हे भारत के कंठ हार...' गाकर पूरे वातावरण में बिहार की गरिमा की ख़ुशबू बिखेर दी। वैसे तो इस गीत के बोल बहुत हृदयस्पर्शी हैं और धुन भी बहुत ऊर्जावान है पर

मीठे सुर की चाशनी में पगा यह गीत उस शाम में हम सबके दिलों का स्पन्दन बन गया था। मैंने उदित नारायण को भाव में डूबकर ऐसे गाते हुए पहले कभी नहीं सुना था। इससे पहले कि इस जादू का असर कम होता, मंच से महाराष्ट्र का राजकीय गीत 'जय जय महाराष्ट्र माझा..' शुरू हो गया। यह गीत भी महाराष्ट्र की गरिमा को बड़े मर्मस्पर्शी शब्दों में बयान करता है। मशहूर मराठी गायक श्री नन्देश उमप ने अपने जीवन्त स्वर से इस गीत को प्राणवान बना डाला। वहाँ उपस्थित भीड़ में जो मराठी का एक शब्द भी नहीं जानते थे, उनको भी इस गायन ने महाराष्ट्र की मिट्टी में ही उगे मोगरा फूलों की पंखुड़ियों में तब्दील कर दिया! फिर तो किसी को पता ही नहीं लगा कि बिहार की जीवन रेखा गंगा नदी कब बंगाल की खाड़ी के रास्ते से महाराष्ट्र के सागर में आ मिली है! मुख्यमंत्री जी ने उपस्थित भीड़ को जैसी आत्मीयता से सम्बोधित किया वह मेरे लिए भी अकल्पनीय था जबकि मैं उनको विभिन्न मंचों से बोलते हुए कई बार देख चुका था। उन्होंने बड़ी मर्मस्पर्शी बातों के क्रम में कहा—

'महाराष्ट्र संतों की भूमि है और महाराष्ट्र से बिहार का रिश्ता बहुत पुराना है। देश की आज़ादी की (लड़ाई की) शुरुआत बिहार से हुई तो बिगुल मुम्बई में फूँका गया। बिहार के लोग बहुत परिश्रमी हैं, मगर इसका अर्थ यह नहीं कि वे किसी राज्य या शहर पर बोझ बनकर जी रहे हैं। बिहार के लोग बोझ बनकर कभी जी ही नहीं सकते। वे तो बोझ उठाते हैं, किसी पर बोझ नहीं बनते।'

उनका इतना कहना था कि उपस्थित भीड़ पर जैसे जुनून छा गया। हर ओर से उनके ज़िन्दाबाद के देर तक गूँज रहे नारों से ऐसा लगा कि अरब सागर भी उद्वेलित हो गया है। लोग बड़ी मुश्किल से अपने आवेगों पर क़ाबू पा सके। बिहारियों को पहली बार लगा कि उनका मसीहा उनके सामने खड़ा होकर परदेश में रहने की वजह से उनके दिल में चुभे एक-एक काँटे को अपनी पलकों से चुनकर अपनी बातों से उन ज़ख़्मों पर मलहम लगा रहा है। मुम्बई में अगले दिन के समाचार-पत्रों में प्रमुखता से इस बैठक की ही चर्चा थी। वहाँ के 'स्वतंत्र जनसमाचार' ने लिखा—

"...नीतीश कुमार के दिल छू लेनेवाले भाषण ने पूरी सभा में समाँ बाँधे रखा और सरल भाषा में उन्होंने जब अपनी बातें रखीं तो लोगों को वे बिलकुल अलग लगे, क्योंकि उनके भाषण में न तो मीडिया को कुछ मसाला मिल पाया और न ही उनके विरोधियों को। उल्लेखनीय है कि बिहार और उत्तर प्रदेश से जब भी कोई नेता, चाहे वह मुख्यमंत्री के रूप में मायावती हों या मुलायम सिंह यादव, लालू प्रसाद यादव हों या अमर सिंह या कांग्रेस के केन्द्रीय नेता, मंत्री-संत्री, सबने एक ही दावा हमेशा किया कि मुम्बई किसी की जागीर नहीं। ये लोग अपने को जहाँ प्रवासियों को अपना हित चिन्तक बताते हैं, नहीं यहाँ के

स्थानीय मराठी भाषियों पर भी तेज़ करने से बाज नहीं आते थे, मगर नीतीश ने ऐसा कुछ नहीं कहा जिससे स्थानीय नेताओं को कोई मुद्दा मिले और जिसकी भरपाई स्थानीय प्रवासियों को करनी पड़े।"

इस कार्यक्रम के तात्कालिक परिणाम तो वहाँ उपस्थित पूर्वांचल के लोगों के गर्व से तने सीने और आँखों में चमकते तारों में उसी शाम से ही दिखने लगे थे लेकिन इसके दूरगामी परिणाम भी बेहद महत्त्वपूर्ण हुए हैं। मुम्बई में इस अभूतपूर्व बिहार शताब्दी आयोजन के क़रीब 10 साल पूरे होने को आए हैं लेकिन आज तक स्थानीय लोगों ने बिहारियों या पूर्वांचल के लोगों से फिर कभी पंगा लेने की हिम्मत नहीं की है। उस दिन हमारे माननीय मुख्यमंत्री जी बिहारी अस्मिता को जगाकर तब तक दबाए और कुचले जा रहे पुरवैया लोगों को उनमें छिपी शक्ति को प्राणवान बनाकर, उन्हें जीवन्त होने का अहसास जो दिला आए थे! नीतीश जी महाराष्ट्र पर अपनी अमिट छाप छोड़ आए। नतीजतन, पटना में स्थित महाराष्ट्र मंडल के सदस्य पटना में पहले से भी कई गुणा अधिक उत्साह से गणेशोत्सव का आयोजन करने लगे।

2022 के अगस्त माह में जब महागठबन्धन की सरकार फिर से बनी तो देवेशचन्द्र ठाकुर विधान परिषद् के सभापति निर्विरोध चुने गए। यह एक ऐतिहासिक क्षण था जब महागठबन्धन के सभी दल उनके नाम के प्रस्तावक और अनुमोदक बने। इसकी एक बानगी देखिए। प्रस्तावक नीतीश कुमार; अनुमोदक राबड़ी देवी। यह तो तय बात है कि देवेशचन्द्र ठाकुर नीतीश के कई भक्तों में एक हैं जिनमें सबके बारे में चर्चा करना सम्भव नहीं है फिर भी हम आपको दो ऐसे भक्तों के बारे में बताते हैं जिनके बारे में जानकर हमें भी बहुत आश्चर्य हुआ था। पहली हैं एक वयोवृद्ध महिला जो नीतीश को देवता का दर्जा देकर उसकी आरती और अर्चना पूरी श्रद्धा से करती हैं। हमने जब उनसे पूछा कि आख़िर नीतीश में उनको ऐसी क्या ख़ास बात लगी जो वे उनकी आराधना इतनी श्रद्धा से करती हैं? उन्होंने जो उत्तर दिया वो अचम्भित करनेवाला था। उन्होंने कहा कि—

वे बचपन से भगवान की पूजा करती आई हैं उनके सपने में भगवान विभिन्न रूपों में आते रहते हैं। कुछ वर्ष पहले उन्हें सपने में ऐसा अनुभव हुआ कि अज्ञात भगवान की पूजा करने के बजाय उन्हें नीतीश जी की पूजा-अर्चना करनी चाहिए क्योंकि जैसे भगवान को स्मरण करने से मन को शान्ति मिलती है वैसा ही आनन्द उन्हें नीतीश बाबू की तसवीर की आरती और अर्चना करने में मिलता है। उन्होंने बतायाए "उनको सामने से कभी नहीं देखा है लेकिन उनकी भावना का सम्मान करते हुए मेरे लड़के ने उनकी पूजा के लिए नीतीश जी की इतनी बड़ी तसवीर बनवा दी है।"

नीतीश के दूसरे अनन्य भक्त हैं अनिल शर्मा, लेकिन जहानाबाद के अपने इलाक़े में वे अली बाबा के नाम से मशहूर हैं। पहली नज़र में वे सनकी लगते हैं क्योंकि जब-जब विधानसभा के चुनाव जीतकर नीतीश कुमार बिहार के मुख्यमंत्री बनते हैं तब-तब यह व्यक्ति अपने हाथ की अँगुली का पहला पोर काटकर उसकी बलि चढ़ा देता है। अनिल शर्मा उर्फ़ अली बाबा 2005, 2010, 2015 और 2020 के चुनाव के नतीजे आने के बाद ऐसा 4 बार कर चुके हैं। नवम्बर 2020 में जब चुनाव के नतीजे आ गए और नीतीश कुमार ने मुख्यमंत्री पद की शपथ ग्रहण कर ली तो एक बार फिर अनिल शर्मा ने अपनी अँगुली का पहला पोर काटकर बलि चढ़ा दी। नीतीश को तभी पहली बार अपने इस अंधभक्त के बारे में पता चला तो उसे बुलाकर पहले उसकी ख़ूब झाड़-कुटाई की और बाद में वचन लिया कि अब वह भविष्य में ऐसा कभी नहीं करेगा। नीतीश ने अनिल शर्मा के इलाज की पक्की व्यवस्था कराई और अपने एक सहयोगी को उनकी अच्छी तरह देखभाल करते रहने की ज़िम्मेदारी भी दे दी।

बहुत दिन भी नहीं हुए

चचा बताता है कि 2004 तक नीतीश की आरम्भिक सभाओं में आनेवाली महिलाओं की संख्या बेहद कम होती थी। फिर भी वह अपनी हर सभा में उनके हक़ की बात ज़ोर-शोर से करता। उनकी ताक़त का उन्हें एहसास दिलाता और महिलाओं द्वारा कुछ न करने की स्थिति में उन्हें अगली पीढ़ी के विकास में अवरोध के लिए ज़िम्मेदार ठहराता। उसकी ये बातें अख़बारों, रेडियो और टेलीविज़न के माध्यम से धीरे-धीरे गाँवों की गलियों, खेतों, खलिहानों से गुज़रते हुए आँगन और रसोई तक पहुँचने लगी। पढ़नेवाली लड़कियाँ अपनी बड़ी-बूढ़ियों को यह सब सुनातीं और उन्हें जगाने की हरचन्द कोशिशें करतीं। अचानक कोई जादू-सा हुआ और मिचमिचाती, बुढ़ाती, बुझती-सी आँखों में आशाओं का अंजन फिर से लग जाने से वे सब आँखें नए सपने देखने-गुनने लगीं, अपने लिए नहीं—आनेवाली पीढ़ी की बेटियों के लिए जिन्हें अब कोई बोझ नहीं कह सकेगा, जो अपने पिता के अधूरे सपने किसी बेटे की शिद्दत से ही पूरी कर सकेंगी। जिनके जन्म होने पर शोक नहीं जश्ने-ज़िन्दगी होगा। नीतीश की सभाओं में महिलाओं की भीड़ बढ़ते-बढ़ते पुरुषों से भी अधिक होने लगी। चुनावों से पहले नीतीश अपने भाषण में महिलाओं से वोट देने की ज़ोरदार अपील करता। वह महिलाओं से कहता कि अलस्सबाह वोट दे आइएगा फिर खाना वग़ैरह बनाइएगा।

2009 के वोट के दिन की एक बात आप जेडीयू के किसी मंत्री ने सुनाई—

'मेरे एक रिश्तेदार थे, यादव जी, जो आरजेडी के बड़े पदाधिकारियों में से एक थे। वोट के दिन सवेरे दस बजे तक चाय-नाश्ते की सुगबुगाहट भी नहीं देखकर उन्हें थोड़ा अचम्भा हुआ। उनकी दुलारी पोती आकर उनके गले से लिपट गई जिससे उन्होंने पूछा कि घर की सभी स्त्रियों को वोट देने जाना नहीं है क्या? उन्हें उत्तर मिला कि वे सब तो सवेरे ही तीर छाप (नीतीश की पार्टी जेडीयू का चुनाव चिह्न) में वोट देकर आ गईं! यह सुनकर बेचारे प्रश्नकर्ता ने अपना सर ठोंकते हुए कहा कि आज तक तो आप सब वोट देने निकली ही नहीं और आज पहली बार गईं भी तो अपनी ही पार्टी में गोल दाग दिया, आख़िर क्यों? उत्तर मिला इसलिए कि इसी सरकार ने आपके घर की तीन महिलाओं को शिक्षिका का सम्मानजनक पद, बिना किसी पैरवी के, सिर्फ़ मेधा के आधार पर दिया है! बेचारे ने दुखी होकर कहा कि इस चुनाव का नतीजा तो आज ही निकल गया!'

2010 के चुनाव की एक दास्तान चचा बुक़रात के पास भी है। यह बात भागलपुर चुनाव क्षेत्र की है, वहाँ नीतीश की सहयोगी, भारतीय जनता पार्टी के अश्विनी कुमार चौबे भाईजी प्रत्याशी थे। भाईजी दाढ़ी भी रखते थे। वैसे तो भाईजी कई बार उसी क्षेत्र से चुनाव जीत चुके थे, पर इस बार नए परिसीमन के कारण उनकी हालत बहुत ठीक नहीं थी। उनके विरुद्ध अल्पसंख्यक समुदाय के प्रत्याशी भी खड़े हो गए थे। वहाँ कई वर्ष पहले हुए साम्प्रदायिक दंगों के कारण भाईजी की पार्टी को अल्पसंख्यकों के वोट मिलने थोड़े कम भी हो गए थे। नीतीश ने सत्ता में आते ही उस दंगे की फिर से जाँच करवाकर दोषियों को सज़ा और अल्पसंख्यकों को इंसाफ़ दिलवाने में सफलता पाई थी। अल्पसंख्यक लड़कियों को स्वावलम्बी बनाने की नीतीश की कई योजनाओं से ग़रीब तबक़े की लड़कियों को ख़ासा फ़ायदा हुआ था। पहले तो वे अपने चचाज़ाद भाइयों से भी ख़ौफ़ खाती थीं कि न जाने किसकी आँखों में वहशीपन की घटा छाकर पता नहीं क्या क़हर बरपा जाए पर नीतीश की 'हुनर' जैसी कई योजनाओं के कारण उन्हें घर से बाहर आकर काम करने से नया आत्मविश्वास मिला था। अपने भविष्य के बारे में, अपने होनेवाले जीवनसाथी के बारे में, धीरे-धीरे ही सही, वे स्वयं फ़ैसले लेने में सक्षम हो रही थीं। यह सब नीतीश के गम्भीर प्रयासों का नतीजा था जिससे नीतीश की अपनी छवि बेदाग होकर उभरी थी। इन कारणों से अगर उसकी पार्टी का कोई प्रत्याशी वहाँ से खड़ा होता तो वह जीतता। इस बार भाईजी की अपनी, उनकी पार्टी तथा नीतीश, तीनों की प्रतिष्ठा दाँव पर थी। नीतीश ने उस क्षेत्र में जाकर सबसे काम करनेवाले को वोट देने की अपील की थी। चुनाव के दिन क्या हुआ यह चचा बता रहा है—

'अमाँ वह लड़की थी बड़ी सीधी-सादी। पहली बार वह ख़ुद वोट देने जा रही थी हालाँकि वह पिछले कई बार से वोट देने की हक़दार हो गई थी। पहली

बार उसने मेहनत करके कमाना सीखा था। अपनी बूढ़ी दादी के हाथों पर जब उसने अपनी पहली कमाई रखी थी तो उसका सारा कुनबा उसकी बलैया लेते थकता न था। सवेरे अपनी आँखें नीची किए वह काम पर जाती और जी-जान से काम पूरा करके शाम को वैसी ही नीची नज़रें किए वापस घर लौटती। ख़रामा-ख़रामा वोट का दिन भी आ ही गया। सवेरे वोट के लिए जाने से पहले उसने रस्मी तौर पर अपने अब्बा से पूछा कि वोट किसको दिया जाए। फ़रमान मिला कि किसी को भी दे देना, पर वोट उस एक ख़ास को हरगिज़ न देना। बाप की बात पत्थर की लकीर! लेकिन जब वह बच्ची बूथ के अन्दर गई तो उसका ज़मीर उसे पुकारने लगा। वे हाथ, जिन्हें नीतीश की नीतियों ने काम दिए थे, थरथराने लगे। कानों में नीतीश की अपील एक बार पुरज़ोर आवाज़ में गूँजी और उसने अल्लाह का नाम लेकर आँखें बन्द करते हुए वही बटन दबा दिया जिसकी उसे मुमानियत थी! जब कोई कुफ्र नहीं टूटा, कोई ज़लज़ला या सुनामी नहीं आया, कोई बिजली कड़ककर नहीं गिरी, यहाँ तक कि कोई पत्ता भी नहीं खड़का, बस बटन दबाने की चींऽऽऽऽऽऽऽ की आवाज़ होकर रह गई तो उसने आँसुओं से तरबतर अपनी आँखें खोलकर देखा कि उसकी उँगली की थरथराहट बन्द हो चुकी है। अपनी छोटी-सी ज़िन्दगी में पहली बार उसने अपने दिल की सुनी है और उसे यक़ीन हो गया है कि उसने ज़मीर की हुक्मउदूली न करके सवाब (पुण्य) ही कमाया है। उसने बड़ी दाढ़ी वाले चौबे भैयाजी को थोड़े न वोट दिया है! यह वोट तो खूँटी दाढ़ी वाले नीतीश चचा के खाते गया है और इससे अल्लाहताला बेशक ख़ुश ही हुए होंगे! मुझसे जब वह यह सारी दास्तान बयान कर रही थी तब न जाने क्यों मुझे लगा कि फ़रिश्ते आसपास ही खड़े होकर उसे दुआएँ दे रहे हैं!'

एक दिन हम सब पटना में ही इकट्ठे हुए जब नीतीश घर में नहीं था पर हमें हमारी पसन्द का खाना बनवाने की फ़रमाइश करने के लिए कह गया था। उसके बिना सहभोज अच्छा नहीं लगता। खाना खाने की भी उसकी अदा निराली है। भोजन के लिए मेज़ पर बैठने से पहले वह अपने कुर्ते की आस्तीनों को बहुत सावधानी से थोड़ा ऊपर कर लेता है। फिर वॉशबेसिन के पास, दोनों हाथों को कलाइयों तक, ऑपरेशन करके निकले किसी सुलझे शल्य चिकित्सक की सी कुशलता और एकाग्रता से धोता है। अब खाने की मेज़ पर उसकी वापसी होती है जहाँ वह हाथ से नहीं, केहुनियों की सहायता से कुर्सी को थोड़ा सरकाकर उस पर बैठ जाता है। नीतीश को अकेले बैठकर खाना बिलकुल नहीं सुहाता। सामान्यतः भोजन के समय उसके साथ कोई न कोई सहभागी अवश्य होते हैं जिन्हें उनकी पसन्द का भोजन नीतीश बड़े प्रेम से कराता है। नाश्ते या भोजन की मेज़ पर हो रही हल्की-फुल्की बातचीत ही उसके मनोरंजन का साधन रह

गई है जिसमें सभी बड़ा रस लेते हैं। उस समय नीतीश का गम्भीर मुखौटा थोड़ा खिसक जाता है और उसका श्रेष्ठ हास्यबोध उभरकर सामने आता है। बातों का क्रम चाहे कितना भी तल्लीन कर देनेवाला क्यों न हो, मेज़ की छोटी-बड़ी हर आमदरफ़्त पर उसकी पैनी नज़र रहती है और यह भी उसकी चौकन्नी नज़रों से छूट नहीं पाता कि किसकी थाली में क्या कम है। खाने के बाद फिर से हाथ धोने की वही पूरी कवायद होती है और अन्त में उसकी जेब से बुर्राक सफ़ेद रूमाल निकलता है जिसका दोबारा इस्तेमाल शायद हाथ पोंछने के बाद बिना धुले नहीं होता है! इस सहभोज के बारे में हमें अंजनी कुमार सिंह, जो मुख्यमंत्री के प्रधान सचिव और राज्य के मुख्य सचिव भी रह चुके हैं, ने कभी विस्तार से बताया था। अंजनी ने कहा था—

'माननीय मुख्यमंत्री जी को यक्षों की तरह बिना थके अनवरत काम करने की आदत शुरू से रही है और अपने निकट के सहकर्मियों से उनकी अपेक्षाएँ भी वैसी ही रहती हैं। बहुधा पिछली रात देर तक काम करते रहने की वजह से अगली सुबह हम सब बग़ैर नहाए-धोए, कमोबेश निशाचर बने, मुख्यमंत्री जी की सेवा में उपस्थित हो जाते थे। लकदक कपड़ों में तैयार, ऊर्जा से लबरेज़, मुख्यमंत्री जी बड़ी सच्ची मुस्कान और गरमागरम चाय से हमारा स्वागत करते। एक तो हर विषय पर उनकी सम्यक् पकड़ और विराट अनुभव, ऊपर से बिना समय नष्ट किए उपलब्ध सारी सम्भावनाओं में से सर्वश्रेष्ठ चुन लेने की उनकी क्षमता से सुबह के दो-तीन घंटे पलक झपकते ही बीत जाते थे। ढेर सारा काम निबटाने के क्रम में हम सब प्रतिदिन कुछ न कुछ सीखते ही रहते थे। तब तक प्राय: दस बजने को आते थे और मुख्यमंत्री जी हम सबों को बहुत स्नेह से नाश्ते की टेबुल तक ले जाते थे। मुझे पहले नाश्ता बड़ा फीका लगता था लेकिन मुख्यमंत्री जी वह सब जिस स्वाद से खाते थे कि मैं अवाक् होकर उन्हें ही देखता रह जाता था! इस सर्वोदयी नाश्ते के बाद मट्ठा पीने की बारी आती थी। उधर नाश्ते की औपचारिकता पूरी होते ही अधूरे रह गए काम को पूरा करने के लिए मुख्यमंत्री जी का उत्साह देखकर मैं भी सब कुछ भूलकर काम में पिल पड़ता था। काम में तन्मयता से डूबे रहने की वजह से नाश्ते के बाद के तीन घंटे भी अनायास ही बीत जाते थे। इस बीच चाय की एकाध दौर भी चल चुका होता था। तब तक जनता की कोई बड़ी मुश्किल समस्या का सहज हल निकालकर हम बेहद ख़ुश हो जाते थे। किसी बहुत बड़ी ज़िम्मेदारी से निबटने का सुख ठीक से भोगने से पहले ही मेरे घर से लंच तैयार होने की ख़बर आती थी, घर का लंच माने लज़ीज़ मांसाहारी खाना! लेकिन इससे पहले कि मेरा मन घर की ओर कुलाँचे भरता, इधर खाना परसे जाने की ख़बर लेकर कोई कारिन्दा आ खड़ा होता था! मुझे घर जाने को तत्पर देखकर माननीय मुख्यमंत्री जी मुस्कुराकर

मेरी पीठ पर स्नेह से हाथ रखकर मुझे राजसी भोजन की लालसा के उग्रवाद से समझौतावाद की ओर, अर्थात् खाने की मेज़ तक ले जाते थे। उनके स्नेह के आगे मेरा समझौता बांग्ला देश मुक्ति संग्राम के खलनायक जनरल नियाज़ी की तरह बिना शर्त के समर्पण में बदल चुका होता था! मुझे पहली बार पता चला कि प्रेम से बनाई गई सादी दाल और हरी सब्ज़ियाँ भी इतनी स्वादिष्ट हो सकती हैं। दिन के खाने में कभी-कभी बिहारी बचका का स्पेशल डिश भी बनता था। दोपहर के भोजन का समापन घर में ही बनी रसगुल्ले या पेड़े जैसी मिठाई के साथ मौसमी फलों से होता था। इस खाने से मेरी खाने-पीने की आदत बहुत बदल गई और मुझे शाकाहारी खाना भी पसन्द आने लगा।'

हम नीतीश के घर में खाने की मेज़ पर बैठ गए हैं। उसके मनपसन्द भोजन के बारे में, वर्षों से रच-रच कर नीतीश के लिए खाना बनानेवाले शम्भू, बद्री, संजय, पप्पू, बंकू या दिलीप सभी एक स्वर से कहते हैं कि भोजन के प्रति नीतीश की निर्लिप्तता किसी भी कुशलतम पाकशास्त्री का हृदय तोड़ सकती है। अगर कौशल, चचा या अरुण जैसे मित्र साथ हों तो सिर्फ़ सूखी रोटी, थोड़ा चावल-दाल और हरी सब्ज़ियाँ खाने वाले नीतीश को पराँठे भी बुरे नहीं लगते। आलू उसे प्रत्येक रूप में, चाहे वह भुजिया हो या चोखा, या फिर रसेदार, पसन्द है। कई दिनों तक मनपसन्द खाना न मिलने पर या कभी-कभी बहुत ख़ुश होकर नीतीश आज भी रसोई में घुसकर सब्ज़ी बनाने में पिल पड़ता है।

5 मार्च, 2017 को नीतीश ने 53 वर्षों के बाद, आज फिर से, आलू की लटपटी सब्ज़ी बहुत प्रेम से बनाई है। आठवीं से ग्यारहवीं तक, नीतीश अपने और बाबूजी के लिए पूरा खाना बहुत चाव से बनाता था। वह कहता है कि हल्दी और धनिया जैसे मसालों की ख़ुशबू से मानसिक तनाव कम होते हैं और एकाग्रता बढ़ती है। यही आदत नीतीश के प्रिय नेता अटल बिहारी वाजपेयी जी की भी रही थी।

नीतीश को देर रात तक जगना अच्छा नहीं लगता। दसेक बजे तक वह अपने कमरे में जाकर कुछ पढ़ते हुए सो जाता है। लोहिया और जेपी की भी ठीक ऐसी ही फ़ितरत रही थी। रात में वह कई बार उठकर पानी पीता है और सोता-जगता रहता है। अलस्सबाह उठने के बाद नित्यकर्म से निवृत्त होकर वह गुनगुने पानी से गला साफ़ करता है। फिर शुरू होती है उसकी योगयात्रा जिसमें वह पूरे मन से डूब जाता है। इस यात्रा का समापन पन्द्रह मिनटों की योगनिद्रा से करके, तुड़ा-मुड़ा कुर्ता-पाजामा पहने और बिखरे बाल लिये, लेकिन तरोताज़ा, नीतीश अपने कमरे से बाहर निकलता है।

जब मइयो इस दुनिया में थीं तो नीतीश पहले सीधे उनके कमरे में जाकर उन्हें प्रणाम करके उनका हालचाल समझकर नर्सों को आवश्यक निर्देश देता

था। मइयो से आशीर्वाद लेकर अपने बेटे निशान्त को बहुत प्यार से 'गुड मॉर्निंग निशी बाऽऽऽबू' कहने उसके कमरे में जाता था। मइयो के प्रति नीतीश की अगाध श्रद्धा का यह इतिहास रहा है कि दिल्ली प्रवास के दौरान वह जब भी बिहार आता, मौक़ा मिलते ही सीधा बख़्तियारपुर जाकर मइयो के चरण स्पर्श करता रहा।

उम्र की हर दहलीज़ पर

यह बात भी हमें रेलवे वाले अधिकारी सुनील कुमार सिंह ने बेहद भावुक होकर बताई थी। मइयो के चले जाने के बाद भी निशान्त को गुड मॉर्निंग कहने का नीतीश का यह कार्यक्रम आज भी जारी है। अपने पापा से सुबह की इस मुलाक़ात की प्रतीक्षा निशान्त को भी रहती है, क्योंकि उसे पता है कि इसके थोड़ी देर बाद ही उसके पापा मुसीबतज़दा सूबे के अति व्यस्त मुख्यमंत्री में तब्दील हो जाएँगे। निशान्त अपनी सारी बातें अपने पापा से इसी वक़्त कहता है। चाहे उसे योग सीखना है या फिर मृदंग बजाना, कौन सा मोबाइल लेना अच्छा है और कैलोरी पर ध्यान रखने के लिए कौन सी घड़ी अच्छी होगी जैसे मसलों पर पहले वह अपने पापा से मशवरा करता है। पापा भी निशान्त की सारी बातें बहुत गम्भीरता से सुनकर उसे अपनी राय देते हैं। निशान्त को योग थोड़ा मुश्किल लगता है तो पापा अगली तनख़्वाह मिलते ही उसे एक ट्रेड मिल ख़रीद देते हैं। निशान्त मुस्कुराहट के साथ याद करता है कि कैसे पहले तो थोड़ा प्रतिरोध हुआ फिर माँ के कहने से पापा उसके लिए दिल्ली से वीडियो गेम लेकर आए थे जिसके लिए निशान्त ने बड़ा हल्ला मचाया था! निशान्त को अपने हाई स्कूल के परीक्षाफल से सन्तोष नहीं था। उसे कम से कम 78 प्रतिशत अंक अवश्य आने की अपेक्षा थी, पर समाजशास्त्र में कम अंक आने के कारण उसे 72 प्रतिशत अंक ही आ पाए। उसे लगा कि उसके विद्वान पापा को बड़ा दुख होगा। पर रिज़ल्ट जानकर पापा ने उसकी हिम्मत यह कहते हुए बढ़ाई कि उसे इतने अंक तो आ ही गए हैं कि वह भी अपने पापा की भाँति पटना के साइंस कॉलेज में पढ़ सकेगा। इतना ही नहीं, आई.एससी. की परीक्षा के बाद तो पापा ने उसे अच्छा कम्प्यूटर ही ख़रीदकर दे दिया। जब निशान्त अपनी माँ के साथ अपने पापा के पास दिल्ली गया था तो उसके फ़ोटोग्राफ़ी के शौक़ को देखते हुए उन लोगों के वृन्दावन जाने से पहले पापा ने उसे छोटा, पर बढ़िया-सा मूवी कैमरा ख़रीदकर दिया था। निशान्त को पता है कि पापा दिन-रात दूसरों के भले के लिए काम करते रहते हैं। उसकी मुस्कुराहट भी अपने पिता जैसी ही मीठी है। वह अपनी बड़ी-बड़ी आँखों से सलज्ज मुस्कान बिखेरते हुए कहता है कि उसके पापा उसे बेहद प्यारे

लगते हैं और यह भी कि उसके पापा भी उसे बेहद प्यार करते हैं। निशान्त की एक बात अन्दर तक छू जाती है। जब वह कहता है—

'अपनी मम्मी और पापा के बारे में अगर सिर्फ़ एक वाक्य में सबका निचोड़ कहना चाहूँ तो मैं बस यही कहूँगा कि उम्र की हर दहलीज़ पर मेरी मम्मी और पापा ने मुझे वह हर सुविधा दी है जो वे अपनी ईमानदारी की कमाई से मुझे दे सकते थे, कई बार अपने सामर्थ्य से आगे जाकर भी!'

पिता-पुत्र की यह रोज़ सवेरे की मुलाक़ात चाहे कितनी भी मुख़्तसर क्यों न हो, बड़ी मज़ेदार होती है। शुद्ध हास-परिहास के द्वारा, अपनी इकलौती सन्तान निशान्त के माध्यम से ही शायद, नीतीश अपनी नौजवानी के बेफ़िक्र दौर का एक चक्कर लगाकर आज के कठिन काल के तपते हुए दिन के लिए अपने आपको तैयार करता है।

नीतीश के अन्तःपुर की एक और बात उल्लेखनीय है। नीतीश अपने घर में किसी को बुलाने के लिए कभी ऊँची आवाज़ का प्रयोग नहीं करता, वह एक चर्च जैसी मीठी घंटी बजाकर, जिसे चचा बुक़रात फादर इब्राहीम की घंटी कहता है, किसी परिचारी को बुलाता है। परिचारी के उपस्थित होते ही नीतीश उसे बहुत मीठी आवाज़ में किसी काम के लिए कहता है, पर इसका एक अपवाद भी है। हर सुबह 'गुड मॉर्निंग' से घर का माहौल ख़ुशनुमा बनाकर नीतीश एक गगनभेदी आवाज़ लगाता है—हऽरेन्दऽऽऽऽर और मानो दीवारों को चीरकर हर सुबह जादुई जिन्न की भाँति जीऽऽऽऽऽसऽऽऽर कहते हुए हरेन्द्र बहादुर सिंह प्रकट हो जाते हैं! इतना सब करके, मौसम चाहे जैसा भी हो, नीतीश घर की दीवारों की दुनिया से बाहर, खुले में निकल आता है। हरेन्द्र उसके ठीक पीछे चल रहे होते हैं। नीतीश अपनी गाय की सन्तानों को जाकर कुछ खिलाता, पुचकारता और दुलारता है। गायों के इन छोटे-छोटे बच्चों को भी मानो इस क्षण की प्रतीक्षा रहती है। नीतीश को देखकर हुमकता हुआ कोई बछड़ा पलक झपकते ही पूरे राज्य के युवा मन का प्रतीक बन जाता है। वहाँ से मुदित मन लौटता नीतीश, अगर मौज़ में आया या निशान्त साथ हो, तो 45 मिनटों में वह पूरे परिसर के तेज़-तेज़ कई चक्कर लगा लेता है।

नीतीश के नियमित रूप से तेज़ टहलने की आदत बहुतों को बहुत भारी भी पड़ती है। उसकी हर यात्रा में उसके साथ चलनेवाले युवा अधिकारीगण भी, पहले तो हाँफते-काँपते और बाद में घिसटते हुए, उसके क़दमों का साथ देने की कोशिश करते हैं। इस सिलसिले में एक अपेक्षाकृत नई घटना बरबस याद आती है। महात्मा गांधी ने भारत के स्वतंत्रता संग्राम का बीजारोपण बिहार के चम्पारण में ही 1917 में 15 अप्रैल को किया था। बिहार में पहली बार पड़कर गांधी जी की चरण धूलि सारे देश के भाल पर चन्दन और केसर बनकर चमकी

थी। निहायत मामूली सी लगनेवाली इस घटना की ख़ुशबू भारत की आज़ादी की किताब के हर पन्ने को आज तक महका रही है। आजकल देश की आज़ादी की यादगार के रूप में हम साल में कई तारीख़ों को पूजते हैं पर यह एक तारीख़ देश के नेताओं की कौन कहे, बिहार के नेताओं के भी विस्मृति के गर्भ में चली गई थी। वह तो भला हो नीतीश का जिसने अतीत की अँधेरी खाई को पाटकर स्मृति वन में मुरझा रहे इस पौधे को खोज निकाला और इसकी विधिवत सम्मानजनक पुनर्स्थापना की है। जब से नीतीश मुख्यमंत्री बना है, गांधी जी में अपनी अदम्य श्रद्धा के कारण उसने अपनी सभी महत्त्वपूर्ण यात्राएँ चम्पारण से ही शुरू की हैं। यह शायद महात्मा गांधी की इच्छा का ज़ोर था या नीतीश के प्रारब्ध का, यह तो नहीं पता लेकिन जब गांधी जी के चम्पारण पधारनेवाली घटना के 100 साल होने को आए, तब नीतीश ही बिहार का मुख्यमंत्री था। स्मृति शेष बापू की बौद्धिक धरोहर को अक्षुण्ण रखने के लिए उसने 2016 के अप्रैल माह से ही पूरे वर्ष भर में कई महत्त्वपूर्ण और दूरगामी सकारात्मक परिणामों वाले कार्यक्रमों की शुरुआत की। इनमें से कुछ तो प्रतीकात्मक भी थे। वर्ष 2017 की अप्रैल माह की 18 तारीख़ को महात्मा गांधी की पदयात्रा का सम्मान करने के लिए उसने चम्पारण में 7 किलोमीटर की पदयात्रा की। इस यात्रा में लोगों का सैलाब उमड़ आया था। क्या अधिकारी और क्या कर्मचारी, क्या नेता और क्या अभिनेता, क्या मज़दूर और क्या किसान, क्या ग़रीब और क्या धनवान, क्या बूढ़े और क्या जवान, सब-के-सब इस 66 साल के नीतीश के साथ चलने की कोशिश में हलक़ान हो रहे थे। चारों ओर से हो रहे गांधी जी की जय जयकार के तुमुल नाद से बेख़बर नीतीश उस राह पर चल रहा है जिस पर कभी उसके प्रिय बापू भी चले होंगे। उसकी चाल को देखकर किसी को भूदान की याचना करते विनोबा भावे की याद आती है तो किसी को घने जंगल में निर्द्वन्द्व विचरण करते हुए वनराज की। लेकिन प्रत्यक्षदर्शियों का कहना है कि नीतीश के साथ चलने की कोशिश में लगभग दौड़कर हलक़ान हो रहे नौजवानों को या तो अपनी नानियाँ याद आ रही होंगी या फिर अपनी छठी का दूध! इन हैरान-परेशान नौजवानों में कई युवा राजनेता भी थे जो 7 किलोमीटर की अनवरत यात्रा के बीच में ही पस्त होकर पंक्चर हो गए टायर की तरह दिखने लगे थे। इधर नीतीश था कि दमकता हुआ चेहरा लिये, आसपास से बेख़बर, अपने ही रौ में सधे हुए तेज़ क़दमों से, आगे बढ़ता ही चला जा रहा था। दरअसल, उसके संयमित जीवन शैली के कारण वह अब भी काफ़ी चुस्त-दुरुस्त है। पहले वह सुबह काफ़ी टहल लिया करता था पर जब से वह योग करने लगा है तब से उसका टहलना थोड़ा कम हो गया है। पहले वह सरकारी आवास के पास ही स्थित जैविक उद्यान में भी सवेरे टहला करता था, पर उसके टहलने के समय की गई सुरक्षा

व्यवस्था के कारण अन्य टहलनेवालों की असुविधा को देखते हुए नीतीश का वह कार्यक्रम बन्द हो गया है।

टहलने के बाद नीतीश अपनी कुटिया में बैठ जाता है। नीतीश को खुली जगह में बैठना इतना पसन्द है कि वह जिस भी घर में रहा है, वहीं उसने जरा-सी खुली जगह में छोटी-सी मड़ैया डलवा ली है। उसे वह कुटिया कहना पसन्द करता है। उसकी देखा-देखी में सब उसकी मड़ैया को कुटिया ही कहते हैं। जाड़े के दिनों में वह कुटिया की छोटी-सी छप्पर के नीचे बैठकर, धूप तापते हुए अख़बार पढ़ता है। गर्मियों की सुबह उसका आसन बड़े लॉन के एक किनारे में पेड़ों की छाया के बीच की खपरैल वाली कुटिया में लग जाता है जहाँ पेड़ों से छन-छनकर ठंडी हवा आती रहती है। सवेरे टहलने के बाद, उसे एक प्याला गरम चाय चाहिए जिसका एकाध घूँट ले, उसे आराम से ठंडी होने देकर, वह ख़ुद अख़बारों की दुनिया में खो जाता है। सवेरे उसे बीसियों अख़बार पढ़ने होते हैं, क्योंकि टेलीविज़न वह सिर्फ़ तभी देखता-सुनता है जब चुनावों के नतीजे आ रहे होते हैं।

अख़बारों का कीड़ा

नीतीश का अख़बार पढ़ने का ढंग भी बड़ा निराला है। उसके अख़बारों के बंडल में से कोई उससे पहले अगर अख़बार छू भी ले तो उसका मूड गड़बड़ा जाता है। कहते हैं अपने समय की प्रसिद्ध अदाकारा मीनाकुमारी की भी यही आदत थी। उन्हें पढ़ने के लिए कोरा अख़बार ही चाहिए होता था। किसी ने उनसे पहले अख़बार खोल लिया तो समझ लीजिए कि उसकी शामत ही आ जाती थी! पढ़ने के बाद जिस सफ़ाई से नीतीश अख़बार समेटकर रखता है, वह बस देखनेवाली बात ही है। हर अख़बार के परिशिष्ट, चाहे उनमें सिर्फ़ विज्ञापन ही क्यों न हों, उसी अख़बार में बड़े एहतियात से रखे जाते हैं। यह काम नीतीश स्वयं करता है। अपने बारे में छपी ख़बरों में उसकी कोई दिलचस्पी नहीं होती, बस कहाँ से क्या शिकायत आई, पूरे अख़बार में यही ढूँढ़ता रहता है वह। कोई भी ज़रूरी ख़बर उसकी नज़रों से छूट नहीं सकती। सारे दिन-भर में कम से कम सुबह का यह समय वैसा होता है जब ऊपर से नीचे तक, पूरे बिहार का सरकारी अमला, सावधान की मुद्रा में, टेलीफ़ोन के पास या मोबाइल हाथ में लिये, खड़ा रहता है। कोई भी अनहोनी बात, प्रशासन की ढिलाई या अपनी ओर से पहल करने की आवश्यकता की ख़बर पढ़ते ही नीतीश की भृकुटियाँ तन जाती हैं जिसके बाद अधिकारियों को फ़ोन से खड़का-हड़का कर उनके आगे लक्ष्य रखते समय वह पूरा खुर्राट प्रशासक बन जाता है।

गुरु रह गया गुड़ और चेला हो गया चीनी

नीतीश के योग करने और अख़बार पढ़ने के सम्बन्ध की भी एक मज़ेदार कहानी है। नीतीश को योग सिखानेवाला और कोई नहीं, अपना चचा बुक़रात ही है! दिल्ली में मौसम बदलते समय नीतीश साल में कम से कम तीन बार बीमार अवश्य पड़ता था। एक बार ऐसे ही किसी मौक़े पर चचा ने, जो अपने आपको योग का बड़ा जानकार मानता था, एक लम्बे भाषण के बाद उसे योग सीखने और मालिश करवाने का मशवरा दिया। नीतीश के भी अच्छे बच्चे की तरह मान लेने से यह तय हुआ कि चचा रोज़ सवेरे साढ़े सात बजे से साढ़े आठ बजे तक नीतीश को योग सिखाकर वहीं से अपने दफ़्तर चला जाया करेगा। अगली सुबह चचा अपनी चटाई और कच्ची घानी के खाँटी सरसों तेल की शीशी लेकर समय से नीतीश के घर पहुँच गया। नीतीश अख़बार पढ़ रहा था। बहुत ना-नुकर के बाद नीतीश ने अख़बार पढ़ते-पढ़ते ही दिलीप से तेल तो लगवा लिया, पर चचा को ऐसे योग नहीं आते थे जो अख़बार पढ़ते-पढ़ते किए जा सकें। मज़े की बात यह कि चचा को अख़बार पढ़ने से बड़ी कोफ़्त होती थी और वह चाय भी नहीं पीता था। बेचारा था अपने कौल का पक्का कि उसे नीतीश को बहरहाल योग सिखाना ही है, इसलिए वह रोज़ समय से पहुँच जाता और नीतीश की हरकतों से कुढ़ता रहता। एक हफ़्ते तक बेबस चचा अख़बार में डूबे नीतीश के आगे बैठकर, अपनी उँगलियाँ चटकाते हुए, नीतीश की मालिश होते देखता रहता और वहाँ से निकलकर दिन-भर जलता-भुनता रहता। अगले हफ़्ते की शुरुआत में जब वह योग सिखाने की सब झंझटों से छुट्टी पाने का मन बनाकर नीतीश के पास पहुँचा तब तक नीतीश कई अख़बार पढ़ चुका था। चचा के तेवर दूर से ही भाँपते हुए उसने गर्मजोशी से चचा के लिए दूध और जलेबी लाने को कहा और चचा से उस दिन के किसी अख़बार में किसी चर्चित योगगुरु की कारस्तानियों के बारे में पढ़ने को कहा। चचा भी उसकी चाल में ऐसा फँसा कि बाद के कुछ दिनों तक वह रोज़ नीतीश के बताए दिलचस्प क़िस्से चटखारे लेकर पढ़ने लगा। धीरे-धीरे नीतीश को बताने की ज़रूरत भी नहीं पड़ने लगी और चचा को अख़बार चाटने की बीमारी लग गई।

क़रीब महीने भर के बाद एक बार जब चची ने उस्ताद से शागिर्द की तरक़्क़ी के बारे में पूछा तब मायूस चचा को बड़ी शर्मिन्दगी महसूस हुई और जैसे वह होश में आ गया। वह भरे दिल से चची से बोला—

'मैं जाता तो रोज़ ही उसे योग सिखाने, लेकिन मैं उस शातिर बदमाश को योग क्या सिखाता, देखो न, उसी कमबख़्त ने मुझे अख़बार पढ़ने की लत लगा दी है!'

चची से भरपूर लताड़ ख़ाकर चचा जब अगली सुबह नीतीश के पास गया तो उसने अख़बार छुआ तक नहीं, यहाँ तक कि उसने जलेबी और दूध के उत्कोच से भी मना कर दिया! फूले-फूले गाल, फड़कते नथनों और लाल-लाल आँखों वाले चचा के तेवर देखकर नीतीश को भी पानी के सर से ऊपर निकल चुकने की बात समझ में आ गई। चचा ने बहुत भरे हुए गले से नीतीश से कहा—

'तुमने मेरे साथ बड़ा फरेब किया है। योग तो तुमने सीखा ही नहीं, उलटे मुझ कमबख़्त को ही अख़बार पढ़ने की मनहूस लत लगा दी!'

फिर नीतीश का उतरा हुआ चेहरा देखकर चचा हँसा और बोला—

'यह तो मेरी कमज़ोरी थी कि मैं तुम्हारी होशियारी के आगे हार गया! चलो, अब बन्द करो नौटंकी और तैयार हो जाओ, वरना तुम्हारी चची मुझे कहीं का नहीं रखेगी।'

हँसते हुए नीतीश ने फ़ौरन टी शर्ट और हाफ़ पैंट पहनी और पन्द्रह दिनों में वह योगाभ्यास में इतना पारंगत हो गया कि वही चचा के आसनों में ग़लतियाँ निकालने लगा!

एक परिवर्तन यह भी हुआ कि योगाभ्यास के बाद दोनों नीबू पानी पीते या फिर छाछ और अख़बार भी साथ-साथ पढ़ते। पटना में नीतीश की यही दिनचर्या रहती है कि अख़बार पढ़ने के समय अगर कोई मिलनेवाला आ गया तो चाय का एक दौर चलने के बाद वह फुर्ती से तैयार होकर, सबके साथ नाश्ता करने बैठता है, वही सर्वोदयी नाश्ता, जिसका बयान अंजनी बाबू कर चुके हैं। बरसात के दो महीनों को छोड़कर वह दही से कभी परहेज़ नहीं रखता और उसके लिए हरे साग का प्रयोग भी साल के सावन माह में वर्जित हो जाता है। वह सबों को देशी लोकोक्ति हमेशा याद दिलाता रहता है—

चैते गुड़, बैशाखे तेल, जेठ के पंथ, आषाढ़े बेल।
सावन साग, भादों दही, क्वार करेला, कार्तिक मही।
अगहन जीरा, पूसै धना, माघै मिसरी, फागुन चना।
जो कोई इतने परिहरै, ता घर बैद पैर नहीं धरै।

विदुर नीति कहती है कि अपनी उन्नति चाहनेवाले पुरुष को वही वस्तु खानी चाहिए जो खाने योग्य हो, खाने के बाद पच सके और पचने के बाद हितकारी हो। आयुर्वेद की जानकारी रखनेवाला नीतीश का एक घनिष्ठ मित्र उसे 'मित भुक्', 'ऋत भुक्' तथा 'हित भुक्' कहता है। मतलब कि नीतीश कम तो खाता ही है, वह मौसम के अनुरूप तथा जो उसे हितकारी हो, वही भोजन करता है। इसलिए यह जानकर आश्चर्य नहीं होना चाहिए कि उसे मशरूम, ऐस्पैरेगस, ब्रॉकली, बेल पेपर्स, कैप्सिकम, फ्रेंचबीन्स, बेबी कॉर्न, पनीर आदि जैसी अभिजात

वर्गों में लोकप्रिय सब्ज़ियाँ उतनी पसन्द नहीं आतीं जितनी कि अपनी देशज साग-सब्ज़ियाँ। नतीजतन, अक्सर बड़ी दावतों से भूखे ही लौटकर वह घर में बचा-खुचा खाकर सो जाया करता था। कई बार उसके घर लौटते-लौटते अगर बहुत देर हो जाती, तब वह घर में भी कुछ नहीं खा पाता और वैसे ही सो जाया करता। ऐसी स्थितियों में यदा-कदा वह आधी रात में भूख से जगकर फ्रिज को ख़ुद खँगालता था। कभी-कभी आसपास सोया कोई लड़का अगर जग जाता, उसकी बेचैनी देखकर अमूमन फ़्रिज में जो भी बची मिठाई होती (गोपाल जी या सोडा फाउंटेन का रसगुल्ला हो तो सबसे अच्छा) उसका टुकड़ा उसे दे दिया करता। सन्तोषी नीतीश उसे ही खाकर बच्चों की तरह सो जाता। इन सब लफड़ों से बचने के लिए आजकल किसी दावत में जाने से पहले ही नीतीश अपने घर में भरपेट खा लेता है। दावत में जाकर वह स्नैक्स का कोई टुकड़ा उठाकर उसे देर तक कुतरता रहता है। कोई कुछ और लेने को कहे तो उसे वह स्नैक का टुकड़ा दिखाकर बड़ी विनम्रतापूर्वक कहता है, 'अभी तो है!'

चटकारे वाली एक और कहानी

यह सब तो ख़ैर उसके अन्त:पुर की परम्परा बन गई कहानियाँ हैं, लेकिन इसी सन्दर्भ में एक अन्य घटना उल्लेखनीय है। यह बात तब की है जब नीतीश पहली बार रेलमंत्री बना था और विभाग में एकदम नया था। रेलवे के उच्चाधिकारियों को सफ़र में भी सुचारु रूप से काम करने के लिए अंग्रेज़ों के ज़माने से ही रेल का एक पूरा डिब्बा मिलता है जिसे सैलून कहा जाता है। सैलून में रसोई, स्नानघर, सोने-खाने-काम करने के लिए अलग स्थान की व्यवस्था और घर जैसी सारी सुविधाएँ उपलब्ध रहती हैं। भारत सरकार के अन्य विभागों के उच्चाधिकारियों के हृदय में यही सैलून काँटा बनकर चुभता रहता है और रेलवे की नौकरी न कर पाने के दर्द की टीस देता रहता है।

दूसरी ओर रेलवे के उच्चाधिकारी इस सुविधा को घोर कष्टकारी मानते हैं। वे कहते हैं कि हमारी पत्नियों को यह सैलून सौत-सरीखा लगता है, क्योंकि हम सब उनकी अपेक्षा सैलून के साथ समय बिताकर अधिक सुखी होते हैं। जो भी हो, रेलवे के सैलून का आनन्द ही कुछ और है।

यह तो हुई अधिकारियों के सैलून की बात। रेलमंत्री के 'एम.आर. स्पेशल' सैलून के ठाट के क्या कहने! उसके परदे, क़ालीन, फूल-पत्तियाँ और अन्य साज़ो-सामान बेहद सुरुचिपूर्ण होते हैं। वहाँ तो कामगारों तथा रसोइयों के लिए भी रहने की व्यवस्था होती है। समझ लीजिए कि पहियों पर चलती-फिरती पूरी कोठी होती है। चाल ऐसी सधी हुई कि अगर परदे न हटाए जाएँ और बाहर देख

पाने की सुविधा न हो तो उसमें बैठने पर पता भी नहीं चलता कि आप चलती हुई गाड़ी में बैठे हैं या रेलमंत्री के बँगले में। इसे मंत्री जी की इच्छा से किसी भी ट्रेन में जोड़ दिया जाता है। इसकी बस एक ही मजबूरी है कि इसकी अधिकतम गति सीमा 110 किलोमीटर प्रति घंटा होने के कारण इसे दुरन्तो, राजधानी, वन्दे भारत, तेजस अथवा शताब्दी जैसी तेज़ गाड़ियों के साथ जोड़ा नहीं जा सकता है।

वैसे तो वहाँ खाने-पकाने की सारी सुविधाएँ होती हैं, फिर भी सनातन काल से चली आ रही सामन्ती व्यवस्था के अन्तर्गत सैलून में मंत्री जी के भोजन की ज़िम्मेदारी रेलवे के खान-पान (केटरिंग) विभाग की होती है। चूँकि एम.आर. स्पेशल का किसी गाड़ी में जोड़ा जाना अतिविशिष्ट घटना होती है तो उस दिन केटरिंग विभाग के सारे दिग्गज अपनी पाक कला का श्रेष्ठतम प्रदर्शन करने का जी-तोड़ प्रयास करते हैं। यह उत्तेजना अपने चरम पर तब होती है जब कोई नए मंत्री पहली बार एम.आर. स्पेशल पर चल रहे होते हैं। उस दिन का भोजन कई उच्चाधिकारियों द्वारा चखे और अनुमोदित किए जाने के बाद ही मंत्री जी की सेवा में पेश किया जाता है।

तब सारे महारती अपनी साँसें रोक, सर झुकाए, खीसें निपोरे तथा हाथ आगे या पीछे बाँधे हुए प्रतीक्षा करते हैं कि माननीय मंत्री जी किसको अपने साथ भोजन करने का निमंत्रण देते हैं। उस समय उपस्थित प्रायः सभी अधिकारियों को वहाँ खड़ा अपना सबसे घनिष्ठ हमजोली भी दुर्दान्त दस्यु सम्राट तथा जन्म-जन्मान्तरों का शत्रु ही प्रतीत होता है। दरअसल, खाने की मेज़ पर मंत्री जी के साथ बैठनेवाले अधिकारियों को उनकी चरणचम्पी करने, पूर्ववर्ती मंत्री के सच्चे-झूठे रसीले आख्यान सुनाने और अनुपस्थित अधिकारियों के मर्यादा-मर्दन की थोड़ी-बहुत छूट मिल जाती है जिससे मंत्री जी की उँगली पकड़कर पहुँचा पकड़ने का जुगाड़ बैठ जाता है। इसलिए ऐसी यात्राओं में कुछ अधिकारी तो निर्लज्जता की सारी सीमाओं का अतिक्रमण करते हुए खाने की मेज़ के इर्द-गिर्द लगी कुर्सी को पकड़कर कुछ यों खड़े हो जाते हैं मानो डूबते का सहारा वही तिनका हो।

इन सब नाटकों से बेख़बर, सैलून में बैठा नीतीश फ़ाइलों में सर खपा रहा था। चारों ओर अधिकारियों की भीड़ थी। खाने का वक़्त निकला जा रहा था। वह सब कुछ, जिसे ठंडा रहना था गरम, और गरम रहनेवाली वस्तुएँ ठंडी होती जा रही थीं। लेकिन बिल्ली के गले घंटी बाँधने को कोई भी शूरवीर तैयार नहीं था। एकदम नए मंत्री के आगे पहला इम्प्रेशन कौन और क्यों ख़राब करे! सुदूर कोने से चली फुसफुसाहट कई कन्धों पर वॉलीबाल की गेंद की तरह उछलती-तैरती नीतीश के कानों तक पहुँची। सलज्ज मुस्कान के साथ नीतीश ने घड़ी देखी और देर होने की ज़िम्मेदारी लेते हुए सबसे खाना खाकर जल्दी वापस आने को कहा।

सबको जैसे साँप सूँघ गया। कोई भी अपनी जगह से टस से मस नहीं हुआ, सब लखनवी अन्दाज़ में पहले आप, पहले आप की मुजस्सिम मिसाल बन गए। नीतीश ने अपनी बात नम्र किन्तु दृढ़ शब्दों में फिर दुहराई। थोड़ी सुगबुगाहट तो हुई, पर गया कोई नहीं! बड़ी तनावपूर्ण और असमंजस की स्थिति थी। पीछे से एक आवाज़ आई कि पहले काम पूरा हो जाए फिर खाना ठीक रहेगा। नीतीश की खोजी निगाहें इस सर्वथा अलोकप्रिय प्रस्ताव के प्रणेता पर जा टिकीं जिन्हें भोजन और पाकशास्त्र के अपने अनुभव और ज्ञान पर बड़ा नाज था। नीतीश ने उन्हें रोक लिया। जिन दो लोगों ने फ़ाइलें प्रस्तुत की थीं, उन्हें छोड़कर अन्य सबों को जाने को कह दिया।

खाने की मेज़ पर अब सिर्फ़ चार लोग थे। नीतीश ने मानो सफ़ाई-सी देते हुए कहा कि वह जितना खाना घर से लेकर आया है वह ज़रूर कम पड़ेगा। प्लेटों में सबके लिए परसी गई, घर से आई भुजिया और अचार के साथ सूखी रोटी के स्थान पर पराँठे देखकर नीतीश को अपने रसोई के प्रभारी शम्भू की समझदारी पर गहरा सन्तोष हुआ। वह हल्के-से मुस्कुराया, खूँटियों जैसी दाढ़ी और मूँछ के बीच से वह मुस्कान दिखती भी है, लेकिन उसके अनायास और साधिकार बने अतिथियों को घर के बने उसी भोजन से सन्तोष करना पड़ा। उनके लिए अलग से कोई पकवान नहीं आया।

ट्रेन यात्रा के भोजन की यह कथा इतनी मशहूर हो जाती है कि नीतीश के खाने के समय यात्रा में रेलवे अधिकारियों की कौन कहे, मक्खी तक भी अनुपस्थित रहने लगी। अगली और बाद की ऐसी सारी यात्राओं में नीतीश के भोजन के सहभागी वही पुराने लोग रह गए जिनके साथ नीतीश घर में भी खाना खाते रहे हैं, जैसे—आदित्य, आरसीपी या फिर चंचल कुमार।

यह दरवाज़ा हमेशा बन्द रहे तो अच्छा

हम सब एक बार फिर नीतीश के घर इकट्ठे हुए हैं। तारीख़ है 14 मई—यह वही मनहूस तारीख़ है जब मंजु हमसे हमेशा-हमेशा के लिए बिछड़ गई थी। नीतीश मंजु के विग्रह पर माल्यार्पण करके कल्याण विगहा से लौट आया है। हमें भी साथ जाना था पर हम पटना में ही, उसके घर पर रहकर दिन में होनेवाले उसके पारिवारिक भोजन की व्यवस्था देखते रहे। इसमें उसके परिवार के ही सारे लोग सम्मिलित होते हैं। वैसे तो नीतीश लौटकर घर आ गया है लेकिन वह थका हुआ है और दुखी भी। वह हमसे कुछ हल्की-फुल्की बातें करते-करते दीवार पर टँगी बाबूजी, मइयो और मंजु की तसवीरों को देखकर गम्भीर हो जाता है। हम समझ जाते हैं कि उसे अब एकान्त चाहिए। आज राजनीतिक रूप से

सफल नीतीश के मन के खुले, जगमगाते, कुशादा (फैले हुए) मैदान के एक कोने में अँधेरे का एक बहुत छोटा-सा कोना भी है जो नीतीश के एकाध अभिन्न मित्र को छोड़कर किसी दूसरे को नहीं दिखता। अँधेरे के इस छोटे-से कोने में नीतीश के जीवन में आए ढेर सारे भूकम्पों के कारण बन गए खँडहर छिपे हैं। जैसे अभी कल की ही तो बात है कि जहाँ आज ये खँडहर हैं, वहाँ बतौर कच्ची उम्र की बेशर्त और बेपनाह मोहब्बत की निशानी, ताजमहल से भी हसीन और आलीशान शाहकार खड़ा था। इसलिए कि ताज के सीने में किसी की क़ब्र दफ़्न है, पर इस महल में तो जीवन के झरने की जलतरंग हमेशा मीठी धुनें छेड़ती रहती थी। इस खँडहर के आख़िरी कोने में एक ऐकान्तिक कोठरी है, जहाँ नीतीश के अतिरिक्त किसी अन्य का प्रवेश सम्भव ही नहीं है। वहाँ यादों के हिमालय की बर्फ़ानी आँधी है, पीड़ा के रेगिस्तान के गरम रेत का बवंडर है, दुख के हहराते महासमुद्र की तूफ़ानी लहरें हैं। लेकिन वहाँ सब कुछ त्रासदायक नहीं है, क्योंकि वहाँ कभी-कभी गूँजता है यादों की सुरमई वसन्त के कोकिल का मधुर स्वर भी! नीतीश इस कमरे को स्वयं भी कभी नहीं खोलता, क्योंकि यह दरवाज़ा खुलते ही यादों का एक ख़ंजर निकलता है और नीतीश के मन पर पड़े सूख रहे घावों को निर्दयता से खरोंचकर फिर से हरा कर देता है। उस समय नीतीश की छटपटाहट किसी से भी देखी नहीं जाती, क्योंकि वहाँ जो स्मृतियाँ बन्द हैं, उससे जुड़े लोग अब शरीरी नहीं रहे, उनकी यादें प्रश्नवाचक चिह्न बनकर नीतीश के आसपास मँडराती रहती हैं। अपने आत्मीयों की हर ज्ञात-अज्ञात भूल की ज़िम्मेदारी सहर्ष उठा लेनेवाला नीतीश वहाँ याचक मुद्रा में अपराधी के कठघरे में खड़ा हो जाता है। दुष्यन्त कुमार की एक पंक्ति अनायास याद आ जाती है—

चलो अब यादगारों की अँधेरी कोठरी खोलें,
कम-अज़-कम एक वो चेहरा तो पहचाना हुआ होगा।

यहाँ एक नहीं, अनेक पहचाने चेहरे हैं, जो नीतीश के बेहद अज़ीज़ रहे हैं। ये वही लोग थे, जिनके सहयोग और प्रभाव के बिना नीतीश ऐसा हो ही नहीं सकता था जैसा वह आज के दिन दिखता है। ये वही लोग थे जिन्होंने बिना किसी प्रतिदान की प्रत्याशा के नीतीश से बेपनाह मुहब्बत की थी। एक चेहरा सुरेश का है। गंगा नदी के किनारे, बख़्तियारपुर के ठीक सामनेवाले गाँव पानापुर दियारा का रहनेवाला सुरेश कुमार सिंह, जिसने अपनी परिपक्व समाजवादी सोच के कारण उस कच्ची उम्र में ही जातिसूचक उपनाम हटाकर अपना नाम सुरेश शेखर रख लिया था। सर से पाँव तक समाजवादी रंग में रँगा सुरेश। नितान्त मौलिक सोच वाला, प्रखर वक्ता, निर्भीक, अत्यन्त मेधावी और हर स्तर पर सम्पूर्णता से ईमानदार सुरेश! लिखने-बोलने और अपनी ज्ञान-भरी बातों से सबों

को मोह लेनेवाला सुरेश! जल्दी से जल्दी कमाई शुरू करने के लिए आर्थिक और पारिवारिक दबाव होते हुए भी बिना दहेज़ लिये ब्याह करनेवाला सुरेश! घर की ज़िम्मेदारियाँ उठाने के लिए आदर्श राजनीति की नदी से निकल, रिज़र्व बैंक की सरकारी नौकरी के नाले में अपने सारे सपने डुबोकर सम्पूर्ण क्रान्ति से मतभेद रखता सुरेश, नीतीश की हर हार और जीत को अपनी ही हार और जीत मानकर दुखी और सुखी होता सुरेश, विधानसभा में नीतीश के पहले भाषण और फिर तुरन्त बाद ही बजट की बहस के लिए की गई तैयारी के एक-एक शब्द को आँखों से पीता सुरेश, अंग-अंग से मुस्कुराकर नीतीश को उसके भाषणों के आलेख के लिए बधाई देता सुरेश, नीतीश को स्नेह से गले लगाकर खिलखिलाता सुरेश, बची हुई चन्द साँसों के बाद भी नीतीश की पत्नी मंजु को समझाता सुरेश, ग़लत दवा के प्रभाव में बढ़ गए घाव से दिल्ली के एम्स में दर्द से छटपटाता सुरेश, पीड़ा से बन्द आँखों को मुश्किल से खोलकर नीतीश का अभिवादन करता सुरेश, मानव शरीर से पंचतत्त्व में परिवर्तित होता सुरेश। फूल बनकर गंगा में प्रवाहित हो गया सुरेश। यादों में आकर मुस्कुराता सुरेश। अगर वह आज जीवित होता तो नीतीश और वे, एक और एक मिलकर, ग्यारह नहीं आकाशगंगा बन गए होते!

दूसरा चेहरा पटना में भाषण दे रहे लोहिया जी का है जिन्होंने उसे जीवन की विशालता और समग्रता से परिचित कराया है। कैलिडोस्कोप के थोड़ा घूमते ही लोहिया जी का चेहरा पल भर में ही जेपी के निर्भीक तथा ओज से भरे चेहरे में बदल जाता है, नीतीश सहित पूरे युवा वर्ग को ललकारता हुआ, प्रेरित करता हुआ चेहरा। इसी चेहरे के पीछे चश्मे से ढकी मुस्कुराती आँखों वाला कर्पूरी जी का चेहरा है, पिछड़ों को उनका वाजिब हक़ दिलाने के लिए सबसे लड़ाकू बिहारी योद्धा का चेहरा! स्मृतियों का एक अन्य द्वार चुपके से खुल गया है जिसके पीछे उसके आदर्शवादी और समदर्शी पिता का चेहरा है, उसे ॐकार सिखाते, पढ़ाई पूरी करने की सीख देते, उसके चुनाव के लिए प्रचार सामग्री को सहेजते, पैसों का प्रबन्ध करते, विजयी होने का आशीर्वाद देते! उन्होंने नीतीश का सिर्फ़ संघर्ष देखा है। जुझारू नीतीश को उन्होंने प्राणपण से लड़ते और सिर्फ़ लड़ते देखा है। विजय पताका फहराते नीतीश को देखकर उन्हें कितना सुख मिलता यह कोई नहीं जानता। शायद वे अख़बार में छपी नीतीश की सफलता की ख़बर मइयो को सुनाते और फ़ोटो दिखाकर मुदित होते। शायद वे तब भी मुख्यमंत्री के पिता के बदले कविराज जी के रूप में ही परिचय कराए जाने से प्रसन्न होते। आज अगर वे आसपास होते तो नीतीश भी उनकी सेवा करने का वैसा ही सुख पाता जो उन्होंने अपने पिता की सेवा करके पाया था। अगर लोहिया, जेपी, कर्पूरी, बाबूजी और सुरेश साथ होते तो नीतीश को कोई भी बाधा नज़र ही

नहीं आती। यह तो अब कल्पना का ही विषय रह जाएगा कि जेपी और कर्पूरी के निर्देश में सुरेश और नीतीश मिलकर कैसा प्रगतिशील तथा धर्मनिरपेक्ष बिहार बनाते। लोहिया, जेपी, कर्पूरी, बाबूजी और सुरेश जहाँ भी हैं, अगर आज बिहार में सबके साथ अल्पसंख्यकों की भी ख़ुशहाली देख सकते होंगे तो उन्हें अपने न हो पाने का अफ़सोस क़तई नहीं होता होगा। नीतीश मज़ार, मन्दिर, गुरुद्वारे, गिरजाघर जैसी किसी भी इबादतगाह में जब अवाम के वास्ते दुआ-प्रार्थना के लिए अपने हाथ उठाता या जोड़ता है, तब मानो कई जोड़ी अदृश्य हाथ उसके सर पर आशीर्वाद के रूप में ठहर से जाते हैं।

इन मर्दाने चेहरों से इतर एक बेहद मानूस (मुहब्बत करनेवाला) और मासूम चेहरा भी है, नीतीश की हमदम (हर समय का साथी), हमनफ़्स (मित्र), हमख़्वाब पत्नी मंजु का चेहरा।

फिर नज़र में फूल महके, दिल में फिर शम्माएँ जलीं।
फिर तसव्वुर ने लिया, उस बज़्म में जाने का नाम॥

—यह बज़्म (महफ़िल) मंजु की है। मंजु जो अब हमारे बीच नहीं हैं, मंजु जो शायद अब हर कहीं हैं। श्रीमद्भागवत पढ़ती वह पुरसकून आवाज़ अब कभी सुनाई नहीं देती, नाश्ते या खाने के लिए बुलावे का सन्देश भेजनेवाली वह चूड़ियों की खनखनाहट अब हमेशा के लिए बन्द हो गई हैं। थके-हारे जिस्म और टूटे हुए मुरझाए मन को एक मीठी चितवन मात्र से ही फिर से हरा-भरा कर देनेवाली वह जादुई परी आज बादलों के पार बसती है। हाँ, किसी बेहद काली रात में कभी-कभी आकाश में जगमगाता जो तारा नीतीश की आँखों में उजास भर देता है, उसी का नाम है मंजु। मंजु का मतलब होता है, मनोहर, प्रिय, सुन्दर, रुचिकर, आकर्षक आदि। और सुन्दरता तो देखनेवाले की आँखों में होती है। मंजु को नीतीश की आँखों ने कैसा पाया, यह भेद नीतीश की गहरी आँखों को देखकर नहीं समझा जा सकता। मंजु अब इस संसार में नहीं है। लेकिन अभिन्न मित्रों के सामने मंजु का ज़िक्र आते ही नीतीश आज भी अप्रकृतिस्थ दिखता है। कहता है—

'जब उन्हें मेरी ज़रूरत थी तब मेरे पास सामर्थ्य नहीं था, समय नहीं था और अब जब मुझे और मेरे बच्चे को उनकी आवश्यकता सबसे अधिक है, वे शरीर से आसपास नहीं हैं।'

यह सब बोलते हुए बाहर से नीतीश बेहद शान्त लगता है। उसे ऐसे देखकर लगता है मानो मानसरोवर में अपने साथी से अलग कोई अकेला राजहंस तैर रहा है, अपनी सारी गरिमा के साथ, गम्भीर और राजसी मुद्रा में, गर्व से सर उठाए। कोई हल्की-सी जुम्बिश, चंचलता, हलचल या उद्विग्नता कहीं दूर तक भी नहीं

दिखती, जैसे जादुई डोर से बँधकर अपने आप खिंचता चला जा रहा है वह एकाकी। मगर कोई उसके पाँव नहीं देखता जो कैसी तेज़ी से पानी के अन्दर ही चल रहे होते हैं। वैसे ही उन कोमल कठोर क्षणों में नीतीश को देखकर यह बता पाना कि उसके मन में कितना बड़ा द्वन्द्व चल रहा है, किसी के लिए भी असम्भव होता है।

अनुत्तरित प्रश्न—हम जब मर जैबो तब अतबौ ऊ

मंजु के आख़िरी दिनों के बारे में हमें उसके छोटे भाई मुन्नू (अरुण) जी बताते हैं—

'दीदी पहले से ही बेहद भावुक थीं, लेकिन कंकड़बाग़ आने के बाद धीरे-धीरे उनके स्वभाव में और भी परिवर्तन आ रहा था, उनके शान्त स्वभाव में थोड़ा ग़ुस्से की झलक भी मिलने लगी थी। वे जिसे भी पसन्द करती थीं, जिससे ख़ुश हो जाती थीं, उसके लिए जान हाज़िर कर देती थीं और मनमाफ़िक बात न हो तो नाराज़ भी हो जाती थीं। पर उनका ग़ुस्सा थोड़ी देर का ही होता था। नेताजी के रेलमंत्री बनने के बाद वे स्कूल में छुट्टियाँ होते ही नेताजी के पास दिल्ली चली जाती थीं। दिल्ली से वापस आने के बाद उन्होंने अपने कमरे से बग़ैर ज़रूरत के निकलना भी लगभग बन्द ही कर दिया था। दीदी की सारी दुनिया निशान्त और अपने कमरे में सिमटकर रह गई थी। वे अपनी माँ की भी थोड़ी बातें सुन लेती थीं, पर हम सब उनसे कुछ भी कहने से डरने लगे थे कि उन्हें कुछ बुरा न लग जाए। नेताजी ने उनके देख-रेख की सारी व्यवस्था कर दी थी। धीरे-धीरे एक और बात देखने में आने लगी। वे नेताजी के आने की व्यग्रता से प्रतीक्षा करतीं, पर उनके आने से ऐसा दिखाती थीं कि मानो वे बहुत व्यस्त हैं। नेताजी आते, कुछ सार्थक बातचीत करने की असफल कोशिश करके मायूस होकर चले जाते। दीदी की ख़राब तबीयत देखकर नेताजी ने कई बार उन्हें साथ ले जाकर डॉक्टर से दिखाना चाहा, पर दीदी ने हर बार साफ़ मना कर दिया। बीमारी का ज़िक्र आते ही वे नाराज़ हो जाने लगी थीं। ये लक्षण ठीक नहीं थे। बेबस नेताजी ने बार-बार हम लोगों से दीदी को डॉक्टर से दिखाने को कहा लेकिन जिसने भी उनसे इस सिलसिले में बात करने की भी कोशिश की, उसी को उन्होंने अपना दुश्मन मान लिया। अगर उन्हें साँस की तकलीफ़ बहुत बढ़ जाती थी तो वे डॉक्टर को बुलवाकर उनकी बताई दवाइयाँ खा लेती थीं, पर सूइयाँ लगवाने को हरगिज़ तैयार नहीं होती थीं। हम समझ नहीं पाते थे कि दीदी को हुआ क्या है और उनके लिए क्या किया जाना चाहिए।

नेताजी 2005 के नवम्बर महीने में दूसरी बार बिहार के मुख्यमंत्री बने। इस बार की बात ही कुछ और थी। सामान्यतः उदास रहनेवाली दीदी की ख़ुशी

का ठिकाना न था। शपथ ग्रहण समारोह में उन्हें, नेताजी और निशान्त को साथ देखकर लगा कि दीदी बिलकुल ठीक हो गई हैं। ये सब साथ-साथ बख़्तियारपुर और कल्याणबिगहा तक गए। पहले तो बड़े उत्साह से दीदी का मन बन रहा था कि अब नेताजी के साथ ही रहा जाए पर नेताजी को सरकारी घर मिलने में बहुत देर हो गई और कुछ दिनों बाद ही दीदी का अज्ञात भय फिर से जागृत हो गया। अपनी तमाम व्यस्तताओं के बावजूद नेताजी प्राय: रोज़ घर आते रहे, पर दीदी उनसे और डॉक्टरों से कतराती रहीं। नेताजी जब सरकारी आवास में चले गए तो एक बार लगा कि दीदी भी साथ चली जाएँगी, पर वे फिर से अकारण ही बहुत घबरा गईं। पुनाईचक वाला घर छोड़ने में उन्हें जो मुश्किलें आईं और जो उनकी गृहस्थी का सामान इधर-उधर हो गया था, उसके बाद से सरकारी ताम-झाम से वह दूर ही रहना पसन्द करने लगी थीं। फिर वे राजनीति की अस्थिरता से भी बहुत घबराती थीं। उनके भय भी बड़े विचित्र होते थे, मसलन समझाने पर वे कहती थीं कि जिस सरकारी बड़े महल में सदा रहने की गारंटी नहीं हो, उससे अपना छोटा-सा घरौंदा ही अच्छा! नेताजी उन दिनों पूरे राज्य में दौड़ते ही रहते थे, फिर भी दीदी की चिन्ता उन्हें हमेशा बनी ही रहती। दिन में तीन-चार बार वे फ़ोन ज़रूर करते। अप्रैल 2007 के अन्त में ही दीदी का चेहरा देखकर लगने लगा था कि उनकी तबीयत ठीक नहीं है। अचानक पता चला कि दीदी की दमे की बीमारी बहुत बढ़ गई है। इलाज के लिए वे नेताजी की भी कोई बात सुनने को राज़ी नहीं थीं, तो हम लोगों की बिसात ही क्या थी। उनको भय था कि अस्पताल जाने से वे बचेंगी नहीं। जब हालत हद से अधिक बिगड़ने लगी और दीदी को भी अपने बीमार होने की आशंका होने लगी तब घर पर ही एक्स-रे करवाया गया जिससे पता चला कि दीदी को निमोनिया हो गया है। तब स्थिति की गम्भीरता समझ में आई। हाँ, स्थिति गम्भीर हो जाने पर दीदी ने कहा था—

हम जब मर जैबो, तब अतवौ ऊ
(जब मैं मर जाऊँगी तब वे आएँगे क्या?)।

हमने हरचन्द कोशिशें कीं कि उन्हें नेताजी के प्राय: रोज़ आने, आकांक्षाओं और आशंकाओं से भरकर दीदी का दरवाज़ा हल्के से खटखटाकर प्रतीक्षा करने, कोई भी उत्तर न पाकर निशान्त को प्यार से पुकारने और लम्बी प्रतीक्षा के बाद निराश और हताश होकर उलटे पाँवों लौट जाने की बात का विश्वास हो जाए। दीदी को पता तो लगे कि नेताजी की ओर से कभी कोई कमी रही ही नहीं, उन्हें दोष देना क़तई उचित नहीं, पर दीदी ने तो हमारी बातों पर विश्वास करना ही बन्द कर दिया था। जो भी हो, हम तो नेताजी के अपने परिवार के प्रति प्रेम

के बारे में शुरू से ही जानते थे पर जब दीदी से यह बात सुनी तो हमें समझ में आया कि दरअसल, दीदी भी नेताजी को इतना प्यार करती थीं कि उनकी नाराज़गी भी नेताजी के प्रति प्रेम की ही अभिव्यक्ति थी। किसी जानकार व्यक्ति ने इसे अभिगम अनुनाद अन्तर्द्वन्द्व (Approach and Avoidance Conflict) बताते हुए हमें प्रताड़ित भी किया था कि हमें पहले ही समझकर, बिना दीदी के प्रतिरोध की परवाह किए, उन्हें नर्सिंग होम में ज़बरदस्ती ही भर्ती करवा देना चाहिए था। दीदी की तबीयत अधिक ख़राब सुनकर नेताजी फ़ौरन आ गए। दीदी इस बार उन्हें देखकर नाराज़ नहीं हुईं पर कुछ बोलीं भी नहीं, हाँ, अस्पताल न जाने की ज़िद पर अड़ी रहीं। नेताजी ने बिना कुछ बोले ही, हाथ पकड़कर दीदी को उठाया और उन्हें साथ ले जाकर तुरन्त पास के सबसे अच्छे नर्सिंग होम में भर्ती करवाया। नर्सिंग होम पहुँचते-पहुँचते दीदी की हालत काफ़ी बिगड़ चुकी थी फिर भी नेताजी ने हिम्मत नहीं हारी। वे सारी रात दीदी के पास ही बैठे रहे और अगली सुबह ही दिल्ली से हवाई एम्बुलेंस मँगाकर, उसी में अपने साथ दिल्ली के मैक्स अस्पताल में ले गए। मैक्स में दीदी का हर सम्भव इलाज होने के बाद भी दीदी को बचाया नहीं जा सका।'

इतना कहकर मुन्नू बाबू अपने आपको संयत नहीं रख पाते। उस दिन आगे बातचीत सम्भव नहीं हो पाती।

मंजु की छोटी बहन, डॉ. अंजु को भी वह सब याद करने से मर्मान्तक पीड़ा होती है पर वे हमसे बहुत सहयोग करती हैं। वे कहती हैं—

'दीदी को सूई, अस्पताल और एंटीबायोटिक के नाम से ही डर लगता था। जब उनकी तबीयत अधिक ख़राब होने लगी तो मैंने उनसे सही इलाज़ कराने को कहा। जब मैं उन्हें सूई लेने को कहती तो वे जवाब देतीं कि देखो न, आज तो कल से अच्छा लग रहा है इसलिए आज रहने दो, कल से सूई भी शुरू कर दूँगी। नेताजी की तो वे एक न सुनतीं, हममें भी जो कोई उन्हें इलाज कराने पर ज़ोर देता, वही उनका शत्रु बन जाता। एक-एक दिन करके टालते हुए इतनी देर हो गई कि टालने को कुछ बचा ही नहीं।'

इतना कहकर अंजु फफक पड़ती हैं। उन्हें रोते देखना बड़ा हृदयद्रावक होता है। हम किसी हत्यारे की मनःस्थिति अनुभव करते हैं। कई दिनों तक हम उनसे इस बाबत बात नहीं कर पाते। सिर्फ़ मुन्नू बाबू की पहले कही गई बात याद आती है। उन्होंने कभी बताया था—

'14 मई को दीदी नहीं रही। अगर हमें दीदी के अन्तर्द्वन्द्व का ज़रा भी आभास होता तो मैं सारी ज़िम्मेवारी लेकर दीदी को नेताजी से ज़बरदस्ती मिलवाता, परिणाम चाहे जो भी होता। हम दीदी को बचा सकते थे। उन बेचारी को अपने ऑब्सेशन का ख़ुद ही बोध नहीं था और उन्होंने नेताजी को इसकी हवा तक

नहीं लगने दी थी। अगर उन्हें इसका पता होता और वे नेताजी से अपनी परेशानी बतातीं तो इस ऑब्सेशन को नेताजी ठीक करा ही सकते थे। बेचारे को जब हम बता पाए, तब तक तो बहुत देर हो चुकी थी।'

उन दिनों नीतीश का हाल क्या था इसका पता हमें गुड़गाँव वाले पंडित जी से चला है वे अपने काग़ज़ देखकर बताते हैं—

'30 अप्रैल, 2007 : रामचन्दर बाबू को साथ लेकर नीतीश बाबू की ससुराल गया। उनकी (नीतीश जी की) पत्नी को दबाव डालकर अस्पताल भेजा (गया)। बहुत संगीन अवस्था थी...।'

'1 मई, 2007 : डेढ़ बजे रात में नींद खुली, तैयार खड़े नीतीश बाबू को देखकर डर लगा। वे बेचारे सारी रात वहीं अस्पताल में रहे...यह निर्णय ठीक नहीं हुआ कि इतने दिनों तक प्रतीक्षा की गई...। नीतीश जी की व्यवस्था अद्भुत होती है। दिल्ली के मैक्स अस्पताल से उन्होंने हवाई एम्बुलेंस मँगवाया था। अस्पताल से नीतीश जी मंजु जी को साथ लेकर हवाई अड्डे आए...निशान्त और नीतीश जी, उसी एम्बुलेंस से मंजु जी को साथ लेकर चले गए...।'

नीतीश जी दिल्ली के सर्वश्रेष्ठ डॉक्टरों के अतिरिक्त मुम्बई के भी बड़े डॉक्टरों से लगातार मशवरा कर रहे थे। वे लोग अन्तरराष्ट्रीय स्तर पर विमर्श करके मंजु जी के लिए इलाज तय कर रहे थे।

'6 मई, 2007 : मैक्स अस्पताल आया...मंजु जी को देखकर दुख तो हुआ, फिर भी आशा बँधी रही कि वे स्वस्थ रहेंगी...।'

इतने प्रयासों के कारण मंजु जी की दशा में सुधार दिखा था। उनका फेफड़ा थोड़ा-थोड़ा काम करने लगा था। नीतीश जी और निशान्त दिन-रात वहीं रहते थे। मंजु जी को ऊपरी मंज़िल में इंटेंसिव केयर यूनिट में रखा गया था। नीतीश जी नीचे के तल पर प्रतीक्षा करते रहते थे। वे हर पन्द्रह मिनट के बाद, बिना नागा, मंजु जी के पास खड़े होते, मशीनों में जो कुछ दिख रहा होता उसे समझने की कोशिश करते और सर झुकाए चुपचाप नीचे चले आते। लोग सान्त्वना के शब्द कहते जिन्हें वह ध्यान से सुन लेते, फिर दोनों हाथ जोड़कर उन्हें विदा कर देते। डॉक्टरों की आपस की बातचीत को बहुत ग़ौर से सुनकर निःश्वास भरते और फिर योद्धा की तरह तनकर आगे की राह समझते और डॉक्टरों से बड़े निरीह भाव से कहते कि वही करें जो वे अच्छा समझते हैं।

'6 मई, 2007 : रात दो बजे...। मैंने अस्पताल फ़ोन किया...। नीतीश जी ने बुलाया...। आज मंजु जी की अवस्था में विशेष सुधार है...। कौशल जी को एसएमएस से बताया...।'

'8 मई, 2007 : नीतीश जी को सवेरे ढाई बजे फ़ोन किया। वहाँ हालत ठीक नहीं है...अस्पताल आया। वहाँ नीतीश जी बहुत परेशान थे। डॉक्टर के

पास बैठा। उसने तो जवाब ही दे दिया है। बड़ी मायूसी हुई...। नीतीश जी को अकेला छोड़कर आना ठीक नहीं लगा...।'

नीतीश जी की हालत दयनीय लगती थी। हर ओर प्रार्थनाएँ हो रही थीं। कई लोग इसकी वाहवाही भी लूटना चाहते थे। नीतीश जी सब कुछ समझ-बूझकर भी सबको सम्मान के साथ विदा कर देते थे। लेकिन जो एकान्त उन्हें चाहिए था, वह कहीं भी उपलब्ध नहीं था। निशान्त भी बेहद परेशान और घबराया हुआ था।

'10 मई, 2007 : सुबह साढ़े चार बजे मैक्स पहुँचकर नीतीश जी को (आराम करने के लिए) विदा किया...।'

तब तक दस दिन हो चुके थे जब नीतीश जी ने ज़रा भी विश्राम नहीं किया था। अस्पताल में वे ऊपर जाकर मंजु जी को देखते और नीचे आकर उदास बैठ जाते थे।

'11 मई, 2007 : डॉक्टरों से अलग से लम्बी बात हुई। नीतीश जी के साथ भी बात हुई। स्थिति में अधिक परिवर्तन नहीं है।'

शायद इसी दिन मुम्बई से बहुत बड़े डॉक्टर, जो अमूमन कहीं जाते नहीं, ने आकर मंजु जी को देखा था।

'13 मई, 2007 : ...उन्हें (कौशल जी को हवाई अड्डे से) लेकर (सीधा) मैक्स अस्पताल आया। चार दिनों से जो सुधार (के) लक्षण थे, कल रात कम हो गए। नीतीश जी बहुत दुखी थे...।'

'14 मई, 2007 : अस्पताल आया तो लगा कि सब कुछ गड़बड़ है...। डॉक्टर के पास मैं भी (नीतीश जी के साथ) बैठा तो सन्न रह गया...। रुद्राभिषेक के समय लग गया कि मंजु जी नहीं रहीं...नीतीश जी क़ाबू में नहीं थे।'

क़ाबू में कैसे रहता वह? बीमारी के इन दिनों में ही तो मंजु ने उसकी भावनाएँ फिर से समझी थीं। नीतीश की तीमारदारी देखकर उसकी आँखों के आगे पड़ा भ्रम का परदा अपने आप ही हट गया था। उसे लगा था कि नीतीश के पास अपनी सुकुमार भावनाओं को बताने का ज़रिया उसकी बड़ी-बड़ी आँखें ही तो थीं जो आजकल हमेशा डबडबाई रहती थीं। इन्हीं दिनों नीतीश ने कहा था कि उसे मंजु और निशान्त के बिना अब और रहना अच्छा नहीं लगता। सारे दिन का तनाव झेलने और बुरी तरह थकने के बाद भी उसे नींद नहीं आती, उसे अपनी गृहस्थी की याद आती है। जिसके जवाब में मंजु ने धीमे स्वर में कहा था कि वह जैसे ही रिटायर होगी, सब फिर से साथ रहने लगेंगे। नीतीश ने मन में जोड़ा था कि मंजु 2012 में रिटायर होंगी, मतलब पाँच साल और? पूरे पाँच साल की सोचकर नीतीश बहुत घबराया था। पाँच साल का समय बहुत लम्बा होता है, लेकिन जब उसने इतने समय तक प्रतीक्षा की है तो कौन जाने, ये पाँच साल अपने आप कम हो जाएँ! ठीक है कि वह इन्तज़ार कर लेगा लेकिन

'अगर' इसी बीच उसे या मंजु को कुछ हो गया तो? यह बात उसे रह-रहकर टीसती है कि मंजु ने उसे पाँच हफ़्ते का समय भी नहीं दिया। इस वायदे के बाद जब वह पहली बार उसके सरकारी निवास में 15 मई, 2007 को लाई गई तब उसकी आँखें सदा के लिए बन्द हो गई थीं और नीतीश की आँखों से सारे सपने बह गए थे। उस दिन भी मुन्नू जी ने अपने आपको दोषी ठहराते हुए कहा था कि अगर उन्होंने किसी भी तरह अपनी दीदी को तीन दिन पहले अस्पताल भेज दिया होता तो शायद यह दिन देखने को न आता।

मुन्नू जी ठीक कहते हैं। उन्हें शायद याद नहीं कि ज़िन्दगी और मौत के बीच यह छोटा-सा शब्द 'अगर' कितना बड़ा है। सोचने की बात है कि 'अगर' नीतीश ने नौकरी कर ली होती, या 'अगर' नीतीश पहली बार ही चुनाव जीत जाता, या 'अगर' नीतीश का पटने में सर छुपाने भर का छोटा-सा साया होता जिसे मंजु अपना घर कह सकती, 'अगर' मंजु को सेवदह में काम न मिला होता, 'अगर' भगवान सच में निस्पृह न होकर दयालु होते! यह 'अगर' कभी तो अतीत की क़ब्र में गड़ा होता है और कभी भविष्य के झीने आवरण के पीछे छिपा रहता है। मगर मौक़ा मिलते ही यह मौत का दूत बनकर आता है और जीवन अपने साथ ले जाता है। क्योंकि जीवन सत्य नहीं, मृत्यु ही एकमात्र सत्य है। मंजु तो देवलोक से आई थी, नीतीश के जीवन की रिक्तता थोड़े दिनों के लिए भरने के लिए, उसकी गोद में निशान्त को अपनी निशानी की तरह छोड़ जाने के लिए। नीतीश को अकेला छोड़कर सदा के लिए चले जानेवालों की फ़ेहरिस्त लम्बी होती जा रही है। जेपी, उसके बाबूजी, सुरेश और अब मंजु। कैफ़ी साहब का यह शेर याद आता है—

रहने को सदा दहर (दुनिया) में आता नहीं कोई,
तुम जैसे गए ऐसे भी जाता नहीं कोई।

जैसे गंगा गईं वैसे ही मंजु भी, बिना किसी पूर्वाभास के, बिना किसी तैयारी के लिए कोई समय दिए हुए। और जैसे वे गईं, वैसे कोई जाता भी नहीं, तनहा और बेसहारा छोड़कर। किसी के पास नीतीश को सान्त्वना देने के शब्द नहीं हैं। उसका ज़ख़्म बेहद गहरा है, क्योंकि इतने बड़े हादसे के बाद भी उसकी पीड़ा जगज़ाहिर नहीं हुई है।

सियासी सूरमाओं का पसीना छूट जाता है

नीतीश अपने कमरे से निकल आया है। उसे फ़ोन आया है कि उसकी पार्टी और सहयोगी पार्टियों के कुछ छुटभैया नेता आपस में बतकही से सर फुटौवल

का खेल खेल रहे हैं। वह एक लम्बी उसाँस भरकर अपने कन्धे झटक देता है। चचा कहता है, लगता है कि राज्य की जनता अमन-चैन से जी रही है जो नेताओं से बर्दाश्त नहीं हो पा रहा है। वह एक शेर सुनाता है—

अगर हाथों से उम्मीदों का शीशा टूट जाता है,
तो पल भर में ही ख्वाबों से भी पीछा छूट जाता है।
अगर हम लोग थोड़ी देर लड़ना भूल जाते हैं,
सियासी सूरमाओं का पसीना छूट जाता है!

नीतीश इस बात पर ज़रा भी ध्यान नहीं देता, वह अपने सफ़ेद कपड़ों में, हम रसमंजरिया पार्टी के गुनहगारों के बीच खड़ा होकर, देवदूत जैसा लग रहा है। उसकी आँखों में अतीत के किसी घटना की त्रासदी की छाया नाच रही है।

नीतीश को आँखों में शेक्सपीरियन ट्रेज़ेडी की छाया लिये चुप खड़ा देखकर हरिवंशराय बच्चन के 'नीड़ का निर्माण फिर' की एक बात याद आती है। बच्चन अपनी इस किताब में त्रासदी की चर्चा करते हुए प्रोफ़ेसर एंड्र्यू सिसिल ब्रैडले का नाम लेते हैं। प्रोफ़ेसर ब्रैडले ऑक्सफ़ोर्ड यूनिवर्सिटी में 1901 से 1906 तक अंग्रेज़ी कविता पढ़ाते थे। शेक्सपीरियन ट्रेजेडी उनकी सर्वश्रेष्ठ कृतियों में एक मानी जाती है। ब्रैडले को उद्धृत करते हुए बच्चन लिखते हैं—

'त्रासदी इसलिए सम्भव होती है कि दुनिया पूर्ण होने की प्रक्रिया में है। दुनिया में जो असद् है वह मिटता रहता है कि दुनिया की अपूर्णता घटे, कम हो। पर दुनिया में सद् और असद् ऐसे मिले-जुले हैं कि असद् के साथ बहुत कुछ सद् का भी विनाश हो जाता है। अशुद्ध की मृत्यु के साथ बहुत कुछ शुद्ध को भी बलिदान होना पड़ता है। सद् और शुद्ध का मिटना ही त्रासदी की मार्मिकता है—आत्मा है।...सुख को संयत और एक अर्थ में पूर्ण होने के लिए उसे कहीं दुःख भी होना चाहिए।'

ट्रेजेडी की इस परिभाषा में नीतीश का व्यक्तित्व भी छुपा हुआ है। बोझिल वातावरण को हल्का करने के लिए चचा फिर कहता है—

'नीतीश, हम सब तुमसे इश्क़ करते हैं और इश्क़ की राह कितनी मुश्किल है, यह जिग़र मुरादाबादी बहुत पहले बता गए हैं—

ये इश्क़ नहीं आसाँ इतना ही समझ लीजे।
इक आग का दरिया है और डूब के जाना है॥

रहीम भी कह गए हैं कि इश्क़ करना मोम के घोड़े पर सवार होकर आग में चलने जैसा ही मुश्किल है।'

नीतीश कुछ जवाब नहीं देता। शायद अपने आप से कहता है कि 'ठंड बढ़ गई है। हमें तो गर्मी लग रही थी पर नीतीश ने ठंड की बात कही तो चचा फिर चहका—

जो रहीम रहिबो चहो, कहो वही को दाउ।
जो नृप वासर निशि कहे, तो कचपची दिखाउ॥

मतलब यह कि अगर राजा के साथ रहना है तो उनकी हाँ में हाँ मिलाते रहो। अगर वह दिन को रात कहे तो उसे फ़ौरन फ़लक पर सितारे दिखाओ!'

नीतीश यह सुनकर सूखी-सी हँसी हँसने के बाद कहता है—

'आप लोगों की दोस्ती की वजह से मुझे हमेशा दिन में भी तारे ही सूझते रहते हैं।'

हम सब बाहर लॉन में आ गए हैं। नीतीश लॉन के पश्चिमी छोर की ओर धीरे-धीरे जा रहा है। वह फिर से एक नये समर की तैयारियों में लगा है। देश भर के वैसे लोगों को एक प्लेटफ़ॉर्म पर लाने की जद्दोजहद में वह प्राणपण से पिला पड़ा है जो देश को साम्प्रदायिक होने से बचाने में लगे हैं। उसकी मेहनत का नतीजा है कि आज कांग्रेस सहित उत्तर से दक्षिण और पूरब से पश्चिम के सभी ग़ैर भाजपाई राज्यों के प्रमुख उससे जुड़ रहे हैं। आज उसे कर्नाटक होते हुए दिल्ली जाना है। उसके सामने सूरज डूबने की तैयारियाँ कर रहा है। नीतीश की परछाईं लम्बी होती जा रही है और सूरज की रोशनी में उसका चेहरा दमक रहा है। उसकी आँखों में कल के सपने जगमगा रहे हैं। लगता है कि सच में वह इस राज्य और देश को झूठ से सच की ओर, अन्धकार से प्रकाश की ओर, मृत्यु से अमृत की ओर ले जा रहा है। नीतीश से दो क़दम पीछे हम भी चल रहे हैं। किसी कमरे की खुली खिड़की से छनकर कम्प्यूटर या मोबाइल फ़ोन से प्रार्थना सुनाई देती है—

ॐ असतो मा सद्गमय।
तमसो मा ज्योतिर्गमय।
मृत्योर्मामृतं गमय॥
ॐ शान्ति शान्ति शान्तिः॥

और अन्त में

इस किताब की पहली पांडुलिपि को हमने 29 फ़रवरी, 2012 को अपनी समझ से पूरा कर लिया था और इसे लेकर चचा बुक़रात के पास आए थे। वह फाल्गुन मास के शुक्ल पक्ष की सप्तमी तिथि थी। होली का सुरूर धीरे-धीरे चढ़ रहा था। चचा अपनी औक़ात से ज़्यादा भंग पीकर पूरी तरह होलियाया हुआ था। उसने बड़ी मुश्किल से पांडुलिपि को उलटा-पलटा और जी खोलकर हँसने के बाद उसने हम तीनों से तीन बातें ही कहीं। हर बात पर वह एक उँगली सीधी करके मानो हमारी आँखें फोड़ने की धमकी देता था। जब उसकी तर्जनी उठी तो उसने कहा—

'मेरे जिगर के टुकड़ो, तुम्हारी किताब अपनी मादरे-वतन का बजट है जिसे लिखनेवालों के अलावा कोई भी पूरी नहीं पढ़ेगा, पर नीतीश के दुश्मन ख़ूब कुकुहार मचाते हुए कहेंगे कि इसमें कुछ भी नहीं और तुम्हारे भी दुश्मन बन जाएँगे। नीतीश की तरफ़दारी करनेवाले भी तुम्हें घास नहीं डालेंगे, बल्कि जिसका नाम इस किताब में नहीं होगा वे 'हाय हम न हुए' सोचकर तुम्हें लुलुहाते हुए जलेंगे भी; और नीतीश? वह तो इसे हरगिज़ नहीं पढ़ेगा अरे देखा नहीं कि अपने बारे में इंटरनेशनल अदीब (अरुण) की इंटरनेशनल ज़बान (अंग्रेज़ी) में इंटरनेशनल पब्लिशर (पेंगुइन बुक्स) की किताब उसने छुई तक नहीं, तो मियाँ, तुम सब? अरे तुम सब न जाने किस खेत के चुकन्दर हो?'

फिर उसकी मध्यमा उँगली उठी और वह सर झुलाता हुआ बोला—

'बरख़ुरदार, एक और बात बहुत ठीक से समझ लो कि यह किताब तो हरगिज़ नहीं बिकेगी! आजकल जिस फ़िल्म या किताब में दो-चार सौ गालियाँ न हों, उनमें अब कोई दिलचस्पी लेता है क्या? आख़िर बताओ तो भला, तुम्हारी यह बकवास में मसालेदार है क्या? न हिस्ट्री, न मिस्ट्री, न सस्पेंस, न मर्डर, न रोमांस, न बेवफ़ाई, न सेक्स! और-तो-और एकाध डांस आइटम तक नहीं! यह तो बड़े महँगे मल्टीनेशनल अस्पतालों की लॉबियों में रखी, मुफ़्त में उठाकर ले जानेवाली, 'दास्तान-ए-सन्त नीतीश' है जिसे गांधी जी के न बुरा देखनेवाले, न

बुरा सुननेवाले और न बुरा बोलनेवाले तीन बन्दरों ने लिखी है। तो मेरी आँखों के तारो, फिर न कहना कि ख़बरदार न किया, कुछ समझे?'

इतनी गालियाँ देकर भी उसे सन्तोष नहीं हुआ। अन्त में उसने अपनी अनामिका उठाते हुए कहा—

'यह किताब आपके चुग़दपने का शाहकार है। आप लोगों ने जब लिखना शुरू किया था तो ऐसा समाँ बाँधा था कि आपकी चची भी झाँसे में आ गई थीं। उन्होंने फ़रमाया था कि बच्चों ने जिस तैयारी से देग चढ़ाई है, उससे तो हैदराबादी बिरयानी बनाने का ही सरंजाम दिखता है। हमारी ज़बान भी चटपटा रही थी। लेकिन आज जब देग का ढक्कन खुला है तो लगता है कि बिरयानी नहीं, मियादी बुख़ार के मरीज़ के लिए मूँग की दाल वाली पतली खिचड़ी पकी है! अरे मरदूदो, बड़े लोगों की दास्तानें इसीलिए लिखी जाती हैं कि किताब शाया हो, आक़ा को मज़ा आए और क़लमनवीस को कुछ नक़द इनाम-एकराम मिल जाए! तुम लोगों को मिलेगा घंटा!'

इतना ज़लील कर चुकने के बाद शायद हमारी रोनी सूरत पर उसे तरस आ गया और उसने अपनी सभी उँगलियों को समेटकर मुट्ठी बन्द करते हुए अपना मुक्का हमारी नाकों के सामने लहराया। मुहब्बत ज़ाहिर करने का उसका यह पेटेंट तरीक़ा है। बड़ी मुश्किल से अपनी आँखें खोलते हुए वह बोला—

'जानते हो, तुम्हारी किताब की ख़ासियत क्या है? जिस दिन (29 फ़रवरी) तुमने यह किताब पूरी की है, इत्तेफ़ाकन उसके अगले दिन ही (पहली मार्च) नीतीश की सालगिरह पड़ती है। उस दिन तुम यह पुलिन्दा सालगिरह का तोहफ़ा बताकर उसे नज़र कर देना। अपनी सालगिरह के दिन तो हर इनसान अपने दुश्मनों तक की हर बदतमीज़ियाँ बर्दाश्त करके उन्हें माफ़ कर देता है फिर, ख़ुदा सलामत रखे, नीतीश तो फ़रिश्ता है फ़रिश्ता और तुम सब उसके दोस्त होने का दम भी भरते हो। इसलिए कल तुम अपनी जान सलामत लेकर उसके सामने से वापस हो जाओगे। सबसे बड़ी बात कि इस किताब की सालगिरह तो चार साल में एक बार आएगी न! तब तक सब लोग, ऊपर वाले के फ़ज़्ल से, यह हादसा भूल भी चुके होंगे।'

इतना कहकर लम्बी उबासी भरते हुए उसने अपने चचा ग़ालिब का शेर आधा पढ़ा—

कौन जीता है तेरी ज़ुल्फ़ के सर होने तक...

और वहीं लुढ़ककर सो गया।

जैसे इस पोथी के दोस्तों के दिन बहुरे, जिन्हें नीतीश ने किसी टेलीविज़न चैनल से बातचीत के क्रम में 'फ़ोर ईडियट्स' कहकर याद किया था, वैसे ही चचा बुक़रात और चची की दुआओं से इस पोथी के पढ़नेवालों के दिन भी बहुर जाएँ!

आभार

इस पुस्तक के प्रकाशन के लिए हम चिर आभारी हैं—

राजकमल प्रकाशन के श्री अशोक महेश्वरी एवं श्री आमोद महेश्वरी के जिन्होंने हमारे निष्कपट प्रयास पर विश्वास करके इसे छापा। श्री धर्मेन्द्र सुशान्त और श्री जीतेन्द्र कुमार के जिन्होंने इस पुस्तक का सम्पादन करके इसे पठनीय बनाया। इस पुस्तक के नामकरण में धर्मेन्द्र जी का विशेष सहयोग रहा है। इसके लिए उनका विशेष आभार। अशोक जी के ही अन्य सहकर्मी, श्री वेद प्रकाश के भी जिन्होंने इसे सुलभ बनाने में कोई कोर-कसर नहीं छोड़ी है।

पिता स्वर्गीय निशिकान्त मिश्र और चाचा स्वर्गीय भागवत झा 'आज़ाद' की अटूट जोड़ी के जिन्हें देख-सुनकर चिरकालिक मित्रता की सही परिभाषा समझ में आ सकी।

स्वामी सत्यानन्द सरस्वती, स्वामी हरिहरानन्द गिरी, श्री श्री रवि शंकर तथा भारतीय विद्या भवन, आईकास, इस्कॉन एवं ऑर्ट ऑफ़ लिविंग के उन संस्कारी लोगों के जिनसे जीवन के प्रति सम्यक् एवं तटस्थ दृष्टिकोण बनाने में अपरिमित सहायता मिली।

हिन्दी के प्रकांड विद्वान श्री अजित कुमार वर्मा के जिन्होंने लिखते रहने की सतत शक्ति और ऊर्जा दी।

गुरुओं, स्वर्गीय स्मृति नाथ मिश्र, स्वर्गीय गोपाल कृष्ण मिश्र, स्वर्गीय व्रज बिहारी मिश्र, स्वर्गीय नरेश मोहन मिश्र, डॉक्टर चक्रधर नारायण सिन्हा, श्री कैलास नारायण गुप्त, स्वर्गीय उमा शंकर श्रीवास्तव और श्री सरीक लाल सिंह के जिन्होंने हाथ पकड़कर लिखना सिखाया।

नीतीश के परिवार के सदस्यों अंजु जी, मणींश, विभा और टुनटुन के अलावा स्वर्गीय सुरेश की पत्नी मंजु शेखर, स्वर्गीय किशन मुरारी किशन, हरेन्द्र बहादुर सिंह, हरिद्वार, मनोज और वीरेन्द्र के जिन्होंने इस किताब के लिए हमें कई दुर्लभ तसवीरें दीं।

अरविन्द निषाद, स्वर्गीय शैलेन्द्र (मुन्ना सरकार), नरेन्द्र पाठक और पत्रकार श्रीकान्त के जिनसे हमें पुराने अख़बारों की कतरनों सहित कई सन्दर्भित आलेख मिले।

सखा सह वरिष्ठ पत्रकार श्री सुरेन्द्र किशोर के जिन्होंने पुस्तक की पांडुलिपि कई बार आद्योपान्त पढ़ी और हर बार उसमें आशातीत सुधार करवाए।

नीतीश जी के सहयोगियों श्री देवेश चन्द्र ठाकुर, भाई वशिष्ठ नारायण सिंह, सांसद श्री ललन बाबू, मंत्रीगण श्री विजय कुमार चौधरी, श्री अशोक चौधरी, श्री संजय कुमार झा, विधान पार्षद श्री ललन सर्राफ़, श्री संजय कुमार (गांधी), अशोक बाबू के अलावा अंजनी बाबू, श्री मुकुन्दन, श्री आदित्य प्रकाश, श्री दीपक कुमार, श्री प्रत्यय अमृत, श्री अतीश चन्द्रा, श्री चंचल कुमार, डॉ. सिद्धार्थ, श्री मनीष, श्री अनुपम, कुमार रवि, संजय अग्रवाल, डॉक्टर चन्द्रशेखर, डॉ. गोपाल, अख़्तर साहब, श्री राजेश कुमार, श्री रजनीश, जनाब मक़सूद आलम, डॉ. सुनील, डॉ. दिवाकर, अजय (अजीत) डॉ. सुमन चन्द्रा, डॉ. इन्द्रोनील सत्यानन्द याजी और अन्य उन सब लोगों के जिन्होंने लिखने के दौरान हमारा मनोबल हर प्रकार से बनाए रखा।

लेखकों तथा बुद्धिजीवी मित्रों में ठाकुर अजय विक्रम सिंह, स्वामी आनन्द अरुण, डॉ. डी.एम. दिवाकर, डॉ. एस.ए. रज़ा, अशोक मनकानी, डॉ. राज्यवर्द्धन आज़ाद, श्री राजवर्धन शर्मा, डॉ. जीतेन्द्र कुमार सिंह, श्री निगमंथा श्रीनिवास चक्रवर्थी, श्री अश्विनी कुमार नागर, श्री वीरेन्द्र पॉल, श्री ए.के. जैन, रंजन (चित्रशाला), विवेक नारायण, ललित किशोर, राहुल गौतम, स्वर्गीय श्याम नारायण, स्वर्गीय आलोक कुमार सिंह, अरुण भाई, सुबीर अधिकारी, ब्रज बिहारी शरण, स्वर्गीय सुरेन्द्र कुमार जैन, स्वर्गीय सत्येन्द्र कुमार सिन्हा (छोटू), स्वर्गीय तनय कृष्ण, स्वर्गीय फादर जोंस, स्वर्गीय तक़ी उम्र ख़ाँ, मोहम्मद हुसैन, सुभाष पांडेय और स्वर्गीय शिव कुमार शिव के जिनके लेखन और स्नेह ने हमें प्रेरणा दी।

सहकर्मियों श्री पारसनाथ, मीनेन्द्र कुमार, आशुतोष, चन्द्रेश, रविशंकर, संदीप कुमार, कुन्दन कुमार कौशल, शंकर मिश्र, मोनी, रंजन अभिषेक, संदीप कमल, कुल भूषण गोपाल, सरफ़राज़, श्री वत्स, चन्द्रनाथ, राहुल सरकार, राघव, मोनी, मनोज, चाची और सुम्बुल अफ़रोज़ के जिन्होंने किताब के हर पहलू पर गहन विमर्श के बाद इसकी ग़लतियों को सुधारने का दुरूह कार्य किया।

परिवार में बड़ी माँ (श्रीमती सुनीति), सुधा चाची, निशान्त, सतीश भैया, ऊषा दीदी, प्रभा दीदी, इन्दु, डॉ. आर.जे.के. सिंह, सुधा भाभी, रिंकू, प्राची, नील,

शालू, एवन, स्वधा, फ्लफी, लवलीन, प्रीति, ऋषि, सुयश, चाँदनी, अश्लेषा, अभिषेक, गौरी, सोनिया, क्षमा, जयदीप, रत्ना, इन्दिरा, शोभा, डॉ. रविकान्त, विभा, गिट्टू, सुनीता, बिट्टू, राजीव कान्त, छाया, अमित, मानसी, काश्वी, सुमित, रोहिणी, मनन, कृपा, दीवेन, शालिका, गायत्री, रवि, नीलिमा, वरुण, वैभव, राजू, पुष्पा, कौस्तुभ, प्रकाश चन्द्र, नीलू, पिंकी, निक्की, दीपक, धृति, अरुण पाठक, मोनू, रूमा, रिद्धि, अंश, जुगनी और सुजीत के हमारा अच्छी तरह ख़याल रखने के लिए।

और सबसे ज़्यादा आप अनाम पाठकों के, जिनकी अनजानी शक्लें, किताब लिखने के दौरान, आँखों के आगे हमेशा नाच-नाच कर मुझे 'कुछ और नया' 'कुछ और अच्छा' लिखने के लिए प्रेरित करती रहीं, हिम्मत देती रहीं! आपको फिर से साधुवाद!!